산업 및 조직심리학 제5판

직장 그리고 일에 대한 이해

Paul E. Levy 지음

문광수 · 이재희 · 노재항 · 임성준 · 이계훈 옮김

Σ 시그마프레스

산업 및 조직심리학 : 직장 그리고 일에 대한 이해, 제5판

발행일 | 2018년 3월 5일 1쇄 발행
2022년 2월 10일 2쇄 발행

저 자 | Paul E. Levy
역 자 | 문광수, 이재희, 노재항, 임성준, 이계훈
발행인 | 강학경
발행처 | (주)시그마프레스
디자인 | 우주연
편 집 | 김은실

등록번호 | 제10－2642호
주소 | 서울시 영등포구 양평로 22길 21 선유도코오롱디지털타워 A401~402호
전자우편 | sigma@spress.co.kr
홈페이지 | http://www.sigmapress.co.kr
전화 | (02)323－4845, (02)2062－5184~8
팩스 | (02)323－4197

ISBN | 979-11-6226-039-5

Industrial/Organizational Psychology
Understanding the Workplace, Fifth Edition

* 책값은 책 뒤표지에 있습니다.

이 도서의 국립중앙도서관 출판예정도서목록(CIP)은 서지정보유통지원시스템 홈페이지(http://seoji.nl.go.kr)와 국가자료공동목록시스템(http://www.nl.go.kr/kolisnet)에서 이용하실 수 있습니다.(CIP제어번호: CIP2018006252)

요약 차례

차례

제1부 산업 및 조직심리학의 역사와 연구방법

제1장 | 산업 및 조직심리학의 역사 : 현재와 과거

제2장 | 산업 및 조직심리학의 연구방법

제2부 산업심리학

제13장 | 리더십

제14장 | 조직 이론과 개발

역자 서문

일은 단순히 수입의 원천을 넘어, 인간이 가진 다양한 욕구를 충족시켜 주는 장이다. 내가 누구인지 소개할 때 내가 하고 있는 일을 제외하고 설명하는 사람은 없을 것이다. 즉 자신의 정체성과 자기 개념에도 큰 영향을 미치는 것이 일이다. 특히 신체적, 정신적으로 성숙한 시기에 일을 하고 직장에서 많은 시간을 보낸다는 것은 우리 삶의 전체적인 행복에 있어서 일과 직장이 매우 중요한 요인임을 알 수 있다. 이와 밀접한 관련이 있는 심리학 분야가 산업 및 조직심리학이다.

산업 및 조직심리학은 과학적 방법과 절차를 통해 밝혀진 다양한 심리학적 원리를 기업, 공공기관, 비영리단체 등 다양한 형태의 조직 운영에 적용하는 학문으로, 응용 심리학의 대표적인 분야이다. 최근 산업 및 조직심리학에 대한 관심이 증가하고 있다. 많은 조직들이 효율적인 조직 운영에 관심이 증가하였고, 21세기에 들어 인적 자원의 중요성이 부각되면서 산업 및 조직심리학에 대한 관심도 높아지고 있다. 과거와 다르게 이미 많은 기업들이 산업 및 조직심리학에 기반을 둔 선발 검사와 절차를 사용하고 있다. 그리고 많은 조직과 공공 기관들이 리더십 개발을 위해 노력하고 있고 승진에 있어서도 평가 센터에서 사용되는 다양한 기법들로 역량을 평가하여 이를 반영하고 있다.

일부 사람들은 산업 및 조직심리학이 조직 효과성, 생산성이나 이익에만 관심을 둔다고 생각할 수 있지만, 산업 및 조직심리학자들은 조직 구성원들의 행복과 복리증진에 더 많은 관심을 기울이고 있다. 종업원 각자가 맡은 일에 더 만족하고 나아가 일에 의미를 찾도록 하는 데 관심을 갖는 학문이다. 조직의 구조와 제도가 조직 효과성에 영향을 미치지만, 결국 조직의 근로자들이 어떤 수행을 보이느냐가 조직 효과성에 큰 영향을 미친다. 따라서 조직 내 사람에 대한 이해는 조직 효과성 증진에 필수적이다. 산업 및 조직심리학은 지금까지 성장해왔지만 앞으로 더욱더 성장할 가능성이 높다. 미국에서 2001년 이후 산업 및 조직심리학 또는 관련 분야의 대학원 학위 프로그램이 220개 이상 개설되었고 산업 및 조직심리학자는 미국에서 가장 빠르게 성장하는 직업으로 분류되었으며 2014년에서 2022년 사이에 53%의 성장을 예상하고 있다. 또한 2016년 U.S. News & World Report에 따르면 산업 및 조직심리학자는 미국 내

100대 최고의 직업 목록에서 37위에 올랐고, 과학 분야에서는 1위로 선정되었다.

지금까지 역자들은 학부와 대학원, 기업체 강의와 컨설팅을 수행해오면서 국내 독자들에게 어떻게 하면 산업 및 조직심리학에서 다루는 내용을 보다 충실하고 친화적으로 전달할 수 있을까를 생각해오던 중에 Paul E. Levy의 *Industrial/Organizational Psychology: Workplace Understanding* 5판을 접할 기회가 있었다. 책의 구성이 체계적이고 주요개념들에 대해 알기 쉽게 잘 설명하였음을 발견하고 원서를 학부생들에게 강의 교재로 사용하다가, 더 많은 한국 독자들에게 책을 소개하기 위해 번역을 결심하였다. 무엇보다 가장 최근의 연구 결과들과 이론, 주요 개념들을 풍부하게 소개하고 있다는 점과, 다양한 현장 전문가들의 목소리와 경험들이 교재에 반영되어 있다는 점이 마음에 와닿았다.

책의 내용을 정확하게 전달하기 위해 번역 작업에 많은 시간과 노력을 기울였다. 더불어 가독성을 놓치지 않기 위해 산업 및 조직심리학을 전공하는 대학원생들과 심리학과 학부생들에게 검토를 부탁하였고 다양한 피드백들을 반영하여 수정하였다. 책에 오류나 보완해야 할 부분이 있다면 언제든지 역자들에게 연락하길 바란다. 독자들이 이 책을 읽은 후 산업 및 조직심리학에 대한 이해가 향상되고 자신의 일터에서 도움을 받을 수 있게 된다면 역자들은 더 이상 바랄 것이 없다.

이 책은 크게 세 부분으로 구성되어 있다. 1부는 산업 및 조직심리학의 역사와 방법론적 내용을 다룬다. 2부는 전통적인 산업 심리 혹은 인사 심리에서 다루는 직무분석, 준거 측정, 수행 평가, 선발에 대해서 다룬다. 마지막으로 3부는 조직 심리에서 다루는 동기, 스트레스, 집단과정, 리더십, 조직이론들에 대해 다루고 있다. 산업심리학과 조직심리학을 나눠서 강의를 하는 경우 이를 참고하면 좋을 것이다. 그리고 이 책은 실제 조직 장면에서 심리학이 적용되는 내용들도 포함하고 있어 전공 학생뿐만 아니라 인적자원관리와 개발 분야의 실무 담당자들에게도 유용할 것이다.

이 책을 통해 산업 및 조직심리학에 대해 충분히 학습을 한다면, 직업선택과 조직생활에 도움이 될 것으로 확신한다. 또한 이 책은 효과적인 관리기법의 기초가 되는 이론들도 포함하고 있어 성공적인 관리자가 되는 데도 도움이 될 것이다. 이외에도 산업 및 조직심리학에서 배우는 많은 내용들은 실생활에서 활용될 수 있다. 예를 들어 스트레스와 웰빙에 대한 내용은 개인의 스트레스 수준, 가능한 스트레스 근본 원인, 그리고 자신의 삶에서 스트레스를 줄이고 더 잘 다룰 수 있는 방법을 알게 해준다.

마지막으로 이 책의 출판을 기꺼이 맡아준 (주)시그마프레스와 긴 시간 함께 번역 작업에 열정을 쏟은 공동 역자들 그리고 검토를 해준 대학원생, 학부생들에게 감사드린다. 마지막으로 학문의 길에 정진할 수 있도록 늘 끊임없는 지지와 성원을 보내주시는 가족들에게도 감사를 표한다.

2018년 2월

역자

저자 소개

Paul E. Levy는 메릴랜드 주 볼티모어에서 다섯 자녀 중 막내로 태어나 자랐다. 그는 워싱턴앤리대학교에서 심리학 및 경제학 학사 학위를 받았고 버지니아테크주립대학교에서 산업 및 조직심리학 석사 및 박사 학위를 취득했다. 1989년부터 애크런대학교의 교수로 재직 중이며, 2005년부터 심리학과 학과장을 역임하고 있다. Levy 박사는 학부생들에게 산업 및 조직심리학을 가르쳐왔고, 지금까지 수많은 대학원생의 훈련과 그들의 발전을 위해 노력해왔다. Levy 박사의 주요 컨설팅 및 연구 관심 분야는 성과 관리, 피드백, 코칭 및 개발, 조직 정의(justice)이다. 그는 *Journal of Applied Psychology, Journal of Personality and Social Psychology, Organizational and Human Decision Processes, Personnel Psychology, Academy of Management Journal* 등 많은 심리학 및 경영 저널에 연구 논문을 출판하였다. Levy 박사는 Sylvia Chinn-Levy와 결혼했고, 그의 삶을 활력 있게 만들어준 Christopher, Sean, Jared라는 3명의 아들을 두었다. 그는 교회에서 사역을 하고 있으며, 청소년 스포츠 코치, 농구 선수 및 볼티모어 오리올스의 열혈 팬이다.

저자 서문

이 책의 각 판은 저자에게 특별한 경험이었다. 초판은 이 책을 완성한다는 목표를 실현하기 위해 많은 노력을 기울였다. 2판에서는 이 과목을 가르치는 강사들에게 적합한 책이 되도록 더욱 세밀하게 작업했다. 3판에서는 새 저자인 Worth와 함께 산업 및 조직심리학의 변화하는 연구 분야와 연구 결과들을 소개하는 데 중점을 두었다. 4판에서는 출판사와 협력하여 디자인을 개선하고 강사와 학생 모두에게 도움이 될 수 있는 내용을 추가했다. 5판에서는 중요한 장들의 구조와 내용을 수정하였으며 최신 연구 결과들을 업데이트하였다. 각 개정판을 작성할 때 늘 초판을 출판한다는 마음으로 작업을 진행하였다.

저자는 1996년부터 애크런대학교에서 산업심리학 및 조직심리학을 가르치고 있으며 버지니아테크주립대학교에서도 몇 년 동안 강의를 했다. 이 과목을 가르치는 것을 매우 좋아했지만 사용해왔던 교재들은 만족스럽지 않았다. 대부분의 교재는 이론 중심의 매우 건조한 경향이 있었고 현장 적용관련 내용도 부족하다고 느꼈다. 학생들도 교과서에 불만족스러운 부분이 있었기에 의미 있는 I/O 교재를 집필하겠다는 결정을 하였다.

따라서 첫판의 목표는 학생들에게 더 흥미롭고 읽기 쉬운 교과서를 집필하는 것이었다. 학생들이 흥미를 가지고 몰입할 수 있고 I/O심리학의 다양한 범위에 대해 알려줄 수 있는 책을 집필하기 위해 열심히 노력했다. 처음부터 책 집필의 주요 목표는 학생들이 I/O심리학의 매력을 느끼도록 하는 것이었고 이는 후속 판을 수정하는 데에도 지속된 집필 지침이었다.

학생 친화적인 교재를 집필하는 것은 매우 어려운 일이었다. 추가적으로 좋은 연구들을 소개하는 것도 중요한 목표였다. 운이 좋게 저자는 27년 동안 가장 훌륭한 I/O 프로그램의 회원으로 활동을 해왔고 이 프로그램 구성원들도 훌륭한 연구들을 중요시해왔기 때문에 좋은 연구들을 잘 알 수 있었다. 따라서 교재 집필에 있어서 저자의 최종 목표는 I/O심리를 이해하는 데 필수적인 좋은 연구들을 소개하면서 학생들이 집중할 수 있고 흥미를 유지할 수 있도록 글을 쓰는 것이었다.

이 책은 I/O 수업의 주 교재로 사용되고 있다. I/O는 대개 대학교 2학년 수업으로 개설된다. 하지만 대학원 입문과정에서도 이 교재가 상당히 많이 쓰인 것으로 알고 있다. 그리고 시중에 나와 있는 대부분의 다른 I/O 서적보다 최신 버전이다. 저자는 대학원에 별도로 개설되어 있는 산업심리학과 조직심리학 과정을 가르치기 때문에 두 분야의 최신 연구를 알고 있어야 하고 이러한 내용들을 교재에 포함하였다.

5판에서 I/O심리학에 대해 흥미롭고 독자 친화적인 최신 연구 내용을 포함하였고 이에 적합한 디자인을 적용하였다. 특히 이전 판 혹은 다른 책을 사용한 동료들과 대학교 및 대학원에서 I/O심리학을 가르치는 강사들이 제공해준 공식적 · 비공식적 검토 의견을 토대로 각 장을 수정했다.

그리고 실제 적용 사례들을 추가했고 I/O 장면에서 최근에 등장한 다른 영역들이 적용된 분야들까지 확대하였다. 특히 I/O 분야에서도 관심이 증가하고 있는 최근 기술발전과 이와 관련된 내용들을 추가하였다.

내용과 구성

산업 및 조직심리학 제5판은 크게 세 부분으로 구분된다. 1부에는 I/O심리학의 역사(1장) 그리고 측정, 방법 및 통계를 포함한 연구 과정(2장)이 포함된다. 하지만 1장은 다른 책과 다르게 역사 외에도 I/O심리학자가 되기 위해 필요한 훈련 정보를 제공하고 있다.

2장 연구 과정은 다른 장들보다 내용을 더 상세하게 설명하고 있다. 특히 I/O 분야에서 많이 사용되는 상관관계 분석, 그리고 인과 관계에 있어서 문제가 될 수 있는 가외 변인에 대한 설명들이 제공된다. 그 이유는 연구 과정과 결과 해석의 기초가 되는 내용으로 이를 잘 알고 있어야만 후반부에 나오는 다양한 연구 결과들을 더 잘 이해할 수 있기 때문이다.

2부는 전통적인 산업심리학 또는 인사심리학으로 구성되어 있다. 우선 직무분석(3장)의 중요성을 더 강조하였고, 수행 평가와 직원 선발에 있어서 중요한 준거 측정을 4장 전체에 걸쳐 다루었다. 5장은 수행 평가에 있어 최근 연구되고 있는 사회-맥락적 접근 방식을 강조하였다.

2부 후반부에서는 두 장에 걸쳐 선발에 대해 소개하고 있다. 6장에서는 선발에서 주로 사용되는 예측변인들에 대해 다루고 7장에서는 6장에서 소개한 예측변인들이 실제 선발에서 어떻게 사용되고 있는지를 소개하였으며, 추가적으로 학생들이 관심을 가질 만하고 현장 적용에서 중요한 선발과 관련된 법적 문제에 대한 논의가 이뤄진다. 이 책을 사용하는 교강사들도 7장의 내용이 좋고 학생들에게 어려운 선발과정을 더 쉽게 이해하는 데 도움이 된다고 하였다. 2부의 마지막 8장은 직원 훈련 방법을 제시하고 특히 다양성과 관련된 이슈에 대해 설명하고 있다.

마지막 3부는 조직심리학과 관련된 내용을 제공한다. 9장 동기에서는 기존 교재들이 이론만을 제시하는 경향이 있었기 때문에 이론들의 응용과 관련된 부분을 추가적으로 제시하였다. 10장은 직무 만족, 조직몰입과 같은 직무 태도와 이직, 결근과 같은 조직 결과 변인 간의 관계에 대한 내용을 제시하였다.

11장 스트레스에서는 중요하게 다뤄지고 있는 일-가정 갈등의 원인들에 대해 많은 내용을 다루었고 직장 내 폭력에 대한 최근 내용들도 소개하고 있다.

12장에서는 사회심리학과 관련이 깊은 집단 및 작업 팀 이론과 기존 연구 결과들이 자율 운영 작업 팀 같은 문제에 어떻게 적용될 수 있는지를 설명하였다. 13장 리더십에서는 관련 이론들을 크게 전통적 · 현대적 리더십으로 분류하고 문화와 성(性)에 따라 리더십이 어떻게 달라질 수 있는지에 대해 논의하였다.

마지막 14장에서는 조직 이론에 대해 제시하고, 이러한 이론들이 조직의 변화와 발전에 어떻게 적용될 수 있는지 설명하였다. 최신의 지식 경영 및 평생 학습과 같은 주제에 대해서도 논의된다. 이 장은 초판부터 지금까지 강사와 학생 모두가 추천해왔던 내용이다.

5판에서 개정된 내용

4판까지도 이 책을 사용해왔던 교강사들에게 호평을 받아왔고, 교강사들 외에 다른 평가자들도 저자에게 많은 유용한 피드백을 보내주었다. 이러한 피드백들 중 현장의 역동적 성격에 대한 반영이 필요하다는 의견들과 개인적인 아이디어들을 기반으로 5판에 대한 청사진을 그릴 수 있었다. 이에 모든 장에 새로운 연구 결과들을 반영하여 전체적으로 글을 수정하였다.

이외에 교육적 측면을 강화하기 위해 몇 가지 중요한 수정이 이루어졌다. 이전 판에도 계속 있어 왔지만 페이지의 양 옆의 개념 설명은 각 장의 특정 이론이나 개념의 주요 내용을 상기할 수 있도록 도와준다.

이전 판과 가장 큰 변화를 보인 부분은 실무자 포럼으로, 학생들이 배운 이론과 개념들이 실제 비즈니스와 조직에서 어떻게 적용되는지에 대한 통찰을 제공한다. 그리고 최신 사진이나 예를 제공하기 위해 노력하였고 그 밑에 수정된 생각해보기 질문을 추가하였다.

비판적 사고는 언제나 강조되어야 할 부분이기에 문제를 제시하였고 응용 문제를 각 장의 끝에 제시하였다. 이 두 부분은 교재 학습 관련에 도움을 줄 것이다. 그리고 4판에서 추가되었고 많은 부분 수정된 실무 적용 글상자에서는 학생들에게 분석, 평가 및 문제 해결이 필요한 상세한 시나리오를 제공하고 있다. 이 연습 시나리오는 수업에서 토론 자료로 또는 과제로 사용될 수 있으며, 학생들이 교재 내용을 적용하는 데 도움이 될 것이다.

이러한 비판적 사고 문제, 응용 문제, 실무 적용 글상자 등은 교재 내용에 대한 이해를 넘어 학생들이 응용 장면에서 이를 활용하고 문제를 해결할 수 있도록 해줄 것이다.

5판에는 I/O Today라는 흥미로운 내용이 새롭게 포함되었다. 각 장에 있는 I/O Today에는 실무자와 연구자가 지금 당면하고 있고, 근 미래에 지속적으로 영향을 미칠 수 있는 최신 사례, 현재 논란이 되는 내용 및 이론들의 발전에 대한 내용이 제시되어 있다. 각 I/O Today에는 간략한 에세이와 토론 질문이 있으며 수업 중에 연구 및 토론을 위한 흥미로운 내용을 제공할 수 있다. 마지막으로, 교재의 많은 부분에서 업데이트와 수정이 이루어졌지만, 각 장의 중요한 몇 가지 변경 사항들은 다음과 같다.

1장

- 세계화, 가상 팀, 혁신 및 창의력, 코칭 및 직원 개발과 관련된 최근 15년 동안의 주요 변화 내용을 추가하고, I/O심리학의 역사적 흐름을 재구성하였다.
- 향후 몇 년 내에 I/O심리학 분야에 영향을 미칠 빅데이터의 중요성, 수행 평가의 변화, 소셜 미디어 사용 및 글로벌 경쟁에 대해 논의하였다.
- 현재 고용 시장에서의 실업과 불완전 고용, 다양성 그리고 직원 선발에 사용되는 기술에 대한 논의를 더 확장하였다.
- 과학자–실무자 간 괴리와 I/O Today에서 이 괴리의 해결 방법에 대해 논의하였다.

2장

- 지필 설문 조사와 전자 설문 조사 간의 차이점과 관련하여 최근 조사 방법론의 기술적 진보에 대한 논의를 업데이트하였다.
- 새로운 전자 설문 조사 방법, 경험 샘플링 방법론, 온라인 패널 및 크라우드소싱에 대한 내용을 추가하였다.
- I/O Today에서 빅데이터의 중요성이 점차 증가하고 있다는 점에 대해 설명하였다.

3장

- O*NET에 대한 설명을 업데이트 및 추가하였다.
- 새로운 내용인 역량 모델링이 추가되었다.
- I/O Today에서 지속적이고 빠르게 변화하는 조직의 요구와 직무기술서와 관련하여 역량 모델링에 대해 설명하였다.

4장

- 맥락 수행에 대해 업데이트하였다.
- 조직시민행동(OCB), 조직 효율성 및 직무 수행에 대한 새로운 연구들을 추가하였다.
- 반생산적 행동(CWB)과 스트레스에 대해 업데이트하였다.
- I/O Today에서 다양성–타당성 딜레마에 대해 설명하였다.

5장

- 건강과 교육 분야의 360도 피드백에 대한 최근의 연구 결과들을 추가하였다.
- 재택 근무와 수행 간의 관계에 대한 새로운 연구 결과들을 제시하고, 리더-구성원 교환(LMX)이 수행에 미치는 영향에 대한 새로운 내용을 추가하였다.
- 강제 분배 및 강제 순위 방법들의 활용 범위와 이 수행 평가 방법들의 부정적인 영향에 대한 연구 결과들을 추가하였다.
- 목표 설정에서 사전 인터뷰, 피드백 그리고 정서 지능의 역할에 대한 설명을 추가하였다.
- 수행에 대한 조직 정책, 인식 및 심사숙고, 그리고 수행에 대한 피드백 제공 방식 및 피드백 풍토에 대한 새로운 연구들을 추가하였다.
- 수행 평가에서 발생하는 법적 문제에 대한 주요 내용들을 업데이트하였다.
- I/O Today에서 수행 평가에서 기술의 사용에 관한 법적 · 윤리적 문제에 대해 논의하였다.

6장

- 컴퓨터 적응 검사 활용 범위와 모바일 검사에 대한 새로운 연구를 추가하였다.
- 정서 지능 그리고 감각 및 운동능력 검사에 대한 새로운 정보를 추가하였다.
- I/O Today에서 원격 평가 방법들과 관련된 타당도 이슈에 대해 논의하였다.

7장

- 온라인 모집 사이트의 효과를 평가하기 위한 안구 추적 기술의 적용에 대한 내용을 추가하였다.
- 선발 시 지원자에 대한 온라인 평판 조사(cybervetting)와 이에 대한 법적 및 윤리적 문제에 대한 내용을 추가하였다.
- 차별 수정 조치 계획이 평가와 고정 관념에 미치는 효과, 차별 수정 조치 정책과 관련된 법률의 최신 정보 그리고 모집에서 다양성이 차지하는 역할에 대한 내용을 추가하였다.
- 차별과 관련된 Ricci v. DeStefano 사례의 영향 및 직업적격검사(BFOQ)에 대한 내용을 소개하였다.
- I/O Today에서 최근 직장에서의 종교 관련 사례를 소개하였다.

8장

- 직원 훈련에서 게임화의 사용에 대한 새로운 내용을 추가하였다.
- 원격교육, 신입 직원 적응 훈련(onboarding), 경영진 코칭, 기업 대학, 성희롱 및 다양성

관리 및 교육에 관한 최신 연구 결과를 추가하였다.
- I/O Today에서 직무 훈련에서 게임화의 사례 연구에 대해 제시하였다.

9장

- 자기 결정 이론에 대한 논의를 추가하였다.
- 직무 가공에 대한 설명, 적용 연구 그리고 직무 열의와의 관계에 대한 내용들이 추가되었다.
- 개별맞춤 근로협약에 대한 개념과 관련 최신 연구를 소개하였다.
- I/O Today에서 성과 집중형 업무 환경(ROWE)에 대한 내용을 소개하였다.

10장

- 직무 태도에 죄책감이 미치는 영향에 대한 새로운 토론이 포함되었다.
- 이직 의도와 조직몰입 간의 관계에 대한 연구와 철회 행동들에 대한 내용을 추가하였다.
- 정서적 몰입에 대한 새로운 연구를 추가하고, 반생산적 행동에 대한 논의를 확장하였다.
- 조직몰입 프로파일이라는 새로운 부분을 추가하였다.
- 일 중독과 지각된 조직 지지에 대한 내용을 확장하였다.
- 일터에서 경험하는 정서에 대한 내용과 정적 조절에 대한 최신 연구들을 추가하였다.
- I/O Today에서 노동조합과 직무 만족 간의 관계에 대한 최신 연구에 대해 소개하였다.

11장

- 스트레스의 특성과 원천에 대한 내용을 개정하였다.
- 스트레스와 관련된 직무 요구 자원(JD-R) 모델과 자원 보존(COR)이론에 대한 새로운 논의를 추가하였다.
- 일-가정 갈등(WFC)과 관련하여 가족 친화적 상사 행동(FSSB)과 일-가정 갈등을 감소시키기 위한 여러 처치 연구들을 추가하였다.
- 가족 휴가, 육아 지원, 노인 간호 지원 및 맞벌이 부부에 대한 논의를 수정하였다.
- 실직의 영향 외에 외상 후 스트레스장애(PTSD) 및 불완전 고용에 관한 연구를 소개하였다.
- 직장 폭력과 관련된 최근 연구 및 이를 감소시킬 수 있는 개입 프로그램에 대한 논의를 확대하였다.
- I/O Today에서는 다양한 직업에서 발생하는 외상 후 스트레스장애(PTSD) 및 이차 외상성 스트레스 장애(STSD)에 대해 설명하였다.

12장

- 팀 내 갈등을 하위 부분으로 추가하였다.
- 팀 개발 모델에 대한 새로운 연구들이 포함되었다.
- 팀과 관련된 최근 조사 결과와 가상 팀에 대한 내용을 보완하였다.
- 팀원 선발에 있어서 팀 역할 경험 및 지향(Team Role Experience and Orientation) 검사에 대한 새로운 내용을 추가하였다.
- 다중 팀 체계에 대한 새로운 주요 내용들을 제공하였다.
- I/O Today에서 팀 내 연령 다양성과 관련된 문제에 대해 논의하였다.

13장

- 성별과 리더십에서 배려와 주도성의 이중 구조에 대한 논의를 갱신하였다.
- 리더-구성원 교환(LMX) 이론과 변혁적 리더십 이론에 대한 새로운 연구들을 추가하였다.
- 진성 리더십과 서번트 리더십에 대한 새로운 주제에 대해 소개하였다.
- 성별과 리더십 그리고 문화와 리더십에 대한 논의를 갱신하였다.
- 정서와 리더십에 대한 논의에서 어둠의 3요소(Dark Triad)의 내용을 추가하였다.
- I/O Today에서 CEO 보상에 관련하여 리더십의 낭만 이론을 소개하였다.

14장

- 조직 개발에 있어서 양손잡이 조직의 개념을 소개하였다.
- 지식 관리 및 학습 조직에 대한 설명을 개정하였다.
- I/O Today에서 기능에서의 홀라크라시(holacracy : 관리자 없이 관리하기)의 개념에 대해 소개하였다.

학생중심의 교재

이 책의 주요 특징은 학생들이 보다 쉽게 접근할 수 있도록 책의 내용들을 효과적이고 흥미로운 방식으로 가르친다는 목표와 관련되어 있다. 예를 들어 각 장에는 주요 용어와 정의를 확인하기 위해 주요 용어에 강조 표시(굵게)를 하였고 이에 대한 정의를 좌우 빈 공간에 제시하였다. 각 장의 뒷부분에 주요 용어를 가나다순으로 제시하였다. 그리고 책의 뒷부분에 전체 용어 해설이 추가적으로 제시되어 있다.

각 장에는 학습내용, 비판적 사고 문제 및 응용 문제가 포함되어 있다. 각 장의 시작 부분에 있는 학습내용은 각 장을 공부한 후에 학생들이 이해해야 할 것이 무엇인지 알려준다. 각 장의 마지막 부분에 있는 비판적 사고 문제는 학생들이 주요 내용을 암기하기보다는 내용을 깊이 생각해보고 연구하는 데 도움을 주기 위해 기획되었다. 마지막으로, 응용 질문은 학생들이 교재 내용을 실제 상황에 적용할 수 있는 방법을 고민해보게 하기 위해 기획되었다.

초판 이후 저자가 가장 좋아하는 변화된 내용 중 하나는 I/O심리학자가 관련 영역에서 자신의 통찰력과 경험을 제공하는 실무자 포럼 부분이다. 14개 장 중 13개 장에 실무자 포럼이 제시되어 있다. 각 포럼은 각 장의 내용을 공유할 수 있는 훌륭한 경험과 관련 정보가 풍부한 현장 전문가가 작성했다. 실무자 포럼은 짧고 간결하게 작성하고, 현장 경험과 상황을 각 장의 내용과 연결하기 위해 많은 노력을 기울였다. 저자는 학생들이 실무자 포럼에 흥미를 가질 것이라고 믿는다.

연구 방법과 통계와 같은 내용들을 잘 알고 있다면 이 책 전반에 제시된 자료의 중요성을 충분히 이해할 수 있지만, 학생들의 경우 종종 방법론과 통계와 관련된 개념에 어려움을 겪는 경우가 있었다. 이러한 이유로 2장 이후에 본문 양 옆으로 개념설명을 추가하여 자료에 대한 이해를 도울 수 있도록 하였다. 이전 버전에서 추가된 실무 적용에서는 실제 시나리오나 컨설팅 상황을 제공하여 학생들이 현장에서 문제 해결을 하는 데 있어 I/O심리학자의 역할을 경험할 수 있도록 하였다. 이 실무 적용은 학생들이 배운 것을 적용하고 I/O 전문가가 일반적으로 다루는 문제의 유형에 대해 미리 알아볼 수 있는 좋은 기회를 제공해준다. 이러한 시나리오나 상황은 과제 또는 흥미롭고 유익한 토론 주제로도 사용될 수 있다.

새롭게 추가된 I/O Today에는 현장에서 일하는 I/O 실무자 및 연구원들이 관심을 가지고 있고 향후 수년간 기법과 정책에 영향을 미칠 수 있는 혁신적인 기법들, 새로운 문제 및 신흥 이론을 제시하고 있다. I/O Today의 주제는 최근 현장에서 발생하는 실제 문제에 대한 학생들의 식견을 열어 줄 뿐만 아니라 I/O심리학이 현대 사회의 다양한 측면에 영향을 받고 실생활에 영향을 주는 분야인 것을 알게 해줄 것이다.

이전 판에서와 같이 모든 사진과 그림의 선명성을 보장하기 위해 미술 프로그램을 개편했다. 새로운 사진들은 주요 개념의 대표 이미지를 제공하여 학생들이 이를 잘 기억할 수 있도록 도움을 준다. 각 그림에 생각해보기를 추가하여 학생들이 더 깊게 생각하고 때로는 어떻게 응용할 수 있을지 생각해볼 수 있도록 하였다.

각 장의 끝에 간단한 요약과 더 읽을거리를 제시하였다. 더 읽을거리에는 책에서 다룬 다양한 주제에 대한 연구 논문들이 제시되었다. 특히 5판에서는 이 읽을거리 목록을 최신 논문들로 수정하였다. 학생들이 필요 시 관련 정보에 대한 추가 자료를 얻을 수 있도록 참고문헌을 제공하였다.

마지막으로 인쇄 매체에서 얻기 어려운 정보를 제공하고 있는 많은 인터넷 출처들도 제공하였다. 이 사이트들은 현재 활성화되어 있는 사이트들이다. 예를 들어 고용평등기회위원회

(EEOC)와 O*NET과 같은 웹사이트는 학생들에게 최신의 풍부한 정보를 제공하고 있다.

감사의 글

직/간접적으로 이 책의 출판에 많은 사람들이 큰 도움을 주었다. 내가 좋아서 하는 일이었지만, 많은 친구, 가족 및 동료들의 도움과 지원이 없었다면 이 책을 완성하는 것은 불가능했을 것이다.

가장 먼저, 항상 심리학 교수로서의 자긍심을 느끼게 해준 재학 중인 대학원생들 그리고 졸업한 대학원생들에게 감사의 말을 전하고 싶다. 그들은 수년 동안 내 생각과 아이디어를 형성하는 데 도움을 주었고, 일부는 5판 작업에 도움을 주었다. 모든 대학원생들에게 감사하지만, 특히 도움이 되었던 대학원생은 Lauren Borden과 Caitlin Cavanaugh이다. 이들은 책 작업을 재미있게 만들어준 밝고 의욕적인 박사과정 학생으로 그들의 노력이 없었다면 내용 수정을 잘 해낼 수 없었을 것이다.

다음으로, 수년 동안 이 전판들의 교재로 산업 및 조직심리학 수업을 받았던 수강생들에게 감사하고 싶다. 그들의 성원과 수업에 대한 긍정적 반응이 없었다면 이 책을 집필하지 못했을 것이다.

세 번째로, 지난 27년 동안 일해온 애크런대학교의 산업 및 조직심리학 전공 동료들에게 감사하고 싶다. 그들은 특정 주제에 대한 유용한 전문지식들, 그리고 정보 제공 방법에 대한 아이디어, 주제와 관련된 중요한 인용문, 사회적 지지 등 다양한 도움을 제공해주었다.

다른 동료들 역시 도움을 제공해주었다. 그들이 제공한 아이디어를 통해 집필 내용 등을 좀 더 생각해볼 수 있었고, 출판 과정에 필요한 자원을 제공해주었으며, 나의 노력을 격려해주었다.

실무자 포럼을 작성해준 분들 역시 이 책에 상당한 공헌을 해주었다. 그들의 전문지식과 통찰력을 기반으로 실무자 포럼이 완성될 수 있었고, 서면 기고뿐만 아니라 때로는 긴밀한 일정에 맞추는 노력을 제공해주었다. Douglas Klein, John F. Binning, Deirdre J. Knapp, Elaine Pulakos, Matthew O'Connell, Elizabeth Kolmstetter, Eric A. Surface, Anne Herman, Brian Welle, E. Jeffrey Hill, Tom Ruddy, Jamen Graves, and Laura Heft의 노력에 감사드립니다.

이 책을 출판하는 여러 단계에서 다음과 같은 분들이 개인적인 평가자로 도움을 주었다. 이들이 평가해준 구체적인 피드백과 책에 대한 관심에 상당히 놀랐다. 그들의 아이디어, 제안 및 비판이 없었다면 이 책은 '덜 완벽'했을 것이다. 특히 5판을 평가해준 분들은 상당한 통찰력을 제공해주었고, 그들의 노력에 진심으로 감사함을 표하고 싶다. 하지만 그들의 노력을 생각해보면 이러한 감사함의 표시만으로는 매우 부족하다는 생각이 든다. 특히 지난 두 권의 책에 대해 유용한 평가를 해준 그리고 이 책의 보조 자료를 제공한 Kristie Campana에게 감사드린다. Kristie는 이 책의 내용을 바탕으로 강사 자료집과 문제은행을 창의적인 방법으로 향상, 발전시켜 주었다.

Jack Aiello, *Rutgers University-New Brunswick*
Michael Amico, *Housatonic Community-Technical College*
William Attenweiler, *Northern Kentucky University*
Pamela Auburn, *University of Houston-Downtown*
Melinda Blackman, *California State University, Fullerton*
Kristie Campana, *Minnesota State University-Mankato*
Kelly Charlton, *University of North Carolina at Pembroke*
Bryan Dawson, *University of North Georgia*
Patrick Devine, *Kennesaw State University*
David Devonis, *Graceland University*
Donna El-Armale, *California State University-Dominguez Hills*
James Farr, *Pennsylvania State University*
Judith Gebhardt, *University of Maryland*
Jennifer Gonder, *Farmingdale State College-SUNY*
Charles Gorman, *East Tennessee State University*
Kathy Hanisch, *Iowa State University*
Donald Hantula, *Temple University*
Robert Harvey, *Virginia Tech*
Teresa Heckert, *Truman State University*
Paul Herrle, *College of Southern Nevada*
Ann Higgs, *Marist College*
Linda Hoffman, *McKendree University*
Keith James, *Portland State University*
Andrea Lassiter, *Minnesota State University-Mankato*
Wendong Li, *Kansas State University*
Nicolette Lopez, *University of Texas at Arlington*
Debra Major, *Old Dominion University*
Karen Marando, *Argosy University*
Daniel McElwreath, *William Paterson University*
Heather McGee, *Western Michigan University*
Mary Meisenhelter, *York College of Pennsylvania*
John Meyer, *University of Western Ontario*
Simon Moon, *La Salle University*
Bryan Myers, *University of North Carolina-Wilmington*
Joel Nadler, *Southern Illinois University Edwardsville*
Brian O'Leary, *University of Tennessee-Chattanooga*
Joshua Oyekan, *Morris College*
Stephanie Payne, *Texas A&M University, College Station*
Harriet Pila, *San Jose State University*
Erin Richard, *Florida Institute of Technology*
Justin Rueb, *University of Wisconsin-Stevens Point*
Charles Samuelson, *Texas A&M University*
Comila Shahani-Denning, *Hofstra University*
Mark Sibicky, *Marietta College*
Nanette Silverman, *Dowling College*
Robert Sinclair, *Clemson University*
Amie Skattebo, *Pennsylvania State University*
Michael Sliter, *ACT Center of Indiana*
Alice Stuhlmacher, *DePaul University*
Harold Takooshian, *Fordham University*
Holly Traver, *Rensselaer Polytechnic Institute*
Liu-Qin Yang, *Portland State University*

3판부터 출판사를 Worth로 변경하였고 그들과 함께 일하는 것은 멋진 일이었다. 이 책의 출판과 관련된 모든 직원들은 전문적이고 유능하며 즐겁게 일했다. Dan De Bonis는 훌륭한 편집자였으며 모든 단계에서 항상 나를 격려해주었고 도움을 제공해주었다. 나는 일련의 단계별로 세부 편집자들과 함께 일했으며, 예리한 통찰력을 보여준 Andrew Sylvester와 함께 일하게 되어 기쁘다. Andrew는 질문을 제기하고, 내 생각과 글쓰기를 명확히 하는 데 도움을 주었으며, 함께 일하는 것은 매우 편했고 앞으로도 함께 일하고 싶다. 그의 전문성은 5판의 품질 증진에 큰 기여가 되었다. 마지막으로, 편집과 제작에 도움을 준, Katie Pachnos, Kerry O'Shaughnessy, Robert Leon, Robin Fadool, Candice Cheesman, Vicki Tomaselli 및 Stacey Alexander에게 감사드린다. 홍보에 도움을 준 Kate Nurre, 지원 프로그램에 대한 Anthony Casciano, 그리고 이 책에 대한 신뢰를 가져준 Worth 사의 영업 직원들에게도 감사를 드리고 싶다.

마지막으로 나의 전부인 가족들에게 감사하고 싶다. 가족들이 생각하는 것보다 그들은 나에게 더 많은 것을 주었기 때문에 나는 한 번도 약해지지 않은 것 같다. 아내 Sylvia와는 30년 전 처음 만났다. 그녀는 늘 존중과 사랑, 품위, 존엄을 가지고 행동했고 이러한 행동을 나도 본받게 되었다. 그녀와 함께했기 때문에 이 긴 시간을 견딜 수 있었다. 그녀가 지지해주지 않았다면 이 책 작업도 할 수 없었고 애초에 시도조차 하지 못했을 것이다. 세상에서 무엇보다 소중한 세 아들 Christopher, Sean, Jared는 우리 삶에 헤아릴 수 없는 기쁨을 선사해주었다. 그들과 함께 시간을 보내는 것을 즐기고 늘 그들을 자랑스럽게 여기고 있다. 내 대학원생 중 한 학생이 박사학위 논문 감사의 글에 5년간 내 가족을 알고 지낸 것에 감사하다고 하였다. 가족이 가장 큰 축복이라는 것을 알고 있기에 대학원생의 글에 감동을 받았다. 끝없는 은혜로 계속해서 놀랄 만큼 하나님이 저에게 주신 모든 은혜에 감사드린다.

CHAPTER 1

산업 및 조직심리학의 역사 : 현재와 과거

이 장의 개요

산업 및 조직심리학이란?

산업 및 조직심리학자는 어떻게 양성되는가?

I/O Today 과학자 – 실무자 간 괴리

산업 및 조직심리학자가 하는 일은?

한 세기 이상의 역사

- 제1차 세계대전 이전
- 제1차 세계대전부터 1920년대
- 1930년대부터 제2차 세계대전
- 제2차 세계대전부터 1960년대 중반
- 1960년대 중반부터 1980년대 중반
- 1980년대 중반부터 2000년
- 2000년 이후

산업 및 조직심리학의 미래는?

산업 및 조직심리학이 주는 의미는?

요약

사진 : (윗줄) Monty Rakusen/Getty Images; David Ramos/Getty Images; Jetta Productions/Getty Images; (아랫줄) Doug Berry/Getty Images; Thomas Barwick/Getty Images; Monty Rakusen/Getty Images

학습내용

- I/O심리학자가 되기 위한 훈련 방법
- I/O심리학자의 업무 그리고 조직 및 직원 모두에게 이익을 주는 방법
- I/O심리학의 발전 및 성장과 관련된 주요 인물과 다양한 역사적 사건들
- 변화하는 환경에서 현재 I/O심리학의 중요성과 미래의 조직 기능에 기여할 수 있는 I/O심리학의 잠재력

우리가 누구인지는 대부분 우리가 하는 일에 의해 결정된다. 몇 문장으로 나 자신을 설명하라고 한다면, "제 이름은 폴 레비입니다. 실비아 친-레비와 24년 동안 결혼 생활을 유지하고 있고 크리스토퍼, 션, 제러드라는 자랑스러운 아들 3명을 두었습니다. 저는 애크런대학에서 산업 및 조직심리학을 전공하는 심리학과 교수이자 학과장입니다. 저는 학부생과 대학원생 모두를 가르치고 수행 평가 및 피드백 분야에 관심을 두고 연구를 진행하고 있습니다. 볼티모어 오리올스의 팬이고, 청소년 스포츠 코치도 하고 있으며 운동으로 농구를 합니다."라고 할 것이다.

이 간단한 예에서 자신이 가진 직업이 그 사람에 대한 설명에 얼마나 중요한지 알 수 있다. 대부분의 사람들은 직장에서 하루의 1/3 이상을 일하고, 직장에 출퇴근하며, 일을 준비하는 데 시간을 보낸다. 많은 사람들이 일을 집으로 가져오기도 하고, 밤, 주말, 또는 심지어 이른 아침에 일 때문에 전화가 오기도 한다. 우리 대부분은 가족이 삶에서 가장 중요한 요소라는 데 동의하지만, 일은 아마도 가족과 거의 동등할 만큼 중요한 요소이다. 이 책에서는 I/O심리학 관점에서 직업 세계를 제시하고 직원과 조직 간의 상호작용에 포함된 복잡한 현상들을 보다 잘 이해하기 위해 다양한 이론들과 연구 결과들이 제시될 것이다. 이번 1장에서는 I/O심리학의 역사, 사건, 함의 및 전반적인 경향을 소개한다.

산업 및 조직심리학이란?

> **산업/조직심리학**
> 심리학 원리와 이론을 직업 장면에 적용한 심리학의 한 분야

산업/조직(I/O)심리학(industrial/organizational psychology)은 심리학 원리와 이론을 직장에 적용한 학문이다. I/O심리학자들은 주로 직원과 고용주의 태도와 행동, 직장에서의 대인관계, 조직 및 조직 정책의 구조, 동기 부여와 리더십의 복잡한 과정, 개인성과와 조직성과, 조직 문화 · 분위기 · 맥락, 일과 가족 혹은 삶 간의 조화에 많은 관심을 가지고 연구한다.

전통적으로, 산업심리학과 조직심리학은 내용에 따라 구분되어 왔다. 산업심리학(개인심리학

이나 성격심리학과 혼동해서는 안 된다. 인사심리학이라고도 한다)은 주로 직무분석, 훈련, 선발 및 수행 측정/평가와 관련이 있고 조직심리학은 동기 부여, 직무 태도, 리더십, 조직 구조, 조직 문화 그리고 직무 수행 과정과 관련이 있다.

산업심리학의 주제는 전통적으로 다양한 직무들에 적합한 수행 평가, 측정 및 선발에 초점을 맞추고 있기 때문에 기술적(technical)인 측면이 강하다. 조직심리학의 주제는 동기 부여, 리더십, 고용주-직원 관계 및 직무 태도와 같은 관계적(relational) 요소를 더 많이 포함하고 있다. 하지만 두 분야는 서로 밀접하게 관련되어 있기 때문에 이분법적으로 구분한다는 것은 적절치 않다. 두 영역은 상호 의존적이며 산업 및 조직심리학이라는 응용심리학의 하위 전문분야들이다. 그리고 직장에서 발생하는 다양한 문제를 조직심리 또는 산업심리 둘 중 하나의 문제로 구분하는 경계도 없다. 예를 들어, 전통적으로 산업심리 영역으로 간주되는 낮은 수행 문제[수행(performance)이라는 용어 자체는 산업심리학과 더 밀접하게 관련되어 있음, 경영에서는 성과로 주로 언급됨]는 조직심리학의 직무 태도 또는 동기 요인으로 인해 발생할 수도 있다. 또한 대부분의 I/O심리학자는 산업심리학자 그리고 조직심리학자로서 독립적인 교육을 받지 않고 I/O심리학 모두에 대해 동일한 교육을 받는다. 그럼에도 불구하고 이 책에서는 이 둘을 형식적으로 구분해서 사용하고 있다. 이는 각각의 다른 주제를 다루는 데 있어서 일관성을 유지할 수 있고 무엇보다 토론의 틀을 제공할 수 있기 때문이다.

I/O심리학의 역사를 알아보기 전에, I/O심리학자가 어떻게 훈련받는지, 그리고 하는 일은 무엇인지를 알 필요가 있다. 이를 통해 I/O심리학자가 가지고 있는 기술들과 그들이 수행하는 직무를 더 잘 이해할 수 있을 것이다.

산업 및 조직심리학자는 어떻게 양성되는가?

미국심리학회(American Psychological Association : APA)의 14번째 분과인 산업 및 조직심리학회(Society for Industrial and Organizational Psychology : SIOP)는 대부분의 I/O심리학자가 가입하는 전문 학회이다. I/O심리학자들은 현재 미국과 캐나다에 개설되어 있는 70개 정도의 대학원 I/O심리학 과정을 통해 박사학위(Ph.D.)(또는 Psy.D., 연구에 대한 부담이 덜한 박사학위)를 취득하고 있다. 다른 나라에도 I/O심리학 과정이 많이 있고 자세한 내용은 SIOP 홈페이지의 I/O심리학 및 관련 분야의 대학원 과정을 참고하길 바란다. 그렇다고 꼭 박사학위가 있어야 하는 것은 아니다. 석사학위를 가진 I/O심리학자도 많고, I/O심리학 과정이 아닌 경영학과 대학원 과정의 교육을 받은 사람들도 많다. 많은 I/O심리학자들이 속한 또 다른 전문 협회는 160개국에 걸친 인적 자원 관리 전문성을 향상시키는 데 중점을 둔 인적자원관리학회(Society for Human Resource Management : SHRM)이다.

과학자/실무자 모델
산업 및 조직심리학자는 연구를 통한 지식의 생성자이자 소비자이기 때문에 산업 및 조직심리학자 양성 시 이론과 적용 모두에 초점을 맞춰 교육해야 한다는 교육의 모델 혹은 틀

SIOP(1999)는 I/O심리학 박사 과정 교육 지침을 발표하였고, 이 지침에는 I/O심리학자를 훈련시키는 근본적인 접근 방법이 **과학자/실무자 모델**(scientist/practitioner model)이라는 것을 분명히 명시하고 있다. I/O심리학자는 연구를 통해 지식을 창출하기도(과학자) 하지만 그러한 지식을 사용하여 현장에 적용하기도 한다(실무자). 따라서 I/O심리학 박사 과정 교육에 있어서는 다양한 영역과 관련된 이론과 응용 분야 모두에 초점을 맞추어야 한다. 이론과 실천, 모두에 대한 강조는 실무자, 연구자라는 경력 목표와 상관없이 필요하다. 사실, 훌륭한 연구자가 되기 위해서는 연구와 관련된 이론 그리고 그 연구를 통해 지식을 적용하는 방법을 모두 이해할 필요가 있다(이 지침은 SIOP 웹사이트[http://www.siop.org/ProposedGuidelinesChanges.pdf]에서 얻을 수 있고 현재 개정 과정에 있다). 미래의 I/O심리학자를 효과적으로 가르치려면 이론 및 적용 수준 모두에서 통찰력을 가질 수 있어야 한다. 마찬가지로 조직에 지식을 적용하려면 I/O심리학 영역에서의 다양한 문제들과 기법들을 이론적으로 이해할 수 있어야 하고 조직 내 직원들에게 변화를 위한 프로그램 또는 처치의 잠재적 이점을 이해시킬 수 있어야 한다.

이 지침은 또한 I/O심리학에서 대학원 교육의 목표가 추후 현장에서 본인의 직무를 잘 수행

I/O TODAY

과학자-실무자 간 괴리

당신이 새로운 훈련 프로그램을 설계하고 그 효과를 평가해야 하는 I/O 실무자라고 상상해보자. 오래전에 박사학위를 받았고 교육 평가에 관한 최신 연구를 따라갈 수 있는 시간이나 자원은 부족한 상황이다. 교육 연수생을 대상으로 한 효과적인 설문 조사를 설계하고 이를 시행하는 데 시간이 필요하지만, 2주 내에 준비를 해야 되고 다른 많은 프로젝트도 진행하고 있다. 따라서 이 훈련이 과학적인 방법으로 설계 · 진행되지 못한다는 것을 알고 있는 상태에서 어떻게 최선의 방법으로 이를 진행해야 할지 고민을 하고 있다.

이제 당신이 대학의 연구원이라고 상상해보자. 연구원직을 유지하려면 올해 몇 편의 논문이 출판되어야 한다. 관련 저널은 비록 현장에 적용하기 어렵다고 하더라도 교육 평가에 대한 새로운 이론을 제안하는 논문을 선호한다. 논문 작성과 출판을 위해 기업에서 실시한 훈련 자료를 사용하는 것이 좋지만 가지고 있는 자료가 논문에 출판될 만큼 양질의 자료가 아니라서 걱정이 된다. 따라서 실제 조직과 관련이 없을 수도 있다는 것을 알고 있지만 자료를 얻기 위해 실험실 연구를 수행하려고 한다.

이 두 시나리오와 같이 과학자/실무자 괴리는 극복하기가 쉽지 않다. 다행히 몇 가지 가능한 해결방안들이 있다. 첫째, 기술 향상으로 실무자는 많은 관련 논문, 보고서 등의 자료에 손쉽게 접근할 수 있다. 비록 실무자들의 경우 연구에 투자할 시간과 자원이 많지 않을 수 있지만 과학자들은 이러한 자료에 관심이 많으며, 이 기존 자료를 재분석하여 의미 있는 결과를 논문으로 출판하고 있다. 따라서 실무자들이 관심이 있는 분야나 문제에 대한 과학자들의 연구 결과들을 실무자들이 활용하여 과학자/실무자 간의 격차를 해소할 수 있다.

이와 관련한 최근의 변화는, 기존의 논문 구독을 위

해 많은 비용을 지불해야 했지만 최근에는 '무료 공개(open access)' 저널을 통해 누구나 읽을 수 있도록 하고 있다(Björk et al., 2010). 한 예로 2015년에 시작한 IPAC(International Personnel Assessment Council)의 오픈 액세스 저널인 *Personnel Assessment and Decisions*이다. 비록 논문의 질에 대한 우려와 논문 출판사들의 운영 문제에 대한 걱정은 있었지만 이러한 무료 공개를 통해 실무자들은 새로운 연구에 관한 최신 정보를 쉽게 얻을 수 있게 되었다. 그리고 일부 학술지는 실무자들이 좀 더 쉽게 논문을 이해하고 활용할 수 있도록 복잡한 전문 용어 사용을 피하고, 연구 결과의 실용적 함의에 대해 더 강조하도록 권장한다(2008년에 출판된 *Industrial and Organizational Psychology: Perspectives in Science and Practice* 참조).

마지막으로, SIOP와 같은 전문 협회는 과학자와 실무자가 상호 협력할 수 있는 방안을 모색해왔다. 예를 들어, SIOP는 과학자와 실무자가 아이디어를 공유하고, 질문하고, 함께 연구를 수행할 수 있는 소셜 네트워킹 사이트인 my.SIOP.org를 시작했다. 다른 연구자들은 실무자가 과학적인 처치를 보다 용이하게 할 수 있게 해주는 뉴스레터, 학술 모임 및 온라인 도구를 만들어 활용했다(O'Neill, 2012).

과학자/실무자 간 괴리가 사라질 것 같지는 않다. 다만 I/O심리학자는 실무자가 직장에서 최신의 과학 기반 기술과 이론을 위한 조직관련 자료들을 지속적으로 사용할 수 있도록 소셜 미디어, 블로그, 온라인 강좌 및 이와 유사한 도구를 사용하고 있다.

토론질문

1. I/O심리학자는 과학자/실무자 모델에 기반하여 훈련하지만 대부분 실무나 연구에 집중하는 직업을 선택한다. I/O심리학자가 과학자에 중점을 둔 직업 혹은 실무자 관련 직업을 가지게 된다면 각각의 일상적인 삶이 어떻게 달라질 것이라고 생각하는가? 과학자는 어떤 유형의 기술이나 특성을 가져야 하는가? 실무자는?
2. 우리는 과학자/실무자 간의 괴리를 해소할 수 있는 몇 가지 방법을 논의했다. 과학자와 실무자가 실행한 연구들의 결과를 더 잘 공유할 수 있는 다른 방법은 무엇일까?

참고문헌

Björk, B., Welling, P., Laakso, M., Majlender, P., Hedlund, T., & Guonason, G. (2010). Open access to the scientific journal literature: Situation 2009. *PLoS ONE, 5*(6). 출처 : http://journals.plos.org/plosone/article?id=10.1371/journal.pone.0011273

O'Neill, T. (2012). Canadian scholars working to bridge the perceived scientist-practitioner gap. *The Industrial-Organizational Psychologist, 49*, 63–66.

더 읽을거리

Silzer, R., & Parson, C. (2012). Industrial-organizational psychology journals and the science-practice gap. *The Industrial-Organizational Psychologist, 49*, 97–117.

할 수 있도록 **역량**(competencies, 기술, 행동 및 능력)을 개발하는 것을 포함하고 있지만, I/O심리학 전문가 역시 효과적으로 다른 사람들의 역량 개발을 할 수 있어야 한다. **표 1.1**에는 I/O심리학자에게 중요한 역량이 요약되어 있다. 이 목록은 대학원 프로그램에서 I/O심리학자 훈련에 사용되는 가이드라인이다. I/O심리학자들이 모든 분야에서 완전한 역량을 갖추지는 못했지만 대부분은 어느 정도의 역량을 가지고 있다.

역량
직원이 특정 기능을 수행할 수 있게 해주는 기술, 행동 및 능력의 집합

SIOP의 지침에서는 I/O심리학자 교육에서 다양성을 중요하게 다루고 있다. 다양성은 종업

표 1.1 박사 과정 I/O심리학 프로그램에서 개발되어야 할 역량

태도 이론, 측정 그리고 변화	직무분석과 분류
경력 개발	판단과 의사결정
컨설팅 및 경영 기술	리더십과 관리
소비자 행동	조직 개발
준거 이론과 준거 개발	조직 이론
I/O심리학 윤리적 · 법적 그리고 전문적 맥락	수행 평가와 피드백
심리학 분야	모집, 선발, 배치
조직 내 건강	연구 방법
심리학에 대한 역사와 체계	소집단 이론과 팀 과정
인적 요인/수행	통계 방법/자료 분석
개인 평가	훈련 : 이론, 프로그램 설계와 평가
개인차	직무 동기
직무 평가와 보상	

출처 : Information from Society for Industrial and Organizational Psychology(1999).

원들 간의 인종적, 문화적 차이뿐 아니라 연령과 성별 차이에 대한 인식과 이해를 의미한다. 과학 및 실무에 필요한 각 역량에 있어서 다양성은 모두 적용될 수 있다.

SIOP에서 제안하는 역량을 개발하고 I/O심리학 박사학위를 취득하려면 학부 과정을 마친 후 적어도 4년에서 5년 동안 대학원 과정을 이수해야 한다. 이 과정 동안 마지막 학기나 1년 동안은 **박사학위 논문**(dissertion)을 작성하는 데 시간을 보내게 된다. I/O심리학 박사학위 논문은 일반적으로 경험적 연구들이다. 박사 과정 학생은 관심 있는 주제를 찾고 해당 분야의 최신 연구들을 철저히 검토한다. 그런 다음 해당 분야에서 필요한 연구가 무엇인지 결정하고 연구 주제에 대해 전문지식을 갖춘 교수진과 협력하여 연구를 설계한다. 일부 학생들은 석사학위를 취득하기도 한다. 일반적으로 박사보다는 연구관련 훈련이 짧은 2년이 소요된다. 심리학 분야에서 가장 빠르게 성장하는 요구 사항 중 하나는 I/O에서 석사학위 소유자이다. 실제로 2014년에 I/O심리학자는 미국에서 가장 빠르게 성장하는 직업으로 분류되었고 2014년에서 2022년 사이에 53%의 예상 성장률을 보였다(Farnham, 2014). 또한 I/O심리학자는 미국 내 100대 최고의 직업 목록(U.S. News & World Report, 2016)에서 37위에 올랐고, 과학 분야에서는 1위로 선정되었다.

박사학위 논문
박사 취득을 위한 마지막 관문인 학술 연구

산업 및 조직심리학자가 하는 일은?

I/O심리학자는 과학자/실무자 모델에 따라 교육을 받지만 대부분은 상대적으로 과학과 연구 또는 실무에 중점을 둔 직업을 선택하게 된다. 여기서 중요한 것은 학자들이 연구와 교육에 중점을 두고, 연구 결과와 이론을 현장에 적용하는 일을 많이 하지 않는다는 것이다. 마찬가지로 연구에 참여하고 학술 저널에 자신의 현장 연구를 출판하여 탁월한 연구 명성을 얻는 실무자도 있지만, 대부분은 기존 이론을 적용하는 실무에 초점을 두고 있다. **그림 1.1**에는 I/O심리학자들이 일하는 주요 활동 장면이 제시되어 있다. I/O심리학자의 상당 부분(40%)이 대학 교수로 일하고 있다. 이들은 주로 심리학과 또는 경영학과에서 학생들을 가르치고, 연구를 진행하고 있다. 연구 지향적인 다른 I/O심리학자는 연구소 또는 공공 기관에서 일하고 있다.

학교 이외에 I/O심리학자들은 컨설팅 회사(26%), 기업체(20%), 정부 및 비영리 단체(13%)에서 일하고 있다. 이러한 실무자 중 상당수는 제조, 금융 서비스, 통신 및 소비재 산업 등의 인적 자원 관련 부서에서 일하고 있다. 공공 부문 재직자들은 군대, 정부에서 일하고 있다. **표 1.2**는 I/O실무자들의 직책을 보여주고 있고 **표 1.3**에는 전통적으로 I/O심리학자를 고용해왔던 대표적인 회사들이 제시되어 있다.

그렇다면 이러한 I/O심리학자들은 정확히 무슨 일을 하는가? 표 1.1에 제시된 I/O심리학자들에게 필요한 역량을 보면 대략 어떤 일을 하는지 알 수 있을 것이다. 다음의 내용들을 살펴보면 I/O심리학자들이 주로 하는 일을 좀 더 상세하게 알 수 있다.

'더 나은 직장을 위한 과학(Science for Smarter Workplace)'이라는 좌우명을 가진 SIOP에서는

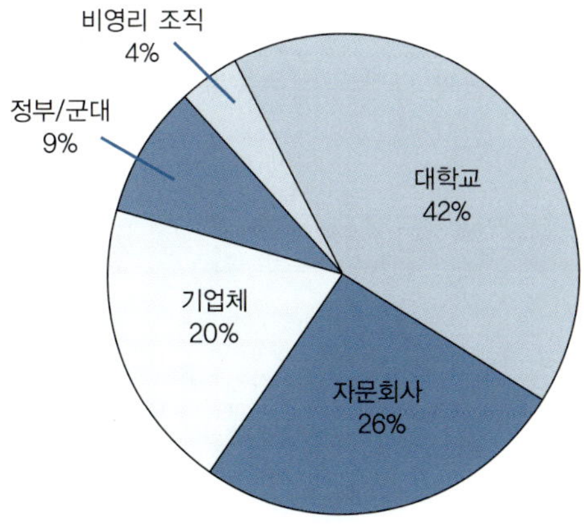

그림 1.1 산업 및 조직심리학자(박사)들의 주요 활동 장면

출처 : Khanna, Medsker, & Ginter(2013).

표 1.2 직장에서 산업 및 조직심리학자들의 직책	
인사 담당 부사장	프로젝트 매니저
인적 자원 관리자	선임 연구원
조직 개발 전문가	경영 컨설턴트
인사 심리학자	연구 전문위원
수석 컨설턴트	행동 과학자

더 나은 조직을 구축하기(Building Better Organizations)(SIOP, 2006a)라는 팜플렛을 제작하였고, 이 팜플렛에 I/O심리학자들의 주요 업무 영역들을 제시하였다. 몇 가지 주요 영역을 소개하면 첫째, I/O심리학자가 가장 많이 일하고 있는 영역은 선발이다. 직원 채용(즉 선발 및 배치)에 사용되는 검사의 개발 및 관리를 담당한다. 이 선발 과정에서 중요한 업무는 직무 수행을 잘 예측할 수 있도록 선발 검사의 타당도를 검증하는 것이다. 많은 I/O심리학자들은 검사의 타당도 검증을 위해 지원자와 재직자에게 선발에 사용되는 검사를 실시한 후 이 검사 점수가 직무 수행 평가 점수와 상관이 있는지를 확인하는 데 많은 노력을 기울이고 있다. 즉 좋은 검사란 특정 직무에서 누가 좋은 수행을 보일 직원이 될 수 있을지를 잘 예측할 수 있는 검사이다. 6장과 7장에서 선발과 관련된 내용을 중점적으로 다룰 것이다.

I/O심리학자들이 두 번째로 많이 일하고 있는 영역은 교육 및 개발 분야이다. 기업들은 신입 사원들에게 일하는 방법을 가르치는 교육 프로그램에 많은 시간과 돈을 투자하고 경력직 직원들에게 새로운 장비를 가지고 일하는 방법을 가르친다. I/O심리학자는 이러한 교육 프로그램을 개발한다. 이러한 프로그램 개발을 위해 우선 조직과 과업을 분석하고 회사 직원들과 함께 교육 프로그램을 실시하여 업무 수행 능력을 향상시킨다. 그리고 프로그램 실시 후에 그 효과를 평가하는 일을 한다. 8장에서 훈련과 관련된 내용을 중점적으로 다룰 것이다.

표 1.3 산업 및 조직심리학자를 고용해왔던 대표적인 회사들	
Procter & Gamble	Johnson & Johnson
United Airlines	Amazon
Frito-Lay	Ford Motor Company
IBM	Dow Chemical
Google	PepsiCo
AT&T	Wells Fargo

세 번째로 많이 일하고 있는 영역은 조직 개발(OD) 분야이다. 이 분야의 전문가들은 조직 구조, 문화 및 분위기를 분석하고 조직이 보다 효과적으로 운영될 수 있도록 각 조직에 적합한 처치 프로그램을 개발한다. 조직 변화는 21세기 조직에서 일어나고 있는 많은 변화를 고려할 때 기업들이 매우 관심을 가지고 있는 조직 개발의 한 부분이다. 우리는 14장에서 조직 개발에 대해 세부적인 내용을 다룰 것이다.

Zero Creative/Cultura/Getty Images

생각해보기

직장 환경이 사람의 직무 만족에 어떤 영향을 미친다고 생각하는가? 직장 환경이 생산성에는 어떤 영향을 미칠 수 있는가?

네 번째 영역은 **수행 평가**(혹은 성과 관리) 영역이다. 주로 개인 및 조직의 성과 측정 방법을 개발하고 이러한 측정 방법을 사용하여 성과를 향상시키는 데 중점을 두고 있다. I/O심리학자는 수행 평가 방법을 개발하고 어떻게 이를 실행할지 결정하며 실행 과정을 관리/감독한다. 수행 평가는 4장과 5장에서 구체적으로 논의된다.

마지막 영역은 **삶의 질**과 관련된 영역이다. 이 분야는 직무 만족 및 조직 몰입과 같은 직무 태도의 측정과 이를 증진시키기 위한 일을 한다. I/O심리학자는 직원들이 자신의 직무를 좋아하는지 싫어하는지를 파악하고 이해하기 위해 태도 조사 측정 방법을 개발하고 실시한다. 이러한 직무 만족, 조직 몰입과 같은 태도 점수는 성과와 관련이 있는 것으로 나타났다. 태도 점수가 낮을 경우에는 이를 개선하기 위해 업무 환경뿐만 아니라 조직의 효율성을 향상시키기 위한 계획을 세운다. 10장에서는 직무 태도와 관련하여 직장 생활의 질에 대해 구체적으로 논의한다.

SIOP의 팜플렛에 제시되지는 않았지만, I/O심리학 분야에서 상대적으로 새롭고 빠르게 성장하는 분야는 **사회 정의와 친사회적 행동**(prosocial work)이다. SIOP 웹사이트에서는 이에 대해 구체적으로 설명하고 있다(http://www.siop.org/prosocial/ 참조). 이러한 사회 정의와 친사회적 행동은 사회에 도움이 되는 자원봉사 또는 역할 외 행동(역할 외 행동이나 조직시민 행동에 대한 구체적 설명은 4장 참조)으로 정의되며, 대가 없이 참여하는 프로젝트나 조직 내 도움 행동들이다. 최근 많은 SIOP 회원들이 참여한 사회 프로젝트의 예로 퇴직 군인 전환 프로젝트(Beteran Transition Project)가 있다. 이 프로젝트는 퇴직 군인들이 은퇴 이후 지역사회 및 직장에서 새로운 역할이나 일을 할 수 있도록 도움을 주는 것이 목적이었다. SIOP 회원이 제공한 서비스에는 퇴직 군인의 이력서 작성, 구직 및 면접 과정 지원 및 고용주가 재향 군인을 지지, 적응할 수 있는 조직의 정책 및 문화를 만드는 것들이 포함되었다. 친사회적 행동의 또 다른 예로, SIOP 회원으로 구성된 빈곤 연구 그룹(Poverty Research Group)이 후원하는

INCUBATE(INternational Collaboration Between Universities By Aligning Their Expertise) 프로젝트이다. 이 프로젝트는 학제 간 협력을 통해 세계적으로 그리고 지역적으로 발생하는 빈곤 감소를 위한 연구들을 지원하고 있다(www.siop.org/Prosocial/Incubate.aspx). 마지막으로 노스캐롤라이나대학교(샬럿)의 조직심리 박사 과정 프로그램에서 만들고 운영하고 있는 자원봉사 프로그램 평가(Volunteer Program Assessment : VPA) 조직으로 I/O심리학 이론들과 연구를 통해 비영리 단체들이 자원 봉사자들을 더 잘 평가하고 이해할 수 있도록 돕는 것을 목표로 두고 있다. VPA는 2009년(https://vpa.uncc.edu) 창립 이래 100개 이상의 비영리 단체들에게 도움을 제공하였다.

이외에 소비자 심리학, 공학 또는 인간공학과 같은 영역에도 I/O심리학자들이 일하고 있지만, 위에 언급된 영역에서 일하는 전문가들이 많다. 나머지 장들을 통해 I/O심리학자들이 하는 일을 훨씬 자세히 알 수 있다. 그러나 먼저 I/O심리학의 역사를 어느 정도 알아야 한다. 이는 과거에 대해 잘 알수록 미래에 대해서도 더 잘 예측할 수 있기 때문이다.

한 세기 이상의 역사

I/O심리학은 종종 심리학의 새로운 영역으로 간주되기도 하지만 실제로 그 뿌리는 심리학 시작의 역사와 같이한다(Lowman, Kantor, & Perloff, 2007). 자세한 심리학 역사에 관심이 있는 학생들은 Laura Koppes(2007)를 참고하기 바란다. 이 책에서는 지난 100여 년을 7개 기간으로 나누어 설명하고 있다(Katzell & Austin, 1992).

제1차 세계대전 이전

이 기간은 20세기 초반부터 제1차 세계대전까지이다. 1901년 현대심리학의 창시자 중 한 사람이며 그 자신을 심리학자라고 처음으로 언급한 Wilhelm Wundt의 제자이자, 노스웨스턴대학교의 교수인 Walter Dill Scott은 1901년 시카고의 아가테 클럽에서 잡지 광고 매니저들에게 광고의 심리적 측면에 관한 강연을 요청받았다. 강연의 내용이 심리학과 기업 경영 간에 관련이 있었기 때문에 많은 사람들이 1901년 12월 20일을 I/O심리학이 시작된 날로 언급하고 있다. Scott은 1903년 **광고이론**이라는 책을 출판했고 12년 후인 1915년에는 카네기 공대(현재는 카네기멜론대학교)에 응용심리학과가 개설되었고, 1916년에 Walter VanDyke Bingham과 함께 응용심리학 분야의 첫 교수가 되었다.

동시에 Wundt의 다른 제자인 Hugo Munsterberg는 미국으로 건너가 독일에서 배웠던 응용심리학 관련 일을 계속하였고 **심리학과 산업 효율성**(Psychology and Industrial Efficiency)(Munsterberg, 1913)이라는 교재를 출판했다. 이 시기의 거의 모든 심리학자들이 실험심리학자로 훈련을 받았기 때문에 Scott, Munsterberg, 그리고 Bingham 등 응용분야에 관심을 가지고 있던 심리학자들은 실험심리학 분야의 연구를 수행하면서 응용관련 분야의 일을 함께 해야 했다(Katzell & Austin, 1992).

Koppes와 Pickren(2007)은 많은 사람들이 I/O심리학 분야가 미국에서 시작되었다고 생각하고 있다는 것을 알았다. 하지만 이는 사실이 아니다. Moore와 Hartmann(1931, Koppes & Pickren, 2007에서 인용)은 미국보다 유럽(영국, 독일, 러시아, 이탈리아 등)에서 더 일찍 더 빠르게 발전되어 왔고, 특정 연구 목표를 위해 공통 관심사를 가진 연구자들이 협력할 수 있도록 도와주고 연구비를 제공해준 연구센터가 설립되었다고 하였다. 흥미롭게도 미국에서는 개별 연구자 중심으로 연구가 진행되었기에 한 분야를 이끌기 위한 협력은 많지 않았다. 어떤 면에서 미국과 유럽의 상반된 발전 과정의 차이는 개인주의 사회인 미국과 다른 나라들 간의 차이와 유사하다. 이러한 문화적 차이는 I/O심리학 분야의 비교문화 이슈들과 관련이 있으며 이 책에서 관련 내용들이 자주 기술되고 있다.

제1차 세계대전부터 1920년대

두 번째 기간은 제1차 세계대전부터 1920년대까지이다. 이 시기에 I/O심리학은 사회적으로 인정을 받게 되었고 순수심리학 분야에서 응용 분야로 이동하게 되었다. 전쟁으로 인해 수천 명의 젊은이들이 군에 입대하게 되었고 이로 인해 입대자들의 군 생활을 위해 측정하고 평가할 필요가 있었다. 이 기간 동안 Scott과 Bingham은 육군 인사 장교 산하에 심리 프로그램을 만들고 운영했다. 이 프로그램의 직원들은 군인 인사 파일 및 수행 평가 양식의 기준을 개발하는 업무를 담당했다. Robert Yerkes(당시 American Psychological Association의 회장)가 이끄는 또 다른 그룹의 심리학자들은 **군대 알파**(Army Alpha) **및 군대 베타**(Army Beta) 정신 능력 검사를 개발하고 이를 정부가 군인들을 선발하고 배치하는 데 활용하였다. 이 검사는 당시에 존재하던 개인 검사와는 다르게 집단으로 시행할 수 있는 객관식 검사로 개발되었다. 이 기간 동안 I/O심리학자들은 군대 알파·베타 외에 사람들을 선별하고 구분하는 다른 검사들을 포함하여 군대에 많은 기여를 하였다.

> **군대 알파 및 군대 베타**
> 제1차 세계대전 중 군인력의 선발과 배치를 위해 산업 및 조직심리학자들이 개발한 정신능력 검사(지능검사)

이 시기에는 I/O심리학이 학계 및 군사 영역을 넘어 정부 및 민간 업계로 확대되기 시작했다. I/O심리학자들은 정신 능력 검사, 인사선발 계획, 교육 및 인사 관리 분야에서 일하는 The Scott Company(Walter Dill Scott 설립)와 같은 컨설팅 회사를 만들기 시작했다. The Psychological Corporation은 검사 개발 전문 업체로 1921년에 설립되었으며 현재 Harcourt Assessment 회사 내에 아직도 운영되고 있다.

또한 1921년 Bruce V. Moore는 카네기 테크에서 산업심리학 박사학위를 최초로 받았다. 조교수에서 펜실베이니아주립대 학과장이 되었고, 1945년 APA의 14번째 분과인 I/O심리학의

Archives of the History of American Psychology, The Cummings Center for the History of Psychology, The University of Akron

초대 회장이 되었다. 카네기 테크에 재직 중일 때 웨스팅하우스 전기 제조 회사에서 신입사원들 중 어떤 직원이 판매와 설계에 적합한 사람인지 구분하기 어렵다는 문제에 대한 자문을 구해왔다(Gilmer, 1981). Moore와 동료들은 이 문제를 해결하기 위해, 신입사원들의 적합한 업무가 무엇인지 구분할 수 있도록 개인의 흥미에 기반한 문항을 개발하였다. 이는 후기에 Edward Strong (최종 David Campbell이 완성)이 남성을 위한 **스트롱 직업 흥미 검사**(Strong Vocational Interest Blank)(Strong, 1927)로 확장하였다. 저자도 고등학생 때, 이 검사를 받았고 검사 결과 사람들과 함께 일하고 가르치는 직업이 나에게 적합한 직업으로 도출되었다. 최근에는 **캠벨 흥미 기술조사**(Campbell Interest and Skill Survey)라는 검사로 불리고 있고 고등학생과 대학생들에게 적합한 직업을 찾는 데 도움을 주는 검사로 많이 사용되고 있다.

생각해보기

제1차, 2차 세계대전 동안 심리학자들이 군대에서 수행한 중요한 역할은 선발과 배치를 위한 검사를 실시하는 것이었다. 군인의 지능을 파악하는 것이 군 지도자가 군 인력 배치 결정을 내리는 데 어떤 도움이 될 수 있을까?

Frederick Taylor의 과학적 관리(Scientific Management)라고 하는 작업동기에 대한 접근 방식은 1800년대 후반과 1900년대 초반에 인기를 얻었다(구체적인 내용은 14장 참조). Taylor는 직원들이 자신의 업무를 잘 수행해내고 업무를 효율적으로 수행했을 때 금전적 보상을 받아야 한다고 주장했다. Lillian과 Frank Gilbreth는 과학적 관리에서 간과하고 있었던 근로자들의 복지와 행복(well-being)을 훨씬 더 강조하였다.

Lillian Gilbreth는 브라운대학교에서 심리학 박사학위(응용심리 분야는 아니었음)를 받았다. 이 논문은 1914년 **경영심리학**(The Psychology of Management)(Gilbreth, 1914)이라는 책으로 출판되었고 경영학 분야의 첫 여성 전문가로 과학 경영의 어머니라 불렸다(Vinchur & Koppes, 2007). 흥미롭게도 그녀는 냉장고 문의 선반과 발 페달 쓰레기통을 개발한 발명가이기도 하다. 그녀의 자녀 중 2명은 그녀의 일생에 관한 **12명의 개구쟁이들**(Chezen by the Dozen)이라는 책을 저술하였고 이는 추후 영화로 만들어졌다. 이 시기에 여성 전문가들이 학계가 아닌 현장에서 I/O심리학의 발전에 영향력 있는 역할을 수행했다는 것은 흥미로운 일이다(Koppes, 1997). Lillian Gilbreth와 함께 Marion Bills 및 Elsie Bregman과 같은 여성들은 각각 Aetna 생명보험 및 The Psychological Corporation에서 많은 공헌을 했다. Koppes는 이 시기 대학교 심리학과 교수진들은 남성이 차지하고 있었기 때문에 여성들이 들어가기 어려웠고 기업체에서 더 좋은 기회를 얻을 수 있었을 것이라고 하였다.

1930년대부터 제2차 세계대전

이 기간 동안 I/O심리학의 대표적인 사건은 호손 연구(Hawthorne Studies)이다. 이 시기는 실업률이 사상 최고치에 이르렀고 경제 성장이 없었던 대공황의 시기였다. 호손 연구는 직원들에 대한 선발 검사, 훈련보다는 근로자에 대한 관심과 만족 그리고 인적 조건에 더 관심을 가지게 된 계기가 되었다(Austin & Davies, 2000).

호손 연구는 일리노이 주 호손에 있는 웨스턴 전기회사 공장에서 수행된 조명이 생산성에 미치는 효과에 대한 일련의 실험들을 말한다(**표 1.4** 참조). 이 실험을 통해 다른 요인들보다 사회적 관계 및 직원의 태도와 같은 심리적 요인이 생산성 향상에 중요한 요인이라는 것을 알게 되었다(Roethlisberger & Dickson, 1939). 흥미로운 결과 중 하나는 직원들이 자신들에게 관심을 가진다는 것에 긍정적으로 반응했다는 점이다. 호손 연구 이전까지는 팀 개발, 감독, 집단 과정, 근로자 사기 및 기타 조직 현상이 I/O 분야에서 많은 역할을 한다는 것에 관심을 가지지 못했다. 초기 I/O심리학자 중 한 명인 Haller Gilmer(1981)는 "산업심리학 관련 문제에 대한 사고가 바뀌었다. 간단한 문제에 대한 간단한 대답으로는 충분하지 않다. 동기, 리더십, 감독 및 인간관계에 관한 질문이 대두되기 시작했다"(p. 13). 많은 사람들이 호손 연구가 조직심리학을

표 1.4 호손 조명 연구

기술	조작	기대	결과
실험 1 실험 집단은 더 밝은 조명 밑에서 작업, 통제 집단은 동일한 조도에서 작업	실험 집단은 세 가지 다른 강도(24fc, 46fc, 70fc)의 조도 하에서 작업, 통제 집단은 조도(10fc)에 변화가 없었음	실험 집단은 생산성 증가를 보일 것이다. 하지만 통제 집단의 생산성은 변화가 없을 것으로 예상	실험 집단의 생산성은 증가했지만 통제 집단도 실험집단만큼 생산성이 증가
실험 2 실험 집단은 더 어두운 조도에서 작업, 통제 집단 동일한 조도에서 작업	실험 집단의 조도를 10fc에서 3fc로 감소시킴. 통제 집단은 조도(10fc)에 변화가 없었음	실험 집단은 생산성 감소를 보일 것이다. 하지만 통제 집단의 생산성은 변화가 없을 것으로 예상	여전히 실험 집단의 생산성은 증가하였고, 통제 집단도 증가
실험 3 근로자의 조명변화에 대한 기대가 생산성에 영향을 미칠 것이다.	실제로 조도는 변하지 않았지만 근로자들에게 조도가 증가하게 될 것이라고 믿게 함	생산성에 변화가 없을 것이다. 하지만 기대가 정말로 중요한 요인이라면 생산성이나 다른 변인에 영향을 미칠 것으로 예상	생산성은 동일하게 유지되었지만 근로자는 조명 증가에 긍정적인 반응을 보임(조명은 증가하지 않았음)
실험 4 근로자의 조명변화에 대한 기대가 생산성에 영향을 미칠 것이다.	실제로 조도는 변하지 않았지만 근로자들에게 조도가 감소하게 될 것이라고 믿게 함	생산성에 변화가 없을 것이다. 하지만 기대가 정말로 중요한 요인이라면 생산성이나 다른 변인에 영향을 미칠 것으로 예상	생산성은 동일하게 유지되었지만 근로자는 조명 감소에 부정적인 반응을 보임(조명은 감소하지 않았음)

탄생시킨 중요한 사건으로 보고 있다.

제2차 세계대전부터 1960년대 중반

제1차 세계대전과 마찬가지로 제2차 세계대전은 I/O심리학의 발전에 중요한 영향을 미친 사건이었다. Bingham, Scott, Yerkes는 신병들에게 적절한 보직을 제공하는 일을 다시 하게 되었다. 선발, 배치, 평가는 제1차 세계대전 중 시작되었지만 제2차 세계대전을 통해 관련 지식들이 훨씬 정교화되었고, 이러한 지식을 특정 상황에 가장 잘 적용할 수 있게 되었다. 조직심리학이 산업심리학만큼 성장하면서 조직 역학, 작업 집단 및 직원 사기와 같은 분야들이 강조되기 시작했다. 제1차 세계대전 중에 시작된 작업들이 종전 후에 이어지지 않았지만, 제2차 세계대전 이후에는 군대 연구소(Army Research Institute: ARI) 및 공군 인적 자원 연구소(Air Force Human Resources Laboratory : AFHRL)와 같은 연구센터를 통해 선발, 배치, 평가와 같은 서비스를 이어가게 되었다. 1950년대에 AT&T, GE, Metropolitan Life, Standard Oil of New Jersey를 포함한 많은 회사들이 I/O 관련 대규모 연구 그룹을 설립했다(Dunnette, 1962).

같은 기간 동안 I/O심리학을 배우는 학생의 수와 다양성이 증가했다. 매릴랜드대학교, 미시간주립대학교 및 조지워싱턴대학교에서 I/O심리학 프로그램을 개설하였다. 또한 매사추세츠공과대학(Katzell & Austin, 1992)에서 Kurt Lewin이 설립한 집단역학연구센터와 같은 조직 문제를 강조한 프로그램 역시 여러 대학에서 개설되었다. 사회심리학자로 여겨지는 Lewin은 작업 집단 및 리더십 영역에서 이론 및 방법론을 개발하는 데 큰 역할을 하였다. 그의 초기 연구는 목표 설정 및 기대 이론과 같은 동기 이론을 통해 현대 I/O심리학에 여전히 영향을 미치고 있다(9장 참조). 마지막으로, 호손 연구의 결과로서 직원들의 업무 성과에 영향을 줄 수 있는 잠재적인 개인 문제 해결을 돕기 위한 인사 상담이 발전하게 되었다(Highhouse, 1999).

1960년대 중반부터 1980년대 중반

조직심리학에 대한 관심이 증가하고 그 역할이 증가함에 따라 1970년에 APA의 14분과 명이 '경영 및 산업 심리학'에서 '산업 및 조직심리학'으로 변경되었다.

산업심리학 분야에서는 선발 및 수행 평가와 관련된 많은 프로젝트들이 진행되었다. 이 두 분야는 I/O심리학 분야에서 현재까지도 가장 많이 연구되는 분야이다. 당시 주요 이슈 중 하나는 선발검사의 민족 및 인종 차별 가능성에 대한 우려로 그 검사의 공정성 문제였다. 이에 대한 관심은 1960년대의 사회적, 정치적, 법적 변화를 가져왔다. 시민권 운동은 이 기간을 '극심한 인종 차별의 시기'로 정의하였다. 차별과 공정성의 문제는 사회와 직장으로 확장되었고 I/O심리학도 이러한 문제를 다루기 시작했다. 7장에서 차별과 공정성과 관련된 1964년 시민권법 제7조에 대해 논의할 것이다.

이 기간 동안 조직심리학에서는 작업동기, 직무 태도 및 직무 특성에 대한 관심이 증가하였다. 9장에서 논의하겠지만, 목표 설정과 기대 이론과 같이 유명한 동기 이론들이 이 시기에 나타났다. 사실 Richard Hackman과 Greg Oldham의 직무 특성 이론은 I/O심리학 역사상 가장 많이 인용된 연구 중 하나이다(Sackett, 1994). 유사하게, 직무 만족과 조직 몰입(10장 참조)과 같은 직무 태도에 관한 많은 연구들이 이 기간에 수행되었다.

이 20년은 I/O심리학에서 큰 발전의 시기였다. 볼링그린주립대학교(1966), 노스캐롤라이나주립대학교(1966), 애크런대학교(1965)에서 박사 과정 프로그램을 개설하였다. 14분과의 회원 수는 1960년에 약 756명이었지만 1980년에는 2,005명으로 증가했다(Katzell & Austin, 1992).

1980년대 중반부터 2000년

I/O심리학은 20세기가 끝날 무렵에 매우 빠르게 성장했으며, 선발, 수행 평가, 동기, 리더십과 같은 전통적인 주제뿐만 아니라 새로운 주제에 대한 연구들도 증가하였다. 예를 들어, I/O심리학자들은 다양성에 대한 이슈와 노동법과 선발 관련 법적 이슈를 반영하는 선발 검사의 공정성에 대해 많은 관심을 가지게 되었고, 차별관련 사례와 관련된 전문가로서의 역할이 증가하였다. 또한 심리학 전 분야에서 인지 분야에 대한 관심이 증가하였듯 I/O 영역에서도 인지 과정에 대한 많은 연구들이 이뤄졌다.

그리고 1980년대과 1990년대에는 I/O심리학 또는 밀접하게 연관된 분야에서 석사 및 박사 과정 프로그램의 수가 극적으로 증가했다. Rogelberg와 Gill(2004)은 1986년과 2004년 사이에 I/O 박사 과정 프로그램이 거의 50% 증가했으며 석사 과정은 200% 이상 증가했다고 하였다.

2000년 이후

2000년 이래로 I/O심리학 또는 연관된 분야의 대학원 학위 프로그램이 220개 이상 개설되었고 1,200명의 새로운 박사들이 배출되었다(J. Tegge, 개인 대화, 2016년 2월 9일). 심리학과와 경영학과의 I/O심리학 교수는 현재 1,200명이 넘는다(Silzer & Parson, 2015).

SIOP 웹사이트의 최근 기사에서는 I/O심리학 연구 및 기법(SIOP, 2015)의 최근 경향을 제시하고 있다. 지난 10년 또는 15년 동안 현장에서 일어났던 주요 사건들이 **표 1.5**에 제시되어 있다. 첫 번째로 **세계화**와 **가상 작업**을 들 수 있고 이 두 가지 이슈는 이 책의 나머지 부분에서도 계속 다뤄질 것이다. 기업 간의 경쟁은 지역 또는 주를 벗어나 국가 간 경쟁이 되었다. 세계화와 관련하여 Fortune Global 500(세계 최대 기업들의 목록)은 2014년에 전 세계적으로 6,500만 명이 넘는 사람들을 고용하였고 이는 프랑스 전체 인구보다 많은 숫자이다(직장에서의 세계화에 대한 개요는 Moran, Abramson, & Moran; 2014 참조). 이러한 사업의 세계화는 가상 작업장의 출현으로 더욱 용이해졌고, 향후 몇 년 내에 13억 명의 사람들이 가상 작업과 연관

표 1.5 산업 및 조직심리학의 10대 경향

1. 세계화와 가상 작업장	6. 최고 직원 개발에 중점
2. 인터넷 기반 모집 및 선발	7. 직장에서의 코칭 증가
3. 개인 정보의 온라인 검색 제한에 대한 정의	8. 직원 건강 증진을 위한 사전 예방적 접근
4. 혁신	9. 일과 삶의 균형 추구
5. 기술 기반 교육	10. 더 많은 트위터, 블로깅 및 플랫폼

출처 : Harris & Hollman. (n.d.). Tip-topics: The top trends in I-O psychology: A graduate student perspective. Retrieved on February 27, 2016, http://www.siop.org/tip/Apr13/19_TipTopics.aspx.

될 것으로 기대되고 있다. 연구에 따르면 가상 작업의 세 가지 주요 특징으로는 (1) 단일 회사에 소속되지 않고 대신 원격으로 작업하면서 다양한 회사에 서비스를 제공하는 가상 프리랜서가 많아지고 있다. (2) 가상의 팀 동료들은 안정적인 작업 팀으로 서로를 인정하게 되고 회사들도 이를 인정하고 필요한 지원을 제공한다. (3) 컴퓨터 및 통신 기술의 발전으로 온라인상에서 동료로 함께 일할 뿐 아니라 중심지 또는 기타 회의 장소를 통해 실제 만나기도 한다(Johns & Gratton, 2013). 가상 작업에 대한 연구는 지난 10년 동안 상당히 증가하였으며 Hoch와 Kozlowski(2014)은 가상 팀과 실제 팀 간의 유사성과 차이점에 대한 연구도 이러한 흐름을 반영하고 있다.

회사 경쟁력을 유지하고 전 세계의 근로자와 그들 가족의 삶을 개선하는 데 혁신과 창의성이 중요하다는 인식도 증가하고 있다. 혁신과 창의성에 대한 리뷰 연구(2002년에서 2013년) 결과 혁신 연구들은 아이디어 실현을 목표로 한 반면 창의성 연구들은 주로 아이디어 산출에 초점을 맞추고 있었다(Anderson, Potocnik, & Zhou, 2014). 그리고 이 연구에서는 창의성과 관련하여 개인의 특성뿐만 아니라 직원들이 수행하고 있는 과업과 그들이 생활하는 사회적 맥락에 영향을 받는다고 하였다.

이외에도 직원 개발 및 코칭 역시 증가하고 있다. 직원 개발은 고용주가 잠재력이 높은 직원들이 승진했을 때 충분히 잘 해낼 수 있도록 훈련, 개발 및 준비시키는 것이 중요하다는 것을 깨닫게 되면서 지난 15년 동안 일관되게 중요한 주제로 자리 잡고 있다. 승계 계획이라고 불리는 이런 과정은 일상적인 과업 수행 중에 직원을 코칭하여 다음 승진을 준비하도록 한다. 연구에 따르면 인재 관리 시스템을 구축하는 데 선발, 개발, 수행 관리 및 승계/경력 관리가 연결될 수 있는 전략적 계획이 필요하다고 제안하고 있다. 일부 연구에서는 이러한 전략적 계획이 높은 잠재력을 가진 직원들을 위한 특별 학습과 개발 과정, 다양한 기능, 부서 및 지역을 경험하게 하는 순환 근무, 기술 기반 학습의 개발, 코칭/멘토링 프로그램의 실행(Fulmer, Stumpf, & Bleak, 2009)을 포함해야 한다고 제안하고 있다.

I/O심리학의 역사에 대해 연구한 학자들은 1939년에 전 세계에 100명 미만의 I/O심리학자가 있었다고 추정하였다(Katzell & Austin, 1992). 그 수는 1960년에 760명으로 증가했다. 1992년에는 약 2,500명의 SIOP 회원이 있었지만, 가입하지 않은 인원까지 고려하면 약 3,000명이었다. 가장 최근의 SIOP 자료를 살펴보면 약 4,500명의 전문가 회원과 3,500명의 학생 회원이 등록되어 있다(J. Tegge, 개인 대화, 2016년 2월 9일).

산업 및 조직심리학의 미래는?

지금까지의 I/O심리학 역사에 많은 변화가 있어 왔지만 이는 빙산의 일각에 불과하다. 21세기는 빠르고 경쟁적이며 격변할 것이다. 일의 세계에서도 극적인 변화가 일어나고 있다. 사회와 직장이 계속 변화함에 따라 I/O심리학 분야도 다양한 연구들이 나타날 것이다. 2003년과 2013년 사이에 I/O심리학 분야의 200개가 넘는 논문의 내용을 분석한 결과 전통적인 관심 분야가 가장 많았지만, 팀워크, 반생산적 행동, 직원 웰빙, 일–가정 갈등(Piotrowski, 2014)과 같은 연구들도 포함되어 있었다. 물론 이 변화는 부분적으로 연구자의 관심사에 의한 것일 수도 있지만, 오늘날의 조직에서 필요한 문제를 해결하기 위한 연구자와 실무자들의 관심과 연구의 결과이기도 하다.

SIOP는 최근에 10대 경향에 대한 연례 조사를 실시했다(SIOP, 2015). 700명이 넘는 SIOP 회원들에게 2016년 이후 경영하면서 직면하게 될 주요 경향이나 요구 사항이 무엇인지 그리고 이에 대한 순위를 매겨달라고 요청했다. 상위 10대 경향이 **표 1.6**에 제시되어 있다. 경험적 연구, 이론 개발, 지식의 적용을 통해 현장에서 다루어 질 것으로 예상되는 주요 사항들은 다음과 같다.

우선 첫 번째로 제시된 빅데이터 자료의 활용 증가는 조직, 대학, 병원 등에서 큰 관심을 두고 있다. 빅데이터라는 용어는 대용량의 현재 및 과거 자료들을 수집, 사용하여 미래의 확률 및 결과를 예측하는 데 사용된다. 최근 몇 년 동안 조직에서 일어나는 다양한 일들에 대한 이해를 높이고 새로운 계획을 세우고 실행하는 데 도움이 되는 대량의 자료를 잘 활용할 수 있는 기술 개발이 이뤄져 왔다. 기업들도 보다 정확한 정보를 바탕으로 경영상의 의사결정을 내리기 위해 빅데이터를 활용하여 분석하고 있다. 대학은 성공할 가능성이 높은 전공 개설 및 학생 선발 등에 빅데이터 분석을 사용하고 있다. 향후 I/O심리학자들도 통계/분석 교육과 조직 관련 지식을 통해 빅데이터 활용에 유능해질 것이다(다음 장에서 연구 방법에 대해 공부할 때 빅데이터와 밀접하게 관련 있는 일부 윤리적 문제를 더 자세히 살펴볼 것이다).

또 다른 경향은 수행 평가에 있어서 다양한 출처로부터 직원에게 자주 전달되는 피드백을 사용하고 직원 스스로에 대한 평가, 즉 자기 평가를 더 중요시하는 방향으로 변화되고 있다는 것

표 1.6 SIOP 회원이 선정한 2016년 이후 상위 10대 경향

1.	경영상 결정을 내릴 때 빅데이터 활용 및 분석
2.	기술 및 자동화에 대한 의존도 증가
3.	가상 팀 관리
4.	경쟁보다는 직원 개발을 촉진하기 위한 방식으로 수행 관리에 대한 접근법 변화
5.	직원 참여 장려
6.	직원의 정신적 · 신체적 건강 및 복지 중요시
7.	급변하는 시장 및 고객 요구 사항을 충족시키는 민첩성 및 유연성에 중점
8.	세대 간 일과 삶의 균형 유지
9.	다양성을 중시하는 인력 구축의 강조
10.	선발 및 기타 취업 관련 결정에 소셜 미디어 사용

출처 : Society for Industrial and Organizational Psychology(2015).

이다. 최근 수행 평가와 관련한 많은 논란이 있어 왔다. 대부분의 실무자와 연구자는 수행 평가가 조직 내 의사결정에 중요한 부분이라는 것에 동의하지만 많은 조직에서 전통적인 수행 평가 체계가 제대로 작동하지 않으며 관리자와 부하직원들은 그 결과에 불만을 토로한다. 직원들의 수행을 관리하는 것은 매우 중요하기 때문에 더 나은 수행 관리를 위한 절차와 기술을 개발하는 연구들은 앞으로도 계속될 것이다(5장에서 수행 평가에 대해 더 구체적으로 다룰 것이다).

소셜 미디어의 사용 역시 I/O심리학 분야에 영향을 미칠 것이다. 페이스북 그리고 링크드인과 같은 사이트를 사용하여 지원자를 모집하고 심사하는 것은 물론 이러한 사이트에서 수집한 행동을 모니터링하고 심지어 직원을 해고하는 기업들이 증가하고 있다. SIOP는 I/O심리학자가 조직이 소셜 미디어 사용의 위험과 이익을 균형 있게 유지하게 하는 것과 이미 나타나고 있는 윤리적 및 법적 문제에 대한 도움을 제공할 수 있을 것으로 기대하고 있다. 그리고 이러한 소셜 미디어의 사용이 증가함에 따라 관련 연구들도 증가할 것이다(소셜 미디어 사용과 관련하여 7장의 선발 결정 부분에서 논의할 것이다).

상위 10대 경향 이외에 최근 몇 년간 연구자, 실무자들 모두 관심을 가지고 있는 몇 가지 다른 주제들은 다음과 같다. 첫째, 경제는 21세기의 결정적 쟁점이 될 것이다. 인력의 세계화와 글로벌 경쟁은 계속 주요 관심사가 될 것이다. 근로자들과 회사는 더 이상 자유롭고 쉽게 이익을 창출할 수 없을 것이다. 글로벌 경쟁 상황에서 숙련되고 잘 훈련된 유능한 인력을 영입하기 위해 많은 나라의 경쟁사들과 경쟁해야 한다. 게다가 Dell, Goodyear, General Electric 등의 미국 회사들과 같이 다른 나라에 진출하기 위한 인수합병이 지속되고 서로 다른 문화가 잘 융합될 수 있도록 해야 한다. 남미의 생산 시설을 북미 지역의 모 기업과 합병하는 것은 복잡한 문제이다. I/O심리학 분야의 전반적인 지식은 이러한 인수합병 과정에서 도움을 제공할 수 있을 것이다(이 문제는 8장의 교육 방법에서 구체적으로 다룰 것이다).

둘째, 기술 발전이 작업장을 많이 변화시켰지만, 조직과 일자리 수가 감소했다. 동시에 2008년 경기 침체로 인해 **구조조정**이 증가했다. 비록 지난 몇 년 동안 경제가 꾸준히 좋아지고 있지만 많은 사람들이 여전히 **실업**과 **불완전 고용**으로 어려움을 겪고 있다. 구조조정으로 인해 해고된 사람들에게 연민을 느끼거나 혹은 그럴 수밖에 없었다고 생각할 수 있지만 그들이 운이 좋게 재취업을 하더라도 대개 낮은 임금 임금을 받는다(Cascio, 1995). 게다가 상당수는 정년이 상당히 남았음에도 퇴직을 하게 된다. 문헌 조사에 따르면 연령이 재취업 기간과 부정적 상관관계가 있었다(Wanberg, Kanfer, Hamann, & Zhang, 2015). 즉 실직한 고령 근로자는 재취업에 어려움을 겪고, 다른 직업을 찾는 과정은 상당히 길어진다. 기업은 항상 더 경쟁력 있고, 효율적이며, 가벼워지기를 원하지만 대폭적인 구조조정의 결과로 더 적은 인원들이 더 많은 일을 해야 한다. I/O심리학은 (1) 정리해고 근로자가 다른 일자리를 얻는 데 경쟁력을 가질 수 있도록, (2) 살아남은 직원들이 더 다양한 일을 할 수 있도록 때로는 더 많은 일을 처리할 수 있도록 도움을 줄 수 있어야 한다(11장에서 더 구체적으로 다룰 것이다).

Mike Baldwin/Cornered/Cartoonstock.com

"세 명이 오늘 해고되었다."

생각해보기

구조조정 예정 중인 기업을 돕는 데 있어서 산업 및 조직심리학자들이 경험하게 될 도전 과제는 무엇인가?

셋째, 회사는 인종, 성별, 연령, 장애, 성 정체성, 성적 취향 및 민족 등 배경이 다양한 인력을 운영하는 데 요구되는 문제를 지속적으로 해결해야 할 것이다. 이러한 다양성은 경영진과 직원 간의 '차이'보다 훨씬 더 많은 조정과 민감성을 요구한다. 구성원이 다양하다는 것은 각 구성원의 생각, 기대 및 문화가 다양하다는 것을 의미한다. 사실 전통주의자, 베이비 붐 세대, X 세대, 밀레니엄 세대가 서로 다른 역사적 사건들을 경험했기 때문에 가치관에서 크게 다른 세대별 고유 문화를 형성하게 된다고 주장하는 학자도 있다(Doverspike & O'Malley, 2006). 조직은 세대 차이가 조직 정책 및 절차에 미치는 영향을 인식하고 고려해야 할 뿐만 아니라 여러 세대 간에 합리적인 의사소통이 이뤄질 수 있도록 도움을 제공해야 한다. 근로자들의 다양성에 대한 교육과 훈련은 I/O심리학자들에게 매우 중요한 분야가 되었으며 21세기에도 그 중요성은 더 커질 것이다(다양성과 차별에 대한 법적 및 윤리적 문제는 선발, 수행 평가, 교육, 팀워크 및 리더십과 관련이 있고 이에 대한 내용은 책 전반에 걸쳐 다루고 있다).

넷째, 가상 작업은 2000년대에 조직에 널리 보급되었지만 관련 기술의 발전은 가상현실 및 소셜 미디어를 능가하였다. 관련 기술이 잘 활용되는 대표적인 영역 중 하나는 직원 선발이다. 기술의 사용으로 선발과정이 보다 효율적으로 이루어질 것이고 앞으로 기술을 더 잘 활용할 것이다. 일부 회사는 이력서, 평가 및 면접관련 정보의 수집/검토를 자동화하기 시작했다. 예를 들어, 저자의 자녀는 Fortune 500대 기업 인턴십을 위한 가상 인터뷰를 실시하기도 하였다. 컴퓨터에 로그인하여 답을 준비하는 데 3분이 걸리는 질문을 받았다. 응답은 기록되었고 면접관이 볼 수 있도록 업로드되었다. 다른 회사는 쇼핑몰과 같은 공공장소에 위치한 키오스크(무인 정보, 거래 단말기)를 사용하기 시작했으며, 사용자는 응용 프로그램 자료를 사용하기 위해 간단한 로그인 절차를 거치면 된다. 일부 회사는 이 키오스크를 통해 고객 평가를 하기도 한다. I/O심리학자들은 기업과 직원들에게 상호이익이 되는 유용하고 합리적인 방법으로 고용주가 신기술을 구현하는 데 중요한 역할을 담당할 수 있을 것이다(선발과 수행 예측에 대한 기술 활용은 6장과 7장에서 자세히 논의된다).

AndreyPopov/Getty Images

생 각 해 보 기

향후 몇 년간 일어날 기술적 발전이 선발과 면접과정에 어떤 영향을 미칠까? 산업 및 조직심리학 전공의 실무자는 이 선발과 면접에서 어떤 역할을 해야 하는가?

마지막으로 Enron, WorldCom, Pfizer, Arthur Anderson 등 한때 존경받았던 회사들이 윤리적 문제로 언론에 언급된 이후로 조직의 윤리는 매우 중요한 주제가 되었다. 최근의 문헌 검토(Kish-Gephart, Harrison, & Treviño, 2010)를 통해 비윤리적 결정을 하게 하는 선행 요인들에 초점을 맞춘 이론적 모델을 제안하고 검증하였다. 그들은 나쁜 개인(비윤리적 선택을 하는 사람들의 특성), 나쁜 상황(윤리적 선택을 둘러싼 상황의 특성), 나쁜 조직(빈약한 윤리의식의 조직 분위기 혹은 문화)의 세 가지 유형의 선행 요인으로 분류하였다. 그리고 그들은 이 세 가지 유형을 지지하는 많은 연구들을 소개하면서 세 가지 유형들이 어떻게 상호작용하여 윤리적 결정의도와 의사결정에 영향을 미치는지에 대한 추가적인 연구가 필요하다고 하였다. 그들은 기업들이 평가, 선발, 교육 및 문화 변화와 같은 I/O심리학을 활용하여 오늘날 조직에 널리 만연된 윤리적 문제를 피할 수 있다고 주장하였다. 최근 대두되는 윤리적 리더십에 대해 연구자들은 지도자의 행동이 도덕적으로 올바른지에 대한 직원들의 인식으로 정의하였다(Fehr, Yam, & Dang, 2015). 그리고 리더의 도덕적 행동의 기초가 되는 연민, 충성과 같은 가치가 부하직원들의 친사회적 행동을 이끌어낸다고 하였다(4장 참조). 비록 새로운 개념이고 경험적 연구는 없지만, 조직 및 리더의 윤리는 앞으로 더 많은 관심을 받을 것이다.

산업 및 조직심리학이 주는 의미는?

I/O심리학에서 배우는 많은 내용들을 활용할 수 있다. 예를 들어 동기에 대해 배우면 이를 학업에만 적용하는 것이 아니라 특정한 일을 더 열심히 하는 이유와 특정 상황에서 더욱 동기부여가 되는 이유를 이해할 수 있도록 타인에게 도움을 제공할 수 있다. 그리고 스트레스와 웰빙에 대한 내용은 개인의 스트레스 수준, 가능한 스트레스 근본 원인, 그리고 자신의 삶에서 스트레스를 줄이고 더 잘 다룰 수 있는 방법을 알게 해준다.

많은 사람들이 현재 일하고 있거나 입사할 예정일 것이고 이러한 사람들에게 I/O 분야는 많은 것을 제공해준다. 아마도 각각의 모든 장에서 직장 생활에 적용할 수 있는 내용을 얻을 수 있을 것이다. 예를 들어 우리 삶에서 직업이 차지하는 역할에 대해 더 잘 이해하면 일과 그 일이 우리에게 미치는 영향에 대해 더 잘 이해할 수 있다. 또한 수행이 어떻게 측정되는지 안다면 수행의 다양한 하위 차원들에 대해, 특히 상사의 관점과 조직의 관점에 대해 더 잘 이해할 수 있다. 또한 리더십에 대해 더 잘 이해하면 조직의 리더와 함께 일하는 데 도움이 될 수 있다. 조직 문화에 대한 지식이 많아진다면 각자가 속한 조직에 대해 생각하고 조사할 때 도움이 될 수 있다. I/O심리학은 응용 분야이기 때문에 수업 자료와 교과서를 통해 학교, 개인 및 직장과 같은 모든 생활 영역에 적용할 수 있는 정보를 얻을 수 있다.

요약

심리학 이론과 원리들을 직업 장면에 적용한 I/O심리학은 수행 평가, 선발 검사, 조직 개발 및 동기부여와 같은 다양한 영역을 포함하고 있다. I/O심리학자들은 광범위한 교육을 받지만, 주요 접근법은 이론과 실습을 강조하는 과학자/실무자 모델을 기반으로 한다. 대부분의 전문가들은 박사학위를 취득한다. 박사 과정의 교육에는 많은 교과 과정, 프로젝트 경험 및 연구 경험이 포함되고 최종 학위 논문 작성으로 학위를 수여받는다.

I/O심리학자의 40% 이상이 학교의 심리학과, 경영학과에서 근무하며 학부 및 대학원 학생을 가르치고 연구를 수행한다. 그러나 대다수의 I/O심리학자들은 공공 기관 또는 기업에서 일

하며 대학원에서 배운 내용을 특정 조직에 적용하고 있다. 이러한 I/O심리학자 중 상당수는 다양한 조직들에 전문 서비스를 제공하는 컨설팅 회사에서 근무한다.

I/O심리학은 비교적 짧지만 풍부한 역사를 가지고 있다. 20세기 초반부터 시작되었지만 I/O심리학자가 제1차 세계대전 동안 군인의 훈련, 검사 및 측정 분야에서 일하면서 학문이 성장하게 되었다. 그리고 제2차 세계대전, 1960년대 시민권 운동, 2000년대 세계 경제의 출현, 그리고 지난 15년간의 기술 혁명을 주요 역사적 사건으로 들 수 있다. I/O심리학은 21세기의 끊임없이 변화하는 세계에서 그 역할이 증가할 것으로 예상된다. 이 책의 나머지 부분에서는 I/O심리학의 다양한 주제와 영역에 대해 논의할 것이다. 이에 대해 배우게 되었을 때 학생 또는 직원으로서 삶에 적용할 수 있는 많은 자료들을 발견할 수 있을 것이다. I/O심리학은 많고 다양한 분야에 적용되고 유용한 학문이다.

주요 용어

과학자/실무자 모델	박사학위 논문	역량
군대 알파 및 군대 베타	산업/조직심리학	

실무 적용

I/O심리학자가 직면하는 어려운 문제 중 하나는 하는 일이 무엇인지 설명하는 것이다. 소수의 사람들만이 이 분야에 익숙하고, I/O심리학이 회사에 유용하다는 것을 알고 있다. 따라서 I/O심리학자는 I/O심리학이 무엇인지에 대해 다른 사람들에게 알려줄 수 있어야 한다. 또한 컨설팅 회사에서 일하는 I/O심리학자는 설득력이 있어야하며 경영진에게 회사 개선을 위해 컨설팅 회사의 서비스를 사용하도록 설득해야 한다.

다음은 잠재 고객 크리스의 메일이다. 메일을 읽고 크리스의 질문에 적절한 답변을 작성해보자.

안녕하세요.

제 이름은 크리스 코베이이며 콜로라도에 있는 기술 벤처 기업 RainCloud의 CEO입니다. RainCloud를 사용하면 여러 소셜 미디어 계정을 한 번에 관리할 수 있고 팔로워에 대한 자료를 얻을 수 있어 제품을 시장에 출시하게 되었습니다. 최근 몇 달 동안 직원 수가 12명에서 130명으로 증가하였고 이에 직원을 관리하는 데 어려움을 겪고 있습니다. 특히 최근에 몇 가지 문제에 봉착했습니다. 첫째, 단기간 빠른 성장으로 인해 신입사원 중 상당수는 교육받기를 기다리고 있지만 신입사원 교육 프로그램이 없고 또 어떤 방향으로 기획해야 하는지 명확하지 않습니다. 그리고 관리자에게 몇 가지 문제가 있습니다. 현재 관리자들 중 다수가 이전에 팀을 관리한 적이 없었습니다. 따라서 관리자들이 문제를 다루고 싶어 하지 않아 팀원들에게 고함을 지르거나 팀원들을 피하고 있다는 보고를 받았습니다. 마지막으로, RainCloud에서 수행하는 작업에는 빠른 대응이 필요합니다. 이에 직원들 대부분이 긴 시간 동안 모든 일이 원활하게 진행되고 있는지 확인해야 합니다. 직원들은 스트레스와 피로에 대해 불평하기 시작했으며, 일부 사람들은 아프기 시작했습니다.

저는 부사장 중 한 명과 이러한 문제점에 대한 이야기를 하였고, 그녀는 I/O심리학자에게 도움을 요청할 것을 제안하였습니다. 나는 당신의 회사를 온라인에서 찾았고, 어떤 일을 하는지 궁금합니다. 만약 저희 회사와 컨설팅 계약을 한다면 어떤 종류의 문제 해결을 도와줄 수 있는지요?

감사합니다.
크리스

크리스에게 간략하면서 설득력 있게 귀사가 하는 일과 문제 해결에 도움이 되는 방법을 설명하는 메일을 작성해 보세요. 이 고객은 심리학 전문 용어에 익숙하지 않다는 것을 고려하시기 바랍니다.

비판적 사고 문제

1. 이 장을 읽으면서 I/O심리학의 연구 주제가 바뀌어 왔다는 것을 알 수 있다. 향후 10년 동안 I/O심리학에서 중요한 주제는 무엇이 될까? 왜 그렇다고 생각하는가?
2. I/O심리학자들이 가지는 다양한 직업에 대해 배웠다. 표 1.2에 제시된 직업 중 하나를 선택해보자. 이 직업에 관심이 있는 사람은 학부 또는 대학원 교육에서 어떤 지식이나 경험을 추구해야 하는가? 면접에서 어떤 기술들이 이 사람을 주목하게 만들 수 있는가?
3. 이 장에서는 빅데이터와 분석 기술이 기존 방식 변화를 가져올 것이라고 하였다. 빅데이터를 활용한다면 I/O심리학자의 어떤 업무가 쉬워질 수 있는가? 어떤 도전 과제가 발생할 수 있을까?

응용 문제

1. http://www.ksiop.or.kr을 방문하여 I/O심리학에서 MA, PsyD 또는 PhD를 제공하는 대학을 찾아보자. 해당 대학의 I/O심리학 페이지를 방문하여 프로그램에 대해 읽어보자. 어떤 내용이 흥미를 끄는가? 어떤 내용이 매력이 없는가? 이 학교에 지원하고 싶다면 무엇을 해야 하는가?
2. I/O심리학자가 주로 연구하는 선발, 훈련, 조직 개발, 수행 평가 및 일과 삶의 질과 같은 다섯 가지 주요 주제 중 가장 흥미로운 부분은 무엇인가? I/O심리학이 해결해줄 수 있다고 생각하는 질문을 작성해보자.
3. 이 장에서 직장에서 다양성을 이해하는 것이 중요하다는 것을 논의하였다. 현재 대표적인 다양성 중 하나는 세대 차이이다. 일에 대한 여러분의 태도가 어른의 태도(예 : 부모와 자녀)와 어떻게 다른가? 이러한 태도 차이는 어떤 종류의 문제를 야기할 수 있는가?
4. 이 장에서 조직의 윤리적 경영에 I/O심리학이 도울 수 있는 역할에 대해 알아보았다. 직원

권리와 안전, 차별 철폐 조치, 유급 휴가에 대한 입법 토론, 공정한 보상과 관련된 차별과 관련된 소송 또는 대법원 사건 등 현재 뉴스에서 언급되는 소송들을 고려해보자. I/O심리학자들이 하는 일을 바탕으로 연구원이나 실무자로서 이 문제를 어떻게 다뤄야 하는가?

5. 직장이나 학교에서 직면하고 있는 문제를 떠올려보자. I/O심리학이 이 문제를 어떻게 해결할 수 있을까?

더 읽을거리

Arthur, W., Jr., & Benjamin, L. T., Jr. (1999). Psychology applied to business. In D. A. Bernstein (Ed.), *Psychology: Fields of application* (pp. 98–115). Boston: Houghton Mifflin.

Cooper, C. L., & Locke, E. A. (2000). *Industrial and organizational psychology: Linking theory with practice*. Malden, MA: Wiley-Blackwell.

Cascio, W. F., & Aguinis, H. (2008). Research in industrial and organizational psychology from 1963 to 2007: Changes, choices, and trends. *Journal of Applied Psychology*, *93*(5), 1062–1081.

Katzell, R. A., & Austin, J. T. (1992). From then to now: The development of industrial-organizational psychology in the United States. *Journal of Applied Psychology*, 77(6), 803–835.

Koppes, L. L. (Ed.). (2014). *Historical perspectives in industrial and organizational psychology: New York: Psychology Press.*

Kuther, T. L. (2004). *Your career in psychology: Industrial/organizational psychology.* Belmont, CA: Wadsworth.

CHAPTER 2

산업 및 조직심리학의 연구방법

이 장의 개요

사진 : ultramarine5/iStock/Getty Images

학습내용

- 과학적 연구방법과 목표 및 가정
- 과학과 심리학에 있어서 이론의 중요성
- 내적 · 외적 타당도
- 실험 변인들 간의 복잡한 상호작용
- 연구의 진행과정, 귀납법, 연역법 그리고 연구의 5단계
- 신뢰도 및 타당도와 같은 측정에서 고려되어야 할 사항
- 기술 통계에서 상관 및 회귀에 이르는 기초 통계

직원들이 1년에 평균 15일 결근하는 문제가 있는 회사가 있다고 가정해보자. 결근을 하게 되면 생산 속도가 늦어지고 인력 대체를 위한 추가 비용이 들기 때문에 결근은 조직의 비용 손실을 유발하는 심각한 문제이다. 이 결근 문제를 진단하고 잠재적인 해결책을 제공하며 이를 실행 및 평가할 수 있는 I/O심리학자를 고용했다.

먼저 문제가 무엇인지 파악해야 한다. 공장 직원, 관리자와 인터뷰하고, 설문 조사를 실시하여 문제를 파악할 수 있다. 또한 조직의 결근 자료에 대한 통계적 분석을 통해 결근 빈도를 파악할 수 있다(예 : 매주 월요일과 금요일에 결근이 많음). 어떤 부서에서는 다른 부서보다 결근이 더 많이 발생하고 있을 수 있다. 둘째, 회사 기록 자료 및 결근 정책(서면화된 정책)을 수집한다. 이는 직원들의 결근 문제를 더 잘 이해하는 데 도움이 된다. 셋째, 이 정보와 I/O심리학 분야의 전문 기술을 사용하여 문제를 해결하는 방법을 개발하고 실행한다.

그리고 결근이 감소했는지 여부를 확인하기 위해 새로운 해결책 적용 전과 후의 결근 자료를 확인할 필요가 있다. 결근 자료 외에 직원들에게 설문 조사 및 인터뷰를 통해 새로운 해결책 전후에 차이가 있는지 확인할 수 있다. 즉 진행과정 각 단계에서 결근 문제를 이해하고 제시된 해결책의 효과를 평가하기 위해 자료를 수집해야 한다. 이 장에서는 I/O심리학자들이 조직의 효율성과 효과성을 증진시키기 위해 어떻게 자료를 수집하고 사용하는지에 대해 알아볼 것이다.

과학이란?

과학
지식을 생성하는 과정 또는 방법

과학(science)은 지식을 생성하는 과정 또는 방법이다. 과학이 지식 자체가 아니라 오히려 지식을 창출하는 과정이나 창출과정에서 사용되는 방법을 가리킨다는 것을 아는 것이 중요하다. 과학은 개념, 이론 도출 과정 및 변인들 간의 관계에 대한 이해를 높이기 위한 여러 방법들에 대한 탐구의 논리를 말한다. 심리학이 과학인 이유는 행동에 관한 궁금증의 답을 찾는 데 공식적이고 체계적인 관찰(자료 수집)을 사용한다는 점이다. 과학은 실험실의 흰 가운을 입은 사람들, 또는 생각을 자극하는 학계의 교수, 또는 놀라운 기술 발전을 이뤄낸 사람들만이 하는 것은 아니다. 과학은 우리가 사는 세상을 이해할 수 있게 해준다. 그러나 과학자들은 표면적인(피상적인) 이해에 만족하지 않고 완전한 이해가 가능하도록 노력한다. 예를 들어 비과학자는 직원들이 중요한 조직의 의사결정에 참여할 때 생산성이 향상된다고 단편적인 결론을 내릴 수 있다. 반면에 과학자는 왜 생산성 증가라는 결과가 나타나는지에 대해, 즉 그 과정을 이해하고, 참여가 조직에 도움이 되지 않는 상황은 무엇인지, 어떤 종류의 참여가 직원에게 가장 중요한지, 왜 일부 직원에게는 참여가 중요하지만 다른 직원들에게는 중요하지 않은지 이해하려고 한다. 이와 관련하여 과학의 네 가지 주요 목표는 다음과 같다.

과학의 목표

과학의 목표 또는 목적은 다양할 수 있지만 본 저자의 생각과 일치하는 Larry Christensen (1994)의 목표를 소개한다. 첫째는 **기술**(description)로 관심을 가지고 있는 현상의 정확한 묘사 또는 기술을 의미한다. 앞서 언급한 예를 들어 직원이 조직 의사 결정에 참여했을 때 직원의 생산성이 증가한다는 것을 간단히 언급하는 것이다. 즉 참여율이 50% 증가했을 때, 생산성이 5% 증가하였다와 같이 있는 그대로 제시하는 것이다.

두 번째 목표는 **설명**(explanation)으로 그 현상이 왜 나타나고 그 원인이 무엇인지에 대한 지식들을 수집한다. 설명에는 하나 이상의 원인을 확인하는 과정이 필요하다. 앞서 언급한 예에서 직원들에게 의사결정에 참여할 기회를 제공하게 되면 직원들은 스스로를 조직에 필요한, 중요한 사람으로 느끼게 되고 이에 따라 노력이 증가한다. 물론 과학자들은 행동에 영향을 미치는 원인이나 선행 조건이 하나 이상이라는 것을 알고 있다.

과학의 세 번째 목표는 **예측**(prediction)으로 실제 사건이 발생하기 전에 사건 발생을 예상할 수 있는 능력을 말한다. 정확한 예측, 즉 그 현상이 언제 발생할지를 예상하기 위해서는 그 현상이 일어나는 이유를 이해할 필요가 있다. 앞선 예에서 회사가 의료 혜택에 관한 중요한 결정에 대해 직원들의 의견을 묻는 설문지를 발송하고 직원들이 참여한다면 앞으로 직원의 노력이 증가할 것이라는 것을 예측할 수 있다. 예측할 수 없다면 지식에 틈이 생기는 것으로 회사에 유용한 정보를 제공할 수 없게 된다. 다시 말해, 현상을 기술하고 설명하지만 미래에 이러한 현상을 예측하는 데 도움이 되지 않는다면 우리가 가진 지식의 유용성은 제한적일 수밖에 없다.

과학의 마지막 목표는 현상의 **통제**(control)로 특정 행동에 영향을 미치는 원인 혹은 선행 조건들을 변화시키는 것, 즉 조작하는 것이다. 이를 위해서, 즉 특정 행동이나 현상의 발생을 증가 또는 감소시키는 변인들을 조작, 통제하기 위해서는 그 현상에 대해 충분히 이해하고 있어야 한다. 다시 말해, 직원이 더 열심히 일하고 더 잘 수행할 수 있게 하는 적절한 처치에 대한 정보를 제공함으로써 기업들에게 도움이 될 수 있다. 실제로 직원들에게 참여 기회를 지속적으로 제공하게 되면 회사는 높은 수준의 노력과 성과를 유지할 수 있게 된다.

결론적으로, 우리는 어떤 현상이 정확하게 기술되고, 설명되고, 예측되고, 통제될 수 있을 때만 어느 정도의 과학적 목표를 달성했다고 할 수 있는 것이다.

과학의 가정

과학자들이 연구를 하고, 세상을 이해하기 위해서는 몇 가지 기본적인 가정을 해야 한다. 첫째, 과학자들은 **경험주의**(empiricism)를 가정한다. 즉 행동을 이해하는 가장 좋은 방법은 이론을 기반으로 가설을 생성하고, 관련 자료를 수집하고, 자료를 활용하여 그 가설을 검증하는 것이다. 둘째, 과학자들은 행동에 규칙이 있고 체계적이며 우연히 일어나는 것이 아니라는 **결정론**(determinism)을 가정한다. 어떤 행동이 우연히 발생한다는 것을 가정한다면 심리학이 어떻게 될지 생각해보자. 아마 모든 심리학자들이 행동을 설명하거나 예측할 수 없게 될 것이다. 실제로 행동이 체계적으로 발생한다고 믿지 않는다면 심리학은 사회에 기여할 것이 없게 된다.

과학의 세 번째 기본 가정은 **발견 가능성**(discoverailiity)이다. 이는 행동의 체계성뿐만 아니라 규칙이 발견될 수 있음을 시사한다. 그렇다고 행동이 규칙적이기 때문에 심리학자가 어떤 순간에 개인이 어떤 행동을 할지 쉽게 예측할 수 있다고 제안하는 것은 아니다. 만약 행동 예측이 쉬운 것이라면 다른 사람들과 상호작용하는 방식이 어떻게 바뀔지 생각해보자. 예를 들어 동료가 어떤 질문에 대해 정확히 어떻게 반응할지 예측할 수 있다면, 우리는 스트레스를 덜 받을 것이고, '아니요'라는 답을 듣지 않게 될 것이다('아니요'라고 답이 예측된다면, 질문을 하지 않을 것이다!). 심리학자들은 특정 행동이 규칙대로 일어나는 것이 아니라 단지 어느 정도의 규칙이 있다고 제안한다. 따라서 마지막 가정은 행동에서의 어느 정도의 규칙을 우리가 경험할 수 있고, 조사하고, 발견할 수 있다는 것이다.

이론

이론
현상을 설명하고 예측할 목적으로 변인들 간의 관계를 구체화함으로써 현상에 대한 체계적인 관점을 제시하는 상호 연관된 구성개념(개념), 정의 및 진술의 집합

이론(theory)이란 현상을 설명하고 예측할 목적으로 변인들 간의 관계를 구체화함으로써 현상에 대한 체계적인 관점을 제시하는 상호 연관된 구성개념(개념), 정의 및 진술의 집합이다(Kerlinger, 1986). Fred Kerlinger는 이론에 기반하지 않는다면 과학은 체계가 없거나 엄격한 과정이 부족한, 해답을 찾는 단순한 검색과 같은 것이라고 주장했다. 그리고 검증 중인 현상을 기술, 설명, 예측, 그리고 통제할 수 있게 해주는 것이 이론이라고 하였다. 비록 I/O 실무자들은 현장의 문제를 해결하는 데 도움이 되는 연구를 수행하지만, 이 연구는 이론에 기반해야 하고, 그 결과들은 새로운 이론의 개발 혹은 기존 이론의 변화에 도움이 되어야 한다. 응용 분야인 I/O심리학에서도 이론이 미생물학과 같은 분야에서와 같이 중요하다는 것을 깨달아야 한다.

좋은 이론이란? 다른 과학 분야와 같이 좋은 이론과 나쁜 이론이 있다. 과학자들은 일반적으로 좋은 이론은 특정 기준이나 표준을 충족해야 한다는 데 동의한다. 첫째, **간결한 이론**(parsimonious)이 많이 사용된다. 즉 좋은 이론은 가능한 한 간단하면서 많은 것을 설명할 수 있어야 한다. 따라서 이론의 진술이 적을수록 좋다. 만약 이론이 설명하려고 하는 모든 현상에 대한 명제 또는 진술을 가져야 하는 경우라면 관리하기 어려운 정도로 커지게 된다. 일반적으로 두 이론이 같은 예측을 하면, 더 간결한 이론이 더 나은 이론이다. 결국 사람들이 이론을 이해할 수 없거나 이론이 연구에 사용되지 않는다면, 과학 발전에 도움이 되지 못한다.

좋은 이론의 두 번째 기준은 **정밀성**(precision)이다. 이론은 개념적 진술에 있어서 모든 사람들이 알 수 있고 예측할 수 있도록 구체적이고 정확해야 한다. 간결함(parsimony)과 정밀성 사이는 상충 관계가 있지만 대부분의 과학자들은 간단하고 정확한 이론을 개발하려고 한다. 이론이 정밀하지 않고 너무 장황하거나 명확하지 않으면 과학자들은 이 이론을 사용하거나 예측을 하는 것이 불가능하다는 것을 알게 된다.

세 번째 기준은 **검증 가능성**(testability)으로 이론을 검증할 수 없다면 유용하지 않다. 검증 가능성이란 이론에서 제시된 명제가 일종의 실험에 의해 검증될 수 있어야 한다는 것을 의미한다. 만약 하루 동안 지구에 착륙하는 화성인의 숫자를 기준으로 강수량을 예측하는 이론을 개발했다면, 이는 검증할 수 없는 이론이다. 따라서 좋은 이론이 아니다. 이론이 꼭 입증될 수 있어야 한다는 것은 아니다. 다만 수집한 자료에 의해 그 이론은 지지되거나 지지되지 않을 수 있다. 즉 연구자들은 이론이 정확한지 혹은 잘못되었는지를 확신하게 만드는 자료를 수집하는 것이다.

위대한 과학 철학자 중 한 명인 Karl Popper는 과학은 대체적 설명을 배제하고 자료에 적합

생각해보기
위 그림에서 연구 과정 절차에서 다른 것이 하나 있다. 연구 과정의 단계가 왜 중요한가? 이 단계를 따르지 않을 경우에는 어떤 영향이 있을까?

한 설명이나 이론을 하나만 남긴다고 하였다(Popper, 1959). 그는 또한 과학적 이론의 궁극적인 목표는 “아직 풀리지 않았다.”라고 하였다. 이러한 말들은 그가 대부분의 이론이 어느 정도 불확실성을 가지듯이 과학의 발전에도 불확실성이 있다라는 점을 깨달은 것으로 보인다.

물론 이론은 또한 유용(useful)해야 한다. 즉 중요한 현상을 기술, 설명, 예측하는 데 도움이 되어야 한다. 강의 중 심리학 강사가 강의실을 가로질러 걷는 횟수와 시기에 관한 이론을 만들 수 있다. 비록 이 이론이 가로질러 가는 현상을 기술, 설명하고, 이 현상을 꽤 잘 예측하고 검증 가능하다고 할지라도 누가 이 이론에 관심을 가질지 의문이다. 이는 강사의 가로질러가는 행동이 이론을 유용하게 만들 만큼 중요한 행동이 아니기 때문이다. 유용성에 대한 기준에 따르면 좋지 않은 이론이다.

마지막으로, 이론은 생산성(generativity)을 가져야 한다. 이는 그 이론을 지지하거나 반박하려는 연구들이 나타날 수 있도록 자극할 수 있어야 한다는 것이다. 앞서 언급한 모든 기준을 충족시키는 이론을 개발할 수는 있지만, 이론을 검증하거나 어떤 식으로든 그 이론을 사용하는 사람이 없다면 이론 자체는 별로 가치가 없게 된다.

요약하면 과학은 탐구의 논리이며, 주된 목적은 이론 구축이다. 변인들 간의 관계에 대한 일련의 제안으로서, 중요한 현상을 기술, 설명, 예측, 통제하기 위해 이론이 개발된다. 이론은 간결성, 정밀성, 검증 가능성, 유용성 및 생산성에 따라 평가될 수 있다. 좋은 이론의 특징에 대한 요약은 **표 2.1**에 제시되어 있다. 그렇다면 이 모든 특징을 고려하여 연구를 시작할 수 있을까? 이와 관련하여 먼저 이론과 자료의 관계에 대해 명확히 할 필요가 있다.

귀납법
자료로부터 시작해서 이론 수립으로 끝나는 과학적 연구 절차

자료가 먼저인가, 이론이 먼저인가? 이론과 자료는 과학에서 가장 중요하고 모두 사용되지만 개별 연구자들의 어느 것이 먼저고 더 중요한지에 대한 의견은 다르다. **귀납법**(induction)은 자료로부터 시작해서 이론 수립으로 끝나는 과학적 연구 절차이다. 기본적으로, 이론을 개발하기에 충분한 자료가 될 때까지 많은 자료

표 2.1 좋은 이론의 특징

특성	무슨 의미인가?	왜 이 특성이 중요한가?
간결성	좋은 이론은 가능한 한 간단하면서 많은 것을 설명할 수 있어야 한다.	너무 복잡한 이론은 다루기가 쉽지 않기 때문에 별로 유용하지 않다.
정밀성	이론은 가능한 한 구체적이고 정확한 언어로 진술되어야 한다.	이론이 장황하고 명확하지 않은 경우 과학자들은 이를 검증할 수 있는 방법을 알지 못하게 된다.
검증 가능성	이론의 명제는 실험을 통해 입증 가능한 것이어야 한다.	검증할 수 없는 이론은 지지되거나 철회될 수 없기 때문에 과학에 거의 사용되지 않는다.
유용성	이론은 실용적이어야 하며 중요한 현상을 기술하거나 예측할 수 있어야 한다.	중요하지 않은 것을 예측하거나 설명하는 이론은 가치가 없다.
생산성	이론은 그 이론을 지지, 반박하려는 후속 연구들을 유발할 수 있어야 한다.	어떤 이론을 검증하려는 후속 연구가 없다면 그 이론은 아무 의미를 갖지 못한다.

를 수집해야 한다. 한편 **연역법**(deduction)은 이론과 명제로 시작하여 그 명제를 검증하기 위한 자료를 수집하는 것으로 정반대의 접근법을 사용한다.

연역법
이론과 명제로 시작하고 자료를 수집하여 그 이론을 검증하는 과학적 연구 절차

귀납적 그리고 연역적 연구방법에 모두 문제가 있다. 자료를 수집하여 이론(귀납법)을 도출한 뒤에 이 이론에 대한 추가적인 자료 수집을 바탕으로 검증되거나 수정되지 않는다면 이 이론은 유용하지 않게 된다. 그러나 이론을 생성하고 그 명제를 검증하기 위해 자료를 수집하는 것(연역법) 역시 자료가 제안된 명제의 수정을 요구하거나 반박하지 않았다고 하더라도 여전히 추가적인 자료 수집과 검증이 필요하다. 많은 과학자들이 취하는 접근법은 귀납법과 연역법을 결합한 방식이다.

두 가지 접근법, 연역법과 귀납법이 순환적인 관계라는 것이 **그림 2.1**에 묘사되어 있다. 자료 또는 이론으로 시작하는지는 실제로 중요하지 않고, 다른 방법을 배척하는 것도 아니다. 일반적인 이론(그림의 내부 경로) 개발부터 시작하면 이를 검증하기 위한 자료가 수집된다. 필요한 경우 검증 결과를 보고 이론을 수정 혹은 개선한다. 추가 자료가 수집되고 이론은 다시 수정될 수 있다. 그리고 이 과정은 계속된다. 자료 수집부터 시작하면 (그림의 외부 경로) 데이터는 이론을 개발하는 데 사용된다. 이 이론을 검증하기 위해 추가 자료가 수집되고 필요하다면 이론이 수정된다. 마찬가지로 추가 자료가 수집되고 이 과정은 계속된다.

대부분의 연구는 귀납적 방식을 통해 시작되는 경향이 있다. 연역적 접근법 — 이론으로 시작하여 자료 수집 — 을 사용한 연구에서도 최초 이론의 개발은 일부 자료에 기반한 것이다. 따라서 연역법은 연구 과정의 초기 부분이고 다음은 귀납적 방식에 의해 진행된다. 이에 따라 연구과정은 지속적으로 두 방법의 순환과정을 거친다.

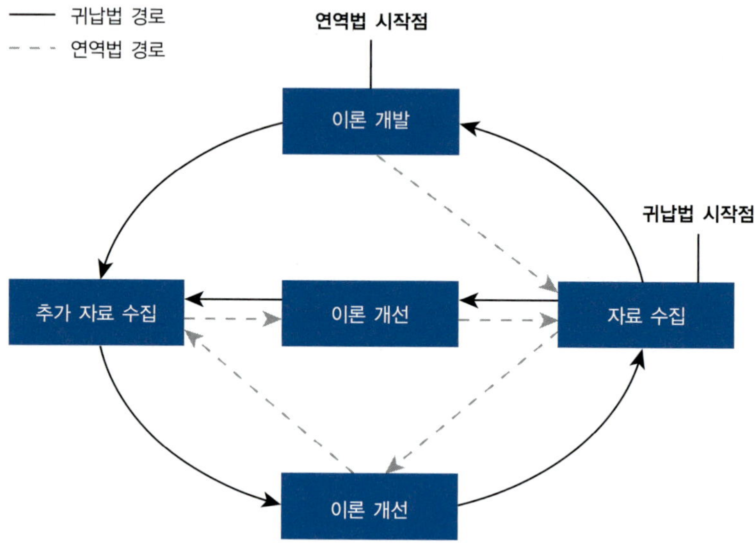

그림 2.1 순환적인 연역-귀납 연구 모델

'과학을 수행'하는 완벽한 방법은 없다. 그러나 과학의 목표, 과학자의 가정, 올바른 이론의 기준, 연역법과 귀납법이 서로 어떤 관계인지를 아는 것은 과학적 과정이 가장 잘 적용되는 방법을 이해하는 데 도움이 된다. 특정 유형의 연구 설계 및 자료 수집 방법을 논의하기 전에 몇 가지 기본 용어 및 개념에 대해 알 필요가 있다.

연구관련 기본 개념 및 용어

인과 관계 추론
두 변인 사이의 인과 관계의 가능성에 관한 연구 자료로부터 도출된 결론

실험을 수행하는 데 필요한 것이 무엇인지 이해하기 위해서는 **인과 관계 추론**(causal inference)이 무엇을 의미하는지 알아야 한다. 앞서 언급했지만 이론이 옳다는 것을 결코 증명할 수는 없다. 다만 그 이론을 지지하는 자료를 수집함으로써 이론에 대한 확신을 가질 수 있다. 인과 관계도 비슷하다. 두 변인 사이에 인과 관계가 있다는 것을 결코 증명할 수는 없다. 왜냐하면 알지 못하는 다른 변인이 있을 수 있기 때문이다. 따라서 가장 바람직한 것은 인과 관계를 추론하는 데 자신감을 가질 수 있도록 신중하게 실험을 진행하는 것이다. 자료가 두 변인 사이에 인과 관계가 있다는 것을 보여줄 때 인과 관계 추론을 할 수 있다. 인과 관계를 완벽하게 증명할 수 없기 때문에 심리학자들이 실험을 아주 신중하게 설계하기 위해 많은 시간을 투자한다. 인과 관계에 대한 확신을 이끌어내는 것은 신중한 실험 설계에 달려 있고, 두 가지 주요 유형의 변인에 대해 알 필요가 있다.

독립변인 및 종속변인

독립변인(independent variable)은 다른 변인의 선행변인으로 실험자가 체계적으로 조작하거나 측정한 변인이다. 중요한 것은 연구자가 관심을 가지고 있는 변인 혹은 행동에 독립변인이 변화를 일으키는지 여부를 결정하는 것이다. 예를 들어 직원이 업무 수행 방법을 결정할 때 참여의 정도를 조작할 수 있다. 한 집단에는 어떻게 업무를 수행하라고 지시만 하고 참여시키지 않는다. 두 번째 집단에는 작업을 수행하는 방법을 결정할 때 약간의 참여(의견을 제시할 수는 있지만 관리자가 최종 결정)를 보장해준다. 세 번째 집단에는 직원이 의견을 제시하고 작업을 수행하는 방법을 완전히 직원 스스로 결정할 수 있도록 한다. 이 실험에서 독립변인은 직원에게 부여되는 참여 수준의 차이이다.

독립변인
다른 변인의 선행변인으로 실험자가 체계적으로 조작하거나 측정한 변인

종속변인(dependent variable)은 실험에서 연구자가 관심을 가지고 있는 측정 혹은 평가되는 변인이다. 간단히 말해, 연구자는 독립변인이 종속변인에 미치는 영향에 관심이 있다. 예를 들어, 참여(독립변인)가 직원의 직무 만족(종속변인)에 영향을 미칠 것으로 예측할 수 있다. 즉 직원들이 자신의 일을 어떻게 할지를 스스로 결정할 기회가 많을수록 본인이 직무에 대한 만족이 증가할 것을 예측할 수 있다. 이러한 예측/가설이 수집한 자료를 통해 검증된 경우, 연구자는 참여가 직무 만족을 초래한다고 결론을 내리게 된다. 그러나 이 책에서 원인이라고 언급할 때, 이는 인과적 추론을 의미한다는 것을 명심해야 한다. I/O심리학에서는 종속변인으로 성과, 이익, 비용, 직무 태도, 급여, 승진, 출근 행동 및 동기들을 일반적으로 사용한다. 일반적으로 독립변인을 조작하고 종속변인에 대한 독립변인의 영향을 측정한다.

종속변인
연구자가 관심을 가지고 있는 실험에서 측정 혹은 평가되는 변인

또 다른 유형의 변인을 **가외변인**(extraneous variable)이라고 한다. 가외변인(오염변인이라고도 함)은 독립변인 이외에 결과를 오염시키거나 인과 관계에 영향을 미치는 다른 모든 변인이다. 독립변인과 관계없는 변인이 종속변인에 영향을 미친다면 종속변인의 변화가 독립변인 때문이라고 확신할 수 없게 된다. 예를 들어 앞서 언급한 참여–직무 만족 실험에서, 개인별 직무 성과는 가외변인이 될 수 있다. 만약 성과가 좋은 직원들이 있다면 이 직원들에게 참여할 기회가 더 주어질 수도 있다. 이런 경우 직원 참여 수준이 높을수록 직무에 더 만족할 수 있지만 조직에서 제공되는 더 많은 보상을 얻고 있기 때문에 더 만족스러울 수 있다.

가외변인
독립변인 이외에 결과를 오염시키거나 인과 관계에 영향을 미치는 다른 모든 변인

I/O심리학에서는 독립변인과 종속변인을 다른 이름으로 언급하기도 한다. 독립변인을 종종 예측변인, 전조 또는 선행변인으로, 종속변인은 종종 준거, 결과 또는 성과로 언급된다. 선발 장면에서는 예측변인과 준거변인으로 부른다. 예측변인은 개인의 준거변인 점수를 예측하는 데 사용한다. 예를 들어 지능은 성공적인 직무 수행의 중요한 예측변인이다. 후반부에 더 논의

하겠지만 독립변인과 종속변인이 자주 예측변인과 준거변인으로 상호 교환적으로 사용된다는 것을 알고 있어야 한다.

통제

통제는 실험 설계에서 매우 중요한 요소이다. 독립변인이 종속변인에 미치는 효과에 대한 인과 추론(내적 타당도의 문제)이 가능하려면 실험에서 통제가 가능해야 한다. 인과 추론을 확신하기 위해, 종속변인에 영향을 미칠 수 있는 다른 가능성 있는 설명을 제거해야 한다. 이를 위한 한 가지 주요 방법은 가외변인을 통제하는 것이다.

리더십 유형이 직원 수행에 미치는 영향에 관심이 있다고 가정해보자. 이 관계를 조사하기 위해 직원들을 대상으로 설문 조사를 실시하여 리더의 유형을 측정한 다음 이를 각 리더와 함께 일하는 직원들의 수행 자료와 매칭시킬 수 있다. 그런 다음 특정 리더십 유형이 직원들의 수행을 향상시키는지 알아볼 수 있다. 그러나 직원의 능력이나 경험과 같은 잠재적인 가외변인이 직원들의 직무 수행에 영향을 미친다. 가장 효과적인 유형의 지도자를 위해 일하는 직원들이 능력이 뛰어난 직원일 수 있다. 따라서 리더십 유형이 수행을 증가시키는 것으로 보일지라도 특정 리더를 위해 일하는 직원은 리더의 유형보다는 자신의 능력으로 인해 실적이 좋을 수 있다.

가외변인을 통제할 수 있는 다양한 방법이 있다. 첫째, 잠재적 가외변인이 실험에서 일정하게 유지되게 할 수 있다. 예를 들어 직원의 경력이 리더십-직무 수행 연구에서 가외변인이라고 생각하면 동일한 경력(10년)을 가진 직원들만 참가자로 선택하여 이 가외변인을 통제할 수 있다. 즉 경력이 가외변인이 되지 않도록 경력을 일정하게 유지할 수 있다. 그런 다음 리더십 유형과 직원 수행 간에 유의미한 관련성이 있는 것으로 나타나면 리더십 유형이 수행 증가의 원인, 즉 인과 관계라고 확신할 수는 없지만, 경력이 직무 수행에 영향을 미치지는 않았다는 것을 확신할 수 있다. 연구에 참여한 모든 참가자가 동일한 경력을 가지고 있기 때문에 수행의 차이는 다른 무엇 때문에 발생한 것이다.

두 번째 방법은 가외변인을 체계적으로 다른 수준으로 조작하여 통제할 수 있다. 예를 들어 성별이 리더십-직무 수행 간의 관련성 연구에서 가외변인이라면, 성별을 또 다른 독립변인으로 간주하여 각각 여자, 남자 리더 하에서 리더십 유형과 직무 수행 간의 관계를 검증하여 관계성에 차이가 있는지, 혹은 상호작용하는지를 검증하는 더 복잡한 실험 설계를 사용할 수 있다. 이러한 방식은 앞서 언급한 가외변인을 일관되게 유지하는 것과는 상반된 방법으로 가외변인이 종속변인에 영향을 미치는지를 검증한다. 예를 들어 남녀 리더에 따라 리더십 유형과 수행 간의 관계성에 차이가 없다면 가외변인이 영향을 미치지 않았다고 할 수 있다.

세 번째 방법은 비록 다소 복잡하지만 가외변인의 영향을 통계적으로 통제하는 것이다

(Pedhazur & Schmelkin, 1991 참조). 공분산 분석과 같은 통계 기법을 사용하면 가외변인으로 인한 종속변인의 변량을 제거하거나 통제할 수 있다. 예를 들어 고령 근로자가 경험이 많아서 젊은 근로자보다 수행이 높을 것이라는 가설을 검증하고자 한다면 연령과 관련이 있는 변인을 통제할 필요가 있다. 통계적 방법을 사용하여 나이 든 집단과 젊은 집단 간에 지능, 감독의 질, 훈련 기회 등에서 차이가 없게 할 수 있다. 이를 통해 다른 가외변인들의 영향력을 통제했기 때문에 경력 차이로 인해 두 집단 간의 수행차이가 발생한 것이라고 더 확신할 수 있다.

실무자 포럼

Douglas Klein

Douglas Klein

뉴욕대학교 I/O심리학 석사, 1989년

Sirota Survey Intelligence의 전 선임 연구원 및 수석 리더십 고문

기업성과 창출의 장애물들을 찾아내고 극복할 수 있도록 지원하는 실무자로서 20년 이상 현장 연구(주로 설문조사, 비침습적인 연구 방법)를 수행해왔다. 그리고 신뢰할 수 있고 타당한 자료를 기반으로 조직이 통찰력 있는 전략적 의사결정을 할 수 있도록 했다(불행히 반대의 사례도 있지만). 성공한 회사가 신뢰할 수 없는 정보 또는 경영진의 직감에 근거하여 투자결정을 내리던 시절은 지났다. 이는 새로운 리더십 프로그램 개발과 새 공장 건설 여부를 결정할 때도 마찬가지이다.

나는 경영 성과와 관련이 있는 독립변인, 종속변인 및 통제변인에 관심을 두었다. 최근에는 주요 소매 업체를 대상으로 리더십과 관리기법(독립변인)들이 고객 만족, 직원 참여, 운영 효율성 및 재무성과(종속변인)와 같은 비즈니스 결과에 직접적으로 그리고 측정 가능한 영향을 미치는지를 살펴보았다. 준 실험 설계를 적용하였고, 회사 직원 설문 조사(자기 보고 설문 조사) 결과, 각 소매점의 기존 보관 자료(예 : 고객 평가, 성과 측정 기준, 재무실적, 매출액 등)와 관련성이 있는 것으로 나타났다. 그러나 농촌 지역은 재무성과가 낮고 도시 지역은 고객 서비스 수준이 낮을 것으로 예상했기 때문에 지점의 위치가 통제변인으로 사용되었다. 최종적으로 특정 소매점이 다른 점보다 더 잘되는지(가외변인을 통제한 후) 이해하게 되었고 향후 투자 수익을 예측할 수 있게 되었다.

I/O심리학자는 회사가 무형 자산(예 : 사람, 기법, 가치 등)의 중요성을 인식하고 관리할 수 있도록 도와준다. 회사의 유형 자원을 경영 성과로 변환시키는 것은 사람이다. 따라서 사람들을 어떻게 이끌고, 관리하고, 가치를 부여하는지가 조직의 궁극적인 성공에 중요한 역할을 한다. 대부분의 경영진은 약한 조직 문화가 건전한 사업 전략을 약화시킨다는 것에 동의한다.

컨설팅 서비스를 제공하는 성공적인 I/O심리학자가 되려면 연구 이론/방법 및 통계를 이해하고 학습된 통찰력을 기반으로 실행할 수 있어야 한다. 전문가로 가는 첫걸음은 연구를 아는 것이다.

학습질문

1. 첫 번째 문단은 신뢰롭고 타당한 자료를 기반으로 한 통찰력이 대기업에서의 전략적 의사결정을 촉진시킨다는 내용이다. 과학의 목표가 이러한 경영 의사결정과 어떻게 조화를 이루는가?
2. 설문 조사 및 비침습적 방법과 같은 현장 기반 연구가 경영상 의사결정을 위한 정보를 수집하는 데 얼마나 도움이 되는지 설명해보자.
3. 마지막 문단에서는 조직의 유형 자산과 무형 자산 간의 차이점에 대해 논하고 있다. I/O심리학자가 생산성을 높이기 위해 두 자산을 어떻게 이해하고 통합할 수 있는가?

내적/외적 타당도

내적 타당도
도출된 연구 결과의 인과 관계에 대한 확신의 정도

어떤 실험을 진행했을 때 첫 번째 관심 사항은 실험 결과의 인과 관계에 대한 확신의 정도인 **내적 타당도**(internal validity)가 있는지 여부이다. 즉 실험 결과가 조작한 독립변인에 의한 것이지, 가외변인에 의한 것이 아니라고 확신할 수 있는가? 참여-직무 만족도 관계에 대한 연구에서 참여가 직원의 만족도에 영향을 미치는 변인이라는 확신이 높으면 내적 타당도가 높은 것이다. 그러나 실제로 더 높은 만족도를 이끌어낸 원인이 성과와 관련된 높은 보상이라면, 만족의 차이에 대한 대안적인 설명으로 보상을 배제할 수는 없다. 이런 경우에는 내적 타당도에 문제가 있다.

외적 타당도
실험에서 얻은 결과가 다른 대상, 상황 및 시점으로 일반화가 가능한 정도

실험을 설계할 때 중요한 다른 타당도 유형은 **외적 타당도**(external validity)로, 실험에서 얻은 결과가 다른 대상, 상황 및 시점으로 일반화되는지에 대한 것이다. 구체적이고 어려운 목표를 부여받은 직원이 단순히 최선을 다하라는 목표를 부여받은 직원보다 실적이 더 좋다는 연구 결과를 얻었을 때, 연구자는 이 구체적이고 어려운 목표 설정의 효과가 다른 시점에 다른 회사 직원들에게 일반화될 것이라고 주장하고 싶을 것이다. 외적 타당도는 과학 발전에 매우 중요하다. 외적 타당도가 낮은 연구는 과학 발전에 기여하기 어렵다. 예를 들어 학생들을 대상으로 한 I/O심리 연구들은 '실제' 직원들에게 일반화할 수 없다는 비판을 받기도 한다. 만약 학생들을 대상으로 한 연구가 직원들에게 일반화되지 않는다면 그 연구에서 검증한 현상들에 대한 이해 증진에 도움이 되지 않는다[이 주제에 대한 상세한 내용은 Landers와 Behrend(2015) 참조].

그러나 외적 타당도는 항상 경험적 연구를 통해 증명이 가능하다. 즉 실험, 경험 또는 관찰을 통해서만 알 수 있다. 한 번의 연구를 실시한 후에 외적 타당도가 있는지 없는지를 주장할 수 없다. 외적 타당도는 다른 시점에 다른 참가자들을 대상으로 반복 연구를 통해 검증된다. 그리고 외적 타당도를 위해 일반화하고자 하는 모집단의 대표적인(representative) 표본을 사용할 수 있다. 하지만 확실히 하기 위해서는 추가 자료를 수집해야 한다.

내적/외적 타당도 간에는 상쇄효과(trade-off)가 있다는 것을 연구자들이 알아야 한다(Cook & Campbell, 1979). 내적 타당도를 높이기 위해 대안적인 설명을 가능하게 하는 변인들을 더 많이 통제하게 된다면 결과의 일반화 가능성은 어떻게 될까? 이러한 통제 상황은 매우 인위적이기 때문에 외적 타당도가 감소하게 된다. 더 간단하게 말하면, 높은 수준의 통제 상황과 유사한 상황이 현실에는 없기 때문에 그 결과는 다른 상황으로 일반화되지 않을 수 있다. 따라서 내적 타당도를 위해 통제를 하게 되면 외적 타당도의 가능성은 감소하게 된다.

물론 가외변인을 통제하지 않거나 다른 가능한 설명을 배제하지 않는다면, 결과가 다른 상황이나 참가자들에게 일반화될 가능성이 있다고 하더라도, 인과 관계(내적 타당도)에 대해 확신할 수 없다. 연구 결과가 무엇을 의미하는지 명확하지 않다면, 외적 타당도가 무슨 소용이

있을까? 중요한 점은 연구에서 내적 타당도가 먼저 고려되어야 한다는 것이다. 내적 타당도가 확보되지 않으면 연구가 현장에 필요한 지식에 기여할 수 없기 때문이다. 그러나 너무 많은 통제가 결과의 일반화 가능성을 감소시킬 수 있기 때문에 두 타당도의 균형을 맞출 필요가 있다.

연구 과정 모델

연구 프로젝트를 수행하는 방법에는 여러 가지가 있지만, 이 장에서는 연구를 개발하고 수행하는 데 지침이 되는 일반적인 연구 과정에 대해 논의할 것이다. 이는 심리학 연구가 다양한 단계를 거쳐 어떻게 진행되는지 이해하는 데 도움이 된다. 모델은 **그림 2.2**에 제시되어 있다.

일반적으로, 연구의 첫 단계는 검증 가능한 가설을 설정하는 것이다. **가설**(hypothesis)은 둘 이상의 변인 간의 관계에 대한 잠정적 진술로 정의된다. 대부분의 가설은 문헌을 충분히 검토한 결과로 도출된다. 하지만 때로는 연구자 자신의 경험이나 출판된 문헌에서 아직 답을 얻지 못한 질문에서 도출되기도 한다. 가설이 어떤 방식으로 설정이 되더라도, 가설 설정은 연구 과정의 첫 단계이다.

가설
둘 이상의 변인 간의 관계에 대한 잠정적 진술

두 번째 단계는 연구를 설계하는 단계로 앞서 언급된 통제, 내적/외적 타당도와 관련이 있다. 이 단계에서 결정해야 할 두 가지는 연구 참가자와 무엇을 측정할지이다. 연구 참가자는 일반적으로 어린이, 노인, 동물, 장애인이 될 수 있지만 대부분의 I/O심리학 연구 참가자는 대학생 또는 근로자들이다. 일반적으로 하나 이상의 독립변인과 종속변인을 측정한다.

연구 설계 후에는 실제 자료를 수집한다. 여러 가지 방법으로 자료를 수집할 수 있다. 일부 연구는 1회 이상 자료 수집이 필요한 반면, 다른 연구는 두 집단 이상의 참가자 그룹을 사용하기도 한다. 일부 자료는 대면 상호작용을 통해, 다른 자료는 우편으로 수집되며 전자 메일이나 인터넷을 통해서도 자료가 수집될 수 있다.

일단 데이터가 수집되면, 연구자는 자료를 분석하고 이해할 필요가 있다. 이를 위해 보통 통계 분석을 수행한다. I/O 분야는 심리학 분야 중 양적 연구를 많이 수행하는 분야로 I/O심리학자들 역시 방법론과 통계에 대한 충분한 훈련을 받는다. I/O심리학자는 다양한 통계 분석 기법을 최대한 활용한다. 이 단계에서 연구자는 설정했던 연구 가설을 검증하고 연구 문제에 대한 결론을 내린다.

연구 과정의 마지막 단계는 결과 작성이다. 결과를 작성할 때 우선 그 가설이 도출된 과정과 연구와 관련된 이론적 배경,

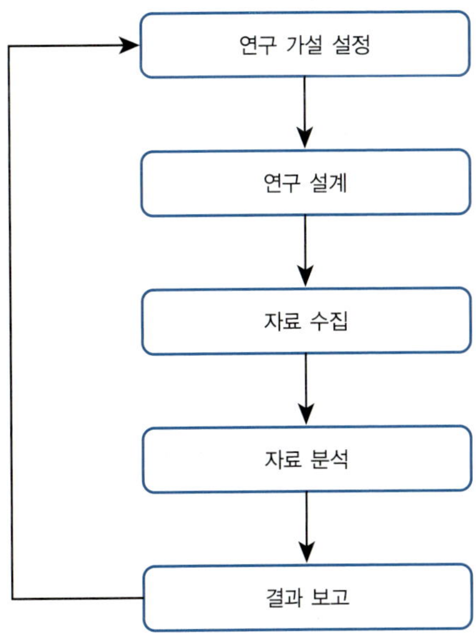

그림 2.2 연구 과정 단계 모델

연구 필요성 등이 제시되고 연구 절차를 자세하게 설명한다. 결과 작성의 마지막 두 부분은 결과 기술과 논의로, 논의에는 연구 결과의 의미, 기존 연구들과 어떤 관련이 있는지, 문제점 해결에 어떤 도움을 줄 수 있는지, 조직의 기능에 어떤 함의점이 있는지가 작성된다.

이상적으로, 작성된 글은 연구의 종착점인 논문으로 출판될 수 있고 논문 출판은 연구자가 다른 학자 및 실무자에게 연구 결과를 전달하는 기능을 한다. 이 논문은 고용주, 직원 및 조직 모두가 보다 생산적이고 효율적으로 일할 수 있도록 도움이 되는 중요한 정보를 제공한다. 때로는 이러한 연구 결과가 학회에서 발표되거나, 학생의 석사 또는 박사 학위 취득을 위한 작업으로 진행되기도 하며, 심리학 학위 과정 충족 또는 장학금 요구 사항이 되기도 한다. 장학금을 받기 위한 연구든, 실험심리학 수업을 위해 수행한 작은 연구든, 또는 주요 I/O 저널 중 하나에 게시될 주요 프로젝트든, 연구 과정 단계는 동일하게 적용된다. 구체적인 연구 출판 관련 지침은 미국심리학회 출판 메뉴얼(American Psychological Association, 2009)을 참고하기 바란다.

연구 설계 유형

특정 연구 문제에 답하기 위한 여러 가지 연구 방법이 있다. 가장 자주 사용되는 방법과 몇 가지 예를 살펴보자.

실험 방법

실험 방법
독립변인의 조작과 참가자들을 각 조건에 무선 할당하는 연구 절차

무선 할당
실험 참가자가 각 조건에 동일한 확률로 할당되는 절차

연구 과정의 다섯 가지 주요 단계뿐만 아니라 귀납법과 연역법에 대해 알아보았다. 특정 연구 질문에 대답하기 위해 사용할 수 있는 대표적인 방법이 실험이다. **실험 방법**(experimental methods)의 대표적인 두 가지 특징은 무선 할당 및 조작이다. **표 2.2**에는 동일한 연구 문제(직원 수행에 대한 훈련의 효과)를 해결하는 데 적용될 수 있는 서로 다른 연구 방법 및 자료 수집법이 제시되어 있다.

무선 할당(random assignment)이란 전체 연구 참가자가 결정되면 각 참가자가 각 조건(혹은 집단)에 동일한 확률로 할당되는 절차를 의미한다. 예를 들어 훈련이 직무 수행에 미치는 효과를 측정하는 데 관심이 있다면, 가설 검증을 위해 참가자를 무작위로 훈련 및 비훈련 조건에 할당해야 한다. 만약 모든 고수행자들이 훈련 조건에 할당되고, 가설 검증결과 훈련 조건이 비훈련 조건보다 수행이 우수한 것으로 검증이 되었다면 그 이유는 훈련 여부로 인한 것이 아니게 된다. 다시 말해, 사전 수행 수준은 가외변인이라는 것이다. 이 가외변인을 통제하기 위해 두 조건에 무선 할당을 한다. 물론 무선 할당을 했음에도 불구하고 고수행자가 훈련 집단에 할당이 될 수 있지만 이러한 상황이 발생할 가능성은 거의 없다. 무선 할당이 잘되었는지를 확인하기 위해 각 집단의 사전 수행 수준 자료를 조사하여 두 조건 간 수

표 2.2 연구 설계와 방법론

개별 직원 수행에 대한 교육의 효과는 다음과 같이 여러 가지 방법으로 검증될 수 있다.

연구 설계	방법론	예
실험	실험실 실험	학생 참가자들을 무선적으로 훈련 조건(실험 집단) 또는 무훈련 조건(통제 집단)에 할당한다. 이후 수행이 측정된다.
	현장 실험	제조업체 직원들을 무선적으로 훈련 조건(실험 집단) 또는 무훈련 조건(통제 집단)에 할당한다. 이후 수행이 측정된다.
	준 실험	제조업체의 한 부서에 속한 모든 직원은 훈련 조건(실험 집단)에 배정되고 동일한 조직의 다른 부서 직원들은 무훈련 조건(통제 집단)에 배정된다. 이후 수행이 측정된다.
관찰	자연적 관찰	연구원은 훈련을 받거나 받지 못한 직원을 관찰하고 그들이 어떤 훈련을 받았는지 기록하며 개인의 수행 행동을 기록한다.
	아카이브(기록) 연구	연구원은 사내에 있는 보관 자료에서 각 직원들의 훈련 여부와 개인의 수행평가 점수 자료를 확인한다.
	조사	직원들은 조직에서 받은 교육 정도와 가장 최근의 수행 평가 등급에 대해 설문지를 통해 조사한다.

행 수준에 유의미한 차이가 없음을 확인할 수 있다.

> **조작**
> 체계적으로 다른 실험 집단에 독립변인을 적용, 변화 또는 영향을 미치는 것

실험 방법과 관련된 두 번째 필수 요소는 하나 이상의 독립변인을 조작하는 것이다. 조작(manipulation)은 실험설계에서, 독립변인을 측정하는 것이 아닌, 체계적으로 다른 참가자 혹은 집단에 독립변인을 적용, 변화 또는 영향을 미치는 것이다. 훈련-업무 수행 예에서, 한 집단의 참가자에게 체계적으로 훈련을 제공하고 다른 집단에는 훈련을 제공하지 않는다. 실험에서 무선 할당 및 독립변인의 조작은 가외변인을 통제하고 다른 설명을 배제하면서 인과 관계 추론을 도출할 수 있는 핵심 요소이다. 즉 이 두 요소는 실험의 내적 타당도를 증가시키는데, 이는 관찰 연구보다 실험 연구가 내적 타당도가 높은 이유이다.

실험실 실험 실험 방법론의 한 유형은 실험실 실험이다. 대부분의 실험실 실험은 실제 작업 환경이 아니라 다소 인위적인 환경에서 수행된다. 예를 들어 저자와 대학원생들은 학부생을 네 가지 조건에 무선 할당하는 연구를 실시했다(Medvedeff, Gregory, & Levy, 2008). 네 조건은 피드백 유형(긍정적 또는 부정적)과 피드백의 성격(과정 기반 또는 결과 기반)에 따라 달라졌다. 이러한 실험조건의 차이가 참가자의 피드백 요청 행동에 영향을 미치는지를 검증하였다. 연구 결과 특정 실험 조건의 참가자들이 다른 조건들의 참가자들보다 더 많은 피드백을 요청하는 것을 알 수 있었다. 구체적으로, 부정적이고 과정기반의 피드백을 받은 참가자들이 더 많은 피

드백을 요청하였다. 그리고 참가자들은 자기 평가 정보보다는 동료 평가 정보에 더 많은 관심을 보였다. 본 연구에서는 참가자들의 무선 할당과 신중한 처치를 통해 다른 대안적인 설명을 배제할 수 있었다.

앞서 내적 타당도와 외적 타당도 간에 상쇄효과가 있다고 하였다. 실험실 실험에서 바로 이 문제가 발생한다. 실험에서 연구자가 실험실 상황을 통제할 수 있는 수준이 높기 때문에 내적 타당도는 높지만, 실험실 상황의 특성으로 인해 외적 타당도 또는 일반화 가능성에 의문이 제기된다. 이에 피드백 연구에서 참가자들을 시간제로 일하고 있는 학생들만 모집하였고, 대부분의 참가자들이 수행 평가를 실제로 경험한 적이 있었다. 이렇게 실험 참가자를 일반화하고 싶은 일반 직장인들과 유사하게 함으로써 외적 타당도를 증가시킬 수 있었다. 그리고 수행 평가 경험이 있는 참가자들이었기 때문에 연구에서 요청했던 수행 판단 과제 역시 외적 타당도를 증가시킬 수 있었다. 이처럼 현실적인 시나리오를 가지고 높은 수준의 내적 타당도를 유지하면서 실제 직장인들을 대표하는 참가자를 사용하여 외적 타당도를 증가시키는 것은 실험 설계에서 매우 중요한 문제이다.

현장 실험 및 준 실험 실험실 환경의 인위적인 특성의 문제를 극복하기 위해 I/O 연구자들은 때때로 현장 실험(field experiment)을 수행하기도 한다. 여기에서는 무선 할당 및 독립 변인의 조작을 사용하여 가외변인을 통제하지만 자연스러운 실제 조직에서 실험을 수행한다. 물론 이러한 실험은 무선 할당 및 조작이 가능한 실제 환경을 찾기가 어렵기 때문에 I/O 연구에 많이 사용되지는 않는다. 조직에서는 일반적으로 연구자가 무작위로 직원을 훈련 집단 또는 무 훈련 집단에 할당하는 것은 생산성 및 조직 효율성을 저하시킬 수 있기 때문에 무선 할당과 조작이 수용되지 않는다.

> **현장 실험**
> 무선 할당 및 독립변인의 조작을 사용하여 가외변인을 통제하지만 실험실이 아닌 자연스러운 실제 조직에서 실험을 수행하는 것

보다 실용적인 대안은 현장 실험과 유사하지만 무선 할당을 포함하지 않는 준 실험(quasi-experiment)이다(Cook & Campbell, 1979). 준 실험은 대개 독립변인의 조작이 포함되지만 무선 할당 대신 있는 그대로의 집단을 사용한다. 예를 들어 훈련-직무 수행 연구에서 개개인을 무선 할당할 수 있는 조직을 찾기는 어렵지만 부서, 작업 집단 또는 공장을 할당하는 것이 가능할 수 있다. 이 경우 4개의 작업 집단은 훈련 조건에, 다른 4개의 집단은 무훈련 집단에 할당될 수 있다. 두 실험 집단 간에 존재하는 잠재적 가외변인인 경력, 성별, 수행, 태도 등의 차이를 측정하고 통계적으로 통제할 수 있다. 준 실험은 현장 실험보다 적용 가능성이 높고 합리적인 수준의 내적 타당성을 확보할 수 있기 때문에 I/O심리학에서는 많이 사용된다.

> **준 실험**
> 실험 설계와 유사하지만 무선 할당을 포함하지 않는 연구 설계

관찰 방법

관찰 방법
행동 관찰을 통해 자료를 수집하고, 두 변인 간 관계 그리고 관계의 형태를 기술하는 연구 절차

관찰(observational methods)을 사용하는 연구는 일반적으로 상관관계 분석을 통해 결과가 도출되기 때문에 대개 상관 연구 설계로 불리고, 상관관계는 이 장의 뒷부분에서 더 언급할 것이다. 상관 연구는 두 변인 간의 관계성에 초점을 맞추고 설명적이기 때문에 기술(descriptive) 연구로 간주된다. 기술 연구는 무선 할당이나 독립변인의 조작을 포함하지 않기 때문에 실험이 아니고, 따라서 인과 관계 추론을 하는 데는 한계가 있다. 다만 상관 연구에서 결론을 내릴 수 있는 것은 관심 변인들 간에 유의미한 관계가 있는지 없는지, 그리고 그 관계성의 정도가 어느 정도인지에 대한 것이다. 실험실이나 현장 모두에서 이 방법을 사용하지만, 현장에서 훨씬 더 보편적으로 사용된다. 이는 현장에서 연구자들이 통제할 수 있는 범위가 제한되어 있기 때문이다.

한 회사에서 직무 만족과 회사 직원의 수행 간의 관계성에 대해 자문해왔다. 이 문제를 조사하기 위해 회사 직원 200명에 대한 직무 만족도 조사를 실시한 후 관리자들을 통해 각 직원들의 수행 수준을 측정했다. 통계 분석을 통해 직무 만족도는 수행과 관련이 있다고 결론을 내렸지만 직원들을 무선 할당하거나 만족도를 조작하지 않았기 때문에 직무 만족이 성과를 증가시킨다는 결론을 내릴 수 없었다. 사실, 좋은 수행에 따른 보상과 같은 결과들이 직무 만족을 유발할 수 있기 때문이다(Lawler & Porter, 1967). 인과 관계를 실제로 검증하기 위해서는 직무 만족도를 조작해야 하지만 이는 비현실적이고 비윤리적이다. 회사에서 연구자나 컨설턴트에게 인과 관계 검증을 위해 일부 직원들은 만족스럽게 그리고 다른 직원들은 불만족스럽게 하는 것을 허락하겠는가? 그렇지 않다. 따라서 이러한 상황에서는 인과 관계보다는 상관관계에 대한 연구가 더 적절한 방식이다.

기술 연구는 두 가지 면에서 매우 중요하다. 첫째, 인과 관계 추론을 할 수는 없지만 종종 변인들 간의 관계 혹은 그 관계의 패턴을 알려주기 위해 자료를 수집한다. 이러한 자료들은 실험을 통해 검증할 수 있는 인과 관계에 대한 가설을 도출하는 데 도움이 된다. 둘째, 기술 연구를 통해 얻을 수 있는 것도 많다. 기술 역시 과학의 기본 목표 중 하나이고, 화학 원소 주기율표와 같이 일부 중요한 과학적 결과들은 완전하게 기술적인 것도 많다. I/O심리학에서 기술 연구는 직원들의 직무 관련 태도를 측정하기 위해 설문 조사를 사용할 때도 매우 중요한 정보를 제공해줄 수 있다. 예를 들어 직원들

John Rensten/Digital Vision/Getty Images

생 각 해 보 기
관찰 방법을 사용하여 인과 관계를 추론할 수 없는 이유는?

에게 새로운 보상 프로그램을 시행할 만한 가치가 있는지에 대한 고용주의 판단에 유용한 정보를 제공해줄 수 있다. 또한 업무 프로세스의 이해 증진을 위한 연구에도 필수적인 정보를 제공해준다. 또한 과학의 또 다른 목표인 예측에도 유용한 정보를 제공해줄 수 있다. 따라서 관찰 연구가 인과 관계 추론과 관련하여 실험 연구만큼 강력하지는 않지만 여러 이유로 매우 중요하다는 것을 알아야 한다.

자료 수집 기법

연구를 위한 자료 수집 방법은 다양하지만 일반적으로 I/O심리학에서 사용되는 자료 수집 방법에 대해서 알아보자.

자연 관찰

행동에 대한 연구 질문에 답하기 위한 가장 분명한 자료 수집 방법은 개인의 행동을 관찰하는 것이다. 관찰, 측정 또는 셀 수 있는 행동에 대한 실험실 및 현장 연구에서 관찰을 사용한다. **자연 관찰**은 자연스러운 환경에서 누군가 또는 어떤 것을 관찰하는 것을 의미한다. 자연 관찰의 한 형태인 **참여 관찰**(participant observation)은 일반적으로 사회학과 인류학에서 사용되지만 I/O심리학에서는 많이 사용되지 않는다. 참여 관찰에서, 관찰자는 피관찰 대상이 속해 있는 내부 집단 구성원 중 한 명이 된다. I/O심리학자들이 자주 사용하는 관찰 기술은 **비개입적 자연 관찰**(unobtrusive naturalistic observation)로 연구자는 주관적인 관점보다는 객관적으로 사람들을 관찰한다.

비개입적 자연 관찰
연구자가 비개입적이면서 객관적으로 개인을 관찰하면서 내부 집단에 속해 있는 관찰 기법

예를 들어 리더십 유형이 직원 회의에 미치는 영향에 관심이 있는 컨설턴트는 설문 조사를 통해 각 리더의 리더십 유형을 측정한 다음 다양한 리더가 수행하는 일련의 직원 회의에서 발생하는 리더의 행동과 상호작용을 관찰할 수 있다. 자연 관찰은 자료 수집에 매우 유익한 방법이지만 관찰자의 존재가 드러나기 때문에 관찰 그 자체가 리더의 행동과 상호작용에 영향을 미친다는 것을 알고 있어야 한다. 아무리 관찰을 조심스럽게 한다 하더라도 관찰자가 있을 때 일부 리더들은 평소와 다르게 반응할 수 있다.

사례 연구

사례 연구
한 개인, 그룹, 회사 또는 단체에 대한 세밀한 조사

자연 관찰과 유사하게, **사례 연구**(case studies)는 한 개인, 그룹, 회사 또는 단체에 대한 조사로 정의된다(Babbie, 1998). 사례 연구에는 인터뷰, 역사적 분석 또는 개인이나 조직의 기록 자료 분석이 포함된다. 사례 연구의 주요 목표는 기술과 설명이다. Sigmund Freud는 내담자들을 평가한 사례 연구로 유명하지만 I/O심리학자는 사례

연구를 통해 현대 회사의 조직 구조를 분석하거나 Fortune 500 CEO의 생활을 기술할 수 있다. I/O 컨설팅 회사는 회사의 성공적인 사례 연구를 홍보하여 사업을 성장시켜 나간다. 사례 연구는 일반적으로 가설 검증에 사용되지는 않지만, 매우 전형적이거나 예외적인 회사 또는 개인에 대한 세부 정보를 제공하는 측면에서 매우 유용하다. 물론 사례 연구에서의 연구 대상이 한 개인 또는 조직이기 때문에 사례 연구 결과의 외적 타당도는 낮다.

기록 연구

때때로 사회과학자들은 기존의 연구들 또는 '이차' 자료를 사용하여 중요한 연구 질문에 대한 결론을 내리기도 한다. **기록 연구**(archival research)는 개인이나 조직이 일반적인 또는 특수한 목적으로 수집된 자료들을 활용한다(Zaitzow & Fields, 1996). 한 가지 중요하게 고려해야 할 사항은 기록 연구의 질은 기존 연구의 질에 크게 영향을 받는다는 점이다. 즉 쓰레기가 들어가면 쓰레기가 나온다(garbage in-garbage out). 연구자는 자료가 부족하거나 결과 보고에 문제가 있는 기존 연구들을 사용할 수 없고 기존 연구에 내재된 문제를 교정해서 사용해야 한다. 각각의 기록 자료들의 질을 얼마나 관리할 수 있는지가 기록 연구에서 중요하다.

기록 연구
개인이나 조직이 일반적인 또는 특수한 목적으로 수집한 이차 자료에 기반한 연구

이 문제를 제외하고 기록 자료들은 매우 유용하고 실제로 I/O심리학자들이 많이 사용하는 자료 수집 방법이다. 특히 시장 조사원, 언론사, 행동과학자 및 정부 연구원들이 기록 자료를 많이 활용한다. 고용 장면에서 가장 광범위하게 많이 사용되는 기록 자료는 1947년 미국 식업 소개부가 개발한 GATB(General Aptitude Test Battery)의 점수를 포함한 자료들이다. 이 자료에는 개인 특성, 능력, 직업, 그리고 36,000명 이상의 직무 수행 정보가 포함되어 있다. GATB는 수년간 많은 관심을 받았고 많은 연구에서도 사용되었다(Doverspike, Cober, & Arthur, 2004).

이차 자료를 사용하는 것이 측정도구를 개발하고 자료를 수집하는 데 소요되는 많은 시간을 절약할 수 있다는 점에서 연구자들에게 매우 유용하다. 그림 2.2를 보면 기록 연구는 이미 2단계와 3단계가 완료되었음을 알 수 있다. 또한 사용 가능한 2차 자료들은 개인 연구자보다 더 많은 자원을 가진 조직에 의해 수집된 자료로 단일 연구에 포함되는 것보다 더 많은 변인이 포함된다는 점에서 자료가 더 풍부하다. 이외에 2차 자료의 강점은 한 시점에 다른 집단을 대상으로 자료를 수집한 **횡단 자료**와 여러 시간대에 걸쳐 수집되는 **종단 자료**를 포함하기 때문에 태도 및 행동 변화에 대해 검증할 수 있다는 것이다. 이러한 횡단, 종단 자료는 한 개인의 연구자가 일반적으로 얻기 어려운 자료들이다.

조사

정보 수집을 원할 때 한 가지 방법은 당사자들에게 물어보는 것이다. 이것은 조사 방법의 기초

조사
응답자 표본을 선택하고 일련의 설문을 실시하는 자료 수집 기법

이다. 조사(survey)에는 응답자(또는 참가자) 표본을 선택하고 설문을 실시하는 것이 포함된다. 설문은 조직, 감독자, 동료 및 기타 업무 분야의 여러 측면에 대한 직원의 태도와 신념에 대한 자료를 수집할 수 있는 좋은 도구다. 따라서 설문조사는 I/O심리학에서 가장 많이 사용되는 자료 수집 방법이다. 이 책을 읽는 독자도 설문 조사에 대한 경험이 있을 것이다. 식당에서 음식이나 서비스의 품질을 평가하거나, 전화로 TV에서 시청한 내용이나 투표할 후보자에 대한 질문을 받아봤을 것이다. 설문 조사는 거의 모든 연구에서 사용된다. 실험 연구(예 : 학부 연구 프로젝트, 장학금 프로젝트 또는 심리학 수업을 위한 실험)에서도 일부분 설문 조사를 사용한다.

자기 보고식 설문 조사 자기 보고식 설문 조사는 조사자 없이 응답자가 답변하는 설문 조사이다. 대표적인 예로 이메일, 우편 설문 조사로 응답자가 설문을 작성한 후 연구자에게 보낸다. 그러나 때로는 조사자가 존재하는 상황에서 설문을 작성하기도 한다(심리학 수업에서 추가 학점을 받기 위해 참여했을 수도 있음). 이때 응답자는 일련의 질문 문항들이 작성되어 있는 서면 설문지를 제공받는다. 이러한 방식이 설문 조사 자료 수집의 일반적인 방법이다.

자기 보고식 설문 조사는 직원들의 직업과 조직에 대한 태도와 신념에 대해 조사하기 위해 현장에서도 일반적으로 사용된다. 예를 들어 직무 만족도는 대개 자기 보고식 설문 조사를 통해 측정된다. 연구와는 무관하게 조직들은 직원들의 회사정책에 대한 의견을 정기적으로 조사하여 그 정보를 바탕으로 향후 조직 계획 및 의사결정에 활용한다. 자기 보고식 설문 조사가 유용한 세 가지 이유는 다음과 같다. 첫째, 관리가 상대적으로 쉽다. 둘째, 동시에 대규모 집단에게 수행할 수 있다. 마지막으로, 응답자에게 익명성을 보장하여 편안함을 느끼게 하고 따라서 솔직한 반응을 할 가능성이 높다.

설문지의 단점은, 회수 여부가 응답자에 달려 있다는 점과 일반적으로 회수율이 매우 낮다는 점이다. 표본의 몇 퍼센트만이 설문을 완성해서 보내줬을 때, 이 자료를 통한 결론은 부정확할 수 있다. 그리고 자기 보고식 설문 과정 중에 연구자가 없다면, 응답자가 설문 문항에 대해 명확하게 이해 못할 수도 있다. 이러한 단점에도 불구하고 I/O심리학 분야에서 자기 보고식 설문은 일반적으로 매우 자주 사용되고 유용하다.

인터뷰 자기 보고식 설문지의 대안은 조사원이 서면보다는 구두로 일련의 질문을 하는 인터뷰다. 인터뷰는 일반적으로 직접 대면하지만 때로는 전화로 진행된다. 인터뷰는 보통 일대일로 수행되기 때문에 자기 보고식 설문보다 시간이 더 많이 소요된다. 그러나 인터뷰의 장점으로는 첫째, 사람들이 인터뷰를 거부할 가능성이 적기 때문에 우편 설문 조사보다 응답률이 더 높다(Babbie, 1998). 둘째, 질문이 모호할 때 면접관이 적절한 도움을 줄 수 있다. I/O 분야에서

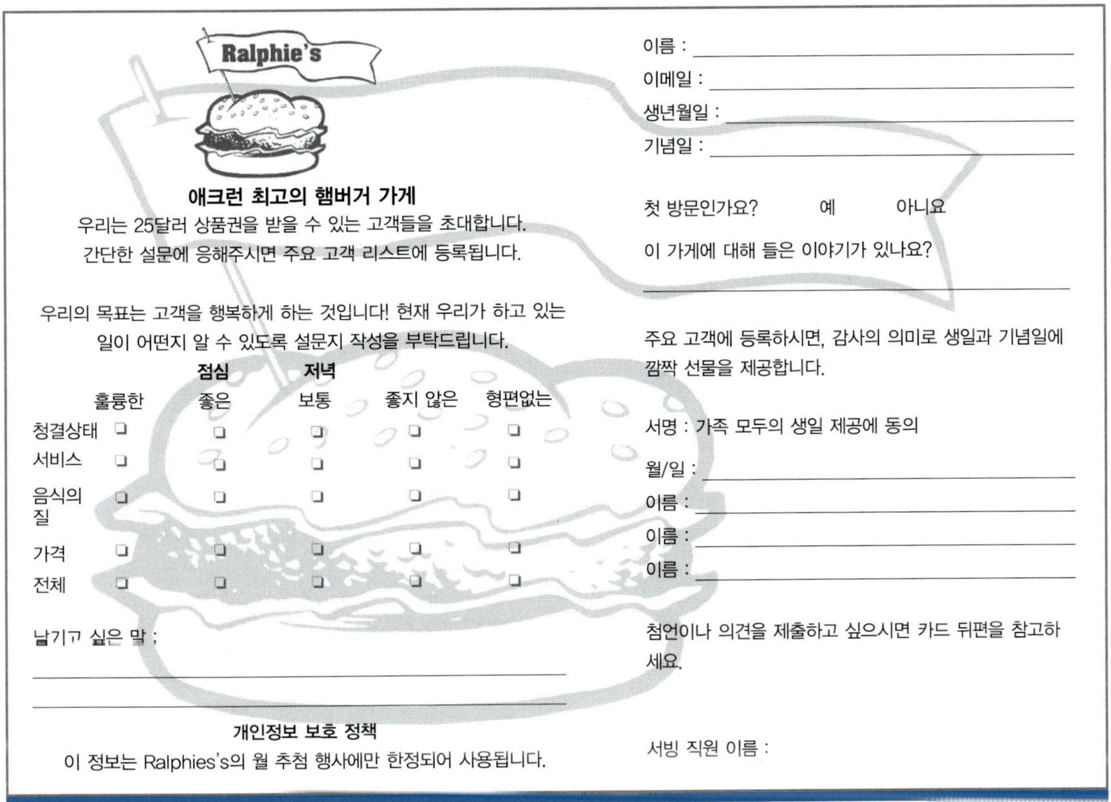

Ralphie's

애크런 최고의 햄버거 가게

우리는 25달러 상품권을 받을 수 있는 고객들을 초대합니다.
간단한 설문에 응해주시면 주요 고객 리스트에 등록됩니다.

우리의 목표는 고객을 행복하게 하는 것입니다! 현재 우리가 하고 있는 일이 어떤지 알 수 있도록 설문지 작성을 부탁드립니다.

점심 **저녁**

	훌륭한	좋은	보통	좋지 않은	형편없는
청결상태	❑	❑	❑	❑	❑
서비스	❑	❑	❑	❑	❑
음식의 질	❑	❑	❑	❑	❑
가격	❑	❑	❑	❑	❑
전체	❑	❑	❑	❑	❑

남기고 싶은 말 :

개인정보 보호 정책
이 정보는 Ralphies's의 월 추첨 행사에만 한정되어 사용됩니다.

이름 :
이메일 :
생년월일 :
기념일 :

첫 방문인가요? 예 아니요

이 가게에 대해 들은 이야기가 있나요?

주요 고객에 등록하시면, 감사의 의미로 생일과 기념일에 깜짝 선물을 제공합니다.

서명 : 가족 모두의 생일 제공에 동의

월/일 :
이름 :
이름 :
이름 :

첨언이나 의견을 제출하고 싶으시면 카드 뒤편을 참고하세요.

서빙 직원 이름 :

Rae Grant Design

생 각 해 보 기
왜 자기 보고식 설문지가 유용할까?

인터뷰는 일반적으로 직원의 태도 관리상의 문제점에 대한 자료 수집, 지원자의 기술 및 능력, 지원자가 특정 직업에 잘 부합하는지 여부 및 직원의 승진 가능성에 대한 자료를 수집하는 데 사용된다.

조사 방법론에서 기술 발전

기술이 우리 삶에서 점점 더 큰 역할을 하는 것처럼, 자료를 수집하는 조사 기업에도 기술 발전이 광범위한 영향을 미치고 있다. 대표적인 변화는 지필 조사를 웹 기반 또는 모바일 설문조사가 대체하고 있다는 점이다. 참가자는 웹, 스마트폰, 기타 모바일 장치를 통해 설문 조사 질문에 빠르고 쉽게, 자신의 일정에 맞게 응답할 수 있다. 연구자는 설문 조사 자료가 바로 분석되는 형태로 설문을 제공하기도 한다. 일부 연구자들(Cole, Bedeian, & Feild, 2006)은 웹 기반 설문이 지필 설문과 동일한지에 대해 검증하였다. 즉 웹 기반 설문 조사가 지필 검사의 측정 속성 혹은 특징과 얼마나 유사한지를 검증하였다. 예를 들어 웹 설문 조사를 할 때 응답자들이 지필 설문 조사보다 더 호의적으로 반응하는가? 추가적인 연구가 필요하지만, 웹 조사

Kohei Hara/Digital Vision/Getty Images

생각해보기
온라인 설문 조사의 경험은 대면 조사와 어떻게 다르고 동일한 점은 무엇인가?

는 지필 검사와 동일하게 개발될 수 있고 두 방식의 측정 등가성이 입증될 수 있다. 즉 측정 구조, 신뢰도, 평균 등은 설문 형태에 관계없이 거의 동일하다. 이 연구는 웹 설문 조사가 지필 조사의 대안이 될 수 있음을 제안하고 있다(Leung & Kember, 2005).

그렇다고 해서 두 조사 형태에 차이가 없다는 것은 아니다. 선발 장면에서 350만 명 이상의 지원자를 분석한 결과(자세한 내용은 6장과 7장 참조)는 지필 검사와 전자 검사(웹 기반, 모바일 등) 간에 인지 능력 검사 점수에 차이가 있는 것으로 나타났다(Arthur, Doverspike, Muños, Taylor, & Carr, 2014). 하지만 인구 통계, 성격 및 측정 불변성에 거의 또는 전혀 차이가 없었다. 전반적으로 이러한 조사 형식의 차이로 인한 응답에 차이가 크지 않거나 흔하지 않기 때문에(Casler, Bickel, & Hackett, 2013), 전자 조사가 조사 연구를 대체할 수 있다(자료의 품질 및 표집 문제에 대한 토론에 대해서는 Paolacci & Chandler, 2014 참조).

이러한 긍정적 결과에 따라, 전자 조사는 연구자에게 일반적으로 사용되는 도구가 되었다. 이러한 전자 조사를 위해 새로운 웹 기반 응용 프로그램이 만들어지고 빠른 속도로 시장에 도입되고 있다. Hofmann과 Patel(2015)은 비용 효율적이고 사용하기 쉬운 SurveySignal이라는 애플리케이션 사용을 제안하였다. 짧은 문자 메시지가 고정된 간격이나 임의 간격으로 스마트폰 또는 기타 모바일 장치를 통해 응답자에게 전송된다. 이 메시지는 온라인 설문 조사 소프트웨어(예 : Qualtrics)로 연결된다. 참가자가 Qualtrics를 통해 일련의 질문에 답하면 자료 수집이 완료된다. 이 방법의 장점은 연구원이 구성개념에 대해 쉽게 측정할 수 있고, 시간 흐름에 따라 응답률이 어떻게 되는지 알 수 있으며 추가 자료 수집을 위해 필요에 따라 참가자에게 응답을 독려할 수 있다는 것이다.

경험 표집 방법론(ESM)
스마트폰이나 모바일 기기를 활용하여 기분이나 정서와 같은 현상 자료를 실시간으로 그리고 반복적으로 얻을 수 있는 기법

SurveySignal의 **경험 표집 방법론**(experience sampling methodology : ESM)이라는 자료 수집 기술을 사용하여 특정 시점의 태도와 심리적 상태에 대한 정보를 얻을 수 있다. 연구원이 사전에 설정한 일정한 시간에 참가자가 일련의 질문에 답하도록 연락한다. 예를 들어 참가자는 문자 또는 유사한 알람 메시지를 받게 되고, 이를 클릭하면 느낌, 태도, 정서, 그리고 행동을 묻는 일련의 질문이 화면에 나타난다. ESM은 순간순간의 태도와 정서를 측정하여 효과적이며, 정서 노동 연구자들에게 특히 많이 사용되고 있다(Bono, Foldes, Vinson, & Muros, 2007; Dimotakis, Scott, & Koopman, 2011).

예를 들어 ESM은 전통적인 직무 만족의 인지적 측면을 측정한 점수와 실시간 정서 측정치

간의 상관관계보다 직무 만족의 정서적 측면을 측정한 점수와 실시간 정서 측정치 간의 상관관계가 더 강하다는 것을 검증하는 데 사용되었다(Fisher, 2000). 또 다른 연구에서는 치어 리더 강사 표본을 사용하여 학생과 상호작용할 때 자신의 정서적 상태와 행동에 대한 인식을 측정했다(Beal, Trougakos, Weiss, & Green, 2006). 이 기술을 사용하여 연구자는 정서와 행동뿐만 아니라 개인이 그 감정을 순간적으로 조절하는 방법을 알 수 있었다(정서 조절은 10장 참조). 최근의 연구에서는 직장인들을 대상으로 이메일을 통해 스마트폰으로 응답할 수 있게 하였다. 이 연구를 통해 직장인들이 경험하는 업무 관련 사건에 더 민감하게 반응하는 성격 유형을 확인할 수 있었다(Judge, Simon, Hurst, & Kelley, 2015).

가장 최근의 트렌드 중 하나는 고용주가 단일 작업 또는 단기 작업을 위해 근로자를 고용할 수 있는 온라인 시장의 역할을 하는 온라인 패널(crowd sourcing)의 사용이다. 연구자들은 이 패널들에게 약간의 보상을 제공하며 연구 참가자를 모집할 수 있는 출처로 보기 시작했다. Amazon의 Mechanical Turk(MTurk)는 가장 널리 사용되고 잘 알려진 온라인 패널이다. 지필 조사와 비교했을 때, MTurk 및 이와 유사한 사이트는 연구자가 대학생 이상의 참가자를 모집하고 자료를 수집할 수 있도록 도와준다. 이러한 사이트의 장점과 비판을 제안하는 연구들이 많아졌다. 예를 들어 한 논문은 실험실에서 전통적으로 수행된 열 가지 개별 실험연구를 MTurk에서 모집한 참가자들에게 온라인으로 실시하였다(Crump, McDonnel, & Gureckis, 2013). 연구 결과 연구진들은 MTurk이 전통적인 실험과 동일한 결과를 제공해줄 수 있는 혁신적인 도구가 될 수 있다고 하였다. 앞으로의 발전을 위해 지속적으로 주적 관찰할 필요가 있는 영역이다.

측정

이 장에서 과학, 이론 및 연구 설계에 관해 이야기했다. 이들은 연구에 있어서 매우 중요하지만, 신중한 측정이 전제되지 않는다면 자료는 쓸모가 없어진다. **측정**(measurement)은 목표 대상의 구체적인 속성을 표현할 수 있게 해주는 규칙을 활용하여 대상이나 사건들에 수치를 부여하는 것으로 정의된다(Stevens, 1968). I/O심리학에서는 보통 어떤 속성에 따라 개인을 양화 혹은 점수화한다는 의미이다. **속성**(attribute)은 개인을 측정할 수 있는 차원이며 변할 수 있다. 예를 들어 구직자들의 지능을 측정하기 위해 일련의 질문이나 문제를 해결하게 하는 인지 능력 검사를 개발할 수 있다. 또는 학생에게 학교 만족도 설문 조사를 실시하여 학교와 관련된 태도를 측정할 수 있다. 두 경우 모두 개인별로 그 속성에 대한 점수를 부여하여 그 속성을 얼마나 많이 혹은 적게 가지고 있는지를 알 수 있다. 궁극적으로, 연구 질문에 답하기 위해 통계 분석에서

> **측정**
> 구체적인 속성을 표현할 수 있게 해주는 규칙을 활용하여 목표 대상이나 사건들에 수치를 부여하는 것

> **속성**
> 측정할 수 있고 변할 수 있는 하나의 차원

이러한 측정치 또는 자료를 사용하는 것이 최종 목표이다.

여기서 중요한 점은 심리학이 물리학과 다른 점이 있다는 것이다. 예를 들어 물체의 무게를 측정할 때 측정 문제가 발생할 가능성이 적다. 그러나 상사에 대한 직원의 태도를 측정할 때 그 측정을 부정확하게 만들 수 있는 많은 것들이 있다. 측정 오류의 원인이 많다는 것이다. 직원이 그날 기분이 좋지 않거나, 아픈 아이를 걱정해야 한다거나, 상사에게 질타를 받았다면 그날 측정한 태도 점수가 정확하지 않거나 상황이 변하는 다음 주에 측정한 값과 다를 수 있다는 것이다.

행동과학에서의 측정은 특히 어렵다. 태도, 신념, 욕구 및 행동을 측정하는 데 사용할 수 있는 정밀한 척도, 측정기, 지표, 기구 또는 장비가 없기 때문이다. 따라서 사람의 창의력, 조직에 대한 몰입, 직무 만족 또는 동기 부여를 측정할 때 사람의 체중이나 신장을 측정할 때보다 측정 오류가 발생할 가능성이 더 크다. 이러한 이유로 I/O심리학자들이 측정도구를 개발할 때 특히 신중해야 한다. 질적인 면이나 구성개념을 측정하고 업무 성과를 예측하는 과정이 현장에서 자주 발생하기 때문에 측정의 정확성이 중요하다.

신뢰도

신뢰도
측정의 일관성 또는 안정성

측정의 일관성 또는 안정성이 신뢰도(reliability)이다. 이러한 맥락에서 세 가지 점이 관련이 있다. 첫째, SAT 점수가 대학 성공의 예측변인으로 사용되는 것과 같이 직무 수행의 예측변인으로 검사 점수를 사용한다면 검사 점수가 신뢰롭게 측정되어야 한다는 것을 고려해야 한다. 둘째, 측정 오류가 발생할 수 있다는 것을 고려해야 한다. 측정 오류가 측정을 부정확하거나 신뢰할 수 없게 만드는 원인임을 알아야 한다. 기계 이해 검사에 대한 개인 점수는 그 사람의 기계 이해력을 완벽하게 반영하지는 않는다. 문제를 정확하게 읽지 않았거나, 알고 있지만 문제에서 요구하는 원리를 간단히 추측하여 오답을 했을 수 있다. 개인의 점수가 기계 이해력의 실제 수준과 차이가 클수록 더 부정확한 혹은 신뢰할 수 없는 검사가 된다. 셋째, 심리검사를 통해 태도, 수행 또는 행동을 정확하게 예측하기 어렵기 때문에 신뢰도는 매우 중요하다. 즉 높은 신뢰도가 예측 정확도(타당도)를 높여줄 수 있다. 우선, 신뢰도를 판단할 수 있는 방법에 대해 알아보자.

검사-재검사 신뢰도
시간이 흐름에 따른 검사 점수의 안정성. 종종 안정성 계수라고 함

검사-재검사 신뢰도(test-retest reliability)는 시간의 흐름에 따른 검사 점수의 안정성으로 안정성 계수라고도 한다. 검사-재검사 신뢰도를 입증하기 위해, 참가자들에게 기계 이해 검사를 실시한 다음 6주 후에 동일한 검사를 동일한 참가자에게 실시한다. 참가자의 기계 이해력이 변하지 않는다는 가정하에(예 : 교육 과정을 수강하거나 추가 직업 경험을 쌓음으로써) 첫 번째 시험 점수는 두 번째 점수와 거의 같아야 한다. 그러나 측정 오류로 인해 점수는 다를 수 있고 측정의 신뢰도가 완벽하지 않다는 것

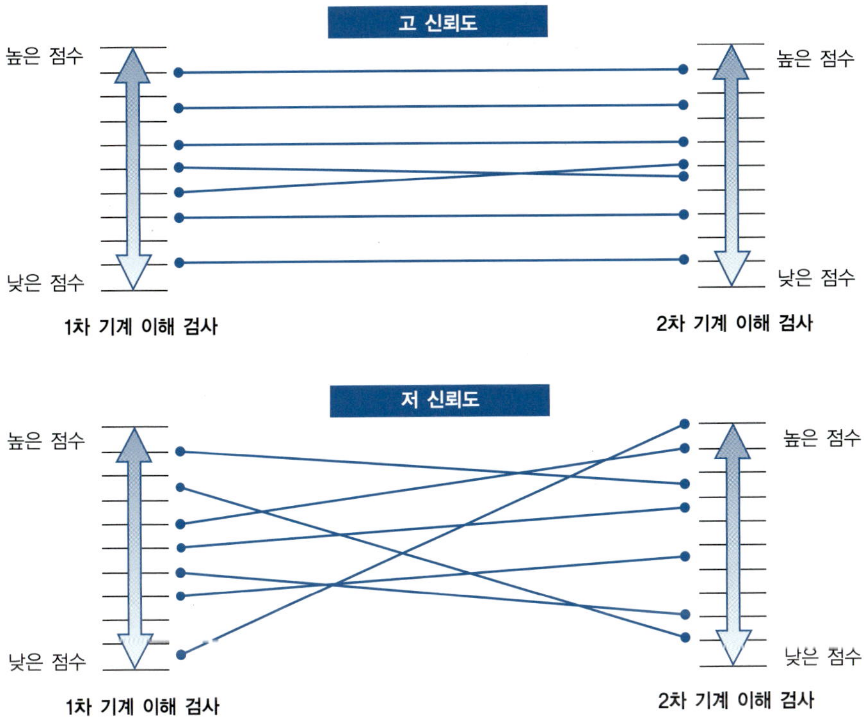

그림 2.3 검사-재검사 신뢰도

을 알 수 있다. 실제로 I/O심리학에서 완벽한 신뢰도를 보이는 검사나 설문지는 없다. 가능한 한 오류를 최소화하여 첫 번째 검사에서 고득점자(저득점자)가 두 번째 검사에서도 고득점을 보인다면 수용 가능한 수준의 검사–재검사 신뢰도라고 할 수 있다.

그림 2.3은 기계 이해 검사 점수의 신뢰도가 높거나 낮을 때 일곱 명의 점수 쌍이 어떻게 표시되는지를 보여주고 있다. 각 선은 한 사람을 나타내며 양쪽 끝에 있는 점들은 다른 시간대의 점수를 나타낸다. 검사의 신뢰도가 높으면 고득점자들이 두 번 검사 모두에서 동일한 사람이지만 검사의 신뢰도가 낮은 경우에는 그렇지 않다.

동형 신뢰도
동형 계수로도 불리고, 같은 구성개념을 측정하는 두 개의 독립된 검사 점수가 유사한 정도

동형 신뢰도(parallel forms reliability)는 종종 동형 계수로 불린다. 이는 두 개의 독립된 형태의 검사가 동일한 구성개념을 측정하는 정도를 반영하기 때문이다. 즉 검사 장면에서 동일한 검사의 두 가지 버전을 사용할 수 있다. 중요한 것은 두 검사가 동일한 것을 측정하는지를 확인해야 한다. 장애인의 공정한 대우에 대한 우려가 높아지면서 최근에는 동형 검사 문제가 매우 중요해지고 있다(6장과 7장 참조). 따라서 장애가 있는 지원자나 직원을 위해 다양한 시험을 개발해야 하는 상황이 발생한다. 이럴 경

생각해보기
여러 심사위원이 동일한 행동을 매우 다르게 평가하는 것을 볼 수 있다. 이는 어떤 종류의 신뢰도 문제인가?

우 장애인용 검사가 비장애인 검사와 동일하다는 것을 증명해야 한다. 유사하게, 앞서 언급했듯이 컴퓨터 사용 검사가 대중화되었고(Stanton & Rogelberg, 2001), 컴퓨터 사용 검사와 지필 검사가 동등하다는 것을 증명할 수 있어야 한다('조사 방법론에서 기술 발전' 참조).

검사-재검사와 유사한 방식으로 신뢰도를 추정하는 방법은 여러 평가자가 동일한 행동이나 사람을 보고 평가하는 데 일관성이 있는지를 검증하는 평가자 간 신뢰도이다. **평가자 간 신뢰도**(interrater reliability)는 종종 수행 평가 분야와 관련이 있고 한 명이 평가할 때는 개인의 편견이 개입될 수 있기 때문에 2~3명의 평가자들이 한 개인의 수행을 평가한다. 평가자 간 신뢰도는 다양한 방법으로 측정되지만, 같은 사람을 평가한 두 명의 평점 사이의 상관관계를 조사한다.

> **평가자 간 신뢰도**
> 특정 인물, 사물 또는 행동에 대한 평가에 있어서 여러 명의 평가자 또는 심사위원의 점수가 일치하는 정도

> **내적 일관성**
> 개별 검사 문항이 동일한 것을 측정하는 정도를 나타내 주는 지표

신뢰도 검증의 마지막 방식은 **내적 일관성**(internal consistency)으로 검사 문항들 간의 상호 관련성 정도를 알려준다. IQ 검사에서 한 문항이 나머지 문항들과 관련성이 낮다면 이는 그 한 문항이 다른 문항들과 동일한 것을 측정하지 않고 있는 것이다. 내적 일관성은 검사 항목들이 얼마나 서로 일치하고 있는지 알려준다. 내적 일관성은 두 가지 방식으로 추정할 수 있다. 첫째, **반분 신뢰도**로 검사 문항들을 홀수, 짝수 또는 전반부, 후반부로 나누고 두 점수가 얼마나 동일한지를 확인한다. 모든 문항들의 난이도가 같고 동일한 구성개념을 측정하고 있다면 검사 절반에 해당하는 점수는 나머지 절반의 점수와 강한 상관을 보여야 한다. 두 번째로, 모든 항목들 간의 상관관계(**항목 간 신뢰도**, **Cronbach α 계수**, **Kuder-Richardson 20**, 더 세부적인 내용은 Gatewood, Feild, & Barrick, 2007 참조)를 통해 항목 간 일관성이 있는지를 결정할 수 있다. 모든 항목 쌍 간의 상관관계를 살펴보면 다른 항목과 관련이 없는 항목을 식별할 수 있어 검사 신뢰도를 감소시키는 문항을 확인할 수 있다.

검사나 설문 문항들의 신뢰도는 매우 중요하며, 높은 신뢰도를 목표로 한다. 신뢰도 수준을 평가할 수 있는 기준은 .70 정도 이다. 비록 측정의 일관성이 중요하지만 I/O심리학자들은 타당도 역시 고려할 필요가 있다. 타당도는 검사 문항들이 측정하고 있는 것이 우리가 측정하고자 하는 것인지 그리고 이 검사 점수가 다른 것들을 얼마나 잘 예측하는지와 관련되어 있다.

전체적으로 두 단계 과정으로 생각한다면 첫째, 신뢰할 수 있는 측정 도구를 개발해야 한다. 둘째, 개발된 측정 도구가 태도, 수행 또는 행동을 예측하는지를 검증하기 위해 타당도에 초점을 맞춰야 한다. 이 장의 앞부분에서 언급된 내적/외적 타당도와 검사 혹은 측정도구의 타당도를 구별해야 한다.

검사, 측정 및 척도의 타당도

측정의 타당도에서 가장 크게 고려되는 것은 **구성 타당도**(construct validity)로 검사가 원래 측정하려고 한 구성개념을 측정하는 정도이다. **구성개념**(construct)은 지능 또는 동기와 같이 추상적인 특성으로 관찰할 수 없고 측정하기 어렵다. 일반적으로 기계 이해 검사가 실제로 기계 이해력을 측정하고 있다면 이 검사는 타당한 것이다.

구성 타당도
검사 측정 문항들이 측정하려고 한 구성개념을 반영하는 정도

구성개념
지능, 동기와 같이 관찰하고 측정하기 어려운 추상적인 개념

구성 타당도를 증명하기 위해 일반적으로 사용되는 두 가지 유형의 증거가 있다. 첫째, **내용 타당도**(content validity)는 검사 또는 예측변인이 평가되는 속성을 대표하는 내용 혹은 문항을 포함하고 있는 정도를 말한다. 즉 이 책의 1, 2, 3장에 있는 내용만으로 시험을 치른다고 했을 때 내용 타당도는 이 세 개의 장에서 다루는 내용들을 전체적으로 잘 포함하고 있는지를 검증하는 것이다. 이 시험에서 사소한 것들만 물어보고 중요한 내용에 대한 문제를 출제하지 않았다면 아마 시험 내용이 타당하지 않기 때문에 응시자들은 화를 낼 것이다. 직업 장면에서도 수행 평가 측정치들은 반드시 내용 타당도를 확보해야 한다. 즉 각 직원들의 수행 평가에 있어서 단지 한두 가지 항목이 아닌 그들의 직무의 중요한 요소들이 전체적으로 반영되어야 한다는 것이다.

내용 타당도
검사 또는 예측변인이 평가하려는 속성을 대표하는 내용 혹은 문항을 포함하고 있는 정도

구성 타당도를 증명하는 두 번째 증거는 준거관련 타당도이다. 준거관련 타당도의 핵심 사항은 그 검사가 태도, 행동, 수행의 좋은 예측변인이 될 수 있는지에 대한 것이다. 7장에서 더 자세히 논의하겠지만 준거관련 타당도에는 두 가지 종류가 있다. 첫째, **예측 타당도**(predictive validity)는 특정 시점에서 얻은 검사 점수가 나중에 얻은 준거를 예측하는 정도이다. 예를 들어 지원자가 기계 이해 검사를 실시하고, 고용된 후에는 그 검사 점수가 실제 직무 수행을 성공적으로 예측할 수 있는지를 검증한다. 직원 선발 상황에서 I/O심리학자는 회사가 고용 결정을 내리는 데 사용될 검사 또는 예측변인을 개발하는 데 도움을 제공한다. 동일한 접근법이 학생들의 대학과 대학원 입학에도 활용된다. SAT 점수와 GRE는 각각 대학과 대학원에서의 높은 GPA 점수를 예측하는 것으로 나타났다(Camara & Kimmel, 2005; Kuncel, Hezlett , & Ones, 2001; Powers, 2004).

예측 타당도
특정 시점에서 얻은 검사 점수가 나중에 얻은 준거를 예측하는 정도

두 번째, **동시 타당도**(concurrent validity)은 검사가 실행되는 같은 시점에 측정

동시 타당도
검사가 실시되는 같은 시점에 측정되는 준거를 잘 예측하는 정도

되는 준거를 잘 예측하는 정도이다. 예를 들어 직원들의 현재 직무 태도를 측정하고 동시에 수행을 측정할 수 있다. 이 두 측정치를 통해 수행을 예측하기 위한 직무 태도의 동시 타당도에 대한 증거를 제공할 수 있다. 비록 검사가 미래의 준거를 예측한다는 주장을 하고 싶지만 때로는 예측 타당도 조사는 시간이 많이 걸리고 실행이 어렵기 때문에 동시 타당도가 실용적인 대안이 된다. 예측/동시 타당도 모두 검사가 업무 수행과 같은 준거와 관련이 있다는 것을 보여주기 위해 사용된다. **그림 2.4**는 한 인지 능력 검사가 직무 수행을 잘 예측하고(높은 타당도) 다른 인지 능력 검사는 잘 예측하지 못하는(낮은 타당도) 상황을 보여주고 있다. 높은 타당도를 가진 검사의 경우 검사 점수가 높은 지원자는 직무 수행을 잘하고, 낮은 점수를 받은 지원자는 실제로 수행을 잘하지 못한다. 그러나 타당도가 낮은 검사의 경우 검사 점수가 지원자의 직무 수행과는 전혀 관련이 없다.

수렴 타당도
연구자가 측정하고자 하는 구성개념의 측정치가 유사한 구성개념 측정치와 관련이 있는 정도

이전 단락에서, 준거관련 타당도(예측 및 동시)는 특정 검사 점수나 측정치가 다른 유사한 구성개념의 점수와 관련되거나 예측한다는 것을 제시함으로써 측정의 구성 타당도를 입증할 수 있다고 하였다. 이는 **수렴 타당도**(convergent validity)를 설명하는 것이다. 그러나 특정 척도의 구성 타당도를 입증하기 위해서는 척도

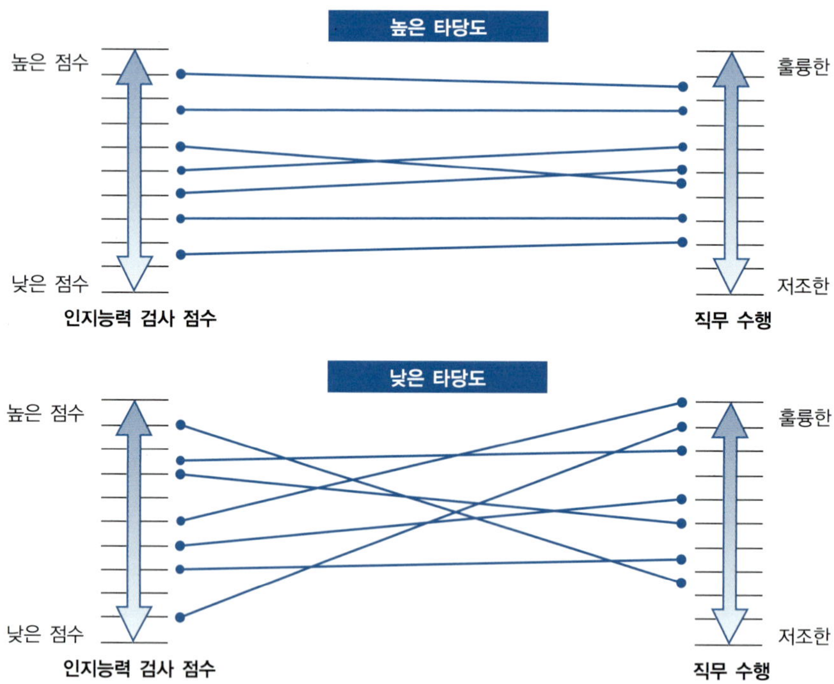

그림 2.4 준거관련 타당도

가 다른 구성개념의 척도와 관련이 없다는 것을 입증해야 한다. 예를 들어 직무 만족도의 새로운 척도를 개발했다면 새로운 측정치가 기존의 직무 만족 척도와 밀접한 관련성이 있다면 수렴 타당도를 입증할 수 있다. **변별 타당도**(divergent validity)는 새로운 직무 만족도 척도가 조직 몰입, 직무 관여 척도와 상관이 낮거나 없음을 보여줌으로써 입증될 수 있다. 즉 구성개념의 정의에 기반하여 새로운 척도는 의도한 구성개념(예 : 직무 만족)을 측정하는 것이고 다른 척도는 다른 구성개념(예 : 조직 몰입)을 측정해야 한다는 것이다.

변별 타당도
연구자가 측정하고자 하는 구성개념의 측정치가 다른 구성개념 측정치와 관련이 없는 정도

수렴 및 변별 타당도는 예측 및 동시 타당도 검증 설계를 통해 입증될 수 있으며, 7장에서 자세히 설명될 것이다. **그림 2.5**는 주요 신뢰도 유형 및 타당도를 입증하는 데 사용되는 방법들을 보여주고 있다.

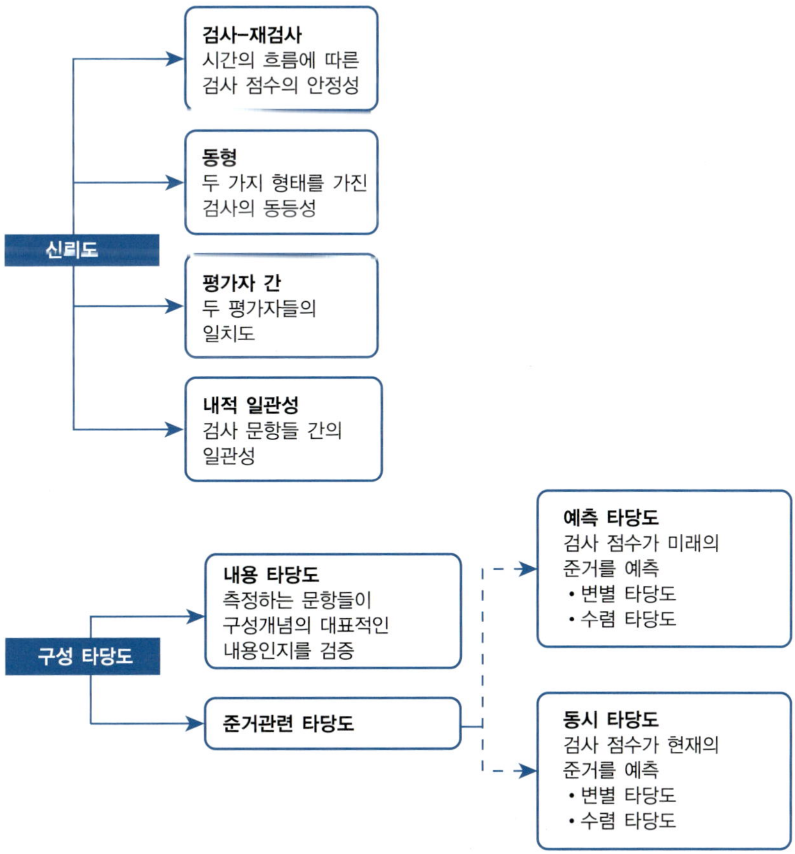

그림 2.5 신뢰도와 구성 타당도 요약

윤리

신뢰도와 타당도에 대해 언급했지만 윤리적 고려사항도 중요하다. I/O심리학자 및 기타 연구자들은 자신의 업무를 수행하는 동안 윤리 의식을 유지해야 한다. 윤리는 연구와 사업 모두에서 매우 중요한 측면이므로 책 전반에 걸쳐 윤리적 추론, 도덕적 판단, 윤리적 행동 등에 대해 언급할 것이다. 먼저 이 장에서는 연구 윤리와 관련된 윤리 강령을 소개한다.

심리학자의 업무에 영향을 미치는 다양한 윤리적 및 전문적인 규칙과 규정이 있다. 심리학자의 주요 윤리 강령은 **심리학자 윤리원칙**(Ethical Principles of Psychologists)과 미국심리학회(APA)의 윤리 강령이다. 심리학자의 연구, 교육, 임상 실습 및 조직 컨설팅 분야 등 다양한 업무와 관련된 내용을 다루고 있다. 서문은 강령의 목적과 목표를 잘 보여주고 있다.

> 심리학자들은 행동에 대한 과학적 그리고 전문지식의 창출, 자신과 타인에 대한 이해를 높이는 것, 그리고 개인, 조직 및 사회의 상태를 개선하기 위해 그 지식을 사용하는 데 전념하고 있다. 심리학자들은 시민권과 인권, 그리고 연구, 교육 및 출판에서 탐구와 표현의 자유를 존중하고 보호한다. 심리학자들은 사람들의 인간 행동에 대해 자료에 근거한 판단과 선택을 할 수 있도록 돕는다. 그렇게 함으로써 심리학자들은 연구원, 교육자, 진단 전문가, 치료사, 관리자, 컨설턴트, 관리자, 사회 정책 전문가, 전문가 증언과 같은 많은 역할을 수행한다. 이 윤리 강령은 심리학자가 전문적이고 과학적인 작업을 수행하는 데 필요한 공통된 원칙과 표준을 제공한다(American Psychological Association, 2010).

이중맹(double-blind test) 검사를 실행하세요. 다만 신약은 환자 중 부자들에게 제공하고 위약은 가난한 환자들에게 제공하세요. 신약이 효과가 있더라도 이를 구매할 수 없기 때문에 기대하게 해서는 안 됩니다.

생각해보기

여기서 설명된 다섯 가지 원칙에 근거하여 이 과학자의 제안이 윤리적으로 왜 잘못되었는가?

이 강령은 심리학자의 목표를 이루기 위한 다섯 가지 일반 원칙으로 구성되어 있다.

1. 다른 사람들에게 해를 끼치지 않고 돕는다.
2. 신뢰에 기초하여 관계를 수립한다.
3. 교수, 연구 및 심리학 실습에서 높은 진실성을 유지한다.
4. 모든 직무와 관련된 관계와 행동에 공정하고 정당해야 한다.
5. 모든 사람들의 권리와 존엄성을 존중한다.

이러한 일반 원칙은 심리학자들의 모든 직업 장면에서 요구되는 행동을 안내하고 있다.

연구와 관련하여 윤리 강령은 몇 가지 추가 규정을 제공하고 있다. 첫째, 연구는 대학이나 병원과 같은 지원 기관의 승인을 받아야 한다. 일반적으로 연구윤리위원회(IRB)가 각 연구들을 검토하고 윤리적 안전 규정을 고려하여 연구를 승인한다. 둘째, 연구 참가자는 자발적으로 연구에 참가하고, 공정하게 대우받아야 한다. 참가자 **동의서**(informed consent)에는 연구 목적, 참여 거부 권리, 참가자들에게 발생할 수 있는 잠재적인 위험 및 이익, 그리고 연구에 관한 질문을 할 수 있는 연락처와 장소에 대한 정보가 포함되어야 한다. 셋째, 심리학자들은 참가자 자료를 기밀로 유지해야 하며 필요 시 참가자의 익명성을 보호해야 한다. 넷째, 연구자는 가능하면 참가자들을 기만하는 것을 피해야 한다. 연구 목적을 감춰야 할 필요가 있는 경우 연구자는 실험 후에 원래의 연구 목적을 설명해야 한다. 마지막으로, 동물을 사용하는 연구에서도 보살핌과 사용에 대한 윤리성이 요구된다.

> **동의서**
> 연구에 자발적으로 참여했다는 것과 연구 참여의 이익, 위험, 절차 등과 관련된 중요한 정보를 제공받는다는 것에 서명하는 서류

통계

자료 수집 후에는 가설 그리고 기존 연구와 관련하여 자료가 가진 의미에 대해 결론을 내릴 수 있는 방식으로 자료를 제시해야 한다. 보통 자료를 요약하는 것이 포함되고 **기술통계**로 언급된다. 통계는 일련의 사례들을 기술하는 값, 특성 또는 점수를 하나의 숫자로 요약하는 효율적인 방안이다. 논의할 첫 번째 **통계치**(statistic)는 중심 경향치이다.

> **통계치**
> 일련의 사례들을 기술하는 값, 특성 또는 점수를 하나의 숫자로 요약하는 효율적인 방안

중심 경향치

중심 경향치는 수집된 자료를 가장 잘 추측할 수 있게 해주는 대표적인 통계치이다. 중심 경향치는 한 연구에서 다양한 조건들 혹은 집단들을 비교하는 데 매우 유용할 수 있다.

최빈치 자료 분포에서 가장 빈도가 많은 하나의 점수가 **최빈치**(mode)이다. 다음 자료들은 직무 만족도 설문 조사에서 1~50점의 범위로 조사한 아홉 명의 자료이다. 이 자료에서 최빈치는?

> **최빈치**
> 자료 분포에서 가장 빈도가 많은 하나의 점수

1 1 1 10 12 26 33 45 50

자료에서 가장 빈도가 많은 점수는 1이다. 하지만 최빈치는 자료를 기술하는 좋은 중심 경

향치는 아니다. 1은 전체 자료를 대표하기에 적절한 단일 숫자는 아니다(최빈치는 '미국인이 가진 가장 많은 종교가 기독교이다'와 같이 범주형 자료에서만 유용하다).

중앙치
자료 분포에서 중간(50%)에 해당하는 점수

중앙치 자료 분포에서 중간(50%) 점수가 중앙치(median)이다. 즉 자료 분포의 절반을 구분하는 점수로 위의 자료에서 중앙치는 12이다. 위 자료에서 중앙치는 최빈치보다는 자료 집단을 더 잘 대표하지만 마찬가지로 가장 좋은 중심 경향치는 아니다. 중앙치의 중요한 특징 중 하나는 극단적인 점수에 민감하지 않다는 것이다. 즉 자료에서 극단치는 중앙치에 전혀 영향을 미치지 않는다.

평균
중심 경향치 중 가장 유용하게 사용되는 자료들의 산술 평균

평균 중심 경향치 중 가장 유용하게 사용되는 것은 평균(mean)으로 자료들의 산술 평균이다. 거의 모든 추리 통계에서 평균이 사용된다. 위의 예에서 평균은 19.89이며 이 값은 최빈치나 중앙치보다 자료를 잘 대표한다. 위 자료 중 하나의 값을 선택한다면 1 또는 12보다 자료를 가장 대표하는 19.89가 가장 좋은 선택이 될 것이다. 하지만 평균 사용의 문제점은 극단치에 민감하다는 것이다. 다른 자료를 고려해보자. 직원 아홉 명의 3년 동안의 결근일수라고 가정해보자.

1 1 1 10 12 26 33 45 400

단 하나의 자료 50이 훨씬 더 극단적인 값인 400으로 변경되면 평균은 19.89가 아니라 58.8이 된다. 분명히 극단치는 평균에 큰 영향을 미친다. 중앙치는 얼마인가? 중앙치는 변하지 않는다. 중앙치는 극단적인 점수에 영향을 받지 않기 때문에 12이다. 극단적인 점수를 포함하는 자료에서는 중앙치가 평균보다 더 적절한 중심 경향치이다.

변산도

변산도는 보통 평균인 중심 경향치 근처에 점수들이 얼마나 모여 있는지를 알려준다. 변산도는 자료 내 점수들이 서로 얼마나 다른지에 대한 정보를 제공하기 때문에 **변산성**이라고도 한다. 즉 변산도 측정치들은 자료들이 얼마나 퍼져 있는지를 알려준다.

범위
변산도의 가장 간단한 측정치는 범위로, 최저 점수에서 최고 점수까지의 점수 폭

분산
변산도의 가장 유용한 측정치로 편차 제곱 합을 사례 수로 나눈 값

변산도의 가장 간단한 측정치는 범위(range)로, 최저 점수에서 최고 점수까지 점수의 폭이다. 처음 자료 예에서 범위는 가장 큰 점수(50)와 가장 작은 점수(1)의 차이인 49이다. 범위는 변산도의 가장 유용한 측정치인 분산(혹은 변량)만큼 자주 보고되지는 않는다. 분산(variance)을 계산하기 위해서는 평균에서 각 점수를 뺀 다음 그 차이를 제곱한다. 이 차이 값의 제곱을 모두 더하고 그 합계를 자료 수로

나눈다. 일반적으로 자료 수는 N으로 표시한다. 첫 번째 자료 예에서 분산은 372.11이다.

변산도의 세 번째 측정치는 분산의 제곱근인 **표준편차**(standard deviation)이다. 첫 번째 자료 예에서 표준편차는 $\sqrt{372.11}=19.29$이다. 즉 19.29는 1~50점으로 측정된 직무 만족 수준이 퍼져있는 정도를 반영한다. 점수 값들이 모두 반영되어 있기 때문이 표준편차를 자주 사용한다. 반면에 분산(372.11)은 제곱으로 계산된 수치이기 때문에 개념화하기가 훨씬 어렵다. 표준편차는 자료 분포 형태에서 중요하게 다뤄진다.

표준편차
변산도의 측정치로 분산의 제곱근

분포 형태

정규 분포(normal distribution)는 크기가 무한한 측정치들에 근거한 이론적인 수학 모델이다. 이 분포는 종 모양 곡선으로 그려지며, 대부분의 측청치는 평균 주위에 모여 있고 어느 방향으로든 연속된 값을 따라 이동할 때 측정치의 빈도가 점점 줄어든다. 많은 심리적 변인이 이러한 형태로 분포되었기 때문에 정규 분포는 심리학에서 중요하다. 예를 들어 지능, 동기, 수행, 개인적 특성 및 직무 태도 모두 모집단에서 정규분포 형태를 보인다고 믿는다. 따라서 정규 분포의 속성은 더 중요한 의미를 갖는다.

정규 분포
종 모양의 수학적인 자료 분포로, 대부분의 자료가 평균 근처에 있고 소수의 극단치가 있다.

종 모양의 정규 분포 곡선은 **그림 2.6**에 나와 있으며 하단에는 표준편차가, 상단에는 표준편차에 해당하는 측정된 자료들의 백분율을 나타낸다. 즉 정규 분포에서 수집된 자료 중 약 68%(34%+34 %)는 평균 ±1 표준편차 이내에 있고 자료의 약 99%는 ±3 표준편차 이내에 분

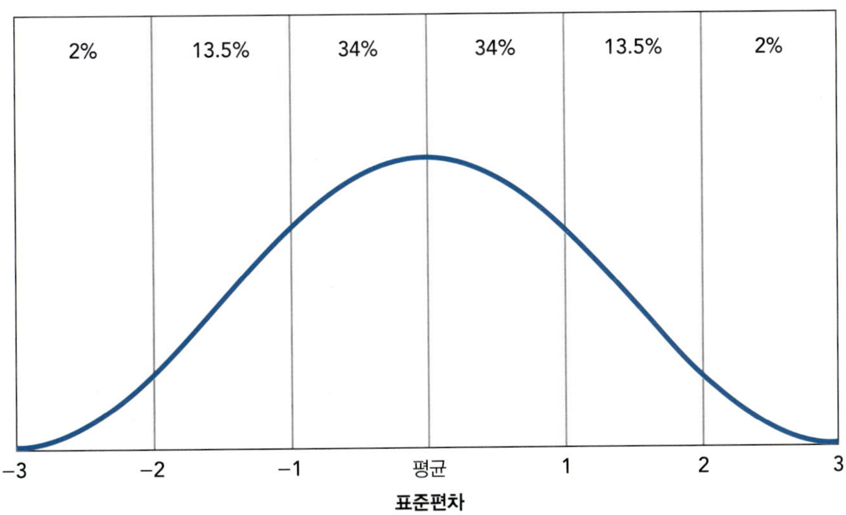

그림 2.6 정규 분포

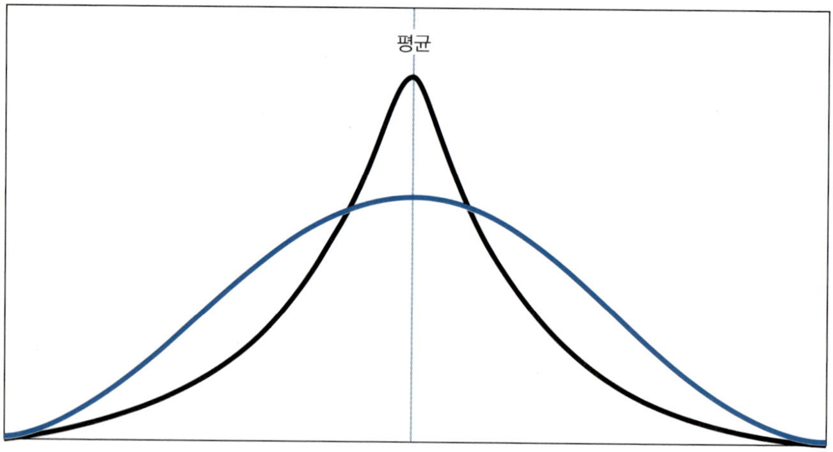

그림 2.7 다른 표준편차를 가진 정규 분포

포한다. 표준편차는 개별 점수가 평균과 얼마나 다른지를 나타내는 지표이다. 정규 분포에서 평균, 중앙치, 최빈치는 동일하고 이는 측정된 자료들의 값 중 절반이 평균보다 높고 절반이 평균보다 낮다는 것을 의미한다.

그림 2.7은 표준편차가 다른 두 개의 정규 분포 곡선을 보여주고 있다. 평균값의 빈도가 높은 정규 분포는 낮은 정규 분포보다 표준편차는 작지만 둘 다 정규 분포이며 정규 분포의 특성은 동일하다.

정규 분포의 특성을 알면 개인 점수가 전체 집단에서 상위 혹은 하위 몇 퍼센트에 해당하는지를 계산할 수 있다. 예를 들어 한 지원자가 어떤 성취 검사를 실시하였고, 기존에 이 검사를 실시했던 집단들의 점수 분포가 정규 분포를 이루고 이 분포의 평균, 표준편차를 알고 있다면 지원자의 성취 검사 점수를 대입하여 백분율을 알 수 있다. 동일한 절차를 통해 Fortune 500대 기업의 특정 직원이 다른 직원들과 비교하여 얼마나 잘 수행하고 있는지 판단할 수 있다.

상관관계 및 회귀 분석

I/O심리학자들은 자주 두 개 이상의 변인 간의 관계에 대해 연구한다. 이 관계를 파악하기 위해 두 변인 간 관계의 방향성과 강도를 측정하는 **상관관계계수**(correlation coefficient : *r*)를 사용한다. 상관계수는 −1.0에서 +1.0 사이의 값을 갖는다. 정적 상관관계는 한 변인의 점수가 증가할 때 다른 변인의 점수도 증가한다. 즉 한 변인의 점수가 높으면 다른 변인의 점수도 높고 한 변인의 점수가 낮으면 다른 변인의 점수도 낮게 나타난다.

상관관계계수
두 변인 간 관계의 방향성과 강도를 측정하는 통계치

이 장에서 논의한 대부분의 사례는 정적 상관관계에 대한 것이었다. 참여와 직무 만족, 리더십 유형과 직무 수행, 기계 이해력과 직무 수행, SAT 점수와 학교 성적과의 관계 모두 정적 상관관계를 가정한 것이다. 모든 경우에서 한 변인의 높은 점수는 다른 변인의 높은 점수와 관련이 있다.

부적 상관관계는 한 변인의 점수가 증가할 때 다른 변인의 점수는 감소한다. 즉 한 변인의 점수가 높으면 다른 변인의 점수는 낮고 한 변인의 점수가 낮으면 다른 변인의 점수는 높게 나타난다. 시소를 타고 있는 두 아이를 떠올려 보면 한 아이가 올라가면 다른 아이는 내려간다. 부적 상관관계의 예를 조금 떠올리기 어려울 수 있지만 한 변인에 대해 충분히 생각해보면 쉽게 떠올릴 수 있다. 직무 만족과 결근, 상사와의 관계와 이직, 그리고 직무 수행과 직원에 대한 불만 건수 등을 예로 들 수 있다. 즉 만족하는 직원은 결근을 하지 않고, 상사와의 관계가 좋을수록 이직을 하지 않고, 직무 수행을 잘하는 직원은 고객의 불만이 없다는 것을 알 수 있다.

상관관계의 크기 또는 강도는 0에서 1까지이며, 큰 숫자가 더 강한 관계를 나타낸다. 상관관계가 −1.0에서 +1.0까지의 범위를 갖지만 −.50과 +.50의 상관관계는 같은 크기라는 것을 알아야 한다. 차이점은 부호이다. 모든 자료 포인트가 직선 45°선 위에 있는 산점도는 완벽한 1.0 상관관계이고 심리학에서는 찾아보기 어렵다. 행동과학에서 변인 간의 상관관계가 .70을 넘는 경우는 거의 없다. **그림 2.8**에 있는 세 개의 산점도를 보면 첫 번째는 원의 형태로 0의 상관관계를 반영한다. 이는 기계 이해 검사에서 높은 점수를 받은 사람이 높은, 보통의 혹은 낮은 직무 수행을 할 수 있다는 것으로 두 변인 간에 아무 관계가 없다는 것을 의미한다. 다른 두

© Bill Grant/Alamy

© moodboard/Alamy

생 각 해 보 기

왜 엘리베이터는 정적 상관관계를, 시소는 부적 상관관계를 보여주는 예라고 할 수 있는가?

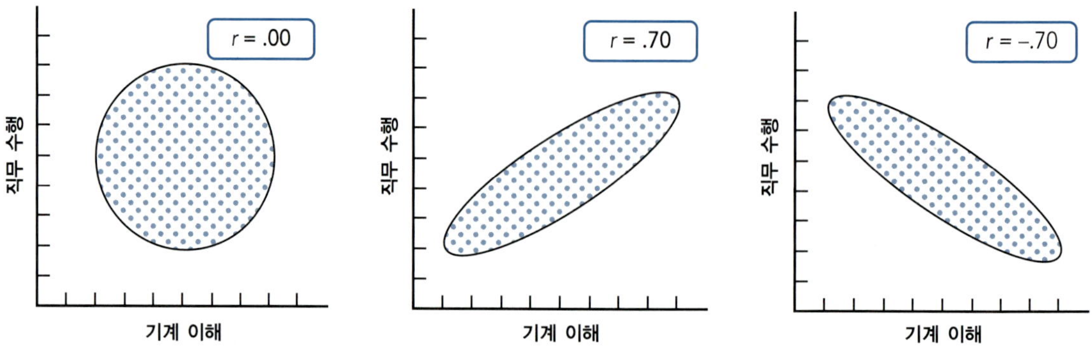

그림 2.8 상관의 예

산점도는 강한 관계를 나타내고 있고 두 번째는 정적 상관관계, 세 번째는 부적 상관관계를 보여주고 있다.

상관관계는 예측과 밀접하게 관련되어 있다. 변인 간의 상관관계를 계산한 후 한 단계 더 나아간 통계 분석이 회귀이다. 회귀 분석은 하나의 변인이 다른 변인을 예측할 수 있게 해준다. 준거변인의 분산을 예측변인이 얼마나 설명하는지를 계산하게 되고, 이 계산은 두 변인 간의 상관관계에 기초한다. 설명된 분산의 백분율을 **결정계수**(coefficient of determination)라고 하며 회귀 및 상관관계로부터 계산할 수 있다. 이 비율은 상관계수의 제곱인 r^2으로 표시한다. 직원들에게 기계 이해 검사를 실시하여 점수를 얻고 각 직원의 상사로부터 직무 수행 평점을 얻어 두 변인 간에 0.60의 상관관계가 있는 것으로 나타났다고 가정해보자. 이는 기계 이해 검사 점수가 직무 수행의 36%($.60^2 \times 100$)를 설명한다는 것을 나타낸다. 상관관계는 두 변인이 관련되어 있음을 알려주지만 인과 관계를 알려주지는 않는다. 즉 강한 상관관계가 있다고 하더라도 한 변인이 다른 변인의 원인이라는 것을 의미하지는 않는다. 인과 관계는 독립변인의 조작과 통제 집단 그리고 무선 할당이 이뤄지는 실험 설계를 통해 알 수 있다.

결정계수
예측변인이 준거변인의 분산을 설명하는 비율

회귀분석은 6장에서 더 다룰 것이다. 하지만 기본적으로 기계 이해 검사 점수가 수행에 있어서 개인차를 어느 정도(36%) 예측할 수 있음을 의미한다(모든 사람이 동일 수준의 수행을 보이는 것은 아니다). 즉 개인의 기계 이해 점수를 아는 것은 개인의 직무 수행 수준을 예측하는 데 도움이 된다. **그림 2.9**는 벤다이어그램을 사용하여 두 변인 사이의 관계를 설명하고 있다. 기계 이해 검사 점수와 직무 수행은 약간 중복되어 있다. 이 중복된 부분은 결정계수를 나타낸다. I/O심리학은 상관관계와 회귀 분석을 광범위하게 사용하며, 이 책의 나머지 부분에서도 지속적으로 언급될 것이다.

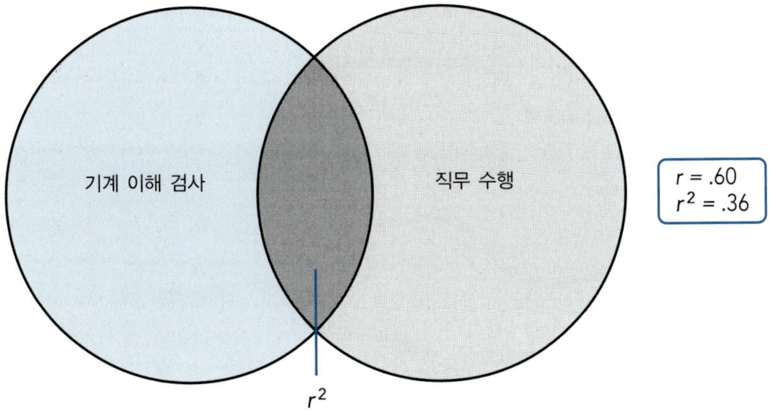

그림 2.9 결정계수

메타 분석

사회과학 분야에서 널리 사용되는 통계적 그리고 방법론적 기법은 I/O 영역에서도 유용하게 사용된다. **메타 분석**(meta-analysis)은 양적인 문헌 리뷰(quantitative literature reviews)를 수행하는 데 사용되는 방법론(Hunter & Schmidt, 1990; Rosenthal, 1991)으로 정의된다. 1970년대 말 메타 분석이 개발되기 전에는, 직무 만족과 직무 수행 간의 관계에 대해 문헌 검토를 하고 각 연구에서 도출된 다른 결과들을 요약하여 서술했다. 하지만 검토와 요약하는 방식이 통일되지 않았고 직무 만족과 직무 수행의 순수한 상관관계에 대한 최적의 추정치를 제공하지 못하였다. 메타 분석의 발전과 함께 기존 연구들의 결과를 통합하는 방식이 발전하게 되었고 이에 따라 두 변인 사이의 관계를 정량화할 수 있게 되었다.

> **메타 분석**
> 양적인 문헌 검토를 수행하기 위해 사용되는 한 방법론

연구자들은 메타 분석을 사용하여 25, 100, 심지어 1,000개 이상의 연구 결과를 통합하여 두 변인 간 순수한 관계 정도에 대해 최적의 추정치를 산출한다. 중요한 점은 한두 개의 연구를 통해 밝혀진 결과보다 이전 연구들에서 도출된 결과를 통계적으로 통합하는 것이 두 변인 간 관계를 추정하는 더 정확한 방법이라는 것이다. 물론 모든 연구에서 그렇듯이 메타 분석의 가치는 메타 분석이 얼마나 잘 수행되는지에 달려 있다. 연구자가 철저한 문헌 검토를 수행하지 않고 모든 관련 자료를 수집하지 않는다면, 메타 분석의 결과는 제한적이고 기존 문헌들을 잘 대표한다고 할 수 없다. 그리고 메타 분석을 통해 도출된 통계 결과는 각 연구들의 표본이 적절하지 않을 경우 그 신뢰성이 감소된다.

잠재적인 제한점에도 불구하고 메타 분석은 많은 이점을 가지고 있고 다양한 구성개념들

간의 관계에 대한 충실한 추정치를 제공할 수 있다. 이 책의 나머지 부분에서도 기존 연구들을 요약하는 방법으로 다양한 메타 분석 결과가 제시된다.

I/O TODAY

빅데이터

지난 10년 동안 I/O심리학에서 가장 중요한 발전 중 하나는 '빅데이터(Big Data)'의 출현이다. 빅데이터는 다양한 변인들의 정보에 대한 누적된 대규모 데이터 세트(잠재적으로 수백만 또는 수십억 개의 자료들)를 말한다. 미국 I/O심리학협회가 2014년 가장 유행한 동향들을 검토한 결과 1위가 빅데이터였다. 페이스북과 트위터 같은 소셜 미디어 등은 사용자의 습관, 관심사 및 활동에 대한 자료를 수집한다. 구글과 같은 검색 엔진은 마케팅 담당자가 맞춤 광고를 제공할 수 있도록 개별 사용자의 검색 기록에 대한 자료를 수집한다.

대용량 자료들은 수학자, 통계학자 및 경제학자들에 의해 오랫동안 사용되어 왔다. 차이점은 이제 방대한 자료에 접근하는 기술과 처리하는 전략의 발달로 인해 연구자들이 인간의 행동과 의사결정 흐름에 어떤 의미가 있는지를 알 수 있게 되었다는 것이다. 이러한 이유로 I/O심리학자들도 빅데이터를 활용하기 시작했다. 기술 발전으로 자료 수집을 보다 빠르게 쉽고 저렴하게 할 수 있게 되어 연구자들은 직무 수행이나 직무 만족도와 같은 I/O 관련 변인에 대해 더 많은 자료를 수집할 수 있게 되었다. 이와 같은 자료를 사용하여 실무자는 직원 고용, 승진 및 교육 방법에 대해 더 나은 의사 결정을 내릴 수 있다. 예를 들어 대규모 금융 회사는 영업 담당자의 이력서 및 직무 수행에 대한 자료를 수집하였다. 놀랍게도 그들이 성과와 관련 있다고 생각한 몇 가지 특성(예 : 지원자의 학교와 성적)은 실제로 성과와 관련이 없었다. 분석가들이 영업성과와 이직을 살펴본 결과, 문법 오류 없이 이력서를 작성하는 능력과, 모호한 지침에도 작업할 수 있는 능력이 학벌과 성적보다 영업 실적을 더 잘 예측하였다. 이를 바탕으로 새로운 선발 기준을 적용한 결과 6개월 만에 400만 달러의 수익이 증가하였다(Bersin, 2013).

대형 소프트웨어 개발 및 컨설팅 회사는 빅데이터를 사용하여 의사결정을 내리기 시작했다. 소프트웨어 개발사 SAP는 메이시스 백화점과 재고를 기반으로 가격을 실시간으로 조정할 수 있는 알고리즘을 함께 개발하였다. 빅데이터는 I/O심리학자들이 새로운 직업을 가질 수 있는 가능성을 열어주었다. 예를 들어 소비자 조사 기관 및 Match.com과 같은 데이팅 웹사이트에서 심리학 훈련을 받은 사람이 대용량 자료를 탐색하는 데 도움을 주고 있다.

빅데이터를 사용하기 위해서는 연구 및 통계에 대한 명확한 이해가 필수적이고 이러한 유형의 자료를 다루는 데 몇 가지 중요한 기술이 필요하다. 불행히도 이 분야는 새로운 분야로 대부분의 대학원 학생들이 빅데이터 작업 방법에 대한 훈련을 받지 못하고 있다. 자료가 너무 방대하기 때문에 SPSS, SAS 또는 Excel과 같은 기존 통계 패키지로는 처리할 수 없다. Python이나 Javascript과 같은 프로그래밍 언어를 더 많이 배워야 하고, 청중에게 의미 있는 방식으로 자료를 표현하는 전략적 방법에 대해 더 고민해야 한다. 다행히도 coursera.org 및 codeacademy.com에서 무료로 기술을 배울 수 있다(Maurath, 2014). 빅데이터는 단기간 내에는 사라지지 않을 것이고, I/O심리학자는 새로운 영역에서의 자료 분석뿐만 아니라 이에 수반되는 법적 및 윤리적 문제에 대비할 필요가 있다.

토론질문

1. 당신이 직원 선발 초기 과정에서 지원자에게 이력서 업로드와 간단한 온라인 성격 검사를 요청하는 일을 한다고 상상해보자. 어떤 자료를 수집할 것인가? 그

리고 그 수집하는 자료가 그 지원자의 미래 수행과 관련이 있다고 생각하는가?

2. 빅데이터의 단점 중 하나는 가끔 지원자나 소비자가 지속적인 자료 수집을 사생활 침해로 생각한다는 것이다(자세한 내용은 5장 참조). 그들이 옳다고 생각하는가? 그렇다면 I/O심리학자가 이 자료를 적절하게 사용하기 위해 준수해야 하는 윤리적 의무는 무엇인가?

참고문헌

Bersin, J. (2013, February 17). Big data in human resources: Talent analytics (people analytics) comes of age. *Forbes*. 출처 : http://www.forbes.com/sites/joshbersin/2013/02/17/bigdata-in-human-resources-talent-analytics-comes-of-age/

Maurath, D. (2014). A critical incident for big data. *The Industrial Organizational Psychologist, 51*, 16–27. 출처 : http://www.siop.org/tip/jan14/513feat.pdf

더 읽을거리

Lohr, S. (2013, April 20). Big data, trying to build better workers. *The New York Times*. 출처 : http://www.nytimes.com/2013/04/21/technology /big-data-trying-to-build better-workers.html

요약

연구 방법에 신경 쓰지 않은 연구는 신뢰할 수 없고 가치가 없기 때문에 연구 방법은 I/O심리학 및 모든 과학 분야에서 중요한 부분이다. I/O심리학자들은 자료에 근거하여 이론의 기초를 세우고 다시 자료를 수집하여 이론을 검증하고 수정하면서 일의 세계에 의미 있는 공헌을 하고 있다. 과학은 상식적인 예측과 믿음의 문제 그 이상을 다룬다. 과학적인 학문으로서 I/O심리학의 목표는 직장에서의 인간 행동을 기술, 설명, 예측, 통제하는 것이다. 또한 이론이 기초과학뿐만 아니라 I/O심리학과 같은 응용과학 분야에서도 중요하게 여겨지는 영역이라는 것도 알아야 한다. 실제로 신중한 이론 개발과 검증, 수정만이 조직행동과 환경을 기술, 이해, 예측, 통제하는 데 필요한 지식을 사용할 수 있게 해준다.

I/O심리학 분야 대다수 연구의 주요 목표는 둘 이상의 변인 간의 관계에 대한 인과 관계 추론을 도출해내는 것이다. 따라서 내적 타당도에 중점을 두고 연구를 설계해야 하며, 결과를 왜곡시킬 수 있는 가외변인을 통제해야 한다. 내적 타당도뿐만 아니라 외적 타당도 또는 연구 결과의 일반화 가능성에도 관심을 기울여야 한다.

I/O심리학자들이 자료를 수집할 수 있는 방법은 많지만 조사가 가장 많이 사용된다. 설문조사는 태도와 신념에 관한 정보를 수집하는 데 유용하다. 스마트폰 및 기타 모바일 장치 사용의 기술발전은 설문 조사에 대한 새로운 접근법을 제공하고 있다. 설문 외에 특정 행동이나 상호작용의 발생 빈도 그리고 사건을 측정하고 기록하기 위해 관찰을 사용할 수도 있다. 정부 및 민간 단체에서 수집한 수많은 대규모 자료에 대한 접근이 용이해졌기 때문에 기록 연구 역시

많이 사용되고 있다. I/O심리학자들은 연구 질문에 적합한 자료 수집을 위해 이러한 다양한 연구 방법들을 함께 사용하기도 한다.

신뢰롭고 타당한 측정이 이뤄지지 않는다면 I/O심리학자가 수행한 연구 결과는 의미가 없다. 연구자는 측정 오류의 원인을 제거하고 측정 내용이 최초 측정하려고 한 구성개념을 잘 반영하도록 해야 한다. 신뢰도를 평가하는 데는 몇 가지 방법이 있고, 각 방법은 특정 측정도구의 건전성을 증명하는 데 중요하다. 타당도 역시 중요하지만, 구체적인 타당도가 아닌 일반적인 타당도를 언급하는 것은 도움이 되지 않는다. 이는 타당도에 여러 종류가 있고 서로 다른 것을 의미할 수 있기 때문이다. I/O심리학에서는 검사 또는 예측변인의 타당도에 대해 말할 때 일반적으로 검사가 직무 수행 또는 다른 준거를 예측하는 정도를 나타내는 예측 타당도를 말한다.

우리가 데이터를 수집한 후, 중심 경향치와 변산도와 같은 기술적 통계를 사용하여 자료를 요약하고 기술한다. I/O심리학자는 일반적으로 변인 간의 관계와 예측에 관심이 많기 때문에 상관관계와 회귀 분석은 매우 자주 사용된다. 마지막으로 연구 프로젝트를 요약한 서면 보고서를 통해 연구 과정을 마무리하게 된다.

나머지 장에서는 I/O심리학의 다양한 내용 영역과 그 영역에서 수행되는 연구 그리고 이러한 연구들이 조직 운영에 제공하는 함의에 대해 논의할 것이다.

주요 용어

가설
가외변인
검사-재검사 신뢰도
결정계수
경험 표집 방법론(ESM)
과학
관찰 방법
구성개념
구성 타당도
귀납법
기록 연구
내용 타당도
내적 일관성
내적 타당도
독립변인
동시 타당도
동의서
동형 신뢰도
메타 분석
무선 할당
범위
변별 타당도
분산
비개입적 자연 관찰
사례 연구
상관관계계수(r)
속성
수렴 타당도
신뢰도
실험 방법
연역법
예측 타당도
외적 타당도
이론
인과 관계 추론
정규 분포

조사	중앙치	평가자 간 신뢰도
조작	최빈치	평균
종속변인	측정	표준편차
준 실험	통계치	현장 실험

실무 적용

I/O심리학은 경험적 자료에 크게 의존하기 때문에 I/O심리학자는 연구 설계 및 통계에 전문적이어야 한다. I/O 심리학자가 특히 걱정하는 부분은 측정의 신뢰도와 타당도이다. 실제로 컨설팅 회사의 I/O심리학자는 측정 방법의 이해와 특정 목적에 가장 적합한 측정 방법에 대한 전문지식을 요구받는 경우가 많다. 다음은 법률 회사인 MacLaughlin & MacDougal의 인사 관리자인 켄들 필립스의 메일이다. 그녀는 회사를 위해 새로운 선발 방안을 고안했고 신뢰도와 타당도에 대해 더 많이 알고 있는 전문가에게 피드백을 받고 싶어 한다. 그녀의 메일을 읽고 질문에 대한 자세한 답변을 제공해보자.

안녕하세요!
우리 회사의 재정적인 문제와 관련이 있는 이 측정 문제를 도와주셔서 감사합니다. 귀하의 도움을 부탁드립니다!

첫째, 배경 : 저희 회사는 현재 여러 명의 행정 비서를 고용해야 합니다. 변호사들이 행정 비서에게 매우 높은 수준을 요구합니다. 변호사들은 종종 행정 비서들에게 소리를 지르거나 짧은 시간에 매우 어려운 일을 하도록 요구합니다. 2개월 이상 재직하는 비서들의 특성을 살펴본 결과 가장 좋은 예측변인이 매우 낮은 수준의 신경증이었습니다. 우리는 신경증을 측정하는 검사(WIN이라 불림)를 구매했으나 비용이 너무 많이 들었습니다. 그래서 척도를 개발하기 시작했고 이를 신경증 평가 시험(Neuroticism Assessment Form) 또는 NAF라고 부릅니다. 검사 개발을 위해 저는 성격 분야의 일부 전문가와 이야기를 나누었고, 신경증 검사들의 일부 문항을 보고 관련 있는 문항들을 만들었습니다. 그리고 행정 비서들에게 WIN 및 NAF 검사를 요청했습니다. 이 검사 점수들 외에 각 비서들의 수행 평가 점수를 가지고 있습니다. 이를 바탕으로 지금까지 알 수 있었던 결과는 다음과 같습니다.

- 7월의 NAF 점수와 8월 NAF 점수 간의 상관관계는 .89입니다.
- WIN 점수와 NAF 점수 간의 상관관계는 .75입니다.
- NAF 점수와 외향성 검사의 상관관계는 .34입니다.
- NAF 점수와 수행 평가 등급 간의 상관관계는 .30입니다. 여기서 질문이 있습니다.

1. 개발한 NAF는 신경증에 대한 신뢰로운 척도입니까? 그렇지 않다면 무엇이 더 필요합니까?
2. 개발한 NAF는 신경증에 대한 타당한 척도입니까? 수집해야 하는 추가 정보는 무엇입니까?

다시 한 번 감사드립니다!
KP

켄들의 질문에 대한 답변 초안을 작성해보세요. 그녀가 수집한 신뢰도/타당도의 유형(그리고 그것이 적절하다고 생각하는지 여부)과 간과하고 있는 신뢰도/타당도의 유형(그리고 그녀가 그것을 얻을 수 있는 방법)을 알려주어야 합니다. 배웠던 모든 형태의 신뢰도/타당도를 고려해보기 바랍니다.

비판적 사고 문제

1. 제조 공장에서 교육에 대한 태도를 측정하려고 한다. 한 관리자는 지필 조사를 사용하는 것이 더 좋다고 생각하는 반면, 다른 관리자는 스마트폰을 사용한 온라인 조사가 더 좋을 것이라고 생각한다. 각 방법의 장단점은 무엇인가? 어느 쪽이 더 효과적일 것이라고 생각하는가? 그 이유는?
2. 상사와의 상호작용이 다른 사람의 기분에 어떤 영향을 주는지 더 자세히 알고 싶다. 이와 같은 연구에서 왜 경험 표집 방법들(ESM)이 도움이 되는가? ESM이 직원들에게 설문지로 한번 조사를 하는 것보다 어떤 이점이 있는가?
3. I/O심리학에서 비윤리적 행동의 가능성이 있는 사례는? 이러한 사례가 비윤리적인 이유는 무엇인가?

응용 문제

1. 동료 학생이 "나는 강의가 학생들을 가르치는 부적절한 방식이라고 말하는 연구는 필요없어. 내 경험으로는 이러한 연구들은 결코 실제로 적용되지 않아!"라고 말하고 있다. 어떻게 이 학생에게 연구의 가치를 확신시킬 수 있을까? 이 학생의 신념이 정확한지 알아보기 위해 수행할 수 있는 연구의 예는 무엇인가?
2. 동료 학생들에게서 관찰했던 특정한 행동에 대해 생각해보자. 그 행동의 원인은 무엇인가? 그리고 그 행동이 일어나는 이유를 설명하기 위해 개발할 수 있는 이론은 무엇인가?
3. 연구자가 건설 노동자들의 안전모 착용증진 방안에 대한 도움을 요청받았다. 연구자가 실행할 수 있는 조사 연구에 대해 기술해보자. 조사 연구에서 얻을 수 있는 정보는 무엇인가? 연구자가 수행할 수 있는 실험 연구와 연구에서 얻을 수 있는 정보에 대해 기술해보자.
4. 신뢰도와 타당도는 측정과 관련된 별도의 특성이지만 관련성이 있다. 이 장에서는 타당도(정확성) 확보 이전에 신뢰도(일관성)를 충족해야 한다고 하였다. 일관성이 있지만 부정확한 척도의 예를 들어보자.
5. 상관계수는 두 변인이 어떻게 관련되어 있는지 이해하는 데 도움이 된다. 정적 상관관계가

강한 두 변인은 무엇인가? 강한 부적 상관관계를 가진 두 변인은? 상관관계가 0인 두 변인은?

더 읽을거리

American Psychological Association. (2010). *Ethical principles of psychologists and code of conduct: Including 2010 amendments.* Washington, DC, http://www.apa.org/ethics/code/.

Babbie, E. (2015). *The practice of social research.* Boston: MA: Cengage Learning.

Dillman, D. A., Smyth, J. D., & Christian, L. M. (2014). *Internet, phone, mail, and mixed-mode surveys: the tailored design method.* Hoboken, NJ: John Wiley & Sons.

Leong, F. T. L., & Austin, J. T. (Eds.). (2005). *The psychology research handbook: A guide for graduate students and research assistants* (2nd ed.). Thousand Oaks, CA: SAGE.

Rogelberg, S. G., Church, A. H., Waclawski, J., & Stanton, J. M. (2005). Organizational survey research. In S. G. Rogelberg (Ed.), *Handbook of research methods in industrial and organizational psychology* (pp. 141–160). Hoboken, NJ: John Wiley & Sons.

CHAPTER 3

직무분석

이 장의 개요

주요 용어

직무분석에 대한 접근방식

직부분석 방법

- 과업중심 방법
- 작업자중심 방법
- 실무자 포럼 : John F. Binning
- 직무분석의 실행과 연구에서의 발전과 이슈들

직무에 대한 정의 : 직무기술서와 직무명세서

- 역량 모델링

I/O Today 직무분석의 미래

직무분석의 다양한 목적

- 직무군 분류
- 준거 개발 수행 평가
- 선발과 배치
- 직무 설계 및 재설계
- 교육훈련

직무 평가

- 점수 체계
- 동일 가치

요약

사진 : Rawpixel/Shutterstock

학습내용

- 인적자원관리에서 직무분석의 중요성
- 직무분석 분야에서 사용되는 주요 용어
- 과업중심 직무분석 방법과 작업자중심 직무분석 방법을 구분하는 방법
- 과업 목록 접근법(TIA), 기능적 직무분석(FJA), 직무요소방법(JEM), 직위분석 설문지(PAQ), 일반체계 설문지(CMQ)을 활용하여 직무분석을 수행하는 방법
- 직업목록사전(DOT)과 O*NET(O*NET)
- 직무기술서 그리고 인적자원관리에서 직무기술서의 활용
- 직무명세서 그리고 인적자원관리에서 직무명세서의 활용
- 직무분석과 인적자원의 다양성
- 새롭게 개발되는 직무분석 방법
- 직무 평가와 임금 결정
- 남녀 임금 동일 원칙과 임금 차별

이 책의 두 번째 부분은 산업심리학(industrial psychology) 또는 전통적으로 인사심리학(personnel psychology)이라고 불리어온 분야에 대해 중점적으로 다룬다. 산업심리학의 주요 이론과 방법들을 다루기 전에 직무분석을 이해할 필요가 있다. 따라서 이 장에서는 직무분석에 대해 다룰 것이다. 직장에서 근로자들은 항상 자신의 수행에 대한 평가를 받는다. 자주 가는 식당의 직원을 생각해보자. 식당의 근로자들은 관리자나 사장으로부터 다양한 방식으로 평가를 받는다. 그러나 관리자나 사장이 직원들이 하는 일에 대해 모른다면 직원들을 제대로 평가할 수 없다. 직무분석은 다양한 장면에 적용된다. 직무가 무엇인지 혹은 그 직무에서 나타나는 수행 및 성과가 무엇인지를 모르고 누군가의 직무 수행을 평가한다고 상상해보라. 당신이 처음 해봤던 일을 생각해보자. 그 직무가 아이들을 돌보는 것이나 아르바이트 혹은 누군가에게 사진을 찍어주는 등의 사소한 것이라 할지라도, 그 직무에서 이루어지는 세부 사항들을 모른다면 직무 수행 및 성과를 평가할 수 없다.

안타깝게도 I/O심리학자 그리고 인사 관련 실무자들은 직무분석을 소홀하게 다룬다. 하지만 직무분석의 주요 기능들을 고려하면 그럴 수 없을 것이다. 즉 직무분석은 인적자원관리에 매우 중요하다. 근로자를 적절한 직무에 선발 및 배치하고 근로자들의 수행 및 성과를 평가하기 위한 기준을 알고, 특정 근로자의 능력 개발을 위해 어떤 교육훈련이 요구되는지를 알기 위해서는 반드시 해당 직무에 대한 이해가 필요하다. 선발 및 배치, 수행 평가, 교육훈련 등의 과정을 실행하기 위해 필요한 정보를 얻는 것은 직무분석을 통해서 가능하다. 직무분석은 직무에 대해 완전히 그리고 개괄적으로 이해할 수 있는 틀을 제공한다.

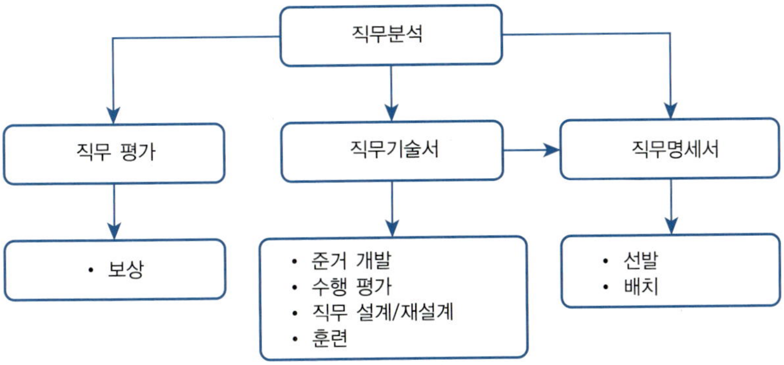

그림 3.1 산업심리학의 구조

직무에 대한 정보 혹은 지식 없이 수행을 평가하는 것은 마치 요리를 할 때 재료가 무엇이고, 조리법이 어떻게 되며, 요리가 어떤 맛을 낼지를 모르고 요리하는 것과 같다. 산업심리학에서 직무분석은 인적자원관리에서 빈번히 이루어지는 직무 평가, 직무기술서, 직무명세서를 개발하고 실행하는 데 중요한 정보를 제공한다. **그림 3.1**은 이 장에서 다루게 될 인적자원관리와 관련된 개념과 이러한 개념들이 어떻게 직무분석과 관련이 있는지를 보여준다. 이번 장에서는 직무분석과 세 가지 주요 결과물인 직무 평가, 직무기술서, 직무명세서에 대해 다룰 것이다. 먼저 직무 평가는 임금 수준을 결정하는 데 활용된다. 직무기술서는 '해당 직무에서 실세로 무엇을 하는지'와 관련이 있다. 그리고 직무명세서는 근로자들이 '해당 직무를 효과적으로 수행하는 데 요구되는 능력'에 대한 것이다.

주요 용어

직무분석(job analysis)은 직무에 관한 지식, 직무 수행에 요구되는 능력과 책임, 의무, 그리고 해당 직무의 과업 구성 요소와 관련해 직무를 정의하는 과정이라 할 수 있다. 직무분석은 인적자원관리에서 발생되는 문제를 관리하고 해결하는 데 활용될 수 있는 가장 기본적인 과정이다(Brannick, Levine, & Morgeson, 2007). 직무분석 방법을 설명하기 전에, 주요 용어에 대해 이해할 필요가 있다. 첫 번째는 **요소**(element)이다. 요소는 일의 가장 작은 단위이다. 요소는 마치 컴퓨터 프로그램에서 코드를 입력하거나 기계를 작동시키는 버튼을 누르는 것과 같이 과업의 일부분에 해당한다. 이러한 요소가 합쳐지면 **과업**(task)이 된다. 과업은 구체적인 목표를 달성하기 위해 수행하는 일과 관련된 활동들로 정의할 수 있다. 예를 들면

직무분석
직무를 구성하는 과업이나 책무 그리고 직무를 수행하는 데 필요한 지식이나 스킬의 관점에서 직무를 정의하는 과정

요소
직무분석에서 작업 활동의 가장 작은 단위

과업
특정 목표를 달성하기 위해 수행되는 작업 활동

직위
수행된 과업으로 정의되는 조직에서의 개인의 위치

직무
공통의 직무를 공유할 만큼 서로 유사한 직위들의 집합

KSAOs
지식,기술, 능력, 그리고 이 외에 직무를 성공적으로 수행하는 데 필요한 특성

택시기사에게 요구되는 요소는 승객에게 목적지를 묻는 것, 시동을 거는 것, 변속을 하는 것, 가속 페달을 밟는 것 등이 될 수 있다. 이러한 요소가 모이면 '택시 운행'이라는 과업이 된다. 조직에서 개인이 수행하는 과업은 개인의 **직위**(position)를 결정한다. **직무**(job)는 공통의 직책을 가진 서로 유사한 직위들의 집합이다. **KSAOs**는 성공적으로 직무를 수행하는 데 요구되는 지식, 기술, 능력, 그리고 이외의 특성(other characteristic)들을 말한다(Primoff & Eyde, 1988). 조직은 성공적으로 직무를 수행하는 데 필요한 KSAOs를 가지고 있는 근로자들을 채용하고자 한다. KSAOs는 근로자를 선발하는 과정에서 준거로 활용되며, 이러한 준거들이 선발과 관련된 의사결정에 반영된다.

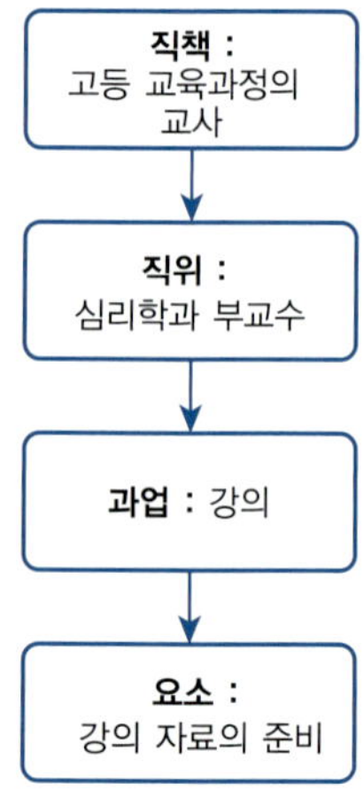

그림 3.2 작업 활동의 수준

정리하면, 조직에서 일과 관련된 활동의 가장 기본적인 단위는 일의 요소이며, 그러한 요소의 집합이 과업이며, 과업의 집합은 개인의 직위를 결정하고, 유사하게 정의된 직위가 직무이다(**그림 3.2**). 우리는 직무와 직위를 혼동하지 않는 것에 유의해야 할 필요가 있다. 즉 직무분석은 특정 일을 맡거나 특정 직위에 종사하는 것에 중점을 두기보다 직무 또는 직위 그 자체에 중점을 둔다.

직무분석에 대한 접근방식

I/O심리학에서 다루는 대부분의 기법들과 절차들은 다양한 방법으로 실행될 수 있다. 직무분석도 그렇다. 하지만 어떤 접근 방법이든 직무분석가는 분석 전략을 결정하는 데 있어, 직무분석이 어떤 목적을 가지고 실행되는지를 고려해야 한다. 특정 접근방식은 다른 방식보다 특정 목적에 더 잘 부합할 수 있다. 따라서 각 목적에 부합되는 직무분석 접근방식이 필요하다. 이 절과 다음 절에서 직무분석 분야에 대한 여러 관점과 직무분석에 필요한 자료를 수집할 수 있는 여러 구체적인 방법에 대해 살펴볼 것이다.

과업중심
해당 직무에서 수행되는 다양한 과업들을 설명하는 것에 초점을 맞춘 접근법

작업자중심
작업 활동에 포함되는 광범위한 인간 행동들을 조사하는 접근법

지난 수년 동안 대부분의 직무분석가들이 고려했던 전통적인 직무분석 분류 방법은 과업중심 혹은 작업자중심으로 구분하는 것이었다. **과업중심**(task-oriented) 방법은 과업에서 이루어지는 다양한 과업을 설명하는 데 중점을 둔다. **작업자중심**(worker-oriented)의 방법은 과업 활동과 관련된 광범위한 인간 행동을 설명하는 데 중점을 둔다(Gatewood & Feild, 2001). 매우 구체적인 과업 수준에 중점을 두는 과업중심 방식과 달리 작업자중심의 직무분석은 과업 완료에 필요

한 물리적 환경 요인, 대인관계와 관련된 정신적 요인 그리고 직무 수행에 요구되는 작업자의 특성에 폭넓게 중점을 둔다. 최근 대두되고 있는 하이브리드 접근법은 과업과 근로자에 관한 정보를 동시에 수집한다(Brannick et al., 2007). 대체로 두 전통적인 접근법의 구분은 명확하지 않다. 일부 직무분석 방법은 이러한 접근법들을 혼용하기도 한다(Sackett & Laczo, 2003). 또한 한 접근법이 반드시 다른 접근법보다 나은 것은 아니다. 직무분석가는 직무분석의 목적이 무엇이든 다양한 직무분석 방법(Brannick et al., 2007)을 혼합해서 선택할 수 있다. 즉 하이브리드 방식으로 불리는 여러 직무분석 방법이 혼합된 접근법을 사용할 수도 있고 여러 방법들을 적절하게 조합하여 사용할 수도 있다.

직무분석 방법

직무분석의 개념을 명확하게 하기 위해, 이 장에서는 주로 전통적인 구분인 과업중심 직무분석과 작업자중심 직무분석을 다루고 있다. 그 밖에 직업정보네트워크(O*NET)의 개발에 사용된 하이브리드 접근법에 대한 몇 가지 중요한 사항들을 다루고 있다. 많은 직무분석 기법들이 존재하지만 가장 보편적으로 사용되는 기법들을 중심으로 다룰 것이다. 특히 특정 기법들은 특정 직무를 분석하는 데 더 유용할 수 있다.

과업중심 방법

과업중심 접근법은 직무분석에서 과업에 중점을 둔다. **과업 목록 접근법**(Task Inventory Approach)은 과업중심 접근법 중 하나로 과업을 설명하는 진술문이 직무에 친숙한 전문가, 즉 주제관련 전문가에 의해 만들어진다. 일반적으로 이러한 **주제관련 전문가**(subject matter experts : SMEs)들은 현재 해당 분야에 종사하고 있는 **재직자**(incumbents)들이다. 이 외에 해당 직무의 관리자일 수도 있으며, I/O심리학자와 같이 해당 직무에 관한 전문지식이 있는 사람일 수 있다. 우선 과업 진술문의 목록이 만들어지면, 해당 직무의 재직자들이 검토한다. 그리고 재직자들은 자신의 직무에서 하는 것들을 과업 진술문 옆에 체크하게 된다. **그림 3.3**은 대학 교수의 직무에 대한 과업을 보여주고 있다. 각 과업 진술에 대해 중요성 또는 각 과업 수행에 소요되는 상대적 시간을 평가한다. 이러한 정보들은 과업에 대한 철저한 분석을 통해 또는 그림으로 제시될 수 있다.

기능적 직무분석(Functional Job Analysis : FJA)은 Sidney Fine에 의해서 개발되었다. 기능적 직무분석은 고도로 구조화된 과업중심 접근법으로서, 작업자가 어떤 과업을, 어떻게 하는지에 대한 정보를 수집한다(관련 정보는 Cronshaw의 2012년

과업 목록 접근법
해당 직무에 익숙한 전문가가 만든 과업 진술문을 사용하여 직무분석을 실시하는 과업중심 접근법

주제관련 전문가(SMEs)
해당 직무에 대한 전문가로서 직무분석에 참여하는 사람

재직자
현재 해당 직무에 종사하는 근로자

기능적 직무분석(FJA)
Sidney Fine에 의해 개발되었으며, 고도로 구조화된 과업중심 접근법으로서, 작업자가 하는 과업 및 과업이 수행되는 방식에 대한 정보가 수집된다.

과업진술문	해당 직무에서 과업이 수행되는가?	해당 직무에서 각 과업의 중요성은?					직무에서 수행되는 다른 과업들과 비교하여, 각 과업은 얼마나 많은 시간이 소요되는가?				
		1	2	3	4	5	1	2	3	4	5
	예, 아니요	중요하지 않음		약간 중요함		매우 중요함	매우 적은 시간	약간 적은 시간	비슷한 시간	약간 많은 시간	매우 많은 시간
1. 과제 개발											
2. 성적 처리											
3. 수업에 대한 질의 응답 및 이해 돕기											
4. 학생들을 대상으로 강의											
5. 연구를 기획											
6. 데이터 수집											
7. 학생들의 진로문제에 대해 조언 및 멘토 역할											

그림 3.3 대학 교수에 대한 과업 목록

저서 참조). 특히 과업 진술문은 직무와 관련이 있다고 간주되는 문항으로 개발된다. 재직자 또는 주제관련 전문가들은 이러한 진술문들을 해당 직무에 대한 일련의 차원에 따라 평가한다(그림 3.3의 진술문과 유사). 이러한 차원은 과업 목록 접근법의 기준과는 차이가 있다.

기능적 직무분석에서 과업 진술문은 모든 직무에서 해당 근로자가 영향을 주고받을 것이라고 가정하는 세 가지 요소인 **자료**(정보, 아이디어), **사람**(의뢰인, 고객, 동료), **사물**(기계, 도구, 장비)에 대해 진술한다. 자료, 사람, 사물과 연관 지어 직무에 대해 이해할 수 있는 기본 틀을 제공한다. 직무를 이해하는 한 가지 방법은 위 요소들이 상호 영향을 주고받는 정도와 이러한 상호작용의 복잡성을 파악하는 것이다. 바로 이것이 기능적 직무분석의 핵심이다. **자료**를 다루는 과업은 근로자가 정보, 아이디어 및 사실을 처리하는 데 인지적 자원을 활용하는 것이 요구된다. **사람** 차원은 타인에 대한 이해, 예의 및 호의, 멘토링과 같은 대인 간의 자원들을 과업에서 활용해야 하는 정도를 나타낸다. 마지막으로, **사물**과 관련된 과업은 힘, 순발력, 조작할 수 있는 능력 등 물리적 자원의 활용이 포함된다. 이러한 차원들에 대해 기록한 기능적 직무분석은 간단한 비교에서 복잡한 조합에 이르기까지 다양하다.

© Corbis

John Howard/Photodisc/Getty Images

생각해보기

기능적 직무분석 관점에서, 컴퓨터 기술자의 점수는 정보, 사람, 그리고 사물에 기반해 어떤 식으로 평가되는가? 영업 직무에서 평가는 어떻게 이루어지는가?

1930년대 미 노동부는 기능적 직무분석을 활용하여 사람과 과업을 매치시키는 도구인 **직업목록사전**(Dictionary of Occupational Titles : DOT)을 개발했다. 약 12,000가지 직무의 근로 환경 조건, 책무, 과업에 대한 기술로 구성되어 있는 직업목록사전은 Sidney Fine이 제안한 차원인 자료, 사람, 사물에 따라 각 직무들을 기록한 것이다. 직업목록사전에 제시된 정보는 직무분석을 통해 수집된 수년간의 자료를 기반으로 하고 있다. 직업목록사전은 아홉 가지 주요 직군과 함께 직무의 위계적 체계를 제시해주고 있다.

직업목록사전(DOT)
1930년대 노동부에 의해 개발된 도구로, 직업과 직무를 분류하기 위해 사용되어 왔고 과업, 책무, 그리고 약 12,000개 직무의 작업에 대한 서술적 설명으로 구성되어 있다.

그림 3.4는 교수직에 대한 직업목록사전(DOT) 항목을 보여주며 항목의 특정 부분에 대한 명명을 포함하고 있다. 9자리 **직업 코드**는 특정 직업을 고유하게 식별해주는 기능을 한다. 처음 3자리는 직업적 범주를 나타낸다. 다음 3자리는 자료, 사람, 사물과 관련되어 직무가 분류되는 곳을 나타낸다. 예를 들면 숫자 227은 과업이 자료(분석), 사람(가르침) 관련 요구 수준은 높지만 사물(단순취급)에서 낮다는 것을 의미한다(숫자가 높을수록 요구 수준이 낮음).

주 설명문은 직무에 대한 간단한 설명을 담고 있다. 다음에 나오는 **과업에 대한 문장**은 주 설명문보다 직무를 더 정확하고 상세하게 설명한다. 대학 교수직은 교과목을 가르치고, 강의를 준비하고, 수업 내용에 대한 토론을 자극하여 학위 과정을 전반적으로 이끌어 나간다. 마지막으로 '**참조**' 항목들은 일반적으로 대부분의 조직이 아닌 일부 조직에서 행해지는 사항들을 나타낸다.

직업정보네트워크(O*NET) 약 20년 전 미국노동부는 현재 조직 상황 및 일터와 맞지 않는 직업목록사전을 대체할 수 있는 시스템을 구축하기 시작했다. 이는 바로 O*NET이다. O*NET

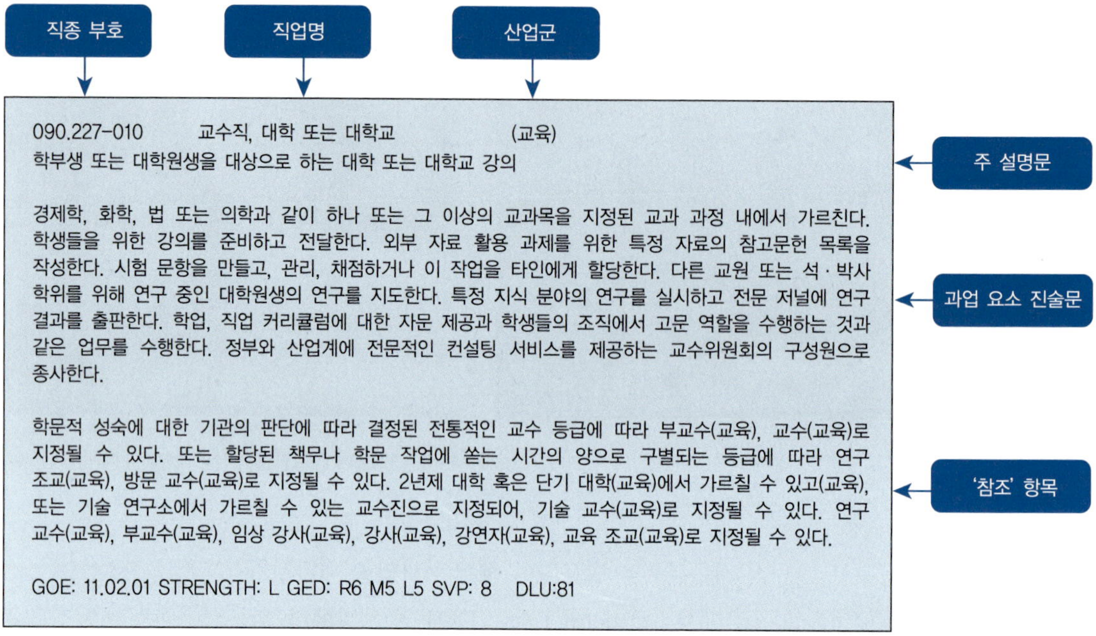

그림 3.4 교수진을 위한 직업목록사전 설명

은 현대의 다양한 직업들을 설명하고 있고, 직업목록사전을 대체했다. 직업목록사전과 다르게 O*NET은 기능적 직무분석에만 기초하지 않는다. O*NET은 다양한 방식으로 정보를 수집하고, 과업과 작업자 모두에 중점을 두기 때문에 하이브리드 접근법으로 분류된다. 950개 이상의 직업에 대한 데이터베이스는 현재 온라인에서 열람할 수 있고(http://onetcenter.org), 이전 직업목록사전보다 더 이해하기 쉽다. 수천 개의 직무에 대한 자료 외에도 주요 키워드를 통해 직종을 검색할 수 있고 고용정보시스템 그리고 산학연계 프로그램 등이 안내되어 있으며, 이를 바탕으로 학교에서는 학생들이 직장을 더 잘 준비하고 성공적으로 취업할 수 있도록 교육시키고 있다. O*NET은 인터넷을 통해 보다 쉽게 접할 수 있다는 장점이 있으며, 직무와 근로자 모두의 특성에 중점을 두어 I/O심리학자들의 매우 유용한 도구가 되고 있다.

사실 O*NET은 직업관련 분야와 I/O심리학의 응용 분야에 폭넓은 함의점을 갖는다. 데이터베이스에 등록된 정보의 내용을 보면 O*NET은 콘텐츠 모델에 기반을 두고 있다. 구체적으로 이 콘텐츠 모델은 여섯 가지 범주의 정보로 이루어져 있다. 첫째, 능력과 적성과 같은 근로자의 특성. 둘째, 일반적인 지식 및 기술과 같은 근로자에게 요구되는 요건. 셋째, 과거의 훈련 경험이나 자격증과 같은 경험적인 요건. 넷째, 일반적인 작업 활동과 같은 직업적 요건. 다섯째, 특정 직업군에서 요구되는 특별한 도구와 기술과 같은 직업에 특화된 정보적 요건. 여섯째, 노동시장과 사회적 정보와 같은 직업 특징으로 이루어져 있다. 이러한 정보들은 경력 관리, 선발, 훈련, 개발, 조직성과 개선에 관심을 갖는 연구자들에게 유용하게 쓰이고 상담자, 학생, 인적자원관리 전문가, 연구자 모두에게 도움이 될 수 있다.

O*NET에 관한 연구는 약 10년 전에 시작되었다. 네브래스카대학교 연구자들은 O*NET을 활용하여 인터넷 기반 직무분석 방법을 개발하고 검증하였다(Reiter-Palmon, Brown, Sandall, Buboltz, & Nimps, 2006). 더 최근에는 O*NET을 통해 직업 적성 프로파일을 개인과 매칭시키는 것과 같은 경력 상담에 대한 연구들이 진행되었다(Rounds, Armstrong, Liao, Lewis, & Rivkin, 2008). 새로운 연구에서는 O*NET의 정보를 활용하여 반복적인 움직임, 물체의 이동, 손가락 속도 등과 같은 다양한 손의 노출에 근거하여 몇몇 직군에서 터널 증후군을 경험할 가능성이 높다는 것을 밝혀냈다(Evanoff, Zeringue, Franzblau, & Dale, 2014).

직무분석에서 과업중심 접근이 특정 직무에 너무 지엽적일 수 있다고 비판을 받아왔다(Harvey, 1994). 특히 과업중심 접근이 특정 직무의 과업을 아주 세밀하게 분석하는데, 이러한 수준에서는 비슷한 직무가 존재하지 않기 때문에 직무 간의 실질적인 비교를 어렵게 만든다. 즉 과업중심 접근으로 분석된 직무들은 직무의 기술적 · 행동적 특이성이 높기 때문에 직무의 유사성을 간과할 수 있다는 것이다. 직무분석에서 작업자중심의 접근 방식은 바로 이러한 문

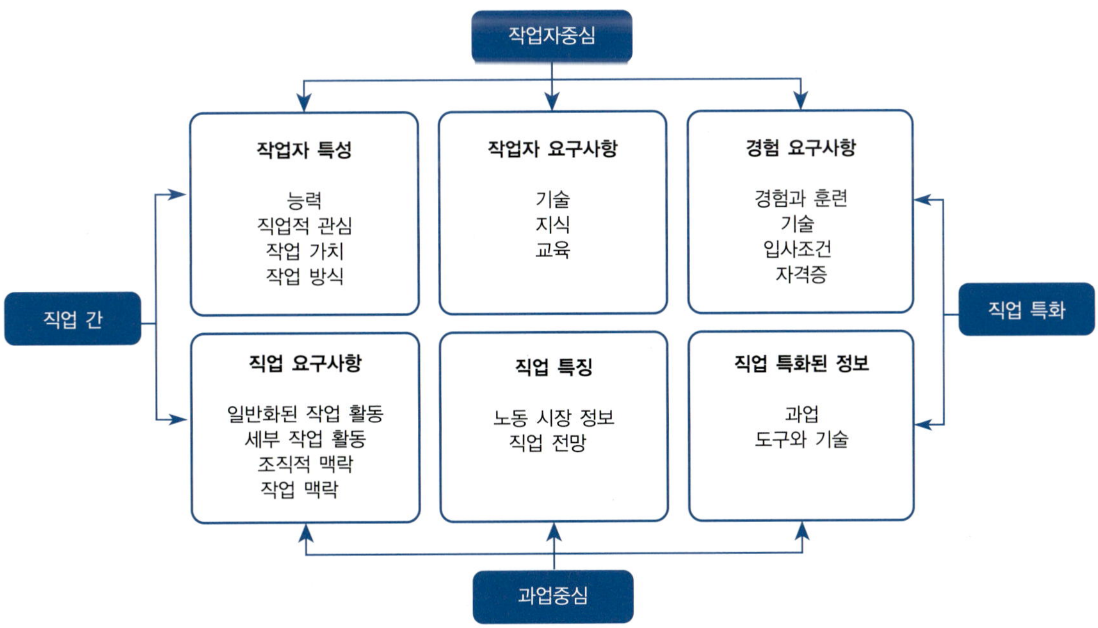

그림 3.5 O*NET 콘텐츠 모델

출처 : http://onetcenter.org

제에 대한 대안이 될 수 있다.

작업자중심 방법

과업중심 방법과 비교할 때, 작업자중심 방법은 특정 과업보다는 그 직무를 성공적으로 수행할 수 있는 사람의 속성/특성에 더 중점을 둔다. E. J. McCormick(McCormick, Jeanneret, & Mecham, 1972)은 이를 두 유형으로 구분하였는데 "과업중심 개념은 일반적으로 특정 과업에 대한 설명을 반영하고, 작업자중심 개념은 많은 종류의 광범위한 인간 행동들을 반영하는 것"으로 구분하였다(p. 348). 작업자중심의 방법은 KSAOs에 중점을 두고 비교하기 때문에 여러 직무를 비교하는 직무분석가에게 특히 도움이 된다.

직무요소방법(JEM)
특정 직무에서 우수한 직원의 특성을 파악하도록 설계된 직무분석에서의 작업자 중심 접근법

직무요소방법(Job Element method : JEM)는 특정 직무에서 우수한 근로자의 특성을 확인하기 위해 고안되었다(Primoff & Eyde, 1988). 직무요소방법에서, 요소라는 개념은 앞서 정의한 것처럼 가장 작은 과업 활동 단위가 아닌 일반적인 과업 활동을 말한다. 직무요소방법의 목적은 직무분석을 위해 성공적인 직무 수행에 필요한 KSAOs를 확인하는 것이다. 절차는 매우 간단하다. 첫째, 주제관련 전문가는 직무요소에 대한 포괄적인 목록들을 개발한다. 이때 포괄적인 목록 외에 직무의 하위 요소 또는 근로자의 특성을 고려해야 한다. 예를 들어 대학 교수의 한 직무요소는 '명확하게 의사소통할 수 있는 능력'이 있으며, 하위 요소는 '많은 사람들에게 흥미로운 방식으로 아이디어를 표현할 수 있는 능력', '한 번에 여러 문제를 학생들에게 설명할 수 있는 능력'이 있다. 주요 요소와 하위 요소의 최종 리스트가 생성되면 주제관련 전문가는 각 작업에 대한 예시를 나열한다. 요소, 하위 요소 및 작업에 대한 예시는 직무를 완벽하게 파악할 수 있게 한다.

직무요소방법에 대한 일반적인 비판점은 특정 직무 과업을 간과하여 그 직무와 관련이 있는 특정 요소를 밝히는 것을 매우 어렵게 만든다는 점이다(Gatewood & Feild, 2001). 즉 직무요소방법은 '명확하게 의사소통하는 능력'을 주요 요소로 나타낼 수 있지만, 이는 특정 과업이 아니며 특정 직무에서 중요한 과업이 무엇인지, 요소가 이 과업과 어떻게 관련되어 있는지 의문을 가질 수 있다. 이러한 비판은 직무분석이 가설적인 근로자 특성 및 능력을 추론하는 대신 관찰 가능한 것에 초점을 맞출 필요가 있다는 일부 연구자들의 의견과 일치한다. 그러나 심리학에서 다루는 영역의 상당 부분은 추론을 포함하기 때문에 이들을 제외하는 것은 비합리적일 수 있다. 이러한 모순을 해결하기 위해서는 KSAOs에 대한 추론이 도출되면 관찰 가능한 작업 관련 자료를 기반으로 과업과 KSAOs를 연결하는 작업이 필요하다. 직무분석가들은 직무 활동, 인적 속성, 혹은 둘 다에 초점을 맞출 수 있다.

직위분석 설문지(PAQ)
널리 사용되는 직무분석 도구로서, 일반적인 업무 행동에 초점을 맞춘 도구이다.

가장 잘 알려진 직무분석 방법은 **직위분석 설문지**(Position Analysis Questionnaire : PAQ)이다. 직위분석 설문지는 일반적인 작업 행동에 중점을 둔 표준화된

실무자 포럼

John F. Binning

John F. Binning
애크런대학교 I/O심리학 박사, 1985년
DeGarmo 그룹 연구개발팀 부장

DeGarmo 그룹은 근로자 선발 도구들을 제작하고 관리한다. 선발 평가 도구들 중 하나는 DeGarmo 성격 조사(DeGarmo Personality Inventory)이며 줄여서 DPI라 부른다. DPI는 인터넷을 통해 제공되고 구직자가 응답을 하면 점수가 계산되고 고객사의 HR담당자에게 전달된다. 다음 장에서 성격 5요인과 직무마다 요구되는 성격 특성에 대해서 알아볼 것이다. 비록 HR전문가가 특정 직무에 어떤 성격 특징이 핵심인지 모두 파악하는 것은 어렵지만 중요한 일이다. 우리는 직무마다 요구되는 성격이 무엇인지 확인하기 위해서 O*NET에 있는 방대한 정보를 활용하기로 결정했다. 접근방식은 다음과 같다.

조직이 특정 직무에 대해 채용하고자 할 때, 조직은 O*NET에서 채용하고자 하는 직무의 여러 정보들 중에서도 작업 방식에 대해 고려한다. 작업 방식에 대한 평가는 주제관련 전문가들이 작성한 직위분석 설문 자료를 바탕으로 결정된다. 이러한 작업 방식은 성격 5요인을 통해 해석될 수 있다. 예를 들어 O*NET 작업 방식 중 하나인 세부사항에 대한 주의집중은 성격 5요인 중 성실성과 관련이 있다. 먼저 각 작업 방식을 성격 5요인에 맞게 분류하였고 컴퓨터 작업을 통해 분류 프로세스를 자동화하였다. O*NET에 기술된 모든 직무들의 작업 방식 평가 내용은 DPI가 측정한 성격 5요인 중요도 점수로 자동 변환할 수 있다. 어떤 DPI 점수가 직무에서 중요한지 알게 되면 IT 직무에 대한 계산 코드를 작성하여 해당 지원자의 성격이 해당 직무의 요구에 얼마나 잘 맞는지 판단한다.

요약하면, 구직 신청자가 '완료' 버튼을 누르면 문항에 대한 응답이 다양한 성격 점수로 '계산'되고 O*NET에 있는 정보를 기반으로 개별 가중치가 주어지며, 이를 바탕으로 최종 점수와 해석 보고서가 생성되어 최종적으로 지원자의 성격이 직업의 특정 요구사항과 얼마나 잘 일치하는지 보여준다. 고객사의 HR담당자는 고용 결정을 내리는 데 이 정보를 이용한다. 이러한 방식으로 우리는 조직의 요구 및 선발에 있어서 과학적인 접근방식을 적용하고 있다.

학습질문

1. O*NET 시스템은 과업 목록 접근보다 DeGarmo Group의 직무분석에 어떻게 도움이 될 수 있는가?
2. 작업의 변화하는 특성을 고려할 때 직무분석이 왜 중요한가? DeGarmo 그룹은 이 사실을 어떻게 입증했는가?
3. DeGarmo 그룹은 고객 회사가 최적의 지원자를 선발할 수 있도록 노력한다. 그러나 고용 과정에서 효과성을 극대화하기 위해 각 고객 회사가 취해야 할 다른 직무분석 단계는 무엇인가?

도구이다. 직위분석 설문지는 195문항(요소)으로 구성되어 있으며, 일반적인 작업 행동, 작업 조건, 직무 특성들을 설명하는 187문항이 있다. 재직자나 주제관련 전문가는 각 항목이 해당 직무와 관련이 있는지 결정한다. 문항은 직무에서 사용되는 범위, 직무의 중요성, 직무에서 요구되는 행동의 시간과 같은 다양한 차원에서 평가된다. 이러한 187개 직무 요소들은 다음과 같은 6개의 차원으로 구성된다. 이 6개의 차원은 정보 입력(Information Input), 정신적 과정(Mental Processes), 작업 결과(Work Output), 타인과의 관계(Relationships with Other Persons), 직무 맥락(Job Context), 기타 직무 요건(Other Job Characteristics)이다. **표 3.1**에 예시와 함께 이러한 여섯 가지 차원이 제시되어 있다. 이를 바탕으로 한 직무 프로파일은 대량의 자료 수집을

표 3.1 PAQ 차원과 요소

차원	설명	예시
정보 입력	직무를 수행하는 데 필요한 정보를 어디서 어떻게 얻는가?	서면 자료 사용 시각적 변별
정신 과정	어떤 사고과정, 결정, 계획, 정보-처리 활동이 직무 수행과 관련되어 있는가?	문제해결에서 사고과정의 수준 부호화/해독
작업 결과	작업자가 수행하는 신체적 활동은 무엇이고, 어떤 도구를 사용하는가?	키보드 사용 조립/분해
타인과의 관계	직무를 수행하는 데 필요한 타인과의 관계는 무엇이 있는가?	지시 대중, 고객과 소통
직무 맥락	어떠한 물리적 또는 사회적 맥락에서 직무가 수행되는가?	고온 혹은 저온에서의 직업 상황 대인관계 갈등 상황
기타 직무 요건	위에 언급된 것 이외에 직무와 관련 있는 활동, 환경 또는 특성은 무엇이 있는가?	구체적인 작업 속도 직무 구조화 정도

출처 : McCormick(1979).

통해 가능하다.

직위분석 설문지는 전통적으로 널리 사용되어 왔지만 적어도 세 가지 주요 비판점이 있다. 첫째, 직위분석 설문지의 수준이 대학수준의 교육을 받지 않으면 읽기 어렵다(Ash & Edgell, 1975). 이는 직무분석을 유능하게 할 수 있는 사람을 제한하고 교육 수준이 낮은 직원들을 배제시키기 때문에 문제가 될 수 있다. 둘째, 직위분석 설문지는 관리 및 운영하는 직무에 적합하지 않은 것으로 보인다. 셋째, 문항 자체가 너무 추상적이다(Harvey, 1993). 이러한 단점과 비판으로 인해 직무분석 연구자들과 실무자들은 작업자중심 직무분석 방법을 개발하게 되었다.

일반체계 설문지(CMQ)
구체성 수준이 다소 낮은 문항을 사용하여, 작업자중심 접근법들의 일반화 가능성을 향상시키려는 작업자중심의 직무분석 도구

Harvey(1993)는 **일반체계 설문지**(Common-Metric Questionnaire : CMQ)를 개발했다. 이 설문은 작업자중심의 직무분석 접근법이며, 아래에 제시된 두 가지 기본 신념을 반영하고 있다. (1) 직무분석 도구는 과업 진술보다 추상적으로 작성된 공통 문항을 사용하여 작업 활동을 종합적으로 설명해야 한다. (2) 평가 척도는 모든 직무에서 동일한 의미를 가져야 한다. 이로 인해 다양한 직무들이 같은 수준에서 비교가 가능하게 만들었지만, 반대로 직무들을 너무 추상적으로 설명하였기에 직무 간에 구분이 명확하지 않을 수도 있다.

과업 목록 접근(TIA)과 기능적 직무분석(FJA) 같은 과업중심 방법을 다시 생각해보자. 이 접근법의 초점은 직무에서 수행되는 구체적인 과업에 맞춰져 있기 때문에 직무들의 유사점을 발견하는 것은 매우 어렵다. 그러나 직위분석 설문지와 같은 작업자중심 방법은 추상적이어서

다른 직무임에도 불구하고 매우 유사한 프로파일이 나타나게 된다. 예를 들어 어떤 직무가 경찰관과 비슷한 프로파일을 가지고 있을까? 아마도 소방관, 교도관, 사립 탐정 같은 직무들이 있을 것이다. 그러나 연구에 따르면 전업 주부도 유사한 프로파일이 나온다고 한다(Arvey & Begalla, 1975). 경찰관과 전업 주부 모두 비상사태와 문제 해결을 다루기 때문에 종종 프로파일이 비슷하게 되는 경향이 있다. 만약에 직위분석 설문지 문항이 좀 더 구체적이었다면, 위 직무들 사이에서 이와 같은 유사성이 발생하지 않을 것이다.

생각해보기

직위분석 설문지에 따르면, 왜 경찰관과 주부의 직무 프로파일이 비슷한가? 일반체계 설문지는 이 문제를 어떻게 해결하는가?

일반체계 설문지는 컴퓨터 기반이며 80개 차원으로 구성된 2,077개의 항목으로 구성된다. 이 설문의 가장 큰 문제점은 설문지의 양이다. 하지만 설문지를 만든 제작자들은 일반체계 설문지의 경우 90% 이상의 사람들이 3시간 이내에 완성할 수 있었다고 이야기한다(Harvey, 1993). 예시 문항은 대학이나 대학교에서 교육을 요구하는 수준의 기술을 포함하고 있는지를 물어보고 해당 문항의 응답 척도는 이 특정 요구사항의 중요도를 물어본다. 모든 80개 차원의 항목은 비슷한 방식으로 구성되어 있다. 일반체계 설문지의 문항은 직위분석 설문지보다 행동에 대해 구체적으로 작성되어 있으며 문장 수준 또한 더 낮고 관리직 및 비관리직 모두에게 적용될 수 있다.

직무분석의 실행과 연구에서의 발전과 이슈

기술의 진보는 직무분석의 발전에 중요한 역할을 했다. 예를 들어 연구자들은 인터넷을 이용, O*NET을 통한 직무분석 정보를 얻는 방법을 보여주었다(Reiter-Palmon et al., 2006). 연구자들은 기업이 컨설턴트의 개입과 지도를 최소화하면서 취업 분석 정보를 수집하고 정리하는 데 웹을 사용할 것을 강조했다. 또한 연구자들은 O*NET(McEntire, Dailey, Osburn, & Mumford, 2006)과 같은 대량의 직업 관련 자료를 분석하고 사용하는 데 도움이 되는 지표를 개발하기 위해 노력했다. O*NET 정보를 기반으로 측정 기준 또는 수학 공식을 사용하여 선발, 교육 및 개발 분야에 활용할 수 있다. 예를 들면 승진에 사용될 수 있다. 조직 분석에서 O*NET 정보가 계속 사용된다는 것을 고려한다면 조직은 이를 활용하여 승진 관련 평가기준을 개발하고 사용하는 것이 조직에 더 큰 이익이 될 수 있다.

주제관련 전문가들의 평정 부분에서도 상당한 진전이 있었다. 몇몇 연구는 주제관련 전문가의 직무분석 평정에 성격과 동기가 어떤 역할을 하는지 검증했다. 예를 들어 한 연구에서 직무분석 평정에 영향을 미치는 자기 고양 편파의 잠재적인 역할을 검증했다(Cucina, Vasilopoulos, & Sehgal, 2005). 연구자들은 주제관련 전문가에게 어떤 특성이 직무에 중요한지를 물었을 때 자기 고양 편파가 작동한다고 주장했다. 구체적으로 비록 다른 사람들은 특정 특성들을 객관적인 관점에서 중요하지 않다고 판단하더라도 주제관련 전문가는 자신이 가지고 있다고 생각하는 지능, 유연성, 창의적 사고가 성공적인 근로자의 요건이라고 생각할 수 있다.

주제관련 전문가 평정에 대한 자기 표상을 검증한 연구에서, 주제관련 전문가는 해당 능력이 중요하지 않은 경우에도 자기와 관련되어 있다면 그 능력을 중요하게 생각하는 것으로 나타났다. 개인은 자신이 하는 일에 많은 능력이 필요하다는 것을 나타내기 위하여 자기 자신을 긍정적으로 표상하는 경향이 있다. 사람들이 객관적인 직무분석 절차 없이 간단한 인터뷰를 통해 직무분석을 할 수 있지만, 이는 부정확한 직무분석 자료를 만들어내고 잠재적으로 조직에 부정적인 영향을 미칠 수 있다. 예를 들면 특정 직무에 요구되는 능력이 무계획적 인터뷰를 통해 확인될 수 있다. 하지만 그 능력이 해당 직무에 필수적이지는 않을 수 있다. 이는 곧 인재에 대한 잘못된 평정으로 이어지며 조직은 유능한 인재를 놓치게 된다. 다른 연구자들은 자신의 직무에 대한 태도가 자신의 직무분석 평정에 편향을 줄 수 있음을 발견했다. 이는 특히 과업에 대해 임의대로 평가하는 경우에 그렇다(Conte, Dean, Ringenbach, Moran, & Landy, 2005). 때로는 주제관련 전문가인 재직자가 가지고 있는 자신의 직무와 과업에 대한 태도가 중요한 과업에 대한 평가에도 영향을 미칠 수 있다. 따라서 연구자들은 직무분석 평정에 중점을 두고 있는 O*NET 자료에 대한 최근 검증을 통해 직무분석 전문가와 현 재직자 모두를 활용하는 것이 가장 좋은 방법이라고 결론을 내렸다(Wamslet, Natali, & Campbell, 2012).

또 다른 최근 연구는 직무가공이 신뢰롭지 못한 역량 평가를 하게 되는 주요 원인이라고 주장하였다(Lievens, Sanchez, Bartram, & Brown, 2010). 예를 들면 복잡한 직무의 경우 근로자들에게 폭넓은 창의성과 유연성이 요구된다. 이러한 근로자들은 특정 방식으로 자신의 재량에 따라 자신의 직무를 가공할 수 있는 기회가 많다. 근로자가 자신의 직무를 조정할 수 있기 때문에, 직무가 원래 정의된 방식과 완전히 다른 모습으로 나타날 수 있으며, 역량에 대한 재직자 평정은 기존의 직무분석으로부터 도출된 역량과 일치하지 않을 수 있다. 전문가와 재직자 간의 역량 평정의 차이를 검증한 연구에서 차이의 25%가 직무가공에 기인하는 것으로 나타났다. 재직자들은 직무를 자신의 특성에 맞추어 가공하기 때문에 비록 동일한 직무일지라도 자신의 직무를 다른 사람들과 동일한 것으로 보지 않는다. 어찌 보면 재직자에게서 발견되는 이러한 평정의 차이는 전혀 오류가 아닐 수도 있다. 오히려 재직자가 어떻게 자신의 직업을 보고 가공하는지를 반영한 것이라고 할 수 있다. 따라서 조직은 근로자가 조직의 전략적 계획과 일관된 방식으로 직무를 가공하도록 장려하는 것이 현명할 수 있다.

참조

2장에서, 점수의 변산도를 측정하는 분산 또는 표준편차에 대해 다루었다. 직무 평가에서 재직자들의 평가 차이 또는 분산은 직무 가공에 의한 것이다.

새로운 형태의 직무분석이 필요하다고 주장하는 연구자들은 전통적인 직무분석이 직무를 고정된 것으로 가정한다고 비판하였다(Singh, 2008). 즉 직무는 변화하는 경향이 있으며, 이는 직무분석에 새로운 접근이 필요하다는 주장으로 이어졌다. 조직환경의 변화와 더불어, 직무의 현재 상태뿐만 아니라 미래에 직무가 어떻게 변하고 발전할 것인지에 관한 더 전략적인 직무분석 접근이 필요하다. **전략적 직무분석**(strategic job analysis)은 조직의 전략에 기반하여 현재와 미래의 직무와 관련된 정보들을 수집하는 의도적이고 체계적인 과정이다(Singh, 2008). 아직 많이 쓰이는 접근법은 아니지만, 전략적 직무분석의 사용 가능성은 증가하고 있다. 전략적 직무분석의 개념에 대한 추가적인 정보는 2013년에 출판된 J. S. Shippmann의 전략적 직무 모델링(Strategic Job Modeling: Working at the Core of Integrated Human Resources)을 참고하길 바란다.

전략적 직무분석
최근 직무의 상태 또는 예상되는 조직 또는 산업 변화로 인해 향후 직무가 어떻게 변할지에 대한 요인을 고려하는 직무분석에 대한 접근법

직무에 대한 정의 : 직무기술서와 직무명세서

직무분석의 근본적인 목적은 직무를 구성하고 있는 요소로 정의하는 것이다. 앞서 언급했지만, 직무분석은 세 가지 주요결과를 산출한다. 직무기술서, 직무명세서, 직무 평가가 그것이다. **직무기술서**(job description)는 해당 직무의 근로자가 무슨 일을, 어떻게, 왜 하는지에 대한 진술문이다(Cascio & Aguinis, 2010). 직무기술서는 직무에서 요구되는 과업을 설명하고 일반적으로 직무의 이름, 과업 및 일련의 수행절차 등을 포함한다. 때때로 직무기술서는 근무조건, 물리적 환경, 사회적 환경, 근무여건 등에 대한 정보를 포함하기도 한다. 대학 교수 직무에 대해 생각해보자. 그리고 대학 교수가 무엇을 하는지, 어떻게 하는지, 왜 하는지에 대해 질문해보자. 이러한 질문의 답은 직무기술서와 유사하며, 그림 3.4에 제시된 대학 교수의 직업목록사전과 유사함을 확인할 수 있다.

직무기술서
직무분석의 성과로, 재직자들이 실제로 하는 일, 그리고 그러한 일을 왜, 어떻게 하는지에 대한 진술문

> 대학 교수 : 특정 교과과정(심리학, 수학, 역사학 등)에서 대학생과 대학원생들에게 대학 교과목을 가르친다. 미리 정해진 교과목에 대한 강의를 준비하고 실시하며, 교과에 대한 토론을 독려한다. 읽기, 쓰기, 과제, 시험을 통해 학생의 지식과 성취를 평가하며, 성적으로 피드백을 제공한다. 또한 해당 전문 분야에서 연구를 실시하며, 연구 결과를 발표한다. 그리고

학생들의 학업에 대한 지도를 실시한다. 또한 학생, 대학, 정부 및 지역사회의 이익을 위해 봉사하는 대학위원회 등에서 근무하기도 한다.

직무명세서
직무 수행에 필요하다고 여겨지는 KSAOs를 설명하는 직무분석의 성과물. 종종 직무 스펙이라고 부른다.

직무분석의 또 다른 결과로, **직무명세서**(job specifications)는 직무 수행에 필요한 자격요건 등에 대한 설명이다. 직무기술서는 직무를 수행하는 데 요구되는 KSAOs에 대한 내용을 담고 있다. 예를 들면, 성공적인 대학 교수가 되기 위해 필요한 KSAOs 혹은 세부사항은 무엇인가?

- 대학수준의 읽기 및 쓰기 능력
- 학위로 검증된 고등지식
- 타인과 함께 일하고자 하는 의지와 의욕
- 분명하게 의사소통할 수 있는 능력
- 흥미로운 방식으로 의사소통할 수 있는 능력
- 방법론적 지식과 통계적 지식
- 멘토링 기술과 학생을 지도할 수 있는 능력
- 자신의 전문 분야에 대한 깊이 있는 이해와 지식

직무분석, 직무기술서, 직무명세서 간의 관계를 보는 한 가지 방법은 과업중심의 직무분석으로부터 직접적으로 파생된 직무기술서와, 작업자중심의 직무분석을 통한 직무명세서를 비교해 보는 것이다(그림 3.1 참조). 예를 들면 직무요소방법을 통해 직무에 대해 파악하고 직무기술서를 작성한다. 이 직무분석 정보와 직무기술서를 바탕으로, 성공적인 대학 교수를 위해 지도와 멘토링 능력이 필요하다는 것을 추론할 수 있다. 물론 일부 전문가들이 직무분석이 관찰 가능한 것에 초점을 맞추어야 하며, 직무분석으로부터 KSAOs에 대한 추론을 하는 것을 피해야 한다고 주장한다(Harvey, 1991).

그렇지만 직무분석의 주요 목적은 근로자 선발에서 활용될 수 있는 KSAOs를 확인하는 것이다. 비록 직무분석을 관측 가능한 것으로 한정한다고 할지라도 직무분석과 직무기술서는 선발과 배치에 가장 중요한 직무명세서를 추론하는 데 사용될 수 있다. 요약하면, I/O심리학자들은 단순히 직무를 설명하는 데 중점을 두지 않는다. 장기적 목표는 직무분석 정보를 선발, 배치, 평가, 인적자원 관리 측면에 활용하는 것이다.

역량 모델링

1장에서 역량을 특별한 기능을 수행하는 근로자의 능력, 행동, 기술들로 정의한 바 있다. 이 정의는 이 장에서 다룬 KSAOs와 매우 유사하다. 사실 많은 전문가들은 역량과 KSAOs를 같은 것으로 생각한다(Schippmann et al., 2000). 둘 간의 관계와 관련하여 역량은 근로자들이 조직에서 특정 기능을 수행할 수 있게 하는 특정 KSAOs의 집합들로 볼 수 있다. 예를 들면 대인 간 의사소통 역량은 다음과 같은 몇몇 KSAOs를 포함한다. (1) 차별적인 의사소통 방식에 대한 지식, (2) 긍정적 피드백과 부정적 피드백을 제공하는 기술, (3) 상사나 동료가 무엇을 원하는지 이해하는 능력이다.

I/O TODAY

직무분석의 미래

직무분석은 오랜 기간 I/O심리학의 기법들을 발전시키는 핵심 분야였지만, 많은 연구자와 실무자들은 지난 수십 년 동안 직무가 변화된 것을 고려할 때 과거의 직무분석 방식은 시대착오적이라고 언급했다. 기술 혁신은 빠른 제품 변화로 이어졌고, 세계화는 경쟁을 심화시켰으며, 조직은 고객의 니즈를 충족시키는 데 빠르게 대응할 필요가 있다. 결과적으로, 근로자들은 하나의 고정된 직무 수행을 위해 고용될 가능성이 적어졌다. 대신, 회사의 요구에 따라 성장하고 변화할 수 있는 근로자가 필요해졌다. 이는 과거의 직무분석이 빠르게 퇴화되고 있음을 의미한다.

이 문제에 대한 잠재적인 해결책은 역량 모델링이다. 실용적인 측면에서, 역량 모델링은 직무 변화에 적응할 수 있는 광범위한 능력을 가진 사람들을 식별하는 데 더 중점을 둔다. 예를 들면 소매업 관리자의 역할에 대한 직무분석에서는 개인이 일반적인 경영 원리들에 대한 지식과 우수한 의사소통 기술을 요구한다. 역량 모델링에서는 관리자가 의사소통, 비판적 사고 및 카리스마와 같은 특정 기술을 포함하는 일반적인 역량인 '참여적 리더십'이 필요하다고 요구한다. 그리고 조직의 모든 직무 수행 과정에서 '멘토링 및 교육' 또는 '전략적 사고'와 같은 역량을 필요로 한다. 영업 담당자의 '멘토링 및 교육' 형태는 관리자와 다른 것처럼 보이지만 위 역량들을 가진 영업 담당자는 효과적인 관리자가 될 수 있다.

이러한 예는 역량 모델링의 장점과 단점을 모두 보여준다. '멘토링 및 교육'이라는 광범위한 역량을 갖추는 것은 조직의 목표에 잘 부합할 수 있다. 이러한 역량은 조직 환경 변화에도 근로자들이 조직의 요구에 잘 부합할 수 있게 해준다. 하지만 이러한 역량은 다양한 KSAOs를 포괄하는 용어이기 때문에 전통적인 직무분석만큼 구체적이지 않다. 따라서 역량은 보다 유연하고 간결할 수 있지만 구체성이 결여될 수 있다.

이러한 단점에도 불구하고, 역량 모델링은 조직에서 점점 더 보편화되어 가고 있다. 연구자들은 인적자원 관리자 그리고 CEO와 같은 실무자들이 직무분석을 실시하는 것보다 역량 모델링을 채택하는 데 훨씬 더 많은 관심이 있다는 사실을 발견했다. I/O심리학자들은 이러한 역량 모델링이 직무분석과 마찬가지로 많은 유의점과 엄격함을 가지고 개발될 필요가 있다고 제언하고 있다.

토론질문

1. 어떤 상황에서 조직이 전통적인 직무분석 접근법보다 역량 모델링 접근방식을 채택하도록 권할 수 있는가?
2. 높은 수준의 역량 모델을 만들 수 있도록 직무분석의 원리를 어떻게 활용할 수 있는가?
3. '맹목적으로 유행에 휩쓸리는 것'을 피하고 견고한 방법론을 사용해야 한다. 만약 조직이 역량 모델링을 선택한다면 유념해야 할 사항은 무엇인가?

역량 모델링은 직무에 대한 설명 그리고 인적자원관리 방법 제시라는 두 가지 측면에서 직무분석과 유사하다(Schippmann et al., 2000). 하지만 직무분석과 역량 모델링 간에는 차이점도 존재한다. 예를 들면 역량 모델링은 더 작업자중심적이고 직무분석은 더 과업중심적이라고 여겨진다(Schippmann et al., 2000).

역량 모델링은 일반적으로 특정 조직과 관련된 책임, 기술, 지식, 능력, 개인적 특성, 도전정신을 규정하여 인적자원관리를 위한 전체적인 체계를 구축하려 하기 때문에 초점이 훨씬 광범위하다(Sanchez & Levine, 2009; Stevens, 2012 참조). KSAOs를 확인하는 직무분석적 접근과 역량을 구성하는 역량 모델링 접근 간의 구분이 존재하지만, 이 두 접근법의 궁극적인 목적은 유사하기 때문에 책 전체에서 혼용하여 사용된다. 그러나 직무분석은 방법론적으로 좀 더 엄격한 경향이 있고 역량 모델링은 좀 더 폭넓게 전체적으로 조직의 전략을 고려한다.

직무분석의 다양한 목적

직무분석은 산업심리학의 많은 하위 영역의 기초가 되는 분야이다. 이에 대한 두 가지 이유가 있다. 첫째, 직무분석은 성공적인 인적자원관리에 필수적이다. 즉 직무분석이 없다면, 조직에서 행해지는 인적자원관리는 비효율적일 수밖에 없다. 둘째, 직장과 관련된 법률의 중요성이 커짐에 따라 기업이 소송에 휘말리게 되는 경우 직무분석 자료를 우선적인 방어논리로 사용할 수 있다. **표 3.2**에 불공정하거나 차별적인 고용 및 승진 결정을 예방하기 위해 적절한 직무분석이 필요하다는 것을 알려주는 두 가지 사례가 제시되어 있다. 추후 법률문제에 관한 이슈는 더 자세히 논의될 예정이다.

직무군 분류

참조

2장에서 검사의 타당도가 중요하다고 이야기했던 것을 기억해보라. 특히 준거관련 타당도는 검사가 수행을 잘 예측하는지에 초점을 맞추고 있다. 앞에서 언급한 법정 사례들을 참고하면, 검사 타당도의 실질적 중요성을 알 수 있을 것이다.

직무는 종종 직무군에 따라 분류되며, 각 직무군은 다양한 인사 결정을 위한 분석 수준으로 사용될 수 있다. 예를 들면, 만약 직무분석을 통해 상당히 비슷한 부분이 많아 겹친다면 워드프로세스 1급, 2급 및 사회조사분석사 1급을 가지고 관련 업무를 하는 직원들은 '컴퓨터 업무 지원'으로 불리는 직무군으로 묶을 수 있다. 이 경우, 이 직무군 안의 모든 직원들에게 병가 허용 횟수, 휴가 횟수 및 건강 수당 등 동일한 복리후생 정책이 적용될 수 있다. 만약 회사 내 200개의 직무가 100개의 직무군으로 분류될 수 있다면 회사의 인사 관행 중 많은 부분이 단순화될 수 있다.

표 3.2 직무분석의 법적 중요성

사례	법적 판결
Griggs v. Duke Power(1971) : Duke Power는 노동자 고용과정에서 여러 검사/평가 중 인지적 능력을 측정하는 도구(Bennett and Wonderlic)를 사용했다. 흑인들에게 부정적인 영향을 미쳐 백인보다 훨씬 낮은 비율로 고용되었다. 비록 피고는 직무 수행과 인지적 능력이 연관되어 있다는 직무분석 자료를 갖고 있지 않았지만, 전문적으로 개발된 검사를 사용했으며, 흑인을 차별하기 위한 의도가 아니었다고 주장했다.	법원은 부적절한 차별의도가 없음을 확인했으며, 전문적으로 개발된 검사일지라도 직무와 관련이 있어야 한다고 판결했다. 검사/평가의 직무 관련성을 입증하는 증거를 확보하는 것은 피고에게 있으며, 법원은 이와 관련해서 직무분석을 사용할 것을 강력하게 권고했다.
Albermarle Paper Company v. Moody(1975) : 회사는 Griggs와 동일하게 두 가지 인지 능력 측정도구를 사용했지만, 재판 직전까지 타당도가 검증되지 않았고, 직무분석 없이 제대로 된 타당도 검증을 실시하지 않았다.	법원은 하나의 직무에서 타당도가 검증된 검사지가 다른 직무에 사용될 수 있으나, 이는 현재 직무와 다른 직무-관련성이 명확하게 입증된 경우에만 가능하다고 판결했다.

준거 개발과 수행 평가

4장과 5장에서 논의하겠지만, 수행 평가는 인적자원관리 부서가 실시하는 가장 중요한 일 중 하나이다. 물론 유용하고 공정한 수행 평가를 실시하기 위해 조직은 근로자를 평가할 수 있는 명확한 수행 목표, 목적, 준거를 가지고 있어야 한다. 이러한 준거는 직무분석에서 직접 얻을 수 있다. 예를 들어 대학 교수가 매년 직무 수행에 대한 평가를 받는다면, 대학은 교육이 교수의 직무에서 중요한 부분임을 입증할 수 있어야 한다(쉽게 알 수 있지만, 직무분석에 의해 검증될 필요가 있다). 학생들의 강의 평가 점수를 바탕으로 교수의 교육 수행이 평가되고 있다. 그러나 어느 학교에서는 직무분석을 했지만 교육이 교수의 직무 수행에 필수적인 부분임을 입증하지 못하고 있다. 이는 공정하거나 적절하지 못한 것이다. 즉 이 학교의 직무분석은 업무의 중요한 요소를 확인하지 못한 것이다. 이러한 예는 정확하고 면밀한 직무분석의 중요성을 다시 한 번 보여주고 있다.

선발과 배치

산업심리학의 영역에서 선발과 배치 역시 중요하다. 실제로 직무분석의 주요 목적은 성공적인 직무 수행을 위해 필수적인 KSAOs를 확인하는 것이다.

예를 들어, 건축가의 직무에 대한 분석을 한다면, 몇 가지 기본적인 공학적 원리에 대한 지식과 공간적 기술이 요구된다고 결론 내릴 수 있다. 이에 따라 지원자를 심사할 때, 이러한 지식을 갖추고 숙련된 사람들을 찾고 채용한다. 이 예는 너무 단순해 보이지만 논리적 근거가 있다. 예를 들어 일반적으로 건축가는 새로운 건물에 대한 건축 계획 개발 능력을 중요하게 생각하여 건축 초안을 그리는(또는 드로잉) 기술이 필요하다는 직무분석의 일부 내용을 무시할 수 있다. 하지만 이러한 기술을 선발 시 고려하지 않는다면, 건축 관련 계획은 잘 작성하지만 종이에 건축물을 시각화할 수 없는 사람을 고용할 수도 있다. 이는 직무분석을 실시하고 해석하는 데 유의하지 않았기 때문에 잘못된 인사 결정을 내린 것이다. 이러한 잘못된 결정은 조직뿐만 아니라 직원들에게도 피해를 줄 수 있다.

직무 설계 및 재설계

직무분석 과정을 통해 종종, 특정 직무 수행상의 문제점을 발견하고 이를 조직에서 해결할 수 있다. 예를 들어 재직자와 인터뷰를 통해 현재 설비의 최신화가 필요하다는 것을 알 수 있다. 회사는 이 정보를 통해 최신 설비를 구입하거나 직무를 재설계하여 현재 장비가 생산 과정에서 더 효율적으로 작동할 수 있게 만든다. 대안적으로, 직위분석 설문지 또는 일반체계 설문자료들을 활용하여 근로자의 업무 절차를 보다 효율적으로 만들기 위한 직무재설계 기초자료를 얻거나 특정 직무에서 비효율성을 발견할 수 있다. 이러한 과정들은 직무분석을 통해 효율적인 직무 수행이 될 수 있도록 업무 과정을 변화시키는 계기가 되기도 한다.

Morgeson과 Humphrey(2006)는 불완전하고 편향된 측정을 대체하는 포괄적인 직무설계 설문지(Work Design Questionnaire)를 개발했다. 직무 설계 설문지는 21가지 업무의 차원에 따라 77개 문항으로 구성되어 있다. 21가지 업무의 특징은 (1) 자율성과 과업 다양성 같은 일의 특성, (2) 전통적인 KSAOs를 반영하는 지식적인 특성, (3) 신체적 요구와 근무조건으로 구성되는 맥락적 특성과 같이 세 가지 특성을 포함하고 있다. 직무설계 설문지는 O*NET 데이터베이스의 다양한 요소와 적절한 관련이 있는 엄격한 척도이지만 직무 설계에 대한 연구자들에게는 매우 보편적인 척도이다.

교육훈련

많은 경우 해당 직무를 수행하는 데 필요한 KSAOs를 덜 갖춘 구성원을 고용한다. 가끔 매우 숙련된 신입사원조차도 특정 조직에서 활용되는 절차를 학습하기 위한 교육이 필요하다(8장 참조). 직무분석은 훈련 프로그램 개발이 필요한 영역을 확인하는 데 사용될 수 있다. 이상적으로 직무분석은 구체적인 직무 행동을 증진시킬 수 있는 훈련 프로그램을 개발할 수 있도록 업무에서 어떤 행동이 발생하는지를 밝혀야 한다. 또한 기술, 노동력, 경제적 수요에 따라 직무가 역동적으로 변한다는 점을 고려하여 직무분석 역시 시대에 맞게 직무 행동이 변화하는 정도를 확인하는 데 활용될 수 있어야 한다. 이러한 정보는 기존 직원을 위한 교육 프로그램을 개발하고 실행하는 데 사용될 수 있다.

직무 평가

일반적으로 사람들은 그들의 직무가 특정 조직에 중요하다고 생각한다. 하지만 현실은 일부 직무가 다른 직무보다 조직에 더 중요하다. 직무 평가 역시 직무분석을 기반으로 이뤄진다. **직무 평가**(job evaluation)는 조직에서 특정 직무의 가치에 따라 급여를 설정하는 데 활용될 수 있다. 대부분 병원 식당에서 근무하는 직원보다 의사가 병원에서 더 중요한 인력이라는 점에 동의할 것이다. 직무 평가는 이러한 차이를 계량화하여 직무의 가치 또는 기여도를 기준으로 보수를 공정한 방식으로 설정할 수 있도록 도움을 준다. 종종 근로자들에 대한 임금은 많은 회사에서 가장 큰 예산항목이기 때문에 조직의 이윤에 중요한 영향을 미친다. 따라서 조직 관리자와 인적자원관리 담당자는 직무 평가를 중요하게 생각한다.

직무 평가
직무분석의 결과로, 특정 직무가 조직에게 갖는 가치를 결정하여 급여를 설정할 수 있도록 하는 방법

점수 체계(포인트 시스템)

직무 평가에 대한 다양한 접근방식이 있다. 하지만 여기서는 가장 많이 사용되는 포인트 시스템에 대해 설명하고자 한다. **포인트 시스템**(point system)은 미리 정해진 차원에 할당된 점수를 기준으로 직무의 가치를 평가하는 것이다(Milkovich & Newman, 1984). 근로자의 보상수준을 결정하는 가능한 **보상 요인**(compensable factors) 중 가장 일반적인 것은 노력, 기술, 책임 및 근무여건이다. 즉 더 많은 노력과 기술이 필요하고, 더 많은 책임을 지며, 열악한 혹은 거친 근무 조건(매우 높거나 낮은 온도에서 일하는 옥외작업 대 냉온방장치가 있는 사무직)에서 수행되는 직무는 이러한 특징을 갖지 않는 직무보다 훨씬 더 많은 보상을 받아야 한다.

포인트 시스템
미리 정해진 차원에 할당된 점수를 기준으로 직무의 가치를 평가하는 것

보상 요인
직무를 평가하는 데 사용되는 차원이나 요인으로, 직원이 이러한 요인에 따라 보상받는다는 것을 의미한다. 예시로 노력, 기술, 책임감과 작업 환경이 있다.

직무 평가에서 포인트 시스템을 실시하는 절차는 다소 간결하다. 첫째, 관리자나 주제관련 전문가가 보상에 필요한 요소를 확인하기 위한 직무분석을 실시한다. 둘째, 각각의 직무에 보상 요인이 있는 정도에 대해 인적자원관리 부서나 보상위원회가 포인트를 부여한다. 셋째, 각 직무에 할당된 점수를 합산한다. 넷째, 이러한 점수를 임금을 결정하는 데 활용하며 더 큰 가치를 보인 직무가 더 많은 임금을 받을 수 있도록 형평성을 유지한다. 마지막으로 점수에 따라 과소 보상, 과대 보상, 적절한 보상인지를 판단한다.

그림 3.6은 조직 내 직무에 따라 임금(직무급)이 어떻게 결정되는지의 예시를 보여준다. '완벽한 임금 공정성'이라고 표시된 선은 직무 평가 점수가 임금 수준에 정확히 비례하는 이상적인 상황이다. '불완전한 임금 공정성'이라고 표시된 선은 현실적이지만 바람직하지 못한 임금 수준을 나타낸다. 보다시피, 125점으로 평가된 직무는 시간당 예상비용인 6.25달러보다 더 큰 8.75달러로 과임금을 받는다. 350점으로 평가된 직무는 시간당 17.5달러가 아닌 시간당 13.75

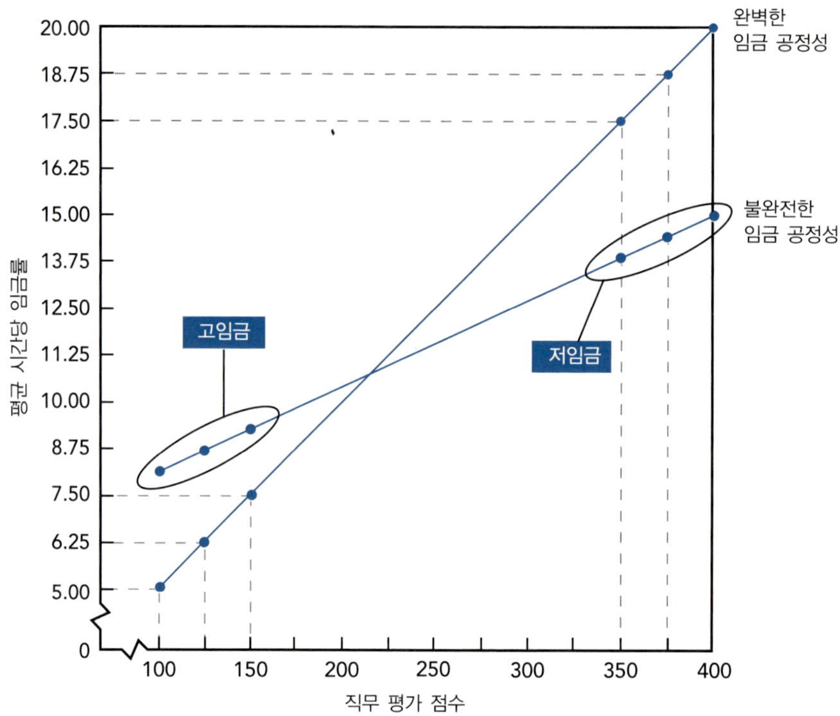

그림 3.6 임금 공정성과 직무 평가

달러로 저임금을 받는다.

분명히, 특정 조직에서 해결해야 할 임금에 대한 이슈가 존재한다. 일부 직위는 직무 평가보다 더 높은 임금을 받고 일부 직위는 더 낮은 임금을 받는다. 조직은 이러한 자료를 수집하고 검토한 후에 임금을 적절하게 조정하는 방법을 개발할 수 있다. 예를 들어 과소 보상된 직무는 임금 인상의 대상이 되지만 과대 보상된 직무는 임금을 동결할 수 있다.

임금결정 과정에 대한 이러한 원칙은 매우 합리적으로 보인다. 하지만 I/O심리학에서 종종 그렇듯이, 실제 현장에 적용한 이러한 임금 문제는 그렇게 간단하지 않다. 예를 들어 실제 노동시장에서 직무 평가 점수가 100점에서 200점 사이인 직업을 가진 사람들에게 때로 '과대 보상'을 해야 할 필요가 있다. 임금이 적은 직무를 택하는 사람이 소수일 수 있기 때문이다. 기업 경쟁의 관점에서 직무 평가에서 가치 있는 직무에 더 많은 임금을 지불해야 한다. 동시에 과임금을 받는 관리자가 너무 많다면 '임금을 줄여' 돈을 절약할 필요도 있다. 조직에서 우수한 인력을 유지하는 것은 또 다른 중요한 문제이다. 조직은 직무를 유지하는 데 필요한 임금을 지불한다. 실용적인 의미에서 조직은 직무분석 및 직무 평가 정보뿐만 아니라 직무에 대한 보상 수

생각해보기
역사적으로 직무의 보상 수준에서 성별은 어떠한 영향을 미쳤는가? 성별이 여전히 영향을 미치는가?

© Jorn/Corbis

© 68/Ocean/Corbis

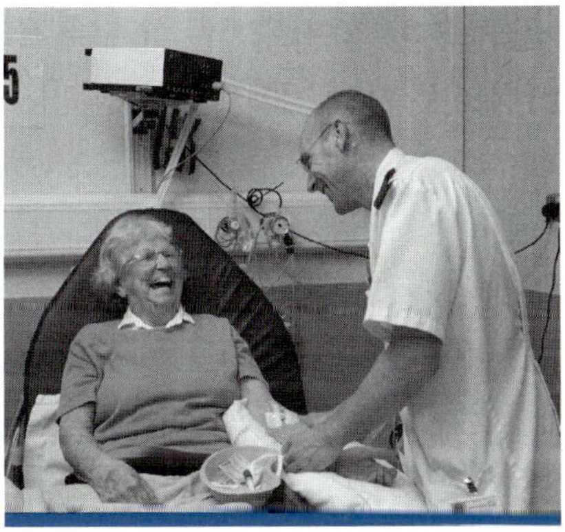
Tom Stoddart Archive/Getty Images

© Jose Luis Pelaez, Inc./Blend Images/Corbis

준을 설정할 때 노동시장을 반영해야 한다.

동일 가치

비슷한 직무에 종사하는 여성들이 남성들보다 더 적은 임금을 받는다는 것은 오랜 관행이었다. 사실 20세기 행정 사무원의 대부분이 여성이었을 때(Lowe, 1987 참조) 임금이 감소했다. 2014년, 남녀 간 임금 차이는 21.7%이다(Hegewisch & Hartman, 2014; Institute for Women's Policy Research, 2014). 이는 평균적으로 여성이 남성 임금의 약 78%를 받는다는 것을 의미하며, 이 차이는 1990년대 중반 이후 지속되어 여성 임금이 남성 임금과 유사해질 수 있을지에 대한 우려를 불러일으켰다. 그 격차가 2058년에 완전히 줄어들 것으로 전망되지만, 임금 격차 해소가 과연 실현될지에 대한 몇 가지 의문들이 제기되고 있다(IWPR, 2014). 처음 입사 시 남녀의 임금 격차는 작지만, 졸업 후 1년 동안 급여를 고려해보면 여전히 18% 차이가 있다(Corbett & Hill, 2012). 2014년 하버드대학교 졸업생 800명을 대상으로 한 설문 조사에서 흥미로운 결과가 나왔다(Robbins 2014). 첫째, 약 50%의 여성 졸업자의 경우 5만 달러 이하의 초봉을 받는 반면, 남성은 28%만 5만 달러 미만의 연봉을 받았다. 둘째, 여성의 4% 미만만이 연봉

9만 달러 이상인 직책을 맡았으나 남성의 경우 약 20%가 그 직책을 맡았다. 또한 엘리트 기관들 사이에서도 상당한 임금 격차가 발견되었다. 더불어 여성 행정 사무원은 남성 행정 사무원이 받는 연봉의 83%만을 받았다(Fitzpatrick, 2010).

동일한 직무를 수행하는 근로자들에게 성별에 상관없이 동일한 임금을 지급해야 하는 것이 바람직하나, 이러한 임금 차이는 고질적인 문제이다. 1963년에 제정된 동일 임금법은 '동일한' 업무를 수행하는 남성과 여성을 동등하게 보상해야 한다고 규정하고 있다. 여기서 '동일한'이라는 단어는 동일한 직무로 해석되었다. 그러나 관련 법은 상이한 직종 간의 보상 차이에서 성별에 대한 고려는 많이 하고 있지 않다. 예를 들면 컴퓨터 기술자(주로 남성 위주의 인력)가 비서(주로 여성 위주의 인력)보다 더 많은 임금을 받아야 하는가? 조직에서 그들의 가치가 동일한가? 만약 직무 평가 결과가 유사하다면, 그들은 비슷하게 보상을 받아야 하지 않을까? 평등한 임금에 대한 법률은 7장에서 자세히 다룬다.

한 연구(Ostroff & Atwater, 2003)는 보상이 직장 동료의 성별 구성에 영향을 미친다는 것을 보여주었다. 특히 성별에 상관없이 여성과 주로 일하는 관리자들은 남성들과 일하는 관리자들보다 훨씬 적은 보상을 받는다. 명백하게, 보상에 관한 이슈는 근로자의 성별을 넘어 직장에서의 성비 구성으로까지 확대된다.

이러한 종류의 질문은 동등한 가치가 있는 직무가 동등하게 보상이 되어야 한다는 원칙을 파생시켰다. 이 문제는 임금의 성별 차이와 매우 밀접하게 연관이 되어 있다. **동일 가치 원칙**(comparable worth)이 직무 평가를 통한 보상결정 시, 더 큰 역할을 해야 한다는 것을 보여준다. 또한 시장은 편향되어 있기 때문에, 남성지배적인 직무보다 여성지배적인 직무에서 보상을 인위적으로 교정해야 한다는 주장이 있다. 더불어 직무 성과보다 직무 행동에 초점을 맞춘 직무 평가가 진행된다면 임금에 있어서 성별 차이를 감소시킬 것이라고 주장한다(Feder & Levine, 2010).

> **동일 가치 원칙**
> 조직에서 동등한(또는 비슷한) 가치를 지닌 직무는 동등한 보상을 받아야 한다는 원칙

동일 가치 원칙에 반대하는 사람들은 여성지배적인 직무에 대한 편향은 존재하지 않으며, 여성이 그러한 직무를 더 선호한다고 주장한다. 여성이 더 많은 유연성을 갖는 저임금 직무를 선택하거나 양육을 위해 노동시장에서 이탈하는 경우 등의 이유 때문에 여성이 더 적은 임금을 받는다고 주장한다. 그러나 여성이 주도하는 직무의 유연성이 높지 않고 대부분의 여성이 양육을 위해 직장을 그만 두지 않기 때문에 이러한 논리는 적절하지 않다((National Committee on Pay Equity, n.d.). 동일 가치 원칙에 대한 이슈는 시장 요인 및 역사적 추세, 직무 평가에서 잠재적 편향, 성차에 관한 실제와 이상 등의 이유로 쉽게 해결되지 않을 것이다. 물론 최근 수십 년 동안 이 분야는 많은 진전을 이루었고 앞으로도 신중함과 공정함을 통해 여성의 처우가 지속적으로 개선될 것이다.

요약

비록 직무분석에 대한 실무자와 연구자들의 관심은 상대적으로 부족하지만, 직무분석은 I/O 심리학 분야에서 가장 중요한 영역 중 하나이며, 다른 인적자원관리 프로세스 구축의 기초가 된다. 이번 장은 그림 3.1이 보여주듯, 크게 직무분석 간 상호관계성, 직무기술서, 직무명세서, 직무 평가, 그리고 인적자원관리 분야에서 직무분석의 기능으로 구성되었다. 이 장을 다 읽었다면, 직무분석이 신중히 설계되고 이행되지 않는다면 올바른 인사 결정을 할 수 없다는 것을 잘 이해할 것이다.

이번 장은 직무분석에 대한 과업중심과 작업자중심 접근법에 대한 내용을 다루었고, 각 범주에 속하는 다양한 방법들을 함께 설명하였다. 각 접근법의 장점과 단점 또한 논의하였으며, 직무분석자의 목적에 따라 접근법을 선택하는 것이 좋다. 직무분석 영역에서의 발전에 대해서도 논의하였다. 첫째, 비록 직업목록사전은 오랜 기간 I/O 분야에서 매우 중요한 것으로 여겨졌지만, O*NET은 직업과 직무에 대해서 좀 더 최신의, 유용하고 접근성이 높은 정보를 제공하고 있다. 둘째, 기존 직무분석 도구의 직무 행동과 기술 수준이 너무 일반적이라는 비판을 피하면서 작업자중심 직무분석법의 목적을 달성할 수 있는 일반체계 설문지(CMQ)를 소개하였다.

직무기술서와 직무명세서는 직무분석으로부터 직·간접적으로 파생되는 것이며, 직·간접적으로 무수한 인적자원관리 요소들과 연관된다. 이번 장은 이러한 연관성에 대해 짧게 언급하였다. 마지막으로, 직무 평가에서 직무분석의 역할을 설명하였다. 1963년의 평균임금법은 동등한 일을 하는 사람들은 동등한 임금을 받아야 한다고 규정하고 있지만, '남성중심'과 '여성중심' 직무 사이의 임금 격차에 대한 규정은 아니다. 동일 가치 원칙의 등장은 조직과 사회가 성별에 기초한 직무군을 고려해, 직무에 대한 보상을 더욱 잘 설정할 필요가 있다는 것을 보여준다.

주요 용어

KSAOs	동일 가치 원칙	재직자
과업	보상 요인	전략적 직무분석
과업 목록 접근법	요소	주제관련 전문가(SMEs)
과업중심	일반체계 설문지	직무
기능적 직무분석(FJA)	작업자중심	직무기술서

직무명세서
직무분석
직무 요소 방법(JEM)
직무 평가
직업목록사전(DOT)
직위
직위분석 설문지(PAQ)
포인트 시스템

실무 적용

직무분석은 I/O심리학자가 할 수 있는 가장 중요한 활동 중 하나이다. 철저한 직무분석 없이는 직원을 훈련, 평가, 보상하기 어렵다. 직무분석을 하는 여러 가지 방법은 있지만, 가장 일반적인 방법 중 하나는 현 재직자를 인터뷰하는 것이다. 아래의 가이드라인을 바탕으로, 대학/대학교에서 일하는 직원을 인터뷰해보자. 그다음 수집한 자료를 사용해 해당 직위에 대한 작업자중심의 직무기술서를 작성해보라. O*NET에서 해당 직무에 대한 아이디어를 얻을 수도 있지만, O*NET의 문구를 표절하지 않도록 주의해야 한다.

효과적인 작업자중심 직무명세서를 작성하는 몇 가지 팁은 다음과 같다.

- 작업자중심 직무명세서는 무엇을 했는지에 관한 것이 아니라 해당 직위에서 효과적으로 일하기 위해서 어떤 KSAOs가 필요한가에 관한 것이다. 그러므로 과업보다는 근로자의 특성에 집중해라.
- 가능한 단순한 문서를 제공하기 위해서는 과제에 글머리 기호를 사용하는 것이 가장 좋다.
- 각 글머리 기호는 현재시제 동사로 시작해야 한다.
- 기술서는 두 페이지를 넘으면 안 된다. 만약 두 페이지가 넘어갔다면, 일부 카테고리를 통합하는 방법을 고려해라(예 : '식품 안전에 대한 법 알기'와 '식품 안전법 준수하기'는 '식품 안전법 알고 준수하기'로 통합)
- 모호하게 표현하지 않도록 주의해야 한다. 작성 내용을 살펴보고 직무 지원자가 해당 직위에 자신이 적합한지 정확하게 판단할 수 있도록 충분한 정보를 제공하는지 생각해보자.

다음은 몇 가지 인터뷰 질문의 예시이다.

1. 효과적인 _____란 어떤 것인가?
2. 비효과적인 _____란 어떤 것인가?
3. 해당 직무를 잘 수행하기 위해서 필요한 지식은 무엇인가?
4. 해당 직무를 잘 수행하기 위해서 필요한 기술은 무엇인가?
5. 해당 직무를 잘 수행하기 위해서 갖추어야 할 필수적 능력들은 무엇인가?
6. 누군가를 해당 직무에 적임자로 판단했다면 무엇 때문인가?
7. 해당 역할에서 누군가가 정말 뛰어났던 특정 사례를 묘사해보자. 그들이 무엇을 했으며, 왜 그것이 효과적이었나?
8. 해당 역할에서 누군가가 매우 형편없었던 사례를 묘사해보자. 그들이 무엇을 했으며, 왜 그것이 비효과적이었는가?

비판적 사고 문제

1. 직무분석은 직무기술서를 작성하는 데 사용된다. 직무기술서를 자세하고 정확하게 작성하는 것이 왜 중요한가? 직무분석에 기초하지 않고, 직무를 정확하게 대표하지 못하는 직무기술서가 초래할 수 있는 결과는 무엇이 있는가?
2. 직무분석은 이 장에서 논의한 세 가지 법정 사례에서 매우 중요한 요소였다. 법정 상황에서 직무분석이 어떻게 사용되었는가? 직무분석의 어떤 측면이 재판을 지연시킬 가능성이 있는가?
3. 이 장에서 언급했듯이, 동일 가치 원칙을 지지하는 사람들은 여성이 많은 직무에 대한 보상이 남성이 많은 직무보다 낮게 책정되었다고 주장한다. 이러한 지지자들은 좀 더 엄격한 직무평가가 그 격차를 메울 수 있을 것으로 제안한다. 남성 그리고 여성 지배적인 직무에 대한 공정한 보상을 효과적으로 결정하기 위해 사용될 수 있는 직무 평가 방법들은 무엇이 있는가?

응용 문제

1. 온라인 취업 광고를 찾아보자. 해당 광고에 따르면, 해당 직위에 요구되는 KSAOs는 무엇인가? 해당 광고에 명시되지 않았지만, 있을 것이라고 예상했던 KSAOs가 있는가? 이렇게 일부 KSAOs가 누락된 것이 어떠한 결과를 초래할 수 있을까?
2. 당신의 현재 또는 과거의 직위를 생각해보자. 당신의 직무 중 직무분석가에게 공유할 수 있는 부분은 무엇인가? 조직 내에서 누가 이 정보를 직무분석가에게 가장 잘 전달할 수 있는가?
3. 대학 또는 대학교의 졸업생들이 직장에서 요구되는 역량들을 갖추기 위해 역량 모델 사용을 고려하고 있다고 가정해보자. 졸업 시점에 모든 학생들이 갖추어야 하는 역량에는 무엇이 있는가?
4. 직무분석에 시간과 노력을 투입하는 것을 주저하고 있는 직원이 있다고 가정해보자. 그 직원은 모든 직위에 대해 직무분석을 개발하는 것이 시간과 돈 낭비라고 하였다. 특히 그녀는 조직 내 많은 직무들이 5년 안에 변할 것으로 예측하기 때문에 더욱 그렇게 생각한다. 당신은 이 직원에게 무슨 말을 전할 것인가?

더 읽을거리

Brannick, M. T., Levine, E. L., & Morgeson, F. P. (2007). *Job and work analysis: Methods, research, and applications for human resource management* (2nd ed.). Thousand Oaks, CA: SAGE.

Gatewood, R. D., Feild, H. S., & Barrick, M. (2010). *Human resource selection* (7th ed.). Mason, OH: South-Western College Pub.

O*NET Online. (2010). *Build your future with O*NET OnLine!* U.S. Department of Labor. 출처 : from http://onetcenter.org/.

Peterson, N. G., Mumford, M. D., Borman, W. C., Jeanneret, P. R., Fleishman, E. A., Levin, K. Y., et al. (2001). Understanding work using the Occupational Information Network (O*NET). *Personnel Psychology, 54,* 451–492.

Shippmann, J. S. (2013) *Strategic job modeling: Working at the core of integrated human resources.* New York: Psychology Press.

Wilson, M. A., Bennett, W., Gibson, S. G., & Alliger G. M. (2012). *The handbook of work analysis: Methods, systems, applications, and science of work measurement in organizations.* New York: Routledge.

CHAPTER 4

준거 측정

이 장의 개요

사진 : Ingram Publishing/Newscom

학습내용

- 준거와 관련된 문제는 무엇인가?
- I/O심리학에서 준거는 어떻게 정의되는가?
- 좋은 준거의 기준은 어떠한 것들이 있는가?
- 개념 준거와 실제 준거의 차이점
- 준거 오염과 준거 결핍 구분
- 다중 준거를 둘러싼 중요 쟁점들
- 혼합 준거에 도달하기 위한 준거 평가법
- 역동적 준거란 무엇이며 인적자원관리에 어떠한 영향을 미칠 수 있는가?
- 객관적 준거와 주관적 준거의 차이점
- 맥락적 수행(비생산적 행동 포함)이 준거 개발에 미치는 잠재적 역할
- 과업행동, 맥락적 행동, 비생산적 업무행동 간의 복잡한 관계

지난 장에서 언급했듯, 직무분석은 산업심리학 분야의 모든 것이 집약된 기본 토대라 할 수 있다. 이번 장에서는 이 '모든 것'의 첫 번째 측면인 준거에 대해 설명한다. 준거는 조직 또는 개인 수행을 반영하는 것으로 산업심리학에 있어 매우 중요하다. 성과와 기업 이윤은 경쟁 상황에서 기업들을 움직이게 하는 원동력이다. 때문에 I/O심리학자들은 조직이 준거를 개발하고 이에 근거한 의사결정을 구축하고 실행하도록 돕는다. 준거는 대체로 측정하고자 하는 종속변인으로, 수행 또는 성과를 반영하는 지표이다. 예를 들어 교수는 어떠한 준거에 의거하여 학생들의 보고서를 평가할 것이다. 또한 직장 상사가 직원들의 수행을 보고 연봉에 대한 인상 여부를 결정할 때도 준거를 사용할 것이다. 이번 장에서는 준거란 무엇인지, 어떻게 개발/평가되고, 어디에 사용되는지, 그리고 다양한 준거의 종류들을 소개하는 동시에 준거의 요점들을 소개하겠다.

준거의 정의와 특성

무언가 혹은 누군가에 대한 평가를 내릴 때는 항상 준거를 사용한다. 우리는 직장 내에서의 팀 혹은 야구 팀을 평가할 때도 준거를 사용한다(팀 준거에 대한 더 자세한 내용은 LePine, Piccolo, Jackson, Mathieu & Saul, 2008 참조). 신입생이 처음으로 기숙사에 들어갔을 때나 신입사원으로 회사에 첫 출근을 하였을 때, 그 기숙사의 다른 친구들이나 회사 옆자리의 직장 동료들과 잘 지내게 될 것인지 생각하곤 한다. 말하자면, 그 사람과 잘 맞을지 예상해 보는 것이다. 추후에 룸메이트인 크리스틴이 괜찮은 사람이라고 결론 내렸다면, 그 결정은 그녀의 성격

(유머, 진지함, 친절함, 믿음, 신뢰성), 지성(학구적으로 뛰어난, 일상적 일처리에 현명한), 취미(스포츠, 음악, 영화), 싫어하는 부분(고집스런 사람들과 정리정돈을 하지 않는 사람들을 싫어하는) 등에 기초해 판단된 것이다. 즉 이러한 모든 준거들에 근거하여 결정을 내린 것이다. 의식적으로든 무의식적으로든, 다양한 준거를 사용하여 크리스틴이 괜찮은 룸메이트라는 종합적 평가를 한 것이다.

"정확히 수행을 측정하기란…"

Dave Carpenter/www.cartoonstock.com

물론 언제나 같은 결론이 도출되지는 않는다. 예를 들어 다른 룸메이트인 사라는 크리스틴이 별로라고 생각할 수 있다. 의견이 갈리는 이유는 각기 다른 준거에 근거하여 생각하기 때문이다. 사라가 누군가를 괜찮다고 판단할 때와 당신이 누군가를 괜찮다고 판단할 때가 다를 수 있다. 예를 들어 사라는 지역사회 봉사에 참여하는 것이 중요하다고 생각할 수 있지만 크리스틴은 아닐 수 있다. 즉 당신과 사라는 다른 준거를 사용하기 때문에 크리스틴에 관한 다른 결론을 도출하게 된다. 한편, 같은 준거에 근거하더라도 사람이나 사물을 다르게 평가하여 의견이 갈리는 경우가 있다. 영화 평론가들이 한 영화를 평가할 때 발생하는 의견 차이는 준거가 다르기 때문이 아니라 같은 준거를 해석하는 방식의 차이에서 비롯된다. 예를 들어 한 평론가는 극중 인물들이 현실적이어서 좋았다고 하는 반면, 또 다른 평론가는 극중 인물들이 비현실적이어서 별로였다고 할 수 있다. 극중 인물의 현실성은 두 평론가에게 있어 필수적인 준거였지만, 그들의 다른 해석으로 인해 같은 준거에서도 그 영화에 대한 평가점수는 다를 수 있다.

생각해보기
업무 성과를 측정하는 일은 어렵다. 특히 어떤 상황에서 업무 성과를 측정하기 가장 어려울까?

I/O심리학에서의 **준거**(criteria)란 근로자의 우수함 또는 무능함을 측정하는 평가 기준으로 정의된다. 준거를 통해 직원의 수행을 평가할 뿐만 아니라 교육 프로그램도 평가하고, 인재 채용, 그리고 해고와 승진을 위한 결정들을 한다. 따라서 사용한 준거에 결함이 있다면, 준거가 사용된 인사 시스템 역시 결함이 있을 것이다. 예를 들어 한 직원의 수행이 수행 준거를 기준으로 매우 낮은 경우 그 직원을 해고하는 것이 합당해 보일 수 있다. 하지만 그 수행 준거가 그 직원의 직무 수행을 평가하는 데 적절하지 않았다면, 사실 훌륭한 직원일 수 있는 사람을 해고하는 큰 실수를 범한 것이다. 이러한 경우, 조직은 법적 소송에서 패소할 수 있다(직장에서의 법적 문제들은 5장과 7장에서 다루고 있다). 조직의 중요 결정들은 준거에 근거하여 이뤄지기 때문에 조직은 준거가 평가에 적합한지 확인해야 한다. I/O심리학자들이 가장 관심을 갖는 준거는 수행인데, 이는 조직의 목표 달성과 관련성이

준거
근로자의 우수함 또는 무능함을 측정하는 평가 기준

높은 직무 행동이라 정의될 수 있다. 조직이 경쟁력 있는 인재 채용을 하는 이유는 바로 **수행**(performance)에 있다.

이 장에서는 준거, 수행, 그리고 수행 준거라는 용어들을 호환하여 사용할 것이다.

> **참조**
> 2장에서 여러 명의 판사가 같은 쟁점을 평가하는 일치도를 나타내는 평가자 간 신뢰도라는 개념을 언급하였다. 유사하게, 두 비평가가 영화를 같은 기준으로 보지 못하면 평가자 간 신뢰도는 낮아진다.

> **수행**
> 조직의 목표 달성과 긴밀한 관계가 있는 실제 직무와 관련된 행동

> **개념 준거**
> 성공적인 직무 수행이라 정의할 수 있는 모든 요소를 포함한 이론적인 구성개념

개념 준거

개념 준거(ultimate criterion)는 성공적 직무를 정의하는 모든 수행의 지표를 포함한다. R. L. Thorndike(1949)는 저서 '인사 선발(Personnel Selection)'에서 개념 준거가 매우 복잡할 뿐만 아니라 이상적인 것이라고 하였다. 그는 개념 준거를 이해하려는 노력을 해볼 수는 있지만, 현실적 측면에서 수행의 모든 지표들을 완전히 정의하고 측정하는 것은 거의 불가능하다고 언급하였다. 그는 이상적인 준거들을 완전히 정의하고 측정하기 위해 투입해야 하는 시간과 세부사항들은 현실적으로 실행되기 힘들다고 보았다. 예를 들어 행정 사무원의 직무에 대한 개념 준거를 정의하고 싶다고 가정해보자. 아마 다음의 항목들이 도출되었을 것이다.

- 타이핑 속도
- 타이핑 품질
- 정리 효율성
- 고객과의 상호작용
- 동료와의 상호작용
- 창의력
- 서면 소통
- 구두 의사소통
- 인내력
- 컴퓨터 능력
- 상사들과의 상호작용
- 시간 규율
- 주도성

이것은 행정 사무원의 수행을 측정하기 위한 완벽한 목록들처럼 보이지만, 이 목록을 다른 두 명의 행정 사무원에게 보여주면서 혹시 추가할 것이 있는지 물어본다면, 정리정돈 능력과 같은 미처 생각치 못했던 여러 의견들이 나올 수 있다. 만약 이 목록을 더 많은 사람들에게 보여준다면, 또 다른 차원이나 세부 기준들을 생각해낼 것이다. 이쯤 되면 성공적 직무의 준거를 모두 나열하는 것도 어렵고, 그것들을 모두 측정하는 것은 사실상 불가능한 일이라고 할 수 있다. 그렇기에 개념 준거는 우리가 성공적인 직무를 측정하기 위한 일종의 지침이나 목표로 간주하는 이론적 구성개념이다.

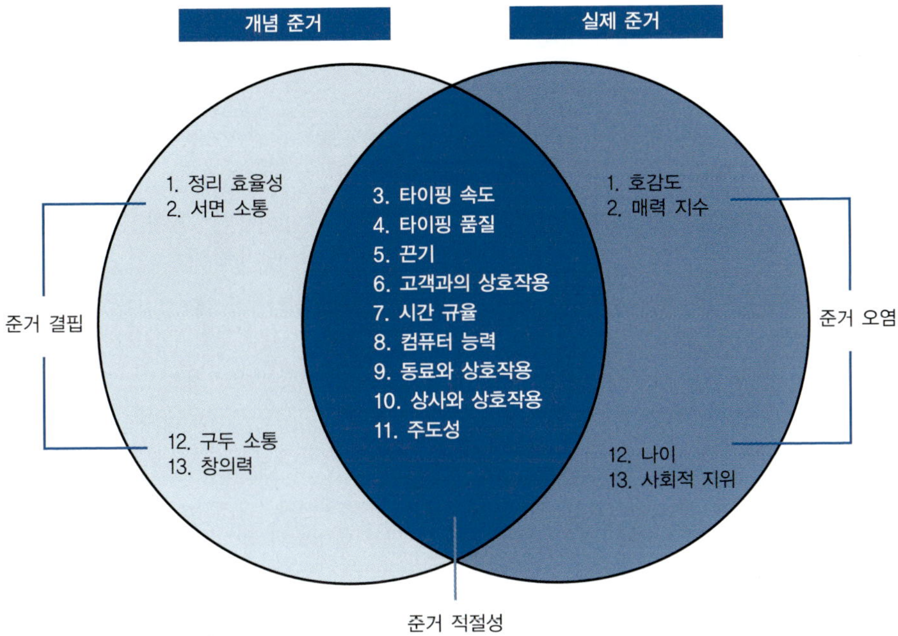

그림 4.1 준거의 특성

실제 준거

실제 준거(actual criterion)란 개념 준거를 가장 현실적으로 나타낸 준거이고, 최대한 개념 준거를 반영하여 개념 준거와 중첩되도록 개발한 준거이다. **그림 4.1**은 앞서 언급한 행정 사무 직무를 준거 개념으로 나타낸 것이다. 행정 사무 직무 수행의 모든 부분을 제시하고 측정할 수 없기 때문에, 가장 중요하고 가장 쉽게 측정할 수 있는 요소를 고려한다. 응용심리학자들은 준거 측정에 들어가는 시간, 노력, 비용과 같은 실용적인 부분을 염두에 두어야 한다. 이러한 실용적 국면은 조직에 있어서 매우 중요하다. 이상적인 조직에서는 개념 준거에 포함된 모든 부분이 실제 준거에 포함되겠지만, 이는 거의 불가능하다. 그렇기 때문에 실제 준거는 개념 준거의 요소들 중 우리가 측정할 수 있는 요소들만 포함한다.

> **실제 준거**
> 개념 준거를 가장 현실에 가깝게 나타낸 것이고, 가능한 최대한 개념 준거를 반영하도록 개발한다.

준거 수립 기준

이 절에서는 어떻게 좋은 준거를 만들 수 있을지에 대해 알아보겠다. 준거가 잘 수립되었는지 평가할 수 있는 수많은 기준들이 있다. 이 중 가장 초기 연구에서는 15개의 기준이 제시되었다

표 4.1 준거 수립 기준

요소	정의	예시/설명
적절성	실제 준거 측정의 개념 준거와의 연관 정도	개념 준거의 중요 요소들을 잘 나타내는 측정, 즉 직무 수행을 잘 반영
신뢰성	실제 준거 측정의 안정성이나 일관적인 정도	가까운 시점에서 같은 직원을 측정한 경우 다른 결과가 나타나지 않는 측정의 일관성
민감도	실제 준거가 유능한 직원과 그렇지 않은 직원을 변별할 수 있는 정도	직원들의 수행 차이를 일관성 있게 변별할 수 있는 측정, 즉 모두의 수행평가 결과가 유사하지 않도록 함
실용성	실제 준거가 의사결정권을 갖는 사람들이 결정을 할 때 사용될 수 있고 사용하게 될 정도	비교적 합리적인 시간 내에 완료될 수 있고 지나친 서류 작업이 발생하지 않는 측정
공정성	직원들이 실제 준거 측정을 정당하고 합리적이라고 인식할 수 있는 정도	남자가 여자보다 항상 높게 평가되지 않는 측정, 반대도 마찬가지임

(Blum & Naylor, 1968). 이후 문헌에서, John Bernardin과 Dick Beatty(1984)는 준거의 유효성을 측정하기 위한 25가지 이상의 기준을 제시하였다. 이 준거 수립 기준의 목록 중 가장 근본적인 다섯 가지 요소는 다음과 같다(요약은 **표 4.1** 참조).

적절성 어떤 준거이든 가장 필수적 요건은 적절성이다. 적절성은 실제 준거가 개념 준거를 얼마나 잘 반영하느냐를 의미한다. 따라서 적절성은 실제 준거와 개념 준거의 연관성 또는 중첩 정도를 반영한다. 통계적 관점에서, 연관성이란 실제 준거에 의해 설명될 수 있는 개념 준거의 분산 비율이다. 여기서 분산이란 직원들이 개념 준거에서 얼마나 다른 점수를 보이는지를 나타내는 지표이다. 가능한 수준에서 개념 준거와 실제 준거가 최대한 중첩되는 것이 바람직하다. 그림 4.1의 개념 준거와 실제 준거가 중첩된 부분에 있는 9개의 요소들이 적절성에 해당한다. 중첩된 부분은 개념 준거 중에서 실제 준거가 해당되는 부분이고 이 부분이 커질수록 적절성은 높아진다. 만약 이러한 중첩 부분이 크다면 실제 준거가 개념 준거를 상당히 잘 반영하고 있는 것이다. 이런 맥락에서 적절성은 타당도와 유사하다.

참조

지난 2장을 떠올려보면 구성 타당도는 검사가 구성개념이 측정하려는 바를 어느 정도 측정하고 있는지로 정의된다.

준거 적절성을 저해할 수 있는 두 가지 조건이 있다. 첫 번째는 **준거 결핍**(criterion deficiency)으로 구성개념에 포함된 측정 요소들이 실제 측정에 포함되지 않는 경우를 말한다. 준거 결핍 부분이 벤다이어그램에서 차지하는 부분은 작을수록 좋다. 그림 4.1을 보면 개념 준거에 포함되어 있지만 실제 준

준거 결핍
개념 측정의 요소들이 실제 측정에 포함되지 않거나 나타나지 않는 현상

거에는 포함되지 않은 준거 결핍 부분, 즉 정리 효율성, 서면 소통, 구두 의사소통 및 창의성이 있다. 준거가 결핍되었다는 것은 이러한 요소들이 준거를 측정하는 척도에 없지만 개념 준거에서 중요한 부분이라는 것이다. 만약 이러한 특정 요소들이 준거에 필수적이지 않다면, 준거 결핍을 우려할 필요는 없다. 하지만 중요한 요소라면, 준거 결핍이라는 문제에 직면하게 된다.

준거의 관련성을 저해할 수 있는 두 번째 조건은 **준거 오염**(criterion contamination)으로 개념 준거의 일부가 아닌 요소가 실제 준거에 포함된 것이다. 준거 오염은 두 가지 방식으로 발생한다. 첫째, 무작위로 발생하는 측정 오차에 기인한 것일 수 있다. 정밀하고 정확한 측정 도구를 신중하게 개발하더라도, 언제나 항상 측정 결과에는 오차가 있다. 이 측정 오차는 시간이 지남에 따라 감소하는 경향이 있지만 한 번의 수행 측정치는 수행의 진점수를 적절하게 측정하지 못할 수 있다. 예를 들어 2년 동안 6개월마다 수행을 측정한 경우 이상적인 수행 기준이(예 : 개념 준거) 변하지 않았더라도 수행 측정에 오차가 있을 수 있다.

> **준거 오염**
> 실제 준거에서 측정된 요소들이 개념 준거에 속하지 않는 요소들인 현상

준거 오염의 두 번째 원인은 편향으로, 이는 무선적으로 발생되는 것이 아닌 시스템적인 문제이기 때문에 더욱 문제가 된다. 편향은 개인들이 준거를 판단할 때 가장 일반적으로 나타나는 현상이다. 평가자 본인의 편견이 평가 점수에 반영되는 것은 일반적이다. 예를 들어 한 평가자가 행정 사무원들의 업무 능력을 평가할 때 실제 수행과 무관하게 자신이 좋아하거나 우호적으로 생각했던 직원들에게 높은 평점을 주는 데서 오차가 생길 수 있다(추가적으로 연령과 사회적 지위가 그림 4.1에 나와 있다). 때때로 이는 의식적으로 행해지는 반면, 무의식적으로 발생할 때도 있다. 이러한 편향에 대해서 다음 장에서 더 자세히 다룰 것이다.

준거 오염은 실제 준거의 측정에 개념 준거에 근거하지 않는 다른 요소들이 포함될 때 발생한다. 준거를 점검할 때, 그 준거의 측정 기준이 의도한 것 이외의 다른 것, 예를 들면 선호도 또는 매력과 같은 것을 측정하면 그 준거가 오염되었다고 한다. 준거 오염은 수행 등급을 평가하는 데 있어 자주 발생하는 문제로, 다음 장에서 자세히 다룰 것이다.

신뢰성 신뢰할 수 없는 요소가 준거 오염의 잠재적 원인이지만, 그 반대로 신뢰성은 그 자체로도 준거의 기준에서 중요하다. 2장에서 논의했듯이 신뢰도는 측정치의 안정성 또는 일관성을 나타낸다. 따라서 신뢰할 수 없는 준거는 유용하지 않다. 예를 들어 행정 사무원의 타이핑 속도를 연속 여섯 번 측정한 결과, 분당 50, 110, 40, 100, 60, 45 단어를 타이핑한 것으로 나타났다. 준거 측정에서 이러한 변산도가 나타난다면, 이 측정이 신뢰롭다고 결론 내릴 수 없다. 측정치를 신뢰할 수 없는 경우 중요한

> **참조**
> 2장에서 우리는 신뢰도를 일관성이나 측정의 안정성이라고 정의했지만, 일반적으로 완벽하게 측정할 수 없기 때문에 어느 정도는 신뢰할 수 없는 부분이 존재한다.

결정에 확신을 가질 수 없다. 따라서 그 준거는 유용하지 않다.

민감도 준거는 우수하거나 우수하지 않은 근로자를 구분해낼 수 있을 만큼 민감해야 한다. 모든 사람이 기준에 따라 비슷하게 평가된다면 준거는 유용하지 않다. 8시간 동안 직원들이 생산하는 타이어 밸브 수를 수행 준거로 삼아 타이어 회사인 Goodyear가 승진 결정을 내린다고 가정해보자. 언뜻 보기에 이는 합리적인 기준으로 보이나, 사실상 100명의 직원 모두가 8시간 동안 22~24개의 타이어 밸브를 생산한다(장비의 생산속도에 영향을 받음). 따라서 이 준거에 의하면 100명의 직원 수행에는 차이가 없다. 이 준거는 우수한 근로자를 구별할 만큼 민감하지 않기 때문에 Goodyear는 합리적인 승진 결정을 내릴 수 없다(23개를 생산한 직원들을 제외하고 24개 생산한 직원을 승진시키는 것이 합리적일까?).

그러나 이러한 상황에서 직원을 구별할 수 있는 다른 기준이 있을 수 있다. 무엇이 떠오르나? 첫 번째는 품질이다. 100명의 직원 모두가 동일한 수의 타이어 밸브를 생산하지만 이 밸브의 품질에는 두드러진 차이가 있을 수 있다. 두 번째 기준은 타이어 밸브를 생산한 후에 각 직원이 버리는 불량품의 양이다. 또 다른 대안들도 있을 수 있다. 상황마다 다르겠지만, 결론적으로 I/O심리학자는 의사결정을 할 수 있는 민감한 준거를 찾거나 개발할 필요가 있다.

실용성 다른 장에서도 실용성의 중요성에 대해 언급했지만, 사실 실용성이란 개념은 조직에서 준거를 선택하는 것과 직접적인 연관이 있다. **실용성**이란 중요한 결정을 내리는 개인이 준거를 사용할 수 있는 정도를 의미한다. 예를 들면 일반체계 설문지를 사용하여 철저한 직무분석을 수행하는 데 엄청난 시간을 할애했다고 가정해 보자. 그런 다음 준거 결핍이나 오염이 거의 없는 준거 관련성이 높고 신뢰할 수 있는 준거를 개발했다. 하지만 한 가지 문제가 있다. 만약 직원들이 준거를 측정하기 너무 어렵고 추상적이라면 그 준거를 사용하지 않을 수 있다. 여기서 실수한 점은 유용성이나 실용성을 고려하지 못했고, 개발 과정에서 조직의 경영진 및 다른 직원들과 협력하지 못했다는 것이다. 이렇듯이, 준거는 보급되기 쉬워야 하고, 쉽게 얻을 수 있으며, 결정을 위한 준거로 사용될 수 있어야 한다.

Image Source/Getty Images

생각해보기
회사에 기술 지원 자리가 한 자리밖에 남아 있지 않다. 서류상으로는 모든 지원자들이 자격 요건을 만족한다. 어느 지원자를 채용할지 선택하는 데 있어 고려할 수 있는 다른 특성으로는 어떤 것이 있을까?

공정성 준거에 대한 마지막 요소는 공정성, 즉 직원들이 그 준거를 얼마나 정당하고 합리적인 것으로 인식할 수 있는지의 정도이다. 적절성(결핍과 오염의 상호작용과 함께)과 신뢰성, 그리고 민감성은 다소 기술적인 개념이지만 공정성과 실용성은 준거 사용에 있어서 인적 요소(지각)와 관련이 있다. 여기에서 고려해야 할 점은 그 준거에 따라 평가받는 직원들이 합당한 평가를 받았다고 생각하는지 여부이다. 직원들이 불공정하고 부적절하거나 부당하다고 판단하는 준거는 직원들에게 잘 받아들여지지 않을 것이다. 이 점은 조직의 기능과 대인관계와 관련되어 있다. 예를 들어 직원들의 공정성에 대한 인식은 이직률이나 고객 만족도와 같은 필수적인 조직 준거와 관련이 있다(Simons & Roberson, 2003).

준거의 문제

심리학개론 수업에서 인간의 행동이 여러 가지 원인에 의해 결정된다는 것을 배웠을 것이다. 특정한 행동이 어느 한 원인에 의해 결정된다는 것을 증명하기는 거의 불가능하다. 마찬가지로 한 가지 수행 준거를 가지고 수행 측정의 완벽한 척도라고 주장하는 것 역시 불가능하다. 수행은 훨씬 더 복잡하다. 즉 수행(회사, 직원, 매니저, I/O심리학자가 가장 관심을 갖는 준거)은 보통 하나 이상의 요소를 포함한다. 일부 수행 준거는 조직의 특정 의사결정(선발)에는 적합할 수 있지만 다른 의사결정(승진)에는 다른 준거가 적합할 수 있다. 따라서 그 어떤 수행 준거도 모든 조직 의사결정 기준에 부합할 수는 없다. 이러한 어려움을 감안할 때 수행 준거의 측정은 매우 복잡할 수 있다. 인간 행동을 완전히 파악할 수 없는 것처럼 수행 준거 역시 완벽할 수 없지만, 인간 행동을 이해, 설명, 예측할 수 있는 범위 내에서 준거를 개발하고 사용할 수 있다. 이어서 준거와 관련된 두 가지 문제에 대해 알아보겠다.

다중 준거 대 혼합 준거

대부분의 I/O심리학자는 수행이 다차원적이라고 믿는다. 즉 수행이 하나 이상의 요소로 구성되어 있다는 것이다. 행정 사무원을 위해 제시한 준거 목록을 다시 살펴보면, 많은 요소들이 상호 연관성이 있지만 잠재적으로 상관이 없는 요소들 역시 존재한다. 오랜 세월 I/O심리학자들은 수행이 여러 준거로 구성되어 있다는 다중 요인 모델(Campbell, Gasser, & Oswald, 1996)을 믿어왔다. 그러나 다중 요인 모델에 대한 연구는 극히 미미하다(Austin & Villanova, 1992, Campbell, 1990, Campbell, McCloy, Oppler, & Sager, 1993).

이 분야의 선구자인 Campbell은 8요인 모델을 개발하여 **직업목록사전**(Campbell, 1990), O*NET에 명시된 모든 직무의 수행 요소를 설명할 수 있다고 주장하였다. 그는 8요소가 모든 직무와 연관이 있는 것은 아니지만 모든 직무들이 이 여덟 가지 요소의 하위 집합으로 완전히 설명될 수 있다고 하였다(**표 4.2**의 정의와 예시 참조). 또한 그는 직무 숙련도, 노력하기 및 개인적 규율 지키기의 세 가지 요소는 모든 직무의 필수 구성 요소라고 주장했다(Rojon, McDowall, & Saunders, 2015).

행정 사무원 사례에서 수행에 반영되는 다섯 가지 준거가 있고 그 각각의 준거는 모두 필수적이며, 준거 간에 서로 상관관계가 없다고 가정해보자. 고용, 승진, 해고, 휴직, 연봉 인상 결정을 할 때 각각 어떤 준거를 사용할 것인가? 수행이 1차원의 개념이라면 인사 결정은 훨씬 쉬웠을 것이다. 혼란 없이 하나의 준거에 따라 모든 결정을 내릴 수 있기 때문이다. 예를 들어 시간 엄수가 수행의 유일한 필수 준거라면, 이에 따라 고용 및 해고 결정을 쉽게 내릴 수 있다. 그러나 수행은 다차원적이기 때문에 각 인사 결정을 위해 어떤 준거를 사용할지 또는 어떤 준거들을 혼합시킬지를 결정해야 한다. 이것은 준거 문제의 일부일 뿐이다. 수행은 여러 준거를 통해 가장 잘 표현되지만 조직은 이러한 여러 준거 중 하나의 점수 또는 다양한 준거를 통하여 결정해야 한다.

표 4.2 Campbell의 수행 분류 체계

수행 요소	정의	예시
직무 숙련도	어떠한 직무에 필수적인 업무를 개인이 수행할 수 있는 정도	행정 사무원이 하는 워드 작업
직무와 무관한 업무 숙달도	직무와 무관한 업무를 개인이 수행할 수 있는 정도	전화 문의를 직접 받고 작업 예상 시간을 알리기 위해 약속 시간을 잡는 배관공
서면 및 구두 소통	글이나 말로 정보를 전달할 수 있는 숙련도	군대 장교가 신참 군인들에게 하는 공식적 대화 방식
노력하기	개인 업무 노력의 일관성과 끈기	폭풍으로 인해 대학 전체가 휴강이지만 사무실로 들어가 집필 중이던 책을 쓰는 대학교수
개인적 규율 지키기	알코올 남용, 마약 남용, 법규 위반과 같은 부정적인 행동을 피하는 것	비번인 간호사가 혹시나 긴급 상황에 투입될 상황을 염두에 두고 과음을 하지 않는 것
동료와 팀 성과 향상	동료들이 갖고 있는 직장 내 문제들을 돕고 지지해주는 것	한 기자가 직장 동료가 마감 시간을 지킬 수 있게 도와주는 것
관리	다른 직원들을 관리 감독하는 것과 관련한 모든 행동	한 소매업체 관리자가 좋은 태도를 갖고 일하며 직원들의 질문에 빠르고 공정하게 답해주는 것
경영/행정	감독하는 행동과는 무관한 모든 경영 행동	한 공장 관리자가 추가 자원을 얻고, 부서의 목표를 설정하고 지출을 관리하는 것

출처 : Campbell(1990).

혼합 준거
하나의 성과 지표로 이루어지는 가중치 조합

이러한 준거 문제에 대처할 수 있는 두 가지 대안이 있다. 두 대안 모두 **혼합 준거**(composite criterion)를 만드는데, 다중 준거의 가중치 조합으로 이루어지며, 하나의 수행 지표로 통합된다. 첫째, 다섯 가지 준거가 동일한 척도로 채점된다면 동등한 가중치를 사용하여 결합시킬 수 있다. 이런 경우에, 각 개인의 수행을 나타내는 하나의 수치 산출을 위해 합산된다.

예를 들어 각 직원의 모든 수행 준거들이 1~5점 척도에 따라 평가되는 경우, 이 결과를 단순히 합산하여 가장 높은 점수의 직원을 승진시킬 수 있다. 그러나 어떤 근거로 이러한 결정을 내릴 수 있을까? 서로 연관성이 없는 다섯 가지 준거들을 합산하여 수행 지표로 사용하는 것이 적절한가? 여기서 다중 준거를 반영하는 것이 매우 빈약하다는 Campbell이 지적한 문제가 발생한다(Campbell et al., 1993).

두 번째, 단순 합산의 문제점의 대안은 다른 가중치를 적용하여 준거를 만들어내는 것이다. 이 경우 특정 절차들을 사용하여 준거의 가중치를 차별적으로 부여한다. 예를 들어, 어느 특정 인사 결정과 관련성이 있는 준거들만 선별하여 그 준거들의 중요도를 각기 책정하고 그 총합이 1이 되게 설정하는 것이다(표 4.3 참조). 중요도를 결정하는 과정에서 각 조직의 가치판단이 개입되며, 조직의 목표 그리고 실증적 연구에 기반해야 한다(Campbell, McHenry, & Wise, 1990). 그리고 가중치 시스템은 인사 결정에 따라 달라질 수 있다. 고용 해지 결정을 내릴 때와 승진 결정을 내릴 때 서로 다른 가중치 체계가 사용될 수 있다.

표 4.3을 보면 어떠한 인사 결정인지에 따라 준거들이 어떻게 사용되는지 제시되어 있다. 이 예에서, 특정 직원을 고용 해지하는 데 있어 시간 엄수와 수행의 질과 같은 요소가 중요했으며, 다음으로 컴퓨터 업무 수행과 조직 성과가 반영되고, 대인관계와 리더십은 반영되지 않았다. 반면에, 리더십과 대인관계는 관리직으로 승진시키는 데 더 중요한 준거로 사용되고 시간 엄수는 반영되지 않았다.

표 4.3 행정 사무원의 직무에 대한 준거 요소 결합

관리자 승진을 위한 준거	준거 요소	고용 해지를 위한 준거 요소
.00	시간 규율	.30
.20	수행의 질	.40
.20	대인관계	.00
.30	리더십 행동	.00
.15	컴퓨터 수행	.20
.15	조직적 성과	.10

그러나 차별화된 가중치가 비논리적이라는 우려는 남아 있다. 예를 들어 어느 한 직원의 조직 성과 점수와 생산성에 대한 점수를 합산했다고 가정해보자. 이 지표는 무엇을 나타내는가? 이 지표를 어떻게 부를 것인가? 이 지표가 실제로 측정하는 구성개념은 무엇인가? 우리의 측정을 통해 얻고 싶었던 수행의 다차원성이란 부분을 놓치지 않았는가? 이러한 점들을 고려한다면 다중 준거를 결합시키는 과정이 어려운 일이라는 것을 알 수 있다.

이와 같은 복잡함과 우려 사항들을 고려했을 때, 준거를 각각 별도로 유지하는 것이 가장 좋다고 판단할 수 있겠지만, 이런 경우 인사 결정 시 문제가 발생한다. 고용, 유지, 승진 여부는 어떤 숫자나 점수에 근거해서 결정해야 하기 때문이다. 고전적인 논문에서는 이러한 이슈가 목적에 따라 달라질 수 있다고 하였다(Schmidt & Kaplan, 1971). 구체적으로 특정 직무의 수행 준거들에 대한 이해가 목표라면 다중 준거를 혼합 준거로 합치지 않고 예측변인의 관점으로 조사하는 것이 좋다. 반면에 경제적 목표인 경우, I/O심리학자들은 준거를 하나의 측정치로 결합하여 그것을 경제적 성공 지표로 사용하는 것이 좋다. 한편 응용심리학자들은 고용 여부 결정 시 가중치 혼합 준거를 사용하면서 동시에 각 준거들이 예측변인들과 어떤 연관성을 가지고 있는지 검증하여 과학자/실무자로서의 심리학적 이해와 적용이라는 두 가지 중요한 요소를 놓치지 말아야 한다.

역동적 준거

> **역동적 준거**
> 시간이 지남에 따라 수행 수준을 반영하는 측정치가 변함.

역동적 준거(dynamic criteria)의 핵심은 수행을 반영하는 측정치가 시간이 지남에 따라 역동적으로 변한다는 것으로, I/O심리학에 있어서 많은 논쟁 중에 하나다(Austin & Villanova, 1992, Steele-Johnson, Osburn, & Pieper, 2000). 실제로 근로자가 처음 9개월 동안에는 우수한 업무 성과를 보였지만, 18개월이 지난 후 매우 저조한 업무 수행을 보일 수도 있다.

개인의 직무 수행을 예측하는 선발 장면에서 이 문제는 더욱 명확해진다. 지능 점수가 직원의 초기 수행을 예측할 수도 있다. 하지만 장기적인 관점에서는 아니다. 지능 측정치가 업무 수행을 예측하는 타당도는 시간이 지나면서 감소한다. 이러한 타당도 감소는 업무 수행 능력이 좋을 것으로 예측되는 직원들을 선발하려는 사람들에게 있어 큰 문제가 될 수 있다. 이 문제에 대해서는 6장과 7장에서 보다 자세하게 다룰 것이다.

일부 I/O심리학자들은 준거가 역동적이지 않다고 주장했지만(Barrett, Caldwell, & Alexander, 1985), 최근의 실증적 연구(Deadrick, Bennett, & Russell, 1997; Deadrick & Madigan, 1990; Hofmann, Jacobs, & Baratta, 1993)를 통해 개인의 수행은 시간이 지남에 따라 변한다는 것이 증명되었다. 쉽게 말해, 직장에서 처음 6개월 동안 최고였던 직원이 그다음 6개월 동안은 그렇지 않을 수 있다.

실무자 포럼

Deirdre J. Knapp

볼링그린주립대학교 심리학 박사, 1984년
HumRRO 연구 및 컨설팅 운영부문 부사장

경력 초기에 운 좋게도 준거에 대한 대규모 연구에서 중요한 역할(프로젝트 총괄)을 담당하게 되었다. 이 연구에는 4개 조직의 수십 명의 I/O심리학자들이 참여했으며 이 분야의 저명한 학자들과 실무자들이 많이 포함되어 있었다.

이 프로젝트가 흥미로웠던 점은 정밀히 개발된 다양한 준거 측정법이 전 세계 다양한 군 직무에 종사하는 수천 명의 군인에게 적용되었다는 점이었다. 측정에는 업무 지식 필기 시험, 중요한 직무에 대한 시연, 팀에서 동료–상사의 행동에 대한 평가, 리더십 기술, 규율 준수와 관련된 행동 평가, 대인관계 등을 포함한 많은 지표들이 있었다. 일부 수행 지표들은 군인들의 군대 기록에서도 수집하였다. 이 소중한 기회를 통해 '수행'이 무엇을 의미하는지 배울 수 있었다.

이 프로젝트에서 수집된 자료를 사용하여 수행을 '모델링'하기 위해 많은 노력을 기울였다. 모든 준거 측정 점수를 고려하였을 때, 어떤 수행 준거가 두드러지게 나타났을까? 그 대답은 근로자를 대상으로 수행한 준거관련 연구 결과와 유사하였다. 초기 군인들에 대한 여섯 가지 수행 준거는 다음과 같다.

- 직무별 업무 숙련도
- 직무와 관련 없는 업무 숙달
- 서면과 구두 의사소통
- 노력의 증명
- 개인 규율 준수
- 동료와 팀 수행 촉진

감독/리더십 그리고 관리/행정 요소는 상위 직무에서 중요하다. 대부분의 조직은 이 프로젝트에서 나온 모든 준거를 포함할 필요가 없고, 수행 결과를 조사할 수도 없다. 타당도 연구를 수행하는 조직은 먼저 예측하려는 수행 준거에 대해 고민하고, 이를 측정할 수 있는 측정방법을 개발하고 이를 예측할 것으로 예상되는 선발 검사를 선택한다.

미 육군의 행동/사회과학 연구소의 일원으로서 이 프로젝트를 처음 맡게 되었고 후에 HumRRO에서도 이와 관련된 일을 했다. 이 프로젝트는 10년 동안 지속되었고 이 일을 통해 노하우들을 계속 사용했다. 예를 들어 수의사, 법률 사무소 관리자, 물리치료사와 같은 자격이 필요한 다양한 직종의 고객들과 일했고 직무기술을 정확하고 공정하게 평가해야 하는 상당수의 고객과 일을 했으며 미군과 꾸준히 공조하며 향상된 선발 절차를 개발, 검증 및 구현하였다.

학습질문

1. 여기서 언급된 육군 연구 프로젝트는 이 장의 앞부분에서 제시된 준거 문제와 어떠한 연관이 있는가?
2. 연구자들과 실무자들이 수행의 분류 체계를 사용하여 얻게 되는 이점은 무엇인가?
3. 이 연구에서 나온 여섯 가지 준거의 신뢰도와 타당도를 확인하기 위해 어떠한 방법들이 사용될 수 있는가?

한 연구에 따르면 새롭게 팀의 주장이 된 내셔널 하키 리그 선수들은 골과 어시스트를 기반으로 하는 점수 지표에서 생산성이 크게 향상되는 것이 발견되었다(Day, Sin, & Chen, 2004). 즉 새로운 리더에게 요구되는 책임감이 수행을 변화시킨 것이다. 이 연구는 동기부여/리더십 관점을 통해 역동적 준거를 설명하려 한 최초의 연구였다. 최근 연구에서는 유럽 의대생 전체 집단에 있어 성격변인과 학점 사이의 흥미로운 관계를 발견했다(Lievens, Ones, & Dilchert, 2009). 결과에 따르면 성격은 수업 초기의 성과보다는 수업 후반부의 성과를 잘 예측했다.

이 연구는 '준거 문제' 중 하나인 시간 경과에 따라 수행이 변한다는 점을 밝히고 있다. 중간에 수행 준거를 변경하면 수행을 예측하는 일은 더 어려워진다. 6장에서 종업원 선발에 사용된 다양한 예측변인에 관해 논의할 때 준거 문제를 떠올려 보길 바란다.

수행 준거의 구분

다양한 준거들 중 대표적인 두 가지 유형에 대해 알아보고, 지난 20년간 I/O심리학자와 조직들로부터 많은 관심을 받은 세 번째 준거 유형, 즉 맥락 수행에 대해 알아보겠다.

객관적 준거

객관적 준거
주관적 판단이나 평가가 아닌 숫자에 의거한 성과 측정. 비판단 준거라고도 한다.

객관적 준거(objective criteria)는 조직의 기록에 기반한다. 객관적 준거는 주로 통계에 기반하여, 주관적인 판단이나 평가를 포함하지 않는다. 이 준거는 직원의 수행에 대한 주관적 판단을 요구할 필요가 없으므로 '가장 순수한' 준거로 간주된다. 객관적 준거는 때로는 다른 유형보다 견고하고 믿을 수 있다는 신념이 반영되어 있기 때문에 비판단 준거라고도 한다. **표 4.4**에 자주 사용되는 객관적 준거의 예들이 제시되어 있다.

객관적 준거의 몇 가지 유형들은 다양한 직무 평가에 유용하다(11장에서 직업 관련 태도의 일반적인 결과를 검토할 때 더 자세히 논의된다). 예를 들어 결근은 많은 조직들에서 중요한 준거로 간주된다. 결근과 관련된 준거로 이직과 지각이 있고 이 역시 조직 효율성을 평가하는 데 사용된다. 이직의 경우, 일반적으로 인원을 채용하는 데 많은 비용이 소요되지만, 저수행자가 이직할 경우 더 나은 수행자로 대체하는 데 도움이 될 수 있다. 가장 대표적인 객관적 준거는 생산성으로, 일반적으로 주어진 시간 내에 생산되는 완제품의 수로 측정된다. 이 준거는 제조 공장 및 조립 라인에서 일반적으로 사용되며, 자동차 생산 대수, 조립된 컴퓨터 수 등에 따라 개인 또는 집단을 평가할 수 있다.

일반적인 직무의 경우 객관적 준거들이 적용 가능하지만 관리직 및 기타 고위직은 그렇지 않다. 그 이유는 대부분의 관리직은 고정적인 주 40시간 근무를 하지 않고, 관리직 일의 특성상 생산된 특정 제품이나 물품과 직접적인 관련성이 없기 때문이다. 그리고 객관적 준거는 대학 교수, 의사, 부동산 중개인, 변호사 및 레스토랑 관리자를 평가하는 데 있어 고객 불만 사항 건수와 비생산적 행동, 이 두 가지를 제외하면 대부분 적합하지 않다. 불만 사항 건수는 고객이 특정 관리자에 대해 불만을 제기한 횟수이고 비생산적인 행동이란 절도나 파괴 행위와 같은 행동을 가리키는 용어로 조직에 어떤 식으로든 해를 끼치는 행동을 의미한다.

객관적 준거는 타인의 판단을 요구하지 않기 때문에 객관적이라고 하지만 완전히 객관적이

표 4.4 객관적 준거와 측정

준거	측정 예시
결근	한 해 동안 결근한 날의 수, 한 해 동안 있었던 결근 건수
지각	한 달 동안 전체 늦은 시간의 양, 한 달 동안 있었던 지각 건수
이직률	12개월 기간 동안 회사를 떠난 직원의 백분율
사고율	한 해 동안 일어난 사고 건수, 한 해 동안 직원의 보상 요구 수
불만 사항	한 해 동안 제출한 불만 건수, 한 해 동안 해결 안 된 불만 건수
생산성	하루 동안 생산한 제품의 수, 달러로 나타낸 월별 판매량
비생산적 행위	한 해 동안 절도로 인한 손실 금액, 정당한 사유가 없는 예상 밖의 상황들(예 : 화재)

지는 않다. 예를 들어 허락된 결근이나 지각이 있을 수 있고 잘못 기록하거나 기록하지 못할 수도 있다.

보통, 객관적 준거가 주관적 준거보다 합리적이라고 생각할 수 있지만 주관적 판단은 거의 모든 수행 평가에 적용 가능하다. 그리고 객관적 준거는 예상치 못한 요인이나 상황 제약으로 인해 그 사용이 제한될 수 있다. 예를 들어 생산 직원은 기계가 자주 오작동하는 경우 생산량이 줄어들어 평소 수준으로 생산하지 못할 수도 있다. 객관적 준거는 이러한 상황이나 요인이 반영되지 않지만 감독사는 이러한 점을 고려할 수 있다. 이런 경우에는 이러한 주관적 평가가 적절할 수도 있다.

주관적 준거

주관적 준거
수치와 같은 객관적 측정보다는 타인의 판단이나 평가를 기반으로 한 성과 측정. 판단 준거라고도 한다.

주관적 준거(subjective criteria)는 결과물이나 수치보다 타인의 판단이나 평가를 기반으로 한 수행 측정이다. 준거에 대한 대부분의 연구에서는 주관적 준거를 사용하고, 판단 준거라고도 한다. 일반적인 주관적 준거에는 상사, 동료 및 부하직원이 다른 직원을 평가한 점수, 등급 또는 순위가 포함된다. 물론 객관적 준거보다 평가자의 편견, 태도 및 개인적 신념에 의해 영향을 받을 가능성이 훨씬 크다. 반면에 객관적 준거만으로 충분하지 않거나, 새로운 직무에 있어서는 객관적 준거의 대안이 될 수 있다. 최근의 메타 분석 연구는 팀 구성원 간의 정보 공유와 팀 수행 간의 관계성을 평가할 때 사용된 준거 유형(주관적 대 객관적)의 기능을 조사했다(Mesmer-Magnus & DeChurch, 2009). 연구 결과 정보공유와 수행 간의 상관관계는 주관적 측정을 사용했을 때가 객관적 측정을 사용했을 때보다 더 높게 나왔다. 이러한 연구 결과에 대해 연구자들은, 정보 공유는 판매나 영업 이익보다 한 개인의 노력, 즉 개인의 통제하에 있기 때문에 팀 구성원들이 더 잘 측정했을 수 있다고 하였

참조

2장에서 상관관계에 대해 다루었을 때, 상관관계 계수가 관계의 강도를 나타내는 지표라고 했다. 이번 예에서는 어떤 준거를 사용하는지에 따라 상관관계의 강도 차이가 나타난다는 것을 알 수 있다.

다. 수행측정과 관련된 연구 결과는 사용된 준거 유형에 따라 달라질 수 있다. 준거를 가능한 최대한 객관적으로 만들려고 노력하지만 주관적 준거를 사용하는 경우도 많다.

맥락 수행

과업 수행
직원들이 조직의 핵심적인 부분에 필수적으로 기여하는 모든 업무 관련 활동

맥락 수행
조직의 핵심이 작동하게 하는 광범위한 조직적, 사회적 및 심리적 환경을 유지하는 데 도움을 주는 근로자의 행동

맥락 수행과 관련된 주요 연구들은 준거 영역을 확장하여 전통적인 업무 수행 준거 외의 준거들을 포함하였다(Borman, 2004). **과업 수행**(task performance)은 직원이 수행하는 업무 관련 활동을 포괄하며 기업의 전통적인 핵심부분(실제 제품은 무엇이고, 업무에서 무엇이 이루어지는가)에 기여하는 반면(Borman & Motowidlo, 1997), **맥락 수행**(contextual performance)은 기업의 핵심을 작동하게 하는 광범위한 조직적, 사회적 및 심리적 환경을 유지하는 데 도움을 주는 근로자의 행동이다(Motowidlo, Borman, & Schmit, 1997). 맥락 수행의 다른 표현으로는 조직시민행동(Organizational Citizenship Behaviors : OCB)과 친사회적 조직행동(Prosocial Organizational Behaviors : POB)이 있다(Borman & Motowidlo, 1997).

행정 사무원이 신속하게 타이핑하고 효과적으로 전화응대를 하면 직무 수행을 높게 평가받지만, 열정을 보여주고 직장 동료의 문제를 함께 해결하는 경우 맥락 수행이 높은 것으로 평가된다. 업무 수행에 필요한 행동과 직장 및 동료에게 가치가 있는 행동(맥락 수행)을 구분할 수 있다. 맥락 수행을 보이는 근로자들은 필수적으로 혹은 요구되는 부분만 충족시키는 것 그 이상의 가치를 이끌어낸다.

맥락 수행의 하위 요소 구성에 대한 다양한 의견들이 있지만 일반적으로 다섯 가지 하위 요소로 나누고 있다(Borman & Motowidlo, 1997). 첫 번째는 일을 끝내기 위한 열정과 노력을 보이는 것, 두 번째는 정해진 업무가 아닌 일에 자원하며 때로는 그 과정에서 추가적인 책임을 지는 것, 세 번째는 다른 사람의 일을 돕는 것(일부 연구자는 스포츠맨십이나 조직적 호의라고 부름), 네 번째는 마감일을 지키고 조직의 규칙과 규정(시민의 미덕이나 양심을 반영)을 준수하는 것, 다섯 번째는 자신이 일하는 조직을 지지하거나 지켜주는 것(어려운 시기에 조직에 남거나 다른 사람에게 조직을 홍보)이다.

연구자들은 광범위한 연구를 통해 맥락 수행을 과업 수행과 구별하고 수행 준거의 영역에 포함시킬 필요가 있다고 주장했다(Hoffman, Blair, Meriac, & Woehr, 2007). 이들은 과업 수행과 맥락 수행 간의 세 가지 주요 차이점을 제시하였다. 첫째, 과업 수행은 직무의 종류(배관공과 음악가의 직무를 생각해보라)에 따라 크게 달라지지만 맥락 수행은 어느 직무에서나 비슷한 모습을 보인다(배관공은 음악가만큼 동료를 도울 수 있다). 둘째, 맥락 수행과 달리, 과업

수행은 직무 기술 또는 수행 평가 양식에 공식적으로 포함된다. 셋째, 과업 수행은 개인의 이력과 연관된다. 한 연구에서는, 인지적 능력이 자원봉사와 같은 조직시민행동보다 영업 성과(과업 활동)와 더 밀접한 연관성이 있음을 보여주었다. 유사하게, 성실성은 영업 성과보다는 조직시민행동과 더 밀접한 관계가 있었다(Hattrup, O'Connell , & Wingate, 1998).

일부 학자들은 근로자의 조직시민행동을 예측하는 검사 도구를 제안했다(Allen, Facteau, & Facteau, 2004). 최근 연구에 따르면 사람들이 채용 과정에서 조직시민행동을 채용의 준거로 사용할 가능성이 있다고 하였다(Podsakoff, Whiting, Podsakoff, & Mishra, 2011). 구체적으로 지원자들에게 조직시민행동에 대한 자신의 성향 및 관심에 대해 질문을 하고 이에 답변하는 지원자들의 모습이 담긴 비디오를 보여주고 평가하게 하였다. 결과적으로 조직시민행동이 높게 나타낸 지원자들이 더 우수하고 유능한 것으로 평가받았으며 더 높은 연봉을 제시받았다. 또 다른 연구는 개인차(성격)가 조직시민행동의 예측변인 그리고 인사선발을 위한 기준이 될 수 있다고 하였다(Chiaburu, Oh, Berry, Li, & Gardner, 2011). 이 메타 분석 연구는 성격 5요인과 조직시민행동 간의 일관된 그리고 중간 정도의 상관관계를 보여주었다. 그들은 제한된 자원, 격렬한 경쟁 및 팀워크가 절실한 상황에서 맥락 수행이 조직의 성공에 특히 중요하다고 주장했다.

최근의 연구에서는 조직의 사회적/심리적 환경에 영향을 미치는 요인들이 선발 결정에 잠재적으로 중요한 역할을 하는 것으로 나타났다. 이러한 연구들은 아직 초기 단계이지만 특정 개인이 다른 사람들보다 조직시민행동을 보일 가능성이 높다는 예측에 근거하여 채용에 대한 의사결정을 내리는 것이 바람직할 수 있다.

한 연구는 직장 동료들 간의 좋은 유대 관계가 '사회적 자본' 역할을 하는 조직시민행동을 이끌어내고, 이 자본이 조직의 수행과 성과에 영향을 미친다고 하였다(Bolino, Turnley, & Bloodgood, 2002). 일부 학자들은 조직시민행동을 집단 차원의 현상으로 간주하기도 한다. 최근 팀에 대한 연구에서 구성원들 간의 관계 갈등과 업무 갈등은 팀 업무 수행에 부정적인 영향을 미친다는 점을 발견하였다. 반면, 직무 수행의 효율적인 방법이 무엇인지에 관한 업무 갈등은 집단 수준의 조직시민행동을 증가시켰고, 관계 갈등은 조직시민행동을 감소시켰다(Choi & Sy, 2010). 지난 15년간 수행된 38개의 연구에 대한 메타 분석에서 집단 수준의 조직시민행동을 중점적으로 분석한 결과 조직시민행동은 팀 성과(팀기반 영업 실적, 매출액)와 정적인 관계가 있음이 밝혀졌다(Nielsen, Hrivnak, & Shaw, 2009). 추가적으로, 그들은 집단 수준의 조직시민행동이 팀 내의 사회적 과정들(예 : 조화와 소통)을 개선시킨다고 하였다. 더 최근의 연구는 다른 접근방식으로 조직시민행동과 조직적 효율성의 상관관계를 조사하였다(Nielsen, Bachrach, Sundstrom, & Halfhill, 2012). 6개의 각기 다른 조직의 업무 집단들을 연구한 결과 업무 집단에서 나타난 조직시민행동은 고객들이 평가한 수행 점수와 정적 상관관계가 있었다.

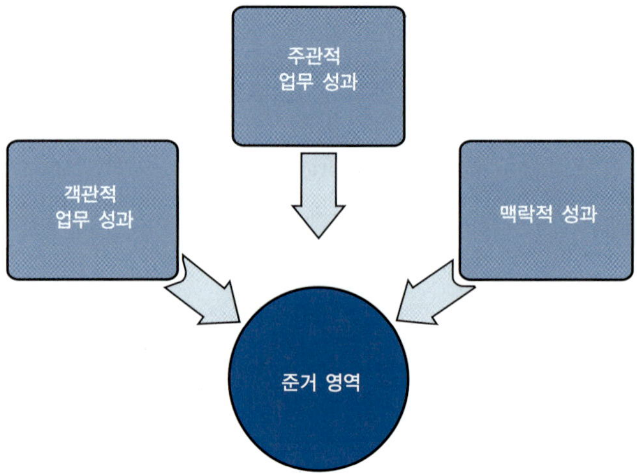

그림 4.2 준거 영역의 확장

조직시민행동이 발생하는 집단을 고객들은 더 효율적인 집단으로 평가한 것이다. 그리고 이러한 결과는 작업 상호 의존성이 높은, 즉 직무를 수행하는 데 서로 의지해야 하는 집단에서만 나타났다.

1장에서 배웠던 I/O심리학의 역사를 떠올려보면, 산업심리학은 측정 가능성에 기반하여 연구가 진행되었기 때문에 수행에 대해서도 생산성과 같은 협소한 개념으로 접근하였다. 그러나 현재는 많은 사람들이 준거 영역의 확장이 현대 조직에 부합한다고 주장한다. 수행 준거에 대한 보다 포괄적인 관점이 **그림 4.2**에 나와 있다.

국외 근로자
잠시 국외에 거주하며 일하는 직원

최근 연구에 따르면 조직시민행동이 다양한 문화와 글로벌 비즈니스 환경에서도 적용이 되고 중요하다는 것이 명확해졌다. 예를 들어 연구자는 일시적으로 외국에 거주하는 **국외 근로자**(expatriates)를 위한 수행 준거 모델을 개발했다. 이 맥락 수행 요소에는 주도성, 협동성 및 대인관계가 포함된다(Mol, Born, & van der Molen, 2005). 미국 표본에서 확인된 조직시민행동의 요인들이 다른 나라(벨기에)에서도 유사하게 나타났다(Lievens & Anseel, 2004). 그러나 최근 37개의 다른 회사에서 근무하는 269명의 포르투갈 남성과 여성에 대한 연구에서 조직시민행동의 선행변인인 공정성이 북미 근로자들(Rego & Cunha, 2010)과 다르게 인식된다는 사실이 발견되었다. 좀 더 구체적으로, 포르투갈 직원들이 미국의 직원들보다 상호작용 공정성(특히 대인관계 차원에서)을 더 중요시했다. 나아가, 이러한 대인관계 공정성은 정보 및 분배의 공정성보다 조직시민행동 및 대인관계 조화, 개인 주도권 및 양심 같은 특정 조직시민행동 요소와 더 밀접한 연관성이 있었다. 연구자들은 이런 결과가 포르투갈의 문화가 덜 독단적이고, 권력 거리가 크며(즉 권력이 동등하게 분배되지 않았다고 받아

I/O TODAY

수행과 장애

I/O심리학의 까다로운 문제 중 하나는 다양성-타당도 딜레마(diversity-validity dilemma)로, 조직의 다양성 증가와 수행을 극대화하는 것이 때로는 상반된다는 것이다. 이러한 현상에는 여러 이유가 있겠지만, 장애가 있는 직원을 고용한 상황은 이에 대한 좋은 예가 될 수 있고, 준거 문제와도 관련이 있다.

7장에서 배우겠지만, 고용법에는 누군가가 직무의 필수 요소를 수행할 수 있다면 그 직무에 대한 자격이 있다고 명시되어 있다. 어떠한 특수성 때문에 자격 있는 근로자를 차별할 수도 없다. 장애인 고용이 대표적인 예가 될 수 있다. 시력 장애인은 마사지 치료사가 될 수 있고 휠체어를 타는 사람은 여행 가이드로 일할 수 있다.

그러나 직원이 장애가 있는 경우 회사는 이에 대한 추가적인 편의나 배려를 제공해야 하고, 장애인 직원은 추가적으로 완수해야 할 과업이 발생할 수 있다. 휠체어를 사용해야 하는 여행 가이드를 예로 들어보자. 그는 직무 수행에 필요한 요건은 만족하지만 회사 입장에서는 그를 위한 편의를 제공해야 할 수도 있다. 계단을 오르지 않아도 되는 특정 투어를 이끌게 할 수 있다. 마찬가지로, 이 직원은 추가적인 훈련을 받아야 할 수도 있다. 그가 운전할 버스가 발로 조작하는 페달 없이 손만 사용하는 경우, 이러한 손 제어 방법을 배울 수 있는 훈련이 필요하다. 장기적으로, 이 직원은 장애가 없는 직원들과 동일하게 업무를 수행할 수 있겠지만 새로운 작업을 익히는 데 시간이 더 걸릴 수 있으며 이로 인해 단기적 업무 수행이 제한될 수 있다. 또한 동료가 장애인과 일하는 방법을 모르는 경우 동료들의 수행에도 영향을 미친다(8장 다양성 훈련 참조). 이처럼 장애가 있는 직원을 업무 수행으로만 평가한다면 수행이 저조한 것처럼 보일 수 있다. 그러나 다른 가치 있는 수행을 하고 있을 수도 있다. 그는 훌륭한 팀 구성원일 수 있고 장애가 있는 고객이 편하게 관광을 즐길 수 있는 편의 제공 방법을 제시하는 것과 같이 회사를 위해 새로운 아이디어를 낼 수도 있다.

위 예를 통해 보았듯, I/O심리학자들은 다양한 인력 구성이 갖는 가치를 경영진들에게 이해시킬 필요가 있다, 더 나은 팀 수행, 반생산적 행동 감소, 조직시민 행동 증가, 더 창의적인 아이디어 제시와 같은 긍정적인 부분이 있기 때문이다. I/O심리학자들은 수행을 정의할 때 신중해야 한다. 한 가지 준거에만 초점을 두면 조직의 다양성과 유연성을 떨어뜨리는 결정을 내릴 수 있다. 훈련, 편의 제공, 그 외 다른 방법들을 사용하여 그들이 업무 환경에서 월등한 수행을 할 수 있도록, 그들을 채용하고 어떻게 도와줄 수 있을지 신중하면서도 창의적으로 생각해야 할 것이다.

토론질문

1. 위에 제시된 시나리오를 상상해보라. 휠체어를 탄 여행 가이드가 다른 동료들보다 직무 수행 능력이 낮을 수 있다는 것을 알 수 있다. 그 직무에 대한 준거를 어떻게 바꿀 수 있을까? 그의 낮은 업무 수행을 해결하기 위한 첫 번째 단계는 무엇인가?
2. 조직에 존재할 수 있는 다양성(나이, 인종, 종교, 출생지)을 고려해보자. 조직에 다양한 구성원들이 함께 일하는 경우 생기는 이점은 무엇인가?
3. 다양성 증가로 인한 수행 감소를 우려하는 회사와 함께 일하는 경우, 조직의 다양성이 가치 있다는 점을 설득하기 위해 어떤 논거를 제기할 수 있는가?

들여지는) 집단주의적(즉 집단을 중요시하고 충성함)이라는 사실을 반영한다고 주장했다. 경영 환경 및 산업의 세계화에 따라 I/O심리학자들의 연구들도 세계화되어 가기 때문에, 국제적인 관점으로 진행되는 연구들을 더 접하게 될 것이다.

지금까지 조직시민행동의 긍정적인 측면에 대해 이야기했지만 일부 연구자들은 조직시민행동이 조직에 부정적인 영향을 미칠 수 있다고 주장하였다(Bolino & Turnley, 2005; Bolino, Turnley, & Niehoff, 2004). 따라서 조직시민행동의 긍정적 효과를 위해서는 특정 조건이 필요할 수 있다. 조직시민행동을 지나치게 강조하는 것이 오히려 부정적인 결과를 초래할 수 있을까? 최근 이뤄진 일부 조사에 따르면 그 대답은 '그렇다'이다. 3,500명이 넘는 직원들의 자료를 조사한 결과, 과업 수행에 소비된 시간이 조직시민행동에 소요된 시간보다 직장 생활 결과(판촉, 급여 인상, 수행 평가)를 더 잘 예측한다는 것을 발견했다(Bergeron, Shipp, Rosen, & Furst, 2013). 또한 직원의 업무 시간을 동일하게 통제했을 때, 조직시민행동에 소요한 시간과 결과 사이에 관련성이 없거나 오히려 부적관계가 있었다. 다시 말해 조직시민행동에 시간을 지나치게 낭비하면 업무 수행에 방해가 될 수 있어, '조직시민행동에 투입하는 시간의 기준'에 대한 향후 연구가 필요하다.

다른 연구는 조직시민행동과 업무 수행 사이에 곡선 관계가 있다는 것을 발견했다(Rapp, Bacharach, & Rapp, 2013). 즉 조직시민행동이 어느 수준까지는 업무 수행에 긍정적으로 영향을 미치지만 그 수준이 넘으면 방해가 된다는 것이다. 이는 조직시민행동의 긍정적 효과에 대한 한계 또는 경계가 있다는 증거이다. 또 다른 연구(Rubin, Dierdorff, & Bachrach, 2013)에서는 다양한 직종에 종사하는 352명의 직원을 대상으로 조직시민행동과 작업 수행 사이의 곡선 관계의 형태를 파악한 결과 조직시민행동의 종류(개인 대 조직), 자율성, 책임감과 같은 변수에 따라 달라졌다. 결론적으로, 조직시민행동의 긍정적 효과에는 제한점이 있고 그 관계들은 생각보다 해석하기 복잡하다.

반생산적 행동(CWBs)
조직, 직원들, 그 외 모든 이해당사자들에게 해를 끼치는 모든 의도적, 비의도적인 행동

반생산적 행동(counterproductive work behaviors : CWBs)은 맥락 행동 범주에 속하며 절도, 사보타주, 동료 학대 및 근무태만 행동과 같이 어떤 방식으로든 조직에 피해를 주거나 방해하는 행동을 말한다(Spector et al., 2006). 조직시민행동과 반생산적 행동 간에 매우 낮은 부적 상관관계를 보였고, 이 둘은 각기 다른 선행변인들에 영향을 받기 때문에 이 두 개념을 반대 개념보다는 상호 독립적인 개념으로 간주해야 한다(Spector, Bauer, & Fox, 2010; Spector & Fox, 2010). 사실, 두 연구에서 반생산적 행동이 조직시민행동보다 조직 및 개인 성과와 더 강한 상관관계가 있는 것으로 나타났다(Dunlop & Lee, 2004; Rotundo & Sackett, 2002). 연구자들은 모든 반생산적 행동이 동일한 선행 사건(Spector et al., 2006)에 영향을 받는 것은 아니지만 때로는 동일 인물이 조직시민행동과 반생산적 행동을 함께 보일 수 있다는 사실을 발견했다(Spector et al., 2010).

대학 직원들을 대상으로 한 연구에 따르면 피드백을 제공하는 것이 직원들의 반생산적 행동을 감소시키는 것으로 나타났다(Ilies, Peng, Savani, & Demotakis, 2013). 높은 수준의 반생산

적 행동을 보인 직원에게 그 행동이 바람직하지 않으며 조직에 부정적인 영향을 미쳤다는 정보를 주었을 때 죄책감을 느끼고 이후에 높은 수준의 조직시민행동을 보여주었다. 즉 자신의 과거 부정적 행동을 만회하려고 노력한 것으로 해석할 수 있다.

최근의 여러 연구에서는 반생산적 행동을 유발하는 사건이 무엇인지 확인하는 작업이 이뤄졌고 몇몇 연구들에서 반생산적 행동은 스트레스와 강한 상관관계를 보였다. 한 연구에서 650명 이상의 직원을 여러 시점에서 조사한 결과 어느 한 시점에서의 스트레스 경험이 추후의 반생산적 행동 빈도에 영향을 미친다는 사실을 밝혀냈다. 또한 반생산적 행동이 나타난 경우 추후 시점에서 더 많은 스트레스를 경험하였고(Meier & Spector, 2013), 결국 악순환으로 인해 직원 개인 그리고 조직에게 부정적 영향을 미치는 것으로 보고되었다. 이러한 악순환이 이뤄진다는 연구 결과는 Ilies 등(2013)이 수행한 피드백 연구와 같이 개인과 조직 모두를 위해 반생산적 행동을 줄이는 방법에 대한 연구가 필요하다는 것을 보여주고 있다. 다른 최근 연구는 사람들이 자기 조절 자원(수면, 긍정적 정서, 에너지, 자기 효능감 등)이 부족할 때 적대감, 분노 및 충동을 경험하며 종종 이직 또는 반생산적 행동이 나타난다는 것을 발견했다(Christian & Ellis, 2011; Gino, Schweitzer, Mead, & Ariely, 2011; Thau & Mitchell, 2010). 또한, 반생산적 행동은 동료의 행동에도 영향을 받는다. 구성원들이 동료의 일탈(반생산적 행동)을 직 · 간접적으로 경험한 경우, 그들 역시 일탈을 할 가능성이 더 높아지는 것으로 나타났다(Ferguson & Barry, 2011). 이 분야에 대한 더 많은 연구가 필요하지만, 이는 직원들의 비정상적 행동이 다른 직원들을 전염시켜 반생산적 행동을 하게 하는 비정상적인 조직 문화가 형성될 수 있음을 암시한다.

© Paul Barton/Corbis

생 각 해 보 기

이 사람은 그 활동이 자신의 직무에 해당되지 않지만 동료를 도와주고 있다. 이러한 행동은 업무 수행과 맥락 수행 중 어느 부분에 해당될까? 이것은 사회적 자본과 어떻게 관련이 있는가?

준거를 확장시켜 맥락 수행을 포함시키려 하는 경우, 여러 예측변인들이 여러 준거 요소들과 어떻게 연관되어 있는지를 살펴보아야 한다. Borman과 그의 동료들의 수행 모델에는 두 가지 다른 수행 준거(업무 수행과 맥락 수행)와 이 두 준거의 예측변인인 지능과 성격이 포함되어 있다. 그들은 경험적 증거를 바탕으로 성격 변인이 맥락 수행을 예측하기에 적절하고, 지능 변인은 업무 수행을 예측하기에 적절하다고 하였다(Motowidlo et al., 1997). 만약 수행의 두 가지 준거를 모두 고려하지 않는다면 심각한 준거 결핍 문제에 직면할 것이며 여러 예측변인들과 여러 준거들의 관계를 이해하지 못할 것이다.

요약

전통적으로 I/O심리학자들은 준거보다는 예측변인을 강조해왔다. 하지만 지금은 그렇지 않다. 점점 더 많은 과학자들과 실무자들이 타당한 준거를 개발하고 조직에서 준거가 중요한 역할을 한다는 것을 인식하고 있기 때문이다. 이러한 인식과 함께 앞으로 설명할 모든 인사 결정은 대부분 적합한 준거를 바탕으로 이뤄진다.

이 장에서는 준거 문제에 대해 논의하였고 I/O심리학 연구 발전에 잠재적인 논제가 될 수 있다고 설명했다. 수행 준거의 측정은 중요한 만큼 또 복잡하다. 일반적인 준거의 정의, 준거의 예, 준거를 위한 기준(적절성, 신뢰성, 민감도, 실용성, 공정성)을 제시하였다. 개념 준거와 실제 준거의 정의에 대해 알아봤고, 관련 이슈들에 대해 논의하였으며, 준거에 대한 전통적인 관점을 세부적으로 설명했다. 실제 준거가 개념 준거의 하위 요소들의 대표 요소를 포함하지 않는 준거 결핍과, 개념 준거 이외의 것을 측정하는 준거 오염에 대해 설명하였다.

준거 문제와 관련하여 두 가지 주요 쟁점을 강조했다. 첫째, 다중 준거와 혼합 준거에 관한 내용으로, 현장 적용 관점에서는 어떤 점수나 수를 기반으로 결정을 내려야 하지만, 다중 준거를 사용함으로써 오는 다양한 예측변인과 관련된 정보 역시 중요하다고 하였다. 수행은 분명히 다각적이며 올바르게 측정하기 위해서는 다중 준거가 필요하다. Campbell의 준거에 대한 수행 모델링에 대해 세부적으로 알아보았다(Campbell, 1990; Campbell et al., 1993). 둘째, 준거가 역동적이라는 일반적인 관점을 언급했다. 이러한 관점은 시간이 지남에 따라 개인의 수행이 달라진다는 것을 의미하고, 측정 및 예측 문제도 이러한 맥락을 고려할 필요가 있다.

마지막으로, 객관적 준거와 주관적 준거의 차이점을 살펴보면서, 예시들(생산성, 결근 및 지각 측정)과 직원 수행에 대한 관리자 평가도 살펴보았다. 또한 수행 준거의 일부인 맥락 수행을 소개했고 이에 대한 최근의 많은 연구들을 살펴보면서 맥락 수행의 선행 사건들과 다른 나라에도 일반화되는지에 대해 알아보았다.

마지막으로, 조직과 다른 직장 동료들에게 부정적인 영향을 미치는 반생산적 행동에 대해 논의하였다. 반생산적 행동의 선행사건, 다른 조직 행동과의 연관성, 그리고 직장 동료에게 미치는 잠재적 전염 효과를 소개했다.

주요 용어

개념 준거	국외 근로자	수행
객관적 준거	맥락 수행	실제 준거
과업 수행	반생산적 행동	역동적 준거

주관적 준거	준거 결핍	혼합 준거
준거	준거 오염	

실무 적용

수행을 측정하는 일은 I/O심리학에서 어려운 문제이다. 무엇을 측정해야 할지 판단하기 힘든 직무는 특히 더 어렵고, 측정된 준거가 정확히 수행을 평가하는지도 고려해야 한다. 때때로 경험이 많은 I/O심리학자들조차도 이 문제로 힘들어할 때가 있다.

아래의 이메일에서 한 고객이 준거 정의와 측정 문제에 대해 언급하고 있다. Collini's Gardening Service의 인사부에 근무하는 스태시아 맷슨에게 몇 가지 해결해야 할 문제가 있는 것 같다. 아래의 이메일을 읽어보고 스태시아를 위해 적절한 조언과 비판을 해보기 바란다.

안녕하십니까.

Collini's Gardening Service가 겪고 있는 까다로운 문제들에 대해 조언을 주신다고 하니 정말 감사합니다. 저희가 보유한 30여 명의 정원관리사들은 조지아의 여러 지역에서 일하고 있습니다. 현재 저희는 정원관리사들의 수행을 평가하여 우수 직원에게 연말 보너스를 주려고 합니다. 현재 저희가 고려하는 업무 평가 내용은 다음과 같습니다.

- 한 해 동안 각 정원관리사의 관리하에 있던 식물이 죽은 수
- 한 주 동안 각 정원관리사가 방문하는 가정 수
- 고객들의 만족도 평가 점수

이러한 평가 내용에 대한 조언을 해주실 수 있나요? 그리고 정원관리사들을 평가할 수 있는 세 가지 요소를 더 제안해주실 수 있을까요? 잠재적 옵션으로 저희 위원회에 제출하고 싶습니다.

스태시아 올림

비판적 사고 문제

1. 모든 준거는 수행을 측정하는 기준이다. 학점과 더불어, 학부생의 수행을 평가할 수 있는 준거에는 어떠한 것들이 있는가? 학부생에게 있어 수행은 무엇을 의미하는가?
2. 앞서 배웠듯, 개념 준거는 이론을 기반으로 하는 반면, 실제 준거는 개념 준거를 현실적으로 나타내려고 하는 한 형태이다. 개념 준거와 실제 준거 사이에 연관성이 적다는 것은 무엇을 의미하는 것인가? 회사에서 직원의 수행을 평가한다는 것은 무엇을 의미할까?
3. 이번 장에서, 수행의 많은 요소들이 역동적이라고 하였다. 이러한 역동적 준거가 학부생들을 평가하는 데 있어 어떻게 적용될 수 있을까? 현재 다니는 학교에서 이러한 예를 본 적이

있는가?

4. 객관적 준거 평가와 다르게 주관적 준거 평가는 어느 정도 개인의 주관적 판단이 개입된다. 결과적으로, 주관적 준거 평가는 평가자의 태도나 편견에 취약할 수 있다. 주관적 준거의 예로는 어떠한 것들이 있을까? 평가자의 태도는 부하직원 업무 평가에 어떻게 영향을 줄 수 있을까?
5. 연구에 의하면 직장 동료들은 조직시민행동을 나타내는 직원에게 감사해한다. 한편 어떤 연구는 지나치게 많은 조직시민행동은 업무 수행에 해를 끼친다고 주장한다. 조직시민행동이 업무 수행을 방해하는 예로는 어떠한 것들이 있는가? 고용주들은 직원들이 업무 수행과 조직시민행동 사이의 적절한 균형을 찾을 수 있도록 어떻게 도와줄 수 있는가?

응용 문제

1. 대학생의 수행 평가 방식을 생각해보자(예 : 시험, 논문, 프로젝트). 여기에서 나타날 수 있는 준거 결핍의 예로는 어떠한 것들이 있을까?(이러한 측정으로 나타나지 않는 학생들의 수행으로는 어떠한 요소들이 있는가?) 준거 오염으로는 어떠한 예가 있을까?(학생 수행과는 무관하지만 평가받는 요소로는 어떠한 것들이 있는가?)
2. 미국 공립 학교에서, 우수한 선생님과 그렇지 않은 선생님을 변별하는 방식에 대해 많은 논쟁이 있었다. 일부 사람들은 표준화된 시험을 통한 학생들의 점수로 선생님을 평가하는 방식을 지지한다. 다른 이들은 학생들이 직접 선생님을 평가하는 방식을 지지한다. 각 평가 방식이 갖는 장점과 단점은 무엇인가?
3. 본인이 직장에서나 수업에서 보여준 맥락 수행의 예로는 어떠한 것들이 있는가? 어떠한 상황에서 이러한 행동을 하게 되었는가? 이러한 행동이 당신의 업무 수행에 방해가 된 적이 있는가?
4. 직원이 고객에 대한 부정적인 내용을 SNS에 공유했다고 가정해보자. 이러한 행동이 그의 수행을 평가할 때 반영되어야 한다고 생각하는가? 왜 그런가 또는 왜 아닌가?

더 읽을거리

Austin, J. T., & Villanova, P. D. (1992). The criterion problem: 1917–1992. *Journal of Applied Psychology, 77*, 836–874.

Campbell, J. P. (1990). Modeling the performance prediction problem in industrial and organizational psychology. In M. D. Dunnette & L. M. Hough (Eds.), *Handbook of industrial and organizational psychology* (2nd ed., Vol. 1, pp. 687–732). Palo Alto, CA: Consulting Psychologists Press.

Lievens, F., Buyse, T., & Sackett, P. R. (2005). The operational validity of a video-based situational judgment test for medical college admissions: Illustrating the importance of matching predictor and criterion construct domains. *Journal of Applied Psychology, 90*(3), 442–452.

Penney, L. M. & Spector, P. E. (2008). Emotions and counterproductive work behavior. In N. M. Ashkanasy & C. L. Cooper (Eds.), *Research companion to emotions in organizations* (pp. 183–196). Northhampton, MA: Edward Elgar Publishing.

Podsakoff, N. P, Whiting, S. W., Podsakoff, P. M., & Blume, B. D. (2009). Individual- and organizational-level consequences of organizational citizenship behaviors: A meta-analysis. *Journal of Applied Psychology*, 94(1), 122–141.

Rubin, R. S., Dierdorff, E. C., & Bachrach, D. G. (2013). Boundaries of citizenship behavior: Curvilinearity and context in the citizenship and task performance relationship. *Personnel Psychology, 66*, 377–406.

Schmidt, F. L., & Kaplan, L. B. (1971). Composite v. multiple criteria: A review and resolution of the controversy. *Personnel Psychology, 24*, 419–434.

CHAPTER 5

수행 평가

이 장의 개요

사진 : Ragnar Schmuck/Getty Images

학습내용

- 직무 수행 평가의 목적
- 수행 평가에 사용되는 다양한 양식
- 수행 평가 과정에서 평정 오류의 영향
- 수행 평가가 이루어지는 광범위한 맥락이 평가와 조직에 미치는 영향
- 수행 관리 측면에서 직원개발의 역할
- 수행 평가 과정에서 법적 쟁점
- 수행 평가 피드백을 주고받는 맥락에서의 복잡성

이 장은 직원들의 수행을 평가하는 과정, 즉 직무 수행 평가를 집중적으로 다룬다. 자신의 수행을 평가받는 것은 언젠가 모두 한 번씩 경험하는 것이다. 물론 아버지에게 채소밭에 씨를 정확하게 뿌리지 못했다는 평가를 듣거나, 심리학개론 교수님에게 시험 성적이 C밖에 받을 수 없는 수준이라고 듣는 것이 좋은 기억은 아닐 것이다. 방금 설명한 수행 평가는 부정적 평가의 예시다. 하지만 정원 잔디를 잘 깎았다거나 학기말 과제를 잘 작성했다고 들은 적도 있을 것이다. 이는 긍정적 평가를 받은 경우이다.

직무 수행 평가
직무 수행에 대한 체계적인 검토와 평가

수행에 영향을 미치는 요인들은 다양하지만 이 단원에서는 조직에서 아주 중요한 직무 수행 평가의 역할에 대해 다룰 것이다. **직무 수행 평가**(performance appraisal)란 직무 수행에 대한 체계적인 검토와 평가뿐만 아니라, 수행 피드백을 제공하는 것에 이르기까지 폭넓게 정의된다. 직무 수행 평가는 매우 흥미로운 분야이다.

직무 수행 평가의 활용

직무 수행 평가는 조직에서 이루어지는 가장 중요한 프로세스 중 하나이다. 여러 목적이 있지만, 그중 가장 중요한 세 가지를 설명할 것이다. 먼저, 직무 수행 평가는 누가 승진하는지, 해고되는지, 강등되는지, 휴직을 해야 하는지, 누가 높은 임금 상승, 낮은 임금 상승을 받을지, 아니면 아예 임금 변동이 없을지 등과 같은 중요한 인사 결정을 내리는 데 사용된다. 효율적인 조직은 인사 관련 결정들을 무턱대고 내리지 않고 직무 수행 평가 자료를 기반으로 결정을 내린다.

둘째로, 직무 수행 평가는 근로자의 개발을 목적으로 사용된다. 수행 평가를 통해 자신들의 수행 강점과 약점에 대한 정보를 받는다. 전반적으로 조직은 직원의 수행이 좋을수록 경제적 이익을 얻기 때문에, 직무 수행 평가 정보는 직원들이 더 나은 수행자가 되도록 돕는다. 또한

조직은 직원들이 더 많은 능력을 갖추고 회사에서 중요한 일들을 하길 원한다. 이는 직무 수행 평가를 통해 가능하다. 예를 들어 직무 수행 평가를 통해 어떤 직원에게 다음 승진 기회에서 자격요건을 갖추기 위해서는 대인관계 기술을 향상시킬 필요가 있다고 피드백을 제공할 수 있다.

직무 수행 평가의 세 번째 목적은 조직에서 이루어지는 의사결정의 공식화라고 할 수 있다. 이는 최근 인사 결정에 대한 이슈와 점점 더 중요해지는 노동법과 관련되어 있다. 이제 회사들은 인사 결정과 관련된 소송이 제기될 수 있다는 것을 잘 알고 있기 때문에 관리자들은 직원의 수행에 대한 평가를 공식적으로 문서화하고 있다. 직원들이 부적절한 수행으로 해고되는 경우, 조직이 해당 직원의 수행을 잘 기록한 경우에는 직원의 저조한 성과에 대한 자세한 정보를 제공하여 부당 해고라는 주장을 기각할 수 있다. 이와 관련된 법적 문제에 대한 내용은 이 장의 뒷부분에서 추가적으로 다룰 것이다.

반면에, 신중하게 개발 및 시행되지 않은 직무 수행 평가는 조직과 직원 모두에게 악영향을 끼칠 수 있다. 예를 들어 잘못된 평가 시스템은 부적절한 사람을 승진, 이동, 혹은 해고시킬 수 있다. 실적이 우수한 직원이 저조한 직원보다 임금 상승이 낮은 경우 인사 결정에 대해 불공정성을 느낄 수 있다. 만약 수행 평가 시스템이 잘 갖춰지지 않았다면 특정 직원이 승진하지 못한 이유에 대한 증거를 제시할 수 없고 회사는 법적 소송에 취약할 수밖에 없다. 또한 불공정을 경험한 직원들은 조직을 위한 노력을 줄이고, 피드백을 무시하며, 이직의도를 가질 수 있다. 비효율적인 평가 시스템은 직원들의 수행 수준도 저조하게 만들 수 있으며, 이는 곧 좋지 못한 고객 서비스로 이어질 수 있다. 실제로 비효율적이고 비합리적인 직무 수행 평가 시스템은 조직과 관련된 모든 사람들에게 광범위한 영향을 끼친다. 이러한 중요성 때문에 직무 수행 평가에 대해서 연구자들은 많은 관심을 가져왔다(Levy & Williams, 2004; Murphy & Cleveland, 1995). 좋은 직무 수행 평가 시스템은 체계적으로 선정된 행동에 기반하며, 핵심적인 수행 영역을 측정하고, 다양한 관점들을 내포하며, 근로자들의 능력을 개발하는 것에 초점을 맞추고 이에 따라 평가 대상자들에게 잘 수용된다.

"이것은 자기 회사를 운영하는 이점 중 하나이다."

Thomas Bros./Cartoonstock.com

생각해보기

수행은 다양한 방법으로 측정될 수 있다. 당신이 가졌던 직업 중에서 당신의 수행은 어떻게 측정 혹은 인식되었고, 그러한 과정은 당신에게 어떤 도움이 되었는가?

직무 수행 평가에 있어서 I/O심리학의 역할

I/O심리학자들은 직무 수행 평가 영역에서 중요한 역할을 한다. 어떤 I/O심리학자들은 조직 내에서 직무 수행 평가 시스템을 개발하고 시행한다. I/O심리학자들은 성공적인 직무 수행 평가를 위하여 인적자원과 조직심리학에 대한 배경지식을 겸비하고 측정과 관련된 전문지식을 갖추어야 한다. 많은 회사들의 인사관리 부서에 개인 수행 향상을 위한 동기 부여 시스템, 즉 **직무 수행 관리**(performance management)를 책임지고 있는 I/O심리학자들이 있다(DeNisi & Pritchard, 2006). 이 시스템은 일반적으로 (1) 객관적인 목표 설정, (2) 지속적인 **코칭**(coaching)과 피드백, (3) 직무 수행 평가, (4) 근로자 개발 계획으로 이루어져 있다. 여기서 중요한 점은 두 가지이다. 이 네 가지 요소들은 조직의 목표와 목적에 긴밀하게 관련되어 있고, 1년에 한 번이 아니라 지속적으로 시행된다는 것이다. 일부 연구들에서는 조직에 이익이 발생하면, 일반적으로 직원, 관리자, 그리고 조직에 광범위한 영향을 미치는 인사관리에 더 많은 자원을 투자하는 것으로 밝혀졌다(den Hartog, Boselie, & Paauwe, 2004). 직무 수행 평가는 직무분석으로부터 시작된다는 것을 기억해야 한다(그림 3.1 참조). 수행 준거는 직무분석을 통하여 확인되며 이 준거는 평가 시스템의 핵심 요소로 활용된다. 직무분석을 신중하게 하지 않는다면 중요하지 않거나 직무와 상관이 없는 준거를 가지고, 즉 잘못된 기준으로 수행을 평가하게 될 것이다.

직무 수행 관리
개인 직무 수행 향상 시스템은 일반적으로 (1) 객관적인 목표 설정, (2) 지속적인 코칭과 피드백, (3) 직무 수행 평가, (4) 근로자 개발 계획을 포함한다.

코칭
전문가가 직원의 수행과 관련된 지침을 제공하는 일대일 협력적 관계

직무 수행 평가를 전문으로 하는 연구자는 다음과 같은 연구 문제에 관심을 갖는다. (1) 직무 수행 평가를 위한 가장 좋은 양식 혹은 측정 척도는 무엇인가? (2) 평가자 오류와 편향이 평가 프로세스에 어떤 영향을 끼치는가? (3) 평가자들이 이러한 오류와 편향을 피하기 위해 어떠한 훈련을 받아야 하는가? (4) 어떠한 맥락적 변인들이 평가 과정에 영향을 미치는가? (5) 조직 맥락 혹은 문화가 이러한 평가 프로세스에서 얼마나 중요한가? (6) 어떠한 요인들이 평가자와 피평가자의 직무 수행 평가에 대한 반응에 영향을 미치는가? 이러한 질문에 답하는 것 이외에도, I/O심리학은 응용심리학 분야로, 기초심리학적 원리들을 사용하여 공정하고 정확한 그리고 사용자 친화적인 평가 시스템을 개발하고 시행하는 데 도움을 준다.

수행 평가원

수행 피드백의 출처는 다양하다. 전통적으로, 관리자들이 직무 수행 평가를 실시하고 수행 피드백을 전달하는 역할을 해왔다. 이러한 하향식 접근법이 일반적으로 직무 수행 과정에 많이 사용되어 왔다. 하지만 좀 더 현대적인 다른 접근들이 존재하며, 그중에서도 다면 평가 피드백이 가장 많이 사용된다.

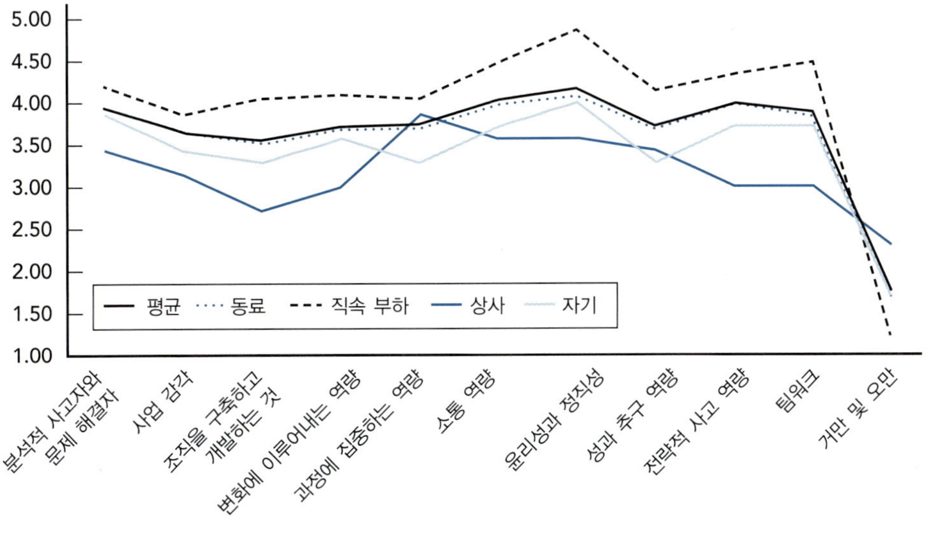

그림 5.1 360도 개발 보고서

이 360도 보고서 그림은 11개의 '리더십' 차원에 대해 5점 척도로 4명의 평가자가(그리고 하나의 총점) 제공한 점수를 보여준다.

출처 ; Human Resource Decisions, Inc,

360도 피드백
조직 내 다양한 위계에 위치한 다수의 평가자가 내상 직원을 평가하고, 직원은 이 다양한 출처로부터 피드백을 제공받는다.

다면 평가 피드백 종종 **360도 피드백**(360-degree feedback)으로 불리는 이 방법은 (Fletcher & Baldry, 2015) 대상 직원을 평가하고 피드백을 제공할 수 있는 조직의 다양한 수준에 있는 다수의 평가자들이 실시한다. **그림 5.1**에서 볼 수 있듯이, 이러한 다중 출처는 일반적으로 부하직원, 동료, 관리자, 고객, 그리고 고객사와 자기 평가까지 포함한다. 각 수행 영역에 대한 평가에서 서로 다른 평가자 간 점수에 차이가 있을 수 있다는 점을 알아야 한다.

이 시스템은 직무 수행 평가와 관리 면에서 더욱 중요해지고 있다(Hoffman, Lance, Bynum, & Gentry, 2010). Home Depot, Procter & Gamble, General Electric, Intel, Boeing과 같은 많은 기업들은 직원들의 높은 기대치 그리고 더 정교해진 21세기 조직에 부합하기 위해 360도 피드백 시스템을 활용하고 있다.

360도 피드백 시스템 지지자들은 세 가지 기본적인 가정을 한다. 첫 번째, 평가에 참여하는 사람들은 조직의 의사결정에 참여하고 영향력을 행사할 수 있다는 것에 만족감을 느낀다는 것이다. 이는 조직 의사결정 과정에 근로자의 참여가 중요하다는 것과 유사하다. 더 중요한 두 번째 가정은, 조직의 다양한 수준에 있는 다수의 평가자들이 동일한 직원을 평가하는 것이 일방향적인, 즉 한 명의 평가자에 의한 편향이 극복될 수 있다는 것이다. 예를 들어 관리자가 나를 좋아하지 않는다는 이유로 나를 부정적으로 평가한다면 이는 평가 오류이다. 하지만 다양한 평가 주체들이 참여한다면 일방향적 평가에 기인한 편향의 문제를 극복할 수 있으며, 타당하지 않은 이유로 부정적 평가를 한 관리자의 문제점이 드러날 수 있다. 세 번째로, 다수가 평가하는 것이 평가 대상에 대한 다양한 측면을 알 수 있게 해준다는 것이다. 즉 직무 수행에 대한 좀 더 광범위하고 정확한 시사점을 제공할 수 있다. 예를 들면 대학교에서 교수에 대한 강의를 학생들이 평가하는 것이다. 이러한 평가는 조직의 위계상 피평가자보다 평가자들의 직책이 더 낮아, 종종 **상향식 평가**(upward appraisal ratings)라고 불리기도 한다(Atwater, Daldman, Atwater, & Cartier, 2000). 최근 연구에서는 관리 역량에 대한 평가 점수가 관리자 평가, 동료 평가, 그리고 부하 평가 간에 서로 다르다는 것이 밝혀졌고 이 평가 점수들이 관리 효과성에 어떤 영향을 미치는지를 검증하였다(Semeijn, Van der Heijden, & Van der Lee, 2014).

> **상향식 평가**
> 조직 계층 구조에서 피평가자들 보다 지위가 낮은 사람들이 제공한 평가

기업에서 수십 년간 360도 피드백이 사용되어 왔지만, 최근 들어 관련 연구가 활발하게 진행되고 있다. 몇 년 전까지도 360도 피드백에 관한 대부분의 경험적 연구들은 평가자 간 일치도 등과 같이 측정 점수에 초점이 맞춰져 있었다(Levy & Williams, 2004). 그러나 최근 더 광범위한 분야, 의료진(의사, 간호사, 레지던트)과 교육 분야 종사자(교사, 교장)를 대상으로 360도 피드백을 적용한 연구들이 급증하고 있다. 한 연구는 385명의 외과 의사를 대상으로 360도 피드백의 활용에 대하여 조사하였다(Nurudeen et al., 2015). 연구 결과, 많은 외과 의사들이 자신에게 제공된 피드백이 정확했다고 보고하였고, 피드백의 결과로 자신들의 일하는 방식(관행)이 변화했다고 보고하였다. 마찬가지로, 대부분의 부서장들은 자신들이 외과 의사들에게 제공한 피드백이 정확하다고 믿었다. 참여자의 약 75%(평가자와 평가 대상)가 이러한 피드백 프로세스를 가치 있게 생각하였고, 80% 이상은 미래에 360도 평가에 참여할 의사를 밝혔다. 의대생들을 훈련시키는 의사들에게 임상 실습 후 피드백을 제공할 수 있도록 도와주는 새로운 애플리케이션(Healthcare Supervision Logbook)도 존재한다. 의대생들은 애플리케이션을 사용하여 수업 과정과 교육에 대한 상향식 피드백을 임상 강사인 레지던트들에게 제공할 수 있다(Gray, Hood, & Farrell, 2015).

교육 현장 연구에서는 교장이 360도 측정 도구로 평가를 받은 후 다양한 평가자 간 상충하는 피드백에 어떻게 반응하는지 조사하였다(Goldring, Mavrogordat, & Haynes, 2015). 교장의 수행에 대한 교사들의 평가가 자기 평가보다 낮을 경우 불편감 및 긴장을 유발하는 인지부조화를 경험하는 것으로 나타났다. 연구자들은 교장들이 인지부조화를 감소시키기 위해 자신의 수행을 향상시키거나, 교사들의 상향식 평가를 무시하여 오히려 수행을 감소시킬 수 있다고 주장하였다. 따라서 피드백 수용 여부가 중요한 문제인 것이다. 연구는 교장이 피드백을 수용하고, 평가하고 활용하는 방법을 훈련받아야 할 필요성이 있음을 시사하였다.

Human Resource Decision, Inc.라는 회사는 네 가지 측정 도구로 구성된 360도 피드백 시스템을 사용한다. (1) 다양한 평가 주체가 실시하고, 리더십 및 경영 감각과 같은 13가지 차원을 측정하는 360도 설문지, (2) 평가 대상의 장단점에 대한 요약 정보와 다양한 평가자로부터 받은 평가 결과를 제공받는 360도 피드백 보고서, (3) 직원들이 피드백 보고서를 활용하고 이해할 수 있도록 돕는 능력 개발 매뉴얼, (4) 특정 영역의 기술을 향상시킬 수 있는 도서와 활동을 추천하는 역량 개발 가이드. 이러한 360도 시스템은 다양한 산업 장면에서 많은 회사들이 사용하고 있다.

360도 피드백은 향후 어떠한 효과를 미칠 수 있을까? 평가의 사회적 타당도에 초점을 맞추는, 즉 근로자들에게 수용될 수 있는 360도 피드백을 적용하기 위해 지켜야 할 권고사항이 있다. (1) 피평가자 및 평가자에게 평가 내용의 사용에 대해 정직하고 투명하게 알릴 것, (2) 직원들이 평가를 해석하고 이해하는 데 도움을 줄 것, (3) 지나치게 많은 정보를 노출하는 것을 피할 것(DeNisi & Kluger, 2000). 360도 피드백이 조직에서 활용되는 빈도를 보면 앞으로도 수행평가에서 중요한 역할을 할 것이다. 최근 연구는 다음과 같은 내용들이 지속적으로 연구되어야 한다고 제안하고 있다 – 다면 평가의 구성 타당도, 다면 평가에 영향을 미치는 결정요인(평가 목적, 취향, 성격 등), 그리고 다면 평가가 직원들의 태도와 능력 개발에 미치는 영향.

> **원격근무**
> 직원들이 근무 시간과 장소에 구애받지 않고 정보통신 기술을 활용하여 유연성을 발휘할 수 있는 근로 조건으로 업무를 수행하는 것

원격근무, 새로운 도전 최근의 조직에서는 직원들이 집이나 멀리 떨어진 장소에서 업무를 하는 **원격근무**(telework)가 급증하고 있는 추세이다(11장에서 원격근무와 복리후생에 대해 자세하게 논의)(Golden, Barnes-Farrel, & Mascharka, 2009). 이러한 원격근무로 인하여 의사소통의 형태가 변화되고 있다. 직원–직원과 직원–관리자 의사소통이 면대면이 아닌 이메일, 통화, 팩스, 문자, 화상 회의 등으로 이루어진다. 이런 방식으로 인해 직무 수행 평가를 하는 관리자들은 현장 관찰을 통하여 직접 평가하기보다, 대상 직원과 같이 근무하는 직원들로부터 정보를 얻거나 수행 기록 정보를 검토하는 등 수행의 간접적인 정보들에 의존한다.

최근 연구에서 직접적 그리고 간접적 수행 정보가 모두 제공되었을 때 관리자들은 직접적인 수행 정보를 더 신뢰하는 것으로 나타났다(Golden et al., 2009). 관리자들이 원격근무로 인한 간접 정보를 경시하는 경향은 직무 수행 평가 오류와 비효율성이 있을 수 있음을 시사한다.

물론 원격근무의 한 가지 중요한 측면은 수행과의 관계이다. 이 분야에 연구가 많지는 않지만 예를 들어, 273개의 상사–부하 설문 조사를 통해 원격근무가 수행에 긍정적인 영향을 끼친다는 것이 밝혀졌다. 원격근무의 긍정적인 효과의 크기는 다양한 요인들에 의하여 변화되었지만, 원격근무의 부정적인 영향은 미미하였다(Golden & Gajendran, 2014). 다시 말해, 원격근무가 다양한 상황적 특성에 따라 수행에 미치는 긍정적인 효과의 정도에는 차이가 있었지만,

Jetta Productions/Blend Images/Getty Images

생각해보기

원격근무가 수행에 긍정적 혹은 부정적 영향을 미치는 데 중요한 역할을 하는 변인들은 무엇인가?

부정적 영향은 거의 없다는 것이다. 예를 들어 Gajendran, Harrison 및 Delaney-Klinger(2015)는 323개의 상사-부하직원 쌍을 연구한 결과 원격근무가 맥락 수행에 긍정적인 영향을 미쳤다. 더 나아가, 상사와 부하 간에 관계가 좋을 때 원격근무가 수행에 미치는 효과는 더 컸다. 좋은 부하-상사 관계를 경험한 직원에게 원격근무의 자유가 주어지면, 그 직원은 더 많은 자율성을 갖게 되며 이는 더 높은 수준의 업무와 맥락 수행으로 이어진다는 것이다. 원격근무에 대해 더 알고 싶다면 Allen, Golden 및 Shockley(2015)의 문헌을 참고할 것을 권장한다.

평가 양식

평가자가 누군가의 수행을 평가할 때 일반적으로 특정 형태의 평가 양식을 사용한다. 다양한 평가 양식들이 있고 보편적으로 사용되는 것들에 대해 알아보자.

도식적 평가 척도 도식적 평가 척도는 수행 평가에서 가장 오랫동안 사용되어 온 양식 중 하나이다. 이 척도는 여러 가지 특성과 행동(예 : 의존성)을 포함하고, 평가자에게 평가 대상이 얼마나 각 특성을 지니고 있거나 행동을 얼마나 하는지, 혹은 이 차원의 어디에 위치하는지를 조직이 기대하는 수준에 근거하여 평가하게 한다. 도식적 평가 척도는 대부분 '1 : 기대 이하', '4 : 기대치에 충족', 그리고 '7 : 기대치 이상'과 같은 기준점이 있고 피평가자에 해당하는 지점에 체크를 한다. 도식적 평가 척도는 개발과 사용이 쉬워 조직에서 자주 사용되고 있다. **그림 5.2**는 도식적 평가 척도의 예시이며, 직원들이 절차를 얼마나 잘 따르는지를 평가하고 있다.

행동기준 평정 척도 행동기준 평정 척도(Behaviorally Anchored Rating Scale) 혹은 BARS(Smith

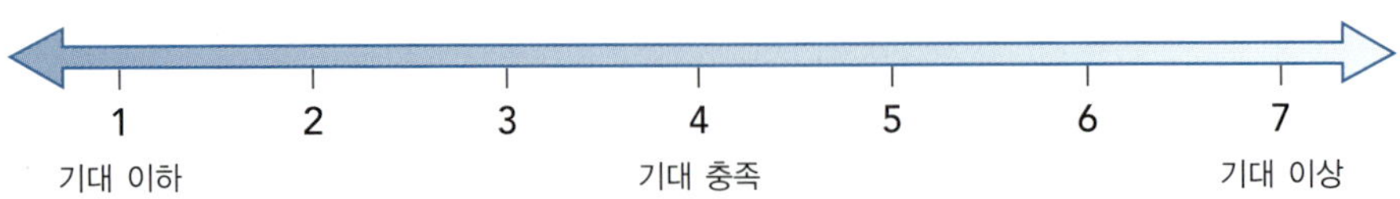

그림 5.2 '절차 준수'에 대한 도식적 평가 척도

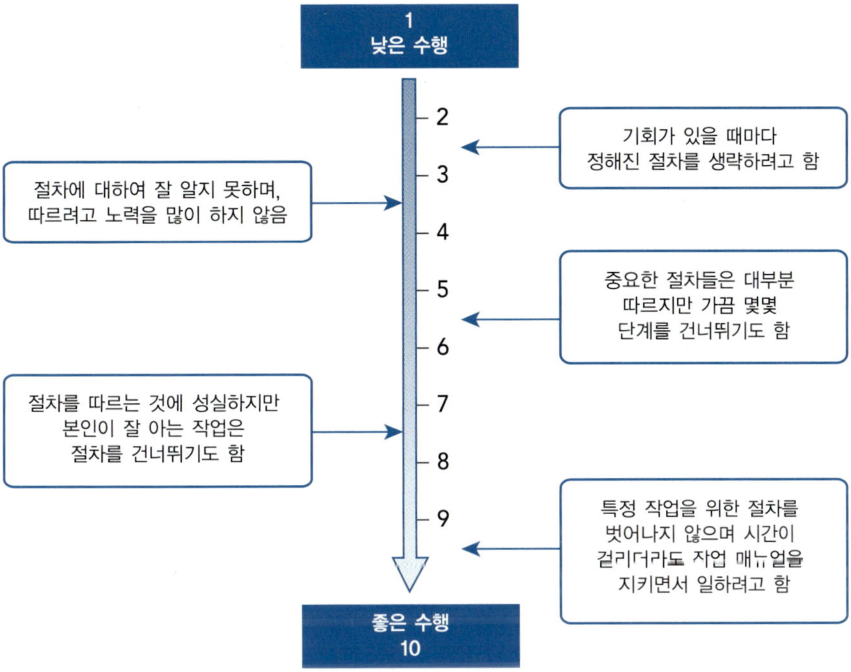

그림 5.3 '절차 준수'에 대한 행동 기준 평정 척도

& Kendall, 1963)는 척도에 따라 행동에 대한 구체적 설명이 제공된다는 점을 제외하고는 도식적 평가 척도와 유사하다. 예로, 원자력 발전소 기술자가 절차를 따르는 정도에 대한 9점 BARS를 **그림 5.3**에서 볼 수 있다.

BARS
평가를 위해 행동적 서술을 사용하는 직무 수행 평가 양식

BARS는 개발 과정은 매우 엄격하고 복잡한 것으로 알려져 있다(Smith & Kendall, 1963 참고). 이 과정은 다섯 단계로 요약될 수 있다(Bernardin & Beatty, 1984). 첫째, 직원, 관리자, 혹은 주제 전문가들로 이루어진 한 집단이 직무에 중요한 여러 차원들을 정의한다('절차 따르기', '시간 지키기' 등). 둘째, 또 다른 개발 참여자 집단이 각 직무 차원마다 수행에 관한 일련의 행동들의 예시를 만든다(표 5.3의 항목들과 유사). 이러한 예시들을 **주요 사건**(critical incident)이라고 한다. 개발자들은 각 주요 사건들을 평가 점수에 맞게 위계적(상, 중, 하)으로 구분한다. 예를 들어, 그림 5.3에서 "특정 작업을 위한 절차를 벗어나지 않으며 시간이 걸리더라도 작업 매뉴얼에 따라 일을 하려고 한다."는 주요 사건은 좋은 직무 수행을 반영하고, "기회가 있을 때마다 정해진 절차를 생략하려고 한다."는 저조한 직무 수행을 반영한다.

주요 사건
행동기준 평정 척도 혹은 직무분석에 사용되는 핵심적 직무 수행 예시

셋째, 또 다른 참여자 집단에게는 이러한 주요사건들을 다시 한 번 적절한 차원으로 분류하

도록 한다. 이러한 재조정 단계의 목표는 각 차원마다 생성된 예시들이, 해당 차원과 확실히 관련된 것인지를 확인하는 것이다. 특정 차원과 명확하게 연결되어 있지 않은 문항들을 제거하는 데는 일반적으로 80% 기준을 사용한다. 20% 이상의 참여자들이 주요 사건 문항이 특정 차원에 적절하지 않다고 판단하면 그 항목은 제거된다. 넷째, 또 다른 참여자 집단은 관련이 있는 차원에 대한 행동 예시들의 위계를 평가한다. 이 평가는 주로 5점 혹은 7점 척도이다. 평가자 간 편차가 큰 항목의 경우에도 제거된다.

다섯째, 항목 후보군들 중에서 각 차원의 수행 수준을 구체적으로 나타내는 항목들을 선택하고 BARS를 개발한다. BARS의 신중하고 복잡한 개발 절차는 가장 큰 강점이자 약점이다. BARS의 개발에는 최소 네 집단의 개발 참여자들이 필요하다. 또한 구체적인 과정을 거치면서 유용하고 타당한 척도를 만들어낸다. 하지만 많은 시간과 비용이 들기 때문에 대부분의 조직들은 간단한 도식적 평가 척도를 사용한다.

체크리스트 체크리스트 역시 직무 수행 평가에 많이 사용되는 보편적인 양식이다. 체크리스트는 평가자들이 여러 행동에 대한 진술문을 읽고, 피평가자가 각 행동을 보이면 체크하도록 되어 있다. 한 가지 예는 진술문 별로 가중치가 있는 체크리스트이다. 가중치 체크리스트는 검사 이전에 중요도나 효율성에 따라 각 진술문에 가중치가 부여된다. 어떤 항목들은 바람직한 행동을 나타내며, 반대로 다른 항목들은 바람직하지 않은 행동을 나타낸다. **그림 5.4**는 컴퓨터

컴퓨터 및 정보 시스템 관리자

체크박스 (적용될 시)	행동 진술문	척도 점수
☐	백업 및 컴퓨터 지원 시스템을 효과적으로 관리한다.	+8.5
☐	사용자, 공급 업체 및 기술자들과 정기적으로 상의한다.	+6.7
☐	기술 발전에 뒤쳐지지 않는다.	+4.4
☐	사무실에서 일주일에 40시간 이상 근무한다.	+1.5
☐	발생 가능한 문제를 예상하지 않는다.	−1.2
☐	재정에 관한 세부사항에 주의를 기울이지 않는다.	−2.4
☐	자신의 작업 팀에 리더십을 거의 제공하지 못한다.	−4.6
☐	필요한 변화를 시행하지 못한다.	−6.7
	총점 :	

그림 5.4 가중치 체크리스트

및 정보 시스템 관리를 평가하기 위한 가중치 체크리스트의 예시이다.

현실에서는 그림 5.4의 척도가 두 가지 방식으로 수정될 수 있다. 먼저, 문항 순서를 무작위로 섞는 것이다. 둘째, 척도의 점수표(가중치)를 양식에 포함하지 않는다. 평가자들은 피평가자들의 행동을 관찰하거나 혹은 회상하면서 해당되는 항목에 체크한다. 체크된 항목들의 점수 합이 정보 시스템 관리자의 직무 수행 평가 점수이다. 부정적인 항목들이 많이 체크될수록 직원의 종합 평가는 낮아진다.

강제선택 체크리스트(forced-choice checklist)는 자주 사용되지는 않는다. 예를 들어 평가자는 피평가자를 가장 잘 설명하는 네 개의 문항 중 두 문항을 반드시 선택해야 한다. 문항들은 모두 긍정적인 것처럼 보이지만 실제로는 두 문항만이 효율적인 혹은 비효율적인 수행자를 구분할 수 있도록 개발되었고 타당도 검증을 거친 것이다. 이 방식은 평가자들의 의도적 편향과 왜곡을 줄이기 위해 개발되었다. 즉 모든 문항들이 긍정적이기 때문에 평가자들은 어떠한 문항들이 좋은 수행을 의미하는지 알 수가 없어 점수를 일부러 높게 혹은 낮게 주지 못한다.

이 방식의 한 가지 단점은 일부 평가자들이 평가 과정에서 본인에게 선택권이 없다고 느껴 싫어할 수도 있다는 것이다. 만약 네 가지 문항이 모두 긍정적인데 수행 수준이 낮은 부하직원을 설명하는 두 가지를 선택해야 한다면 기분이 어떨까? 최근 연구자들은 편향을 감소시키면서, 평가자가 부정적인 반응을 보이지 않는 평가 양식을 개발했다. Borman과 동료들이 개발한 컴퓨터사용검사(computerized adaptive rating scale : CARS)는 직무 수행 평가 분야에서 새로운 방법이지만 다른 양식들보다 측정 신뢰도가 더 높다. 또한 고 수행자와 저 수행자를 더욱 잘 구별한다. 즉 더 높은 민감도, 타당도를 보인다(Borman et al., 2001; Schneider, Goff, Anderson, & Borman, 2003). CARS는 평가자들에게 맞춤 방식으로 제공된다(Drasgow, Chernyshenko, & Stark, 2010). 평가자에게 제공되는 수행 진술문은 직전 응답의 영향을 받는다. 예를 들면 첫 문항에서는 평균정도의 수행을 묘사하는 진술문이 제시되고, 두 번째 문항에서는 평균보다 높은 혹은 낮은 수행 진술문이 제공된다. 평가자는 피평가자의 수행을 가장 잘 반영하는 진술문을 하나 선택한다. 그다음 방금 선택한 진술문보다 좀 더 높거나 혹은 낮은 두 가지 수행진술문 중 가장 적합한 것을 선택한다. 이 과정이 최적의 수행 평가/평정이 결정되기 전까지 계속된다(Borman, 2010).

직원 비교법 평가 양식의 마지막 차원인 비교법은 평가 대상과 타 직원을 비교하는 방법이다. 그중 첫 번째는 **순위법**으로, 여러 직원들을 최고부터 최저까지 순위를 매기는 것이다. 순위법은 특히 승진 결정을 내릴 때와 가장 뛰어난 직원을 구별할 때 유용하다. 두 번째는 **짝 비교**로, 각 직원을 다른 모든 직원과 짝을 지어 비교하는 것이다. 관리자가 평가할 직원이 세 명뿐이라면 어렵지 않다(이번 학기 수업을 받는 교수들을 대상으로 이 방법을 적용해볼 수 있다). 하지만 대상의 수가 증가할수록 복잡성도 증가한다. 이 방식은 '최고의 직원'을 가려내는 방법이지만 직원의 수가 커질수록 매우 번거롭다.

참조

총 비교 횟수를 계산하는 데 공식 N(N−1)/2이 사용된다. 예를 들어 3명의 직원은 3번의 비교가 가능하고, 10명의 직원을 비교할 때 비교 횟수는 45번이 되는 것이다.

세 번째는 강제 배분법이다. 여기서 평가자들은 평가 대상들을 지정된 비율의 5~7가지 범주로 분류해야 한다. 비슷한 방식으로 정규 분포 곡선에 따라 등급을 매기는 방식도 있다. 예를 들면 교사들을 정규 곡선에 있는 비율에 따라 등급을 매길 수 있다(백분율에서 97.5%는 F, 86.5%의 등급은 D, 68%의 등급은 C, 13.5%의 등급은 B, 2.5%는 A가 될 수 있다). 어떤 조직은 3분의 1은 평균, 3분의 1은 평균 이하, 3분의 1은 평균 이상으로 범주화하기도 한다(*Time* 기사 'Rank and Fire', Greenwald, 2001 참조). 평가는 임금 상승과 직결되어 있으며, 정해진 재원을 사용할 수밖에 없는 회사 입장에서는 중요한 문제이다. 이러한 백분율에 의한 분류와 등급화는 조직에게 인사 결정 관련 정보를 제공한다.

직원들이 이 배분법에 대하여 어떻게 느끼는 알고 싶다면, 교수가 정규 분포에 근거하여 점수를 부여한다고 상상해보자. 즉 당신이 평균 95점을 받았음에도 같은 수업을 듣는 상위 학생 3%(A의 기준)의 평균이 96점 이상 이라면 A 학점을 받지 못한다는 뜻이다. 강제 배분법은 학생이든 직원이든 평가 대상자들이 선호하는 방법이 아니지만 1990년대와 2000년대 중반까지는 Fortune 500 회사들에게 매우 인기가 많았다. 이 중 20%의 조직들이 이 방식을 2000년대 중반까지 사용한 것으로 추측되고(Grote, 2005), General Electric, 3M, Texas Instruments, Microsoft, Ford, Goodyear, Hewlett Packard와 같은 유수의 기업들도 이와 같은 방식을 선호했다. 하지만 이러한 강제 배분법에 대한 소송에서 소수 집단에게 불균형적으로 낮은 등급이 부여됐다는 논란이 불거졌고 불리효과가 나타났다(Giumetti, Schroeder, & Switzer, 2015). **불리효과**는 인사법에서 매우 중요한 개념이며, 특정 집단에 대한 불법적 차별을 의미하는 개념이다(자세한 사항는 7장 참조). 많은 논문과 분석을 통해 강제 배분법의 단점이 지적되었다. 평가자와 평가 대상자 모두가 싫어하는 방식이라는 점과 자신의 실제 수행과 상관없이 특정 범주나 등급으로 강제로 분류된다는 것, 그리고 지속성의 문제가 있다. 예를 들면 평균 혹은 평균 이상으로 분류된 직원의 경우 전 직원의 능력이 성장하거나 혹은 수행 준거에 대한 변화가 일어난다면 낮은 등급으로 떨어질 수 있다. 이러한 이유로 최근 많은 기업들이 대안적인 방법을 모색하고 있다. 이러한 문제들은 **월스트리트저널** 웹사이트 'It's Official: Forced Ranking is Dead' (Deloitte, 2014)에서도 확인할 수 있다.

평가 형식의 최근 트렌드 최근 몇 년간 평가 형식에 대한 연구와 문헌들이 감소하였지만 몇몇 흥미로운 결과들이 있다. 먼저, 대부분 평가 형식들은 양적인 성격을 지니고 있다. 하지만 양적 평가의 경우에도 대다수가 어떤 방식으로든 서술적 평가 내용을 포함하고 있다(예 : 당신의 수행은 이 차원에서는 평균 이상이지만 관리 능력은 향상시켜야 함). 최근 들어 연구자들이 서술식 평가를 연구하기 시작하였다. 일부 연구에서 관리자나 부하직원의 서술 평가가 동료 평가보다 훨씬 명확한 것으로 나타났다(Gillespie, Rose, & Robinson, 2006). 다른 연구에서는 직무 수행 평가 과정에서 서술식 평가 사용의 틀을 제안하면서(Brutus, 2010), 평가 내용들의 구체성과 범위와 같은 중요한 특성들이 확인되었고, 평가자와 평가 대상들이 서술 평가를 사용하는 과정에 대해 서술하였다. 이 연구는 서술식 평가에 대한 중요한 특성을 확인했다는 데 의의가 있고 서술식 평가에 대한 후속 연구에 도움이 되는 틀을 제공하였다.

마지막으로, 고정관념에서 벗어난 직무 수행 평가 방식으로 피드포워드 인터뷰(feedforward interviews : FFIs)를 사용하는 경우도 있다(Kluger & Nir, 2010). 이러한 아이디어는 긍정심리학의 강점 탐구(14장 참조)에서 차용되었다. FFI는 전통적인 직무 수행 평가 인터뷰의 대안적 접근으로, 직원들의 약점보다는 강점에 초점을 맞춰 긍정적 변화를 촉진시키는 동시에 평가자와 평가 대상의 관계 증진을 위해 제안되었다. 여러 긍정적 측면들이 존재하지만, FFI의 효과성을 밝힌 연구는 아직까지 매우 드물다. 하지만 한 연구에서 고객 서비스 매니저들이 목표를 이루고 성공하였을 때의 긍정적 직무경험에 초점을 둔 FFI 방법으로 고객 서비스 관리자들을 훈련시켰다. FFI를 사용한 관리자의 직원들이 전통적 방식을 사용한 관리자의 직원들보다 4개월 후 수행이 더 많이 발전했다(Budworth, Latham, & Manroop, 2015). 물론 더욱 많은 연구가 필요하지만 기업들에게 FFI가 대안적 접근이 될 수 있고 피드백과 함께 사용한다면 더 효과적일 것이다.

수행 평가에 대한 다양한 대안적 접근법 1905년 이래로 직무 수행 평가의 유형이나 형식에 대한 연구가 많았다. 최근 몇 년 동안에 이러한 유형과 형식에 대한 연구(Yun, Donahue, Dudley, & McFarland, 2005) 외에도, 이메일 혹은 면대면 평가가 어떤 영향을 주는지에 대해서 조사하였다(Kurtzberg, Naquin, & Belkin, 2005). 최근 한 연구에서는 BARS가 일부 수행 차원에서는 다른 양식보다 우수하다고 하였지만(Debnath, Lee, & Tandon, 2015), 연구자들은 특정 양식이 모든 평가 차원에서 다른 양식들보다 절대적으로 우수할 수 없다고 보고했다(Landy & Farr, 1980; Murphy & Cleveland, 1995). 네 가지 주요 유형들의 장단점을 **표 5.1**에 제시했다. 이를 통해 직원들을 평가할 때 어떤 양식을 쓰는 것이 적절한지 결정할 때 참고할 수 있다. 평가양식 결정은 상황에 따라 다를 것이다. 하지만 최근 기업들은 도식적 평가 척도와 함께 다양한 행동적 기준을 사용한다. 즉 도식적 평가 척도와 BARS를 결합한 하이브리드 방식을 활용한다.

NPR과 *Huffington Post*와 같은 유명 언론 매체에서 직무 수행 평가를 아예 폐지해야 한다는

표 5.1 직무 수행 평가 형식 요약

	장점	단점
도식적 평가 척도	1. 개발이 쉽다. 2. 사용이 쉽다.	1. 차원의 정확도가 부족하다. 2. 기준(anchor)의 정확도가 부족하다.
BARS	1. 정확하고 잘 정의된 척도 – 코칭에 좋다. 2. 평가자와 평가 대상자들에게 잘 수용된다.	1. 시간과 비용이 많이 소요된다. 2. 다른 형식들보다 정확하다는 증거가 많지 않다.
체크리스트	1. 개발이 쉽다. 2. 사용이 쉽다.	1. 후광, 관대화, 엄격화 같은 평가자 오류가 잦다.
직원 비교 방법	1. 정확한 서열화가 가능하다. 2. 제한된 자원으로 행정적 보상을 주는 데 유용하다.	1. 시간이 많이 소비된다. 2. 평가자들 혹은 평가대상들로부터 수용도가 낮다.

이야기가 종종 나온다. 하지만 이러한 주장은 이 단원에서 설명한 인사 결정, 근로자의 능력 개발, 법률적인 측면 등에서 직무 수행 평가 활용의 중요성을 간과하는 것으로 보인다. 성공적인 조직이 되려면 인사 결정, 근로자 능력 개발, 인사 관련 법적 고려를 잘 해내야 한다. 모든 조직은 직무 수행 평가를 수행 관리 시스템의 중요한 부분으로 여긴다. I/O 실무자와 연구자도 마찬가지이다. 직무 수행 평가가 폐지되어야 한다는 주장은 단점을 없애기 위해 모든 것을 제거하여 장점까지 제거해버리는 논리와 같다.

평가 오류

다른 개인의 수행을 정확하고 공정하게 평가하는 것은 쉽지 않으며, 이 과정에서 오류가 자주 발생한다. 직무 수행 평가의 복잡성을 이해하는 데 있어 이러한 오류에 대해 아는 것이 중요하다. 인지심리학 분야의 연구는 사람의 뇌가 판단을 내리는 동안 정보를 어떻게 처리하는지에 관한 많은 정보를 제공해주었다. 이러한 연구들은 I/O심리학자들에게 직무 수행 평가 프로세스에 적용할 수 있는 유용한 정보들을 제공한다.

인지과정 일반 기업에서 관리자는 1년에 한두 차례 각 직원과 관련된 특정 수행 사건을 회상하고 이 사건들을 이해할 수 있는 내용으로 종합하고, 전반적인 평가를 내리고, 마지막으로 해당 기간 동안 직원의 수행을 나타내는 숫자 혹은 범주를 기록한다. 그리고 관리자는 6~12명, 혹은 그 이상의 부하직원들을 평가한다. 수평적 조직을 추구하는 경향에 따라, 관리자당 부하직원 수는 꾸준히 증가하고 있고, 이는 관리자의 평가 업무를 더욱 어렵게 만든다.

더 복잡한 직무 수행 평가에 대한 인지과정 모델이 개발되었지만(Hodgkinson & Healey,

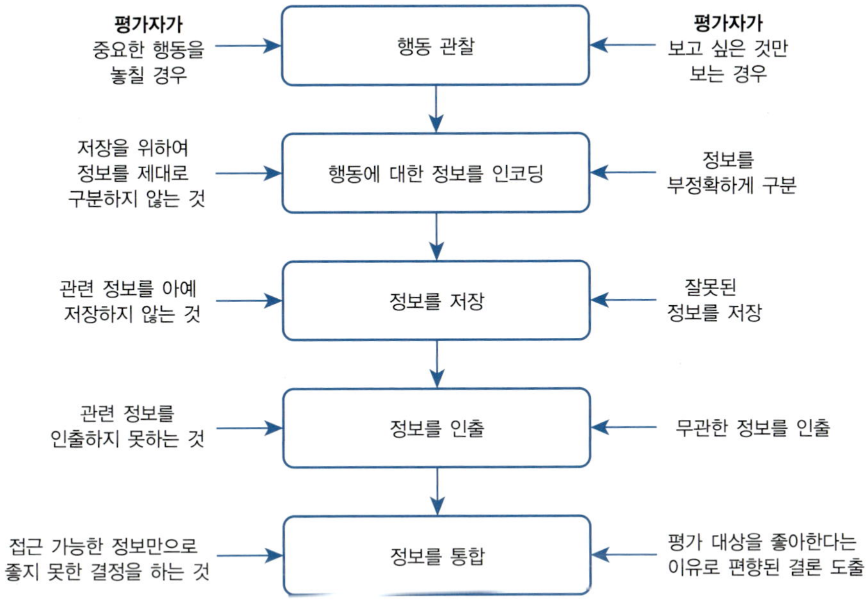

그림 5.5 직무 수행 평가의 인지과정 모델

2008; Landy & Farr, 1980), 이러한 모델들 대부분이 **그림 5.5**에 나와 있는 도식들과 유사하다. 이 표는 각 단계에서 발생할 수 있는 잠재적인 오류 혹은 편향들의 두 가지 예시를 포함하고 있다(왼쪽과 오른쪽 열 참고). 이 모델의 첫 단계는 직원들의 행동에 대한 관찰이다. 대부분의 직무에서 이 단계는 간단하다. 식료품 가게 관리자가 부하직원의 수행을 매일 관찰하듯 평가자는 평가 대상의 행동을 상당 부분 관찰할 수 있다. 하지만 다른 상황에서는 평가자가 평가 대상의 수행을 직접 관찰할 수가 없다. 예를 들어 학과장은 강의와 같은 교수의 업무를 관찰할 기회가 적음에도 불구하고 교수는 보통 그들의 학과장에게 평가를 받는다.

둘째, 관찰된 행동은 인코딩(부호화, 입력)되어야 한다, 즉 관찰된 행동은 평가자들이 저장할 수 있도록 인지적으로 처리되어야 한다는 뜻이다. 관찰된 행동이 부정확하게 코딩된다면(예 : 바람직한 행동이 바람직하지 않다고 코딩됨), 그러한 평가 과정은 이후에 부정적 영향을 미칠 것이다.

셋째, 부호화 이후 행동 정보는 장기기억에 저장되어야 한다. 모든 사람이 모든 관련 수행 사건을 완벽하게 저장할 수 없고, 일부 중요 사건들도 전혀 저장이 되지 않을 수도 있기 때문이다.

넷째, 평가가 진행될 때, 저장된 정보는 인출될 수 있어야 한다. 평가자가 중요한 정보를 인출하지 못하여, 부적합한 행동 정보에 근거한 수행 평가로 이어지는 경우가 많다. 또한 수행에 대한 검토는 어렵고 시간의 소모가 커, 평가자와 관련 없는 정보를 인출하고, 이 정보를 수행 평가의 기초로 사용하는 경우도 발생한다. 부하직원인 행정 사무원들에 대한 수행을 검토한다고 생각해보자. 일부 사무원과는 많은 상호작용을 못했을 수 있다. 업무 수행과정에서 상호작용이 있었지만 기억하지 못하고 이후 최종 평가를 하는 도중에 한 부하직원의 잘못으로 스케줄 충돌이 발생하여 부서에 손실을 끼쳤다는 보고를 받은 기억을 떠올릴 수 있다. 당신은 그 문제가 그 직원의 탓인지 잘 모름에도 불구하고 행정 사무원이 스케줄 관리를 담당하는 것이 상식적으로 맞기 때문에 그 직원을 평가할 때 이 부분을 염두에 둘 수 있다. 오히려 그 직원이 어떤 문제를 해결하고 회사의 재정을 지켜낸 사람일 수도 있다. 만약 관련 없는 정보를 저장해 놓으면 추후에 자신도 모르게 그 정보를 수행 평가에 사용할 수도 있다.

마지막으로, 평가자는 이 모든 정보를 **통합**하고 최종 평가를 하게 된다. 평가자가 관찰, 인코딩, 저장, 관련된 수행 정보 인출을 적합하게 했다면, 통합 단계는 비교적 어렵지 않을 것이다. 하지만 평가자들은 종종 태도나 감정에 영향을 받는다. 만약 남자친구, 여자친구, 배우자, 혹은 가까운 지인이 직원으로 있다면, 객관적 수행 평가가 가능할까? 그럴 수 있다고 생각하고 싶겠지만 대부분의 사람들은 그렇지 못하다. 많은 기업들이 부부 두 명 모두를 같은 조직에 채용하는 것을 원치 않으며, 채용하더라도 그들의 직장 내 교류의 제한을 확실하게 둔다. 한 사례에서 미국 육군은 한 부부가 같은 지역으로 배치 받는 것을 보장했지만 편애나 편향과 관련된 잠재적 문제를 피하기 위해 같은 기지로 배치되지 않는 것을 조건으로 그 부부를 대위로 승진 배치하였다. I/O심리학자들은 평가자들이 직무 수행 평가와 관련하여 인지적 오류를 피할 수 있는 방법을 지난 35년간 개발하고 있다. 가장 빈번히 발생하는 오류들에 대해 알아보자.

후광
(1) 평가자가 피평가에 대한 자신의 전반적인 평가를 개별적 차원들의 평가에도 사용하는 경향 혹은 (2) 피평가자의 서로 독립된 수행 차원들 간의 비교를 하지 않으려는 것으로부터 오는 평정 오류이다.

Sam Diephuis/Blend Images/Getty Images

생각해보기
후광 오류와 진짜 후광의 차이가 무엇인가?

후광 대표적인 오류가 **후광**(halo) 효과이다. 후광 효과는 (1) 평가자가 자신의 평가 대상에 대한 전반적 평가를 개별적 차원들의 평가에도 사용하는 경향성, (2) 평가자가 평가 대상의 수행 차원을 각 개별 차원으로 구분하고자 하지 않는 것(Saal, Downey, & Lahey, 1980)에서 비롯된다. 후광 효과는 긍정적 혹은 부정적일 수 있다. 소매점 관리자가 점원이 선반을 깨끗이 정리정돈 잘하는 것을 보고, 점원의 고객 대응, 소통에 능하다고 평가할 수도 있다. 관리자는 점원에 대한 평가를 한 차원에서 다른 차원으로 일반화시켰다. 비슷하게, 선생님이 한 학생이 물리 수업 때 잘하지 못하여 다른 과목도 잘하지 못할 것이라 생각할 수도 있다.

참조

우리는 2장에서 정규 분포(대부분의 데이터가 가운데에 있고 적은 데이터가 분포의 끝 쪽에 있다)에 대해 배웠다. 지능과 정상 성격과 같은 특성들이 종 모양 형태로 분포되어 있다.

이 분야에서 초기 연구는 모든 후광이 오류라고 생각하였다. 하지만 특정 사람들은 리더십, 의사소통 기술, 직원들 동기화, 문서 작성 등과 같은 모든 차원에서 능력이 있을 수 있다. 전통적으로 I/O심리학자들은 이러한 차원들의 평가 점수들 간에 높은 상관관계가 있다는 것을 보고 후광 오류가 있었다고 결론 내렸다. 하지만 채용하는 입장에서(6, 7장 참조) 보면, 기업은 다재다능할 것으로 보이는 사람들을 채용하는 경향이 있다. 그리고 실제로 모든 수행 차원에서 좋은 수행을 보이는 직원을 조직에서 찾아볼 수 있다. 여기서 요점은 일부 후광은 수행 차원 간 정확한 상관관계로부터 발생한다는 것이다. 이를 **진실한 후광**(true halo)이라고 부른다(Goffin, Jelley, & Wagner, 2003; Murphy & Jako, 1989; Murphy & Reynolds, 1988).

진실한 후광
평가 오류보다 수행 차원 간 정확한 상관관계로 인하여 생기는 후광

또한 후광 효과가 있을 때 수행 차원 간 매우 낮은 상관관계(부적 후광이라고도 언급됨)는 매우 높은 상관관계(정적 후광)만큼 부정확한 평가가 될 수 있다. 이미 존재하는 데이터를 재분석한 연구에서, 후광과 정확성 사이 곡선적 관계가 나타났으며, 정적 그리고 부적 후광이 모두 정확성을 감소시키는 것으로 밝혀졌다(Thomas, Palmer, & Feldman, 2009). 다시 말해, 수행 차원 간 아주 강한 그리고 아주 약한 관련성이 있는 경우 후광 효과가 발생하면 평가의 정확성이 감소한다는 것이다. 후광이 존재한다는 것을 인지하고 있지만, 여전히 이 문제는 복잡하다. 가끔 후광은 실제의 수행을 반영하기도 하지만 정적 혹은 부적 후광은 평가의 부정확성을 반영하기도 한다.

관대화, 중앙 집중 경향성, 엄격화와 같은 평가 오류들은 실제 평가 분포가 기대된 평가 분포와 불일치하여 나타나는 **분포 오류**(distributional errors)이다. 즉 평가 점수가 실제 예상하는 것보다 훨씬 분포의 끝에 가깝거나 중간에 가까울 수 있다는 것이다. 많은 현상들이 정상분포를 따르듯이, 수행 평가 점수 역시 '정상적'으로 분포될 것으로 기대한다.

분포 오류
실제 평가 분포와 기대된 평가 분포 사이의 불일치로 인하여 생기는 엄격화, 중앙 집중 경향성, 그리고 관대화와 같은 평가 오류

관대화 평가자는 (1) 평가 대상의 평가 점수 평균이 다른 평가 대상들의 평가자 평균보다 높을 때, (2) 평가자의 평가 평균점이 척도의 중심점보다 높을 때 **관대화**(leniency)의 오류를 범한다. 다시 말해, 상사가 자신의 직원을 다른 상사들보다 높이 평가하거나, 5점 척도에서 평균 4점을 준다면 관대한 평가일 수 있다. 상사는 부하직원들을 좋아하거나 좋은 관계를 유지하고 싶어 관대화 오류를 범할 수

관대화
(1) 한 사람이 모든 평가 대상들에게 준 점수의 평균이, 다른 모든 평가자들이 모든 평가 대상들에게 준 점수의 평균보다 높거나 (2) 한 사람의 평가의 평균이 척도의 중심점보다 높을 때 일어나는 평가 오류

있다. 모두에게 좋은 평가를 주는 것이 직장에서의 평화를 지키고 우수한 직원들을 보유한 관리자로 보일 수 있기 때문이다. 실제로 관대화 효과에 대한 실험연구에서 부정확한 평가에 대해 상사에게 책임을 물을 경우 평가에 덜 관대한 것으로 나타났다(Curtis, Harvey, & Ravden, 2005). 이는 조직이 어떠한 직무 수행 평가 절차를 구축해야 하는지에 대한 함의점을 제공해 준다.

후광과 마찬가지로, 분포 오류가 진짜 오류인지에 대해 신중할 필요가 있다. 실제로 관리자들이 남들보다 더 우수한 직원 혹은 팀을 이끌었을 수도 있기 때문에 이는 오류라기보다 정확한 평가가 될 수 있다. 예를 들어 국가에서 뽑은 최우수 서비스 항공사는 자신들의 서비스 직원들에 대해 타 항공사들보다 높은 수행 평가 점수를 부여해야 한다. 즉 항공사 평가자들의 관대함이 아닌 정확한 평가일 수도 있다. 관대화 오류에 성격이 영향을 끼칠 수 있다는 연구도 있다. 구체적으로, 성격 5요인에서 '호감성' 범주로 분류된 사람들이 '성실성'으로 분류된 사람들보다 관대한 것으로 나타났다(Bernardin, Cooke, & Villanova, 2000; Bernardin, Tyler & Villanova, 2009).

중앙 집중 경향성 직원들을 평가할 때 척도의 중간 점수만을 사용하는 평가자들은 중앙 집중 경향성(central tendency)의 오류를 범한다. 모든 학생들에게 C를 주는 교수가 하나의 예다. 때때로 게으른 평가자들은 직원들의 수행을 검토하고 수행 수준을 구분하기 위해 많은 시간을 투자하는 것보다 모두에게 평균 점수를 주는 것이 쉽다고 생각한다. 또 다른 경우 평가자들이 각 부하직원들이 수행을 잘 파악하지 못했을 때(근무 팀에 새로 들어왔거나, 직원들의 업무 행동을 자주 보지 못한 경우), 모두에게 평균 점수를 주는 오류를 범할 수 있다. 일부 연구자들은 중앙 집중 오류가 평가 척도로 인한 문제라고 주장하며, 중앙 집중 오류는 더 단순한 척도의 경우(우수한－보통의－우수하지 못한)에 이러한 오류가 많이 발생한다(Yu, Albaum, & Swenson, 2003).

중앙 집중 경향성
직원들을 평가할 때 척도의 중간 부분만 사용하는 경향성

물론 작업 집단 혹은 부서 구성원 대부분이 평균적인 수행을 보이는 직원들로 구성될 수도 있다. 실제로 정규분포는 대부분의 직원들이 평균 근처의 수행을 보인다는 것을 의미하며, 높은 비율의 직원들이 이러한 평가를 받는 것은 합리적이다. 중앙 집중 오류는 평가 오류일 수 있지만, 특정 상황에서는 직원들 수행의 실제 분포를 반영한 것일 수도 있다.

엄격화
척도의 낮은 쪽만을 사용하는 경향성 혹은 다른 평가자들이 직원들에게 주는 것보다 낮은 평가를 지속적으로 주는 것

엄격화 관대화 오류와 중앙 집중 오류보다 빈번하게 발생하지는 않지만, 발생할 수 있는 오류는 엄격화(severity)로, 이는 척도의 낮은 점수만 사용하거나 다른 평가자들에 비해 낮은 평가를 지속적으로 부여하는 오류이다. 일부 상사는 동기부여를 위해(9장 동기에서 보면 이 전략은 적절하지 않다), 혹은 직원들이 자만에

빠지는 것을 방지하기 위해서, 또는 신입사원들이 더 발전할 수 있도록 기저선 제공하기 위해서 직원을 낮게 평가한다. 일부 관리자의 경우 자신이 권한이 있고 결정권자라는 이미지를 유지하기 위해 낮은 점수를 주기도 하지만 엄격화의 오류를 범하는 경우 평가자들은 부하직원의 존경을 받기는 어렵다.

일부 작업 팀은 다른 팀에 비해 저수행자가 많아 상사로부터 받는 평가가 '엄격'하기보다 정확한 것일 수도 있다. 따라서 진정한 후광과 같이 진정한 관대화, 진정한 중앙 집중, 진정한 엄격화가 존재할 수도 있다. 그러나 어떠한 상황이든 평가 점수가 평가 오류에 의한 것인지 정확한 수행 수준이 반영된 것인지 판가름하기는 어렵다.

분포 오류로 인해 발생하는 가장 큰 문제는 평가를 통해 우수한 직원들을 적절하게 구분하지 못한다는 점이다. 이 경우 많은 평가 대상들이 분포의 하단, 중간, 또는 상단으로 편포된다. 조직의 입장에서 어려운 점은 모든 직원들이 비슷하게 평가가 된다면(집중경향성, 관대화, 엄격화로 인한 결과든 아니든), 인사 결정(승진, 임금 상승, 파견, 휴직, 해고 등)에 전혀 도움이 되지 않는다는 점이다. 예를 들어 모두가 척도의 중간지점의 평가를 받으면 누가 승신을 해야 하는지, 모두가 좋은 평가를 받는다면 누구의 연봉을 인상할 것인지, 그리고 모두가 낮은 점수라면 누가 해고를 당할 것인지를 결정하기 힘들다.

무분별한 평가는 직원들의 사기에도 영향을 미친다. 자신이 우수한 직원이라고 믿고 있는 직원이 일을 잘하지 못하는 나쁜 직원들과 별 차이 없는 평가를 받게 되면 무시당한 기분이 들 것이다. 만약 더 열심히 하지 않았음에도 불구하고 당신과 비슷한 평가를 받고 당신이 받지 못한 승진 혜택을 그 사람이 받는다면 어떨까? 부당함을 느낄 것이고, 이후 당신의 수행뿐만 아니라 당신의 태도에도 영향을 미칠 것이다. 이처럼 공정하지 못한 평가에 대한 추가적인 내용은 10장과 11장에서 더 자세히 다룰 것이다.

기타 오류 많은 평가 오류들이 논의되었지만 세 가지만 더 다루고자 한다. 하나는 **최신 오류**로, 평가자들은 가장 최근에 관찰한 정보에 높은 가중치를 두고 평가하는 것이다. 상사가 부하직원의 9개월간의 우수한 수행은 간과하고 최근 3개월간의 낮은 수행을 기반으로 평가한다면, 최신 오류를 범하는 것이다. 이는 평소에 우리가 인간관계에서 경험하는 "나에게 최근에 해준 것이 뭐가 있는데?"라고 생각하는 것과 비슷한 오류이다.

또 다른 오류는 **첫인상 오류** 혹은 **초두효과**이다. 이는 최신 효과의 반대 개념이다. 여기서 평가자들은 평가 대상과의 첫인상에 과도하게 주의를 기울인다. 건설현장 감독이 새로 온 전기기술자가 첫날 현장에서 중요한 도움을 준 것을 떠올리며, 지난 몇 달간 보인 수행 문제 대부분을 무시하고 첫인상만을 평가 기준으로 사용할 수 있다. 처음부터 죽이 잘 맞는 사람들과 친밀감을 형성할 때와 비슷하게 첫인상은 우리의 일상에 큰 비중을 차지한다. 직무 수행 평가를 할 때 이러한 초두효과는 평가 오류로 작용되기도 한다.

마지막으로, **유사성 오류**는 평가자들이 자신과 비슷한 사람들을 더욱 호의적으로 평가하는 것이다. 사회심리학 연구는 사람들이 자신과 비슷한 사람들과 친구가 되고 같이 있는 것을 좋아한다는 것을 밝혔다. 직무 수행 평가 상황에서도 비슷한 효과가 일어나며 자신과 비슷하지 않은 직원들보다 비슷한 직원들에 대한 평가가 더 호의적인 것으로 나타났다.

평가자 고려사항

평가의 형식과 오류에 대하여 많은 이야기를 하였다. 여기에서는 평가자를 둘러싼 중요한 직무 수행 평가 요소인 평가자 훈련, 평가자 목표, 평가자 책임 등에 대하여 논의할 것이다.

평가자 훈련 평가자들이 수행 평가를 할 때 오류가 발생할 수 있다. I/O 연구자와 실무자들은 '과연 교육이 이러한 오류들을 줄이고 평가 프로세스를 향상시킬 수 있는가'에 관심이 많다(Hauenstein, 1998; Schleicher, Day, Mayes, & Riggio, 2002). 직무 수행 평가와 관련된 두 가지 유형의 평가자 훈련이 있다. 그중 하나는 **평가자 오류 훈련**(Rater Error Training : RET)으로 평가자 오류 발생을 줄이기 위하여 개발되었다(Spool, 1978). 후광과 같은 오류를 평가자에게 설명하고 그러한 오류를 피하는 방법을 보여주는 것에 중점을 둔다. 평가자 오류 훈련을 통해 오류를 줄임으로써 평가 정확도를 높여 수행 평가 점수가 피평가자의 실제 수행 수준과 일치하는 수준에 도달할 수 있을 것이라 믿었다.

평가자 오류 훈련(RET)
후광과 같은 오류를 평가자들에게 설명해주고 그러한 오류를 예방하는 법을 알려주어 평가자 오류를 줄이기 위해 개발된 훈련이다.

이 평가자 오류 훈련은 실제로 오류를 감소시키기는 하지만 정확도가 항상 향상되지는 않았다(Bernardin & Pence, 1980). 실제로 오류가 줄어들긴 했지만 정확도가 감소했다고 보고한 연구들도 있었다(Bernardin & Pence, 1980). 어떻게 이런 현상이 벌어졌을까? 후광에 대한 내용을 다시 살펴보면 평가자들에게 후광 오류 훈련을 하는 경우 수행 차원들 간 아무 관계도 없다는 것과 차원들의 평가 점수들 간에 상관관계를 보이면 안 된다는 것을 알려준다. 하지만 진실한 후광이 있으며, 평가 점수들 간에 상관관계가 있어야 한다. 결국, 평가자 훈련은 오류라고 추측했던 차원들 간 상관관계를 줄이고, 인위적으로 상관관계가 없도록 평가해 부정확해지는 것이다.

두 번째 평가자 훈련은 **참조 틀**(Frame of Reference : FOR) **훈련**이며, 이는 John Bernardin과 동료들이 평가자들의 관찰 및 분류 기술을 향상시키기 위해 고안되었다(Bernardin & Beatty, 1984; Bernardin & Buckley, 1981). Bernardin는 수행 평가의 정확도를 높이기 위해서는 평가자에게 수행 수준에 대한 참조 틀을 제공해야 한다고 주장하였다. 수행 수준에 대한 정의가 평가자 간에 일치해야 하고, 조

참조 틀(FOR) 훈련
평가자 정확성을 증진하기 위하여 모든 평가자들이 공통된 견해와 이해를 공유할 수 있도록 평가자들의 관찰 및 분류 기술을 강화하는 설계된 훈련이다.

직이 정의한 다양한 수행 수준과 일치해야 한다는 것이다. 즉 패스트푸드 직원의 청결 수행 차원을 다룰 때 모든 평가자들은 5점 척도에서 5점에 해당하는 행동들을 같은 행동으로 인지해야 한다는 것이다.

> 만약 패스트푸드점 직원의 청결 점수가 5점이라면 햄버거 주문 사이사이에 테이블을 닦아야 한다. 케첩과 머스터드 소스는 항상 정해진 장소에 위치해야 하고 테이블 위에 두면 안 된다. 빵은 비닐로 포장되어야 하고, 조리 구역 주변 바닥은 최소 한 시간에 한 번 쓸고 아침과 저녁에 한 번 걸레질을 해야 한다. 대형 냉장고의 모든 물품은 알맞은 선반에 위치해야 하고 주기적으로 정리, 쓸기, 닦기를 해야 한다.

참조 틀 훈련은 앞의 설명들을 '5점 : 우수한' 수행 수준으로 모든 평가자들의 수행 도식에 넣기 위한 훈련이다. 이러한 수행 예시를 평가자들의 머릿속에 각인시켜 각 평가자가 행동을 관찰, 코딩, 저장, 인출, 통합하는 최종 평가 때까지 일관적으로 활용할 수 있도록 한다. 목표는 한 평가자의 5점이 다른 평가자의 5점과 같은 의미를 갖도록 평가자를 '조정'하는 것이다. 참조 틀 훈련을 위한 절차들이 다수 개발되었다(Pulakos, 1984, 1986). 여기서 평가자들은 수행 차원과 평가 척도에 대한 설명을 제공받고 소리 내어 읽는다. 그러면 훈련자는 척도마다 다양한 수행 수준을 나타내는 평가 대상 행동을 설명한다. 일반적으로 피평가자들은 직무 수행이 녹화된 연습용 샘플(vignette) 영상을 보게 된다. 평가자들은 영상을 보면서 피평가자들을 척도에 따라 평가하고, 훈련자는 평가자들의 평가 점수에 대하여 논의하고 각 평가 점수가 어떠했는지에 대한 피드백을 제공한다. 그리고 평가자 간 다양한 평가 점수의 이유에 대한 자세한 토의가 이어진다.

참조 틀 훈련은 평가 정확도를 향상시키고(Sulsky & Day, 1994) 평가자 정확도를 높이는 데 가장 효과적인 접근법인 것으로(Meriac, Gorman, & Macan, 2015) 많은 연구를 통해 증명되었다. 최근 몇몇 연구는 평가자들이 어떻게 특정 행동을 관찰하고 행동 관찰 오류를 예방할 수 있는지에 초점을 맞춘 **행동관찰훈련**(behavioral observation training : BOT)과 참조 틀 훈련을 함께 제공하면, 수행 행동의 재인이나 회상을 향상시킬 수 있다고 주장했다(Noonan & Sulsky, 2001; Roch & O'Sullivan, 2003). 하지만 한 가지 우려 사항은 참조 틀 방법을 사용할 수 있는 현장 자료가 거의 없다는 것이다. 참조 틀 훈련이 정확도를 높이는 결과를 보여준 연구들은 대부분 실험 상황에서 학생을 대상으로 진행된 것이다(Uggerslev & Sulsky, 2009). 예를 들어 최근 메타 분석 연구에서 다양한 측정의 정확도에 참조 틀 훈련이 강한 조절효과를 갖는다는 것을 밝혀냈지만, 1994년 이후 확인된 39개의 문헌 중 단 2개만이 학생을 대상으로 하지 않았다(Roch, Woehr, Mishra, & Kieszczynska, 2011). 참조 틀 훈련을 현장에서 사용한 문헌들은 더 있었지만 참조 틀의 효과를 직접 검증하지 않았기 때문에 메타 분석에 포함될 수 없었다. 앞으로의 참조 틀 훈련 연구는 조직 상황에 이루어지는 것이 더 바람직하지만 이를 위해서는 시간과 비용이 많이 소모되는 참조 틀 훈련 과정을 수정하는 것이 필요하다.

평가자 목표와 책임 평가 프로세스와 관련된 책임과 함께 평가자의 목표 및 동기가 미치는 영향도 중요하다. 평가자들은 다양한 이유로 다른 목표를 지닐 수 있다. 예를 들어 어떤 평가자는 부하직원들이 특정 수준 이상으로 평가받기를 원하거나 특정 수행 차원이 발전했기를 바랄 수도 있다. 이러한 목표와 목적은 평가 자체와 전반적인 평가 과정에 영향을 끼칠 수 있다. 평가자는 융통성 있게 평가 규칙을 적용하거나 평가과정을 개인 혹은 조직 수행을 향상시키기 위한 것으로 생각할 수도 있다(Veiga, Golden, & Dechant, 2004). 평가 과정 중에 이와 같은 목표들이 반영될 수 있다.

Mero와 Motowidla(1995)의 연구에서는 정확한 평가를 하는 것 혹은 관대한 평가를 하는 것과 같이 평가자가 추구하는 목표와 이에 대한 책임감을 평가자가 지니고 있을 경우 평가자는 실제로 그러한 목표에 부합하는 평가를 하는 것으로 나타났다(Mero & Motowidla, 1995). 한 단계 더 나아가, 특정 유형의 평가자는 책임 부담을 남들보다 더 경험하는 것으로 나타났다(Mero, Guidice, & Anna, 2006). 예를 들어 성실성이 높은 평가자는 평가에 대한 책임 부담감이 높았다. 책임 부담은 평가에 대한 정당성, 양질의 평가, 평가에 대한 불안감이 반영된 것이다.

연구자들은 또한 책임감 효과가 평가 대상자의 지위 그리고 책임을 지는 방식에 따라 변하는 것을 밝혀냈다(Mero, Guidice, & Brownlee, 2007). 예를 들어 자신들의 평가에 대하여 책임을 지는 조건에서 높은 지위의 관리자와 면대면 미팅을 통해 평가 결과를 보고하는 경우가 서면으로만 보고하는 조건보다 평가 정확성이 높았다. 마지막으로, Wong과 Kwong(2007)은 평가자 목표와 평가 패턴 사이에 명확한 상관관계를 증명했다. 평가자들이 작업 집단 내에서 조화를 유지해달라는 요청을 받았을 때, 그들의 평균 평가 점수는 증가하였고 평가 대상들 간 차이를 두지 않는 경향을 보였다.

최근 직무 수행 평가 연구

수년 동안 많은 실무자와 연구자들은 모든 직무 수행 평가 시스템의 최종 목표는 정확성이어야 하고 직무 수행 평가 시스템의 성공을 위해 평가 척도 형식이 잘 갖춰져야 한다고 믿었다. 이 두 가지 믿음으로 인해 이 분야 대부분의 연구들이 평가 형식과 평가 오류와 관련되어 있는 수행 평가의 맥락에 초점을 맞추었다.

형식 및 오류 연구는 수행과 관련된 최종 판단에 도달하는 과정과 오류에 대해 많은 함의를 주었다. 하지만 직무 수행 평가는 단독으로 검증될 수 있는 독립 프로세스가 아니고, 오히려 복잡한 사회심리학적 분위기 혹은 맥락(context) 속에서 일어나는 복잡한 프로세스이다. 따라서 나머지 부분에서는 이 맥락을 강조하는 최근 이슈들에 초점을 맞출 것이다(Levy, Cavanaugh, Frantz, Borden, & Roberts, in press; Levy & Williams, 2004).

맥락
직무 수행 평가가 이루어지는 심리사회적 환경

사회-심리학적 맥락의 중요성 많은 전문가들은 맥락이 전체 평가 과정에 영향을 미친다고 주장하며 이에 대한 더 직접적인 연구를 제안했다. 직무 수행 평가 맥락은 조직이 위치하는 사회 및 법률적인 분위기뿐 아니라 조직 내 정치적 그리고 정서적 분위기와 문화까지 포함한다(Ferris, Munyon, Basik, & Buckley, 2008).

이 맥락 관련 주제들은 (1) 직무 수행 평가 시스템 자체를 평가할 때 정확도보다는 직원들의 평가에 대한 반응을 기준으로 활용하는 것, (2) 관리자와 부하직원의 관계가 직무 수행 평가에 어떠한 영향을 미치는지, (3) 평가 과정에서 조직 정책이 어떠한 역할을 하는지, (4) 평가 과정에서 신뢰의 중요성, (5) 평가 과정에서 단순히 관리자의 피드백보다 여러 피드백 주체를 활용하는 것, (6) 직원들에게 평가 시스템에 대한 정보를 제공해주는 것과 평가 과정에 참여할 수 있는 기회 제공 등을 포함하고 있고, 이는 현재 직무 수행 평가 연구의 주요 이슈들이다(Levy & Williams, 2004). 형식과 오류를 넘어, 평가 과정 자체에 대한 이해를 높이고 이를 조직 내 평가에 활용해야 한다. 이러한 맥락중심 연구를 몇 가지 논의할 것이다.

반응 준거 전통적으로 직무 수행 평가는 오류가 없는지, 즉 얼마나 '정확한지'로 그 우수성을 평가받았다. 하지만 정확도와 오류 측정에는 많은 이슈가 있다. 1984년 초기, 연구자들은 직무 수행 평가에 대한 후속 연구들이 심리 측정 영역을 넘어서 질적 영역(Bernardin & Beatty, 1984)과 반응에 초점을 맞춰야 한다고 주장했다(Cawley, Keeping, & Levy, 1998). 두 영역 모두 평가 과정에서 평가자와 평가 대상이 보이는 반응의 중요성을 강조한 것이다(Hedge & Teachout, 2000; Keeping & Levy, 2000).

한 연구는 평가자들과 평가 대상들의 평가 시스템 혹은 프로세스에 대한 호의적인 반응의 잠재적 중요성을 강조했다(Findley, Giles, & Mossholder, 2000). 실제로 지난 10년 동안 심리측정의 정확성 대신 평가 시스템의 성공을 평가하는 데 중요한 반응에 대한 연구는 무시되어 왔다(Murphy & Cleveland, 1995). "평가 시스템에 대한 부하직원들의 반응이 시스템의 좀 더 기술적인 측면들만큼이나 평가 시스템의 성공과 효과성에 중요한 영향을 미칠 것이다."라는 가정은 합리적이다. 실제로 연구자들은 평가에 대한 반응이 관대화나 후광 오류와 같은 측정 지표들보다 평가 시스템의 실현 가능성과 타당성을 더 잘 나타내는 지표라고 주장한다(Bernardin & Beatty, 1984). 결론적으로, 기술적으로 가장 정교한 평가 시스템을 개발할 수 있지만 그 시스템이 직원들로부터 수용되고 지지를 받지 못하면 그 효과는 결국 제한적일 것이다. 실제로 직무 수행 평가 절차와 조직시스템의 발전만큼 직무 수행 평가에 대한 직원의 반응은 평가 과정에서 매우 중요한 역할을 할 수 있다(Hedge & Borman, 1995).

반응 준거에 대한 관심이 상대적으로 부족하였지만, 일부 연구들은 긍정적인 직원 반응을 이끌어내거나 이에 기여하는 다양한 평가 특성을 다루기도 하였다. 예를 들어 은행 직원 표본에서 평가 특성(예 : 평가의 빈도 수)과 조직적 변인(예 : 직원들의 직무이해도)이 평가 만족도에 영향을 준 것으로 나타났다. 나아가, 상사와 긍정적인 관계를 가지고 있고 조직 내 자신들의 역할 모호성을 낮게 보고한 은행 직원들이 평가 시스템에 대하여 더 만족했다(Dobbins, Cardy, & Platz-Vieno, 1990).

한 연구에 따르면, 관리자들이 평가를 공정하게 할 때 부하직원들은 불만을 더 적게 보고하였고 더 공정하다고 믿었다(Tata, 2002). 나아가, 부하직원들이 직무 수행 평가가 불공정하다고 지각하는 것이 정서적 소진에 영향을 미쳤다(Brown & Benson, 2003). (9장, 10장과 이 단원의 뒷부분에서 조직 공정성에 대하여 더 많은 이야기를 나눌 것이다.) 이 연구는 수행 평가 과정에 대한 직원의 호의적 반응을 조직과 관리자가 증가시킬 수 있다는 것을 시사하고 있다. 즉 수행 피드백과 직무 관련 정보를 직원들에게 빈번하게 제공할 필요가 있다.

최근 한 연구는 목표-피드백-반응-후속 목표 경로 설계와 피드백에 대한 정서적 반응들이 미래의 목표를 결정하는 데 중요한 역할을 한다고 하였다(Ilies, Judge, & Wagner, 2013). 정서와 인지는 후속 목표를 결정하는 데 중요한 역할을 한다는 것이, 목표설정 문헌들을 통해 입증되었고, 이는 수행 향상을 위한 조직에 시사점을 제공하고 있다(목표설정 이론에 대한 더 많은 논의는 9장을 참조).

Justin Kruger와 David Dunnig(1999)은 자신의 기술이 얼마나 부족한지 깨닫지 못하는 매우 미숙한 사람들이 있다는 흥미로운 연구를 진행했다. Dunning-Kruger 효과는 기본적으로 미숙한 개인들은 자신들의 능력을 과대평가하고 스스로 그렇게 평가하는지에 대한 메타인지 능력이 없는 인지적 편향을 의미한다. 이와 같은 판단력 부족은 개인들과 조직이 제대로 목표를 설정하고 평가하려고 할 때 다양한 문제를 일으킬 수 있다. Dunning의 최근 연구는 피드백 영역까지 확장하여, 미숙하고 인식을 못하는 사람들은 배우고 나아지는 것에 관심이 없다는 것을 보여주었다(Sheldon, Dunning, & Ames, 2014). 연구자들은 이 사람들이 정서지능(개인이 자신과 타인의 정서를 잘 다루는 능력, 6장 참조)이 낮고 자신들의 정서지능을 과대평가하는 경향도 있다는 것을 발견하였다(Dunning-Kruger Effect). 흥미롭게도 피드백을 제공하여 발전할 기회가 주어졌을 때도 피드백을 잘 받아들이지 않았다. 구체적으로, 그들은 피드백을 받고 나서도 자신들의 자기 평가를 낮추지 않았다. 정서지능이 낮은 사람들은 검사가 부실하고 부정확하다고 평가하는 경향이 있었고 자기발전에 관심을 덜 보였다. 정서지능이 높은 관리자(The

Emotionally Intelligent Manager)라는 책 구입에 보인 관심 정도를 활용하여 자기개발에 대한 관심을 측정했을 때, 정서지능이 낮은 사람들은 책 구입에 훨씬 적은 흥미를 보였고, 흥미를 보인 사람들도 정서지능이 높은 사람에 비하여 훨씬 적은 비용을 지불하려고 했다. Sheldon과 동료들은, "그들은 미숙하고, 인식을 못하고, 배움에 흥미가 없었다!"고 하였다. 이 분야 연구 결과들은 실무자들이 조직에서 경험한 것과 일치한다. 피드백이 가장 필요한 사람들은 이해를 못하거나 수용적이지 않으며, 오히려 부정적, 폄하하는 방식으로 반응한다. 이러한 경향성은 직원들을 발전시키기 위해 피드백을 듣고, 받고, 수용하고, 활용하는 분위기를 만들려고 노력하는 관리자의 피드백 프로세스를 복잡하게 만든다.

상사-구성원 관계 연구자와 전문가들은 상사가 서로 다른 부하직원들과 다른 유형의 관계를 가지고 있다는 점에 초점을 맞춘 리더-구성원 교환(leader member exchange : LMX)이론에 대해 연구해왔다(Engle & Lord, 1997; 자세한 내용은 13장 참조). 직무 수행 평가 연구에서는 사실상 평가 과정에 대한 직원들의 반응에서 LMX의 역할을 고려해오지 않았지만(Wexley & Klimoski, 1984), LMX는 매우 중요하다. 예를 들어 한 연구에서는 통신 회사의 직원들이 자신들의 상사와 높은 수준의 LMX를 경험하였을 경우(부하직원이 자신들의 상사와 긍정적인 직무 관계를 가졌다는 것을 의미) 객관적인 수행 지표와 상관없이 높은 수행 평가 점수를 받았으며, 낮은 LMX를 경험한 직원들은 그들의 객관적 수행 수준과 일치하는 평가 점수를 받았다(Duarte, Goodson, & Klich, 1993). 요약하면, 직원과 상사의 관계가 직무 수행 평가 과정에서 중요한 역할을 한다는 것이다. 최근 메타 분석 연구에서 LMX와 수행 사이에 .34의 상관관계가 도출되었고, 이는 LMX가 수행 평가에서 중요한 역할을 한다는 주장을 뒷받침한다(Martin, Guillaume, Thomas, Lee, & Epitropaki, 2015). 나아가, LMX와 수행의 관계가 다른 변인들에 의해 매개되었고, 그중 신뢰와 권한위임이 가장 강했다. 즉 상사와 긍정적인 관계를 지녔다고 보고한 개인들이 높은 신뢰와 권한위임도 보고하였다. 이러한 경우 직원들은 상사에게 긍정적인 평가를 받았다.

Digital Vision/Photodisc/Getty Images

생각해보기
LMX라고도 부르는, 관리자와 부하직원 사이의 관계는 조직 기능에 매우 중요하다. LMX와 관련된 이론과 연구들이 직무 수행 평가 과정을 이해하는 데 우리에게 어떻게 도움이 되는가?

한 흥미로운 연구에 따르면 부하직원과 관리자의 소통의 빈도수가 LMX와 상호작용하여 수행 평가에 영향을 미쳤다. 긍정적인 LMX 관계는 의사소통이 많으면 호의적인 평가로 이어졌지만, 긍정적인 LMX가 있어도 소통이 적으면 평가가 덜 호의적이었다(Kacmar, Witt, Zivnuska, & Gully, 2003). 이는 평가가 이루어지는 맥락과 평가 결과 사이의 연관성에 대한 좋은 예이고 이는 조직의 하위 집단 내 평가 과정을 이해하기 위해서는 집단 구성원들 간의 모든 관계들을 이해하는 것이 중요하다는 것을 의미한다.

두바이의 상사–부하직원 220쌍을 대상으로 한 연구에서 세 가지 구성 요소를 다루었다. LMX, 공정성, 그리고 평가에 대한 반응이었다(Pichelr, Varma, Michel, & Levy, 2015). 그들은 LMX 관계의 질이 절차 공정성을 거쳐 직무 수행 평가 만족도에 영향을 미친다는 것을 발견하였다. 즉 부하직원들이 관리자들과 긍정적인 관계를 가지고 있다면, 그들은 자신들이 공정한 대우를 받는다고 여겼고 이는 평가 과정에 대한 호의적인 반응으로 이어졌다.

조직에서의 정치 조직에서의 정치란 "상충하는 이익들이 있을 때 의도적으로 자신들의 이익을 증진 혹은 보호하기 위해 실행하는 시도들"이다. 조직 내 정치 또한 직무 수행 평가가 이루어지는 맥락을 설명하는 데 추가적인 정보를 제공할 수 있다(Longenecker, Sims, & Gioia, 1987, p. 184). 조직은 정치적인 속성을 가졌기 때문에 직무 수행 평가를 포함한 모든 중요한 조직 결정과 과정에서 정치는 중요한 역할을 한다(Longenecker et al., 1987). 상사와 부하직원 모두 수행 평가가 정치의 영향을 받는다는 점을 알아야 한다. Cling Longenecker와 동료들(1987)은 면접을 통해 경영진들이 정치적 이유로 평가를 의도적으로 조작한다는 것을 보여주었다(예 : 부하직원에게 메시지를 보내거나 자신들의 부서를 좋게 보이게 하기 위함). 또한 호의적인 평가를 받기 위해 인상관리 전략들을 사용하는 것으로 나타났다. 다시 말해, 직원들은 윗사람들에게 좋은 인상을 주기 위하여 자신들의 행동을 통제한다(Wayne & Liden, 1995).

800명 이상의 직원을 대상으로 한 연구에서 자신이 속한 회사의 정치가 높은 수준이라고 지각한 사람들 중 성실성이 높은 사람들은 높지 않은 사람들보다 더 나은 수행을 보였다(Hochwarter, Witt, & Kacmar, 2000). 높은 성실성을 지닌 직원들이 정치를 이겨내고 수행을 잘할 수 있었던 것으로 판단된다. 따라서 조직 내 평가 과정에 대해 보다 잘 알고, 그 과정에 변화를 주기 위해서는, 팀/집단과 정치에 대해 알 필요가 있다. 최근 연구는 수행 맥락 내 스트레스, 불안감, 직무 사기와 같은 요소들과 정치에 대한 인식 간에 관련성이 있는지 조사하였다. 예를 들어, 한 연구에서는 정치, 직무 태도, 스트레스, 그리고 수행에 대한 인식들 사이의 관계를 발견했다(Rosen & Levy, 2013). 특히 직원들이 직장 내 높은 정치 수준을 인식할 때 스트레스와 불안을 경험하였고, 이는 직무 태도에 영향을 미쳐 수행 감소로 이어졌다.

또 다른 연구는 정치 인식과 반추가 수행에 미치는 영향을 검증하였다(Rosen & Hochwarter, 2014). 반추자(ruminator)는 이전에 경험한 스트레스들을 지속적으로 상기하여 부정적인 생각과 감정들을 지속하는 사람이다. 건축학자, 사무직원, 회계사들에 대한 연구에서 반추 경향에 따라 정치에 대한 인식이 다르게 작용한 것을 발견하였다. 특히 반추자의 수행에 정치의 부정적인 효과가 강했지만(직무 만족도, 긴장, 기분까지), 반추 경향이 낮은 사람들에게는 약한 효과를 보였다.

조직 정치 연구에서, 단순하지만 흥미로운 패턴들이 발견되기도 하였다(Liu, Ferris, Xu, Weitz & Perrewe, 2014). 이 연구는 아첨에 초점을 맞추었는데 이는 호의를 얻거나 타인에게 자신을 좋게 보이게 하는 행동들을 사용하는 영향 전략이다 — 이 중 일부 행동들은 '아부 떨기'와 매우 유사하다. Liu와 동료들은 아첨 전략을 사용하는 인턴들이 정치적으로 능숙할 경우 상사에게 더 나은 수행자로 평가되는 것을 발견하였다. 다시 말해, 어떤 개인이 아첨에 능숙하고 일을 잘하면 관리자는 그들을 좋아할 것이고 긍정적인 평가에 반영된다. 하지만 아첨 전략을 잘 사용하지 못하는 직원들은 낮은 수행 평가로 이어졌다. 정치, 아첨, 그리고 수행 평가의 관계는 복잡하지만 짐작할 만한 것들이다. 연구 결과가 이를 지지하고 있는 것뿐이다.

신뢰와 공정성 평가 과정에서 신뢰는 평가자들이 조직 내에서 공정하고 정확한 평가가 이뤄지거나 그럴 것이라고 믿는 범위를 의미한다. 만약 한 평가자가 조직 내 다른 평가자들이 평가 점수를 부풀리고 있다고 느끼면, 그 평가자도 똑같이 점수를 부풀릴 것이다. Bernardin과 동료들은 평가자가 부서 내 다른 평가자의 평가행동에 대한 인식을 측정하기 위하여 **직무 수행 평가 신뢰 설문지**(TAPS) 척도를 개발하였다(Bernardin, 1978; Bernardin, Orban, & Carlyle, 1981). 그들은 TAPS에서 점수를 낮게 받은 평가자들이 점수가 높은 사람들에 비하여 좀 더 관대한 평가자인 것을 발견하였다. 이 결과는 평가점수에 대한 신뢰의 중요성을 나타낸다. 또한 직원들에게 잘 수용되는 수행 평가 시스템은 최고경영진에 대한 신뢰에 영향을 미치고, 이는 수행 평가 시스템이 조직 신뢰를 강화하기 위한 효과적인 도구가 될 수 있음을 나타낸다(Mayer & Davis, 1999).

신뢰와 관련된 또 다른 분야에서, 연구원들은 평가자들이 직무 수행 평가 과정을 얼마만큼 편안하게 생각하는지 알아보았다(Villanova, Bernardin, Dahmus, & Sims, 1993). 특히 가장 관용적인 평가자들이 타인을 평가하고 피드백을 제공하는 데 큰 불편함을 경험하였다. 즉 불편감의 정도를 측정하는 **직무 수행 평가 불편척도**(PADS) 점수가 관대화와 관련이 있다는 것을 증명하였다. 다시 말해, 모든 평가자들이 수행 평가에 대해 동일한 편안함을 느끼지 않으며, 평가자들이 경험하는 불편감에 따라 평가의 질과 평가 과정의 다른 요소들이 영향을 받는다(예 : 대인 간 상호작용). Bernardin과 Villanova(2005)는 훈련을 통해 평가자가 수행 평가를 더 편안하게 느낄 수 있고 이는 더 적은 관대화로 이어질 수 있다는 것을 보여주었다. 이 훈련은 평가자들을 위한 자기 효능감 훈련으로 불리며, 평가 과정 개선에 상당한 도움을 줄 수 있을 것이다.

최근 100명 이상에게 설문한 연구 결과, 평가자의 자기 효능감이 자기 개념의 독립적인 정도와 강한 상관관계가 있었다. 자기(self)는 심리학에서 매우 중요한 부분이며 자기 개념은 개인이 타인과의 관계 속에서 자신을 어떻게 보는지 혹은 생각하는지에 대하여 알려준다. 일반적으로 사람들은 자신을 타인들과 분리되어 있다고 보는 개인주의, 타인들과 복잡하게 연결되어 있다고 보는 집합주의로 분류될 수 있다(Brutus, Fletcher, & Baldry, 2009). 평가자가 집합주의보다 개인주의 수준이 높을 경우, 그 평가자는 자기효능감이 더 높았다. 자기효능감이 높은 평가자들이 평가자 역할에서 덜 관대하고 덜 불편함을 느낀다는 연구들을 고려하면(Bernardin & Villanova, 2005), 이러한 발견들은 자기 개념의 독립적인 정도가 직무 수행 평가 과정에 영향을 미칠 수 있다는 것을 시사한다.

9장에서 조직 정의에 대하여 다루겠지만, 직무 수행 평가 시스템의 형평성 혹은 공정성에 대한 개념은 중요하다. 신중하게 설계되고, 신뢰로운 측정을 하는 수행 평가 시스템은 효과적일 수 있지만, 그렇지 않다면 평가자들 혹은 평가 대상들은 평가 시스템이 불공정하거나 편향된 것으로 볼 것이다. 아무리 시스템이 좋아도 사람들이 불공정하다고 생각하면 효과가 없다. 최근 문헌에 따르면, 직무 수행 평가 연구에 대한 시야를 넓혀야 한다고 하면서, 공정성과 관련된 평가 시스템의 다양한 측면들을 포함해야 한다고 주장하였다(Thurston & McNall, 2010).

최근 몇 년간 직무 수행 평가에 대한 많은 연구가 공정성 관련 구성요인과 평가 과정 간의 관계에 관심을 가졌다. 최근 흥미로운 연구들은 상사들이 가진 암묵 이론(implicit person theory : IPT; 사람이 변할 수 있다는 믿음의 정도와 관련된 이론)이 직무 수행 평가에 영향을 끼치는 것을 발견하였다. 한 조사연구(Heslin & Vande Walle, 2011)에 따르면 사람이 변화하고 발전할 수 있다고 믿는 경향을 보이는 상사의 부하직원들은 그렇지 않은 상사에 비하여 상사의 직무 수행 평가가 공정하다고 인식하였다. 그리고 공정성 인식은 더 빈번한 조직시민행동과 더 높은 수준의 조직 몰입으로 이어졌다(10장 참조). 직무 수행 평가에서 공정성과 관련된 또 다른 흥미로운 결과가 부정적 피드백(평균 이하 수행을 나타내는 피드백)과 조직 공정성의 관계성 연구에서 나타났다(Chory & Westerman, 2009). 250명의 직장인을 대상으로 한 연구에서, 부정적 피드백의 질적 측면이 공정성 인식과 강하게 연관되어 있다는 것을 발견하였다. 질적 측면은 예를 들어, 파괴적 대 건설적 명확한 대 모호함, 비일관적 대 일관적인 피드백을 말한다. 연구자들은 직원들이 피드백을 공정하고 유용한 것으로 여겨 이를 수행 개선에 사용하기 위해서는 관리자가 일관적이고 건설적인 피드백을 제공해야 한다고 결론지었다. 이와 관련된 많은 문헌자료들이 있지만(Elicker, Levy, & Hall, 2006; Thurston & McNall, 2010), 직무 수행 평가 공정성에 대한 조직 구성원들의 인식이 중요하다는 것은 명확하다.

참여 직원 참여는 직무 수행 평가 문헌에서 많은 관심을 받은 맥락 변인으로 평가 과정에 직원을 참여시키는 것과 평가 시스템에 대한 직원의 반응 간 관계성을 살펴보았다(Cawley et al.,

1998). 특히 메타 분석에서 나타나듯이 참여와 수행 평가에 대한 긍정적 반응은 정적 상관관계를 지니며, 여러 반응에는 (1) 평가 시스템과 과정에 대한 만족감, (2) 평가 결과로 개선하고자 하는 동기, (3) 평가의 공정성에 대한 믿음, (4) 평가의 유용성에 대한 믿음이 포함된다 (Cawley et al., 1998). 요약하면, 자기 평가 그리고 평가 결과에 대한 논의나 인터뷰 동안 의견 표출을 통해 직원을 평가 과정에 참여시키면, 참여할 기회가 없는 경우보다 더욱 평가에 긍정적으로 반응할 것이다. 중요한 점은 직원들에게 의견 표출 기회를 제공함으로써 조직과 상사가 평가 과정의 질을 향상시키는 것이 가능하다는 것이다.

참조

2장 에서 볼 수 있듯이, 메타 분석은 기존 연구 결과들에 대한 정량적 검토임을 기억하라. 출판 또는 출판되지 않은 많은 연구들에 있는 여러 변인들 사이의 관계에 대하여 유용한 결론을 도출하기 위하여 사용한다.

표 5.2 직무 수행 평가 면접을 시행하는 방법

인터뷰 전	인터뷰 중	인터뷰 후
1. 관리자가 직원에게 모임 일자를 적절하게 알려준다.	1. 관리자가 면접의 목적을 설명한다.	1. 관리자와 직원은 주요 책임과 목표를 따로 검토한다.
2. 직원은 자기 평가를 시행한다.	2. 직원은 자신의 주요 책임과 관련된 성과와 요구사항을 요약해서 이야기한다.	2. 관리자와 직원은 추가 미팅 일정을 잡고 다음 검토 시기를 위하여 목표를 설정한다.
3. 관리자는 자기 평가의 사본을 받는다.	3. 관리자는 자신의 관점에서 직원의 수행을 요약해서 이야기한다.	3. 관리자와 직원은 목표 달성에 따른 조직적 보상 제공(보상, 승진, 등)에 동의한다.
4. 관리자는 수행에 대한 문서를 검토한다.	4. 관리자와 직원은 주요 책임과 관련하여 개발에 필요한 점들이 있는지 이야기한다.	4. 관리자와 직원 간의 소통 경로는 검토 기간 동안 열려 있어야 한다.
	5. 관리자와 직원은 목표와 실제 수행 사이에 불일치 혹은 차이가 발생하는 원인을 진단한다.	
	6. 관리자와 직원은 각자의 주요 책임과 관련된 수행 증진을 위해 행동 계획을 개발한다.	
	7. 관리자와 직원은 각자의 주요 책임과 관련된 수행을 요약하고 서로 동의한 행동 계획을 검토한다.	
	8. 관리자는 직원의 성취를 칭찬한다.	
	9. 관리자는 책임과 수행을 토의하기 위한 추후 미팅 날짜와 시간을 정한다.	

표 5.2는 직무 수행 평가 면접에서 지켜야 할 단계를 나타낸다. 다양한 문헌들을 참고하여 만들었으며(주로 Silverman, 1991), 이 단계들은 직무 수행 평가 면접이 직원의 참여적인 과정이어야 한다는 것을 보여주고 있다. 이는 수행 평가 과정에서 참여의 중요성과 관련된 연구결과(Cawley et al., 1998)와 일치하며, 조직 경영 방식과 조직 구조가 지배적인 것에서 인본주의적으로 변화하는 것과 동일한 맥락이다(Meyer, 1991).

수행 피드백 제공 수행 관리 사이클은 직원들의 발달과 조직의 성공에 중심을 두고 있는 다단계적 · 종단적 과정이다(London & Smither, 2002). 이 사이클의 주요 요소는 직원들이 피드백을 받고 사용하는 정도이다. 수행 피드백은 직원 능력 개발에 중점을 두는 연구들의 많은 관심을 받아왔다. 예를 들어 London과 Smither(2002)는 행동 변화, 나은 수행, 향상된 자기 인식, 향상된 자신감 등을 최종 결과물로 하는 직무 수행 관리 종합 모델을 발표했다. 그들은 이러한 결과물이 직원 자신의 피드백 지향성(Linderbaum & Levy, 2007 참조) 혹은 피드백 수용도, 그리고 조직 혹은 작업 집단이 가진 피드백 풍토(Whitaker, Dahling, & Levy, 2007 참조)와 같은 요인에 영향을 받는다고 제안했다. 다시 말해, 직원 능력 개발은 직원의 피드백 수용도와 피드백에 대한 조직의 관점과 강한 관계를 갖는다는 것이다.

지속적인 직원의 능력개발은 "직원들이 미래 고용가능성을 지속적으로 유지하고 개인과 조직에 이익이 되는 행동 계획을 세우며, 조직에 참여하도록 동기를 부여하는 주기적인 과정"으로 정의되어 왔다(Garofano & Salas, 2005, p. 282). 최근 한 연구에서, 참가자들의 직원 개발 목표에 대한 반응이 그들의 성격(자기효능감, 자존감과 다른 핵심 자기 평가) 외에 다른 상황, 대인관계 변인들의 영향을 받는다고 하였다(Bono & Colbert, 2005).

조금 전에 언급했듯이, 피드백은 수행 관리와 특히 직원 개발에 중요한 역할을 한다. 사회적 지지가 직원 개발에 대한 태도의 핵심 결정 요인이며, 개발을 위한 조직의 지지는 직원들의 책임감에 영향을 미쳤다(Maurer, Mitchell, & Barbeite, 2002). 부하직원들로부터 지지를 받은 경험이 있는 관리자는 더 많은 피드백 책임과 더 적극적인 자기개발을 보였으며, 이러한 결과는 사회적 맥락이 직원의 자기개발에 중요하다는 것을 시사한다(Rutkowski & Steelman, 2005).

피드백 프로세스 피드백은 조직에서 직원 및 고용주들의 요구를 충족시키는 중요한 역할을 한다. London과 Smither(2002)는 수행 관리 주기의 주요 단계들에 대해 강조하였다. 첫째, 직원은 피드백을 예상하고, 수용하고, 반응하면서 피드백 과정에 참여한다. 이후 피드백 정보처리라는 두 번째 단계로 들어선다. 피드백 정보처리는 피드백을 해석하고, 이해하고, 평가하고,

실무자 포럼

Elaine Pulakos

Elaine Pulakos

미시간주립대학교 I/O심리학 박사, 1984년
CEB 전무이사 및 CEB 자회사 PDRI 대표

효과적인 수행관리(PM) 시스템을 설계하는 데 50년 이상 노력해왔음에도 불구하고, 아직 관리자들과 직원들이 가치를 창출하고, 잘 운영되고 있다고 동의하는 PM의 주요 요소들을 밝혀내지 못했다.

지난 몇 년 동안, 연구와 모범사례들을 통해 어떤 중요한 요소를 놓치고 있는지 밝혀내는 데 많은 노력을 들였다. 그동안 평가척도, 평가기준, 프로세스 단계 등과 같이 형식적인 수행관리 시스템에 지나치게 많은 중점을 두었고, 비공식적이지만 효과적인 수행을 할 수 있게 해주는 중요 행동들에 중점을 두지 못한 것으로 결론을 내렸다.

직원들의 몰입과 수행은 명확한 기대치의 제시, 지속적인 피드백 제공, 직원 복지에 대한 관심, 그리고 직원 개발 등과 같은 몇 가지 주요 행동과 관련되어 있었다. 이러한 긍정적 · 일상적 행동들이 수행관리의 본질을 구성하고, 실질적인 수행 결과들로 이어졌다.[1, 2] 하지만 이는 공식적인 수행관리 시스템에서 얻을 수 있는 것이 아니었다. 공식 평가 시스템들이 매일 있어야 할 지속적인 수행관리 행동들보다 1년 중 매우 간헐적으로 발생하는 사건(예 : 연초에 목표 설정, 연중, 연말 피드백 보고 시행하기)에 초점을 맞추고 있기 때문이다.

가장 중요한 행동들은 믿기 어려울 정도로 간단했지만, 수행의 강력한 원동력이었다.

- *비전.* 직원의 개인적 직무활동과 조직의 미션 간의 관계를 조정하는 것은 매우 중요하다. 이를 위한 공식적인 절차가 있지만(예 : 매년 초 직급별 목표), 관리자와 직원 간에 이뤄지는 직무와 목표 간 조정에 대한 정기적인 대화를 통해 명확한 기대, 즉 비전을 명확히 할 수 있다.
- *실행.* 기대치를 설정하는 것이 수행관리에서 핵심이지만, 매년 시행되는 목표설정 과정 자체가 결과를 이끌어내는 것은 아니다. 그보다는 직무가 변하면서 정기적으로 설정되는 기대치가 결과를 이끌어 낸다. 높은 수행을 위해서 기대치와 연관된 실시간 그리고 즉각적인 피드백은 필수적이다. 대부분의 공식적 시스템에서, 한두 차례의 연례 미팅에서 피드백이 제공되지만, 이는 수행에 영향을 미치기에는 너무 낮은 빈도다. 반면에, 몰입과 수행을 촉진하는 피드백은 직무가 수행되고 있을 때 비공식적이고 일상적인 대화에서 발생한다.
- *성장.* 공식적인 수행관리 시스템에는 대개 연례 검토가 포함된다. 하지만 학습의 80% 그 이상은 직무 수행 과정에서 일어나기 때문에, 실제로 수행과 참여를 향상시키는 것은 진행 중인 직무경험과 정기적인 코칭을 통해 이루어진다.

결론은, 조직 내 수행관리 시스템을 시행할 때, 조직의 각 팀이나 부서에서 주요 수행관리 행동들을 성장시키고 유지하는 것에 더욱 주안점을 두어야 한다는 것이다.

[1] Corporate Leadership Council, *Driving Employee Performance and Retention Through Engagement: A Quantitative Analysis of the Effectiveness of Employee Engagement Strategies* (Catalog No. CLC12PV0PD), Washington, DC: Corporate Executive Board, 2004.

[2] A. Bryant, "Google's Quest to Build a Better Boss," *The New York Times*, March 12, 2011, p. BU1.

학습질문

1. 최고의 인력을 확보하기 위한 글로벌 경쟁이 치열해짐에 따라, 수행관리가 기업 경쟁력 증가에 어떤 역할을 할 수 있는가?
2. 현대 직무 수행 평가 연구에 대하여 다루어진 논점들이 PRDI의 비전, 실행, 성장에 대한 초점에 정보를 주는가?
3. 어떤 기술이 비공식적인 행동들을 더 자주 그리고 쉽게 평가할 수 있게 해줄 수 있을까? 혹은 이러한 평가 기술이 어떤 문제점을 발생시키는가?

믿거나 무시하는 것을 포함한다. 마지막 단계는 피드백을 활용하는 것으로, 피드백을 이용하여 목표를 설정하거나 진행 상태를 추적한다. 이 세 단계는 피드백의 효과적인 활용에 필수적이다. 물론 이 세 단계 중 어느 한 단계라도 이행되지 않거나 비효율적으로 이뤄진다면, 오해, 불안, 이해 부족, 그리고 바람직하지 않은 행동과 같은 피드백 관련 문제를 야기할 수 있다.

프로세스를 제대로 이해하기 위해서는 수행 관리 주기의 중요 단계와 더불어, 피드백 자체의 질적 측면과 특성을 고려해야 한다. 예를 들어 "무엇이 좋은 피드백을 만드는가?" "어떤 종류의 피드백이 가장 효과적인가?"와 관련된 연구에서 Kluger와 DeNisi(1996)는 피드백이 항상 효과적이고 긍정적이지는 않다고 하면서 논란을 일으켰다. 피드백 처치 연구에 대한 메타 분석 결과, 피드백이 수행에 긍정적인 효과를 지닌다는 연구(r= .41)와, 동시에 3분의 1이 넘는 연구들이 부정적인 효과를 보였고, 효과가 전혀 없었던 연구들도 많았다. 저자는 피드백 연구에 대한 역사적 검토를 통해 이러한 결과를 도출하였고 지금까지 피드백의 효과에 대해서 잘못된 결론을 내리고 있다고 주장하였다. 그들은 피드백 처치 이론(Feedback Intervention Theory : FIT)을 제안하였으며, 피드백이 사람이 아닌 직무 자체를 대상으로 할 때 가장 효과적이라고 주장하였다. 직무 이외의 내용(예 : "너는 정말 양심적인 직원이다.")을 포함한 피드백은 개인 수행을 방해하고 진행 중인 직무에 투입할 자원과 주의를 멀어지게 하여, 수행에 변화가 없거나 혹은 수행 감소로 이어진다고 주장하였다. 이 피드백 처치 이론은 Kluger와 DeNisi가 실증적 증거를 제공한 피드백과 관련 이론으로 유명하다.

> **피드백 환경**
> 일상적인 관리자-부하직원 그리고 동료직원-동료직원 피드백 프로세스의 맥락적 측면

피드백 환경과 피드백 지향성 조직의 문화는 피드백의 효과성을 제한하거나 강화하는 역할을 한다. **피드백 환경**(feedback environment : FE)이란 용어는 구체적으로, 피드백에 대한 조직 분위기와 태도를 포함하는 문화를 나타내기 위하여 제안되었다. 피드백 환경에는 다른 요소보다도 피드백 제공자(source)의 신뢰도, 피드백의 질, 피드백 전달과 같은 특성들이 포함된다. 호의적인 피드백 환경은 피드백에 대한 만족과 피드백을 활용하고자 하는 동기(Steelman, Levy, & Snell, 2004)뿐만 아니라 피드백 추구와도 관련되어 있다. 그리고 긍정적인 피드백 환경은 조직시민행동, 높은 수준의 조직몰입과도 연결된다(Norris-Watts & Levy, 2004). 또한 피드백 환경은 피드백 추구와 역할 명료성을 거쳐 수행 수준에도 영향을 미치는 것으로 나타났다(Whitaker, Dahling, & Levy, 2007).

> **피드백 지향성**
> 한 개인의 피드백에 대한 전반적인 수용도

피드백 환경이 피드백 프로세스의 상황적 변인인 반면, **피드백 지향성**(feedback orientation : FO)은 개인차 변인이다. 피드백 지향성은 피드백에 대한 전반적인 태도 혹은 피드백에 대한 수용도이다. 피드백 지향성에는 피드백 유용성 인식, 피드백 사용에 대한 책임성, 피드백을 통한 사회적 인식, 피드백을 다루는 자기효능감 등이 포함된다(Linderbaum & Levy, 2010). 조직이나 부서가 다른 피드백 환경을 형성

할 수 있듯이, 개인들도 피드백에 대한 수용도나 피드백에 대한 생각이 각자 다를 수 있다. 피드백 환경과 피드백 지향성은 모두 피드백 프로세스를 이해하고, 영향을 미치는 데 중요하다. 피드백 지향성은, 개인이 학습과 발달이 가능하다고 믿는 정도를 의미하는, 학습 목표 지향성과 같은 개인차 변인과 관련이 있다. 또한 피드백 지향성이 높은 직원들의 경우 피드백을 더 자주 찾고(Linderbaum & Levy, 2010), 피드백 지향성이 낮은 사람들보다 수행을 더 잘하였다(Dahling, Chau, & O'Malley, 2012). 623명의 중국인 직원들을 대상으로 한 연구는 연령이 피드백 지향성의 다양한 차원과 관련이 있는지, 그리고 피드백 반응에 영향을 미치는지 조사하였다(Wang, Burlacu, Truxillo, James, & Yao, 2015). 젊은 직원들보다 나이 많은 직원들이 피드백 지향성의 사회적 인식 차원에서 더 높은 점수를 보였고 유용성 차원에서는 더 낮았다. 또한 피드백 환경이 피드백 반응에 미치는 효과는 연령과 피드백 지향성 차원에 따라 달라졌다. 요약하면 연령에 따른 피드백 지향성의 차이는 피드백 특성과 피드백 반응 간 관계의 변화와 관련되어 있었다(Wang et al., 2015).

피드백 환경과 피드백 지향성의 관계에 대한 흥미로운 연구 중 하나는, 호의적 혹은 고무적인 피드백 환경의 경험이 모든 사람들에게 긍정적이지 않다는 것이다. 교정 시설 직원들을 대상으로 한 연구에서, 피드백 지향성이 낮은 직원들에게 긍정적인 피드백 환경은 동기 부여 요인이 아니었고, 일부 경우에는 동기에 부정적인 영향을 미치는 것으로 나타났다(Gabriel, Frantz, Levy, & Hilliard, 2014). 다시 말해, 피드백을 중요하게 여기지 않고, 피드백에 수용적이지 않은 사람에게는 피드백을 중요시하고 피드백 추구를 장려하는 환경에서 일하는 것은 독이 되는 조합이 될 수 있고, 동기부족과 불만족으로 이어질 수 있다. 그렇지만 이와 관련된 더 많은 연구가 필요하다.

직무 수행 평가에서의 법적 문제

미국에서는 연령, 인종, 민족, 종교, 장애와 같이 수행과 무관한 요인들에 근거해 수행 평가 점수에 차이를 두는 것은 불법이다. 다시 말해, 이러한 요인들에 기초하여 직원을 승진, 강등, 해고, 이전 또는 휴직을 시킬 수 없다는 것이다.

직무 수행 평가와 관련된 법적 요구사항과 기술적 가이드라인에 대한 논문에서, James Austin, Peter Villanova 및 Hugh Hindman(1995)은 직무 수행 평가를 할 때 다음과 같은 권장사항들을 제시한다.

1. 직무분석으로 시작하라. 문서화된 직무분석을 통한 준거 개발을 권장한다.
2. 직원들과 수행 준거에 대해 글로 소통하라.
3. 수행의 전반적인 평가에 의존하기보다, 개인에 따라 평가되어야 하는 서로 다른 수행 차

원이 있음을 알아야 한다.
4. 가능하면 객관적 기준과 주관적 판단을 모두 사용하고, 주관적 판단을 통해 전반적인 성격 특성보다 직무관련 행동을 평가하도록 하라.
5. 직원에게 이의를 제기할 수 있는 기회를 제공하라.
6. 절대적인 권한을 가진 한 명의 평가자보다는 다양한 평가자를 사용하라.
7. 인사 결정과 관련된 모든 것은 문서화하라. 이 권고사항은 누가 어떤 소송을 제기할지 모르기 때문에 매우 중요한 부분이다. 법원에서 문제가 되는 인사 결정을 지지할 문서가 없으면, 피고(예 : 차별 때문에 소송을 받는 조직)는 사건에서 질 가능성이 높다.
8. 가능하면 평가자들을 훈련하라. 훈련이 불가능하다면 직무 수행 평가를 수행하기 위한 서면 지침을 제공하라.

1980년부터 1995년까지의 판례들에 대한 광범위한 리뷰에서 Jon Werner와 Mark Bolino(1997)는 직무 수행 평가와 관련된 300개 이상의 재판을 찾았다. 이들 중 109개가 연령 차별, 102개는 인종 차별, 그리고 50개는 성 차별과 관련이 있었다. 그리고 재판의 원고들(예 : 회사에 소송을 제기하는 직원들)이 소송을 하게 된 주요 요인들을 파악하였다.

그들이 내린 결론은, 앞서(Austin et al., 1995; Barrett & Kernan, 1988; Malos, 1998) 제시된 실질적인 권고 사항들이 법원의 판단 방식과 일치했다는 것이다. 예를 들어 (1) 직무분석을 사용한 경우, (2) 평가 프로세스에 관한 서면 지침을 제공한 경우, (3) 직원들에게 자신들의 평가를 검토할 수 있는 기회를 제공받은 경우, (4) 여러 명의 평가자들이 평가 결과에 동의한 경우, (5) 평가자 훈련이 사용된 경우에는 회사 측에 유리한 판결이 날 가능성이 높았다. 또한 평가 형식(예 : BARS vs. 도식적 평가 척도)은 판례에 기록되어 있지는 않았다.

반면에, 평가 과정의 공정성에 대해 법원은 매우 중요하게 고려하였다. Folger, Konovsky 및 Cropanzano(1992)는 이를 직무 수행 평가의 판단 기준이라고 하였다. 그들은 (1) 적절한 고지, (2) 충분한 의견 청취, (3) 증거에 기초한 판단 등을 강조하였다. 법률 분야에서 익숙한 용어인, 적법 절차의 세 가지 구성 요소들이 공정성에 대한 인식을 구성한다. 요약하면, 법원은 직무 수행 평가 시스템의 공정성을 중요시하며, 이와 관련된 연구들을 지지하고 있다.

조직 내외에서 일하는 법률 전문가들의 주목을 끄는 경향은 착용 가능한 기술의 사용, 혹은 '웨어러블'이다. 걸음, 강렬한 활동, 수면, 운동 등을 기록하는 핏빗(Fitbit)을 말한다. 이러한 기기들은, 지난 밤 5시간 36분을 잤다는 것을 알려주며, 잠들기까지 15분이 걸렸고, 한 번 깨면 다시 잠드는 데 21분이 소요된다는 것을 알려준다. 이 기술은 사람들이 자신들의 행동을 모니터링할 수 있는 방식으로 의료 시장에서 유행이 되었다. 이는 또한 고용주가 특정 건강 행동에 대한 인센티브를 제공할 수 있는 방법을 고안할 수 있게 한다(예를 들어 내 아내는 특정 연

Dilbert/Scott Adams/Dist. by United Features Syndicate Inc

생 각 해 보 기

강제적인 구조조정 혹은 정리해고는 심각한 일이다. 이러한 결정들을 내리고 시행하는 데 부주의하거나 무분별한 접근이 잠재적으로 미치는 영향은 무엇인가?

례 목표를 달성하면 건강 보험에 대한 할인을 받는다). 최근 몇 년간 기업들은 이 웨어러블을 생산성 증진, 직원 복지 강화, 직무관련 부상 감소 등과 같은 직장 내 목표를 위하여 사용하는 데 관심을 가지게 되었다(Rackspace, 2014). 런던대학교와 온라인 서버 제공 회사 Rackspace가 함께한 연구에서, 웨어러블(예 : 뇌 활동 센서, 동작 감시, 자세 코칭) 등이 직장에서의 생산성과 복지에 모두 유용하다는 것을 보여주었다. 웨어러블의 유명 디자이너 중 한 명인 Theatro는 웨어러블 기기를 사용한 기업에서 생산성에서 5~10% 증가가 이루어졌다고 보고하였다(Dishman, 2014).

웨어러블은 200억 달러 규모의 산업이 되었다(Harrop, Hayward, Das, & Holland, 2015)! 보편적으로 건강 분야에서 사용되지만, 다른 업무 현장에서도 웨어러블 기술을 활용할 방법을 찾고 있다. 예를 들어 제조 산업에서는 웨어러블이 업무 지시, 유지 관리 안내, 현장에 없는 관리자 혹은 교육자와의 실시간 교류 등에 사용될 수 있다(Openshaw & Greenspun, 2014). 인간-기술 상호작용에 대하여 선구적인 연구자인 H. James Wilson은 피드백을 제공하고 수행을 증진하기 위하여 웨어러블과 자료 분석 간의 연결에 대한 'physiolytics'라는 용어를 만들었다(Wilson, 2013). 그는 웨어러블에서 세 가지 분석이 가능하다고 하였다. (1) 물류센터에서 제품을 모니터링하고 기록하는 것과 같이 물리적 작업 환경에서의 이동의 계량화, (2) 작업에 소비된 시간과 동작을 분석하여 정보를 보다 효과적으로 활용, (3) 혈압, 뇌파, 인지 패턴과 같은 개인적 '빅데이터'의 분석이다.

physiolytics 기술이 개인과 조직을 위하여 잠재적인 가능성이 있다는 것에 동의하지만, 사생활 침해에 대한 질문들과 '빅 브라더'가 우리의 모든 움직임을 볼 수 있다는 우려가 제기된다. 사생활 문제는 법적인 문제 외에도 직원들의 권리 침해 소송들로 이어질 가능성이 있다(McLellan, 2015; Tremaine, 2015). 조직의 목적 달성을 위한 웨어러블의 사용은 새로운 것이기 때문에, 직원들이 이 기술을 어떻게 받아들일지는 미지수이다. 법적 측면에서 어떤 결과가 나올지 보는 것은 매우 흥미로울 것이다.

I/O TODAY

기술, 직무 수행 측정, 그리고 사생활

웨어러블, 온라인 설문조사, 스마트폰, 접근 태그와 같은 디지털 도구들의 출현으로 과거의 번거로운 인적자원 관리 프로세스가 개선되었다. 수십 년 전, 직원 수행 평가를 위해 관리자들은 부하직원의 활동을 기억하고 적절한 문서로 기록해야 했다. 요즘은 관리자가 태블릿을 통해 평가지에 평가하고 의견을 입력하며, 직원이 피드백을 즉시 혹은 후에 전달받게 할 수 있다. 이러한 디지털 시스템은 360도 피드백과 같이 시간이 많이 소요되는 프로세스들을 훨씬 효율적으로 만들었다. 직원들은 설문지를 다운로드하고 빠르게 자신들의 평가를 입력하고, 이는 다른 평가자들이 사용하는 데이터베이스에서 공유된다. 분석가들은 팀과 개인 평가도 쉽게 할 수 있다. 이러한 예시에서, 기술은 직무 수행 평가 과정을 관리자들이 더 효율적으로 실행할 수 있게 해주고 분석가들도 더 쉽게 접근하고 계산할 수 있다.

이 분야에서 혁신은 빠른 속도로 일어나고 있고, 그 과정에서 개인정보 유출에 대한 우려도 제기되고 있다. 회사가 한 개인의 접근 태그를 추적하여 그의 동선을 파악할 수 있다고 상상해보자. 이 모니터링은 관리자들에게 부하직원의 수행과 관련된 정보, 즉 정시에 출퇴근을 했는지, 약속된 미팅에 참여하는지에 대한 정보를 제공할 수도 있다. 하지만 이 시스템은 수행과 관련이 없는 정보가 많이 수집되고 부적절하게 사용될 수도 있다. 어떤 사람이 화장실을 자주 들를 수도 있고(건강의 문제), 여직원이 하루에 두 번 직장을 잠깐 나갈 수도 있다(아기가 있고, 쉬는 시간을 이용하여 보육원을 방문하였을 수도 있다). 관리자가 이런 자료에 기반하여 이들을 징계 혹은 해고하고자 한다면, 소송을 제기할 수도 있다.

일반적으로 법은 기업들이 직원을 면밀히 모니터링할 수 있도록 한다(Privacy Rights Clearinghouse, 2015). 법원 사례들은 공공장소에서 직원을 녹화 기록하는 것, 이메일과 음성 메일을 모니터링하는 것, 회사 전화를 모니터링하는 것, 소셜 미디어 활동을 모니터하는 것 등을 보장해주었다. 가끔 예외는 있다. 대개의 경우 직원들은 녹음에 동의를 해야 하며, 미국 일부 주에서는 회사에서 소셜 미디어 계정의 비밀번호를 요구하는 것을 제한하고 있다. 법과 상관없이, 많은 직원들은 고용주들이 면밀히 감시하는 것을 불편하게 느낀다. 최근에 어떤 여성은 퇴근 후에도 움직임을 추적하는 어플을 지웠다고 해고를 당하였다(Matyszczyk, 2015). 회사에서 제공한 전화기로 합법적으로 보이지만, 그녀의 상사는 그녀가 근무 시간 외에 무엇을 하고 어디를 가는지 안다고 자랑하고 다녔다. 이 사례와 몇몇 사례들은 직원을 추적하는 것이, 특히 관리자가 자료를 오남용할 수 있을 때, 해커들에게 침해당할 수 있는지를 따질 때, 윤리적인지에 대한 의문이 제기된다. 고용주들의 근로자 추적의 합법 여부, 그리고 적절한 항목 여부의 구분과 관련하여, I/O심리학자들도 관여해야 할 중요한 이슈이다.

토론질문

1. 소매점에서 당신이 점원과 일한다고 상상해보자. 그들의 수행을 판단하기 위하여 어떤 정보를 수집할 것인가? 이 과정을 더 쉽게 하기 위해 어떤 기술을 사용할 수 있을까?
2. 직원들이 직장에서의 사생활을 걱정하는 것은 합리적인가? 직무 수행 평가와 관련이 있는 행동들을 파악하면서 직원의 개인정보를 존중할 수 있는 방법은 무엇이 있을까?

참고문헌

Matyszczyk, C. (2015, May 12). Woman allegedly fired for deleting iPhone app that monitored her 24/7. *CNET*. Retrieved October 26, 2015, 출처 : http://www.cnet.com/news/woman-allegedly-fired-for-deleting-iphone-app-that-monitored-her-24-hrs-a-day/

Privacy Rights Clearinghouse. (2015). Fact sheet 7: Workplace privacy and employee monitoring. Retrieved October 26, 2015, 출처 : https://www.privacyrights.org/workplace-privacy-and-employee-monitoring

더 읽을거리

Miller, C., &Wells, S. F. (2007). Balancing security and privacy in the digital workplace. *Journal of Change Management*, 7, 315–328.

요약

직무 수행 평가는 도식적 평가 척도, BARS, CARS, 체크리스트, 그리고 직원 비교법과 같이 다양한 양식으로 가능하다. 각 양식은 장단점이 있고(표 5.1 참조), 단 하나의 최고의 접근법이 있는 것은 아니다. 한 사람의 수행을 평가하는 과정은 매우 복잡하며, 후광, 관대화, 중앙 집중 경향성, 그리고 엄격화와 같은 평가 오류가 일어날 수 있다. 평가자 오류 훈련(RET)과 참조 틀(FOR) 훈련은 이러한 오류를 줄이고 정확도를 높이는 데 유용하다고 밝혀져 왔다.

현재 직무 수행 평가에 대한 연구는 평가가 일어나는 심리사회적 맥락에 지속적으로 초점을 맞추고 있다. 이러한 연구들은 평가 과정에 대한 평가 대상자와 평가자의 반응이 평가 시스템의 성공 여부에 중요하다는 것을 나타낸다. 평가 과정은 관리자와 부하직원 간의 관계, 조직 내 정치, 평가자의 동기와 책임감, 그리고 평가자들 간 신뢰도와 관련이 있다.

참여는 평가 프로세스의 또 다른 필수 요소다. 이 분야에서 발전하고 있는 분야는 동료, 부하직원, 관리자, 그리고 손님/고객들로부터 직원이 수행 피드백을 받는 360도 피드백 시스템이다. 피평가자가 관리자일 경우 자기 평가가 자주 포함된다. 360도 피드백이 비교적 새롭긴 하지만, 연구에 따르면 많은 직원들이 이러한 시스템을 선호할 뿐 아니라, 피드백 과정를 전반적으로 개선할 수 있는 잠재력을 지니고 있다는 것이 밝혀졌다. 직원과 조직 모두 직원의 성장과 학습이 중요하다고 인식하고 있다. 직원 개발은 개인 근로자들에게 도움이 될 뿐 아니라 발달을 위한 기회를 장려하고 제공하는 조직이 경쟁우위를 갖도록 한다.

법적 가이드라인을 준수하는 것 또한 직무 수행 평가 과정에서 중요하다. 공정성은 평가 대상뿐 아니라, 법원에서 판결을 내릴 때 중요하게 고려되는 것으로 나타났다. 그리고 웨어러블과 같이 새로운 기술들이 수행 관리에 대한 흥미롭고 혁신적인 접근으로 이끌어줄 수도 있지만, 사생활 침해 우려 또한 일으킬 수 있다.

앞서 살펴본 바와 같이 직무 수행 평가 정보는 승진, 강등, 일시해고, 해고, 연봉인상과 같이 중요한 인사 결정에 사용되기 때문에 조직에 광범위한 영향을 미친다. 물론 타당하지 않는 직무 수행 평가 정보는 잘못된 조직 의사결정으로 이어질 수도 있다. 따라서 평가 프로세스에 대한 이해를 위해서는 평가가 이루어지는 맥락에 대한 깊은 이해가 필요하다.

주요 용어

관대화
맥락
분포 오류
상향식 평가
엄격화
원격근무
주요 사건
중앙 집중 경향성
직무 수행 관리
직무 수행 평가
진실한 후광
참조 틀(FOR)
코칭
평가자 오류 훈련(RET)
피드백 지향성(FO)
피드백 환경(FE)
후광
훈련
360도 피드백
BARS

실무 적용

이 장에서는 주로 평가 양식, 오류, 그리고 훈련에 대하여 다루지만, 4장에서 언급했듯이, 직무 수행 평가에서 준거를 적절하게 정의하는 것이 매우 중요하다. 블랙우드대학에 있는 기관연구 책임자인 Pei Ng은 매 학기마다 학생들에 대한 교육법 완성을 위해, 새로운 교수법 평가에 대한 조언을 얻고자 한다. 다음의 이메일을 읽고, 측정의 형식과 내용을 충분히 고려하여 그녀의 질문에 답해보자.

안녕하세요.
아래는 제가 이번 학기에 시도하려는 측정의 초안입니다. 현재 항목들에 대한 조언과 추가할 만한 항목들에 대해 조언을 받고 싶습니다. 어느 항목들이 가장 도움이 되고 어떤 항목이 그렇지 않은지 그리고 왜 그런지를 알려주시길 바랍니다. 그리고 더 나은 평가를 시행하는 데 도움이 되는 항목이 누락되었는지요? BARS라고 하는 다른 평가 시스템에 대하여 들었습니다. 이는 무엇이며, 이 평가에 포함하는 것이 좋을까요?

패이

블랙우드대학 교수법 평가

다음을 평가해주십시오.

항목	만족스럽다		좋다		훌륭하다
해당 주제에 대한 교수의 지식	1	2	3	4	5
이메일에 대한 교수의 답변	1	2	3	4	5
교수의 친근함	1	2	3	4	5
교수의 기술 활용	1	2	3	4	5
강의실	1	2	3	4	5
교재	1	2	3	4	5
과제	1	2	3	4	5

항목	전혀 동의하지 않는다		보통		매우 동의한다
나는 이 수업이 즐거웠다.	1	2	3	4	5
이 수업은 흥미로웠다.	1	2	3	4	5
이 교수의 다른 수업을 들을 것이다.	1	2	3	4	5
이 수업의 대부분에 출석하였다.	1	2	3	4	5
교수가 준 점수는 공정했다.	1	2	3	4	5
이 교수는 블랙우드대학에서 계속 수업을 해야 한다.	1	2	3	4	5

비판적 사고 문제

1. 위 내용을 바탕으로 관리자가 부하직원들의 수행을 정확하게 평가하는 데 도움이 될 교육 프로그램을 설계해보자. 어떤 기술을 포함시킬 것인가? 평가자 효율성에 영향을 끼칠 수 있는 중요한 변수는 무엇인가?
2. 이 단원에서는 직무 수행 평가와 광범위한 수행관리 시스템에 대하여 논의한다. 이 두 개념이 어떻게 다른가? 서로 어떻게 연관이 있는가?
3. 몇 가지 평가 양식들이 이 단원에서 제시되어 있다. 조직의 직무 수행 평가 프로세스를 설계한다면, 어떠한 유형의 척도 혹은 형식(예 : BARS, 도식적 척도)을 사용할 수도 있을까? 지필 형식, 혹은 기술 기반 접근 방식을 사용할 것인가? 선택에 어떠한 근거가 있는가?
4. 다중 출처 피드백은 조직의 다양한 수준에 있는 개인들로부터 피드백을 얻는 데 사용되는 도구이다. 종종 피드백을 받는 직원이 피드백을 제공할 사람을 고르기도 한다. 대상 직원이 자신의 평가자를 선택할 수 있게 하는 것의 잠재적 단점은 무엇이 있는가? 대상 직원의 상사가 평가자를 선택해야 하는가? 다른 어떤 방법으로 평가자가 결정될 수 있을까? 이 절차에 기술을 어떻게 적용할 수 있을까?
5. 과거에 가졌거나, 갖고 싶은 직업을 생각해보자. 이 역할의 수행을 측정하는 데 웨어러블을 어떻게 사용할 수 있을까? 회사가 이 기술을 사용하여 행동을 모니터링하면 어떨 것 같은가?

응용 문제

1. 360도 피드백을 사용하여 어떤 직원이 관리자로부터 3.5점/5점 만점, 동료로부터 4.2/5 그리고 부하직원으로부터 2.25/5라는 점수를 받았다고 상상해보자. 이러한 불일치의 이유에는 무엇이 있을까? 이러한 평가들이 직원의 수행에 대하여 무엇을 의미하는지 관리자가 더 잘 이해하기 위해서 어떻게 하는 것이 좋은가?
2. 팀 프로젝트 성적 부여를 위해 교수가 모든 팀 구성원들이 서로에 대해 평가해줄 것을 요구하고 있다. 한 구성원은 특히 문제가 많았다. 다른 구성원들에게 시비를 잘 걸고, 스케줄 맞추기를 거부하고, 정말 최소한의 작업만을 하였다. 그 사람에게 낮은 평가 점수를 주는 것에 불편감을 느낄 것인가? 그렇다면 왜 그런가?
3. 다시 한 번, 교수가 팀 동료들의 수행에 대해 당신의 피드백을 원한다고 상상해보자. 매우 적극적이며 능동적인 역할을 하는 팀원이 있었다. 하지만 많은 노력에도 불구하고, 수업 때 알려준 개념들을 이해하는 데 문제가 많았다. 결국 그 팀원이 해온 작업은 프로젝트에 적합하지 않았다. 그 팀원에게 낮은 평가 점수를 주는 것에 불편감을 느낄 것인가? 그렇다면 왜 그런가?
4. 많은 직무 수행 상황에서 직원들은 직접 참여하지 않는 프로젝트를 위해 늦게까지 남거나, 혹은 다른 사람들에게 조직에 대하여 긍정적으로 이야기하는 조직시민행동(자신의 일이 아님에도 동료 직장인들이나 조직을 돕는 행동들)을 보인다. 이러한 행동들도 직무 수행 평가에서 고려되어야 하는가? 왜 그런지 혹은 왜 그렇지 않다고 생각하는가?
5. 자신의 일을 잘하지 못했던 사람과 일했던 시간을 생각해보자. 그 사람이 어떠한 것들을 하거나 하지 않아 낮은 수행을 보였는가? 이 사람에게 피드백을 제공해 달라는 요청을 받으면 당신은 무슨 말을 할 것인가?

더 읽을거리

Allen, T. D., Golden, T. D., & Shockley, K. M. (2015). How effective is telecommuting? Assessing the status of our scientific findings. *Psychological Science in the Public Interest, 16*(2), 40–68.

DeNisi, A. S., & Pritchard, R. D. (2006). Performance appraisal, performance management, and improving individual performance: A motivational framework. *Management and Organizational Review, 2*, 253–277.

Farr, J. L., & Levy, P. E. (2007). Performance appraisal. In L. L. Koppes (Ed.), *Historical perspectives in industrial and organizational psychology* (pp. 311–327). Mahwah, NJ: Erlbaum.

Ferris, G. R., Munyon, T. P., Basik, K., & Buckley, M. R. (2008). The performance evaluation context: Social, emotional, cognitive, political, and relationship components. *Human Resource Management Review, 18*, 146–163.

Levy, P. E., & Williams, J. R. (2004). The social context of performance appraisal: A review and framework for the future. *Journal of Management, 30*(6), 881–905.

Fletcher, C., and Baldry, C. (2015). Multi-source feedback systems: A research perspective. In I. T. Robertson and Cary L. Cooper (Eds.), *Personnel psychology and human resources management: A reader for students and practitioners.* John Wiley & Sons.

Smither, J. W., London, M., Flautt, R., Vargas, Y., & Kucine, I. (2003). Can working with an executive coach improve multisource feedback ratings over time? A quasi-experimental field study. *Personnel Psychology, 56,* 23–44.

CHAPTER 6

예측변인

이 장의 개요

사진 : Hill Street Studios/Blend Images/Getty Images

학습내용

- 검사의 정의와 인사 선발을 위한 검사의 종류
- 다양한 종류의 서로 다른 검사 형식에 대한 이해 : 속도 검사 대 역량 검사, 개인 검사 대 집단 검사, 지필 검사 대 수행 검사
- 선발에서 검사의 타당도의 중요성
- 타당도에 대한 정의와 다음의 예측변인 유형에 대한 이해 : 인지 능력 검사, 감각 및 운동능력 검사, 성격 검사, 정직성 검사, 작업 표본, 평가 센터, 생활사 정보, 면접

준거는 I/O심리학에서 중요하게 다루어지는 개념이지만, 선발 과정에서 수행 준거를 활용하는 것이 쉽지 않기 때문에(선발 상황에서는 아직 업무를 하지 않은 상황이기 때문에 평가를 할 수 있는 준거가 없음), 준거 대신 예측변인을 선발 과정에 활용한다.

대형 로펌에서 법학전문대학원을 막 졸업한 사람을 고용한다고 생각해보자. 로펌은 선발에 대한 의사결정을 위해 지원자들의 수행 준거 자료를 활용하길 원할 것이다. 그러나 수행에 대한 준거(예 : 승소한 빈도 등)는 아직 후보자들이 변호사로 채용된 경험이 없기 때문에 사용할 수도 없고 존재하지도 않는다. 이는 선발 과정에서 준거를 사용하고자 할 때 기업이 경험하게 되는 딜레마이다. 기업은 성과를 창출하는 데 있어서 가장 적합한 사람을 선발하기 원한다. 하지만 선발 이후 실제 일하는 모습을 지켜보기 전까지는 그 사람의 수행에 대한 준거 자료를 얻을 수 없다.

바로 이러한 이유 때문에 선발 과정에서 **예측변인**이 사용된다. 예측변인은 준거를 대신하여 미래의 준거를 예측하기 위해 사용된다. 앞의 로펌의 경우, 후보자 중 한 명을 선발하기 위해 후보자들의 학교 성적, 모의 재판 점수, 법학대학원 교수의 추천서, 그리고 인지 능력 검사 점수와 같은 다양한 예측변인을 사용하게 된다. 선발은 전적으로 사람의 미래 수행을 예측하는 것이다. 재직자들의 수행을 잘못 판단하거나 평가하게 될 경우 부적절한 사람을 해고하거나 승진시키게 되듯이, 잘못된 예측변인의 사용은 적합하지 않은 사람을 선발하게 되거나 적합한 사람을 떨어뜨리는 결과를 초래하게 된다. 먼저 우리는 선발 과정에서 기업이 사용할 수 있는 검사 형태에 대해 알아보고, 구체적으로 어떠한 예측변인들이 선발에 사용되는지 알아볼 것이다.

검사 형태

> **검사**
> 행동을 관찰하고 그 행동을 양적인 지표로 표현하기 위한 체계적인 절차

검사(test)는 행동을 관찰하고 그 행동을 양적인 지표로 표현하기 위한 체계적인 절차이다. 검사가 체계적인 이유는 검사 대상자와 검사관이 동일한 검사 도구 및 절차를 사용하기 때문이다. 일반적으로 선발 과정에서 검사는 업무 수행이나, 업무 수행과 관련된 다른 준거를 예측하기 위한 도구로 활용된다. 따라서 이 책에서는 **예측변인**이라는 용어와 검사라는 용어를 동일한 의미로 사용할 것이다. 이 장의 내용은 I/O 심리학자 외에도 많은 독자들이 관심을 가질 수 있다. 그 이유는 이 책을 읽는 대부분의 독자들이 언젠가 그리고 어딘가에 직장, 장학금, 입학을 위해 원서를 제출할 것이기 때문이다. 즉 여러분의 수행을 예측할 수 있는 정보를 제출하면 고용주 혹은 학교는 여러분이 제공한 예측변인을 바탕으로 미래 수행을 예측할 것이다.

예측변인을 선택하고 개발하는 첫 단추는 **직무분석**이다. 직무분석은 특정 직무에 대하여 어떠한 과업이 요구되는지에 대한 정의를 내리는 것뿐 아니라, 해당 직무를 성공적으로 완수하기 위해 어떠한 인적 특성/속성이 필요한지도 확인하는 절차이다. 직무분석 정보를 통해 준거를 보다 효과적으로 예측하기 위해 어떠한 예측변인을 사용해야 하는지, 그리고 예측변인의 타당도를 높이기 위해 어떻게 수정 및 조정을 해야 하는지 알 수 있다. 어떤 경우에는 직무분석에서 요구되는 KSAOs(지식, 기술, 능력, 그 외 특성)를 확인하기 위해 검사 도구를 개발할 수도 있다. 그러나 많은 경우에는 특정 KSAOs를 평가했던 기존 검사 도구들을 활용하고 수정하여 검사를 수행한다. **그림 6.1**은 대학 교수의 KSAOs를 측정하기 위해 사용할 수 있는 검사의 종류를 보여주고 있다. 각각의 검사들이 선택된 이유는 대학 교수라는 직업에 대한 직무분석에서 기인한다. 예를 들어 그림 6.1 가장 오른쪽 상자에 대학 교수는 '의사소통 능력'이 필요한 것으로 나타나고 있다. 그리고 의사소통 능력을 평가하기 위해 두 가지 검사를 시행하였다. 먼저 면접을 시행하는 도중에 후보자의 의사소통 능력을 평가하였다. 또 다른 방법으로 후보자가 학부생을 대상으로 특정 주제에 대한 강의를 하는 작업 표본(work sample) 검사를 통해 후보자의 의사소통 능력을 평가하였다.

이 장에서 소개하는 검사 이외에 독자들은 많은 종류의 검사를 접할 수 있다. 대표적으로 50여 년 전에 출판된 **정신 측정 연감**(Mental Measurements Yearbook, Spies, Carlson, & Geisinger, 2010)에는 수천 가지의 검사 종류가 수록되어 있으며, 지금도 격년으로 새로운 검사들이 수록되고 있다. 이 책에는 다양한 산업 장면에서 사용되는 검사의 종류, 검사를 시행하는 데 소요되는 자원, 비용, 시간, 그리고 어디에서 해당 검사를 입수할 수 있는지에 대한 정보들이 수록되어 있다.

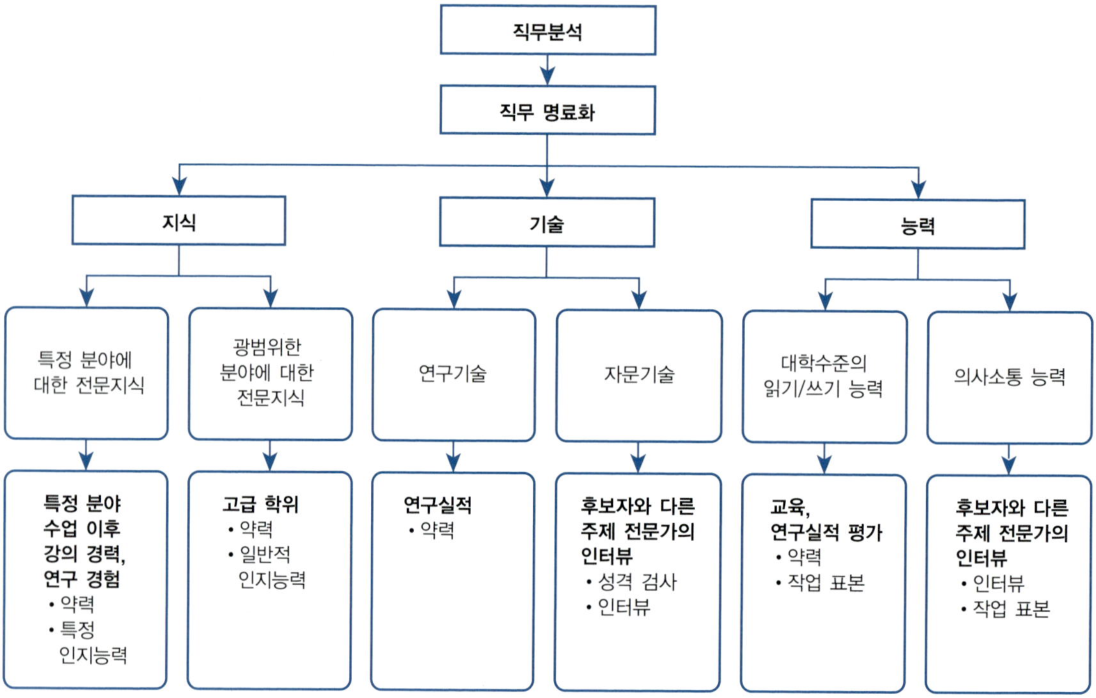

그림 6.1 직무분석과 KSAOs의 측정/평가의 관계

컴퓨터 조정 검사

> **컴퓨터 조정 검사**
> 이전 문항의 점수에 따라 이어지는 문제의 난이도가 다르게 결정되는 컴퓨터 기반 검사

인터넷을 통한 컴퓨터 검사의 사용이 증가하고 있다. 컴퓨터를 이용한 검사 중 몇몇 검사는 조정이 가능하다는 특성을 가지고 있다(예 : GRE 등). **컴퓨터 조정 검사**(computer adaptive testing)는 검사 초반의 점수에 따라 이어지는 문제의 난이도가 다르게 결정되는 검사를 의미한다. 이 방법은 신속하고 정확한 채점(Educational Testing Service, 2007)이 가능하다. 만약 피검사자가 쉬운 문제에 대해 정확히 답하였다면 다음 문제는 좀 더 어려운 난이도의 문제가 제시된다. 그리고 이 문제의 답을 맞추면 더 어려운 문제가 제시되며, 만약 문제의 답을 맞추지 못한 경우 이어지는 문제의 난이도가 낮아지게 된다. 이러한 절차를 통해 빠르고 정확하게 피검사자의 능력을 평가할 수 있다(보다 구체적인 정보는 Farr & Tippins, 2013 참조).

검사는 다양한 기준에 따라 여러 범주로 구분될 수 있고 다음에는 몇 가지 관련 범주들이 제시되어 있다.

속도 검사와 역량 검사

속도 검사(speed test)는 제한된 짧은 시간 동안 상대적으로 쉬운 검사 문항을 최대한 많이 완료하는 검사이다. 대표적인 예가 컴퓨터 타이핑 검사이다. 타이핑 검사에서 피검사자는 5분 동안 가능한 빠르게 타자를 치도록 요구받고, 5분 이후에 얼마나 많은 양의 타이핑을 정확하게 완료했는지 평가받게 된다. 이러한 검사가 속도 검사이다. 반면 역량 검사(power test)는 어려운 문제에 대해 시간 제한이 없이 문항을 모두 해결하도록 요구하는 검사이다. 많은 대학 시험이 역량 검사 방식의 예이다. 비록 문제가 까다롭고 어렵지만, 학생들이 모든 문제를 완수하길 기대하며 이를 위해 충분한 시간을 부여한다.

> **속도 검사**
> 제한된 짧은 검사 시간 동안 상대적으로 쉬운 검사 문항을 최대한 많이 해결하는 검사

> **역량 검사**
> 시간 제한 없이 상대적으로 어려운 문제를 해결하게 하는 검사

개인 검사와 집단 검사

개인 검사(individual test)는 한 번에 한 명의 피검사자를 대상으로 검사를 시행하는 것을 의미한다. 개인 검사는 상당히 많은 비용과 시간이 소요된다. 따라서 대부분 개인 검사는 상위 직급의 관리자를 대상으로 시행한다. 개인 검사의 대표적인 예는 Wechsler의 지능 검사이다. WAIS-IV, WISC-IV 검사는 개인 검사의 좋은 예이다. 개인 검사는 두세 시간 동안 진행되며, 잘 훈련된 검사자가 검사를 실시한다. 기업에서 보다 일반적으로 시행되는 검사는 집단 검사이다. 집단 검사(group test)는 다수의 피검사자에게 동시에 검사를 실시하는 것을 의미한다. 경찰관이나 소방관의 승진 검사는 집단 검사의 대표적인 예이다. 경찰관 혹은 소방관의 경우 특정 상황을 제시하고 집단으로 상황을 해결하도록 요구받는다(예를 들어 4명으로 구성된 한 개 소방 팀이 화재 진압을 하는 상황). 집단 검사는 직원 선발 과정에서 유용하게 쓰일 수 있으며, 특히 최근처럼 입사 경쟁률이 높아 다수의 지원자들을 대상으로 검사를 실시할 때는 대부분 집단 검사가 활용된다.

> **개인 검사**
> 한 번에 한 명의 피검사자를 대상으로 시행하는 검사

> **집단 검사**
> 다수의 피검사자가 동시에 실시하는 검사

지필 검사와 수행 검사

지필 검사는 아마도 모든 독자들에게 가장 익숙한 검사일 것이다. 지필 검사(paper-and-pencil test)는 피검사자들에게 문항의 답을 답안지나 컴퓨터 마킹 용지에 작성하게 하는 검사이다. 지필 검사에서 문항들은 서술형, 다중 선택, 참/거짓, 단답형 등 다양한 종류로 구성될 수 있다. 대부분의 검사는 지필 검사로 이루어져 있다. 대표적인 인지능력 검사인 ACT와 SAT는 지필 검사이다. 하지만 컴퓨터 기술의 발전으로 지필 검사들이 컴퓨터 검사로 변화되고 있고, 많은 연구자들이 컴퓨터 검사와 지필 검사

> **지필 검사**
> 피검사자들이 문제의 답을 답안지나 컴퓨터 마킹 용지에 작성하는 검사

생각해보기
각 그림은 어떤 검사인 것 같은가?

가 피검사자들에게 미치는 영향에 대해 연구하고 있다(Kantrowitz & Dainis, 2014; Karim, Kaminsky, & Behrend, 2014). 예를 들어 독일의 고등학생 157명을 대상으로 실시한 실험에서 학생들의 추론 능력을 검사하는 데 있어서 휴대용 컴퓨터 검사, 노트북 컴퓨터 검사, 그리고 지필 검사를 각각 사용하였다. 실험 결과, 검사 도구의 차이는 검사 점수에 영향을 미치지 않은 것으로 나타났다(Schroeders & Wilhelm, 2010). 검사 도구의 차이 외에도 최근에는 검사 시 익명성에 대한 논의와 연구가 진행되고 있다. 인터넷을 통해 피검사자는 검사자 없이 검사를 실시할 수 있으며, 피검사자의 익명성이 보장될 수 있게 되었다. 그 결과, 피검사자가 보다 솔직한 응답을 할 가능성이 높아졌지만, 컴퓨터를 활용한 검사는 소프트웨어 및 하드웨어의 보안 문제, 부정 행위의 우려가 있다(Tippins et al., 2006). 흥미롭게도 익명성과 관련한 최근 연구들에서는 익명성을 보장하는 검사와 그렇지 않은 검사 간 점수 차이가 거의 없었다(Beaty et al., 2011). 최근 가장 큰 이슈는 핸드폰을 통한 검사이다. 최근 한 연구에서 350만 명을 대상으로 시험감독 없이 모바일과 비모바일 검사를 진행하였다. 연구 결과, 핸드폰 검사를 실시한 사람들의 검사 실시 시간이 더 오래 걸렸고, 검사 점수 또한 더 낮았다(Arthur, Doverspike, Munoz, Taylor, & Carr, 2014). 작은 화면을 통해 검사를 실시할 경우 정보 처리 과정에서 더 어려움을 경험하게 될 가능성이 있고, 핸드폰의 방해 요소(예 : 문자 메시지 수신 등)가 발생할 수 있어 검사 점수가 상대적으로 낮게 나타날 수 있다. 그러나 많은 연구들을 종합해봤을 때, 검사 도구에 따른 검사 점수의 차이는 작은 것으로 나타나고 있다. 검사 도구의 종류에 대한 연구는 현재 매우 활발히 진행 중이고, 최신 기술을 활용한 검사가 앞으로 어떤 영향을 미칠 것인지에 대해 예의 주시할 필요가 있다.

수행 검사
검사 시 물체나 도구의 조작이 요구되는 검사

수행 검사(performance test)는 검사 시 물체나 도구의 조작이 요구되는 검사를 의미한다. 손을 사용하는 것과 같이 신체를 사용하는 검사 혹은 정신운동 능력 검사가 포함된다. 예를 들어 외과 의사의 수술 전문성을 평가하기 위해 수술을 집도할 때 신체적 움직임과 수술에 필요한 지식을 검사할 수 있다. 유사하게 제조업 작업자나 배관공의 경우에도 어떻게 도구를 사용하는지에 대한 신체적 움직임 측면과 업무에 대한 지식 모두를 평가할 수 있다.

예측변인

많은 예측변인들이 선발과정에서 사용되고 있으며, 여기서는 선발에서 자주 사용되는 대표적인 예측변인들에 대해서 알아볼 것이다. 그러나 먼저 예측변인에 대한 몇 가지 개념을 상기할 필요가 있다. 2장에서는 신뢰도와 타당도에 대해서, 4장에서는 준거에 대하여 알아보았다. 신뢰도, 타당도, 그리고 준거는 예측변인과 깊은 관련이 있다. 신뢰롭지 않은 예측변인을 통한 검사는 직무 수행을 성공적으로 예측하지 못하기 때문이다.

여러분이 자동차 정비사를 선발한다고 가정해보자. 지원자에게 자동차 진단 리스트를 건네주면서 차의 문제를 진단하라고 요청했다. 이는 합리적인 선택이다. 왜냐하면 진단 기술은 정비사의 KSAOs를 고려했을 때 중요한 기술이기 때문이다. 그러나 진단장비 기능 중 50%가 제대로 작동하지 않았다고 가정해보자. 지원자는 제대로 작동하지 않는 진단장비를 가지고 검사를 하게 되고, 그 결과 낮은 검사 점수를 받게 될 것이다. 이는 지원자의 능력이 아닌 장비의 오류에 기인한 것이며, 이 경우 예측변인 점수는 신뢰롭지 못하고, 수행을 예측하는 데 유용하지 않다.

참조

2장에서 두 변인 간의 상관관계의 강도를 알려주는 상관계수 그리고 상관계수의 제곱 값은 한 변인이 다른 변인의 분산을 얼마나 설명하는지를 알려주는 결정 계수라는 것을 배웠다.

2장에서 언급한 예측변인의 타당도 중 **준거 관련 타당도**(criterion-related validity)를 상기해보자. I/O심리학에서 예측변인이 사용되는 유일한 목적은 수행 준거를 예측하는 것이다. 하지만 어떤 사람의 수행 수준을 예측하기 위해서는 그 사람을 고용한 후 일을 시켜봐야 알 수 있으며, 선발 과정에서는 알 수 없기 때문에 예측변인을 사용한다. 만약 예측변인이 준거와 관련이 없다면 그 예측변인의 타당도는 낮은 것이다. 이에 I/O심리학자들은 타당도 높은 예측변인을 찾는 데 많은 시간과 노력을 투자하고 있다. 이러한 노력을 통해 기업은 타당도 높은 예측변인을 사용하고, 유능한 직원을 선발할 수 있으며, 검사(예측변인) 결과에 따라 미래의 직무 수행 능력을 예측하게 된다.

선발에 있어서 예측변인과 수행 준거 간의 상관 계수는 매우 중요하다. 선발 장면에서 이를 **타당도 계수(r)**(validity coefficient, r)라고 부른다. 선발 과정에서 어떠한 변인이 우수한 예측변인인지 파악하기 위해 예측변인과 준거 간의 관계를 살펴보며, 예측변인이 얼마나 준거를 잘 대표할 수 있는지에 따라 타당도 계수는 달라진다. 예를 들어 어떤 사람의 직무 수행 능력을 예측하기 위해 종합 인지능력 검사를 실시했다고 가정해보자. 만약 전반적으로 인지능력 검사 점수가 높았던 사람들이 실제 업무에서도 높은 수행 수준을 보인다면 이 경우 예측변인과 준거변인 간 타당도 계수가 높은

타당도 계수(r)
예측변인과 준거 간의 상관관계 계수. 선발 과정에서 특정 검사가 직무 수행 준거를 얼마나 잘 예측하는지를 알려주는 수치

것이다. 반면 인지능력 검사에서 높은 점수를 받은 사람들의 취업 후 직무 수행 수준이 전반적으로 낮다면 이 검사의 타당도가 없거나 낮다고 한다.

지능 검사

지능 검사는 선발 과정에서 가장 빈번하게 사용되는 검사이다. 지능 검사가 많이 사용되는 이유는 정신 기능 혹은 지적 능력이 대부분의 직업과 직무에서 중요한 요인이라는 믿음이 있기 때문이다. 인지능력 검사 혹은 정신능력 검사라고도 하는 **지능 검사**는 두 가지로 구분될 수 있다. 첫 번째는 일반 지능 검사이고, 두 번째는 구체적 지능 검사이다.

일반 지능 검사 Wonderlic Personnel Test(Wonderlic, 1984)는 오랜 기간 동안 가장 많이 사용된 지능 검사 중 하나이다. 이 검사는 프로 운동선수의 지능을 평가하기 위해서도 사용되고 있으며, 검사 결과에 따라 프로 선수들이 얼마나 좋은 성적을 낼 것인지를 예측하기도 한다(McCann, 2006). **그림 6.2**는 Wonderlic 검사에 사용되는 문항의 예시이다(다른 지능 검사의 문항과도 비슷하다). 직원 선발 과정에서 일반 지능을 사용하는 것에 대해 오랫동안 논의되어 왔다(Beier & Oswald, 2012; Farr & Tippins, 2013; Gardner & Diedrick, 2009; Goldstein, Zedeck, & Goldstein, 2002; Kuncel, Hezlett, & Ones, 2004).

많은 연구들에서 일반 지능이 수행 준거를 예측하는 중요한 변인이라는 것을 증명하였다(Ree, Earles, & Teachout, 1994; Salgado & Anderson, 2003). 예를 들어 선발 분야의 메타 분석 연구 결과에 의하면, 일반 지능의 타당도 계수는 .53이었다(Hunter & Hunter, 1984). 이는 직장에서 직원들의 업무 수행 수준의 25%는 지능에 비롯한다는 것을 의미한다($0.53^2 \times 100=25\%$). 이러한 연구 결과는 한 기업이나 국가에 국한되는 것이 아니라 영국(Bertua, Anderson, & Salgado, 2005)을 비롯한 대부분의 유럽 국가들에서 유사하게 나타났다. Salgado 등(2003)의 연구에 의하면 유럽 국가에서 일반 지능의 타당도 계수는 .62였다(36%). 그러나 앞선 두 연구에서 보여준 일반 지능과 직무 수행의 상관관계가 과연 높은 수치일까? 두 수치가 보여주는 의미는 일반지능이 직무 수행에서 25%, 36%를 설명하지만 여전히 나머지 75%, 64%는 설명하지 못하고 있다는 것을 의미한다. 더 잘 예측할 수는 없을까? 이에 대한 논의와 함께 연구자들은 **증분 타당도**(incremental validity), 즉 수행 준거의 더 많은 퍼센트를 설명할 수 있는 다른 검사들에 대한 연구를 지속해왔다. 최근 좀 더 정교한 통계 기법을 사용한 메타 분석 연구에 따르면 일반 지능 검사는 수행의 25%까지 설명하는 것으로 밝혀졌다(Lang, Kersting, Hulsheger, & Lang, 2010). 그러나 일반 지능 검사가 항상 좋은 예측변인은 아니며 때로는 구체적 지능 검사가 더 좋은 예측변인일 수 있다.

1. '집중된'의 반대말은?
a. 산만한 b. 우려되는 c. 희망찬 d. 친절한

2. 차가 도로 위에 있듯이, 보트는 00 위에 있다.
a. 공기 b. 트랙 c. 물 d. 가솔린

3. 다음 달 중 어느 달이 31일을 포함하고 있습니까?
a. 9월 b. 4월 c. 6월 d. 12월

4. 다음 숫자들 끝에 올 숫자는 무엇입니까? 2, 4, 8, 4, 8, 16, 8,
a. 16 b. 12 c. 8 d. 20

5. 만약 빌이 30분에 3마일을 달릴 수 있다면, 빌이 1시간 30분에 갈 수 있는 거리는 얼마입니까?
a. 12 b. 6 c. 9 d. 8

그림 6.2 Wonderlic Personnel test와 유사한 검사 문항 예시

출처 : Goldstein, H. W., Zedeck, S., & Goldstein, I. L.(2002). g: Is this your final answer? *Human Performance*, 15(1－2), 123－142)

구체적 지능 검사 일반 지능 검사의 목적이 한 개인이 가지고 있는 학습 능력을 평가하여 직무에서 보이는 전반적 수행 수준을 예측하는 것이라면, 구체적 지능 검사는 특정 상황에서 한 개인이 보이는 구체적인 정신 능력을 측정하는 검사이다. 예를 들어 **기계 능력**(mechanical ability) 검사는 기계적 사실들과 원리에 대한 종합적인 지식, 도구의 다양한 사용 방법을 인식하는 정도, 때때로 기계를 다루는 실제 기술을 평가한다. Bennett 기계 이해력 검사(Bennett Mechanical Comprehension Test)(Psychological Corporation, 1980)가 가장 잘 알려진 검사이다. SRA(Science Research Associates) 기계 이해 검사의 예시가 **그림 6.3**에 제시되어 있다.

> **기계 능력**
> 기계적 사실들과 원리에 대한 종합적인 지식, 도구의 다양한 사용 방법 인식, 때때로 기계를 다루는 실제 기술

기계 능력 검사는 직무 수행에서 기계적 원리가 중요한 기계 운전원, 공장 작업자, 그리고 엔지니어들에게 적합한 검사이다. 3장의 그림 3.1을 다시 살펴보면, 직무분석을 통해 도출된 직무기술서와 직무명세서를 통해 기계 능력이 특정 직업에서 중요한지 그렇지 않은지를 파악할 수 있다.

기계 능력과 유사한 구체적 지능으로는 **공간 능력**(spatial ability) 검사가 있다. 공간 능력은 사물을 특정 패턴으로 시각화하거나 공간상에서 회전하는 것과 같은 기하학적 관계에 대한 내용을 다룬다. 이 능력은 정비공이나 건축가에게 요구될

> **공간 능력**
> 사물을 특정 패턴으로 시각화하기 위해 공간에서 회전할 수 있는 기하학적 관계에 대한 능력

기계 상호 관계

다음의 도구 중 바닥이 평평하지 않은 곳에서 사용하기 가장 적합한 의자는?

a. 1개의 다리를 가진 의자
b. 2개의 다리를 가진 의자
c. 3개의 다리를 가진 의자
d. 4개의 다리를 가진 의자
e. 5개의 다리를 가진 의자

a b c d e

기계 공구 및 장비

그림에 나와 있는 톱은 어떤 종류의 톱입니까?

a. 줄 톱
b. 내릴 톱
c. 정전 톱
d. 쇠 톱
e. 마이터 톱

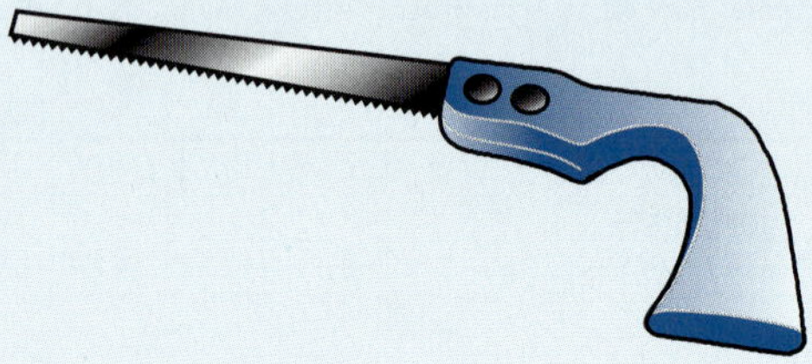

그림 6.3 SRA 기계 사용 능력 검사 문항 예시

출처 : Goldstein, H. W., Zedeck, S., & Goldstein, I. L.(2002). g: Is this your final answer? *Human Performance*, 15(1-2), 123-142.

수 있다.

사무 능력
비서, 행정 보조, 경리, 그리고 종업원 등 수많은 직책에 요구되는 능력으로, 업무 처리 속도와 처리 과정에서의 정확성을 평가

또 다른 구체적 지능은 **사무 능력**(clerical ability)이다. 사무 능력은 비서, 행정 보조, 경리, 그리고 사무직 종업원 등 다양한 직무에서 요구된다. 사무 능력을 측정하는 데 가장 우선시되는 요인은 업무 처리 속도와 처리 과정에서의 정확성이다(Gatewood, Field, & Barrick, 2007). 사무 능력 측정을 위해 가장 일반적으로 사용되는 검사는 1933년에 개발된 미네소타 사무 능력 검사(Minnesota Clerical Test)이다(Psychological Corporation, 1979). 이 검사는 총 200문항으로 구성되었고, 쌍으로 구성된 문항의 왼쪽과 오른쪽에 있는 항목이 정확하게 일치하는지 여부를 체크하게 되어 있다. 미네소타 사무 능력 검사와 유사한 검사의 예시는 **그림 6.4**에 나타나 있다. 이 검사는 속도 검사로서 피검사자들이 얼마나 빠르고 정확하게 문항을 읽고 철자를 확인하는지, 그리고 얼마나 빠르고 정확하게 숫자를 계산하는지의 연산 기술을 평가한다(Gatewood et al., 2007).

구체적 지능 검사의 타당도 계수는 일반적으로 .40에서 .50 사이이며, 이는 여러 문화권에서 유사하게 나타났다(더 많은 정보는 Gatewood, Feild, & Barrick, 2011 연구를 참조). 예를 들어 Salgado 등(2003)은 유럽 국가들에서 실시된 구체적 지능 검사들의 타당도 계수가 .35에서 .56으로 보고하였고, 지난 25년간 4,000명 이상의 군인들을 대상으로 검사를 실시한 Project

지시 사항 : 각 문항의 왼쪽에 있는 항목과 오른쪽에 있는 항목이 일치하는 문항에는 중간에 'X' 체크하세요. 할당된 시간 내에 최대한 많은 문제를 완료하세요.

이름 비교

Bekky Huber	________	Becky Huber
Verna MacDonald	________	Verna McDonald
Frank Giorno	________	Frank Giorno
Bel Air, Maryland	________	Belair, Maryland
Sylvia Chinn	________	Sylvia Chin

숫자 비교

13574	________	13574
245693	________	245663
5193754	________	5193457
4396207	________	4396207
8730916375	________	8739016375

그림 6.4 미네소타 사무 능력 검사 문항 예시

A 연구 결과, 일반 지능과 공간 능력 그리고 군인의 핵심 직무 수행 간의 타당도 계수는 .63과 .56이었다(McHenry, Hough, Toquam, Hanson, & Ashworth, 1990). 따라서 많은 연구들 통해 일반 지능과 구체적 지능이 다양한 직무 수행을 잘 예측한다는 것이 명확하게 밝혀졌다고 할 수 있다.

5장에서 강조하였듯이 예측변인과 준거 간의 관계성은 매우 중요하다. 어떠한 능력이나 기술도 모든 차원의 직무 수행을 예측할 수는 없다. 따라서 I/O심리학자들은 특정 직무에서 요구되는 KSAOs를 정확히 파악하고, 해당 KSAOs를 측정하기 위한 검사 도구를 잘 선택하는 것이 중요하다고 강조하고 있다. 예를 들어 공간 능력은 학교 선생님의 수행을 예측하는 데는 부적합한 예측변인이지만, 엔지니어나 건축가를 선발하기 위해서는 적합한 예측변인이다.

> **정서 지능(EI)**
> 자신의 감정과 타인의 감정에 효과적으로 대처하기 위한 사람의 정서 지능 능력

최근 대두되는 예측변인으로는 **정서 지능**(emotional intelligence : EI)이 있다. 정서 지능은 개인이 자신 혹은 타인의 정서를 인식, 파악, 표현, 이해 그리고 평가할 수 있는 능력이며, 정서 지능은 일터에서나 개인의 삶에 큰 영향을 미친다(Van Rooy & Viswesvaran, 2004). 정서 지능에 대한 개념은 Daniel Goleman의 1995년에 발간된 책 정서 지능(Emotional Intelligence)을 통해 화두가 되었으며, 최근 활발히 연구가 진행되고 있다(Semadar, Robins, & Ferris, 2006). **표 6.1**에는 정서 지능을 평가하는 문항의 예시가 나타나 있다.

표 6.1 정서 지능 검사 예시

나는 내가 누구와 상호작용하느냐에 따라서 나의 행동을 조정할 수 있다(예 : 어린이들과는 온화하고 친근하게, 상사와는 진지하고 전문성 있게 등).
나는 특정 상황에서 불안감을 느끼며, 내가 왜 불안감을 느끼는지 모를 때가 있다.
나는 새로운 것을 배우는 것을 좋아한다.
나는 내가 통제할 수 있는 상황이 어떤 상황인지 알고 있으며, 누구와 상호작용할 때 정서적으로 불편해지는지 알고 있다.

출처 : *Psychology Today*, Emotional Intelligence Test; accessed June 11, 2015.

몇몇 연구에서는 정서 지능이 직무 수행을 예측하는 데 중요한 변인이라고 하였다. 예를 들어 한 연구에서는 정서 지능이 직무 수행(r=.47), 이타적 조직시민행동(r=.26), 그리고 규칙 준수 조직시민행동(r=.21)과 상관관계가 있는 것으로 나타났다(Carmeli & Josman, 2006). 학부생들을 대상으로 실시한 다른 연구에서는(Rode et al., 2007) 정서 지능이 학점, 그룹 활동, 그리고 효과적인 말하기와도 높은 상관이 있었다. 보다 최근 연구에서는 정서 지능이 사회적 교류를 예측하는 데 있어서 일반 지능보다 더 신뢰롭다는 결과가 보고되기도 하였다. 그러나 학업 수행 능력을 예측하는 데 있어서는 일반 지능이 가장 신뢰로운 예측변인으로 나타났다(Song et al., 2010).

감각 및 운동 능력 검사

기계 운전원, 컴퓨터 조립원, 전기 기사와 같은 직업은 손, 팔, 그리고 손가락의 민첩성이 중요하게 요구된다. 반면 항공 관제사, 발전소 통제원, 전투기 조종사에게는 높은 시각 및 청각 능력이 요구된다. **감각 및 운동 능력 검사**(psychomotor test)는 신체의 움직임이나 감각적 협응을 평가하는 검사로 협응의 속도 및 정확성 모두를 평가한다. 잘 알려진 감각 및 운동 능력 검사인 Purdue Pegboard(Mathiowetz, Orgers, Dowe-Keval, Donahoe, & Rennels, 1986)는 사람의 손, 팔, 그리고 손가락 움직임에 대한 통제 능력을 검사한다. 이 검사에서 피검사자들은 Pegboard 작업대(여러 구멍이 뚫려 있는 평평한 작업대–역주)에서 못, 볼트에 끼우는 와셔, 이음 고리를 조작하도록 요구받는다.

감각 및 운동 능력 검사
신체의 움직임이나 감각의 조절과 통제를 평가하는 검사

전통적으로 시각 및 청각 검사는 탁월한 감각 능력이 요구되는 장면에서 활용된다. 앞서 언급한 Project A에서는(McHenry et al., 1990) 군인에게 요구되는 아홉 가지 수행을 예측하기 위해 감각 및 운동 능력 검사를 실시한 결과, 타당도 계수가 .53이었다. 또한 John Hunter와 Ronda Hunter(1984)의 연구에서도 감각 및 운동 능력 검사의 직무 수행 예측 타당도는 평균 .40이었다. 여러 연구들을 종합해봤을 때, 감각 및 운동 능력 검사가 직무 수행 준거를 예측하는 범위는 16%에서 28%로 알려져 있다. 물론 어떠한 감각 및 운동 능력을 평가하는지, 그리고 평가에 대한 준거변인이 무엇인지에 따라 결과는 달라질 수 있다.

정신운동 능력 검사에 대한 보다 최근 연구에서는 창고 직원들이 물건을 하적하고 옮기는 수행을 예측하기 위해 지각 처리 속도 검사와 일반 지능 검사를 실시하였다(Mount, Oh, & Burns, 2008). 지각 처리 속도 검사는 물품의 이름과 번호를 확인한 후 해당 물품을 신속하고 정확하게 처리하는 능력에 대한 검사이다. 연구 결과, 일반 지능 검사와 더불어 지각 처리 속도 검사를 실시했을 때 창고 직원들의 수행을 훨씬 더 잘 예측할 수 있었다. 결과적으로, 검사의 타당도가 15% 향상되었으며, 증분 타당도가 있는 것이 확인되었다.

정신운동 능력 검사의 실시를 고려하는 독자들은 검사를 실시하기 전에 검사 대상자의 직무분석을 먼저 실시할 필요가 있다. 그렇지 않으면 검사는 무용지물이 될 수 있다. 예를 들어 정신운동 능력 검사는 식당 종업원이나 보험 판매원의 수행을 예측하기에는 적합하지 않다. 하지만 감각 및 운동 능력이 요구되는 직무에 검사를 실시할 경우 매우 유용하다.

성격 검사

> **성격 검사**
> 개인의 성격 특성을 확인하기 위한 체계적인 절차

Fortune 100대 기업의 약 40%는 선발 과정에서 **성격 검사**(personality test)를 실시한다—성격 검사 시장은 연 10%씩 성장하고 있으며, 미국의 경우 5억 달러 규모의 시장을 형성하고 있다(http://www.psychometric-success.com/personality-tests/personality-tests-understanding-industry.htm 참조). 이 장에서 다루는 다른 예측변인들과 비교했을 때, I/O심리학자들은 성격 검사에 더 많은 관심을 가지고 있다(Barrick, Mont, & Judge, 2001; Hurtz & Donovan, 2000).

성격이라는 용어는 여러 상황에서 개인이 보이는 행동을 결정하는 기질을 의미한다. 성격의 측정은 개인의 성격 특성을 확인하기 위한 체계적인 절차를 의미한다. 성격 검사로 잘 알려진 도구들로는 NEO 성격 검사(Piedmont, 1998), 호간(Hogan) 성격 검사(Hogan & Hogan, 1995), 성격 16요인 검사(Schuerger, 1995) 등이 있다. 이 외에 기업에서는 미네소타 다면적 인성 검사(MMPI)를 선호하기도 한다(MMPI 검사는 기업에서 사용하기 부적합하다는 학자들의 의견이 많음에도 불구하고).

비록 다양한 성격 검사 도구들이 존재하지만, 대부분의 학자들은 성격을 검사하는 데 있어서 다섯 가지 큰 차원이 있다는 데 동의하고 있다. 이를 성격 5요인(Big Five model)이라 부르며, 성격 5요인에는 경험에 대한 개방성(openness to experience), 성실성(conscientiousness), 외향성(extraversion), 원만성(agreeableness), 신경증(neuroticism)이 포함된다(OCEAN 혹은 CANOE로 부르기도 함). 성격 5요인은 연구자뿐만 아니라 현직에 있는 인사담당자들도 가장 많이 사용한다. **표 6.2**에는 성격 5요인에 대한 예시가 나타나 있다(International Personality Item Pool;

표 6.2 성격 5요인 예시

외향성(Extraversion)	나는 파티에서 즐길 수 있다. 나는 대화를 먼저 시작할 수 있다. 나는 사람들의 주변에서만 머무른다.(R)* 나는 낯선 사람들과 있을 때 조용히 한다.
원만성(Agreeableness)	나는 다른 사람들에게 관심이 있다. 나는 다른 사람을 위해 내 시간을 할애할 수 있다. 나는 다른 사람의 문제에 관심이 없다.(R) 나는 다른 사람들을 욕하곤 한다.(R)
성실성(Conscientiousness)	나는 언제나 준비되어 있다. 나는 세부사항에 주의를 기울인다. 나는 일을 망치곤 한다.(R) 나는 일을 회피한다.(R)
신경증(Neurotocism) (정서적 안정성)	나는 쉽게 스트레스를 받는다. 나는 걱정하는 일이 많다. 나는 거의 우울감을 느끼지 않는다.(R) 나는 대부분의 시간에 편안함을 느낀다.(R)
경험에 대한 개방성(Openness) (지성)	나는 상황을 빨리 이해한다. 나는 일을 되돌아보기 위한 시간을 가진다. 나는 추상적인 아이디어에는 관심을 두지 않는다.(R) 나는 상상력이 부족하다.(R)

*(R)은 역척도를 의미함.

출처 : http://ipip.ori.org/ipip/

http://ipip.ori.org/ipip/).

성격 검사를 선발 과정에서 사용하는 이유는 성격이 직무 수행을 예측하는 타당한 예측변인이기 때문이다(예 : Barrick et al., 2001; Ones, Dilchert, Viswesvaran, & Judge, 2007). 이외에도, 성격은 조직시민행동(OCBs)도 타당하게 예측하는 것으로 알려져 있다(Chiaburu, Oah, Berry, Li, & Gardner, 2011).

비록 성격과 실제 직무 수행 간의 관계성에 대한 타당도를 계산하는 것이 어렵지만 성격에 대한 연구들을 종합한 메타 분석 연구에 의하면, 성격과 직무 수행 간 타당도 계수는 .23이었다(Barrick et al., 2001). 추가적으로 성격 5요인 중 성실성과 정서적 안정성이 직무 수행을 가장 잘 예측하는 것으로 보고되었다(Barrick et al., 2001). 따라서 자연스럽게 I/O심리학자들은 성실성과 정서적 안정성에 대한 연구를 가장 활발하게 실시하고 있다. 성격 5요인 사용의 또 다른 장점 중 하나는 여러 문화권과 나라에서 동일하게 사용할 수 있다는 점이다. NEO 성격 검사를 여러 문화권과 나라에서 실시한 결과, 다양한 문화와 나라에서 성격 5요인은 직무 수행을 예측하는 데 타당한 예측변인인 것으로 나타났다(McCarae & Terracciano, 2005).

성격 검사와 관련하여 몇몇 성격심리학자들은 일반적으로 알려진 성격 검사의 타당도 계수 .23에 대해서 신중한 판단이 필요하다고 주장한다. 예들 들어 Hough(1998)는 특정 성격 요인은 특정 직무의 준거를 예측하기 어렵다고 주장하는데, 성격 5요인의 구성 요소가 너무 포괄적이기 때문에 노력, 리더십, 개인 규율 준수와 같은 보다 구체적인 성격 요인들을 검사에 포함시켜야 한다고 주장한다. 다시 한 번 강조하면 어떠한 예측변인도 모든 직무 준거에 활용될 순 없으며, 직무분석에 기초하여 어떤 예측변인과 검사 도구를 활용하는 것이 준거를 가장 잘 예측할 것인지를 항상 고민해야 한다(Borman, Hanson, & Hedge, 1997).

Monkey Business Images/Shutterstock

생각해보기
선발 과정에서 성격 검사를 활용할 때 발생할 수 있는 잠재적인 장점과 단점은 무엇일까?

성격 검사의 문제 중 하나는 검사를 실시할 때 피검사자들이 검사의 의도를 파악하고 그 의도에 맞춰서 응답할 수 있다는 것이다(거짓 응답). 대부분의 피검사자들은 자신이 어떻게 응답하는 것이 조직에서 볼 때 '좋아 보일 수 있는' 모습인지 알고 있다. 예를 들어 많은 사람들은 "나는 종종 내 상사보다 더 우수한 직원이 되는 방법을 생각한다."라는 문항의 의도를 파악할 수 있다. 물론 왜곡된 응답의 수준은 인구통계학적 차이(나이 혹은 성별), 개인 차이(정직성), 그리고 지각적 특성(공정성 등)에 따라 달라질 수 있다(Snell, Sydell, & Lueke, 1999). 최근 연구들에서는 최소 1/3~1/2가량의 지원자들이 왜곡된 응답을 하는 것으로 나타났으며(Donovan, Dwight, & Schneider, 2014; Griffith & Converse, 2011), 이렇게 왜곡된 응답을 하는 사람들이 그렇지 않은 사람들에 비하여 반생산적인 행동을 더 많이 보이고(Peterson, Griffith, Isaacson, O'Connell, & Schneider, 2014; Griffith & Converse, 2011), 정직성과 자기 효능감이 더 낮으며(Gammon, Griffith, & Jung, 2011), 더 낮은 직무 수행을 보이는 것으로 보고되고 있다(Donovan et al., 2014). 일부 연구자들은 거짓 응답으로 인해 선발을 위한 성격 검사의 타당도가 25% 감소된다고 하였고(Komar, Brown, Komar, & Robie, 2008), 거짓 응답으로 인해 지원자의 순위가 바뀔 수 있기 때문에 선발 결정에 심각한 오류를 발생시킬 수 있다고 하였다(Perterson, Griffith, & Converse, 2009).

한편 응답 왜곡이 성격 검사에서 큰 문제가 되지 않는다고 주장하는 연구자들도 있다. 한 연구에서는 첫 번째 지원 당시 직원으로 선발되지 않았고, 이 사람이 6개월 후 다시 동일한 회사에 지원하는 상황을 가정하였다(Hogan, Barrett, & Hogan, 2007). 이 연구의 배경에는 한 번 탈락한 사람이 다음 번 응시할 때 더 높은 점수를 받고자 성격 검사 응답을 왜곡할 수 있다는 것이었다. 하지만 연구 결과, 두 번째로 다시 직무에 지원한 사람이 아무리 왜곡된 응답을 하려고 노력하더라도 첫 번째 성격 검사 결과와 별다른 차이가 없었다. 따라서 이들은 성격 검사 시 피검사자들이 보이는 왜곡된 응답 편향이 실제 선발 과정에서는 그다지 큰 문제가 되지 않는다고 주장한다. 이처럼 선발 과정에서 피검사자들의 응답 왜곡이 어떠한 영향을 미치는지 정확하게 알지 못하기 때문에, 관련 분야에 대한 더 많은 연구가 필요하다.

응답 왜곡과 관련한 최근 연구들은 안구추적기(eye-tracker)를 활용하여 눈 움직임(eye movement)을 활용한다. 신경과학 분야에서 안구 운동과 뇌 활동 간의 관계에 대해서 연구한다. 실험 참가자에게 본인이 가장 잘 보이도록 성격 검사에 응답을 해달라고 요청받았다. 실험 결과에서는 피검사자들이 자신을 좋게 보이게 만들 수 있는 조건에서 더 오래 시선을 고정시키고 더 빨리 응답을 하는 것으로 나타났다(Van Hooft & Born, 2012). 이 연구의 한 가지 함의점은 성격 검사에서 눈 움직임을 활용하여 응답 왜곡을 가려낼 수 있다는 것과 응답 왜곡에 대해 보다 더 잘 이해할 수 있게 해준다는 것이다.

이상과 같이 성격 검사의 연구 동향에 대해 살펴봤을 때, 성격 검사의 장점에 대해서는 갑론을박이 있을 수 있다. 몇몇 연구자들은 성격 검사가 신뢰롭지 못하며, 직무 수행을 예측하기 위한 변인으로 활용하는 것이 부적절하다고 이야기한다(Morgeson et al., 2007). 그리고 그들은 다른 검사에 비해 직무 수행에 대한 성격 검사의 예측 타당도가 상대적으로 낮고 자기 보고 형식의 검사를 사용하는 것은 적절하지 않다고 주장한다. 다만 성격이라는 구성 개념이 직무 행동을 이해하는 데 중요하지만 자기 평가 방식 이외에 다른 대안적 방식(예 : 타인 평가)이 개발되고 도입될 필요가 있다.

정직성 검사

최근 선발 시 사용되는 검사 중 하나는 직원이 반생산적 행동, 비윤리적인 업무 행동(거짓말, 절도, 사보타주) 등을 할 것인지를 평가하는 **정직성 검사**(integrity tests)이다. 1988년부터 발의된 거짓말 탐지기 사용 금지 법안(Employee Polygraph Protection Act)에 따라 미국에서는 현재 몇몇 직업을 제외하고 대부분의 사기업에서 거짓말 탐지기의 사용이 금지되어 있다. 이에 따라 거짓말 탐지기를 대체할 수 있는 정직성 검사가 선발에서 중요한 역할을 차지하고 있다(Cascio & Aguinis, 2010).

> **정직성 검사**
> 직원이 반생산적 행동, 비윤리적인 업무 행동(거짓말, 절도, 사보타주) 등의 행동을 할 것인지를 평가하는 검사

정직성 검사에는 두 종류가 있다. 그중 하나인 외현적 정직성 검사(overt integrity test)는 절도에 대한 태도, 절도 경험에 대해 자기 보고를 통해 평가하는 것이다. 이 검사는 피검사자가 이전 직장에서 얼마나 절도를 저질렀는지, 잡히지 않는다면 거짓말을 하는 것이 괜찮다고 생

각하는지, 그리고 얼마나 쉽게 절도를 저질렀는지 등을 평가한다. 이와는 달리 정직성에 대한 **성격 유형 검사**(personality-type integrity test)는 반생산적 행동들과 관련이 있는 개인의 성격 특성을 평가한다(예를 들어 위험 감수, 정서 불안, 부정 행위 및 무책임). 성격 유형 검사는 외현적 정직성 검사와 달리 일반적으로 피검사자들에게 검사의 목적을 숨긴 채 실시한다. 연구에 의하면 외현적 정직성 검사가 성격 유형 검사에 비하여 안면 타당도 및 타당도 계수가 더 높은 것으로 나타나고 있다(Whitney, Diaz, Mineghino, & Powers, 1999). 일부 연구들은 외현적 정직성 검사의 자기 보고의 문제를 해결하기 위해, 반생산적 행동을 합리화 · 정당화하는 정도를 암묵적으로 측정하는 조건적 추론 검사(conditional reasoning test)를 개발하기도 하였다(Fine & Gottlieb-Litvin, 2013). 이러한 연구는 초기 단계이지만 성장 가능성을 가지고 있다.

정직성 검사와 관련하여 밝혀진 몇 가지 사실이 있다. 예를 들어 절도, 뇌물수수 등의 행위로 교도소에 수감된 300명의 화이트칼라 범죄자들과, 현재 회사에서 일하고 있는 300명의 유사 업종 화이트칼라 근로자들을 대상으로 연구한 결과, 교도소에 수감되어 있는 사람들의 정직성 검사 점수가 현저하게 낮았다(Collins & Schmidt, 1993). 이 연구에 의하면 특히 무책임, 규칙 위반, 사회적 규범 준수와 같은 항목에서 수감되어 있는 사람들이 그렇지 않은 사람에 비하여 점수가 낮았다. 다양한 정직성 검사에 대한 메타 분석 연구 결과, 정직성 검사가 직무 수행을 예측하는 타당도 계수는 .15에서 .34까지 나타났으며, 검사점수가 반생산적 행동을 예측하는 타당도 계수는 .32에서 .47까지 나타났다(Berry, Sackett & Wiemann, 2007; Van Iddekinge, Roth, Raymakr, & Odle-Dusseau, 2012). 최근 연구에서는 반생산적 행동을 예측하는 타당도 계수가 .15에서 .32로 좀 더 낮은 것으로 나타났다(Van Iddekinge et al., 2012). 이렇게 차이가 나는 이유에는 몇 가지 요인이 있다. 우선 나중에 시행된 메타 분석에서는 처음 메타 분석 연구보다 높은 수준의 연구들이 포함되었다. 다음으로 정직성 검사 출판사에서 실시했던 연구들의 타당도 계수가 독립적인 연구자가 실시한 계수보다 더 높았다. 비록 출판사에 따른 차이인지 명확하지 않지만 정직성 검사를 선택할 때 신중할 필요가 있다.

앞서 논의된 성격 검사의 응답 왜곡은 정직성 검사에도 해당된다(Aliger & Dwight, 2000). 기업에서는 이러한 응답 왜곡을 가려내기 위해 특별히 고안된 '그렇다'라고 응답할 가능성이 높은 문항을 검사에 포함시키고, 피검사자들이 해당 문항에 왜곡된 응답을 하는지 확인할 수 있다(Walczyk, Mahoney, Doverspike, & Griffith-Ross, 2009). 이를 통해 검사의 타당도를 높일 수 있다.

서양 문화권 이외에 다른 문화권에서는 정직성 검사에 대한 연구가 많이 이루어지지 않은 편이다. 그러나 위계적 구분이 강조되는 나라들에서 오히려 정직성 검사를 선호하는 경향이 있는데, 이는 권력 거리(power distance) ― 권력이 불공평하게 배분되는 것이 수용되는 정도 ― 가 높은 나라일수록 한 사람에게 집중되는 권위의 범위가 넓으며 그 사람의 정직성이 중요한 문제로 여겨지기 때문이다.

작업 표본

경찰관을 선발하는 과정을 생각해보자. 경찰관 선발을 위해 지능 검사, 시력 검사, 그리고 성격 검사 등을 활용할 수 있지만, 실제로 경찰관이 현장에서 어떻게 행동하는지를 평가하는 검사는 아니며, 단지 경찰관에 요구되는 직무 수행 준거에 대한 예측을 할 수 있는 검사이다. **작업 표본 검사**(work sample test)는 선발 과정에서 사용되는 다른 검사들과 다른 접근을 하고 있다. 작업 표본 검사는 실제 업무 상황과 동일한 축소된 업무 상황을 개발하고, 그 상황에서 피검사자에게 직무분석에서 중요하게 평가된 실제 직무행동을 요구하고 평가하는 검사이다.

> **작업 표본 검사**
> 실제 업무 상황과 동일한 축소된 업무 상황을 개발하고, 그 상황 속에서 피검사자에게 요구되는 실제 직무 수행을 평가하는 검사

경찰관 선발과 유사하게 우리가 사무 보조원을 선발할 때도 후보자들의 성격, 지능 검사와 더불어 작업 공간을 마련하고 그 안에서의 직무 관련 행동을 평가할 수 있다. 대학교에서 교수를 선발할 때도 마찬가지이다. 새로운 교수를 선발할 때 일반적으로 다른 교수진과 학생들 앞에서 자신이 시행한 연구를 발표해보도록 요구한다. 이는 교수 직무에서 많이 요구되는 행동이며, 발표를 통해 실제 행동을 평가하는 것이다. 이러한 방법은 두 가지 목적을 가지고 있다. 먼저 해당 학과는 후보자들의 발표를 듣고 그 사람의 연구 역량을 평가할 수 있다. 두 번째로, 발표 시간 동안 후보자가 보이는 실제 행동을 평가함으로써 추후 학술 발표 및 연구 발표의 자리에서 어떠한 행동을 할 것인지를 예측할 수 있다.

작업 표본을 개발하는 것이 쉬운 일은 아니지만, 작업 표본 검사의 타당도 계수는 .50 수준으로 높은 편이다(Hunter & Hunter, 1984). 이는 작업 표본 과정에서 개인이 보이는 행동은 실제 회사에 입사하여 보이는 행동과 매우 유사하다는 것을 의미한다. 작업 표본에 대한 여러 연구들을 종합한 메타 분석 연구에 의하면(Roth, Bobko, & McFarland, 2005) 여러 직무 수행 준거에 대한 작업 표본의 평균 타당도 계수는 .39였다. 따라서 작업 표본은 여러 검사들 중 가장 타당도가 높은 검사 중 하나라고 할 수 있다.

최근 몇 년 동안 I/O심리학자들의 관심을 받은 작업 표본 검사 중 하나는 **상황 판단 검사**(situational judgement test : SJT)이다. 이 검사는 모의 직무 상황을 개발하고, 피검사자를 대상으로 지필 검사 및 비디오 시나리오 평가를 실시하는 것이다(Lievens, Buyse, & Sackett, 2005). 예를 들어 후보자는 특정 상황 속에서 부하 직원이 해결하지 못하는 문제를 해결하도록 요구받으며, 상황 해결을 위한 몇 가지 선택지를 부여받는다. (1) 직원에게 문제를 다시 설명한다, (2) 그 문제 해결을 위해 다른 직원을 대신 투입하고, 이 문제를 직원에게 설명한다, (3) 직원의 문제점을 해결하기 위해 훈련을 시킨다, (4) 직원으로 하여금 보충 훈련을 이수하도록 시킨다. 일반적으로 이 선택지 중 하

> **상황 판단 검사(SJT)**
> 모의 직무 상황을 설정하고, 그 상황 속에서 피검사자를 대상으로 지필 검사 및 비디오 시나리오 평가를 실시하는 검사

나는 주제 전문가(subject matter expert : SME)에 의해 정답이 부여되어 있으며, 주제 전문가가 정해 놓은 정답은 실제 직무 수행을 예측하는 데 있어서 높은 타당도를 가지는 것으로 보고되고 있다. 160명의 직원들을 대상으로 한 연구에서 SJT 검사 점수는 직무 수행과 맥락 수행을 유의미하게 예측하는 것으로 나타났다(Chan & Schmitt, 2002). 그리고 SJT는 성격, 경력, 지능 검사를 통제한 후에도 증분 타당도를 보였다.

1,700명의 벨기에 의과대학 지원자들을 대상으로 한 연구에서 지능 검사 외에도 SJT 검사가 전체 학점에 증분 타당도를 보였다(Lievens et al., 2005). 최근의 메타 분석에 따르면 팀워크 기술과 리더십에 대한 SJT 검사가 직무 수행과 강한 관련성을 보였다(Christian, Edawards, & Bardley, 2010). 그리고 비디오를 통한 SJT가 지필을 통한 SJT보다 더 높은 타당도를 보였다. 추가적으로 직무분석에 근거한 SJT 검사(r=.38)가 그렇지 않은 검사(r=.29)에 비해 더 높은 타당도를 보였다(McDaniel, Morgeson, Finnegan, Campion, & Braverman, 2001).

평가 센터

평가 센터라는 용어가 물리적인 센터나 공간을 의미하는 것이 아니라는 것을 먼저 알아야 한다. **평가 센터**(assessment center : AC)는 복수의 평가자(*assessors*)가 후보자 혹은 피평가자(*assessees*)를 평가하는 데 있어 표준화되어 있는 예측변인 세트(*exercises*)를 사용하는 것을 의미한다.

> **평가 센터(AC)**
> 복수의 평가자가 후보자 혹은 피평가자를 평가하기 위해 표준화되어 있는 다양한 예측변인 세트를 사용하는 것

많은 대기업들이 평가 센터를 운영하고 있다. 평가 센터를 운영하는 방식은 상이하겠지만, 공통 특징 중 하나는 12명에서 15명의 피평가자들이 한 팀으로 평가에 참여한다는 것이다. 평가는 피평가자를 알지 못하는 평가자 팀(약 4~6명으로 구성)에 의해 이루어지며, 피평가자보다 두 단계 이상 높은 직급의 상사들이 평가를 실시한다. 평가 센터를 운영할 때는 거의 예외없이 수행에 대한 다차원적 평가를 실시한다. 예를 들어 일반 지능 검사, 면접, 그리고 다양한 작업 표본 검사를 동시에 활용한다. 한 번의 평가 센터는 2일에서 3일간 운영되고 평가자들은 적어도 평가 이전에 반나절 동안 평가 훈련을 받으며, 평가 센터 종류 이후에도 반나절 동안 평가 점수의 정리 및 보고서 작성 업무를 수행한다.

I/O심리학 분야에서 개발된 많은 검사들이 그러하듯이, 평가 센터 또한 군대에서 최초로 개발되었다. 평가 센터는 최초로 1930년대 독일에서 개발되었으며, 2차 세계대전 동안 영국과 미국 군대에서 수정 · 보완되었다(Gatewood et al., 2007).

미국 AT&T사에서 실시한 평가 센터 연구 결과는 중요한 시사점을 제공한다. AT&T사는 젊은 직원들의 경력 개발을 위해 평가 센터를 운영하였다(Bray, Campbell, & Grant, 1974). 1956년부터 1965년까지 평가 센터에 참여한 300명 이상의 사람들의 자료를 비교해본 결과, 1965년까지 승진을 못한 72명의 사람들에 대해서 평가 센터의 평가자들도 이들 중 68명의 승진이

생각해보기
평가 센터의 운영이 왜 매니저들의 잠재력을 확인하는 데 효과적일 것이라고 생각하는가?

어려울 것이라고 평가를 했다. 즉 평가 센터에서의 결과가 실제 업무 상황과 약 94% 일치하였다.

UN(United Nation) 또한 글로벌 사무실에 배치할 관리자를 선발하기 위한 목적으로 전체 유럽 국가들의 관리자를 대상으로 평가 센터를 실시하였다(Jackson & Schuler, 2000). 영국의 평가 센터 예를 살펴보면, 대형 은행들에서 관리자의 잠재력을 개발하여 상위 관리자로서 역량을 갖추도록 평가 센터를 운영하였고, 민간 기업 이외에 소방서나 경찰서에서도 평가 센터를 운영하고 있다.

많은 연구들에서 평가 센터가 직무 수행의 좋은 예측 변인이라는 것이 보고되고 있으며, 평가 센터에 대한 다양한 연구들을 종합한 한 연구에 의하면 평가 센터의 타당도 계수는 .37인 것으로 나타났다(Gaugler, Tosental, Thornton, & Bentson, 1987). 보다 최근 연구들에서도 평가 센터와 직무 수행 준거 간 전반적인 상관관계가 .45로 보고되었다(Arthur, Day, McNelly, & Edens, 2003; Meriac, Hoffman, Woehr, & Fleisher, 2008). 물론 평가 센터의 운영은 다른 검사에 비하여 돈과 시간이 더 많이 소요되지만, 대부분의 피검사자들은 평가 센터가 공정하고 타당한 평가 방법이라고 지각하고 있다.

이제 평가 센터에서 많이 활용되는 방법 중 두 가지 방법(서류함 검사와 리더 없는 집단 과제)에 대해서 알아보자.

서류함 검사
피평가자에게 특정 상황과 그 상황을 해결할 수 있는 정보가 담겨 있는 서류함을 제공하고 어떻게 그 상황을 해결하는지에 대해 평가하는 검사

서류함 검사 서류함 검사(in-basket)는 피평가자에게 특정 상황과 그 상황을 해결할 수 있는 정보가 담겨 있는 서류함을 제공하고 어떻게 그 상황을 해결하는지에 대해 평가하는 검사이다. 예를 들어 피평가자에게 심각한 질환으로 갑자기 퇴사한 관리자를 대체하여 새로운 사람을 고용하는 상황이 주어진다. 그리고 피평가자의 서류함에는 회사의 조직도와 미션, 메모지, 편지, 정보 요청 양식, 그리고 해당 직무 지원자 리스트가 들어 있다. 그리고 피평가자는 한 시간에서 두 시간 정도 서류함에 들어 있는 정보를 검토한 이후 뉴욕에서 열리는 이사회에 누구를 고용할지를 추천해야 한다. 평가 시간이 종료되면 피평가자는 자신이 누구를 추천하였으며, 그 이유와 합리성을 설명해야 한다.

서류함 검사의 목적은 피평가자가 업무와 유사하게 주어진 상황 속에서 어떻게 문제를 해결하는지, 그리고 어떻게 응답하는지를 평가하는 것이다. 이러한 측면에서 서류함 검사는 시뮬레이션 과제나 작업 표본과 같이 모의 상황을 해결한다는 점에서 유사한 특징을 가지고 있

과제를 수행하는 동안 당신은 뉴저지에 있는 BCF(Bradford Consolidated Fund)사에 막 부임한 매니저, 팻 챈들러가 된다고 가정하세요. BFC는 자선 사업에 전념하는 비영리 단체입니다. BCF는 자선 기금을 증가시키기 위한 노력을 하고 있습니다. 당신은 최근에 자동차 사고로 퇴사한 조지아 맥킨리의 자리를 대신하고 있습니다.

오늘은 3월 15일 일요일이고, BCF에서 당신의 역량을 보여줄 수 있는 첫 기회입니다. 당신의 비서인 해리 스타인은 당신이 오후에 처리해야 할 업무를 메모로 남겨 당신의 책상 위에 올려놓았습니다. 메모에는 올해 자선 기부를 할 수 있는 사람들의 목록이 담겨 있습니다. 당신은 이 메모와 함께 문구류, 연실, 클립 등을 사용할 수 있습니다.

현 상황 : 일요일 오후에 당신이 해결해야 하는 업무는 업무 리스트에 담겨 있는 일들을 필요에 따라 적절히 완수하는 것입니다. 물론 목록에 있는 업무들을 정해진 시간 동안 전부 해결하지 못할 수도 있습니다. 따라서 당신은 어떠한 일을 우선적으로 해결할지 정해야 합니다. 자 이제 당신은 업무를 시작했습니다. 당신이 내리는 모든 결정은 수기로 남겨야 하며, 제공된 양식에 그 결정을 내린 이유를 입력해야 합니다. 주어진 문구류, 편지 및 리스트를 활용할 수 있습니다. 먼저 전반적인 계획을 세우고 당신이 만나고 계획하고 싶은 미팅을 적어보세요. 필요하면 결재 서류에 서명을 하세요. 그리고 가능하면 언제나 당신이 하는 일에 대하여 메모와 클립을 꽂아 두세요.

[참고] 당신이 실제 업무에서 보이는 행동 그대로 보여주세요. 그리고 3월 15일 오후에 일할 수 있는 시간은 단 30분이라는 것을 기억하세요.

그림 6.5 서류함 검사 예시

다. **그림 6.5**는 저자가 이전에 연구의 목적으로 사용했던 서류함 검사의 예시가 담겨져 있다. 이 서류함 검사를 읽을 때 그 목적이 피평가자의 상황 해결 능력을 평가하기 위함이라는 것을 염두에 두고 읽기 바란다.

리더 없는 집단 토론 서류함 검사가 개인 과제라면 **리더 없는 집단 토론**(leaderless group discussion : LGD)은 소집단 활동을 통해 매니저로서 요구되는 자질을 평가하는 검사이다(Gatewood et al., 2007). 일반적으로 5명에서 6명의 피평가자들이 한 집단을 이루어 회의 탁자에 앉아 토론을 하고 평가가들이 이들의 상호작용을 관찰한다. 우선 집단에게 해결해야 하는 문제 상황이 주어진다. 어떤 경우에는 각 회기마다 수행해야 하는 특정 역할이 부여되기도 하지만(예를 들어 한 명은 국장, 한 명은 팀장, 한 명은 팀원 등), 일반적으로 LGD에서는 특정 역할이 주어지지 않는다. 집단이 해결해야 하는 이슈에 대한 제반 사항을 전달받은 후 제한된 시간이 주어진다. 이때 평가자는 집단 토론에 관여하지 않으며, 단순히 그룹 상호작용을 관찰하게 된다. 피평가자들은 참가자들이 구성원들과 상호작용을 하는 동안 보이는 호전성, 설득력, 대인관계 기술, 의사소통 기술,

리더 없는 집단 토론 (LGD)
매니저로서 요구되는 자질을 평가하기 위해 소규모 그룹 활동 중 보이는 상호작용을 평가하는 검사

실무자 포럼

Matthew O'Connell

Matthew O'Connell

애크런대학교 I/O심리학 박사, 1994년

Select International Inc. 부사장 겸 공동 창업자

미래의 행동을 예측하는 것은 I/O심리학의 주요 과제 중 하나이다. 잘 설계된 선발 시스템은 미래의 행동 또는 더 구체적으로는 이러한 행동이 발생할 가능성을 잘 예측할 수 있다 .

예측에 대해 이야기할 때마다 결정해야 할 첫 번째 일은 '무엇을 예측할 것인가'이다. 이는 매우 단순한 질문처럼 들리지만 경험에 의하면 그리 쉬운 일이 아니다. 직무 수행은 다면적이다. 영업사원을 생각해보라. 영업사원이 판매에 능할 순 있지만 회사의 자원을 너무 많이 사용한다든지, 자신의 시간을 잘 관리하지 못한다든지, 고객과의 후속 조치를 잘 못할 수 있다. 이와 같은 사람이 영업사원으로 고용되기에 적합한 사람일까? 일부 조직에서는 "예"라고 대답할 수 있지만, 많은 다른 사람들은 "아니요"라고 대답할지도 모른다.

이것이 선발 과정에서 다양한 차원의 평가 도구를 사용하여 수행의 다차원적인 면을 평가하는 이유이다. 마치 자산 관리자가 투자를 위한 다양한 포트폴리오를 구성하는 것과 같다. 아마 여러분도 투자를 할 때 한 개의 펀드에 모든 돈을 투자하지는 않을 것이다. 만약 한 개의 상품에 모든 돈을 투자했을 때 운이 좋아 큰 돈을 벌 수도 있지만, 장기적인 관점에서 볼 때 이로운 방식은 아니다. Select사의 온라인 평가 도구는 대부분 다면적 평가 방식으로 구성되어 있으며, 성격, 상황 평가, 문제 해결 능력, 이력, 상황 해결 능력을 다루고 있다. 그리고 이러한 다면적 평가의 점수를 종합하여 어떠한 역량이 강조되어야 하는지에 대한 프로필이 작성된다. 그 이후 여러 역량 중 어떠한 역량에 가장 높은 가중치를 부여해야 하는지가 결정되며, 최종적으로 무엇을 예측하고 싶은지가 확인된다. 어떤 사람이 빨리 배우고 열심히 일할 것인지에 대한 프로필을 만드는 것은 상대적으로 쉽다. 하지만 그들이 3개월 이내에 회사를 그만둘 의향을 가질 것인지, 얼마나 모호성과 스트레스를 잘 다룰 것인지, 다른 사람들과 어떻게 어울리고 서로 피드백을 주고받을지를 평가하는 것은 쉬운 일이 아니다.

예측에서 가장 정확한 예측변인을 선택하는 것이 전부는 아니다. 어떠한 예측변인을 선택할 것인지를 결정하는 것만큼 시간이 지나도 일관성 있고 구성원들이 공정하다고 느끼는 예측변인을 선택하는 것도 매우 중요하다. 이를 위해 예측변인들에 가중치를 부여하고 컷오프 기준을 설정하는 것이 필요하다.

학습질문

1. Select사가 사용하는 예측 방법을 어떻게 평가 센터에 적용할 수 있다고 생각하는가?
2. Select사가 사용하는 예측 방법을 어떻게 작업 표본에 적용할 수 있다고 생각하는가?
3. 평가 정확성을 높이는 것이 어렵고 복잡하다는 것을 가정할 때, 평가의 목적을 수행이 좋지 않을 사람을 걸러내는 데 사용하는 것이 옳은가? 아니면 보다 좋은 수행을 보이는 사람을 선발하는 데 사용하는 것이 옳은가? 그렇다면 그 이유는 무엇인가?

유연한 사고력, 경청 기술을 평가받는다. 각 요인에 대한 점수들은 직무 수행 준거를 예측하는 데 활용된다.

생활사 정보
선발의 맥락에서 생활사 정보는 개인의 과거 경험과 역사에 관한 정보

생활사 정보

선발 과정에서 **생활사 정보**(biographical information) 검사를 실시하는 주된 이유는 어떤 사람의 과거 행동에 대한 정보는 그 사람의 미래 행동을 예측하는 데 가

I/O TODAY

원격 선발

많은 조직이 구직자 평가관련 비용과 시간을 줄이기 위해 원격 평가, 인터넷 검사, 화상 면접과 같은 방법을 사용하고 있다. 이러한 변화에 따라 검사의 윤리성과 타당성에 대한 몇 가지 우려가 제기되고 있으며, I/O심리학자들 또한 신중한 검토가 필요하다.

예를 들어 원격으로 평가 센터를 운영한다고 생각해보자. 피평자가 스스로 문제를 해결하는 대신 컴퓨터에 가짜 이메일 송수신 프로그램을 설치하여 평가에 응시할 수도 있으며, 유사한 불법 소프트웨어를 활용할 수도 있다.

하지만 I/O심리학자들 또한 그동안 어떤 속임수가 원격 선발 과정에서 사용될 수 있는지 연구해왔다. 원격 평가 상황에서의 부정행위에 대한 초기 연구들에서는 일관된 연구 결과가 보고되지 않았다. 어떤 연구들은 부정행위를 하는 사람들이 극소수이기 때문에 부정행위가 전체 평가 결과에 큰 영향을 미치지 않을 것이라 주장했다. 반면 다른 연구들에서는 원격으로 피평가자들의 지능을 평가한 결과, 지능 평균 점수가 훨씬 높게 나타났나(즉 원격으로 평가를 실시할 때 부정행위가 발생했다는 반증임). 반면 반대의 결과가 나타난 연구들도 있었다. 어떤 연구들에서는 원격으로 평가했을 때 오히려 전반적인 평가 점수가 낮았고, 그 원인으로 원격 평가의 불편함과 기술 사용의 미숙함을 뽑았다.

이러한 이슈로 인해 원격 평가에 대한 윤리적 문제가 제기되었다. 어떤 실무자들은 원격 평가 자체에 대한 명확한 검증이 이루어지지 않은 상태에서 원격 선발 과정을 진행하는 것의 윤리적 문제를 제기하기도 한다. 그리고 평가 개발자들도 윤리적 문제를 제기한다. 이들은 원격 평가 문항들이 인터넷을 통해 유출될 가능성이 있으며, 이로 인해 새로운 평가 문항을 만들기 위해 많은 비용과 시간이 소요될 것을 우려한다. 더구나 부정행위를 완전히 막기는 어려울 수 있다. 피평가자들은 원격 평가 시 다른 책이나 참고서를 볼 수도 있으며, 심지어 평가 자리에 다른 사람을 대동할 수도 있다.

비록 원격 평가를 실시할 때 발생하는 여러 위험성이 존재하지만, 여전히 많은 회사는 원격 평가의 편리함으로 인하여 이를 선호한다. 따라서 연구자들은 어떻게 피평가자들의 부정행위를 적발하고 이를 예방할 수 있을지에 대해 보다 많은 관심을 가질 필요가 있다. 실무자들 또한 부정행위를 예방하기 위한 다양한 노력을 하고 있다. 예를 들어 아주 거대한 양의 문제 은행을 사용한다든지, 짧게 제한된 시간 내 평가를 완료한다든지, 문제가 인터넷에 유출되었는지 모니터링한다든지, 또는 선발된 사람들에 한해서 다시 평가를 실시하기도 한다. 관련하여 새롭게 대두되고 있는 연구 분야 중 하나는 '데이터 법의학(data forensics)'이다. 데이터 법의학이란, 어떠한 행동을 보이는 후보자가 부정행위를 할 가능성이 높은지를 판단하는 것이다. 예를 들어, 후보자가 갑자기 특정 문항에 대하여 빠르게 응답한다든지, 혹은 쉬운 문제도 맞추지 못한 후보자가 갑자기 어려운 문제를 맞추는 행동을 모니터링하는 것이다. 스마트폰이나 다른 기술적 발전에 따라 I/O심리학자들 또한 선발 과정에서 새로운 도구의 사용과 그 도구들이 유발할 수 있는 부작용 혹은 역작용에 대하여 끊임없이 연구할 필요가 있다.

토론질문

1. 당신이 피평가자라면 원격 평가를 선호하겠는가? 아니면 오프라인 평가를 선호하겠는가? 그 이유는 무엇인가?
2. 만약 어떤 피평가자가 원격 평가를 실시하는 도중 인터넷 연결이 끊겼다고 가정해보자. 당신이 평가자라면 그 사람의 평가 결과를 다른 사람과 어떻게 비교할 수 있는가?
3. 원격 선발 시 부정 행위를 예방하기 위한 방법에는 무엇이 있는가?

더 읽을거리

Arthur, W., Jr., Doverspike, D., Muños, G. J., Taylor, J. E., & Carr, A. E. (2014). The use of mobile devices in high-stakes remotely delivered assessments and testing. *International Journal of Selection and Assessment, 22*, 113–123.

장 좋은 지표가 될 수 있기 때문이다. 생활사 정보는 개인의 과거 경험과 역사에 관한 정보이다. 생활사 정보를 활용하는 실무자들 중에는 피평가자의 과거 경험이나 역사뿐 아니라 그 사람의 취미 혹은 직무와 관련이 없는 다른 과거 행동(예 : 동아리 활동 등)을 살펴보기도 한다(Mael, 1991). 선발의 맥락에서 생활사 검사 자료는 일반적으로 두 가지 방법인 지원서 혹은 이력서를 통해 수집된다.

지원서 지원서는 선발 과정에서 가장 많이 쓰이는 도구이다. 식당 종업원에 지원하든, Fortune 500 기업의 임원에 지원하든 어떤 유형의 지원서를 작성하게 된다. 일반적으로 지원서는 후보자의 학력, 경력, 직무 관련 경험, 그리고 이전 직장의 이름과 상사의 이름을 물어본다. 독자들 중 대부분은 이러한 형태의 지원서를 한 번 또는 그 이상 작성해봤을 것이다. 하지만 지원서가 가장 많이 사용되고 있음에도, 회사들은 지원서 양식을 개발하는 데 적은 시간과 비용을 소비한다. 어떤 회사는 심지어 문방구에서 파는 지원서 양식에 작성해 오라고 요구하기도 한다.

이러한 일반적이고 포괄적인 양식을 사용한다는 것은 그 회사가 지원서를 개발하기 위해 직무분석을 실시하지 않았다는 것을 반증한다(우리는 이제 직무분석이 매우 중요한 것임을 알고 있다). 만약 학력이나 경력을 물어볼 필요가 있다면, 직무분석 자료에 학력이나 경력이 해당 직무에 필요한 요인이라는 것이라고 기술되어 있어야 한다. 하지만 많은 회사들은 자기 회사만의 지원서를 개발하기보다는 어디서나 구할 수 있는 지원서를 활용하고 있다. 예를 들어 많은 지원서들이 지원자의 생년월일을 물어본다. 하지만 이 질문은 지원자의 나이를 식별하는 데 사용될 수 있으며, 7장에서 살펴보겠지만 나이를 물어보는 것은 선발 과정에서 차별 논란을 일으킬 수 있다.

생활사
개인의 과거 역사에 대해 수집된 정보를 의미하며, 후보자의 태도, 취미, 경험 등 전반적 과거 경험과 역사에 대한 정보이다.

생활사 지원서와 생활사가 동일한 것이라 생각할 수 있지만, **생활사**(biodata)란 개인의 과거 역사에 대해 수집된 정보를 의미한다. 생활사는 (1) 예–아니요 혹은 리커트 척도를 통해 측정되며, (2) 한 개인에 대한 보다 포괄적인 질문을 한다(예를 들어 건강, 취미, 가족력, 관심 분야, 그리고 사회생활 등). (3) 또한 생활사는 일반적으로 지원서에 비하여 훨씬 더 많은 문항들로 구성되어 있다(지원서가 일반적으로 10~15문항으로 구성되어 있다면, 생활사는 150개 이상의 문항으로 구성).

표 6.3은 고객 서비스 센터의 책임자 선발을 위해 구성된 생활사 문항들의 예시이다. 왼쪽 열에는 선발을 위해 사용된 일곱 가지 요인이 나와 있고, 오른쪽 열에는 각 요인들에 대한 문항으로 구성되어 있다. 실제 상황에서는 물론 각 요인들이나 문항들은 직무분석에 기인해야 한다. 유념해야 할 것은 생활사 검사의 기본 가정은 후보자의 과거 행동이 미래에도 유사하게 나타날 것이라는 것이다. 예를 들어 어떤 사람이 절망적인 상황에서 침착성을 유지했던 경

표 6.3 고객 서비스 담당자를 대상으로 하는 생활사 정보 질문 문항 예시

요인	문항
도움 제공	모르는 사람들이 물건을 옮기는 것을 목격했을 때 얼마나 자주 도움을 주었습니까? (예 : 상자, 수하물, 식료품) 길가에 멈춘 차를 발견했을 때 당신은 얼마나 자주 도움을 주거나 다른 누군가의 도움을 요청하였습니까?
협상 능력	당신이 어떤 것에 강점을 가지고 있다고 생각할 때, 얼마나 쉽게 다른 당신의 생각을 전달할 수 있습니까? 어렸을 때, 부모님이 하지 말라고 지시한 것에 대해 얼마나 쉽게 부모님을 설득하여 마음을 돌려놓았습니까?
대인관계 지능	과거에 친구, 동료, 가족의 기분을 얼마나 쉽게 알아챌 수 있었습니까? 과거에 어떤 사람을 처음 만났을 때, 그 사람에게 당신의 존재를 각인시키기 위해 무엇을 하였습니까?
참을성	어려운 부정적인 대인관계 상황에 처했을 때, 상대방이나 그러한 상황을 만든 사람에게 참을성을 보였습니까? 낯선 사람이 길을 물어봤을 때, 그 사람이 정확하게 길을 이해할 때까지 충분히 설명을 하였습니까?
공감 능력	친구들은 당신이 동정심이 많은 사람이라고 표현합니까? 과거에 친구나 가족이 화가 났을 때 실제로 얼마나 그들의 고통스러운 감정을 느꼈습니까?
외향성	집단 구성원들과 어울릴 때, 자주 당신이 대화를 주도하길 기대하였습니까? 과거에 다른 사람들과 어울리는 자리에서 얼마나 편안함을 느꼈습니까?
언어 소통 능력	학창 시절, 서면 보고서를 제출하기보다 구두 발표를 더 자주 하였습니까? 과거에 다른 사람과 직무 관련 정보를 공유함에 있어서 얼마나 편안함을 느꼈습니까?

험이 있다면, 이 사람이 고객 서비스를 제공하는 과정에서 고객이 소리를 지르거나 무례하게 굴더라도 침착성을 유지할 가능성이 높다는 것이다. 따라서 생활사 정보는 실제 직무 행동을 예측할 수 있다. 생활사 정보의 타당도는 상당히 일관적으로 나타나며, 미래의 수행 수준을 잘 예측하는 것으로 보고된다(Allworkth & Hasketh, 2000). 영업 사원의 수행을 예측하기 위해 생활사 정보를 활용한 연구의 결과들을 종합해봤을 때 생활사 정보의 예측 타당도 계수는 .52로 높게 나타났다(Vinchur, Schippmann, Switzer, & Roth, 1998). 다른 리뷰 연구에서는 .37(Hunter & Hunter, 1984) 그리고 .32(Schmitt, Gooding, Noe, & Kirsch, 1984)로 나타났다. 생활사 정보에 대한 정보는 관련 도서 *Biodata Handbook*에서 찾아볼 수 있다. 이 책의 1장에서는 생활사의 메타 분석 연구들을 요약하면서 타당도 계수가 .20~.46이었고, 생산성, 상사 평가와의 타당도 계수가 가장 높았다고 보고하고 있다.

면접
직무의 선발 과정에서 가장 빈번하게 사용되는 방법 중 하나이다. 면접은 일련의 질문과, 질문에 대한 언어적 대답을 통해 후보자의 미래 수행을 예측하기 위한 절차이다.

면접

짐작하겠지만, **면접**(interview)은 모든 직무의 선발 과정에서 가장 빈번하게 사용되는 방법 중 하나이다. 면접은 일련의 질문과 질문에 대한 언어적 대답을 통해 후보자의 미래 수행을 예측하기 위한 절차이다. 면접을 하는 이유는 현직에 있는 사람들이 후보자의 응답을 통해 특정 후보자가 직무에 적합한지에 대한 정보 수집과 예측이 가능하기 때문이다. 저자가 고등학생일 때 패스트푸드 식당에서 일하기 위해 첫 번째 면접을 본 이후 직업을 가지고자 할 때 단 한 번도 면접을 실시하지 않은 적이 없다.

면접은 크게 두 종류로 구분될 수 있다. 하나는 **비구조화된 면접**(unstructured interview)으로 면접 진행을 위한 구조화된 문항 없이 후보자들에 따라 다른 질문을 하는 방식이다. 비구조화된 면접에서 어떤 후보자는 자신의 강점이 무엇인지, 그리고 왜 지원을 하게 되었는지에 대해 질문을 받을 수 있고, 다른 후보자는 잠재적 약점이 무엇인지, 그리고 관련 업무에서 일해본 경험이 있는지에 대해 질문을 받을 수 있다. 따라서 비구조화된 면접은 구조화된 면접에 비하여 상대적으로 덜 사용되는 면접 방식이다.

반면 **구조화된 면접**(structured interview)은 직무분석에 근거하여 모든 후보자들에게 동일한 질문을 하는 면접 방식이다. 예를 들어 캠핑 상담원을 선발하기 위한 면접을 진행한다고 했을 때, 면접관은 다음의 질문을 모든 후보자들에게 할 수 있다. "청소년들과 함께 일하는 것에 대해 어떠한 매력을 느낍니까? 이 직무에 지원하기 위해 어떻게 준비를 하였고, 어떠한 경험을 하였습니까? 이 직무를 잘 수행하기 위해 필요한 신체적 · 사회적 강점은 무엇입니까?" 면접관은 후보자들에게 동일한 문항을 동일한 순서대로 질문하고, 후보자의 응답에 대해서 평가한다. 구조화된 면접을 통해 산출된 면접 점수는 선발 과정에서 유용하게 사용된다. 구조화된 면접의 핵심은 모든 면접관이 모든 후보자들에게 동일한 질문을 한다는 것이다. 이러한 기법은 면접에 대한 신뢰도를 향상시킬 뿐만 아니라, 후보자도 면접이 공정하게 진행되었다고 인식하게 만들 수 있다.

상황 면접
후보자들에게 직무 상황에서 발생할 수 있는 딜레마나 문제 상황을 제시하고, 상황을 어떻게 해결해 나가야 하는지를 물어보는 면접 방법

행동 기술 면접
다양한 상황에서 후보자들이 과거에 보였던 구체적인 행동에 대해 질문하는 면접 방법

구조화된 면접 시 사용할 수 있는 두 가지 기법이 있다. 먼저 **상황 면접**(situational interview)이다. 상황 면접은 후보자들에게 직무 상황에서 발생할 수 있는 딜레마나 문제 상황을 제시하고, 해결 방법을 물어보는 면접이다(Seihts & Kyei-Poku, 2010). 두 번째는 **행동 기술 면접**(behavior description interview)이다. 행동 기술 면접은 다양한 상황에서 후보자들이 과거에 보였던 구체적인 행동에 대해 질문하는 기법이다. 두 기법 모두 직무분석에 기초해야 하며, 모든 면접관들은 후보자들에게 일관성을 가지고 질문해야 한다. 면접 종료 후 각 후보자들의 대답을 점

수로 평가하고 이를 기초로 그들의 미래 수행을 예측한다(Seijts & Kyei-Poku, 2010). 이러한 구조화된 기법들을 통해 면접의 예측 타당도를 향상시킬 수 있다.

1960년부터 1990년까지 면접에 관한 많은 연구들을 검토해보면, 면접은 다른 예측변인들과 비교하여 낮은 예측 타당도 계수를 보였다. 한 연구에서는 면접이 후보자의 미래 수행을 예측하는 데 있어서 .14의 낮은 예측 타당도를 보였다(Hunter & Hunter, 1984). 그럼에도 불구하고 기업에서는 면접을 선발에서 중요한 과정으로 생각하고 있으며, 지속적으로 시행하고 있다. 기업들이 면접을 선호하는 이유 중 하나는 면접이 단지 선발을 위해서만 사용되는 도구가 아니라는 것이다. 면접을 통해 조직은 후보자들을 평가할 수 있지만, 이와 동시에 후보자들도 면접 과정을 통해 지원한 회사에 대한 정보를 얻을 수 있다(Cascio & Aguinis, 2010). 면접 과정 중에 실제 직무 수행과 관련된 정확한 내용에 대해 일부 소개하기도 한다. 이를 **현실적 직무 안내**(realistic job preview : RJP)라고 한다. 따라서 면접을 통해 후보자들은 자신이 앞으로 일할 수도 있는 회사를 잠시나마 경험하게 되며, 이러한 경험을 통해 자신이 지원한 회사에 대한 실제 모습, 분위기, 직원들의 태도, 상사와 부하의 관계 등을 살펴볼 수 있다.

현실적 직무 안내(RJP) 면접을 통해 후보자들은 자신이 앞으로 일할 수도 있는 회사를 경험하여, 이러한 경험을 통해 자신이 지원한 회사에 대한 실제 모습, 분위기, 직원들의 태도, 상사와 부하의 관계 등을 살펴보는 것

면접과 관련된 초기 메타 분석 연구에 의하면 직무 수행에 대한 면접의 예측 타당도 계수는 .37이었다. 그리고 비구조화된 면접(r=.33)에 비해 구조화된 면접의 타당도 계수(r=.44)가 더 높았다(McaDaniel, Whetzel, Schmidt, & Maurer, 1994). 1990년부터 면접 기법은 계속 정교화되고 있으며, 면접의 효과성을 검증하는 방법 또한 정교화되고 있다. 정교한 면접 기법을 사용했던 최근 연구들을 분석한 결과, 구조화된 면접의 타당도 계수는 .71이었으며, 비구조화된 면접의 타당도 계수는 .20이었다(Huffcutt, Culbertson, & Weyhrauch, 2014). 또 다른 연구에서는 면접의 타당도 계수가 일반 지능 검사의 타당도보다 더 높은 경우도 있었다(Cortina, Goldstein, Payne, Davison, & Gilliland, 2000). 이러한 연구 결과들을 종합했을 때, 면접은 선발 과정에서 매우 유용한 예측변인으로 사용될 수 있으며, 실무자들은 비구조화된 면접보다 구조화된 면접 기법을 사용할 필요가 있다.

물론 5장에서 살펴봤듯이, 면접 도중 후광 효과, 대비 효과 등 다양한 면접 오류가 발생할 수 있다. 예를 들어 한 연구에 의하면 면접 결과는 신체적 매력과 같은 비언어적인 요인에 의해 영향을 받을 수 있다(Burnett & Motowidlo, 1998). 면접의 본질상 면접관의 주관이 반영되는 것을 원천적으로 막는 것은 어려운 일이지만 면접이 직무 수행을 예측하는 좋은 예측변인임에는 틀림없다.

이 장을 마무리하기 전에 면접과 관련한 한 가지 이슈를 짚고 넘어가고자 한다. 면접은 다양한 질문들로 구성되지만, 법적인 사항을 고려했을 때 후보자들에게 하지 말아야 할 질문들이 있다. **표 6.4**는 면접관들이 후보자에게 하지 말아야 할 질문들의 예이다. 잘못된 질문을 하게

업무 이틀째이지만,
직원들은 이미 새로운 부장에 대한 부정적인 인상을 형성하고 있다.

되면 회사나 면접관이 법적으로 곤란한 상황에 처할 수 있기 때문에 면접 질문을 구성하는 데 신중해야 한다.

표 6.5는 이 장에서 살펴본 모든 예측변인들의 타당도 계수가 제시되어 있다. 일반 지능은 전통적으로 직무 수행을 예측하는 데 있어서 높은 타당도를 가지는 것으로 알려져 있으며, 본 표에서도 높은 타당도 계수를 보이고 있다. 그러나 최근 연구 결과, 구조화된 면접이 일반 지능보다 더 높은 타당도 계수를 보이곤 한다. 이 외에 감각 및 운동 능력 검사, 평가센터, 그리고 생활사 정보 또한 직무 수행을 예측하는 데 높은 타당도를 보이고 있다. 그러나 아무리 높은 타당도 계수를 가지고 있는 예측변인이라 할지라도 하나의 예측변인이 수행의 25% 이상을 설명하기는 어렵다. 예를 들어 한 연구에서는 일반 지능 검사와 함께 어떤 검사를 추가하는 것이 직무 수행을 가장 효과적으로 예측할 수 있는지 살펴보았다(Schmidt & Hunter, 1998). 이 연구에서는 일반 지능 검사와 더불어 작업 표본, 정직성 검사, 성격 검사, 그리고 구조화된 면접을 각각 추가적으로 실시했을 때 일반 지능 검사만 실시한 것과 비교하여 선발 타당도가 14% 이상 높아지는 것을 발견하였다. 그리고 여러 조합 중 일반 지능 검사와 정직성 검사를 함께 실시했을 때 선발 타당도가 가장 높았다(r=.65). 이와 달리 학생을 선발하는 장면에서는 성격 요인 중 성실성과 경험에 대한 개방성이 지능보다 학생의 학업 수행을 보다 타당하게 예측하는 것으로 보고되었다(Chamorro-Premuzic & Furnham, 2008). 이 장을 마무리하면서 독자들에게 전하고 싶은 중요한 메시지는 기업이나 학교에서 선발을 위한 예측변인을 선택할 때 주의를 기울여야 하며, 하나의 예측변인을 사용하는 것보다 직무를 더 잘 예측할 수 있는 다른 예측변인을 함께 사용하는 것이 선발의 타당성을 높일 수 있다는 것이다.

생각해보기

어떻게 하면 성격 검사 혹은 면접이 잘못된 선발 결정을 막을 수 있을까?

표 6.4 면접 시 피해야 하는 질문

법적으로 이슈가 발생할 수 있는 질문	내용 (미국 기준)*
몇 살입니까? 생년월일이 어떻게 됩니까?	고용 법상 후보자의 연령을 물어보는 것이 금지된 것은 아니다. 하지만 이 질문은 잠재적으로 연령 차별을 야기할 수 있고, 직접적으로 나이를 묻지 않고 생년월일을 통해 간접적으로 묻는 것 또한 지원자들이 연령에 따른 차별이 발생할 수 있다고 인식할 수 있다.
지금까지 체포된 적이 있습니까?	체포 경험이 후보자가 실제로 범죄를 저질렀다는 것을 의미하지는 않는다. 대신 면접관은 지원자들에게 최근 5년 이내에 유죄 선고를 받은 적이 있는지 물어볼 수 있다.
아이를 가질 계획이 있습니까? 임신 중입니까?	고용주는 지원자가 수행해야 할 직무에서 임신이 업무 수행에 큰 장애 요인이 아닌 이상 임신으로 인해 고용을 거부할 수 없다.
미국 국적 시민입니까?	이러한 질문은 국적에 따른 차별로 이어질 수 있다. 고용주는 미국 국적 여부보다는 미국에서 일을 할 자격이 있는지를 물어볼 수 있다.
장애를 가지고 있습니까?	장애의 존재 여부 및 심각성 수준을 물어보는 것은 적절치 않다. 적절한 방식은 지원자에게 지원한 직무를 수행할 수 있는 능력이 있는지를 물어보는 것이 좋다. 그리고 이러한 질문은 직무분석상 요구되는 KSAO에 근거해야 한다.
자녀가 있나요? 일을 할 경우 어떻게 아이들을 보육할 계획인가요?	자녀가 있는지를 물어보는 것은 법적 문제를 불러일으킬 수 있다. 다만 고용주는 지원자들에게 결근을 주기적으로 해야 하는 사회적 책임이나 사항이 있는지 물어볼 수 있다. 이러한 질문을 할 때는 성별과 상관없이 모든 후보자들에게 동일하게 해야 한다.
임상심리학자 및 정신과 의사의 치료를 받은 적이 있습니까?	이러한 질문을 하는 것은 장애인법에 의해 미국에서는 불법이다. 고용 이전의 질병에 대하여 물어보는 것 또한 불법이다.
입원을 한 적이 있습니까? 그렇다면 무엇 때문에 입원을 하였습니까?	
지난 3년 동안 경험한 질병이나 질환을 리스트로 작성하세요.	
지난 한 해 동안 질병으로 인해 며칠 결근하였습니까?	
어떤 처방약을 복용하고 있습니까?	

*일부 정보는 고용평등기회위원회(EEOC)의 웹사이트에서 사용하였음(http://www.eeoc.gov/).

표 6.5 대표적인 예측변인들의 타당도 계수*

예측변인	타당도 계수(추정)	출처	설명
일반 지능	.53 .48	Hunter & Hunter, 1984 Bertua et al., 2005	메타 분석 메타 분석
구체적 지능	.40~.50 .35~.50	Gatewood et al., 2007 Bertua et al., 2005	서술적 리뷰 메타 분석
정서 지능	.28~.29	Joseph et al., 2015; O'Boyle, Forsyth, & O'Boyle, 2011	메타 분석
감각 및 운동 능력	.53 .40	McHenry et al., 2007 Hunter & Hunter, 1984	메타 분석 Project A 자료
성격 검사	.20~.30 .21~.37	Barrick et al., 2001 Oh, et al., 2011	메타 분석 메타 분석
정직성 검사(외현적)	.12~.15	Van Iddekinge et al., 2012	메타 분석
정직성 검사(성격)	.26~.32	Van Iddekinge et al., 2012	메타 분석
작업 표본	.44 .39	Hunter & Hunter, 1984 Roth et al., 2005	메타 분석 메타 분석
상황 판단 검사	.24~.38	Christian et al., 2010	메타 분석
평가 센터	.38~.45 .28 .40	Arthur, Day, et al., 2003 Hermelin, Lievens, & Robertson, 2007 Meriac et al., 2008	메타 분석 메타 분석 메타 분석
생활사	.52 .37 .20~.46	Vinchur et al., 1998 Hunter & Hunter, 1984 Stokes & Cooper, 1994	메타 분석 메타 분석 서술적 리뷰
구조화된 면접	.71	Huffcutt et al., 2014	메타 분석
비구조화된 면접	.20	Huffcutt et al., 2014	메타 분석

*주 : 각 예측변인의 타당도 계수에 차이가 있는 이유는 각 연구별로 예측변인과 준거변인에 차이가 있고 각 메타 분석에 포함된 연구들이 다르기 때문이다.(예 : Hunter & Hunter, 1984, 그리고 Bertua et al., 2005)

요약

이 장에서는 검사가 어떤 유형으로 구분될 수 있는지, 어떠한 종류의 검사들이 있는지를 알아보았다. 검사에서 가장 빈번하게 사용되는 지능 검사, 감각 및 운동 능력 검사, 성격 검사, 정직성 검사, 작업 표본, 평가 센터, 생활사 정보 검사, 그리고 면접에 대해 구체적으로 살펴보았다. 이 검사 도구들의 타당도 계수는 표 6.5에 설명되어 있으며, 독자들은 타당도 계수를 살펴볼 때 특정 연구에 따라, 그리고 각 연구들에서 사용한 준거에 따라 타당도 계수가 달라질 수 있다는 것을 유의해야 한다.

이 장에서의 몇 가지 결론은 다음과 같다. 첫째, 대부분의 선발 과정에서 후보자의 능력(일반 지능, 구체적 지능, 그리고 감각 및 운동 능력)은 가장 높은 타당도를 가진다. 둘째, 성격 검사의 타당도 계수는 다른 검사에 비하여 낮은 편이다. 셋째, 선발 과정에서 빈번하게 사용되지는 않지만, 정직성 검사, 생활사 검사, 작업 표본, 그리고 평가 센터도 실제 직무수행을 예측하는 데 타당한 도구이다. 마지막으로 구조화된 면접은 비구조화된 면접에 비하여 선발의 타당도가 높다. 7장에서는 선발의 실제 절차를 살펴볼 것이며, 기업에서 직원을 선발할 때 유의해야 하는 법적인 사항들을 검토할 것이다.

주요 용어

감각 및 운동 능력 검사	생활사	정직성 검사
개인 검사	생활사 정보	지필 검사
검사	서류함 검사	집단 검사
공간 능력	성격 검사	컴퓨터 조정 검사
기계 능력	속도 검사	타당도 계수
리더 없는 집단 토론	수행 검사	평가 센터
면접	역량 검사	행동 기술 면접
사무 능력	작업 표본 검사	현실적 직무 안내
상황 면접	정서 지능	

실무 적용

I/O심리학을 전공한 컨설턴트들이 기업에 제공하는 서비스 중 많은 부분은 선발과 관련된 것이다. 너무나 많은 선발 도구들이 존재하기 때문에, 고객사에 맞는 선발 도구를 선정하여 추천하는 일은 어려운 일이기 때문이다. JMF Fireworks사의 CEO인 피어스 얀센이 당신의 상사에게 연락하여 불꽃을 다루는 기술자의 선발 체계를 다시 정립하는 데 있어서 도움을 줄 것을 요청했다고 가정해보자. 아래의 피어스 얀센이 보낸 편지를 읽고 어떠한 도움을 주는 것이 적절한지 제안을 해보자.

안녕하세요.

선발 시스템 재정립에 도움을 주셔서 감사합니다. 우리의 선발 시스템을 재정립하는 데 있어서 좋은 조언을 줄 것을 기대하고 있습니다. 먼저, 우리가 선발하고 싶어 하는 직책에 대해서 설명드리겠습니다. 우리는 신규 불꽃 기술자를 선발하기 원합니다. 이 직책은 불꽃 축제를 하기 원하는 많은 회사들을 대상으로 불꽃 축제의 기술적 부분을 담당하는 직책입니다. 이 직책의 사람은 불꽃을 운반, 설치, 쇼 디자인, 그리고 쇼가 끝난 이후 해체하는 작업을 하게 됩니다. 이 직책의 특수성을 고려했을 때 후보자는 다음과 같은 능력과 특성을 가지고 있어야 합니다.

- 각 축제마다 최소 80파운드 무게의 짐을 어깨 위로 들어 올려야 합니다.
- 좋은 고객 응대 기술을 가지고 있어야 합니다(종종 고객은 법에 위배되는 불꽃쇼를 원하며, 기술자는 이를 정중하게 거절하는 동시에 고객과의 좋은 관계도 유지해야 합니다).
- 세부 사항에 주의를 기울일 수 있어야 합니다(작은 실수에도 큰 사고가 발생할 수 있기 때문입니다).
- 업무 시 발생하는 압박이나 스트레스를 잘 견뎌야 합니다(만약 사고가 발생하더라도 침착하게 대응할 수 있어야 합니다).
- 축제 도중 정서적으로 안정을 유지할 수 있어야 하며 무분별하게 위험을 감수해서는 안 됩니다.

마지막 사항은 정부에서 요구하는 개인 이력을 바탕으로 우리가 확인할 수 있습니다. 하지만 위의 네 가지 사항에 대해서는 우리가 명확하게 후보자의 능력을 확인할 방법이 없습니다. 아래는 현재 우리 회사의 선발 과정입니다.

- 후보자는 근처 사무 용품점에서 구입한 지원서에 자신의 나이, 인종 그리고 경험을 작성해야 합니다.
- 지원서를 보고 매력적으로 보이는 후보자는 면접을 실시합니다. 우리 회사는 별도의 HR부서가 없습니다. 따라서 일반적으로 관리자들이 면접을 실시합니다. 면접 동안 관리자가 후보자에게 어떤 질문을 하는지는 구체적으로 알 수 없지만, 아마도 관리자들이 물어보고 싶은 것을 물어보고 주관적으로 누가 일을 잘 해낼 수 있을지를 판단하는 것 같습니다.
- 후보자가 면접을 통과하면 별도의 방으로 안내하여 모래로 채워진 80파운드의 무게를 다섯 번 들어 올릴 수 있는지 확인합니다.

새로운 기술자를 선발하기 위한 보다 좋은 방법이 있으면 제안해주세요. 또한 현재 우리 회사의 선발 과정에서 앞으로 하지 말아야 할 부분이 있으면 말씀해 주세요.

피어스

비판적 사고 문제

1. 식당에서 새로운 매니저를 선발한다고 할 때 당신은 어떠한 예측변인을 사용하겠는가? 그 이유는 무엇인가?
2. 정서 지능이 측정 가능한 능력이라고 생각하는가? 그렇다면 정서 지능을 측정하기 위한 가장 좋은 방법은 무엇일까?
3. 선발 과정에서 면접의 장점과 단점은 무엇인가?
4. 어떤 회사에서 새로운 CEO를 선발하기 위해 당신에게 역할연기(role play)를 설계해 달라고 요청했다고 가정해보자. 새로운 CEO에게 중요한 KSAOs는 무엇인가? 평가 센터를 통해 이러한 KSAOs를 측정할 수 있는 방법에는 무엇이 있는가?

응용 문제

1. 선발 과정에서 예측변인 이외에 후보자의 검사와 면접 이외의 장소에서 하는 특정 행동을 기준으로 삼는 경우가 있다. 예를 들어 후보자가 늦게 나타나거나, 부적절한 의상을 착용하거나, 감사의 답변을 보내지 않으면 관리자들은 그 사람이 해당 직무에 적합하지 않다고 생각하는 경향이 있다. 이러한 행동들을 바탕으로 선발 결정을 하는 것이 타당하다고 생각하는가?
2. 선발 과정에서 후보자들의 SNS 활동을 살펴보는 것이 적절치 않다는 논의가 진행되고 있다. 매니저들이 후보자의 SNS를 살펴보는 것이 적절하다고 생각하는가? 그렇다면 혹은 그렇지 않다면 그 이유는 무엇인가? 이러한 과정이 법에 위배된다고 생각하는가?
3. 당신이 어떤 회사의 직무에 지원을 하였고, 그 회사에서 성실성과 외향성을 가진 사람을 선발하고자 한다는 것을 알고 있다고 가정해보자. 후보자들이 성격 검사에서 보다 좋은 점수를 받기 위해 성실성과 외향성에 대해 일부러 다른 대답을 할까? 만약 왜곡된 응답을 한다고 가정한다면 그러한 왜곡된 응답을 하는 것이 쉽다고 생각하는가? 이러한 왜곡된 응답을 예방하기 위한 방법은?
4. 선발 이후에 직무기술서에 작성된 직무와 실제 수행한 직무가 상이한 경험을 해본 적이 있는가? 기업에서 근로자들에게 적합한 직무를 할당하기 위해 어떠한 노력을 해야 한다고 생각하는가?
5. 어떤 회사는 직원들의 약물 남용을 막기 위해 선발 과정에서 약물 검사를 하기도 한다. 이러한 과정이 적합하다고 생각하는가? 그렇다면 이러한 절차가 어떻게 정당화될 수 있을까?

더 읽을거리

Farr, J. L., & Tippins, N. T. (2013). *Handbook of employee selection*. Routledge.

Furnham, A. (2008). *Personality and intelligence at work*. London: Psychology Press. This book takes a close look at the role of individual differences at work.

Gatewood, R. D., Feild, H. S., & Barrick, M. (2011). *Human resource selection* (7th ed.). Mason, OH: South-Western, Cengage Learning.

Guion, R. M., & Highhouse, S. (2014). Essentials of personnel assessment and selection. New York: Psychology Press.

Thomas, J. C. (2004). *The comprehensive handbook of psychological assessment: Vol. 4. Industrial/organizational assessmen*t. Hoboken, NJ: Wiley.

CHAPTER 7

선발 결정과 관련 법률

이 장의 개요

사진 : Susan Walsh/AP Photo

학습내용

- 선발 도구 타당도 검증 방법
- 지원자를 모집하기 위해 사용할 수 있는 전략
- 예측 타당도와 동시 타당도의 차이
- 교차 타당도의 중요성
- 타당도 일반화에 대한 이해와 중요성
- 선발 결정의 세 가지 주요 접근법(다중 합격점, 다중 허들, 다중 회귀)과 각 접근법들 간의 차이
- 선발 효용성 개념의 중요성과 이에 대한 이해
- 선발도구의 효용성에 영향을 주는 요인(타당도, 기초율, 선발 비율, 비용)
- 임의 고용, 불리효과, 및 차별수정 조치 등 선발에서의 법적 문제
- 특정 미국 고용법에 의해 불법으로 규정된 것
- 여러 형태의 성희롱
- 법원이 장애인 차별 금지법에서 합리적인 편의 제공, 직무의 필수 기능에 대한 해석

지금까지 I/O심리학에서 예측변인과 준거가 왜 중요한지에 대해 상세히 논의했다. 그리고 선발 과정에서 자주 사용되는 예측변인과 검사의 유형에 대해 6장에서 상세히 다루었다(예측변인과 그 타당도는 표 6.5 참조). 이 장에서는 기업의 선발 장면에서 예측변인을 어떻게 사용할 수 있는지 설명할 것이다.

대형 로펌에서 새로운 직원을 고용하려는 6장의 예를 기억해보자. 지원자는 법학 대학을 막 졸업했기 때문에 실제 업무 수행을 잘 예측할 수 있는 준거 자료는 존재하지 않는다. 따라서 직무 수행 능력을 예측하기 위해 다른 정보가 사용된다. 선발 결정을 위해 우리는 어떠한 예측변인을 사용해야 할까? 어떻게 사용한 예측변인이 타당하다고 말할 수 있을까? 이때 직원 선발의 맥락에서 법적으로 고려해야 하는 문제는 무엇일까?

주요 내용 개관

이 장에서는 선발 결정에 대해 설명하지만, 논의될 많은 내용들이 승진 및 해고와 같은 다른 인사 결정에도 적용될 수 있다. 예를 들어 누구를 팀장으로 승진시킬지 결정하기 위해 승진 시험을 실시한다고 할 때, 선발 과정에서 사용되는 예측변인들의 타당도 검증에 적용되는 절차가 승진 시험의 타당도에도 적용될 수 있다. 따라서 이 장에서는 기업에서의 인사 결정과 관련된 일반적인 과정을 다룰 것이다.

이제 당신이 대규모 제조회사인 CS&J Products의 중간 관리자 선발을 위한 도구를 고안하고,

검사를 실시하며, 선발 결정을 하기 위해 계약된 PE Levy & Assoiciates라는 컨설팅 회사에서 근무한다고 가정해보자. **선발 도구모음**(selection battery)은 직원의 선발 과정에서 사용되는 몇 개의 예측변인 혹은 검사 도구를 모아 놓은 패키지이다. 6장에서 다양한 예측변인을 하나씩 소개했지만, 예측변인을 한 가지만 사용하는 경우는 매우 드물다. 실제로는 몇 개의 예측변인과 검사를 한꺼번에 사용하는 경우가 더 많다. 물론 이 과정에서 가장 먼저 이루어져야 하는 것은 바로 직무분석이다. 3장에서 논의했듯이, 직무분석은 과업중심, 작업자중심, 그리고 혼합 직무분석이 가능하다. 그리고 직무분석을 통해 직무기술서와 직무명세서가 작성되고, 이를 통해 수행 준거를 신중하게 결정한다.

선발 도구모음
직원의 고용 여부를 결정하는 몇 개의 예측변인 혹은 검사 도구를 모아 놓은 패키지

직무분석 결과를 바탕으로 예측변인을 개발하거나 시중에 존재하는 예측변인을 선택할 수 있다. 그리고 구체적으로 어떠한 검사를 실시할지 결정한다(예를 들어 작업 표본, 평가 센터, 생활사 정보, 능력 검사, 면접 등). 위 사례의 경우 관리자 선발 과정으로 우리는 관리자의 직무 수행을 잘 예측할 수 있는 작업 표본과 평가 센터의 사용을 고려해볼 수 있다. 또한 예측 타당도를 높이기 위해 몇 개의 검사를 동시에 실시하는 다중 검사를 고려해볼 수도 있다.

그림 7.1에는 왜 선발 도구모음이 단일 검사보다 더 예측력이 좋은지 나타나 있다. 그림에서의 각 예측변인과 준거 사이의 상관의 제곱은 .10에서 .36까지이며, 세 예측변인 모두 준거 설

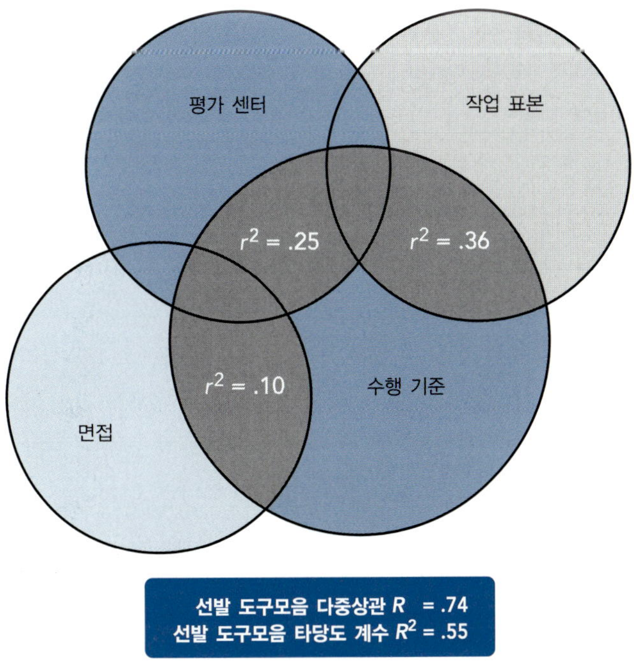

그림 7.1 선발 도구모음의 예

명량의 55%를 차지하고 있다(r^2). 따라서 세 예측변인 모두를 합친 선발 도구모음의 타당도 계수는 .74(즉 .55의 제곱근)이다. 여러 예측변인이 이러한 방식으로 하나의 준거를 예측하는 것을 다중상관이라고 한다(multiple R). 따라서 다중상관을 기초로 하는 선발 도구모음이 하나의 단일검사보다 준거를 더 잘 예측할 수 있다. 주의할 점은 여러 예측변인을 함께 사용할 때 두 예측변인의 타당도 계수 합이 단지 산술적인 합이 아닐 수 있다는 것이다. 본 예시에서 면접, 평가 센터, 작업 표본의 세 예측변인 타당도 계수의 산술적 합은 .71이지만, 실제로는 .55의 타당도 계수를 가진다. 이는 두 개 이상의 예측변인이 동일한 준거를 평가함에 있어서 교집합 변량(공변량)을 가지고 있기 때문이다.

선발 도구모음을 사용할 때 이상적으로는 두 예측변인(검사 도구)의 교집합이 작은 변인들을 사용하는 것이 좋다. 그래야 각각의 예측변인들이 가지고 있는 타당도 계수가 온전히 반영되기 때문이다(즉 두 예측변인의 교집합이 줄어들어 준거를 설명하는 전체 타당도 계수가 높아짐). 이 사례에서 평가 센터는 다른 두 예측변인과 다소 중복된다. 면접, 작업 표본과 더불어 평가 센터를 추가하였지만, 평가 센터 내에서도 면접과 작업 표본이 실시되어 교집합을 가지기 때문에 평가 센터가 준거의 예측에 기여하는 변량이 작아지게 된다. 만약 선발 예산이 충분치 않아 CS&J사가 한 가지 예측변인만 사용한다면 그림 7.1의 세 예측변인 중 타당도 계수가 가장 높은 작업 표본을 선택하는 것이 최선일 것이다. 만약 예산이 충분하다면 세 가지 예측변인을 모두 사용하는 것이 좋을 것이다.

참조

상관관계(R)는 예측변인과 준거의 관계성을 나타내는 지표로 사용되며, 결정 계수(r^2)는 예측변인이 준거를 얼마나 설명하는지에 대한 설명량이다.

모집

모집
특정 회사의 직무에 잠재적인 자격을 지닌 사람을 끌어드리는 과정

CS&J사의 직원 선발 전에 우선 충분한 지원자를 **모집**(recruitment)해야 한다. 지원자 모집은 특정 회사의 직무에 잠재적인 자격을 갖춘 사람을 구하는 과정이며, 선발 절차에서 모집은 매우 중요함에도 불구하고 I/O심리학에서는 그 중요성이 무시되곤 했다. 앞선 법학 대학 예시의 경우 5명의 변호사에게 취업 제안을 하는 과정에서 많은 예산을 사용하지만, 만약 지원자들의 자격이 충분하지 않다면 선발은 의미가 없다.

많은 조직들이 선발보다는 지원자 모집과 관련해서 더 많은 어려움을 겪고 있다(Ployhart, 2006). 지원자들이 직무에 지원하도록 유도하는 많은 방법들이 있다. 전통적으로 선발 직무를 대학, 신문광고, 직원 소개 업체 및 취업 박람회를 통해 광고해왔으며, 최근에는 인터넷 광고를 실시하고 있다(Breaugh, Greising, Taggart & Chen, 2003). 그리고 어떻게 광고하는 것이 보다 적합한 지원자들을 모집할 수 있는지가 최근 기업들의 과제로 부상하고 있다. 예를 들면 지원자들이 어떠한 직무에 지원을 결정하는 데 있어 특정 직무에서의 역할이나 책임을 살펴보기

보다는 회사의 명성이나 평판을 바탕으로 판단하기도 하며, 이러한 명성과 평판이 일을 하는 데 있어서 자긍심으로 이어지곤 한다(Cable & Turban, 2003; Collins & Stevens, 2002).

다른 연구에서는 조직의 가치가 신입사원들이 경험하는 조직에 대한 매력에 영향을 미치는 것으로 나타났다(Highhouse, Hoffman, Greve, & Collins, 2002). 지원자들은 단지 직무의 속성(보상, 작업환경 등) 때문에 기업에 매력을 느끼지는 않으며, 기업에 대한 주관적인 평가(예를 들면 혁신적 문화를 가진 회사인가, 평소에 그 회사를 멋있는 회사라고 생각해왔는지, 회사가 좋은 장소에 위치해 있는가 등)를 매우 강하게 고려한다(Lievens & Highhouse, 2003). 따라서 모집에서 지원자들이 느끼는 회사에 대한 주관적 평가는 중요하게 고려되어야 하고, 지원자들이 회사의 환경적인 부분을 중요하게 인지하는 것을 **사람-환경 적합성**(person-environment fit)이라고 부른다(Ployhart, 2006). 개인은 자신과 잘 맞는 조직과 직무에 더 흥미를 느낀다(Yu, 2014). 6장에서 소개한 사실적 직무 소개가 이러한 흥미에 중요한 영향을 미치고 직원들과 조직에 모두 이익이 된다.

사람-환경 적합성
개인의 KSAOs가 직무의 가치 및 요구, 그리고 회사의 환경 및 특성에 부합하는 정도

최근 지원자 모집에서 인터넷은 새로운 모집의 장을 열고 있다. 이는 지리적 경계를 넘어 수많은 지원자들에게 광고를 할 수 있기 때문이다(Cober, Brown, Blumental, Doverspike, & Levy, 2000). 인터넷 모집은 크게 두 가지 방법으로 이루어진다. (1) 채용 전문 사이트를 통해 모집을 하거나(Monster.com, LinkedIn.com 등), (2) 회사 홈페이지에 채용 공고를 하는 방법이 있다. 지원자들이 회사 홈페이지를 통해 지원 결정할 때 홈페이지 디자인, 매력도, 편의성 등을 고려하기 때문에 지원자들에게 홈페이지가 더 매력적으로 보일 수 있게 해야 한다(Cober, Brown, Keeping, & Levy, 2004). 그리고 실제 많은 연구들에서 회사 홈페이지 정보의 내용, 미적 수준과 유용성이 항상 회사의 매력도에 영향을 주는 것으로 나타났다(Cober, Brown, Levy, Cober & Keeping, 2003; Selden & Orenstein, 2011; Williamson, Lepak & King, 2003). 인터넷 활용 모집 분야에서 최신 기술을 활용한 연구들이 이루어지고 있다. 예를 들어 Allen 등은 지원자들이 인터넷 모집 광고나 채용 홈페이지에서 어떤 부분을 가장 많이 읽으며 중요한 정보라고 생각하는지를 알아보기 위해 안구 추적 장비를 사용하였다(Allen, Biggane, Pitts, Otondo, & Van Scotter, 2013). 연구 결과, 지원자들이 그래픽이나 탐색 도구보다는 하이퍼링크가 있는 텍스트 블록에 더 시선이 고정되는 것을 발견하였다. 따라서 회사에서 구직자들이 꼭 봤으면 좋겠다는 정보는 구직자들의 시각적 관심을 끌 수 있는 하이퍼링크로 대체하는 것이 좋을 수도 있다(Allen et al., 2013).

최근 모집과 선발의 영역에서 지원자들의 직무 적합성 평가를 위해 인터넷 정보를 활용한 **온라인 평판 조회**(cyber-vetting)가 빠르게 확산되고 있다(Rose et al., 2010). 소셜 미디어의 확산은 회사가 지원자들에 대한 정보를 쉽게 수집할 수 있는 기회를 제공하고 있다(Preston, 2011). 비록 소셜 미디어 정보를 사용하는 것에

온라인 평판 조회
지원자들의 직무 적합성 평가를 위해 인터넷 정보를 활용하는 것

대한 법적, 윤리적 논쟁이 있지만, 대부분의 고용주들은 지원자들의 동의를 구하지 않고 온라인 평판 조회를 하고 있다(Peebles, 2012). 다양한 업종의 채용 담당자들 45명을 조사한 결과, 90% 이상이 온라인 평판 조회를 실시한다고 응답하였다(Berkelaar & Buzzanell, 2015). 이 조사에서 채용 담당자들은 음란한 행동, 음주행동, 노출 등의 온라인 자료를 지원자의 자격 박탈 증거로 활용하였고, 이를 바탕으로 채용 결정을 하는 것으로 조사되었다. 분명히 소셜 미디어의 사용은 증가하고 있고, 회사에서는 지원자를 평가하는 주요 자료로 자주 사용하고 있다. 회사가 선발 과정에서 소셜 미디어 사용을 많이 할수록 법적 · 윤리적 문제들이 발생할 가능성이 있지만, 최근에는 오히려 선발 과정에서 지원자의 특성과 배경을 제대로 확인하지 않아 발생할 수 있는 사내 폭행 및 성추행 사건들에 대해 회사가 일정 부분 책임이 있다는 의견이 확산되고 있다(Peebles, 2012).

많은 회사들이 소셜 미디어 활용을 통해 적합한 지원자를 많이 확보할 수 있다는 것을 알고 있다. 그리고 구직자 또한 Facebook, Twitter, Linkedln 등을 통해 보다 많은 회사에 자신을 알릴 수 있다는 것을 알고 있다. 위키피디아에 따르면 현재 시중에는 약 200개 이상의 소셜 미디어가 활성화되어 있으며, 채용 담당자들은 끊임없이 소셜 미디어를 활용하여 잠재적인 지원자들을 확보하기 위해 노력하고 있다(Lauby, 2010). 그리고 채용 담당자는 페이스북 계정, 개인 블로그, 유튜브를 통해 지원자들의 성격과 행동을 파악하고 있다.

비공식적인 의사소통 역시 홍보효과를 가지고 있고 잠재적인 지원자를 만들어낼 수 있다. 종종 회사 직원들은 직업 정보를 친구 및 동료에게 전달하고, 그들은 또 다른 친구 및 동료에게 정보를 전파하여 잠재적인 지원자 풀을 늘릴 수 있다. 이 과정에서 고용주가 선호하는 지원자를 알려줄 수 있기 때문에 선별 과정에 도움이 될 수 있다. 하지만 회사가 비공식적 의사소통에만 의존하지 않는 한 가지 이유는 차별을 초래할 수 있기 때문이다(예 : 조직이 주로 백인 남성으로 구성되어 있는 경우 직원의 친구 및 지인은 백인 남성일 가능성이 높다). 따라서 보다 공식적인 모집 채널이 일반적으로 사용된다. 사실 광고하는 채널이 많을수록 문화적으로나 인종적으로 다양한 사람들이 지원할 가능성이 높아 불법적인 차별이 발생할 가능성이 감소한다(법적인 문제에 대해서는 이 장 뒷부분에서 논의할 것이다).

채용과 인종/민족 차이를 연구하는 연구자들은 문화적으로 차이를 보이는 집단 구성원들이 현장 방문과 같은 모집의 후반 단계에서 채용 의사결정을 어떻게 하는지를 연구하였다(McKay & Avery, 2006). 인종적으로 다양한 지원자에게 중요한 것으로 인식되는 변인 중 하나는 커뮤니티의 다양성과 이용 가능한 기회였다. 그리고 개인차 변인으로 인종/민족 정체성(즉 개인의 자기 개념이 특정 인종 그룹의 구성원인 것에 의해 정의되는 정도)이 중요한 역할을 한다고 제안하였다. 또한 이와 비슷한 연구(Avery & McKay, 2006)에서는 조직이 여성 및 소수 민족 지원자를 모집하는 데 도움을 주는 기본 틀을 제공하였다.

이 기본 틀은 지원자에게 회사가 다양성을 존중하고 장려한다고 보여주는 것이 중요하다는 것을 강조한다. 최근의 한 연구는 구직자와 회사 간의 태도와 가치의 큰 차이가 구직자의 지원 의도에 영향을 미친다는 것을 검증하였다(Casper, Wayne, & Manegold, 2013). 즉 회사가 다양성을 추구하고 지원자와 비슷한 가치를 가지고 있다는 것이 확인되는 경우 다양성을 존중하는 구직자가 지원할 가능성이 커진다. 또 다른 연구에 따르면 흑인과 백인 참가자 모두 다양성에 관한 단서가 제시되지 않을 때보다 단서(예 : 웹사이트에서 프로파일링된 인종)가 포함될 때 고용 웹사이트에 대한 정보를 보다 신중하고 의미 있게 바라보는 것으로 나타났다(Walker, Feild, Bernerth, & Bechton, 2014). 따라서 웹사이트의 다양성 관련 정보를 신중하게 처리하지 않는 경우에는 다양성을 추구하는 지원자들이 지원하지 않을 가능성이 높아진다.

생각해보기
많은 회사들이 온라인 평판 조회를 실시하고 있다. 지원자의 자격을 점검하기 위해 온라인 평판 조회를 활용하는 것이 효과적이고 건설적인 방법이라고 생각하는가? 그리고 이러한 방법이 윤리적이라고 생각하는가?

지원자 모집과 관련하여 보다 많은 정보와 연구 결과를 원하면 Rynes와 Cable(2003)의 연구 혹은 Uggerslev, Fassina 및 Kraichy(2012)의 연구를 읽어보기 바란다. 이제 앞서 언급한 컨설팅 프로젝트로 돌아가서 CS&J사가 다양한 모집 과정을 통해 몇몇 지원자들을 확보했다고 가정해보자.

선발 결정

이 장의 나머지 부분에서는 검사 결과를 바탕으로 누구를 선발할지, 그리고 누구를 선발하지 않을지를 결정하는 과정에 초점을 둘 것이다. 앞선 사례의 PE Levy & Associates사는 선발 과정에서 과학적 방법론과 강한 윤리의식에 기초하고 있는 컨설팅 회사이며, 고객사에게 어떠한 선발 검사 도구의 사용을 추천할 것인지, 그리고 검사 도구의 타당도가 얼마나 높은지를 중요하게 생각하고 있다. 선발 도구의 타당도 확보를 위한 일반적인 두 가지 접근법이 있다. (1) 타당도 검증, (2) 타당도 일반화가 그것이다. 이제 각각의 접근법에 대해서 알아보도록 하겠다.

타당도 검증 방법

앞서 소개한 타당도 계수, 예측변인, 그리고 준거의 개념에 대해서 좀 더 심도 깊게 다루고자 한다. 먼저 타당도 연구는 어떠한 예측변인이나 검사 도구가 실제 직무 수행과 같은 준거를 얼마나 잘 예측할 수 있는지를 알아보는 연구이다. 따라서 타당도 연구에서는 타당도 계수를 다루게 된다. 타당도 검증과 관련된 두 가지 방법을 소개하겠지만, 두 가지 접근법 모두 직무분석을 바탕으로 이루어진다는 것을 유념해야 한다. 왜냐하면 직무분석 결과를 바탕으로 어떠한 준거나 어떠한 예측변인을 사용할 것인지 결정되기 때문이다.

예측 타당도 검증 방법 예측 타당도 검증(predictive validation)*은 선발에서 사용한 예측변인이 얼마나 효과적으로 실제 직무 수행을 예측할 수 있는지를 알아보는 것이다. 예측변인은 직원을 고용하기 전 선발 과정에서 사용되기 때문에 고용된 직원들의 직무 수행(준거)은 선발 후 몇 개월 이후부터 측정이 가능하다.

CS&J사 사례에서 직원을 고용하기 위해 면접, 평가 센터, 작업 표본의 검사 도구를 사용하여 선발 과정이 이루어졌지만, 세 가지 검사 도구를 활용하여 선발한 직원의 실제 직무 수행 수준은 일정 시간이 지나야 알 수 있다. 따라서 사용한 검사 도구의 타당도 또한 직원 선발을 완료한 이후에 확인할 수 있게 된다. 이러한 측면에서 예측 타당도는 검사의 효과성과 관련되어 있으며 이를 확인하기 위한 절차는 다음과 같다.

1. **모든 지원자들의 검사 자료를 수집하라.** CS&J 사례에서는 면접, 평가 센터, 그리고 작업표본 세 검사를 시행한 모든 지원자들의 검사 결과를 수집하는 것을 의미한다. 그리고 각 검사 점수들의 합 점수를 산출한다.
2. **몇몇 지원자를 고용하라.** 선발 검사 이후 몇몇 지원자를 고용할 때 고려해야 할 점은, 컨설턴트가 제시한 선발 시스템이 아닌, 회사의 기존 선발 시스템을 바탕으로 직원들을 고용해야 한다는 것이다. 이는 예측 타당도 확인 과정에서 매우 중요한데, 새로운 검사 도구를 바탕으로 우수한 사람들만 선발하게 될 경우 예측 타당도를 산출하기 어렵기 때문이다. 기존 시스템을 사용하여 선발을 할 경우에는(기존 시스템이 직무 수행을 잘 예측하지 못한다는 가정하에) 고용된 직원들 중 높은 업무 수행을 보이는 사람과 낮은 사람이 모두 존재하며, 다양한 수행을 보이는 사람들이 있을 때 예측 타당도를 확인할 수 있기 때문이다.
3. **몇 개월 후, 타당도 검증의 준거 자료로 사용할 수 있는 직원들의 직무 수행 자료를 수집하라.**

---

* validation은 '타당화'로 예측변인과 준거변인 간의 관련성, 즉 타당도(validity)가 있는지, 혹은 어느 정도 되는지를 검증하는 과정 혹은 절차를 의미한다. 이 책에서는 독자들의 이해를 위해 타당도 검증으로 번역하였다.(역주)

4. 선발 검사 시 수집한 검사 결과 자료와 실제 업무에서 나타난 수행 자료를 비교하여 예측변인과 준거 간 관계성, 즉 상관관계를 파악하라. 이 과정을 통해 선발 도구모음 혹은 단일 검사의 타당도 계수를 알 수 있게 된다.

이러한 과정을 통해 새로운 검사 도구가 실제 업무 수행을 얼마나 잘 예측하였는지를 알 수 있다. 그리고 이 결과에 따라 추후 선발 과정에서 면접, 평가 센터, 작업 표본 세 가지 예측변인을 모두 활용할 것인지를 결정할 수 있게 된다. 만약 세 예측변인 모두 타당도가 낮다고 판단된다면 완전히 새로운 예측변인을 사용해야 한다(이러한 경우에는 다시 직무분석 결과에 기초하여 새로운 검사 도구의 사용을 결정해야 한다).

예측 타당도를 확인하는 절차는 시간과 비용 측면에서 어려움이 따를 수 있다. 왜냐하면 예측 타당도 확인을 위해서는 직원을 실제로 고용해야 하며, 고용 이후 몇 개월의 시간이 흐른 이후에 타당도 수준을 확인할 수 있기 때문이다. 이러한 과정은 지원자나 타당도를 확인하는 사람 모두에게 어려운 일이다.

동시 타당도 검증 방법 예측 타당도를 확인하기 어려운 경우(어떠한 경우는 불가능한 경우도 있음), 동시 타당도 검증(concurrent validation)을 고려할 수 있다. 동시 타당도 확인을 위한 절차는 다음과 같다.

참조

2장에서, 직무 수행과 같은 준거를 검사가 얼마나 잘 예측하는지를 나타내는 준거관련 타당도에 대해 소개하였다. 그리고 준거관련 타당도는 예측 타당도와 동시 타당도로 구분되고 검사 점수가 미래의 수행을 예측하면 예측 타당도, 검사 점수가 재직자의 수행을 잘 예측하면 동시 타당도라는 것에 대해서도 소개하였다.

1. 재직자를 대상으로 선발 검사를 시행하여 검사 결과를 수집하고, 동시에 이들의 직무 수행 자료(준거 자료)를 수집하라. CS&J 사례에서는 현재 회사에 재직 중인 직원들을 대상으로 면접, 평가 센터, 작업 표본 검사를 실시하고 이를 점수화한다. 그리고 이 사람들의 현재 직무 수행 평가 점수를 수집한다.
2. 타당도 계수를 확인하기 위해 검사 점수와 직무 수행 평가 점수의 상관관계를 분석하라. 분석 결과에 따라 사용하고자 하는 선발 도구모음 혹은 단일 검사 도구의 타당도 계수를 확인할 수 있다.

표 7.1은 각각의 타당도 검증 방법에 대한 개요가 제시되어 있다. 동시 타당도는 예측 타당도와 비교하여 크게 두 가지 차이점이 있다. 먼저 동시 타당도의 경우 (1) 지원자를 대상으로 타당도를 확인하는 것이 아니라, 재직자들을 대상으로 타당도를 확인하며, (2) 예측변인과 준거의 측정이 동시에 이루어진다. 비록 연구들에서 동시 타당도와 예측 타당도 중 어떠한 타당

표 7.1 타당도 검증 설계

요인	동시 타당도	예측 타당도
참가자	재직자	지원자
예측변인 측정	준거 변인 측정과 동일 시점에 측정	준거 변인 측정 이전에 측정
준거 변인 측정	예측변인 측정과 동일 시점에 측정	예측변인 측정 이후 측정
선발 결정	예측 · 준거 변인 측정 이전에 이미 고용되어 있는 상태	예측변인 측정 이후 선발이 결정되고, 그 이후 몇 개월 후 준거 변인 측정
타당도 계수	예측변인과 준거 변인 간 상관관계	예측변인과 준거 변인 간 상관관계

도 확인 절차를 사용하는 것이 더 효과적인지에 대해서는 명확한 증거가 없지만, 몇몇 I/O심리학자들은 동시 타당도의 사용에 대해 우려를 표명하기도 한다. 동시 타당도는 현직자를 대상으로 실시하기 때문에 직무에 대한 경험, 검사를 실시하는 동기가 지원자들과 상이하기 때문이다(Cascio & Aguinis, 2010). 일부 연구에서는 동시 타당도가 예측 타당도에 비해 더 높게 나타났다(Van Iddekinge & Ployhart, 2008). 이에 일부 학자들은 예측 타당도 사용을 추천하고, 동시 타당도 계수가 얼마나 과장되는지에 대해 평가할 필요가 있다고 제안하였다(Morgeson et al., 2007; Ployhart & MacKenzie, 2011).

교차 타당화 교차 타당화는 선발 과정에서 사용한 예측변인을 다른 표본 집단을 대상으로 재시행해봄으로써 타당도를 확인하는 방법이다. 즉 동시 타당도의 예로 살펴보면, 동시 타당도 확인을 위해 A부서 직원들을 대상으로 타당도 검증 작업을 시행한 후, B부서 직원들을 대상으로 다시 한 번 검사를 시행하여 두 번의 검사 결과가 얼마나 유사한지를 확인하는 것이다.

본 사례에서 사용된 선발 도구모음의 타당도 계수는 .74였다(그림 7.1). 이 선발 도구를 같은 회사에 지원한 다른 사람들에게 다시 사용한다면 타당도 계수는 .74보다 조금 줄어들게 된다. 이러한 현상을 **타당도 수축**(validity shrinkage)이라 부른다(타당도 수축 현상은 통계적인 문제이며, 이 장에서 타당도 수축에 대한 통계적 절차를 다루지는 않을 것이다). 문제는 다른 집단을 대상으로 검사를 다시 시행했을 때 타당도가 얼마나 줄어드는 것이 올바른 현상이며, 서로 다른 두 집단에게 동일한 선발 검사 도구를 시행했을 때 타당도 계수가 얼마나 유사해야 하는가이다. 일반적으로 타당도 수축이 .05에서 .10 사이에서 발생한다면 CS&J사의 새로운 직원 선발 도구로서 면접, 평가 센터, 작업 표본의 선발 도구모음이 적합하다고 판단할 수 있다.

> **타당도 수축**
> 다른 집단을 대상으로 동일한 선발 검사 도구를 사용할 때 두 번째 집단의 타당도 계수가 줄어드는 통계적 현상

예측변인의 타당도를 확인하기 위한 세 절차 중 교차 타당도가 가장 효과적인 타당도 확인

절차라고 할 수 있다. 왜냐하면 다른 두 타당도 확인 절차(예측 타당도, 동시 타당도)에 비하여 상대적으로 적은 시간과 노력이 투입되기 때문이다. 그럼에도 불구하고 실제 현장에서는 선발 도구의 타당도 확인 절차를 생략하거나 고려하지 않는 경우가 많다.

타당도 일반화

> **타당도 일반화(VG)**
> 검사의 타당도를 다른 상황이나 다른 회사로 일반화시키기 위한 통계적 접근

예측변인의 타당도 확인(예측 타당도, 동시 타당도)에는 시간과 노력이 많이 투입된다. 따라서 많은 연구자들은 이러한 절차를 대체할 수 있는 방법을 30년간 사용해왔으며, 이를 **타당도 일반화**(validity generalization : VG)라고 부른다. 타당도와 관련된 오랜 믿음 중 하나는 특정 회사를 위해 개발된 선발 도구의 타당도 결과가 다른 회사에 동일하게 적용되기 어렵다는 것이다. 앞선 사례와 같이 CS&J사 직원 선발을 위해 개발된 작업 표본 검사는 CS&J의 상황에 맞춰져 있기 때문에 다른 회사에서 그 선발 도구를 사용할 때는 CS&J사 작업 표본 검사의 타당도와 다른 타당도 계수가 나타날 수 있다.

> **상황적 구체성**
> 검사의 타당도가 특정 상황이나 회사에 국한된다는 믿음

이와 같이 검사의 타당도가 특정 상황이나 회사에 국한된다는 믿음을 **상황적 구체성**(situational specificity)이라고 부른다. 하지만 John Hunter와 Frank Schmidt(1990)는 이러한 믿음과 달리 검사 타당도가 정말로 상황적 구체성을 보이는지 조사하였다. 이들은 연구 목적에 적합한 통계적 방법론을 고안하였고, 여러 연구들에서 시행한 다양한 검사의 타당도가 상황적 구체성을 가지는지 아닌지를 조사하였다. 연구 결과, 검사의 타당도는 다양한 상황에서 일반화될 수 있다고 보고되었다(Murphy, 2003).

타당도 일반화 조사에서 사용된 통계적 방법론에 대한 많은 비판과 우려가 제기되었고, 일반화가 가능하다는 연구 결과에도 불구하고 유사한 업종과 직무에서만 타당도 일반화가 유효하다는 주장이 제기되었다(Cascio & Aguinis, 2010; Murphy, 2003). 예를 들어 서류함 기법의 타당도가 관리자들을 선발하는 데는 일반화될 수 있지만 나머지 직무에서는 유효하지 않을 수 있다. 어떤 구성개념에 대한 검증과 측정 없이 모든 직무에서 좋은 예측치가 될 수는 없다(*EEOC v. Atlas Paper Box*, 1989 참조).

또한 타당도 일반화 문제는 특정 기업이 시행한 선발 검사의 타당도에 대한 법적 논쟁을 불러일으킬 수 있다. 전통적으로 선발과 관련된 법적인 문제가 발생했을 때, 법원은 특정 기업에서 실시한 선발 도구의 타당도를 제출하라는 요구를 해왔지만, 최근에는 명확한 직무분석에 기초가 되어 있는 타당도 일반화에 대해서는 관대하게 판결을 하는 편이다. CS&J 사례로 타당도 일반화 문제를 살펴보자. A라는 기업에서 서류함 기법 검사를 개발하였고, 이에 대한 타당도를 검증했다고 가정해보자. 그리고 타당도 일반화 개념에 입각하여 CS&J사의 관리자 선발을 위해 A 기업에서 개발한 서류함 기법을 CS&J사에 그대로 적용한다고 해보자. 이때 A 기업과 CS&J사의 관리자에 대한 직무분석 결과가 매우 유사하다고 한다면 CS&J사가 A사의 서류

함 기법을 사용해도 타당하다고 결론 내릴 수 있다.

선발 검사의 타당도 검증은 조직의 성과뿐만 아니라 업무를 규율하는 법률에서도 매우 중요하다. 타당도 검증의 세 가지 주요 방법은 예측 타당도, 동시 타당도 및 타당도 일반화이다. 각각의 강점과 약점이 있으므로 사례별로 어떤 방법을 사용할지 결정해야 한다. 학자들 간에는 타당도 일반화가 상위 관리자 선발에 도움을 줄 수 있다는 것에 일부 의견일치가 되었지만(Biddle, 2010), 통계 방법에 대한 논쟁이 있기 때문에 관심이 있다면 2014년 *Industrial and Organizational Psychology* 저널(Volume 7, Issue 4)에 발표된 일련의 논문들을 읽어보기를 바란다. 이 논문들에는 타당도 일반화(LeBreton, Scherer, & James, 2014)의 사용에 대한 질문과 논평, 그리고 문제가 제시되어 있다.

종합 타당도
여러 직무에서 공통적으로 발견되는 직무의 요소들은 해당 직무의 KSAO나 사람의 특성과 관련성이 높다는 가설

타당도 일반화와 유사한 개념은 **종합 타당도**(synthetic validity)이다. 종합적 타당도 개념은 지난 50여 년 동안 지속되어 왔으나, 연구자와 실무자들에게 충분히 검증되지는 않은 개념이다. 종합적 타당도는 여러 직무에서 공통적으로 발견되는 직무 요소들이 해당 직무의 KSAOs나 사람의 특성과 관련성이 높다는 것이다(Johnson et al., 2010). 종합적 타당도를 지지하는 사람들은 특정 직무에 대한 요소와 KSAOs가 유사한 경우 별도의 타당도 검증 작업 없이 이미 개발된 검사 도구를 사용해도 무방하다고 주장하지만(Johnson et al., 2010), 이에 반대하는 연구자들은 타당도 검증 없이 유사한 직무 요소나 KSAOs에 근거하여 타당도를 일반화하는 것이 적절하지 않다고 주장하기도 한다(Harvey, 2010; Schmidt & Oh, 2010).

인사 선발의 실제

CS&J 사례에서, 사용하고자 하는 검사 도구의 타당도 검증이 마무리되었고, 임원진에게 면접, 평가 센터, 작업 표본을 통해 새로운 매니저를 선발할 것이라고 통보할 것이다. 하지만 CS&J사는 이윤의 추구를 중요시하는 기업으로 다음의 두 가지를 요구할 것이다. 먼저 선발 이후 높은 직무 수행을 보일 수 있는 사람의 명단을 요구할 것이다. 두 번째로 제시한 선발 과정이 비용 효과적인지 확인하고자 할 것이다. 따라서 위의 두 가지 요구 사항을 어떻게 해결할 수 있는지를 논의할 것이다. 먼저 선발 결정에서 광범위하게 사용되는 합격점과 중다 회귀를 알아보자.

다중 합격점
선발 과정에서 각각의 예측변인(검사 도구)을 통과하기 위한 합격점으로, 지원자는 각 예측변인의 합격점을 모두 통과해야 한다.

다중 합격점 **다중 합격점**(multiple cutoff approach)은 선발 과정에서 사용되는 각각의 예측변인(검사 도구)을 통과하기 위한 합격점을 의미한다. 다중 합격점에서 유의할 것은 지원자는 선발 도구모음에 포함된 각 예측변인의 합격점을 모두 통과해야만 하며, 특정 예측변인에 대한 점수가 매우 높다고 하여 선발되지 않는다

는 것이다. CS&J 사례에서 중간 관리자를 선발하기 위해 지원자들은 면접, 평가 센터, 작업 표본 세 가지 검사 모두에서 사전에 설정된 합격점 이상의 점수를 획득해야 한다. 어떤 지원자가 작업 표본에서 매우 우수한 성적을 획득했다 하더라도, 평가 센터나 면접 점수가 합격점 이하라면 선발될 수 없다.

표 7.2에는 심장외과 의사 선발에 지원한 지원자들의 각 검사 점수가 제시되어 있다. 만약 지원자들이 획득한 모든 검사 점수를 더한 후 합계 점수가 가장 높은 두 명을 선발한다고 하면 E와 B를 선발할 것이다. 하지만 이 둘을 다중 합격점의 관점에서는 선발될 수 없다. 둘 모두 합격점을 통과하지 못한 특정 검사 점수가 있기 때문이다. 따라서 비록 합계 점수로는 가장 높은 점수를 획득하였지만, 위의 두 지원자는 최종적으로 선발되기 어렵다.

다중 합격점의 유용성으로 첫 번째, 지원자의 직무 적합성을 확인할 수 있다는 것이다. 표 7.2처럼 심장외과 의사를 선발한다고 할 때 지원자들의 의학적 지식, 의과대학 성적, 면접 점수, 그리고 감각 및 운동 능력을 고려한다. 만약 어떠한 지원자가 아주 높은 수준의 지식을 보유하고 있지만 수술 집도 시 손을 떤다고 가정해보자. 이 사람을 선발할 것인가? 심장 수술을 하는 데 손을 떨지 않는 것은 매우 중요하다. 따라서 의사에게 요구되는 KSAOs를 바탕으로 감각 및 운동능력 검사를 실시하고, 이 검사의 점수가 합격점을 넘는 사람을 선발하게 된다. 두 번째, 다중 합격점은 다중 회귀(multiple regression) 방식에 비해 이해하기 쉽다는 것이다. 하지만 다중 합격점의 단점도 존재한다. 다중 합격점에서는 특정 예측변인이 합격점을 통과하지 못하면 선발되지 못한다. 따라서 정말 우수한 지원자가 하나의 예측변인 합격점을 통과하지 못해 탈락되지 않는 경우가 존재할 수 있다(다른 예측변인이 합격점을 통과하지 못한 예측변인을 보완할 수 있음에도 불구하고). 따라서 이러한 단점을 보완하기 위해 다중 회귀 방법의

표 7.2 다중 합격점 : 심장외과 의사 선발 예시

지원자	의료 지식 검사	의과대학 성적	면접 점수	감각 및 운동능력 검사 점수	총 점수
A	10	8	6	8	32
B	10	10	10	5	35
C	9	8	8	7	32
D	9	8	7	10	34
E	6	10	10	10	36
합격점	9	7	6	7	

주 : 모든 검사 점수의 범위는 1부터 10까지임

표 7.3 다중 허들 : 생산 라인 관리자 선발 예시

지원자	지능 검사 (합격점=110)	성격 검사 (합격점=55)	작업 표본 (합격점=80)	면접 (합격점=18)
A	120	61	88	23
B	118	59	76	
C	107			
D	108			
E	106			
F	104			
G	121	40		
	가장 적은 비용 소요			가장 높은 비용 소요

다중 허들
다중 합격점과 같이 각 예측변인 합격점을 모두 통과해야 하지만, 각 검사를 사전에 계획된 순서에 의해 실시하고, 하나의 검사 합격점을 통과했을 때 다음 검사를 실시하는 방식

사용을 고려할 수 있다.

다중 회귀 방식에 대해 알아보기 전에 다중 허들을 알아보자. **다중 허들**(multiple hurdle)은 다중 합격점과 같이 각 예측변인 합격점을 모두 통과해야 하지만, 각 검사를 사전에 계획된 순서에 의해 실시하고, 하나의 검사 합격점을 통과했을 때 다음 검사를 실시하는 방식이다.

표 7.3은 7명의 지원자들을 대상으로 실시한 네 가지 검사 결과들이 나타나 있다. CS&J사 관리자를 선발한다고 가정해보면 지능 검사, 성격 검사, 작업 표본, 그리고 면접을 실시하여 선발 결정을 할 것이다. 각 검사들은 검사에 소요되는 비용이 적은 순서대로 실시되며, 지능 검사를 통과한 지원자는 다음으로 검사 비용이 적게 소요되는 성격 검사를 실시하게 된다. 지능 검사 혹은 성격 검사는 집단 검사로 면접과 같이 개인 혹은 소그룹으로 실시해야 하는 검사보다 비용이 적게 소요된다. 그리고 지능과 성격 검사는 구매해서 사용할 수 있지만 면접은 보통 개발을 해야 하기 때문에 더 비용이 많이 소요된다.

표 7.3에 나타나듯이 A, B, G 세 사람만이 지능 검사를 통과했다. 따라서 이 세 사람은 다음 검사인 성격 검사를 받게 된다. 하지만 성격 검사에서는 A, B 두 사람만이 합격점을 통과했고, 이 두 사람을 대상으로 작업 표본 검사를 실시하게 된다. 다중 허들을 실시한 결과, A만 면접까지 통과했기에, 고용 제안을 받을 것이다. 다중 허들 방식의 장점은 다중 합격점과 동일하지만, 다중 합격점은 검사를 하나씩 순서대로 실시한다는 점에서 보다 비용 효과적이다. 실무자 포럼에 주요 사례가 제시되어 있다.

실무자 포럼

Transportation Security Administration

Elizabeth Kolmstetter

버지니아텍 I/O심리학 박사, 1991년

U.S. Agency for International Development(USAID)사 인적자원 최고 책임자 보좌관

미국에서 9.11테러의 여파로 의회는 1년 이내에 전국 429여 개의 공항에서 50,000명 이상의 공항 보안 검사관을 고용하고 훈련하는 법안을 통과시켰다. TSA(교통보안국)는 새로운 검사관의 모집, 교육 및 인증 과정을 포함하여 모든 측면에서 높은 기준을 요구하였다. 공정하고 타당하며 효과적인 검사관 선발 시스템을 구축하는 것은 이 프로젝트 성공을 위한 첫 단계였다. 모든 지원자들은 고용되기 원하는 공항의 지역과 규모와 상관없이 동일한 선발 과정 거쳐야 했다.

이에 따라 이 장에서 논의한 선발 도구의 타당도 검증 과정을 거쳐야 했으며, 선발 검사의 실시 과정에서 다중 허들 방식을 사용했다.

1. 지원자 모집(온라인과 오프라인 모두 사용)
2. 객관식 검사 시행(3시간 30분 소요) : 1) 항공 보안 지식 검사, 2) 영어 능력 검사, 3) 물체 인식 검사(x-ray 이미지 검사)
3. 구조화된 면접 실시(개인 면접 실시)
4. 신체 능력 검사(가방 들어 올리기, 가방 검사)
5. 약물 검사
6. 개인 이력 검사(신용 및 범죄 이력)
7. 기본 공항 보안 검사 : 45시간(교육, 지식 테스트, x-ray 이미지 테스트 실시)
8. 직무상 교육 : 60시간(현장에서 기술 평가 및 x-ray 검사 평가 실시)
9. 연간 보수 교육 실시(업무 지식 평가, x-ray 검사 평가)

첫해에 무려 130만 명의 지원자가 검사관 채용에 응시하였으며, 이 중 34만 명이 검사를 받았고, 최종적으로 5만 명이 선발되었다. TSA 기록에 의하면 선발된 사람 중 단지 2%만이 훈련에서 탈락되었다.

TSA는 이러한 복잡한 선발 과정을 엄격하게 개발하였으며, 개발 이후에 실제 선발 과정에서 매우 신중하게 검사가 실시되었다. 선발 도구 검사의 개발 이외에 면접관 훈련 및 평가자 역할 수행을 위해 I/O심리학자 및 TSA 직원이 활동하였다. 상상 이상으로 큰 프로젝트였지만 국가적으로 전폭적인 지원을 받을 수 있었으며 새로운 검사관 선발은 성공적으로 완수될 수 있었다.

학습질문

1. 다중 허들 방식의 장점은 무엇인가?
2. 선발 시스템의 적용 시 중요하게 고려되어야 하는 이슈는 무엇인가?
3. 왜 조직은 선발과 훈련 과정을 통합해야 하는가?

다중 회귀 2장에서 다중 회귀에 대해서 간단히 다루었지만, **다중 회귀**(multiple regressions)는 검사 결과를 활용하여 선발을 결정하는 중요한 기술이기 때문에 이 장에서 보다 심도 깊게 다루고자 한다. 다중 회귀 방식은 다중 합격점 방식과는 달리 하나의 예측변인 점수가 매우 높으나 다른 검사의 점수가 낮더라도 선발이 가능하다. 이것이 두 방식의 가장 큰 차이이다. 선발 방식에 따라 각자 장단점이 있고 상황에 따라 어떤 방식이 가장 좋은지 달라질 수 있다. 선발에서 사용되는 검사들의 타당도 역시 다양하다. 다중 회귀 방식은 몇 개의 예측변인이 얼마나 직무 수행을 잘 예측할 것인지에 초점을

다중 회귀
선발의 맥락에서 일련의 예측변인들이 준거를 얼마나 잘 예측할 것이지를 나타내는 통계적 기법

두고 있으며, 이를 위해 통계적 기법을 활용한다. 이러한 통계적 절차가 복잡하게 보일 순 있지만 이 장에서는 CS&J 사례를 바탕으로 기본적인 개념을 소개하고자 한다.

먼저 검사 도구의 타당도를 바탕으로(예측 타당도를 활용하였다고 가정하자) 회귀 공식을 만들 수 있다. 타당도 검증 결과와 지원자들이 실시한 각 검사의 점수(면접, 평가센터, 작업 표본)를 바탕으로 회귀 방정식을 생성할 수 있다. 일반적으로 다중 회귀의 공식은 다음과 같다.

$$Y = b_0 + b_1X_1 + b_2X_2 + b_3X_3$$

이 공식에서 X는 특정 예측변인에 대한 지원자들의 검사 점수이며, b는 각 점수에 대한 가중치(기울기)이다. Y는 준거이며, b_0는 상수이다. 위 공식을 바탕으로 우리가 실시한 타당도 검증 결과를 대입하면 다음과 같은 식이 산출된다.

$$Y_{\text{예측치}} = 1.043 + 1.548(\text{작업 표본 점수}) + .752(\text{평가 센터 점수}) + .320(\text{면접 점수})$$

타당도 검증 결과를 반영한 이 공식은 준거를 예측하기 위한 최적의 가이드라인을 제공해준다. 즉 예측변인과 준거 간의 관계를 바탕으로 한 타당도 계수는 선발 결정에 있어서 각 예측변인의 가중치를 결정하는 데 활용된다.

다음으로 선발 결정을 위해 개발된 회귀 공식에 각 지원자의 검사 결과를 대입한다. **표 7.4**는 다중 회귀 공식에 각 자원자의 검사 결과를 대입한 예시이다. 다음 표에 포함된 지원자들의 검사 결과는 타당도 검증 절차에는 활용되지 않았으며, 새로운 직원을 고용하기 위해서만 활용

표 7.4 다중 회귀 예시

지원자	작업 표본	평가 센터	면접 점수	준거 예측치
A	3	5	7	11.69
B	4	2	6	10.66
C	5	5	8	15.10
D	2	3	5	8.00

A : $Y_{\text{예측치}} = 1.043 + 1.548(3) + .752(5) + .320(7) = 11.69$
B : $Y_{\text{예측치}} = 1.043 + 1.548(4) + .752(2) + .320(6) = 10.66$
C : $Y_{\text{예측치}} = 1.043 + 1.548(5) + .752(5) + .320(8) = 15.10$
D : $Y_{\text{예측치}} = 1.043 + 1.548(2) + .752(3) + .320(5) = 8.00$

된다. 다음의 표를 바탕으로 지원자들 중 C가 고용하기에 가장 적합하다고 판단할 수 있다.

참조

이 장 앞부분에서 언급하였듯이 다중 회귀 공식이 다른 상황이나 다른 선발 맥락에서 사용될 수 있는지에 대하여 교차 타당도 검증을 실시할 수 있다.

마지막으로 각 지원자들의 점수를 순위화하고 고용하고자 하는 직원의 수에 맞춰 최종 선발한다. 만약 CS&J사가 두 명의 직원을 고용한다면 C와 A가 고용될 것이다. 왜냐하면 개발된 다중 회귀 공식에 따라 이 두 사람이 미래에 가장 높은 수준의 직무 수행을 보일 것이기 때문이다.

이 과정에서 몇 가지 사항을 고려할 필요가 있다. 먼저 CS&J사의 임원진은 직원을 채용함에 있어서 합격점을 설정할 수 있다. 예를 들어 회사의 임원진은 고용하고자 하는 직원의 수와 상관없이 다중 회귀 총 점수가 11점 이하인 사람은 고용하지 않길 원할 수 있다. 이 경우를 표 7.4의 예시로 살펴보면, C와 A가 CS&J사 직원으로 고용될 자격이 주어진다. 두 번째 고려사항으로 CS&J사 임원진과 PE Levy & Associates는 각 예측변인에 대한 최소 합격점을 설정할 수 있다. 이는 다중 회귀 방식과 다중 합격점 방식을 혼합하는 방식이다. 예를 들어 작업 표본의 합격점을 4.00으로 설정한다고 가정해보자. 이 경우 A와 D는 고용 대상에서 제외될 것이다.

이전의 심장외과 의사 선발 사례를 생각해보자. 의학 지식과 감각 및 운동능력이 심장외과 의사에게 매우 중요한 요인이기 때문에 다중 합격점 방식과 다중 회귀 방식을 선발 과정에 혼합하는 것은 우수한 인재를 채용하는 데 있어서 매우 효과적인 방식이다.

선발 과정의 유용성

이제 CS&J사 임원진에게 선발 도구가 개발되었으며, 도구의 타당도가 검증되었다고 이야기할 수 있다. 그리고 지원자들의 검사 점수를 어떻게 활용하여 선발 결정을 할 것인지(다중 합격점, 다중 허들, 다중 회귀를 사용할 것인지, 혹은 혼합 방식을 사용할 것인지)를 제안할 수 있다. CS&J사의 임원진은 아마 만족해할 것이다. 하지만 이들에게 여전히 남아 있는 의문점이 있을 수 있다. 과연 새로운 선발 시스템이 기존 선발 시스템을 대체하기에 충분히 가치 있는가? 이는 선발 도구모음의 유용성(utility)에 대한 의문이며, 선발 시 소요되는 비용과도 밀접한 관련이 있다. 선발 도구의 유용성에 대해 기업이 가질 수 있는 몇 가지 의문점을 다루고자 한다.

유용성
어떠한 선발 도구가 사용하기에 적합하며 비용-효과적인지를 나타내는 정도

선발 의사결정의 정확성 유용성에 있어서 가장 먼저 고려해야 할 사항은 선발 결정의 정확성이다. CS&J 사례에서 선발 프로젝트의 궁극적 목적은 선발 시스템의 질을 향상시킴으로써 보다 나은 직원들을 선발하는 것이기 때문이다.

그림 7.2는 선발 상황에서 발생 가능한 선발 결정의 결과들이다. 모든 선발 과정에서는 어떤 지원자를 고용하였느냐 혹은 고용하지 않았느냐, 혹은 올바른 사람을 고용하였느냐 혹은 올바

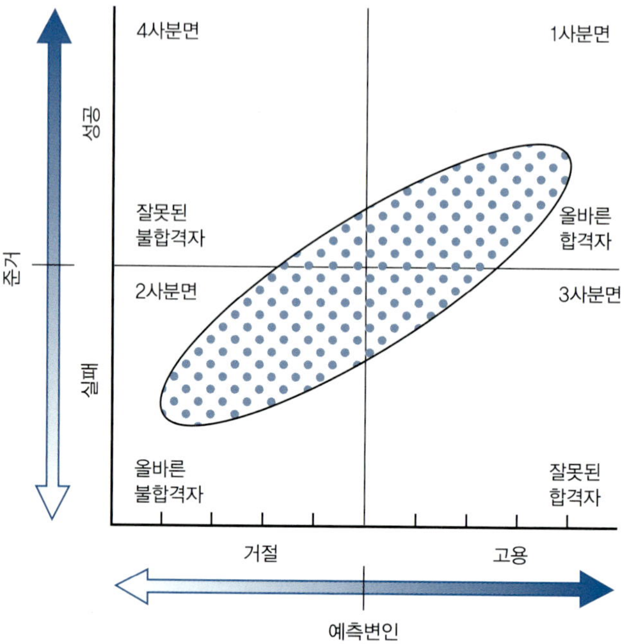

그림 7.2 선발 결정의 정확성

르지 않은 사람을 고용하였느냐로 구분될 수 있다(물론 고용되지 않은 사람의 경우도 마찬가지임).

그림 7.2의 1사분면과 2사분면은 올바른 선발 결정을 한 경우이다. 1사분면은 **올바른 합격자**(hit 혹은 true positive)라 부르며, 선발 시스템에 기초하여 미래에 성공적인 직무 수행을 보일 것으로 예측되어 합격하였고 실제 채용 후에도 만족스러운 직무 수행 수준을 보이는 사람들이다. 2사분면은 **올바른 불합격자**(rejection 혹은 true negative)라 부르며, 저조한 직무 수행을 보일 것으로 예측되어 채용하지 않았고 실제 채용되었더라도 만족스럽지 못한 직무 수행을 나타냈을 사람들이다(이 사람들은 실제로 고용되지 않기 때문에 그 수를 실제로 측정할 수는 없고 타당도 검증 시에 나타난 자료를 가지고 정보를 수집할 수 있다). 나머지 두 사분면은 잘못된 선발 결정을 의미한다. 3사분면은 **잘못된 합격자**(false alarm 혹은 false positive)라 부른다. 성공적인 직무 수행을 보일 것으로 예측되어 합격하였지만 실제 채용 후에는 불만족스러운 직무 수행 수준을 보이는 사람들이다. 4사분면은 **잘못된 불합격자**(miss 혹은 false negative)라 하며, 저조한 직무 수행을 보일 것으로 예측되어 채용하지 않았지만 실제 채용되었다면 만족스러운 직무 수행을 나타냈을 사람들이다(이 사람들 역시 실제 수치를 얻을 수는 없다).

종종 회사들은 전체 선발 과정에서 선발 결정이 어떻게 이루어졌는지에 대해서만 관심을 가지곤 한다. 즉 선발된 사람들이 실제 우수한 수행을 보였는지 혹은 그렇지 않았는지에 대한 관심은 부족하다. **선발 의사결정의 정확성**에 대한 정보는 다음의 공식으로 제공될 수 있으며, 이는 고용된 사람 들 중 몇 퍼센트의 사람들이 높은 수행을 나타냈는지에 대한 정보이다.

$$\frac{1\text{사분면}}{(1\text{사분면}+3\text{사분면})}$$

분명히 많은 직무에 적합한 사람을 선발할 때(예를 들어 외과 의사, 항공기 기장, 항공 관제사, 원자력 발전소 운전사 등) 가장 중요한 정보 중 하나는 선발된 사람들이 앞으로 어떠한 수행을 보일 것인지에 대한 것이다. 여러분이 채용 담당자라고 가정했을 때 잘못된 불합격자 10명을 만드는 것보다(4사분면) 잘못된 합격자 1명 혹은 2명을 만들지 않는 것이 더 중요해 보일 것이다(3사분면). 즉 공공의 안전과 관련된 직무의 채용 과정에서는 잘못된 불합격자가 발생하는 것보다 잘못된 합격자가 발생하는 것이 더 좋지 않은 상황을 야기할 수 있다.

하지만 다른 직무의 채용 과정에서는 잘못된 불합격자(4사분면)가 생기지 않도록 하는 것이 더 중요할 수 있다. 예를 들어 대학 교수들은 대학원 박사 과정에 지원한 학생들을 선발하는 과정에 많은 시간을 소비한다. 분명 학교에 입학한 이후 좋지 않은 학업 성적을 보이거나 결국 졸업하지 못하는 사람(3사분면)을 선발하지 않기 위해 노력한다. 하지만 이에 못지않게 입학 후 우수한 성적과 연구를 할 수 있는 학생을 실수로 탈락시키지 않기 위해서도 많은 노력을 기울인다(4사분면). 이처럼 **종합적인 선발 정확성**에 대한 정보를 나타내는 공식은 다음과 같다.

$$\frac{(1\text{사분면}+2\text{사분면})}{(1\text{사분면}+2\text{사분면}+3\text{사분면}+4\text{사분면})}$$

우리가 선발 정확성을 어떻게 정의하느냐와 상관없이 선발 과정의 궁극적인 목적은 올바른 합격자와 올바른 불합격자를 최대한으로 늘리고, 잘못된 불합격자와 잘못된 합격자를 줄이는 것이다.

타당도 올바른 합격자와 올바른 불합격자를 최대한으로 증가시키고, 잘못된 불합격자와 잘못된 합격자를 줄이는 것은 선발의 타당도를 높이는 작업이다. 따라서 선발 과정의 유용성에 영향을 주는 첫 번째 요인은 선발의 타당도를 높이는 것이다. 그림 7.2는 타당도 계수가 .70일 때의 선발 정확성이다(그림 2.8과 함께 비교해보자). 타당도 계수가 .70일 때는 잘못된 합격자와 잘못된 불합격자의 수가 적으며, 올바른 합격자와 불합격자의 수가 훨씬 많다. 하지만 **그림**

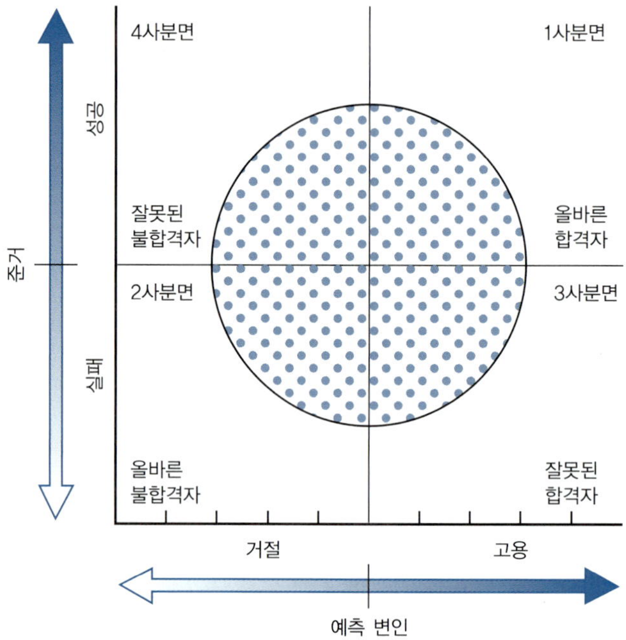

그림 7.3 선발 타당도가 없는 경우

7.3은 타당도 계수가 0일 때의 선발 정확성이다(그림 2.8과 함께 비교해보자). 타당도 계수가 0일 때, 즉 원형의 모습을 띠게 되면, 각 사분면에 해당하는 사람의 수가 동일해진다. 따라서 타당도 계수가 0이라는 의미는 지원자들을 무작위로 선발했다는 것과 같으며, 오류율과 정확률이 같다는 것이다. 이에 따라 선발 유용성은 매우 낮다. 기업은 선발의 유용성과 타당도를 높은 수준으로 유지하기 위해 주기적으로 직무분석을 업데이트할 필요가 있으며, 업데이트 된 직무분석 결과에 따라 관련된 선발 절차(예 : 타당도, 합격점 등)를 변화시켜야 한다.

기초율
현재 재직하고 있는 직원 중 높은 직무 수행을 보이는 직원들의 비율

기초율 기초율(base rate)은 재직하고 있는 직원 중 높은 직무 수행을 보이는 직원들의 비율이다. 기초율은 현 재직자들을 대상으로 했던 과거 선발 과정에서의 선발 유용성을 보여주는 지표로 활용될 수 있으며, 이를 바탕으로 현재 시행하는 선발 과정의 유용성 수준을 결정할 수 있다(물론 선발 이후에 훈련 및 수행 관리에 의해 수행이 바뀌었을 수도 있다는 점을 감안해야 한다). 선발 결정을 위해 기업은 합격점을 설정할 필요가 있으며, 합격점을 바탕으로 기초율이 계산될 수 있다. 예를 들어 대부분의 대학에서 학점 2.0 이상을 합격점 이상의 학생으로 가정한다. 이 경우 현재 학교를 다니고 있는 학생 중 학점 2.0 이상인 학생들의 비율이 기초율이 된다. CS&J 사례에서 30%의 직원들이 회사에서 정해놓

은 높은 목표 이상의 수행 수준을 보이고 있다고 가정해보자. 이 경우 우리가 개발하려고 하는 선발 시스템의 기초율이 최소한 30% 이상이 되어야 하며, 그렇게 될 때 새로운 선발 시스템을 도입하기 위한 유용성이 확보된다. 만약 CS&J사의 현재 기초율이 90%라면(물론 이런 경우는 없겠지만), 새로운 선발 도구를 개발할 이유가 없어진다. 왜냐하면 현재 CS&J사에서 사용하고 있는 선발 도구가 매우 좋은 도구라는 것을 반증하고 있으며, 90% 이상의 기초율을 가지게 하는 추가적인 개선은 매우 어렵기 때문이다.

선발률 선발률(selection ratio)은 지원자 수 대비 선발하고자 하는 직원의 수이다. 만약 CS&J사가 20명의 직원을 고용한다는 광고를 했고 20명이 지원했다고 가정해보자. 이때의 선발률은 1.00이며, CS&J사는 선발 도구를 개선할 필요가 없다. 기업에서 필요로 하는 사람의 수를 채우기 위해 지원자 모두를 고용할 것이기 때문이다. 하지만 만약 5명을 고용하고자 하는데 20명이 지원했다고 가정해보자. 이때 선발률은 25%이며(5/20), 이 경우에는 보다 우수한 직원 채용을 위해 선발 시스템을 잘 갖출 필요가 있다. 일반적으로 선발률이 낮은 기업일수록 선발 도구의 유용성을 높일 필요가 있다.

선발률
고용하고자 하는 직원의 수를 지원자 수로 나눈 값

회사 입장에서는 지원자의 수가 많을수록 좋다. 지원자 수가 많아진다는 것은 선발률이 낮아진다는 것을 의미하며, 선발률이 낮아질 때 기업은 선발을 위한 보다 많은 대안을 고민하고 개발할 수 있기 때문이다. 예를 들어 내가 재직하고 있는 대학의 I/O심리학 박사 과정에 매년 100명씩 지원하곤 한다. 그리고 1년에 평균 8명의 박사 학생을 선발한다. 이 경우 선발률은 8%(8/100)이며, 나와 동료 교수들은 보다 우수한 학생을 선발하기 위해 돈과 시간을 들여 많은 대안을 탐구한다. 만약 선발률이 1.00 이상이라면 나와 동료 교수들은 학생의 학부 성적 이외에 다른 것을 보지 않을지 모른다.

비용 보다 우수한 선발 도구를 개발하기 위해 소요되는 비용은 분명히 선발 과정의 유용성에 영향을 미친다. 개발하는 선발 도구가 매우 타당하다고 할지라도 CS&J사의 입장에서는 선발 도구의 개발에 투자한 금액 이상으로 매출이 향상되지 않는다면 선발 도구의 개발에 예산을 할당하지 않을 것이다. 대부분의 기업들이 선발 과정의 유용성을 생각할 때 가장 먼저 비용을 생각하는 것은 당연한 일이다.

물론 비용은 매우 중요하지만, 많은 기업들이 선발 도구의 개선을 위해 많은 돈을 지불한다. 이는 장기적인 관점에서 타당도가 높은 선발 도구 사용이 이익으로 돌아오기 때문이다. 군대나 연방정부와 같은 조직의 경우 한 명의 사람을 훈련하는 데 굉장히 많은 돈과 시간이 소비되기 때문에 훈련 못지않게 보다 타당한 선발 도구를 개발하는 데 관심을 가진다. 우주선 조종사를 생각해보자. 한 명의 조종사를 양성하기 위해서는 천문학적인 비용이 필요하기 때문에 선발 결정에서 잘못된 합격자가 생기는 것은 매우 심각한 일이다. 이러한 이유로 NASA에서는 선발 도구의 개선을 위해 매년 많은 돈을 투자하고 있다.

종합적 판단 지금까지 선발 과정의 유용성에 영향을 주는 몇 가지 요인을 살펴봤다. 이제 이러한 요인을 기반으로 유용성에 대한 종합적 판단을 어떻게 할 것인지를 알아보자.

선발 도구의 타당도와 기업이 가지고 있는 기초율 및 선발률을 바탕으로 앞으로 선발 도구를 얼마나 개선해야 할지 결정하게 된다. 물론 선발 과정을 통해 고용된 새로운 직원들이 실제로 어떠한 직무 수행을 보일지 100% 정확하게 알 순 없지만(여러 가지 상황변인들이 존재하기 때문에), 높은 평가를 받은 사람이 그렇지 않은 사람에 비해 보다 우수한 직무 수행을 보일 것이라 가정한다.

표 7.5는 새로운 선발 도구의 개발에 따라 기업이 어느 정도 이익을 얻을 수 있는지를 판단할 수 있는 표이다. 이 표는 테일러-러셀 표라고도 알려져 있다(Taylor & Russell, 1939). 이 표에는 기초율 30%와 70%에 따른 다양한 타당도 계수 및 선발률이 나타나 있다. CS&J사의 기초율이 30%(현 재직자 중 30%가 회사가 정해 놓은 목표를 달성하고 있음을 의미) 그리고 새로 개발한 선발 도구의 타당도가 .60이며, 선발률은 .40이라고 가정해보자(40명을 고용하는데 100명이 지원했음을 의미). 이 경우 테일러-러셀 표에 의하면 새로 개발한 선발 도구의 유용성은 .52이며, 이는 새로운 선발 도구를 통해 고용된 사람들 중 52%가 기대 수준의 수행을 보일 것이라는 것을 의미한다. 회사의 현 기초율이 30%라는 점을 감안할 때, 새로운 선발 도구의 개발로 인해 CS&J사는 높은 수행을 보이는 직원을 22%나 더 확보할 수 있게 된다. 이와는 달리 현 기초율이 .70이고 타당도 계수가 .20, 그리고 선발률이 .30이라고 가정해보자. 이 경우 선발 유용성은 .78이다. 현 기초율 .70과 비교할 때 우리가 개발한 도구로 인해 향상되는 유용성은 8%밖에 되지 않는다.

"허먼 씨, 당신은 저를 웃게도 울게도 하였지만
수익을 창출하지는 못했네요."

생각해보기
해고와 같은 인사 결정 상황에서는 경제학자는 어떤 역할을 해야 하는가?

선발 결정의 마지막 절차로서, 기업은 주어진 유용성 정보에 따라 선발 도구의 개선을 위한 추가 지출 여부를 결정하게 된다. 위의 사례와 같이 22% 혹은 8% 유용성 향상이 회사가 지출해야 하는 비용 대비 실질적인 이득이 될 것인지를 판단하게 된다. 심장외과 의사를 선발하는 경우에는

표 7.5 테일러-러셀 표 예시

기초율	타당도 계수	선발률										
		.05	.10	.20	.30	.40	.50	.60	.70	.80	.90	.95
30%	.00	.30	.30	.30	.30	.30	.30	.30	.30	.30	.30	.30
	.10	.38	.36	.35	.34	.33	.33	.32	.32	.31	.31	.30
	.20	.46	.43	.40	.38	.37	.36	.34	.33	.32	.31	.31
	.30	.54	.50	.46	.43	.40	.38	.37	.35	.33	.32	.31
	.40	.63	.58	.51	.47	.44	.41	.39	.37	.34	.32	.31
	.50	.72	.65	.58	.52	.48	.44	.41	.38	.35	.33	.31
	.60	.81	.74	.64	.58	.52	.47	.43	.40	.36	.33	.31
	.70	.89	.62	.72	.63	.57	.51	.46	.41	.37	.33	.32
	.80	.96	.90	.80	.70	.62	.54	.48	.42	.37	.33	.32
	.90	1.00	.98	.90	.79	.68	.58	.49	.43	.37	.33	.32
70%	.00	.70	.70	.70	.70	.70	.70	.70	.70	.70	.70	.70
	.10	.77	.76	.75	.74	.73	.73	.72	.72	.71	.71	.70
	.20	.83	.81	.79	.78	.77	.76	.75	.74	.73	.71	.71
	.30	.88	.86	.84	.82	.80	.78	.77	.75	.74	.72	.71
	.40	.93	.91	.88	.85	.83	.81	.79	.77	.75	.73	.72
	.50	.96	.94	.91	.89	.87	.84	.82	.80	.77	.74	.72
	.60	.98	.97	.95	.92	.90	.87	.85	.82	.79	.75	.73
	.70	1.00	.99	.97	.96	.93	.91	.88	.84	.80	.76	.73
	.80	1.00	1.00	.99	.98	.97	.94	.91	.87	.82	.77	.73
	.90	1.00	1.00	1.00	1.00	.99	.98	.95	.91	.85	.78	.74

출처 : Taylor & Russell(1939).

단지 5%의 유용성 향상도 병원뿐만 아니라 사회적으로 매우 중요한 의미를 가질 수 있다(병원의 명성을 유지하고 의료 사고를 예방하기 위해). 그리고 유용성 향상에 따른 실질적인 회사 수입 증가분을 계산하는 것은 매우 어렵다. 이처럼 선발 절차의 유용성과 관련된 의사결정은 매우 복잡하고 어려운 일이다(보다 많은 정보를 원하는 독자는 Boudreau & Ramstad, 2003; Oth, Bobko, & Mabon, 2002의 연구를 참조).

지금까지 선발과 관련된 논의를 통해 선발 과정에서 사용되는 다양한 예측변인에 대한 이해와 선발 결정 기법 및 선발의 유용성에 대해서 알아보았다. 이를 통해 선발 검사의 점수를 통해 어떻게 선발 결정을 하게 되는지에 대한 절차를 이해할 수 있다. 하지만 마지막으로 선발 과정에서 고려해야 할 요인은 바로 법적 이슈이다. 선발 과정과 관련되어 있는 법적 문제에 대해 소개하겠지만 이러한 선발 외에도 승진, 해고, 퇴직, 임금 인상 그리고 훈련 과정에서 다양한 법적인 문제들이 발생할 수 있다.

산업심리학의 법적 문제

믿기 어렵겠지만 1960년대 미국에서는 직원에 대한 고용 차별이 불법이 아니었다. 예를 들어 지금도 일반적으로 쓰이는 'white worker'(사무직 근로자를 지칭하는 말)라는 용어가 생길 때는 아프리카계 미국인에게 이 용어가 어떠한 의미로 받아들여질지에 대해 고민하지 않았다. 차별에 대한 저항으로 공민권법(Civil Rights Act, 시민권법)이 공표된 1964년에서야 모든 시민은 '인종, 피부색, 종교, 성별, 그리고 태어난 곳'과 상관없이 모두 평등하다는 법이 수립되었다. 1978년에는 고용평등기회위원회(EEOC)에 의해 '직원의 선발에 대한 법적 가이드라인'이 출판되었으며, 이 가이드라인은 이후 직원 선발과 관련된 법으로 채택되었다. 이후 1987에는 SIOP(Society for Industrial and Organizational Psychology)에 의해 '직원 선발 절차에 대한 통일 지침'이 발표되었고, 이 지침은 현업에서 선발 업무를 담당하는 사람들에게 고용 차별 방지를 위한 유용한 도구로 활용되고 있다(2003년에 개정됨). 지금도 위의 두 지침은 인사 선발 시 고려해야 할 가이드라인으로 활용되고 있으며, 이 장의 나머지 부분에서 두 지침에 근거하여 선발 시 고려해야 하는 법적 문제를 다루도록 하겠다.

임의 고용

임의 고용
고용인과 피고용인은 언제든지 그리고 어떠한 이유든지 고용과 고용 철회를 할 권리가 있다는 관습법

임의 고용(employment at-will)은 고용인과 피고용인은 언제든지 그리고 어떠한 이유에서든지 고용과 고용 철회를 할 권리가 있다는 관습법이다. 이 관습법은 영국에서 출발하였으며, 식민지 시대에 미국 법 시스템에 통합되었다. 그러나 임의 고용에 대한 개념은 변화되고 있으며, 매년 미국에서는 '부당한 해고'로 인해 회사를 상대로 수많은 법적 고소가 이루어지고 있다.

비록 임의 고용은 아직도 미국 고용 시장에서 관습적으로 받아들여지고 있지만, '아무런 이유 없이' 고용을 일방적으로 철회하는 경우를 예방하기 위해 고용 철회 시 납득할 만한 충분한 이유를 설명해야 한다는 사회적 통념이 생겨나고 있다(Dunford & Devine, 1998). 하지만 예외 사례가 계속 증가하여 임의 고용과 관련된 법률은 여전히 명확하지 않은 상태이다(Roehling &

Wright, 2004). 인종이나 성별과 같이 공민권법에 위배되는 임의 고용은 정부에 의해 엄격히 제한되고 있다. 고용과 관련된 연방법에 대한 논의 전에, 우선 몇 가지 다른 주요 개념을 살펴볼 필요가 있다.

불리효과

I/O심리학자들이 이해해야 할 고용관련 법이 불리효과이다. 불리효과(adverse impact)는 고용 차별과 관련하여 가장 널리 받아들여지고 있는 개념으로, 고용평등기회위원회(EEOC)에서 공표된 가이드라인이다. 소수 집단이 다수 집단보다 전체적으로 덜 고용되는 것은 소수 집단 구성원들이 차별당하고 있다는 것을 나타낸다. 불리효과는 80% 법칙이라고도 부르는데, 이는 선발 절차에서 소수자 계층이나 보호 계층(대부분 백인 이외의 인종)의 선발률이 다수 집단의 선발률의 80%보다 작은 경우 불리효과가 발생했다고 규정하고 있다. 예를 들어 100명의 백인 지원자 중 60명을 고용하였다면(백인 선발률 60%), 아프리카계 흑인 지원자 100명 중 최소한 48명을 고용해야 불리효과에 해당하지 않게 된다(백인 선발률 60%의 80%). 일부 연구자들은 전통적인 80% 규칙 외에 불리효과에 대한 정확한 판단을 위해 통계적 유의성 검정이 필요하다고 제안하고 있다(Roth, Bobko, & Switzer, 2006). 불리효과에 대한 검증 방법이 더 많고 이에 따라 증거가 더 많다면 정확한 결론을 내릴 수 있고 법원에서 이를 인정할 가능성이 높다(Cohen, Aamodt, & Dunleavy, 2010).

불리효과
불리효과는 5분의 4 법칙이라고도 부르는데, 이는 선발 절차가 보호 계층(대부분 백인 이외의 인종)에 미치는 영향과 차별이 80% 이하여야 한다는 것

표 7.6에는 불리효과에 대한 두 가지 예시가 있다. 이 중 한 예시는 불리효과에 해당하며, 다른 예는 해당하지 않는다. 앞서 언급했듯이 소수자 집단의 선발률이 80% 법칙 이하의 비율을 보인다면 불리효과에 해당하지 않는다. 비록 불리효과가 고용 차별에서 중요하게 다루어지고 있지만, 법원에서는 불리효과 하나만으로 고용 차별이 발생하였다고 판단하지는 않는다.

구체적으로 차별 사례가 어떻게 진행될 수 있는지에 대해 전반적으로 살펴보자(단계별 가이드는 **표 7.7** 참조).

표 7.6 불리효과 예시

사례	다수자 선발률	소수 계층 선발률	80% 규칙(5분의 4 법칙)	불리효과 여부
1	100명의 백인 지원자 중 60명 고용(60%)	100명의 미국계 흑인 지원자 중 50명 고용(50%)	60%의 80%=48%	50%>48%, 따라서 불리효과 없음
2	50명의 남성 지원자 중 40명 고용(80%)	80명의 여자 지원자 중 20명 고용(25%)	80%의 80%=64%	25%<64%, 따라서 불리효과 있음

표 7.7 고용 차별 사례 판단 단계

1. 원고는 법원에 민원/소송을 제기한다.
2. 원고는 선발 진행 단계에서 불리효과가 나타난 주요 사례를 보여준다.
3. 원고의 회사 자료와 선발에 대한 상세한 절차에 대한 요구는 양측에 의해 서류화된다.
4. 피고는 통계를 보여줌으로써 불리효과가 나타나지 않았다고 반박한다. 5. 원고는 피고의 통계적 분석의 문제점을 제시한다.
혹은
4. 피고는 불리효과가 있었다는 것은 수용하지만 선발 검사는 직무와 관련이 있으며 차별이 아니라고 주장한다. 5. 원고는 선발 검사가 차별을 위한 구실이며 인사 결정 과정에 의도적인 차별이 발생했다고 주장한다.

첫째, 원고(즉 차별 대우를 받는 직원)는 **일차 진술**을 입증해야 한다. 즉 원고는 80% 규칙 또는 기타 통계 자료를 통해 불리효과가 발생했다고 주장한다. 예를 들어 히스패닉계 원고는 특정 회사가 히스패닉계를 포함하여 소수 인종들이 불리효과를 받고 있다는 것을 통계 자료, 즉 소수 집단이 다수 집단 선발률의 80% 미만의 비율로 고용되고 있음을 보여주는 자료를 제공함으로써 주장할 수 있다.

둘째, 피고(즉 회사)는 원고가 일부 자료만 가지고 분석하거나 잘못된 해석을 하고 있다고 그 통계를 반박할 수 있다. 하지만 회사는 원고가 제시한 통계에 이의를 제기하지 않고 불리효과가 있음을 인정할 수 있다. 그 이유는 불리효과를 반박할 수 있는 몇 가지 다른 방법들이 있기 때문이다.

대표적인 방법은 선발 도구가 불리효과를 보일 수 있지만 **직무 수행**과 관련성이 있다는 것을 입증하는 것이다. 즉 타당도에 대한 검증 자료를 제시하며 특히 직무분석을 통한 KSAOs가 성공적인 직무 수행에 중요하고 선발 도구가 이와 관련된 것이라는 것을 주장하는 것이다. 이러한 이유로 인해 타당성 검증 연구가 중요하다. 회사가 사용한 선발 검사가 타당하다는 것을 입증한다면 민족, 인종, 성별에 관계없이 선발 검사에서 높은 점수를 얻은 직원은 성공적인 업무 수행을 보이고 낮은 사람들은 저조한 수행을 보이게 된다. 이에 따라 법원은 이 사건을 불법이 아닌 부작용의 사례로 인정하게 된다.

하지만 이러한 선발 검사의 직무 관련성에 대한 입증만으로는 충분하지 않다(Posthuma, 2002). 일반적으로 비즈니스 필요성 방어(business needity defense)라고 하는데, 회사는 특정 IQ 수준, 성격 유형 또는 교육 배경을 가진 사람들 없이 비즈니스를 제대로 수행할 수 없다고 주장하며, 그 기준에 맞는 후보자들을 선발했다고 주장한다.

마지막으로, 원고는 이러한 선발 검사의 직무 관련성 자료에 대한 반박을 할 수 있다.

차별수정 조치

다른 법률에 대해 더 알아보기 전에 매우 중요한 개념인 차별수정 조치에 대해 소개하겠다. **차별수정 조치**(affirmative action : AA)는 특정 직무에서 소수 혹은 보호 집단(아프리카계, 아시아계, 남미계 미국인)의 고용을 늘려 나가는 조치이다. 차별수정 조치에 따라 기업이 고용해야 하는 소수자 계층의 법적 할당량이 있는 것은 아니지만 압력을 받고 있다. 하지만 이러한 차별수정 조치가 확산되고 논의된다는 자체가 역사적으로 많은 기업과 산업에서 고용 차별이 존재해왔다는 반증이다.

> **차별수정 조치(AA)**
> 특정 직무에서 소수자 계층 혹은 보호 계층의 고용을 늘려 나가는 조치

차별수정 조치는 크게 소수자 계층의 지원자 수를 늘리기 위한 프로그램(논란의 여지가 없음)과 소수자 계층 사람들에게 취업 특혜를 주는 프로그램(논란의 여지가 있음)으로 구분한다. 이 프로그램이 올바르게 적용될 경우 고용 자격이 부족한 소수자 계층이 단지 소수자 계층이라는 이유만으로 채용되는 경우는 없다. 그러나 프로그램이 올바르게 적용되지 않고 단순히 소수자를 채용하기 위해서 적용된다면 다수계층 지원자(예를 들어 백인)보다 자격이 부족한 사람을 채용하게 되는 결과를 낳을 수 있다. 이러한 경우는 차별수정 조치의 본 취지에 부합하는 것은 아니다. 차별수정 조치는 많은 기업에서 실행하고 있고, 실제 채용공고의 대부분에서 "우리 회사는 EEO/AA(고용 평등 위원회/차별수정 조치)를 준수하고, 자격을 갖춘 소수 지원자들이 지원하는 것을 장려합니다."라는 문구를 찾아볼 수 있다.

차별수정 조치와 관련한 출판물이나 논문은 늘어나고 있다(이와 관련해서 다음의 연구를 참조. Harrion, Kravitz, Mayer, Leslie, & Lev-Arey, 2006; Pyburn, Ployhart, & Kravitz, 2008). 예를 들어 관련 연구들에서 차별수정 조치가 오히려 선발된 소수 집단에 대한 낙인으로 작용할 수 있다는 것을 발견하였다. 연구에서는 차별수정 조치로 인해 선발된 사람이 종종 능력이 부족한 사람으로 비춰지는 경우가 있다고 보고되었다(Evans, 2003). 다른 연구에서는 사람들은 차별수정 조치가 조직의 공정성과 관련이 있다는 정보가 제공될 때 그렇지 않을 때보다 더 큰 잠재적 이익을 준다고 생각했다(Aberson, 2003).

조직 공정성 인식은 차별수정 조치를 시행하는 기업에 지원하는 흑인의 태도에 중요한 역할을 했다. 흑인 지원자는 차별수정 조치를 시행하는 기업에 좀 더 긍정적인 태도를 보이는 것으로 나타났다. 그리고 소수 집단의 지원을 장려하는 기업보다는 특별 채용을 하는 기업이 더 공정한 것으로 판단하였다(Slaughter, Sinar, & Bachiochi, 2002). 더 최근 연구에서도 흑인 학생들은 소수 집단의 우대 고용이 적극적인 채용보다 덜 공정한 것으로 인식하였다(Cropanzano, Slaughter, & Bachiochi, 2005). 조직 공정성은 조직 매력과 지원 의도에도 영향을 미치는 것으로 나타났다. 다른 연구에서는 차별수정 조치가 인식자의 특성에 따라 달라질 수 있다는 것이 밝혀졌다(Harrison et al., 2006).

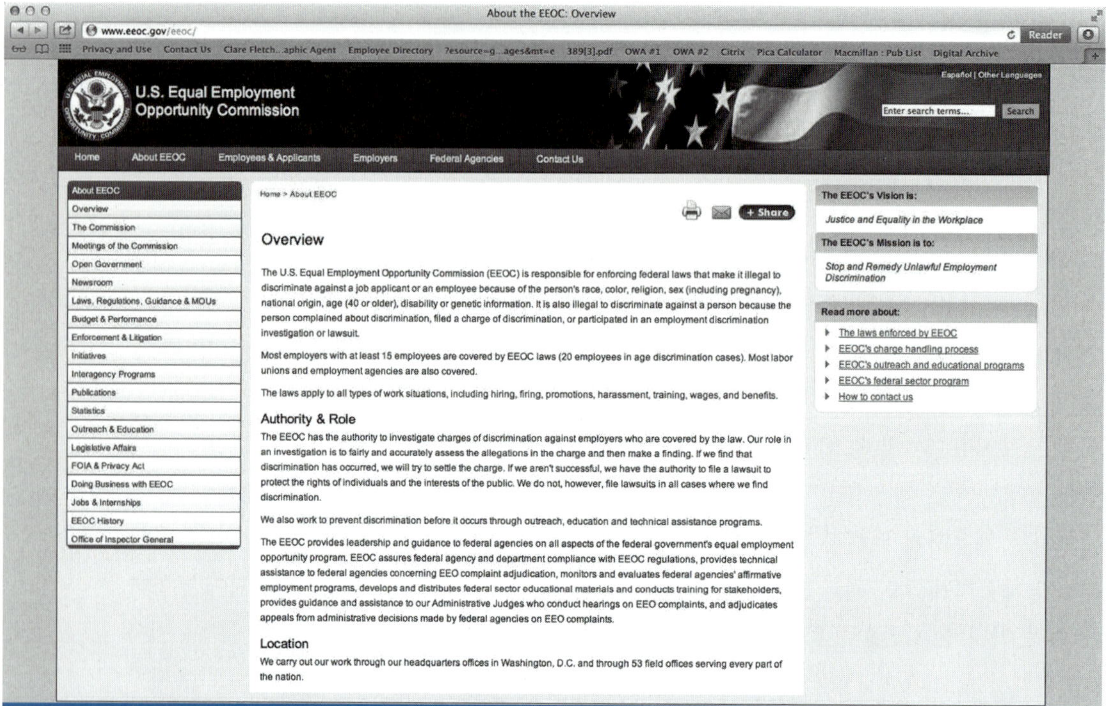

Source: U. S. Equal Opportunity Commission, http://www.eeoc.gov/eeoc/

생각해보기

왜 많은 기업들이 고용평등기회를 공개적으로 강조하는가?

정교한 메타 분석 연구에 따르면(Leslie, Mayer, & Kravitz, 2014), 자기 자신의 능력이 부족하지만 차별수정 조치로 인해 채용이 되었다고 생각하는 사람은 성과가 낮았다. 그리고 차별수정 조치로 채용된 사람들의 역량이 부족하다고 생각하는 경우 수행평가에 이러한 점들이 반영되어 점수가 낮았다. 이러한 연구들은 차별수정 조치의 효과에 고정관념과 같은 다양한 요인들이 상호작용한다는 것을 알려주고 있다.

두 사례의 차별수정 조치를 통해 조직이 차별수정 조치를 어떻게 바라보고 실행하고 있는지를 알 수 있다. 두 사례는 모두 대학 입학 과정에서 일어났고, 사례를 살펴보면, 아직 차별수정 조치의 영향력과 고려 정도는 명확하지 않은 것 같다. 미시간대학 지원자 두 명이 소송을 제기했다. 두 명 모두 자격이 있는 '우월한 소수 집단'으로 분류된 후보자였다(*Gratz v. Bollinger*, 2003). 미시간대학에 입학허가를 받기 위해서는 SAT, 내신점수 등을 포함하여 총 150점 중 100점 이상을 받아야 한다. 미시간대학은 차별수정 조치를 적용하여 소수 집단 지원자에게 일률적으로 20점(입학을 보장 점수의 1/5)을 자동으로 부여했다. 하지만 법원은 소수 집단 지원자들의 개인차와 자격을 무시하고 특정 소수 집단에 가점을 주는 것은 교육 환경의 다양성이라는 고유한 목적에 어긋나는 위헌이라고 판결하였다.

미시건대학 법대는 인종적 선호 때문에 입학이 거부되었다고 주장하는 백인 여성에 의해 소송을 당했다(*Grutter v. Bollinger*, 2003). 대법원은 이 사건을 앞선 경우와는 매우 다르게 판결했다. 법대는 인종을 고려하여 '플러스(plus)'로 간주하였지만 가점을 주는 방식은 사용하지 않았다. 그리고 전체적으로 지원자들의 다양한 특성을 고려하였다. 따라서 법대의 입학 절차에 문제가 없다고 판결을 내렸다. 이러한 사례는 Gutman(2003)에 잘 요약되어 있다.

3개의 다른 소송 역시 관심을 가질 만하다. 첫째, *Petit v. City of Chicago*(2003)의 소송으로 다양한 인종이 사는 대도시의 경찰을 선발할 때 앞선 대학 사례보다 인종의 다양성이 더 고려될 필요가 있다고 판결했다. 둘째, *Parents v. Seattle Shool District*(2007)의 소송으로 워싱턴 시애틀의 초등학교와 고등학교 입학 및 전학에 관한 문제였다. 이 사건은 매우 복잡하지만 몇 가지 고려할 만한 내용이 있다. 대법원은 전체 인종 구성과 학교의 인종 구성을 비교하는 것을 입학 과정에서 고려해야 하는지에 대해 중간 입장을 보였다(Gutman & Dunleavy, 2007). 법원은 *Grutter* 판결과 유사하게 입학에서 다양성을 고려하는 것이 정부에 이익이 된다고 판결했다. 하지만 인종만 고려하고 학생의 개별 평가를 고려하지 않는 것은 Gratz의 판결과 마찬가지로 불법이라고 하였다.

*Grutter*와 *Gratz*의 사례는 교육 및 조직 환경에서 다양성 문제가 발생했을 때 참고 사례가 될 것이다. 이와 관련하여, 미시간 주 주민들은 주립대학교의 입학 결정 시 인종을 고려하는 것을 금지하기 위해 2006년에 투표했다. 소급하여 적용하지는 않지만 미시간에서는 입학 과정에서 인종만이 고려되지는 않는다. 몇몇 다른 주에서도 유사한 법을 채택했다.

세 번째 중요한 사례는 *Fisher v. University of Texas at Austin*(2009)의 소송이다. 피셔는 차별수정 조치로 인해 본인이 입학을 거부당했다고 주장하였다(역차별). 법원은 텍사스대학의 인종을 고려한 다양한 요소에 기반한 입학사정은 정당하다고 판결하였다. 피셔는 2013년 대법원에 항소했지만, 마찬가지로 피셔의 주장은 거부되었다.

표 7.8에는 미국 고용법과 차별법에 대한 주요 법안이 소개되어 있다. 각 법안에 대해 재판이 이루어진 수를 살펴보면 어떠한 법이 가장 많이 위배되는지 알 수 있다(Goldman, Gutek, Stein, & Lewis, 2006 연구 참조). 예를 들어 4개의 주요 법안(Title VII, ADA, EPA, ADEA)에 대해 2005년 한 해 동안 발생한 재판 건수는 총 88,481건이며, 이 중 Title VII 관련 재판이 가장 많았고(55,992건), 동일 임금법과 관련된 재판 수가 가장 적었다(978건).

동일 임금법

3장에서 언급했지만, **동일 임금법**(equal pay act)은 동일한 직무를 수행하고 있는 남성과 여성의 급여나 복리후생에서 차별이 존재해서는 안 된다는 법안이다. 본 법안의 가장 큰 논쟁점은 어떠한 경우에 동일하다고 판단할 것인가로, 동일에 대한 정의는 대부분 상황에 따라 달라진다. 예를 들어 미국의 한 병원에서 발생한

동일 임금법
동일한 직무를 수행하고 있는 남성과 여성의 급여나 복리후생에서 차별이 존재해서는 안 된다는 법

표 7.8 미국의 주요 고용법

입법	연도	설명
동일 임금법 (EPA)	1963	동일한 근로 조건, 그리고 동일한 기술, 노력, 책임이 요구되는 직무의 경우 동일한 임금이 제공되어야 한다는 법안
공민권법 (Title VII)	1964	15명 이상을 고용하고 있는 회사에서 인종, 피부색, 종교, 국적 또는 성별에 따라 고용, 급여, 근무 조건, 권한에 대한 차별이 존재해서는 안 된다는 법안
대통령령 11246	1965	연방정부와 계약하고 있는 회사나 그 회사의 협력업체는 인종, 피부색, 종교, 국적, 성별에 대해 차별이 없어야 하며, 고용 평등을 위해 차별수정 조치를 시행해야 한다는 법안
연령 차별 금지법 (ADEA)	1967	20인 이상의 회사에서 40세 혹은 그 이상의 직원에 대한 고용, 급여, 근무 조건, 그리고 권한에 대한 차별이 존재해서는 안 된다는 법안
장애인법 (ADA)	1990	15인 이상의 회사에 직무를 수행하기에 적합한 장애인 고용 시 고용, 급여, 조건, 그리고 권한에 대한 차별이 존재해서는 안 된다는 법안
공민권법	1991	1964년에 공표된 공민권법에 의거하여 차별 행위에 따른 보상과 징벌적 손해배상을 할 수 있는 법안. 또한 법에 정해진 한도에 따라 배심원으로 출석할 수 있는 권리를 가지고 있다는 법안
가족 및 의료 휴가법	1993	피고용인은 다음의 이유가 있을 때 1년 중 언제든지 12주 동안 무급 휴가를 갈 수 있다는 법안. (1) 자녀의 생일 혹은 신생아를 돌보기 위해, (2) 자녀의 적응 문제가 있을 때, (3) 건강이 매우 좋지 않은 가족원을 돌보기 위해, (4) 피고용인 자신에게 심각한 건강상 이유가 있을 때

Brennan v. Prince William Hospital Corp.(1974) 사례의 경우, 병원의 남성 보조 간호사에게 환자를 침대에 눕히는 부가적인 업무를 요구하였으며, 이때 부가 업무에 대한 추가 급여를 지급하지 않았다. 하지만 여성 간호사가 동일한 업무를 수행할 때는 추가적 급여를 지급하였다. 법원은 명확하게 다른 작업 조건 혹은 급여를 다르게 제공하기 위한 충분한 이유가 없는 이상 남성과 여성의 급여를 동일하게 지급하도록 명령하였다(Gutman, 2000).

동일 임금법과 관련된 문제는 최근 몇 년간 많은 발전이 이루어졌다. 이와 관련하여 미국에서 발생한 유명한 재판은 릴리가 자신이 다니던 회사(Goodyear Tire & Rubber Co)를 상대한 *Ledbetter v. Goodyear* 재판이다. 릴리는 퇴직하기 몇 달 전 자신이 오랜 시간 동안 동일한 업무를 수행하는 남성 직원에 비하여 적은 급여를 받아온 것에 대해 소송을 제기해 1심에서 승소 판결을 받았다. 그러나 회사 측이 제기한 항소심에서 차별 대우가 시작됐을 때로부터 6개월 이내에 소송을 제기하지 않았다는 이유로 패소했다. 이는 잠재적인 임금 차별을 조기에 발견하지 못하면 보상을 받을 수 없다는 논란의 여지가 있는 결정이었다(Brody & Grodan, 2010). 하지만 릴리의 소송 사례를 바탕으로 미국에서는 2009년 Ledbetter 법이 입안되었다. 그리고 이

I/O TODAY

직장에서의 종교

많은 기업들이 지난 10년간 조직에서 직원들이 요구하는 종교적 이슈를 해결하기 위해 노력해왔다. 예를 들어 2007년 Target사의 한 무슬림 직원은 종교적 이유로 돼지고기를 다룰 수 없기 때문에 직무를 조정해 달라고 요청하였으며, 이와 유사하게 종교행사에 참석하기 위해 근무 시간을 조정해 달라는 요청을 하기도 하였다.

하지만 이러한 문제를 다루는 것이 항상 쉬운 일은 아니다. 만약 약사가 종교적 이유로 처방전에 있는 특정 약을 다루지 않는다고 생각해보자. 이러한 사례는 실제로 K-Mart에 방문한 아만다 랜즈에게 일어났다. 아만다는 K-Mart에 있는 약국에서 병원에서 처방한 피임약을 구매하려고 하였으나, 당시 근무하던 약사는 자신이 가톨릭 신자라는 이유로 피임약 판매를 거부하였다. 그리고 아만다는 약국에서 새로운 약사를 고용할 때까지 일주일 동안 약을 구매할 수 없었다.

이러한 사례를 살펴보면 직장에서의 종교 문제가 단순하지 않다는 것을 보여준다. 이 장에서 살펴본 바와 같이 직원의 종교는 공민권법에 의해 보호된다. 하지만 이 장에서 기술된 것처럼 법에 의한 보호는 그 사람이 해당 직무를 수행할 수 있을 때만 유효하다.

I/O심리학자들은 이러한 문제가 고객에게 미치는 영향에 대한 관심을 가질 필요가 있다. 만약 약국 고용주가 약사를 해고한다고 일이 쉽게 해결될 것 같지만, 이에 대해 반감을 가지는 고객이 생길 수 있으며, 반대로 해당 약사를 계속 고용할 경우에 마찬가지로 문제가 발생하는 고객이 생길 수 있다.

이 문제는 미국 각 주의 주법이 상이하기 때문에 더 복잡해진다. 어떤 주는 약사가 고객의 요구를 거부할 권리를 가지고 있으며, 어떤 주는 그러한 권리가 없다. 그리고 어떤 주는 고객을 다른 약사에게 보낼 권리가 있다. 따라서 매니저, 피고용인, 그리고 I/O심리학자들은 공민권법과 같은 법안을 숙지할 필요가 있으며, 동시에 각 주의 주법에도 관심을 가질 필요가 있다.

토론질문

1. 종교적 신념의 이유로 당신에게 피임약을 팔지 않는 약사를 만났다고 가정해보자. 약사에게 어떻게 반응하겠는가?
2. 큰 기업일수록 직원들이 점차 다양성을 보이고 있다. 다양성이 큰 기업의 선발 과정에서 법적인 문제가 발생하기 않도록 어떻게 직무분석이나 선발 도구를 보완할 수 있을까?
3. 선발과 관련된 법안은 항상 변하고 있다. 최근에는 이민법, 동성애법에 대한 법안도 발의되고 있다. 이러한 새로운 법안들이 선발 절차에 어떠한 영향을 미칠 것인가?

참고문헌

Burwell v. Hobby Lobby Stores, Inc., 573 U.S. 1(2014).
EEOC v. Abercrombie & Fitch, 575 U.S. 1 (2015).

러한 Ledbetter 법은 광범위한 영향을 미쳤다. 예를 들어 미쿠라는 앨리게니카운티 경찰국에서 2001년 보조금 조정자로 일하기 시작했으며 비슷한 위치에 있는 남성 동료보다 훨씬 적은 (7,000달러) 급여를 받았다. 상사는 그녀의 이의 제기를 무시했고 이 문제를 해결하기 위해 5년 이상 노력한 결과 2007년에 소송을 제기했다. 하지만 법원은 *Ledbetter v. Goodyear Tire and Rubber Co.*를 인용하면서 그녀의 소송을 기각했다. 하지만 그녀는 새로운 Ledbetter Act에 근거

Scott J. Ferrell/Congressional Quarterly/Getty Images

생각해보기
2009년 미국 오바마 전 대통령은 Lilly Ledbtter 법안에 서명하였다. 기업이 동일한 조건의 남성과 여성 직원의 급여 차별을 없애기 위해 어떠한 노력을 할 수 있겠는가?

하여 2009년에 항소했으며 법원은 그녀에게 유리하게 판결했다(National Women's Law Center, 2014).

공민권법(시민권법)

1965년 7월 2일 미국에서는 고용평등기회위원회(EEOC)가 설립된 이후 차별 금지법과 공민법에 근거한 Title VII 법령이 광범위하게 시행되었다. 1991년에는 1964년 공표된 공민권법을 개정하여 차별로 인한 금전적 손해 및 배심원 참석 문제, 그리고 불리효과 법령을 보다 구체화하였다. 일반적으로 공민권법은 인종, 피부색, 종교, 성별 또는 출신 국가에 근거한 고용 차별과 고용 기회의 차별을 금지하는 법이다.

이와 관련된 중요한 사례 중 하나는 Duke Power사를 대상으로 한 아프리카 미국인인 그리그의 *Griggs v. Duke Power*(1971) 재판이다. 그는 노동자로 선발되지 못한 것이 불리효과 때문이라고 주장하면서 관련 자료를 제출하였다. Duke Power사는 그러한 의도가 없었다고 주장했지만, 관련 자료가 없고, 선발 검사의 타당도 검사를 하지 않았다. 이 사례에서 법원은 회사가 차별을 할 의사가 없었다 할지라도 불리효과가 나타난 경우, 검사와 절차가 수행을 예측한다는 타당도를 입증해야 한다고 하였다. 이 판결은 매우 중요한 시사점을 지닌다. 전문적으로 개발된 선발 검사에서 백인들의 평가 점수가 다른 인종 지원자들의 평가 점수보다 높아도 검사의 타당도가 검증되지 않았다면 백인들을 선발하는 것이 불법이라는 것이다(더 구체적인 정보는 *Griggs* 사례, 3장 참조).

보다 최근에 발생한 DeStefano사를 대상으로 한 리시의 소송인 *Ricci v. DeStefano*(2009)는 공민권법의 또 다른 면을 보여준다. 코네티컷 주 뉴헤이븐 시는 소방관 선발을 위한 시험을 실시하였으며, 시험 결과에 따라 합격 후보자를 선발하였다. 합격 후보자들의 인종을 살펴본 결과, 불리효과에 해당한다는 것을 발견하고 선발 시험을 무효화하였다. 시험에서 높은 점수를 얻었던 백인 및 라틴계 후보자는 이것이 오히려 인종 차별이라고 주장하면서 소송을 제기했으며, 선발 시험은 직무 수행과 관련이 있었다. 미국 대법원은 단지 불리효과가 발생하였다고 하여 시험 결과를 무효화하는 것은 또 다른 차별이라고 판결하였다. 즉 선발 검사의 직무 관련성이 중요한 역할을 한다는 것이다.

비의도적 차별
의도적이지 않게 고용 절차에서 소수자에 대한 차별이 이루어지는 것

이와 같이 **비의도적 차별**(disparate impact cases)은 선발 절차가 명확히 차별을

의도하지는 않았으나 불리효과가 나타난 경우를 의미한다. 인사 관련 법률 대부분의 사례들은 이러한 비의도적인 차별이다.

이러한 비의도적 차별의 경우를 제외하고 **의도적 차별**(disparate treatment cases)이 이루어지는 경우에는 왜 특정 성, 종교 또는 출신 국가의 사람들보다 다른 성, 종교 또는 출신 국가 사람들을 더 많이 고용되어야 하는지에 대한 설명과 필요성이 선발 과정에 명시되어야 한다. 이를 **직업적격검사**(bana fide occupational qualification : BFOQ)라고 한다. 그러나 이 규정은 법원에서 매우 좁은 의미로 해석된다. 판사에게 선발 과정에서 여성만을 고용해야 한다는 것을 설명한다고 상상해보자. 이에 대해 설명하는 것은 매우 어려울 것이다. 실제로 Pan Am사를 대상으로 소송을 제기한 디아즈의 판례를 살펴보면 좀 더 쉽게 이해할 수 있다. Pan Am사는 승무원을 고용하는 과정에서 디아즈가 남성이라는 이유로 고용을 하지 않았고, 여성 승무원이 승객들에게 보다 편안한 서비스를 제공할 수 있다는 것을 이유로(BFOQ) 들었다. 하지만 법원은 승무원이라는 직업은 본질적으로 승객을 안전하게 태우기 위해 도움을 주는 사람이시, 승객에세 편인힘을 제공히는 것은 본질에 어긋나기 때문에 여성만 고용하는 것은 차별이라고 판결하였다.

> **의도적 차별**
> 의도적으로 고용 절차에서 소수자에 대한 차별이 이루어지는 것

> **직업적격검사(BFOQ)**
> 직무에서 특정 성, 종교, 혹은 출신 국가의 사람을 고용해야 하는 타당한 설명이 이루어지는 검사

그렇다면 어떠한 상황에서 특정 성, 종교, 혹은 출신 국가만을 고용하는 것이 차별이 아닐 수 있는지에 대해 궁금할 수 있다. 미국의 판례를 살펴보면, 모유수유를 도와주는 간호조무사를 선발하는 데 여성만 고용하는 것에 대해서는 차별이 아니라고 판결한 사례가 있다. 법원은 모유수유를 도와주는 것은 여성만 가능하기 때문에 차별이 아니라고 판단하였다. 다른 사례로는 미국 레스토랑인 Hooters의 'Hooters Girls' 사례이다. Hooters는 성적으로 매력적인 여성들만 고용하는 정책을 고수하였고, 남성들로부터 성차별이라는 소송을 여러 번 당했다. 하지만 Hooters는 자신들의 사업 전략이 성적으로 매력 있는 여성을 고용하여 남성들에게 어필하는 것이기 때문에 사업의 본질상 여성만 고용하는 것은 차별이 아니라고 주장하였다. 이 경우 법원에서 재판이 이루어지지는 않았지만, 만약 재판으로 이어졌을 경우 어떠한 판결이 이루어졌을지는 예상하기 어렵다.

차별 금지에 대한 소송은 성이나 인종뿐만 아니라 출신 국가를 대상으로도 발생할 수 있다. 공민권법에는 혈통, 문화, 태어난 곳, 언어적 특성으로 인한 고용 기회 거부를 금지하고 있다(EEOC, 2009b). 미국의 경우 9 · 11테러 이후 무슬림이나 중동국가 출신 사람들에 대한 광범위한 고용 차별이 이루어지기도 하였으며, 이에 따라 여러 소송이 발생하였다. 고용평등기회위원회는 고용인과 피고용인 모두를 위해 공민권법 및 고용 차별에 대한 정보를 제공하는 홈페이지를 운영하고 있다(EEOC, 2002a).

차별의 범위에는 종교적 차이로 인한 고용 차별과 인종, 그리고 임신한 여성에 대한 차별도

생 각 해 보 기
Pan Am사를 대상으로 했던 디아즈의 판례를 통해 승무원 고용에서 남성의 고용이 용이하게 되었다. 이러한 판례가 오늘날 어떠한 의미를 가지는가?

포함된다. 종교적 활동을 위해 회사가 요구하는 업무를 수행하기 어려운 경우에는 회사에서 합리적으로 업무 스케줄을 조정할 수 있다(EEOC, 2009e). 예를 들어 유대인 직원의 경우 고용주에게 과도한 어려움이 없다면 안식일을 지킬 수 있도록 조정해줄 수 있다.

임신, 출산 또는 관련 의학 상태에 근거한 차별 역시 공민권법에서 불법적인 성차별로 규정한다(1979년의 임신 차별 금지법). 임산부를 다른 지원자나 비슷한 능력을 가진 직원과 다르게 대우해서는 안 된다는 것이다(EEOC, 2009d).

성희롱(sexual harassment) 또한 법으로 금지되고 있다. 성희롱은 상대방이 원치 않는 성적 접근, 성적 호의를 베풀도록 요구하는 것, 기타 성과 관련된 언어적 또는 신체적 행위로, 이를 허락하거나 거절하는 것이 개인의 고용에 영향을 미치고, 위협적이고 적대적인 작업환경을 만드는 것을 의미한다(EEOC, 2007). 성희롱은 크게 두 가지로 구분될 수 있다. 하나는 **보복적 성희롱**(quid pro quo harassment)으로 조직에서 고용의 연장이나 승진을 대가로 성적 호의를 요구하는 것으로 가장 일반적인 성희롱 유형이다.

성희롱
상대방이 원치 않는 성적 접근, 성적 호의를 베풀도록 요구하는 것, 기타 성과 관련된 언어적 또는 신체적 행위로, 이를 허락하거나 거절하는 것이 개인의 고용에 영향을 미치고, 위협적이고 적대적인 작업환경을 만드는 것

두 번째는 **적대적 환경에 의한 성희롱**(hostile work environment harassment)으로 *Meritor Savings Bank v. Vinson*(1986)의 소송 법정에서 작업환경을 위협적, 적대적, 모욕적으로 만드는 언어적 · 신체적 행동, 혹은 수행을 방해하는 환경으로 정의되었다. 빈슨은 Meritor Savings Bank에서 그녀의 상사가 언어적으로 성희롱을 했다고 주장했고, 법원은 상사의 행동이 학대적이고 원치 않는 행동이라고 하면서 성희롱의 한 유형으로 정의하였다(Cascio & Aguinis, 2010). 클라렌스 토머스 대법원의 1991년 청문회에서 EEOC의 변호사 애니타 힐은 상사 토머스가 적대적인 직장 환경을 조성했다고 주장하면서 성희롱 관련 문제를 제기했다. 법적 사례는 아니지만, 성희롱 문제에 관심을 가지게 한 유명한 '사례'였다.

성적 차별이 단지 남자와 여자의 성적 차별만 존재하는 것은 아니다. 최근에는 성적 소수자(게이, 레즈비언, 양성애자, 성 전환자 등)에 대한 차별도 사회적 문제로 대두되고 있다. 그리고 많은 주에서는 직장 내 성소수자에 대한 보호를 제공하기로 결정했다(Berkley & Watt, 2006). 22개 주와 워싱턴 DC는 성적 취향 및/또는 성 정체성에 근거한 직장 내 차별 금지를 실시하고 있으며 법이 없는 지역도 차별을 금지하고 있다(ACLU, 2015). 의회 도서관에서 근무하다 해고된 피터의 사례를 살펴보자. 동성애자인 피터는 자신이 동성애자란 이유로 해고되었

다고 주장하며 소송을 제기하였다. 하지만 의회 도서관은 피터가 동성애자란 이유로 해고된 것이 아니라 업무 성과에 기반하여 해고 결정이 이루어졌다고 반박하였다. 피터는 자신이 업무 성과가 낮을 수밖에 없었던 이유는 성적 차별이 존재하는 근무환경이었다고 주장하고 있으며, 이 사건은 아직도 재판 중에 있다. 이러한 사례들을 살펴보면 차별의 범위와 기준은 광범위하며, 사회의 변화에 따라 차별의 대상과 범위도 달라지고 있는 것을 알 수 있다.

Michael Krasowitz/Photographer's Choice/Getty Images

생 각 해 보 기
대부분의 직무에서 단지 나이로 인해 은퇴를 강요할 순 없다. 하지만 나이로 인해 해당 업무를 수행할 수 없다고 판단되는 경우는 어떻게 하는 것이 좋겠는가?

행정 명령 11246

1965년에 제정된 행정 명령 11246은 연방정부 혹은 연방정부로부터 수탁을 받아 사업을 운영하는 고용주는 인종, 피부색, 성별, 출신 국가 또는 종교를 이유로 고용 차별을 할 수 없다는 법안이다. 이 법안은 공민법과 매우 유사하지만 연방기관 및 협력기관에 더 직접적인 영향을 미친다. 예를 들어 공립대학교나 연방정부와 계약을 한 사립대학교라면 이러한 명령을 준수해야 한다.

연령차별 금지법

미국에서는 40세 이상의 피고용자를 대상으로 나이에 따른 고용 차별을 법적으로 금지하고 있다. 이를 고용에서의 연령차별 금지법(Age Discrimination in Employment Act : ADEA)이라고 부른다. 연령차별 금지법은 미국의 전 대통령인 존슨 대통령에 의해 1967년 12월 15일에 시행되었다. 이 법안에 따르면 40세 이상의 피고용인을 단지 나이로 인하여 고용과 관련된 차별적 결정을 해서는 안 된다(EEOC, 2009a). 그리고 채용 공지에서 특정 나이대를 선호한다거나 특정 나이를 제한하는 것도 불법이다. 그러나 특정 나이가 특정 직무를 수행하기에 부적합한 경우 회사가 이를 증명할 수 있는 경우에 예외로 인정한다.

이와 관련된 *EEOC v. Univ. of Texas Health Science Center at San Antonio*(1983) 소송 사례를 살펴보면, 대학 내 경찰을 고용하는 데 있어서 나이에 제한을 둘 수 있다고 판결하였다. 법원은 대학 내 경찰의 직무 특성상 위험이 내포되어 있고, 혼자 싸워야 할 수도 있으며, 다른 사람을 제압할 필요가 있는 상황이 발생될 수 있다는 이유로 45세 이하만 채용하는 것을 허용하였다. 또 다른 사례를 살펴보면 법원은 매년 직무 수행 적합 검사를 받는 조건하에 비행기 기장의 고용 차별 나이를 60세에서 65세로 확대하였다(Federal Aviation Administration, 2012). 이러한 사례는 연령차별 금지법이 존재하기는 하지만 시각적 능력이나 정보 처리 능력과 같이 신체 나이가 증가함에 따라 저하되는 능력은 직무상 안전을 위해 연령차별 금지법을 다르게 적용해야 한다는 것을 의미한다.

Cleverly v. Western Electric(1979)은 전형적인 ADEA 사례의 고전적인 예이다. 회사는 연금 급여에 대한 완전한 권리를 얻기 6개월 전에 엔지니어들을 해고하였다. 피고용인 입장에서는 자신이 연령차별을 받고 있다고 느낄 때 다음의 사항을 증명할 필요가 있다. (1) 자신이 40세 이상인가, (2) 해당 직무를 수행하는 데 어려움은 없는가? (3) 해당 직무를 원활히 수행하고 있는데도 불구하고 해고되었는가? (4) 자신의 해고 이후 보다 젊은 사람이 그 직무를 위해 고용되었는가(Cascio & Aguinis, 2010). 위 사항 모두에 해당한다면 연령차별 금지법에 위배되어 있을 가능성이 있다.

미국 장애인 고용법

미국 장애인 고용법(Title I 법안)은 1990년 부시 전 대통령에 의해 승인되었으며, 이는 능력이 있는 장애인을 고용에서 차별해서는 안 된다는 것이다. 고용평등기회위원회에 의하면 장애인은 보고, 듣고, 말하고, 일하고, 학습하고, 걷는 데 있어서 신체적 혹은 정신적인 제한을 가지고 있는, 그러한 손상에 관한 기록, 그러한 손상이 있는 것으로 간주되는 사람으로 정의된다. 하지만 법은 자격이 있음에도 불구하고 단순히 장애를 가졌다는 이유만으로 차별해서는 안 된다고 하였다. 그리고 자격이 있다는 것은 직무에서 요구하는 필수 요건을 수행할 수 있다는 것을 의미한다.

직무 필수 요건은 그 직무에서 중요하고 가치 있는 과업들을 의미한다. 즉 직무 필수 요건을 충족하는 사람을 장애인이라는 이유로 차별하는 것은 불법이다. 예를 들어 어떤 회사에서 직원들에게 무거운 물체를 가끔 들도록 요구한다고 가정해보자. 비록 허리나 등을 쓰기 어려운 직원이 무거운 물체를 들기 어렵다 할지라도, 물체를 들어 올리는 것이 해당 직무에서 빈번하게 요구되지 않는다면 허리가 안 좋은 사람을 고용하지 않는 것은 차별이다. 이 경우 회사 내 다른 사람이 그 일을 하게 할 수 있다.

직무 필수 요건
직무에서 필수적으로 요구되는 과제나 신체 기능

합리적 조정
직무 수행이 가능한 장애인이 원만하게 업무를 수행할 수 있도록 고용주가 회사의 시설을 변경하는 것

또한 **직무 필수 요건**(essential functions)을 통과한 장애인이 원만히 업무를 수행할 수 있도록 **합리적 조정**(reasonable accommodations)이 필요하다. 이는 장애인이 근무할 수 있도록 회사의 시설을 변경하거나 요구 직무 및 스케줄을 조정하는 것, 그들에게 적합한 장비, 훈련 교재, 수화 등을 제공하는 것이 포함된다. 예를 들어 손에 장애가 있는 직원에게 음성 기동 컴퓨터 소프트웨어를 제공하는 것이다.

그러나 장애인 고용으로 인해 시설 변경을 하는 과정에서 **기업입장에서의 어려움**(undue hardship), 즉 회사의 재무 상태에 심각한 위협이 발생할 경우에는 차별에서 예외로 취급된다.

기업입장에서의 어려움
장애인 고용으로 인해 시설 변경을 할 경우 회사의 재무 상태에 심각한 위협을 초래하는 경우

장애인 고용 차별에 대한 판례는 사례에 따라 다르게 판결되는 경우가 많다. 예를 들어 State of Alabama사를 대상으로 소송을 제기한 에스리지 사례를 살펴보자(*Ethridge v. State of Alabama*, 1993). 에스리지는 경찰관 선발 과정에서 자신이 손 하나가 없는 장애인이라는 이유로 고용 차별을 받았다고 소송을 제기하였지만, 법원은 경찰관의 경우 두 손을 모두 사용하여 총을 쏘는 행위가 필요하기 때문에 에스리지가 직무 필수 요건을 통과하지 못한다고 판결하였다. 최근 *Rooney v. Koch Air, LLC*(2005)의 사례에서는 루니가 자신의 장애로 인해 해고되었다고 주장했다. 루니는 두 번이나 허리 부상을 입었고 결국 자신의 일을 하지 못한 것에 대한 수많은 서면 견책을 받은 후 사임했다. 그는 자신의 장애 때문에 차별받았다고 주장하면서 회사를 상대로 소송을 제기했다. 그러나 법원은 허리 수술을 받은 후 수면, 목욕, 운동, 기본적인 가사일 등의 모든 주요 생활 활동을 수행할 수 있었기 때문에 장애가 아니라고 판단하였고 따라서 차별이 아니라고 판결 내렸다.

아마도 장애인 차별과 관련하여 가장 유명한 판례는 PGA Tour를 대상으로 소송을 제기한 프로 골퍼 마틴 사례일 것이다(*Martin v. PGA Tour, Inc.*, 1998). 마틴은 자신의 오른쪽 다리 장애가 있어 골프 경기에서 전동 카트를 타는 것을 허락해 달라고 PGA Tour에 요청하였지만, PGA Tour는 마틴의 요구사항을 들어줄 경우 다른 프로 골퍼들에 비해 마틴 경기에서 유리할 수 있다는 점을 이유로 거부하였다. 하지만 재판관은 발에 장애가 있다는 점을 고려할 때 마틴에게 카트를 타도록 허락하는 것이 경쟁 우위를 제공한다고 생각하는 것은 '현실에 대한 지나친 왜곡'이라고 판결했다. 즉 판사는 마틴의 장애에 비추어 카트 제공은 합리적이라고 결론을 내렸고, 대법원에서도 동일한 판결을 받았다.

© Lucy Ray/Daily Mail/Rex/Alamy

생 각 해 보 기
미국 장애인 고용법(ADA)으로 인해, 특정 직무에 자격을 가지고 있는 장애인은 장애를 이유로 고용 거부될 수 없다. 직무분석 및 직무기술서는 장애인 근로자가 새로운 일자리를 찾는 데 어떤 영향을 주는가?

2008년 9월 25일 미국 전 대통령인 부시 대통령은 장애인 고용법 개정을 승인하였고 이는 2009년 1월 1일부터 효력을 발휘하였다. 새로 개정된 법안의 주요 내용은 장애를 어떻게 평가할 것인지, 그리고 장애를 가진 사람이 자신의 장애로 인해 일상생활에 어떠한 어려움을 겪는지에 대해 구체적으로 설명하고, 명확화해야 한다는 것을

포함하고 있다. 이로 인해 ACA의 일부 모호한 부분은 해소가 되었지만 직무 필수 요건과 합리적 조정에 대한 정의에 대한 이슈가 여전히 남아 있다.

ADA에 대한 2008 부록은 장애의 정의를 확대하지만, 일부 사람들은 장애의 정의가 너무 광범위하다고 생각하고 있다(Popovich, Scherbaum, Scherbaum, & Polinko, 2003). 최근의 분석과 논문에서는 장애의 사회 모델에 초점을 맞추었고 장애는 사회 정치적 구성개념이라고 주장하였다. 이는 100년 넘게 이어온 의료 모델(Scotch, 2014)로부터 큰 변화라고 할 수 있다. 장애가 무엇인지에 대한 논쟁과 기존과 다른 의견을 이끌어낸 것이 큰 변화의 주요 내용이다.

가족 및 병가에 대한 법령

1993년 미국의 클린턴 전 대통령이 취임 후 처음으로 시행한 법안은 가족 및 병가에 대한 법(Family and Medical Leave Act : FMLA)이다. 이 법은 피고용자가 최대 12주 동안 출산, 가족원 혹은 자신의 심각한 건강상 이유로 무급 휴가를 가질 권리가 있다는 법이다. 심각한 건강상 이유는 질병이나 상해, 혹은 정신적 건강의 이유로 지속적인 치료를 요하는 경우를 의미한다(Franklin, Gringer, & Cohan, O.C., n.d.). 일반적으로 직원은 휴가 이후 자신이 원래 소속으로 복귀할 수 있는 권리와 휴가 이전의 급여와 복리후생 제도를 동일하게 적용받을 권리를 가지고 있다. FMLA는 직원들이 그들의 삶과 일에 대한 균형을 유지하고, 가족과 관련된 문제가 있을 때 경제적인 어려움을 겪지 않도록 하는 데 있다(U.S. Department of Labor, 2009). 2009년 이 법안이 다소 개정되었다. 개정된 법안은 부상을 당한 군인을 돌보기 위한 장기 휴가의 허가, 심각한 건강상 이유에 대한 보다 명확한 기준 수립, 해당 이슈에 대하여 직장 상사와 면담 및 의사소통을 하도록 개정되었다.

2002년에 캘리포니아 주는 유급 가족 및 의료 휴가 법령을 통과한 첫 번째 주가 되었다. 고용주는 매 12개월마다 자격이 있는 모든 직원에게 6주간 유급 가족 휴가를 제공해야 한다. 현재는 17개 주가 FMLA 법률(미국 노동부)을 제정하였다. 그러나 고용주와 고용인은 이 법률의 성공과 효과에 대한 우려를 표명하기도 한다(NABFL). 여기에서 논의하기에는 너무 복잡하지만, 고용주가 법령에 따라 어떤 종류의 질병이 유급 가족 휴가에 적합한지 이해하고 정의하는 것이 어렵다는 것이다. 혼란과 모호함으로 인해 직원들이 감기나 독감(NCPFL, n.d.)으로 3일간 FMLA를 사용하는 '간헐적인 휴가'가 발생했다. 반면 다른 주의 많은 직원들은 FMLA에 따라 무급으로 휴가를 사용해야 한다. Chris Dodd 전 상원의원은 이러한 문제를 인식하고 2007년 Family Leave Insurance Act(가족 휴가 보험법)를 발표했다. 이 법은 12주 중 8일의 유급 휴가를 제공하는 것이다("Dodd, Stevens," 2007) 이 법안은 Kirsten Gillibrand 상원의원과 Rosa DeLauro 상원의원의 가족법에 따라 수정 및 재도입되었지만 입법되지 않았다. 2015년 3월 18일 의회위원회에 상원의원위원회를 구성하여 이를 검토하고 하원 또는 상원에 보내진 상황이다.

지금까지 우리는 직원 선발 및 인사 관리와 관련하여 발생할 수 있는 법적인 문제를 살펴보았다. 일반적으로 고용과 관련된 법안은 주로 공평한 고용 조건 제공에 초점이 맞추어져 있다. EEOC(2004)는 다음과 같은 사항에서 차별이 존재할 때 고용 차별이라고 정의하고 있다.

- 고용과 해고
- 급여, 또는 직원 배치
- 직무 순환, 승직, 해고 또는 재고용
- 취업 광고
- 검사
- 회사 시설의 이용
- 훈련 제도
- 복리후생비
- 급여의 지급, 은퇴 설계, 그리고 장애로 인한 휴가

법적인 문제와 관련된 분야는 지속적으로 연구되고 성장하고 있다. 앞서 제시된 표 7.8은 고용과 관련된 대부분의 주요 법안을 소개하고 있다. 고용과 관련하여 법적인 문제가 발생한 경우의 사례들을 살펴보면 상황에 따라 다른 방향으로 판결이 나는 경우가 많다. 따라서 독자 중 이와 유사한 문제를 경험하고 있다면 이 장에 소개된 참고문헌들을 살펴봄으로써 관련 이슈에 대한 최신 정보를 접하기 바란다.

요약

6장에서 다양한 종류의 예측변인을 살펴보았다면, 이 장에서는 그러한 예측변인을 사용하여 어떻게 선발 결정을 할 것인지 살펴보았다. 예측 타당도 검증 방법, 동시 타당도 검증 방법, 타당도 일반화가 직원 선발 과정에서 얼마나 중요한지 알아보았으며, 선발을 위한 지원자 모집 과정의 중요성 및 최근 변화되고 있는 지원자 모집 과정(온라인 및 SNS)도 살펴보았다.

선발 결정을 위한 다양한 접근법 또한 알아보았다. 다중 합격점, 다중 허들, 그리고 다중 회귀 기법을 살펴보았으며, 각 접근법에 따라 어떻게 다르게 적용될 수 있는지를 살펴보았다. 그 이후 선발의 유용성에 대해서 검토하였으며, 선발 유용성이 높지 않은 경우 기업에서는 새로운 선발 도구의 개발에 관심을 가지지 않을 수 있는 이유를 알아보았다. 선발의 유용성과 관련하여 기초율, 선발률, 그리고 비용과 관련된 선발 유용성 개념을 살펴보았다.

이 장의 나머지 부분에서 우리는 선발 시 발생할 수 있는 법적인 문제들을 다루었다. 먼저 EEOC의 역사에 대해 살펴보았으며, 다음으로 임의 고용, 불리효과, 차별수정 조치, 동일 임금법, 연령차별, 그리고 가족 및 의료 휴가에 대해서 살펴보았다.

주요 용어

기업입장에서의 어려움
기초율
다중 합격점
다중 허들
다중 회기
동일 임금법
모집
불리효과
비의도적 차별
사람-환경 적합
상황적 구체성
선발 도구모음
선발률
성희롱
온라인 평판 조회
유용성
의도적 차별
임의 고용
종합 타당도
직무 필수 조건
직업적격검사
차별수정 조치
타당도 수축
타당도 일반화
합리적 조정
핵심 기능

실무 적용

변호사가 아닌 I/O심리학자로서 종종 선발 과정에서의 합법성에 대한 질문을 받곤 한다. 이 단원에서는 고용법과 관련하여 자세히 다루기보다는 아래의 사례를 통해 독자들이 생각해볼 문제를 제공하고자 한다. 당신이 Mr. 마셸로부터 이메일을 통해 선발 시스템에 대한 질문을 받았다고 가정해보자.

안녕하세요.
전화로 이야기한 것처럼, 저희 회사의 선발 시스템 변화에 대한 조언을 구하고자 메일을 드립니다. 물론 이와 관련하여 변호사와도 상담을 하겠지만, 당신이 조언을 해주신다면 많은 도움이 될 것 같습니다. 제가 처한 상황은 다음과 같습니다.

저는 돼지고기 처리 공장을 몇 개 운영하고 있습니다. 회사는 대략 만 명의 직원들을 고용하고 있으며, 이들 대부분은 중서부에 위치하고 있습니다. 우리가 고용하고자 하는 직책 중 하나는 도축장입니다. 도축은 신체적 능력을 요구하는 직책이지만 고용한 많은 사람들이 도축에 필요한 신체 능력이 없어 보입니다. 따라서 우리는 저조한 수행을 보이는 많은 직원을 해고하기로 결정했습니다.

해고된 직원의 충원을 위해 채용 공고를 냈고, 작년에 해당 직무에 많은 사람들이 지원하였습니다. 이들 중 500명은 라틴계 미국인, 200명은 백인, 400명은 아프리카계 미국인이었습니다. 이들 중 우리는 400명의 라틴계 미국인, 300명의 아프리카계 미국인, 그리고 120명의 백인을 고용했습니다. 그해에 아시아계 미국인은 많이 지원하지 않았습니다. 직무에 고용되기 위해 지원자들은 다음의 세 가지 선발 검사를 통과해야 했습니다.

1. 지원자들은 신경증이 낮아야 합니다. 이는 도축 시 발생하는 피가 신경증을 유발할 수 있기 때문이며, 경험상 중간 이상의 신경증을 보유하고 있는 사람들은 일주일 이내에 일을 그만두었습니다. 이에 대해 우리는 타당도 검사를 실시하였고, 신경성과 직무 수행 간에는 −.35의 상관이 있었습니다.
2. 지원자들은 2분 이상 높은 압력으로 물건을 쥐어 짤 수 있어야 합니다. 이는 직원들이 하루 종일 물건을 들어서 옆으로 옮기는 일을 해야 하기 때문입니다. 물론 평균 정도의 힘을 가지고 있는 사람이라면 누구나 물건을 옮길 수 있지만, 이를 8시간 동안 반복하기 위해서는 보다 강한 신체적 능력이 필요합니다. 이에 대한 타당도 검증 결과, .25의 상관관계가 나타났습니다. 우리는 백인이 다른 인종에 비해 악력이 낮은 것을 발견하였는데, 아마도 백인은 다른 인종에 비하여 손으로 물건을 나르는 일을 덜 해봤기 때문인 것 같습니다.
3. 지원자들은 최소 1년 이상 제조 공장이나 고기 포장 일을 해본 경험이 있어야 합니다. 이는 경력을 가지고 있는 사람들이 그렇지 않은 사람에 비해 더 오래 남아 있을 수 있기 때문입니다. 우리는 라틴계 미국인들이 다른 인종에 비해 유사 경력이 더 많은 것을 발견하였습니다.

이제 몇 가지 질문입니다. 먼저 우리의 채용 시스템이 불리효과를 가지고 있습니까? 다음으로 세 가지 선발 검사에 법적인 문제가 있습니까? 만약 이들 중 하나라도 법적인 문제가 있다면 어떻게 검사 절차를 변화시키면 좋겠습니까?

감사합니다!
친애하는 존 마셸

이제 마셸에게 답장을 보낸다고 생각해보세요.

비판적 사고 문제

1. 선발과 모집은 서로 잘 연계되어 있는가?
2. 선발 도구모음이 직무 수행을 100% 예측할 수 있는가?
3. 그림 7.2에서 만약 합격점을 높인다면 잘못된 합격자의 수는 어떻게 변화되는가?
4. 미국의 주요 고용법이 모든 근로자들을 충분히 보호할 수 있다고 생각하는가?
5. 수행 평가와 선발 과정은 서로 관련이 있는가? 어떻게 하면 이 두 중요한 절차가 서로 영향을 주도록 만들 수 있는가?

응용 문제

1. 당신이 직장을 구한다고 한다면 어떠한 단서를 가지고 당신과 기업이 잘 맞을 수 있다고 판단하겠는가? 당신과 적합하지 않은 기업을 다닌 경험이 있는가? 어떠한 경험을 했는가?
2. 미국의 몇몇 주에서는 특수한 상황에서 마리화나의 사용이 합법이다. 이러한 주에서 지원자들에게 약물 검사를 요구하는 것이 적절한가? 약물 검사 절차를 도입할 때 고려해야 할 것은 무엇인가?
3. 차별수정 조치는 얼마나 일반적으로 실행되는가? 5명의 사람들을 대상으로 그들의 직무에 대해서 물어보고, 그들 주변에 차별수정 조치로 인해 소수자 계층이 고용되어 있는지 살펴보자. 그리고 그들이 직무를 수행하기에 부적합한지 확인해보자.
4. 일반적으로 백인을 제외한 나머지 인종은 소수자 계층으로 고려된다. 백인보다 소수자 계층에서 더 많이 고용되는 직무가 있는가?
5. 미국에서 산모는 12개월의 무급 휴가를 갈 권리가 있다. 몇몇 나라는 유급 출산 휴가를 가기도 하며(포르투갈 등) 어떤 나라는 남자도 출산 휴가를 가질 수 있다(스웨덴 등). 또한 12개월보다 더 길게 무급 휴가를 가질 수도 있다(일본 등). 미국의 정책이 가지고 있는 장점과 단점을 무엇인가? 정책에서 어떠한 변화가 필요하다고 생각하는가?

더 읽을거리

Crosby, F. J., Stockdale, M. S., & Ropp, S. A. (Eds.). (2007). *Sex discrimination in the workplace.* Boston: Blackwell.

Dipboye, R. L., & Colella, A. (2005). *Discrimination at work: The psychological and organizational bases.* Mahwah, NJ: Erlbaum.

International Association of Chiefs of Police website. (http://www.theiacp.org/).

Leslie, L. M., Mayer, D. M., & Kravitz, D. A. (2014). The stigma of affirmative action: a stereotyping-based theory and meta-analytic test of the consequences for performance. *Academy of Management Journal, 57*(4), 964–989.

Outtz, J. L. (2010). *Adverse impact: Implications for organizational staffing and high stakes selection.* New York: Routledge/Taylor & Francis Group.

Robinson, R. H., Franklin, G. M., & Wayland, R. (2002). *The regulatory environment of human resource management.* Orlando, FL: Harcourt College.

CHAPTER 8

훈련과 개발

이 장의 개요

훈련 필요성 평가
- 조직 분석
- 과업 분석
- 개인 분석
- 인구통계학적 분석
- 실무자 포럼 : Eric A. Surface

학습 환경
- 교수 설계
- 학습의 원리
- 학습자의 개인차
- 훈련자의 특성
- 훈련 전이

훈련 방법
- 일반적인 접근법들

I/O Today 직무훈련의 게임화
- 직원 개발 기반의 접근법

훈련 평가
- 평가 준거
- 평가 설계

훈련과 다양성 관련 이슈
- 성희롱 예방 훈련
- 직장 내 다양성 관리 및 훈련

요약

사진 : Ciaran Griffin/Stockbyte/Getty Images

학습내용

- 조직과 직원 모두에게 중요한 훈련
- 조직, 과업, 개인 그리고 인구통계학적 분석으로 조직의 훈련 요구를 진단하는 방법
- 훈련의 성공 여부에 영향을 주는 학습의 기본 원리에 대한 이해 : 의미화, 연습, 초과학습, 피드백
- 성공적인 훈련을 위한 학습 환경을 조성하는 방법
- 다양한 훈련 기술과 각각의 강점 및 약점
- 훈련 전이의 핵심 요소
- 훈련 평가에 사용되는 전통적인 준거와 새로운 준거
- 다양한 방식의 훈련 평가 설계
- 직장 내 성희롱과 다양성 교육의 중요성

이 장에서는 회사에서 실행하는 훈련과 개발의 중요성에 대해서 논의할 것이다. Fortune 500 기업의 90% 이상이 공식 훈련 프로그램을 가지고 있고, 미국 훈련개발협회에 따르면 직원 훈련과 개발을 위해 회사에서 연간 126억 달러를 지출하고 있다(American Society for Training and Development, 2011). 회사는 1년에 40시간에서 45시간을 직원 훈련과 교육에 할애하며, *Training* 잡지에 따르면 상위 125개 회사가 훈련을 위해 사용한 평균 예산은 약 3,060만 달러이고, 이는 직원 급여의 6%에 해당한다(Freifeld, 2015).

매우 기본적인 수준에서, 직원의 직무와 관련된 어떠한 형태의 교육을 훈련이라 하고, 이를 통해 직원을 개발시킨다. 이전 장들에서 선발, 평가 그리고 보상에 의해 조직의 효율성이 어떻게 영향을 받는지를 살펴보았다. 이 장에서는 직원 훈련이 조직의 효율성에 어떠한 영향을 주는지 살펴보려 한다.

만약 선발 시스템이 견고하다면 왜 훈련이 필요한지 의문을 가질 수 있다. 즉 선발을 통해 높은 수준의 KSAOs(지식, 기술, 능력 및 기타 특성)를 가진 직원을 선발하였다면 훈련에 소요되는 비용이 절약될 수 있을 것이라 생각할 수 있다. 하지만 이러한 논리에는 몇 가지 문제가 있다.

첫째, 비록 회사가 지원자들 가운데 회사와 직무에 가장 적합한 사람을 선발하더라도 그 직무를 효율적으로 수행하기 위한 추가적인 훈련이 필요하다. 예를 들면 Apple사에서는 가장 우수하고 세계적으로 명석한 컴퓨터 프로그래머를 채용할 수 있지만, 만약 그 사람이 Apple사의 구조, 컴퓨터 네트워킹 체계를 모르거나 Apple사에서 업무 수행에 필요한 문화, 규범 및 절차를 모른다면 그들이 이러한 영역에 대해 훈련이 될 때까지 효율적인 성과를 낼 수 없을 것이다.

둘째, 경험이 풍부한 직원도 변화하는 직무나 환경에 따라 추가적인 훈련을 받아야 한다.

생각해보기
받았던 훈련을 생각해보자. 훈련이 효과적이었는가? 그렇다면 그 이유는 무엇이고, 그렇지 않았다면 그 이유는 무엇인가?

이 문제는 많은 업무들이 기술의 발전과 함께 변하고 있고 직원들은 이러한 기술 변화에 발맞추기 위해 지속적으로 성장해가고 있다는 것을 보인다(Zammuto, Griffith, Majchrzak, Dougherty, & Faraj ,2007).

셋째, 훈련은 직원의 지속적인 발전을 위해 중요하다. 전문가들은 훈련 프로그램이 조직에 대한 직원들의 헌신도와 직무 만족을 높일 수 있으며, 이를 통해 생산성을 높이고 결근율 및 이직을 감소시키는 결과를 가져온다고 믿는다(Jackson & Schuler, 2000). 다른 말로 훈련과 개발을 위한 노력은 더 우수한 직원을 양성하며 더 높은 생산성으로 이어진다.

훈련
회사의 목표와 목적을 달성하는 데 기여할 수 있는 조직원들의 행동을 학습시키는 공식적인 절차

훈련(training)에 대한 정의는 다양하지만, 이 책에서는 회사의 목표와 목적을 달성하는 데 기여할 수 있는 조직 구성원들의 행동을 학습시키는 공식적인 절차로 정의한다(MaGehee & Thayer, 1961).

훈련 필요성 평가

회사는 훈련 프로그램을 개발하기 전에 훈련에 대한 어떠한 요구가 있는지 반드시 파악해야 한다. 회사마다 훈련에 대한 요구는 매우 다르다. 예를 들어 어떤 회사는 관리자 계층에 대한 훈련 요구가 있는 반면, 어떤 회사는 다른 계층을 위한 훈련을 필요로 할 수 있다. 평가자 훈련을 원할 수도 있고, 직원들의 직무 수행에 대한 훈련 혹은 직장 내 성희롱에 대한 교육을 필요로 할 수도 있다. 그리고 훈련 요구는 훈련의 형태와 시행 빈도에 따라서도 달라질 수 있다. 학위 과정 혹은 수료 과정을 통한 훈련이나, 평생 학습, 그리고 자기 계발과 같은 다양한 형태의 훈련이 존재한다. 이러한 훈련 과정은 대학 혹은 대학 외 교육 기관에 의해 운영되며, 이에 따라 학위나 자격증을 취득할 수 있다.

훈련 분야에서 최근 개발되고 있는 영역 중 하나는 역량 기반 훈련(competency-based training)

이다(1장을 상기해보면 역량은 직원들이 특별한 기능을 수행할 수 있는 기술, 행동, 그리고 능력이다). 회사는 직원들이 보유했으면 하는 역량이 무엇인지 확인하고, 그 역량을 개발하기 위한 훈련 프로그램을 개발한다(Holton, Coco, Lowe, & Dutach, 2006). 그리고 혁신적인 회사들은 조직의 성과를 창출할 수 있도록 직원들을 끊임없이 훈련시킨다(Aguinis & Kraiger, 2009). 이제 네 가지 유형의 필요성 분석을 통해 회사가 훈련 요구를 어떻게 확인하는지 검토할 것이다(필요성 분석에 대한 보다 자세한 사항은 Goldstein & Ford, 2002의 연구를 참조).

조직 분석

회사의 어떠한 영역에서 훈련이 필요할까? 이 질문에 답하자면 회사의 중장기 목표 대비 현재 회사의 성과를 비교 분석할 필요가 있다. 이러한 분석 과정에서 회사는 어떠한 목표가 달성되지 않았는지 진단하고, 이 영역들을 훈련의 달성 목표로 세울 수 있다. 개인적으로 제조 회사의 훈련을 실시한 적이 있으며, 조직 분석을 통해 상급자와 하급자 사이에 '팀워크'가 부족하다는 사실을 확인하였고, 팀워크를 향상시키기 위한 훈련을 실시하였다. 이 회사는 강력한 팀워크가 생산성을 향상시킬 것이라고 믿었고, 회사의 목표와 미션을 공유할 수 있는 직원 간 의사소통 능력을 향상시키는 것을 훈련 목표로 정했다.

조직 분석 시 회사의 문화도 고려해야 한다. 회사의 문화가 훈련과 개발을 중요하게 여기고 있는지, 만약 그렇지 않다면 훈련에 대한 문화적인 장애를 어떻게 극복해야 할지에 대해 심사숙고할 필요가 있다.

과업 분석

어떠한 과업, 행동, 그리고 활동을 개선할 필요가 있을까? 이 단계에서의 분석은 지금까지 논의했던 직무분석과 같다. 회사나 컨설턴트는 직무를 성공적으로 수행하기 위해 어떠한 과업이 요구되는지 확인하고, 새로운 직원들이 직무를 수행하기 위해 무엇을 필요로 하는지 확인해야 한다. 이러한 과업 분석을 통해, 회사는 신규 직원이 즉각적으로 업무를 시작할 수 있을지, 혹은 훈련이 필요한지에 대해 구별할 수 있다.

3장에서 직무분석의 다양한 방법에 대해 논의했다. 훈련의 필요성을 판단하기 위해 가장 자주 사용되는 방법은 업무를 잘 알고 있는 현직자나 기타 분야에서 업무를 잘 알고 있는 주제관련전문가(subject matter expert : SME)에게 물어보는 것이다. 주제전문가들의 의견을 통해 직무 수행에 필요한 과업을 확인을 할 수 있다. 예를 들어 어떤 케이블회사가 약한 폭풍에도 광섬유 케이블이 손상되어 고객들에게 서비스를 제공하지 못하고 있으며, 이로 인해 고객들이 불평을 자주 한다고 가정해보자. 실제 케이블 회사 직원이 고객의 집에 어떻게 케이블을 연결하는지를 과업 분석 결과와 비교해보면 광섬유 케이블이 손상되지 않기 위해 직원들에게 어떠한 교육을 실시해야 하는지를 파악할 수 있다.

이전 장들에서 직원 선발을 위한 직무분석의 필요성에 대해 논의했다. 직무분석을 통해 직원들이 높은 수준의 수행을 보이기 위해 필요한 KSAOs가 무엇인지 확인할 수 있다. 이와 같은 맥락으로 과업 분석은 직원들의 직무 수행에 있어 개발화 개선이 필요한 KSAOs를 식별하는 데 사용된다. 선발과 훈련의 관계를 생각해보면, 선발은 원재료(즉 새로운 직원이 가진 KSAOs)를 선택하는 것이고, 훈련은 최종 생산물(즉 훈련을 통해 개발된 KSAOs)을 만드는 것이다. 선발과 훈련 모두 회사가 시장 우위를 점하기 위해 필요한 직원들의 기술, 능력, 그리고 경험의 **인적 자산**(human capital)을 향상시키는 과정이다.

인적 자산
조직에 가치를 제공하기 위한 개인의 교육, 훈련 및 경험

개인 분석

누가 훈련이 필요한가? 개인 분석은 실제 훈련이 필요한 직원이 누구인지를 확인하는 데 초점을 둔다. 최종적으로는 모든 직원들이 그들의 책임과 의무를 잘 수행할 수 있도록 훈련될 필요가 있다. 예를 들어 앞에서 다룬 케이블회사에서 훈련이 필요하다고 확인된 직원의 경우, 집으로 연결된 광섬유 케이블이 쉽게 분리되지 않게 하는 훈련을 받을 필요가 있다. 이러한 훈련이 가장 필요한 케이블회사의 직원은 누구일까? 만약 이 회사의 전체 직원 2,500명 중 500명이 이 기술을 숙지하지 못했다면, 훈련은 그 500명의 직원을 목표로 해야 한다.

종종 수행 평가 결과는(5장 참조) 훈련이 필요한 직원을 확인하는 데 사용된다. 이러한 전통적인 방법 이외에 최근에는 직원에게 자신이 좀 더 개발하고 싶은 영역을 선택하여 훈련받을 기회를 제공하고 있다. 또한 회사는 조직 진단을 통해 직원의 강점과 약점을 확인하고, 진단 결과를 바탕으로 누가 추가적인 훈련이 필요한지 결정하기도 한다. 이렇듯 수행 관리 시스템과 훈련 프로그램은 직원을 개발하기 위해 자주 사용된다(5장에서 직원 개발에 대해 이야기했었고, 이 장 뒷부분에서도 좀 더 논의될 것이다).

인구통계학적 분석

전통적으로 훈련 필요성 평가는 앞서 논의한 조직 분석, 과업 분석, 개인 분석을 통해 이루어진다. 그러나 지난 20년간 연구자들과 실무자들은 분석 대상에 회사를 구성하는 직원들의 인구통계학적 정보를 포함해야 한다고 제안하였다(Latham, 1988). 기본적으로 이 분석이 필요한 이유는 공민권법에 의한 보호 집단의 구성원들에게 어떠한 구체적인 훈련이 필요한지를 결정하기 위함이다. 예를 들어 노동법상 연령차별 금지법(ADED)은 나이를 기반으로 직원을 선발하는 것이 차별이라고 명시하고 있으며, 회사들은 나이가 많은 직원을 고용했을 때 어린 직원을 고용했을 때와 비교하여 또 다른 훈련이 필요할 수 있다고 판단할 수 있다. 예를 들어 젊은

직원에게 필요 없는 컴퓨터 활용 기술 교육이 나이가 많은 직원에게는 필요할 수 있다.

다른 예로 장애를 가진 직원들을 위한 훈련이 있다. 7장에서 논의했던 것처럼 회사는 법적으로 장애가 있는 직원을 위한 합리적인 환경을 갖추어야 한다. 따라서 장애 직원의 고용에 따라 새로운 훈련에 대한 요구가 발생할 수 있다. 그 외에 현재 프로그램을 장애를 가진 직원에게 맞게 수정할 필요도 있다. 예를 들어 눈으로 보고 배우는 훈련 프로그램을 시각장애인을 위

실무자 포럼

Eric A.Surface

Eric A. Surface

노스캐롤라이나주립대학교 I/O심리학 박사, 2003년

ALPS Solution 공동 창업자

학습은 회사의 성공을 위한 핵심 열쇠이다. 필요성 평가는 수행과 비즈니스 목표에 부합하는 학습, 평가, 보상, 그리고 정책을 수립하는 데 중요한 역할을 한다. SWA컨설팅사는 고객사 직원들의 학습, 평가, 역량, 성과를 향상시키기 위해 차별적인 훈련을 개발하였다.

필요성 평가는 일반적으로 회사가 필요로 하는 역량과 현재의 역량 사이에 격차가 존재할 때 실시한다. 그리고 고객사는 그 격차를 줄이기 위한 전략의 개발을 요청한다.

몇 년 전, 해군특수부대(NSW) 리더들은 특수부대인 SEAL과 SWCC(특수작전공작원)에게 더 많은 외국어 능력이 필요하다고 결정했다. 부대원들의 외국어 능력은 부족했고, 통역관에게 전적으로 의존하고 있었기 때문이다. 필요성 분석 결과, 외국어 능력 중 특히 말하기 능력이 향상될 필요가 있었으며, 기대되는 수준과 현 수준 간 큰 격차가 있었다. 어떻게 이 격차를 줄일 수 있었을까?

일반적으로 역량의 격차를 해소하기 위한 다섯 가지 전략이 있다. (1) 선발/해고, (2) 훈련, (3) 업무 재설계, (4) 아웃소싱, (5) 전략, 미션, 목표의 조정이 그것이다.

이들 전략은 상황에 따라 다르게 적용된다. 상황상 훈련과 아웃소싱(통역사 고용)이 실질적인 방법으로 보였지만, 아웃소싱에는 한계점이 있었다. NSW의 리더들은 모든 SEAL팀과 SWCC 부대원들이 임무와 관련된 외국어 회화 기술과 능력을 습득하고, 몇몇 부대원들에게는 심층적인 외국어 훈련을 시키기로 결정하였다. NSW는 임무와 관련된 외국어 역량을 개발하기 위해 효과적이고 효율적인 훈련을 개발해 달라고 요청하였다.

이를 위해 우리 회사는 자문 역할을 수행하면서 필요성 분석과 KSAOs 분석을 통해 우리의 파트너 회사(The American Council on the Teaching of Foreign Language) 및 NSW 팀과 함께 새로운 학습 목표를 정하고 학습 설계를 하였다. 그리고 향후 교안의 추가적인 개발을 위해 학습 목표와 활동이 어떻게 부대원들의 임무로 연결될 수 있는지에 대한 종합적 코칭 시스템을 개발하였다.

이 방법은 매우 많은 시간과 노력이 필요한 분석이었지만, 필요성 분석을 통해 학습의 목표, 범위, 초점, 방법을 개발할 수 있었다. 필요성 분석을 시행할 때는 상황에 따른 유연성을 발휘할 필요가 있다. 왜냐하면 모든 회사나 조직의 상황은 다르기 때문이다. 그러나 대부분의 필요성 분석은 위에서 설명한 방식에 근거하여 실시된다.

학습질문

1. 능력의 격차를 해결하기 위한 다섯 가지 전략 중 어느 것이 타당하고 적절한지 어떻게 결정할 것인가?
2. 기존의 높은 수준의 언어 능력을 가진 사람들을 제한하는 것이 이미 매우 높은 선발 요건과 매우 까다로운 평가 과정을 가지고 있는 직업에 적절하지 않은 이유는 무엇인가?
3. 왜 외국어 요구 사항을 결정하기 위해 직무 그리고 KSAOs 분석이 사용되었는가?

해 수정할 수 있다. 교육자 역시 훈련 과정에서 성별, 연령, 인종, 장애 등에 따라 차별하지 않아야 한다.

학습 환경

어떠한 훈련 프로그램들이 있는지를 논의하기 전에, 훈련 프로그램의 성공에 매우 중요한 기능을 하는 학습 환경에 대해 알아볼 필요가 있다. 간단히 말해 학습 환경은 훈련의 설계, 학습의 기본 원리, 학습자와 훈련자의 특성을 포함한 다양한 환경을 학습에 맞게 조성하는 것을 의미하며, 이러한 각 요인들은 훈련의 성공 여부에 중요한 기능을 수행한다. **지속적 학습**(continuous learning)이란 단순히 많은 훈련을 실시하는 것을 넘어 학습 방법을 익히는 것을 의미한다. 경영 전문가이자 학자인 Peter Senge(2006)는 지속적 학습이란 '한 개인이 비전을 갖는 것이며, 피드백에 개방적이고, 자신의 경험을 반영하며, 학습 결과를 자신의 업무에 적극적으로 반영해 나가는 것'이라 설명하였다. 따라서 지속적 학습을 장려하는 회사에서 근무하는 직원들은 학습과 훈련을 좀 더 잘 수용한다.

> **지속적 학습**
> 직접적이고 장기적인 학습에 대한 노력. 강한 욕구를 가지고 학습 활동에 참여하여 지식을 습득하고 결과를 향상시키는 것

교수 설계

교수 설계(instructional design)는 학습자의 학습 과정을 지원하기 위한 개발과 조정을 위한 모든 활동을 말한다. 교수 설계의 첫 번째 중요한 요소는 무엇을 학습시킬 것인지 결정하는 것이다. 학습은 다양한 형태로 이루어질 수 있지만 일반적으로 인지, 감각 및 운동, 대인관계의 세 가지 범주로 구분할 수 있다. 그리고 디자인적 요소들, 학습 조건(피드백의 제공, 훈련 목표 제공 등)도 교수 설계에 포함된다(Gagne, Briggs, & Wager, 1992). 교수 설계에 대한 접근은 조직에서 이미 가지고 있는 지식을 활용하여 특정 훈련에 효과적인 맥락과 상황을 구축하는 것이다. 즉 훈련 내용을 좀 더 효과적으로 전달하는 데 목적이 있다. 교수 설계의 마지막 요소는 모든 훈련 프로그램에 포함되어 있는 교수자에 대한 평가이다(훈련 평가는 이 장의 뒤쪽에서 보다 자세히 다룰 것이다)(Wang & Wilcox, 2006).

> **교수 설계**
> 학습자의 학습 과정을 지원하기 위한 개발과 조정을 위한 모든 활동

학습의 원리

학습(learning)이란 경험이나 연습의 결과로 발생하는 행동의 비교적 영속적인 변화로 정의될 수 있다(Wexley & Latham, 2002). 따라서 훈련(즉 학습)을 이해하기 위해서는 학습을 촉진하는 원리에 대하여 알아야 한다. 학계에서 학습에 대한 연구는 주로 인지심리학자, 실험심리학자, 그리고 사회심리학자들에 의해 이루어졌다. 그리고

> **학습**
> 경험과 연습을 통한 행동에서의 비교적 영속적인 변화

I/O심리학자들은 학습의 원리를 바탕으로 훈련 프로그램의 설계와 실행에 적용한다.

효과적인 훈련을 위해 필요한 학습의 일반적인 원리에 대해 알아보겠다.

능동학습
학습의 효과를 촉진하기 위해 연습, 문제 해결 방법, 커뮤니케이션, 언어적 상호작용 등의 방법과 활동을 하는 것

능동학습 **능동학습**(active learning)이란 훈련 과정에서 피훈련생이 좀 더 능동적으로 훈련에 참여할 경우 학습의 효과가 더 촉진된다는 것을 일컫는다. 여기서 능동이란 말은 학습자들이 연습, 문제 해결, 서면 의사소통, 언어적 상호작용 등을 통해 분석과 추리를 하는 것을 말한다.

교수들이 학생에게 단지 읽는 것에 그치지 않고 중요한 부분에 밑줄을 긋고, 다른 사람과 이야기하고 중요한 개념은 반복해서 써보라고 요청하는 이유가 능동학습의 효과 때문이다. 능동학습의 개념은 회사에서 실시하는 훈련에 매우 쉽게 적용된다. 수행 평가(PA) 인터뷰를 어떻게 할 것인지에 대해 단순히 읽어볼 수도 있지만, 보다 나은 학습 방법은 능동적으로 연습해 보는 것이다.

학습 범위의 크기 학습 범위의 크기를 결정하는 것은 주어진 훈련 회기 동안 과업 전체에 대한 훈련을 할 것인지, 혹은 전체를 몇 부분으로 나누어서 실시할 것인지를 구조화하는 것이다(Goldstein & Ford, 2002). 학습 범위의 크기는 전체(whole) 학습과 부분(part) 학습으로 종종 구분한다. 학습이론에 따르면 만약 과업이 매우 조직적이고, 일관적이며, 상호 의존적이라면 한 번에 전체 과업에 대한 훈련이 실시되는 것이 효율적이지만, 과업이 쉽게 독립적인 부분으로 나뉜다면 훈련은 각 분리된 단계로 진행하고, 이전 단계를 습득한 후에 다음 단계로 넘어가는 것이 더 효율적이다.

예를 들어 25년 전 오래된 DOS 운영체계의 컴퓨터를 사용했던 비서가 있다. 윈도우 체계가 도입되었고, 그녀는 30년 동안 컴퓨터를 사용한 경력을 가지고 있었지만 컴퓨터 운영체계의 혁신이 가져온 과정과 데이터의 조작에 전혀 익숙하지 않았다. 분명히 새로운 운영체계 및 관련된 소프트웨어 사용에 대한 훈련이 필요했다. 이때 한꺼번에 윈도우 시스템과 소프트웨어 사용법을 모두 가르치기보다는 운영체계와 소프트웨어를 따로 교육하는 것이 더 효율적이다. 컴퓨터 시스템의 변화를 불편하게 여기고 있었고, 만약 한꺼번에 모든 것을 교육하려 했다면 아마도 너무 많은 양의 내용이 그녀를 압도했을 것이며 교육에 소요된 노력은 물거품이 되었을 것이다.

한편, 생산품을 소매점에 배달하는 기사를 고용한다고 가정해보자. 그리고 이 기사는 배달을 위해 사용하는 트레일러를 운전해본 경험이 없다. 기사에게 클러치 사용법을 가르친 후 가속 패달 사용법을 가르치고, 그다음에 사이드 미러 사용법을 각각 가르치는 것이 좋을까? 아니다. 왜냐하면 이 자동차를 운전하기 위해서는 클러치, 가속 패달, 사이드 미러 모두 유기적

인 사용이 필요하기 때문이다. 따라서 분리해서 학습하는 것은 분명히 비효과적이다. 이 사례에서 볼 수 있듯이 학습이 요구되는 상황에 따라 그 방식을 다르게 설계하는 것은 훈련 프로그램의 성공에 중요한 역할을 한다.

학습 범위와 관련된 문제는 과업 훈련을 한꺼번에 해야 하는지 혹은 시간에 걸쳐 분산해서 해야 하는지이다. **분산학습**(distributed practice)은 훈련을 단위 구분으로 나누고, 구분 사이에 휴식 시간을 가지는 것을 의미한다. 반면 **집중학습**(massed practice)은 휴식 없이 한 번에 훈련을 진행하는 것이다. 이와 관련된 연구들은 분산학습이 기술 학습과 장기 기억에 더 효과적이라고 보고하였다. 독일 판매 직원에 대한 최근 연구에서는 분산학습과 집중학습 모두 효과적이지만 분산학습이 더 우수한 것으로 나타났다(Kauffeld & Lehman-Willenbrock, 2009). 또한 63개의 연구를 종합한 메타 분석에 따르면 분산학습은 6장에서 논의한 정신운동 과제와 같이 복잡성이 낮은 과업에 대한 훈련에 더 효과적이었다(Donavan & Radoserich, 1999). 그러나 현실적인 이유로 많은 회사들이 분산학습을 위한 시간을 할애하기 어려울 수 있다. 대신 그들은 8시간 동안 계속해서 훈련을 실시하면서 최대한 많은 내용을 담아내려 하는데, 이는 저조한 훈련 결과를 가져온다.

분산학습
훈련을 부분으로 나누고, 그 부분 사이에 쉬는 기간을 두는 훈련

집중학습
모든 훈련을 쉼 없이 한 번에 하는 훈련

의미 있는 내용 만약 학습자들이 훈련에 대한 의미를 찾는다면 학습은 보다 원활히 이루어질 것이다. 따라서 조직은 학습자들이 훈련에 대한 의미를 찾을 수 있는 몇 가지 요소들을 훈련 프로그램에 포함시켜야 한다(Wexley & Latham, 2002). 첫째, 훈련자들은 학습자들이 훈련의 목표와 과정에 대해 잘 이해할 수 있도록 개요를 제시해야 한다. 둘째, 훈련은 학습자들이 이해하기 쉬운 방식으로 진행해야 한다. 이해하기 쉬운 개념과 용어, 예시를 사용해야 한다. 셋째, 훈련의 순서이다. 훈련자는 논리적인 순서로 훈련을 진행해야 한다. 예를 들어 에어컨 수리 기술자들에게 에어컨 코일 교체에 대한 훈련을 할 때는 부품 분해, 오래된 코일 제거, 새로운 코일 삽입, 그리고 마지막으로 재조립의 순서로 훈련을 해야 한다. 나이와 상관없이 훈련의 내용이 논리적이지 않다면 학습자들에게 혼란을 야기할 수 있다.

연습과 초과학습 "연습이 성공을 만든다."라는 말을 들어봤을 것이다. 훈련의 맥락에서 이 문장은 한 번에 완벽한 훈련을 하기는 어렵지만, 반복을 통해 훈련이 완성된다는 의미이다. 그러나 어떻게 연습하느냐, 즉 연습의 질이 학습 결과에 영향을 미친다. 따라서 연습을 하지 않거나 부적절한 방식으로 연습을 하는 직원은 학습이 잘되지 않는다. 우리가 일상생활에서 나쁜 습관에 빠질 수 있는 것처럼 직장생활에서도 마찬가지이다. 이러한 나쁜 습관은 좋은 행동을 반복적으로 연습함으로써 없어지기도 하지만, 나쁜 습관을 반복하면 그 습관이 강화될 수 있

다. 화장실을 사용하고 난 후 손을 씻지 않는 아이나, 택배 배달원이 무거운 박스를 들어 올릴 때 다리를 굽히지 않고 허리를 사용하는 것과 같은 나쁜 습관은 연습을 통해 쉽게 개선될 수 있다. 따라서 훈련자는 학습자들이 충분히 연습할 수 있는 기회를 제공해야 하며, 이러한 연습의 기회를 통해 훈련의 효과가 촉진된다.

초과학습
학습자가 충분히 높은 수준의 행동을 보인다 할지라도 반복적인 연습을 통해 해당 행동을 완전히 숙달하는 과정

초과학습(overlearning)은 학습자가 충분히 높은 수준의 행동을 보인다 할지라도 반복적인 연습을 통해 해당 행동을 완전히 숙달하는 과정이다. 초과학습을 하는 것이 시간 낭비라고 생각될 수 있지만, 초과연습을 통해 언제 어디서든 요구되는 행동을 빠르고, 쉽고, 일관되게 할 수 있다. 나쁜 습관을 다시 생각해보자. 만약 운전 연습을 할 때 방향 지시등 사용 연습을 하지 않는 사람들은 면허 취득 이후에도 방향 지시등을 전혀 사용하지 않을 것이다. 그러나 방향 지시등 사용을 수없이 연습했다면, 면허 취득 이후에도 방향 지시등을 계속 사용할 것이다. 같은 원리가 조직에도 적용된다. 타이핑 작업 훈련 시, 한 페이지를 작성할 때마다 문서를 저장하도록 반복적으로 훈련하였다면, 실제 직무에서도 정기적으로 저장하는 행동을 할 가능성이 높다.

이번에는 생과 사의 문제와 관련한 상황을 생각해보자. 응급실 의사는 특정한 행동에 대해서 초과학습 방식으로 훈련되어야 한다. 왜냐하면 심각한 상황에서 당황하지 않고 수술을 하기 위해서는 초과학습을 통해 해당 행동이 내재화되어 있어야 하기 때문이다.

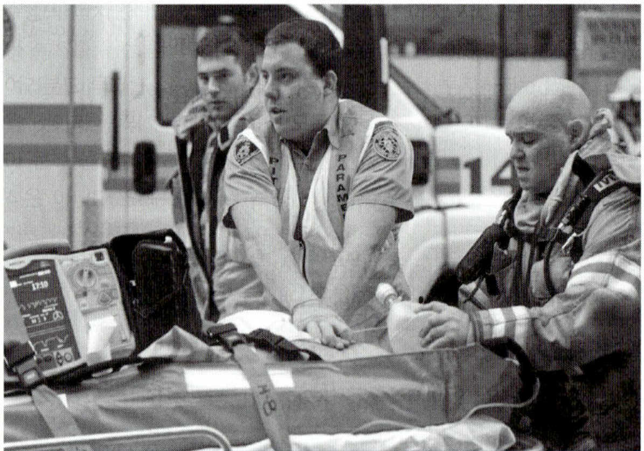
Michael Henninger/ZUMA Press/Newscom

생각해보기
때로는 초과학습이 좀 더 빠르고, 쉽게, 효과적으로 과업을 수행할 수 있게 해준다. 어떤 직업과 과업에서 초과학습이 좀 더 이점을 발휘할 것 같은가?

피드백 훈련 상황에서 학습자들은 수행에 대한 적시적이고 유용한 피드백을 받는 것이 중요하다. 피드백은 훈련 장면에서 세 가지 목적을 수반하고 있으며, 다른 말로는 결과에 대한 지식(knowledge-of-results : KOR)이라고도 부른다. (1) 피드백은 훈련 동안의 학습자들에게 그들의 행동이 어떠한 방식으로 변화되어야 하는지에 대한 정보를 제공한다. (2) 피드백은 학습자들이 훈련에 더 흥미를 느끼고 동기부여되도록 돕는다. (3) 피드백은 수행을 향상시키기 위한 목표 설정에 도움이 된다(Wexley & Latham, 2002). 다음은 피드백을 효과적으로 전달하기 위한 중요한 세 가지 원칙이다. (1) 피드백은 행동 이후에 즉각적으로 제공될 때 가장 효과적이다. (2) 즉각적이고 빈번한 피드백은 최고의 성과를 가져온다. (3) 긍정적 피드백이나 부정적 피드백 모두 수행 향상에 효과적이다(피드백에 대한 보다 자세한 내용은 Ilgen, Fisher, & Taylor, 1979 연구 참조).

학습자의 개인차

학습 환경을 잘 갖추는 것이 훈련에 중요하지만, 학습에 대한 욕구 수준과 같은 학습자의 특성 또한 중요하다. 훈련 시 고려할 수 있는 학습자의 특성은 세 가지가 있다. 첫째, 학습자가 배우고자 할 준비가 되었을 때 효과적으로 이루어진다. 이것을 **준비도**(readiness)라고 한다. 때로는 학습자가 훈련을 위해 필요한 지식, 능력 혹은 경험을 가지고 있지 않아 훈련의 효과가 나타나지 않는 경우가 있다.

> **준비도**
> 훈련생의 개인 특성과 학습의 필요성에 대한 관심 수준

둘째, 훈련을 성공적으로 마칠 수 있다고 믿는 개인의 신념(자기 효능감 등)은 훈련의 성공 여부에 매우 큰 영향을 미친다(Aguinis & Kraiger, 2009). 학습자가 훈련 프로그램을 마친 이후, 그들이 학습한 것을 업무에 적용하기 어렵다고 믿는다면 그 훈련 과정은 효과적이지 않을 것이다. 최근 89개의 실증 연구를 종합한 메타 분석 결과는 이러한 내용을 지지하고 있다(Blume, Ford, Baldwin, & Huang, 2010).

셋째, 학습에 대한 동기 역시 매우 중요하다. 9장 동기에서 자세히 다루겠지만, 학습자가 훈련에 대한 동기가 없다면 그 훈련은 거의 실패한다. 최신의 훈련 기법과 컴퓨터 시스템을 활용하여 흥미로운 훈련 프로그램을 개발한다 할지라도 학습자가 자신의 업무 수행을 향상시키고자 하는 동기가 없다면 훈련에 적극적으로 참여하지 않을 것이며, 훈련의 효과가 나타나기 어렵다. 유용하고 즉각적인 피드백을 제공하는 것은 학습자의 동기를 향상시키는 전략 중 하나이다. 또 다른 동기 향상 전략으로는 훈련이 어떻게 실제 업무 성과와 연관되는지를 보여주는 것이다.

몇몇 연구에서 이러한 학습자의 개인적 차이에 대한 연구를 실시하였다. 예를 들어 어떤 연구에서는 의도적으로 훈련 동안 학습자들이 실수를 저지르도록 하였는데, 이러한 실수의 발생을 통해 학습자들은 훈련 동안 탐색과 시행착오를 경험함으로써 훈련의 내용을 더욱 쉽고 명확하게 이해할 수 있었다. 연구자들은 이러한 시행착오 훈련(error training)이 특히 인지 능력과 개방성이 높은 학습자들에게 효과적인 것을 확인했다. 그러나 성실성이 높은 학습자는 오히려 반복적 시행착오의 결과로 인해 자기 효능감이 감소되는 것으로 보고되었다(Gully, Payne, Koles, & Whitemen, 2002).

성공적인 훈련을 위해 학습자의 개인차에 초점을 둔 또 다른 연구에서는 정서적 안정성과 기술 습득에 대한 개방성이 높은 학습자의 훈련 속도가 빠른 것으로 나타났다(Herold, Davis, Fedor, & Parsons, 2002). 이러한 연구 결과들을 통해 학습자의 개인차는 훈련 성과를 예측하는 데 유용하며, 개인차의 다양한 수준에 따라 앞선 훈련의 성공이 이후 훈련 성공에 다르게 영향을 준다는 것을 알 수 있다.

훈련자의 특성

학습의 원리에서 학습 환경의 조성, 학습자의 개인차가 어떻게 훈련 과정에 영향을 미치는지 알아보았다. 마지막으로 훈련자의 특성을 고려해보아야 한다. 먼저, Wexley와 Latham(2002)은 효과적인 훈련자는 분명한 목표를 세우고 학습자들과 그 목표에 대해 소통할 것을 제안한다. 둘째, 훈련자는 사람들이 어떠한 방식으로 학습을 하는지와(앞서 이야기한 학습에 대한 기본 원리를 포함하여), 훈련자가 사용하는 방식이 학습자에게 어떻게 영향을 미칠지를 알아야 한다. 셋째, 훈련자의 의사소통 기술은 매우 중요하다. 예상할 수 있겠지만, 학습자의 훈련에 대한 태도, 동기, 그리고 행동은 훈련자가 어떻게 의사소통하는지, 엄격한지, 폐쇄적인지, 부정적인지, 거들먹거리는지에 영향을 받는다. 넷째, 각각의 학습자들 개인 특성에 부합하는 훈련이 이루어져야 한다. 이 외에도 다른 많은 훈련자 특성이 있겠지만, 여기서 언급한 내용들은 훈련자들 특성을 확인하기 위한 좋은 지침이 될 것이다.

훈련 전이

훈련 전이
훈련에서 학습한 도구, 기술, 절차를 실제 직무에서 활용하는 정도

훈련 전이(transfer of training)는 훈련에서 학습한 도구, 기술, 절차를 실제 직무에서 활용하는 정도이다. 회사의 관점에서 훈련 전이는 훈련 프로그램의 성공을 위한 통합적인 개념이다. 이는 훈련 전문가와 회사가 항상 훈련 전이에 대한 관심을 갖는 이유이다(Velada, Caetano, Michel, Lyons, & Kavanaugh, 2007). 긍정적 전이(positive transfer)는 훈련의 목표가 되며, 훈련 프로그램을 통해 학습 내용을 직무에 적용하여 성과를 향상시키는 것이다. 그러나 때로는 훈련의 결과로 인해 성과가 감소되기도 한다. 이를 부정적 전이(negative transfer)라고 부른다.

Irwin Goldstein과 Kevin Ford(2002)의 훈련에 대한 연구에서 어떻게 긍정적 전이를 증가시킬 수 있는지에 대한 몇 가지 지침을 제공한다. 첫째, 훈련자는 훈련 상황과 직무 상황을 가능한 유사하게 만들어야 한다. 다른 말로, 훈련 환경은 실제 직무환경과 유사해야 하며, 이를 동일 요인 이론(identical elements theory)이라고 부른다. 많은 훈련 상황에서 부정적 전이의 주요 원인은 훈련과 실제 직무 환경이 크게 다를 때 발생한다. 예를 들어 자동차 바퀴를 어떻게 만드는지 훈련한다고 가정할 때, 그 과업을 완수할 수 있는 충분한 시간과 함께, 바퀴를 만들기 위한 모든 재료와 도구들을 제공한다고 가정해보자. 그러나 직원들이 훈련 프로그램을 성공적으로 마치고 난 후 직무로 돌아갔을 때 조립 라인의 특성으로 인해 재료들이 충분하지 않을 수 있으며, 시간도 제한적일 수 있다. 따라서 직원들이 훈련받은 것과 같은 과정을 근무지에서 적용해 보려고 할 때, 오히려 성과는 감소할 수 있다.

둘째, 학습자들에게 충분한 능동 학습 기회를 제공하는 것은 긍정적 전이를 위해 필수적이

다. 이는 새로운 일을 배우는 신규 직원에게 특히 그렇다. 신규 직원의 경우 초과 학습을 통한 반복 연습은 새로운 직무에서 받을 수 있는 스트레스 상황에서도 훈련받은 대로 행동하게 한다. 셋째, 훈련자는 학습자들이 다양하고 차별적인 환경에서 연습할 수 있도록 해야 한다. 차별화된 자극과 환경은 훈련에서 배운 것들을 직무에 적용할 때 다양한 직무 환경에 응용하여 적용할 수 있도록 돕는다. 넷째, 훈련자, 학습자, 그리고 관리자는 훈련 과정에서 상호 협력해야 한다. 다섯째, 훈련자, 학습자, 그리고 관리자는 훈련에 대한 명확한 기대와 목표를 사전에 공유해야 한다. 그리고 마지막으로 훈련자는 학습자들이 학습한 행동을 유지하는 데 도움이 되는 현장중심의 유지 · 관리 훈련 프로그램을 제공해야 한다.

Baldwin과 Ford(1988)의 훈련 전이에 대한 연구는 전이 과정에서 사회적 지지의 중요성에 대해 강조한다. 특히 공공 서비스업에 종사하는 직원들의 경우, 훈련 전이가 잘 안 되는 것으로 보고되었는데, 이는 업무량, 시간 압박, 동기인 부족, 피드백 부족으로 인한 것이었다(Clarke, 2002). 이러한 연구들을 바탕으로 훈련 전이를 위해 동료나 상사가 전이 환경 조성(transfer climate)을 해주어야 한다는 주장이 제기되었다(Hatala & Fleming, 2007). 만약 학습자가 직무에 돌아와 배운 것에 대한 지지를 느끼지 못한다면 그 훈련은 비효과적일 수밖에 없다.

최근의 메타 분석에서는 인지능력, 성실성, 자발적 참여도가 훈련 전이와 관계가 높은 것으로 나타났다. 또한 전이 환경과 사회적 지지(동료 및 상사) 모두 전이와 일관되게 관련된다. 마지막으로, 훈련 후 자기 효능감과 지식 또한 훈련 전이와 밀접한 상관이 있었다(Blume et al., 2010). 따라서 학습자들이 훈련의 결과로서 직무 수행의 증가와 같은 긍정적인 경험을 하게 될 경우, 훈련 전이는 더 자주 발생하게 될 것임을 알 수 있다. 이는 업무 수행을 향상시킬 수 있는 훈련의 잠재적 효과성에 대한 매우 분명한 증거이다.

훈련 방법

어떠한 책에서도 HR 실무자들이 이용할 수 있는 모든 훈련 기술을 정의할 수는 없으며, 특히 책 한 장에서 모든 것을 다룰 수는 없다. 따라서 다양한 훈련 기술 중 대표적인 훈련 기술을 다룰 것이다. 이후 혁신적인 기술에 기반한 훈련을 다루고 리더십 기술을 개발시키는 역량 개발 훈련과 새로운 직원을 조직에 적응시키기 위한 훈련 내용을 중점적으로 다룰 것이다.

일반적인 접근법들

훈련의 종류에 대한 논의에 앞서 효과적인 훈련을 위하여 훈련 전 학습자들에게 주어지는 사전 처치의 중요성을 언급하고자 한다. 사전 처치는 학습자들이 훈련을 받을 수 있도록 준비하는 것을 목표로 하며, 이는 훈련의 효과성에 큰 영향을 미친다(Mesmer-Magnus & Viswesvaran,

Rainer Jensen/DPA/Corbis

Yellow Dog Productions/The Image Bank/Getty Images

2010). 이러한 사전 처치는 학습자들에게 훈련에 대한 개요나 훈련 전 학습 자료를 배포하는 것을 포함한다.

강의 가장 오래되고 정형화된 훈련 방법 중 하나는 학습자들에게 업무와 연관된 중요한 정보를 가르치는 강의이다. 이 방법은 한 번에 많은 학습자들을 훈련할 수 있기 때문에 매우 경제적이다. 강의의 효과는 훈련 목표에 따라 달라질 수 있다. 특히 학습자들에게 사실을 가르치거나 지식을 익히도록 하는 것은 유용하지만, 문제 해결 혹은 대인관계 기술을 개발시키는 것에는 효과적이지 않을 수 있다. 또한 적당한 크기의 학습자 집단에 맞도록 강의를 편성하지 않는다면 능동적 학습, 초과학습, 피드백과 같은 학습의 중요 원리를 포함시키지 못할 수 있다. 훈련 효과에 대한 메타 분석에 따르면 강의는 지루한 훈련 방법이라는 부정적 인식에도 불구하고 많은 다양한 기술을 가르칠 수 있다는 점에서 높은 효과성을 보인다(Arthur, Bennett, Edens, & Bell, 2003).

생각해보기

좀 더 성공적인 훈련 전이를 만들 수 있는 훈련의 요소는 무엇이라 생각하는가?

현장 훈련 현장 훈련(on-the-job training : OJT)은 오랫동안 많은 조직에서 사용된 훈련 방법이며, 대부분의 직원들은 업무의 일부분이라도 현장 훈련을 받는다. 이 훈련 방법은 현직자들이 신규 직원들과 함께 일하거나, 자신이 어떻게 일하는지 보여주는 과정을 통해 학습이 이루어진다. 현장 훈련의 기초가 되는 가정은 현직자들이 업무 수행 과정 중 신규 직원이 알아야 할 중요한 요소가 무엇인지 알려주고, 실제로 기계, 재료 및 원료를 어떻게 다루는지 함께 일하거나 지켜봄으로써 신규 직원들의 학습이 이루어진다는 것이다. 만약 학습자가 훈련에 대한 기술과 동기 모두 결여되어 있다면 현장 훈련의 효과는 나타나지 않을 수 있다.

또한 회사에서 현장 훈련을 실시할 때 훈련자의 준비가 부족하거나, 예산이 지원되지 않는다면 훈련이 실패할 수 있다. 만약 새로운 직원과 기존 직원을 매칭하는 과정에서 두 사람의 KSAOs를 고려하지 않고 단순히 시간이 맞는 사람들끼리 매칭을 할 경우에도 실패할 확률이 높다. 이와 대조적으로 좋은 훈련자가 될 잠재력을 가진 현직자를 훈련자로 선택하여 적절한 지도 방법을 훈련시키고, 훈련자에게 보상을 제공하고, 협력이 잘될 것 같은 학습자를 매칭시킨다면 현장 훈련이 성공할 확률이 높아진다(Wexley & Latham, 2002).

자기 주도 기술 자기 주도 기술(self-directed technique)은 학습자들이 자신의 학습 속도에 맞추어 스스로 학습을 시행하고, 이 과정에서 자신의 약점을 발견하고 개선할 수 있도록 하는 훈련 방법이다. 이 훈련 방법에서 가장 잘 알려진 기법은 프로그램화된 교육(programmed instruction : PI)이다. 프로그램화된 교육 제공의 첫 번째 단계는 학습 내용을 작은 학습 단원의 단위로 구분하는 것이다. 두 번째는 이들 단위를 간단한 것부터 복잡한 것으로 논리적 배열을 한다. 세 번째는 각 요소들이 완수될 수 있도록 학습자들이 해당 단계의 내용을 습득했는지 확인하기 위한 간단한 시험을 시행한다. 마지막으로, 학습자들은 시험 내용에 대한 즉각적인 피드백을 받게 된다. 만약 학습자가 질문에 맞는 답을 했다면 다음 단원으로 넘어가게 되며, 질문에 잘못된 응답을 한다면 생각해볼 수 있는 추가적인 정보를 제공하고, 시험에 통과할 때까지 내용에 대한 재검토를 요청한다.

컴퓨터-기반 교육(computer-assisted instruction : CAI)은 프로그램화된 교육의 방식이 폭넓게 적용된 것이다. 단, 컴퓨터-기반 교육은 학습자들이 컴퓨터와 상호작용한다. 컴퓨터-기반 교육에 맞도록 개발된 소프트웨어는 학습자가 학습을 했는지 혹은 하지 않았는지를 구별하며, 학습자의 수행을 모니터링하고 포착하면서 교육에 필요한 환경과 정보를 제공해 나가는 방식이다. 따라서 이 방식은 훈련 내용과 질문 모두 이전 질문에 대한 학습자의 반응과 수준에 기초하게 된다. 이는 6장에서 논의했던 컴퓨터 기반의 검사와 매우 유사하다. 학습 속도가 빠른 학습자는 빠르게 훈련 프로그램을 완수할 것이고, 학습 속도가 더딘 학습자는 부가적인 연습과 시험이 추가적으로 진행될 수 있다.

프로그램화된 교육과 컴퓨터-기반 교육은 이 장에서 살펴보았던 여러 학습의 원리에 부합하는 훈련이다(예를 들어 즉각적인 피드백의 제공, 분산 학습 등). 이 방법의 한 가지 분명한 이점은 학습자들이 자신의 속도에 맞추어 학습을 할 수 있다는 것이다. 훈련을 먼저 마친 학습자는 다른 학습자가 훈련을 종료할 때까지 기다리면서 시간을 낭비할 필요가 없는 반면, 추가적인 훈련이 필요한 학습자는 필요한 만큼 충분한 시간을 가질 수 있다. 전반적으로, 연구에 의하면 프로그램화된 교육과 컴퓨터-기반 교육은 다른 훈련 방법에 비해 훈련 시간을 단축시킬 수 있다(Goldstein & Ford, 2002).

이에 대해 몇몇 연구자들은 자기주도적 훈련 프로그램과 같이 학습자 스스로 훈련을 통제하는 방법이 효과적이지 않다고 주장한다(Bell & Kozlowski, 2002). 이들은 학습자가 훈련에 대한 높은 통제감을 가질 때 실제 훈련에 시간을 덜 쓰게 되며, 질 낮은 학습 전략을 사용한다고 보고하였다. 실제 한 연구에서는 훈련 과정 동안 지식을 일방적으로 전달하는 강의 방법과 자기주도적 학습 방법의 효과를 비교했을 때, 강의 방법이 더 우수한 학습 효과를 보였다(Fulton, Ivanitskaya, Bastian, Erofeev, & Mendez, 2013).

지금부터는 최근 개발된 혁신적 기술에 기반하여 어떻게 훈련 프로그램을 구성할 수 있는지에 대하여 살펴볼 것이다.

가상현실 훈련 가상현실 훈련(virtual reality training)은 실제 업무 상황과 거의 유사한 가상현실에서 훈련을 시행함으로써 학습자들이 훈련 전이를 쉽게 할 수 있도록 설계된 훈련이다. 많은 직무에서 실제 사용하는 도구를 가지고 훈련을 하는 것은 매우 위험하고, 비용면에서도 비효율적일 수 있다(Wlexley & Latham, 2002). 우주 비행사 훈련이 대표적인 예이다. 개인을 우주로 보내서 우주 비행사가 되는 방법을 배우도록 하는 것은 불가능하다. 따라서 학습자들은 정교하게 개발된 가상훈련 장치를 통해 우주에 대해 배울 필요가 있다. 가상현실 훈련은 고도의 기술을 통해 최대한 사실적으로 만들어진 상황 속에서 훈련이 실시된다. 가상훈련 장치는 항공사와 군대 조종사의 훈련과 같이 안전에 대한 위험 없이 반복적인 연습과 피드백을 줄 수 있는 도구이다. 가상현실 훈련의 효과성을 높이기 위한 중요한 두 요인은 다음과 같다. 먼저 실제 업무에서 사용하는 것과 가상현실에서 사용하는 도구의 **물리적 충실도**(physical fidelity)가 높아야 한다. 또한 실제 업무와 가상현실에서 행동 절차가 유사해야 한다. 이를 **심리적 충실도**(psychological fidelity)라고 한다.

> **물리적 충실도**
> 실제 업무 현장에서 사용하는 도구와 훈련에서 사용하는 도구가 일치하는 수준

> **심리적 충실도**
> 실제 업무를 위해 필요한 행동 절차가 훈련에서 사용되는 행동 절차와 일치하는 수준

가상현실 훈련의 우수성에 대해서는 최근 실시된 의과대학 훈련 연구에서 잘 나타난다(Bruppacher et al., 2010). 이 연구에서는 세미나 형식으로 진행된 2시간의 훈련 방법과, 실제 수술실과 거의 유사하게 개발된 가상현실 훈련 상황에서 2시간 동안 훈련받은 학습자들의 수행을 비교하였다. 연구 결과, 두 훈련 방법 모두 학습자들의 업무 수행 향상에 도움을 주었지만, 가상현실 훈련이 세미나 방식의 훈련보다 훨씬 우수한 훈련 결과를 보였다. 따라서 연구자들은 현실의 직무 수행과 높은 수준으로 일치하는 가상훈련 방식이 높은 위험성이 따르는 임상 장면에서 유용하게 쓰일 것이라 주장하였다.

최근에는 가상현실 훈련의 컴퓨터 게임화(gamification)가 주목받고 있다. 최근 50개의 연구 결과와 약 6천 명의 학습자들을 대상으로 실시한 메타 분석에서 가상현실 훈련에 대한 중요한 결론을 도출하였다(Sitzmann, 2011). 첫째, 가상현실 게임 방식의 훈련은 다른 방법에 비해 높은 자기 효능감, 학습 효과, 그리고 학습 유지가 되는 것으로 나타났다. 둘째, 게임화를 통한 훈련은 강의식 접근보다 17% 더 효과적이었고, 토론보다 5% 더 효과적이었다. 셋째, 메타 분석 결과에 근거하여 혁신적 기술에 근거한 훈련 방법이 매우 효과적이라고 결론을

도출하였다.

멀티미디어 기술 최근 훈련에 특화된 컨설팅 회사들을 위주로 멀티미디어 기술을 활용한 훈련 개발이 활발히 이뤄지고 있다. 멀티미디어 기술을 활용한 훈련은 아직 미디어 수준이 사실적이지는 않지만 훈련의 유연성이라는 부분에서 분명한 장점을 가지고 있다. 이는 다양한 훈련 내용을 세부 단위로 구분하여, 각 단위의 내용을 다시 보여주고, 일시 정지시키거나, 앞부분을 다시 보여주는 등 일반적인 강의 방식에 비하여 높은 유연성을 가지고 있다. 이 훈련 방법은 의과 수술 과정에 대한 훈련과 같이 시청각 도구가 필요한 훈련의 경우 유용하게 사용될 수 있다(Wexley & Latham, 2002).

예상할 수 있겠지만, 학습자들은 전통적인 강의 방식보다 멀티미디어 기반 훈련에 대해 더 높은 흥미와 만족도를 보인다. 대학에서도 멀티미디어 기술을 활용한 강의를 자주 접할 수 있다. 이러한 교수법은 멀티미디어 기술에 의해 전달되는 정보가 학생들에게 좀 더 높은 흥미와 집중을 불러일으킬 수 있다는 믿음에 근거한다.

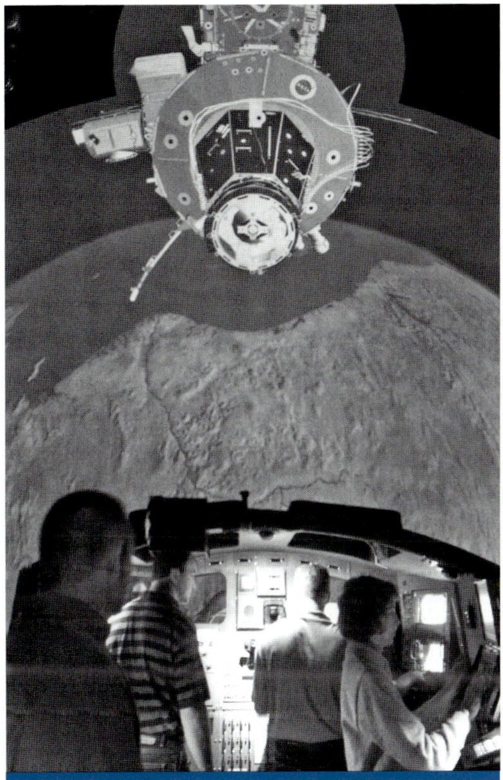

생각해보기
우주 비행사를 훈련하기 위해 가상현실 훈련을 사용하는 이유는 무엇인가?

원격교육 비디오, 오디오, 컴퓨터 기반 훈련과 더불어 많은 조직은 다른 지역에 있는 사람들을 훈련시키기 위한 **원격교육**(distance learning : DL)을 사용하고 있다. 예를 들어 애크론대학에서는 1년에 약 100명의 고등학생들을 대상으로 원격 심리학 개론 수업을 제공한다. 이는 일반적인 교내 강좌를 방송을 통해 외부 학생들에게 강의하고 소통하는 학습 방법이다. 아마 독자들도 원격학습을 통해 한두 과목을 수강했을지 모른다. 이 방법은 이미 너무 대중적이 되어서 현재는 미국원격교육협회(United States Distance Learning) 주관으로 전국원격교육주간(National Distance Learning Week)을 개최하고 있다. 또한 이 협회는 원격교육 연구를 공유하고 보급하기 위한 국제 대회를 열고 있다.

원격교육
지리적으로 다른 장소에 있는 학습자들이 동시에 훈련에 참여할 수 있도록 하는 훈련 방법

Burgress와 Russell(2003)은 다양한 조직에서 실시하고 있는 원격교육 프로그램이 효과적이기 위한 요인들을 다음과 같이 요약하였다. (1) 우수한 강사의 섭외와 강의 콘텐츠의 활용, (2) 학습에 대한 학습자의 높은 책임감, (3) 비용-효율적인 방법의 사용. 이 분야의 최신 화두는

I/O TODAY

직무훈련의 게임화

이 장에서 살펴본 바와 같이 게임화는 직원을 훈련시키는 수단으로 게임(가상세계, 사다리 보드, 도전과제)을 사용하는 것을 말한다. 훈련 영역에서 게임화는 흥미로운 주제이다. 이 기술은 컴퓨터가 익숙한 학습자들을 동기화시키고, 새로운 기술을 익히도록 하는 데 확실히 도움이 된다. 게임화의 개념 자체는 새롭지 않다. 지난 10년 동안 학계와 군대에서는 특정 행동의 학습을 촉진시키기 위해서 배지, 상, 점수와 같은 게임 요소들을 결합시키는 방법을 찾아왔다. 더 최근에는 Linkedle과 Fitocracy와 같은 웹사이트에서 집단 구성원의 학습과 행동을 촉진시키기 위하여 게임화를 사용했다. 심지어 보험 회사와 정치 후보자는 고객과 유권자의 특정 행동을 촉진시키기 위해 게임화 기술을 사용해왔다. 지난 몇 년 동안 훈련 소프트웨어에서의 이러한 기술 적용의 인기는 매우 높아졌다.

최근 자동차 부품 소매업체인 Pep Boys의 사례 연구는 게임화가 무엇이고, 그것이 왜 유용한지를 보여주었다. Pep Boys는 안전과 손실 방지를 위한 인지 훈련 프로그램이 기대했던 만큼의 사고와 절도 방지에 효과적이지 않다는 것을 발견했다. 회사는 기존에 시행하던 훈련 프로그램의 유지와 전이에 있어서 문제가 있음을 발견하였다. 훈련 모듈을 통해 학습자들이 훈련의 내용을 이해했다고 할지라도 훈련이 끝나고 난 후에는 바로 그들의 기존 습관으로 돌아갔다.

Pep Boys는 게임화를 기반으로 하는 해결책을 만들기 위해 소프트웨어 회사 Axonify와 제휴했다. 먼저 슬롯 머신 게임을 통해 직원들은 안전과 절도에 대한 간단한 질문에 대답하면 상금을 받을 수 있도록 하였다. 직원이 질문을 놓치게 되면, 그 직원은 기억을 상기시킬 수 있는 짧은 훈련을 받게 된다. 전체 과정을 완수하기 위해서는 대략 90초가 걸리고, 근무 중 쉬는 시간 동안 끝낼 수 있었다. 이러한 게임 과정에 전체 직원의 95% 이상이 참여하였고, 절도는 55%까지 감소했다(Axonify, N.D).

이 방법이 다른 상황에서 어떻게 응용될 수 있을지 살펴보는 것이 어렵지는 않다. 새로운 영업 담당자가 회사의 새로운 상품에 대해 학습하면 상을 받게 되고, 콜센터 담당자는 특정 비율의 전화 통화량 증가에 따라 상을 받을 수 있다. 구글이나 월마트와 같은 주요 회사의 직원들은 그들의 훈련에 게임화를 도입하고 있다. 그러나 I/O심리학자들에게 게임화가 실제로 효과가 있는지에 대해 질문한다면, 그 대답은 아마도 "상황에 따라 다르다."로 예상할 수 있다.

게임화가 긍정적인 결과를 얻기 위해서는 훈련과 동기이론에 바탕을 두어야 한다. 첫째, 개발자들은 어떤 행동과 기술이 목표가 되고, 누가 대상자인지를 분명하게 정의해야 한다. 둘째, 보상은 참여자들에게 가치 있고 재미있는 것이 주어져야 한다. 셋째, 프로그램은 성공적이었지만 직원들이 게임하느라 시간을 낭비하여 생산성 감소를 가져오는 것과 같은 역효과를 가져와서는 안 된다. 게임화는 학습과 연습을 재미있게 제공하기 때문에 직원과 고용자 측면에서 잠재적인 장점을 많이 가지고 있지만, 게임화가 실제로 효과를 발휘하기 위해서는 심사숙고할 필요가 있다.

토론질문

1. 누군가가 직장 혹은 교실에서 습득해야 할 행동이 있다고 생각해보자. 이 행동을 학습해야 하는 사람들을 위해 적용 가능한 게임화 방법은 무엇이 있을까?
2. 어떤 경우에서는 게임화가 적당하지 않을 수도 있고, 특정 상황에서는 잘 작동하지 않을 수도 있다. 어떤 환경이 게임화가 적합하지 않을까?

참고문헌

Axonify. (n.d.). *Pep Boys case study*. Retrieved June 25, 2015, 출처 : http://www.axonify.com/wp-content/uploads/2012/08/PepBoys_CaseStudy-Final.pdf

Further Reading

더 읽을거리

Yu-kai Chou, 게임화 컨설팅회사 The Octalysis Group, 설립자의 블로그 : http://www.yukaichou.com/gamification-examples/gamification-stats-figures/#.VWW-IkZN9dc

훈련에서 휴대기기(예를 들면 휴대전화) 사용을 통한 원격교육일 것이다. 휴대기기를 사용한 훈련 시장은 미국에서 2014년도에 16억 달러에 달했고, 2019년에는 21억 달러가 될 것으로 예측하고 있다. 휴대기기들은 더 정교해지고, 더 빠른 네트워크 속도를 갖출 것으로 예상되며, 이를 통한 원격학습의 증가가 예상된다(Ambient Insight Research, 2015). 최근 연구에 따르면, 조사 대상 기업의 73%가 휴대기기를 통한 훈련을 제공하고 있다고 보고한다(Frefeld, 2013). 이는 분명히 미래의 I/O심리학자들이 어떠한 연구에 중점을 두어야 할지 명백하게 만든다.

생각해보기
의대생들에게 신경해부학 강의와 같은 높은 수준의 프레젠테이션 활용은 오늘날 매우 흔한 일이다. 멀티미디어 기술을 사용한 훈련의 장점은 무엇인가?

인터넷 학습 인터넷을 통한 훈련 방법(인터넷 학습 혹은 웹 기반 훈련)에 대한 수요가 증가하고 있다. 이러닝, 인터넷 학습, 원격학습, 원격교육, 온라인 학습과 같은 용어들이 혼재되어 사용되곤 하는데, 학자들은 이렇게 여러 용어를 혼재해서 사용하는 것이 혼란을 야기한다고 이야기한다(Moore, Dickson-Dean, & Galyen, 2010). 인터넷 학습(e-learning)은 웹기반, 혹은 웹을 이용한 도구를 사용한 훈련이라고 정의한다(Nichols, 2003). 인터넷의 사용으로 원거리의 직원이 회사가 만들어둔 정보를 자세히 살펴보고, 읽고, 처리할 수 있다. 웹기반 훈련의 몇 가지 장점은 다음과 같다. 첫째, 인터넷 학습은 정보를 업데이트하고 변경하기가 쉽다. 이는 훈련에 필요한 정보를 서버에 저장한 후 회사 인트라넷이나 인터넷을 통해 전송하기 때문이다. 둘째, 인터넷 학습은 학습자가 원하는 어떤 장소에서도 훈련이 가능하다. 셋째, 학습자들이 토론방, 채팅룸, 온라인 세미나, 블로그, 게시판, 심지어 트위터 계정을 통해 다른 사람들과 정보를 교환하면서 훈련을 받을 수 있다(Boller, 2012).

연구에 의하면 전통적인 강의식 훈련보다 웹기반의 인터넷 학습이 좀 더 효과적임을 시사한다(Welsh, Wanberg, Brown, & Simmering, 2003). 8학년 화학과 학생들을 대상으로 했던 연구를 살펴보면, 웹기반 학습이 전통적인 교실 학습보다 개념에 대한 이해나 개념을 적용하는 데 있어서 더 효과적이었다(Yen, Tuan, & Liao, 2011). 또한 학습자들이 웹기반 학습에 호의적으로 반응한다고 보고되기도 한다(Goldstein & Ford, 2002). 조직에서 인터넷 학습을 받은 47명을 대상으로 실시한 연구에 의하면 학습자의 컴퓨터 친숙도는 인터넷 학습의 효과적인 전이나 시스템 활용도와 정적인 상관을 보였다(Park & Wentling, 2007).

인터넷 학습의 효과성을 증가시키기 위해 학습을 어떻게 구성하는 것이 좋은지에 대한 연구들이 진행되어 왔으며(Orvis, Fisher, & Wasserman, 2009), 인터넷 학습의 효과성 증대를 위해서는 학습자가 인터넷 학습 도중 학습을 스스로 통제할 수 있다는 통제감이 중요한 요인인 것으로 나타났다. 인터넷 학습에서의 통제감이란 학습 도중 학습자가 자신이 원할 때 학습을 중단할 수 있는 기능(재생과 일시중지 버튼), 링크를 통한 추가적인 학습 정보 제공, 팝업 형식의 정보 제공 등을 의미하는데, 이러한 기능이 학습에 대한 통제감을 향상시킬 수 있으며, 이를 통해 학습자가 인터넷 학습 도중 다른 행동을 하는 것을 예방할 수 있고, 학습에 대한 만족도를 높일 수 있다.

기술기반의 훈련은 조직의 크기를 막론하고 점차 선호하는 훈련 도구로 자리매김하고 있다. 특히 원격교육과 인터넷 학습은 매우 빠르게 성장하고 있으며, 미국을 넘어서 기술기반에 초점을 두고 있는 다른 나라에서도 주요한 훈련방법이 되고 있다.

vm/Getty Images

생 각 해 보 기
왜 회사는 직원들을 훈련하기 위해서 인터넷 학습을 활용한다고 생각하는가?

최근에는 복합학습(blended learning)이라고 불리는 전통적인 강의 방법과 인터넷 학습이 혼합된 훈련 방법이 강조되고 있다(Holton et al., 2006). 이 새로운 접근 방법은 다양성이 높은 조직에서 유연성과 학습자 친화력이 높은 훈련 프로그램으로 활용 가능하다. Burgess와 Russell(2003)은 복합학습에 면대면으로 진행되는 강의 방식이 포함되기 때문에 학습자 간 상호작용이 좀 더 촉진될 수 있으며, 인터넷 학습만 사용하는 훈련에 비하여 효과성이 우수하다고 제안한다. 100개 이상의 회사를 대상으로 조사를 실시한 The Oxford Group(2013)에 의하면, 조사 대상 회사 중 86%는 복합학습을 실시하고 있었으며, 전통적인 강의 방식에 휴대기기를 활용한 교육, 가상 훈련, 웹기반 세미나 등을 혼합하여 사용하고 있었다. 하지만 복합학습의 효과성을 높이기 위해 여전히 훈련의 질을 높이고, 훈련 시 발생하는 장애요인들을 개선할 필요성이 제기되었다.

직원 개발 기반의 접근법

지금까지 다양한 직무 환경에서 사용할 수 있는 훈련 방법들을 알아보았다. 지금부터는 학습자의 개발과 리더십 기술 훈련에 사용되는 몇 가지 방법에 대해서 다룰 것이다. 이러한 훈련 방법들은 많은 회사의 HR부서에서 훈련 시 사용하는 방법들로, 이는 조직에서 직원의 지속적인 성장이 회사의 성장에 대한 핵심 부분이기 때문이다.

오리엔테이션과 신입사원 사회화 사회화는 회사에서 공식 훈련으로 여겨지지 않는 경우도 있지만, 신입사원이 경험하게 되는 첫 번째 훈련 과정이다. **조직 사회화**(organizational socialization)는 '조직에 적응시키기(onboarding)'라고도 부르며, 사회화는 회사의 구성원이 되는 데 필요한 태도, 행동, 지식을 개인이 습득하여(Goldstein & Ford,2002) 새로운 직원이 회사의 일원이 되는 과정을 의미한다(Bauer & Erdogan, 2011). 사회화는 공식적 혹은 비공식적으로 이루어질 수 있다. 공식적으로는 HR부서 직원이 일선 관리자와 협력하여 오리엔테이션, 환영회, 워크숍, 회사 시설 방문을 계획할 수 있다(처음 연구직에 고용되었을 때, 나의 첫 번째 공식적인 경험은 새로운 연구원으로서 교직원과 다른 사람들에게 소개되는 신입 연구원 오리엔테이션과 점심식사였다). 신규직원을 위한 사회화 과정은 회사, 상사, 동료에 대한 첫인상을 결정하기 때문에 매우 중요하다. 또한 공식적 · 비공식적 규칙, 절차, 회사나 집단의 기대를 배우는 시간이기도 하다. 최근 동일한 회사에서 세 가지 다른 방식의 사회화 과정을 비교 분석한 흥미로운 연구가 보고되었다(Cable, Gino, & Staats, 2013). 이들은 새로운 직원 개개인의 강점이 어떻게 회사에 기여할 수 있는지, 혹은 새로운 직원이 회사의 어떤 점에 자부심을 느낄 수 있는지, 그리고 마지막으로 전통적인 사회화 방법인 새로운 직원에게 요구되는 직무나 회사에 대한 정보를 알려주는 방식을 비교하였다. 이들의 연구 결과에 의하면 사회화 과정에서 새로운 직원 개개인의 강점이 어떻게 회사에 기여할 수 있는지를 알려줄 때가 다른 두 방법에 비하여 이직률은 낮추고 직무 만족도를 높일 수 있었다.

> **조직 사회화**
> 조직 구성원이 되기 위해 필요한 태도, 행동, 지식을 개인적으로 습득하는 과정

몇몇 연구자들은 효과적인 사회화 과정으로서 멘토링 방식을 제안하기도 한다. 멘토는 사회화 과정에서 신규 직원들의 동반자 역할을 하면서 행정업무, 업무 절차 등을 알려주게 되며, 장기적으로 해당 직원에 대한 코치로서 역할을 하게 된다(Ross, Huang, & Jones, 2014).

코칭 앞서 언급한 사회화처럼 코칭은 조직 훈련을 위한 전통적인 훈련 기법으로 여겨지지는

않는다. 훈련이 직원의 개발과 보다 나은 직무 수행을 할 수 있도록 돕고자 하는 것처럼, 코칭도 동일한 목적을 가지고 있다. 실무자들을 대상으로 그들이 회사에서의 경험하는 큰 이슈에 대해 이야기하다 보면, 첫 번째로 언급하는 것 중 하나가 코칭이다.

코칭은 5장에서 소개한 것처럼 업무와 관련하여 개인적 도움과 방향을 제시하는 과정이다. 이는 상사가 부하직원들 대상으로 그들이 목표를 달성하기 위해 무엇을 해야 하는지에 대한 정보와 도움을 제공하는 과정이다(Whetten & Cameron, 2002). 즉 코칭의 과정은 아래의 세 가지 요인을 포함한다(Heslin, Vandewalle, & Latham, 2006).

1. 안내 : 수행에 대한 기대사항, 수행에 따른 성과, 그리고 향상을 위한 제안을 명확하게 알려준다.
2. 촉진 : 직원들이 문제를 분석, 해결하고 수행을 증진시킬 수 있는 방안을 모색할 수 있도록 도움을 제공한다.
3. 영감 : 직원들이 자신의 잠재력을 파악하고 실현할 수 있도록 한다.

많은 회사들은 리더들이 효과적이고 유용한 코치가 될 수 있도록 훈련하는 데 많은 자원을 투자한다. 따라서 코칭은 비생산적인 직원의 수행을 올리는 것뿐만 아니라, 사내 코치로서의 역할을 훌륭히 수행할 수 있도록 리더들을 훈련시키는 과정도 포함한다.

일부 연구에서는 직원의 피드백 지향성이 피드백 문화와 상호작용하여 코칭의 효과성에 영향을 미치는 것으로 나타났다(London & Smither, 2002; Steelman, Levy, & Snell, 2004). 그리고 코칭의 과정을 통해 리더들은 부하직원을 관리하는 기술을 습득하게 된다. 예를 들어 어떻게 목표 설정을 할 것인지, 부하직원에게 어떻게 피드백할 것인지 등의 리더십 기술을 습득할 수 있다. 연구 결과에 의하면 코칭을 받은 경험이 있는 리더들은 코칭을 받은 경험이 없는 리더에 비하여 부하직원들의 상사 만족도가 높은 것으로 나타났다(Smither, London, Flautt, Vargas, & Kucine, 2003).

임원 코칭은 위에서 언급한 코칭과 유사한 과정을 가지고 있으나, 일반적으로 회사 외부의 컨설턴트에 의해 시행되며, 회사 고위 관리자를 대상으로 한다. 임원 코칭은 임원들이 더욱 우수한 리더가 되기 위해 그들의 능력과 역량을 개발하는 데 초점을 둔다. 또한 임원 코칭 과정을 통해 보다 높은 직급의 임원이 되기 위해 필요한 준비 과정을 가질 수 있도록 한다. 임원 코칭은 지난 10~15년간 꾸준히 발전해왔다. 세계코치협회(International Coach Federation)에 따르면 회사들은 임원 코칭에 약 20억 달러 가까이 투자해왔으며, 코칭을 통해 투자 대비 약 3.44배의 이익을 얻은 것으로 추정하고 있다(International Coach Federation, 2015). 따라서 회사는 임원 코칭에 많은 비용을 소비하고 있지만, 이를 통해 직접적 혹은 간접적인 더 큰 이익을 얻고 있다.

임원 코칭에 대한 수요는 점차 증가하고 있으며, 임원을 성장시키고 개발시키는 데 있어서 중요한 훈련 과정으로 자리매김하고 있다. 이에 따라 임원 코칭에 대한 구조와 절차 또한 발전하고 있다. 임원 코칭에 대한 연구들에서는 코치의 스타일, 코칭 전략에 따라 코칭의 효과성이 달라지는 것을 확인하였다. 예를 들어 100명 이상의 코치들을 대상으로 조사한 결과, 압력 행사, 사적 감정에 호소, 타인에게 의존하기 전략을 사용할 때보다 이성적인 설득, 영감에의 호소, 정보 전달, 컨설팅의 전략을 사용할 때 코칭의 효과가 높았다(Lewis-Duarte & Bligh, 2012).

코칭의 효과성을 높이기 위해서는 코치와 피코치의 관계를 잘 수립하는 것이 중요하다는 연구들이 보고되기도 한다(Gregory & Levy, 2010). 이는 코치와 피코치의 성별, 인종, 그리고 성격이 유사할 때 두 사람 간 관계가 원만히 수립될 수 있다는 것이다. 하지만 최근 연구에 의하면 유사성을 바탕으로 하는 관계 수립의 효과에 대해 의문을 던진다. 예를 들어 성별이나 가치관, 성격과 같은 유사성에 기반하여 코치와 피코치의 관계를 수립하는 것이 실제 코칭 과정의 효과를 높이는 데 있어서 중요한 역할을 하지 않는다고 보고되기도 한다(Bozer, Joo, & Santora, 2015). 또한 코치와 피코치 156쌍을 대상으로 실시한 연구에서도 코치와 피코치의 관계 수립이 코칭 효과성에 중요한 역할을 할 수 있지만, 성격의 일치도는 별다른 영향을 주지 않는 것으로 확인되었다(de Haan, Duckworth, Birch, & Joe, 2013).

행동 모방훈련 매니저들의 대인관계 기술은 매우 중요하기 때문에, 회사는 이를 향상시키기 위한 훈련의 개발에 관심을 가진다. Albert Bandura(1986)의 사회학습이론에 따르면 모방훈련(behavior modeling)은 대인관계 기술의 향상에 효과적인 방법이다. 심리학 개론이나 사회심리학에서 배운 내용을 떠올려 본다면 Bandura가 실시한 보보 인형 연구가 떠오를 것이다. 이 실험에서는 아이들에게 어른들이 풍선 인형을 공격하는 행동을 보여주고 난 후, 아이들에게 풍선과 있을 수 있는 기회를 주었을 때, 아이들 역시 풍선 인형을 향해 공격적인 행동을 보였다. 따라서 이 이론의 핵심 주장은 인간의 많은 사회적 행동은 다른 사람의 행동을 관찰함으로써 학습된다는 것이다.

사회학습이론은 지난 35년간 훈련 분야에 적용되어 왔다. 훈련에서 모방훈련을 사용한 좋은 예로 Gary Latham과 Lise Saari(1979)에 의해 개발된 소통을 위한 아홉 가지 훈련 모듈이 있다. 이 모듈에서는 사회화 과정, 저조한 수행의 직원 동기 부여하기, 변화에 대한 저항 극복하기, 그리고 문제가 있는 직원 다루기 등 여러 상황에서 어떻게 하는 것이 효과적인 소통인지에 대해 훈련을 실시한다. 훈련은 9주 동안 일주일에 2시간씩 진행되며, 훈련 방식은 다음과 같다. (1) 주제 소개, (2) 각 주제에 대해 효과적으로 행동하는 사람의 행동을 영상을 통해 보여줌(시연), (3) 영상에서 시연한 행동의 효과성에 대한 집단 토론 실시, (4) 다른 학습자와 훈련자

앞에서 역할극을 통한 행동의 연습, (5) 각 학습자가 실시한 역할극에 대한 피드백 제공.

Latham과 Saari는 모방훈련의 효과성을 검증하기 위해 모방훈련을 받는 절반의 학습자와 받지 않는 나머지 절반의 학습자를 구분하여 실험을 실시하였다(후자의 집단은 연구가 완전히 종료되고 난 후 훈련을 받았다). 훈련 후 몇 개월이 지나고 주어진 훈련에 대한 평가를 실시했을 때, 모방훈련을 받은 집단은 그렇지 않은 집단에 비해 더 높은 평가 점수를 얻을 수 있었으며, 1년 후 측정된 실제 직무 수행 평가에서도 더 높은 수준의 직무 수행 수준이 보고되었다.

경영 시뮬레이션 경영 시뮬레이션 방법은 사례 연구와 비슷한 특성을 가진다. 관리자들은 가상의 회사에 대한 배경, 상황, 문제, 그리고 회사의 목표에 대해 간단히 소개받고, 그 상황과 맥락에 영향을 줄 수 있는 경영 결정을 하도록 요구받는다. 이러한 시뮬레이션 훈련과 사례 연구와의 차별점은, 시뮬레이션 훈련에서는 일반적으로 몇 명의 관리자들이 하나의 팀이 되고, 다른 팀을 이기기 위한 아이디어, 절차, 해결 방법을 제시해야 한다는 점 그리고 각 시뮬레이션 회기가 종료될 때마다 훈련자는 팀이 내린 의사결정에 대해 피드백과 대안을 제시한다는 점이다.

비록 시뮬레이션에서 사용되는 상황이 전체적인 조직의 관점에서 설계되지만, 팀이 속한 부서의 상황에 적합한 시뮬레이션 상황이 설계되기도 한다(Wexley & Latham, 2002). 따라서 시뮬레이션의 종류는 마케팅, 재무, 생산관리, 품질관리 등과 같이 다양하다. 시뮬레이션 훈련은 학습자들로 하여금 훈련에 대한 흥미를 가지게 하고, 현실과 유사하게 설계되기 때문에 훈련에 대한 수용도도 높다. 또한 회사 내 다른 부서의 상황과 복잡성, 그리고 상호의존성에 대해 더 잘 이해할 수 있다. 아직까지 시뮬레이션 훈련의 효과성에 대한 많은 연구가 이루어 진 것은 아니지만, 이 훈련 방식이 학습자로 하여금 과도한 경쟁을 유발하여 훈련 본연의 목적을 상실하게 한다는 연구가 보고되기도 한다(Goldstein & Ford, 2002). 그러나 다른 연구에서는 시뮬레이션 훈련이 일반적인 사례 연구보다 더 효과적이며, 학습자들의 훈련에 대한 몰입감을 증가시킬 수 있는 것으로 나타난다(Kenworthy & Wong, 2005). 물론 시뮬레이션 방식을 사용하는 다른 훈련과 같이 경영 시뮬레이션 훈련에서도 현실과 시뮬레이션의 유사성은 훈련의 효과에 중요한 영향을 미친다.

기업 연수원 많은 회사들이 지속적인 훈련 개발과 직원들의 장기적인 수행 향상에 초점을 두고 회사 내 훈련 기관(기업 대학)이나 연수원에 대한 투자를 시작하고 있다. 기업 연수원은 효과적인 학습의 시행과 전이를 가능하게 하는 최신 기술을 보유한 현대적인 시설이 일반적이다. General Electric사는 1950년대부터 기업 연수원을 운영하였지만, 1990년대가 될 때까지 연수원의 실질적인 발전은 이루어지지 않았다(Gould, 2005). Disney사는 회사 연수원의 개발과 사용에 있어 선두주자 중 하나이다. Walt Disney의 모토는 "환경을 깨끗하고 친근하게 유지하고, 그것을 재미있게 만든다."였다. Disney사 연수원의 역할은 매우 분명하다. 모든 직원들은 캘리포니아 본사에 위치한 Disney 연수원을 경험하면서 브랜드의 가치, 역사, 그리고 전통에 대해 훈련한다(Lipp, 2013).

다른 유명한 연수원으로는 미국 버지니아에 위치한 McDonald사 연수원이나 미국 캘리포니아에 위치한 Apple사의 연수원이다. Apple사 연수원은 스티브 잡스에 의해 설립되었으며, 때로 훈련을 위해 대학 교수를 고용하기도 한다. Apple사 연수원은 교실에 대한 사진 및 훈련 교안에 대한 세부사항을 전혀 알 수 없을 만큼 모든 것에 대해 보안을 강조한다. 최근 몇몇 회사에서는 회사 연수원에서 실시하던 교육을 온라인 교육으로 대체하고 있다. 예를 들어 Caterpillar Institute사의 물리적인 연수원 시설은 이제 온라인 훈련으로 대체되었다. 이와는 달리 Apple사나 Disney사와 같이 직원들에게 매너, 가치, 회사의 역사, 그리고 목표를 훈련시키기 위해서는 물리적인 연수원 시설이 필요하다고 인식하는 회사들도 존재한다.

많은 회사들이 시간이 갈수록 지속적인 학습과 인재 양성에 너 많은 관심을 가지고 있으며, 이에 따라 연수원의 역할은 점차 중요해지고 있다. 사실 연수원은 지식, 네트워크 및 협력, 학습 과정 등 다양한 훈련을 함축하고 있기 때문에 사내 학습의 중심에 있어야 한다고 제안되곤 한다(Prince & Stewart, 2002).

연수원의 발전은 세계의 산업경제가 지식기반의 사회로 진화할 것이라는 제3의 물결(Toffler, 1980)의 흐름 속에서 발전되어 왔다(Rademakers, 2005). 기업들은 지식의 습득이나, 학습과 재학습을 통한 인적 자본의 지속적인 개발의 중요성을 인식하고 있다. 이러한 연수원의 발전은 다른 나라에서도 발생하고 있다. 예를 들어 지난 10년간 중국에서는 회사 내 지식의 사용과 관리를 어떻게 할 것인지에 대한 방법의 개발이 빠르게 진행되고 있다(Qiao, 2008). 따라서 연수원은 회사가 직원들을 대상으로 지속적인 학습과 훈련을 시행할 수 있는 효과적인 방법 중 하나이다.

훈련 평가

회사에서 직원들을 대상으로 하는 모든 처치에는 평가가 필요하다. 그러나 불행하게도 훈련 평가는 자주 이루어지지 않는데, 훈련을 담당하는 많은 실무자들이 평가 실행의 필요성을 인식하지 않거나, 훈련 프로그램의 성공에 대한 자신감 부족 및 평가에 대한 두려움을 가지고 있으며, 평가를 위해 필요한 자원을 준비하지 않기 때문이다(Wang & Wilcox, 2006). 그러나 훈련에 대한 신중한 평가는 훈련이 성공적으로 이루어졌는지를 알아보는 유일한 방법이기 때문에 훈련 평가에 대한 다음의 두 가지 사항을 논의하고자 한다. (1) 훈련 프로그램을 평가하기 위해 사용되는 준거, (2) 평가 설계 방법.

평가 준거

준거의 중요성을 잘 알고 있을 것이다. 훈련 평가를 위한 준거는 직원 평가 혹은 선발 체계에서의 준거만큼 중요하다. 따라서 훈련 프로그램에 대한 준거는 다른 준거와 마찬가지로 신뢰롭고, 실용적이어야 하며, 공정해야 한다.

Kirkpatrick의 분류체계 지금까지 가장 빈번하게 사용하는 훈련 준거는 1950년대 말부터 1960년대 초까지의 Donald Kirkpatrick의 연구에 근거하고 있다(Kirkpatric의 분류체계에 대해 상세히 알기 원하는 독자는 Giangreco, Carugati, & Sebastiano(2010)의 연구를 참조하기 바란다). 훈련은 다각적인 노력을 통해 이루어진다는 인식하에 Kirkpatric은 훈련 프로그램의 평가를 위한 네 가지 준거를 분류하였다(Kirkpatrick, 1976). 첫째, **반응 준거**(reaction criteria)는 전통적으로 훈련 프로그램에 대한 학습자의 태도적 반응이다. 이는 훈련에 대한 학습자의 느낌을 조사하는 것이다. 회사는 학습자들이 훈련 프로그램을 즐기고 그 경험을 가치 있게 생각하길 기대한다. 그러나 반응 준거만을 바탕으로 훈련 프로그램을 평가하는 것은 훈련 프로그램의 효과성에 대한 강력한 증거를 제공하기에는 충분하지 않다.

> **반응 준거**
> Kirkpatrick의 분류에서 훈련 프로그램에 대한 훈련자의 태도적인 반응. 학습 준거와 함께 내적 준거라고도 한다.

둘째, **학습 준거**(learning criteria)는 훈련 프로그램을 통해 학습된 양이 얼마나 많은지를 반영하는 것으로, 훈련 프로그램이 끝난 후 실시하는 지식 시험에 의해 측정된다. 훈련 프로그램은 특정 내용을 교육하기 위해 계획된 것이기 때문에 학습자가 얼마나 학습했는지 정도를 측정할 필요가 있다. 때로는 시험이 훈련 전에 시행되기도 하지만, 일반적으로는 훈련 후에 시험을 실시하여 학습자가 훈련을 통해 어느 정도 학습하였는지를 평가한다. 학습 준거는 (1) 학습자가 습득한 지식의 양과 같은 인지적인 성과를 평가, (2) 훈련을 통해 향상된 직무 수행 속도 및 기술적 성과, (3) 훈련에서 제시된 내용에 대한 학습자의 학습에 대한 강도나 집중력을 평가한다(Kraiger, Ford, & Salas, 1993).

> **학습 준거**
> Kirkpatrick의 분류에서 훈련 프로그램을 통해 학습된 양이 얼마나 많은지를 평가하는 준거. 반응 준거와 함께 내적 준거라고도 한다.

셋째, **행동 준거**(behavioral criteria)는 훈련 후 업무로 복귀했을 때의 학습자 행동 변화를 말한다. 이는 훈련 전이와 유사하다. 훈련 평가에서 행동 평가를 포함하지 않는다면 훈련 평가에 있어서 큰 결함이 발생한다. 왜냐하면 회사의 입장에서는 전이가 없는 학습은 유용하지 않기 때문이다.

> **행동 준거**
> Kirkpatrick의 분류에서 직무로 돌아갔을 때 훈련 프로그램으로 인해 발생한 행동 변화에 대한 준거. 결과 준거와 함께 외적 준거라고도 한다.

마지막 준거는 훈련 프로그램의 최종 산출물인 **결과 준거**(result criteria)이다. 7장에서 선발 체계의 유용성을 논했던 것을 떠올려보라. 결과 준거는 회사가 "그

> **결과 준거**
> Kirkpatrick의 분류에서 훈련 프로그램에 대한 회사가 가지는 최종 성과 및 산출물. 행동 준거와 함께 외적 준거라고도 한다.

훈련이 시행할 만한 가치가 있었는가?"라는 질문으로 요약될 수 있다. 만약 학습자가 훈련 프로그램에 호감을 보이고(반응 준거), 잘 배우며(학습 준거), 직무에서 그들의 행동을 변화시킨다 하더라도(행동 준거), 훈련의 개발과 실행에 소요되는 비용이 궁극적으로 회사에 손해를 가져온다면 그 훈련 프로그램은 틀림없는 실패이다. 다른 말로 훈련이 많은 다른 부분에서는 가치가 있더라도, 회사의 관점에서는 '결과적으로 그럴 만한 가치'가 있어야 한다.

훈련 프로그램을 평가하는 데 항상 이 네 가지 준거가 연관되어 있지는 않지만, 단지 한두 가지 준거만 사용하는 것은 충분하지 않다는 점을 유의해야 한다. 많은 훈련 프로그램의 평가가 반응 준거와 학습 준거만을 사용하는 경우가 있는데, 이는 훈련이 실제 성과로 어떻게 이어지는지에 대한 평가가 결여되어 있기 때문에 문제의 소지가 있다. 왜냐하면 회사는 대부분 경영 성과와 좀 더 연관된 행동과 결과 준거에 더 많은 관심을 가지고 있기 때문이다.

확장체계 Alliger와 동료들은(Alliger & Janak, 1989; Alliger, Tannenbaum, Bennett, Traver, & Shotland, 1997) Kirkpatrick의 분류체계에 기초하여 **표 8.1**과 같은 확장체계를 제시하였다. 두 분류체계의 차이를 살펴보면 다음과 같다. 첫째, 확장체계는 반응준거를 정서적 반응과 유용성 반응으로 세분화하였다. 정서적 반응은 Krikpatrick이 제시했던 훈련에 대한 학습자의 태도나 느낌이다. 반면 유용성 반응은 학습자가 지각하는 훈련의 유용성에 대한 신념이다. 어떤 훈련 프로그램에서 다양한 시청각 자료와 혁신적 기술을 사용하면서 학습자들의 참여를 유도하기 위해 지속적으로 종소리와 호루라기 소리를 사용했다고 가정해보자. 학습자들은 이 훈련이

표 8.1 훈련 준거 분류 체계

Kirkpatrick의 분류체계	Alliger과 동료들의 확장체계	예시
반응 준거	반응 준거 : 정서적 반응 유용성 반응	시뮬레이션 훈련이 얼마나 매력적이었습니까? 시뮬레이션 훈련이 실제 수술에 어느 정도 도움이 될 것 같습니까?
학습 준거	학습 준거 : 즉각적인 지식 습득 지식의 유지 행동/기술의 향상	시뮬레이션 훈련 동안 습득한 지식, 기술, 그리고 행동
행동 준거	학습 전이	훈련 후 실제 수술에서 보이는 행동에 대한 관찰 체크리스트
결과 준거	결과 준거	수술 후 환자의 상태 환자의 장기적 회복 상태 수술의 성공 여부

출처 : Alliger et al.(1997).

재미있었다고 생각할 순 있지만, 이 훈련이 실제 직무에서 유용하게 사용될 것이라고는 생각하지 않을 수 있다. 따라서 반응 준거에서 단지 정서적 반응만을 평가하기보다는 유용성 반응을 함께 평가할 필요가 있다.

> **참조**
>
> 효과의 크기는 연구자들에 의해서 설정된 숫자이며, 이는 여러 다른 연구에서 보이는 변인의 효과성을 비교하기 위해 사용된다. 예를 들어 0에서 .29 범위의 상관관계는 작은 효과 크기, .30에서 .49까지의 상관관계는 중간 효과 크기, .49 이상의 상관관계는 큰 효과 크기를 나타낸다.

둘째, Alliger와 동료들은 학습 준거를 세 가지 유형으로 세분화하였다. (1) **훈련 후 즉각적인 지식의 습득**(immediate posttraining knowledge)이다. 이는 Krikpatrick이 제시했던 학습에 대한 지식 평가와 동일하다. (2) **지식의 유지**(knowledge retention)이다. 지식의 유지는 훈련이 종료되고 일정 시간이 지난 이후 학습의 내용을 얼마나 기억하고 유지하고 있는지를 평가하는 것이다. 이 평가를 통해 학습의 어떤 부분이 더 잘 유지되는지 알 수 있다. (3) **행동/기술의 향상**(behavior/skill demonstration)이다. 이는 학습자가 학습 도중 어떻게 행동했는지를 평가하는 것이며, 훈련 중 행동에 대한 평가와 실제 직무상 행동의 차이점을 알아볼 수 있다. 두 분류체계의 마지막 차이점은 Krikpatrick 분류체계에서 사용한 행동 준거를 학습 전이로 변경했다는 점이다. 두 단어의 차이점은 행동 준거는 훈련 도중 발생한 행동의 변화를 평가한다면, 학습 전이는 훈련 이후 실제 직무상 행동 변화의 평가에 초점을 둔다는 것이다.

훈련의 효과성에 대해 160여 편의 연구를 메타 분석을 살펴보면 훈련 평가에 대한 흥미로운 발견을 할 수 있다(Arthur et al., 2003). 먼저 Krikpatrick 분류체계에서 사용된 네 가지 준거에 대한 효과 크기는 .60에서 .63으로 중간 이상의 큰 효과 크기가 나타났다. 즉 네 가지 준거 점수가 높을 때 훈련의 효과성이 높았다. 둘째, 이 장 앞에서 논의했듯이 전통적인 강의 방식의 훈련이 지루한 훈련 방식이라는 일반적인 믿음에도 불구하고 강의는 매우 효과적인 훈련 방법인 것으로 보고되었다. 마지막으로, 훈련 평가를 자주 실시하는 것이 훈련 전이에 긍정적인 영향을 미쳤다. 이는 빈번한 훈련 평가가 빈번한 시험과 피드백의 제공, 그리고 훈련 전이의 기회로 이어지기 때문이다(Saks & Burke, 2012). 150명의 훈련 전문가를 대상으로 실시한 조사에 의하면 행동 준거와 결과 준거를 활용한 빈번한 훈련 평가는 훈련 직후와 훈련 후 6개월이 지난 시점 모두에서 전이가 잘 이루어지는 것으로 나타났다. 앞서 이야기한 것처럼 회사는 훈련 평가 시 행동 준거와 결과 준거를 고려하지 않는 경우가 많은데, 이러한 연구 결과는 다양한 준거 활용의 필요성을 시사한다.

평가 설계

훈련 평가 방법에 대한 결정을 하였다면, 이제 평가를 어떠한 방식으로 시행할지에 대한 평가 설계를 해야 한다. 준 실험 설계는 평가 설계를 할 때 가장 많이 이용되는 방법이다(**표 8.2**에는 훈련 평가의 세 가지 방법이 정리되어 있다). 먼저 400명의 사람들이 동시에 훈련을 받고 있으며, 훈련의 결과로 다양한 훈련 준거가 어떻게 변화되었는지 파악하는 것을 가정해보자. 예를 들어 학습자들이 훈련 이후 도구의 사용법에 대해 더 많은 지식을 습득하였는가? 훈련 이후에 학습자의 실제 직무상 행동이 변화되었는가?

이 상황에서 우리는 400명의 학습자를 대상으로 **사전/사후 평가 설계**를 적용할 수 있다. 사전/사후 평가란 특정 준거에 대해 훈련 전(M_1)에 평가하고, 훈련 이후(M_2)에 동일한 준거를 다시 평가하는 방법이며, 사후 평가 점수와 사전 평가의 차이가 훈련의 효과성을 나타낸다.

> **참조**
>
> 2장에서 준 실험 설계는 현장 실험과 유사하지만 현장 실험은 참가자들을 무선 할당할 수 없다는 점에서 차이가 있다고 논의하였다. 하지만 준 실험 설계에서는 참가자들을 실험의 목적에 따라 참가자들을 실험 집단 혹은 통제 집단에 할당하는 것이 가능하다.

두 번째로 우리는 200명은 훈련을 실시하는 실험 집단으로 편성하고, 나머지 200명은 훈련을 실시하지 않는 통제 집단으로 편성할 수 있다. 이 방법은 **통제 집단이 있는 사전/사후 평가 설계**라고 부른다. 사전/사후 평가 설계와 유사하지만 통제 집단을 내포하고 있는 평가 설계이다. 즉 실험 집단과 통제 집단 모두를 대상으로 사전/사후 평가를 실시하는 방식이다. 본 설계에서는 통제 집단을 추가함으로써 통제 집단이 없는 사전/사후 평가 설계보다 훈련 효과성에 대한 내적 타당도를 높일 수 있다. 왜냐하면 실험 집단에 대한 사전/사후 평가(M_2 M_1)나 통제 집단에 대한 사전/사후 평가(M_4-M_3) 이외에 실험 집단과 통제 집단 간 차이 비교(M_2-M_4)가 가능하기 때문이다. 만약 M_2와 M_1의 차이가 M_4와 M_3의 차이보다 크거나 M_2가 M_4보다 클 경우 훈련 프로그램이 효과적이라고 평가할 수 있다

세 번째 설계는 **솔로몬 네 집단 평가 설계**이다. 평가의 내적 타당도 측면에서는 솔로몬 네 집단 평가 설계 방법이 가장 우수하다. 왜냐하면 이 설계에서는 두 훈련 집단과 두 통제 집단 총 네 집단으로 구분되며 각 집단에 100명의 학습자들을 할당하여 여러 집단 간 비

> **참조**
>
> 통제 집단이란 실험에서의 처치를 받지 않는 집단이다. 일반적으로 처치의 효과를 알아보기 위해 처치를 받는 실험 집단과 처치를 받지 않는 통제 집단의 수행을 비교한다.

표 8.2 훈련 평가 체계

평가 설계	집단	평가 시기 1	훈련 시행	평가 시기 2
1. 사전/사후 평가 설계	실험 집단	M_1	훈련	M_2
2. 통제 집단이 있는 사전/사후 평가 설계	실험 집단	M_1	훈련	M_2
	통제 집단	M_3		M_4
3. 솔로몬 네 집단 평가 설계	실험 집단 1	M_1	훈련	M_2
	통제 집단 1	M_3		M_4
	실험 집단 2		훈련	M_5
	통제 집단 2			M_6

교 분석이 가능하기 때문이다. 하지만 이 평가 설계 방법은 비용과 자원의 소비 측면에서 경제적이지 않다. 왜냐하면 다른 설계와 비교하여 많은 집단의 구분과 평가의 반복이 필요하기 때문이다. 따라서 솔로몬 네 집단 평가 설계는 학술적 연구 측면에서는 유용한 설계이지만, 실제 훈련 장면에서 평가 설계 방법으로 활용되기는 제한적이다.

훈련과 다양성 관련 이슈

다양성에 관련한 이슈는 인종, 나이, 성별을 막론하고 조직과 조직 구성원들에게 점점 더 중요해지고 있다. 이 장에서는 직장 내 성희롱과 다양성에 대해 다룰 것이다. 이는 훈련을 전달하는 기법이나 특정 훈련 요인을 다루는 것은 아니다. 그보다는 조직에서 다뤄야 하는 훈련 내용에 대한 것이다. 조직이 구성되는 과정에서 인종, 민족, 나이는 다양해지고 있으며, 조직은 직원들이 다양성을 인식하고 대비할 수 있는 훈련을 실시할 필요가 있다.

성희롱 예방 훈련

7장에서 살펴보았듯이 직장 내 성희롱은 공민권법에 의해 금지되어 있다. 미국에서 직장 내 성희롱과 관련된 문제는 최근 몇 년 동안 많은 관심을 불러일으키고 있다. 빌 클린턴 미국 전 대통령과 모니카 르윈스키가 낳은 스캔들은 대통령 탄핵 재판으로까지 이어졌다. 직장 내 성희롱으로 인한 결과는 세 가지로 구분된다(Gutek & Koss, 1993). 먼저 성희롱은 직무 성과에 전방위적으로 영향을 미칠 수 있는데, 대인관계, 경력 개발, 직무 만족과 조직에 대한 몰입에 부적인 영향을 준다. 둘째, 신체적/정신적 피해이다. 예를 들어 성희롱을 경험한 여성은 자기 효능감이 낮아지며, 삶에 대한 만족도 및 가정에 대한 만족도 그리고 자신감이 저하된다. 또한 성희롱을 경험한 여성은 우울증이 생기거나 공격성을 보이기도 한다. 성희롱으로 인한 신체적 증상으로는 위장병, 이 가는 증상, 메스꺼움, 불면증 등이 나타날 수 있다. 마지막으로 성희롱은 조직에 부정적인 영향을 미친다(Gutek & Koss, 1993). 이직, 결근의 증가로 인한 비용의 손실뿐만 아니라 동기의 저하로 인한 간접적인 비용 손실이 발생한다. 또한 회사에서 성희롱 사건에 대한 조치 과정에서 부서 이동이나 조사를 벌이게 될 경우 직원 간 불화나 갈등이 조성될 수 있다. 연

Eric Thayer/Getty Images

생 각 해 보 기
2012년 공화당 대통령 후보였던 허먼 케인은 과거의 성희롱에 대한 여러 주장으로 인해 대선을 포기해야 했다. 직장 내 성희롱을 경험한 적이 있거나, 현재 경험하고 있다면 어떻게 대처해야 할까?

구 결과 제조업과 공공 서비스업에서 일하는 직원의 50%는 최근 2년 사이에 성희롱을 경험한 적이 있는 것으로 나타났다(Berdahl & Aquino, 2009).

성희롱은 예방이 가장 중요하며, 이에 따라 EEOC(Equal Employment Opportunity Commission)는 회사들이 직원들을 대상으로 성희롱 교육을 할 것을 권장한다. 사실 대부분의 회사들은 성희롱 교육을 실시하고 있으며, 교육 시 시청각 자료를 통한 행동 모방훈련이 주로 활용된다(Meyer, 1992). 이러한 성희롱 훈련의 효과성은 여러 연구를 통해 검증되었으며, 성희롱 교육을 받은 집단이 교육을 받지 않은 집단에 비해 직장 내 성희롱을 범하지 않은 것으로 나타났다(직장에서 남성과 여성이 성희롱에 대해 어떻게 다른 인식을 가지고 있는지 보다 자세히 알아보기 원하는 독자는 Kath, Swody, Magley, Bunk, & Gallus(2009)의 연구를 참조).

성희롱에 대한 리뷰 연구와 실증 연구 모두 성희롱 교육이 효과적이라는 것을 지지하고 있으며, (1) 모방훈련을 통한 성희롱 교육은 성희롱 행동에 더욱 민감하게 반응할 수 있도록 하며, (2) 남성과 여성 간 성희롱에 대한 인식 차이를 줄일 수 있다. 하지만 아직까지 성희롱 교육을 통한 태도와 인식의 변화가 실제로 직장 내 성희롱 행동을 얼마나 줄일 수 있는지에 대한 확실한 연구 결과는 드물다. 성희롱에 대한 최근 연구에 의하면 성희롱 문제를 개인의 문제로 다루기보다는 회사 차원의 문제로 다룸으로써 회사 내 전체적인 분위기나 인식을 변화시켜야 한다고 주장한다(Hunt, Davidson, Fielden, & Hoel, 2010). 직장 내 성희롱 교육과 관련한 연구는 앞으로 더 많이 이루어질 필요가 있는 것은 분명하다.

직장 내 다양성 관리 및 훈련

인구통계의 변화는 직장의 인구통계에도 영향을 미치고 있으며, 미국 노동부의 조사에 의하면 1990년대 일을 하는 55세 이상 근로자는 12%였으나, 2012년에는 21%까지 증가되었고, 2022년에는 전체 근로자 중 55세 이상 근로자가 26%를 차지할 것으로 예상된다(U.S. Bureau of Labor Statistics, 2014). 이는 베이비 부머 세대가 그 이전 세대에 비해 오래 일하는 경우가 늘어나고 있다는 것을 의미하며, 이에 따라 직장 내 연령 분포나 세대차에 영향을 미치고 있다. 직장 고령화는 HR부서로 하여금 새로운 훈련에 대한 과제를 제공한다.

미국에서 직장 내 다양성은 빠르게 증가하고 있다. 예를 들어 2006년 조사에 의하면 라틴계 근로자가 아프리카계 미국인보다 더 많은 근로 비율을 차지하고 있으며, 2022년까지 여성 근로자 비율이 전체의 47%까지 올라갈 것으로 보인다.

이러한 상황은 많은 조직이 글로벌화되면서 역동적이고 빠르게 변화하도록 요구하고 있다. 따라서 다양성의 변화는 HR 부서가 앞으로 어떠한 훈련과 접근을 해야 하는지에 대해 시사점을 제공하며, 대부분의 정부 기관과 약 70%의 민간 기업에서 다양성 훈련을 제공하고 있다. 이 장에서는 다양성 훈련을 제공하는 몇몇 상위 기업의 사례를 살펴보고자 한다

(DiversityInc, 2015).

1. Pricewaterhouse Coopers는 선발, 멘토링 부분에 있어서 다양성이 높은 기업이다. 특히 여성 직원의 비율이 높은 편인데, 임원진의 3분의 1이 여성이며, 바로 밑 직급의 경우 거의 절반이 여성이다. 이 회사의 모든 관리자들은 공식적인 멘토링 프로그램에 참여해야 한다. 멘토링 프로그램은 백인 남성 관리자들로 하여금 다양성을 훈련시키는 것에 초점이 맞추어져 있다. 또한 이 회사는 유연한 조직 문화를 가지고 있으며, 2004년에는 동성애자 직원들을 위한 상담 창구를 개설하였다.
2. Marriott International은 다양성 분야에 있어서 선두적인 기업이며, 특히 성적소수자 직원에 대한 다양성이 인정되는 회사이다. 이 회사의 크고 작은 호텔 중 여성이 운영하고 있는 호텔은 약 790개이며, 2020년까지 이 숫자를 1,000개로 늘리는 것을 목표로 하고 있다. 또한 모든 부서 중 여성이 이끄는 부서가 9개이며, 이들 9개 부서에서 연간 1억 달러 이상의 매출을 올리고 있다. 2014년에는 #lovetravels라는 캠페인을 시행하여 성 소수자, 흑인, 그리고 라틴계 고객의 모집에 힘쓰고 있다.
3. AT&T는 다양성과 관련하여 가장 선두적인 미국 회사 중 하나로 명성을 이어오고 있다. AT&T는 협력업체의 다양성, 멘토링, 그리고 다양성 위원회 활동 등의 다양성 확보를 위한 활동을 전개하고 있다. 회장 겸 CEO인 랜달 스티븐슨은 임원진 구성에 있어서도 다양성을 중요시한다. 이러한 활동으로 인해 지난 2년간 임직원의 다양성 멘토링이나 위원회 활동 참여가 두 배로 증가하였다. AT&T는 협력업체의 다양성을 증가시키기 위해서도 노력하고 있는데, 전체 협력업체 중 18%는 소수 민족으로 구성되어 있으며, 이러한 AT&T의 다양성 모델은 다른 회사들의 귀감이 되고 있다.

이러한 예로 볼 수 있듯이 세계에서 가장 성공적인 기업들이 채용, 선발, 유지, 훈련에서 다양성의 이슈에 초점을 두고 있다. 다양화 훈련은 세 가지 기본적인 목적을 가진다. (1) 다양성의 중요성에 대한 인식 증가, (2) 효과적인 관리를 방해하는 편견과 고정관념의 감소, (3) 다양한 인적 자원을 효과적으로 관리할 수 있도록 하는 행동변화이다(Hanover & Cellar, 1998).

700명의 HR 전문가를 대상으로 다양성에 대해 실시한 연구는 흥미로운 시사점을 제공한다(Rynes & Rosen, 1995). 연구에 의하면 다양성 훈련에 따라 회사에서 다음 요인들이 변화되는 것을 발견하였다. (1) 최고경영자 팀의 다양성, (2) 다른 경영 이슈와 비교해서 다양성이 높은 우선순위를 가짐, (3) 최고경영자의 지원, (4) 다양성 지원을 위한 보상체계 확립, (5) 다양성 문제를 관리하는 담당자의 존재, (6) 다양성 확보를 위한 활동의 의무 참석.

다양성 훈련에 대한 연구들은 지난 10년간 증가해왔다. 다양성 훈련의 결과에 대한 리뷰 연구에 의하면 직원들이 다양성의 가치, 회사가 추구하는 다양성 목표, 다양성 관리를 위한 행동에 대하여 더 잘 이해할수록 보다 효과적으로 다양성 관련 행동을 보이는 것으로 나타났다(Kulik & Roberson, 2008). 다른 연구에서는 다양성 훈련이 집단 구성원 간 차이점보다 유사점에 초점을 두는 것이 더 효과적이라는 결과를 보이기도 하였으며, 이때 학습자들은 더 효과적으로 다양성과 관련된 갈등을 해결하였다(Holladay & Quinones, 2008). 다양성 훈련 프로그램 효과성 검사의 대부분은 직무 현장으로의 학습 전이보다는 훈련을 통한 학습(학습 준거)에 초점을 두고 있다. 그러나 최근 들어 다양성 훈련의 학습 전이에 대한 연구들이 실시되고 있으며, 학습을 통해 어떠한 행동이 강화되었을 때 실제 직무 현장에서 다양성과 관련된 행동들이 증가하는지에 대하여 연구되고 있다(Roberson, Kulik, & Pepper, 2009).

다양성 훈련 프로그램의 의무화에 대한 몇몇 직원들의 반발은 다양성의 확보가 소수계층 직원들에게 이점이 돌아간다는 인식 때문이다(Kulik, Pepper, Roberson, & Parker, 2007). 이러한 반발을 최소화하기 위해 회사들은 다양성 훈련을 자율화하고 있지만, 훈련의 참여를 자율화했을 때 효과는 높지 않다. 이러한 문제를 해소하기 위한 대안적 접근은 다양성에 대한 '문화'를 창조하는 것이다(Chavez & Weisinger, 2008). 이는 비주류 집단이 주류 집단으로 통합되는 과정에서 자부심을 느낄 수 있는 문화를 만드는 것이다. 그리고 포용적인 문화를 만드는 데 있어서 직원들 개개인이 서로를 신뢰하고 책임질 수 있도록 하는 학습 과정을 개발하는 것이다. 마지막으로 회사는 다양성을 통한 다각적인 관점을 어떻게 활용하고 강점으로 만들 것인지에 대한 전략을 수립하는 것이다. 이러한 다양성 문화는 다양성 훈련이 작동하지 않는 다양한 상황에서 유용하게 활용될 수 있다.

다양성의 증가가 조직 성과에 미치는 영향에 대한 연구 결과들은 혼재되어 있다. 어떤 이들은 다양한 조직은 직원들 간 소통, 협력, 갈등의 해결에 있어서 부적인 영향을 나타낸다고 주장한다. 그러나 다른 이들은 조직이 더 다양할수록 더 나은 문제 해결 전략과 새로운 아이디어가 확보될 수 있다고 주장한다. 공무원들을 대상으로 실시한 최근 연구는 이러한 이슈를 잘 나타낸다(Choi & Rainey, 2010). 연방 공무원 150,000명을 대상으로 실시한 연구 결과에 의하면 다양성이 증가할수록 조직 성과는 감소하는 것으로 나타났다. 하지만 다양성 관리가 잘될 때는 오히려 조직 성과가 증가되었다. 따라서 다양성으로 인해 조직에서 이점을 가지기 위해서는 다양성을 잘 관리하기 위한 방법과 절차를 갖추는 것이 필요하다.

요약

이 장에서는 다섯 가지 주요 내용을 다루었다. 먼저, 조직이 어떻게 훈련에 대한 필요성 평가를 할 것인가였다. 훈련에 대한 필요성 평가는 조직 분석(조직의 어떠한 직급 혹은 부서에서 훈련이 이루어져야 하는가), 과업 분석(어떠한 행동과 과업에 대한 훈련이 이루어져야 하는가), 개인 분석(누가 훈련을 받아야 하는가)을 통해 이루어진다. 또한 인구통계 분석이 어떻게 훈련 필요성 평가에 활용될 수 있는지를 알아보았다.

둘째, 훈련의 효과성을 높이는 방법에 대해 알아보았다. 우리는 학습의 기본 원리가 어떻게 훈련에 적용될 수 있는지를 알아보았다. 예를 들어 집중학습보다는 분산학습이 이루어질 때, 훈련 도구가 정교하게 개발될 때, 연습과 초과학습이 시행될 때, 그리고 즉각적인 피드백이 주어질 때 학습의 훈련 효과가 높았다. 또한 학습 전 전이가 발생하기 위한 요인들에 대해서도 살펴보았다.

셋째, 어떠한 방식을 통해 훈련을 제공할 수 있는지 알아보았다. 혁신적인 기술에 기반한 훈련 방식들을 살펴보았으며, 이러한 방법에 대한 구체적인 사례를 제시하였다.

넷째, 훈련의 평가에 대해 살펴보았다. Kirkpartick의 네 가지 분류체계에 기반하여(반응 준거, 학습 준거, 행동 준거, 결과 준거) 어떻게 훈련의 효과성을 평가하는지 알아보았고, 이를 확장한 Alliger의 훈련 평가 방식에 대해서도 살펴보았다. 또한 훈련 평가를 설계하는 방식에 대해서도 논의하였다.

마지막으로 최근의 훈련 경향성에 대해 살펴보았다. 특히 직장 내 성희롱 예방 훈련과 다양성 훈련에 대해 논의하였으며, 효과적인 훈련이 이루어지기 위해 조직이 어떠한 도움을 주어야 하는지도 살펴보았다.

주요 용어

- 결과 준거
- 교수 설계
- 능동학습
- 물리적 충실도
- 반응 준거
- 분산학습
- 심리적 충실도
- 원격교육
- 인적 자산
- 조직 사회화
- 준비도
- 지속적 학습
- 집중학습
- 초과학습
- 학습
- 학습 준거
- 행동 준거
- 훈련
- 훈련 전이

실무 적용

I/O심리학자들은 훈련을 설계하고 평가하기 위해 다양한 심리학 분야의 연구 결과들을 응용한다. 최고의 훈련 성과를 달성하기 위해 특정 조직의 구성원들이 가지고 있는 요구를 반영하여 훈련을 설계할 수도 있겠지만, 이미 사전에 수립된 훈련 방법을 기업에 제안하고 훈련을 실시하기도 한다. 다음 Ocho Rios Bar사의 이마니 딕슨에게 온 이메일을 살펴보고, 어떠한 훈련을 제안할 수 있는지 생각해보자.

안녕하세요.

제가 가지고 있는 고민에 대한 도움을 주셔서 감사합니다. Ocho Rios Bar는 플로리다에 위치한 회사입니다. 우리 회사 직원들 대부분은 봄 시즌에 휴가를 가고 있으며, 이에 따라 해당 기간 몇 개월 동안 계약직 직원을 고용하고 있습니다. 따라서 계약직 직원들이 원만히 업무 수행을 하도록 돕기 위해 대규모로 빠르게, 그리고 최소의 비용으로 훈련을 실시할 필요가 있습니다. 각각의 계약직 직원들에 대해 하루 종일 훈련을 실시하는 것은 불가능하며, 훈련은 대부분 현장 교육으로 이루어집니다.

현재는 새로운 직원을 훈련하기 위해 기존 직원과 2일 동안 동행하며 모니터링하게 합니다. 그리고 2일 후 상대적으로 한가한 시간인 오후 시간에 직접 서빙을 해보도록 합니다. 만약 새로운 직원이 고객에게 너무 많은 불평을 받을 경우 그 직원은 해고됩니다.

매년 우리는 많은 문제에 직면하게 됩니다. 우선, 새로운 직원들이 고객을 응대하지 않고 업무 시간 중 담배를 피거나 수다를 떨고 휴대전화를 봅니다. 둘째, 고객들을 친근하게 대하지 않습니다. 직원들은 그들이 단지 서빙만 하면 된다고 생각하는 것 같으며, 그들이 고객에게 친근하게 대했을 때 고객들이 더 오랜 시간 가게에 머물고 다음에 다시 오게 될 것이라 생각하지 않는 것 같습니다. 마지막으로 훈련을 받았다고 할지라도 메뉴를 숙지하지 못하거나, 주문을 등록하지 못하는 등의 문제가 생깁니다.

제가 어떻게 훈련 과정을 조정해야 계약직 직원들이 원활히 업무를 수행할 수 있을까요? 계약직 직원들은 이직률이 높기 때문에 훈련에 소요되는 비용은 최소화해야 하며, 이직으로 인해 교체 투입된 새로운 사람이 바로 업무를 수행할 수 있어야 합니다. 또한 어떻게 하면 훈련받은 것을 잊어버리지 않게 만들 수 있으며, 제가 그들을 지켜보지 않더라도 열심히 일하게 만들 수 있을까요?

감사합니다.
이마니

비판적 사고 문제

1. 인터넷 학습은 자주 사용되는 훈련 방법이다. 인터넷 학습은 훈련의 실행, 훈련 내용의 개선, 그리고 조직과 학습자 모두에게 편한 방법이다. 그러나 다른 훈련 프로그램과 마찬가지로 인터넷 학습의 단점도 있다. 인터넷 학습의 단점은 무엇일까? 인터넷 학습을 받아본 경험이 있다면 보다 효과적인 인터넷 학습을 개발하기 위하여 무엇이 필요하다고 생각하는가?
2. 이 장에서 훈련 전이에 대해 논의하였다. 왜 훈련 전이가 중요한가? 당신이 자동차 조립 공장의 훈련 담당자라고 가정해보자. 공장 근로자들을 대상으로 어떻게 하면 훈련 전이가 잘

이루어지게 할 수 있을까?

3. 이 책 앞에서 언급한 바와 같이, I/O심리학은 예측변인과 준거의 관계를 중요시 여긴다. 어떻게 하면 예측변인과 준거의 관계에 훈련으로 인한 성과를 연결시킬 수 있을까? 그리고 이러한 연결이 효과적인지 어떻게 검증할 수 있을까? 이 과정이 선발과 훈련의 과정에서 어떠한 시사점을 제공할 수 있을까?
4. 교수가 게임화를 활용하여 수업을 진행한다고 가정해보자. 게임화 과정에서 시험 문제를 틀려서 게임 포인트를 잃게 되는 대신 수업 중 보이는 올바른 행동에 대해 게임 포인트나 배지를 얻게 된다고 생각해보자. 이러한 방식이 학생들을 동기화시킬 수 있을까? 이 방식의 문제는 무엇인가?

응용 문제

1. 인종차별 농담을 심하게 하는 조직에 근무한 경험이 있다고 가정해보자. 그리고 이 회사 직원들은 다양성 교육을 받으러 가는 것에 대해 마치 인종차별 발언에 대한 처벌이라고 인식하고 있다. 어떻게 하면 직원들에게 다양성 훈련이 많은 이점을 가지고 있다고 설득할 수 있을까? 어떻게 하면 직원들이 인종차별적 발언을 하는 것에 대해 더 조심하게 만들 수 있을까?
2. 언론에 의하면, 고용주들은 회사의 신입사원들이 비판적 사고, 의사소통 능력, 그리고 시간관리 능력이 부족하다고 생각한다. 어떻게 하면 대학에서 학생들이 졸업하기 전에 이러한 능력을 갖출 수 있도록 도울 수 있을까? 학생들은 어떻게 하면 스스로 이러한 능력을 갖출 수 있을까? 학생들이 학교에서 배운 것을 현업에 적용할 때 어떠한 어려움을 경험할 수 있을까?
3. 당신이 무엇인가를 초과학습한 경험을 떠올려 보자. 초과학습이 잘 이루어졌는가? 초과학습이 유용하게 쓰였는가?
4. 기업에서 직원들을 대상으로 팀워크 향상 기술에 대한 훈련을 시행했다고 가정해보자. 그리고 훈련 이후 훈련받은 학습 내용을 잘 이해했는지에 대한 테스트를 했다고 생각해보자. 그러나 훈련 이후 테스트를 통과한 직원의 경우에도 실제 업무 현장에서 여전히 다른 팀원들에게 무례한 행동을 하고 있다. 무엇이 문제인가? 이러한 문제를 해결하기 위해 어떠한 접근이 필요한가?
5. I/O 실무자들은 종종 훈련 프로그램을 설계할 때 소수 계층에 대한 충분한 고민 없이 프로그램을 설계한다. 당신이 컨설턴트라면 소수자 계층 중 (1) 나이가 많은 직원, (2) 시각장애인, (3) 다른 나라에서 온 직원에게 효과적으로 훈련을 제공하기 위해 어떻게 훈련 프로그램

을 재설계하겠는가?

더 읽을거리

Aguinas, H., & Kraiger, K. (2009). Benefits of training and development for individuals and teams, organizations, and society. *Annual Review of Psychology, 60(1)*, 451–474.

Arthur, W., Jr., Bennett, W., Jr., Edens, P. S., & Bell, S. T. (2003). Effectiveness of training in organizations: A meta-analysis of design and evaluation features. *Journal of Applied Psychology, 88*(2), 234–245.

Chavez, C. I., & Weisinger, J. Y. (2008). Beyond diversity training: A social infusion for cultural inclusion. *Human Resource Management, 47*(2), 331–350.

Freifeld, L. (2015, February 10). Training magazine ranks 2015 top 125 organizations. *Training*. 출처 : http://www.trainingmag.com/training-magazine-ranks-2015-top-125-organizations.

Klein, H. J., & Polin, B. (2012). Are organizations on board with best practices onboarding? In C. Wanberg (Ed.), *The Oxford handbook of organizational socialization* (pp. 267–287). New York: Oxford University Press.

Kraiger, K., Passmore, J., dos Santos, N. R., & Malvezzi, S. (2014). The psychology of training, development, and performance. New York: Wiley-Blackwell.

Kulik, C. T., & Roberson, L. (2008). Diversity initiative effectiveness: What organizations can (and cannot) expect from diversity recruitment, diversity training, and formal mentoring programs. In A. P. Brief (Ed.), *Diversity at work* (pp. 265–317). Cambridge, UK: Cambridge University Press.

CHAPTER 9

동기

이 장의 개요

사진 : Hero Images/Getty Images

학습내용

- 조직심리학에서의 작업동기 중요성
- 세 가지 주요 동기 이론의 차이점
- 다양한 욕구-동기-가치 이론에 대한 유사성과 차이점
- 인간의 합리적 행동을 강조하는 인지 선택 이론
- 공정성 이론과 기대 이론의 차이점과 유사점
- 작업행동에 대한 자기 조절의 중요성
- 목표 설정 이론의 주요 원리와 선행연구 결과
- 목표와 현재 행동 수준과의 불일치와 목표지향 행동과의 관계성
- 작업동기와 수행을 향상시키는 조직행동관리 프로그램의 활용과 성공 사례
- 작업동기와 수행을 향상시키기 위한 성공적인 목표 설정(MBO 포함) 방법
- 조직에 필요한 직무 확충 접근법에 대한 소개와 직무 확충을 적용하는 다양한 방법
- 현재 직무 가공에 대한 경향과 근로자들이 자신의 욕구와 직무에 적합성을 향상시키고 조직에 기여하기 위한 직무 가공 방법

1920~1930년에 진행되었던 호손 연구는 조직심리학이 정착하는 데 큰 기여를 하였다. 호손 연구가 있기 전 초기 I/O심리학 연구의 대부분은 산업심리학과 관련된 주제였다. 호손 연구는 조직의 보상과 처벌 체계, 근로자들 간의 관계, 조직 규범, 조직에서 실시하는 프로그램이나 처치에 대한 근로자의 지각 등이 근로자에게 중요한 요소라는 것을 연구자들에게 일깨워주었다. 예를 들면 호손 효과를 피드백과 보상의 관점에서 설명함으로써 조작적 조건화 이론이 확장될 수 있는 계기를 마련해주었다. 호손 연구는 또한, 작업환경에서 동기의 기능, 기타 다양한 조직적 요소와 관련된 연구 영역에 대해 여러 연구자들이 관심 갖도록 하는 데 큰 기여를 하였다.

Schein(1980)은 저서에서 "조직은 복잡한 사회 시스템이기 때문에, 조직 내 개인들의 행동을 결정하는 요인에 대한 질문의 답을 찾기 위해서는 사회 시스템과 같은 전체 측면들을 고려하는 관점으로 인식해야 한다는 점에서 조직심리학과 밀접하게 관련되어 있다."(p. 6)고 서술하였다. 즉 조직심리학자는 개인의 일과 삶의 전체적 맥락을 고려하지 않고서는 개인의 작업행동과 관련된 연구를 할 수 없다는 의미이다. 그러므로 **조직심리학**(organizational psychology)은 직장에서의 개인과 집단의 행동과 경험에 영향을 미치는 다양한 개인·상황 변인에 대한 체계적인 연구로 정의할 수 있다(Lawson & Shen, 1998).

> **조직심리학**
> 직장에서의 개인과 집단의 행동과 경험에 영향을 미치는 개인적·상황적 변인에 대한 체계적인 연구

이 책 9장부터 14장까지 조직심리학과 관련된 주제를 다룰 것이다. 9장 동기를 시작으로, 10장 직무태도, 11장 스트레스와 근로자 웰빙, 12장 집단 과정과 작업 팀, 13장 리

더십, 마지막 14장엔 조직이론과 발달 과정에 대해서 소개하고 있다. 이 책 앞부분에서 다뤘던 산업심리학 부분과 마찬가지로 개인 수행과 조직의 효과성에 초점을 맞춰 소개하도록 하겠다.

동기는 조직심리학과 관련된 다양한 주제 중에 과학자와 실무자들 모두에게 많은 관심을 받아온 주제이다. 사실 작업동기와 관련된 연구들은 지난 수년간 조직심리학의 다른 주제들보다 더 많이 학술지에 출판되었다(Steers, Mowday, & Shapiro, 2004). 작업동기가 특히 관리자에게 중요한 주제라는 사실은 다음에 제시된 현장 관리자들의 이야기를 통해 확인할 수 있다.

> "요즘 직원들은 일을 잘하기 위해 더 열심히 노력하지 않는 것 같아."
> "직원들은 더 많은 연봉, 더 좋은 복지제도, 더 좋은 환경을 갖춘 사무실 같은 쓸데없는 요구만 하지, 뭘 더 열심히 하려고 하지 않아."
> "직원들이 능력이 없는 것은 아니야. 대부분 꽤 유능해. 단지 직원들은 일을 쉽고 빨리 하기 위해 요령을 피우는 것 같아. 단지 동기가 부족할 뿐이야."

대부분의 I/O심리학자는 어떻게 하면 직원들의 동기를 향상시켜 일을 열심히 하게 할 수 있는지에 대해 관리자와 임원들에게 많은 질문을 받는다. 이러한 질문에 답하기 전에 강조하고 싶은 것은 일과 관련된 인간의 행동은 복잡하다는 것이다. 대부분의 회사에서는 일을 열심히 잘 해낼 수 있는, 즉 우수한 직원을 선발하기 위해 다양한 선발 도구를 사용하지만, 직원의 수행을 잘 예측하는 것으로 알려진 검사 도구도 예측 수순이 30%를 넘지 못한다. 또한 가장 숙련되고 유능한 직원이 항상 뛰어난 수행을 보이지 않는 것도 이러한 복잡성 때문이다. 능력은 개인 수행을 예측하는 가장 중요한 예측변인이지만, 동기도 역시 중요하다. 세상에서 가장 똑똑하고 숙련된 직원이라 하더라도 동기가 부족하다면 조직에서 성공적이지 못할 가능성이 크다. 9장에서는 작업동기에 대해서 상세하게 살펴볼 것이다.

작업동기에 대한 많은 정의가 존재하지만 가장 대표적인 정의는 다음과 같다. **작업동기**(work motivation)란 한 개인의 작업행동이 나타날 수 있도록 에너지를 제공해주고, 방향을 설정하며, 그 행동이 유지될 수 있도록 하는 원동력이다(Steers et al., 2004). 작업 동기는 노력이 수반될 수 있도록 에너지를 제공해준다. 또한 특정한 방식으로 행동을 하거나, 특정한 대상이나 장소를 향해 행동이나 노력이 투입되게 한다. 즉 에너지가 제공되는 것만으로 직원의 동기가 발휘되기에는 불충분하다. 작업동기에는 또한 에너지가 발휘되는 방향과 목적이 있어야 한다. 마지막으로 작업동기는 순간적으로 나타났다 사라지는 것이 아니라 일정한 시간에 걸쳐 지속적으로 노력할 수 있도록 한다.

> **작업동기**
> 한 개인의 작업행동에 에너지를 제공하고, 방향을 설정하며, 그 행동을 유지할 수 있도록 하는 원동력

동기는 관찰이나 직접적으로 측정이 불가능한 추상적인 내적 개념이다. 그래서 대부분의

참조

4장에 제시된 바와 같이 수행의 조작적 정의는 조직 목표와 관련된 직무에서 발생하는 실제 행동임을 기억할 것

경우에는 행동의 선택, 강도, 지속성 등을 조작적으로 정의하여 동기 수준을 추정한다.

대부분의 사람들이 동기와 수행의 구분을 어려워하지만 두 개념은 서로 다른 구성개념이다. 직원의 성과가 저조한 것에 대해 관리자가 직원이 열심히 하지 않아서라고 속단하는 것은 흔한 일이다. 앞서 언급하였듯이 수행은 단순히 직원의 동기만을 가지고 생각하는 것보다 훨씬 더 복잡하다. 동기도 수행의 중요한 선행변인이지만 능력, 성능 좋은 장비, 조직지원, 조직 제약으로부터의 자율성 또한 중요하다. 하지만 이 장에서는 동기에 초점을 맞춰 소개하도록 하겠다.

이론적 관점

이 절에서는 Kanfer(1990)가 제시한 이론적 틀에 맞춰 세 가지 주요한 작업동기에 대해서 살펴볼 것이다. 각 동기 이론을 소개하기 전에 한 가지 명확하게 이해해야 할 것은 행복한 직원이 항상 생산적인 직원이 아니라는 것이다. 행복과 생산성의 관계성이 매우 높다는 믿음이 오랜 세월 존재해왔다. 하지만 직무 만족과 생산성과의 관계성은 높지도 낮지도 않은 중간 정도 수준이다(Fisher, 2003). 이는 동기와 수행이 우리가 알고 있는 것보다 더 복잡하다는 것을 말한다. 이러한 복잡성은 다음에 제시할 다양한 동기 이론을 논의함으로써 명확해질 것이다.

욕구-동기-가치 이론

욕구-동기-가치 이론 관점에서는 동기를 설명할 때, 개인의 성격 특질(personality trait), 안정적인 기질(dispositions), 욕구, 가치의 역할을 강조한다. 다시 말해, 개인의 이러한 네 가지 요인이 특정 행동을 수행하게 한다는 것이다. 이 네 가지 중 가장 자주 언급되는 작업동기 이론은 지각, 신념, 인지, 행위를 조직하고, 행동을 발생시키는 원동력인 욕구에 초점을 맞춘다(Pinder, 1984). **욕구**(need)는 기본적으로 욕구를 충족시키는 행동을 하도록 동기화하고 욕구가 충족되면 안정 상태로 복귀한다(Pinder, 1984). 그러면, 네 가지 작업동기의 욕구-동기-가치 이론을 살펴보도록 하겠다.

욕구
지각, 신념, 인지, 행위를 조직하고, 행동이 발생하게 하는 원동력. 행동이 발생하면 욕구가 채워져 원동력이 줄어들고, 안정상태로 복귀한다.

Maslow 욕구 위계 이론 Maslow 이론에서는 모든 사람들은 부분적으로 생리적 욕구에 의해 각성되고, 그 욕구를 채우기 위해서 행동을 한다고 가정한다. 예를 들면 굶주리면 배고픔의 욕구를 경험하게 되고 배고픔의 욕구를 채우거나 감소시킬 수 있는 행동 유형이 나타나게 된다. 예를 들어 허기가 지면 냉장고까지 걸어가서 과자를 꺼내먹는 행동이 나타나는 것은 이러한 욕구에 의해 나타나는 것이다. 배고픔은 Maslow 욕구 위계에서 가장 낮은 단계에 있는 생리적

욕구 중 하나이다(**그림 9.1** 참조). 생리적 욕구란 음식, 주거지, 물, 성과 같은 생존에 필요한 기초적인 욕구이다. 생리적 욕구의 상위 단계인 안전의 욕구는 위협과 위험으로부터 벗어나려는 욕구이다. 그리고 3단계는 **사회적 욕구**로 소속감, 친밀한 관계, 우정을 추구하는 욕구이다. 4단계는 **존중의 욕구**로 타인으로부터의 존경, 자신감, 자신에 대한 긍정적 신념에 대한 욕구이다.

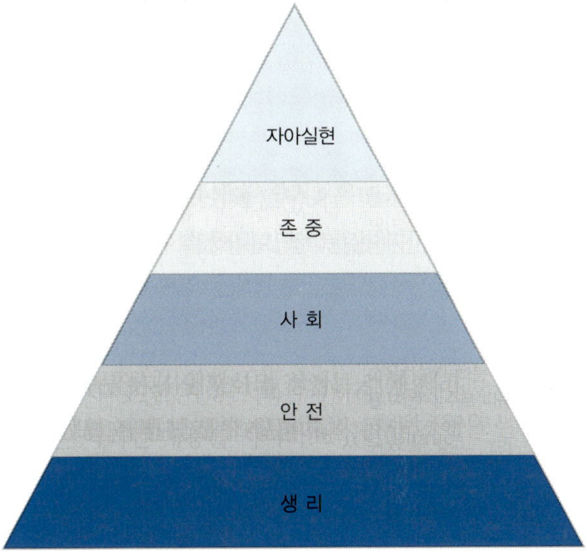

그림 9.1 Maslow의 욕구 위계

Maslow 욕구 위계의 가장 윗단계는 **자아 실현의 욕구**로 자신의 잠재력을 실현하기 위한 욕구이다. 미군의 채용 홍보 문구인 '당신이 될 수 있는 모든 것이 되라'가 이 자아실현의 욕구를 잘 표현해주고 있다. Koltko-Rivera(2006)는 자아실현 욕구 위에 사회적 정의, 예술, 신앙을 추구하는 욕구가 있다고 제안하였고, 이를 **자기 초월적 욕구**(self-transcendence)라고 명명하기도 하였다.

Maslow는 인간은 낮은 단계의 욕구부터 충족시키려고 노력하고 이러한 낮은 단계의 욕구가 충족되었을 때 상위 욕구가 중요한 동기요인이 된다고 주장하였다. 따라서 만일 굶주려서 죽어가는 사람 있다면 음식을 섭취하는 욕구가 가장 우선시되고, 배고픔을 비롯한 다른 생리적 욕구가 충족되면, 다음 단계인 안전에 대한 욕구가 중요해진다. 다시, 안전의 욕구가 충족되면 다음 단계인 사회적 욕구가 중요해지는 등 단계별로 욕구가 발현된다는 것이다.

Maslow 이론을 조직 상황에 대입해본다면, 조직 구성원은 모두 다른 욕구 단계에 위치할 가능성이 있다. 따라서 모든 조직 구성원을 동기화시킬 수 있는 단일 동기요인은 없다. 예를 들면 어떤 직원은 아내의 암 수술비를 충당하기 위해 일에 대한 동기가 발생했을 수도 있고, 다른 직원은 주변 동료들로부터 존경을 받기 위해 일을 할 수 있다. 즉 첫 번째 직원의 경우는 생리적 욕구와 안전의 욕구로 인해 동기가 생성된 것이고, 두 번째 직원의 경우에는 존중의 욕구로 인해 일에 대한 동기가 생성된 것이다.

Maslow 이론은 1950~60년대에 조직심리학 분야에서 인간 동기를 설명하는 데 많은 주목을 받았던 이론이다. 하지만 경험적으로 이론을 지지하는 증거가 부족하여 이후에는 큰 주목을 받지 못하였다. 지금까지 Maslow 욕구 위계 이론을 경험적으로 증명한 연구는 거의 없었다. 이론의 증명이 어려운 이유는 욕구 자체가 가지고 있는 가설적 특성 때문이다. 즉 욕구는 관찰이나 조작, 측정하기 어려운 특성을 지니고 있기 때문에 욕구가 일과 인간의 행동에서 중요한 요인인지에 대해서 검증하기가 힘들었다. 하지만 Maslow 이론은 아직까지 조직행동 분야의 관리자와 학생들에게 인기 있는 이론이다.

Alderfer의 ERG 이론 Maslow 이론이 주로 Maslow 개인의 임상 장면의 관찰이 근거가 된 반면, Alderfer는 욕구의 주관적인 만족과 욕망 상태에 초점을 맞춰 경험적으로 증명할 수 있는 동기 이론을 만들고자 하였다. Alderfer는 만족은 목표 달성의 결과로 나타나는 내적 상태라고 제안하였다. 욕망(desire)은 결핍(want) 혹은 욕구의 강도와 유사한 개념이다. Alderfer는 Malsow의 5단계 이론을 어느 정도 병렬적으로 맞춰 3개의 범주로 제안하였다. 첫 번째는 **존재의 욕구**로 Maslow의 생리적 · 안전의 욕구(예 : 임금, 추가적인 복리후생)와 유사한 개념이다. 두 번째는 **관계성의 욕구**로 Maslow의 사회적 욕구에 해당하고 사회적 관계에 초점을 둔 욕구이다. 마지막으로 **성장의 욕구**는 Maslow 이론의 존중과 자아실현 욕구에 해당한다. 성장 욕구는 탐색과 숙달을 통해 자신을 둘러싼 환경과 성공적으로 상호작용하는 것이다.

두 이론의 차이점은 Maslow 이론은 욕구가 단계적으로 작동한다고 제안한 반면 ERG 이론은 세 가지 범주의 욕구가 동시에 작동할 수 있다고 제안했다는 점이다. 예를 들면 ERG 이론에서는 직원이 존재의 욕구, 관계성의 욕구, 성장의 욕구가 동시에 작동하여 동기가 발생될 수 있다. 두 번째 차이점은 Alderfer가 가정한 좌절–회귀 가설이다. 좌절–회귀 가설은 상위 욕구 충족이 좌절되면 하위 욕구를 충족하는 것으로 에너지가 집중된다는 것이다. 예를 들면 일에서 성장의 욕구를 충족하기 어렵고 좌절된 상황이 되면 개인은 관계성의 욕구를 더 추구한다.

이 가설은 매우 직관적으로 매력 있는 가설이다. 왜냐하면 우리가 어떤 것을 달성하거나 성취하기 위해 노력을 했지만 실패해서 좌절했을 경우, 다시 상위 욕구를 충족시키기 위한 에너지가 충전될 때까지 하위 욕구를 충족시키면서 자신의 존재 가치를 유지할 수 있기 때문이다. Maslow 욕구 위계 이론보다는 ERG 이론을 경험적으로 증명하려고 했던 연구의 수 자체는 많았지만 거의 대부분 이론을 설계했던 Alderfer가 진행한 연구이다. 또한 연구 결과는 ERG 이론을 지지하는 결과도 있었지만 지지하지 않는 결과도 있었기 때문에 연구 결과의 일관성은 부족하였다.

Herzberg의 이요인 이론 1950년대 Herzberg와 동료들(Herzberg, Mausner, & Snyderman, 1959)은 직무 불만족과 직무 만족의 결정요인은 다르다고 제안하였다. 다시 말해, 직원에게 직무 만족과 동기유발의 효과가 있는 요인도 존재하고, 제공되지 않으면 직무 불만족과 동기를 저하시키는 요인이 존재한다는 것이다. 후자의 요인은 제공되더라도 직무 만족이 증가하는 것이 아니라 중립적인 상태가 된다. Herzberg 등이 제안한 직무 만족과 불만족은 연속선상에서 양극단에 존재하는 것이 아닌, 즉 상반된 개념이 아니라 상호 독립적으로 구분되는 다른 개념이라고 제안하였다.

이요인 이론에서는 크게 동기요인(motivator)과 위생요인(hygienes)으로 구분한다. **동기요인**은 직원들이 직무에 만족하고 일에 대한 동기를 생성해주는 요인들로 인정, 일에 대한 흥미, 책임감, 일을 잘 마무리한 것에 대한 강화, 승진 기회 등이 포함된다. 이러한 요인들은 직원에게 제공되면 직무 만족을 향상시키고 일에 대한 동기가 발생하지만, 제공되지 않는다고 해서 직무에 대한 불만족이 발생하지 않는다. 반면 **위생요인**은 직원에게 제공하지 않으면 직원의 불만족이 증가하는 요인이다. 주로 직무 환경과 관련된 요인들로 감독, 임금, 근로 조건 등이 포함된다. 위생요인이 직원에게 제공되면 최소한의 직무 만족만 유지하거나 중립상태가 되지만 요인이 제공되지 않게 되면 직원들의 불만족이 상승한다. 이요인 이론에서는 직원의 진정한 직무 불만족은 위생요인이 제공되지 않음으로 인해서 발생하고, 진정한 직무 만족은 동기인이 제공됨으로써 도달된다고 보았다.

그림 9.2는 Herzberg의 이요인 이론의 욕구가 Maslow 욕구 위계와 Alderfer의 ERG 이론과 어떻게 관련되는지를 보여주고 있다. 이요인 이론을 통해서 얻을 수 있는 의의는 직원을 만족시

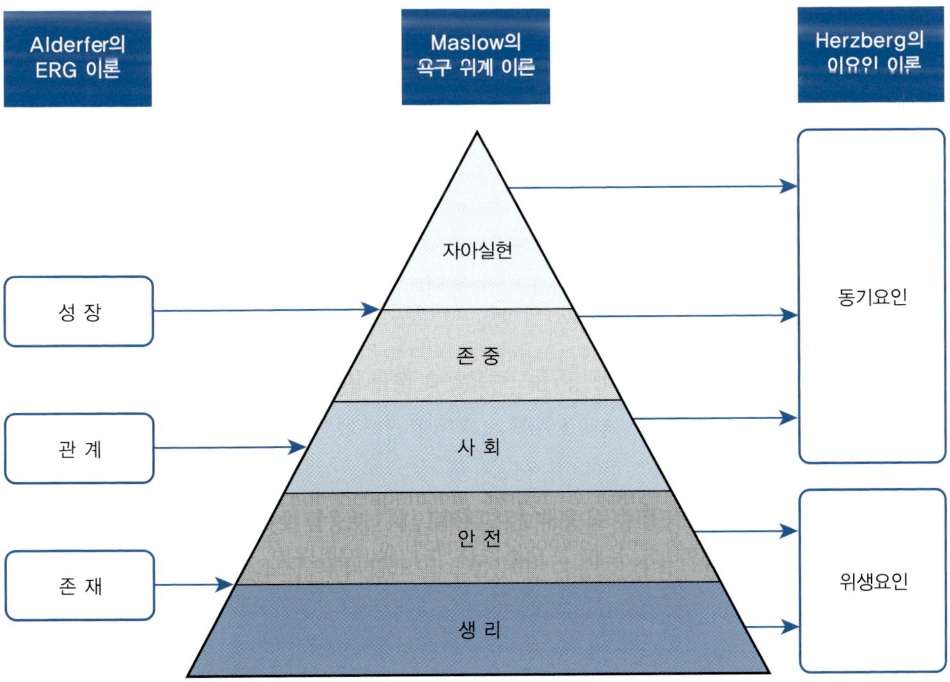

그림 9.2 욕구 이론 개관

키고 일을 열심히 할 수 있도록 동기부여하기 위해서 근로조건을 개선하고 임금을 주는 것만으로는 불충분하고 대인관계, 일에 기여한 것에 대한 인정 같은 직무 내용도 고려해야 한다는 것이다.

앞서 논의했던 욕구 이론보다는 이요인 이론에 대한 경험적인 연구 결과들은 상대적으로 많은 편이지만 결과는 혼재되어 있다. 그럼에도 많은 실무자들은 조직 현장에서 이요인 이론과 관련이 있는 사례를 많이 목격한다고 진술한다. 실제로 많은 실무자들은 괜찮은 사무실과 임금만으로는 직원들이 일을 잘할 수 있도록 하는 데 충분하지 않다는 것을 경험해왔다.

긍정심리학
인간의 약점과 장애에 대한 측면보다 강점과 웰빙에 대한 연구

Herzberg 이요인 이론은 **긍정심리학**(positive psychology)의 방향성과도 일치한다. 긍정심리학은 웰빙, 낙관주의, 창의성, 영성(spirituality)과 같은 긍정적인 인간의 속성에 대해 연구하는 분야이다. 긍정심리학 연구자들은 행복이란 단순히 불행을 느끼지 않는 것 이상의 정서이고 부(wealth)와 관련된 요인은 장기적으로는 삶의 만족과는 관련이 없다는 것을 밝혀냈다(Sachau, 2007). 이러한 연구 동향을 볼 때 Herzbug의 이론은 선구적인 관점이었다. 긍정심리학과 관련해서는 14장의 조직 개발에서 좀 더 자세히 살펴보도록 하겠다.

직무 특성 이론 이후 욕구–동기–가치 이론들은 개인의 특성과 직무 특성 간의 부합을 강조하였다. Herzberg의 초기 연구를 토대로 Hackman과 Oldham(1980)은 직무 특성 이론을 제안하였다. Hackman과 Oldham(1980)은 동기는 성격과 직무 특성 간의 접합 효과(joint effect)로 인해 결정된다고 주장하였다.

그림 9.3에 직무가 직원의 태도와 행동에 영향을 미치는 경로에 대해서 제시하였다. 직무 특성 이론에서는 직무를 5개의 **핵심 직무 차원**으로 구성하였다. 핵심 직무 차원은 기술 다양성, 과업 정체성, 과업 중요성, 자율성, 피드백으로 구분된다. 직무에 따라 이러한 각 차원을 지니고 있는 정도가 다르다. 이러한 핵심 직무 차원은 동기에 필요한 **주요 심리상태**에 영향을 미친다.

특히 직원이 **의미 있다고** 지각하는 직무는 직원이 **책임감**을 가지고 결과물을 만들어내도록 하는 직무이다. 또한 이러한 직무는 열심히 노력하면 어떠한 결과가 산출되는지를 알려주고 (**결과에 대한 지식**) 직원들이 열심히 노력하도록 동기를 부여한다. 이러한 특성을 가진 직무들이 직원들의 동기를 높일 수 있다고 제시하고 있다. 그림 9.3은 5개의 핵심 직무 차원이 어떻게 직원의 심리적 상태에 영향을 미치는지에 대한 경로를 보여준다. 예를 들면 만일 직무가 다양한 기술(매일 반복되는 일은 포함되지 않음)을 요구할 때, 과업 정체성(자신의 노력의 결과가 회사 전체 업무에서 구체적으로 어떠한 부분을 차지하는지)과 과업 중요성(사회 전체적으로 타인이나 주변 동료에게 중요하게 인식되는지)이 높을 때, 직원은 의미 있는 업무를 경험할 가능성이 높아지게 된다. 모델의 마지막 경로는 심리적 상태가 **개인과 작업 결과**에 미치는 영향

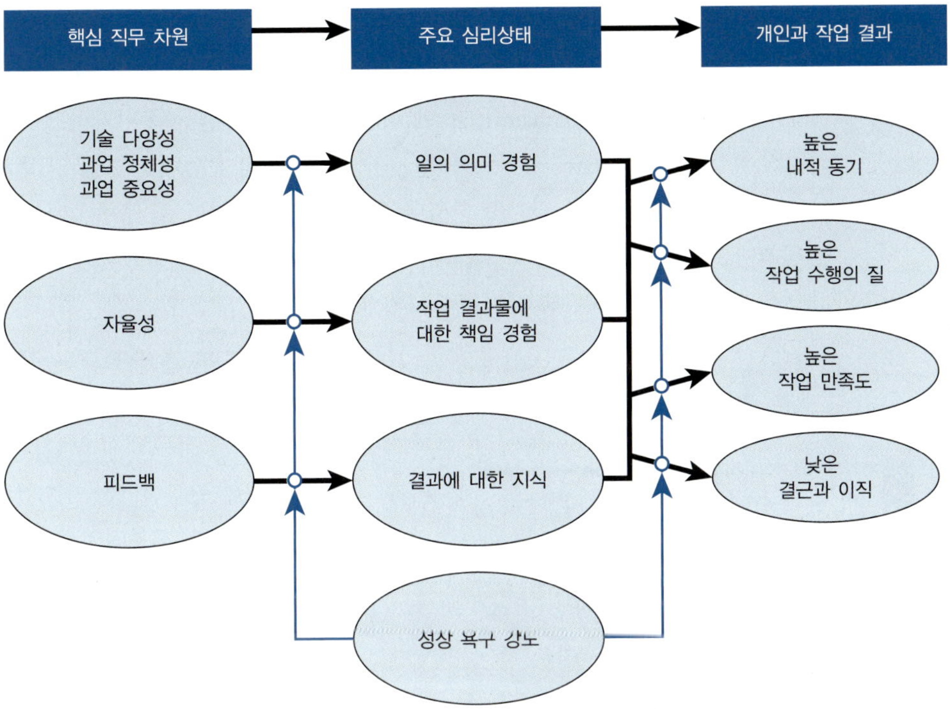

그림 9.3 직무 특성 모델
출처 : Hackman & Oldham(1976).

에 대한 것이다. 직무 특성으로 인해 주요 심리상태를 경험하게 되면 일을 열심히 더 잘하려는 내적 동기가 높아지고, 작업 수행의 질이 좋아지며 업무에 대한 만족도가 높아지고 결근과 이직 가능성이 감소하게 된다.

이 모델은 두 가지 의의를 제시해준다. 첫째, 직무는 핵심 차원이 포함되도록 설계되어야 한다는 점이다. 즉 앞서 살펴본 직무 특성 이론에 따르면 이러한 핵심 차원이 반영된 직무일수록 긍정적인 결과가 나타날 수 있다. 직원이 다양한 기술을 활용하고, 과업의 정체성과 중요성, 자율성을 높게 지각하고 피드백을 많이 받을 수 있도록 직무를 설계하는 것이 중요할 수 있다(이 내용에 대해서 조직 문제를 해결하기 위한 동기 이론의 적용을 설명할 때 좀 더 다룰 예정임).

둘째, 직원의 직무 배치 문제에 대해서도 고민해야 한다는 것이다. 핵심 차원이 모든 직원들에게 긍정적인 효과가 있을 가능성이 높지만, 직원이 각 핵심 차원을 얼마나 중요하게 지각하는지, 또 효과성이 어느 정도 되는지에 대해서는 개인차가 있다. 예를 들면 자율성을 다른 차원보다 중요하다고 지각하는 직원은 자율성을 많이 느낄 수 있는 직무에 배치시키는 것이 필요하다. 반면, 자율성을 중요하게 생각하지 않는 직원도 있을 수 있다. 이러한 직원은 직무에서 자율성을 확보해주기보다는 상사가 명확한 업무 지시를 할 때 직무에 대한 만족을 보일 수도 있다. Hackman과 Oldham(1976)에 따르면 상위 욕구를 충족시키려고 하는 직원의 **성장 욕구 강도**(growth need strength)가 직무 특성 모델에 포함된 각 변인들 간의 관계를 조절할 수 있다고 하였다. 예를 들면 상위 욕구를 충족시키는 것을 중요한 목표로 생각하지 않는 직원이 있다면, 그 직원에게는 일에서의 의미 경험(자신이 가치 있는 일을 하고 있다는 생각)이 중요하지 않을 것이다.

성장 욕구 강도
상위 욕구에 대해 개인이 가치를 두거나 욕구를 충족시키려는 정도

Humphrey, Nahrgang 및 Morgeson(2007)은 메타 분석을 통해 일에서 의미 경험의 매개 효과를 비롯하여 직무 특성 모델을 강하게 지지하는 분석 결과를 얻을 수 있었다. 또한 이 연구에서는 전통적인 직무 특성 이론뿐만 아니라 사회와 일의 맥락 특성에 대해서도 조사하였으며, 몇몇 다른 개념을 결합하여, 동기 특성이라고 언급하였다. 더욱이 Humphrey 등(2007)의 연구에서 다뤘던 특성들이 직무 수행의 34%, 직무 만족의 55%를 설명하는 것으로 나타났다. 또한 일의 의미 경험은 동기 특성과 직무 성과 관계를 매개하는 것으로 나타났다.

© Lucy Ray/Daily Mail/Rex/Alamy

© Lucy Ray/Daily Mail/Rex/Alamy

생 각 해 보 기
위의 두 사진의 작업환경은 다르다. 이런 환경이 직원들의 직무 동기에 어떤 영향을 미치는가?

대부분의 전문가들은 직무 특성(동기 특성)이 직원의 동기에 중요한 역할을 한다는 것에 동의한다. 영국의 건강보험산업에 종사하는 근로자를 대상으로 직무 재설계 프로그램에 대해 조사한 결과 프로그램이 6개월 지속되는 동안 직무 통제, 기술 활용, 피드백과 직원 참여 등이 개선되었고, 직원의 웰빙에도 긍정적인 영향을 미치는 것으로 나타났다(Holman, Axtell, Sprigg, Totterdell, & Wall, 2010). 기금모금활동가와 인명구조원를 대상으로 과업의 중요성 인식 향상 프로그램을 도입한 연구에서도 프로그램 도입으로 인해 수행이 증가하는 것을 확인할 수 있었다(Grant, 2008). 이러한 효과는 과업 중요성에 대한 인식이 자신이 하고 있는 일의 사회적 파급력과 사회적

가치 인식을 증가시켜 나타난 결과이다. 특히 성실성이 낮은 사람과 강한 친사회적 가치를 가진 사람에게 과업 중요성 인식 프로그램의 효과가 더 큰 것으로 나타났다. 이러한 연구들을 통해 실제 사업장에서 직무 특성을 변화시킬 수 있는 프로그램을 도입하는 것이 직무 관련 주요 성과물들을 변화시킬 수 있다는 것을 확인할 수 있었다.

직무 특성 이론은 개인의 숙달과 통제성을 강조하기 때문에 내적 동기 이론으로 간주되기도 한다. 내적 동기 이론 중에 자주 언급되는 이론은 개인이 내적 동기나 외적 동기 지향을 채택한다고 가정하는 Deci(1975)의 인지 평가 이론이다.

Ryan과 Deci(2000)는 이후에 인지 평가 이론을 기반으로 내적 동기에 영향을 미치는 요인을 구체화하여 자기 결정 이론으로 재편하였다. 이 이론은 사회적 맥락사건(예 : 긍정적 피드백이나 보상을 받는 것)이 내적 동기를 향상시킬 수 있다고 가정하였다. 하지만 이러한 사회적 맥락사건이 제공되면 무조건 내적 동기가 향상되는 것은 아니다. 개인의 내적 동기가 향상되기 위해서는 사건을 통해 개인이 유능감을 지각할 수 있어야 한다. 예를 들어 직원이 회사에서 인센티브를 받게 된 경우 열심히 일해서 거둔 성과이고, 자신의 능력과 노력 덕분에 받는 것이라고 지각하게 된다면 유능감을 느끼게 되고 그로 인해 내적 동기가 향상된다.

이 이론은 자기 결정 수준을 무동기(자기 결정이 없는 상태에서)와 내적 동기(완전한 자기 결정 상태)로 크게 구분할 수 있으며 이 무동기와 내적 동기 사이에 외적 동기가 존재하며, 외적 동기 수준은 자기 결정 수준에 따라 달라진다고 하였다(Gagné & Deci, 2005). 또한 자기 결정 이론에서는 사회 환경이 성격 발달과 자기 조절에 긍정적 혹은 부정적 영향을 미친다고 가정한다(Deci & Ryan, 2000). 개인의 심리적 웰빙과 동기 수준을 높이기 위해서는 사회 환경이 기본적인 심리적 욕구를 충족시켜 주어야 한다는 것이다. 여러 동기 이론가들이 주장하듯이, 욕구 충족은 '지속적으로 심리적 성장, 통합(integrity), 웰빙이 이뤄질 수 있도록 하는 데 필수적인 선천적 심리 자양분(nutriment)'(p. 229)을 제공한다. 따라서 자기 결정 이론에서는 최적의 심리적 건강과 웰빙 상태가 되기 위해서는 세 가지 욕구가 충족되어야 한다고 가정한다. 첫 번째는 성공과 자기 효능감으로 인해 나타나는 **유능감**이다. 두 번째는 타인이나 집단에 소속감이나 유대를 느끼고 싶어 하는 욕구인 **관계성**이다. 마지막 세 번째는 **자율성**으로 자신의 행동이나 행위를 스스로 결정하고 조절할 때 경험하게 된다. 즉 자기 결정 이론에서는 개인이 성공 경험을 통해 유능감을 느낄 때, 타인과 좋은 관계를 맺을 때, 그리고 자신의 행동이나 행위를 스스로 통제한다고 느낄 때 개인은 자기 결정(self-determined) 상태가 된다고 주장한다.

일부 자기 결정 이론 연구자들은 자기 결정 이론이 신입 직원들보다 연령이 높은 근로자의 동기(Claes & Heymans, 2008)를 설명할 때 더 적절하다고 주장하였다. Clases와 Heymans는 포커스 그룹 연구를 수행한 결과, 연령이 높은 근로자일수록 책임감을 더 많이 부여받고, 상사와의 직접 대면 시간과 개인의 자율성이 더 많이 주어질 때 성취하려는 경향이 높아지는 것으로 나타났다. 내적 동기와 관련된 연구는 다양한 이론적 논쟁이 존재하는 영역이기 때문에 이후 관련 논의들이 많이 이뤄졌다. 예를 들면 어떤 경우에 외적 강화를 하는 것이 내적 동기를 감소시키는지에 대한 연구(이 논의에 대한 행동주의 심리학자들의 관점은 Dickinson(1989) 논문을 참고하길 바란다)뿐만 아니라 언제 어떠한 방식으로 외적 강화를 해야 내적 동기가 유발되는지에 대해서도 연구하고 있다. 외적 강화로 인한 내적 동기 감소 현상은 **과잉정당화 효과**라고 하고 다음 예시를 통해 확인할 수 있다.

> 워렌 씨는 데드엔드 거리에 혼자 살고 있는 노인이다. 이웃의 모든 아이들은 방과 후에 매일 워렌 씨 집 근방 거리에 모여서 시끄러운 소리를 내며 놀았다. 하루는 워렌 씨가 집에서 나와 아이들에게 밖에서 재밌게 노는 소리를 듣는 것이 너무 즐겁기 때문에 여기에 와서 재밌게 놀 때마다 매일 아이들 모두에게 50센트를 주겠다고 제안하였다. 이 이야기들은 아이들은 너무나 행복해했고, 다음날부터 학교를 마치고 워렌 씨 집 앞에 모여서 더 시끄럽게 놀기 시작하였다. 워렌 씨는 약속대로 아이들에게 돈을 주기 시작하였다.
>
> 하지만 며칠이 지난 후 아이들이 왔을 때 워렌 씨는 이제 돈이 다 떨어져서 많은 돈을 줄 수 없다고 이야기하였다. 아이들은 별로 기쁘진 않았지만, 저번보다는 적지만 돈을 받을 수 있었기 때문에 계속 모여서 놀았다. 하지만 돈을 더 이상 받지 못하게 되자 아이들은 매우 실망했다. 아이들의 리더인 제리는 자신들의 시간을 낭비하면서까지 여기에 와서 놀 가치가 없고, 다시는 여기서 놀지 않겠다고 항의하였다. 아이들은 이 후 다시는 워렌 씨 집 앞에서 놀지 않았다. 아무런 방해 없이 늦은 오후에 낮잠을 자는 일상으로 돌아간 이후로 워렌 씨는 평온함을 되찾았다.

이 이야기는 외적 동기가 내적 동기(자기 결정)를 손상시키거나 방해할 수 있다는 것을 보여주는 예시이다. 하지만 항상 외적 동기가 내적 동기에 부정적인 효과를 미치는 것은 아니다. 예를 들면 중국 기업에 근무하는 다양한 고용형태와 직무를 가진 직원을 대상으로 연구한 결과, 통제된 동기(외적 동기)가 수행이나 욕구 만족(유능감, 관계성, 자율성)에 부정적인 영향을 미치지 않았다(Moran, Diefendorff, Kim, & Liu, 2012). 이 연구에서는 비록 자율적인 작업 동기(내적 동기)가 가장 중요하지만, 직원들이 외적 동기로 수행이 증가한다면, 이러한 외적 동기를 기업에서 활용하는 것이 이익이 될 수 있다고 제안하였다(Moran, Diefendorff, Kim, & Liu, 2012).

인지 선택 이론들

다음에 살펴볼 작업동기에 대한 관점은 의사결정, 선택과 관련된 인지 과정에 초점을 둔 접근법이다. 이 접근법에서는 사람들은 내적 욕구에 수동적으로 휘둘리거나 환경에 의해 통제되기

I/O TODAY

성과 집중형 업무 환경(ROWE)

긍정심리학과 자기 결정 이론은 직원 동기 관리에 혁신적인 시사점을 제공하였다. 이후 I/O심리학자들은 반드시 근로자들이 강요에 의해서 일을 하는 것은 아니며 자발적으로 업무에 관한 흥미와 매력을 찾으려고 한다는 생각으로 전환하기 시작하였다. 이러한 발상의 전환에서 탄생하게 된 것이 성과 집중형 업무 환경(Result-Only Work Environments : ROWE)이다.

ROWE는 Jody Thompson과 Cali Ressler가 2000년대 초반 Best Buy라는 기업의 HR 부서에서 일할 때 개발되었다. Thompson과 Ressler는 전통적인 업무 구조에서는 일을 완료했는지 여부보다 사무실에서 정해진 시간을 보내는 것에 초점을 맞추고 있다는 점에 의문을 품고 있었다. 예를 들면 전통적인 업무 환경에서는 직원이 예상했던 것보다 프로젝트를 일찍 마쳤다면 추가적인 일을 해야 하거나, 일이 없더라도 사무실에 출근을 해야 한다. 하지만 ROWE에서는 개인의 목표를 달성했다면, 업무가 없는 동안은 출근을 하지 않아도 된다.

ROWE는 직원이 어떤 방식으로 목표를 완수하는지에 대해서 매우 큰 자율성을 부여해준다. 자기 결정 이론의 핵심 요소가 자율성을 부여하는 것을 고려해본다면, 전통적인 업무구조와 비교했을 때 ROWE에서 근무하는 직원이 더 높은 수준의 내적 동기를 보이고 수행수준이 더 높을 가능성이 있다. 실제 선행연구에서 ROWE를 도입한 집단이 도입하지 않은 집단보다 생산성이 높고, 이직률이 낮은 것으로 검증되었다(Moen, Kelly, & Hill, 2011). ROWE를 도입한 결과, 직원들의 건강행동, 자녀와 함께 식사할 수 있는 시간의 증가 등 수행 증가 이외에 이러한 추가적인 긍정적 결과들이 나타났다(Hill, Tranby, Kelly, & Moen, 2013).

ROWE는 새로운 접근법이었기 때문에 사회학자에 의해 소수의 연구만 진행되었다. ROWE는 여러 다른 조직에서 도입되었지만, ROWE를 처음 도입했던 Best Buy는 수익성 우려 때문에 2013년부터 더 이상 유지하지 않았다. Best Buy의 대변인인 Matt Furman은 이 결정에 대해서 "업무의 결과도 물론 중요하지만 업무를 진행해나가는 과정도 고려되어야 한다. 핵심은 Best Buy에서는 사무실에 출근하는 직원들이 가능한 서로 협력하고 회사가 성장할 수 있는 방안을 모색해야 한다는 것이다."(Lee, 2013)라고 설명하였다.

이러한 몇몇 우려에도 불구하고 ROWE는 다수의 조직에서 도입할 가능성이 있다. 밀레니엄 세대(1985년부터 2000년 사이에 태어난 세대) 직원들부터는 업무현장의 유연성에 더 많은 가치를 두는 경향이 있기 때문이다. 조직은 이러한 직원들이 지속적으로 조직에 남을 수 있도록 동기 부여를 할 창의적인 방법을 고안해야 할지도 모른다. 예를 들면 밀레니엄 세대 직원들이 자원봉사에 높은 가치를 두는 것을 고려하여, 더 많은 조직이 직원들이 지역사회에 봉사하는 시간을 허락하고 있다. 이러한 직원들은 또한 일과 삶의 균형을 가치 있게 생각하기 때문에 조직은 직원들이 가족과 시간을 보내고, 여행하고, 기타 취미활동을 즐길 수 있는 유연한 업무 스케줄을 도입할 수 있는 방안을 찾고 있다. 이와 관련하여 긍정심리학은 작업동기 분야에서 중요한 역할을 할 것이다. 직원들이 자신의 직무에서 성취감을 느끼고, 자율성을 경험할수록 더 장기간 회사에 남아 근무할 수 있을 것이다.

토론질문

1. 당신이 회사에 ROWE 도입 여부를 결정하는 책임자라고 가정해보자. ROWE를 도입함으로써 얻을 수 있는 이점은 무엇인가? ROWE 도입 시 우려되는 점은 무엇인가?
2. 자기 결정 이론에 따르면 직원이 유능감, 자율성, 소속감을 느낄 수 있어야 작업동기가 향상될 수 있다. 과거 경험을 떠올려봤을 때, 어떤 요인이 일에 대한 유능감, 자율성, 소속감을 느낄 수 있게 하는가?

참고문헌

Hill, R., Tranby, E., Kelly, E., & Moen, P. (2013). Relieving the time squeeze? Effects of a white collar workplace change on parents. *Journal of Marriage and Family*, 75, 1014–1029.

Lee, T. (2013, December 13). Best Buy ends flexible work program for its corporate employees. *Minneapolis Star Tribune*. 출처 : http://www.startribune.com/no-13-best-buy-ends-flexible-work-program-for-its-corporate-employees/195156871/?refer=y

Moen, P., Kelly, E., & Hill, R. (2011). Does enhancing work-time control and flexibility reduce turnover? A naturally occurring experiment. *Social Problems*, 58, 69–98.

만 하는 것은 아니고 적극적으로 어떤 행동을 할지, 얼마나 많은 노력을 투입할지 등을 합리적으로 결정한다고 가정한다. 여기서 소개할 공정성 이론과 기대 이론은 이러한 합리적 의사결정에 근거하고 있다.

공정성 이론 1960년대 Adams는 사회적 정의(social justice)를 기반으로 공정성 모델을 제안하였다. 이 모델에 따르면 개인은 내적인 심리적 균형을 유지하기 위해 행동을 시작하고, 행동의 방향을 결정한다(Adams, 1965). 공정성 이론은 인지부조화 이론을 제안한 Festinger의 초기 연구에서 시작되었다고 볼 수 있다. 인지부조화 이론은 사람들이 행동이나 믿음을 변화시켜 일관성을 유지하려고 하는 이유와 부조화 해결 방식을 제시한 이론이다. 공정성 이론의 기본 개념은 사람들이 일자리에서 얼마나 공정하게 대우받는지에 대한 지각과 믿음이 사람들의 동기, 태도, 행동에 영향을 준다는 것이다.

사람들 대부분은 직장에서나 학교에서 불공정한 상황을 경험하게 된다. 수업 조별과제에 본인은 열심히 참여했지만 학점 C를 받고 열심히 참여하지 않았던 다른 조원은 B를 받은 적이 있는가? 그러한 상황에 처했을 때 어떻게 반응했는가? 교수님에게 학점이 공정하지 않다고 항의한 적 있는가? 성적 정정을 요구하였는가? 그 교수님 강의를 더 이상 듣지 않기로 결정하였는가? 사람들이 불공정하다고 느끼는 상황에 처했을 때 대처하는 방식은 다양하다. 구체적으로 공정성 이론이 적용되는 과정에 대해서 살펴보자.

공정성 이론의 기본 개념은 일하는 상황에서 나의 투입물과 결과물의 비율을 타인의 투입물과 결과물의 비율과 비교한다는 것이다. 이러한 비교를 기초로 하여 다음 네 가지를 가정한다.

1. 사람들은 공정성을 유지하려고 노력한다.
2. 불공정성을 지각하였을 때 긴장상태가 된다.

3. 긴장상태에 직면했을 때, 사람들은 긴장을 제거하기 위해 동기화된다.
4. 불공정성을 크게 지각할수록 긴장을 제거하기 위한 행동의 동기는 더 커진다.

조직 상황에서 투입물은 능력, 노력, 비용, 교육 수준 등 본인의 직무 수행을 위해 투자한 모든 것이 해당한다. 결과물은 임금, 보너스, 복지 제도, 만족감과 같은 직원들이 지각하는 투입으로 인해 산출된 결과들을 의미한다. **표 9.1**에 잠재적인 투입물과 결과물이 제시되어 있다. 예를 들면 NBC에서 마케팅 연구원인 빌이 유사한 일을 하는 다른 3명과 같이 근무하고 있다고 가정해보자. 빌은 석사학위를 취득했으며 NBC에서 3년간 근무했다. 그는 시간 외 근무를 해왔고, 일을 매우 열심히 해왔으며 꽤 유능하다고 믿고 있다. 그는 1년에 69,000달러를 벌지만 열심히 일한 것에 대한 수당, 포상 혹은 좋은 평가 등을 충분히 받지 못한다고 느끼고 있다. 또한 그는 부서에 석사학위가 있고, 3년 이상 근무한 경력이 있는 사람이 아무도 없다는 것을 알고 있다. 하지만 빌을 포함한 4명의 마케팅 연구원들은 동일한 연봉을 받고 있다.

이러한 상황에서 빌은 자신의 투입/결과 비율과 동료들의 비율을 비교했을 때 비율이 공정하지 않기 때문에 불공정성을 지각하게 된다. 그는 자신의 일에 더 많이 투자했지만, 다른 사람들보다 더 많은 보상을 받지 못하였다. 빌이 불공정성을 지각한 것은 단순히 자신이 받아야 할 보상을 충분히 받지 못했을 때 발생하는 것은 아니다. 불공정성 지각은 다른 사람의 일에 대한 투입물과 결과물의 비율과 본인의 비율을 비교했을 때 본인의 비율이 상대적으로 낮다고 지각할 때 발생한다. 즉 빌은 상대적으로 다른 사람에 비해 노력이나 자원을 더 많이 투자했음에도 다른 사람과 동일한 임금을 받았기 때문에 상대적으로 적게 받았다고 지각하게 된다.

직원은 불공정성 지각을 줄이기 위해 다양한 방법을 이용한다. 첫 번째 방법은 일에 대한 투입을 변경시키는 것이다. 빌은 더 이상 열심히 일하지 않고 시간 외 근무를 하지 않으려고 할 것이다. 하지만 일부 투입은 감소시키기 어렵다. 즉 갑작스럽게 석사학위를 취소하지는 못한다. 이러한 투입은 상대적으로 고정되어 있기 때문이다. 따라서 투입의 변경은 다소 제한적으로 이뤄질 것이다. 한편 빌이 자신이 일하는 것보다 더 많은 것을 받는다고 생각한다면, 과대보상 불공정성을 줄이기 위해서 교육훈련을 더 받음으로써 투입을 증가시킬 수 있다.

표 9.1 잠재적인 투입물과 결과물

투입	결과
교육	보수
노력	수당
능력	인정
기술	자아개념
지식	경험
경험	학습
다양성	기회
비전	만족

두 번째 방법은 지각된 불공정을 줄이기 위해 결과를 변경시키는 것이다. 빌은 상사에게 임금인상, 승진, 추가적인 복리후생, 인정 등을 요구할 수 있다. 빌의 요구가 받아들여질지 여부는 상사에게 달려 있지만 빌은 이러한 요구

를 지속적으로 할 수 있다.

세 번째 방법은 항상 현명한 대처는 아니지만 본인의 지각을 변경시키는 것이다. 빌은 다른 동료들과 본인의 투입과 결과 비율을 유사하게 만들어 스스로를 납득시킬 수 있다. 즉 빌은 본인이 비록 석사학위를 가지고 있지만, 다른 동료들보다 실제로는 열심히 일하지 않았으며, 다른 동료들은 이전 직장에서 실무경험이 많을 것이라고 생각할 수 있다는 것이다. 비록 이 방법은 자기 자신을 기만하는 전략이지만 단기적으로는 불공정성으로 인한 긴장을 제거하는 데 효과적일 수 있다. 이 전략을 지속적으로 사용하는 것이 장기적인 손실과 관련이 있는지는 추후에 생각해볼 문제이다.

공정성 이론에 대한 경험적 연구 결과는 일반적으로 혼재되어 있다(Pinder, 1998). 일부 연구에 따르면 일한 양에 근거하여 임금(piece-rate system)을 받는 경우, 생산 개수당 임금이 작다고 느껴지면 생산 개수는 증가하지만 품질을 감소하는 것으로 나타났다(Mowday, 1991). 또한 매우 큰 차이가 있는 것은 아니었지만 직원이 낮은 시급을 받는다고 지각할 때 투입, 즉 예를 들면 노력을 줄이는 것으로 나타났다(Mowday, 1991). 임금 만족에 대한 메타 분석 연구를 살펴보면 공정성과 불일치가 중요하다는 것을 알 수 있다(Williams, McDaniel, & Nguyen, 2006). Williams 등(2006)의 연구에 따르면 사람들의 임금만족 수준은 실제 받는 임금과 자신이 받아야 된다고 생각하는 임금의 차이에 의해 결정되는 것으로 나타났다. 대학생을 대상으로 연구한 결과에 따르면 자신들이 연구참여와 수업 출석 여부를 결정할 때 공정성 이론과 유사한 형태로 비용 이익분석을 하는 것으로 나타났다(Miles, Cromer, & Narayan, 2015). 구체적으로 살펴보면, 연구에 참여하고 수업에 출석하는 것이 비용을 고려한 후에도 긍정적인 이익이 따른다고 느끼는 경우 연구에 참여하고 수업에 출석하는 것으로 나타났다.

공정성 이론의 한 가지 문제점은 본인이 생각했던 것보다 더 많은 임금을 받을 때도 공정한 상황을 만들기 위해 자신들의 투입과 결과를 변경시킨다고 가정한 것이다. 즉 어떤 사람이 동일한 투입을 하고도 동료보다 더 많은 보상을 받는다고 지각하면, 과대보상을 줄이기 위해 더 열심히 일을 하거나 상사에게 자신이 기여한 것보다 더 많은 보상을 받고 있다는 의견을 제시한다는 것이다. 하지만 이러한 가정을 입증한 연구는 많지 않았다. 주위에서 자신이 생각보다 많은 임금을 받았다고 해서 임금을 줄이는 경우를 본 적이 있는가? 이러한 상황은 매우 드물지만, 선행연구에 따르면 이러한 불공정성(예 : 너무 적게 받거나 많이 받는 경우) 소진이 나타날 수 있고(van Dierendonck, Schaufeli, & Buunk, 2001), 부정적인 조직 성과로 이어질 수 있다(Scheer, Kumar, & Steenkamp, 2003).

공정성 민감도
과대보상과 과소보상에 대한 민감도의 개인차

공정성 민감도(equity sensitivity)라는 새로운 구성개념은 사람마다 과대보상과 과소보상에 대한 민감도의 차이를 나타내기 위해 개발되었다(O'Neill & Mone, 1998). 공정성 민감도 개념은 다양한 불공정한 상황에 따라 태도와 행동이 어떻게 변화하는지를 예측하는 데 유용하다. 직원들의 공정성 민감도 수준에 따라 과소보상받는 상황을 잘 참아내는 **자비형**(benevolents), 항상 과대보상을 원하는 **요구형**(entitleds), 완전히 공정한 상태와 균형을 추구하는 **공정성 민감형**(equity-sensitives)으로 구분할 수 있다. 일부 연구에서 직무 만족, 노력, 조직몰입, 이직과 공정성 민감도 유형 간의 관계에 대해서 살펴보기도 하였다(Allen & White, 2002). MBA를 졸업한 직원들을 대상으로 한 연구에서는 조직 공정성 수준을 높게 지각할 때 조직시민행동을 더 많이 하는 것으로 나타났다(Blakely, Andrews, & Moorman, 2005). 또한 자비형이 공정성 지각 수준과 관계없이 요구형보다 조직시민행동을 더 많이 하는 것으로 나타났다. 이러한 결과는 자비형인 직원들이 불공정성에 덜 민감하게 반응한다는 점과 일치하는 결과이다. 마지막으로 요구형 직원들은 조직 공정성 수준이 낮을 때 조직시민행동이 가장 낮게 나타났다. 이 결과는 요구형인 직원들이 과대보상에 초점을 둔다는 것을 보여준다. 조직 공정성이 낮은 수준이면, 과대보상이 발생할 가능성은 매우 낮은 상황이므로 조직시민행동을 하지 않는 것이다.

현재 I/O심리학은 물론 경영의 인사조직 등 관련 분야에서 가장 주목받는 주제인 **조직 정의**(organization justice)[1] 영역의 기반 형성에 공성성 이론이 기여했다. 조직 정의란 직장에서의 공정성의 역할을 언급할 때 사용된다. 조직 정의는 1980년대 Greenberg에 의해서 만들어진 신조어로, 직장에서 발생하는 공정성 관련 활동에 흥미와 관심을 갖는 것을 나타내는 용어이다. 조직 정의는 나양한 개인 및 맥락 특성과 관여되어 있는 동기화된 행동과 태도의 집합체로 간주된다. 정의에 대한 지각은 행동을 결정하는 정서적 · 인지적 반응을 유발한다.

> **조직 정의**
> 조직 맥락에서 직원들의 공정성 지각

Adams의 공정성 이론은 **분배적 정의**(distribute justice)로 알려져 있는 보상의 공정성에 초점을 두었다. 최근 연구자들과 실무자들 모두 **절차적 정의**(procedural justice)에 대해서 관심을 가지기 시작하였다. 절차적 정의란 직원들의 조직 내 의사결정 절차와 과정에 대한 공정성 지각 정도를 나타낸다. 최근 두 연구에 따르면 절차적 정의는 내적 동기를 통해 과업 수행에 영향을 주는 것으로 나타났다(Zapata-Phelan, Colquitt, Scott, & Livingston, 2009). 두 연구에서는 공정한 의사결정 과정이 학생과 직원의 내적 동기 수준을 향상시키는 효과적인 방법으로 나타났으며 결과적으로 수행도 증가하였다. 마지막으로 조직 정의 세 번째 차원은 상호작용 정의(interactional justice)로 의사결정과 절차 진행 과정에서 직원들과 상호작용하는 방식과 관련되어 있는 요인이다. 상호작용 정의는 조직의 결정과 목적에 대해 직원들에게 시기적절하고 충분한 정보를 제공하는 것과 관련이 있다. 사실 상호작용 정의는 **대인관계 정의**(Interpersonal

[1] organizational justice를 조직 공정성으로 번역이 많이 되어 있으나, 이 책에서는 공정성(equity) 용어와 구분하기 위해서 조직 정의로 서술하였다.(역주)

justice)와 정보 정의(informational justice)의 하위차원으로 구분되기도 한다. 대인관계 정의는 사람들이 상사, 경영진 혹은 동료들로부터 존중과 예우를 받고 있는 정도를 의미하고 정보적 정의는 조직 결정과 보상에 대한 유용한 정보를 제공받는지를 의미한다. 조직 정의와 직무 만족과의 관계에 대해서는 10장에서 구체적으로 다루겠다.

기대 이론 작업동기 분야에서 가장 인기 있는 이론 중에 하나인 기대 이론은 Vroom(1964)이 제안하였고, Tolman의 초기 연구(Tolman, 1932)에서 유래되었다. Vroom의 기대 이론은 유인가(valence)-도구성(instrumentality)-기대(expectancy)(VIE 모델)로 모델이 구성되어 있다. 이 모델의 주요 전제는 사람들은 행동을 결정할 때 여러 대안들을 평가하여 어떤 행동을 할지 의식적으로 선택하고, 각 대안의 평가는 유인가, 도구, 기대를 근거로 한다는 것이다. 많은 연구자들로부터 비판받는 가정이지만, Vroom이 제시한 기본 가정은 사람들은 이성적이고 합리적인 의사결정을 한다는 것이다. 비록 이 모델은 VIE 이론이라고 하지만 모델의 구성 요소의 순서를 바꿔 기대를 앞으로 하여 EIV로 재배치하였을 때 더 잘 이해된다.

인간이 항상 합리적 의사결정을 하는 것은 아니지만, 합리적인 의사결정을 위해 노력하는 경우도 많다. 기대(expectancy)는 특정한 수준의 노력을 하면, 원하는 수행 수준을 달성할 수 있는지에 대한 개인의 신념으로 정의된다. **그림 9.4**에 VIE 모델이 두 가지 예시로 제시되어 있다.

> **기대**
> 특정한 수준의 노력을 했을 때 원하는 수행 수준을 달성할 가능성에 관한 개인의 신념

첫 번째 예는 학생이 시험공부를 3시간 하면 시험에서 100점을 받을 가능성이 있는지 생각하는 경우이다. 두 번째 예는 컴퓨터 프로그래머가 3개월 동안 일주일에 60시간을 일하면 인사평정을 잘 받을 가능성이 있는지 생각하는 경우이다. 기대는 노력-수행 관계라고도 언급된다. 이러한 관련성은 학생의 예와 컴퓨터 프로그래머의 예를 통해 알 수 있다.

> **도구성**
> 특정한 행동을 하였을 때 그 행동으로 인해서 어떤 보상이 수반할 가능성에 대해서 지각하는 것

도구성(instrumentality)은 수행의 결과로 보상이 수반할 가능성을 지각하는 정도를 나타낸다. 즉 어떤 특정한 행동을 했을 때 그 특정한 행동의 결과로 인해 보상을 받을 가능성이 어느 정도인지를 지각하는 수준이다. 이러한 이유로 수행-보상 관계라고 일컬어지기도 한다. 첫 번째 학교의 예에서 도구성은 시험에서 100점을 받았을 때 A학점을 받는 것이나 우등 졸업과 같은 좋은 보상으로 이어질 가능성을 나타낸다. 두 번째 예에서는 좋은 인사평정을 받는 것이 임금인상이나 승진 같은 결과로 이어질 가능성을 나타낸다. 두 예 모두 도구성은 어떤 결과가 또 다른 보상으로 이어지는지를 반영하고 있다.

> **유인가**
> 보상을 받았을 때 만족의 기대 수준

유인가(valence, value)는 가치에 해당하며 보상에 대한 만족의 기대 수준을 나타낸다. 개인이 받은 보상에 만족한다면 보상의 가치는 긍정적인 것이다. 보상이 다른 유형의 긍정적인 보상과 연결되어 있다면 가치가 높아진다. 즉 만일 어떤 보

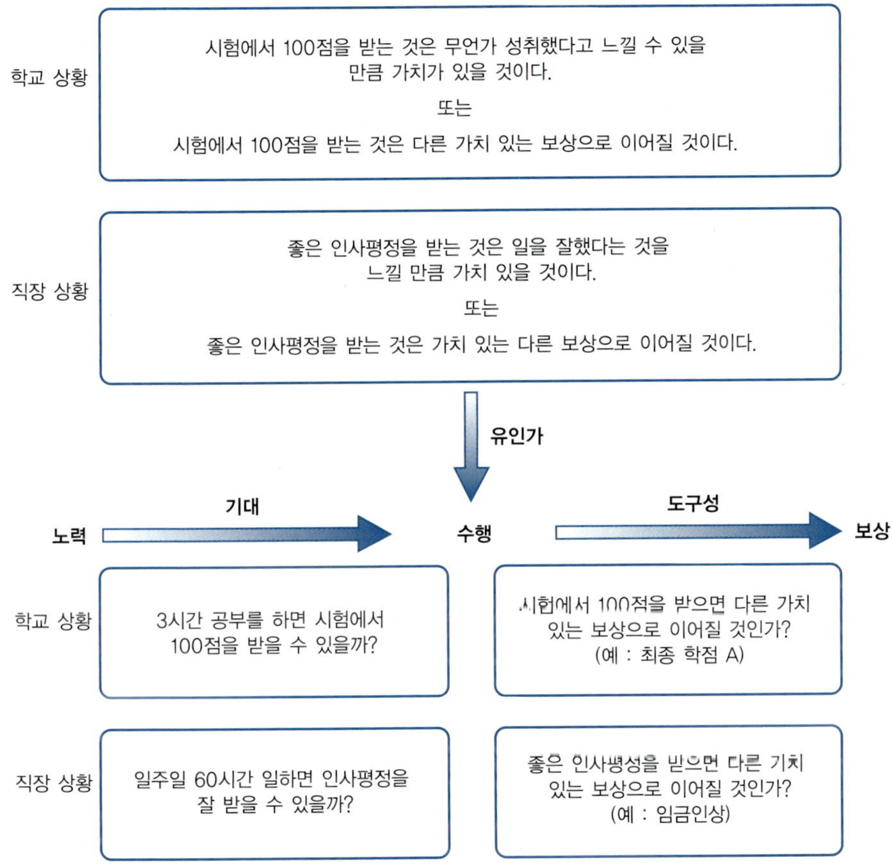

그림 9.4 기대 이론 : 개념과 예시

상이 다른 보상을 획득하기 위한 수단이 될 수 있다면 그 보상은 매우 긍정적인 가치를 지니게 된다.

학교 예에서 시험점수 100점을 받는 것이 성취감을 느끼게 해주기 때문에 100점 받는 그 자체로 가치 있을 수 있다. 추가적으로 100점을 받을 때 그 과목에서 A학점을 받을 가능성(도구성)이 높고, 그 과목에서 A학점 받는 것이 중요하다면(유인가), 시험에서 100점 받는 것이 더 긍정적인 가치를 지니게 될 것이다. 유사하게 컴퓨터 프로그래머가 좋은 인사평정을 받는 것이 자신이 일을 잘했다는 느낌을 받을 수 있기 때문에 가치가 있을 수 있다. 하지만 추가적으로 좋은 인사평정이 큰 임금 상승(도구성)으로 이어지고, 이러한 임금 상승이 컴퓨터 프로그래머에게 가치(유인가)가 있다면 좋은 인사평정은 더 긍정적인 가치를 지니게 된다. Vroom(1964)은 이 모든 개념을 통합하여 유인가, 도구성, 기대에 대한 개인의 신념은 개인이

생각해보기
공부하는 행동은 기대, 도구성 유인가에 따라 어떻게 달라질 수 있는가?

즐거움을 추구하고 고통은 회피하는 방식의 행동을 하도록 동기를 부여하고, 이 과정에서 이 세 가지 개념이 서로 상호작용한다고 제안하였다. 즉 사람들은 즐거움과 자부심을 줄 수 있는 행동이나 의사 결정을 하려 하고, 불쾌하거나 좌절하게 하는 것은 하지 않으려는 경향이 있다. 구체적으로 동기는 이 세 가지 개념의 수준이 곱해져서 크기가 결정된다고 보았다. 만일 유인가, 도구성, 기대 세 개념 중에 하나라도 크기가 0이 되면 행동을 하려는 동기는 나타나지 않는다는 것이다. 예를 들면 어떤 사람에게 시험에서 100점 받는 것에 대한 유인가도 있고 다른 가치 있는 보상(예 : 수업에서 학점 A를 받는 것)을 획득할 수 있는 도구성이 있다고 가정해보자. 하지만 밤새워 공부해서 100점을 받는다는 기대가 비현실적이라고 생각하게 되면, 밤새워 공부하는 행동은 나타나지 않는다는 것이다. 이 예에서는 학생이 유인가와 도구성을 높게 지각하였다고 하더라도 기대를 0으로 지각하였기 때문에 공부를 하는 행동이 나타나지 않는 것이다.

VIE 모델에서 제시하는 주요 시사점은 조직이 직원의 작업 수준을 높이기 위해서 유인가-도구성-기대 관계에서 취약한 부분을 찾고 이를 개선해야 한다는 점이다. 예를 들면 수행평가는 조직에서 자주 실패하는 영역 중 하나이다. 일부 직원은 수행평가 자체에 대해 호의적으로 반응할 수 있지만, 대부분 경우에는 수행평가의 결과가 보상이나 혜택과 관련 있을 때 가치가 있다. 수행평가가 임금 상승이나 승진, 추가적인 복리후생, 근로환경 개선, 권한이나 자율성 증대와 같은 것과 연관되어 있지 않다면 직원들이 열심히 일하지 않을 가능성이 높다. 수행과 보상과의 관계를 명확화함으로써 조직은 도구성 문제를 해결할 수 있다. 예를 들면 보상받을 직원을 선정할 때 수행평가를 근거로 활용하면 직원들에게 보상과 수행평가의 관계를 명확하게 인식하게 할 수 있다.

Renko, Kroeck 및 Bullough(2011)는 신규 벤처 사업가를 대상으로 VIE 구성개념과 성과 관련 변인의 관계를 확인하였다. 연구 결과 유인가, 도구성, 기대는 응답자의 새로운 사업을 시작하려는 의도와 관계가 있는 것으로 나타났다. 더욱 흥미로운 점은 VIE가 영업 이익과 2.5년 이후 사업체의 건전성까지 관계가 있었다는 점이다. 대부분의 신규 벤처사업가는 사업 시작 전 창업과정에서 탈락한다는 선행 연구가 많기 때문에 매우 의미 있는 연구라고 볼 수 있다. 즉 유인가, 도구성과 기대가 미래 사업 성공의 중요한 예측변인이 될 수 있다는 것이다.

Van Eerde와 Thierry(1996)는 80개 정도의 연구를 대상으로 VIE 모델에 대해 메타 분석한 결과, 몇 가지 중요한 사실을 밝혀낼 수 있었다. 첫째, VIE 모델의 각 구성 요소인 유인가, 도구성, 기대와 업무 성과와의 관계는 VIE 모델의 구성 요소를 결합한 점수(세 구성 요소를 곱한 값)와 업무 성과와의 관계보다 상관이 높은 것으로 나타났다. 즉 각 VIE 요소들을 곱하여 결합한 점수가 업무 성과를 예측하는 데 한계가 있을 수 있지만, 유인가, 도구성, 기대가 모두 업무 성과와 관련이 있다는 것을 잘 나타내주는 결과이다. 두 번째, VIE 모델을 활용한 연구들은 개인의 행동 경향에 대한 예측보다 사람 혹은 집단들을 비교하는 데 이 모델을 적용하였기 때문에 메타 분석에 포함된 많은 연구는 결함이 있었다. 이 VIE 모델은 기본적으로 개인이 여러 다양한 행동 중에 특정 행동을 하는 동기가 생성되는지를 설명하기 위한 모델이기 때문에 사람들 간에 특정 행동을 하게 하는 동기를 비교하는 데 적절하지 않을 수 있다.

마지막으로 유인가, 도구성, 기대와 태도/의도 간의 상관은 행동(수행, 노력, 선택) 간의 상관보다 높은 것으로 나타났다. 이러한 연구 결과를 바탕으로, 연구자들은 유인가, 도구성, 기대는 업무 수행 준거와 명확하게 관계있다고 결론을 내렸다. VIE 이론은 이후 직업 및 직무 선택, 직원 프로그램 참여, 전략적 의사결정(Ambrose & Kulik, 1999), 검사 수행 동기(Sanchez, Truxillo, & Bauer, 2000)와 같은 다양한 업무관련 준거에 적용되었다.

참조

2장에서 소개하였듯이 이론이 연구 과정보다 중요하다. 물론 연구자는 이론을 적절하게 검증하고 있다는 점을 주의해야 한다.

자기 조절 이론

자기 조절(self-regulation) 이론은 목표지향 행동을 주로 다룬다. 자기 조절 이론의 기본적인 아이디어는 동기가 자기 조절, 즉 개인이 자신의 행동을 관찰하고 목표 달성을 위해 행동을 조절하는 것에서 기원한다는 것이다. 즉 동기가 행동으로 전환될 때 이는 행위자의 인지적 과정이 조절한다는 것이다. 자기 조절 이론이 욕구-동기-가치 이론과 인지적 선택 이론과 다른 점은 목표가 선택된 이후에 자기 조절이 개입한다고 가정하는 점이다. 대신, 자기 조절 이론은 목표 달성에 필요한 다양한 행동에 시간과 노력을 개인이 어떻게 배분하는지를 설명할 수 있다. 앞서 소개한 욕구-동기-가치 이론과 인지적 선택 이론은 의도나 선택에 대해서 다루지만, 자기 조절 이론은 자유의지(volition)나 의지(will)에 대해서 다룬다(Kanfer, 1990). 즉 어떻게 사람들이 특정한 목표를 추구하고, 특정한 행동을 선택하게 되는지에 대한 내용이 자기 조절 이론에 포함되어 있다.

자기 조절
목표를 추구하는 데 있어서 개인이 자신의 행동을 관찰하고 조절하는 방식

목표 설정 이론 목표 설정 이론은 작업동기 이론 중에 가장 체계적으로 정립된 이론 중 하나이고 활발히 연구가 이뤄지는 분야이다. 목표 설정 이론은 Lewins의 초기 연구 '열망의 수준'(level of aspiration; Lewin, Dembo, Festinger, & Sears, 1944)부터 시작되었고 Locke에 의해 정립되었다. Locke는 목표는 행동에 네 가지 방식으로 영향을 준다고 제안하였다(Locke & Latham,

gregepperson/iStockphoto/Getty Images

2006). 첫째, 목표는 특정한 과업이나 과업 요소에 주의가 향하도록 한다. 둘째, 목표는 과업과 관련된 노력을 시작하게 한다. 즉 목표 달성을 위해 필요한 행동이 무엇인지 파악하고 이를 시작하게 한다. 셋째, 목표는 목표 달성을 위한 노력이 지속될 수 있도록 해준다. 목표가 없다면 대부분의 경우 중도에 포기하고 목표와 관련 없는 행동을 할 가능성이 높다. 마지막으로 목표는 목표 달성을 위해 더 높은 수준의 인지 전략을 사용하게 한다.

Locke와 동료 연구자들은 40년 넘게 목표 설정과 관련된 경험적 연구를 수행하였다(for a review, Locke & Latham, 2002). 이러한 풍부한 연구 결과는 목표 설정과 관련한 다양한 정보를 담고 있지만, 이 책에서는 주요 발견사항 위주로 소개하도록 하겠다. 첫째, 직원들에게 어렵고, 구체적인 목표가 제시될 때 수행 수준이 높았다. 둘째, 어렵고 구체적인 목표를 주더라도 목표에 대한 수용도와 몰입도가 낮으면 수행 증가로 이어지지 않았다. 즉 어렵고 구체적인 목표를 주더라도 직원들이 받아들일 만하고 달성 가능한 목표라고 생각하지 않으면 동기와 수행이 증가하지 않는다는 것이다. 셋째, 목표와 관련된 수행에 대한 피드백이 수행에 긍정적인 영향을 미쳤다.

생각해보기
목표의 난이도와 구체성이 증가하면 수행도 증가한다고 생각하는가?

이 세 가지 목표 설정의 가정을 토대로 정리하면 다음과 같다. **동기는 구체적이고 어려운 목표를 수용하고 몰입할 때, 목표 달성 진행 과정에 대한 피드백이 제공될 때 증가한다.** 이러한 목표 설정의 효과는 실험실과 현장에서 진행된 다수의 연구에서 밝혀졌다. 또한 이러한 가설은 인종, 성별, 연령, 정신 능력, 업무 경험 등이 서로 다른 참가자들을 대상으로 했던 연구뿐만 아니라 100개 이상의 서로 다른 유형의 과제들을 사용했던 연구들 간에도 동일한 결과가 나타났다(for review, Locke, 1990). 즉 구체적이고 어려운 목표, 목표에 대한 수용과 몰입, 마지막으로 목표 달성 과정에 대한 피드백 제공이 동반될 때 동기와 업무 수행이 증가한다. 이러한 효과는 개인 특성 및 과제 특성과 관계없이 동일하게 발생된다. 최근 목표 설정 연구는 집단 목표(Wegge & Haslam, 2005) 설정과 운동선수의 목표 전략(Senécal, Loughead, & Bloom, 2008) 영역까지 확장되었다. 목표 설정 이론은 동기 이론 중 가장 성공적으로 가설이 검증된 이론이며, 다른 동기 이론과 달리 복잡하지 않고 이해하기 쉬운 이론이기도 하다. 이러한 간명함(가설의 검증력이 높았던 점과 함께)으로 인해 인적자원관리 담당자들이 직원의 행동과 노력을 변화시키기 위해 선호하는 기법이기도 하다. 목표 설정 이론의 일부 적용 방안에 대해서는 뒤에 소개하도록 하겠다.

사회인지 이론 1960년대 주목받았던 사회인지 이론은 동기에서 행동과 인지 요소의 상호작용을 강조한다. 동기에서 인지적 과정의 역할을 도외시해왔던 행동주의적 접근 방법을 보완한 이론이다. 사회인지 이론은 인지적, 행동적, 개인적, 환경적 요소 모두가 동기를 결정하는 데 영향을 준다고 강조하였다.

사회인지 이론에서 가장 중요한 개념은 Albert Bandura(1986)가 제시한 자기 조절의 세 가지 구성 요소이다. 첫 번째는 자신의 구체적인 행동에 주의를 기울이는 정도를 나타내는 **자기 관찰**(self-observation)이다. 인간의 정보처리 능력은 한계가 있기 때문에 자신의 모든 행동에 주의를 기울일 수 없다. 따라서 어느 행동에 주의를 더 두어야 할지 선택해야 한다. 이 과정을 통해 동기 전략 개발에 도움이 되는 행동, 수행, 피드백, 목표를 모니터할 수 있게 된다. 두 번째 구성 요소는 **자기 평가**(self-evaluation)로 자기 피드백 과정에 참여하는 것이다. 구체적으로, 자기 평가는 자신의 수행과 노력을 평가하는 방법이다. 세 번째는 **자기 반응**(self-reaction)으로 자기 평가에 대한 내적 반응이다. 자기 반응은 목표 달성 상황이 순조로운지 여부에 따라 현재 수행에 대한 불만 혹은 기쁨과 같은 정서적인 반응 형태로 나타난다. 또한 반응으로 행동이 나타날 수도 있고 노력을 증가시키거나 목표를 변경하거나 포기하는 것으로 나타나기도 한다.

또 다른 Bandura 이론의 핵심 요소는 **자기 효능감 기대**(self-efficacy expectation)로 성공적으로 과업을 완수하거나 목표를 달성할 수 있는 능력이 있는지에 대한 개인의 지각이다. Bandura(1986)는 자기 효능감이 상승하면 특정한 목표를 달성하려는 동기가 향상된다고 주장하였다. 일부 연구자들은 자기 효능감을 VIE 이론 개념의 하나인 기대와 밀접하게 관련되어 있다고 주장하기도 한다.

> **자기 효능감 기대**
> 성공적으로 과업을 완수하거나 목표를 달성할 수 있는 능력이 있는지에 대한 개인의 지각

사실, 대부분의 사람들은 자신이 어떤 특정한 업무를 잘할 수 있다고 기대할 때 동기 수준이 증가되는 경향이 있다. 자기 효능감이 개인 수준의 구성개념이긴 하지만 조직은 직원의 자기 효능감 수준을 높이는 데 기여할 수 있다. 예를 들면 조직은 직원이 훈련과 피드백을 통해 긍정적인 자기 효능감을 증진시키는 데 도움을 제공할 수 있다. 여기서 피드백은 약점에만 초점을 맞추는 것이 아니라 긍정심리학에서 제안하는 것처럼 강점에도 초점을 맞춰야 한다(긍정심리학과 관련된 내용은 전술하였지만, 더 자세한 내용은 14장을 참조하길 바람). Bandura의 사회인지 이론에서 동기는 자기 효능감과 현재의 수행 수준과 목표 혹은 기준과의 차이에 대한 자기 반응이 연합하여 발생한다고 보았다. Bandura와 Locke(2003)는 개인의 수행 효능감이나

능력에 대한 확고한 믿음이 있어야 개인이 성공할 만큼의 노력을 투입한다고 주장하였다. 사람들은 의도를 형성할 때 의도를 이행하기 위한 계획과 전략을 함께 고려한다. 사람들은 개인의 기준(예 : 목표)을 세우고, 자기 반응에 영향을 받아 자신의 행동을 모니터하는 방식으로 자기 조절을 한다(자기 효능감이 가끔 동기와 수행에 부정적인 영향을 미친다는 견해도 존재한다. 구체적인 내용은 Vancouver, More, & Yoder(2008) 논문을 참고할 것).

일부 사회인지 연구자들은 Bandura 이론의 핵심 사항인 자기 효능감의 개념은 유지하면서, 목표지향성 같은 개인차 변인을 동기 원리와 연결시키기도 하였다(DeShon & Gillespie, 2005). 예를 들어 **학습(숙달) 목표 지향성**(개인이 학습과 개발에 중점을 두고 문제를 해결하고자 하는 정도)은 복잡한 과제 수행의 동기 및 정서와 관련되어 있는 반면 **수행(평가) 목표 지향성**(개인이 결과와 주변의 평가에만 초점을 맞춰서 문제를 해결하는 정도)은 단순한 과제 수행의 동기 및 정서와 관련되어 있다(Steele-Johnson, Beauregard, Hoover, & Schmidt, 2000).

Bell과 Kozlowski(2002)는 목표 지향성, 자기 효능감 및 능력이 상호작용하여 성과에 영향을 미친다고 주장하였다. 구체적으로, 능력 수준이 높은 개인은 학습 목표 지향성을 보이는 경우에 긍정적 성과를 창출하지만 능력이 낮은 개인은 그렇지 않았다. 오히려 능력 수준이 높은 사람들은 수행 목표가 증가할 때 수행이 감소하였다. 마지막으로 Van Yperen과 Janssen(2002)의 연구에서는 수행 목표 지향성이 높고 학습 목표 지향성이 낮은 직원은 직무 요구 수준을 높게 지각하면 직무 만족 수준이 감소하였지만 학습 목표 지향성이 높고 수행 목표 지향성이 낮은 경우에는 직무 만족 수준이 감소하지 않았다.

다음 소개할 사회인지 이론은 **제어 이론**(control theory)이다. 제어 이론의 핵심은 부적 피드백 순환(loop)이다(Johnson, Chang, & Lord, 2006). 이 이론의 기본 전제는 목표 또는 기준과 현재 수행에 대한 비교를 통해 부적 피드백 순환이 발생한다는 것이다. 개인이 피드백을 통해 기준과 차이를 지각한다면 어떤 식으로든 불일치를 줄이려고 동기화된다는 것이다. 이러한 상황에서 기준과 일치한다는 피드백을 받을 수 있게 행동과 상황을 통제한다. 제어 이론에서 사용되는 용어로 설명한다면 감지된 값(feedback)이 기준 값(standard)과 부합되도록 유지하는 것이다.

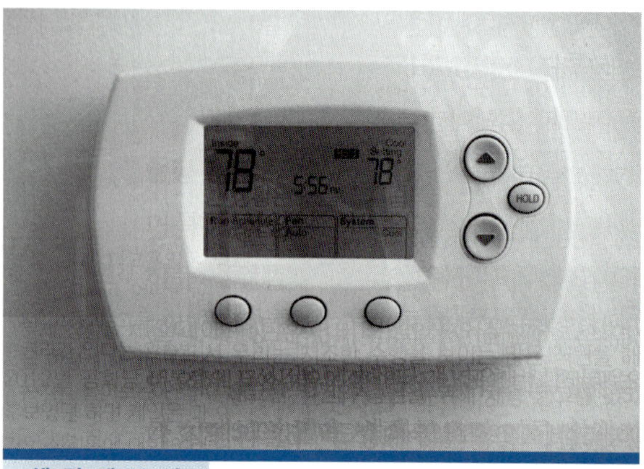

생각해보기
온도 조절 장치는 제어 시스템 개념을 어떤 방식으로 보여주는가? 그리고 동기와 어떻게 관련되어 있는가?

제어 이론의 기본 개념은 사회과학에만 국한된 것은 아니다. 오히려 제어 이론은 공학과 같은 기술 분야에서 발전되었고, 이러한 개념을 설명하기 위해 제어 시스템

(control system)이라는 용어를 사용하고 있다(이러한 접근법이 인간의 행동을 너무 기계적으로 설명한다는 비판이 존재한다. 구체적인 내용은 Bandura와 Locke(2003)의 논문을 참고하길 바람). 제어 시스템에 가장 대표적인 예는 실내의 온도를 감지하고 이를 표준 온도 혹은 사전 설정한 온도와 비교하여 작동하는 온도 조절 장치이다. 사전에 설정된 온도가 감지된 온도보다 높으면 온도 조절 장치가 난방기를 켜서 감지된 온도(감지된 값)가 설정된 온도(기준 값)와 비슷해지도록 한다. 그렇다면 온도 조절 장치는 동기와 무슨 관련이 있는가? 경험적으로 지지받고 있는 Carver와 Scheier가 개발한 제어 이론의 개념을 살펴보면 그 답을 얻을 수 있다. **그림 9.5**에 제어 시스템에 대한 내용이 그림으로 제시되어 있다.

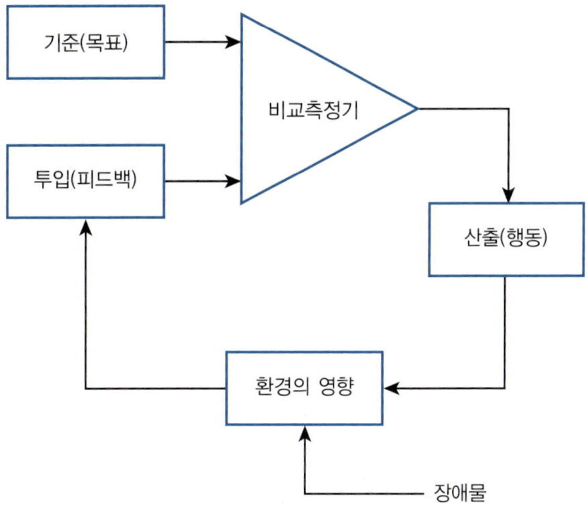

그림 9.5 제어 시스템

출처 : Lord & Levy(1994) in *Applied Psychology: An International Review. Moving from cognition to action:* A control theory perspective

Caver와 Scheier(1998)에 따르면, 모든 행동은 피드백을 통한 통제를 필요로 한다. 다음의 예를 통해 확인해보자.

> 만일 어떤 직원의 하루 업무 목표가 '생산적'인 하루를 보내는 것이라면, 직원은 목표를 달성했는지 여부를 어떻게 결정할 수 있을까? 직원은 하루 동안 자신이 작업한 업무량과 구체적으로 확인할 수 있는 다른 준거들과 비교한다. 예를 들면 상사가 정해준 작업할당량 지침서 혹은 유사한 활동에 종사하는 다른 사람의 수행 등이 준거가 될 수 있다. 요약하면, 자신의 행동을 추상적인 기준과 비교할 때, 사람들은 종종 이러한 추상적인 비교를 쉽게 할 수 있는 구체적인 정보를 찾는다.(p. 32)

이러한 간단한 원리가 때로는 복잡해질 수 있지만 작업동기를 설명할 때 유용할 수 있다. Carver와 Scheier의 이론은 초기 제어 이론에서 비롯되었지만, 동기에 대한 이해의 폭을 넓혀 줄 수 있는 이슈들을 다뤘다. 예를 들면 **자기 초점화**(self-focused) 수준이 높은 개인일수록, 피드백 순환에 더 몰두하고, 불일치 정보를 나타내주는 비교에 더 집중하는 경향이 있다는 것을 확인할 수 있었다(Carver & Scheier, 1998). 여기서 자기 초점화란 복잡한 의미를 포함하고 있는 개념이 아니라 단순하게 개인이 자기 스스로에게 집중하는 정도를 의미한다. 자기 초점화 수준이 높은 경우에는 그렇지 않을 경우보다 기준과 피드백 간의 불일치를 지각함으로써 발생하는 반응(정서와 행동)이 나타날 가능성이 높다.

Carver와 Scheier의 이론은 단순해 보이지만, 다양한 정보를 수집, 선택하고 해석하는 과정은 매우 복잡하다. 5장에서 소개한 공식적인 인사 평정 과정뿐만 아니라 개인 개발을 위해 활동하는 360도 피드백을 다시 한 번 상기시켜 보자. 분명히 개인은 360도 피드백 시스템에서 많은 피드백을 받지만 이러한 피드백 중 가치가 있는 피드백을 선별하고 선택하는 과정은 복잡한 문제이다. 여기에 소개된 예시는 제어 이론 과정에 대한 이해를 위해 단순화하였지만 이론이 현장에서 작동하는 것은 훨씬 더 복잡하다.

예를 들어 제어 이론은 동기의 자유의지와 전략적 요소에 초점을 맞추기 위해 사용되어 왔다(Diefendorff & Lord, 2003). 연구자들은 자유의지와 실행 의도(구체적인 목표와 그 목표를 수행하기 위한 계획; implemental intentions)를 가지고 있는 사람들이 그렇지 않은 사람보다 수행 수준이 더 높다는 것을 증명하였다. 하지만 전략의 질적 수준과 실행 의도는 상호작용하는 것으로 나타났다. 즉 전략의 질적 수준이 높고 실행 의도가 구체적이면 최고의 수행 수준을 보이는 것으로 나타났고 실행 의도는 구체적이지만 전략의 질적 수준이 낮으면 최고의 수행 수준을 보이지 못하였다. 그러므로 동기 시스템에서 자유의지와 전략 두 개념은 모두 중요하다는 것을 알 수 있다. 다수의 연구를 재검토한 논문에서 실행 의도가 목표 달성에 미치는 효과의 크기가 상당히 큰 것으로 나타났다(Gollwitzer & Sheeran, 2006).

Carver와 Scheier(1998)는 사람들이 목표 지향적이면 일상생활에서의 목표뿐만 아니라 의도, 가치, 소망 등을 통해 본인의 발전을 위해 노력한다고 주장하였다. 이후 연구자들은 제어 이론이 정서에 적용되는 과정에 대해서도 소개하였다(Diefendorff & Gosserand, 2003). 구체적으로 시간의 흐름에 따라 개인이 정서 표현을 조절하는 과정을 제어 이론을 활용하여 설명하였다. 예를 들면 다음과 같다. 목표를 달성하기 힘들 것 같을 때 바로 포기하는 것이 아니라 지속적으로 도전할 것인지 포기할 것인지 갈등한다. Caver와 Scheier는 포기(그들은 해방이라고 표현함)하는 것이 항상 나쁜 것은 아니라고 하였다. 포기를 결정하는 것도 자신을 조절하는 과정 중 하나이기 때문에 자연스러운 과정이라는 것이다. 목표를 달성할 수 없는데도 불구하고, 지속적으로 달성하고자 노력하는 경우에는 심리적인 웰빙과 궁극적인 성공에 부정적인 영향을 미치기도 한다. 하지만 여기에서 중요한 점은 지속적인 노력을 하는 것과 포기하는 것 모두 적응적인 기제이고 자기 조절에 필요한 부분이라는 것이다. 어떤 강의에 A를 받고 싶지만 매주 시험에서 계속 C 정도의 성적만 받는다고 가정해보자. 이렇게 되면 어떤 시점에서 학점 목표를 재검토하고 조정하는 것이 발전하는 데 더 도움이 될 것이다(아마 B로 목표를 낮춰 수업을 이수하고 이 과정을 통해 자기 스스로 무언가를 더 배웠다고 생각할지도 모른다). 또는 분기에 10,000달러의 영업 이익을 달성하고자 목표를 세웠다고 가정해보자. 하지만 목표를 세우고 몇

주가 지나자 경제가 침체되고 이로 인해 목표를 달성할 수 없다는 것이 확실해졌다. 이러한 상황에서 맨땅에 헤딩하듯이 불가능한 도전을 하는 것이 옳은 선택인가? 아니면 목표를 재평가하고 합리적인 목표로 수정해서 달성하고자 하는 것이 적절한 것인가?

다행히도, 이 질문에 대한 답은 쉽게 내릴 수 있다. 원래 목표를 달성하는 것이 불가능하다면 대안적인 목표를 세울 수 있고 이 목표는 여전히 동기를 향상시키는 데 효과적이고, 개인과 조직의 생산성을 높일 수 있다. 목표를 하향조정하는 방법이 합리적인 전략이라고 판단될 때, 이렇게 한 발짝 뒤로 물러서서 직원들이 목표를 하향조정하는 것을 도와주는 것이 상사들에게도 또한 필요하다.

동기 이론의 적용

이 장 전반부에는 현재 I/O심리학 분야에서 가장 널리 인용되고 경험적으로 지지받아온 동기이론을 중심으로 소개하였다. I/O심리학은 현장의 다양한 목표와 문제를 해결하기 위해 심리학적 지식을 사용하는 것이 목적이기 때문에 이 장의 나머지 부분은 동기가 실제로 현장의 조직 문제를 해결하기 위해 어떻게 적용되고 실제 동기에 어떠한 영향을 미칠 수 있는지에 대해 살펴볼 것이다. 물론 조직이 직원의 동기에 영향을 줄 수 있는 다양한 적용방법이 존재하지만 여기에서는 그중 몇 가지만 소개하도록 하겠다.

조직행동관리

행동분석은 개인의 행동에 영향을 미치는 환경을 분석하여 행동원리를 파악하고 적용하는 과학이다. 행동분석은 다양한 영역을 다루지만 연구의 주제를 중심으로 구분해본다면 실험행동분석과 응용행동분석으로 나뉜다(American Psychological Association, 2015). 응용행동분석의 기초적인 토대는 실험행동분석에서 출발했으며, 심리학자들이 사회적으로 또는 개인적으로 중요한 행동을 이해하는 데 큰 기여를 하였다. 조직 구성원의 동기를 향상시키고 조직의 수행을 향상시키는 것으로 알려진 **조직행동관리**(Organizational Behavior Management : OBM) 접근법은 광범위한 응용행동분석 분야의 하나이다. 조직행동관리는 행동심리학적 원리를 활용하여 조직 상황의 개인과 집단행동에 관해 연구하고 실제 개인과 집단행동을 향상시키기 위해 행동주의 심리학 원리를 적용하는 분야로 정의할 수 있다.

조직행동관리(OBM) 행동주의 심리학 원리를 조직 상황의 개인과 집단행동에 적용하는 분야

조직행동관리는 세계의 다양한 국가의 기업과 조직에 적용되고 있으며 세부적인 적용 방안은 연구자나 컨설팅 회사마다 다소 차이가 있지만 적용하는 기본적인 이론 모델은 ABC 모델이다. A는 행동의 **선행자극**(antecedent)이고, B는 **행동**(behavior), C는 행동의 **결과**(consequence)

를 의미한다(Wilder, Austin, & Casella, 2009). 조직에서 요구하는 바람직한 행동을 시작하게 하거나 행동 빈도를 증가시키기 위해 선행자극을 조작하는 것도 어떻게 보면 중요한 작업일 수 있다. 예를 들면 직원이 작업을 잘 수행할 수 있도록 장비를 마련하고 교육을 제공하는 것이다. 하지만 조직행동관리에서 중요하게 생각하는 것은 선행자극보다 행동의 결과이다. 조직에서 요구하는 바람직한 행동이 나타나기 위해서는 바람직한 행동에 대한 결과가 뒤따라야 한다는 것이다. 여기에서 결과에 해당하는 것은 승인, 칭찬과 같은 작은 보상에서 인센티브, 추가 휴가와 같은 큰 보상에 이르기까지 다양하다. 결과를 행동과 직접적으로 연결시키는 방법인 수행에 따른 임금(pay for performance)(Cadsby, Song, & Tapon, 2007; Rynes, Gerhart, & Parks, 2005)을 생각하면 이해가 될 것이다. 수행에 따른 임금은 수행 수준이 높을수록 더 많은 임금을 받는다. 하지만 조직행동관리에서 단순히 수행에 따른 임금만을 강조하는 것이 아니다. 수행을 이끌어내는 구체적인 행동에 대한 작은 보상(예 : 칭찬과 승인)을 더 강조한다. 인적자원관리를 위한 행동주의 접근법의 적용 방법은 크게 5단계로 요약할 수 있다(Stajkovic & Luthans, 1997). 첫 번째는 조직에서 변화가 필요한 표적(target) 행동을 선정하는 과정이다. 이 단계는 인사 훈련 영역에서 활용하는 요구 분석과 유사하다. 두 번째는 조직행동관리 기법 적용 전과 후의 표적 행동 수준을 비교하기 위해, 조직행동관리기법이 처치되지 않은 상태에서 목표 행동 수준을 측정하는 기저선 단계를 거친다. 세 번째는 표적 행동과 관련되어 있는 강화인과 처벌인(행동을 감소시키는 요인)을 확인한다. 원하는 표적 행동의 수준을 목표로 설정하고 목표를 달성하기 위해 다양한 조직행동관리 기법(보상, 피드백 등)을 적용한다. 마지막은 조직행동관리 기법의 적용 전과 후의 표적 행동 수준을 비교하여 적용한 처치 기법의 성공 여부를 평가하는 단계이다.

참조

8장에서 소식의 구체적인 훈련 욕구를 파악하기 위해 필요한 요구 분석에 대해 상세하게 소개하였다. 조직행동관리에서 변화시키고자 하는 표적행동을 선정하는 과정은 요구분석과 유사한 부분이 있다.

ColorBlind Images/Getty Images

생각해보기
어떤 보상물과 수상 방식이 사람들을 동기화 시키는가?

조직행동관리 프로그램은 다양한 조직에서 사용해왔다(Wilder et al., 2009). 조직행동관리 기법 중 행동기반안전관리(Behavior Based Safety : BBS)는 다양한 기업에서 적용하여 큰 성공을 거둬왔다(Grindle, Dickinson, & Boettcher, 2000). 대표적인 예(Sulzer-Azaroff, Loafman, Merante, & Hlavacek, 1990)가 대규모 공장에 행동기반안전관리 프로그램을 도입한 결과이다. Sulzer-Azaroff 등(1990)은 사고율이 높았던 대규모 사업장 3개 부서의 근로자 250명에게 행동기반안전관리 기법을 적용하였다. 연구자들은 각 부서에서 안전관리와 밀접하게 관련 있는 안전행동을 표적 행동으로 선정하였다. 선정된 안전행동은 무거운 물질을 안전하게 들어올리기, 보호 안경 착용과 기준에 맞는 안전화 착용, 젖은 바닥 확인 시 즉각적으로 닦기, 지정된 영역에 화학물질 보관 같은 행동들이었다. 추가로 LTI(lost time injuries : 사고로 인해 회사가 손실을 본 근로시간), 부상과 같은 사고 자료를 기록하였다. 행동기반안전관리 프로그램은 주기적인 안전 회의, 주간 안전 피드백, 목표 설정과 목표 달성에 따른 작은 보상과 강화인 제공이었으며, 프로그램 도입 후, 안전행동을 비롯하여 안전관련 수치들이 큰 폭으로 상승하였다. 모든 부서의 안전행동 수준이 90% 이상으로 좋아졌다. 또한 행동안전관리 프로그램이 도입된 기간에 사고율과 사고로 인한 근로시간 손실이 회사 역사상 가장 낮았다. 마지막으로 행동기반안전관리 프로그램에 대한 직원들의 의견은 압도적으로 긍정적이었다. 이러한 결과는 조직행동관리 기법의 전형적인 결과로, 동기와 수행 향상에 유용하다는 것을 보여주는 사례이다. 메타 분석 결과에 따르면 조직행동관리 기법이 수행에 미치는 효과의 크기(Cohen's d)의 표준편차는 0.5였다(Stajkovic & Luthans, 1997). 이러한 결과는 강화 이론에 근거한 조직행동관리 기법을 활용하는 것이 실제 현장에서 효과가 있다는 것을 보여주는 사례이다.

참조

표준편차는 일련의 데이터가 평균으로부터 흩어져 있는 정도를 알려주는 수치이다. 표준편차는 효과의 크기를 나타내주는 수치로 활용할 수 있다. 표준편차가 0.5의 값을 보였다는 것은 조직행동관리를 사용한 집단과 사용하지 않은 집단의 수행 차이가 상당히 크다는 것을 나타낸다.

목표 설정과 목표에 의한 관리

목표 설정 이론은 실무자로부터 상당한 관심을 받아왔으며 다양한 국가와 조직에서 적용되어 왔고, 그 효과성이 입증되어 왔다. 앞서 소개한 조직행동관리 분야에서도 목표 설정을 수행 향상을 위한 기법 중 하나로 적용하고 있다. 조직행동관리에서 활용하는 목표 설정에 대한 사례를 우선적으로 살펴보도록 하겠다. Ludwig과 Geller(1997)는 피자배달부의 사고율을 줄이기 위해 목표 설정을 활용하였다. 미국의 피자배달부는 위험한 직업으로 알려져 있다. 피자배달부가 사망 또는 부상에 이르는 사고 발생률이 미국 평균 교통사고율보다 3배 높은 것으로 나타났고, 이로 인한 피해액이 상당히 높다. Ludwigh과 Geller는 3곳의 서로 다른 피자가게에서 일하는 324명의 피자배달부를 대상으로 피자 배달을 위해 출발하는 상황과 배달을 마치고 돌아오는 상황에 대해서 관찰을 통해 연구를 수행하였다. 관찰자는 피자가게가 창문을 통해 잘 보이는 인근 건물에서 피자배달부의 행동을 관찰하였다. 총 세 가지 행동이었다. 첫 번째는 안전벨트를 착용하는지 여부, 두 번째는 방향 지시등을 배달을 출발할 때 복귀할 때 켜는지 여부, 마지막 행동은 피자가게 주차장에서 교차로 진입 시에 완전하게 멈췄다 출발하는지 여부였다. 세 행동 중 실험처치(참여적 목표 설정과 할당적 목표 설정 처치)가 적용된 행동은 교차로 멈춤 행동이었다.

세 가지 행동에 대해가 아무런 처치 없이 관찰만 실시하는 기저선 기간을 6주간 실시하였다. 기저선 기간이 실시되기 전 피자배달부를 무선적으로 참여적 목표, 할당적 목표, 통제 집단에 배치하였다. 참여적 목표 집단에서 4주 동안 피자배달부는 본인의 의견을 충분히 이야기할 수 있는 미팅을 한 후 연구자와 협의하여 목표를 세웠다. 추가로 집단 전체의 교차로 완전 멈춤 비율이 어떻게 되는지 피드백을 받을 수 있었다. 이러한 참여적 목표 설정 과정은 4주간 실시되었다. 할당적 목표 집단에서는 피자배달부가 의견을 제시할 기회를 갖지 못했다. 단지 연구자가 일방적으로 목표를 제시하였다. 다만 목표 수치는 참여적 목표 집단과 동일하였다. 또한 참여적 목표 설정 집단과 동일하게 피드백을 제공받았다. 할당적 목표가 제시되는 기간도 4주간이었다. 통제 집단은 기저선 기간과 동일하게 아무런 처치를 받지 않았다. 참여적·할당적 목표 집단 모두 교차로에서 완전 멈춤 비율이 75%에 도달하는 것이 목표였다.

그림 9.6에 6주간 기저선 단계, 4주간 처치 단계, 4주간 철회 단계(처치 단계에서 수행했던 미팅, 피드백, 목표 설정을 모두 제거한 단계), 10~11주 지난 이후에 행동 수준을 다시 한 번 확인하는 추적조사 단계(follow-up)의 각 관찰 자료가 제시되어 있다. 그림을 통해 확인할 수 있듯이 명확하게 참여적 목표 설정과 할당적 목표 설정이 교차로에서 완전 멈춤 비율이 높아졌다. 하지만 참여적 목표 설정의 효과가 할당적 목표 설정의 효과보다 오랫동안 지속되었다.

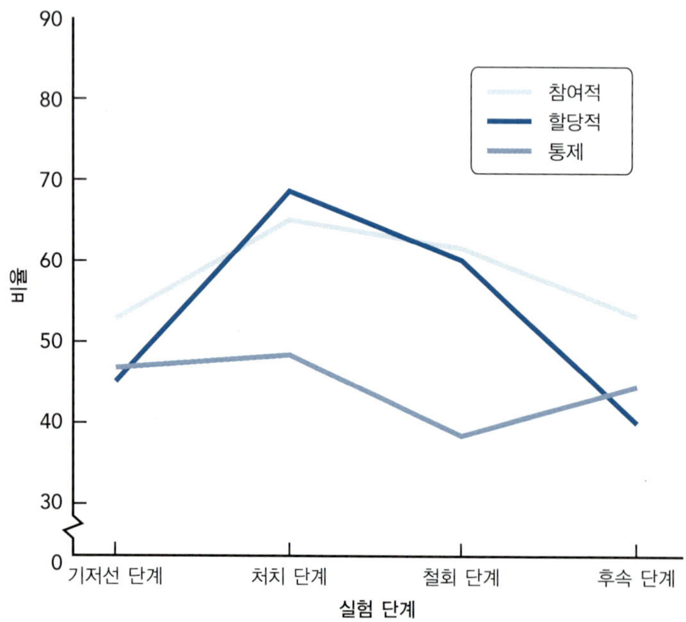

그림 9.6 피자배달부의 실험 단계별 교차로 멈춤 비율

출처 : Ludwig & Geller (1997).

즉 참여적 목표 설정 집단의 경우에는 처치 제거 이후에도 교차로 완전 멈춤의 비율이 크게 감소하지 않았으나 할당적 목표 설정 집단의 경우에는 처치 제거 이후에는 행동 비율이 크게 감소하였다. 흥미롭게도 Ludwig과 Geller는 실험 단계에서 처치가 들어가지 않은 행동들의 변화도 추적하여 관찰하였다. 관찰한 세 가지 행동 중 교차로 완전 멈춤의 경우에는 목표 설정과 피드백 등 실험 처치에 노출되었지만 나머지 두 행동인 안전벨트 착용과 방향 지시등 켜기 등에 대해서는 목표

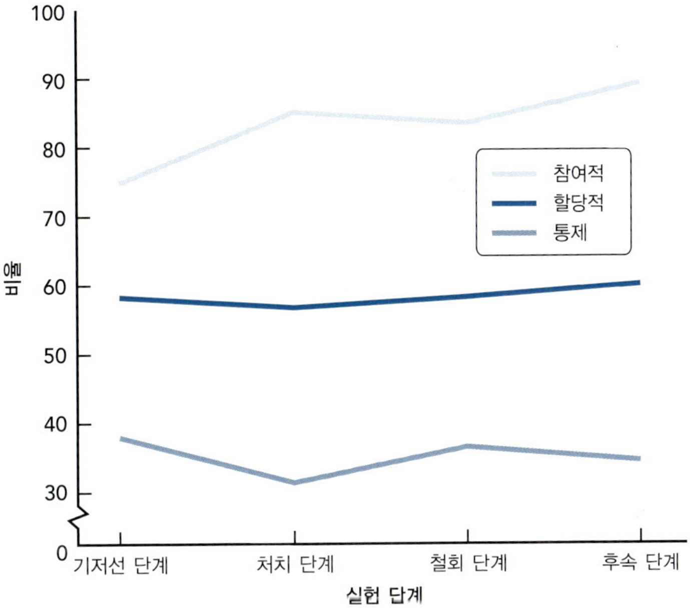

그림 9.7 피자배달부의 실험 단계별 안전벨트 착용 비율

출처 : Ludwig & Geller(1997).

및 피드백을 제시하지 않았고, 피자배달부와의 회의 중에도 연구자가 먼저 일절 언급하지 않았다. 나머지 두 행동에 대해서는 실험처치가 적용되지 않았으나 교차로 멈춤 비율과 동일하게 단계별 준수 비율을 측정하였다. 이 책에서는 나머지 두 행동 중 안전벨트 착용 비율에 대해서만 결과로 제시하였다.

그림 9.7은 실험 단계별 안전벨트 착용 비율에 대해서 제시되어 있다. 안전벨트 착용 비율은 참여적 목표 설정 단계에서만 준수비율이 증가하였다. 이러한 결과는 안전벨트 착용에 대한 목표를 제시하지 않았음에도 행동이 상승했다는 점에서 매우 흥미로운 결과이다. 이러한 결과는 이 책에서 제시하지 않았으나 방향 지시등 켜는 비율도 실험 단계별로 변화가 있었고 변화 양상이 안전벨트 착용과 유사하게 나타났다. 이러한 결과는 앞서 소개한 목표 설정의 효과성을 보여주기도 하지만 참여적 목표 설정의 중요성에 대한 시사점을 제시해주는 결과이다. 할당적 목표 설정도 물론 행동을 증가시키는 데 효과적이지만, 직원들이 목표 설정 과정에 참여하도록 기회를 줄 경우 조직은 부가적인 이득을 획득할 수 있다는 것이다. 실제 Ludwig과 Gelller(1997) 연구에서는 참여적 목표 설정 과정에서 일부 피자배달부가 안전벨트 착용에 대한 것도 같이 목표 설정 과정에 넣었으면 좋겠다는 의견이 나오기도 하였다. 즉 참여적 목표 설정의 경우에는 조직의 발전을 위해 추가적인 업무를 수행하려는 조직시민행동이 나타날 가능성을 제시해주는 결과라고 볼 수 있다.

목표 설정 전략에서 가장 널리 사용되는 기법은 MBO(Management by Objectives)이고 1950년대부터 서구권에서 사용하기 시작하였다(Pinder, 1998). MBO는 Drucker가 General Motors와 General Electric에 적용한 것이 시초였다. Drucker의 접근법은 수행 목표의 중요성에 초점을 맞췄고, 목표에서 두 가지 필수 요소를 제시하였다. 첫 번째는 작업관련 목표를 세우는 시스템이고 두 번째

참조

이 책에서는 엄격함 대 유연함, 객관적 대 주관적, 양적 대 질적 등 준거를 설명할 때 다양한 용어를 사용해 왔다. 4장에서 설명하였듯이 생산 개수, 사고율, 영업 실적 등과 같은 수행의 양적 측정은 주관적인 편향을 줄일 수 있다.

는 설정된 목표와 비교하여 수행을 평가하는 절차이다.

MBO는 4단계로 구성되어 있다. 첫 번째는 구체적인 기간이 포함되어 있는 목표를 세우기 위해 직원과 관리자와 의견을 나누는 과정이다. 즉 직원은 목표 설정 과정에 참여한다. 예를 들면, 관리자와 직원은 의견 교환을 통해 다음 6개월 동안 15%의 판매량을 증가시키는 것을 목표로 하는 것에 대해 합의할 수 있다. 두 번째는 목표 달성을 위한 로드맵과 구체적인 실행 방안이 담긴 액션 플랜(action plan)을 개발해야 한다. 앞서 15%의 매출을 6개월 동안 증가시키는 것을 목표로 한 경우, 직원은 목표를 달성하기 위해 새로운 마케팅 전략을 세우거나, 새로운 구매계약을 이끌어내기 위한 부서의 하위 목표를 세우는 등의 액션플랜을 세울 수 있다. 세 번째는 직원이 목표 달성을 약속한 시기에 다다르면 관리자는 목표 설정 이후 진행 상황에 대해 검토한다. 마지막 절차는 최종 평가와 일시적인(temporary) 결론을 내린다. 이러한 평가 자료와 결론은 다음 목표를 세우기 위한 기초 자료가 된다.

여기서 '일시적인' 결론이라고 표현한 것은 계속 이어지는 MBO 과정에서 단순히 한 기간의 단계만이 종료되었기 때문이다. MBO는 일정 기간마다 계속해서 새로운 목표 개발, 액션플랜 검토 과정이 지속적으로 순환되는 과정이다.

MBO를 적용한 예시를 살펴보자. Southern California Edison(이하 SCE)이라는 회사는 직원의 수행 관리와 업무 동기부여 시스템에 만족하지 못하여 MBO 프로그램을 도입하였다(Moravec, Juliff, & Hesler, 1995). 직원들의 태도, 신념, 향후 전망에 대한 중요한 정보를 수집하기 위해 직원들과 심층 인터뷰를 실시하였다. 이 단계에서 SCE 직원들의 참여를 유도하였다. 두 번째로 수행 관리 문제에 대한 해결책을 도출하기 위해 조직된 태스크포스 팀을 지원하기 위한 컨설턴트가 채용되었다. 태스크포스 팀은 구성원들이 현재 조직이 처한 문제에 대해서 자신의 생각을 솔직하게 이야기할 수 있도록 분위기를 조성하였다. 태스크포스 팀에서 내딘 결론은 관리자를 비롯하여 직원들의 책임감 증진이 필요하고, 과거 문제에 시달리는 것이 아니라 미래 성장에 초점을 두어야 하고, 직원과 관리자와의 토론이 통제적 방식이 아닌 서로 협력할 수 있는 파트너십을 갖추는 시스템을 구축해야 한다는 것이었다. 새로운 MBO 시스템에서는 관리자와 직원이 협력하여 목표를 세우고, 목표를 달성할 수 있는 전략을 개발하고 목표와 관련된 수행 평가 방법을 결정한 다음에 정기적으로 목표를 재평가하고 적절하게 조절할 수 있는 기회를 부여하도록 하였다. 관리자와 직원은 MBO 프로

생각해보기

왜 목표를 세우기 위한 경영진과 근로자 간의 협조적인 회의가 많이 열릴수록 수행과 성과에 영향을 미칠 가능성이 높아지는가?

그램에 적극적으로 참여함으로써 활기를 느꼈고, 개방성이 높은 의사소통이 이루어지는 문화로 바뀌었기 때문에 프로그램의 도입이 성공적이라고 보고하였다. MBO의 메타 분석에 따르면, 연구의 97%는 생산성이 증가하였고, 수행에 대한 양적 측정치를 함께 제시한 연구들에서는 평균 40% 이상의 수행이 증가하였다(Rodgers & Hunter, 1991). 이러한 결과는 한 달에 100개의 상품을 생산하는 기업이 MBO를 도입하면 매달 140개의 상품을 생산할 가능성이 있다는 것이다. 메타 분석에 따르면 MBO 프로그램은 상위 관리자가 적극적으로 지원할 때 수행 향상의 효과가 더 큰 것으로 나타났다. 이러한 결과는 조직의 성과를 향상시키기 위한 프로그램이 도입될 때 상위 관리자의 지지가 반드시 필요하다는 것을 보여준다. 이와 관련된 내용은 이 책 다른 부분의 예시에서도 소개할 예정이다.

직무 확충

앞서 Herzberg의 이요인 이론의 초기 연구에서 시작된 Hackman과 Oldham(1980)의 직무 특성 이론에 대해서 소개하였다. **직무 확충**(job enrichment)은 구체적으로 직무 특성 이론에서 밝혀진 핵심 동기 특성을 강화함으로써 직무의 잠재성을 높이는 과정이다. 이 맥락에 맞춰 조직 개입 사례에 대해서 살펴보자.

> **직무 확충**
> 직무 특성 이론에 의해 확인된 동기를 향상시킨다고 확인된 특성들을 자주 강화함으로써 직무의 잠재성을 높이는 과정

첫 번째는 '강의 확충(course enrichment)'을 위해 직무 특성 이론을 적용한 예이다. 여기서 강의 확충의 과정은 직무 확충과 유사하다. Catanzaro(1997)는 직무 특성 모델이 대학 강의를 듣는 학생들의 학습 동기를 높이기 위해 활용될 수 있다고 제안하였다. Catanzaro는 교수가 학생들에게 다양한 유형의 과제나 구술 과제를 주면 학생들이 다양한 기술을 활용할 수 있는 기회가 많아질 수 있다고 주장하였다. 즉 직무 특성 이론에서 이야기하는 기술 다양성이 높아지는 것이라고 볼 수 있다.

예를 들면 I/O심리학 수업에서 다양한 활동을 학생들이 경험할 수 있도록 지도할 수 있다. 교수가 현장에서 동기 이론이 고용주와 직원에게 어떻게 적용되는지, 소수집단 우대정책(affirmative action)의 장점과 단점에 대한 토론을 한다든지, 수업에서 배운 것을 적용하여 직원들에게 줄 수 있는 시사점에 대한 논의와 더불어 과업 중요성에 대해 설명할 수 있는 기회를 부여한다든지 실제 특정 직업(현직자 인터뷰를 통해)의 직무분석을 수행하는 과제나 해당 직업의 인사선발 방법에 대한 제안서 작성과 같은 과제를 학생에게 부여하는 것 등이 구체적인 예이다. 앞서 언급한 핵심 직무차원(기술 다양성, 과업 정체성, 과업 중요성, 자율성, 피드백)을 통해 학생들의 잠재적인 동기를 높이고 수업 내용을 확충하도록 수업을 설계할 수 있다. 200명이 넘는 심리학과 학생들을 대상으로 연구한 결과 5개의 핵심 차원 중 네 가지가 강의 만족도, 동기, 수행과 관련이 있는 것으로 나타났다(Bloom, Yorges, & Ruhl, 2000).

직무 가공

9장에서는 직장에서의 동기와 그와 관련된 일반 이론에 대해서 전반적으로 살펴보고, 각 이론의 세부사항까지 확인해보았다. 직무와 관련된 새로운 접근법과 개념에 대한 정보와 아이디어를 소개하면서 이 장을 마치도록 하겠다. 최근 *Journal of Organizational Behavior*(Vol. 31, Issue 2–3)의 특별호 제목은 "상황에 맞는 직무 설계(Putting Job Design in Context)"였다. 특별호에서는 지난 수십 년 동안 직무(조직)가 극적으로 변화하여 직무의 본질과 설계에 관한 새로운 궁금증들이 나타났다고 주장하였다(Grant, Fried, Parker, & Frese, 2010).

직무 가공
직원이 자율성을 가지고 자신의 직무와 관련된 과업, 책임, 절차를 자신의 흥미에 맞춰 혹은 자신이 일에서 의미를 찾을 수 있는 방향으로 수정, 변경하는 과정

이 특별호에 실린 마지막 논문에서 Oldham과 Hackman(2010)은 **직무 가공**(job crafting)에 대한 개념을 소개하였다. 직무 가공은 직원이 자율권을 갖고 자신이 업무에서 의미를 찾을 수 있도록 직무를 수정하거나, 자기 흥미에 맞춰 재구조화(customize)하는 것이다. 직무 가공이 흥미로운 개념이지만 아직 널리 알려지지 않았고, 직무 가공의 정확한 효과와 파장, 특성들은 알려져 있지 않다. Oldham과 Hackman(2010)은 직무 가공과 관련하여 몇 가지 의문점을 제시하였다. 예를 들면 직원이 직무를 변화시키고 이렇게 직무 변화에 참여하고 관여하는 것이 직무 가공의 개념인데, 이러한 직무 가공을 통해 얻을 수 있는 이익은 어떤 것인가?

만약 이익이 발생했다면 정말로 직무 가공으로 인해서 발생한 것인가? 왜 사람들은 직무 가공 후에 생산성과 만족도가 높아졌는가? 어떤 사람이 직무 가공에 참여하길 원하는가? 어떤 사람이 직무 가공을 할 가능성이 높은가? 직원들이 직무 가공에 참여하도록 허락하고 독려하는 관리자의 특성은 무엇인가?

이러한 질문에 정확한 답을 아직 내릴 수 없다. 이러한 흥미로운 현상에 대한 연구가 앞으로 필요하다. Berg, Wrzesniewski 및 Dutton(2010)은 조직에서의 직위에 따라 직무 가공의 역할 지각이 차이가 있다고 하였다. Berg 등의 연구에서 16명의 선임 관리자와 17명의 하위직 직원들을 대상으로 인터뷰한 결과, 직무 가공에 대한 두 집단이 차이점이 있었다. 하위직 직원들에게는 상위 관리자나 동료들에 의해 정해진 본인의 업무 책임이 직무 가공을 방해하는 요인이었다. 그렇기 때문에 하위직 직원들은 직무 가공에 대한 지지를 얻을 수 있도록 능동적이고 적응적으로 행동하는 것에 초점을 두는 것으로 나타났다. 반면, 상위 관리자는 스스로를 직무가공의 방해요인이라고 생각하였다. 자신과 타인들이 어떻게 일을 해야 하는지에 대한 기대가 상위 관리자의 직무 가공에 방해 요인이었다. 그러므로 상위 관리자는 기대를 조정하고 가능성을 보았던 부분에 변화를 주는 데 중점을 두었다. 역설적으로 상위 관리자는 스스로가 설정한 제한조건 때문에 직무가공 기회가 적다고 인식한 반면 직급이 낮은 직원들은 직무가공의 기회가 더 많다고 인식하고 있었으며 의도적으로 환경이나 타인의 기대를 변경시키는 것으로

나타났다.

네덜란드 근로자들을 대상으로 5일 동안 매일 직무 가공 구성개념을 측정하여 일지 조사(daily diary)로 수행된 연구에서는 꽤 흥미로운 결과가 산출되었다. 가장 흥미로웠던 부분은 직무 가공과 업무 열의(열의에 대한 자세한 논의는 본 장의 현장의 목소리를 참고) 간의 관계가 직무 가공에 대한 동기적 역할을 한다는 것이다(Petrou, Demerouti, Peeters, Schaufeli, & Hetland, 2012). Petrou 등은 요구와 자원의 관점에서 직무 가공을 개념화하였고, 연구 결과, 요구와 자원의 업무 열의와의 관계는 상반되었다. 매일 도전적인 업무를 추구하는 것은 업무 열의와 정적(positively)인 상관관계가 있었으나 업무 요구 감소를 추구하는 것은 업무 열의와 부적인(negatively) 상관관계가 있는 것으로 나타났다. 즉 인지적 자원이 많을수록 도전적인 업무 추구와 같은 직무 가공에 대한 업무 열의가 증가하지만, 업무 요구가 지나치게 많아지면 업무 열의에 부정적인 영향을 미쳐 직무 가공에 부정적인 영향을 미친다는 결과이다. 다른 연구에서도 직무 가공 행동은 업무 열의, 일에 대한 즐거움, 직무 수행과 정적 상관이 있는 것으로 나타났다(Tims, Bakker, & Derks, 2012). 즉 이 연구는 직원의 즐거움과 수행 증가를 통해 잠재적인 직무 가공의 긍정적인 효과를 명확하게 보여주고 있다.

Rousseau는 직원이 관리자와 근로조건과 업무 배치에 관한 협상을 하는 **개별맞춤 근로협약**(idiosyncratic deal : i-deal)에 대해 소개하였다(Rousseau, 2001). 연구 결과에 따르면 호의적인 특성을 지닌 리더-부하 관계일수록 개별맞춤 근로협약이 더 성공적으로 이뤄진다(Hornung, Rousseau, Glaser, Angerer, & Weigl, 2010). 더욱이 직무 특성과 실행계획이 좋을수록, 직원들의 열의가 높을수록 개별맞춤 근로협약이 성사될 가능성이 높았다. 미국과 중국의 관리자를 대상으로 한 종단 연구에서 개별맞춤 근로협약을 자주 받는 관리자가 조직을 강화하고 도움 행동을 더 자주 하는 것으로 나타났다. 더욱이 개별맞춤 근로협약과 사내 의견 발언(voice)의 관계는 업무 유연성, 사회적 네트워크 구축, 조직 신뢰 같은 변인들에 의해 매개되는 것으로 나타났다(Ng & Feldman, 2015). 확실히 상사와 부하의 거래가 만족스러운 형태인 개별맞춤 근로협약이 되면 조직성과에 영향을 주는 직원 행동에 긍정적인 영향을 미칠 수 있다.

Ng와 Feldman(2012)은 미래 개별맞춤 근로협약에 대한 약속이 과거의 협약 위반으로 인해 발생한 회사와 직원의 부정적인 관계를 다시 회복할 수 있는지에 대해 연구하였다. 구체적으로, 과거에 회사와 직원이 서로 약속한 심리적 계약(고용주와 직원 사이의 상호 의무와 기대에 관한 직원의 신념)을 위반한 경우, 미래에 회사와 직원에게 모두 만족스러운 개별맞춤 근로협약을 할 것이라고 직원에게 다시 약속하는 것이 회사와 직원 간의 관계를 회복하는 데 효과적인지를 알아보는 연구였다. 연구 결과 직원이 개별맞춤 근로협약에 대한 약속을 관리자로부터 제시받은 상태일 때, 외부 일자리가 많아 이직할 기회가 많다고 지각하면 과거의 약속 위반이

실무자 포럼

Anne Herman

Anne Herman

네브래스카대학교 I/O심리학 박사, 2008년
United Way of the Midlands 수석부사장

이 장은 일터의 여러 측면에서 작동하는 다양한 동기 이론에 대해 훌륭하게 개관하였다. 소개한 작업동기는 지난 10년 동안 여러 이론들이 수렴된 분야 중에 하나이고, 아직까지도 I/O심리학자들을 비롯하여 경영학자들이 많은 관심을 가지고 있는 분야이다. 그들의 관심사항은 결국 어떻게 해야 직원들이 열의를 가지고 일할 수 있는가이다. 조직에서 작업동기에 많은 투자를 하고 있는 것은 현재 직원들의 업무 열의를 증가시키려고 하는 것이다. 또한 업무 열의 수준이 이미 높거나 쉽게 업무 열의 수준이 증가하는 인재를 찾아내서 채용하려는 것에도 대부분의 조직은 관심을 가지고 있다. 조직에서 이렇게 업무 열의에 관심을 가지는 이유는 선행연구에서 많은 부분 밝혀진 사실 때문이다. 업무 열의 수준이 높은 조직은 고객 만족, 재무성과, 직원 유지 수준이 높은 것으로 나타났다.

업무 열의 모델이 다소 차이가 있기는 하지만 조직에 대한 몰입과 직무에 대한 관여가 모두 포함된다. 대부분의 사람들은 업무 열의 수준이 높을수록 자발적 노력이 나타날 가능성이 높다고 믿는다. 2008년 이후로 많은 고객사와 조직들로부터 만약 경제 환경이 어려워지면 직원들의 업무 열의가 낮아지는지에 대한 질문을 받아왔다. 내 실무경험과 연구경험을 토대로 보면 경제상황이 나빠지더라도 업무 열의를 증가시킬 수 있는 여지가 충분히 있다. 대부분의 기업들은 지난 50년 동안 경험하지 못했던 중요한 도전에 직면해오고 있다. 많은 조직이 정리해고까지 이어지는 구조조정을 해야 하는 등 사업과 관련된 어려운 의사결정을 내려야 했다. 하지만 계속해서 동기 수준이 높고 열의 수준이 높은 직원을 양성하는 것은 가능하다. 직원의 업무 열의 수준을 높게 유지시키고, 사업성과가 좋았던 조직은 세 가지 기준을 잘 따랐다. 첫 번째는 직원의 업무 열의를 가장 중요시하고 관리하였다. 두 번째는 경영진들이 직원들에게 조직에서 발생하는 정보를 투명하게 공개하도록(활발한 의사소통) 노력하였고, 미래 비전을 제시하여 직원들의 자신감과 동기를 높여주기 위해 노력하였다. 세 번째는 고객 중심적인 환경을 조성하고 조직의 목표를 달성하기 위해 필요한 도구를 제공하였다. 하지만 직원의 업무 열의는 복잡한 영역이기 때문에 지속적인 연구를 통해 새로운 사실을 밝히고 학습해야 한다.

학습질문

1. 왜 업무 열의가 조직 성공에 결정적이라고 생각하는가?
2. '사람들은 내적 동기에 의해 움직인다'와 '다양한 리더십이나 조직전략과 같은 외적 동기에 의해 움직인다' 중 어느 쪽이 본인의 생각과 더 비슷한가?
3. Anne Herman이 소개한 업무 열의와 조직성과와 관련된 세 가지 기준 중 어떤 것이 더 중요하다고 생각하는가? 그렇다면 그 이유는 무엇인가?

정서적 몰입에 미치는 효과는 작았다(Ng & Feldman, 2012). Ng와 Feldman은 직원들이 이직을 염두에 두기 때문에, 미래 개별맞춤 근로협약에 대한 약속은 자신이 유능하고 취업시장에서 충분한 경쟁력이 있다는 지표로 인식할 가능성이 크고, 그에 따라 과거의 약속 위반이 직원들에 미치는 효과가 크지 않을 수도 있다고 결론을 내렸다. 하지만 미래 개별맞춤 근로협약에 대한 약속이 취업시장이 불확실한 상황에서 제시될 때는 직원들의 이직 선택권이 제한되기 때문에 과거에 심리적 계약이 위반되었을 때처럼, 개별맞춤 근로협약에 대한 약속이 위반될 가능성이 높다고 지각하는 것으로 나타났다. 이러한 결과는 회사와 직원 간의 관계회복에 있어서 미래 개별맞춤 근로협약과 외부 취업 시장 상황이 모두 고려되어야 한다는 점을 시사한다. 역동적인 작업환경의 직무특성에 관해서는 아직 밝혀지지 않은 것들이 많기 때문에 직무가공과 개별맞춤 근로협약과 같은 새로운 개념에 대한 후속 연구가 더 필요하다.

요약

동기는 I/O심리학에서 자주 다뤘던 주제이고 활발히 연구가 이뤄지는 영역이다. 이 장 첫 부분에서는 가장 많이 인용되는 작업동기 이론에 대해서 소개하였다. 두 번째 부분에서는 조직 문제 해결을 위해 이러한 작업동기 이론을 적용하는 것에 초점을 맞췄다. 크게 세 가지로 작업동기를 구분하였다. 첫 번째는 욕구-동기-가치 이론이고, 두 번째는 인지 선택 이론, 마지막은 자기 조절 이론이었다. 욕구-동기-가치 이론은 40년 전과 같이 연구자와 학계에서 잘 받아들여지지는 않지만, 여전히 현장에서는 인기 있는 이론이다. 첫째로 Maslow 욕구 위계 이론에 대해 살펴보았다. 다음에 Maslow 욕구 위계 이론과 관련된 ERG 이론과 이요인 이론에 대해 소개하였다. 직무 특성 이론과 인지 평가 이론은 직무와 사람에게 내재된 다양한 동기들에 대해 설명하고 있다.

내재적인 욕구나 가치의 기능이 아닌 동기와 행동의 합리적인 과정에 중점을 두는 인지 선택 이론에서는 공정성 이론과 기대 이론 중심으로 논의하였다. 기대 이론은 VIE 이론 맥락에서 합리적인 측면을 기술하였다. VIE 이론의 세 구성 요소는 메타 분석 연구 결과를 바탕으로 논의하였다. 이상적인 모델에서 제시하는 것처럼 동기의 크기는 항상 세 구성 요소의 곱셈으로 결정되는 것은 아니지만 각 구성 요소는 동기의 크기와 정적인 관련이 있다.

마지막으로 자기 조절 이론을 논의하였다. 목표 설정 이론은 가장 간단하고 경험적으로 잘 지지되는 작업 동기 이론이다. 사회인지 이론은 왜 목표가 개인의 동기와 수행에 중요한지에 대해 목표 설정에 대한 개념과 연계하여 설명하였다.

소개한 세 가지 유형의 동기 이론은 관련 연구 논문에 주목을 많이 받아왔던 이론으로, 모든 동기 이론을 소개하지는 못하였지만 주요 부분에 대해 자세히 살펴보았다.

이 장 후반부에서는 실제 조직에 동기 이론을 직접 적용하는 방법에 대해서 소개하였다. 강화 이론을 기반으로 한 조직행동관리 기법은 매우 성공적으로 조직에 활용되어 왔다(특히 안전관리 영역). 목표 설정과 MBO에 대해서도 살펴보았다. 이러한 목표를 기반으로 한 조직관리 기법도 매우 성공적이었다. 마지막으로 직무 확충과 조직 개선방안에 대해서도 논의하였다. 추가로 최근 주목받고 있는 직무가공과 관련된 연구와 아이디어, 개별맞춤 근로협약에 대해서 살펴보고 추후 연구관련 주제에 대해서도 논의하였다.

주요 용어

공정성 민감성	직무확충	긍정심리학
기대	욕구	자기 효능감 기대
성장 욕구 수준	조직행동관리	자기 조절
도구성	조직 정의	유인가(가치)
직무가공	조직심리학	작업동기

실무 적용

많은 회사들이 직원들의 동기를 향상시키려고 애를 쓰고 있다. 컨설턴트들이 고객사들로부터 자주 의뢰받는 주제이기도 하다. 이러한 문제를 해결하기 위해서는 경험적으로 충분히 지지받고 있는 이론에 대해 알고 각 이론이 실제 어떻게 적용되는지를 이해하는 것이 중요하다. 켄 쿠퍼는 내시빌이라는 도시에 있는 작은 회사인 Blue Bus Tour를 운영하는 사람이다. 켄은 직원들의 동기를 향상시키기 위해 노력하고 있다. 켄은 컨설팅을 받았지만, 또 다른 의견을 구하고 있다. 켄이 받았던 컨설팅의 문제점을 지적하고, 켄이 고려할 수 있는 경험적으로 증명된 조직 개입전략에 대해 의견을 제시해보자.

안녕하십니까.

갑작스럽지만 기꺼이 저와 회사 발전을 위해 조언을 주신다니 감사합니다. 최근 우리 회사의 관광 가이드는 일을 열심히 하지 않습니다. 늦게 출근하고 최소한의 일만 하려고 합니다. 이러한 이유로 고객들은 불만을 자주 늘어놓고 이러한 불만족이 우리 회사의 수익악화로 이어질 것을 우려하고 있습니다. 하지만 관광 가이드에 적합한 사람이 많지 않다는 문제점도 존재합니다. 가족과 멀리 떨어져서 장기간 근무해야 하기 때문에 가족과 함께 사는 사람들은 이 문제에 어려움을 겪고 있습니다. 그래서 저는 관광가이드를 새로운 직원을 채용하는 대신 기존의 직원들이 일을 더 열심히 하도록 지원하고자 합니다. 이러한 사유로 인적자원관리 부서에 근무하는 동료와 논의한 결과, 동료는 다음과 같은 해결책을 제안하였습니다.

- 현재 관광 가이드가 수행하고 있는 직무는 너무 복잡하기 때문에 동기가 감소하였다. 직무 특성 모델에 따르면, 관광 가이드는 업무 분장 표에 명확하게 제시되어 있는 몇 가지 업무만 수행하도록 해야 하며, 이러한 업무는 모든 여행 가이드에 동일하게 적용되어야 한다.
- 공정성 이론과 이요인 이론에 따르면 임금을 많이 받을수록 일을 더 열심히 한다고 하였다. 따라서 일하는 것에 대해 의욕 없는 관광 가이드의 임금을 올려주어야 한다.
- 이러한 의견에 대해서 당신은 어떻게 생각하십니까? 이 조언을 제가 따라야 할까요? 우리 직원들의 동기 수준을 높이기 위해서는 제가 할 수 있는 일이 무엇이며, 당신이 제안한 의견을 지지해주는 이론은 무엇입니까?

감사합니다.

켄

비판적 사고 문제

1. 동기 수준이 높은 직원들에게 어떤 직무 행동이 기대되는가?
2. 관리자나 교수님이 당신의 동기를 높이기 위해서 활용하는 방안은 어떤 것이 있었는가? 효과적이었는가? 당신이 경험한 것을 비추어본다면 어떤 작업동기 이론이 가장 적합하다고 생각하는가?
3. 이번 장에서 언급했듯이, 직무가공 연구에서는 매일 도전적인 과제를 많이 할수록 업무 열의가 증가하는 것으로 나타났다. 반면 직무 요구를 감소시키는 방안을 찾을수록 업무 열의가 감소하는 것으로 나타났다. 이러한 관계를 설명해줄 수 있는 근거는 무엇인가?
4. 어떤 상황에서 수행에 따른 임금을 제공하는 시스템이 직원의 동기를 향상시키거나 혹은 실패한다고 생각하는가? 그렇다면 그 이유는? 이 장에서 논의한 동기 이론을 토대로 의견을 제시해보자.
5. 당신의 자기 효능감이 높은 영역과 낮게 지각하는 영역은 무엇인가? 어떻게 동기에 영향을 주는가? 당신 수행에는 어떠한 영향을 미치는가? 자기 효능감이 낮은 영역에서 자기 효능감을 높이기 위해 취할 수 있는 방법은 무엇이 있는가?

응용 문제

1. 현재 자신의 직업에 만족하지 못하는 친구가 있다고 생각해보자. 친구는 자신의 일에 많은 노력과 시간을 투자했지만 승진과 포상에서 제외되었다고 생각하고 있다. 친구가 자신의 일에 대한 동기를 증진시키기 위해 당신은 어떤 것을 제안하겠는가?
2. 친구와 가족 구성원이나 동료에게 자신의 업무 환경에 대해서 인터뷰해보자. 인터뷰를 할 때 Ryan과 Deci의 자기 결정 이론에서 제시한 최적의 건강과 웰빙을 위한 세 가지 욕구인 유능성, 관계성, 자율성에 대해 고려해야 한다. 인터뷰를 토대로 친구와 가족, 동료들의 직장 상사에게 그들의 욕구들을 충족시키기 위해 당신은 어떤 조직 개입을 추천하겠는가?
3. 베이비시터 직업을 생각해보자. 제어 이론에 근거하여 베이비시터가 일을 잘하고 있는지 판단하기 위해 찾아야 할 피드백의 예시는 어떤 것이 있는가? 베이비시터가 자신의 행동이 성공적이었는지를 비교 판단할 수 있는 기준은 어디에서 찾아야 하는가?
4. 그래픽 디자인 스튜디오에서 근무하는 관리자는 회사가 제작하는 그래픽디자인의 품질을 향상시키고자 한다. 관리자는 직원들을 위해 다음과 같은 목표를 설정했다. '3달 내에 10만 달러의 수주'. 관리자가 세운 목표의 문제는 무엇인가? 더 효과적인 목표로 어떤 것을 제안할 수 있을까?

5. 회사는 직원들의 반복적인 불만 사항을 접수받은 이후에 부서 관리자를 해고했다. 관리자는 인사평정 이후에 직원들과 만나지도 않았으며 업무에 대한 피드백도 주지 않았다. 새로운 관리자는 관리자–직원 관계를 호의적으로 만들기 위해 개별맞춤 근로협약 모델을 활용하고자 한다. 이러한 새로운 시스템을 구축할 때 직면하게 될 문제점은 무엇인가? 이러한 문제점을 어떻게 극복할 수 있을까?
6. 직무 가공은 학계보다는 현장에 새로운 개념이다. 자신의 직무를 본인이 원하는 대로 재구조화하는 것을 회사에서 허용할 때 얻을 수 있는 이점은 무엇인가? 그렇다면 단점은 어떤 것이 있을까? 자신의 직무를 가공할 기회가 있었는가?

더 읽을거리

Greenberg, J., & Colquitt, J. A. (Eds.). (2005). *Handbook of organizational justice*. Mahwah, NJ: Erlbaum.

Latham, G. P. (2012). *Work motivation: History, theory, research, and practice*. Thousand Oaks, CA: SAGE.

Latham, G. P., & Budworth, M. (2008). The study of work motivation in the 20th century. In L. L. Koppes (Ed.), *Historical perspectives in industrial and organizational psychology* (pp. 353–382). Mahwah, NJ: Erlbaum.

Pinder, C. C. (2014). *Work motivation in organizational behavior*. Upper Saddle River, NJ: Psychology Press.

Steers, R. M., Mowday, R.T., & Shapiro, D. L. (2004). Introduction to special topic forum: The future of work motivation theory. *Academy of Management Review, 29*(3), 379–387.

CHAPTER 10

직무 태도 : 선행변인과 결과변인

이 장의 개요

사진 : Odilon Dimier/PhotoAlto/Getty Images

학습내용

- 행동을 예측하는 데 있어서 태도의 역할
- 태도와 행동이 항상 일치하지 않는 이유
- 직무 만족에 대한 개념과 측정방법
- 직무 만족 수준 결정요인
- 조직몰입의 세 가지 주요 구성 요소
- 조직몰입 수준의 결정요인
- 조직몰입의 의미
- 조직몰입이 조직성과에 미치는 영향
- 조직에 중요한 철회 행동의 유형
- 조직에 불안을 야기시키는 반생산적 행동의 유형
- 조직에서 정서노동의 역할
- 지각된 조직 지지가 직원의 태도와 행동에 미치는 영향

싫어하는 일을 해본 적이 있습니까? 그 일을 좋아하지 않는다는 것이 수행에 영향을 미치는 것 같습니까? 왜 그 일을 싫어하게 되었습니까? 상사, 동료, 일 자체, 임금 같은 것이 불만족을 야기시키는 요인이었습니까? 여러분이 다니고 있는 회사, 학교, 기관의 좋은 점에 대해 주변 사람들에게 이야기합니까, 아니면 현재 다니고 있는 곳만 아니라면 어디서든지 일할 수 있다고 이야기합니까? 일, 직업, 전공과 본인을 동일시합니까? 다른 말로 하면 일, 직업, 전공이 당신이 누구인지 정의하는 데 있어서 중요한 부분입니까? 아니면 별로 중요한 부분이 아닙니까? 모든 질문들이 이 장에서 다룰 직무 태도와 관련된 내용들이다.

거의 대부분의 사람들은 자신이 싫어하는 일을 하는 것에 대해 분노와 좌절을 경험한 적이 한 번쯤 있을 것이다. 시간을 낭비하고 있다는 생각이 들고, 매 순간이 1시간처럼 느껴지기도 한다. 불쾌하지 않은 일상 업무도 견딜 수 없을 때가 있다. 이러한 부정적인 경험이 다른 일상 영역까지 확대되어 삶에 영향을 미치기도 한다. 이러한 상황을 인식하기도 전에 배우자나 어머니와 자주 싸우고 친구들과 자녀들에게 인내심을 잃어버리기도 한다. 반면에 자신이 정말로 좋아하는 일을 할 때는 업무에 의무감을 느끼는 대신, 빨리 일할 기회와 임무를 맡길 원하고, 세계에서 최고의 직업이라고 사람들에게 알리고 싶어 한다. 싫어하는 일과 좋아하는 일의 차이는 분명하다. 이 장에서는 직무 만족에 대해 다룰 예정이다. 직무 만족은 연구자들이 가장 관심을 많이 가지고 연구했던 직무 태도이다. 이외에 조직몰입, 일중심 경향, 직무관여, 지각된 조직지원, 정서노동에 대해서도 논의할 것이다.

태도, 의도, 그리고 행동

I/O심리학에서 태도와 관련된 논의를 할 때 관심을 갖는 부분은 태도, 의도와 행동 간의 관계이다. 태도는 행동하려는 경향성이나 성향을 나타낸다. **태도**(attitude)는 특정한 사람, 장소나 사물에 대해 갖는 긍정적 혹은 부정적인 느낌이나 신념으로 정의할 수 있다(Fishbein & Ajzen, 1975). 인간에게는 다양한 업무관련 태도가 존재한다. 이러한 태도들은 감독관, 동료, 업무환경, 직장에서의 일, 직업 위상 등 다양한 요인들과 관련되어 있다.

태도
특정한 사람, 장소, 사물에 대한 긍정적 혹은 부정적인 느낌이나 신념

왜 직무 태도에 대해 연구하는가?

직무 태도에 대해서 살펴보기 전에 왜 태도가 중요한지 이해할 필요가 있다. 첫째 직무 태도는 작업행동에 영향을 미친다고 간주되어 왔기 때문에 관리자와 경영진의 관심사항이었다. 둘째로 인본주의적 입장에서는 직원의 직무 태도 자체를 개선하는 것이 바람직한 방향일 수 있다. Locke(1976)는 행복은 삶의 목표이고 직장에서 행복도 조직의 목표가 되어야 한다고 언급하였다. 셋째는 직업 태도를 연구하는 것이 일상생활뿐만 아니라 직장 생활의 복잡성을 이해하는 데 도움을 줄 수 있다. 이러한 이유로 직무 만족은 연구자들과 실무자들의 관심사항이었고 앞으로도 계속 연구되고 논의될 주제이다. 우선 구체적인 직무관련 태도에 대해서 살펴보기 전에 태도-행동 관계 모델을 숙지해야 할 필요가 있다.

유용한 모델

계획된 행동 이론은 Ajzen과 동료들(Ajzen & Fishbein, 1980;Ajzen & Madden, 1986; Fishbein & Ajzen, 1975)이 제안했던 **이성적 행위 이론**(reasoned action theory)의 초기 모델에서 발전하였다. 이 이론은 9장에서 다뤘던 인지 선택 이론 맥락인 기대 이론, 공정성 이론과 유사한 합리적 선택 모델이다. 이 관점의 연구자들은 사람들이 특정 행동의 시작 여부를 결정하기 전에 그 행동의 의미를 고려한다고 가정한다. 이러한 맥락에서 Ajzen과 Fishbein(1980)은 행동을 수행하려는 의도가 행동의 결정요인이라고 하였다. 따라서 행동을 예측하는 것은 어려운 일이 아니며 어떤 직원이 특정 프로젝트에 참여해서 일을 열심히 할지를 예측하고 싶다면 가장 효과적인 방법은 직접 직원에게 일을 열심히 하려는 의도가 있는지를 질문하는 것이다. 다른 모든 조건들이 동일하다면 행동과 의도 사이는 강한 관계가 있어야 한다.

인간의 행동을 이해하는 것이 심리학자들의 목표이기 때문에 단지 사람이 행동하고자 하는 의도만 아는 것으로는 부족하다. 의도 또한 예측할 수 있어야 한다. 예측력을 높이기 위해서는 태도를 이해하는 것이 중요하다.

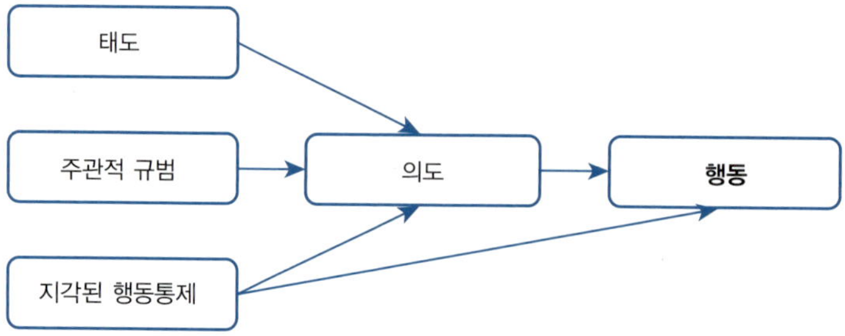

그림 10.1 계획된 행동 이론

출처 : Ajzen & Madden(1986).

계획된 행동 이론은 태도, 의도, 행동 간의 관계를 묘사해주기 때문에 행동을 설명하는 데 있어서 유용한 이론이다(Ajzen & Fishbein, 2005; Ajzen & Madden, 1986). **그림 10.1**은 태도와 주관적 규범이 의도에 영향을 미치고 차례로 행동에 영향을 미친다는 것을 간단한 모델로 보여준다. **주관적 규범**(subjective norm)은 특정 행동을 하도록 혹은 하지 못하도록 하는 사회적 압력에 대한 개인의 인식이다. 계획된 행동 이론에서는 개인의 행동 의도가 그 행동에 대한 주관적 규범, 태도와 관련이 있다고 가정한다. 예를 들어 직장에서 마감기한을 준수하는 것이 규범이 되고 마감기한을 준수하는 것에 대해 긍정적인 태도를 유지하고 있으면 직원은 마감기한을 지키려는 의도가 생길 것이다. 이 이론에서는 마감기한을 준수하려는 의도가 실제로 마감기한을 지킬지 여부를 가장 잘 예측할 수 있는 요인이라고 주장한다.

> **주관적 규범**
> 특정 행동의 용인 여부와 관계된 사회적 압력에 대한 개인의 인식

그림 10.1 맨 아랫부분에 위치한 지각된 행동통제도 모델에서 중요한 요소 중 하나이다. **지각된 행동통제**(perceived behavioral control)는 특정 행동을 하는 것이 어려운 일인지를 판단하는 개인의 신념이다. 특정 행동을 하는 것을 좋아하고, 사회적 규범에서 용인되는 행동이지만 개인이 이 행동을 하는 것이 어렵다고 생각하는 경우도 존재한다. 즉 본인이 행동을 통제하는 것이 어렵다고 지각할 경우도 있다는 것이다. 예를 들면 8시간 교대 근무를 하는 공장 직원은 교대가 끝날 때까지 200개를 생산해야 한다는 것을 인식하고 있고, 본인도 그 수준의 수행을 달성하기를 바랄 수도 있다. 하지만 장비 불량으로 인해 도저히 200개를 만들 수 없다고 생각되면, 본인이 통제할 수 있는 영역 밖의 일이라고 생각할 것이고, 결과적으로 생산하는 것을 포기할 것이다.

> **지각된 행동통제**
> 특정 행동을 하는 것이 어려운 일인지를 판단하는 개인의 신념

> **참조**
> 기대 이론에서는 유의성, 도구성, 기대의 지각에 근거한 의식적인 선택이 개인의 행동을 결정한다고 제안하였다.

지각된 행동통제는 9장에서 소개하였던 기대 이론의 기대와 역할이 유사하다고 볼 수 있다. 기대 이론에서 소개했듯이 특정

수행 수준에 도달하는 것이 유인가가 있고, 도구성이 있다고 하더라도 그 수준에 도달하기 위해 노력할 자신이 없다고 생각한다면 행동이 나타나지 않는다. 계획된 행동 이론은 더 나아가 직원이 행동을 할 의도가 있어도 그 행동을 통제할 수 없다고 지각한다면 행동을 하지 않을 것이라고 제안하였다.

계획된 행동 이론은 이후 지속해서 논의할 직무 태도와 관련이 있다. 따라서 계획된 행동 이론은 이후 소개할 구체적인 태도와 행동 간의 관계를 이해하는 데 도움이 될 것이다. I/O심리학 분야에서 진행된 태도와 행동에 대한 연구 결과를 살펴볼 때 이 이론을 계속 언급할 예정이다. 첫 번째로 직무 태도에서 가장 중요한 변인인 직무 만족에 대해서 살펴보겠다.

직무 만족

직무 만족은 오랫동안 조직 효과성과 관계가 있는 것으로 간주되어 왔다. 이러한 이유로 I/O심리학에서는 다른 어떤 주제보다도 더 활발하게 연구되었다. 또한 현장에서 근무하고 있는 실무자들이 많은 관심을 가지고 있는 주제이기도 하다.

이외에도 직무 만족은 예비 직장인을 비롯한 모든 직장인들의 관심사항이기도 하다. 사실 대부분의 사람들은 직무 만족에 대해 자기 나름대로의 기준이 있다. 예를 들면 어떤 사람들은 직무 만족에서 가장 중요한 것은 돈이라고 주장하는 사람도 있고, 근로조건이라고 생각하는 사람도 있다. 혹은 성격과 같이 타고난 것이라고 믿는 사람도 있다. 이러한 논의는 일상생활에서 지속적으로 이뤄지지만 직무 만족의 본질적 구조를 이해하는 데는 큰 도움이 되지는 않는다. 조금 더 과학적인 시각으로 살펴보도록 하겠다. Locke(1976)에 따르면, **직무 만족**(job satisfaction)은 직업이나 직무 경험에 대한 인지적인 평가로부터 나타나는 즐겁고 긍정적인 정서 상태이다. 또한 직무 만족은 직무의 성취감에서도 기인한다고 언급하였다. 즉 일을 할 때 우리가 원하는 것을 일로부터 얻을 수 있다고 믿게 되면 직무에 만족하게 되는 경향이 있다는 것이다. 또한 직무 만족은 정서적 요소(정서적 상태)와 인지적 요소(판단 또는 평가)를 포함하고 있다. 이에 대해 자세히 소개하도록 하겠다.

직무 만족
직업이나 직무 경험에 대한 인지적인 평가로부터 나타나는 즐겁고 긍정적인 정서 상태

선행변인

그림 10.2는 지금까지 학자들이 연구해왔던 직무 만족에 대한 구성체계이다. 그림의 왼쪽 부분이 직무 만족의 선행변인들이다. 그림의 오른쪽에 해당하는 부분은 직무 만족으로 인해 나타나는 결과변인들이다. 뒤에 이러한 선행변인과 결과변인을 지지해주는 연구들에 대해서 논의하겠지만 이 장의 뒷부분에 기재한 관련 논문을 참고하면 관련 내용을 좀 더 구체적으로 살펴

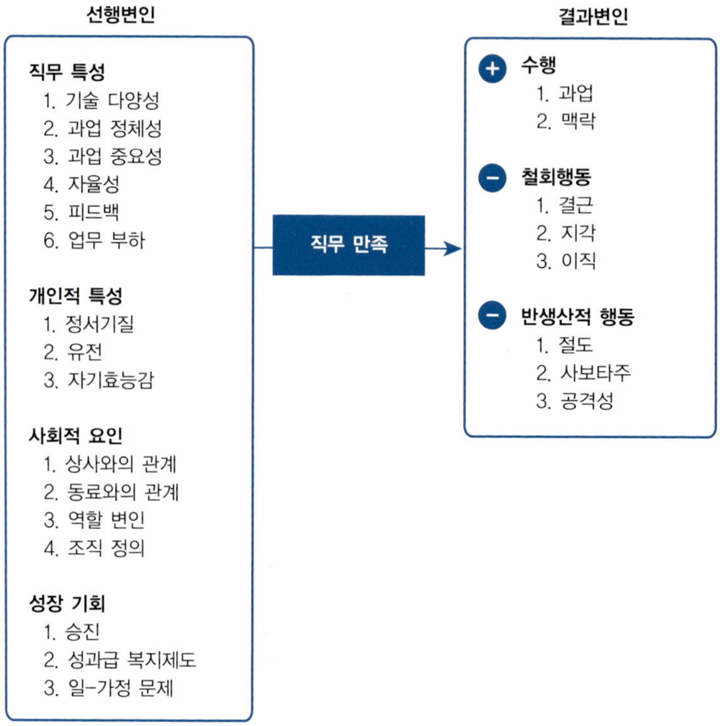

그림 10.2 직무 만족의 구성체계

볼 수 있다.

직무 특성 첫 번째 선행변인 하위 범주는 직무 특성으로 Hackman과 Oldham(1980)이 제안한 다섯 가지 핵심 직무차원 외에 업무 부하도 포함된다. 여기서 전제는 직무 만족이 직무 구조와 직무에서 제공되는 여러 특성들의 영향을 받는다는 것이다. 9장에서 소개한 그림 9.3을 다시 살펴보면 직무 특성 이론에서 다룬 직무 특성의 결과 중 하나가 만족이었다는 것을 알 수 있다. 선행 연구에 따르면 직무 특성에 대한 지각과 직무 만족 수준은 여러 연구에 걸쳐 일관되게 관계가 있는 것으로 나타났다(Spector & Jex, 1991). 직원들이 직무에서 자율성, 업무 정체성, 기술 다양성, 과업 중요성 및 피드백을 제공받는다고 지각할수록 직원들의 직무 만족도가 높았다.

28개 연구를 대상으로 메타 분석을 실시한 결과에 따르면 핵심 업무 차원과 직무 만족 간의 상관관계의 범위는 .32(과업정체성)부터 .46(자율성)까지인 것으로 나타났다(Loher, Noe, Moeler, & Fitzgerald, 1985). Holtom, Lee 및 Tidd(2002)의 연구에서는 업무 스케줄, 교대, 근무

시간, 조직의 인사정책이 근로자 선호도와 일치할 때 직무 만족이 증가하는 것으로 나타났다. 한편 다른 연구에서는 스트레스를 발생시키는 업무 부하가 직무에 대한 불만족을 증가시키는 것으로 나타났다. 그 외에 자아존중감과 같은 성격특질이 직무 특성의 효과를 통해 직무 만족에 영향을 주었다(Judge, Bono, & Locke,2000). 스트레스도 직무 만족과 관련해서 중요한 변인이지만 자세한 내용은 11장에서 다루기로 하겠다.

참조

2장에서 소개하였듯이 상관관계의 범위는 −1부터 1까지이며 절댓값이 클수록 관계성이 높다는 의미이다. 정적 상관관계는 한 변인의 점수가 증가함에 따라 다른 변인의 점수도 같이 상승하는 것을 나타낸다. .3에서 .4 범위의 상관관계는 중간 정도의 크기를 나타낸다. 상관관계가 .5 이상일 때 일반적으로 상관관계 수준이 높다고 간주한다.

직무 특성을 강조하는 조직에서는 작업 설계를 매우 중요시한다. 하지만 제조업에서 서비스업으로 산업구조가 변경되어 가고 있기 때문에 이러한 관점은 크게 바뀔 것으로 예상된다(Oldham & Hackman, 2010). Oldham과 Hackman은 특히 현대 조직의 경우 팀 간 상호작용이 성과와 매우 밀접하게 관련 있다고 알려져 있기 때문에 일에서 사회적 측면이 더욱 중요해질 것이라고 예측하였다. 이 영역의 메타 분석 연구에서도 사회적 특성(예 : 상호의존성, 타인의 피드백, 사회적 지지)이 직무 만족에 영향을 미치는 것으로 나타났다. 직무 만족 점수의 24%가 사회적 특성에 의해 설명되었다(Humphrey, Nahrgang, & Morgeson, 2007).

Oldham과 Hackman(2010)은 조직 내/외부 상호작용, 사회적 지지, 상호의존성, 대인관계 피드백, 직원들 간의 협조가 21세기의 직무 특성과 업무 설계 영역에서 더욱 중요해질 것이라고 제안하였다. 따라서 앞으로 I/O심리학 연구는 일의 사회적 측면에 관해 좀 더 중점을 두어야 한다. 23개국의 200개가 넘는 연구를 활용하여 메타 분석을 실시한 결과에 따르면 직원과 상사의 관계(리더 부하 교환관계 : Leader-Member exchange)가 좋을수록 직무 만족 수준이 증가하였다(Rockstuhl, Dulebohn, Ang, & Shore, 2012). 이러한 관계는 문화권과 관계없이 높은 상관관계 수준을 보였다. 다만 개인주의(서양) 문화권(r=.55)이 집단주의(동양) 문화권(r=.45)보다 좀 더 높았다. Rockstuhl 등(2012)은 이러한 차이가 발생하는 이유는 집단주의 문화권에서는 직무 만족 같은 태도가 상사에 대한 충성심, 존경심에 영향을 받기 때문에 특정 직원과 상사 간의 관계가 상대적으로 개인주의 문화권보다 작게 영향을 주었을 것이라고 설명하였다.

개인 특성 다수의 연구에서 각 개인은 직장 상황에 대해서 일관적으로 긍정적 혹은 부정적 반응하는 특성이 있다고 제안하였다(예 : Staw & Ross, 1985). 즉 자신의 직장에 대해 일관적으로 만족하는 성향의 사람도 있고, 일관적으로 불만족하는 성향의 사람도 있다는 것이다. Barry Staw와 Jerry Ross(1985)는 시간이 경과하더라도 한 개인의 직무 만족 수준이 일정하게 유지되는 것을 발견하였으며, 심지어는 직업이 바뀌었을 때도 직무 만족의 변화가 크지 않았다. 다시 말해서, 개인의 경력을 쌓아가는 과정에서도 직무 만족 수준이 일관성 있게 유지된다는 의

© Hero Images Inc./Alamy

생각해보기
이 책을 통해 알 수 있는 수행에 영향을 미칠 가능성이 있는 직무 특성은 어떤 것이 있습니까?

미이다. 심지어 일자리가 바뀌었어도 계속 자신의 직업에 대해 만족하는 사람도 있고 계속 불만족하는 사람도 있다. 이러한 결과는 직무 만족을 설명하는 부분 중에 기질적 요소가 포함되어 있다는 것을 시사한다. 하지만 직무 확충이나 직무를 개선하기 위한 조직 개입으로 여전히 개인의 직무 만족을 높일 수 있는 여지가 있다(Gerhart, 1987; Steel & Rentsch, 1997). 이러한 연구들은 직무 만족이 모두 기질적인 요인에 의해 결정되는 것은 아니라는 것을 보여준다. 많은 사람들은 직업 특성이나 직무의 변화로 인해 직무 만족 수준이 달라지기 때문이다. 심리학자들은 인간의 행동을 설명할 때 일반적으로 기질과 상황이 모두 중요하다는 사실을 강조한다. 앞서 소개한 직무 만족과 관련된 연구와 논의들은 이러한 기질과 상황에 대한 논의의 실증적인 예이다.

정서적 기질
환경 자극 범주에 일관된 정서반응 성향

이 분야에 일부 연구자들은 직무 만족이 시간의 흐름에 따라 안정적인 것은 **정서적 기질**(affective disposition)에 기인한다고 주장한다. 정서적 기질이란 환경 자극 범주에 일관된 정서반응을 보이는 개인의 성향이다(Judge & Hulin, 1993). 외부세계에 긍정적인 방식으로 반응하는 사람이 있는가 하면 부정적인 방식으로 반응하는 사람도 있다. 긍정적인 정서 기질의 사람들은 더 낙관적이고 활력이 넘치고 행복해하는 경향이 있는 반면 부정적인 정서 기질의 사람들은 우울하고, 지루해하고, 슬퍼하는 경향이 있다.

참조

종단 연구는 시간이 지남에 따라 동일한 변인의 값이 어떻게 변했는지 확인하기 위해 여러 시점에서 측정을 반복하는 연구이다. 여기에 제시된 Steel과 Rentsch(1997)에서는 초기에 측정한 직무 만족 점수를 통제한 후에, 일정 기간 지난 후에 다시 측정한 결과 직무 특성이 직무 만족 수준에 유의미한 영향을 미친다는 결론을 도출할 수 있었다. 물론 첫 번째 시점의 직무 만족 측정치와 두 번째 시점의 직무 만족 측정치의 상관관계는 있었다. 이러한 상관관계에도 불구하고 두 번째 시점에서 직무 특성이 직무 만족 수준을 예측하는 것으로 나타났다. 이렇게 결과에 영향을 미칠 수 있는 다른 변인을 통제하면 연구자가 알고자 하는 변인들 간의 순수한 관계성을 좀 더 명확하게 확인할 수 있다.

또 다른 관점에서는 시간에 따른 직무 만족의 일관성을 유전적인 차이로 설명한다. 특히 유전적 요인이 개인의 작업환경에 반응하는 방식에 영향을 줄 수 있다고 주장한다(Arvey, Bouchard, Segal, & Abraham, 1989). 이미 대부분의 사람이 유전자가 지능, 성격, 흥미 그리고 태도에 영향을 미친다는 것을 알고 있다. 유전이 직무 만족에 영향을 준다는 가정은 어떻게 보면 이상한 것은 아니다. 이 연구는 미네소타 쌍둥이 연구(the Minnesota Study of Twins Reared Apart)의 자료를 활용하여 서로 다른 환경에서 자란 쌍둥이의 직무 만족 수준이 어느 정도 유사한지 조사하였다. 이 연구에서는 유전적 요인이 직무 만족의 약 30%를 설명하는 것으로 나타났고 통계적으로도 유의하였다. 따라서 유전적 요인이 어느 정도 개인의 직무 만족 수준에 영향을 준다(Ilies & Judge, 2003).

자아존중감도 직무 만족과 관련되어 있다는 의견이 있다(Brockner, 1988; Lopez & Greenhaus, 1978). 자아존중감이 높은 사람이 자신의 직무에 더 만족하는 경향이 있다는 것이다. Judge, Locke, Durham 및 Kluger(1998)는 핵심 자기 평가가 직무 만족과 삶의 만족도에 미치는 영향에 대해서 연구하였다. 핵심 자기 평가는 자신에 대한 기초적인 평가를 의미하는 개념으로 자아존중감과 일반화된 자기 효능감을 포함한다(Judge, Bono, Erez, & Locke, 2005). 연구 결과, 자기 효능감(그리고 기타 핵심 자기 평가)과 직무 만족, 삶의 만족의 상관관계가 높은 것으로 나타났다. 핵심 자기 평가는 직업과 관계없이 직무 만족에 일관된 영향을 주는 것으로 나타났다. 즉 자기 스스로를 어떻게 평가하느냐가 직접적으로 직업과 삶을 경험하는 방식에 영향을 준다는 것이다.

학생들과 재직자들의 개인차 변인과 직무 특성을 함께 조사한 연구에서는 핵심 자기 평가 수준이 높을수록 복잡한 업무를 선택하는 경향이 있었고 직무 만족 수준도 더 높았다(Srivastava, Locke, Judge, & Adams, 2010). 이러한 연구 결과는 개인차 변인과 직무 특성의 상호작용이 직무 만족과 다른 결과변인에 어떻게 영향을 미치는지를 잘 보여주는 결과이다.

다음으로 살펴볼 직무 만족 관련 변인은 **조직기반 자아존중감**(organizational-based self-esteem : OBSE)으로 조직 구성원으로서의 가치에 대한 직원들의 인식이다(Pierce, Gardner, Cummings, & Dunham, 1989). 즉 조직기반 자아존중감은 업무관련 자아존중감을 반영한다. 조직에서 자신이 가치가 있는 사람이라고 생각하는 직원들이 그렇지 않은 직원들보다 직무 만족 수준이 높을 것이라고 예측할 수 있다. Chen, Goddard 및 Casper(2004)는 보건관련 종사자들을 대상으로 연구한 결과, 조직기반 자아존중감과 직무 만족과의 상관관계가 매우 높게 나타났고($r=.58$), 조직몰입과 직무관여도 유의미하게 예측하는 것으로 나타났다.

조직기반 자아존중감(OBSE)
조직 구성원으로서의 가치에 대한 직원들의 인식 정도

사회적 요인 직장에서의 상호작용과 대인관계를 포함하는 사회적 요인도 직무 만족의 선행변인이다. 예를 들어 상사나 동료와의 관계는 직원의 직무 만족에 영향을 미치는 중요한 요인일 수 있다. 대다수의 사람에게 좋은 일터가 되기 위한 필요조건에 대해서 의견을 청취해보면 첫 번째로 대답하는 것이 좋은 직장상사를 만나는 것이다. 예를 들면 권위주의적이며 남을 조종하는 직장상사보다 직원들과 조화롭게 업무를 진행할 수 있는 직장상사를 만나는 것이 직장생활에서 가장 중요하다고 생각하는 사람도 있을 수 있다.

직무 만족에 영향을 미치는 사회적 요인에 대한 선행 연구에 따르면 상사와 직원의 인구 특성이 유사한 경우(Wesolowski & Mossholder, 1997), 상사의 업무 할당 방식(Blau, 1999), 직원이

심리적 계약
고용주와 상호 암묵적으로 합의한 근로 조건에 대한 직원 개인의 신념

지각한 상사의 심리적 계약 위반 정도(Rosen, Chang, Johnson, & Levy, 2009) 등이 직무 만족에 영향을 미치는 것으로 나타났다. **심리적 계약**(psychological contract)은 고용주가 직원에게 약속한 권리에 대한 직원의 주관적 믿음이라고 할 수 있다.

개인차 변인과 사회적 요인의 상호작용도 직무 만족에 영향을 준다. 200명의 중국 직원을 대상으로 연구한 결과, 적극적인 성격(proactive personality : 개인주도적인 기질, 성향)의 직원이 상사와 긴밀한 관계를 구축하고 결과적으로 직무 만족 수준이 높은 것으로 나타났다(Li, Liang, & Crant, 2010). 이는 앞서 논의한 개인차 변인과 직무 특성 간의 상호작용(Srivastava et al., 2010)을 확인했던 연구와 마찬가지로 개인차 변인과 사회적 요인이 서로 영향을 미쳐 직무 만족에 영향을 주는지를 잘 보여주는 연구이다. 이와 같이 이 장에서 논의한 직무 태도는 다양한 선행변인들 간의 상호작용에 영향을 받을 수 있다.

좋은 직장상사뿐만 아니라 좋은 직장동료와 함께 일하는 것도 직무 만족에 있어서 중요하다. 호흡이 잘 맞고 서로 잘 도와줄 수 있는 팀에서 일하는 경우 직장에 대해서 호의적일 가능성이 높다. 반대로 직장동료가 마음에 맞지 않고, 지지적이지도 않고, 도움이 되거나 신뢰할 만하지도 않다면 직장에 대한 불만족 수준이 높을 것이다.

선행 연구에서도 직장동료 관계가 중요한 요인이라고 언급하였다. 예를 들면 Howard와 Frink(1996)의 연구에서는 업무 상호작용에 영향을 줄 정도로 조직이 재편되면, 이러한 조직 재편이 동료관계에 영향을 미치고, 차례로 직무 만족에 영향을 미치는 것으로 나타났다. 이 연구에서는 몇몇 지방자치단체의 조직 개편 후 동료에 대한 태도가 삶의 만족뿐만 아니라 직무 만족에도 영향을 끼치는 것으로 나타났다. Rennie(2007)의 연구에서는 490명의 관리자를 대상으로 조사한 결과 73%의 관리자가 직무 만족의 핵심 요소를 동료와의 좋은 관계라고 응답하였다. 역할변인 또한 직무 만족에 영향을 준다. 조직에서 자신의 역할과 기여할 부분을 완벽하게 알지 못하고 모호한 상태라면 직무에 대해서 불만족할 가능성이 있다. 역할 모호성은 대부분의 경우 직무에 대한 명확한 기대를 어렵게 만든다.

또 다른 직무 만족과 관련된 중요한 변인은 조직 정의 혹은 공정성이다. 조직 정의와 관련된 연구는 I/O심리학에 가장 많이 연구된 개념 중 하나이다(자세한 논의는 9장과 14장 참조). 선행 연구에서는 직무 만족 수준과 업무관련 태도에서 조직 정의가 어떠한 역할을 하는지에 대해서 주로 연구하였다(예 : Liao & Rupp, 2005). **조직 정의**(organizational justice)라는 것은 간단하게 직장에서의 공정성 역할을 의미한다. 여기서 문제는 회사 정책, 절차 처우에 대한 직원들의 인식이 태도, 행동과 수행에 영향을 미친다는 것이다. 대인관계 공정성을 개발하고 타당화한 연구에서는 정서적 기질의 효과를 통제한 후에도 조직 정의가 다양한 직무 만족과 관련 있었다. 또한 조직 공정성은 지각된 조직 지원과 리더-부하 관계의 효과를 경유해서 직무 만족에 영향을 미친다는 연구 결과도 있었다(Masterson, Lewis,

조직 정의
직장에서의 공정성 역할

Goldman, & Taylor, 2000; Rhoades & Eisenberger, 2002).

종합하면, 직원의 직무 만족 수준은 직장에서 경험하는 대인관계의 질에 영향을 받을 가능성이 높다는 것이다. 역할 명료성, 조직 공정성, 조직지원뿐만 아니라 직원들이 상사나 동료와 얼마나 좋은 관계를 유지하는지도 직무 만족에 영향을 미칠 가능성이 높다.

성장 기회 직무 만족의 선행변인에서 마지막 다룰 요인은 조직 내에서 성장 발전 또는 승진할 가능성에 대한 지각을 나타내는 **성장 기회**이다. 임금이 적절한지, 복지혜택이 만족스러운지, 승진의 기회가 있는지 여부 또한 직무 만족에 영향을 준다. 9장에서 다룬 동기를 향상을 위해 수행에 따른 임금(pay for performance)을 제시하는 것은 직무 만족 수준을 높이는 것으로 나타났다(Green & Heywood, 2008).

하지만 메타 분석에 따르면 임금 수준과 직무 만족의 상관관계는 높지 않은 것으로 알려져 있다(Judge, Piccolo, Podsakoff, Shaw, & Rich, 2010). Judge 등(2010)은 개인의 임금이 증가할 때 단기적으로는 더 만족하게 되지만, 직원들은 빠르게 새로운 임금 수준을 정상/기대 수준으로 전환하여 지각하기 때문에 만족 수준은 임금이 증가하기 전 수준으로 복귀한다고 주장하였다.

Keller와 Semmer(2013)는 청년 직원들을 대상으로 직무 만족에 영향을 미치는 상황적 변인과 개인차 변인과의 관계성을 살펴보았다. 구체적으로 각 변인들의 점수 증가가 직무 만족에 어떠한 영향을 미치는지에 중점을 두어 연구하였다. 그들은 상황적 · 개인차 변인 모두 중요하다는 연구 결과를 얻었지만 가장 예측력이 높았던 변인은 이러한 상황적 · 개인차 변인들이 증가할 수 있는 정도였다. 더 흥미로웠던 것은 개인차 변인이나 상황적 변인이 증가하지 않으면 직무 만족 수준이 감소한다는 것이었다. 청년 직원들에게 중요한 변인들은 성장 기회였고, 직무 만족이 이러한 수준 향상에 크게 영향을 받는 것으로 나타났다.

© Warner Bros/Everett Collection

생각해보기
콜린 파렐이 출연한 영화 시리즈 〈스트레스를 부르는 그 이름 직장상사(Horrible Bosses)〉에서처럼 여러분의 직무 태도는 직장상사로부터 어떠한 영향을 받는가? 그리고 그 이유는 무엇인가?

다음 장에서는 직장 관련 스트레스인 일-가정 갈등 중심으로 논의할 예정이다. 일과 가정생활 사이에서 발생한 갈등과 스트레스 경험은 직무와 삶의 만족에 모두 영향을 준다(Bruck, Allen, & Spector, 2002). 메타 분석에 따르면 일-가정 갈등은 직무 만족($r = -.31$), 삶의 만족($r = -.36$)과 부적 상관관계가 있는 것으로 나타났다(Kossek & Ozeki, 1998). 따라서 갈등 수준이 높은 직원은 낮은 직원보다 직무 만족과 일상생활 만족 수준이 더 낮은 경향이 있다. 이러한 관계는 여성보다 남성에서 상관관계가 다소 높게 나타나고, 외벌이 가구보다 맞벌이 가구에서 매우 높게 나타난다. 추가적으로 일의 영역이 가정생활 영역을 방해하는 경우가 가정생활 영역이 일의 영역을 방해하는 경우보다 만족도와 더 높은 관련성을 보였다. 이러한 내용들은 11장에서 구체적으로 살펴보도록 하겠다.

측정도구와 하위 차원

지금까지 직무 만족의 측정방법은 고려하지 않고 직무 만족의 선행변인 위주로 살펴보았다. 직무 만족의 측정은 복잡하지만 선행변인은 뚜렷하게 구분할 수 있기 때문에 일반적인 의미의 직무 만족 중심으로 살펴보았다. 하지만 직무 만족 측정에 대해서 고려해야 할 점은 직무 만족의 개념은 다양한 하위 차원으로 구성되어 있다는 점이다.

전통적으로 직무 만족은 "전반적으로 내가 다니는 직장을 좋아한다."와 같이 포괄적으로 측정하거나 직원들이 임금, 상사 등 각 하위 차원별로 얼마나 만족하는지를 묻는 형태로 측정하였고 이 두 가지 방식을 혼합하여 측정하기도 했다.

두 가지 측정 방식 모두 필요한 방식으로 조직의 목적에 따라 선택하여 활용할 수 있다. 하지만 하위 차원으로 직무 만족을 구분하는 것이 조직 문제 진단과 조직 개입을 위한 좀 더 세부적이고 구체적인 정보를 제공해줄 수 있다.

가장 빈번하게 활용되고 타당화가 잘된 척도 중 하나가 직무기술지표(Job Descriptive Index : JDI)이다(Kinicki, McKee-Ryan, Schriesheim, & Carson, 2002; Stanton et al.,2002). Smith, Kendall 및 Hulin(1969)이 개발하였으며 다섯 가지 차원인 직무 자체, 임금, 동료, 승진 기회 그리고 상사에 대한 만족으로 구분하여 측정한다. **그림 10.3**은 직무기술지표의 각 하위 요인과 일부 문항 그리고 전반적인 직무 만족(Job in General) 측정문항을 제시하였다. 이 척도는 다른 직무 만족 척도를 타당화하고 개발하는 기준 척도로 활용하기도 한다(예 : Whitaker, 2007).

다음으로 살펴볼 척도는 직무진단설문(Job Diagnostic Survey : JDS)으로 직무 특성(9장에서 소개한 직무 특성)을 측정한다(Hackman & Oldham, 1980). 이 척도는 임금, 안전, 사회적 요인, 상사, 성장으로 구성되어 있고 이러한 하위 요인은 직무 만족과 관련이 있다고 가정한다(**그림 10.4**). 만족의 하위 요인을 측정하는 다양한 도구들이 있지만 직무기술지표와 직무진단설문은 잘 알려져 있고 심리측정 측면에서도 잘 구조화되어 있다. 전반적인 직무 만족을 측정하는 도구도 많다. 예를 들면 직무기술지표와 직무진단설문은 전반적인 직무 만족 척도도 포함되어 있다(**그림 10.5**). 직무 태도 측정에 대한 또 다른 접근법은 Lofquist와 Dawis(1969)의 직업 적응이론(Theory of Work Adjustment : TWA)이다. 직업적응 이론에서는 직원이 자신의 환경과 상응되도록 태도를 유지시키려고 노력한다고 가정한다. 즉 직원들은 자신의 욕구와 욕망 다음 각 질문을 읽고 문장이나 단어에 대한 본인에 생각과 일치하는 문항을 선택하시오.

___1___ 그렇다
___2___ 아니다
___3___ 모르겠다

현재 직장에서의 업무
다음 각 항목이 귀하의 업무에 대하여 얼마나 잘 기술하고 있습니까?

___ 매력적이다
___ 일상적이다
___ 만족스럽다
___ 지루하다

승진 기회
다음 각 항목이 귀하의 승진 기회에 대하 얼마나 잘 기술하고 있습니까?

___ 승진의 기회가 많다
___ 승진 기회가 어느 정도 제한적이다
___ 능력에 따라 승진한다
___ 장래성이 없는 직무이다

현재 임금수준
다음 각 항목이 귀하의 현재 임금에 대하여 얼마나 잘 기술하고 있습니까?

___ 소비 지출하는 데 적절한 임금수준이다
___ 공정하다
___ 풍족하다
___ 임금수준이 낮다

상사
다음 각 항목이 귀하의 상사에 대하여 얼마나 잘 기술하고 있습니까?

___ 지지적이다
___ 까다롭다
___ 무례하다
___ 일을 잘했을 때 칭찬해준다

동료
다음 각 항목이 귀하의 직장 동료와의 관계에 대해서 얼마나 잘 기술하고 있습니까?

___ 격려받는다
___ 지루하다
___ 일을 열심히 하지 않는다
___ 도움이 된다

일반 직무 만족
다음 각 항목이 귀하의 직장 생활에 대해 얼마나 잘 기술하고 있습니까?

___ 즐겁다
___ 나쁘다
___ 정말 좋다
___ 보람 있다

그림 10.3 직무기술지표의 예시 문항과 일반 직무 만족 척도

출처 : Bowling Green StateUniversity, Department of Psychology(2009).

을 충족시키기를 원한다는 것이다. 이 이론에 근거하여 개발된 직무 만족 측정도구는 미네소타 직무 만족 질문지(Minnesota Satisfaction Questionnaire : MSQ)이다. 100개의 문항으로 20개의 하위 차원으로 구성되어 있다. 하지만 20개 문항으로 단축된 척도를 주로 활용한다. 미네소타 직무 만족 질문지는 전반적인 직무 만족을 측정하는 데 매우 효과적인 척도라고 알려져 있다. 직무 만족과 관련된 정서적인 요인을 측정하기 위해 활용되는 표정척도(face scale)도 존재한다. 세 가지 유형의 표정척도(Kunin, 1955, 1998)가 개발되어 있고 직무 만족의 인지적 측면보다 정서적 측면을 측정하는 것이 목적이다. **그림 10.6**에 예시가 제시되어 있다. 주로 전반적인 직무 만족을 측정하는 데 활용되어 왔다. 표정척도는 글을 읽지 못하는 직원을 대상으로 쉽게 적용할 수 있기 때문에 다양한 상황에서 활용이 가능하다. 또한 직무 만족의 다양한 차원을 측정하는 데도 활용할 수 있다.

귀하는 직무의 다음과 같은 부분에 대해서 얼마나 만족하고 계십니까?

전혀 만족하지 않는다	만족하지 않는다	다소 불만족한다	보통이다	조금 만족한다	만족한다	매우 만족한다
1	2	3	4	5	6	7

임금

☐ 임금수준과 추가적인 복리후생 수준

안전

☐ 직무 안정성

사회

☐ 직장 생활 중에 타인과 교류할 수 있는 기회

상사

☐ 직장 상사로부터 지지와 지도 수준

성장

☐ 일을 통한 개인적 성장과 발전 수준

그림 10.4 직무진단설문 예시 문항

출처 : Hackman, J. R., & Oldham, G. R.(1980). Work Redesign. Upper Saddle River, NJ: Pearson. ⓒ 1980 by Pearson Education, Inc.

전혀 동의하지 않는다	동의하지 않는다	다소 동의하지 않는다	보통이다	다소 동의한다	동의한다	매우 동의한다
1	2	3	4	5	6	7

☐ 1. 대체로 나는 이 일에 대해서 매우 만족한다.

☐ 2. 나는 이 일을 그만두는 것을 자주 생각한다.(역)

☐ 3. 나는 대체로 내가 하는 일의 종류에 대해서 만족한다.

☐ 4. 이 일에 종사하는 대부분의 사람이 일에 대해서 만족한다.

☐ 5. 이 일에 종사하는 사람은 자주 그만두고 싶어한다.(역)

주 : (역) 역척도 문항

그림 10.5 전반적인 직무 만족을 측정하는 직무진단설문 문항

출처 : Hackman, J. R., & Oldham, G. R.(1980). Work Redesign. Upper Saddle River, NJ: Pearson. ⓒ 1980 by Pearson Education, Inc.

실무자 포럼

Brian Welle

Brian Welle

뉴욕대학교 I/O심리학 박사, 2004년

구글 인적 혁신 연구실 매니저

나는 구글의 인적 혁신팀을 이끌고 있다. 우리 연구실은 심리학자, 조직행동 전문가와 연구자로 구성되어 있고, 직원들의 신념, 태도, 의견과 행동을 측정하는 등의 프로젝트를 진행한다.

우리 연구실은 구글 직원에 영향을 주는 경영진과 인적 자원 관리 전문가의 의사결정이 직원과 회사에 도움이 될 수 있도록 지원하기 위해 자료를 수집하고 분석하는 일을 담당한다. 구글 같은 엔지니어링 회사에서도 영업팀, 엔지니어, 인적자원관리와 관련된 모든 결정은 자료에 기반한다. I/O심리학자는 인적자원관리 부서의 엔지니어와 같다고 보면 된다. 우리는 인적 자원과 관련된 의사결정을 위한 자료를 수집, 분석하고 해석하는 중추적 역할을 수행한다. 구글의 인적 자원 혁신 연구실에서는 여러 방법론과 연구 도구들을 활용한다. 가장 좋은 예는 구글가이스트(Googlegeist)로 매년 실시되는 직원 의견 조사이다. 구글가이스트는 전 세계의 모든 직원들에게 일터에서 중요한 부분에 대한 의견을 제시할 수 있는 기회를 제공한다. 직장에서의 만족도부터 상사에 대한 신뢰도, 조직 문화에 대한 인식까지 다양한 내용을 조사한다. 의사결정의 속도와 품질, 혁신과 같은 구글이 지향하는 가치의 성과를 예측하는 구조에 대해서도 평가한다. 구글가이스트를 통해 수집한 자료를 바탕으로 구글 직원의 개발 프로그램을 개선하고, 리더의 발전, 변화를 돕는 데 활용하며, 경영 의사결정의 방향성을 제시해주기도 한다.

이러한 직원의견 설문조사는 회사 입장에서는 매우 유용한 도구이다. 조사를 통해 직원들의 신념과 태도를 전반적으로 확인할 수 있기 때문이다. 하지만 정확한 인과 관계를 확인하기에는 좋은 방법이 아니다. 핵심행동에 대해서 좀 더 자세히 알기 위해서는 실험과 유사실험(quasi-experimental research)을 실시하는 것이 필요하다. 예를 들면 은퇴자금 마련 행동에 동기를 부여해줄 가장 효과적인 방법에 대한 연구, 건강한 식습관을 만들게 하는 시계열 실험 등이 구글에서 실시되었다.

이러한 조사에서 실험까지 진행된 예들은 구글에서 심리학 연구가 얼마나 중요한지를 보여주는 예이다. 직원들의 태도, 의견, 지각, 실제 행동은 구글 조직이 경영과 직원 웰빙 모두를 성취하는 기반이 된다. 우리는 직원들의 관점을 이해하고 자료를 활용하여 직원들이 구글에 재직하는 것을 자랑스럽게 생각할 수 있도록 하기 위해 많은 시간을 들인다. 이러한 노력이 앞서 소개한 것과 같이 연구를 통해 이뤄진다.

학습질문

1. 구글은 직원들의 태도와 행동을 수치화하고 비교하기 위해 다양한 조사방법을 사용하는 이유는 무엇인가?
2. 조직에 도움이 될 수 있도록 직원의 태도와 관점을 평가하기 위해 활용하는 방법은 무엇이 있는가?
3. 이 장에서 소개하고 있는 직무진단설문(JDS)과 구글가이스트는 유사한가? 차이가 있다면 어떤 면이 차이가 있는가?

결과변인

앞에서는 직무 만족을 결정하는 요인이 어떤 것인지, 그리고 어떻게 측정하는지에 대해서 살펴보았다. 다음으로는 직무 만족이 조직과 직원에게 어떠한 영향을 미치는지를 확인해보겠다. 조직에서 업무관련 태도의 역할을 고려하기 위해서는 계획된 행동 이론을 되짚어볼 필요가 있다. 그림 10.1에서 보여주는 것처럼 태도는 행동의 예측에 도움을 줄 수 있는 네 가지 변인 중 하나이다. 직원의 태도로 행동을 잘 예측하길 바라지만, 행동이 나타나는 과정은 매우

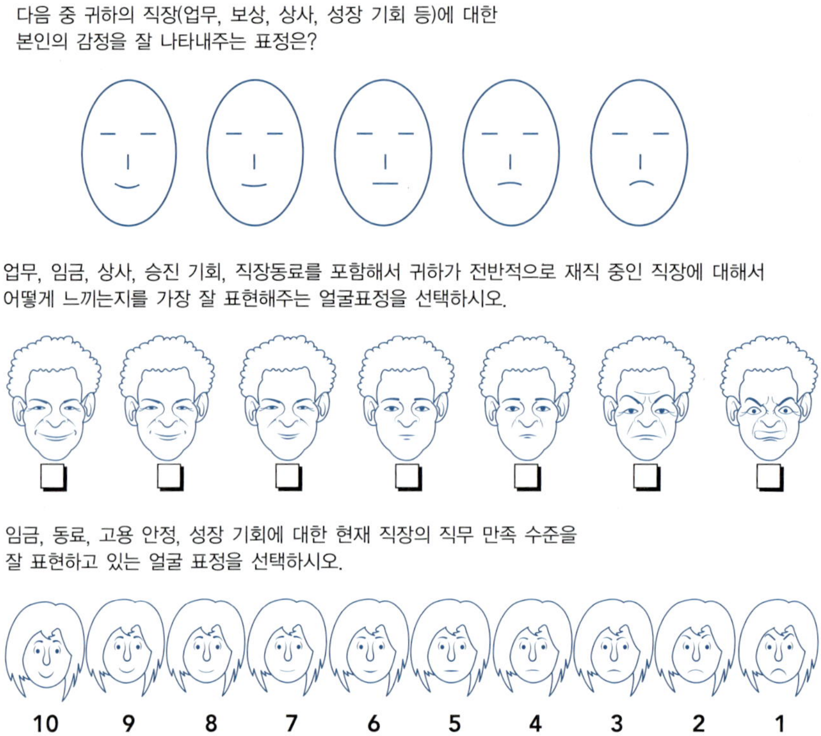

그림 10.6 세 가지 유형의 표정척도

출처 : (첫 번째 두 번째 척도) Kunin, T.(1955). The construction of a new type of attitude measure. *Personnel Psychology*, 8, 65–77; (세 번째 척도) Dunham, R. B., & Herman, J. B.(1975). Development of a female Faces Scale for measuring job satisfaction. *Journal of Applied Psychology, 60*(5), 630. ⓒ The American Psychological Association.

복잡하므로 다른 주요 변인들도 행동에 영향을 미친다는 것을 인식하고 있어야 한다. 이러한 이유로 "만족한 근로자가 생산적인 근로자다."라는 구어는 항상 정확한 것은 아니다. 근로자의 직무 만족 수준은 높은데 직무에서 요구하는 것을 할 수 없는 경우는? 직무에 만족하지만 직장 규범이 일을 대충 해도 넘어가는 수준이라면 어떻게 될까? 상사가 직원이 열심히 일하는 것을 요구하지 않아서 직무 만족이 수행에 긍정적 영향을 미치지 못하는 상황은 어떻게 설명해야 할까? 이러한 모든 상황에서는 높은 수준의 직무 만족에도 불구하고 직원의 수행이 좋지 못할 가능성이 높다. 즉 태도와 행동의 관계가 약하거나 관계가 없을 수도 있다. 태도 이외에 행동에 영향을 미칠 수 있는 많은 선행변인들이 있다. 모든 상황에서 태도와 행동의 높은 관계성을 기대하는 것은 비현실적일 수 있다.

수행 앞서 소개하였듯이 직무 만족 수준이 높은 근로자가 생산적인 근로자는 아닐 수 있다. 생산성은 다른 많은 변인들에 영향을 받을 수 있다. 예를 들면 여러분이 매우 만족스럽진 않지만 어느 정도 괜찮은 직장에 다니는 상황이라고 가정해보자. 이러한 상황에서 직무 만족 수준이 높은 사람보다 여러분이 일을 더 잘할 수 있을까? 여러분은 일을 잘했기 때문에 일에 대해서 만족할 수 있을까? 간혹 수행은 직무 만족과 상관관계가 전혀 없을 수도 있고 또 어떤 경우는 만족이 수행에 영향을 미칠 수도 있다. 그리고 수행은 만족보다 직장에서 수행을 방해하는 제약, 특정 업무를 하기 위해 필요한 기술, 일에 집중하지 못하게 만드는 가족 의무, 특정 업무에 관한 잘못된 기대, 동기 부족 등에 더 많은 영향을 받기도 한다. 즉 만족은 수행의 좋은 예측변인일 때도 있고 그렇지 않을 때도 있다. 하지만 이러한 것과 관계없이 두 경우 모두 다른 중요한 예측변인들과 관련 있다. 만족과 수행의 관계를 일반인들과 동일한 방식으로 생각하는 것은 수행과 관련된 모든 잠재적 변인의 중요성을 간과한 것이다. 즉 직무 만족과 수행과의 관계가 매우 강한 상관관계가 있다고 기대해서는 안 된다. 두 변인과의 관계 외에 관련된 다른 변인이 있다는 것을 항상 염두에 두어야 한다. 직무 만족과 수행과의 상관관계 추정치는 약 .30이다(Judge, Thoresen, Bono, & Patton, 2001). 복잡한 직무일수록 상관관계가 높아지는 경향이 있다. Harrison, Newman 및 Roth(2006)는 선행 연구보다 좀 더 정교하게 메타 분석을 실시한 결과 전반적인 직무 태도와 업무 효과성의 상관은 .59로 상당히 높게 나타났다. 메타 분석도 분석에 포함되는 연구가 제한적이기 때문에 이러한 결과를 무조건적으로 수용하는 것이 바람직하진 않지만 직무 만족과 수행은 중간 정도 크기의 상관이 있다고 결론을 내리는 것이 적절할 것이다.

Ng, Sorensen 및 Yim(2009)은 문화에 따라 직무 만족과 수행 관계에 차이가 있는지를 연구하였다. 208개의 연구를 대상으로 분석한 결과 개인주의 문화이면서 불확실성 회피 성향이 낮은 문화권에서 직무 만족과 수행의 상관이 높게 나타났다. 즉 개인이 자신의 욕구와 선호도에 따라 행동(반대 : 집단주의 문화)하고 역동적인 변화를 선호(반대 : 안정성에 중점을 두는 문화)하는 문화에서 직무 만족과 수행은 관계가 높은 경향이 있었다. 이러한 결과는 해당 문화권에서는 독립적으로 자신의 희망과 신념에 따라 행동하면 보상을 받을 가능성이 높기 때문에 만족과 수행의 관계가 강할 수 있다.

고려해야 할 또 다른 변인은 조직시민행동(Organizational Citizenship Behavior : OCB)으로 알려진 맥락 수행이다. 맥락 수행은 공식적으로 직무기술서에 포함되지 않은 작업관련 행동이며, 과업적 요소라기보다는 사회적 요소와 더 관련되어 있는 행동이다. 맥락 수행의 선행변인으로 연구가 많이 된 변인은 직무 만족이다. 예를 들면 기계조작원(machine operators)을 대상으로 연구한 결과, 동료, 상사, 임금에 대해서 만족한 근로자는 다양한 차원의 조직시민행동을 더 많이 하는 것으로 나타났다(Lowery, Beadles, & Krilowicz, 2002). 더욱이, 미국 공무원을 비롯하여 사우디아라비아, 이집트의 다양한 형태의 근로자를 대상으로 한 연구에서는 직무 만족과 조직시민행동의 상관관계는 중간 정도였다(Tang & Ibrahim, 1998). 이러한 상관관계는 직무 만족과 조직시민행동의 하위 차원별로 .22에서 .57 정도였다.

철회 행동 수행이 조직에서 관심을 가지는 주요 결과변인이지만 철회 행동 역시 중요하다. 가장 일반적인 철회 행동은 결근, 지각, 이직이다. 질병이나 장례식, 법적사건, 병원 방문, 자녀 양육 활동 등으로 회사에 출근하지 못할 경우가 있다. 어떤 누구도 질병, 개인적인 문제, 중요한 행사 등 특별하게 발생한 일정을 무시하고 무조건 출근해야 한다고 하는 것은 바람직하지 않다. 미국의 노동통계국 보고에 의하면 평균 1년에 4일 정도 질병이나 개인적인 문제로 결근하는 것으로 나타났다. 이러한 근로 손실은 결국 회사의 비용으로 이어지게 된다. 특히 결근에 따른 비용은 계속 상승하고 있으며 계획되지 않은 결근으로 인한 손실액은 시간제 근로자(hourly worker)는 연간 3,600달러(약 420만 원), 일반 급여 근로자(salaried employees)는 2,600달러(약 300만 원)에 달하는 것으로 나타났다(Circadian, 2005). 미국에서는 손목터널증후군 같은 근골격계 질환으로 인한 보상 청구가 전체 산재보상보험 청구의 62%를 차지하는 것으로 나타났으며 이로 인한 비용은 연간 150~200억 달러(17조~22조)에 달한다("Carpal Tunnel Syndrome," 2005). 미국인적자원관리협회(Society for Human Resource Management, 2014)의 최근 조사에 따르면 직원의 결근에 따른 비용은 기업의 급여 지불 총액의 22%에 달한다고 보고하였다.

일부 조사에 따르면 계획되지 않은 업무공백의 33%는 개인 질병에 의한 것으로 나타났고 나머지 67%는 다른 요인에 의한 것으로 나타났다. 주요 원인은 가족 문제와 개인적인 사유였다. **그림 10.7**은 Steers와 Rhodes(1978)가 제안한 출근 모델로 결근 연구에서 자주 활용된다. 첫 번째로 **직무 만족**이 모델에 포함되어 있지만 직접적으로 **결근**에 영향을 미치기보다는, 그 사이에 많은 변인들이 개입되어 있다. 일부 연구에서는 직무 만족과 결근 사이의 상관관계는 중간 혹은 다소 작은 크기($r = -.15 \sim -.25$)의 상관관계를 보였고, 오히려 다른 관련 변인들과 더 강한 상관관계가 있었다. 예를 들면 300명이 넘는 이스라엘의 시 공무원의 인사관리 기록을 기반으로 연구한 결과, 질병이나 가족 문제로 인한 결근을 제외한 자발적 결근과 직무 만족의 상관관계는 중간 크기 정도의 부적상관($r = -.47$)이 있는 것으로 나타나 앞서 소개한 직무 만족과 출근과의 관계보다 높은 것으로 나타났다(Sagie, 1998). 기타 다른 연구에서는 상관관계가 거의 0에 가깝다고 보고하고 있다(예 : Goldberg & Waldman, 2000).

두 번째로 살펴봐야 할 것은 직원 출근과 좀 더 밀접하게 관련된 출근 동기이다. 이 부분을 이해하기 위해서는 행동의 가장 좋은 예측변인이 의도라고 제안했던 Ajzen과 Fishbein(2005)의 주장을 상기할 필요가 있다. 그들이 제안했던 모델에서는 태도가 의도에 영향을 주고 의도는

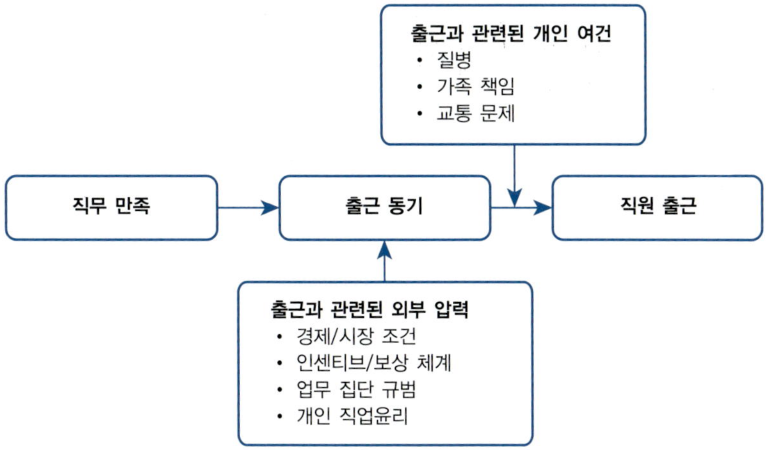

그림 10.7 출근 모델

출처 : Steer & Rhodes(1978).

다시 행동에 영향을 준다. 이와 유사하게 직무 만족은 출근 동기에 영향을 주고 출근 동기는 출근에 영향을 미친다. 세 번째는 출근은 출근과 관련된 외부압력(pressure to attend)에 영향을 받는다는 것이다. 예를 들면 재정 형편이 넉넉하지 못해 직장 임금에 의존하는 경우, 일자리를 잃게 만드는 결근 같은 위험한 행동은 하지 않을 것이다. 이러한 경우 가정의 경제 수준이 높은 사람들은 느끼지 못하는 출근 압력을 경험하게 된다. 네 번째는 개인 여건과 관련된 것으로 실제 자신의 출근 행동을 통제할 수 있는지 여부이다. 이 부분은 Ajzen의 모델에서 제안했던 지각된 행동 통제 개념과 유사하다고 볼 수 있다.

간단히 말해서 출근 동기는 직원이 자신의 출근과 관련된 개인 여건을 통제할 수 있을 때만 출근에 영향을 미칠 가능성이 높다. 예를 들면 출근하고 싶은 동기가 매우 높지만 아들이 수두를 앓고 있다면 출근하기 어렵다.

이렇게 출근 여건이 갖춰져 있지 않다면 출근 동기와 행동과의 관련성은 없을 것이고, 반대로 출근 여건이 충분히 갖춰져 있다면 출근 동기와 실제 출근하는 행동 간의 상관은 높을 것이다. 사실 자녀가 있는 200명 이상의 직원들을 대상으로 연구한 결과, 6세 이하의 자녀 수, 자녀 돌봄의 어려움과 결근은 정적인 상관이 있는 것으로 나타났다(Erickson, Nichols, & Ritter, 2000).

Steers와 Rhodes의 결근 모델은 직무 만족이 결근의 중요한 예측변인일 수 있지만 결근 여부를 결정하는 것은 훨씬 더 복잡하다는 것을 보여준다. 앞서 만족과 수행에 대해서 논의한 바와 같이 직무 만족과 수행이 강한 상관이 있다고 기대하는 것은 인간 행동이 복잡하다는 것을 감안할 때 현실적이지 않다. Steel, Rentsch 및 Van Scotter(2007)의 연구에 따르면 Steers와 Rhodes 모델이 제시한 여러 가지 가설은 직원 결근의 46%를 설명하는 것으로 나타났고, 만족도가 중요한 변인이라는 것을 확인할 수 있다.

지각에 대해 다룬 연구는 많지 않다. Elicker와 동료들이 실시한 연구가 가장 최근 연구(Elicker, Foust, O'Malley & Levy, 2008; Foust, Elicker & Levy, 2006)이다. Blau(1994)는 지각은 여러 개의 유형으로 구분되며 그중 가장 흔한 유형은 만성적 지각(chronical lateness)으로 직무 만족에 의해 매우 잘 예측된다고 제안하였다. 병원 직원을 대상으로 연구한 결과, 직무 만족과 만성적 지각과의 상관이 -.39인 것으로 나타났다. Steers와 Rhodes의 결근 모델도 이 연구에 적용되었으며, 직무 만족이 직접적으로 출근에 영향을 미치는 직접효과의 크기는 작았지만, 제시간에 도착하려는 동기와 제시간에 도착할 수 있는 능력은 지각의 중요한 결정요인이었다(Bardsley & Rhodes, 1996).

마지막으로 철회 행동 중 조직의 막대한 비용손실을 초래하는 이직을 살펴보겠다. 조직은 모집, 선발, 훈련, 인사평가 등과 같은 과정에 많은 시간과 노력, 재원을 투자한다. 만약 직원이 회사에서 떠나기로 결정했다면, 지금까지 투자한 돈은 더 이상 효용가치가 없게 되고 이러한 투자를 처음부터 다시 시작해야 한다. 미국 인적자원관리협회(Society For Human Resource Management)는 시간당 8달러(약 9,000원)를 받는 직원을 대체하기 위해서는 3,500달러(약 400만 원)의 비용이 소요되는 것으로 추정하였다(Blake, 2006). 또한 이 추산 비용은 시간이 많이 경과했기 때문에 더 상승했을 것이다. 다른 추산치에 따르면 이직 대체를 위해서는 직원 연봉의 1.5~2.5배 정도의 비용이 소요되는 것으로 보고되었다(Cascio, 2003).

미국의 자료에 의하면 평균 이직률은 2014년 기준 15.7%이다(http://www.compensationforce.com/2015/03/2014-turnover-rates-by-industry.html). 물론 이직은 양면성이 존재한다. 성과가 낮고 연봉이 높은 직원이 이직을 했다면, 일을 잘하는 신입직원으로 교체할 기회이기 때문에 기업 입장에서는 유리할 수 있다. 하지만 지금 소개하는 이직의 관점은 능력이 있고 조직에서 잃고 싶지 않은 인재가 조직을 그만두는 상황이다.

Chen, Ployhart, Thomas, Anderson 및 Bliese(2011)의 연구에 따르면 직원의 직무 만족 변화는 이직 의도 수준을 변화시키는 것으로 나타났다. 이직 의도는 만족 수준 그 자체보다, 만족의 감소와 관련성이 더 높았다. 즉 불만족하더라도 그 불만족 수준이 시간의 흐름에 따라 안정적인 경우보다, 직무 만족 수준이 높다가 갑작스럽게 만족 수준이 떨어지는 경우 이직할 확률이 높다는 것이다. 이렇게 시간의 흐름에 따라 태도를 추적하여 연구하는 것은 다양한 시사점을 제공해줄 수 있다. 즉 갑작스러운 만족 수준 저하를 유발하는 사건이 이직을 높일 수 있다는 것을 보여줌으로써 직원의 행동 변화를 좀 더 잘 예측할 수 있게 해준다. 전통적으로 이직의 선행변인을 두 가지로 제시하고 있다. 첫 번째는 지각된 이직의 용이성으로 현 직장의 대

생각해보기

동료가 이직하는 것을 보고 어떤 생각이 드는가? 동료들이 이직을 할 때 당신의 직무 태도는 어떨 것 같은가?

안을 찾을 수 있는 정도이고 두 번째는 지각된 이직 희망 정도 혹은 직업을 바꾸고 싶은 욕망이다. 일반적으로 직무 만족과 이직의 상관은 보통 정도인 −.22와 −.30 사이인 것으로 나타났다(Griffeth, Hom, & Gaertner, 2000; Lee, Mitchell, Holtom, McDaniel, & Hill, 1999). **그림 10.8**은 Hom과 Griffeth의 모델(1991)을 간략화한 것이다. 이직과 직무 만족 경로를 두 가지로 제시하였다. 첫 번째 경로는 직무 만족이 이직에 대한 생각에 영향을 주고, 이직할지 계속 근무할지 결정하는 경로이다. 다른 경로는 직무 만족이 이직에 대한 태도(유용성)에 영향을 주고 다시 구직활동과 여러 대안을 비교한 후에 이직 결정을 하는 경로이다. 이 두 경로 모두 최종적으로는 회사에 계속 다닐지 그만둘지를 결정하게 되는 모델이다. Wright과 Bonett(2007)은 직업 만족과 이직 간의 관계가 심리적 웰빙에 영향을 받는지에 대해 연구하였다. 연구 결과 심리적 웰빙 수준이 높을 때보다 낮을 때 직무 만족과 이직 의도가 더 강한 부적관계를 나타내는 경향이 있었다.

사실 직무 만족 수준은 이직 의사결정 과정에서 언제나 고려되는 사항이지만 다른 이유로 이직을 하는 경우도 있다. 예를 들면 다른 더 좋은 기회가 있어 놓칠 수 없는 경우, 아픈 부모를 돌봐야 하는 경우 등 다른 개인적 사정이나 이유로 회사를 떠나는 경우도 고려해야 한다. 즉 이직은 현재 직장 상태보다 이직할 수 있는 여러 대안들이나 개인적 환경이 영향을 더 미칠 수 있다. 예를 들면 **이직 전개 모델**(unfolding model; Mitchell, Holtom, Lee, Sablynski, & Erez, 2001; Sablynski, Lee, Mitchell, Burton, & Holtom, 2002)에서는 이직 경로를 네 가지로 제시하였다. 첫 번째 경로에서는 일상의 급격한 변화(스카웃 제의, 인사이동, 결혼 상태의 변화, 회사 합병)가 이직의 원인이며, 직무 만족은 전혀 관계가 없다고 제시하였다. 이 모델은 이직 과정에 대한 전통적인 신념과는 다른 모델을 제시하고 있다. Donnelly와 Quirin(2006)은 회계사 대상으로 이직 연구를 수행한 결과 약 86%의 이직이 전개 모델에서 제안한 네 가지 경로 중 적어도 하나에 포함되는 것으로 나타났다. Lee, Gerhart, Weller 및 Trevor(2008) 연구에서는 자발적 이직의 절반가량이 가족으로 인한 이유 또는 구직활동을 하지 않았지만 스카웃 제의가 와

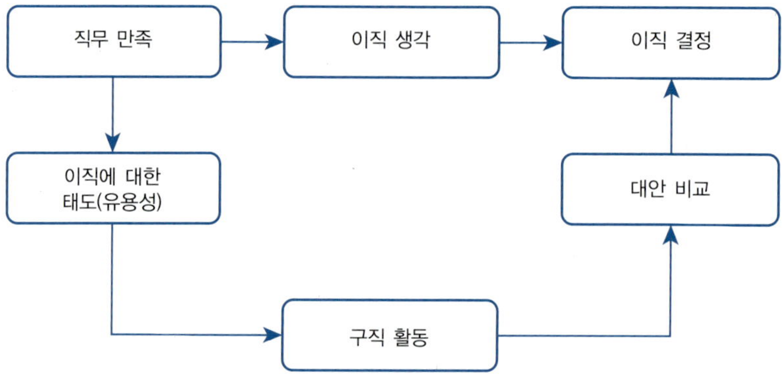

그림 10.8 수정된 이직 모델

출처 : Hom & Griffeth(1991).

서 이직하는 경우였다. 이 연구는 직무 만족이 포함되지 않거나 강조되지 않은 이직 경로의 중요성에 대해 증명하였다. 이직은 다양한 이유에 의해서 발생하지만 지난 30년간 진행된 구체적이고 실증적인 연구 덕분에 이직 과정을 이해하는 데 도움을 주는 여러 이론들을 제시할 수 있었다.

반생산적 작업 행동(CWBs)
조직, 직원, 이해관계자에게 피해를 입히거나, 피해를 입힐 의도가 있는 행동

반생산적 작업 행동 직원들은 반사회적 행동, 역기능적 행동, 작업현장 일탈 등을 비롯하여 조직에 해를 끼치는 다양한 활동에 참여할 수 있다. 여기서 제시하는 **반생산적 작업 행동**(counterproductive work behaviors : CWBs)은 조직, 직원, 이해관계자에게 피해를 입히거나, 피해를 입힐 의도가 있는 행동으로 정의된다. 반생산적 행동은 방화, 협박, 뇌물수수, 사보타주, 절도, 사기, 심리적 철회, 대인 간 폭력과 더불어 일부 결근, 지각까지 포함하고 있다(Giacalone & Greenberg, 1997). 직원의 불만이 반사회적 행동 모델의 핵심인 경우도 있다(Spector, 1997). 이 모델의 경우에는 직원들에게 불만이 있고 불만족할 때 반사회적 행동이 발생할 가능성이 높다고 제시하였다. Spector 등(2006)은 학대 행동은 분노, 철회행동은 지루함이나 우울과 관련 있다고 하면서 다양한 반생산적 행동은 여러 유형의 선행변인이 있다고 주장하였다. 리뷰 연구에 따르면 청년 근로자가 불만족한 경우 반생산적인 작업 행동을 할 가능성이 더 높아지는 것으로 나타났다(Lau, Au, & Ho, 2003). 또한 성실성이 낮은 사람일수록 반생산적인 작업행동을 보이는 것으로 나타났다(Salgado, 2002). 일반적으로 직무 만족과 반생산적인 행동의 상관관계는 −.10∼ −.25로 제시되고 있다.

Judge, Scott 및 Ilies(2006)가 74명의 직원을 대상으로 진행한 연구에서 직무 만족은 적대감과 작업현장 일탈과의 관계를 매개하는 것으로 나타났다. 즉 적대감은 직무 만족을 감소시키

고 결국 직무 만족 감소가 작업장 일탈을 증가시키는 모델이다. 비록 상대적으로 이 영역에 대한 경험적 연구는 부족하지만, 직원의 업무관련 태도가 중요하다는 개념은 타당한 것으로 판단되며 이에 대한 더 많은 연구가 진행되고 있다.

종합하면 직무 만족은 조직과 관련된 다양한 지표와 관련이 있기 때문에 중요한 변인이라고 볼 수 있다. 직무 만족의 선행변인과 결과변인에 대해서 많이 다뤘지만, 과거와 같이 직무 만족을 통해 조직의 모든 현상을 이해하려는 것은 올바른 방향이 아니라는 것을 본 내용을 통해 확인할 수 있다(Fisher, 2003). 즉 일반적으로 우리는 직무 만족과 수행과의 관계가 매우 높을 것이라고 기대해왔다. 하지만 최근 연구에서는 직무 만족이 중요하지만 조직 과정에 기여하는 부분이 제한적일 수 있다는 사실을 인식하기 시작하였다. 직무 만족이 조직과 개인의 삶에 어떻게 기여하는지에 대해, 좀 더 거시적인 관점에서 지속적으로 이해해 나갈 필요가 있다. 과거에는 직무 만족이 다양한 조직성과 변인에 미치는 직접효과에 관심을 두었지만, 이제는 좀 더 정확한 조직 기능 모델을 구축하는 연구로 이어지고 있다.

조직몰입

조직몰입은 조직관련 태도 중에 직무 만족 다음으로 많이 언급되는 변인이다. 직무 만족과 조직몰입은 중간 정도 크기인 .3~.4 사이의 상관이 있다. 하지만 직무 만족과 조직몰입 중 어느 변인이 선행하는지에 대한 논의는 아직 해결되지 않았다(Kinicki et al., 2002). 즉 몰입의 결과가 직무 만족인지, 직무 만족의 결과가 몰입인지는 여전히 논쟁 중이다.

조직몰입은 그 대상이 직무가 아닌 조직이라는 점을 감안할 때, 직무 만족보다 대상의 영역이 더 넓다고 볼 수 있다. 더욱이 조직몰입은 일간, 시간별로 변화가 심한 직무 만족보다 시간 경과에 따라 그 변화폭이 상대적으로 작아 안정적인 것으로 보고되고 있다. 이 장에서는 조직몰입의 다양한 하위 차원에 대해 정의하고 조직몰입의 선행변인과 결과변인에 대해 간략하게 논의하도록 하겠다. 일반적으로 직장에 대한 몰입은 일과 관련된 것에 유대감과 애착을 가지는 것을 말한다(Klein, Molloy, & Cooper, 2009). **조직몰입**(organizational commitment : OC)은 조직에 대한 심리적 애착으로 정의할 수 있다. 하지만 조직몰입을 정확하게 파악하기 위해서는 세 하위 요인을 이해해야 한다.

조직몰입(OC)
조직에 대한 종업원들이 경험하는 심리적 애착

하위 요인

지난 20년간 Meyer는 조직몰입과 관련된 다수의 연구를 수행하였다(Allen & Meyer, 1996; Meyer & Allen, 1997; Meyer, Stanley, Herscovitch, & Topolnytsky, 2002; Meyer, Stanley, & Parfyonova, 2012). Meyer와 Allen은 조직몰입을 세 가지 하위 구성 요소로 개념화하였고 각 구

성 요소의 측정도구를 개발하였다. **그림 10.9**에 조직몰입 측정 연구에서 자주 활용되는 Meyer와 Allen(1997)이 개발한 척도가 제시되어 있다.

정서적 몰입
조직에 대한 정서적 애착으로 조직의 목표, 가치에 대한 강한 믿음과 수용, 조직을 위해 노력하고자 하는 의지가 포함된다.

지속적 몰입
직원이 조직에 재직하면서 투자한 시간, 노력 등으로 인해 생성된 애착으로 매몰 비용 몰입이라고도 한다.

규범적 몰입
조직과 계속적으로 고용관계를 유지해야 한다는 의무를 반영하고 있는 개념으로 도덕적 몰입이라고도 한다.

첫 번째 조직몰입의 하위 구성 요소는 **정서적 몰입**(affective commitment)으로 조직의 목표와 가치에 대한 강한 믿음과 수용, 조직을 위해서 노력을 하고자 하는 의지, 조직의 일부가 되고자 하는 강한 욕구로 특징지을 수 있다(Mowday, Steers, & Porter, 1979). 이 구성 요소는 조직에 대한 직원의 정서적 애착에 해당한다. 두 번째는 **지속적 몰입**(continuous commitment)으로 조직을 떠남으로써 발생하는 손실(cost)과 관련이 있다. 이 구성 요소는 직원이 조직에 재직하면서 투자한 시간, 노력 등으로 인해 조직에 대한 애착이 생성되었기 때문에 매몰 비용 몰입(sunk-costs commitment)이라고도 한다(Shore, Tetrick, Shore, & Barksdale, 2000). 조직을 떠나는 것으로 인해 퇴직금의 손실(높은 손실 몰입)이 발생하거나 지금 다니는 조직보다 더 좋은 다른 대안이 없는 경우(낮은 대안 몰입)는 지속적 몰입이 높을 수 있다.[1] 세 번째는 **규범적 몰입**(normative commitment)으로 **도덕적 몰입**이라고도 하며, 조직과 지속적으로 고용관계를 유지해야 한다는 의무를 반영하고 있는 개념이다. 규범적 몰입이 높은 사람은 회사에서 자신을 대우하는 방식과 상관없이 의무적으로 남아야 한다고 생각하는 경향이 있다.

선행변인

그림 10.10은 조직몰입의 이해를 돕기 위한 구성 체계가 제시되어 있다. 왼쪽에 조직몰입 선행변인의 세 범주가 제시되어 있고 오른쪽에 결과변인이 제시되어 있다. 각 범주에 대해서 차례대로 살펴보도록 하겠다.

조직 기제 최근에 기업들은 직원의 조직몰입 수준을 높이기 위해서 다양한 방안을 모색하고 있다. 일부 기업에서는 회사의 로고가 찍힌 품목(커피 컵, 티셔츠, 모자 등)들을 판매하거나 나눠주기도 한다. 회사의 로고와 상징물들은 다양한 목적으로 사용되지만, 한 가지 명확한 목적은 직원의 몰입을 증가시키기 위한 것이다. 사내 소식지 같은 뉴스레터도 조직 동일시나 조직 관여를 향상시키는 데 도움을 줄 수 있다. 회사에서 추진한 자선 사업, 채용된 신입사원, 30년 동안 회사에 헌신하고 퇴직하는 직원, 향후 5년 동안 회사의 목적 및 목표, CEO가 지역

---

[1] 원문에는 소개되어 있지 않지만 지속적 몰입은 높은 손실몰입(회사를 그만두게 되면서 발생하는 비용), 낮은 대안몰입(다른 직장의 재취업할 기회가 제한적임)으로 구분된다(Somers, 1993). Somers, M. J. (1995). Organizational commitment, turnover and absenteeism: An examination of Work organizations. *Administrative Science Quarterly*, 19, 533–546.(역주)

전혀 동의하지 않는다	동의하지 않는다	다소 동의하지 않는다	보통이다	조금 동의한다	동의한다	매우 동의한다
1	2	3	4	5	6	7

정서적 몰입

☐ 1. 나는 현 조직에서 내 경력의 나머지 부분을 쌓게 되어 매우 기쁘다.

☐ 2. 나는 현 조직의 문제가 나의 문제라고 생각한다.

☐ 3. 나는 현 조직을 가족의 일부라고 생각하지 않는다(역).

☐ 4. 나는 현 조직에 정서적으로 애착을 느끼지 않는다(역).

☐ 5. 현재 다니고 있는 조직은 나에게 개인적으로 중요한 의미를 지니고 있다.

☐ 6. 나는 현 조직에 대한 소속감을 느끼지 못한다(역).

지속적 몰입

☐ 1. 내가 원하더라도 지금 당장 직장을 그만두는 것은 매우 어려울 것이다.

☐ 2. 지금 당장 직장을 그만두기로 결심한다면 내 삶의 많은 부분이 힘들어질 것이다.

☐ 3. 이 조직에 근무하는 것은 내가 원하기도 하지만 필요해서 근무하는 것이기도 하다.

☐ 4. 이 조직을 떠나기에는 다른 선택의 폭이 너무 적기 때문에 계속 재직하고 있다.

☐ 5. 현 직장을 그만두었을 때 부정적인 결과 중 하나는 다른 대안이 없다는 것이다.

☐ 6. 만약 현 직장에 나의 많은 것을 투자하지 않았다면 다른 곳에서 일하는 것을 고려했을 수도 있다.

규범적 몰입

☐ 1. 현 고용주 밑에서 계속 일해야 한다는 의무감을 느끼지 않는다(역).

☐ 2. 회사를 그만 두는 것이 이득이 있더라도 그만두는 것은 올바른 결정이라고 생각하지 않는다.

☐ 3. 지금 현 직장을 그만둔다면 죄책감을 느낄 것이다.

☐ 4. 현 직장은 충성할 만하다.

☐ 5. 직장에서 함께 근무하는 사람에게 의무감을 느끼기 때문에 나는 현 직장을 당장 그만두지 않을 것이다.

☐ 6. 나는 현 직장에 많은 신세를 지고 있다.

주 : (역)은 역척도로 높은 점수가 실제는 낮은 점수를 의미한다.

그림 10.9 정서적, 지속적, 규범적 몰입 척도

출처 : Meyer, J. P., & Allen, N. J.(1997). *Commitment in the Workplace: Theory, Research, and Application* (pp. 118–119). Thousand Oaks, CA: SAGE. ⓒ 1997 by SAGE Publications.

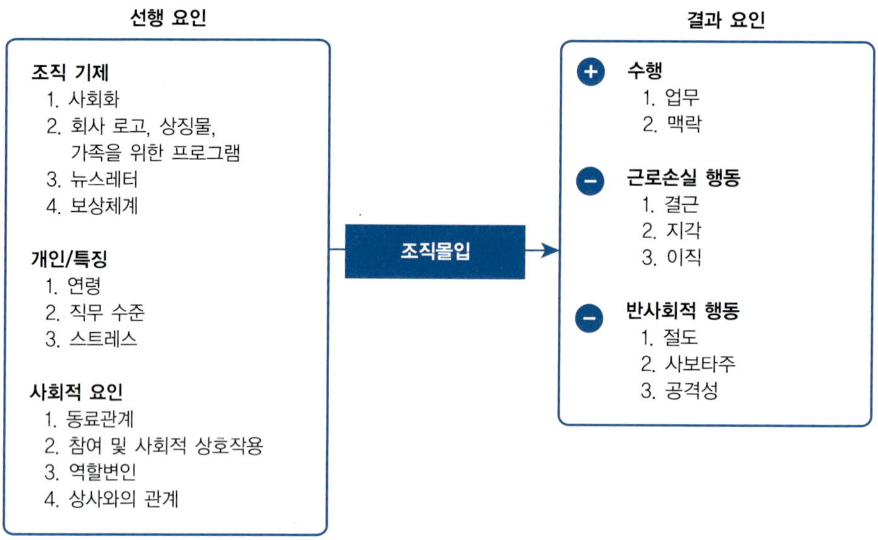

그림 10.10 조직몰입의 구성체제

사회에서 주는 우수 경영자 상을 어떻게 받을 수 있었는지 등에 대한 소식을 알리는 것은 직원의 조직몰입을 향상시킬 수 있다.

물론 우수한 수행을 보인 직원에게 여행권 지급, 이 달의 우수 직원에게 상품권 제공, 직원들에게 교육 기회 제공 등 공식적인 보상체계를 활용하는 방법도 있다. Meyer와 Allen(1997)은 이러한 조직 기제로 정서적 몰입을 증가시킬 수 있다고 하였다. 구체적으로 조직이 직원을 지지하고 공정하게 대우하며 직원이 회사에서 중요하고 우수한 인재라는 것을 알려주는 방식으로 의사소통을 하게 되면 정서적 몰입이 증가한다. 또한 여러 연구에서 정서적 몰입은 조직 정책, 절차, 프로그램에 대한 직원의 공정성 인식이 영향을 주는 것으로 나타났다(Konovsky & Cropanzano, 1991; Sweeney & McFarlin, 1993). 유연한 근무 형태를 도입하는 것도 몰입을 향상시키는 것으로 나타났다. 예를 들면 Golden(2006)은 393명의 직원을 대상으로 연구를 진행한 결과 재택근무를 더 많이 허용할수록 직무에서 소진을 적게 경험하는 것으로 나타났으며 몰입이 높아지는 것으로 나타났다.

생각해보기
회사 로고가 표시된 상품을 직원에게 제공함으로써 조직에서 달성하고 싶어 하는 것은 무엇일까?

개인적 특성 앞서 소개한 조직 기제와 같은 상황적 특성을 연구할 때 개인의 특성을 고려하지 않고는 완전한 결과를 얻기 어렵다. 개인차로 언급되는 기질, 태도, 신념, 기술 등에서의 차이는 조직몰입과 직업 태도에도 영향을 줄 수 있다. Meyer 등(2002)이 수행한 조직몰입에 대한 메타 분석 결과에 따르면 일부 개인차 변인이 조직몰입의 중요한 예측변인으로 확인되었다.

개인차 변인 중 연령도 조직몰입에 영향을 미친다. 53개의 서로 다른 표본에서 정서적 몰입과 연령의 상관관계를 산출한 결과 상관계수의 값이 .15로 나타나 연령이 높은 근로자일수록 정서적으로 몰입한다는 것을 확인할 수 있었다. 이러한 결과는 직무에 대한 경험이나 재직기간이 길어지게 되면 자신이 좋아하는 직장을 얻게 될 가능성이 크고 결국 정서적 애착으로 이어지기 때문이다.

개인차 변인 중 흥미로운 부분은 죄책감도 조직몰입과 관계성이 있다는 것이다. Flynn과 Schaumberg(2012)가 실험실과 현장에서 수행한 연구에 따르면 죄책감을 자주 느끼는 사람이 그렇지 않은 사람보다 조직에 대한 정서적 몰입 수준이 높고, 이러한 이유 때문에 일을 더 열심히 하는 경향이 있는 것으로 나타났다. 죄책감을 자주 경험하는 사람은 죄책감을 줄이거나 죄책감을 느끼는 상황에서 벗어나려고 한다. 이러한 이유로 조직몰입을 하게 되고 조직을 위해 더 노력하게 된다.

앞서 논의한 Meyer의 메타 분석 연구에서 재직기간과 정서적 몰입의 상관은 .16이었다. 즉 재직기간이 길어질수록 정서적 몰입이 높아지는 것으로 나타났다. 재직기간과 지속적 몰입의 상관은 .21로 나타나 정서적 몰입-재직기간보다 관계성이 더 높았다. 이러한 결과는 재직기간이 길어짐에 따라 매몰비용이 증가하기 때문에 나타난 결과라고 추측해볼 수 있다.

사회적 요인 선행변인의 마지막 범주는 사회적 상호작용과 관계이다. Loi, Hang-yue 및 Foley(2006)가 514명의 홍콩 변호사를 대상으로 실시한 연구 결과 정의(justice)에 대한 지각과 조직몰입은 관계가 있는 것으로 나타났고 두 변인과의 관계는 지각된 조직지원이 매개하였다.

조직지원은 정서적 몰입과 규범적 몰입을 가장 잘 예측하는 변인 중 하나였다(Meyer et al., 2002). 예를 들면 상사가 직원을 잘 대우해주는 정도(r=.34)나 공개적으로 소통해주는 정도(r=.45)는 직원의 조직몰입 수준과 상관이 상당히 높았다(Mathieu & Zajac, 1990). 역할모호성, 역할 갈등 같은 개념과 조직몰입이 일관되게 부적관계인 것을 고려해볼 때, 역할관련 변인도 정서적 몰입의 중요한 선행변인이라고 볼 수 있다(Meyer et al., 2002). 조직 정의도 정서적 몰입, 규범적 몰입의 중요한 선행변인으로 각 몰입과의 상관은 .30 내외 수준이었다(Meyer et al., 2002).

I/O TODAY

노동조합과 직무 만족의 관계

노동조합은 근로조건과 복지개선을 위해 설립된 경우가 대부분이기 때문에 노동조합에 가입된 근로자가 그렇지 않은 근로자보다 만족 수준이 항상 높을 것이라고 기대할 수 있다. 하지만 선행연구에서는 노동조합에 가입한 근로자의 만족 수준이 항상 높게 나타나지는 않았다. Artz가 2010년에 진행한 연구 결과에 따르면 처음 노동조합에 속한 근로자는 가입 초기에는 만족 수준이 다소 증가하지만 노동조합에 가입된 시기가 길어질수록 만족도가 감소하였다. 오히려 조합을 떠났을 때 만족도가 회복되었다. 특히 후속연구에서 여성 근로자에게서 불만족이 확연하게 나타났다(Artz, 2012).

이러한 결과들을 보면 근로자의 직무 만족 증가를 위해 노력해야 하는 노동조합이 직무 만족에 부정적인 효과를 미칠 수도 있을까라는 궁금증이 생길 수 있다. 가장 확실한 가설은 불만족한 직원이 노조에 가입하거나 노조를 조직할 가능성이 높다는 것이다. 하지만 직무 만족과 노동조합과의 관계는 이보다는 훨씬 더 복잡하다. 형식적 문서 작업(red tape)과 관료주의의 증가는 직무 만족 수준과 관계있는 것으로 알려져 있다. 노동조합에 몰입한 구성원은 관료주의를 적게 지각하지만, 몰입하지 못한 직원들은 관료주의를 더 많이 지각하는 것으로 나타났다(Davis, 2013). 그러므로 처음에 조합에 몰입하지 않았던 직원은 노조 가입과 활동과 관련된 추가적인 문서 작업이 많아지는 것에 대해 불만이 있을 수도 있다.

더욱이 노동조합은 직무 만족의 정확한 평가를 어렵게 만든다. 첫 번째로 보통 만족도는 설문조사를 통해서 평가가 이뤄지는데, 회사에 강하게 불만족하는 노조 구성원들이 많이 참여한다. 추가적으로 노동조합은 조직 변화가 필요하다는 것을 보여주기 위해 의도적으로 불만족에 응답할 가능성이 있다. 따라서 직무 만족도가 낮은 것은 조직변화 유도를 위한 편향된 응답일 수 있다(Powdthavee, 2011). 노동조합 가입 구성원과 비가입 구성원들이 무선선택이 되지 않은 형태로 직무 만족 조사가 이뤄지는 경우 더욱 편향될 수 있다(Cotti, Haley, & Miller, 2014). 표본 선택 효과를 통제한 결과 Contti 등의 연구에서는 노동조합 가입 근로자들이 조직을 대상으로 더 많은 발언권을 갖고 있다고 생각하여 노동조합 가입과 직무 만족과는 정적인 관계가 있는 것으로 나타났다. 그리고 조직이 근로자에게 자율성과 권한을 더 많이 줄 경우 노조의 필요성이 줄어들 수 있다고 제안하였다(Cotti, Haley, & Miller, 2014). 앞서 살펴보았지만 노동조합 가입과 만족 간의 관계가 부적으로 나타난 여러 가지 이유들이 있으며 실제 일부 변인은 노동조합 가입과 직무 만족 사이의 정적관계가 나타나지 않을 수도 있다.

노동조합과 직무 만족 간의 관계에 대한 연구는 사실 I/O심리학자가 진행할 연구는 아니다(사실 앞서 언급한 대부분 연구는 심리학이 아니라 경제학과 경영학을 전공한 연구자가 진행한 연구이다). 역사적으로 I/O 심리학자들은 노동조합에 대해 많은 관심을 두지 않았다. 하지만 I/O심리학자는 노동조합과 경영층이 조화롭게 협력해나갈 수 있는 유용한 도구를 제공해줄 수 있다. 예를 들면 I/O심리학자는 직무 만족 조사, 중재를 제안하거나 사측과 노조 측의 협상을 도울 수 있다. 그리고 I/O심리학자는 직무 열의, 지각된 조직지지, 정의 같은 개념들을 활용하여 노동조합 가입 여부와 관계없이 근로자가 생산적이고 직장에 만족할 수 있는 방안을 제시할 수 있다.

토론질문

1. I/O심리학자가 고용주와 노동조합에 도움을 줄 수 있는 부분은 무엇인가?
2. 제조업 공장에서 근로자의 생산성을 20% 이상 향상시키기 위해 당신에게 컨설팅 제안이 왔다. 하지만 노동조합은 이는 불가능한 목표라고 주장하고 있다. 이러한 상황에서 사측과 노조 측이 타협점을 찾도록 돕는 I/O심리학의 도구 및 개념은 무엇인가?

참고문헌

Artz, B. (2010). The impact of union experience on job satisfaction. *Industrial Relations, 49*, 387 – 405.

Artz, B. (2012). Does this impact of union experience on job satisfaction differ by gender? *Industrial and Labor Relations Review, 65*, 225 – 243.

Cotti, C. D., Haley, M. R., & Miller, L. A. (2014). Workplace flexibilities, job satisfaction and union membership in the US workforce. *British Journal of Industrial Relations, 52*, 403 – 425.

Davis, R. S. (2013). Unionization and work attitudes: How union commitment influences public sector jobs. *Public Administration Review, 73*, 74 – 84.

Powdthavee, N. (2011). Anticipation, free rider problems, and adaptation to trade unions: Re-examining the curious case of dissatisfied union members. *Industrial and Labor Relations Review*, 64, 1000 – 1019.

더 읽을거리

Lefkowitz, J. (2005). The values of industrial-organizational psychologists: Who are we? *The Industrial-Organizational Psychologist*, 43.2. 출처 : http://www.siop.org/tip/backissues/Oct05/03lefkowitz.aspx.

결과변인

그림 10.10에 제시되어 있는 조직몰입의 잠재적인 결과변인은 크게 수행, 철회행동, 반생산적 행동으로 구분되어 있다.

수행 직무관련 태도가 직접적으로 직무 수행에 영향을 미치는 변인이라면 실무자들의 관심은 더 많아질 것이다. 하지만 앞서 언급하였듯이 직무 수행에 영향을 미치는 변인들의 관계는 복잡하고 직무 만족과 수행과의 상관이 높지 않다. 조직몰입 역시 수행과 강한 상관관계를 갖는다고 확신할 수 없다. 하지만 연구자들은 수행과 몰입과의 관계를 이해하기 위해 경험적인 연구를 수행해왔다. 이러한 연구들이 수행과 몰입과의 관계성을 이해하는 데 도움을 줄 수 있다. 예를 들면 Ng, Feldman 및 Lam(2010)은 300명의 근로자를 대상으로 연구한 결과, 정서적 몰입이 혁신적 수행의 중요한 선행변인인 것을 밝혀냈으며 조직 혁신이 집단 차원의 몰입 수준과 관련 있다고 제안하였다. 그리고 영국의 서비스업 종사자를 대상으로 실시한 연구에 따르면 집단의 정서적 몰입 수준(특정 지역이나 매장의 몰입점수 평균)은 매장의 고객 불평 수준, 평균 고객 서비스 시간과 유의미한 부적 상관관계를 보였다(Conway and Briner, 2012).

선행 연구에서 정서적 몰입과 업무 수행의 상관은 .15~.25 수준이었다. 유사하게 맥락수행(조직 시민 행동)은 정서적 몰입과 일관되게 정적 상관이 있었다. 규범적 몰입과 맥락수행의 관계는 정적인 상관이 있었으나 각 연구마다 상관계수 값에 차이가 있었다. 맥락수행과 지속적 몰입은 상관이 없거나 부적상관인 것으로 나타났다((Meyer et al., 2002). 두 편의 리뷰 연구를 종합하면 조직몰입은 정규업무(예 : 회사에서 정해진 업무)보다는 추가 혹은 부가업무(예 : 조직시민행동)와 관계성이 높았다(Meyer et al., 2002; Riketta, 2002). 마지막으로 Schappe(1998)의 연구에서는 절차적 정의와 직무 만족을 통제한 후에도 정서적 몰입이 조직시민행동에 유의미한 영향을 미치는 것으로 나타났다. Schappe는 조직시민행동을 예측하는 데 있어서는 만족이나 정의보다도 정서적 몰입이 더 중요한 변인일 수 있다고 제안하였다. 그리고 직원이 조직에 느끼는 감정은 조직시민행동을 통해 나타날 수 있다고 제안하였다.

철회 행동 정서적 몰입과 결근의 상관은 작지만 유의미한 것으로 나타났다. Gellatly(1995)의 연구에서는 정서적 몰입과 12개월 동안의 결근횟수와의 상관은 −.18이었다. Hackett, Bycio 및 Hausdorf(1994)의 연구에서는 정서적 몰입과 버스 운전기사의 결근(통제 불가능한 결근은 제외)과의 상관은 −.22였다. 그림 10.7의 출근 모델을 보면, 태도 이외에 많은 변인들이 결근 행동에 영향을 주기 때문에 상관이 −.20 정도 수준인 것은 이상하지 않다. 사실 메타 분석 연구에서 정서적 몰입과 자발적 결근과의 상관은 −.22였다(Meyer et al., 2002). 많은 연구에서 지속적 몰입과 규범적 몰입과의 관계는 다루지는 않았다. 하지만 Woods, Poole 및 Zibarras(2012)가 중학교 교직원을 대상으로 세 유형의 몰입과 결근을 조사한 결과 규범적 몰입은 −.45, 정서적 몰입은 −.53이었는데 이러한 결과는 기존 선행 연구에서 산출되었던 결과보다는 상관이 상대적으로 매우 높은 수준이었다.

지속적 몰입은 결근과는 관련이 없는 것으로 나타났다. 하지만 결근을 예측할 때 규범적 · 지속적 몰입은 연령과 상호작용하는 것으로 나타났다. 규범적 몰입이 결근에 미치는 부적 효과와 지속적 몰입의 정적 효과 모두 청년 근로자보다 장년 근로자에게 더 높았다.

직장에서 지위, 퇴직금(지속적 몰입변인) 등으로 회사 이직을 고려하기 쉽지 않은 고령 근로자의 경우, 그 대안으로 취할 수 있는 방법이 결근이었다. 한편 조직에 대한 의무감이 낮은 고령 근로자는 직장에서 스트레스나 직장관련 여러 문제들을 벗어나기 위한 방편으로 결근을 선택할 가능성이 높다. 따라서 이 연구는 조직몰입의 세 가지 구성 요소 모두 결근에 영향을 미치는 요인이라는 것을 확인하였다. 하지만 흥미로운 점은 고령 근로자 중에 조직에 대한 의무감을 매우 적게 느끼거나 다른 직장을 구하기 어렵다고 생각하는 근로자가 결근할 가능성이 높다는 것이다.

장기적인 관점에서, 조직몰입은 이직과 관련될 가능성이 크다(Mowday et al., 1979 참조). 이러한 관련성은 앞서 제시했던 조직몰입의 정의를 고려하면 더 확실하게 이해할 수 있다. 조직몰입의 정의에 따르면, 이직 과정과 반드시 부적관계가 있어야 한다. 메타 분석 결과, 정서적 몰입과 실제 이직과의 상관은 예상했던 것보다는 관계가 크지 않은 약 −.15에서 −.25 사이인 것으로 나타났다.

정서적 몰입과 이직 의도는 앞서 소개한 계획된 행동 이론과 유사하게 훨씬 더 강한 상관관계가 있었다(예 : Marique & Stinglhamber, 2011). 316명의 벨기에 근로자를 대상으로 연구한 결과, 정서적 몰입과 회사를 옮기고 싶어 하는 의도와의 상관관계는 −.57인 것으로 나타났다. 흥미롭게도 이직 의도는 18개월 이후의 실제 이직을 잘 예측하였다(r =.38). 규범적 몰입과 지속적 몰입은 이직 의도와 유의하게 부적관계가 있는 것으로 나타났으나 정서적 몰입보다는 상관관계가 낮았다(각각 r = −.33, r = −.18). 중국인들을 대상으로 한 Cheng과 Stockdale(2003)의 연구에서는 결과가 유사했지만 상관이 좀 더 높았다. 규범적 몰입은 Meyer 등(2002)의 메타 분석 연구에 따르면 −.20에서 −.38 사이였다.

최근 많은 연구에서 조직몰입은 다양한 구성개념과 이직의도와의 관계에서 중요한 매개 변인 역할을 하는 것으로 밝혀졌다. 이직은 측정하기 어렵고, 이직의도와 실제 이직과는 상관이 있기 때문에 이직 연구에서는 주로 이직의도를 많이 활용한다. 실제 조직몰입을 잠재적 매개변인으로 간주하여 진행한 2편의 연구를 소개하겠다. 첫 번째 연구는 168명의 시간제 MBA 학생, 전일제 사무직 근로자를 대상으로 말레이시아에서 진행하였다. 이 연구에서는 정서적 몰입이 분배적 정의와 이직의도와의 관계를 매개하는 것으로 나타났다(Poon, 2012).

정서적 몰입과 이직의도와의 상관은 상당히 높은 −.68이었으며 정서적으로 조직에 애착을 가지고 있지 않은 근로자가 애착을 가진 근로자보다 직장을 그만두려는 의도가 높았다. 그리고 정서적 몰입이 분배 정의와 이직의도를 매개하는 것으로 나타났다. 즉 자신의 임금이 수행에 근거하여 공정하게 주어진다고 지각하면 조직에 대해서 정서적으로 몰입하게 되고 결과적으로 이직 의도가 낮아졌다. 아주 구체적인 내용에 대해서 소개하긴 어렵지만 이러한 매개 경로가 절차적 정의에 의해 조절된다는 것도 흥미로운 결과였다. 보충하여 설명하면 사람들이 상호작용할 때 사용한 절차가 공정하지 못하다고 지각될 때(절차적 정의 수준이 낮을 때) 정서적 몰입이 이직의도에 가장 강하게 영향을 미치는 것으로 나타났다. 요약하면 직원들이 급여나 보너스, 승진 등이 불공정한 분배라고 조직에 정서적 애착을 하지 않고 이직할 가능성이 높아진다. 상사가 의사결정 과정을 불공정하게 처리한다고 직원이 인식하면 낮은 몰입 수준이 이직 의도를 높이는 효과는 더욱더 배가 된다.

Jehanzeb, Rasheed 및 Rasheed(2013)의 연구에서 251명의 사우디아라비아 직원을 대상으로 연구한 결과 몰입과 이직의도의 부적 상관이 매우 높은 것으로 나타났다(r = −.48). 또한 이 연구에서는 조직 훈련 프로그램 가용성(availability)이 정서적 몰입에 정적인 영향을 준다는 사실을 밝혀냈다. 비록 이 연구는 매개효과 분석을 실시하진 않았지만, 이러한 결과는 조직훈련 프로그램에 참여할 가능성이 높을수록 정서적 몰입수준이 높아지고 이로 인해 이직의도가 감소한다는 것을 간접적으로 보여준다. 마지막으로 Weng과 McElroy(2012) 연구에서는 몰입의 개념을 넓혀, 어떤 특수한 조직이나 직장에 대한 몰입이 아니라 직업(occupation)에 대한 정서적 몰입에 초점을 맞춰 연구를 수행하기도 하였다. 조직몰입의 결과보다는 다소 약한 관계였지만 유사하게 정서적 직업 몰입은 이직의도와 부적인 관계가 있었다($r = -.23$). 회귀분석 결과 인구통계학적 변인을 통제한 후 직업 몰입은 이직의도를 13% 설명했다. 추가적으로 직업몰입은 경력 성장에 대한 만족도와 이직의도 사이를 매개하였다. 경력 과정(career progress)에 만족하는 근로자일수록 직업에 몰입하게 되고 직무를 바꿀 가능성이 낮아졌다.

앞서 소개한 연구들로부터 몇 가지 사실을 확인할 수 있었다. 첫 번째로 몰입과 이직과의 관계는 여러 다양한 연구에서 통계적으로 유의했을 뿐만 아니라 관계성이 높았다. 두 번째는 여러 다른 문화권에서도 결과가 유사하다는 점이다. 세 번째는 몰입은 다른 구성개념과 이직의도 사이에서 매개변인의 역할을 한다는 것이다.

반생산적 행동 조직몰입과 반생산적 행동과의 관계에 대한 연구는 많지 않지만, 두 변인 간의 관계성이 기대되는 여러 가지 이유들이 존재한다.

좌절감의 역할을 강조하는 Spector의 반생산적 행동 모델에서 좌절이 조직몰입의 저하와 관련성이 높을 것이라고 제안하였다(Spector, 1997). 다른 연구에서는 조직에서 전달한 가치와 목표가 반생산적 행동의 빈도에 영향을 미치는 데 있어 조직몰입이 중요한 역할을 하였다. 조직에 몰입한 직원들은 조직의 목표를 수용하고 추구하기 때문에 몰입은 반생산적 행동 발생 빈도와 부적인 관계를 보여야 한다. 실제로 메타 분석 연구에 따르면 두 변인 간의 상관이 −.36이었다(Dalal, 2005).

실제로 공정성, 직원의 권한위임(empowering), 협력적 관계 같은 가치를 포용하고 있는 기업이 그렇지 않은 기업보다 신뢰수준이 높다고 알려져 있다(Boye & Jones,1997). Gill, Meyer, Lee, Shin 및 Yoon(2011)은 Dalal(2005)의 메타 분석 연구를 확장해서 연구를 수행하였다. 한국의 120쌍의 직원-상사를 대상으로 연구를 진행한 결과 직원이 보고한 정서적 몰입과 상사가 보고한 직원의 업무 일탈행동과는 부적관계($r = -.32$)가 있는 것으로 나타났다. 그리고 지속적 몰입과 일탈행동과의 상관은 .15로 나타났다. 예상했듯이 매몰비용과 대안이 없어서 조직에 묶여 있다고 생각하는 직원이 직장에서 일탈행동을 보일 가능성이 높았다. 이러한 관계가 크거나 일관적이진 않았지만 지속적 몰입과 일탈행동과의 관계의 경향성을 알 수 있다.

Guay 등(2016)은 성격 5요인과 일탈행동 사이에서 정서적 몰입의 매개효과를 살펴보았다. 이 연구는 한국의 은행 직원을 대상으로 수행하였으며, 설문은 은행의 직원과 상사를 쌍으로 구성하여 실시하였다. 분석 결과 성격 요인과 업무 일탈 사이에서 정서적 몰입이 매개하는 것으로 나타났다. 더욱이 이 연구에서는 정서적 몰입은 조직 일탈(연장 근무 수당을 받기 위해 스스로 업무시간을 길게 하는 것이나 허가 없이 회사 물품을 가져가는 것)(r= −.25) 그리고 대인관계 일탈(직장 동료를 험담하거나 공개적으로 망신을 주는 행위)(r= −.24)과 유의미한 부적관계를 보였다. 최근 연구에서 조직몰입이 작업장 일탈의 중요한 선행변인이라는 것을 알 수 있다.

조직몰입 프로파일

최근 조직몰입 연구의 추세는 조직몰입 프로파일에 초점을 두고 있다. Meyer와 Herscovitch(2001)는 조직몰입의 하위 구성 요소 간 상호작용의 중요성을 처음으로 언급하였다. 이러한 조직몰입 하위 구성 요소(정서, 규범, 지속) 간의 상호작용을 조직몰입 프로파일이라고 한다. 그리고 Gellatly, Meyer 및 Luchak(2006)은 세 가지 조직몰입 중 한 가지 몰입이 결과변인에 어떤 영향을 미치는지를 이해하기 위해서는 다른 두 몰입이 어떠한 상태인지를 함께 고려해야 한다고 하면서 조직몰입 프로파일의 개념을 발전시켰다. 예를 들면 어떤 사람의 지속적 몰입을 이해하기 위해서는 다른 두 구성 요소인 정서적 몰입과 규범적 몰입 수준을 함께 고려해야 한다는 것이다.

이후 조직몰입 프로파일과 관련된 다수의 경험적 연구가 수행되었다. 몰입 프로파일 개념은 변인중심 접근 방식에서 사람중심 접근 방식으로 관점을 변화시켰다. 즉 조직몰입 하위 세 가지 요소의 상대적인 점수를 산출하여 유사한 점수의 사람들을 집단으로 분류하여 특정 프로파일을 구성한다. 이러한 개념이 몰입 프로파일이다. 각 조직몰입의 구성 요소를 두 수준의 단계(고, 저)로 구분하여 세 종류의 구성 요소를 교차시키면 Meyer와 Herscovitch가 제안한 총 8개의 잠재적인 몰입 프로파일로 구분할 수 있다.

Somers(2010)는 572명의 병원 직원을 대상으로 군집 분석을 실시하여 몰입 프로파일을 구성하였다. 총 8개의 잠재적인 몰입 프로파일 중 7개의 몰입 프로파일로 구분할 수 있었다. 구성하지 못한 프로파일은 저 정서-고 규범-저 지속 프로파일이었다. 그는 고 정서-고 규범-고 지속 몰입 프로파일이 가장 이직의도가 낮다는 것을 확인하였다. 저 정서-저 규범-저 지속 몰입과 저 정서-저 규범-고 지속 몰입 프로파일에서 이직의도가 가장 높게 나타났다. 예상대로 실제 이직은 저 정서-저 규범-저 지속 몰입 프로파일에서 가장 높았으며 고 정서-고 규범-저 지속 몰입 프로파일에서 가장 낮았다. Somers는 2009년에도 유사한 연구를 수행하였고, 스트레스와 심리적 웰빙 등에 대해서도 측정하였다(Somers, 2009). 연구 결과 첫 번째로 고 정서-고 규범-저 지속 몰입 프로파일은 직무 스트레스 수준이 가장 낮았으며 고 정서-고 규범-고 지속 몰입 프로파일보다도 직무 스트레스 수준이 낮았다. 이러한 스트레스 수준의 차이는 정서나 규범 몰입보다 지속적 몰입이 직무 스트레스에 미치는 영향력이 더 클 수 있다는 것을 보여준다. 그리고 다양한 프로파일을 분석한 결과 고 정서-고 규범-저 지속 몰입 프로파일에서 이직률이 낮고, 심리적 웰빙 수준이 높았으며, 조직시민행동이 높은 것으로 나타나 조직에게 가장 이익을 많이 제공할 수 있는 몰입 프로파일이라고 제안하였다.

추가로 소개할 두 연구는 좀 더 정교한 방법론인 잠재 프로파일 분석(latent profile analysis)을 통해서 몰입 프로파일을 구성하였다. 첫 번째 연구는 벨기에에서 진행된 연구로 712명의 학교 교직원을 대상으로 분석하였다(Stanley, Vandenberghe, Vandenberg, & Bentein, 2013). 앞서 소개한 프로파일과 동일한 형태로 프로파일을 구분하였으며 이 연구에서는 총 5개의 몰입 프로파일을 구성할 수 있었다. 이 연구를 통해 몇 가지 흥미 있는 사실이 밝혀졌다. 첫 번째 고 정서를 포함하고 있는 모든 프로파일에서 이직의도 평균이 가장 낮았다. 이러한 결과는 정서적 몰입이 이직의도에 가장 영향력을 많이 미치는 변인이기 때문에 규범적 몰입과 지속적 몰입의 영향력이 크지 않을 것이라고 추측해볼 수 있다. 가장 흥미로운 결과는 저 정서-저 규범-고 지속 몰입 프로파일에 속하는 사람들이 고 정서-고 규범-고 지속 몰입 프로파일에 속하는 사람보다 직장을 떠날 생각을 더 적게 한다는 것이다. 이러한 이유는 저 정서-저 규범-고 지속 몰입 프로파일에 해당하는 사람들은 지속적으로 현 조직의 상황에 대한 평가와 현 직장의 대안을 고려하고 이직의 위험을 고려하기 때문이다.

직장을 그만두고 싶은 강한 의도에도 불구하고 저 정서-저 규범-고 지속 몰입 프로파일에 해당하는 직원들은 고 정서-저 규범-저 지속 몰입 프로파일과 유사하게 실제 이직률은 낮았다. 이러한 결과는 현 직장을 그만두고 재취업할 대안이 마땅치 않고, 그만둘 경우 경험하게 될 희생 또는 손실로 인해 실제 이직으로 이어지지 않았기 때문일 것으로 예상할 수 있다. 지속적 몰입은 현 직장의 대안이 많지 않고 직장을 그만둘 경우 발생하게 될 퇴직금, 연공 서열 손실 등이 반영된다는 것을 상기하면 전술한 결과를 이해하는 데 도움이 될 것이다.

마지막으로 3개의 복지사업 조직 403명을 대상으로 수행한 연구에서는 조직몰입 프로파일을 자기 결정 이론의 동기와 연결하여 분석하였다. 앞서 소개한 연구와 비슷한 결과를 얻을 수 있었으며 추가로 몇 가지 새로운 사실을 밝혀낼 수 있었다(Meyer, Stanley, & Parfyonova, 2012). 첫째, 자기 결정 이론에 필수적인 세 가지 욕구인 자율성, 유능성, 관계성의 만족 수준은 고 정서-고 규범-고 지속, 고 정서-고 규범-저 지속 몰입 프로파일에서 가장 높았다. 둘째, 저 정서-저 규범-저 지속 몰입 프로파일 집단 사람들은 전반적으로 욕구 만족 수준이 가장 낮았다. 셋째, 고 정서-고 규범-고 지속과 고 정서-고 규범-저 지속 몰입 프로파일 집단의 경우에는 조직시민행동을 더 자주 하는 것으로 나타났다. 넷째, 고 정서-고 규범-고 지속과 고 정서-고 규범-저 지속 몰입 프로파일 집단의 경우에는 긍정적 정서와 업무열의 수준이 가장 높았으며 부정적 정서, 건강 불만 수준이 가장 낮았다. 다섯째, 저 정서-저 규범-고 지속 몰입 프로파일 집단은 저 정서-저 규범-저 지속 몰입 프로파일 집단을 제외하고 웰빙 지표가 가장 좋지 못했다. Somers(2009)의 연구 결과와 마찬가지로 고 정서-고 규범-저 지속 몰입 프로파일이 직원과 조직에게 가장 긍정적인 이익을 제시해주는 것으로 나타났다. 규범적 몰입이 높은 정서적 몰입과 연합될 때 규범적 몰입의 긍정적인 면인 도덕적 명령이 힘을 발휘하여 행동으로 나타나게 된다. 직원을 만족시키고 동기를 향상시키고, 심리적으로 건강하게 하고 열의를 향상시키는 데 조직이 관심이 있다면 조직의 목표와 가치에 대해 직원의 동의를 이끌어내야 하며 조직이 추구하는 일이 올바른 일이라는 것을 주지시켜야 한다. 지금까지 연구 결과를 종합하면 높은 정서적 몰입과 규범적 몰입이 조직과 직원 상호 모두에게 이득이라는 것을 알 수 있다.

Robin Beck/Getty Images

생각해보기
애플, 구글, 페이스북같이 캠퍼스로 회사 환경을 구성하는 것이 직원몰입에 어떠한 영향을 미치는가?

기타 직무 태도

직무관련 태도 연구자들에게 많은 주목을 받아온 직무 만족과 조직몰입 이외에 직무관련 태도에 대해 살펴보겠다. 추가로 살펴볼 직무 태도는 직무 관여, 일중심 경향성, 지각된 조직지지, 직장에서의 정서이다.

직무 관여와 일중심 경향성

직무관여와 일중심 경향성은 서로 밀접하게 관련되어 있고 조직몰입과도 관련되어 있다. **직무관여**(job involvement)는 자신의 직무에 몰두(cognitively engaged in their jobs)하는 정도를 말한다(Paullay, Alliger, & Stone-Romero, 1994). 극단적인 경우는 일 중독자가 되는 것이다. **일 중독자**(workholic)는 일하는 것을 지나치게 중시해 다른 중요한 삶을 희생하면서까지 일을 하며 개인의 여유 시간마저 일하는 데 투자한다(Ng, Sorensen, & Feldman, 2007). 반면, **일중심 경향성**(work centrality)은 직원의 삶에서 일이 중요한 정도로 정의된다(Paullay et al., 1994). 이러한 태도는 일반적으로 사람들이 성장하고 성숙함에 따라 개인적 역할 모델을 구축해나가는 사회화 결과로 형성된다. 직무 관여와 일중심 경향성의 차이는 직무 관여는 특정 직무에 초점이 맞춰져 있는 반면 일중심 경향성은 일반적인 일

직무 관여
자신의 직무에 몰두하는 정도

일 중독자
업무에 지나치게 많은 노력을 투자하고, 직무 관여 수준이 매우 높은 사람으로 일과 삶이 불균형을 경험하게 되는 경우가 많다.

일중심 경향성
일이 자신의 삶에서 중요한 정도

에 대한 개념이라는 점이다. 두 구성개념을 다른 직무 태도 개념들보다 자세히 설명하지는 않았지만 조직에서 이 두 개념이 어떠한 역할을 하는지에 대해 계속해서 연구가 수행되고 있다.

예를 들면 직무 관여와 일중심 경향성은 조직몰입과 .25부터 .45까지의 중간 정도 크기의 상관관계를 보였다(Hirschfeld & Feild, 2000; Paullay et al., 1994). Hirschfeld와 Feild(2000)의 연구에서 300명 이상의 직원을 대상으로 세 구성개념의 관계를 살펴본 결과, 정서적으로 몰입한 근로자는 자신의 업무 역할과 동일시(일중심 경향성)하는 경향이 있고 직무에 더 몰두하여 일하는 것(직무 관여)으로 나타났다. 일중심 경향성이 업무 결과변인들에 미치는 효과에 대한 메타 분석 결과에 따르면 일중심 경향성은 임금수준, 승진 횟수, 경력만족도와 정적인 관계가 있는 것으로 나타났다(Ng, Eby, Sorensen, & Feldman, 2005).

280명의 공공 부문 근로자를 대상으로 조사한 연구에서는 직무 불안정이 부정적인 직무 태도, 건강문제, 심리적 고통(psychological distress)과 같은 부정적 결과에 미치는 영향을 직무 관여가 조절하는 것으로 나타났다(Probst, 2000). 특히 직무 관여 수준이 높을 때 직무 불안정성이 부정적 결과에 미치는 효과가 매우 강했다. 이것은 많은 시사점을 제공한다. 직무를 위해 노력하고, 직무에 관여하고 있다면 직무 안정성은 개인에게 매우 중요해지기 때문에, 따라서 직무 불안정성이 높아지게 되면 부정적 태도와 신체적 · 심리적 고통으로 이어질 가능성이 더욱 높아진다.

최근 일 중독에 대한 관심이 과거에 비해 크게 증가하였다. 191명의 네덜란드 교직원을 대상으로 종단 연구를 수행한 결과 "일 잘하는 것은 자기 효능감이 높은 것이다." 같은 엄격한 신념을 가진 사람들은 6개월 후에 강박적인 업무 행동(일 중독의 한 차원)을 할 가능성이 높아졌다(VanWijhe, Peeters, & Schaufeli, 2014).

또한 일을 충분히 하길 원하거나 일을 열심히 하지 않았다고 염려하기 때문에 일을 계속하는 경향이 있다고 응답한 사람들은 6개월 후에 강박적으로 지나치게 일을 많이 하는 것으로 나타났다. 강박적으로 일하는 것과 소진 관계는 유의한 것으로 나타났다. 이러한 연구 결과를 토대로 연구자들은 자아존중감과 열심히 일하는 것과의 관계에 대한 인지적 변화가 일 중독을 줄일 수 있을 것이라고 제안하였다.

일중독자의 야간 업무 관련 활동은 비(非)중독자보다 저녁시간의 행복과 에너지에 미치는 부정적인 효과가 더 큰 것으로 나타났다(Bakker, Demerouti, Oerlemans, & Sonnetag, 2013). 대조적으로, 비중독자는 일 중독자보다 일을 즐기는 경향이 있기 때문에, 저녁시간의 일상적인 업무 활동을 일 중독자보다 더 즐겁게 할 가능성이 높다. 일 중독자에게는 다른 형태의 업무 해방 전략이 필요해 보인다. 여가시간의 신체 운동이 행복감과 회복에 미치는 긍정적인 효과가 있었고, 흥미롭게도 비중독자보다 일중독자인 사람에게서 긍정적인 효과가 더 강했다. 이러한 결과는 저녁에 신체 운동을 하는 것은 일 중독자가 일 중독으로 인한 부정적인 영향을 예방하는 데 효과적인 방법이라는 것을 제시하고 있다. 비중독자는 일을 강박적으로 하지 않으며 여가시간 동안 일과의 심리적 분리 방법을 모색할 수 있다. 일 중독자는 일반적으로 비중독자보다 일과 삶의 불균형을 경험하고 있으며, 삶의 만족도가 낮다(Aziz & Zickar, 2006). 이러한 연구들을 통해 일과 가정의 경계에 대한 연구를 진행하기 시작하였다. 이러한 주제에 대해서는 11장에서 구체적으로 살펴볼 것이다.

지각된 조직지원

지각된 조직지원(POS)
직원에 대한 조직의 가치와 배려에 관한 직원의 포괄적인 신념

지각된 조직지원(perceived organizational support : POS)은 조직이 직원의 기여를 가치 있게 여기는지, 직원의 복지에 대해 배려하는 정도에 관한 포괄적인 신념으로 정의된다(Rhoades & Eisenberger, 2002). Kurtessis 등(2015)은 조직이 자신을 어느 정도 배려하는지에 대한 직원의 전반적인 인식 형성을 설명하는 조직지원 이론 근거로 메타 분석을 실시하였다. 이 연구를 통해 조직지원 이론의 강력한 경험적 증거를 찾을 수 있었으며 지각된 조직지원과 관련된 다양한 선행변인과 결과변인이 어떻게 관련되어 있는지를 확인할 수 있었다. 예를 들면 지각된 상사의 대우, 변혁적 리더십 유형, 심리적 계약 파기(부적), 조식 정치(부적), 조직에서 제공하는 발전 기회, 역할 갈등(부적) 등이 선행변인으로 밝혀졌다. 지각된 조직지원의 결과변인은 정서적 몰입, 경영층/조직에 대한 신뢰, 직무 만족, 탈진(부적), 조직시민행동, 이직의도(부적)였다.

이러한 메타 분석 연구를 통해 조직에서 지각된 조직지원의 중요성을 확인할 수 있었고 추후 연구를 수행하는 데 전반적인 연구 틀을 마련할 수 있었다.

일터에서의 정서

정서 조절
자신의 정서를 모니터하고 표현하는 방식

정서 노동
대인관계 상호작용을 하는 동안 조직에서 요구하는 감정표현을 하기 위해 노력, 계획, 통제하는 것이 직원에게 요구되는 것

최근 직장에서의 정서의 역할을 주제로 많은 연구가 수행되었다. 이러한 주제 중 하나가 정서 조절(emotion regulation) 혹은 개인의 정서를 모니터하고 표현하는 방식이라고 언급되는 개념이다(Gross, 1998). 정서 노동(emotional labor)은 좀 더 구체적인 용어로 개인이 대인관계 상호작용을 하는 동안 조직에서 요구하는 감정 표현을 하기 위해 노력하고 계획하고 통제하는 것으로 정의할 수 있다(Morris & Feldman, 1996).

정서 조절은 크게 두 가지 형태로 구분된다. 첫 번째는 증폭으로 즐거운 정서를 과장하거나 왜곡하는 것이다. 두 번째는 억제로 실제 분노와 시기심 등의 표현을 숨기는 것이다(Cote & Morgan, 2002). 정서 조절이나 정서 노동에 관한 많은 연구들은 고객과의 상호작용을 강조하는 서비스업 대상으로 연구가 진행되었다. 서비스업 종사자들은 대

부분 자신의 정서와 표현을 지속적으로 조절해야 하므로 관련 연구를 수행하는 데 적절한 대상이었다.

일부 연구에서는 정서 노동이 물질 남용, 결근, 작업관련 스트레스, 심리적 고통에 영향을 미친다고 보고하였지만(Zapf, 2002) 이러한 영향력이 크지 않고 혹은 미미하다는 연구 결과도 존재한다. 하지만 자신의 실제 감정과 직장에서 표현해야 하는 정서의 차이로 인해 발생하는 정서 부조화를 경험한 근로자는 스트레스 수준이 더 높은 것으로 나타났다(Grandey & Brauburger,2002). 예를 들면 엄격하고 염세주의적인 성향의 직원들은 서비스직에서 요구되는 친절하고, 상냥하고, 고객의 기분을 좋게 하는 표현을 할 때 정서 부조화를 경험한다. 실제 감정과 직장에서 요구되는 감정의 부조화는 스트레스, 탈진은 물론 고객서비스의 질적 수준 저하로 이어질 수도 있다. 직장에서의 정서 조절은 점차 중요한 연구 영역이 되고 있다. 특히 개인은 직장에서 자신의 정서를 다양한 방식으로 관리할 수 있다는 점을 고려할 수 있다. Hochschild(1983)는 이러한 관리 방식을 내면행위(deep acting)와 표면행위(surface acting)로 구분하였다. 내면행위는 정서 표현 통제를 넘어 내부 감정과 실제 표현 정서와 일치하도록 수정하는 것이다. 표면행위는 내부 정서와 감정의 변화 없이 외적으로 가짜 감정을 표현하는 것이다. 이후 연구에서는 내면행위 개념과 유사한 정서의 진심어린(authentic) 표현(실제 정서와 일치되도록 표현)이 일어나는 **자동 조절**(automatic regulation)이라는 개념을 제안하기도 하였다. 이 개념은 의식적인 행위 없이 자연스럽게 정서를 표현하는 것이다(Diefendorff, Croyle, & Gosserand, 2005).

Hülsheger, Lang, Schewe 및 Zijlstra(2015)는 네덜란드 레스토랑 점원, 택시 기사, 기타 서비스업 종사자의 내면행위, 자동 조절 사용과 그들이 받는 팁 간의 관련성에 대해 연구하였다. 이 연구에서는 내면행위와 자동 조절이 가능하도록 직원들의 인지와 주의 과정 변화에 대한 훈련을 제공하였다. 연구 결과 훈련과 정보를 받은 참가자들이 통제 집단보다 더 많은 팁을 받았다. 즉 내면행위와 정서의 자동 조절 행위가 수입에 영향을 미쳤다. Hülsheger 등(2015)은 고객은 보통 돈을 절약하려고 하기 때문에 자발적으로 팁을 주는 행위는 고객 정서와 서비스 경험에 대한 태도를 정확하게 알 수 있는 지표라고 주장하였다. 이러한 결과는 고객응대 업무를 하는 사람의 정서가 고객을 포함하여 다른 사람에게 전파될 수 있다는 것을 보여준다. 따라서 직원의 정서 조절의 사용은 단순히 팁 금액의 증가뿐만 아니라 기업의 성과를 올리는 데도 기여할 수 있다.

Little, Kluemper, Nelson 및 Ward(2013) 연구에서는 고객의 부정적인 정서표현을 비롯하여 의료비 청구 업무를 담당하는 사무실에 걸려오는 전화와 응대에 대한 기록을 수집하였다. 고객응대 업무 종사자가 고객의 부정적 정서를 다루는 방식뿐만 아니라 그들의 감정표현에 대한 기록도 수집하였다. 연구 결과 핵심 문제에 초점을 맞춰 해결하는 대처 전략을 택할 때는 부정적 정서의 강도가 낮아지고 긍정적 정서가 높아졌지만, 정서에 초점을 맞춰, 농담, 잡담을 통해 부정적 정서의 감소를 시도하는 것은 오히려 부정적 정서 강도를 증가시켰다. 이러한 연구 결과는 훈련이 중요하며 일부 고객 응대 업무 종사자는 고객의 부정 정서를 심화시키는 방향으로 일한다는 것을 보여준다.

일부 연구에서는 정서 조절 유형을 구분하고 그 유형에 따라 개인의 특성 차이를 살펴보았다. 예를 들면 Gabriel, Daniels, Diefendorff 및 Greguras(2015)는 어떻게 표면행위와 내면행위를 사용하는지, 이 두 전략을 사용하는 방식이 유사한 사람들로 집단을 구분할 수 있는지를 살펴보았다. Gabriel 등(2015)은 두 번의 연구를 통해 선행변인과 결과변인이 서로 다른 5개의 프로파일을 확인하였다. 예를 들면 내면행위자(높은 내면행위/낮은 표면행위)와 표면행위자(낮은 내면행위/높은 표면행위) 간에 개인차가 있었으며 조절자(내면행위 표면행위 모두 높음)와도 차이가 있었다. 몇 가지 소개하면 첫째, 긍정적인 정서 성향이 높으면 조절자보다는 내면행위자일 가능성이 높았다. 둘째, 고객 지향성이 높을 경우 표면행위자가 될 가능성이 낮았다. 셋째, 표면행위자는 다른 프로파일보다 감정 소진 수준이 더 높았고 직무 만족이 낮았으며 다른 모든 프로파일보다 가식적인 느낌을 더 많이 경험하였다. 이러한 결과는 표면행위를 많이 하지 않는 것이 개인의 심리적 웰빙에 유익하다는 것을 보여준다. 그리고 서비스업 관리자가 실제 현장에서 선발이나 훈련 상황에 적용할 수 있는 정보들이다.

Beal, Trougakos, Weiss 및 Dalal(2013)는 정서 경험의 변동성을 나타내는 정서 순환(affect spin)의 개념을 제안하였다. 정서 순환이 많이 이뤄지는 개인은 다양한 정서 차원을 경험할 가능성이 높지만 순환이 많지 않은 사람은 일부 정서만 안정적으로 경험할 가능성이 높다. Beal 등(2013)이 미국과 캐나다의 레스토랑 점원을 대상으로 연구한 결과에 따르면 정서 순환이 많이 이뤄지는 개인은 표면행위의 결과로 긴장과 피로를 더 많이 느끼는 것으로 나타났다. 이러한 결과는 정서 순환이 많이 이뤄지는 개인은 환경에 더 강하게 반응하는 경향이 있다는 선행 연구 결과와 일치한다. 정서 순환을 이해하는 것이 직원이 경험하는 긴장과 피로를 좀 더 잘 관리할 수 있는 방안과 결근이나 이직의도 등을 줄이는 방안을 도출하는 데 도움을 줄 수 있다.

생각해보기
여러분이 고객이었을 때의 경험을 바탕으로 서비스 제공자가 보이는 미소의 기능은 무엇이라고 생각하는가? 미소가 가짜인지 진짜인지가 중요하다고 생각하는가?

직장 내 정서와 관련된 또 다른 연구는 Barger와 Grandey(2006)가 바리스타 대상으로 실시한 연구이다. 220명을 대상으로 고객과 직원의 상호작용을 관찰하여 직원과 고객 행동을 기록하였다. 연구 결과 직원의 미소 강도는 고객 만족과 고객의 서비스 품질 평가와 관계가 있는 것으로 나타났다. 하지만 Barger와 Grandey(2006)는 가짜 또는 강제로 미소 짓는 것은 역효과가 나타날 수 있다고 하였다. Grandey, Fisk, Mattila, Jansen 및 Sideman(2005)은 가식적인 정서 표현은 고객 인상 형성에 부정적인 효과가 있다는 것을 증명하였다.

정서 노동과 관련된 연구를 통해 획득한 결과들은 실제 현장에서 활용할 수 있는 여지가 높다. 예를 들면 정서 부조화는 스트레스나 탈진과 관련 있다고 알려져 있기 때문에 서비스업종의 인사선발 기준으로 조직에 얼마나 잘 부합하는지 여부(개인 조직부합 : person organization fit, 이 개념에 대한 구체적인 내용은 Kristof-Brown, Zimmerman과 Johnson, 2005 연구를 참고)에 정서 부조화 항목을 추가할 필요가 있다. 당연한 일이지만 서비스업 종사자들은 정서 표출(emotional makeup)이 조직에서 요구하는 정서 조절과 어느 정도 일치하면 가능성이 높다. I/O 심리학 전문가가 실시하는 예비 직무분석은 개인 조직부합뿐만 아니라 직원 직무부합을 확보하는 데도 도움을 줄 수 있다. '사람들은 자기 자신을 스스로 책임져야 한다', '타인은 자신에게 전혀 도움을 주지 않는다', '타인과 상호작용을 선호하지 않는다', '고객은 절대 옳지 않다고 생각한다' 등과 같은 생각을 가지고 있는 사람들은 서비스업에 어울리지 않을 수 있다. 여러분들이 물건을 사거나 식사를 하기 위해 가게에 들어갔을 때 직무에서 요구되는 정서를 잘 표현하지 못하고, 불친절한 직원의 응대를 받아본 경험이 있다면, 서비스업에서 일하기 위해 어떠한 역량이 필요한지를 충분히 파악할 수 있을 것이다. 정서 노동에 대한 연구는 서비스업 외에도 사람을 상대하는 직종과 관련된 내용이기 때문에 지속적인 연구가 필요하고, 이와 관련된 조직에 대한 이해를 높이고 효율성을 높이는 데 기여할 것이라고 판단된다.

요약

이 장에서는 다룬 내용은 크게 네 부분으로 구분된다. 첫 번째 부분에서는 태도와 행동에 대한 내용 그리고 태도와 행동 간의 관계를 살펴보았다. 작업관련 태도와 행동과의 관계에 대한 이해도를 높이기 위해 계획된 행동 이론에 대해서 소개하였다. 계획된 행동 이론은 이 장 후반부에 관련된 개념들의 관계를 이해하는 데 활용되었다.

두 번째 부분에서는 I/O심리학자와 실무자들이 직무 태도에 관심 있어 하는 다양한 이유를 제시하였고, 그림 10.2를 통해 이에 대한 상세한 개관을 실시하였다. 직무 만족 관련 연구를 바탕으로 선행변인을 직무 특성, 개인 특성, 사회적 요인, 성장 기회로 구분하여 설명하였다. 이러한 모든 선행변인은 개인의 직무 만족 수준에 중요한 영향을 미치는 것으로 나타났다. 또한 직무 만족의 다차원적인 특성을 포함하고 있는 직무 만족 척도를 소개하였다. 직무 만족에 대한 결론을 내리기 위해 직무 만족과 실질적으로 관련되어 있는 조직 결과변인인 수행, 철회 행동, 반생산적 행동에 대해서 논의하였다.

세 번째 부분에서는 그림 10.10을 활용하여 조직몰입의 전반적인 개념을 개관하였다. Meyer와 Allen의 모델은 조직몰입을 정서적 · 지속적 · 규범적 몰입으로 구분하였다. 조직몰입의 선행변인을 조직, 개인, 사회로 구분하였으며, 각 범주에 속하는 선행변인들은 조직몰입에 잠재적으로 영향을 미치는 요인이었다. 그리고 최근 연구에서 수행, 근로손실 행동, 반생산적 행동이 조직몰입에 영향을 받는다는 것을 확인할 수 있었다. 조직몰입과 관련해서 프로파일을 활용한 연구 방법도 소개하였다. 마지막으로, 기타 업무관련 태도인 직무관여, 일중심 경향성, 지각된 조직지지, 직장에서의 정서의 역할에 대해서도 논의하였다.

주요 용어

규범적 몰입
반생산적 작업행동
심리적 계약
일 중독자
일중심 경향성
정서 노동
정서적 기질
정서적 몰입
정서 조절
조직기반 자아존중감
조직몰입
조직 정의
주관적 규범
지각된 조직지원
지각된 행동통제
지속적 몰입
직무 관여
직무 만족
태도

실무 적용

회사 업무와 관련해서 어려운 부분 중 하나는 직장에 대한 긍정적 느낌과 태도를 손상시키지 않고 직원에게 나쁜 소식을 전달하는 방법이다. 하지만 직무 만족에 대한 이해를 충분히 하고 있는 I/O심리학자들은 이러한 문제를 해결할 수 있는 여러 가지 방법들을 알고 있다. 당신의 오랜 고객 중 하나인 RiverValley Bank의 관리자 카렌 스트라진스키는 은행지점 폐쇄와 관련한 몇 가지 문제를 경험하였다. 카렌은 당신에게 구조조정 과정에서 생존한 근로자의 사기를 살릴 수 있는 전략에 대해서 도움을 요청하고 있다.

안녕하십니까.
우리 회사가 처한 문제를 해결하는 데 도움을 주셔서 감사합니다. 먼저 RiverValley Bank가 겪고 있는 문제에 대해서 말씀드리겠습니다. 이전에는 그린 리버와 사우스 벤트 두 곳에 은행 지점이 있었습니다. 하지만 경제적인 문제로 인하여 최근 그린 리버 지점을 폐쇄하였습니다. 우리는 그린 리버 지점에서 근무성적이 우수한 직원 일부를 사우스 벤드로 불러들일 수 있었지만 모든 직원을 수용할 수는 없었습니다. 일부는 해고되었고 해고된 직원은 퇴직 수당으로 한달치 월급을 받았습니다.

문제는 사우스 벤드 지점에 있는 사람들입니다. 그들에게 앞으로 폐쇄는 없고 고용은 안전하다고 했지만 직원들의 사기는 저하되었고 동기 수준은 하락하였으며 여전히 일자리를 잃을까 봐 두려워하고 있습니다. 그 결과, 결근과 지각이 많아졌으며 사우스 벤드의 일부 우수 직원들은 그만두기까지 했습니다. 이직한 직원들의 인터뷰에 따르면 자신들이 하고 있는 일이 좋지만 해고되기보다는 스스로 그만두는 것이 낫다고 판단했다고 합니다. 그린 리버 지점 폐쇄가 결정되기까지 많은 어려움이 있었으며 사우스 벤드도 결국 정리해고가 진행될 것이라는 루머가 존재한다는 것도 알고 있습니다. 하지만 이것은 사실이 아니며 이미 이 사실을 직원들에게 알렸습니다. 하지만 그린 리버 폐쇄는 순조롭게 처리되지 못했으며, 많은 직원들은 이 폐쇄로 인해 매우 동요하고 있는 상황입니다. 저는 그린 리버에서 이동한 직원들이 상황에 적응하지 못하고 있고 옮겨온 것에 대해 매우 혼란스러워한다고 생각합니다. 이것은 분명히 모두에게 어려운 상황입니다. 직원들에게 안전하다고 얘기하는 것이 효과가 없는 것 같습니다. 이로 인해 사우스 벤드는 성과도 저하될까 봐 염려하고 있습니다. 그래서 우리는 이러한 나쁜 상황을 바꾸려고 합니다. 사우스 벤드 지점 직원들의 사기를 향상시키기 위해서 저희가 취할 수 있는 조치에 대해 제안해주시겠습니까?

카렌으로부터

카렌이 처한 문제를 해결할 수 있는 방안에 대해 답장을 작성해보기 바랍니다. 이렇게 회사가 어려운 시기에 사기를 북돋울 수 있는 구체적인 방안을 제공할 수 있어야 합니다.

비판적 사고 문제

1. 직무 만족은 시간이 지남에 따라 안정적인가? 아니면 변할 수 있는가?
2. 직무 만족을 증가시키기 위해서 어떻게 작업환경을 바꿀 수 있는가?
3. 당신이 조직에서 직원의 직무 태도를 조사하기 위해 고용되었다고 가정해보자. 직원들이 설문에 응답할 시간이 많지 않기 때문에 조사할 때 특정 문항수를 넘겨서는 안 되는 상황이다. 이러한 상황에서 타당하고 신뢰로운 척도 세 가지를 활용하여 직무 태도를 조사한다면 어떤 척도를 활용하겠는가? 그렇다면 그 척도를 선택한 이유는?
4. 서비스 산업의 증가는 어떻게 정서 조절과 정서 노동 연구에 영향을 미쳤는가?

응용 문제

1. 당신이 재직했던 혹은 재직하고 싶은 두 직업을 비교하고 전반적인 만족도를 비교해보자. 두 직업의 만족도가 유사한가? 그렇다면 왜 그렇다고 생각하는가? 아니라면 어떤 것이 당신의 만족에 영향을 주었는가?
2. 컨설팅을 하는 경우 직무 태도가 별로 중요하지 않다고 생각하는 관리자를 만나는 것은 흔한 일이다. 그들의 생각은 누군가가 그만두면 대신할 수 있는 다른 사람을 고용하면 된다고 생각한다. 이러한 유형의 관리자에게 어떤 조언을 해줄 수 있을까?

3. 근무성적이 가장 우수했던 직원에게 올해 회사의 재정 문제로 보너스를 지급할 수 없게 되었다는 것을 알려야 한다고 상상해보자. 보너스를 받지 못하는 것에 대해서 실망할 것이 분명하겠지만 그 직원이 직무에 대해서 여전히 만족할 수 있도록 하기 위해서 어떠한 말을 해줄 수 있을까?
4. 이 장은 정서 노동에 대해서 논의했다(직원이 거짓된 긍정적 정서를 표현하거나 부정적인 정서를 숨길 때). 당신이 정서 노동을 해야 했던 상황을 예로 제시해보고 그 상황에서 당신의 감정은 어떠했는지 설명해보자.
5. 만일 당신이 복권에 당첨되어서 금전적인 이유로 일을 할 필요가 없다면 일을 그만두겠는가? 아니면 일을 계속하겠는가? 그렇게 생각하는 이유는?

더 읽을거리

Burke, R. J. (2006). *Research companion to working time and work addiction*. Northampton, MA: Edward Elgar.

Elfenbein, H. A. (2008). Emotion in organizations: A review and theoretical integration in stages. *The Academy of Management Annals, 1*, 315–386.

Meyer, J. P., Stanley, L. J., & Parfyonova, N. M. (2012). Employee commitment in context: The nature and implication of commitment profiles. *Journal of Vocational Behavior, 80*(1), 1–16.

Holtom, B. C., Mitchell, T. R., Lee, T. W., & Eberly, M. B. (2008). Turnover and retention research: A glance at the past, a closer review of the present, and a venture into the future. *The Academy of Management Annals, 2*, 231–274.

CHAPTER 11

스트레스와 웰빙

이 장의 개요

사진 : skynesher/Getty Images

학습내용

- 스트레스원과 스트레인의 차이
- 개인의 스트레스 극복 기술 방법
- Warr가 제시한 웰빙의 환경적 결정요인
- 일-가정 갈등과 관련된 여러 중요한 이슈
- 가족 친화정책의 중요성
- 기업이 직원의 일과 가정의 균형을 이루도록 지원해주고 스트레스를 줄여줄 수 있는 방안
- 맞벌이 부부가 직면한 문제
- 직업손실과 불완전 고용이 개인이 경험하는 스트레스 중 가장 심각한 이유
- 미국에서 직장 내 폭력을 유발하는 요인

여러분은 다음과 같은 경험을 한 적이 있는가?

다음 날 있는 기말시험 때문에 새벽 3시까지 공부하다 머리가 아픈 상태에서 일어났다. 일어난 후 배가 고파 우유와 시리얼을 먹으려 했는데 냉장고 안에는 우유가 없었다. 대신 초코바를 먹으며 심리학 과목 시험공부를 하고 있는데, 할머니 장례식 때문에 참석하지 못했던 수업의 노트필기가 없다는 사실이 갑자기 생각났다. 친구의 노트필기라도 빌리기 위해 2명에게 전화했지만 받지 않았고 시험에 나올 것 같은 개념의 정의가 떠오르지 않아 공부를 다시 하지만 좌절감을 느꼈다. 마지막으로 가방을 매고 버스를 타려고 현관문을 열었는데 그동안 눈이 20센티미터나 쌓여 걷기가 힘든 상태였다. 시간은 아침 9시였고 시험시간 전에 도착하지 못할 것 같았다. 10시 시험에 도착하기에는 시간이 너무나 빠듯하였고 심리학 과목 교수님은 보충시험은 절대 치루지 않고 지각을 봐주지 않는다.

아니면 다음과 같은 경험을 해본 적은 없는가?

아침에 일어났는데 기분이 썩 좋지 않았다. 침대에서 나왔지만 약간의 두통이 있었다. 샤워를 한 후에 아침을 먹고 조간신문을 읽으면서 앉아 있지만 기사를 읽을 수가 없었다. 상당히 마음이 산만한 상태였다. 출근하기 전, 스케줄 표를 확인해보니 보통 작업에 문제가 있을 때만 만나길 요구하는 상사와의 미팅이 잡혀 있고 본인은 승진해야 한다고 생각하지만 해고되어야 마땅한 매우 불성실한 부하직원과의 미팅, 약 4시간가량의 문서작업, 최근 부서에서 발생한 불미스러운 사건으로 인해 진행하는 성희롱 예방 교육이 일정에 잡혀 있다.

앞서 소개한 상황들은 모두 우리가 가끔 아무런 고민 없이 언급하는 스트레스와 관련된 사건의 예이다. 이 장에서는 스트레스 과정에 포함되는 주요 구성 요소를 좀 더 학술적으로 정의하고 일과 관련된 스트레스에 대해서 논의할 예정이다. 추가적으로 최근 직장에서 만연한 스

트레스를 줄이기 위해 시행 중인 방법들의 효과성을 증진시킬 수 있는 방안에 대해서 논의할 예정이다. 이 장은 과도한 스트레스, 직장 내 폭력의 매우 부정적인 결과에 초점을 맞춰 살펴볼 것이다.

스트레스원과 스트레인

심리학자들 사이에서도 스트레스와 스트레인을 설명하는 용어에 대한 명확한 합의가 이뤄지지 않았다. 이 장에서는 일반적인 관점의 **스트레스**에 대해서 소개하고 스트레스원과 스트레인을 구분하여 설명하도록 하겠다. 첫 번째 **스트레스원**(stressor)은 어떤 심각한 영향을 주는(disruptive) 사건, 상황, 개인을 지칭한다. 예를 들면 우리가 너무 무리한 일을 시도하고 있다고 느낄 때 스트레스원을 경험한다. 처음 소개했던 시나리오의 업무미팅에 대한 불안, 가까운 가족의 죽음, 수업에 지각과 같이 스트레스를 받을 수 있는 다양한 사건들이 스트레스원에 해당한다. 한편 **스트레인**은 스트레스원의 경험으로 인해 발생되는 바람직하지 않은 결과이다. 즉 스트레스원은 스트레인으로 이어진다. 특히 직장에서 스트레스를 받는 직원은 실병, 좋지 못한 수행, 결근 증가, 의사소통 부족 등 다양한 스트레인을 경험할 가능성이 있다. 예를 들면 소화불량은 빠듯한 기한과 같은 스트레스원으로 인해 나타나는 스트레인이다. 걱정이 많은 직원이 자주 화를 내거나 정서가 불안정한 것은 스트레스원인 정리해고가 임박해 나타나는 스트레인이다. 스트레스원이 스트레인으로 이어지는 일련의 과정을 일반적으로 스트레스라고 한다. 우리가 스트레스를 받고 있다고 이야기할 때, 스트레인이나 바람직하지 않는 결과를 유발하는 스트레스원을 경험하고 있다는 의미이다.

스트레스원
스트레인을 야기하고, 안정적 범위를 벗어난 심리적 또는 신체적 기능을 발휘하게 하는, 발휘되도록 요구하는 부정적인 어떤 사건이나 힘

스트레인
다양한 삶의 영역에서 결합된 스트레스 경험으로 인해 발생되는 바람직하지 않은 결과

스트레스원

직무 스트레스 모델은 다양하다. 각 모델은 고유한 요소로 모델을 제안하고 있지만, 대부분의 경우 각 모델의 구성 요소들은 비슷하다. **그림 11.1**은 두 가지 스트레스 모델을 근거로 개발한 모델이다(Bhagat, Allie, & Ford, 1995; Cartwright & Cooper, 1997). 완벽하지는 않지만 두 종류의 스트레스 극복 전략이 모델에 포함되었고 스트레스원과 스트레인으로 이어지는 경로를 제시하였다. 그리고 스트레스원을 범주화하여 이해하기 쉽게 제시하였다. 열악한 근로조건(조도가 낮고, 과도한 소음에 노출되고, 사무실 공간 구성이 좋지 않음)과 긴 근로시간, 과도한 출장, 직무에서의 통제감 부족과 같은 내부 작업 요인은 지각된 스트레스 수준을 높이는 경향이 있다.

통제감 부족은 직원의 스트레스 수준에 중요한 역할을 하는 것으로 밝혀졌다. Karasek(1990)

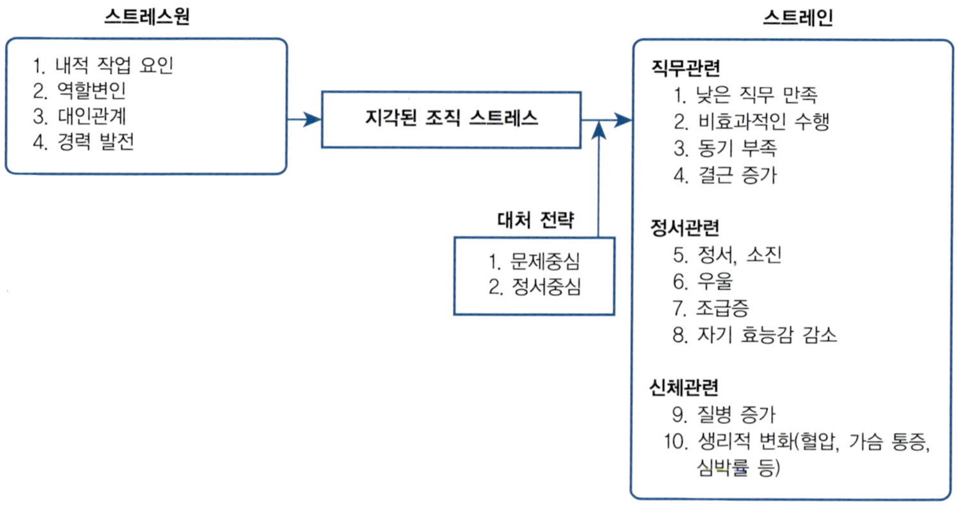

그림 11.1 일반적인 스트레스 모델

의 스트레스의 요구–통제(demand-control) 모델에 따르면 스트레스는 직무 요구 그리고 직원에게 제공되는 의사결정 권한의 범위(latitude : 통제 수준)와 관련되어 있다(Theorell & Karasek, 1996 참조).

요구–통제 모델이 제시된 이후 많은 연구에서 직장에서 개인의 통제 수준이 낮을수록 심장 질환, 우울, 소진, 직무 불만족, 위장병, 결근 등이 발생할 가능성이 높다는 것을 확인하였다(Karasek, 1990 리뷰). 또한 과도한 업무부담과 시간압박은 주요 우울과 범불안장애에도 영향을 미치는 것으로 나타났다.

스트레스의 직무 요구–자원(Job demands-resources : JD-R) 모델은 요구–통제 모델을 확장하였다. 직무 요구는 개인의 노력이 필요한 신체적, 심리적, 사회적, 조직적 요소이다. 자원은 업무 목표 달성을 용이하게 하는 신체적, 심리적, 조직적 요소이다(Bakker & Demerouti, 2007). 기본적으로 부여된 직무 요구를 개인의 자원으로 감당하지 못할 때 개인은 스트레스를 지각하게 된다. 예를 들면 업무 수행을 위해 고도의 집중이 요구되지만, 업무에 집중할 수 있는 인지적 자원이 부족하다면, 직무 요구–자원 이론에 따라 스트레스를 지각하게 되고 부정적인 결과나 스트레인까지 이어지게 된다. 278명의 캐나다 의사를 대상으로 연구한 결과에 따르면, 요구와 자원은 정서적 소진을 예측하는 것으로 나타났다. 과도한 직무 요구(예 : 업무부담)는 정서적 소진을 예측하였고, 반면 자원(예 : 자율성)은 성취와 정적관계가 있는 것으로 나타났으며, 신체 증상과는 부적관계가 있었다(Lee, Brotheridge, & Lovell, 2010).

관련 문헌에서 많은 지지를 받았던 또 다른 스트레스 모델은 자원보존 이론(conservation of

resources : COR)이다. 자원보존 이론은 개인이 스트레스를 예방하기 위한 자원을 획득 및 유지하기 위해 노력한다고 제안한다(Hobfoll & Shirom, 2000). 개인이 필요로 하는 자원이 없거나 줄었다고 생각하게 되면 스트레스에 대한 지각이 증가하고 결과적으로 스트레인으로 이어진다는 것이다. 조직에서 자원보존 이론의 적용에 관한 포괄적인 검토 결과, 자원 손실이 스트레스 과정에 매우 중요한 역할을 하는 것으로 나타났으며 자원 손실이 발생하지 않게 하는 것이 스트레스 예방과 사후 스트레스 개입의 핵심이었다(Westman, Hobfoll, Chen, Davidson, & Laski, 2004). Halbesleben, Harvey 및 Bolino(2009) 연구에서는 업무열의(engagement)를 유지하기 위해서 많은 자원을 소비하는 직원은 일로 인해 가정 생활을 방해받아 집에서의 스트레인이 증가하였다. 조직에서는 적극적이고 열의가 있는 직원을 선호하지만, 자원보존 이론에 따르면 직장에서 필요한 자원을 유지하기 위해 노력하는 것은 때때로 가정에서 스트레인을 발생시킬 수 있다는 것을 보여주는 결과이다. 일-가정 갈등에 대해서는 이 장의 뒷부분에서 좀 더 자세히 다루도록 하겠다.

역할변인은 또 다른 스트레스원이다. **역할**(role)은 집단에서 특정 지위가 있는 사람에게 기대되는 일련의 행동이다. **역할 모호성**(role ambiguity)은 역할 기대가 불명확하고 직원이 자신에게 기대되는 행동에 대해 확신할 수 없는 경우 발생하게 된다. 한편 **역할 갈등**(role conflict)은 역할 기대가 일관적이지 않고 상사가 직원에게 역할에 관하여 비일관적인 메시지를 전달할 때 발생한다. 예를 들면 어떤 직원에게 상사가 창의적이고 주도적으로 일을 하라고 얘기했지만, 실제로 그렇게 행동했을 때 회사의 규율을 따르지 않는다고 지적하는 경우이다. 또는 여러 사람으로부터 역할에 대해서 상충되는 메시지를 받는 경우도 있다. 예를 들면 역할에 대해 부하가 보는 관점과 상사가 보는 관점이 다를 수 있다. 말할 필요도 없이 역할 모호성과 역할 갈등은 스트레스로 이어질 수 있다. Jawahar, Stone 및 Kisamore(2007)의 연구에서는 정치적 기술과 조직지원이 역할 갈등의 부정적인 효과를 줄일 수 있다는 것을 밝혀냈다.

> **역할**
> 집단에서 특정 지위가 있는 사람에게 기대되는 일련의 행동

> **역할 모호성**
> 역할 기대가 불분명하고 직원이 자신에게 기대하는 것이 어떤 것인지 확신할 수 없는 상황

> **역할 갈등**
> 역할 기대가 비일관적이고 상사가 직원에게 역할에 대해 혼합된 메시지를 전달하는 상황

또 다른 스트레스원은 직장에서의 대인관계이다. 상사 및 동료와의 관계가 나쁜 직원은 호의적인 대인관계를 맺는 사람보다 더 많은 스트레스를 받을 가능성이 높다. 대부분 스트레스를 받는 직무 상황을 떠올릴 때 동료와의 갈등이나 신뢰 부족을 생각하는 경우가 많다. 실제로 대인관계가 좋지 못한 경우 직장, 학교, 이웃, 가정 등 장소와 관계없이 스트레스가 발생할 가능성이 높다.

1장에서 언급하였듯이 직업과 경력은 우리의 삶에서 중요한 부분이다. 따라서 추가적인 발전 기회나 직무안정성 부족은 스트레스를 높일 수 있다. 두려운 직장(Working Scared)이라는 책을 쓴 Wexley와 Silverman(1993)은 일의 속성 변화와 관련된 스트레스, 불안감, 걱정은 많은 사

람들에게 일에 대한 두려움을 심어주었다고 주장하였다. 실제 사업축소, 정리해고, 능력 부족(본인보다 돈을 적게 받아도 생산성이 우수한 젊은 근로자들의 출현)에 대한 두려움 등이 존재하고 있다.

또한 최근에는 장기간 경기침체기에 있고, 대규모 정리해고에 대한 내용이 지속적으로 뉴스에 보도되고 있다. 이러한 경기침체도 조직생활에 잠재적인 영향을 줄 수 있음에도 불구하고 상대적으로 경기침체에 대한 연구는 찾아보기가 힘들다. Jones, Sliter 및 Sinclair(2015)는 업무부담 증가와 작업재편 같은 경기침체와 관련된 스트레스원은 스트레인 그리고 직무 만족과 관련이 있다는 것을 밝혀냈다. 경기침체 기간에는 직장을 잃을 가능성이 높아지기 때문에 작업 능력이나 개인의 실력, 계속해서 일할 수 있는 역량이 더욱 중요해졌다. 직무 요구-자원을 적용한 최근 연구에서도 요구와 자원이 지각된 작업 능력에 영향을 주고 이는 다시 결근에 영향을 주는 것으로 나타났다(McGonagle, Fisher, Barnes-Farrell, & Grosch, 2015). 구체적으로 직무 요구를 많이 경험할수록 지각된 작업 능력이 낮아졌고 결근이 많아졌다.

스트레인

스트레인은 언제나 경험할 수 있다. 그림 11.1에 크게 직무관련, 정서관련, 신체관련 세 범주로 구분하여 제시하였다. 첫 번째 범주인 직무관련 스트레인은 스트레스가 많이 유발되는 직무를 맡게 되는 경우, 직무에 매우 불만족하거나 동기 부여가 되지 않을 때 발생할 수 있다. 실제로 만족이나 동기 부족은 노력 감소, 결근 증가, 높은 이직률, 낮은 생산성 또는 비효과적인 수행으로 이어진다(Cartwright & Cooper, 1997). 직무 스트레스로 인해 미국에서 회사가 지불하는 비용은 연간 약 1,900억 달러, 한화로 약 210조 원에 달한다. 가장 큰 스트레스원은 높은 직무 요구, 건강보험에 대한 우려와 일-가정 갈등이었다(Blanding, 2015). Goh, Pfeffe 및 Zenios(2015)의 메타 분석에서는 국가의 의료비용을 5~8% 증가시키는 9개의 스트레스원을 확인하였으며, 직업 불안정성은 자기 보고를 통해 조사한 '건강이 좋지 않다' 점수를 50%까지 증가시키는 것으로 나타났고, 장시간 근로가 증가할 때 사망률은 거의 20% 증가했다. 직무 요구가 높으면 의사에 의해 질병으로 진단받을 가능성이 35%까지 증가하는 것으로 나타났다(Lynch, 2015). 또한 Goh 등(2015)은 당뇨병이나 인플루엔자로 인한 사망보다 스트레스로 인한 사망이 더 많을 것이라고 주장하였다. 이러한 결과를 토대로 근로자의 작업환경에 지금보다 더 많은 관심을 두어야 한다고 하였다.

© Sadie Dayton/Anyone/amanaimages/Corbis

생각해보기
탈진은 사람의 심신을 약하게 만들 수 있다. 여러분은 개인이 탈진을 통제할 수 있다고 생각하는가? 아니면 직업의 특성에 더 영향을 받는다고 생각하는가?

스트레인의 두 번째 범주는 정서적 스트레인이다. 스트레스는 확실히 정서에 영향을 준다. 직장인들이 쉽게 경험할 수 있는 정서 지표는 직장에서 스트레스를 받게 되면 가족이나 애인에게 화를 내거나 짜증을 낼 확률이 높아진다는 것이다. 직장에서 스트레스를 많이 받은 날에 가족 중 누군가가 속을 썩이면 이성을 잃게 되고 그 상황을 이해하려 하지 않을 가능성이 높아진다.

스트레스를 받아 **탈진**(burnout)을 하게 되면 다음과 같은 상태가 된다. 첫째는 앞서 논의하였던 **정서적 소진**으로 지나치게 지친 상태가 된다. 두 번째는 **비인격화**로 타인에 대해 냉소적이고 업무역할에서 벗어나려고 하는 것이고, 세 번째는 **개인 성취감 감소**로 더 이상 직장이 중요하지 않거나 성공적이지 않다고 생각하는 것이다.

탈진
직원이 스트레스를 받을 때 경험하게 되는 정서적 소진, 비인격화, 개인 성취감 감소가 발생한 상태

탈진은 원래 의사나 심리학자와 같이 타인을 도와주는 직업을 가진 사람들에게만 국한된다고 알려져 있었다(Cordes & Dougherty, 1993). 하지만 이후 더 광범위한 현상으로 인식되었고(Demerouti, Bakker, Nachreiner, & Schaufeli, 2001) 개인의 기질보다는 직무 특성과 더 밀접한 관련이 있다고 보고되고 있다(Maslach, 2003). 작업 관련 스트레스가 감당하기 힘들 정도로 많아지면 자아를 잃게 되거나 자아존중감이 낮아질 수 있다. 만성적으로 스트레스가 높게 되면 우울증에 빠질 수도 있다. 더욱이 탈진은 직무 수행, 조직몰입, 이직에도 영향을 미친다(Eatough, Chang, Miloslavic, & Johnson, 2011; Jawahar et al., 2007).

스트레인의 세 번째 범주는 심리적 스트레스인이다. 스트레스가 신체 상태에 영향을 미친다는 다수의 연구가 존재한다. 예를 들면 생활 스트레스와 직무 스트레스는 심각한 질병 발생 빈도의 중요한 예측변인이었다(Bhagat et al., 1995). 미국에서 매년 60만 명이 넘는 사람들이 심장병으로 사망하고 이는 전체 사망자의 25%에 해당한다(Centers for Disease Control and Prevention, 2015). 스트레스는 심장질환 발생의 주된 역할을 하고 그중 직장 스트레스가 가장 많은 기여를 한다. 미국 근로자들의 장애 발생 주요 원인은 심장질환과 뇌졸중이며 735,000명이 매년 심장마비를 경험한다(Centers for Disease Control and Prevention, 2015). 그리고 관리자들은 많은 스트레스를 받고 있고, 최근 그 스트레스 수준이 점차 증가하는 것으로 보고되고 있다. 800명 이상의 상급 관리자를 대상으로 한 연구 결과, 관리자가 경험하는 스트레스와 관련하여 흥미로운 사실을 확인할 수 있었다(Cavanaugh, Boswell, Roehling, & Boudreau, 2000). 연구자들은 스트레스를 **도전관련** 스트레스와 **방해관련** 스트레스로 구분하였다. 도전관련 스트레스는 업무에서의 시간압박, 높은 수준의 책임감, 직무 과부화에 의한 스트레스로 이는 직무 만족과 정적관계를 보였고 새로운 일자리를 찾는 행위와는 부적관계였다. 즉 직장에서 도전적인 일을 하게 되면서 받게 되는 스트레스는 관리자와 조직에 긍정적인 결과를 가져올 수 있다는 것이다. 연구자들은 업무를 방해하는 제약으로 인해 발생하는 스트레스는 직무 만족과 부적관계에 있고 새로운 직장을 찾는 행위와 자발적 이직과 정적관계가 있다는 것을 밝혀냈다. 방해

I/O TODAY

외상후 스트레스 장애(PTSD)와 이차적 외상 스트레스 장애(STSD)

외상후 스트레스 장애(posttraumatic stress disorder : PTSD)는 군인 같은 특수한 사람들의 스트레인으로 제한하여 생각해왔지만 심리학자들은 다양한 직업에서 다양한 이유로 외상후 스트레스가 발생할 수 있다는 사실을 밝혀냈다. 몇몇 경우에는 사람들은 위험한 상황을 개인적으로 경험할 수 있다. 소방관과 경찰관은 외상후 스트레스를 발생시키는 외상적 경험에 노출될 가능성이 높은 직업이다. 구급차 구조요원 같은 의료 종사자, 신문기자, 특히 전쟁지역에서 일하는 사람들은 비교적 높은 수준의 외상후 스트레스 장애를 겪는다고 밝혀졌다. 은행 강도와 마주한 것과 같이 고립된 상태에서 위험한 상황에 노출된 것도 개인의 외상후 스트레스를 유발할 수 있다.

하지만 외상후 스트레스 장애는 신체적으로 위험에 처했을 때만 발생하는 것이 아니라 병원에서 의사, 환자, 동료 간호사로부터 괴롭힘을 당하는 간호사와 같이 억압적이고 모욕적인 작업 환경에 노출되는 경우에도 발생할 수 있다. 이러한 환경에 장기간 노출되면 탈진과 외상후 스트레스와 같은 스트레인이 발생할 수 있다(Laschinger & Nosko,2015).

새로운 영역이지만 외상후 스트레스와 유사한 개념인 이차적 외상 스트레스 장애(secondary traumatic stress disorder : STSD)란 개념이 소개되었다. 이차적 외상 스트레스 장애의 경우, 개인이 직접 자신의 삶에서 위험을 경험하지는 않지만 다른 사람이 고통받는 장면이나 죽는 것을 목격하는 경우에 발생한다. 응급실에서 일하는 의사, 간호사가 대표적으로 이러한 목격을 자주 하는 직업들이다. 하지만 이차적 외상 스트레스는 예기치 않은 장소에서 발생할 수 있다. 하나의 예가 철도 운전사이다. 기차에 치여 심각한 부상을 입거나 사망한 사건을 경험한 철도 운전사의 경우에는 이차적 외상 스트레스 장애를 경험할 가능성이 높다(Yum et al., 2006). 최근 연구에서는 강간이나 죽는 장면이 포함된 영상 같은 유해 미디어에 노출되는 것의 위험성에 대해서도 연구가 진행되고 있다. 예를 들면 아동 포르노를 봐야 하는 컴퓨터 범죄 수사관의 경우에는 높은 수준의 이차적 외상 스트레스 장애를 보고하였다(Perez, Jones, Englert, & Sachau, 2010). 법원 소송 절차에서 판사, 배심원, 집행관, 변호사들도 유해한 미디어에 노출될 수도 있다. 고객의 컴퓨터에서 폭력적인 영상을 발견한 IT 근로자처럼 뜻하지 않게 유해 미디어에 노출될 수 있다. 몇몇 직업은 외상후 스트레스 장애나 이차적 외상 스트레스 장애와 관련된 상황을 피하지 못하는 경우도 있다. 하지만 I/O심리학자는 직원이 외상적 경험으로 심리적으로 충격을 받는 것을 확인하고 감소시킬 수 있는 방안을 찾는 데 중요한 역할을 할 수 있다. 업무지지, 훈련, 업무부담이 모두 이러한 장애(disorders) 경험을 줄일 수 있다는 것이 선행 연구를 통해 입증되었다(Hensel, Ruiz, Finney, & Dewa, 2015). 이러한 경험이 근로자에게 미치는 부정적인 영향을 감소시키기 위해 어떻게 직무를 구조화할 것인지에 대한 후속 연구가 앞으로 지속되어야 할 것이다.

토론질문

1. 위험한 사건을 경험하거나 목격할 수 있는 직업의 예를 생각해보자. 외상후 스트레스 장애나 이차적 외상 스트레스 장애를 다루거나 예방하기 위해 조직에서 제공할 수 있는 개입이나 대책은 어떤 것이 있는가?
2. 정기적으로 유해한 사건이나 미디어에 노출되는 직업의 경우에 특정한 사람이 장기간 동안 이 일을 전담하는 것이 좋다고 생각하는가, 아니면 주기적으로 교대하여 근무하도록 하는 것이 좋다고 생각하는가? 각 안의 장점과 단점은 무엇인가?

참고문헌

Hensel, J. M., Ruiz, C., Finney, C., & Dewa, C. S. (2015). Meta-analysis of risk factors for secondary traumatic stress in therapeutic work with trauma victims. *Journal of Traumatic Stress, 28*(2), 83－91.

Laschinger, H. K. S., & Nosko, A. (2015). Exposure to workplace bullying and post-traumatic stress disorder symptomology: The role of protective psychological resources. *Journal of Nursing Management, 23*, 252－262.

Perez, L. M., Jones, J., Englert, D. R., & Sachau, D. (2010). Secondary traumatic stress and burnout among law enforcement investigators exposed to disturbing media images. *Journal of Police and Criminal Psychology, 25*, 113－124.

Yum, B. S., Roh, J. H., Ryu, J. C., Won, J. U., Kim, C. N, Lee, J. E., & Kim, K. Y. (2006). Symptoms of PTSD according to individual and work environment characteristics of Korean railroad drivers with experience of person-under-the-train accidents. *Journal of Psychosomatic Research, 61, 691–697.*

더 읽을거리

Sliter, M., Kale, A., & Yuan, Z. (2014). Is laughter the best medicine? The buffering effect of coping humor on traumatic stressors in firefighters. *Journal of Organizational Behavior*, 35, 257–272.

관련 스트레스는 주로 관료주의, 조직 정치, 직무 불안정 때문에 발생한다. 하지만 최근 연구에서는 몇몇 스트레스원은 두 스트레스 범주에 모두 해당할 수 있다고 하였다(Webster, Beehr, & Love, 2011). 이 연구에서는 방해 관련 스트레스는 선행 연구와 일관되게 부정적 결과와 관련되어 있었지만 도전관련 스트레스인 업무부담과 책임은 일뿐만 아니라 신체적 스트레인과 정적관계가 있었다. 분명히 업무부담과 책임은 중요한 스트레스원이지만, 양면성을 지니고 있다.

스트레스 대처

직무 스트레스는 분명히 대부분의 사람들이 겪고 있는 문제지만, 이러한 스트레스를 감소시킬 수 있는 대처 기제가 있다. **대처**(coping)는 사람들이 스트레스를 관리하고 줄이는 데 도움이 되는 노력으로 정의된다. 예를 들면 직원은 관리 감독을 줄이고 책임감을 가지고 목표를 개발할 수 있는 기회를 제공해줄 것을 요청할 수 있기도 하고, 동료, 상사, 부하로부터 질 높은 피드백을 요청할 수 있다. 즉 자율성 상승으로 인해 직원들의 스트레스가 감소될 수 있다.

대처
스트레스를 관리하거나 감소하는 데 도움이 되는 노력

스트레스 대처 기제는 일반적으로 두 가지로 구분할 수 있다. 첫 번째는 **문제중심 대처**(problem-focused coping)이고 다른 하나는 **정서중심 대처**(emotion-focused coping)이다. 문제 중심 대처는 스트레스를 유발하는 문제 자체를 해결하거나 조절하려는 행동 혹은 행위이다. 예를 들면 특정 문제로 갈등을 겪고 있는 동료와 타협하는 경우이다. 반면, 정서중심 대처는 스트레스를 유발하는 사건이 정서에 미치는 영향을 최소화하기 위해 실시하는 인지 및 사고관련 전략이다. 사건의 긍

문제중심 대처
스트레스를 유발하는 문제 자체를 해결하거나 조절하기 위한 행동 혹은 행위를 포함하는 대처 방식

정서중심 대처
스트레스를 유발하는 사건의 정서적 효과를 최소화하는 인지 혹은 사고와 관련된 전략을 포함하는 대처 방식

정적 측면을 보기 위해 합리화하거나 이성적으로 분석하며 좋지 못한 상황에서도 최선을 다하는 것을 예로 들 수 있다.

대처의 효과성은 대처 방법, 스트레스 유형, 자신을 바라보는 관점(예 : 자기 효능감) 등에 따라 달라질 수 있다(Jex, Bliese, Buzzell, & Primeau, 2001). 예를 들면 Fugate, Kinicki 및 Scheck(2002)의 연구에서는 인수합병이 진행되는 상황에서 직원들이 이에 대한 적응을 위해 대처하는 과정이 매우 복잡하다는 것을 확인하였다. 독일과 스위스에서 수행된 연구에서는 직장에서 벗어나 심리적으로 분리되는 시간이 직원의 웰빙과 업무열의를 유지시키는 핵심요인으로 밝혀졌다(Sonnentag, Binnewies, & Mojza, 2010). 따라서 일하지 않는 시간을 잘 활용할수록 스트레스를 적게 받고 스트레인 경험이 줄어들게 된다.

Kotsou, Nelis, Gregoire 및 Mikolajczak(2011)의 연구에서는 정서 역량(emotional competence) 교육을 통해 직원의 주관적 · 신체적 웰빙을 향상시켰다. 정서 역량이란 감정을 이해하고 표현하고 관리하는 능력이다. 이 개념은 6장에서 소개한 정서 지능과 유사하다. 정서 역량은 일반적으로 작업 수행과 학업 수행뿐만 아니라 웰빙과도 관련되어 있다. Kotsou 등(2011)의 연구에서 집단토론, 역할연기, 자기 관찰을 포함한 정서 역량 훈련을 받은 참가자들은 지각된 스트레스뿐만 아니라 객관적 스트레스 수준도 낮아졌고 신체적 불편함 수준도 낮아졌으며, 사회관계도 개선되었다. 놀랍게도 이러한 변화는 1년 이상 지속되었다. 이러한 연구 결과를 통해 정서 역량 강화를 활용한 대처 기술 훈련이 스트레스 감소에 효과적이라는 것을 확인할 수 있었다.

대처 방식 이외에 사회적 지지도 스트레스를 해결하는 데 큰 도움이 된다. 예를 들면 직장에서 믿을 수 있는 상사나 동료들이 성공할 수 있다는 확신을 주면 스트레스 상황을 극복하고 성공하는 데 도움이 될 수 있다. 다수의 연구에서 스트레스를 다룰 때 사회적 지지가 중요하다는 것을 확인할 수 있다(예 : Bliese & Britt, 2001; Zellars & Perrewé, 2001).

예를 들면 개인이 문제중심 대처 방식을 취하고 상사가 가족관련 문제에 대해 지지해줄 때 일-가정 갈등은 감소하는 것으로 나타났다(Lapierre & Allen, 2006). 또한 문제중심 대처 방식은 스트레인도 줄이는 것으로 나타났으며(Searle, 2008), 가족의 지지도 직장 스트레스를 줄이는 데 기여하는 것으로 알려져 있다.

웰빙의 환경적 결정요인

1장에서 언급하였듯이 일은 우리 삶의 핵심 요소이다. 물론, 직업이나 직장을 통해 자신을 정의하고 자신을 표현하는 것에는 개인차가 존재한다. 하지만 이러한 차이와 관계없이 일은 대부분의 모든 사람에게 중요한 부분이다. Warr는 웰빙에 대한 환경적 결정요인을 개발하는 데 많은 시간을 투자하였고 관련 모델을 제시하였다(Warr, 1999, 2007a; 2011). 이러한 Warr의 관점은 I/O심리학자들이 일의 과정을 이해하는 데 큰 도움이 되었다. 이 모델은 직무관련 웰빙에 해당하는 요인들을 포함하고 있고 각 요인들은 일을 하면서 느낄 수 있는 여러 특성들이었다(Warr, 1999). Warr는 이러한 연구들을 하면서 직업이 정신건강의 핵심이라고 주장하였다. Warr는 또한 개인이 자신이 일하는 직장 환경과 어떻게 상호작용하는지를 조사할 수 있는 방법을 제공하였다.

Warr는 **표 11.1**에 제시된 바와 같이 웰빙의 열 가지 환경적 결정요인을 제안하였다. 일하면서 직원이 이러한 결정요인을 더 자주 경험할수록 걱정, 불만, 우울 같은 부정적인 사건을 경험할 가능성이 줄어든다. 각 결정요인에 대해서 차례대로 살펴보도록 하겠다.

개인 통제 기회(opportunity for personal control)는 직장에서 발생하는 상황과 사건의 통제 가능성이다. 여러 장에서 논의한 참여, 선택의 자유, 직무 자율성과 유사한 개념이다. **기술 사용 기회**(opportunity for skill use)는 직원이 기술을 사용하고 개발하도록 권장하는 정도이다. 자신의 기술 개발 기회를 갖지 못하는 직원들은 억압되었다고 느낄 수 있으며 결국 부정적인 웰빙 경험을 할 가능성이 높다. 직장에서 **다양성**(variety)을 경험하는 직원은 같은 일을 반복하지 않고 여러 가지 업무와 책임을 맡는다. **환경적 명확성**(environmental clarity)은 직원들이 직장에서 받는 피드백의 양과 질을 통해 현재 그리고 미래에 어떤 일을 해야 하는지를 정확히 이해하고 있는지와 관련되어 있다. **가치 있는 사회적 지위**(valued social position)는 직원이 일을 통해서 얻을 수 있는 명성이나 성취감 정도를 나타낸다.

먼저 소개한 다섯 가지 환경 결정요인은 9장에서 논의한 직무 특성 이론의 요인인 피드백,

표 11.1 Warr의 웰빙의 환경적 결정요인

환경적 결정요인	관련된 I/O심리학 이론
1. 개인 통제 기회	직무 특성 이론
2. 기술 사용 기회	직무 특성 이론
3. 다양성	직무 특성 이론
4. 환경적 명확성	직무 특성 이론
5. 가치 있는 사회적 지위	직무 특성 이론
6. 외부에서 주어진 목표	내적 동기와 강화 이론
7. 돈의 가용성	내적 동기와 강화 이론
8. 신체적 안전성	Maslow 욕구 위계 이론, ERG 이론
9. 지지적 관리감독	
10. 대인관계 기회	

자율성, 기술 다양성, 과업 중요성, 과업 정체성과 유사하다. 앞서 직무 특성 이론에서 이러한 요인들이 직원의 직무 만족, 동기 수준, 수행의 질을 증가시킨다고 소개하였다. 즉 Warr가 제안한 환경 결정요인은 직무 특성 이론과 부분적으로 일치한다고 볼 수 있다. 표 11.1에 Warr가 제시한 요인과 다른 이론과의 관계성에 대해 제시하였다.

외부에서 주어진 목표(externally generated goals), 돈의 가용성(availability of money)은 앞 장에서 동기를 설명할 때 소개했던 개념과 유사하다. 목표는 과업 요구와 관련되어 있다. 직무 요구가 낮은 직업은 도전적이지 않고 지루할 가능성이 높다. 높은 임금 수준이 긍정적인 웰빙을 보장하지는 않지만 충분한 임금을 받을 수 없다면 웰빙 수준은 떨어질 수밖에 없다. 근로 환경 및 안전과 관련 있는 물리적 안전성(physical security)도 돈과 마찬가지로 충분히 갖춰져 있지 않으면 웰빙에 부정적인 영향을 미칠 수 있다.

나머지 두 결정요인은 일에서의 사회적 분위기에 해당하는 지지적 관리감독(supportive supervision)과 대인관계 기회(opportunity for interpersonal contact)이다. 앞 장에서 논의하였듯이 동료, 상사, 부하, 고객과의 사회적 상호작용 기회를 충분히 갖는 것과 이해심 많고 지지적이고 유능한 상사와 함께 일하는 것은 직원의 웰빙에 많은 영향을 준다.

Warr(1999)는 환경 결정요인과 웰빙의 관련성을 증명하기 위해 많은 연구를 수행하였다. 대부분 이러한 요인이 충분히 갖춰진 직무에서 일할 때 웰빙 수준이 높았다. 하지만 일부 환경 결정요인이 무조건적으로 증가한다고 해서 웰빙에 긍정적인 영향을 미치는 것은 아니다. 즉 직무에서 적정 수준을 경험할 때 웰빙 수준이 최대가 될 수 있는 요인이 있다. 예를 들면 직원은 업무 요구가 많고 더 많은 책임을 맡게 되는 직무에 대해서 호의적으로 생각할 수 있다. 하지만 지나치게 많은 업무 요구와 책임 부여는 직원의 업무부하, 스트레스를 증가시킬 수 있고, 웰빙 인식에도 부정적인 영향을 미칠 가능성이 높다. 실제로 요구 수준이 높고 동시에 통제 기회가 낮은 직무는 스트레스 수준이 매우 높은 것으로 알려져 있다. Warr는 웰빙의 환경적(직무와 관련된) 결정요인을 매우 강조하였지만 직무 환경과 직무 경험이 삶의 다른 영역에서의 경험과 완전히 분리되지 않는다는 것도 강조하였다.

일-가정 갈등

과거에 비해 일과 가정 사이의 상호작용에 대한 관심이 크게 증가하였다. 지난 20~30년간 가정 생활과 직장 생활에 대한 인식 변화로 인해 나타난 결과이다. 이 절에서는 가정 생활과 직장 생활의 균형과 갈등 원인 그리고 그 결과 등에 대해서 구체적으로 살펴보도록 하겠다.

이론적 모델

최근 일-가정 갈등 모델은 일-가정 갈등의 양방향적 속성이 포함되어 있다. 즉 직장 생활이 가정 생활에만 영향을 미치는 것이 아니라 그 반대로 가정 생활이 직장 생활에도 영향을 미친다는 것이다. **그림 11.2**에 일-가정 갈등과 일-가정 충실의 선행 요인인 조직과 개인 변인과 그리고 결과변인이 포함된 모델이 제시되어 있다. **일-가정 갈등**(work-family conflict : WFC)은 두 영역이 조화를 이루지 못하고, 각 영역이 다른 영역에 부정적인 영향을 미칠 때 발생한다. 반면 **일-가정 충실**(work-family enrichmen : WFE)은 한 영역에서의 긍정적인 태도와 행동이 다른 영역으로 전이되는 효과로 인해 발생한다. 전통적으로 이러한 접근 방법을 **전이 모델**(spillover model)이라고 불렀다. 또 다른 형태의 전이는 출퇴근이다. 통근 시간이 긴 사람이 그렇지 않은 사람보다 스트레스 수준이 높은 것으로 나타났다. 더욱이 아침에 출근을 위해 운전하는 것(특히 남성인 경우)은 직장에서 공격성과 적대감을 높이는 것으로 나타났다(Hennessy, 2008). 중국인들을 대상으로 연구한 결과에 따르면 일-가정 갈등의 경험이 많을수록 근로자의 음주 횟수가 증가하였고, 이러한 관계는 동료들의 음주 규범, 사회적 지지에 의해 조절되는 것으로 나타났다(Wang, Liu, Zhan, & Shi, 2010).

일-가정 갈등(WFC)
일과 가정에서의 요구가 서로 양립되지 않는 일-가정 관계 모델

일-가정 충실(WFE)
한 영역에서의 긍정적인 태도와 행동이 다른 영역으로 전이되는 것으로 믿어지는 일-가정 관계 모델

Somech와 Drach-Zahavy(2007)는 이스라엘 근로자를 대상으로 일이 가정 생활을 방해하여 발생하는 갈등(work interfering with family : WIF, 이하 WIF 갈등)과 가정 생활이 일을 방해하여 발생하는 갈등(family interfering with work : FIW, 이하 FIW 갈등)을 줄이기 위한 대처 기법을 연구하였다. 구체적으로 그들은 개인 특성과 상황에 따라 효과적인 대처기법이 다를 수 있다는

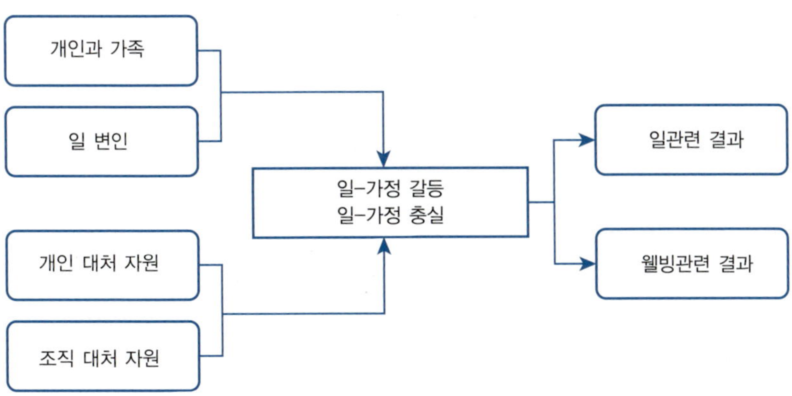

그림 11.2 일-가정 관계의 개념적 모델

것을 확인하였다. 예를 들면 비전통적인 가치관을 가진 여성과 전통적인 가치관을 가진 남성은 FIW 갈등 상황을 해결하기 위해 직장에서 추가적인 노력을 하고 가정에서의 책임은 위임하였다. 이러한 대처 방식이 가정의 요구에 부응하면서 두 집단에게 더욱 중요하다고 생각한 직장 업무에 집중할 수 있게 하였다. 비전통적인 가치관을 가진 남성의 경우에는 같은 상황에서 가정을 강조하고 일이 가정에서의 역할을 방해하지 않도록 하기 위해 일을 위임하려는 경향이 있었다. 즉 전통적인 가치관을 가진 남성과 비전통적인 가치관을 가진 남성은 서로 다른 형태의 갈등 해결방식을 선택하는 것으로 나타났다.

다수의 연구에서 일-가정 갈등이 개인과 조직 모두에 부정적인 영향을 미치는 것으로 나타났다. 예를 들면 일-가정 갈등 수준이 높은 직원은 낮은 직원보다 직무 만족($r = -.31$)과 삶의 만족($r = -.36$) 수준이 낮았다(Kossek & Ozeki, 1998). 더욱이 FIW 갈등보다 WIF 갈등의 전이 효과가 더 컸다. Ford, Heinen 및 Langkamer(2007)의 메타 분석 결과에 따르면 직무 관여와 직무 스트레스와 같은 변인은 WIF 갈등에 영향을 주고 이러한 갈등은 가정 만족에 영향을 미쳤다. 반면, 가정 갈등과 가정 스트레스 같은 가정 영역 변인은 FIW 갈등에 영향을 주고, 이러한 갈등은 직무 만족에 영향을 미쳤다.

이러한 결과는 일과 가정의 중요성과 각 영역의 갈등이 어떻게 서로 전이되는지를 보여준다. 하지만 이러한 결과들이 서구 문화권에서만 수행되었기 때문에 다른 문화권까지 일반화하기에는 무리가 있다. 예를 들면 Grzywacz 등(2007) 연구에서 노스캐롤라이나의 가금류 가공(poultry-processing) 산업에 종사하는 라틴계 근로자를 대상으로 심층 인터뷰를 실시한 결과 지금까지 논의했던 연구 결과와는 다르게 근로자들이 일-가정 갈등을 거의 경험하지 않았다. Grzywacz 등은 이러한 연구 결과가 나온 이유에 대해 직장에서 열심히 일하는 것에 대한 가치 수준이 높고, 열심히 일하는 것이 가족의 웰빙을 보장하는 것이라고 여기는 라틴의 집단주의 문화로 인한 것이라고 해석하였다. 즉 일을 열심히 하는 것이 가족에게 봉사하는 것으로 생각하기 때문에 라틴계 근로자들은 일-가정 갈등을 겪지 않는다는 주장이다. 라틴계 여성은 일-가정 갈등을 더 많이 경험하는 것으로 나타났으나 그중 많은 부분이 직업의 신체적 요구 때문이었다. 다른 연

생각해보기

WIF 갈등, FIW 갈등과 이를 해결하기 위한 방법들은 해당 근로자와 가족 간의 관계에 어떠한 영향을 주는가?

구에서도 일-가정 갈등의 성차뿐만 아니라 문화적 차이가 있다는 것을 확인할 수 있다(예 : Grzywacz, Aleida, & McDonald, 2002).

직장을 가진 남성과 여성 모두 일반적으로 여성의 가정 내 역할이 남자보다 중요하다고 생각하는 경향이 있다(Grzywacz et al., 2007 참조). 따라서 여성의 경력만족도는 남성의 경력만족도보다 일-가정 갈등에 더 많은 영향을 받는다. Martins, Eddleston 및 Veiga(2002)는 100개 이상의 조직, 1,000명이 넘는 전문가를 대상으로 조사한 결과 일-가정 갈등은 남성의 경력만족도와는 관련이 없었지만($r = -.07$), 여성의 경우는 관계가 있었다($r = -.23$). 더욱이 이러한 결과는 모든 연령대의 여성에서 유사하게 나타났다. 하지만 남자의 경우에는 나이가 많을수록 일-가정 갈등이 더 중요해졌다. 40세 이상 남성의 경력만족도와 일-가정 갈등의 관계는 통계적으로 유의했다($r = -.26$). 이러한 결과는 연령이 증가할수록 남성의 삶의 영역에서 가족의 우선순위가 높아진다는 것을 의미한다. 남성들은 삶의 후반부에서는 가족 관계를 희생시키면서까지 일에 집중하는 경향이 줄어들며, 일-가정 갈등이 발생하는 것에 대해서 직장 생활 초기보다 더 민감해진다(Eddleston & Veiga, 2002).

Baltes와 Heydens-Gahir(2003)는 Baltes의 **생활관리 이론**(life management theory)을 일-가정 갈등에 적용하였다. 목표를 확인, 설정하고, 이를 성취하기 위해 전략을 개발, 개선하며 초기에 세운 목표 설정방식이 효과적이지 못하면 대안 전략을 사용하는 등 목표를 유연하게 변경시킬 수 있는 개인은 직무 스트레스를 낮게 지각하고 일-가정 갈등 수준을 낮게 지각한다는 것을 Baltes 등의 연구를 통해서 확인할 수 있었다. 또한 개인이 일과 가정의 영역을 분리하거나 각 영역 간의 상호작용이 이뤄질 수 있도록 촉진하기 위해서는 둘 간의 경계를 이해하는 것도 중요하다. 영역의 경계가 확실하게 구분되길 원하는 사람도 있고 영역의 경계가 뚜렷하지 않게 두 영역이 통합되길 원하는 사람도 존재한다. Kreiner, Hollensbe 및 Sheep(2009)은 개인이 원하는 경계 유형과 환경이 일치하는 것을 강조하는 모델을 제안하기도 하였다. 더욱이 이 모델에서는 일과 가정의 경계를 관리하는 데 사용하는 네 가지 유형의 책략을 제시하였다: 행동적(예 : 기술이나 장비 사용), 시간적(예 : 시간을 단위로 구분하여 특정 시간 차단), 물리적(예 : 집에서 분리된 작업 공간 생성), 의사소통(예 : 타인과의 의사소통 규칙 설정)이다. 이 모델은 이후 일과 삶의 균형 관리로 확장되기도 하였다. 예를 들면 Kossek, Ruderman, Braddy 및 Hannum(2012)은 Kreiner 등의 모델을 직장과 가정에서 이중 역할을 수행하면서 나타나는 문제를 관리하는 행동에 적용하였다. 연구 결과 직장의 역할과 가정의 역할을 완벽하게 분리할지 혹은 통합할지 여부보다 직장과 가정의 경계를 본인이 통제할 수 있는지 여부가 긍정적인 일-가정 결과변인과 관련성이 높았다. 즉 실제로 이 두 영역이 통합되는지 여부보다 개인이 두 영역의 경계를 통제할 수 있다고 느낄 때 일-가정 갈등의 부정적인 영향이 줄어들 수 있다.

조직지원과 개입

이 책에서 지속적으로 사회적 지지의 중요성에 대해서 언급하였다. 특히 10장에서는 조직지원의 중요성에 대해서도 언급하였다. 조직지원 영역은 상사가 부하직원에게 가족 구성원으로서의 역할을 지원해주는 것까지 확대되었다. Hammer, Kossek, Yragui, Bodner 및 Hanson(2008)은 부하직원의 가정 생활을 지원해주는 상사 행동(family supportive supervisor behavior)을 다차원 척도로 개발하였다. 부하직원의 가정 생활을 지원해주는 상사는 부하직원이 일과 가정의 균형을 이루는 것을 가치 있다고 생각하고 매우 중요시한다. 그들이 개발한 척도를 활용하여 연구한 결과 일반적인 사회적 지지보다 부하직원의 가정 생활 지원이 직무 만족, 이직은 물론 일-가정 문제와 관련된 다양한 결과를 예측하는 타당도가 더 높았다.

이 연구의 또 다른 시사점은 부하직원의 일에 대해 매우 지지적인 상사가 가정 생활에 대해서는 지지적이지 않을 수 있다는 것이다. 이는 과거에 비해 직원들이 일-가정 균형을 매우 중요하게 생각한다는 점을 고려할 때 조직의 인사관리자로서는 주목할 만한 연구 결과이다.

추가적으로 일과 삶의 균형을 연구하는 전문가들은 이 주제에 대해 단순 상관 연구보다는 개입을 통한 효과성을 검증하는 연구도 필요하다고 주장하였다. Hammer, Kossek, Anger, Bodner 및 Zimmerman(2011)은 실제로 부하직원의 가정 생활을 지원해주는 상사 행동을 향상시키는 프로그램을 도입하여 그 효과성을 검증하였다. 그들은 이러한 프로그램을 도입했을 때 직원들은 가정 생활에 대해 조직이 배려해준다고 생각하게 되는지, 또한 이것이 직무 만족 증가, 이직의도 감소, 신체건강 증가 같은 긍정적인 결과로 이어지는지를 확인하였다. 연구 결과, 훈련을 통해 부하직원의 가정 생활을 지원해주는 상사들의 행동이 증가하였다. 이로 인해 직원들은 조직의 가정 생활 지원에 대한 지각 수준이 높아졌으며, 직무 만족이 증가하고 이직의도가 낮아졌지만 신체건강 증진까지는 이어지지 않았다. 하지만 훈련은 상사의 가정 생활 지원 행동을 증가시켰으며 직원의 건강과 업무 성과에 긍정적인 효과를 미쳤다고 볼 수 있다(Hammer et al., 2011). 더욱이 상사들은 훈련받은 내용에 대해서 긍정적으로 생각하였으며, 훈련에서 배운 내용을 계속 활용할 것이라고 응답하였다.

미국의 고용주 1,100명을 대상으로 한 2005년, 2012년 조사(National Study of Employer, Matos & Galinsky, 2012) 결과에 따르면 조직유연성과 일-가정 균형에 지지적인 문화가 직원들의 직무 열의를 향상시켰고, 직무 만족, 재직의도 역시 증가시켰다. 그리고 일에서 가정, 가정에서 일로의 부정적인 전이효과가 감소되었고, 정신건강 역시 개선되었다. 또한 2005년과 2012년도의 결과는 차이가 있었다. 첫째, 2005년보다 2012년도에 고용주는 유연 근무 제도(유연한 근무시간, 긴급 상황에 외출허가, 유연한 근무 장소)를 더 많이 사용하였다. 둘째, 고용주는 2005년보다 2012년도에 직원이 개인적 이유로 경력을 중단하거나 전일제에서 시간제로 전환하려는 것에 대한 승낙 비율이 감소하였다. 즉 고용주는 전일제 근무에서 직원이 시간을 자유롭게 활용하는 것에 대해서는 더 수용하였지만, 고용계약 변화(예 : 전일제에서 시간제로) 같은 경력관련 변화에 대해서는 더욱 보수적으로 변했다. 이러한 결과는 일부 조사에서 나타난 근로자들의 요구사항과는 일부 대치되는 결과이다. 1,000명이 넘는 미국 근로자를 대상으로 RecruitiFi(리쿠르팅 서비스 회사)에서 실시한 조사에 따르면 일과 삶의 균형과 유연한 근무 시간을 위해 전일제에서 자발적으로 시간제 근로를 요구하는 직원들도 있었다(PR Newswire, 2015). 응답자들은 시간제 근로가 재정 문제, 사회적 위상 하락, 직무 불안정성 등의 부정적 영향이 있지만 근로 시간 단축으로 인한 장점도 있다는 것을 강조하였다.

Jayson(2012)이 실시한 조사에서는 거의 2,000명의 근로자가 일과 관련한 스트레스를 지속적으로 받고 있다고 보고하였다. Jayson은 주변 동료나 상사에게 얼굴을 비추는 것이 일의 본질이 아니기 때문에 출근에 중점을 두는 것이 아니라 수행에 초점을 맞춰야 한다고 주장하였다. 탈진, 스트레스, 피로, 과로 등을 극복해야 하는 근로자들에게 단순히 직장 상사에게 얼굴 도장을 찍기 위해 출근하는 것이 그들을 더 힘들게 할 수 있다는 것이다. 미국의 5,000가구를 대상으로 조사한 결과에 따르면 설문 조사 대상 근로자의 1/3만이 업무량에 만족하였으며 63%는 극도의 피로 및 스트레스, 통제감 상실을 경험하는 것으로 나타났다(Jayson, 2012).

몇몇 연구에서 일-가정 문제는 자녀 출산 직후에 더 중요해진다는 사실을 발견하였다. Carlson 등(2011)의 연구에서는 출산 4개월 후 직장에 복직한 여성 근로자의 직무 자원과 직무 요구가 각각 일-가정 충실과 일-가정 갈등에 어떤 영향을 미치는지를 확인하였다. 예를 들어 개인의 스케줄을 통제할 수 있는 것이 일-가정 갈등의 부정적 결과를 감소시켰고, 직무 안정성은 일-가정 충실을 증가시키는 것으로 나타났다. *International Journal of Stress Management*의 특별 호에 소개된 결과에 따르면 가정 생활에 대한 조직지원과 상사지원은 핵심 스트레스원과 스트레인과 관련이 있었고 조직에서의 가족친화정책에서 중요한 역할을 하는 것으로 나타났다(O'Driscoll et al., 2003). 그리고 많은 기업들이 근로자의 스트레스를 줄이기 위해 가족 친화 혹은 일-가정 지원 프로그램을 도입하고 있다(Sahibzada, Hammer, Neal, & Kuang, 2005). **표 11.2**는 이러한 프로그램 목록을 보여주고 있다.

2002년과 2012년의 노동력 변화를 비교한 연구 결과, 일-가정 지원에 대한 근로자의 시각이 많이 변화하였다(Matos & Galinsky, 2012). 2002년 결과에서는 15개의 조직 정책/프로그램(지원)은 유연 근무에 해당하는 것이었다. 표 11.2에 포함되어 있다(관련 내용은 Bond & Galinsky, 2006 참조). 2002년과 2012년 비교한 결과 고용주가 직원에게 제공하는 일-가정 지원 중 의료비나 연금 플랜 같은 회사의 직접비용이 발생하는 것들은 축소시켰다. 하지만 직원에게 제공하는 유연시간 근무제, 재택근무, 외출제도 같은 것에 중점을 두어 더 많은 투자를 하였다. 비영리 조직과 최고 수준의 리더십을 갖춘 회사의 경우에는 직원들에게 더 많은 지원을 해주는 경향이 있었다.

표 11.2 조직에서 제공하는 일-가정 지원 제도

전통적 사내 복지제도	비전통적 사내 복지제도
육아 지원 직장어린이집 정보 지원 재정 지원 아픈 아이 돌봄	편의 복지 사내 병원 및 세탁소 사내 우편서비스 도시락 서비스 사내은행
노인돌봄 상담 정보 지원 노인병 관리	건강 증진 사내 헬스장 건강검진 예방접종 상담 서비스
유연 근무 근무시간 자유 선택제 시간 선택제 분담노동 재택근무	교육 지원 복지 학습 지원 학자금지원 장학금 학자금 대출
휴직 제도 출산휴직 육아휴직 가족휴직 학업휴직	주거 지원 프로그램 재배치 세미나 주택구입 저축 주택담보대출
	공동구매 지역상품 할인 자동구매 공동보험 및 가정보험

또한 같은 자료로 소득 수준에 대해서 분석한 결과, 유연 근무가 가장 필요한 직원이지만 소득감소를 우려해 이를 활용하지 못하는 직원들에 대한 지원은 이루어지지 않은 것으로 나타났다. 하지만 일반적으로 조직과 근로자 모두에게 긍정적이라고 알려진 제도도 단점이 있을 수 있다. 예를 들면 첨단기술 회사의 재택근무자를 대상으로 연구한 결과에 따르면 재택근무로 WIF 갈등은 줄었지만 반대로 FIW 갈등은 증가했다(Golden, Veiga, & Simsek, 2006). 확실히 가정에서의 재택근무는 가정 생활로 인해 일이 방해받을 수 있다.

몇몇 혁신적인 프로그램도 있었다. NRG 보험은 우수한 유연근무제를 도입하여 Alfred P. Sloan 상을[1] 수상한 기업이다(Families and Work Institute, 2007). 이 기업은 미국에서 여성이 사

---

[1] 제너럴 모터스 사장이었던 Alfred P. Sloan가 설립한 재단에서 주는 상(역주)

실무자 포럼

E. Jeffrey Hill

E. Jeffrey Hill

유타주립대학교 가족 및 인간발달학 박사, 1995년
브리검영대학교 가족생활학과 교수

IBM에서 30년 이상 근무했으며, 처음 5년은 IBM 내에서 5개의 다른 직무에 종사하였기 때문에 워싱턴, 유타, 조지아, 애리조나에서 살아야 했다. 여러 곳을 돌아다녀야 했고 또 긴 시간 일을 했다. 당시 일을 마치고 집에 올 때면 가족이 아니라 그냥 같이 사는 거주자라는 생각이 많이 들었다. 아이들의 생일, 아이들과 함께할 수 있는 공놀이, 연극, 콘서트, 발표회, 또한 교사 면담 등을 함께하지 못했다. 점점 살기 위해서 일하는 것이 아니라 일하기 위해 사는 것은 아닌지 걱정하기 시작했다. 1990년에 IBM 직원을 대상으로 설문 조사를 하는 직무를 맡으라는 제안을 받았다. 승진 제안이었다. 하지만 그 일을 하기 위해서는 뉴욕에 있어야 했고 뉴욕으로 출퇴근하는 것은 끔찍하다고 생각했다. 조건을 걸고 그 제안을 받아들였다. 당시 지금 같은 인터넷은 없었지만 모뎀을 통해 통신이 가능했기 때문에, 상사에게 모뎀을 이용해 설문 조사를 하면 조사의 설계와 분석이 우수해질 수 있다고 제안하였다. 놀랍게도 새롭게 상사가 될 분은 그 조건을 승낙해주었다.

직장 상사의 허락으로 인해 삶이 즉각 변했다. 직장에 출근하지 않고도 일을 할 수 있었기 때문에 1시간 30분을 추가로 확보할 수 있었다. 아침에 일어나 좋은 아이디어가 떠오르면 노트북에 바로 정리할 수 있었다.

집중을 더 잘할 수 있었고, 에너지가 넘치게 되었으며, 일을 생산적으로 할 수 있게 되었다. 동료들의 방해 없이 훨씬 더 짧은 시간에 고품질의 설문 조사 분석을 할 수 있었다. 이러한 근로 유형이 좋았기 때문에 다른 동료 4명도 집에서 일할 수 있게 되었다.

1990년대 중반에 IBM은 가상 사무실 방식을 구현하기 시작했다. 바로 25,000명의 IBM 근로자들이 사무실에 출근하지 않아도 되었고, 노트북, 휴대폰, 호출기 등을 받게 되었다.

실제 실험 연구에서도 나의 개인적인 경험과 유사한 결과가 나타났다. 업무 측면에서 본다면, 재택근무는 생산성을 높였고, 사기를 진작시켰고, 조직몰입 수준을 높였으며, 고객관계도 좋아졌다. 가정 생활 측면에서 본다면, 재택근무는 가족 관계와 웰빙에 긍정적인 영향을 미쳤다.

물론 재택근무가 일부 직무에서 더 효과적일 수 있다는 것은 사실이다. 하지만 내가 근무했던 IBM과 많은 기업의 사례를 통해서볼 때 유연 근무를 확대하는 것은 일-가정 갈등을 해결할 수 있는 길이라고 확신한다.

학습질문

1. Hill 박사의 전기통신 경험과 관련하여 이 장에서 기술된 긍정적 효과의 맥락에서 논의해보자.
2. 21세기 근로자들에게는 왜 직무 스케줄 유연성이 중요한가?
3. IBM이 실시한 재택근무의 장기적 효과는 무엇인가?

업주인 중개회사 중 규모가 큰 회사이다. 이 기업의 직원들은 일주일에 하루는 집에서 근무해야 한다. 사업주에 따르면 주위에 울리는 전화가 없기 때문에 직원들이 일에 더 집중할 수 있다는 것이다. 모든 직원은 매월 한 달에 한 번 금요일 오후에 3시간 휴식을 취하고 5년마다 한 달의 유급 휴가가 직원에게 주어진다. Alfred P. Sloan 상을 수상한 또 다른 기업은 Intel로 애리조나의 마이크로칩 공장 직원들은 7년 동안 근무하면 2개월간의 유급 휴가를 갈 수 있다. Intel은 이렇게 함으로써 직원들이 휴식을 취하고 재충전을 통해 혁신과 창의성을 높일 수 있다고 주장하고 있다. 또한 직원들은 새로운 교육이 필요하다고 생각하면 추가적으로 교육 휴가를

생각해보기
대부분의 관리자는 일-가정 균형의 중요성을 앨리스의 상사보다는 잘 이해하고 있다. 실제로 직원들이 집에서 일할 수 있도록 하는 것의 장점과 단점은 무엇인가?

활용할 수 있고 비용은 Intel이 지불한다. *Fortune*에서는 매년 일하기 좋은 100대 기업을 조사하여 발표한다. 2015년 6년 연속으로 Google이 세계에서 일하기 가장 좋은 회사로 선정되었다. Google은 무료/무제한 식음료, 간식, 구글 캠퍼스 왕복 무료 승차, 애완동물 허용, 출산 및 육아휴직, 사망한 직원 배우자에 대한 지원(10년간 직원 임금의 절반 지급과 자녀 1인당 1,000달러 지원), 직장 어린이집, 헬스장, 체육활동 보조금, 재택근무, 친환경 기술 강조, 프로젝트 관리 선택권, 일하고 싶은 부서 선택, 동성애자에 대한 비차별정책 등의 혜택이 지원되고 있다.

Whole Foods Market은 76,000명이 넘는 직원이 종사하는 유기농 식품 판매 회사이다. 이 회사는 85%에서 100%까지의 건강보험 지원, 체육활동 보조금, 주당 근로시간 단축 및 재택근무, 동성애자 혜택과 함께 비차별 정책 등을 제공한다. 이러한 복지 제도들은 수년 동안 유지되고 있다. *Fortune*에 소개되어 있는 기업들이 일-가정 갈등 문제를 해결하기 위해 어떠한 제도와 정책을 도입하고 있는지 추후에 확인하는 것도 이 문제를 이해하는 데 도움이 될 것이다. 이와 함께 인생의 각 시점에서 어떠한 요소가 중요하고 시간이 지남에 따라 가치와 우선순위가 어떻게 변화하는지를 고려하는 것도 필요하다.

이후에는 기업에서 자주 활용하고 있는 일-가정 지원 정책과 제도에 대해서 구체적으로 살펴보도록 하겠다. 다음은 자주 활용하는 세 가지 제도이다.

가족 간호 휴직

7장에서 논의하였듯이 빌 클린턴 대통령에 의해 첫 번째로 제정된 법은 가족 구성원을 돌보기 위한 휴가와 병가에 대한 법령(Family and Medical Leave Act)으로 자녀 출산, 가족 구성원의 심각한 건강 문제와 같은 가족관련 사건이 있는 근로자는 12주 동안 무급 휴가를 쓰더라도 일자리를 보장한다. 미국에서 이러한 법은 늦게 재정되었다. 이미 많은 나라들이 30년 전부터 가족 구성원을 돌보기 위한 휴직 프로그램과 법률을 시행하고 있었다. 하지만 미국은 다양한 유연 근무와 보상 프로그램이 구축된 선진국을 아직 따라가고 있는 입장이다. 그럼에도 불구하고 많은 미국 기업들은 이 법이 만들어지기 이전부터 가족을 위한 휴가와 병가를 도입하고 있었다. 또한 많은 주 정부는 1978년 이전부터 가족 구성원을 돌보기 위한 휴가 정책을 실시하고 있었다.

헝가리와 스웨덴은 각각 1967년과 1974년에 처음으로 육아휴직 제도를 도입하였다. **육아휴직**(parental leave) 제도는 직원이 일과 육아와 관련된 가족의 책임을 병행할 수 있도록 고안된 제도이다. 많은 국가들에서 만 3세 이하 자녀를 위한 휴직 제도를 도입하고 있으며 학령기 아동까지 확대한 경우도 있다. 벨기에는 다른 나라들과 다르게 특이한 제도를 가지고 있다. 직원은 실업급여를 받으면서 잠시 직장을 떠나 있을 수 있고 고용주는 근로자를 대체하기 위해 새로운 사람을 고용할 수 있다.

> **육아휴직**
> 조직에서 직원이 직장에서의 일과 가정에서의 육아와 같은 책임을 병행해서 할 수 있도록 제공해주는 프로그램

비록 가족 구성원을 돌보기 위한 휴직 프로그램은 직장과 가정에서의 책임을 모두 지닌 직원들에게 큰 도움이 되는 제도였지만 여전히 문제점은 존재한다. 미국 노동부에 따르면 휴직 중 제한된 급여를 받거나 혹은 급여를 받지 못하는 사람들의 30% 이상이 휴직을 중단한다고 보고하고 있고, 약 40%의 사람들은 금전적 여유가 된다면 휴직을 연장하고 싶다고 보고하였다(U.S. Department of Labor, 2015).

이 분야의 일부 전문가들은 현재 가족 돌봄 휴직을 활용할 수 없는 근로자를 위해 새로운 휴직 제도를 만들어야 한다고 주장한다. 이와 관련하여 의회에서 많은 법안들이 제시되었지만 아직까지 의회 차원에서 연구된 것은 없다. 가장 최근에 제안한 법안은 2009년에 제출된 가족 돌봄 보험법안(Family Leave Insurance Act)으로 2015년도 국회 소위원회에 배속되었으며 2016년도에 하원이나 상원에 송부되어야 한다. 이 법안은 가족 구성원을 돌보기 위한 휴직정책을 개정하여 12주의 휴직 중 8주는 유급으로 처리해주는 것이다. 물론 이러한 법안은 고용주에게 많은 비용을 초래할 것으로 예상된다.

육아 지원

직장 생활을 하면서 자녀를 돌보는 것은 여간 어려운 일이 아니다. 다수의 연구에서 자녀 돌봄의 어려움으로 인해 결근, 지각, 조기퇴근이 빈번하게 발생하고 생산성에도 부정적인 영향을 주며 동료 생산성에도 간접적으로 영향을 주는 것으로 알려져 있다(Erickson, Nichols, & Ritter, 2000; Tetrick, Miles, Marcil, & Van Dosen, 1994). 사실 18세 미만의 자녀가 있고 직장과 가정의 이중역할을 부담하고 있는 전일제 근로자는 심리적 웰빙 수준이 낮고 결혼과 삶의 만족도도 낮으며, 일-가정 갈등 수준이 높은 것으로 알려져 있다(Sahibzada et al., 2005). 자녀 돌봄 문제는 직원의 사기, 생산성, 웰빙과 관련되어 있다는 것이 알려져 있기 때문에 많은 기업들이 육아 지원 프로그램 및 제도를 직원들에게 제공하기 시작하였다.

표 11.2에 네 가지 유형의 육아지원 혜택을 제시하였다. 일부 조직들은 지역 내 아동 돌봄 기관에 대한 정보를 제공한다. 그리고 자녀 돌봄을 위한 재정지원을 하는 경우도 있다. 하지

Yellow Dog Productions/Getty Images

생 각 해 보 기

직원 자녀에 대해서 조직이 돌봄을 지원하는 것이 직원의 결근, 태도, 생산성에 어떠한 영향을 미칠 수 있는가?

만 조직에서 취할 수 있는 가장 적극적인 방법은 직장어린이집을 설치하는 것이다. *Fortune*에 소개된 가장 일하기 좋은 기업 100곳 중 25곳은 직장어린이집을 설치하여 자녀가 있는 직원들을 지원해 주고 있다. 직장어린이집이 있는 병원에서 근무하는 직원들을 대상으로 실시한 조사에 따르면 직장어린이집을 적극적으로 사용하는 직원은 그렇지 않은 직원에 비해 직장어린이집이 채용과 직원 유지에 유용한 도구라고 생각하였다(Kossek & Nichol, 1992). 또한 직장어린이집을 사용하는 직원들은 사용하지 않는 직원보다 일-가정 책임을 관리하는 데 있어 보다 긍정적인 태도를 갖고 있었다.

이러한 자녀 돌봄 문제는 일-가정 갈등 영역에서 자주 언급되는 문제 중 하나이다. 더욱이 자녀 돌봄 문제로 인해 결근과 조퇴가 증가하는 것으로 보고되고 있다. 고용주가 직원들의 자녀 돌봄을 지원해주는 것은 직원들의 사기를 높이고 이직과 결근을 감소시키며 생산성을 증가시키는 것으로 알려져 있다(Hahn, 2007). 다른 연구(*Kids at Work: The Value of Employer-Sponsored On-Site Child Care Centers*, 2004)에서도 직장어린이집을 설치함으로써 직원들이 집중해서 업무를 계속할 수 있게 하여 수십만 달러를 절약할 수 있다고 보고하고 있다.

노인돌봄 지원

자녀돌봄은 가족 친화를 강조하던 조직문화가 형성되던 시기인 1980년대와 1990년대부터 강조(Perr-Jenkins, Repetti, & Crouter, 2000)되기 시작되었지만 21세기 초반에는 노인돌봄이 중요해질 것으로 예상된다. 또한 노동력의 절반 정도는 가까운 시일에 노인돌봄을 하게 될 것으로 예상되고 있다(Smith, 2012). 미국은퇴자협회(American Association of Retired Persons : AARP)에 따르면 현재 4,350만 명의 성인이 무급 돌보미라고 보고하고 있다.

돌봄전담사의 전형적인 프로파일은 다음과 같다. 평균 주당 35시간 일하는 49세의 취업 여성으로 장기적으로 신체적 문제가 있는 69세 여성을 돌보는 데 주당 24시간의 시간을 보낸다. 결혼을 했거나 배우자와 살고 있고 평균적으로 가구 소득은 57,700달러(약 6,600만 원)이며 4년 동안 돌봄을 제공하고 있다(National Alliance for Caregiving, 2015). 가장 큰 문제는 40대와 50대의 14%가 64세 이상의 부모가 있고 동시에 18세 이하의 자녀를 양육하고 있으며 두 세대에게 재정적으로 지원하고 있다는 점이다(Parker & Patten, 2013). 부모와 자녀를 모두 돌봐야 하는 책임을 지고 있기 때문에 끼인 세대(sandwiched generation)로 분류된다. 분명한 것은 자녀와 부모 돌봄에 많은 비용이 소모되고 있으며 돌봄으로 인해서 많은 스트레스를 받고 있다. 이러한 스트레스는 다시 건강에 부정적인 영향을 미친다. 자녀와 부모 모두에게 재정 지원 이외에 정서적인 지원도 제공해야 한다.

미국인구조사국(U.S. Census Bureau)에 따르면 2010년에는 미국의 65세 인구 구성이 13%였지만 2030년에는 20%까지 증가할 것이고 8,000만 명에 육박할 것으로 전망하고 있다(Ortman, Velkoff, & Hogan, 2014). 더욱이 가장 빠르게 인구성장이 이뤄지고 있는 층은 85세 이상으로 대부분의 경우 돌봄이 필요하다("America in 2050", 2012).

이러한 인구통계학적 특성을 고려할 때 고용주들은 노인돌봄에 대한 필요성을 인식하기 시작하였다. 일부 통계치에 따르면 75%의 고용주는 노인돌봄을 지원하기 위해 유급 또는 무급의 휴가를 제공하고 있다(Matos, & Galinsky, 2012). 점점 더 많은 고용주들이 직원들에게 노인돌봄 지원의 중요성을 인식하기 시작하였고, 이 비율은 증가할 것으로 기대하고 있다(자녀돌봄 프로그램의 비율만큼의 증가되어야 한다). 최근 일부 자료는 고용주가 노인돌봄에도 관심을 가져야 한다는 사실을 보여주고 있다. MetLife가 실시한 돌봄 비용 연구에 따르면 기업은 매년 돌봄 책임으로 인해 매년 170억 달러(19조 5천억 원)에서 340억 달러(39조 원)의 생산성 손실을 보고 있다(MetLife Mature Market Institute, 2006). 노인부모 돌봄으로 인해 1년에 1,500만 작업일의 손실을 입는다. 주요 손실 비용은 직원 대체 비용(66억 달러; 7조 5천억 원)이고 결근에 따른 비용(51억 달러; 5조 8천억 원), 업무 방해에 따른 비용(63억 달러; 7조 2천억 원)이다.

Jose Luis Pelaez Inc./Blend Images/Getty Images

생 각 해 보 기

베이비붐 세대는 어떻게 현대 기업들에게 자신들의 노인돌봄 지원을 평가하도록 하였는가?

조직에서 제공하는 가장 보편적인 노인돌봄 서비스는 정보지원, 부양가족지원금, 세미나, 상담, 장기 보험 등이다(Work Options Group, 2006). 일부 고용주는 한도를 정해 노인돌봄 비용을 지원해주고 있으며, 세대 간 직장 데이케어센터를 설립하는 곳도 존재한다. 가장 빠르게 성장하는 지원 유형은 노인돌봄 관리로 노인이 있는 가정의 웰빙 및 요구사항을 평가할 수 있는 공인 전문가를 지원하는 것이다(Prudential Financial, Inc.). 더욱이 이러한 전문가들은 직원을 위한 노인돌봄 시설에 대한 현장 평가를 하기도 한다(Gonzalez, 2004). 코넬대학교처럼 부모 및 조부모에 대한 장기 보험을 제공하는 경우도 있고, PNC 은행처럼 1년에 80시간 동안 지원 돌봄을 제공하는 경우도 있다(Halzack, 2013).

가족 친화 혜택과 노인돌봄 분야의 전문가들은 직원이 직접 노인을 돌보는 것은 지각, 조퇴, 조기 수행, 은퇴 설계에 영향을 미칠 수 있다고 주장한다(Seaward, 1999). 은퇴자협회 조사에 따르면 2,240만 명의 사람들이 부모나 동료를 위해 돌봄 활동을 하고 있는 것으로 나타났고, 응답자의 절반 정도가 돌봄 책임으로 인하여 지각하거나 휴가를 내어 근로 시간을 다 채우지 못하는 것으로 나타났다(Crute, 2007). 반대로 노인돌봄에 대한 걱정이 없는 직원들은 자신의 직업에 더 만족할 뿐만 아니라 생산성도 높은 것으로 나타났다(Seaward, 1999). 부양가족 지원 업체인 Ceridian Corporation에 따르면 돌봄의 책임이 있는 직원의 16%는 돌봄에 전념하기 위해 직장을 그만두는 것으로 나타났다(Gonzalez, 2004). 조사 결과, 돌봄의 책임을 가지고 있는 직원의 69%가 업무 스케줄을 조정하고 근로 시간을 단축하거나 돌봄 책임을 다하기 위해 무급휴가를 떠나는 것으로 나타났다(Family Caregiver Alliance, 2012).

맞벌이 부부

여성의 노동시장 참여는 세계적인 추세이기 때문에 맞벌이 부부의 증가는 자연스러운 사회현상이다. 하지만 **맞벌이 부부**(dual-earner couple)의 특성상 직장 생활과 가정 생활에 모두 충실하기 어려운 경우가 많고 일-가정 갈등에 노출되기 쉽다.

> **맞벌이 부부**
> 가족을 영위하면서 둘 모두 고용되어 있는 부부

관련 자료를 살펴보면, 2014년 미국 통계국에 따르면 자녀가 있는 여성의 70%가 일을 하고 있거나 하길 원하는 것으로 나타났다(U.S. Bureau of Labor Statistics, 2015). 미국 인구조사국 통계에 따르면 17%의 가구만이 전통적인 모델인 아버지는 가족의 생계유지를 위해 일을 하고 어머니가 자녀들을 돌보는 가정에 해당하였다.

과거에 비해 여성의 노동시장 참여가 활성화된 주요 원인 중 하나는 1980년대는 여성의 임금이 남성의 63.9% 수준이었으나 현재는 82.5%로 수준으로 증가한 것이다(Institute for Women's Policy Research, 2015). 3장에서 논의했던 가치를 다시 한 번 상기해보자. 주로 여성 근로자와 관련된 주제를 연구하는 Catalyst 조사에 따르면 응답자의 85%가 맞벌이의 가장 큰 이점은 소득 증가라고 하였지만, 56%는 맞벌이로 인해 개인 시간이 부족해졌다고 응답하였다(Kate, 1998). 25개국 50,000명의 성인을 대상으로 연구한 결과에 따르면, 취업 여성의 딸이 더 많은 교육을 받았고 리더 역할을 할 가능성이 높았으며 취업하지 않은 어머니의 딸보다 소득이 높았다(Miller, 2015). 따라서 맞벌이의 장점은 단순히 소득이 높아진다는 것이 아니라 자녀에게도 긍정적인 영향을 미칠 수 있다.

Sloan Foundation의 전임 회장이자 IBM 연구 소장이었던 Gomory가 포브스 잡지와의 인터뷰에서 맞벌이에 대한 새로운 관점이 필요하다고 언급하였다.

"이제는 한 사람이 더 오래 일하는 것이 아니라 두 명이 세 가지 직무를 소화해야 합니다. 과거에는 한 사람이 직장에서 일을 하고 다른 사람은 가정을 돌보고, 사회적 네트워크를 구축하거나 기타 가정과 관련된 일을 했습니다. 아이를 돌보고 가정을 돌보는 것을 직무라고 인식하지 않았습니다. 하지만 이것도 일이고 직무입니다"(Machan, 1999에서 인용).

즉 맞벌이 부부는 집 밖에서는 각각 자신이 맡은 직무가 있고 집안일도 하나의 직무이고 공유해서 해결해나가야 한다는 의미이다. 이러한 상황에서는 부부는 더 많은 노력이 필요하다. 가정일을 비롯하여 자녀돌봄에 대해 여전히 남성들은 적게 관여하고 있고 심지어 배우자가 전일제로 일을 하더라도 크게 달라지지 않고 있다. 북미 여성은 요리 및 청소와 같은 일상적인 가정 업무의 2/3를 수행한다. 이러한 불균형은 다른 나라에서도 마찬가지이다(Lothaller, Mikula, & Schoebi, 2009). 일반적으로 여성은 주당 가사노동의 13시간을 참여하고 있는 것에 비해 남성의 가사노동 참여시간은 7시간 미만이다(Lachance-Grzela & Bouchard, 2010).

Hammer 등(2005)은 끼인 세대 맞벌이 부부 234쌍을 대상으로 연구한 결과, 일-가정 갈등과, 일-가정 충실에 종단적인 교차(crossover effects)가 있다는 것을 밝혀냈다. 교차 효과는 부부 중 한 사람의 스트레스, 스트레인, 우울이 다른 사람에게 전이되는 것을 의미한다. 예를 들면 남편의 일-가정 충실(긍정적인 전이효과)은 1년 후 부인의 우울증과 부적관계가 있었다. 부인의 일-가정 충실이 남편의 우울에 영향을 미치는 병렬효과(parallel effect)도 확인되었다. 이러한 연구 결과는 일에서 가정, 가정에서 일로의 긍정적인 전이효과가 각 부부의 웰빙에 중요한 역할을 한다는 것을 보여주고 있다. 자녀가 있는 맞벌이 부부를 대상으로 한 연구에서는 배우자의 업무 요구는 WIF 갈등에 영향을 주는 것으로 나타났다. 개인은 업무 수행을 위한 인지적 자원을 많이 투자하면 가정 활동을 위한 인지적 자원은 거의 남아 있지 않게 된다. 따라서 배우자에게 가정 활동에 대한 요구가 증가하게 된다. 결국 이로 인해 배우자는 FIW 갈등 수준이 높아지게 되고 소진까지 이르게 된다(Bakker, Demerouti, & Dollard, 2008).

mother image/Getty Images

생 각 해 보 기
전통적인 맞벌이 부부와 역할을 공유하는 맞벌이 부부의 결혼생활에는 어떠한 차이가 있는가?

Hallett와 Gilbert(1997) 연구에서는 170명의 경력지향적인 여학생을 대상으로 미래 경력과 직장생활에 관한 기대와 바람에 대해서 조사하였다. 응답에 따라 가정과 자녀에 대한 주 책임을 여성이 유지하면서 일을 해야 한다고 생각한 여학생은 **전통적인 맞벌이 결혼생활 추구자**로, 부부가 모두 적극적으로 직장을 가지려고 노력하고 가정 생활과 자녀돌봄에도 모두 참여해야 한다고 생각하는 여학생은 **역할 공유 맞벌이 결혼생활** 추구자로 구분하였다. 흥미롭게도 역할 공유 추구자는 전통적인 맞벌이 결혼생활 추구자보다 직장 생활을 길게 할 수 있는 직업에 종사할 가능성이 높은 것으로 나타났다. 추가적으로 역할 공유 추구자가 전통적인 맞벌이 결혼생활 추구자보다 가정 관리와 자녀돌봄에 더 많은 시간을 할애할 수 있는 배우자를 찾는 것을 더 중요하게 여겼다. 연구자들은 대학 교육을 받은 여성들이 이전 세대와는 다른 방식으로 미래에 대해서 생각하고 있다고 결론을 내렸다.

이후 맞벌이 부부 연구는 결혼생활에 대한 태도에 대해 주로 연구하고 있다. Hoffnung와 Williams(2013)는 여대생을 대상으로 결혼생활과 취업 여부에 대해서 추적 조사를 실시하였다. 1993년에 취업, 결혼, 자녀 양육을 모두 희망했던 여대생은 16년 후인 2009년에 응답자의 2/3가 전일제 직장에서 일하였고 91%는 결혼을 하였으며, 75%는 자녀가 있었고, 57%는 전일제로 일하면서 자녀를 키우고 있었다. 자녀가 있고 전일제로 일하는 여성은 전통적인 여성(시간제로 일하거나, 직장 생활을 하지 않고 자녀를 키우는 여성)보다 교육 수준이 낮은 배우자와 결혼하는 것으로 나타났으며, 일 때문에 자녀와 분리되는 것에 대한 우려 수준이 낮았다. 또한 2009년에 응답했던 대부분의 여성들은 여전히 직장 생활과 가정 생활을 병행하길 원했고 전통적인 여성들도 노동시장에 복귀하길 원하는 것으로 나타났다.

더 이상 여성에게 직장과 가정 중 한 곳만 충실하도록 강요해서는 안 된다. 대학교육을 받은 여성들은 일과 가정 생활을 충분히 병행할 수 있다고 믿고 있다. 다행히도 많은 기업, 전문가, 연구자들이 일-가정 균형을 이룰 수 있는 방법에 대해서 모색하고 있다.

마지막으로 이전 코카콜라 업무 최고책임자였던 Brian Dyson의 일-가정 갈등에 대한 인용문을 소개하면서 이 절을 마치도록 하겠다(*The Whistle*, 1991).

> 여러분이 인생에서 5개의 공을 저글링하고 있다고 상상해보십시오. 5개의 공은 각각, 일, 가족, 건강, 친구, 영혼입니다. 여러분은 일이 고무공이라는 것을 알게 될 것입니다. 즉 떨어뜨리더라도 다시 튀어 오를 수 있습니다. 하지만 가족, 건강, 친구, 영혼은 유리공입니다. 만일 이것을 떨어뜨리면 흠집이나 상처가 생길 수 있고, 완전 깨져버릴 수도 있습니다. 즉 5개의 공은 모두 같지 않습니다. 따라서 여러분은 삶의 균형을 유지하도록 노력해야 합니다.

국가 및 세계의 리더로 부상하고 있는 기업들은 직원의 일-가정 갈등 문제가 해결되도록 지원하고, 스트레스를 관리하는 것을 도와주는 것이 결국 조직에 이익으로 돌아온다는 관점을 가지고 있다. 사실, 최상위 기업들은 이미 이러한 관점으로 회사를 운영하고 있다. *Fortune*이 선정한 '일하기 좋은 100대 기업'에서 가장 중요한 기준은 회사가 일과 삶의 균형을 잘 유지하도록 지원하는지 여부이다. 2016년도에 선정된 회사인 Google, Quicken Loans, Hyatt Hotels, Wegmen's, Walt Disney, Prudential 같은 회사들은 이미 표 11.2에서 언급한 일과 삶의 균형을 유지할 수 있는 지원들을 제공하고 있다.

실직의 심리적 효과

앞서 1장에서 I/O심리학이 중요하고 우리 모두와 관련되어 있다는 점을 강조하면서, 자신이 어떤 사람인지를 정의할 때 자신이 어떤 일을 하는지가 포함된다고 소개하였다.

어떤 직업을 가지고 있는지가 삶의 방식뿐만 아니라 인식, 신념 및 태도에 영향을 미친다. 직업이나 직무를 자신과 동일시하는 정도의 차이는 있지만 대부분의 사람들에게 직업은 자신이 누구인지를 정의하는 것에 중심적인 역할을 한다는 것을 알고 있다. 그렇기 때문에 실직은 당사자에게는 극심한 스트레스를 주는 사건이다. 사실 선행 연구에 따르면 실직은 일관되게 인생에서 가장 스트레스를 많이 발생시키는 10대 사건 중 하나였다(Maysent & Spera, 1995). 또한 실직은 건강 문제를 예측할 수 있는 주요 생활 스트레스원(Strully, 2009)이고 사망과 자살과도 관련 있다(Eliason & Storrie, 2009). 일부 사람들은 사랑하는 사람을 잃는 것만큼의 스트레스를 겪을 수 있다.

직업은 다양한 이유로 우리에게 중요하다(Cartwright & Cooper, 1997). 첫째는 우리가 삶의 살아가는 데 절대적으로 필요한 돈을 버는 수단이 된다. 두 번째는 직업은 개인 스케줄을 결정해준다. 즉 기상 시간, 점심 시간, 미팅 및 면담 시간, 퇴근 시간 등이 직업을 갖게 됨으로써 구조화된다. 만일 직업을 잃게 되면 이러한 구조는 무너지게 되고, 하루 스케줄을 어떻게 짜야 할지 방향을 잃게 된다. 세 번째 직업은 개인이 소유한 기술을 활용하게 하고 새로운 기술을 개발할 수 있는 기회를 제공한다. 기회가 제공되지 않으면 사람들은 정체되고 지루해질 수 있다. 네 번째는 가족, 친구 이외의 타인과의 상호작용이다. 인간은 사회적 동물이며, 어느 정도 사회적 상호작용이 필요하다. 직업은 공통의 관심사와 기술을 가진 사람들과의 상호작용이 이뤄지게 할 뿐만 아니라 공통성이 없는 사람과도 상호작용할 수 있는 기회를 제공한다. 즉 직장에서 우리는 다양한 유형의 사람들과 상호작용할 수 있는 기회를 얻게 된다.

다섯째 직업은 단기간의 일상적인 목표와 경력개발과 발전에 관한 장기목표를 제시해준다. 즉 우리 삶의 목적을 부여해준다. 목적의식이 없다면 인생이 쳇바퀴 도는 삶이 될 수 있다. 마지막으로 직업을 통해 정체감을 느끼고 심지어 명성을 얻을 수도 있다. 예를 들어 개인적으로 가치가 있다고 생각하고 사회적으로 명성을 얻을 수 있기 때문에 교수가 되고자 하는 사람도 있을 것이다. 즉 이러한 정체감은 개인의 행복과 웰빙에 중요한 영향을 미칠 수 있다.

명백한 결과 : 구조조정 및 정리해고

많은 미국 기업들이 1980년대 후반부터 정리해고, 적정규모화(rightsizing), 규모축소(downsizing)의 이름으로 노동력을 줄였다는 것은 부인할 수 없는 사실이다. 1989년 7월부터 1990년 6월까지 약 1년간 1,219개의 미국 기업에서 81,000개의 일자리가 사라졌다(Schwartz, 1990). United Airlines를 비롯하여 DuPont, General Electric, General Motors 등 세계에서 안정적이고 신뢰할 수 있는 기업으로 인정받는 회사들도 기록적인 인원감축을 실시하였다. 한 추정치에 따르면 미국에서 1979년부터 1999년까지 4,300만 개의 일자리가 사라진 것으로 보고하고 있다(McKinley, Zhao, & Rust, 2000). 2004년에는 매월 약 80,000명의 사람이 해고되었다(Weber, 2004).

2차 세계대전 이래로 미국에서 해고가 가장 많이 발생했던 시기는 경기침체가 절정이던 2008년부터 2009년으로 6개월 동안으로 매월 712,000개의 일자리가 없어졌다(U.S. Bureau of Labor Statistics, 2011). 2008년 3사분기에 1,330건의 대규모 정리해고(대략 정리해고는 기업이 적어도 50명 이상의 직원을 퇴출하는 경우)가 시작되어 218,000명의 직원이 직장을 잃었다(U.S. Bureau of Labor Statistics, 2008). 대규모 정리해고는 건당 평균적으로 164명의 직원을 퇴출시켰으며 약 48%는 50~100명 정도의 직원을 해고하였다. 정리해고의 50%는 제조 및 건설 산업이었다.

더욱 심각한 점은, 미국의 고용 데이터베이스를 분석한 결과, 근로자들은 일반적으로 생각되는 것 이상으로 실직에 대해 염려하고 있고 이러한 실직에 대한 불안감은 긴 기간 동안 지속되었다(Rudisill & Edwards, 2002). 지각된 경력기회 부족은 심리적 고통과 좋지 않은 건강과 관련되어 있다(Melzer et al., 2010). 리뷰 연구 결과, 실직은 우울, 자살, 반사회적 행동, 약물 남용과 관련되어 있다(Goldman-Mellor, Saxton, & Catalano, 2010). 근로자 지원 프로그램(employee assistance program) 전문회사 부사장인 Carol Wilson에 따르면 기업에서 해고를 발표할 때 남아 있는 20%의 직원은 물리적 · 정서적으로 조직을 떠나려고 하고, 60%는 관망하는 자세를 취한다(Wilson, 2004).

정리해고로 인해 나타나는 결과를 구체적으로 보여주는 경험 연구를 살펴보도록 하겠다. Gowan, Riordan 및 Gatewood(1999) 연구에서는 회사가 문을 닫아 실직한 직원의 경우, 대처자원이 있는지 여부가 심리적 고통과 재취업을 예측하는 것으로 나타났다. 그들은 실직에 대한 대처를 문제중심 대처와 정서중심 대처로 구분하여 조작적 정의를 하였다. 문제중심 대처는 구직활동으로, 정서중심 대처는 실직 생각을 떨쳐내는 것으로 정의하였다. 연구 결과, 사회적 지지를 많이 받은 직원일수록 실직에 대한 생각을 좀 더 쉽게 떨쳐내는 것으로 나타났다.

사회적 지지(자원 부족과 함께)는 또한 구직활동에 영향을 주는 것으로 나타났다. 하지만 실직에 대한 생각을 떨쳐내는 능력("나와 같은 상황에 처한 사람들도 있고, 다른 사람들과 마찬가지로 이 상황을 잘 극복할 수 있을 것이다."와 같은 문항으로 측정)은 실직에 대한 심리적 고통을 줄이고 재취업 확률을 높이는 것으로 나타나 실직 극복의 핵심 역할을 하였다.

불행하게도 정리해고된 근로자는 우울, 실직에 대한 집착, 불안과 같은 외상후 스트레스 장애를 경험할 확률이 높은 것으로 나타났다. 또한 정리해고에 대해 부정적인 반응을 보일수록 1년 후에 불안전 고용을 경험할 가능성이 높았다(McKee-Ryan, Virick, Prussia, Harvey, & Lilly, 2009). 즉 정리해고에 대한 지각된 공정성이 외상후 스트레스 증상의 심각성에 영향을 미쳤으며 미래 불완전 고용 상태가 될 가능성과도 관련이 있었다. 마지막 절에서 불완전 고용에 대해서 논의할 예정이다.

정리해고와 관련된 연구 주제 중 하나는 정리해고의 생존자에 대한 연구이다. 즉 해고 이후 조직에 남아 있는 직원의 후유증이다. 관련 연구를 살펴보면, 정리해고 이후 생존자는 생산성, 조직 신뢰가 낮아지고, 미래에 대한 분노와 불안이 많아지고 사기가 저하되며 직무 만족도 낮아질 가능성이 높았다(Grunberg, Anderson-Connolly, & Greenberg, 2000). 추가적으로 정리해고에 대한 공정성 지각, 정리해고 이전의 조직몰입 수준, 자존감 수준이 생존자가 정리해고에 대처하는 방식에 영향을 미쳤다(Brockner, Wiesenfeld, & Martin, 1995; Wiesenfeld, Brockner, & Martin, 1999 참조).

Wiesenfeld, Brockner 및 Thibault(2000)는 정리해고에서 살아남은 관리자를 대상으로 절차적 정의, 소식몰입, 지속되는 관리행동에 대해서 살펴보았다. 연구 결과, 정리해고 방법이 불공정하다고 지각하는 관리자는 조직몰입과 자존감 수준이 낮았다. 또한 조직이 변화하는 동안 필요한 관리행동이 효과적으로 나타나지 않았으며, 정리해고 등으로 인해 근로환경에 불만족하는 직원들을 효과적으로 관리하지 못하였다. 일련의 연구 결과, 정의에 대한 지각이 심리적 계약(직원과 고용주가 공유하는 기대와 책임) 위반, 정리해

생 각 해 보 기
정리해고는 해고된 사람들의 기분, 배우자와의 상호작용, 결혼생활 만족에 어떻게 영향을 미치겠는가?

고 같은 다양한 조직변화에 대해서 직원들이 어떻게 반응하는지를 결정하는 데 매우 중요한 역할을 하였다(Edwards, Rust, McKinley, & Moon, 2003; Kickul, Lester, & Finkl, 2002).

불완전고용
근로자의 능력 혹은 역량 수준 이하의 직무를 수행하는 것

불완전고용(underemployment)도 조직에서 해결해야 할 문제이다. 불완전고용이란 자신의 능력이나 역량 수준보다 낮은 수준에서 일하는 것이다. 최근 경기침체와 많은 일자리 축소로 인해 많은 사람들이 불완전고용 상태에 놓여 있다. 불완전고용을 넓게 정의하면 취업된 인구의 17~33%에 해당하고 지속적으로 증가하는 추세에 있다(McKee-Ryan & Harvey, 2011). 많은 경우에 불완전고용은 자신이 가지고 있는 기술이나 교육 수준보다 낮은 수준의 일을 하게 된다. 추가적으로 교육 수준에 맞지 않거나 기술을 활용하지 못하는 것 외에도 임금을 적게 받는다. 불완전고용은 구직활동, 이직의도, 이직행동 같은 근로손실 의도 및 행동뿐만 아니라 일관되게 직무 만족, 직무관여, 업무소외, 조직몰입과 같은 개인 결과와 부적관계가 있는 것으로 나타났다(McKee-Ryan & Harvey, 2011).

Luksyte, Spitzmueller 및 Maynard(2011)가 215명의 직원을 대상으로 연구한 결과 자신의 역량보다 낮은 직업을 가지고 있다고 생각하는 직원들은 직업과 본인의 역량이 적절하다고 생각한 직원보다 반생산적인 행동을 더 빈번하게 하였다. 또한 이러한 행동은 탈진의 하위 구성 요소인 냉소주의에서 기인한다고 추측하고 있다. 성장과 승진에 대한 희망이 거의 없는 낮은 수준의 일을 하고 있다고 생각함으로써 탈진하게 된다는 것이다. 따라서 이러한 직원들은 냉소적으로 변하고 반생산적인 행동을 하게 된다. 반생산적인 행동은 조직과 직원에게 잠재적으로 피해를 줄 수 있다.

마지막으로 소개할 연구는 직무 불확실성 모델에 대한 연구이다. Paulsen 등(2005)은 규모축소와 구조조정 과정을 겪고 있는 호주 병원 직원을 대상으로 연구를 수행하였다. 연구 결과, 규모축소가 예상되는 단계, 환경이 가장 격동적일 때 직무 불확실성은 높아지고 개인통제감은 낮아지는 것으로 나타났다.

또한 이 연구에서는 구조조정이 기대되는 단계와 구조조정 이행 단계에서 직무 불확실성이 정서적 소진과 직무 만족에 미치는 부정적인 효과를 개인통제감이 매개한다는 것을 밝혀냈다. 개인통제감은 구조조정 이후 환경이 안정적으로 변화하면 그 중요성이 상대적으로 경감되었다. 선행 연구에서 실업의 위협은 직무 불안성정으로 이어질 수 있다는 것이 증명되었다. 그리고 직무 불안정성은 직무 만족도와 조직몰입을 저하시키고 심리적 고통과 이직의도를 높이는 스트레인과 관련되었다. 또한 통제감 지각은 직무 불안정성과 다양한 유형의 스트레인과의 관계를 매개하였고 이러한 과정에서 중요한 역할을 하는 것으로 나타났다(De Cuyper, De Witte, Vander Elst, & Handaja, 2010; Elst, De Cuyper, & DeWitte, 2011).

환경적 결정요인

Warr가 제시한 웰빙의 환경적 결정요인을 다시 한 번 살펴보자(표 11.1). Warr는 환경적 결정요인을 직원들이 더 많이 경험할수록 긍정적인 웰빙 경험을 할 가능성이 높아진다고 주장하였다. 삶에서 일의 중요성을 파악하는 또 다른 방법은 실직이 전반적인 웰빙에 미치는 직접적인 효과 외에 실직으로 인해 손실되는 환경적 결정요인을 살펴보는 것이다.

첫째, 일은 개인이 통제할 수 있는 기회를 제공한다. 직장을 잃게 됨과 동시에 통제감을 누릴 수 있는 기회가 손실되고 이로 인해 웰빙이 저하될 수 있다. 둘째, 실직은 기술 사용 기회가 사라져, 개인이 가지고 있는 기술이 쓸모없다고 느끼게 된다. 셋째, 다양한 직무경험을 누릴 수 있는 기회도 없어진다. 직장을 잃게 되면 재취업하기 위해 대기하거나 인터넷을 검색하는 등 매력적이지 않은 일만 반복적으로 하게 된다. 넷째, 실직과 동시에 환경적 명확성에 대한 인식도 부족해진다. 다섯째, 사회적 지위는 대개 직장에서 얻기 때문에 실직은 가치 있는 사회적 지위를 잃게 한다. 이로 인해 일반적인 자존감과 자기가치가 낮아지게 된다.

여섯째, 직장이 없는 사람은 외부 목표를 잃게 된다. 직무, 상사, 조직에서 부여되는 요구가 없기 때문에 활동에 관여하거나 성취를 경험할 기회가 거의 없게 된다. 일곱 번째, 여덟 번째는 돈의 가용성과 신체적 안전성도 직장을 잃게 되면 피해를 보게 된다. 실직은 이 둘 모두를 잃게 하고, 불안하고 불확실한 삶이 될 수 있다. 아홉 번째는 지지적인 관리감독은 사회적 지지의 한 형태로 직장을 잃게 되면 상사로부터의 지지를 받을 수 없게 된다. 마지막 열 번째는 대인관계 기회가 부족해져 직장을 잃게 되면 가족 이외의 외부세계 또는 삶에서 중요한 부분이었던 사람들과 멀어지게 될 가능성이 있다. 일부 사람들은 큰 공허감을 느낄 수 있다. 구직 행동을 통해서 대인관계를 경험할 수 있지만 관계의 질과 깊이는 직장에서 경험했던 것과는 비교가 되지 않는다.

실직이 얼마나 큰 영향을 미칠 수 있는지 환경적 요인을 근거로 확인해보았다. Warr 모델을 살펴보면 직장을 통해 누릴 수 있는 것이 얼마나 다양한지를 알 수 있다. 직장을 잃게 되면 우리가 생각했던 것보다 더 많은 것을 잃게 된다. 이 장에서 마지막은 극도의 스트레스를 발생시키고 신체적 안전을 위협하는 직장 내 폭력이다.

직장 내 폭력

직장 내 폭력은 조직, 직원, 연구자에게 매우 중요한 연구 주제이다. 미국 노동통계국에 따르면 미국 근로자들의 주요 사망 원인 중에 하나가 살인(낙상, 교통사고와 함께)이었다. 미국에서는 2006년부터 2010년까지 연간 평균 직장에서 551건의 살인사건이 발생하였다(U.S.

Bureau of Labor Statistics, 2013). 총기 사건은 살인사건의 78%였다. 살인사건의 가해자와 희생자 간 관계의 2/3는 알려지지 않았다. 2010년 발생한 살인사건 중 27%는 소매업, 17%는 정부기관, 15%는 여가/접대 중에 발생하였다. 2014년에는 404건으로 감소하여 전체 직장에서 사망한 사건은 9%만 차지하였다(BLS, 2013).

1993년 6월, Northwestern National Life 보험회사는 직장에서 발생하는 공포와 폭력에 대한 종합적인 평가를 실시하였다. 600명이 넘는 미국 근로자를 대상으로 조사를 실시하였으며, 이 자료를 중심으로 미국 전체 근로자의 폭력관련 현황을 추정하였다. 분석 결과 200만 명이 넘는 근로자들이 지난 12개월 동안 신체적 공격을 당한 것으로, 위협을 당했다고 보고한 근로자는 600만 명, 괴롭힘을 당했다고 응답한 근로자는 1,600만 명가량으로 추정되었다(Northwestern National Life Employee Benefits Division, 1993). 이러한 추정치는 전일제 근로자 4명 중 1명에 해당하는 것이다.

2009년에 572,000명의 근로자가 비치명적인 폭력 범죄에 노출되었다. 미국 국립직업안전보건연구원은 직장에서 폭행당할 가능성 있는 위험 요인을 다음과 같이 소개하였다.

- 대중과 접촉하는 것
- 돈 거래 과정에 관여되는 것
- 승객 관리, 상품 판매를 하거나 서비스를 제공하는 것
- 고정된 작업 장소가 아니고 이동해야 하는 경우(택시 또는 경찰 순찰)
- 불안정한 사람들과 협력하여 일해야 하는 경우(의료, 사회복지, 범죄 환경)
- 혼자 또는 소규모로 일하는 것

LeBlanc과 Kelloway(2002) 연구에서는 직장 폭력과 관련된 28가지 직업 특성을 기준으로 직장 폭력 위험을 측정하는 도구를 개발하고 타당화하였다. 미국 국립직업안전보건연구원에 제시되어 있는 작업 특성과 함께, 알코올을 다루는지 여부, 타인을 정서적으로나 신체적으로 상대해야 하는지, 타인을 훈련시켜야 하는지, 무기를 다루는지, 타인의 삶에 영향을 미치는 의사 결정을 내리는지 등에 대한 것을 추가적으로 조사하였다. 이 연구에서는 22가지 직업 특성과 폭력 경험 간에 유의미한 상관이 있는 것으로 나타났다. 더욱이 이 척도는 조직 내부 구성원(예 : 직장동료)으로 인한 폭력보다 조직 외부 사람(예 : 고객)으로 인한 폭력과의 상관관계가 더 높았다. 또 다른 연구에서도 직장 폭력의 대부분은 조직 내부자보다 조직 외부자에 의해 시작된다고 하였다(LeBlanc & Barling, 2004). LeBlanc과 Barling(2004)은 내부자에 의한 폭력이 외부자에 의한 폭력만큼 자주 발생하지는 않지만, 내부자에 의한 폭력도 여전히 자주 발생하며 희생자들에게는 치명적인 영향을 줄 수 있다고 하였다.

지난 30년간 폭력에 대한 관심이 증가하였다. 사실 1986년 사건 이전에 대부분의 미국인들은 직장 내 폭력의 심각성에 대해서 인식하지 못하였다. 오클라호마의 에드몬드 우체국에서 패트릭 셔릴이 자살하기 전 14명의 동료의 목숨을 앗아간 사건이 있었다. 이 사건과 그 뒤 발생한 다른 사건을 통해 걷잡을 수 없을 만큼 극도로 화가 나고 직장에서 폭력을 쓰는 상황을 일컫는 'going postal'이라는 용어가 만들어지기도 하였다. 셔릴이 그러한 행동을 하게 된 이유가 명확히 파악되지는 않았지만, 직장에서 수행평가 기록이 좋지 못하고, 첫 번째 희생자였던 교대 감독자에게 복수하고 싶어 했다고 알려졌다. 이 흉악 범죄는 미국에서 처음으로 발생한 직장 내 폭력 사건이며, 방금 논의한 직장 내 폭력이 증가하고 있는 추세를 알리는 사건이었다. 최근 I/O 심리학자, 사회심리학자, 조직개발 전문가 등은 이러한 현상을 체계적으로 조사하기 시작하였다. 관련 연구들을 살펴보자.

FBI via Getty Images

생 각 해 보 기

전 해군 기술자인 34세 아론 알렉시스는 징계 문제로 불명예 제대한 후 2013년 워싱턴 해군 공창에서 2명을 살해하였다. 왜 조직 내부자가 때때로 직장에서 폭력을 행사한다고 생각하는가?

그림 11.3은 직장 내 폭력 가해자의 프로파일을 보여주고 있다. 이 프로파일은 미국 법무부와 FBI가 89개의 심각한 직장 내 폭력을 검토한 후에 발행한 자료이다(Duncan, 1995). 첫째, 실인사의 97%는 남성이었고 70% 이상이 백인이었다. 둘째, 직장에서 발생한 살인사건의 가해자 평균 연령은 거의 40세로 직장이 아닌 곳에서 발생한 폭력사건의 가해자 평균 나이 30세 미만보다 높았다. 셋째, 89개의 사고에 총기가 사용되었다 넷째, 가해자의 거의 90%가 현직 또는 선식 직원이었다. 다섯째, 가해자들의 상당수는 심리적 또는 인격적 장애 병력이 있었고 무기에 대한 친화력이 높았다. 여섯째, 사건 직전에 극도로 불규칙한 행동, 폭력의 위협, 불합리한 사고과정, 불안해하는 증상 등의 사전 징후들이 자주 보였다. 이러한 징후들과 특성은 FBI가 보고한 위험 요인 또는 문제 행동과 일치한다(U.S. Department of Justice, FBI, 2002). 구체적인 요인과 행동은 다음에 제시되었다.

- 잘못된 해고/징계 조치
- 직장에 무기를 가져옴
- 실제 혹은 망상적인 고충에 대해 원한
- 개인적인 정서장애
- 비판에 대한 과민성
- 무기를 최근에 획득하였거나 매력을 느낌
- 상사 또는 동료, 또는 직원 고충에 집착
- 폭력관련 주제에 심취

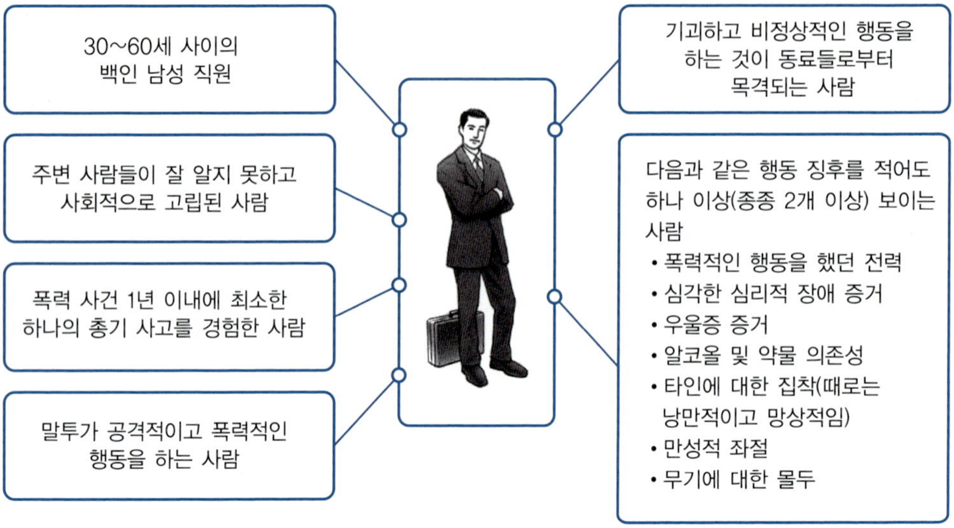

그림 11.3 파괴적인 직원의 프로파일

> **조직에 의해 동기 부여된 공격성**
> 조직 요인으로 인해 조직의 내부 또는 외부 사람에게 부상을 입히는 행동이나 파괴적인 행동을 시도하는 것

> **조직에 의해 동기 부여된 폭력**
> 조직에 의해 동기 부여된 공격성의 결과로 인해 사람이나 자산에 부정적인 영향을 미치는 것

직장에서의 공격성에 대한 모델도 개발되었다(O'Leary-Kelly, Griffin, & Glew, 1996). **조직에 의해 동기 부여된 공격성**(organization-motivated aggression)이란 용어로 언급되며 조직 요인으로 인해 조직 내·외부자에게 부상을 입히는 행동이나 파괴적인 행동이 시도되는 것을 의미한다. **조직에 의해 동기 부여된 폭력**(organization-motivated violence)이란 공격성으로 인해 사람이나 재산에 부정적인 영향을 미치는 것을 의미한다. **그림 11.4**는 조직에 의해 동기 부여된 공격성 모델을 제시하고 있다. 이 모델에서는 조직 환경과 개인 특성의 중요성을 보여주고 있다. 개인차 변인들도 폭력적이거나 공격적인 행동에 영향을 주기도 하지만 융통성 없고, 징벌적이고, 공격적인 조직에서 직원의 공격적인 행동이 발생할 가능성이 높다(Tobin, 2001).

이 모델은 조직이 공격적인 행동에 대응하는 방식을 어떻게 취하느냐에 따라 공격성으로 인해 발생하는 폭력과 부정적인 결과 정도가 달라질 수 있다는 것을 제시하고 있다.

두 번째 조직 공격성 모델은 앞서 소개한 O'Leary-Kelly 등(1996)의 모델을 확장하였다(Martinko & Zellars, 1998). 매우 복잡하지만 기본적인 토대는 그림 11.4에 제시되어 있는 개인 특성에 초점을 맞춰 개발되었다. Martinko과 Zellars는 이 모델을 근거로 다음과 같은 결론을 도출하였다. 첫째, 직장에서 높은 수준의 좌절감을 발생시키는 사건은 공격성과 폭력의 발생 가능성을 높인다. 둘째, 폭력적이고 공격적인 행동을 보이는 직원들은 과거에 이러한 유형의 행동을 하여 보상을 받았고, 폭력적이고 공격적인 역할 모델을 가지고 있는 경향이 있다. 셋째, 자신에게 일어난 일을 통제할 수 없다고 생각하는 직원들은 공격적이거나 폭력적인 방식으로 부정적인 사건에 대처할 가능성이 높다. 넷째, 남성은 여성보다 직장에서 폭력적일 가능성이 높다. Dupré과 Barling(2006)의 연구에서는 Martinko과 Zellars의 모델과 일치하는 결과를 얻을 수 있었다. 상사를 통제하는 방식에 대한 직원의 인식은 상사에 대한 비난 발언과 같은 심리적 공격성이 표출되는 데 중요한 역할을 하는 것으로 나타났다(Dupré & Barling, 2006).

직장에서 사소한 좌절을 경험하더라도 이러한 경험이 반복되면 공격성의 표출로 이어질 수 있다(Tobin, 2001). 메타 분석 결과에 따르면 대인 갈등, 특질 분노, 직무 불만족, 부정적인 정서, 상황적 제약은 대인관계 및 조직 공격성에 영향을 미쳤다(Hershcovis et al., 2007).

최근 일련에 연구에 따르면 일중독이 직장 내 폭력에 영향을 미치는 주요 요인으로 확인되었다(Balducci, Cecchin, Fraccarol, & Schaufeli, 2012). 관련 연구에 따르면 대인관계 갈등을 통제한 이후에도 일중독이 직장 내 공격 행동에 영향을 미치는 것으로 밝혀졌다. 또한 이 관계에서 부정적인 정서/불안이 매개하는 것으로 나타났다. 즉 일중독 경험으로 인해 부정적인 정서를 경험하게 되고 이는 다시 직장 공격성으로 표출된다는 것이다.

Martinko와 Zellers(1998)는 공격적인 행동에 대한 여러 가지 가설을 제시하였다. 첫째, 일부 공격적인 행동은 가해자가 의식적인 생각 없이 표출된다고 주장하였다. 이러한 행동은 순전히 촉발 사건에 대한 정서적 반응으로 나타난다. 둘째, 정서적으로 예민한 사람(즉 주변에서 발생하는 사건에 쉽게 영향받는)은 예민하지 않은 사람보다 직장에서 발생하는 사건을 공격성 표

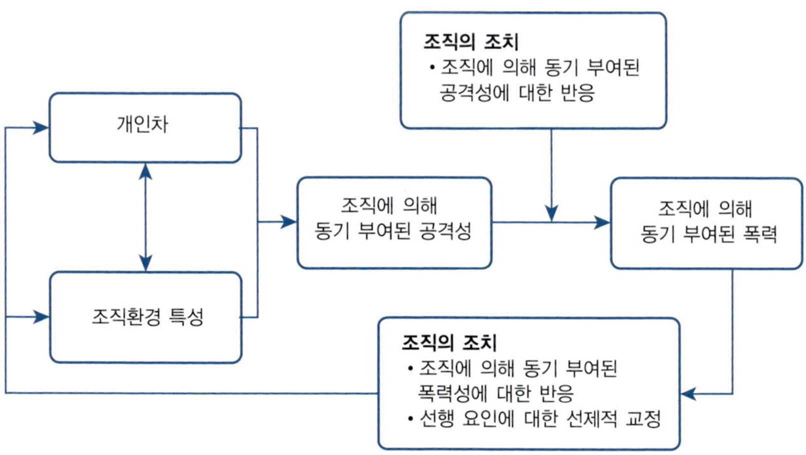

그림 11.4 조직에 의해 동기 부여된 공격성 모델

출처 : O'Leary-Kelly et al.(1996).

출의 촉발사건으로 인식할 가능성이 높다고 제안하였다. 셋째, 모호한 상황에서 나타나는 부정적 결과를 '관리(management) 문제'와 같은 일반적인 원인으로 귀인할 수 있기 때문에 관리자가 표적이 될 가능성이 높다.

이러한 아이디어는 촉발 사건이 차별적으로 지각, 처리되어 공격적인 행동으로 도출된다는 직장 내 공격성에 대한 새로운 모델 개발로 이어졌다(Douglas et al., 2008; Harvey, Summers, & Martinko, 2010). 이 모델은 다양한 유형의 공격적인 행동을 이끌어내는 각기 다른 인지-처리 경로를 제안하였다. 그리고 이 모델은 촉발사건에 대한 귀인과 인지 과정의 차이로 인해 개인의 반응이 달라진다고 언급했던 기존 연구 결과들과 일치한다. 중국 근로자를 대상으로 수행한 연구에 따르면 적대 귀인 편향(공격적으로 타인을 비난하는 경향)과 부정적인 상호관계 신념(부당한 대우에 대해서 부정적으로 대응하는 경향)은 직장에서의 무례함과 공격성을 높이는 것으로 나타났다. 즉 적대 귀인 편향과 부정적인 상호관계 신념이 높은 개인이 회사에서 공정하게 대우받지 못했다고 생각한다면 추후 직장에서 일탈과 공격성을 표출할 가능성이 높다(Wu, Zhang, Chiu, Kwan, & He, 2014). 이러한 다양한 모델과 경험적 연구를 통해 귀인이나 인지적 과정의 차이가 직장에서 개인의 공격적인 행동 표출 여부에 영향을 미칠 수 있다는 것을 확인할 수 있었다.

지금까지 언급한 모델들은 공격성과 폭력에 관한 전반적인 과정을 이해할 수 있게 해준다. 하지만 더 중요한 것은 직장 내 공격성과 폭력에 대한 추후 연구 주제이다. 벌써 다양한 아이디어가 제시되고 있다. 예를 들면 직원 괴롭힘과 직장 폭력을 줄이는 전략으로 감시, 훈련, 코칭과, 선발과 수행평가 보상체계와 같은 HR 정책 개발의 중요성이 제안되었고(Ferris, 2009) 폭력적인 환자에 노출되는 의료보건 종사자들에게 이들을 다룰 수 있는 훈련과 기술이 필요하다는 의견이 제시되고 있다. 또한 고객으로부터 폭행 사고가 자주 발생하는 판매업의 경우 폭력노출을 줄이기 위해 일하는 공간의 가시성, 조도를 높이거나 현금 사용을 제한하는 등의 환경 설계가 필요하다는 의견이 제시되기도 하였다(Wassell, 2009).

직장에서 발생하는 모든 공격적인 행동이 치명적인 신체적 폭행과 관련되어 있는 것은 아니다. 실제로 공격적인 행동은 아주 교모하거나 은밀하게 이뤄지고 언어폭력을 통해 나타나는 경우가 많고, 상사보다는 대부분 동료에 의해서 발생한다(Neuman & Baron,1998). 물론 언론을 통해 주목을 받는 직장 내 살인과 난동이 더 심각한 문제이기는 하지만 실제 발생하는 확률이 매우 낮고, 실제로 직장에서 자주 발생하는 것은 언어적 위협, 논쟁, 복수와 폭행 같은 것들이다.

요약

이 장의 목적은 직장에서 발생하는 스트레스에 대해 논의하는 것으로 스트레스원, 스트레인, 대처에 대해서 살펴보았다. 스트레스 연구에서 다루는 주요 용어들을 정의하였고, 다양한 자원과 직무관련 스트레스 결과들이 포함되어 있는 모델을 제시하였다. 이후 직원의 웰빙에 영향을 미칠 수 있는 근로환경에 대해서 알아보기 위해 Warr가 제시한 웰빙의 환경 결정요인 모델을 살펴보았다(이 장의 뒷부분에는 실직과 불완전 고용으로 인해 힘들어질 수 있다는 것으로 보여주기 위해 Warr의 모델을 사용하였다.)

세 번째 절에서는 일-가정 갈등에 초점을 두었다. 조직과 근로자 모두에게 중요한 주제이기 때문에 관련 논의를 충분히 소개하고자 하였다. 특히 일-가정 갈등과 향상에 대한 정의와 함께 일과 가정이 어떻게 상호작용하는지에 대한 이해를 돕기 위해 개념적 모델을 제시하였다. 그리고 일과 자녀양육을 동시에 참여하는 사람들이 직면하는 여러 문제점들도 소개하였다. 이후에 이러한 일-가정 갈등을 겪고 있는 근로자를 도와줄 수 있는 관련 정책과 복리후생 제도에 대해서도 논의하였다. 최근 증가하는 맞벌이 부부가 처한 상황과 이렇게 직장과 가정에서의 이중 책임으로 발생하는 스트레스를 감소시킬 수 있는 회사 정책에 대해서도 소개하였다. 이 절을 통해 직원의 스트레스를 감소시키는 데 도움을 줄 수 있는 다양한 가족 친화 복리후생 제도에 대한 인식을 높이기 위해 실례를 통해 기업의 일과 삶 균형 지원의 중요성에 대해서 설명하였다.

마지막 두 절에서는 실직과 폭력에 대해 다뤘다. 첫 번째, 미국의 주요 기업의 정리해고 증가와 21세기 조직에서 직원들이 지각하고 경험하는 해고 위협에 비춰 실직과 불완전고용의 심리적 효과에 대해서 논의하였다. 그리고 직장 내 폭력이 증가하고 있다는 점과 전반적인 내용에 대해서 소개하였다. 이러한 맥락에서 가해자가 될 가능성이 높은 직원의 프로파일과 관련 연구를 살펴보았으며, 직장 내 공격성과 폭력 발생에 대한 두 가지 이론적 모델에 대해 제시하고 논의하였다.

주요 용어

대처
맞벌이 부부
문제 중심 대처
불완전고용
스트레스원
스트레인
역할
역할 갈등
역할 모호성
육아휴직
일-가정 갈등
일-가정 충실
정서 중심 대처
조직에 의해 동기 부여된 공격성
조직에 의해 동기 부여된 폭력
탈진

실무 적용

일-가정 갈등에 대한 기업의 관심은 계속 증가하고 있다. 가족이 있는 근로자를 지원하기 위한 프로그램을 설계할 때는 고려해야 할 부분이 많다. 당신의 고객사 중 하나인 Dutler Accountancy Firm은 일-가정 양립과 관련된 문제에 대해 조언을 요청하였다. 담당자인 마이클 유터스가 보낸 메일을 읽고 몇 가지 추천할 수 있는 방안에 초안을 제시하시길 바랍니다.

안녕하십니까.

회사가 처한 문제를 해결하기 위해 도와주셔서 감사드립니다. 우리 회사는 예전부터 여성 회계사를 채용하고 유지하는 데 어려움을 겪었습니다. 이 분야에는 상대적으로 남성 중심적인 문화가 남아 있는 것도 한 가지 이유입니다. 하지만 지난 10년 동안 우리 회사에 적합한 여성 회계사를 채용하고 선발하기 위해 많은 노력을 기울였습니다. 불행히도 여성 회계사가 계속 재직하는 데 어려움을 겪고 있습니다.

최근 모든 직책의 여성 직원들과 포커스 그룹 인터뷰를 하였습니다. 이러한 과정을 통해 회사 정책이 가족이 있는 여성에게 적합하지 않다는 것을 확실하게 알 수 있었습니다. 하지만 저는 여성 직원을 만족시킬 수 있는 방향으로 정책을 변경할 수 있을지 확신이 서지 않습니다. 1년 기준으로 대부분은 9시에 출근하고 5시 퇴근합니다. 하지만 납세 기간인 2개월 동안에는 매주 60~70시간 동안 일을 합니다. 물론, 정규 시간보다 오래 일한 것에 대한 초과 근무수당은 제공합니다. 포커스 그룹 인터뷰 동안 여성들, 특히 자녀가 있는 여성들에게는 현 작업 구조가 효과적이지 못하다는 사실을 확인할 수 있었습니다. 자녀가 있는 여성 근로자들은 장시간 근로로 인하여 자녀 양육의 어려움을 겪고 있습니다. 또한 납세 기간이 봄 방학과 겹치기 때문에 가족 휴가를 함께 가기 어렵다는 불만을 제시하였습니다. 분명히, 우리는 이 시간 동안 일을 줄일 수 없습니다. 일을 마쳐야 하며 매우 엄격한 마감 기한이 있습니다. 또한 더 많은 전일제 근로자를 고용하는 것도 타당하지 않습니다. 우리 회사는 납세 기간을 제외하고는 일할 수 있는 충분한 인력을 보유하고 있습니다. 사실, 나머지 기간에는 일이 많지 않습니다.

우리는 여성 근로자들이 회사를 떠나게 하지 않도록 하는 방법을 찾고 싶습니다. 어떠한 방법을 활용할 수 있는지 제안을 해주시면 감사드리겠습니다.

마이클 유터스 드림

비판적 사고 문제

1. 이 장의 시작 부분에서 스트레스원이 스트레인으로 연결되는 과정에 대해서 배웠다. 읽은 내용을 바탕으로 스트레스 경험이 스트레인으로 이어지지 않게 하는 방법은 무엇일까? 이러한 대처 방법의 장점과 단점은?
2. 이 장에서 일부 독특한 복리후생 프로그램을 살펴보았다. 직원을 위해 조직이 실시해야 할 새롭고 혁신적인 복리후생 제도는 어떤 것이라고 생각하는가? 현재 구직 중이라면 어떤 복리후생 프로그램을 실시하는 회사가 매력적이라고 생각되는가?
3. 맞벌이 부부는 점점 더 보편화되고 있다. 맞벌이 부부의 역할과 관련하여 경험하게 될 수 있는 문제점은 무엇인가? 조직은 이러한 맞벌이 부부의 부담을 줄여주기 위해서 어떠한 지

원을 제공해줄 수 있는가?

4. 일-가정 갈등은 I/O심리학에서 중요한 주제이며, 조직과 직원에게도 중요한 문제이다. 상대적으로 알려지지 않은 것은 가정 생활로 인해 일이 방해받는 것이다. 가정 생활로 인해 일이 방해받는다는 것은 무엇을 의미하는가? 이 문제가 특히 일부 집단에게 더 큰 문제가 될 수 있나? 그렇다면 그 이유는 무엇인가?

응용 문제

1. 당신이 최근 직장에서 경험했던 스트레스를 생각해보자. 이 사건의 결과로 당신은 어떤 종류의 직업관련, 정서적, 생리적 스트레인을 경험하였는가? 당신이 활용할 수 있는 문제중심 대처 전략과 정서중심 대처 전략에는 무엇이 있는가? 이러한 스트레스를 줄이기 위해 조직이 도움을 줄 수 있는 일은 무엇인가?
2. 재택근무를 도입하는 기업이 증가하고 있다. 당신이 컴퓨터실과 도서관에서 과제를 할 때와 집이나 기숙사에서 과제를 할 때 각 상황이 얼마나 생산적인지 비교해보자. 집에서 과제할 때 얻을 수 있는 이점은 무엇인가? 어떠한 어려움이 있는가? 만일 온라인 수업을 들었다면 전통적인 강의실 수업 환경과 비교하면 어떠한가? 온라인 수업을 효과적으로 끝마치기 위해서 바꿔야 할 습관은 어떤 것이 있을까?
3. 당신이 새로운 직장을 찾는다고 가정한다면 어떤 복리후생 제도가 가장 매력적인가? 그러한 복리후생 제도는 일-가정 갈등, 건강관리 문제, 직무 요구와 같은 스트레스원을 피하는데 어떻게 도움이 되는가? 지금부터 5년 후에도 동일하게 도움이 되는 복리후생 제도가 있다고 생각하는가? 있다는 그 이유는? 아니라면 그 이유는 무엇인가?
4. 불완전 고용은 미국 근로자들이 보편적으로 겪고 있는 문제이다. 당신이 했던 일이나 과제가 너무 쉬워 도전적이지 않았던 경우를 생각해보자. 이러한 상황에서 당신이 겪었던 좌절감은 어떤 것인가? 당신은 이러한 상황에 오래 있을 경우 좌절감이 더 심해질까? 아니면 약해질까? 좀 더 과제나 일을 도전적으로 만들기 위해 어떠한 조치를 취한 적이 있는가? 그렇다면 그러한 조치들은 어떠한 것이었는가?
5. 최근 친구가 해고되었다고 생각해보자. 해고된 지 몇 주 안 됐지만 다른 직업을 찾는 것이 어렵다고 생각해 우울하고 절망적인 상태이다. 그 친구를 돕기 위해 할 수 있는 것은 어떤 것이 있을까? 그 친구를 돕기 위해 어떠한 조언을 할 수 있을까?

더 읽을거리

100 best companies to work for. (2015). *Fortune.* Retrieved February 6, 2016, from fortune.com/best-companies/.

American Psychological Association. (2004). *Public policy, work, and families: The report of the APA presidential initiative on work and families.*

Cartwright, S., & Cooper, C. L. (1997). *Managing workplace stress.* Thousand Oaks, CA: SAGE.

Hammer, L. B., Kossek, E. E., Anger, W. K., Bodner, T., & Zimmerman, K. L. (2011). Clarifying work–family intervention processes: The roles of work–family conflict and family-supportive supervisor behaviors. *Journal of Applied Psychology, 96*(1), 134.

Maertz, C. P., & Boyar, S. L. (2011). Work-family conflict, enrichment, and balance under "levels" and "episodes" approaches. *Journal of Management, 37*(1), 68–98.

McGonagle, A. K., Fisher, G. G., Barnes-Farrell, J. L., & Grosch, J. W. (2015). Individual and work factors related to perceived work ability and labor force outcomes. *Journal of Applied Psychology, 100*(2), 376–398.

CHAPTER 12

집단 과정과 작업 팀

이 장의 개요

집단 대 팀

집단 내 사회적 영향력

- 규범
- 역할
- 갈등
- 응집력
- 집단 발달
- 사회적 태만과 기타 집단 현상

집단 의사결정

- 집단 의사결정 과정
- 비효과적 의사결정

21세기 작업 팀

- 정신 모형
- 실무자 포럼 : Tom Ruddy
- 작업 팀 유형
- 작업 팀 효과성

I/O Today 팀 내 연령의 다양성

최근 경향

- 가상 팀
- 팀원 선발
- 멀티 팀 체계

요약

사진 : Abel Mitja Varela/Getty Images

학습내용

- 사회적 영향이 집단행동에 미치는 영향
- 집단 응집력과 집단 프로세스에서의 중요성
- 집단 발달 단계
- 사회적 태만 및 무임승차가 작업 집단에 미치는 영향
- 효과적인 의사결정 단계
- 집단이 항상 올바른 결정을 내리지 못하는 이유
- 집단사고의 개념과 조직에 미치는 영향
- 현재 조직 프로세스에서 작업 팀의 활용이 대세인 이유
- 다양한 유형의 작업 팀을 구분하는 방법
- 자기관리 팀의 개념과 성공 요인
- 작업 팀의 효율성을 측정하는 방법과 영향을 미치는 요인
- 가상 팀 및 멀티 팀의 사용 확대, 팀워크를 고려한 선발 등의 새롭게 등장하는 경향

이 책을 읽고 있는 독자들 대부분은 학교를 다니면서, 다른 학생들과 집단 프로젝트를 수행해 본 경험이 있을 것이다. 초등학교 5학년 때의 모듬 과제, 중학교 3학년 때의 과학 프로젝트 또는 대학 1학년 때의 팀 레포트일 수 있다. 집단 프로젝트는 학생들이 관련 자료를 배우고 대인관계 기술을 개발하며 개별적으로 달성하기가 어려운 목표를 달성하기 위해 활용되는 일반적인 방법이다.

집단은 일상생활에서도 널리 퍼져 있다. 집단은 어린 시절의 놀이 집단부터 노년기 사회 또는 봉사 단체에 이르기까지 사람들의 삶에서 항상 어떤 역할을 해왔다. 유년기에서 노년기 사이에 일을 하는 사람들은 직장에서 다양한 집단을 만나게 된다.

집단 프로세스는 일반적으로 사회심리학 분야의 전문 영역으로 간주되지만, 조직에서 작업 집단(work group)이 업무 수행의 기본 단위로 사용되면서 I/O심리학자들에 의해서도 광범위하게 연구되어 왔다. 이 장에서는 조직 내 집단의 역할에 대해 다룬다. 특히 효과적인 집단 프로세스에 필요한 기본사항을 리뷰하고, 이를 작업 집단에 적용하는 법, I/O심리학자의 작업 집단 연구 결과, 조직을 변화시키는 데 있어 팀이 보유하고 있는 잠재력에 대해 논의할 것이다.

집단 대 팀

작업 집단(work group)은 "조직의 구체적인 성과에 대한 책임을 공유하는 상호 의존적인 개인들의 집합"(Sundstrom, DeMeuse, & Futrell, 1990)이다. 다른 정의들에서도 작업 집단의 구성

원들은 상호 연관된 목표를 포함하고 있다. 즉 사람들의 모임이지만 서로 영향을 미치는 공통된 목표를 공유하지 않으면 집단이 아니다. 예를 들어 지하철에서 아주 가까이에 앉아 있는 5명의 사람들은 집단이 아니다. 그러나 지하철 문이 고장 났을 때, 문을 열고 응급 요원에게 연락하고 겁먹은 아이들을 위로하는 등의 공동 목표를 달성하기 위해 함께 일하면 집단이 된다. **공식 집단**(formal group)은 조직이 실제로 만든 하위 단위(예 : 위원회, 소규모 부서, 승무원)이지만 **비공식 집단**(informal group)은 조직의 공식 구조와 별개로 만들어지며 상대적으로 독립적으로 존재한다. 비공식 집단은 종종 가까운 거리에서 일하고 자주 상호작용하는 직원들 사이에서 만들어진다. 그들은 점심 식사를 위해 함께 모이거나, 훈련을 함께 하거나 또는 인증 시험을 위해 함께 공부하는 직원으로 구성될 수 있다.

작업 집단
조직의 구체적인 성과에 대한 책임을 공유하는 상호 의존적인 개인들의 집합

모든 조직에는 공식 및 비공식 집단이 있다. 공식 집단은 이 장에서 훨씬 더 자세하게 논의되지만, 비공식 집단 역시 직원들의 행동이나 태도에 강한 영향을 미치기 때문에 중요하다는 것을 인식해야 한다. 비공식 집단은 다음과 같은 다양한 기능을 수행한다.

1. 우정 및 동료애 등과 같은 사회적 욕구를 충족시킨다.
2. 직원들이 서로 안전하고 연결되어 있다고 느끼게 함으로써 안전 욕구를 충족시킨다.
3. 직원 간의 협력을 촉진한다.
4. 조직의 규범과 절차가 널리 퍼지도록 사회적 행동과 업무 행동을 규제한다.

이 분야 선행 연구자는 작업 집단(work group)과 작업 팀(work team)을 구별했다. 즉 작업 집단은 함께 일하는 개인으로 구성되었지만 다른 구성원 없이 각각의 직무를 수행하는 반면, 작업 팀은 일을 완수하기 위해 반드시 함께 업무를 수행해야만 하는 상호 의존적인 사람들로 구성된다고 주장하였다. 그러나 현대의 많은 연구자들은 이러한 용어를 상호 교환적으로 사용하는데, 작업 집단과 팀을 구분하는 것은 불필요하고 그 구분이 광범위하게 인정되는 것은 아니라고 주장한다(Sundstrom, McIntyre, Halfhill, & Richards, 2000). 이 장에서도 두 용어가 동일한 개념을 지칭한다. **작업 집단**은 이 장의 시작 부분에 정의되었고 **작업 팀**은 나중에 논의되겠지만 조직 맥락에서 두 용어 사이에 질적인 차이는 없다.

Alina Solovyova-Vincent/Getty Images

생각해보기
사서는 기관의 운영을 용이하게 하기 위해 다양한 상호 의존적인 기능을 수행한다. 이러한 직무에서 집단 대 팀의 특성은 어떻게 적용되는가? 집단과 팀을 구분하는 것이 왜 불필요한가?

집단 내 사회적 영향력

사회심리학자들은 집단이 개인 행동에 영향을 미치는 방식에 대해 많은 연구를 해왔다. 전통적으로 사회심리학자에 의해서 연구되었지만, I/O심리학자들도 중요시하고 실제 조직에 적용되는 집단 프로세스와 관련된 몇 가지 주요 개념을 설명하겠다.

규범

규범
집단 내에서 타인의 말과 행동에 적합하게 반응하는 방식에 대한 공유된 기대

규범(norm)은 집단 내에서 타인의 말이나 행동에 적합하게 반응하는 방식에 대한 공유된 기대이다. 규범은 중요한 조직 기능을 수행하는 지침이며, 때로는 특정 행동을 금지 또는 부적절한 것으로 규정한다. **기술적 규범**(descriptive norms)은 특정 상황에서 대부분의 사람들이 수행하거나, 느끼거나, 생각하는 것을 정의한다. **규정적 규범**(prescriptive norms)은 사람들이 특정한 상황에서 무엇을 해야 하고, 느껴야 하고, 생각해야 하는지를 제시한다(Forsyth, 1999). 기술적 규범을 위반한 직원은 특이하고 남다른 것으로 간주되지만 규정적 규범을 위반하는 직원은 역기능적인(dysfunctional), 즉 불량 직원으로 간주된다.

때로 집단 구성원들이 함께 모여 규범을 열거하는 경우도 있지만, 대부분의 경우에 규범은 집단 구성원이 다른 구성원들과 좀 더 편안해지면서 점진적으로 개발된다. 규범은 입사 초기 직원들에게 전달될 수도 있다. 신입 직원들은 기존 규범을 변경하기보다는 이에 적응하거나 순응하는 경향이 있다.

저자는 직원들이 병가(sick days)를 전혀 사용하지 않는 것이 규범이었던 조직에서 일해 본 경험이 있다. 신입사원들에게 입원을 해야 되는 상황이 아니라면 직장에 반드시 출근해야 된다는 것이 명확하게 제시되었다. 이런 식으로, 사용되지 않은 병가들이 수년간 축적되어 일찍 은퇴하게 된다. 그러나 병가 누적을 가치 있게 생각하지 않고 병이 났을 때 쉬는 것을 선호하는 신입직원들은 이 규정적 규범을 위반하여 때때로 대인관계 갈등으로 이어졌다. 반생산적 직무행동(Counterproductive Work Behavior : CWB)의 최근 모델에 따르면, 집단 규범과 팀 프로세스가 개인수준 변인과의 상호작용을 통해서 반생산적 직무행동 빈도에 영향을 미치는 것으로 나타났다(O'Boyle, Forsyth, & O'Boyle, 2011).

역할

이 책의 다른 부분에서 역할(role)에 대해 논의했지만(특히 9장과 11장 참조), 좀 더 구체적으로 알아보자. 첫째, 역할은 행동의 맥락을 고려한다. 개인의 행동은 내적동인(예 : 가치, 태도 및 필요)과 외적동인(예 : 사회적 압력 및 직업 요구 사항)에 의해 결정된다. 즉 행동은 사람과 상황 두 변인 간의 함수적 관계에 의해 결정된다. 집단에 대한 과학적 연구의 리더로 널리 알려

진 Kurt Lewin(1951)은 이와 유사하게 행동을 사람과 환경의 함수로 표현했다.

$$B = f(P, E)$$

둘째, 역할 개념(role concept)이라는 용어는 자신에게 영향을 미치는 다양한 상황적 동인(situational forces)을 어떻게 인식하는지를 나타낸다. 예를 들어 심리학 교수로서 저자의 역할은 학교에서 해야 할 행동이라고 생각하는 것, 그리고 어떻게 행동해야만 하는지, 심리학 교수로서 저자의 주된 목표가 무엇인지 등을 결정하는 데 주변 환경의 기대와 요구의 해석을 통해서 결정된다.

셋째, 11장에서 정의된 바와 같이, 역할은 집단이나 조직의 특정 지위를 차지하는 사람에게 기대되는 일련의 행동이다. 집단이나 조직이 여러 구성원에게 서로 다른 역할을 설정하는 과정을 **역할 분화**(role differentiation)라고 한다. 역할 분화는 직무기술서, 기타 공식 문서, 규칙 및 업무 요건뿐만 아니라 각 직원들과 의견을 나누는 감독자, 부하 및 동료를 통해서 이루어진다. 예를 들어 Apple의 컴퓨터 프로그래머는 자신의 역할이 직무기술서 및 기타 공식적인 조직 문서에 나와 있을 뿐만 아니라 감독자 및 다른 프로그래머와의 토론 및 상호작용을 통해 자신의 역할이 무엇인지 잘 알게 된다. 메이저리그 야구팀에 대한 최근 연구에 따르면 선수의 경험과 기술 수준은 팀 성과와 관련이 있었다. 또한 팀에서 핵심 역할을 담당하는 사람(여기서는 팀의 투수와 포수)이 이러한 경험과 기술을 보유했을 때, 그리고 팀이 이러한 사람들을 더 많이 보유하고 있을 때 팀 성과가 높았다(Humphrey, Morgeson, & Mannor, 2009).

> **역할 분화**
> 집단이나 조직이 여러 구성원에게 서로 다른 역할을 설정하는 과정

특히 역할 갈등과 역할 모호성(11장 참조)으로 발생하는 직무 스트레스를 고려한다면, 작업 집단 내에서의 역할 분화는 상당히 복잡해질 수 있다. 이와 관련하여 집단의 두 가지 더 중요한 차원인 갈등과 응집력에 대해서 살펴보겠다.

갈등

규범과 역할은 집단 운영 방식에 영향을 주는 주요 요소로, 이로 인해 팀 내에서 갈등이 종종 발생한다. 수업 프로젝트 집단, 밴드 또는 뮤지컬 팀, 스포츠 팀 또는 교회 집단 등에 소속된 구성원으로서 갈등을 느껴본 경험이 있을 것이다.

일반적으로 갈등은 세 가지 형태로 나타난다(O'Neill, Allen, & Hastings, 2013). 첫째, 관계 갈등(relationship conflict)은 대인관계에서 나타나는 긴장과 마찰로 인해 발생하고 팀 수행에 해를 끼칠 수 있다. 과제 갈등(task conflict)은 팀 구성원이 수행할 작업에 대해 서로 다른 생각, 신념 또는 견해를 가질 때 발생한다. 이 과제 갈등은 역시 수행에 부정적 영향을 미칠 수 있지만

어떤 경우에는 팀 효율성에 도움이 될 수 있고 작업이나 문제 해결에 대한 다양한 시각을 통해 이익을 얻을 수도 있다.

마지막으로, **과정 갈등**(process conflict)은 작업을 수행하는 방법에 대해 서로 상충되는 의견이 있을 때 발생한다. 이 갈등은 구성원들이 공통된 기반을 찾거나 협업을 할 수 없도록 만들기 때문에 종종 수행 저하를 초래한다. 61만 개 이상의 팀에 대한 메타 분석 결과, O'Neill 등(2013)은 과제 갈등이 의사결정 팀에게는 긍정적인 영향을 미치지만 프로젝트 및 생산 팀에는 부정적인 영향을 미친다는 사실을 발견하였다. 이러한 결과는 팀 구성원의 다양한 시각과 관점이 의사결정 맥락에서는 도움이 된다는 것을 시사한다. 또한 관계 및 과정 갈등의 부정적인 영향은 오래된 팀에서 더 강하게 나타났는데, 이는 과거의 유사한 갈등으로 인한 불안과 상처가 다시 상기되기 때문에 오래된 팀에게 더 심각한 영향을 미치는 것으로 해석할 수 있다.

응집력

여러분들은 단결력이 높고, 집단에 헌신적이고, 집단 관련 이슈에 대해서 유사한 신념을 지닌 사람들로 구성되어 있는 집단을 경험해 본 적이 있을 것이다. 보통 이러한 집단인 경우 전반적으로 집단의 사기(morale) 수준이 높은 경우가 많다. 이러한 요소들이 응집력과 관련이 있고, **응집력**(cohesion)은 집단 구성원들이 집단의 일원으로 계속 남아 있고, 구성원 상호 간에 형성되어 있는 연결 또는 유대를 계속해서 유지하고자 하는 동기의 강도로 정의된다. 응집력은 (1) 구성원들을 함께 묶는 결속력(binding force)과 서로 떨어져 나가는 것을 방지하는 억제력(combative force), (2) 집단 구성원들의 강한 소속감, 즉 우리성(we-ness)이 개인 목표보다 집단의 목표를 더 우선시하게 함, (3) 대인 간 매력의 특별한 형태, (4) '팀워크' 측면(Forsyth, 1999) 등을 의미하는 것으로 볼 수 있다. 일부 집단은 친한 친구로 구성되어 있어 응집력이 있을 수 있고, 다른 집단은 구성원들이 강한 소속감을 느끼기 때문에, 또 다른 집단은 훌륭한 팀워크로 인해 응집력이 있을 수 있다(Cota, Evans, Dion, Kilik, & Longman, 1995). 응집력 있는 작업 집단의 사례는 많다. 예를 들면 TV에서 자주 볼 수 있는 의학드라마에서는 구성원 간 협력이 잘되고, 환자에 헌신하며, 의사들이 서로 유사한 의학적 신념을 지니고 있고, 병원에 근무하고 있는 것이 천직이라고 생각하는 의사, 간호사들이 일하고 있는 병원을 구성원 간 응집력이 높은 병원으로 묘사된다. 흥미롭게 이러한 드라마의 스토리 라인 중 일부는 누군가 의견을 달리하거나 집단 규범을 위반함으로써 응집력을 혼란시킬 때 발생하는 갈등에 관한 내용을 다룬다. 물론, 현실의 많은 작업 집단의 응집력은 높지 않다. 실제 집단은 서로 잘 지내지 못하는 사람들과 사건을 매우 다르게 보는 사람들, 그리고 일을 해야 하기 때문에 남아 있는 직원들로 종종 구성된다.

> **응집력**
> 집단 구성원들이 집단의 일원으로 계속 남아 있고 구성원 상호 간에 형성되어 있는 연결 또는 유대를 계속해서 유지하고자 하는 동기의 강도

응집력은 집단 및 조직에 긍정적 및 부정적 결과를 가져온다. 집단 의사결정과 관련이 있는

Yellow Dog Productions/Iconica/Getty Images

생 각 해 보 기

대인관계 응집력의 상태가 이 팀 구성원의 성과에 어떤 영향을 미칠 수 있는가?

부정적인 결과는 이후에 설명하고 여기서는 긍정적인 결과에 중점을 둔다. 응집력이 높은 작업 집단과 낮은 집단을 감독하는 것 중에 선택을 한다면 대부분의 관리자는 응집력이 높은 집단을 선택한다. 여러분의 선택도 같을 것이다. 그러면 응집력의 긍정적 결과는 무엇인가?

첫째, 산업, 운동 및 교육 환경 분야 전반에 걸쳐 이루어진 많은 연구에서 응집력 높은 집단의 구성원이 낮은 집단의 구성원보다 만족 수준이 높았다(Forsyth, 1999). 이와 관련하여 경험을 떠올려보면 대부분의 사람들은 응집력이 없었던 집단보다는 응집력이 높았던 집단에 대해 긍정적인 표현을 더 많이 할 것이다. 구성원들이 서로 잘 어울려 지내고, 서로 좋아하며, 유사한 목표와 목적을 가지고 함께 일하기 때문에 응집력 있는 집단에서는 긴장감과 불안감이 적어진다.

둘째, 집단 응집력은 성과에 긍정적인 영향을 미친다(Kerr & Tindale, 2004). 20세기의 위대한 작업 집단 중 하나는 디즈니 그룹이다(Bennis & Biederman, 1997). 창의적이고 열심히 일하며, 응집력이 높았던 이 집단은 애니메이션과 영화계에 엄청난 공헌을 했다.

실제로, 두 메타 분석 연구에서도 응집력과 수행 사이에 긍정적인 결과가 있었다(Evans & Dion, 1991; Mullen & Copper, 1994). 그리고 두 메타 분석에서 응집력과 수행 간의 관계가 과제 유형과 응집력의 유형에 따라 달라진다는 것을 보였다(Fullagar & Egleston, 2008). 결과는 사회적 상호작용이 필요한 업무에서는 사회적 응집력(대인 매력)이 수행에 영향을 미쳤지만 그렇지 않은 업무에서는 수행이 작업 응집력(작업에 대한 집단 약속)에 영향을 미쳤다. 다시 말해, 사회적 상호작용이 필요하지 않은 업무에서는, 응집력 향상을 위해서는 집단 업무에서 성과를 내는 것이 필요하다는 것이다. 연구 결과에 따르면, 과제 응집력(즉 사회적 응집력과 반대)이 팀 수행과 같은 결과변인들과 강한 상관관계를 보였다(Carless & De Paola, 2000).

응집력은 다양한 맥락에서 중요한 역할을 한다. 예를 들어 엘리트 아이스하키 선수들을 대상으로 한 연구에서, 팀 응집력에 대한 인식이 다음 해의 팀 복귀를 예측하는 것으로 나타났다(Spink, Wilson, & Odnokon, 2010). 직장, 학교 또는 사교 집단에서 응집력 있는 그리고 없는 집단을 모두 경험해보았다면, 두 유형의 집단 간 차이점이 두드러진다는 것을 쉽게 알 수 있다. 그렇다면 응집력 있는 집단은 어떻게 만들어지는가?

집단 발달

전통적으로, 집단 발달 이론과 모델은 집단이 발전함에 따라 다양한 단계를 거친다는 가정을 한다. 대표적인 모델은 1960년대 Bruce Tuckman에 의해서 제안된 5단계 모델(Tuckman, 1965; Tuckman & Jensen, 1977 참조)로 집단 발달에 대한 명확한 설명을 해주고 있다. 그는 시간 경과에 따라 집단이 5단계를 거치면서 발전한다고 하였다(**표 12.1** 참조). 첫 번째는 **형성**(forming) 단계로 오리엔테이션 기간을 거치며 집단 구성원들은 서로를 알아가는 데 시간을 할애한다. 두 번째는 **격동**(storming) 단계로 이 시기에는 정중한 대화보다는 실제 서로 의견이 맞지 않고 서로의 생각과 신념에 의문을 제기하며 공개적으로 자신을 드러내는 갈등의 시기이다.

세 번째는 **규범화**(norming) 단계로 의견 통일이 되고 신뢰와 믿음이 증가하는 단계로 집단의 구조를 구축하는 단계로 응집력이 생기게 된다. 네 번째 단계는 **수행**(performing) 단계로 구성원들은 생산성 또는 목표에 중점을 둔다. 이 단계가 되기까지는 어느 정도 시간이 걸리며 구성원들이 서로에 대해 좋은 느낌을 가지게 된 후에 발생한다.

물론 일부 집단은 이 단계까지 발전하지 않는다. 규범 단계에서 정체되면서 성과 목표를 달성하지 못한다. 비생산적인 집단의 예는 군대, 시민, 개인 성장 집단에 대한 많은 연구에서 찾아 볼 수 있다. 반면에 일부는 수행 단계에 도달하여 매우 생산적인 집단이 된다. 직장, 교회 또는 학교에서 수행 단계로 성장하는 성숙한 집단을 찾을 수 있고 이러한 집단의 구성원이 된다는 것은 즐거운 일이다.

마지막 단계는 **해산**(adjourning) 단계로 프로젝트가 완료되어 특정 작업 집단이 해산되는 것으로 사전에 계획된 것일 수 있다. 그러나 때로는 집단의 실적 부족이나 구성원들의 불만족으

표 12.1 Tuckman 집단 발달의 다섯 단계

단계	집단 과정
1. 형성기	구성원들이 서로를 알아 간다. 상호작용은 정중하고 소극적이며 서로를 탐색한다.
2. 격동기	상호작용은 이전 단계와 다르게 의견차이가 발생하게 된다. 구성원들은 서로에게 더 많은 질문을 하게 된다. 충돌이 발생하기 시작한다.
3. 규범기	통일성을 찾게 된다. 구성원들이 조금 더 응집력이 생기게 된다. 규칙, 규정, 관계가 발전한다. 신뢰와 믿음이 증가한다.
4. 수행기	구성원이 생산성과 목표 성취에 집중하게 된다. 과업 지향이 높다.
5. 해산	규범이 사라지게 된다. 관계가 약해지며 구성원들은 서로에게 덜 의존하게 된다. 약간의 긴장과 스트레스가 생길 가능성이 있다.

로 인해 해산되기도 한다. 이 외에 상위 조직에서 특정 집단이 더 이상 성공적이지 못하고 유용하지 않다고 판단할 경우에도 해산될 수도 있고 조직의 재정적인 이유로 인해 집단 구성원이 해고되거나 집단을 옮겨야 할 수도 있다.

앞서 제시한 5단계를 모든 집단에서 일반화하는 것은 적절치 않다. 어떤 집단은 다른 순서로 5단계를 거칠 수 있고, 특정 단계를 더 오래 경험할 수도 있다. 어떤 집단은 모든 단계를 거치지 않고 해체될 수 있고 또 다른 집단은 한두 단계를 건너뛸 수도 있다.

Gersick의 **단절평형**(punctuated equilibrium) 모델에서는 집단이 앞서 언급한 발달 단계 사이를 좀 더 빠르게 오르내린다는 대안을 제시한다(Gersick, 1989). 이 모델은 집단 형성에 대한 집단이 앞서 언급한 발달단계 사이를 좀 더 빠르게 역행, 순행한다고 가정한다. Tuckman의 전통적인 순차적 단계 모델과는 대비된다. 단절평형 모델은 모든 집단이 한 번에 한 단계를 거치지 않고 많은 경우 집단은 단계들 사이를 왔다갔다 하거나, 다른 순서로 거쳐 간다고 주장한다. 일부 집단은 거의 활동하지 않는 비활성 기간(inactive periods)을 거친 후, 마감 기한 인식 후에 활동이 급증한다. 때로는 집단 초기에 활동을 활발하게 한 후, 마감 기한의 절반이 될 때까지 활동을 하지 않기도 한다.

복잡한 경영 시뮬레이션을 사용하는 MBA 학생들을 대상으로 한 연구에서 집단 운영 방식 계획은 과제수행 전략과 상호작용을 통해서 집단성과에 영향을 미쳤다(Mathieu & Rapp, 2009). 흥미로운 점은 시뮬레이션 과제 중간 부분에 적은 활동을 계획한 집단의 수행이 크게 감소한 반면, 일관된 활동을 계획한 집단의 수행이 유지되거나 완만한 각도로 하락하였다. 단절평형 모델에서 제안된 바와 같이, 집단이 과제 마감 기한이 절반 정도 지난 것을 알았을 때, 적극적으로 과제를 수행하는 경향이 있었고, 이로 인해서 전략과 계획이 서로 영향을 주고받는 것으로 나타났다.

집단이 전통적 단계 모델과 단절평형 모델을 결합한 방식으로 개발될 수 있다는 또 다른 접근법이 제안되었다. Chang, Bordia 및 Duck(2003)은 Gersick의 단절평형 모델을 단계 접근법과 비교하였고 두 모델을 같이 이용해야 집단 형성을 잘 설명할 수 있다고 하였다. 그들은 특정 분석 내용에 따라 각 모델의 유용성이 달라진다는 것을 주장하고 입증했다. 예를 들어 단절평형 모델은 시간에 따른 집단의 속도 및 작업 활동의 불연속적인 변화를 잘 설명하지만, 단계 모델은 집단의 구조가 시간에 따라 변하는 연속적인 방식으로 설명한다. 1990년대에 집단발달 과정에 대한 지배적인 관점이 Tuckman의 선형 단계 모델에서 Gersick의 단절평형 모델로 바뀌었다. 일부 연구자들은 이러한 관점 변화가 너무 치우친 것일 수도 있고, 두 모델은 상호보완적이기 때문에 집단기능을 잘 이해하기 위해서는 두 모델의 설명이 모두 필요하다고 주장하였다.

집단 발달 분야의 최근 연구자들은 Tuckman의 순차적 모델은 단절평형 모델과 근본적으로 다르다고 주장하였다(Garfield & Dennis, 2012). 두 모델이 집단 발달에 대한 방법을 제시하는 것이 아니라, 서로 다른 상황에서 작동하는 별개의 모델이라는 것이다. Garfield와 Dennis는 일에 대한 루틴이 잘 조직된 경우는 집단 구성원이 빠르게 일을 습득할 수 있기 때문에 집단 발달 과정을 단절평형 모델로 잘 예측할 수 있다고 하였다. 하지만 일에 대한 루틴이 잘 조직되어 있지 않은 집단은 먼저 일을 수행하는 과정을 파악하고 어떻게 일을 해결할지에 대한 합의가 필요하다. 이 집단들은 현안 과제를 해결하기 전에 형성, 갈등 등과 같이 Tuckman의 모델 단계를 거치게 된다.

다른 연구(Raes, Kynd, Decuyper, Van den bossche, & Dochy, 2014)에서는 전문가로 구성된 40개의 팀을 대상으로 조사한 결과, 실질적인 팀 학습—정보 공유, 제안 및 아이디어 협력, 갈등을 야기할 수 있는 상호작용을 통한 학습—은 팀 발달의 후반 단계에서만 발생한다는 사실을 확인했다. 해당 연구에서는 팀 발달의 초기 단계에서는 팀 학습이 잘 이루어지지 못했고, 각 단계에서 개별적으로 움직이는 경향이 있었다. 집단 발달의 후반 단계에서 팀 구조가 만들어지고 신뢰가 커짐에 따라 팀은 함께 배우기 시작한다. 앞으로의 연구에서는 집단이 진화하고 발전하는 다양한 방법들을 밝힐 필요가 있다.

사회적 태만과 기타 집단 현상

사회적 태만에 대한 생각은 Max Ringelmann에 의해 1900년대 초반에 처음 발표되었고, 그는 집단의 규모가 커짐에 따라 다양한 작업에서 개인적인 노력이 줄어든다는 점을 발견하였다. 나중에 **사회적 태만**(social loafing)으로 명명된 이 현상은 사람들이 혼자가 아닌 집단으로 일할 때 발생하는 개인적인 노력의 감소를 의미한다. 요점은 한 집단이 개인보다 덜 열심히 일을 한다는 것이 아니라, 많은 경우에 집단에 속한 개인은 혼자서 일하는 경우보다 덜 열심히 한다는 것이다. Ringelmann과 동료들은 줄다리기, 박수 치기와 같은 다양한 작업에서 이 효과를 발견했다. 후속 연구에서도 소음 발생, 미로 작업, 글쓰기, 수영 및 문제 해결과 같은 작업에 있어서도 사회적 태만이 발생한다는 것을 확인하였다. 이 효과가 발생하는 이유에 대한 다양한 설명이 있지만(Pinder, 1998) 대부분의 연구자들은 (1) 사람들이 팀 구성원들의 개별적인 노력을 확인할 수 있다고 믿을 때, (2) 다른 사람들이 그들의 노력에 의해 영향을 받는다고 믿을 때 태만할 가능성이 적다는 것에 동의한다. 일부 연구자들은 집단 작업을 위한 노력이 개인적 노력만큼 가치 있는 결과에 직접적으로 연관되지 않는다고 생각하기 때문에 사회적 태만이 집단에서 보편적이라고 주장한다(Karau & Williams, 1993). 이 설명은 동기의 기대 이론에 근거한 것이다.

> **사회적 태만**
> 사람들이 혼자가 아닌 집단으로 일할 때 발생하는 개인적인 노력이 감소하는 현상

> **참조**
> 유인가-도구성-기대(valence-instrumentality-expectancy : VIE) 동기 이론(9장 참조)에서 살펴본 것처럼, 특정한 방식으로 행동하려는 동기는 그 행동의 결과로 발생할 것으로 생각되는 보상의 유인가, 그 행동이 또 다른 긍정적인 결과를 산출할 수 있는 가능성(도구성) 정도, 그리고 그 행동이 바람직할 결과를 가져올 것이라는 기대 등의 함수이다.

학생들이 집단 내에서 '태만' 할 수 있는 기회를 부여한 연구에

서, Stephen와 Zaccaro(1984)는 재미없는 일을 하는 집단에서만 사회적 태만이 발생했다는 것을 발견했다. 매력 있는 과제를 수행하는 집단 구성원들 사이에서는 반대의 효과, 즉 사회적 고양(social enhancement)이 발생했다. 후자의 경우, 큰 집단이 작은 집단보다 더 잘 수행하였다. 다른 연구에 따르면 사회적 태만은 응집성이 낮은 집단에서 발생하기 쉽다고 하였다(Karau & Hart, 1998; Karau & Williams, 1997). 따라서 직무매력도 이외의 다른 변인들이 사회적 태만의 발생 가능성에 영향을 줄 수 있다(Goren, Kurzban, & Rapoport, 2003).

일부 연구에서는 문화가 사회적 태만 같은 집단 현상에 미치는 역할을 다루기도 하였다. 예를 들어 일반적으로 북아메리카 사람들이 중국인들보다 더 많은 사회적 태만을 보이는 것으로 나타났다. 그러나 최근의 한 연구는 좀 더 복잡한 관계를 보여주었다. 중국인들은 동료들의 수행 수준과 비슷한 수행을 보였다. 공적인 맥락에서 특히 그러했는데, 연구자들은 중국인 직원들은 군중 속에서 두드러지는 것을 선호하지 않기 때문이라고 하였다(Hong, Wyer, & Fong, 2008). 따라서 중국인이 북미인보다 사회적으로 덜 태만한 것은 사실이지만(아마 북아메리카의 개인주의와는 반대로 집단주의적 특성 때문에), 실제로는 현상을 설명하는 데 있어 더 복잡할 수 있다.

무임승차
집단 구성원이 본인에게 할당된 양보다 덜 하면서도 보상은 동일하게 공유하는 상황

남만큼만 하기 효과
집단 구성원이 동료가 최선을 다하지 않는 것을 보고 동료와 유사한 수준으로 자신의 노력을 줄이는 현상

예를 들어 때로 직원들이 할당된 것보다 적은 일을 하면서도 여전히 보상은 동일하게 받는 상황이 있다. **무임승차**(free riding)라고 알려진 이러한 상황은 개인의 노력이 집단의 성공이나 보상으로 이어지는 것은 아니라고 인식하는 경우에 발생한다. 이 경우 집단의 다른 구성원은 동료와 유사한 수준으로 자신의 노력을 줄일 수 있다. **남만큼만 하기 효과**(sucker effect)라고 하는 이러한 결과는 집단 구성원이 더 이상 본인만 열심히 하지 않겠다고 결심하면서 발생하고, 작업에 실패하더라도 그들의 노력을 줄이게 된다. 독자들 중 일부는 수업 팀 프로젝트에서 유사한 경험을 했을 것이다. Kerr와 Tindale(2004)은 집단 작업에 대한 개인의 노력에 대한 사회적 보상(social compensation)이 발생하지 않아 집단 구성원들의 많은 도움을 기대하지 않게 되기 때문에 태만이 발생한다고 하였다. 집단 내에서의 사회적 과정은 상당히 복잡하고 이러한 과정은 조직의 기능에 잠재적으로 큰 영향을 줄 수 있다.

집단 의사결정

전 세계에서 다양한 집단이 수행하는 역할에 대해 생각해보자. 종종 집단에게 큰 책임을 위임하기도 한다. 어떤 집단은 경제 및 생활에 영향을 미치는 주요 국내외 기업을 운영한다(예 : 이사회). 어떤 집단은 자녀의 교육에 영향을 미치는 학교 및 대학 운영을 책임진다. 또 다른 집단은 기소된 범죄자들의 유/무죄를 결정하고 부당하게 고발된 사람들(예 : 배심원)을 보호하는

역할을 하기도 한다. 심각한 질병에 직면했을 때 개인의 건강을 집단(예 : 외과 수술팀)에 맡기기도 한다. 대부분은 개인으로 살아간다는 데 동의하지만 집단의 중요성을 잊어서는 안 된다. 특히 중요한 결정을 내리는 데 필요한 권한과 책임을 고려해야 한다. 다음으로는 효과적이고 비효율적인 집단 의사결정에 대해서 논의하겠다.

집단 의사결정 과정

두 집단이 정확히 동일한 방식으로 결정을 내리지는 않지만, 어떤 요소는 성공적인 의사결정에 중요하다. 이러한 요소들을 분석하는 다양한 방법들이 있다(Schilling, Oeser, & Schaub, 2007). **표 12.2**에 성공적인 의사결정 요소의 다섯 단계가 제시되어 있다.

특정 결정을 내리고 문제 해결 작업을 수행하기 전에 집단은 먼저 문제를 진단해야 한다. 문제의 본질, 문제와 관련한 집단의 목표, 그리고 극복해야 할 장애물에 대해 어느 정도 구성원들 간에 합의가 이루어져야 한다. 언뜻 보기에는 이 단계가 당연한 것처럼 보이지만 연구 결과에 따르면 많은 집단이 여기에 충분한 시간을 투자하지 않는다(Forsyth, 1999). 이 단계에서 흔히 범하는 실수 중 하나는 사실과 의견을 혼동하고, 책임 질 사람을 찾는 것이다. 예를 들어 남녀 간 임금 격차를 확인하고 해결하는 임무를 맡은 담당 팀원들은 단순히 자신의 의견—임금 격차는 기술과 경력에 의해 발생하는 것이다—을 사실로 잘못 생각할 수 있다. 문제에 대한 그들의 인식이 왜곡되어 있을 수 있다.

브레인스토밍
다른 팀원의 비난 걱정 없이 각 구성원이 낸 제안이나 아이디어를 통해 잠재적인 해결방안을 도출하는 기술

효과적인 의사결정의 두 번째 단계는 해결방안을 도출하는 것이다. 토론을 통해 잠재적인 해결방안을 찾아내면서 문제와 집단 목표 달성을 위한 의사소통이 이루어진다. 여기서 유용한 기술은 브레인스토밍이다. 집단은 다른 팀원의 비난 걱정 없이 각 구성원이 낸 제안이나 아이디어를 통해 잠재적인 해결방안을 만들어낸다. **브레인스토밍**(brainstorming)의 목표를 달성하기 위해서는 각 구성원이 편안하게 해결방안을 제안할 수 있는 분위기를 조성하는 것이 필요하다. 실제로 집단은 해결방안의 목록이 많으면 많을수록 더 나은 결론을 도출할 수 있다.

Pete Souza/The White House/MCT via Getty Images

생 각 해 보 기
효과적인 의사결정을 위해서는 어떤 단계가 필요한가?

그러나 이 단계에서 가끔 발생하는 실수는 관련 없는 해결방안을 제시해서 해당 과제에 집중하는 것을 막는 것이다. 또 다른 실수는 개방적인 자세로 문제를 창의적으로 접근하기보다는 '과거의' 해결방안에 의존하는 것이다. 일반적으로 연구 결과에 따르면 (1) 집단 구성원들은 자신의 차례를 기다려야 하거나

표 12.2 효과적인 집단 의사결정에 대한 다섯 단계

단계	설명	일반적인 실수
1. 문제 진단하기	집단 구성원들이 문제가 발생하였고 그 문제를 해결할 필요성이 있다고 동의한다.	의견과 사실을 혼동 원인과 증상에 대해서 혼동
2. 해결방안 만들어내기	집단 상호작용이 잠정적인 해결방안이 마련될 때까지 문제를 이해하는 것에 집중한다.	부적절한 해결방안을 제안 장기적으로 바라보는 것이 아니라 눈앞에 있는 것만 바라보는 것
3. 해결방안에 대해 평가하기	집단 구성원들이 각 해결방안들의 성공 가능성에 대해서 평가한다.	각 해결방안들의 부정적인 측면에 대해서 고려하지 않는 것 해결방안 그 자체에 초점을 맞추는 것이 아니라 해결방안을 제시한 그 사람을 인신공격하는 것
4. 해결방안 선택하기	집단 구성원들이 최고의 해결방안을 결정하고 모두가 동의한다.	집단 내에서 가장 권한이 큰 구성원이 해결방안을 선택하게 하는 것 정치적이나 기타 다른 신념이 같다고 하여 특정 해결방안으로 편향되는 것
5. 행동계획과 실행 작업 착수하기	집단 구성원들이 의사결정을 수행해야 하며 과정을 모니터링하기 위한 단계를 결정한다.	일부 구성원들을 의사결정 과정에 있어서 배제하는 것

출처 : *Decision Making: A Psychological Analysis of Conflict, Choice, Commitment* by Irving L. Janis and Leon Mann(1977).

공유의 기회가 지연되어 자유로운 아이디어 제시 흐름이 차단될 때(이는 생산 차단, production blocking이라고 함), (2) 구성원들이 집단에서 자신의 의견을 표출하는 것을 우려할 때, (3) 구성원들이 실용적 해결방안을 도출하는 것보다 다른 사람들과 비교하며 '더 나은' 모습을 보이는 것에 더 많은 동기를 부여받을 때 브레인스토밍의 효율성이 저하된다(Forsyth, 1999).

수십 년에 걸친 연구 결과에 따르면 브레인스토밍은 명목 집단(즉 이름만 집단으로 되어 있고 실제 함께 일하지는 않는 개인들의 집단)보다 성과가 떨어지는 경우가 많다. 이러한 성과 저하는 브레인스토밍에 대한 주요 비판점이다. 그러나 일부 연구에서는 생산 차단을 최소화하기 위해 훈련된 촉진자를 고용하는 것과 같은 몇 가지 해결방안을 제공하기 시작했다(Kerr & Tindale, 2004).

가장 흥미로운 해결방안은 '전자 브레인스토밍(electronic brainstorming)'으로, 이 소프트웨어를 통해 참가자들은 생산 차단, 익명성 등에 구애받지 않고 스크린에 나타난 다른 구성원들의 아이디어를 보면서 언제든지 자신의 아이디어를 입력할 수 있다. 일부 연구를 통해서 이 방법이 명목 집단(Nijstad, Stroebe, & Lodewijkx, 2003 참조)보다 효과가 우수한 것으로 나타났고, 아직은 심리학 분야에서 이 기법에 대해 많이 사용하지는 않지만 앞으로 선호도가 높아질 것

annebaek/iStock/Getty Images Plus

생각해보기

팀 친숙성이 전자 브레인스토밍의 효과성에 영향을 미치는 이유는 무엇인가?

으로 예상된다. 최근 사회적 태만에 이를 적용한 연구에서는 서로 친숙한 사람들로 구성된 집단이 전자 브레인스토밍을 더 잘 활용하는 것으로 나타나, 친한 사람들로 구성된 집단에서 전통적인 브레인스토밍이 촉진된다는 연구 결과와 일치하였다(Fang & Chang, 2014).

세 번째 단계는 도출된 **해결방안을 평가**하는 것으로, 브레인스토밍 절차를 통해서 제안된 각 해결방안을 비판적으로 평가하고 실행 가능한 것을 채택, 그렇지 않은 것은 폐기한다. 이 시점에서 각 대안의 제외 여부를 결정하기 위해 각 대안에 대한 최악의 시나리오를 검토하는 것이 중요하다. 앞서 언급한, 임금 격차 해결팀이 성별에 따른 직무의 중요성 차이에 근거하여 임금 격차를 설명하기로 결정한 경우, 최악의 상황은 이로 인해 조직몰입이 매우 저하된 여성에 대한 예를 들 수 있다. 이러한 낮은 조직몰입은 일자리 불만, 성과 감소, 높은 이직률, 회사에 대한 잠재적인 법적소송 및 사기 저하로 이어질 수 있다.

해결방안 중에서 **최종안을 선택**하는 것이 네 번째 단계이다. 각 대안의 잠재적인 이점과 약점을 고려하고 부작용을 초래할 수 있는 안을 제거한 후 나머지 해결방안을 비교하고 최선의 실행안을 선택해야 한다. 집단은 다양한 방법으로 해결방안을 선택한다. Forsyth(1999)는 몇 가지 일반적인 접근법을 제시하였다.

- **위임** : 집단은 위원장에게 정보를 제공하고, 위원장이 결정을 내린다(대안적으로, 소위원회가 전체 집단을 대변할 수 있다).
- **개별 입력 값 평균** : 각 집단 구성원은 각 방안에 대해 개별적으로 평가를 하고 최종 결정을 내리기 위해 각 값들의 평균을 산출한다.
- **다수결 원칙** : 집단이 투표하고 다수 의견의 해결방안이 선택된다.
- **집단 일치** : 집단 구성원들은 만장일치 합의에 도달할 때까지 문제를 논의한다.

이 단계에서 잠재적인 실수는 권력을 가진 사람들이 해결방안을 결정하고 '가장 좋아하는' 해결방안을 지원하기 위해 장점과 단점을 편향시키는 것이다.

특정 해결방안을 실행하기로 결정하면, 실행에 필요한 **행동 및 실천 계획**을 개발한다. 해결방안 진행 상황을 모니터링하고 평가하기 위한 구체적인 조치 단계 및 방법이 개발된다. 앞서 예로 들었던, 급여 팀이 직무 분류와 임금 척도의 재평가를 결정했다고 가정해보자. 이를 위한 진행 계획, 절차의 단계 및 각 단계의 목표를 포함하는 계획을 개발해야 한다. 행동 계획이 준비되면 실행 작업이 시작되고 각 단계를 모니터링하고 평가한다.

성공 여부는 보장되지 않지만 다섯 단계를 고려하면 문제를 무시하는 것보다 효과적인 결정을 내릴 확률이 높다. 물론 집단은 다양한 의사결정을 통해 이러한 단계를 밟을 수 있다. 이는 어떤 결정이 좋은 의사결정인지에 대해 설명해줄 수 있다.

비효과적 의사결정

집단이 중요한 결정을 많이 하지만, 항상 의사결정 효과적으로 이루어지는 것은 아니다. 여기 책에서 제시된 만화들은 유머를 통해 집단, 특히 위원회를 재미있게 풍자하고 있다. 예를 들어 Forsyth(1999)는 "위원회는 불필요한 일을 하지 않으려고 임명된 부적격자로 구성된다."는 매우 통속적인 관점을 제시한다. 다소 극단적일 수는 있지만, 일부 사람들은 집단 의사결정 과정에서 좋지 못한 경험을 하고, 부적절한 집단 의사결정으로 인해서 부정적인 영향을 받기도 했을 것이다.

프로세스 손실 1972년 Ivan Steiner는 다음과 같은 집단 수행 법칙을 제안했다.

$$\text{실제 생산성} = \text{잠재적 생산성} - \text{불완전한 프로세스로 인한 손실}$$

여기서 '잠재적 생산성'이란 특정 문제 해결을 위해 투입하고 있는 공동 책임과 다양한 기술 같은 집단 작업에서 얻을 수 있는 긍정적인 요소를 의미한다. 그러나 집단의 수행을 저해하는 집단 상황의 비동기적인 요소를 나타내는 **프로세스 손실**(process loss)도 있다.

프로세스 손실
집단의 성과를 저해하는 집단 상황의 비동기적 요소

cathy® by Cathy Guisewite

생각해보기
이 만화의 집단은 표 12.2에 요약된 효과적인 집단 의사결정을 위한 다섯 가지 단계 중 어떤 것을 제시하고 있는가?

예를 들어 다른 동료를 생각하지 않고 본인이 담당하는 직무만을 수행하는 경우, 집단 구성원 간의 직무 조정 문제는 프로세스 손실로 이어질 수 있다. 실제 생산성은 프로세스 손실로 인해 부정적인 영향을 받는다. 이는 잠재적 단점이라기보다는 집단의 이점을 활용할 수 있도록 집단이 반드시 인식하고 있어야 하는 핵심 요소이다.

James Larson과 동료들(Larson, Christensen, Franz, Abbott, 1998, Larson, Foster-Fishman, Franz, 1998)은 **공유된**(shared) 정보와 **공유되지 않은**(unshared) 정보가 의사결정에 미치는 영향에 관심을 두었다. 공유되지 않은 정보는 오직 한 명의 구성원만이 보유한 정보이다. 공유된 정보는 모든 집단 구성원이 보유한 정보이다. 중요한 결정을 집단에 위임하는 한 가지 이유는 문제에 대해 더 많은 관련 정보를 얻을 수 있다고 가정하기 때문이다. 그러나 연구 결과에 따르면 집단은 공유되지 않은 정보를 통합하는 데 효과적이지 않았다. 실제로 집단 결정은 공유된 정보에 의해 더 많이 결정되는 경향이 있었다.

공유되지 않은 정보를 통합한다는 개념이 집단 의사결정의 강점 중 하나라는 점을 감안할 때 이러한 결과는 아이러니한 것이다. Larson과 동료들은 집단 의사결정의 질을 향상시키기 위해서는 가치가 있는 공유되지 않은 정보의 공유가 촉진되어야 한다고 주장했다(Brodbeck, Kerschreiter, Mojzisch, Frey, & Schulz-Hardt, 2002 참조). 그들이 제안하는 한 가지 기법은 리더가 '참여적인' 스타일의 리더십을 사용하는 것이다. 참여적 리더십은 의사결정과 정책 실행에 다른 사람들을 포함시키는 것이다. 이에 대한 몇 가지 심층적인 연구가 있었다(Larson & Foster-Fishman et al., 1998). 그러나 집단이 잠재적인 이익 중 하나인 공유되지 않은 정보의 활용을 촉진하는 방법에 관해서는 더 많은 연구가 필요하다. 최근 9개국의 여러 공장 직원들을 대상으로 한 연구는 조직 문화와 학습 간의 관계의 크기가 국가 문화적으로 참여적 리더십을 지지하는 정도에 따라 달라진다는 사실을 발견했다(Huang, Rode, & Schroeder, 2011).

많은 집단 실패에서 볼 수 있는 프로세스 손실의 대표적인 이슈는 소통의 문제이다. 일부 연구자들은 프로세스 손실이 종종 정보를 공유하지 않은 채 빠른 의사결정을 내리는 것에서 기인한다고 주장한다(Van Ginkel & van Knippenberg, 2009). 또한 집단 구성원이 집단 작업과 관련한 근본적인 생각에 대해 논의하지 않을 때, 즉 구성원의 직무 인식, 직무에서 요구되는 것에 대한 생각을 토론하지 않는 경우 문제가 발생한다. 연구원들은 252명의 학생을 3명씩 집단에 배정하고 소매점의 몇 가지 중요한 마케팅 및 영업 결정에 대한 협력적 의사결정 과제를 수행하게 하였다(Van Ginkel, Tindale, & van Knippenberg, 2009). 그들은 작업의 본질에 대한 집단 성찰(group reflection)이 집단 구성원의 정보공유 및 정교화에 영향을 미치고 결과적으로 의사결정의 질에 영향을 미친다는 사실을 발견했다. 실제로, 업무 인식에 대한 의사소통과 업무에 대한 성찰은 효과적인 의사결정의 중요한 요소이다.

집단사고 집단 의사결정 오류의 가장 큰 문제는 집단사고(groupthink)로서, Irving Janis는 이 개념을 응집력이 있는 조직에서는 동의하려는 욕구가 매우 지배적이기 때문에, 집단 구성원들이 대안에 대한 현실적인 평가를 못하는 상황에서 하는 사고방식으로 정의하였다. 이러한 경우 집단 구성원들은 서로 매우 가깝고 응집력 있는 집단에 집중하면서 의사결정이 편향된다. 실제로, 집단사고는 미국 역사 전반에 걸쳐 다양하게 나타나고 있다.

집단사고
응집력이 있는 조직에서 동의하려는 욕구가 매우 지배적이어서 대안적인 행동 방식에 대한 현실적인 평가를 못하게 하는 상황에서 집단 구성원들이 하는 사고방식

특히 주목할 만한 사례는 일본이 1941년 12월 7일에 진주만을 침공한 것과 관련이 있다. 하와이 주둔 미군 사령관은 일본의 공격 정보를 많이 제공받았다. 그러나 미군 내에서는 그 정보를 진지하게 받아들이지 않았다. 그들은 일본 공격에 대비할 수 있음에도, 항공모함을 태평양에 배치하지 않았고 실제 위협 수준에 대해 고려하지 않았다. 결국, 일본 폭격기가 무방비 상태인 미국의 선박과 비행장을 공격하기 전까지 미군에서는 일본 공격에 대해서 전혀 경고하지 않았다(Janis & Mann, 1977).

일부 연구자들은 집단사고의 영향력이 약하다고 주장하지만(예 : Park, 2000), 다른 연구자들은 관련된 변인들을 조사하고 중요한 변인이 무엇인지를 결정하기 위해 추가 연구가 필요하다고 제안한다(Henningsen, Henningsen, Eden, & Cruz, 2006). 그러나 많은 전문가들은 집단사고가 비효율적인 집단 의사결정을 분석하고 해결하는 데 유용한 프레임워크를 제공한다는 데 동의하고 있다(Mulrine, 2008).

집단사고의 선행조건과 이를 조절할 수 있는 변인들은 무엇일까? Janis의 집단사고 모델에 이러한 변인들의 목록이 제시되어 있다(**그림 12.1** 참조). 집단사고가 발생하려면 먼저 그 집단의 응집력이 높아야 한다(Janis, 1982). 응집력 있는 집단 구성원은 집단 목표를 개인 목표보다 우

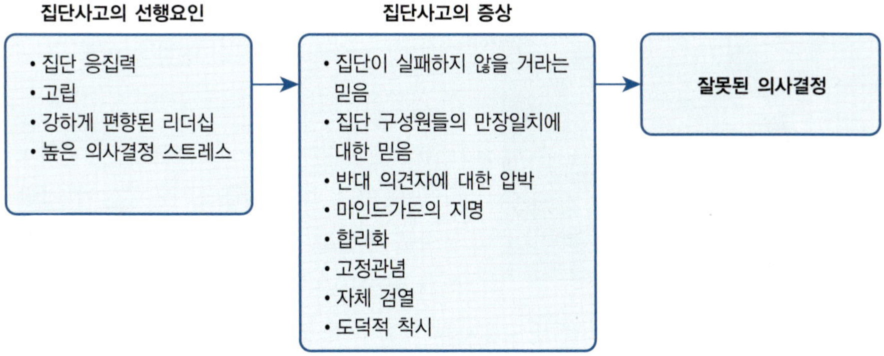

그림 12.1 Janis의 집단사고 모델

출처 : Janis & Mann, 1977, p. 132.

선시하는 등의 강한 소속감을 느낀다. 그리고 집단 구성원들은 집단 단합이 더 중요하다고 믿기 때문에 반대 의견 제시를 꺼린다. 이런 경우 집단 응집력은 문제가 된다.

집단사고는 다른 집단과 격리된 집단에서 더 자주 발생한다. 외부와 격리되어 있으면 공유할 수 있는 반대의견이 제한된다. **강력하고 편향된 리더십**은 집단사고의 또 다른 중요한 선행조건이다. 강력한 지도자는 집단의 방향과 세부사항들도 '지시'하는 경향이 있다. 리더의 존재로 인해 집단에 침묵만이 흘렀던 경험이 있는가? 집단사고의 마지막 선행조건은 **높은 의사결정 스트레스**로, 의사결정이 신속하게 이루어져야 하는 상황과 상당히 흥분되어 있는 맥락을 의미한다.

집단사고의 여덟 가지 증상이 제시되어 있다(그림 12.1 참조). 각각에 대해 구체적으로 논의할 수 없지만 우선 첫째로, 집단 구성원들은 그들은 무적이고 모두 동일한 신념을 가지고 있다는 믿음이 있다. 대표적인 사례가 미국의 워터게이트 사건이다. 즉 닉스 백악관 관계자 — 대통령 재선위원회(CREEP)의 핵심인물 — 의 설명과 인터뷰 내용을 검토해보면 이 사람들은 자신들이 체포되거나 피해를 입을 가능성을 고려하지 않았고, '잘못된' 일을 하고 있다는 생각도 전혀 없었다는 것을 알 수 있다.

또 다른 두 가지 증상은 **반대자에 대한 압박**(pressure on dissenters)과 **마인드가드 임명**(appointment of a mindguard)이다. 집단사고가 발생할 때, 다른 의견을 보이는 구성원에게 많은 압력이 주어진다. 즉 집단이 집단사고를 경험하고 있을 때, 반대자가 만장일치를 이루기 위해 여러 가지 수단을 통해서 강요받는 것은 드문 일이 아니다. 이와 관련된 증상이 집단의 공식적 또는 비공식적 마인드가드의 지명으로, **마인드가드**(mindguard)는 집단의 견해와 일치하지 않는 외부 정보로부터 집단을 보호하는 역할을 하는 구성원이다. 즉 집단의 응집성을 유지하고 만장일치에 부정적인 영향을 미칠 수 있는 외부 영향을 차단한다.

마인드가드
집단의 견해와 일치하지 않는 외부 정보로부터 집단을 보호하는 역할을 담당하는 집단의 구성원

Kenneth Lambert/AP Photo

생 각 해 보 기
Enron의 파산으로 이어지는 체계적인 회계부정을 저지른 Enron의 문화와 붕괴는 어떤 면에서 집단사고의 위험성을 반영하는가?

금세기 초반의 Enron 스캔들은 집단사고의 또 다른 예이다. 팀원들은 결과 달성에 대한 강한 압박을 받았고 경영진 사이의 회사 전략에 대한 의견 차이는 수용되지 않았다. 고위 임직원들은 회사 내에서 지위를 유지하기 위해서는 그러한 결정들을 따를 수밖에 없다는 압박감을 느꼈다(Prindle, 2010). 이 회사의 문화는 일종의 비현실적인 요구와 강한 압박이었는데, 강하고 강압적인 리더들에 의해 지배되는 직원들은 시키는 대로 할 수밖에 없었다. 결국 재무 건전성 결여와 회계 사기로 인해 파산되었고, 임원들은 형사 처벌

을 받았다(Lardner, 2002, Riordan & Riordan, 2013).

집단사고를 예방하기 위해서는 앞서 제시된 효과적인 의사결정 단계(표 12.2 참조)를 따라야 한다. 문제를 신중하게 진단할수록 잠재적인 해결방안을 더 잘 구분할 수 있다. 더 비판적으로 잠재적인 해결방안들을 평가할 때, 더 나은 최종 해결방안을 선택할 수 있고 이를 바탕으로 구체적인 행동계획을 수립하고 실행할 수 있으며 집단사고 발생 가능성은 감소하게 된다.

21세기 작업 팀

21세기 조직을 위한 중요한 개념인 협업(collaboration)은 공통 목표를 위해 서로 상호작용하는 두 명 이상의 직원들에게 필요하다(Patel, Pettitt, & Wilson, 2012). 최근 협업의 개념과 관련하여 일곱 가지 주요 요인(맥락, 지원, 과제, 상호작용 과정, 팀, 개인, 전반적인 요인)이 제시되기도 하였다(Patel et al., 2012). 이 장의 나머지 부분에서는 팀에 초점을 맞출 것이다.

초반에 **작업 집단**(work group)과 **작업 팀**(work team)이라는 용어를 혼용하여 사용하겠다고 했지만, 앞으로는 팀이라는 용어를 사용할 것이다. 작업 팀은 기본적으로 개인의 행동이 상호 의존적이며 조정되는 작업 집단으로 정의된다. 각 구성원은 특정 역할을 맡고 팀은 공통의 목표와 목적을 가지고 있다. 그러나 이러한 이론적인 정의와 관계없이 산업의 모든 부문에서 작업 팀의 증가는 부정할 수 없는 대세이다.

정신 모형

집단 학습은 작업 팀의 기능에 중요한 요소이다. 집단 학습은 일종의 결과로 볼 수 있다 ― 집단 구성원들 간의 새로운 것에 대한 공유된 이해 집단 학습 과정에는 이해의 공유, 저장 및 검색이 포함된다(Goodman & Dabbish, 2011). 공유된 이해는 단순히 팀원들의 신념을 모으는 것이 아닌 팀의 자산이다(Goodman & Dabbish, 2011).

집단 학습 개념과 관련하여 공유 정신 모형이라는 개념이 있다. 첫째, **정신 모형**(mental model)은 개인과 환경과의 상호작용을 향상시키는 조직화된 지식 구조이다(Mathieu, Heffner, Goodwin, Salas, & Canon-Bowers, 2000). 정신 모형은 자신의 주변 환경을 이해할 수 있도록 해준다. 즉 그들이 처한 환경에서 발생하는 것들을 기술, 설명, 예측할 수 있게 한다. 구성원들은 각각의 수행을 조정할 수 있도록 팀원의 태도와 행동을 설명하고 예측할 수 있어야 한다. 이것이 **공유 정신 모형**(shared mental models)이 작용하는 부분이다. 팀원들이 지식과 이해를 통해 팀원의 행동과 조화되는 행동을 선택할 수 있다(Mathieu et al., 2000).

> **정신 모형**
> 개인이 주변 세계를 이해하는 데 도움이 되는 체계적인 지식 구조

> **공유 정신 모형**
> 개인들의 노력을 조정하는 데 도움이 되는 둘 이상의 개인의 지식, 신념 및 이해가 결합되고 조직화된 구조

공유된 정신 모형은 문제에 대해 토론할 시간이 없고 신속하고 신중하게 작업해야 하는 고

실무자 포럼

Tom Ruddy

Tom Ruddy

볼링그린주립대학교 I/O심리학 박사, 1989년

Human Resources WW Businesses Becton Dickinson 부회장

이 장에서 배웠던 작업 팀에 관한 많은 내용들은 현장에서 많이 응용될 수 있다. Xerox와 Siemens에서 재직할 때, 전 세계 36개국 이상에서 14년 동안 팀을 구현하면서 이러한 개념에 익숙해졌다. Xerox의 글로벌 고객 서비스 조직을 위한 자율 팀 구현 과정은 여러 단계로 구성되었다. (1) 팀 형성(크기 및 구성원들), (2) 회사 비전 이해 및 전달, (3) 팀 임무 개발, (4) 팀 목표 정의, (5) 팀 행동 규범 수립, (6) 팀원 역할 명확화, (7) 핵심 팀 프로세스의 문서화 및 준수(예 : 의사 소통, 회의 및 작업 프로세스).

팀을 구성하고 작동시키는 방법으로 이러한 팀 구성 단계를 사용했다. 때로는 팀의 성공에 영향을 미치는 이러한 핵심 단계 중 일부의 구체성이 부족하다는 사실도 발견했다. 이러한 과정을 완료하고 모니터링하면 효과적인 팀 기능을 보장할 수 있었다.

3,000개가 넘는 팀에 대한 조사와 관찰 결과, 팀의 성공을 예측하는 데 있어서 팀원들이 합의된 프로세스와 규범을 따르는 것이 팀원들 간에 서로 '좋아'하는 정도보다 훨씬 더 큰 영향을 미쳤다. 긍정적 대인관계가 팀의 기능을 해치는 것은 아니지만, 그러한 관계는 고성과 작업 팀을 구성하는 데 반드시 필요한 것은 아니었다. 여러 국가와 시간대에 걸쳐 운영되는 가상 팀이 있는 Siemens에서 일한 경험이 이러한 결과를 잘 지지해주고 있다.

Xerox 및 Siemens 팀에 대한 16개 이상의 연구를 기반으로 팀 성과에 있어 다음과 같은 중요한 조직적 맥락 요소를 확인할 수 있었다. (1) 팀 기반 지원 구조(예 : 팀 기반 인센티브, 성과 피드백 시스템), (2) 경영 리더십 및 코칭, (3) 기술적 자원(예 : 호출기, 랩톱, 실시간 통신 장치). 이러한 요인의 유무는 효과적인 팀 프로세스(앞서 언급한 일곱 가지 시작 단계)를 개발하고 성과(예 : 고객 만족도, 직원 만족도 및 비용 관리)를 달성하는 능력에 영향을 미치게 된다.

학습질문

1. 팀 구성원 간의 일반적인 호감보다 과업과 관련된 팀 응집력이 중요한 이유는 무엇인가?
2. 팀 개발에 관한 Ruddy의 경험은 어떤 점에서 단절평형 모델과 일치하는가?
3. 가상 팀은 팀 프로세스 및 조직 상황 요소의 중요성과 관련하여 전통적인 대면 팀(face-to-face)과 어떻게 다른가?

성과 팀에게는 매우 중요하다. 이 팀 구성원들은 서로의 사고 패턴을 이해하고 합심하여 자신의 노력을 조정할 수 있어야 한다. 연구 결과에 따르면 정신 모형이 팀 구성원 간에 공유되는 정도는 전략 형성, 조정, 협력 및 의사소통과 같은 효과적인 팀 프로세스를 통해 팀 성과에 영향을 미쳤다(Mathieu et al., 2000). 그리고 최근 조사에 따르면 팀 구성원 간의 의사소통이 활발할 때 개인이 팀 전체의 전문지식을 파악하고 활용할 수 있다는 사실이 밝혀졌다(Yuan, Fulk, Monge, & Contractor, 2010). 즉 팀 구성원들의 친밀도가 높은 경우 다른 팀원의 전문성을 요청하고 또 누가 전문가인지에 대해 잘 이해한다.

작업 팀 유형

I/O심리학자들이 작업 팀을 집중적으로 연구하기 시작하면서 작업 팀을 5개의 다른 범주로

표 12.3 팀의 종류

생산 팀	유형의 결과물을 만들어내는 일선 근로자들 종종 자기 관리, 자기 리드, 자기 주도적인 측면을 가지고 있다. 예 : 전자제품조립 부서, 광산 재취 팀, 사탕 생산 팀
관리 팀	회사 중역 팀. 지역 운영 위원회 이들의 지시 아래에 다른 작업 팀들이 협업한다. 계획, 예산, 인력 배치와 같은 업무를 담당한다. 예 : 최고 경영 팀, 군사 지휘 팀, 건강관리 팀
서비스 팀	고객이 원하는 것에 대해서 관심을 둔다. 한번에 많은 고객들에게 서비스를 제공한다. 예 : 승무원, 병원 응급실 부서, 도소매 집단
프로젝트 팀	프로젝트의 기한을 만든다. 교차 기능적이다. 프로젝트가 완료되면 해체된다. 예: 신제품 팀, 연구부서, 연구와 설계 프로젝트 집단
자문 팀	문제를 해결하며 해결방안을 추천한다. 조직에 있어서 매우 중요하다. 일시적이다 예 : 품질 관리 팀, 참여 팀, 대통령 대학교수 자문 집단

구분하였다(Sundstrom et al., 2000). **표 12.3**에 요약되어 있다. 첫째, **생산 팀**(production teams)은 산출물(output)을 만들어내는 직원 집단이다. 생산을 담당한다는 점에서 최전선에 있는 직원들이다. 둘째, **관리 팀**(management teams)은 제품이 생산, 개발 또는 개선될 때 조정하는 역할을 하는 직원들이다. 그들은 최전선이라기보다는 뒤에서 계획, 인력 배치, 예산 책정 및 업무 프로젝트의 물류를 담당한다. 셋째, **서비스 팀**(service teams)은 고객의 요구에 부응하기 위해 함께 일하는 직원들로 구성된다. 서비스 팀의 한 예로 비행기의 승무원 팀이 있다.

넷째, **프로젝트 팀**(project teams)은 특정 프로젝트만 수행하도록 구성되고 프로젝트 완료 시 해체된다. 특히 조직의 다양한 부서의 구성원들이 각자 고유한 기능을 수행하면서 팀을 이루는 경우 **교차 기능 팀**(cross-functional teams)이라고도 한다. 예를 들어 책 출판사는 책 완성에 필요한 모든 절차를 처리할 수 있는 교차 기능 팀 별로 특정 책을 할당할 수 있다.

교차 기능 팀
팀 조직의 다양한 부서의 구성원으로 구성되며 각 구성원은 본인의 고유 기능을 수행. 프로젝트 팀이라고도 한다.

이 팀의 구성원들로 생산, 마케팅, 재무 및 유통 담당자 등이 포함된다. 팀 구성원은 서로 협력하며 동시에 특정 책임이나 프로젝트가 잘 마무리될 수 있도록 개별 업무에 초점을 맞춰 일한다. 예를 들어 Harley-Davidson은 오토바이 생산에 교차 기능 팀을 사용한다. 일반적으로 오토바이의 각 라인은 설계 부서의 프로그램 관리자와 제조, 구매 및 마케팅 부서의 대표 직원들로 구성된 특정 팀에 의해 설계, 제조 및 판매된다(Brunelli, 1999). 또 다른 예로는 프로그래머, 그래픽 디자이너, 작가, 마케팅 전문가 및 비즈니스 개발 전문가가 포함된 Apple 응용 프로그램 개발 팀이 있다. 어떤 경우에서는 교차 기능 팀 구성원 모두가 일을 잘 처리해야 제품을 시장에 출시할 수 있다.

마지막으로, **자문 팀**(advisory teams)이 있다. 생산 과정과는 별도로 일하기 때문에 **평행 팀**이라고도 부른다(Sundstrom et al., 2000). 예를 들어 회사에 직원 참여 팀(employee involvement team)이 있을 수도 있고, 대학에 교내 윤리문제 및 기타 교수/학생 문제에 대한 정보를 총장에게 알리는 자문 집단을 보유할 수도 있다. 일반적으로 자문단은 정해진 기간 동안 활동하고 그 후에는 새로운 구성원으로 교체된다. Saj-Nicole Joni(2004)의 *The Third Opinion*이라는 책에서 자문 팀 구성원을 특정 문제 또는 큰 문제를 다루며 경영진을 돕는 외부 파트너로 설명한다.

Sundstrom과 동료(2000)는 1980년과 1999년 사이에 발표된 작업 팀 연구 보고서에서 전체 논문의 33%가 서비스 팀, 17%가 생산 팀, 14%가 관리 팀, 14%가 프로젝트(또는 교차 기능) 팀에 대한 연구였다고 보고했다. 자문 팀이 많이 사용되지만 조직에게 어떤 영향을 미치는지에 대한 공식적인 연구는 거의 없다. 자문 팀이 얼마나 성공적인지, 직원들이 어떻게 받아들이는지, 그리고 고위 경영진이 어떻게 보는지 알 수 있다면 추후 이 팀을 사용할 때 도움이 될 것이다. 최근 논문에서 팀 유형을 구분하는 것이 유용하지 않다고 제안하였다(Hollenbeck, Beersma, & Schouten, 2012). 이들은 여러 가지 팀 분류법이 있지만 아직 합의된 분류법은 없다고 하였다. 그리고 그들은 특정 팀(생산 또는 프로젝트)이라고 부르는 것이 실제로 중요하지 않으며, 중요한 것은 팀 유형의 토대가 되는 차원이라고 제안한다. 그들은 모든 팀의 기초가 되는 기본 구성개념 세 가지를 제안하였다. (1) 기술 차별화, 또는 구성원이 특정 기술을 보유하고 있는 정도, (2) 권위 차별화, 또는 의사결정이 특정 구성원 또는 하위 집단에게 위임되는 정도, (3) 시간적 안정성, 팀원들이 서로 함께 일한 역사 및 미래에 대한 협력의 기대.

작업 팀의 분류 체계에 대해 검토해보았지만(표 12.3 참조) 일부에서는 팀 분류가 중요한 것인지에 대한 의문을 제기하였다. 실무와 학계에서 관심을 받아온 또 다른 중요한 차원은 작업 팀이 자기 관리, 자기 주도, 혹은 자기 통제를 하는 정도에 대한 것이다. 이 세 가지 용어는 종종 상호 교환적으로 사용되며 최종 제품 또는 진행 과정에 대한 완전한 책임을 맡는 작업 팀을 지칭한다(Mohsen & Nguyen, 1999). 간단히 말해 **자기 관리 작업 팀**(self-managed work team : SMWT)은 전체 과정을 모니터링하고 통제하며 특정 작업을 팀 구성원에게 부여하는 역할을 담당한다. 이 팀은 일을 계획하고 관리하며 팀 내 장비를 유지 · 관리한다. 일부는 예산, 성과 평가 또는 훈련에 대한 논의에도 참여한다(Sundstrom et al., 2000).

자기 관리 작업 팀(SMWT)
전체 프로세스 또는 제품을 모니터링 및 제어하고 팀 구성원에게 특정 작업을 배정하는 작업 팀

© John Fedele/Blend Images/age Fotostock

생각해보기
SMWT의 성공으로 이어질 수 있는 요인은 무엇인가? 위험요인은 무엇인가?

1980년대에는 미국 조직의 약 5%만이 이러한 팀을 사용했다. 1992년까지 이 수치는 약 20%로 증가했다(Mohsen & Nguyen, 1999). Fortune 1000 기업 중 72%가 1999년에 최소 1개의 SMWT를 보유한 것으로 보고되었다(Lawler, 2001). Xerox, Chrysler, Apple, Texas Instruments 및 Frito-Lay은 팀을 많이 사용하는 기업들이다. 팀 사용의 증가는 21세기의 업무 복잡성으로 인해 협업이 필요하다는 인식이 증가하고 있음을 반영하고 있다. 지금은 한 개인이 특정 업무를 스스로 수행하는 것이 불가능할 정도로 많은 기술과 지식이 필요하다.

전통적으로 조직은 '명령 및 통제'를 조직운영 방식으로 채택했다. 일반적으로 조직은 명령, 예측 가능성 및 제어 등의 기계와 유사한 시스템으로 간주되어 왔다(Ashmos & Nathan, 2002). 어떤 이론에서는 빠르고 돌발적으로 변화하는 글로벌 환경에서 조직이 변화에 적응할 수 있도록 충분히 유연할 필요가 있다고 강조한다(Henningsen et al., 2006). 효과적인 팀의 또 다른 특징으로 센스메이커(sensemaker)를 들 수 있다. 팀은 조직의 그 자체, 조직의 역사 및 미래를 알 수 있도록 도와주는 역할을 할 수 있다. 이러한 목적 달성을 위해 팀은 조직이 지휘-통제 도구가 아니라 융통성 있고 독립적이며 자기 결정 능력이 필요하다.

SMWT는 센스메이킹에 적합한 것으로 판단된다. 연구에 따르면 이러한 팀의 핵심 특성인 자율권 및 권한 부여가 팀 효과성과 정적 상관이 있었다. 비슷하게, 권한이 부여된 팀은 권한이 적은 팀보다 생산적일 뿐만 아니라 고객 서비스 수준도 높고 보다 우호적인 태도를 취했다(Kirkman & Rosen, 1999). 마찬가지로 팀 업무가 상호 의존적인 경우에는 자율성이 작업 팀의 효과성에 긍정적인 영향을 미쳤다(Langfred, 2000). 즉 팀원들이 과제를 완료하기 위해서 상호 의존했을 때, 팀으로서의 자율권은 팀 성공에 대한 중요한 예측변인이었다. 그러나 경우에 따라 SMWT는 자율적인 관리에 효과적이지 않았다. 최근 연구에 따르면 팀원 간 갈등은 SMWT의 효과와 부적인 관련이 있었다(Langfred, 2007).

작업 팀 효과성

작업 팀의 효과성을 평가하는 방법 역시 중요하다. 다양한 방법 중 가장 좋은 방법 중 하나는 Susan Cohen이 개발한 평가 틀이다(Cohen, 1994; Cohen & Bailey, 1997). 이 틀에 따르면 작업 팀 효율성에는 세 가지 중요한 차원이 있다. (1) 팀 수행 — 생산성, 품질 및 비용 통제 정도 등과 같이 팀이 효과적으로 기능하는 정도를 나타내는 변인, (2) 팀 구성원의 태도 — 직장 생활의 질, 경영진에 대한 신뢰, 조직 몰입 및 직무 만족과 같은 변인, (3) 철회 행동—이직, 결근, 지각 등과 같은 변인이다.

또 다른 차원은 다양성이 있다. 팀 다양성은 구성원들이 하나 혹은 그 이상 속성이 다른 정도로 정의되고 측정될 수 있다(Jackson & Aparna, 2011). 이러한 속성에는 연령, 성별 및 성격 특성과 같은 관계적 특성이나 자격증, 기술 및 재직 기간과 같은 직무관련 특성이 포함될 수 있다. 하지만 이러한 다양한 특성이 작업 팀에 어떤 영향을 미치는지에 대한 연구는 아직 부족한 상황이다(Jackson & Aparna, 2011).

테스크워크
일의 과제 지향적인 측면의 작업을 포함하는 활동, 행동 또는 동작

팀워크
일의 프로세스 지향적 측면을 포함하는 활동, 행동 또는 동작

팀의 효과성에 대한 또 다른 방법은 두 가지 유형의 팀 행동을 고려하는 것이다(McIntyre & Salas, 1995). **테스크워크**(taskwork)는 과제 지향적 측면의 작업이고 **팀워크**(teamwork)는 작업의 프로세스 지향적 측면을 포함하고 있다. 테스크워크는 성공을 위해 필요한 특정 개인의 행동이나 의무를 수반하지만, 팀워크는 팀 성과를 유지하고 향상시키는 데 필요한 광범위한 활동을 포함한다. 팀워크는 팀 구성원 간의 의사소통 및 조정, 피드백, 팀 통합 및 규범을 중심으로 이루어진다(Levy & Steelman, 1997). 대부분의 팀 전문가들은 테스크워크와 팀워크가 성공적인 팀 성과에 필수적이라고 주장한다. 다시 말해 팀이 성공하기 위해서는 구성원들이 각자의 의무를 수행하는 것만으로는 충분하지 않고 공통의 목표를 향해 함께 일해야 한다.

훌륭한 NBA 팀, GE의 이사회, 또는 Harley-Davidson의 교차기능 집단 등 팀에 관계없이, 팀워크의 중요성은 분명하다. 이와 관련된 깊은 통찰은 다양한 수준의 팀워크 자료 분석을 통해 얻을 수 있다. 예를 들어 개인의 지각 수준, 팀 구성원 간에 종합된 지각 그리고 조직의 팀 전반에 걸친 지각 수준이다. 그리고 작업 팀의 효과성에 영향을 미치는 변인들에 대해 알면 팀워크에 대해 더 잘 이해할 수 있다. 작업 팀에 관한 연구들을 광범위하게 검토한 결과, 연구자들은 조직 상황, 집단 구성 및 크기, 집단 작업 설계, 집단 내부 과정 및 집단 외부 과정과 같은 다섯 가지 범주의 변인들을 발견하였다(Sundstrom et al., 2000). **표 12.4**에는 이러한 각 범주의

표 12.4 작업-팀 효과성의 예측변인

조직 상황	보상, 목표와 피드백, 훈련
집단 구성과 크기	집단 구성원들의 인지적 능력, 집단 구성원들의 개인 성향, 집단 구성원들의 인구 통계학적 특징
집단 작업 설계	구성원 과제 상호 의존성, 구성원 목표 상호 의존성
집단 내부 과정	집단 응집력, 집단 능률 혹은 의사소통 과정
외부적 집단 과정	집단 이외의 의사소통, 외부적 상호작용 패턴

출처 : Sundstrom et al.(2000).

I/O TODAY

팀 내 연령의 다양성

팀 내의 '다양성'에 대한 주제는 지난 수십 년 동안 많은 주목을 받아왔다. 다양성은 인종, 성별 및 국적을 포함한 여러 가지 특성과 관련이 있다. I/O 실무자들에게 많은 주목을 받는 다양성의 한 측면은 연령이다. '베이비 부머' 세대(일반적으로 1946년에서 1964년 사이에 태어난 사람들로 정의됨)는 이전 세대보다 더 오랜 기간 일을 하고 있어, 'X세대'(1965~1984년생)나 '밀레니얼 세대' (1985~2000년생)와 상호작용이 증가하였다. 연구에 따르면 서로 다른 세대는 다른 가치관과 관심사를 갖고 있기 때문에 세대 간 구성원들이 함께 일할 때 팀 상호작용이 어려워질 수 있다는 점을 제안한다.

세대 간 차이점 중 일부는 연령 차이로 인해 나타난 것일 수도 있지만, 세대별로 서로 다른 사회적 · 문화적 · 정치적 경험 차이의 영향도 크다. 베이비 부머 세대는 전형적으로 '아메리칸 드림'을 달성하는 방법이 근면과 장시간 일하는 것이라고 가르쳐 왔다. 성공이란 일터에서 많은 시간을 보내고, 일을 위해 휴가를 포기하는 것을 의미하였다. 또한 베이비 부머 세대는 비금전적인 혜택보다는 금전적인 것을 더 선호하는 경향이 있다. 한편 밀레니얼 세대는 빠르고 손쉽게 정보를 접할 수 있다. 어린 시절 부모의 감독을 많이 받았고 성취를 강조하는 스케줄에 따라 양육되는 경향이 있었다. 그들의 부모님은 종종 그들의 갈등을 해결해주었고 결과적으로 부모에게 의지하고 부모님께 지원받는 경향이 있다. 직장에서 그들은 유연한 근무제도, 자기계발 및 지속적인 피드백에 관심을 갖는다.

이러한 점들을 감안할 때 팀원 간의 갈등 상황을 쉽게 파악할 수 있다. 팀 회의 경우, 밀레니얼 세대는 원격 화상 회의를 할 수도 있고, 자신의 견해와 의견이 균등하게 존중 및 고려되고, 여러 가지 일을 하는 것이 허용될 것이라고 기대할 수 있다. 베이비 부머 세대는 이러한 행동들을 잘 수용하지 못할 수 있다. 밀레니얼 세대들이 회의에 집중하지 않고, 경험이 풍부한 자신의 관점을 무시하고 있다고 생각할 수 있다. 이 외에도 일에 대한 그들 간의 다른 관점과 생각들은 매우 많다.

I/O심리학자는 이러한 갈등을 어떻게 해결할 수 있는가? 첫째, 직원들이 이러한 세대 차이를 이해하고 고정관념을 피할 수 있게 도와주는 교육 프로그램을 개발할 수 있다. 또한 I/O심리학자는 관리자가 대인관계 갈등 해결, 근로자 동기 부여를 위한 다양한 방법 찾기, 일-가정 갈등 탐색 그리고 수행 평가와 같이 직원의 다양한 요구와 기대를 관리하는 방법을 배울 수 있는 교육 프로그램을 만들 수 있다. 또한 I/O심리학자는 그들이 차이보다는 유사성과 공통된 목표에 관심을 갖도록 도울 수 있다. I/O심리학자들은 나이, 인종, 문화, 성별, 기타 여러 요인의 차이에서 비롯된 여러 가지 관점을 활용할 수 있는 전략을 개발하기 위해 노력하고 있다.

토론질문

1. 자신의 관점과 다른 관점에 대해 더 많이 배울 수 있는 방법은 무엇일까? 다양한 팀 구성원을 이해하는 데 도움이 되는 자원은 무엇인가?
2. 자기 자신에게는 지극히 정상적인 행동이지만, 동일한 행동이 다른 팀원에게는 혼란스럽거나 불쾌감을 주는 경우, 어떻게 해결할 수 있을까?

더 읽을거리

*Journal of Managerial Psychology*의 제28권 제7호/제8호에서 연령 다양성 문제를 집중적으로 조명했다. 아래 제시된 논문은 다양성 문제에 대한 관련 연구 결과들을 요약하여 제시해주고 있다.

Hertel, G., Van der Heijden, B. I. J. M., de Lange, A. H., & Deller, J. (2013). Facilitating age diversity in organizations－part II: Managing perceptions and interactions. *Journal of Managerial Psychology, 28*, 857－866.

몇 가지 예를 제시하고 있다.

특히 집단 구성 범주는 최근에 많은 주목을 받았다. 팀 구성원의 성격 특성에 대한 일련의 연구들이 진행되었다. 예를 들어 구성원들 간의 성실성에는 큰 차이가 없지만 외향성에서 차이가 큰 팀이 가장 효과적이었다(Humphrey, Hollenbeck, Meyer, & Ilgen, 2011). 모든 팀원이 자신의 업무를 성실히 수행한다면 팀은 잘 기능할 것이다. 그러나 고성과를 내는 팀에서는 성실성 외에 대인관계 방식 및 기타 개인차 변인에 큰 차이가 있었다. 또 다른 흥미로운 연구에서, 자신의 팀 구성원이 작업 수행에 도움이 필요하다고 인식할 때 — 지원 행동이라고 부르는 — 도움을 주는 사람과 받는 사람의 성격이 중요한 역할을 하였다(Porter et al., 2003). 예를 들어 성실성이 높은 팀원들은 서로에게 더 많은 지원 행동을 제공했다. 외향성이 높은 사람들은 낮은 사람들보다 실제로 도움이 필요한 정도와 상관없이 다른 사람들로부터 더 많은 지원을 받았다.

메타 분석에 따르면 집단 구성 변인은 집단 효과성에 매우 중요한 것으로 나타났다(Stewart, 2006; Bell, 2007도 참조). 특히 구성원들이 높은 인지 능력, 우호적인 성격 특성 및 관련 전문 지식을 보유하고 있을 때 팀 수행이 향상되었다. 팀 리더의 리더십 기술과 효과성(13장 참조)뿐만 아니라 작업 설계도 팀 효율성에 영향을 미쳤다.

또 다른 메타 분석에 따르면 팀 구성원 간의 인구통계학적 다양성은 팀 효과성과 관련이 없었다(Horwitz & Horwitz, 2007). 그러나 전문지식 및 교육과 같은 업무 관련 다양성은 팀 효율성과 정적 상관관계를 보였다. 마지막으로, 지난 30년간 영화 제작과 관련된 분석에서는 젊은 사람과 나이 든 사람으로 구성된 팀 다양성이 영화 제작 혁신에 긍정적인 영향을 미치는 것으로 나타났다(Perretti & Negro, 2007). 분명히 이러한 연구는 조직이 앞으로 작업 팀을 구성할 때 어떻게 다양성을 고려할 것인지에 대한 시사점을 제시해주고 있다.

최근 경향

Sundstrom과 동료(2000)는 작업 집단이나 팀 사용이 서비스, 생산 및 프로젝트 수행 등의 영역에서 증가할 것이라고 하였다. 그들은 또한 작업 팀이 더 유동적일 것이라고 제안했다. 즉 팀이 다른 부서 및 다른 회사의 직원을 포함하여 다양한 사람들로 구성된다는 것이다. 오늘날 일부 조직에서는 팀을 다른 조직과 연결하는 방법으로 사용한다. 조직에서 새로운 팀을 사용하고 있어 팀의 정의, 발달 및 활용은 계속 발전할 것이다. 새롭고 흥미로운 팀 활용에 대해 살펴보겠다.

가상 팀

재택근무 및 전자 업무가 증가함에 따라 가상 팀의 사용이 확대될 것으로 예상된다(Zaccaro & Bader, 2003). 가상 팀은 다른 도시나 국가에서 일하고 이메일, 팩스, 웹 페이지 및 화상회의를 통해 소통하는 구성원으로 구성된다. 팀 구성원들은 동일한 조직이나 고객을 위해 일할 수는 있지만 서로 직접 만나는 일은 거의 없다. 창의력과 혁신 증가는 가상 팀의 긍정적인 결과로 여겨지고 있다(Martins & Shalley, 2011).

가상 팀은 매우 효과적일 수 있다. 한 가지 주요 이점은 팀원들이 위치, 시간, 날씨 등에 상관없이 의사소통, 공동 작업을 할 수 있다는 점이다. 프로젝트를 계속 진행하기 위해 면대면 회의가 필요하지 않다. 이러한 의사소통의 차이가 가상 팀의 핵심이고, 효과적인 의사소통 및 협업을 위해 필요한 자원과 함께 지침과 규칙을 확립해야 한다. 오늘날 대부분의 대규모 조직은 가상 팀을 어느 정도 사용하고 있다(Hertel, Geister, & Konradt, 2005). 가상 팀은 유럽 및 기타 지역에서 인기가 있다. 최근 이론 연구에 따르면 가상 팀이 기능하는 정도는 조직의 경계와 같은 맥락적인 특성, 시간 압력과 같은 시간적 특성, 구성원의 능력과 가용한 기술 간의 상승효과와 같은 작업(task)-매체(media)-구성원(member) 특성에 의해 결정된다(Kirkman & Mathieu, 2005).

가상 팀으로 분류하기 위해 필요한 다양한 요건들이 있다. 대표적인 요건으로는 팀 구성원들이 지리적으로 떨어져 있고, 컴퓨터 매개 통신을 하는 것이다(Johnson, Bettenhausen, & Gibbons, 2009). 하지만 팀별로 의사소통 방법에 차이가 있을 수 있다. 즉 어떤 팀은 컴퓨터 매개 소통을 부분적으로만 사용할 수 있지만 다른 팀은 온전히 컴퓨터 매개 소통만을 이용할 수도 있다(Berry, 2011).

© Lucy Ray/Daily Mail/Rex/Alamy

생각해보기

헬스 케어 분야에서 비디오 회의 및 가상 팀 구성의 고유한 이점과 과제는 무엇인가? 이 분야의 가상 팀에 대한 연구는 다른 분야의 도구 및 전략 개발에 어떻게 영향을 미칠 수 있는가?

직장인 MBA 학생에 대한 최근 연구에 따르면, 컴퓨터-매개 통신을 덜 사용하는 팀과 비교했을 때, 최소 90%의 시간을 컴퓨터 통신에 의존하는 사람들의 긍정적 정서, 업무 효율성 및 정서적 몰입 수준이 더 낮다고 보고되었다(Johnson et al., 2009). 그들은 의사소통의 약 90% 이상이 컴퓨터를 통해 이뤄지면 가상 팀의 효과가 약화된다는 결론을 내렸다. 다르게 생각해보면 약간의 대면 시간이 있다면 가상 팀의 성과가 향상될 수 있다.

가상 팀 연구는 최근 몇 년 동안 크게 확대되고 있는 영역이다. Gilson, Maynard,

Jones, Young, Vartiainen 및 Hakonen(2015)은 지난 10년간의 가상 팀 연구 리뷰를 통해 몇 가지 흥미로운 제안을 하였다. 첫째, 초기 가상 팀 연구는 인위적인 실험실에서 이뤄졌지만 이제는 실제 가상 팀에 대한 사례 연구가 늘어나고 있다. 이러한 연구들에서는 팀 작업이 가상적으로 수행되는 정도 또는 **팀 가상성**(team virtuality)을 측정한다. 둘째, 초기 연구는 주로 구성원들의 연령, 성별, 성격과 같은 관계적 속성에 중점을 두었지만, 최근에는 집단 구성, 문화, 멀티 팀 멤버십, 팀 헌신 시간 및 작업 상호 의존성과 같은 작업 속성에 더 중점을 두고 있다. 셋째, 세계화는 다양한 방식으로 가상 팀의 새로운 주제가 되었다. 예를 들어 가상 팀에 대한 연구가 더욱 세계화되었다. 가상 팀을 연구하는 학자들도 다양한 국적을 가진 팀을 이루어 연구한다. 이러한 연구들은 문화 다양성과 집단주의 대 개인주의 문화와 같은 주요 문화적 차원이 가상 팀 구성에 어떤 역할을 하는지에 대해 연구하고 있다. 넷째, 많은 연구 결과에서 가상 팀에 리더십이 얼마나 중요한지를 보여주었고 학자들은 리더십에 따라 구성원들의 가상 팀 적응에 어떤 차이가 있는지를 연구했다(예 : Andressen, Konradt, & Neck, 2012, Hoch & Kozlowski, 2012).

Gilson 등(2015)은 향후 10년 내에 수행되어야 하는 가상 팀에 대한 연구 주제를 제안했다. 첫째, 지금까지 가상 팀 연구의 대부분은 소프트웨어 엔지니어와 의사 등과 같은 지식 집약적인 근로자를 대상으로 연구되었다. 다른 기술 수준을 가진 구성원들로 형성된 가상 팀 및 다른 산업에서 가상 팀이 어떻게 작동하는지 더 잘 이해해야 한다. 둘째, 가상 팀의 역학을 이해하기 위해서는 횡단적 연구보다 종단적 연구가 필요하다. 종단 연구를 통해 어떤 요소로 인해 가상 팀이 효과적이 되는지, 효과적인 팀워크를 통해서 어떠한 결과들이 직접적으로 산출되는지 등과 같은 인과 관계를 모델링할 수 있다. 셋째, 앞으로는 컴퓨터 매개 통신(CMC)에 관한 정교하고 포괄적인 연구가 필요하다. CMC는 여러 전자 장치에서 발생하는 모든 통신을 말하며 조직 내의 팀워크를 개발하고 조정하는 데 도움이 되는 기술을 나타낸다. 새로운 CMC 제품이 빠른 속도로 개발되고 있고 이러한 제품 중 상당수는 작업 팀의 효율성에 영향을 줄 수 있다. 이러한 CMC 기술에는 협업 도구, 회의 도구, 문서 편집/작성 도구, 소셜 미디어 도구 및 프로젝트 관리 도구가 있다(Gilson et al., 2015). 이 분야에 대한 연구는 가상 팀이 어떻게 기능하고 작동하는지에 큰 영향을 미칠 것이다.

팀원 선발

또 하나의 경향은 팀 환경에서 일할 직원을 선발하는 것과 관련된다. 직원 선발에 사용되는 다양한 예측변인과 절차에 대해 논의한 6장과 7장을 다시 생각해보자. 선발 과정은 항상 직무에 대한 분석(직무기술서)과 과제를 성공적으로 완수하기 위해 요구되는 직원의 KSAOs를 파악(직무명세서)하는 것으로 시작된다. 능력 검사, 성격 검사, 작업 표본 검사 등 개인의 수행 예측에 사용되는 검사들에 대해 논의하였다. 그렇다면 지원자가 팀원으로 채용되기 전에 어떤 종류의 정보를 알아야 할까? 팀 구성원들과 잘 어울리지 못하는 사람은 고용하고 싶지 않을 것이다. 즉 팀이라는 환경에서 일하고자 하는 의지와 능력을 고려하여 선발해야 한다.

이와 관련된 연구들은 팀 영역에서 중요한 주제가 되었다. 예를 들어 집단 의사결정 실험에서, 작업 팀 성과에 집단 효능감 및 능력에 대한 지각 그리고 팀 작업 선호도가 영향을 미쳤다(Jung & Sosik, 1999). 저자들은 팀 선호는 안정적인 개인의 특성으로 팀원 선발에 사용할 수 있다고 주장했다.

또 다른 연구는 600명의 재직자를 대상으로 그들의 지능과 성격 5요인(6장 참조)을 측정하여(Barrick, Stewart, Neubert, & Mount, 1998), 높은 수준의 일반지능, 성실성, 호감성, 정서적 안정성을 가진 사람을 팀원으로 선발하는 것이 팀 성과에 도움을 준다고 하였다. 호감성, 성실성, 또는 외향성이 낮은 한 명의 팀원으로 인해 팀 구성원들 사이에 스트레스가 증가하고 팀 성과가 저하될 수도 있다고 주장했다.

예측변인은 준거와 관련성이 있어야 한다. 조직은 선발 검사를 선택할 때 이 관계를 명확하게 알아야 한다. 보다 최근의 연구에 따르면 성실성, 외향성 및 팀워크 지식은 팀원의 성과를 유의미하게 예측했다(Morgeson, Reider, & Campion, 2005).

다른 연구자들은 팀 환경에서 성공할 가능성이 높은 개인을 찾기 위한 도구를 개발했다. 팀워크 검사(teamwork test)로 알려진 이 도구는 테스크워크보다 팀워크를 더 효과적으로 예측하는 KSAOs을 측정한다—갈등 해결, 협력적 문제 해결, 의사소통, 목표 설정 및 수행 관리, 계획 및 작업 조정(Stevens & Campion, 1999). 팀워크 검사는 응답자에게 가상의 팀워크 상황을 제시하고 여러 해결방안 중에서 가능성이 높은 것을 선택하도록 하는 일종의 상황판단 검사이다. 정확한 답은 연구 문헌을 바탕으로 결정된다. 저자들은 팀워크 검사 점수가 팀 성과 평가 점수와 상관이 있으며, 9개의 다른 검사를 통한 적성과 능력들의 효과를 통제한 후에도 팀워크 검사는 유의미한 영향을 미쳤다. 이러한 결과들은 팀워크 검사가 팀 환경에서 성공할 가능성이 큰 개인을 찾는 선발 검사로 사용될 수 있다는 것을 의미한다(Miller, 2001).

최근 몇 년 동안 팀 역할 검사(team role test)도 발전해왔다. 팀 역할 검사는 특정 역할이 더 중요한 상황을 제시하여 팀 역할에 대한 지식 활용을 측정한다(Mumford, Van Iddekinge, Morgeson, & Campion, 2008). 연구자들은 팀 내 다양한 역할에 대한 이해와 인식이 팀 효과성과 관련이 있다고 주장했다. 연구자들은 팀 효과에 업무, 사회적 및 전반적인 팀 역할에 관한 지식이 관련되어 있다는 결과를 제시하였다. 또한 팀 역할에 대한 지식은 지능과 성격 5요인(Mumford et al., 2008)을 통제한 후에도 팀 효과를 유의미하게 예측하였다.

최근에는 팀 역할 경험 및 지향(TREO) 검사가 개발되어 팀원의 역할에 대한 지식을 평가하기보다는 팀 지향, 과거 행동 및 행동 경향을 측정하여 팀 역할 검사를 발전시켰다(Mathieu,

Tannenbaum, Kukenberger, Donsbach, & Alliger, 2015). 저자들은 TREO 점수가 3개월 후 팀 행동에 대한 동료 평가 점수를 예측한다는 것을 포함하여 검사의 개발 및 검증에 많은 노력을 투자하였다. 그렇지만 매우 새로운 검사로, 많이 사용되기 위해서는 시간이 좀 더 필요해 보인다.

멀티 팀 체계

멀티 팀 체계(MTS)
집단 목표를 달성하기 위해 밀접하게 결합된 팀

팀워크 영역에서 논의할 마지막 경향은 '환경 변화에 대응하여 집단 목표 달성을 위해 직접적이고 상호 의존적으로 연계되는 둘 이상의 팀'으로 정의될 수 있는 **멀티 팀 체계**(multiteam systems : MTS)의 개념이다(Mathieu , Marks, & Zaccaro, 2001). 의료, 소프트웨어 개발 및 군대와 같은 다양한 분야에서 MTS가 업무의 주요 구성 요소로 작동하고 있다. 각 팀은 MTS(Zaccaro, Marks, DeChurch, 2012) 구성 팀 간에 상호 의존적인 활동을 요구하는 상위 목표(가장 높은 목표)로부터 위계적으로 설정된 개별 하위 목표를 가질 수 있다. MTS의 흥미로운 요소 중 하나는 상호 의존적인 행동이나 협업이 요구된다는 것 이외에, 하위 팀은 종종 독특하고 다양한 방식으로 자유롭게 일하고, 판단하고, 운영할 수 있다는 것이다. 하지만 상호 의존성의 관점에서, 구성 팀들은 합의와 일치성을 가져야 한다. 개별적으로 작동하면서도 균일한 방식으로 함께 모이고 공유된 접근 방식을 필요로 하는 MTS의 하위 팀이 얼마나 복잡한지를 알 수 있다. MTS 연구가 꾸준히 진행되고 있으며, 연구자와 실무자 모두에게 더 많은 관심을 얻고 있다.

요약

이 장에서는 작업 집단 및 작업 팀의 개념을 소개하고 조직에서 이러한 집단의 사용과 관련된 프로세스에 대해 논의했다. 먼저 작업 집단을 정의하고 집단 프로세스를 검토했다. 그런 다음 규범, 역할, 갈등, 응집력, 사회적 태만과 같은 집단의 사회적 영향력에 대해 논의하면서 조직 기능과의 관련성을 언급했다. 그리고 Tuckman의 집단 발달 모델과 단절평형 모델뿐만 아니라 이들 모델을 결합하는 이론을 제시했다.

집단 의사결정도 중요한 부분이었다. 집단은 중요한 결정을 위임받았기 때문에, 효과적인 결정을 내릴 수 있는 과정에 대해서도 상세하게 논의하였다. 이 5단계 과정은 집단 구성원 간의 사회적 상호작용의 질을 강조한다. 이 상호작용의 질이 특정 단계에서 발생하는 실수와 관련되어 있다. 대표적인 비효율적 의사결정으로 집단사고에 대해 알아보았다. 집단사고의 역사적인 사례를 제시하고 이를 유발하는 요인들과 집단사고의 증상들에 대해 논의했다.

마지막 부분에서는 현대 조직에서 많이 사용하는 작업 팀에 중점을 두었다. 다양한 유형의 작업 팀에 대해 논의하고 각각의 사례를 제시하고 자체 관리 작업 팀에 대해 알아보았다. 또한 현재 작업 팀을 사용하는 조직의 몇 가지 예를 제공하고, 공유된 정신 모형에 대해 소개하고, 작업 팀 효율성의 결정 요인을 확인했다. 가상 팀과 멀티 팀 시스템의 성장과 같은 현재 추세에 대한 논의를 통해 이 장을 결론지었다.

주요 용어

공유된 정신 모형	무임승차	작업 집단
교차 기능 팀	브레인스토밍	정신 모형
규범	사회적 태만	집단사고
남만큼만 하기 효과	역할 분화	테스크워크
마인드가드	응집력	팀워크
멀티 팀 체계	자기관리 작업 팀	프로세스 손실

실무 적용

효과적인 팀을 구성하는 것은 종종 어려울 수 있다. 많은 조직에서 작업 집단은 조직의 일부이면서 서로 경쟁한다는 사실을 잊는 경향이 있다. 귀하의 고객 중 한 명인 셔랜 벨렉대니언이 WeldCo에서 더 나은 팀을 구성하는 방법에 대한 조언을 구하고 있다. 그녀의 메일을 읽고 조직 내에서 팀워크를 향상시킬 수 있는 방법에 대한 세 가지 제안을 해보자.

안녕하세요.
저와 함께 기꺼이 일해 주셔서 감사합니다. 여기 WeldCo에는 두 개의 주요 부서가 있습니다. 첫째 부서는 공장에 기능이 향상된 용접 장비를 판매하는 영업사원으로 구성되어 있습니다. 두 번째 부서는 장비를 수리하는 서비스 직원으로 구성되어 있습니다. 지난 한 해 동안이 두 부서 간의 관계는 악화되었습니다.

영업 부서는 최근 서비스 부서에서 처리할 수 있는 일정보다 빠른 제품교육 및 수리를 고객에게 약속했습니다. 영업 부서는 판매계약을 위해 이러한 서비스를 제공해야 한다고 주장해왔습니다. 반면 서비스 부서에서는 이러한 영업 부서의 약속 사항을 이행하지 못해 고객의 불만이 증가하고 있습니다. 사실, 일부 서비스 담당 직원들은 영업사원들 평판을 떨어뜨리기 위해 업무 처리 속도를 줄이고 있습니다.

저는 무엇을 해야 할지 잘 모르겠습니다. 저는 두 부서에게 별도의 부서지만 우리는 한 팀이라는 것을 설명하고 설득하고 있습니다. 궁극적으로 우리는 고객이 행복하기를 원합니다. 그러나 그들은 계속 서로를 헐뜯고 있습니다. 두 부서가 모여 하나의 팀으로 행동해야 한다는 것을 이해시키기 위해 어떻게 해야 할까요? 두 부서 간의 관계를 개선하기 위한 첫걸음은 무엇입니까?

셔랜 벨렉대니언

비판적 사고 문제

1. 조직의 고위 관리자라면 매우 중요한 작업 프로젝트를 위해 팀을 어떻게 구성해야 할까?
2. 작업 팀의 맥락에서 다양성은 무엇을 의미하며 팀의 효과성에 어떤 영향을 미치는가?
3. 작업 집단의 집단사고를 어떻게 막을 수 있는가?
4. 잠재적인 복잡성에도 불구하고 가상 팀을 효과적으로 만드는 것은 무엇인가?
5. 글로벌화 추세는 작업 팀에 어떤 영향을 미쳤는가?

응용 문제

1. 응집력이 매우 높았던 집단의 일원이었던 경험이 있는가? 응집력이 높은 이유는 무엇일까? 조직 내 팀들에게 어떻게 확산시킬 수 있을까?
2. 집단에서(사회 생활이나 직장에서) 사회적 태만을 경험한 사례를 떠올려 보자. 사회적 태만이 발생하는 상황적인 요인들은 무엇인가? 교사 또는 상사가 사회적 태만을 줄이기 위해 무엇을 할 수 있는가?
3. 현재 속한 집단을 생각해보자. 집단이 발전하면서 Tuckman의 모델을 따라 가고 있는가? 아니면 단속평형 모델을 따르고 있는가? 본인의 의견을 뒷받침할 몇 가지 구체적인 예를 제시해보자.
4. 가상 팀과 협력하여 프레젠테이션을 만든다고 가정해보자. 기술 사용이 의사소통, 아이디어 공유, 슬라이드 디자인에 어떤 도움을 줄 수 있을까? 이 과정 중 가장 어려운 부분은 무엇이며 어떻게 극복할 수 있을까?
5. 과거 직업이나 한 반에서 했던 팀 프로젝트를 생각해보자. 다른 사람들과 일하기 위해서 공유된 정신 모형을 가졌을 것이다. 이 정신 모형의 일부 내용에 대한 몇 가지 예를 제시해보자.

더 읽을 거리

Gilson, L. L., Maynard, M. T., Jones Young, N. C., Vartiainen, M., & Hakonen, M. (2015). Virtual teams research: 10 years, 10 themes, and 10 opportunities. *Journal of Management, 41*(5), 1313–1337.

Jackson, S. E., & Joshi, A. (2011). Work team diversity. In Zedeck, S. (Ed.), *APA handbook of industrial and organizational psychology, vol. 1: Building and developing the organization* (pp. 651–686). Washington, DC: American Psychological Association. http://dx.doi.org/10.1037/12169-020.

Ilgen, D. R., Hollenbeck, J. R., Johnson, M., & Jundt, D. (2005). Teams in organizations: From input-process-output models to IMOI models. *Annual Review of Psychology, 56,* 517–543.

Kozlowski, S. W. J., & Ilgen, D. R. (2006). Enhancing the effectiveness of work groups and teams. *Psychological Science in the Public Interest, 7,* 77–124.

Simms, A., & Nichols, T. (2014). Social loafing: A review of the literature. *Journal of Management Policy and Practice, 15,* 58–67.

Sundstrom, E., McIntyre, M., Halfhill, T., & Richards, H. (2000). Work groups: From the Hawthorne Studies to work teams of the 1990s and beyond. *Group Dynamics: Theory, Research, and Practice, 4*(1), 44–67.

CHAPTER 13

리더십

이 장의 개요

리더십이란 무엇인가

주요 이론

- 특성 이론
- 행동 이론
- 상황 이론
- 현대 이론
- 실무자 포럼 : Jamen Graves

리더십 연구의 새로운 경향

- 성별과 리더십
- 문화와 리더십

I/O Today 리더십의 낭만 : 리더십이 실제로 얼마나 중요한가?

- 정서와 리더십

요약

사진 : Jeff Kowalsky/Bloomberg/Getty Images

학습내용

- 리더십이란 무엇이며 리더의 효과성을 평가하는 방법은 무엇인가?
- 다양한 유형의 권력(power)과 그 권력의 활용 방법
- 다양한 리더십 이론의 주요 요소
- 리더십 연구 및 개념화의 역사적 전개
- 리더의 특성과 행동을 구별하는 방법
- 리더십 프로세스에 영향을 미치는 상황의 종류
- 지난 수십 년 동안의 가장 영향력 있는 리더십 이론들 : 내현적 · 변혁적 · 진성 · 서번트 리더십 이론
- 변혁적 및 거래적 리더 간의 차이점
- 성별과 문화가 리더십 프로세스에 미치는 영향
- 조직의 효과성에서 리더와 종업원 정서의 역할

리더십이라는 용어는 학계에만 국한되지 않는다. 정부, 지역사회, 회의실, 축구 경기장 및 매장에서 리더십이라는 단어를 사용한다. 리더십은 사람들이 평가받는 중요한 차원 중 하나이다. 특히 정치 선거 기간에 리더십은 뜨거운 주제이다. 2012년 미국 대통령 선거 기간에 버락 오바마 대 미트 롬니의 리더십 스타일과 자질에 대해 많이 들었을 것이다. 이 두 사람의 리더십은 대선 광고의 중심이었고 뉴스 쇼에서 끊임없이 논의되었다.

David Paul Morris/Bloomberg/Getty Images

생각해보기
대학교에 다니는 동안 페이스북을 설립하고 세계에서 가장 가치 있는 회사 중 하나를 만드는 데 크게 기여한 마크 주커버그, 그와 같은 리더의 성공에 어떤 특성이 기여하였는가?

리더십을 정의하는 것은 단순한 문제가 아니다. 대부분의 경영 전문가는 잭 웰치, 메리 바라, 제프 베조스, 빌 게이츠, 스티브 잡스를 뛰어난 리더로 생각하지만 그들이 처한 상황과 개인 성격은 확연하게 다르다. 정말 훌륭한 리더와 함께 시간을 보낸 행운이 있었는가? 그 사람은 어떠하였는가? 그 사람이 상사였다면, 열심히 일하도록 동기를 부여하고 회사에 헌신할 수 있도록 하였는가? 마지막 질문에서 알 수 있듯이 리더십은 일에 대한 동기 부여와 직무 태도와 같은 조직심리학의 다른 주제와 밀접하게 관련되어 있다.

많은 사람들이 끔찍한 리더를 알고 있을 것이다. 이 리더들은 다른 사람들과 관계가 좋지 않거나, 존중받지 못하거나, 신뢰받지 못했기 때문에 일을 잘 해내게 하는 최

선의 방법을 찾을 수 없었을 것이다. 사람들을 좋은 리더 또는 나쁜 리더로 분류하는 것이 때때로 쉬워 보이지만, 이 장을 통해 상당히 복잡한 문제라는 것을 알 수 있다.

앞으로 리더십 이론과 관련 연구들에 대해 많은 논의를 할 것이다. 이를 통해 리더십 이론을 조직에 적용할 수 있다. 최근 Top 10 저널에 대한 조사 결과, 2000년 이후 리더십 연구 논문이 752개였다. 실제, 리더십 연구는 인기가 높고 계속 증가하고 있다(Dinh et al., 2014). 이 장에서 리더십 이론에 대한 토론을 한 후에, 14장에서 조직 개발 기법에 대해 알아보고 이 장에서 제시된 리더십 이론이 조직에 어떻게 적용되는지를 논의할 것이다.

리더십이란 무엇인가

리더십에 대한 여러 가지 정의 중에서 가장 선호하는 것은 다음과 같다. **리더십**(leadership)은 개인이 자신의 행동과 관계를 구조화(structure)하기 위해 의도적으로 다른 사람들에게 영향력을 행사하는 사회적 과정이다. 리더에는 훌륭한 리더와 나쁜 리더가 있다. 리더의 책임과 지위를 부여받는 것만으로 훌륭한 리더가 될 수는 없다. 오히려 **효과적인 리더십**(effective leadership)에 대한 평가는 리더에 의해 생산된 결과물에 따라 달라지는데, 이 결과물은 리더의 팀 또는 부하직원의 장기적 성과로 정의될 수 있다. 리더십의 핵심은 다른 사람들에 대한 영향력이며, 이는 일반적으로 관계 구축과 관련되어 있다. 이러한 영향을 이해하려면 조직의 권력 문제를 검토해야 한다.

리더십
개인이 자신의 행동과 관계를 구조화하기 위해 의도적으로 다른 사람들에게 영향력을 행사하는 사회적 과정

효과적인 리더십
일반적으로 리더의 작업 팀 또는 부하직원의 장기적인 성과로 정의된다.

주요 이론

권력(power)은 한 명 이상의 사람들의 태도와 행동에 대한 개인의 잠재적 영향력으로 정의된다(Yukl, 2002). 권력은 리더가 그들을 따르는 사람 또는 부하직원에게 영향력을 행사하는 데 사용할 수 있는 자원이다. 권력은 종종 본질적으로 부정적으로 여겨지지만, 영향력의 기초이고 권력 없이 조직은 살아남을 수 없다(Steers, Porter, & Bigley, 1996). John French와 Bertram Raven(1958)은 권력 유형론을 개발했고, 현재 가장 많이 인용하고 논의되고 있는 리더십 이론이다. 이 권력 유형론은 권력 기반을 다섯 가지로 구분하고(**표 13.1** 참조), 각 권력 기반은 조직의 리더십과 역동성에 중요한 역할을 한다.

권력
한 사람 이상의 다른 개인의 태도와 행동에 대한 개인의 잠재적 영향력

합법적 권력(legitimate power)은 조직에 의해 개인에게 부여되는 권력이다. 보통 권위에 대해 언급할 때 이 권력을 의미한다. 특정 직원이 중요한 결정을 내릴 권한이 있는지에 대해 질문할 때, 조직에서 이 사람에게 해당 결정을 내릴 합법적인 권한을 제공했는지를 묻는다. 자신의 직

표 13.1 권력 기반

합법적 권력	조직에 의해 제공되는 것이다.
보상 권력	한 개인이 타인의 보상을 통제할 때 존재한다.
강압적 권력	한 개인이 타인의 처벌을 통제할 때 존재한다.
전문 권력	구체적인 전문성 또는 숙련도를 가진 사람들이 갖는다.
준거 권력	타인에 의해 존경이나 인정을 받을 때 얻어진다.

출처 : French & Raven(1958).

책과 책임의 성격에 따라 정당한 권한을 가진다. 그러나 리더들이 반드시 그 권력을 사용하거나 효과적인 방법으로 사용하는 것은 아니다. 어떤 사람들은 자신이 성공하고 존경받는 리더가 되기 위해 필요한 것이 합법적 권력이라고 생각하지만, 성공적인 리더십을 위해서는 이것보다 훨씬 더 많은 것이 필요하다.

두 번째 **보상 권력**(reward power)은 다른 사람들이 추구하는 보상이나 결과를 통제함으로써 생기는 권력이다. 아이들이 좋아하는 사탕, 아이패드, 비디오 게임 및 장난감에 대한 접근을 통제함으로써 부모는 무제한적인 보상 권력을 갖는다. 조직에서 직원의 임금 인상, 승진 및 업무배치 등에 대한 결정을 내리는 사람은 보상 권력을 가지고 있다. 그러나 이와 상반되는 세 번째 권력 기반인 **강압적 권력**(coercive power)이 있다. 강압적 권력을 가진 사람들은 종종 다른 사람들을 그들이 원하는 대로 행동하도록 처벌을 사용할 수 있다. 특정 수준 이하로 생산하면 시말서를 작성하거나, 추가 근무 시간을 늘리거나, 안 좋은 직책으로 전환하는 등의 조치를 취해 직원들을 지속적으로 위협하는 관리자는 강압을 통해 관리하는 사람이다.

네 번째 기준인 **전문 권력**(expert power)은 직원의 전문지식 또는 숙련도와 관련이 있지만, 조직 계층의 최상위에 속한 사람들에게만 있는 것은 아니다. 컴퓨터 기술자를 예시로 생각해보자. 그들은 높은 지위가 아니지만 조직 기능에 필수적인 많은 전문지식과 기술을 가지고 있다. 지식이 없으면 조직이 무력화될 수 있다. 하위 조직의 전문성은 때때로 상위 계층의 합법적 권력과 균형을 이루기도 한다(Steers et al., 1996).

다섯 번째 기준, 즉 **준거 권력**(referent power)은 존중 또는 존경을 통해 얻은 권력이다. 명성과 지위와 밀접한 관련이 있지만 수직적 지위에 관계없이 조직의 모든 사람들이 준거 권력을 얻을 수 있다. 예를 들어 조직에서 높은 위치가 아니기 때문에 합법적 권력과 강압적 권력이 낮은 직원이라도 높은 준거 권력을 가질 수 있다. 항상 올바른 말과 행동을 하고 다른 구성원들의 요구와 관점을 배려하는 존경받는 팀원이라면 그럴 수 있다.

권력은 확실히 교실에서 중요한 역할을 한다. 최근 555명의 학부생에 대한 연구에서, 교수

생각해보기
상사나 리더가 이러한 방식으로 대했을 때를 생각해보자. 기분이 어땠는가? 왜 성공하지 못했을까?

가 '친사회적 권력 기반' — 보상, 준거, 전문성 — 에 따라 행동할 때, 학생들은 그 교수가 학생들을 더 잘 이해하고 더 좋은 관계를 가지고 있다고 인식했다(Finn, 2012). '반사회적 권력 기반' — 합법적 및 강압적 — 에 근거한 방식으로 행동한다고 학생들이 인식할 때는 부정적 인식이 부각되었다.

이 장의 나머지 부분에서는 다양한 리더십 이론들의 발전과 이러한 이론에 대한 경험적 증거를 제시할 것이다. 하지만 그 전에 여러분이 만난 성공적인 리더들 간의 유사점과 차이점을 생각해보자. 성실하고 사람을 잘 다루는 기술을 가진 것과 같은 유사점을 확인할 수 있다. 하지만 리더십 유형, 접근 방식, 신념, 가치관, 비전 및 행동에서 효과적인 리더 간에도 많은 차이가 있다는 것을 알 수 있다. 간단히 말해서 하나의 '최신의' 방법은 없다. 리더십 연구들을 검토해보면 이 사실은 더욱 분명해진다. 사실, 효과적인 리더십의 복잡성은 리더십 연구를 더 흥미롭고 도전적으로 만들어준다.

특성 이론

특성 이론
사람들에게 훌륭한 리더가 되는 개인의 특성을 파악하는 데 초점을 둔 리더십 이론. 때로는 위대한 남성/위대한 여성 이론이라고도 한다.

리더십에 대한 최초의 체계적 연구는 1930년대에 훌륭한 리더가 되는 개인적 특성을 파악하는 **특성 이론**(trait theories)의 개발과 함께 시작되었다. 이런 연구에서 제기된 핵심 질문은 "유능한 리더들이 무엇을 공통적으로 가지고 있는가?" 였다. 지능이 높은가? 지배적 성격인가? 공격적인가? 위대한 남성/위대한 여성 이론이라고 부르는 특성 접근 방식은 1950년대의 리더십 연구의 주류를 차지했다. 그렇지만, 특성 연구는 대부분 비이론적(atheoretical)인 것으로서(House & Aditya, 1997), 리더십과 사회적 상호작용에 대한 상식적인 개념에 기반을 둔 것이 대부분이었다. 성별, 지배욕, 지성, 외모, 신체적 에너지, 권력욕구, 성취욕구 등을 포함하여 수많은 개인적 특성이 연구되었다. R. M. Stogdill은 지능과 지배욕 등과 같은 특성이 리더 효과성와 유의미한 관계가 있다는 개인적인 검토 결과를 1948년에 발표했다. 그러나 전반적인 경험적 결과는 이 관계를 지지하지 않았고 일관성이 없었다. 학자들은 리더십을 예측하는 보편적 특성이 거의 없다고 결론지었다(Stogdill, 1948).

20세기 중반에 Stogdill의 연구로 인해 특성에 대한 관심이 줄어들었지만, 리더십에서 특성에 대한 관심이 최근 30년간 다시 나타나게 되었다. 한 리뷰 논문에서는 지능, 지배욕, 남성성 지향과 같은 요인들이 효과적인 리더십을 예측하기보다는, 소그룹에서 리더로 지목되는 경향을 예측하는 일관된 변인이라는 결론을 내렸다(Lord, DeVader, & Alliger, 1986). 즉 공식적으로 정해진 리더가 없는 집단에서, 타인에 비해 지적이고 지배적인 것으로 보이는 남성은 리더 역할을 하는 경향이 있다. 다른 연구에서 David Kenny와 동료들은 개인의 행동적 유연성(특정 상황에서 어떤 행동과 접근법이 가장 잘 작동할 수 있는지를 고려할 수 있는 것)이 작은 집단에서 리더로 등장하는 것을 예측하는 매우 유용한 선행변인이라는 것을 확인하였다(Kenny & Zaccaro, 1983; Zaccaro, Foti, & Kenny, 1991). 상황 변동성은 이 장의 뒷부분인 리더십 상황 이론에서 많이 언급되겠지만, 연구자들은 그룹이나 조직 내에서 구성원들에 대한 리더의 차별적 처우(treatments)의 영향력을 연구해왔다.

한 연구에 따르면 지배력, 지능 및 자기 효능감이 높은 사람들이 다른 특성 패턴을 가진 사람들보다 리더로 출현할 가능성이 더 높았다(Smith & Foti, 1998). Stogdill은 1974년에 이전 논문이 리더십에서 특성의 역할에 대해 너무 부정적으로 결론지은 것이라고 하였다. 따라서 특성은 1950년대보다 더 큰 역할을 할 것으로 판단된다.

일부 연구자들은 성격 5요인에 대해 연구했다. 70개 이상의 연구에 대한 메타 분석 결과 성격 5요인이 리더 출현에 53%, 리더 효과성에서 39%를 설명하는 것으로 나타났다. 특히 외향성과 성실성은 가장 중요하고 일관된 예측변인이었다(Judge, Bono, Ilies, & Gerhardt, 2002). 최근의 연구는 성격 5요인이 리더십 결과에 미치는 영향이 다른 변인에 의해 달라질 수 있다는 것이다. 예를 들어 싱가포르의 군인들을 대상으로 한 연구에서는 리더십 업무를 성공적으로 수행할 수 있다는 주관적 능력인 **리더십 자기 효능감**(leadership self-efficacy : LSE)에 외향성이 중요한 역할을 한다는 것을 발견했다(Ng, Ang, & Chan, 2008). 외향성이 높은(예 : 사교적이고 적극적인 것) 개인은 높은 리더십 자기 효능감 점수를 보이고, 이는 효과적인 리더가 되는 결과를 낳았다. 최근 실험 연구에서 이러한 관련성(성격 5요인 → 리더십 자기 효능감 → 리더 행동/효과성)을 지지하는 결과를 발견했다. 연구자들은 성격 5요인이 직접적으로 리더 행동에 영향을 미치기보다는 LSE와 목표 지향과 같은 동기에 더 직접적인 영향을 미친다고 하였다. 따라서 성격 5요인과 다른 특성이 리더의 효과성에 항상 직접적인 영향을 미치지는 않지만, 종종 자기 효능감과 같은 다른 구성 요소를 통해 간접적인 영향을 미친다.

리더십 자기 효능감(LSE)
리더십 작업을 성공적으로 수행할 수 있는 개인의 지각된 능력

참조

6장에서 소개한 성격 5요인은 개방성, 성실성, 외향성, 친화성, 신경증(OCEAN)의 다섯 가지 측면으로 성격을 기술하는 매우 대중적이고 검증된 분류 체계이다.

행동 이론

특정한 특성들이 효과적인 리더십을 일관되게 예측할 수 없다고 결론을 내린 후, 1950년대 연구자들은 리더 행동을 강조하였다. 즉 **행동 이론**(behavior theory)은 리더십 과정과 무엇이 좋은 리더를 만드는지를 이해하는 데 있어서 특성은 유용하지 않고 실제 리더들이 하는 행동이 도움을 줄 수 있다는 것이다. 이 분야의 많은 연구는 오하이오주립대학교, 미시간대학교 및 아이오와대학교에서 수행되었다. Kurt Lewin이 이끄는 아이오와 연구는 권위주의적(authoritarian), 민주주의적(democratic), 자유방임적(laissez-faire)의 세 가지 리더십 유형을 조사했다. 그들은 대부분의 부하들이 민주주의 리더를 선호하지만 리더의 유형과 부하직원들의 행동들 간에 높은 관련성이 없다는 것을 밝혔다. 오하이오주립대학교와 미시간 연구의 결론은 매우 유사했다. 오하이오주립대학교 연구에 대해 좀 더 알아보자.

> **행동 이론**
> 리더들이 실제로 무엇을 하는지 규명하는 데 집중하는 리더십 이론. 이 이론이 리더십 프로세스의 더 나은 이해를 제공할 것으로 기대되고 있다.

이 연구에서는 리더 의견 조사서(Leader Opinion Questionnaire : LOQ)라는 자기 보고 방식의 행동 설문과 리더 행동 기술 설문지(Leader Behavior Descriptive Questionnaire : LBDQ)를 활용한 리더 행동의 관찰과 평가의 두 가지 방식으로 자료를 수집하였다. LBDQ 항목은 '전혀 아니다'에서 '언제나 그렇다'까지 5점 척도로 평가되었다. 수백 가지의 다양한 리더 행동이 확인되고 여러 차원이 검토된 뒤에, 두 가지 주요 차원으로 분류되었다(Fleishman & Harris, 1962). 첫 번째 차원인 **구조 주도**(initiating structure)는 리더가 집단의 공식 목표를 달성하는 데 필요한 자신과 부하직원의 역할을 정의하는 행동을 나타낸다. 구조 주도 행동의 예로는 특정 작업을 부하에게 할당하고, 다음 작업을 미리 계획하고, 어려운 목표를 설정하고 절차를 정의하는 것과 같이 더 높은 생산성을 추구하는 행동들을 들 수 있다.

> **구조 주도**
> 리더들이 집단의 공식 목표를 달성함에 있어 자신과 부하직원의 역할을 정의하는 행동

두 번째 차원인 **배려**(consideration)는 리더가 지지적 방식으로 행동하고 부하직원에 대한 관심과 존중을 보이는 것을 말한다. 배려 행동의 예시로는 참여적 의사결정 강조, 양방향 의사소통과 위임, 부하직원과의 우호적인 관계 형성 노력 등이 포함된다. 흥미롭게도 미시간대학교의 연구에서는 과제중심의 행동과 관계중심의 행동이라는 매우 유사한 두 가지 측면을 확인했다. 두 대학의 연구(구조 주도/과제중심 및 배려/관계 지향)에서 나온 용어는 종종 같은 의미로 사용된다.

> **배려**
> 리더가 지지하는 방식으로 행동하고 부하직원에 대한 관심과 존경심을 나타내는 정도

LBDQ의 배려와 구조 주도 차원과 각각에 해당하는 열 가지 행동 진술문이 **표 13.2**에 제시되어 있다. 배려 차원은 "집단 구성원들을 즐겁게 만들 수 있는 작은 일을 한다."라는 문항이, 구조 주도 차원은 "무엇이 집단 구성원들에게 기대되는지를 알려준다."와 같은 문항이 그 진술문의 예시이다. 명심할 것은 리더가 반드시 둘 중에서 어느 하나가 될 필요가 없다는 것이다. 예를 들어 리더는 구조 주도와 배려 차원에서 모두 높거나 낮을 수 있다. 사실, 두 가지 차

표 13.2 리더 행동 기술 설문지(LBDQ)

나의 리더/상사	전혀 아니다 1	2	3	4	언제나 그렇다 5
배려					
1. 친근하고 접근하기 편하다.					
2. 집단 구성원들을 즐겁게 하기 위해 작은 일들을 한다.					
3. 집단에 의해 만들어진 제안을 작업에 도입한다.					
4. 모든 집단 구성원들을 평등하게 대한다.					
5. 변경 사항을 사전에 공지한다.					
6. 남과 어울리지 않는다.(역)*					
7. 집단 구성원들의 개인적 복지를 위해 노력한다.					
8. 변화하고자 한다.					
9. 자신의 행동을 설명하는 것을 거부한다.(역)					
10. 집단과 상의하지 않고 행동한다.(역)					
구조 주도					
1. 무엇이 집단 구성원들에게 기대되는지를 알려준다.					
2. 표준화된 절차의 사용을 독려한다.					
3. 구성원들의 아이디어를 시험해본다.					
4. 구성원들이 집단에 어떤 태도를 보여야 하는지 명확히 한다.					
5. 무엇을 끝내야 하는지, 어떻게 끝내야 할 것인지 결정한다.					
6. 특정 과업을 위해 구성원들을 할당한다.					
7. 집단에서 리더의 역할이 확실하다는 것을 집단 구성원들이 이해하고 있다.					
8. 일을 끝내기 위해 계획한다.					
9. 명확한 성과의 기준을 유지한다.					
10. 집단 구성원들에게 표준 규칙과 규제를 따를 것을 요청한다.					

* (역)은 역척도 문항을 의미한다.

출처 : Stogdill, R. M.(1963). *Manual for the Leader Behavior Description Questionnaire–Form XII: An experimental revision*. Columbus, OH: Bureau of Business Research, The Ohio State University.

원 사이에 낮은 정적 상관관계가 있다.

함께 일했던 리더들 중 마감 시간과 목표 측면에서 매우 지시적인 동시에, 직원들과의 상호작용에서 매우 지원적인 리더를 생각할 수 있는가? 만약 그렇다면, 리더십 행동의 두 측면에서 모두 높은 상사라고 할 수 있다. 물론 한 측면에서 높은 수준의 행동을 보여주는 것으로도 성공적인 리더가 될 수도 있다. 예를 들어 2차 세계대전 당시, 조지 패튼 장군과 오마르 브래들리 장군은 매우 성공적이었고 존경받는 군대 리더였지만 패튼은 배려가 매우 낮고, 구조 주도 차원은 굉장히 높은 반면에, 브래들리 배려 차원은 매우 높고 구조 주도 차원은 상대적으로 낮았다. 간단히 말해서, 이들은 같은 분야의 리더였고 동시에 매우 다른 방식으로 목표를 달성했다.

리더십 행동 이론의 가장 큰 기여는 방금 논의된 두 차원으로 리더 행동을 분류한 것이다. 그러나 불행히도, 세부 연구 결과들에는 일관성이 없었다. 예를 들어 어떤 연구는 배려 행동과 리더 효과성 간에 부적 상관관계를 발견했으나 다른 연구들에서는 정적 상관관계를 보였다(Bass, 1985 참조). 이 연구의 대부분은 1960년대와 1970년대에 실시되었지만 최근 연구는 리더 행동을 계속 검토하고 이러한 행동이 효과성과 어떤 관련성을 보이는지를 검증하고 있다.

Judge, Piccolo 및 Ilies(2004)는 배려와 구조 주도 행동 차원과 일련의 리더십 효과성 지표 간의 관계에 대해 메타 분석을 실시하였다. 두 차원의 리더십 행동과 부하의 직무 만족도, 동기부여, 리더 성과 및 리더십 효과성 등과의 관계에서 .22에서 .78 사이의 상관관계를 보였다. 2008년 한 해 동안 이 분야에 대한 지식 기반이 확장되었다. 거의 400여 명에 달하는 중간급 리더의 배려 행동에 대한 관리자의 평가 점수가 구조 주도 행동보다 수행평가 결과에 더 큰 영향을 미쳤다(Zimmerman, Mount, & Goff, 2008). 연구자들은 관리자가 효과적인 리더십에서 대인관계 기술이 중요하다는 것을 이해하고 있기 때문에 이러한 결과가 나왔을 것으로 유추하였다.

최근의 두 논문을 통해 배려와 구조 주도 차원에 대해 더 많은 이해를 할 수 있었다. 다양한 직종에서 약 1,000명의 참가자를 대상으로 한 두 연구에서, 연구자들은 너무 적거나 또는 너무 많이 구조 주도 행동을 보이는 것은 상사에 대한 부하의 신뢰, 직무 만족, 정서적 조직몰입 및 조직시민행동(OCBs)에 부적인 영향을 미친다는 것을 발견했다(Lambert, Tepper, Carr, Holt, & Barelka, 2012). 흥미롭게도, 배려는 이러한 결과변인들에 정적인 영향을 미치고 정적인 결과는 매우 높은 수준의 배려 행동에서도 유지되었다. 유일한 예외는 감독자에 대한 신뢰였다. 이는 지나치게 많은 배려가 상사에 대한 신뢰 수준을 낮출 수 있음을 나타낸다.

두 개의 연구로 구성된 두 번째 논문에서는 (1) 구조 주도 차원보다는 배려가 대인관계 공정성(interpersonal justice; 사람들이 존중받고 공손하게 대우받는 정도)에 더 강력한 예측변인이었고, (2) 반생산적인 직무행동(CWB)은 관리자의 배려행동은 낮고 구조 주도 차원이 높은 경우에 더 높았으며, (3) 상사가 중간 수준의 구조 주도 행동을 보인 경우에 가장 낮은 수준의 반생산적인 직무행동이 나타났다(Holtz & Harold, 2013). 이 두 논문은 리더 행동의 영향력이 크고 배려와 구조 주도가 다른 결과변인에 차별적인 영향을 미친다는 증거를 제공한다.

특성과 행동에 대한 또 다른 접근법이 최근에 발표되었다. 연구자들은 리더십 효과성에 대한 특성-행동 모델을 제안했다(DeRue, Nahrgang, Wellman, & Humphrey, 2011). 그들의 메타 분석에 따르면 과제역량과 관련된 리더 특성은 과제중심(performance-related)의 리더 행동과 관련이 있고 직무 성과에 영향을 준다는 사실이 밝혀졌다. 반면 리더의 대인관계 특성은 리더에 대한 만족도 등과 같은 정서 기반(affect-based) 준거에 영향을 미치는 관계 지향적(relationship-oriented) 행동과 관련이 있다. 리더십 연구자는 이러한 프로세스를 더 잘 이해하기 위해 계속 노력해야 하고 리더-구성원 교환 이론 및 기타 현대적 접근법과도 관련이 있다.

특성 이론과 마찬가지로 일련의 연구에서 효과적인 리더십을 일관되게 예측하는 것으로 보이는 행동은 발견되지 않았다. 이러한 불일치는 리더 행동에 대한 여러 가지 척도의 사용(Schriesheim, House, & Kerr, 1976), 응답자의 기억에 의존하는 설문지 사용, 그리고 하위 관리자에 대한 평가(House & Aditya, 1997) 등에 기인한 것일 수 있다. 이외에 상황변인이 리더십 과정에 영향을 미쳤기 때문일 수 있다.

상황 이론

연구자들은 효과적인 리더십을 일관되게 예측하는 특성이나 행동을 발견할 수 없었기 때문에 상황의 역할을 고려하기 시작했다. 1960년대에는 상황 이론이 리더십 연구의 새로운 접근 방식으로 성장했다. **상황 이론**(contingency theory)은 공식적으로 상황적 또는 맥락적 변인을 고려하기 때문에, 특성 이론, 행동 이론과 구분된다. 즉 핵심 사항은 리더십이 일어나는 맥락이나 상황에 따라 리더십 효과가 달라질 수 있다는 것이다. 가장 잘 알려진 상황 이론은 다음과 같다－Fiedler의 상황 이론, 경로-목표 이론, 리더-구성원 교환(Leader-Member Exchange : LMX) 이론.

상황 이론
상황적 또는 맥락적 변인을 공식적으로 고려하여 특성 및 행동 이론과는 다른 리더십 이론

Fiedler의 상황 이론 1967년 Fred Friedler는 효과적인 리더십이 리더의 특성과 상황적 특징의 함수라는 리더 효과성 상황 이론을 발표했다. 구체적으로, 상황에 따라 과제중심 리더가 적합할 수도 있고, 관계중심 리더가 적합할 수도 있다고 주장하였다. 이는 리더 특성 및 행동이 상황변인과 상호작용하여 리더의 효과성을 결정한다는 첫 번째 이론이었다. 이 당시만 해도 리더십 연구 대부분이 특성 이론과 행동 이론에 관한 것이었다는 점을 감안할 때 상황 이론은 획기적인 접근 방식이었다.

Fiedler의 이론은 상황 호의성(situational favorability) 또는 리더가 자신이 상황을 통제한다고 인식하는 정도의 측면에서 설명된다. 따라서 리더가 부하들과 긍정적인 관계를 갖고, 부하들의 임무가 잘 정의되어 있으며, 리더가 중요한 결정을 할 수 있는 권한을 가진다면 상황은 호의적인(즉 리더가 통제할 수 있는) 것으로 간주된다.

상황 호의성은 가장 선호도가 낮은 동료(least preferred coworker : LPC) 척도로 측정할 수 있는 리더 스타일 또는 지향성이다. 양 극단의 형용사 목록이 포함된 이 척도에서 리더는 자신이 만난 최악의 동료 한 명을 설명한다.

Fiedler에 따르면, LPC 척도는 리더의 태도를 직접 측정하기보다는 성과 달성에 동참하는 동료에 대한 반응을 통해 리더의 작업 완수에 대한 노력을 추론할 수 있다는 것이다. 예를 들어 리더가 LPC에 매우 부정적인 평점을 부여한 경우, 리더의 좌절감이나 분노가 점수에 반영

되었다고 추론할 수 있다(Ayman, Chemers, & Fiedler, 1995). 그리고 리더가 과제중심적이라고 결론을 내릴 것이다. 즉 리더가 과제를 구조화하고 조절하며 목표 달성을 위해 작업하는 것을 선호한다는 의미이다. 그 대신 리더가 LPC를 호의적으로 평가한다면 리더는 관계중심으로 간주될 수 있고, 이는 리더가 대인관계를 기반으로 사람들과 긴밀히 협력해 집단 목표를 달성하는 것을 선호한다는 것이다. 많은 연구자들은 이러한 설명이 이론이 발전하면서 변화되어 불안정하다고 비판했다(Hosking & Schriesheim, 1978). Fiedler는 과제중심적 리더가 통제 가능성이 높거나 낮은 상황에서 가장 잘 수행하는 반면에, 관계 지향적인 리더는 중간 정도의 통제 상황에서 최고의 리더십 효과를 발휘한다고 주장한다. 일부 주장은 지지되었지만 일부 다른 주장은 지지되지 않아 실증적 연구 결과는 비일관적이다(House & Aditya, 1997).

참조

2장에서 구성개념을 관찰할 수 없고 측정기 어려운 추상적 성질로 정의했다. 상황 이론에서 LPC의 구성개념은 무엇인가? 어떻게 정의하겠는가? 구성 타당도는 측정도구를 통해서 측정하려고 하는 것을 실제 측정하는 정도를 의미한다. LPC가 구성 타당도를 가지고 있는가?

비록 Fiedler의 이론에 대한 비판이 있지만, 이 이론은 상황적 요인과 개인적 요인을 모두 고려한 최초의 리더십 접근법이었다. 따라서 리더십 이론 발전에 중요한 기여를 했다.

한 메타 분석에서 인지자원 이론(cognitive resource theory)을 통해 Fiedler의 상황 이론을 지지하는 증거를 발견했다. 인지자원 이론에서는 지능을 리더십의 중요한 요소로 강조한다. Fiedler(1995)도 리더 지능이 리더의 성공에 미치는 영향이 다른 변인에 의해 조절된다고 주장했었다. 연구자들은 메타 분석에서 긴장이 낮은 상황에서는 리더의 지능이 리더의 성공에 중간 정도의 효과 크기를 보였지만, 리더가 긴장감이 높은 상황에 있을 때는 지능이 아무런 효과가 없는 것으로 나타나, 상황 이론을 지지하는 결과를 제공하였다(Judge, Colbert, & Ilies, 2004). 이는 스트레스가 높은 긴장 상황에서 개인이 스트레스 대처를 위해 지능이라는 인지자원을 리더십에 사용할 수 없기 때문에, 결국 스트레스는 당면한 과제해결을 어렵게 만든다는 Fiedler의 이론을 지지한다.

경로-목표 이론 리더십이 부하직원에게 동기를 부여하는 과정임을 고려하면, 효과적인 리더는 이 목표를 달성할 가능성이 가장 높은 접근방식을 채택하는 사람이다. 이와 관련된 이론이 경로-목표 이론이다(House, 1971). 이 이론은 리더의 행동이 집단 성과와 부하직원의 만족도에 미치는 영향에 대한 연구 결과들이 비일관적이라는 점과, 동기에 대한 인지 이론을 강조하였다. 특히 경로-목표 이론은 Victor Vroom(1964, 9장 참조)의 기대 이론에서 비롯되었다. 기대 이론은 개인이 긍정적인 결과를 기대하고 그러한 결과를 가치 있게 여길 때 특정 행동이 나타날 가능성이 높다고 주장한다. 경로-목표 이론에 따르면 리더가 수행 동기를 높이기 위해 필요한 것을 부하에게 제공하는 정도에 따라 효과가 달라질 수 있다.

경로-목표 이론은 리더십 행동과 그 효과 간의 관계에 영향을 미치는 많은 상황적 조절요인(situational moderators)을 기술하고, 리더 행동을 네 가지로 구분한다. 지시적 리더 행동, 성취 지향적 리더 행동, 지원적 리더 행동, 참여적 리더 행동이 그것이다(House, 1996). **표 13.3**에서 네 가지 행동에 대한 정의가 제시되어 있다. 지시적 리더 행동은 구조 주도 행동(과제 지향성)과 유사하고, 지원적 리더 행동은 배려 행동(관계 지향성)과 유사하다. 리더의 행동은 부하의 기대치와 가치에 직접적인 영향을 미칠 것으로 예상되며(부하 및 환경적 특성에 따라 조정됨), 이러한 기대치와 가치에 대한 부하직원의 인식은 만족도, 노력 및 성과에 영향을 미친다(기대 이론에서 예측된 것처럼).

이러한 연구들에 대한 메타 분석에서 지시적 행동, 업무 특성, 직원 만족들 간의 관련성에 있는 것으로 나타났다. 그러나 실제 성과 예측에 대한 지원적 행동의 효과는 비일관적이었다(Schriesheim & Neider, 1996). 비일관성에 대해 연구자들은 구성개념의 빈약한 측정, 중재변인에 대한 관심 부족(예 : 부하의 기대치 및 가치 인식), 다른 관련 변인들에 대한 통제 결핍(House, 1996; Schriesheim & Neider, 1996) 등과 같은 방법론적 문제로 이론이 잘 검증되지 않았다고 하였다. 최근의 연구는 리더의 행동이 부하직원의 만족과 성과에 영향을 미치고, 이러한 관계가 상황이나 맥락에 따라 조절된다는 기본 개념을 지지하고 있다(Sarin & O'Connor, 2009, Sims, Faraj, & Yun, 2009 참조).

리더-구성원 교환 이론 리더십이 행동, 특성, 그리고 개인과 상황 간의 상호작용에 기초한다고 논의하였다. 연구자들은 또한 리더십을 두 당사자 간의 상호작용으로 간주하기 시작했다(Lord, 2000). 예를 들어 **리더-구성원 교환**(leader-member exchange : LMX) **이론**은 리더 행동이나 특성보다는 부하와 리더 간의 관계에 초점을 맞춘 작업 짝(work dyad)에 대한 이론이다. 1970년대에 개발된 LMX의 전조는 수직적 양자 연결(vertical dyad linkage : VDL) 이론이라고 불렀다(Dansereau, Graen, & Haga, 1975). LMX로 이어진 VDL 이론의 주요 전제는 리더가 다른 부하들과 서로 다른 관계를 맺고 있다는 것이다. 특성 및 행동 기반 이론은 리더가 모든 부하들에게 동일한 스

리더-구성원 교환(LMX) 이론
리더 행동이나 특성보다는 부하와 리더 간의 관계에 초점을 맞춘 작업 짝에 관한 이론

표 13.3 경로-목표 이론 : 리더 행동

지시적 리더 행동	부하직원의 성과 목표와 부하직원을 평가하는 데 사용되는 기준을 명확히 함으로써 구조화하는 것
성취 지향적 리더 행동	개인의 성취를 강조하고 우수한 성과를 독려하는 것
지원적 리더 행동	대인관계에 집중하고 부하직원을 위해 심리적·감정적 지지를 하는 것
참여적 리더 행동	부하직원이 멘토링, 지도, 코칭을 통해 능동적인 역할을 하도록 독려하는 것

타일이나 지향성(평균 리더십 스타일이라고 함)을 보인다고 가정하지만 LMX는 부하직원에 따라 스타일이 다르다고 제안한다. 그 결과 부하직원은 내집단(in-group) 또는 외집단(out-group)으로 분류된다. 내집단 부하들은 상호 신뢰, 책임 공유 및 지원을 기반으로 리더와 좋은 관계를 유지하는 경향이 있다. 외집단 부하들은 리더들과 특별히 강한 인간관계를 경험하지 못하며 조금 더 업무 지향적인 방식으로 대우받는 경향이 있다(Yukl, 2002).

수지는 후에 특별한 사회적 상대성 이론으로 노벨상을 받을 것이다.

Betsy Streeter/Cartoonstock

LMX 이론에 따르면, 리더-구성원 관계의 질은 개인, 팀 및 조직 수준 결과를 예측한다(Gerstner & Day, 1997). 약 80개의 LMX 연구에 대한 메타 분석에 따르면, LMX 관계의 질은 부하직원의 성과 등급, 직무만족, 조직몰입, 역할 명확성, 역할 갈등 및 이직 의도와 같은 결과변인과 유의미한 관련이 있었다(후자의 두 결과변인과는 부적 상관관계를 보였다.)

생 각 해 보 기

리더가 부하직원을 내집단 또는 외집단의 하위 집단으로 달리 취급하는 것은 개인, 집단 및 조직 결과에 어떻게 영향을 미칠 수 있는가? 구성원의 지위가 본인의 실적에 어떤 영향을 미칠 수 있는가?

2000년 초기에, 연구자들은 LMX가 성과관련 변인들에 미치는 영향을 검증하기 시작했다(Hofmann, Morgeson, & Gerras, 2003). 예를 들어 초기 연구를 재검증한 연구에서, 리더와 부하 간에 빈번한 의사소통을 하는 경우 긍정적인 LMX 관계가 호의적인 수행평가 등급(5장 참조)에 영향을 미쳤다(Kacmar, Witt, Zivnuska, & Gully, 2003). 193명의 이스라엘 근로사들을 대상으로 한 연구에 따르면, 호의적인 LMX 관계가 직원의 활력 수준과 창의적인 업무 수준을 예측한다는 것을 발견했다(Atwater & Carmeli, 2009). 대규모 의료 시스템을 갖춘 7개 병원의 간호사 181명을 대상으로 한 설문 조사에서 LMX와 이직 간의 관계를 직무 만족도가 매개하는 것이 발견되었다. 비호의적인 관계는 직무 불만족과 관련되어 있고, 직무 불만족은 다시 높은 이직률 수준과 관련이 있었다(Han & Jekel, 2011). 후속 연구에서는 작업 팀에서 LMX에 특히 중점을 두었다(12장 참조). 한 연구는 팀 구성원 간에 상사로부터 존중, 신뢰 및 유형의 자원을 다르게 받을 경우 평등의 원칙이 위반되었다고 인식하기 때문에 작업 그룹 내의 LMX의 차이가 팀 수행 결과에 부정적인 영향을 미칠 수 있다고 주장했다(Hooper & Martin, 2008). 여러 직업에 걸친 400명 이상의 직원 표본에서 이 연구자들은 LMX 변동성 지각이 팀 갈등과 더 많이 관련되어 있고, 이는 낮은 직무 만족도 및 직원 웰빙과 관련되어 있다는 것을 발견하였다.

다른 연구는 개별 작업 팀 내에서 LMX 차별화라는 아이디어에 중점을 두었다. 팀 이직에 영향을 주는 LMX의 역할을 더 잘 이해하기 위해, 대형 슈퍼마켓 가맹점 384개 부서의 4,000명 이상의 직원을 대상으로 설문 조사를 실시하였다(Nishii & Mayer, 2009). 가장 흥미로운 결과 중 하나는 리더가 팀 구성원들과 매우 강력한 LMX 관계를 발전시켰을 때 매출액이 가장 높았다는 점으로, 저자는 이를 높은 LMX 차별화(LMX differentiation)라고 지칭했다. 이는 관리자가 팀원들을 차별적으로 대우하고 상호작용하는 방식이 조직에 큰 영향을 미친다는 것을 말해주고 있다. 리더들은 팀 구성원들과 높은 질의 관계를 발전시키는 것을 고려해야 한다. 그러나 이러한 차별적인 관계에 영향을 미치는 요인들이 있다.

보다 최근의 연구들에서는 Nishii와 Mayer(2009)의 연구 결과를 지지하였다. 공대생으로 구성된 125개의 소규모 프로젝트 팀에 대한 연구에서 저자는 LMX 차별화가 실적에 긍정적인 영향을 주는 것을 확인했다(Naidoo, Scherbaum, Goldstein, & Graen, 2011). 연구자들은 LMX 차별화가 팀 구성원을 알고 이해한 결과라고 주장하였다. 즉 시간이 지남에 따라 리더들은 팀 구성원의 강점, 능력 및 약점을 인식하고, 그들을 다르게(예 : 난이도/중요성이 다른 작업을 할당하거나 다른 동기 부여 방법을 선택하는 등) 관리하는 방법을 배우고, 이를 통해 시간이 지남에 따라 업무 수행이 향상된다는 것이다. 실험실 연구와 현장 연구로 구성된 최근 연구에서는 성과, 통제 지향성, 자기 효능감과 같은 구성원 관련 변인들이 LMX 질의 중요한 결정요인이라는 결론을 내렸다(Henson & Beehr, 2013).

약 250건의 LMX(Dulebohn, Bommer, Liden, Brouer, & Ferris, 2012)에 대한 메타 분석 결과, 기존 연구 결과들이 지지되었고 새로운 결과도 발견되었다. 주요 결론 중 하나는 리더 행동과 지각이 LMX 설명량의 대부분을 차지한다는 것이다. 저자는 LMX의 질이 리더를 따르는 사람보다 리더에 의해 더 강하게 영향을 받는다고 결론지었다. 특히 LMX 질은 변혁적 리더십(리더가 어떻게 따르는 사람을 높은 성취 수준으로 이끌어낼지 고려하는 것. 이 장의 뒷부분에서 자세히 설명한다), 부하의 성공에 대한 리더의 기대, 대응적인 보상 행동의 사용 등에 의해서 크게 영향을 받는다. 리더의 이러한 행동의 결과로, 내집단의 부하들은 조직시민행동 등을 통해서 추가 노력을 기울여 리더의 행동을 격려하고 보답하며, 이는 다시 LMX를 강화한다. 변혁적 리더십의 다양한 세부 차원들의 효과에 대한 더 많은 연구가 필요하다. 개별적인 배려(individual consideration), 이상화된 영향(idealized influence) 및 기타 변혁적 리더십의 관계 지향적 요소가 LMX와 관련되어 있는 것으로 나타났지만, 영감적 동기 부여(inspirational motivation) 및 지적 자극(intellectual stimulation)과 같은 다른 요소는 LMX와 관계가 없을 수도 있다.

이 메타 분석의 두 번째 주요 결론은 LMX가 많은 선행요인 → 결과요인 간의 관계의 매개 역할을 한다는 것이다. 예를 들어 긍정적인 정서, 유관적 보상, 변혁적 리더십과 같은 선행 요인에 의해 설명되는 행동(예 : 이직 의도), 태도(예 : 직무 만족) 및 지각(예 : 절차적 공정성) 결과의 차이는 LMX에 의해 매개되었다. 연구자들은 핵심 성과를 결정하는 것은 LMX 관계의 질이며 LMX는 선행변인과 결과 간의 관계를 이해하는 데 핵심적인 변인이라고 결론지었다(Dulebohn et al., 2012). 수행 관련 요인, 집단 내 역학 리더-구성원 관계와 다른 측면에 대한 연구는 LMX의 잠재적인 중요성과 LMX가 다양한 분야에서 연구될 수 있다는 것을 의미한다.

현대 이론

지난 수십 년 동안 개발된 몇 가지 리더십 이론은 리더십 연구자와 실무자 모두의 관심을 끌었다. 이제 앞으로 지속적으로 연구될 네 가지 다른 이론, 즉 내현적(implicit), 변혁적(transformational), 진성(authentic), 서번트(servant) 리더십 이론에 대해 이야기할 것이다.

내현 리더십 이론 애크런대학교의 Robert Lord와 동료들(Lord, Foti, & DeVader, 1984, Lord & Maher, 1991)은 매우 다른 리더십 접근 방식을 개발했다. **내현 리더십 이론**(implicit leadership, theory : ILT)으로 알려진 이 접근법은 리더가 자신의 행동, 특성, 카리스마 넘치는 자질을 통해 부하의 성과에 영향을 미친다는 기존 이론들과는 달리, 리더십 행동에 대한 부하의 지각을 강조한다(Lord, 2000). 특히 ILT는 리더십을 리더에 대한 부하들의 지각 과정의 결과로 본다. Lord와 Maher(1991)는 실제로 리더십을 다른 사람들에 의해 리더로 인식되는지의 관점에서 정의하였다. 더 최근 연구에서는 리더가 추종자들이 스스로를 생각하는 방식에 변화를 일으키는 과정으로 리더십을 정의하였다(Lord & Brown, 2004).

> **내현 리더십 이론(ILT)**
> 리더십을 리더에 대한 부하들의 지각과정의 결과로 보는 이론

여기서 핵심 아이디어는 대부분의 사람들이 리더의 개인적 자질과 행동에 관해서 암묵적인 신념을 갖고 있다는 것이다. 이러한 신념은 시간이 지남에 따라 발전하며 경험과 사회화의 영향을 받는다. **원형**(prototype)이라는 단어는 리더에 대한 개인들의 정신적 표상(mental representation)을 나타내는 단어이다(예를 들어 리더에 대한 나의 원형은 똑똑하고, 뛰어난 의사소통 기술을 갖추고 있으며, 해야 하는 일과 그 일을 하는 사람에게 몰입하며, 직원들에게 동기를 부여하는 방법을 알고 있는 사람이다). Load와 동료들(1984)은 실험적 연구에서 유능한 리더가 참가자 개인의 원형과 일치하는 방식으로 행동하는 것을 관찰할 때, 참가자는 이 사람이 효과적인 리더라고 결론을 내렸다. 그 의미는 리더십 효과성이 리더 자신의 행동보다는 따르는 사람의 지각이 더 중요하다는 것이다. LMX와 ILT를 연결하는 흥미로운 연구에서 본인의 ILT가 관리자의 ILT와 일치하지 않는 직원은 낮은 수준의 LMX 관계를 보고하였다(Epitropaki & Martin, 2005).

> **원형**
> 리더와 같은 무언가 또는 누군가에 대한 개인의 정신적 표현

다른 연구(Phillips & Lord, 1981)에서는 특정 리더가 그들의 원형과 어느 정도 일치하는지에 따라 리더의 효과성에 대한 전반적인 인상을 형성한다는 것이 발견되었다. 그러나 더 중요한 것은 사람들이 전반적인 인상에 기반하여 리더를 묘사하고 리더의 행동과 특징을 상기할 때 종종 오류가 발생한다는 것이다. 그 예가 **그림 13.1**에 제시되어 있다. 내가 경험한 제러드의 행동은 효과적인 리더 원형(글상자 A)에 기반하여 평가된다. 나는 제러드가 유능한 리더라고 결

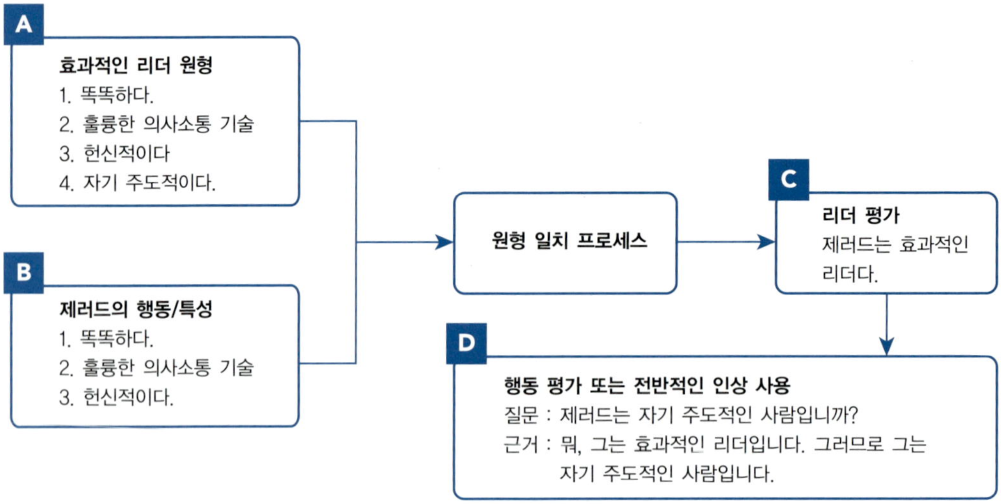

그림 13.1 내현 리더십 이론과 리더십 평가

론을 내렸는데(글상자 C), 왜냐하면 제러드가 그 원형의 많은 부분(글상자 B)(즉 똑똑함, 탁월한 의사소통 기술, 강한 몰입)과 일치하기 때문이다. 이제, 제러드가 자기 주도적인 사람인지, 즉 내가 관찰하지 않은 다른 차원에 대한 평가를 요청받았다고 가정해보자. 나는 자기 주도적인 사람이 내가 가진 효과적인 리더 원형의 한 부분이기 때문에, 자기 주도와 관련된 행동을 직접 관찰하지 않았어도, 제러드가 자기 주도적인 사람(글상자 D)인 것으로 결론을 내린다.

제러드의 행동이 그에 대한 나의 평가를 결정하는 것이 아니다. 오히려 그에 대한 나의 전반적인 인상이 관찰되지 않은 다른 차원에서도 그를 효과적인 리더라고 평가하게 만든다. 이러한 과정은 상당히 중요하다. 부하직원에게 LBDQ와 같은 척도로 리더를 평가하게 할 때, 그들이 리더의 행동에 대한 타당한 평가를 하고 있는지 확신할 수 없다. 아마 직원들의 효과적인 또는 효과적이지 않은 리더에 대한 평가는 그들의 리더십 원형과 얼마나 일치하는지에 따라 달라질 것이다. ILT에 대한 Lord의 연구는 지난 30년 동안 리더십 연구의 중심에 있었으며 향후 연구에서 고려해야 할 많은 중요한 이슈들을 제공하고 있다. 그의 최근 연구 결과에 따르면 기존 리더와 새로운 리더가 유사하다면 리더 특성이 유사한 것으로 평가되지만 새로운 리더가 기존 리더와 다를 경우 사람들은 일반적인 리더십 원형에 기반하여 평가하는 것을 발견하였다(Ritter & Lord, 2007). 최근 리뷰는 리더십 원형이 리더에 대한 '기억'을 만들어낼 수 있기 때문에 리더에 대한 평가에서 측정이나 통계적 통제 또는 수정을 통해 이 문제를 해결해야 한다고 하였다(Junker & van Dick, 2014). 측정 전에 부하직원이 정확한 원형을 인식하게 하고 그 원형에 대해 설명을 하게 하는 것과 같은 사전 조치를 취하지 않으면, 실제로는 그렇게 행동한 적이 없었음에도 불구하고, 원형에 맞는 것으로 생각하기 때문에 긍정적으로 평가할 수 있다.

어떻게 부하직원이 그들의 리더를 원형과 비교하는지 그리고 리더 원형에 따라 부하직원 스스로 어떻게 역할을 수행하는지에 대한 약간 다른 관점이 추가되었다. 700명 이상의 직원에 대한 인식을 조사한 일련의 연구 결과, 부하직원의 리더에 대한 지각이 리더의 원형과 일치하면 리더를 존중하고 그 리더가 더 유능하다고 지각하였다. 또한 이 연구에서는 리더 원형 일치와 리더에 대한 호의적인 평가 간의 관계는 부하직원 스스로가 원형에 포함된 리더십 자질 혹은 특성을 얼마나 보유했는지에 따라 조절되었다(van Quaquebeke, van Knippenberg, & Brodbeck, 2011). 예를 들어 리더십 원형 일치와 리더의 효과성 평가 간의 관계는 부하직원이 원형 리더십 자질을 본인이 소유하고 있다고 지각했을 때 더 강하게 나타났다. 이러한 결과는 리더십 원형에 개인의 자기 개념이 중추적이고 중요하다는 것을 보여주고 있다. ILT 연구의 또 다른 확장은 추종자들이 리더십 과정에서 수행하는 역할에 대한 것이다. 리더십에서 부하들의 역할에 대한 이해를 위해 검토해야 할 많은 개념적 · 방법론적 쟁점과 향후 연구에 대한 제언을 제공하는 광범위한 팔로워십 이론들이 최근에 발표되었다(Uhl-Bien, Riggio, Lowe, & Carsten, 2014).

ILT는 성 및 인종 문제에도 적용되었다. 각각의 예를 살펴보자. 4개의 연구에서 백인이 미국에서 리더 원형의 일부인지를 조사한 결과 인종에 관계없이 모든 참가자들이 리더를 백인으로 가정하는 경향이 있었다(Rosette, Leonardelli, & Phillips, 2008). 또한 백인 리더가 연구 참가자의 인종에 관계없이 아프리카세 미국인 리더보다 더 호의적으로 평가됐다. 이러한 결과는 원형적 리더가 더 유리하게 평가된다는 ILT와 일치한다.

© Steve Hix/Somos Images/Corbis

생각해보기
ILT는 리더로 인식하는 것에서 남성과 여성의 능력 비교에 대해 우리에게 무엇을 말해주는가?

리더의 인식에서 성별의 역할을 조사한 실험실 연구에서(Hall, Workman, & Marchioro, 1998), 두 명의 남성과 두 명의 여성으로 구성된 여러 집단이 남성 유형 또는 여성 유형의 작업에 배정되었다. 각 구성원들은 집단 내 다른 구성원들의 리더 등급을 매겼다. 전반적으로 남성은 여성보다 높은 리더십 등급을 받았고 리더로 선택되는 비율이 높았다. 특히 전체 집단의 약 70%에서 남성이 리더가 되었다. 성별과 리더십 등급과의 관계는 작업 유형에 따라 달랐다. 그룹이 남성 유형의 작업을 수행할 때 리더십 차원에서 남성과 여성의 차이가 가장 컸다. 성 차별은 직장에서 중요한 문제이기 때문에, 이후 더 자세하게 논의하겠지만, 최근 설문 조사에 참여한 참가자들은 '이상적인 미국 대통령'이 여성 후보보다 남성 후보, 여성성보다는 남성성이 더 높은 사람이라고 평가했다(Powell & Butterfield, 2011).

변혁적 리더십 이론 1970년대 중반, 리더십 연구에서 중요한 패러다임 변화가 나타나면서 새로운 리더십 이론들이 탄생했다(House & Aditya, 1997). 이 이론들은 다음의 네 가지 특징을 공통적으로 갖는다. (1) 리더들이 어떻게 조직을 새로운 차원으로 끌어들일 수 있는지 설명한다. (2) 특정 리더가 동기, 몰입, 헌신 등을 어떻게 탁월한 수준으로 달성할 수 있는지 설명한다. (3) 힘을 실어 주며, 비전을 개발하고, 부하직원을 위해 역할 모델을 제공하는 것 등과 같이 감정에 호소하는 행동을 강조한다. (4) 리더의 가치와 비전에 대한 동일시뿐만 아니라 따르는 사람의 자존감과 만족도를 높이는 것을 권장한다(House & Aditya, 1997).

변혁적 리더십
리더와 팔로워의 상호작용이 개별적으로 달성하는 것보다 높은 수준의 동기 부여와 도덕성을 제공하는 리더십의 한 형태

가장 잘 알려진 이론 중 하나는 LMX보다 높은 동기와 도덕성을 만들어내는 **변혁적 리더십**(transformational leadership)이다(Bass, 1985). 사실상 변혁적 리더들은 부하직원에게 자신의 이기심을 초월하고 그들이 가능하다고 생각하는 것보다 더 많은 것을 달성하게끔 동기 부여를 시도한다. 따라서 리더와 따르는 사람 모두 두드러지고 중요한 방식으로 변화되거나 변혁된다.

거래적 리더십
리더와 따르는 사람 간의 관계가 유관적 강화에 중점을 두고 주로 교환에 기반한 리더십의 한 형태

변혁적 리더십은 부하와 리더십 간의 관계가 교환에 기반을 두는 **거래적 리더십**(transactional leadership)과 구별된다(Bass, 1985; Bass & Steidlmeier, 1999). 예를 들어 변혁성보다 거래성이 뛰어난 리더는 부하직원에게 조직 내에서 성장하고 발전할 수 있는 방법을 강조하기보다는 이러한 기대에 부합한다면 그들이 무엇을 받게 될지 쉽게 알도록 한다. 간단히 말해서, 거래적 리더는 유관적 강화(contingent reinforcement), 즉 특정 행동에 기반해서 부하직원에게 보상을 제공하는 것을 통해 리더십을 발휘한다. 실생활에서 모든 리더는 부분적으로 변혁적이고 부분적으로 거래적이다. 따라서 예를 들어 내가 '변혁적 리더'라고 말할 때, 나는 거래적보다 좀 더 변혁적인 리더라고 언급하고 있는 것이다.

변혁적 리더십은 네 가지 주요 구성 요소로 설명될 수 있다(Bass & Steidlmeier, 1999). 이 중 첫 번째는 이상화된 영향력(idealized influence)으로, 부하직원들로 하여금 리더를 동일시하거나 모방하고자 하는 강한 열망을 가지도록 리더가 관계형성에 활용하는 카리스마를 지칭한다. 두 번째 구성 요소인 영감적 동기 부여(inspirational motivation)를 제공하는 리더는 부하직원에게 공통된 목표를 달성하기 위한 도전과 이유를 제시한다. 그들의 영감적 동기 부여는 조화, 자선 및 탁월한 성과(Bass & Steidlmeier, 1999)와 같이 사람들이 가지고 있는 긍정적인 면에 중점을 둔다. 세 번째 요소인 지적 자극(intellectual stimulation)은 변혁적 리더가 문제에 대해 새로운 관점에서 바라볼 수 있도록 부하직원들의 인식을 높이는 과정을 말한다. 이 접근법은 부하직원

들이 비판적으로 생각하고 개방적이고 유연한 마음으로 문제에 접근할 수 있게 하여 창의적으로 문제를 해결하도록 장려한다. 마지막으로 **개인적 배려**(individualized consideration)는 부하직원들을 고유한 인격체로 대하고 그들 모두에게 지원, 격려, 성장의 기회를 제공하는 것이다.

전반적으로 변혁적 리더들은 장기적인 목표에 노력을 집중하고, 공유 비전을 명확히 하고, 부하직원들이 비전을 열정적으로 추구하도록 고무시키고, 그들이 자신과 다른 사람들의 발전에 더 큰 책임을 맡도록 유도한다. 변혁적 리더들은 더 많은 노력을 하고, 단순히 직원들에게 **동기 부여**만 하기보다 더 많은 것을 함으로써 그들에게 **영감**을 준다.

연구에서는 직무 만족, 조직몰입 및 작업 집단 성과와 같은 중요한 조직 결과에 변혁적 리더십이 긍정적 영향을 미쳤다(House & Aditya, 1997). 메타 분석에 따르면 이 네 가지 주요 변혁적 행동이 리더십 효과와 유의미한 상관관계가 있었다(Lowe, Kroeck, & Sivasubramaniam, 1996). 변혁적 리더십은 평균 이상의 성과 외에 높은 수준의 부하직원의 동기와 헌신을 가져온다(House & Aditya, 1997). 물론 거래적 리더십도 성과에 따라 부하직원을 강화하는 것과 같은 중요한 역할을 수행한다. 따라서 변혁적 리더가 일부 거래적 행동을 보일 경우 더 성공적이지만, 일반적으로 거래적 리더십만으로는 그렇게 성공적이지는 않다(Bass, 1985). 스트레스 상황에 처한 군대 소내에서 최고의 성과는 거래적 보상과 변혁적 행동을 모두 보이는 소대장들과 상사들의 소대에서 나온 것으로 나타났다(Bass, Avolio, Jung, & Berson, 2003).

변혁적 리더십에 관한 연구는 계속 증가되고 있다. 몇 가지 예를 살펴보겠다. 첫째, 변혁적 리더십은 부하직원들이 리더와 조직에 더 공감하고 몰입하도록 이끌기 때문에 OCB에 영향을 줄 것으로 기대할 수 있다. 4장에서 OCB는 기대되는 것 이상의, 즉 직무기술서에 포함되는 것은 아니지만 조직과 동료 모두에게 유익한 행동이라는 점을 생각해보자. 한국의 은행직원들에 대한 연구에서 변혁적 리더십이 공정성 지각(justice perception)을 통해 그들의 상사와 동료를 위한 OCB에 영향을 미친다는 것을 발견하였다(Cho & Dansereau, 2010). 예를 들어 리더가 부하직원들에게 개인적 배려를 보였을 때, 그 직원들은 리더를 대인관계에 있어서 공정하다고 지각하고 OCB를 통해 리더를 도왔다. 매우 흥미로운 연구는 집단주의적 경향의 이스라엘 키부츠(집단 농업공동체) 선생님들과 개인주의적 성향의 도시 교사를 대상으로 수행되었다(Nahum-Shani & Somech, 2011). 연구자들은 변혁적 리더십과 OCB 간의 관계가 집단주의와 개인주의에 의해 조절된다는 사실을 발견했다. 즉 이상화된 영향력을 표현하는 교사는 학교 교장에 의해 더 이타적인 것으로 평가받았고 이 관계는 교사가 집단주의자일 때 더 강했다.

둘째, 연구자들은 변혁적 리더십이 실제로 두 가지 상충되는 결과를 가져올 수 있다고 제안했다. 바로 리더에 대한 의존 또는 권한이 부여된 자기 주도이다(Kark, Shamir, & Chen, 2003). 이 학자들은 변혁적 리더십이 리더와의 강력한 동일시로 이어져 부하직원들이 리더에게 의존하게 될 것이라고 제안한다. 반면 변혁적 리더십은 동료 및 조직과의 사회적 동일시로 이어져 자기 효능감과 자존감을 증가시킬 수 있다고 하였다. 이스라엘 중견 관리자의 연구에서 그들은 이러한 관계에 대한 경험적 증거를 발견했다.

152명의 CEO와 400명이 넘는 경영진을 대상으로 한 연구에서, CEO의 변혁적인 리더십이 임원진의 행동(예 : 위험 감수 성향, 협동, 정보 교환)에 직접적으로 영향을 미치고, 이러한 효과는 다시 제품혁신과 전략적 활동 등에 대한 기업가 정신에 영향을 미쳤다(Ling, Simsek, Lubatkin, & Veiga, 2008). 이 연구는 변혁적 리더십이 조직의 최종 결과에 긍정적 효과를 보인다는 매우 분명한 시사점을 보여준다. 일부 연구에서는 팀에서 변혁적 리더십을 검토하기 시작했으며 팀 기능에 긍정적인 영향을 미쳤다.

또 다른 연구(Schaubroeck, Lam, & Cha, 2007)는 팀이 집단주의(즉 높은 공유된 목표와 응집력)와 권력 거리가 높을 때(즉 권위에 대한 높은 존경심을 보유하고 있으며, 신분의 차이를 타당한 것으로 보는 것), 변혁적 리더십과 팀 성과 간의 관계가 강화된다는 것을 발견했다. 그러나 이 연구의 참여자는 홍콩이나 미국의 금융 서비스 종사자였기 때문에 결과에 문화적 영향이 있을 수 있다. 미국과 같은 서구 문화는 일반적으로 집단주의와 권력 거리가 낮으며, 홍콩과 같은 동양 문화는 이 두 측면 모두에서 높은 경향이 있다.

다른 리더십과 마찬가지로 변혁적 리더십에도 한계 조건이 있을 수 있다. 즉 변혁적 리더십이 조직 성과를 크게 향상시키지 못하고 잠재력을 저하시킬 수 있는 상황이 있을 수 있다. 중국인 200명을 대상으로 한 최근 연구에서는 이러한 문제를 직접적으로 다루고 있다. 연구자들은 한계 조건을 탐구하는 데 관심이 있었고, 팀 구성원들이 이미 응집력이 높은 집단에 속해 있다고 인식한 경우에는 변혁적 리더십이 그다지 중요하지 않았다. 특히 팀 구성원들이 초기에 응집력 있는 집단으로 인식하지 않은 경우에는 변혁적 리더십이 사고 방식을 개선하고 OCB 수준을 높였지만 초기에 팀원들과 응집력을 느낀 경우에 변혁적 리더십은 OCB의 수준을 증가시키지 못하였다(Li, Chiaburu, Kirkman, & Xie, 2013). 이 연구에서는 또 다른 변혁적 리더십 한계 조건들을 제시하였다. I/O심리학에서 절대적인 것은 없다. 긍정적인 리더십 행동은 대개 긍정적인 영향을 미치지만 모든 상황에서 긍정적인 영향을 미치지는 않는다.

진성 리더십
따르는 사람을 신뢰하고 관계를 구축하는 자신의 개인적이고 진정한 스타일을 통해 이끌어가는 것

진성 · 서번트 리더십 리더십에 대한 또 다른 두 가지 접근 방식은 어느 정도 변혁적 리더십과 관련되어 있고 연구와 현장에서 많은 관심을 얻고 있다. 첫째, **진성 리더십**(authentic leadership)은 “자신이 누구인지, 스스로 무엇을 믿고 가치 있게 여기는지 알고, 가치와 신념에 따라 다른 사람들과 솔직하게 상호작용하면서 높은 수준의 진실성을 달성한 사람들”을 의미한다(Avolio, Gardner, Walumbwa, Luthans, & May. 2004, p.802). 최근 리뷰 결과, 2005년 이후 91편의 논문에서 진성 리더십에 대한 경험적 연구를 수행하였다(Gardner, Cogliser, Davis, & Dickens, 2011). 벨기에 직원들을 대상으로 한 최근

연구에서 직원 간에 진성 리더십, 진성 팔로워십, 욕구 만족도 및 성과 간에 긍정적인 관계를 보여주었다(Leroy, Anseel, Gardner, & Sels, 2012). 다른 연구에 따르면, 진성 리더십은 포르투갈 직원들의 창의성을 장려하는 것으로 나타났다(Rego, Sousa, Marques, & Cunha, 2012). 그러나 대부분의 연구는 진성 리더십이 다른 유형의 리더십 또는 리더십 이론과 다른 점을 확인하는 데 중점을 두었다. 예를 들어 진성 리더십은 카리스마적인 요소가 꼭 필요하지 않는다는 점에서 변혁적 리더십과 다르다. Gardner 등은 진성 리더십이 보다 탄탄한 이론을 구축할 필요가

실무자 포럼

Jamen Graves

Jamen Graves

앨리언트 인터내셔널(전 California School of Professional Psychology) I/O심리학 박사, 1999년
Korn/Ferry International 선임 파트너

이 장에서 볼 수 있듯이 조직 연구자들은 "리더십이란 무엇인가?"라는 질문에 오랫동안 매달려 왔다. 마찬가지로 조직은 전략과 문화에 맞는 방식으로 리더십을 정의하고 운영하기 위해 많은 자원을 투자했다. 수년간의 다양한 형태와 규모의 조직들을 컨설팅해온 나는 다양한 유형의 리더를 보았다. 실제로, 조직 수만큼이나 많은 리더십 모델이 있을 것이다. 일부 모델이 다른 모델보다 우수하다고 주장할 수는 있지만 조직의 각 중요 지위에서 리더십이 어떤 모습인지는 거의 밝혀지지 않았다.

사업 성공에 핵심이 되는 개인적 · 대인관계적 및 조직적 역량들에 대한 명확성과 우선순위를 각 리더십 모델과 연결하는 것은 매우 유익할 것으로 판단된다. 하지만 기존 리더십 모델의 단점은 조직의 각 단계에서 리더십이 유사하다는 가정에 근거한 것이다. 당연히 각 수준의 리더들은 이러한 모델을 실천하기 위해 애쓰고 있다. 예를 들어 대형 금융 회사의 직원들이 새로운 리더십 모델에 반응할 때 "전략적 민첩성이 회사에게 중요하다는 것을 알지만 이것이 우리 직원들에게 주는 의미는 무엇인가?"라고 말하는 것을 들은 적이 있다.

조직은 단 하나의 통합된 리더십 모델에서 조직 내 지위에 맞는 세부적인 리더십 모델 설정 방식으로 옮겨 가고 있다. 역량은 포괄적인 정의에서 구체적인 행동 지표로 이동하고 있다. 나는 최근에 대형 의료 기관과 협력하여 세 가지 수준에서 리더십 요구 사항을 정의하는 데 도움을 주었다. Lominger의 역량 프레임워크를 사용하여 초급 관리자, 중간 관리자 및 임원 수준에서 그들의 기대되는 리더십의 차이를 두기 위해 세 가지 기준을 사용했다. 기준은 시간, 가치, 기술이었다. 우리 회사의 리더가 한 단계에서 다음 단계로 옮겨 가면서, 그들은 매우 다른 활동에 시간을 할애하고, 특정 가치가 이동하고, 필요한 기술도 변경됨을 발견했다. 예를 들어 리더가 더 높은 지위로 승진함에 따라, 다른 사람들을 계발하는 데 더 많은 시간을 쓰는 법을 배우고, 자신이 스스로 일하는 것보다는 다른 사람들에게 권한을 부여해야 한다. 그들은 또한 개인의 공헌이라는 관점에서 성공을 보는 것과는 대조적으로 팀 성취의 결과를 성공으로 간주해야 한다.

이것들이 쉽게 전환되는 것은 아니지만, 지위별로 리더십 기대치를 정렬하고 계층화할 수 있는 조직은 큰 혜택을 얻고 있다. 비즈니스 성과를 극대화할 수 있을 뿐만 아니라 특정 지위에 더 적합한 리더를 확보하고 직원의 참여, 개발 및 유지 방법을 개선할 수 있다.

학습질문

1. 이 장에서 지금까지 논의된 이론들은 다양한 리더십 단계에 필요한 다양한 리더십 기술의 개념을 알리는 데 도움이 될 것인가?
2. LMX, ILT 및 변혁적 · 진성 · 서번트 리더십에 관한 최신 연구가 여기에 설명된 리더십 모델과 어떻게 일치하는가?
3. Graves가 묘사한 리더십 모델은 리더십 효과에 영향을 주는 상황 요인과 어떤 관련이 있는가?

있고 관련 변인들에 대한 연구 등 미래 연구에 대해 제안하였다. 이러한 연구들은 자신의 진정성있고 독특한 스타일로 이끌어가는 사람들이 성공적이고 효과적인 리더가 될 수 있는 방법에 대해 더 많은 정보를 제공할 것이다. 이는 리더십 연구에 활력을 줄 수 있을 것이다.

서번트 리더십
개인적 진실성과 다른 사람을 돕고자 하는 욕구를 통해 이끌어가는 것

리더십 연구를 위한 또 다른 새롭고 흥미로운 방향은 Greenleaf(2002)에 의해 도입된 **서번트 리더십**(servant leadership)으로 자신의 욕구보다는 부하직원의 요구를 먼저 생각하고, 부하직원들이 그들의 잠재력을 발휘하여 성장하고 이를 통해 성공적인 경력을 달성하도록 돕는 것으로 정의된다. van Dierendonck(2010)은 서번트 리더십을 여섯 가지 중요한 차원으로 요약했다. (1) 권한을 부여하고 육성하는 것, (2) 겸손, (3) 진정성, (4) 대인 수용, (5) 방향 제시, (6) 소명 의식(stewardship)이다. 서번트 리더십과 변력적 리더십의 주요한 차이는 서번트 리더십은 주로 개인의 성장과 발전에 초점을 맞추고 있고, 변혁적 리더십은 조직에 초점을 맞추고 있다는 점이다. 변혁적 리더에게 직원의 성장과 발전은 그것이 긍정적인 조직 결과(성과, 투자 수익, 수익 등)로 이어지는 경우에만 중요하다. 그리고 변혁적 리더십은 나르시시즘과 관련이 있을 수도 있고 부하직원 및 조직에 부정적 결과를 가져오게 할 수도 있다. 서번트 리더십은 이와는 다르다. 그 이유는 다른 사람들을 겸손하게 대우하며, 자기 중심적이지 않고 카리스마적인 요소가 없기 때문이다. 유사하게 진성 리더십과 서번트 리더십 간에는 상당한 중복이 존재하지만, 진성 리더십은 자기 자신에게 진실한 것에 중점을 두고 있고, 서번트 리더십은 다른 사람을 섬기고 성장시키고 발전시키는 데 중점을 두고 있다.

200명 이상의 헤어 스타일리스트와 470명의 고객에 대한 연구는 고객 서비스 맥락에서 성과에 미치는 서번트 리더십의 효과를 검증하였다(Chen, Zhu, & Shou, 2015). 연구자들은 서번트 리더십이 다른 사람들을 돕는 것에 중점을 두기 때문에 서번트 리더십이 변혁적 리더십 이상의 고객 서비스를 예측할 것으로 기대한다고 주장했다. 관리자의 서번트 리더십은 변혁적 리더십을 통제한 후에도 헤어 스타일리스트의 서비스 품질, 고객중심의 서비스 의식 및 친화적 행동을 예측한다는 것을 발견했다. 즉 서번트 리더와 일치하는 행동을 보이는 관리자는 높은 서비스 품질 등과 같은 긍정적인 결과를 고객에게 제공하기 위해 열심히 일하는 헤어 스타일리스트를 부하직원으로 둘 가능성이 높다.

리더십 연구의 새로운 경향

이제까지 다양한 리더십 이론에 대해 논의했다. 이제 조직의 효과성에 중요한 함의를 제공해 줄 수 있는 성별이 리더십에 미치는 영향, 문화가 리더십에 미치는 영향, 그리고 리더십에서의 정서를 고려한 어둠의 3요소(dark triad)에 대한 새로운 연구 영역을 살펴볼 것이다.

성별과 리더십

조직 내 인력 구조가 변하고 있다. 미국에서 전례 없이 빠른 속도로 여성과 소수 민족이 고용되고 있다. 2007년에는 16세 이상의 여성 10명 중 6명이 노동 인구 참여자였다. 2014년 전체의 노동력의 47%를 여성이 차지하며, 여성의 57%가 노동 시장에 참여하고 있고 실업률은 남녀에서 비슷하다(6.1% 대 6.3%－여성 대 남성)(U.S. Department of Labor, 2014). 2014년에 모든 고임금 관리직, 전문직 및 관련 직종의 약 50%는 여성이었다. 그러나 이 비율은 업종에 따라 크게 다르다. 예를 들어 재무 관리자의 35%, 의료 및 건강 관리자의 48%는 여성이다(U.S. Department of Labor, 2014).

유리 천장
자격을 갖춘 개인이 어떤 형태의 차별로 인해 가능한 모든 것을 성취하지 못하는 상황을 나타낸다.

유리 천장(glass ceiling)은 자격 있는 개인이 어떤 형태의 차별로 인해 가능한 모든 것을 성취하지 못하게 하는 상황을 말한다. 연방정부는 여성의 유리 천장에 대해 연구하기 위해 1991년 유리천장관리위원회를 만들었다. 그 당시 보고서에 따르면 여성은 경영진, 행정직 및 관리직의 43%를 차지했지만 최고경영자 직책은 3%에서 5%에 불과했다. 최근 자료 역시 비슷한 수치를 보인다. 2015년 S&P 500대 기업 CEO의 14.2%만이 여성이었다(Egan, 2015). 현재 전국적으로 임원 직책의 5%만이 여성이다(Pew Research Center, 2015). 일부 분야에서는 진전이 있었다. 2014년도에 역사상 처음으로 100명(상원 의원 20명, 하원 의원 84명)이 넘는 여성이 미국 의회에서 봉사했다. 그러나 여전히 각각 20% 및 19%에 머물러 있다. 여성은 대학 교수의 40% 이상을 차지하지만 대학 총장은 26%이다(Cook, 2012). 미국의 변호사 중 약 33%가 여성이지만 20% 미만의 여성이 파트너 지위이다(American Bar Association, 2013). 이러한 자료는 미국에만 국한되지 않는다. 예를 들어 아일랜드의 여성은 유사한 비율로 조직에서 리더십 역할을 수행하지 못하고 있다. 아일랜드의 여성 관리자 30명에 대한 일련의 인터뷰에서 두 가지 주요 장벽, 즉 (1) 여성의 현재 경력 단계, (2) 가족의 현재 라이프 사이클 단계를 확인했다(Cross, 2010). 인터뷰 결과, 출산 휴가 사용으로 인해 직장을 잃거나 최소화된 역할만을 하게 될 수 있다고 보고했다.

2008년 힐러리 클린턴은 민주당 예비 선거에서 매우 강력한 캠페인을 펼치며, 어떤 여성보다 미국의 주요 정당 후보가 될 가능성이 높았다. 이 기간 동안, 그녀의 캠페인은 유리 천장의 '균열'이었다. 그러나 4년 후 2012년 대통령선거 준비에서, 미네소타 국회의원 미셸 바크먼 한 여성만이 출마를 선언했으며, 그녀는 예비후보자 경선에서 그렇게 오래 버티지 못했다. 분명히 정치에서 여성의 역할은 다소 느린 속도로 발전하고 있다. 사실, 여성이 노동력과 리더십 직책에서 지속적으로 발전해 나가고 있지만 아직 갈 길이 멀다.

Alice Eagly는 리더십 연구의 성 문제를 제기하는 대표 연구자이다. 메타 분석을 통해 성 차이와 리더십 간의 관계성을 설명하는 데 필요한 중요한 변인을 확인하고 요약해서 제시하였다. 예를 들어 리더십 유형에서 성의 역할을 살펴본 결과, 여성이 남성보다 더 참여적이고 대인관계 지향적이라는 사실을 포함하여, 남성과 여성 간 리더십 유형에서(비록 작지만) 일관된 차이가 있다는 것을 발견하였다(Eagly & Johnson, 1990). 또한 특정 성에 적합한 상황, 즉 성 역할과 상황의 특성이 잘 부합되는 상황(예 : 수간호사 역할을 하는 여성과 건설 관리자의 역할을 하는 남성)에서, 남성과 여성 모두 과제 지향적이라는 것이 발견되었다. 이 발견은 성역할 이론에 대한 Eagly의 연구와 일치한다. 그리고 여성이 남성 지배적인 역할에서 여성적(참여적, 대인관계 지향적) 리더십 유형을 사용하면 권위를 잃거나 합법적 권력을 잃는 경향이 있다고 결론지었다(Eagly & Johnson, 1990).

리더십 효과성에서 성 역할에 대한 또 다른 메타 분석(Eagly, Karau, & Makhijani, 1995)에서 두 가지 매우 중요한 질문을 던졌다. (1) 특정 성별의 리더가 다른 성별의 리더보다 더 효과적인가? (2) 특정 성의 리더가 다른 성의 리더보다 효과적일 가능성에 상황이나 배경이 영향을 미치는가? 다시 성 역할 이론을 토대로, 이 연구자들은 남성적 리더십 역할(대리인 역할로 명명됨)에서는 여성보다 남성이 더 효과적이거나 최소한 효과적으로 지각될 것이며, 여성적 리더십 역할(공동체 역할로 명명됨)에서는 남성보다 여성이 더 효과적일 것으로 예측했다. 즉 성 적합성(gender congeniality)이 성별과 리더십 효과성 간의 관계를 조절할 것이라고 예측했다.

흥미로운 결과가 나타났다. 첫째, 여성과 남성은 리더로서의 효과 면에서 전반적으로 다르지 않았다. 둘째, 성 적합성은 성별과 리더 효과성 간의 관계를 조절했다. 즉 남성 리더는 대리적 상황에서 보다 효과적이라고 인식되었고, 여성 리더는 공동체 맥락에서 보다 효과적이라고 인식되었다(Eagly et al., 1995). 이러한 결과는 남성과 여성 모두 적합한 것으로 간주되지 않는 직무 상황에서는 모두 효과적인 리더로 인식되지 않을 것이라고 제안한다. 물론 리더십이 남성적인 측면에서 정의되는 경향이 있다는 것을 고려하면 여성은 이미 많은 리더십 상황에서 불리한 입장에 처해 있다. 리더십 원형(예 : 도전적이고 지시적인)과 일치하는 방식으로 행동하기 위해서, 여성은 자신의 성 역할(예 : 육성, 지원, 참여)과는 대조적인 방식으로 행동해야만 한다. 여성은 여성적 특성 때문에 '리더와 같은' 존재가 아니라고 비난을 받는다. 그러나 '리더와 같이' 보이기 위해서 더 많은 남성적 특성을 받아들이고 행동을 조정하면 여성적이지 못하다고 비판을 받는다. 이러한 '진퇴양난'은 오늘날 리더십 역할을 담당하고 있는 많은 여성들이 직면한 스트레스와 갈등의 근원이다. 매우 공동체적인 여성 리더들은 대리인 역할을 하지 못한다고 비판을 받지만, 매우 대리인적인 여성 리더들은 친교가 결여되어 있다고 비판을 받는다(Carli & Eagly, 2011). 매우 광범위한 문헌 검토를 통해서 Carli와 Eagly는 리더십에서 격차는 선천적인 남녀 간의 능력과 특성의 차이로 설명할 수 없다고 결론지었다. 오히려 그 차이는 여성에 대한 가사책임의 확대, 유급 노동에서 종사하지 못한 시간, 여성에 대한 고정관념과 차별 등에 기인한다. 최근 몇 년 동안 많은 긍정적인 변화가 있었지만 남녀 모두에게 똑같이 리더십을 발휘할 수 있도록 해야 할 일이 많이 있다.

물론 리더의 지위는 전통적으로 사람들이 남성의 역할로 간주해 왔기 때문에 여성이 리더십 직책을 획득하고 성공하는 데 방해가 되었다는 사실은 여성의 실제 리더십 능력보다는 리더십에 대한 고정관념과 관련이 있다. 최근 메타 분석에 Koenig와 동료는 200개가 넘는 연구를 요약한 후, 리더에 대한 고정관념은 '확실히 남성적'이라고 결론지었다(Koenig, Eagly, Mitchell & Ristikari, 2011). 이는 이 장의 앞 부분에서 논의한 ILT에 대한 Lord의 연구와 일치한다.

사실, 이 문제를 직접적으로 다루고 있는 연구가 있다. 암묵적인 리더십 이론에 대한 Lord의 연구에 기반해, 연구자들은 리더의 실제 행동과 그들이 가진 원형과 비교되는 시점이 아니라 성 고정관념이 인코딩(즉 행동정보의 처리 및 저장) 과정에서 리더십 인식을 편향시키는지를 검증했다. 일련의 연구를 통해 리더가 남성보다는 여성이었을 때 참가자들이 업무중심적(또는 남성적) 리더십 특성을 인코딩할 가능성이 적다는 사실이 발견되었다(Scott & Brown, 2006). 즉 사람들은 리더의 성별에 따라 리더의 동일한 행동을 다른 특성으로 저장한다. 또한 작업중심의 행동을 여성보다 남성이 보일 때 더 바람직한 리더십 특성으로 연결하는 경향이 있었다.

Wade Payne/AP Photo

생각해보기

팻 서미트는 성별을 불문하고 NCAA 농구 역사상 가장 뛰어난 코치이다. 38년 동안, 그녀는 한 번도 패한 시즌이 없었으며, 2012년에는 Presidential Medal of Freedom을 받았다. 팻 서미트와 같은 여성들은 리더로서 여성에 대한 인식에 어떤 영향을 미치는가?

성 역할 이론을 배경으로 Eagly와 Karau는 남성이 남성의 성 역할과 일치하는 맥락이나 상황에서 리더로 부상할 것이며 여성은 여성의 성 역할과 일치하는 상황이나 맥락에서 리더로 부상할 것이라고 예측했다. 이들은 기존 문헌에 대한 포괄적인 메타 분석을 통해 이 예측을 지지했다. 남성은 업무 위주 상황에서 리더로 등장하는 반면, 여성은 사회 지향적인 상황에서 리더로 더 자주 등장했다(Eagly & Karau, 1991). 또 다른 연구에서는, 실험실 상황에서 여성 리더 역할 모델이 제시되었을 때 지배욕(경험적으로 확인된 리더 특성)이 강한 여성 리더가 남성보다 리더로 지명될 가능성이 높았다. 그러나 지배력이 높은 여성조차도 남성 역할 모델이 제시되었을 경우에는 리더로서 지명되지 못하였다(Carbonell & Castro, 2008).

또 다른 연구에서는, 일란성 및 이란성 쌍둥이를 대상으로 남녀 모두에서 리더십 점유(즉 개인이 리더십 직책을 맡은 정도) 차이의 약 30%만이 유전적 요인에 의해 설명되고 거의 70%가 환경적 요소에 의한 것임을 입증하였다(Arvey, Rotundo, Johnson, Zhang, & McGue, 2006; Arvey, Zhang, Avolio, & Kreuger, 2007). 연구자들은 대부분의 리더십 평가와 리더십 점유율의 차이가 광범위한 직장, 인생에서의 경험과 아직 알려지지 않은 요인에 기인한다고 결론지었다. 이는 리더가 되기를 희망하는 남녀 모두 조직과 사람을 이끄는 방법을 배우는 것이 적절한 목표라는 것을 시사한다. 즉 리더는 태어나는 것이 아니라 만들어지는 것이다! 분명히, 사회적 맥락과 다른 사람들과의 경험이 리더십 행동과 성공에 영향을 미친다.

일부 연구자들은 수년에 걸쳐 리더십 효과성에 대한 '여성적 이점' 관점을 주장했다(Yukl, 2002). 이 개념은 여성이 남성보다 포용적이고, 개인적으로 민감하고, 보살핌에 능숙하기 때문에 더 나은 리더가 될 수 있다는 것이다. Vecchio(2002)는 성별 차이가 없었던 많은 연구를 인용하여 이러한 관점을 설득력 있게 주장하였다. 그러나 성별에 따른 리더십 행동의 메타 분석에서는, 여성 리더는 남성 리더보다 높은 수준의 변혁적 리더십과 조건부 거래적 보상 행동을 보이는 경향이 있으며, 남성 리더들은 여성들보다 일반적으로 덜 효과적인 거래 행동을 많이 보였다(Eagly, Johannesen-Schmidt, & van Engen, 2003). 이러한 차이는 일반적으로 작지만 통계적으로 유의미했다. 또한 성별이 성과에 미치는 효과 크기는 작긴 했지만 여성이 남성에 비해 좋았다. 분명히 Vecchio의 분석과 Eagly와 동료들의 리뷰는 다른 결론을 보여주고 있고, 추가적인 연구와 더 나은 개념 개발의 필요성을 시사한다(Eagly, 2007 참조).

문화와 리더십

수년 동안 리더십 연구자들은 문화적 차이를 무시했지만, 세계화와 조직의 다양화로 인해 연구의 초점이 되었다(Dickson, Hanges, & Lord, 2000). 일부 학자들은 타 문화권 리더십에 대한 관심이 폭발적으로 증가했다고 언급했다(Dickson, Den Hartog, & Mitchelson, 2003). 사실 Robert House와 동료들은 기대되고, 수용되는, 그리고 효과적인 리더십 행동은 문화에 따라 다르다는 '이문화 리더십' 이론을 제안했다(House & Aditya, 1997). 이들에 따르면, 특정 문화에서 리더들에게 중요하게 생각되는 것들은 그 문화에서 받아들여지는 암묵적 리더십 이론에 기초한다고 제안하였다. 물론 이러한 주장은 ILT에 대한 Lord의 연구를 확장한 것이다(Lord 2000, Lord et al., 1984; Lord & Maher, 1991).

한 흥미로운 연구에서는 리더십 원형이 개인주의 대 집단주의 문화에서 다른 과정을 통해 개발된다는 것을 보여주었다(Ensari & Murphy, 2003). 이러한 주장과 같이 House가 이끌고 있는 글로벌 리더십과 조직행동 효과성(Global Leadership and Organizational Behavior Effectiveness : GLOBE) 연구 프로젝트는, 61개국 200명 이상의 연구자들이 참가하고 있다. 이 연구자들은 일부 리더의 행동이나 특성이 보편적으로 받아들여지고 효과적이지만, 수용성과 효과성 측면에서 문화적으로 차이가 있는 다른 행동이나 특성들이 많다고 주장한다(House & Aditya, 1997). 연구자들은 GLOBE 프로젝트의 향후 연구들이 문화에 의해 조절되는 많은 리더십 효과 또는 과정을 많이 보여줄 것이라고 하였다(Dickson et al., 2003). 최근에 이러한 문제를 체계적으로 해결하기 시작했다. 저자들은 GLOBE 프로젝트에 대한 광범위하고 포괄적인 리뷰에서 과거 20년간의 연구를 통해 나타난 결과들을 보고했다(Dorfman, Javidan, Hanges, Dastmalchian, & House, 2012). 예를 들어 임원들은 자신의 문화에 널리 퍼져 있는 리더십 원형과 일치하는 방식으로 리드하는 경향이 있다. 이것은 문화(리더십 원형으로 측정)가 리더십 유형과 행동에 매우 강한 영향을 미친다는 것을 의미한다. 다른 한편, 저자들은 일부 리더 행동은 보편적인 것이라고 주장한다. 예를 들어 카리스마/가치 기반 리더십은 문화에 관계없이 보편적으로 효과적이었다. 마지막으로, 효과적인 리더는 리더의 행동과 이에 대한 문화적 기대 간의 일치 수준이 높은 사람이었다. 실제로 효과적인 리더로 인식되는지 여부는 바로 기대와 행동 사이의 적합성으로 결정되었다.

다른 많은 특성과 행동이 문화에 따라 달라질 수 있다. 한 연구에서 이러한 결과를 보여주었다(Gerstner & Day, 1994). 이 연구자들은 국제 및 미국 대학원생 표본(국제 표본은 중국, 프랑스, 독일, 온두라스, 인도, 일본 및 대만 학생으로 구성)을 대상으로 59가지 리더십 특성에 대한 설문 조사를 실시한 결과, 경영진에 요구되는 리더의 특징들은 문화에 따라 다양했다. 이 결과는 리더십 원형이 문화에 따라 다르다는 것을 의미한다. 예를 들어 일본인 응답자들에 의해 규명된 다섯 가지 가장 전형적인 원형은 절도 있고, 지성적이며, 신뢰할 수 있고, 잘 교육받았으며, 책임감 있는 리더이다. 미국 참가자들에 의해 확인된 원형은 끈기 있고, 근면하며, 목표 지향적이고, 단호하고, 뛰어난 언어적 스킬을 가지고 있는 리더이다. 간략히 말하면, 이 두 문화 간에는 리더십 원형 관점에서 분명한 차이가 있다. 위에서 언급했듯이 리더의 행동이 자기 문화의 원형과 일치하는 정도는 효과성 인식을 결정하는 데 중요하다.

생 각 해 보 기
서양 문화와 동양 문화에서 중요한 리더십 특성으로 생각하는 것에는 어느 정도의 공통 요소가 있는가?

최근의 한 연구에서는 리더의 글로벌 경험이 전략적 사고 능력에 영향을 준다는 것을 보여줌으로써 이러한 아이디어를 한 단계 더 확장시켰다. 복합적이고 다양한 관계, 대화, 아이디어 및 경험을 통해 전략적 사고가 증가된다는 것은 놀라운 일이 아니다. 보다 흥미로운 점은 글로벌 경험과 전략적 사고 간의 관계가 리더 본인의 문화와 리더가 경험한 문화 간의 차이에 의해서 조절된다는 것이다. 즉 자신의 문화와 매우 다른 문화에서 국제 경험을 가진 리더는 더 나은 전략적 사고를 하였다(Dragoni et al., 2014). 저자는 수년 동안 학부생들

I/O TODAY

리더십의 낭만 : 리더는 실제로 얼마나 중요한가?

최근 몇 년 동안 CEO에 대한 보상은 격렬한 공개 토론과 논쟁의 주제였다. 이 토론은 일반적으로 다음과 같은 질문을 해왔다. CEO는 자신이 하는 일에 비해 너무 많은 돈을 받는 것은 아닌가? CEO와 회사 소유주는 지금까지 잘 보상받아 왔지만 CEO 급여와 일반 직원의 급여 사이의 격차는 급격히 확대되었다.

2014년 *New Yorker*의 기사에 따르면 1950년 CEO들은 일반적으로 회사의 평균 근로자의 약 20배를 지급받았다(Cassidy, 2014). 최근 이 격차 비율은 평균 근로자의 200배에 가깝고 일부 조직에서는 더 높다(Tim Cook, Apple의 CEO, 스톡 옵션을 고려한 평균 Apple 직원의 6,258배를 얻는 것으로 추정됨). 많은 비평가들은 이러한 임금 격차가 문제가 된다고 말한다. 평균 근로자와 CEO 간의 격차가 커지는 것은 중산층이 줄어들고 일부 가족에는 낮은 임금이 된다고 주장한다. 그렇다면 CEO들은 왜 돈을 많이 받는가?

심리학자 James R. Meindl과 Sanford B. Ehrlich는 리더십에 대한 로맨스(ROL)라는 현상을 제안했다. 이는 리더에게 조직의 성공과 실패(1987)에 대한 책임을 너무 많이 부여했기 때문이라고 생각한다. 이 이론은 30년 전에 처음 제안되었지만 오늘날 많은 상황에 적용될 수 있다. 예를 들어 스티브 잡스의 성공 사례를 생각해보자. 잡스는 카리스마 있고 능숙한 리더로 알려져 있었지만 재능 있는 개발자 팀을 보유하고 다른 시기에 다른 기술 및 문화 발전을 활용할 수 있는 기회를 얻는 등 성공에 기여한 다른 공헌자가 많았다.

ROL은 리더가 중요하지 않다거나 영향력 있는 인물을 연구하는 것을 제한하자고 제안하지 않는다. 그러나 ROL은 직원들 역시 중요하다는 것을 상기시키는 역할을 한다. 지난 수십 년 동안 I/O심리학자들은 직원들의 행동, 신념 및 성격이 리더가 성공할 가능성이 있는지 여부에 영향을 미치는지 조사했다.

Schyns와 동료들(2007)은 ROL이 리더들이 카리스마적인 것으로 여겨지는 것에 많은 영향을 미친다고 지적했다. 마찬가지로 Kulich와 동료 연구자들(2007)은 ROL이 남녀 리더들에게 다르게 작용한다는 점에 주목하여 기업의 재무 성과가 여성보다 남성 리더의 성공과 관련성이 높다고 주장했다. ROL 이론은 리더들이 대중적인 이미지를 관리하는 방법에 영향을 미칠 수 있다. 특히 최근 리더들에게 대중과 미디어에 참여하는 것이 점점 더 요구되고 있다.

연구자들이 경험 샘플링 방법 및 다수준 모델링과 같은 보다 정교한 연구 방법을 고안하여 시간이 경과함에 따라 어떻게 리더십이 변하는지 검토할 수 있다. 리더가 특정 기간 동안 잘 해낸다면 아마도 실수가 간과되거나 용서될 것이다. 연구자들 역시 리더를 평가하는 데 있어 후광 효과 또는 관대화 오류가 포함될 수 있다는 것을 알아야 한다. 결국 리더가 조직의 성공에 중요한 영향을 미칠 수 있지만 조직 성과의 퍼즐 중 하나에 지나지 않음을 인식하는 것이 중요하다.

토론질문

1. 리더가 회사 직원들에게 영향을 미치지 못하게 하는 장애 요소가 있는가? 즉 리더를 쓸모없게 만들 수 있는 조직 구조나 상황이 있는가?
2. CEO 급여 문제를 고려해보자. 오늘날 CEO들이 공정하게 보상을 받았다고 생각하는가? 그렇지 않다면 어떻게 이 문제를 해결할 수 있는가? CEO 급여 제한을 실시한다면 어떤 결과가 나타날 수 있는가?

참고문헌

Cassidy, J. (2014, March 31). Forces of divergence: Is surging inequality endemic to capitalism? *The New Yorker*. 출처 : http://www.newyorker.com/magazine/2014/03/31/forces-of-divergence

Kulich, C., Ryan, M. K., & Haslam, A. S. (2007). Where is the romance for women leaders? The effects of gender on leadership attributions and performance-based pay. *Applied Psychology*, 4, 582 – 601.

Meindl, J. R., & Ehrlich, S. B. (1987). The romance of leadership and the evaluation of organizational performance. *The Academy of Management Journal*, 30, 91 – 109.

Schyns, B., Felfe, J., & Blank, H. (2007). Is charisma hyper-romanticism? Empirical evidence from new data and meta-analysis. *Applied Psychology, 4*, 505 – 527.

더 읽을거리

Bligh, M. C., Kohles, J. C., & Pillai, R. (2011). Romancing leadership: Past, present, and future. *Leadership Quarterly*, 22, 1058 – 1077.

이 해외 유학 프로그램에 참여하도록 장려했다. 이러한 연구 결과는 저자의 참여 장려를 지지하는 또 하나의 증거가 되었다.

21개 나라의 태도와 지각을 조사한 연구 결과, 리더십 특성에 대한 자기 평가 점수는 자기 주장성(assertiveness)이 강한 문화에서 동료 및 부하직원 평가 점수 간에 더 높은 상관관계가 나타났다(Atwater, Wang, Smither, & Fleenor, 2009). 그리고 이 연구에서는 문화 전반에 걸쳐 리더 효과성의 차이를 설명하는 데 자기 인식(self awareness)이 중요하다고 제안하였다. 또 다른 중요한 문화적 변인인 권력 거리(개인 또는 문화가 권력과 권위를 계층적 또는 평등 주의적으로 인식하는 정도)와 리더십과의 관련성에 대한 연구가 이뤄졌다. 미국과 중국의 직원들을 대상으로 한 연구에 따르면, 직원이 권력 거리가 낮다고 인식할 때 변혁적 리더십은 절차적 공정성과 더 강한 정적 상관관계를 보였다(Kirkman, Chen, Farh, Chen, & Lowe, 2009). 변혁적 리더십의 효과는 공정성과 권력 거리에 대한 인식을 통해 OCB의 빈도에도 영향을 미쳤다.

이 연구의 저자들은 문화에 걸쳐 리더십 인식에서 확실한 차이가 있다고 결론지었다. 이러한 차이점을 더 잘 이해할수록 리더십 프로세스에 대해 더 완벽하게 알 수 있다. 사실, 본질적으로 일터가 더 다양해지고 글로벌하게 계속 변화하고 있는 상항에서 문화에 따른 리더십 인식 차이에 대한 이해가 증가하면 직원들 간에 더 잘 이해할 수 있고 조직 역시 구성원을 더 잘 이해할 수 있다. Eagly와 Chin은 리더십 이론이 다양성 문제를 거의 고려하지 않고 발전했고, 다양성 문제를 고려할 때도 리더십 이론과는 별도로 다뤄왔다(Eagly & Chin, 2010). 연구자들은 리더십 이론이 성별, 인종, 민족, 문화 및 성적 취향과 어떻게 통합될 수 있는지에 대한 고민이 필요하다고 주장한다. 그리고 연구자들은 이러한 다양성 문제를 다루는 연구와 이론을 바탕으로 새로운 리더십 이론들을 개발하거나 또는 기존 연구를 다양성과 통합하는 새로운 리더십 이론을 구축해야 한다고 제안하고 있다.

정서와 리더십

기분, 정서 및 느낌은 최근 몇 년간 I/O심리학에서 관심을 받은 주제였다. 리더십 연구자들은 리더십 과정에서 정서의 역할을 조사하기 시작했다. 예를 들어 변혁적 리더의 정서적 표현과 다양한 결과 간의 관련성에 대해 연구했다. 한 연구에 따르면 변혁적 리더는 덜 변혁적인 리더보다 긍정적인 정서를 더 표현하고 이는 부하직원들의 기분에 직접적인 영향을 미쳤다. 게다가 리더의 정서와 부하직원의 기분은 리더 효과성과 지각된 리더 매력에 긍정적인 영향을 미쳤다(Bono & Ilies, 2006).

정서 지능(EI)
자신의 정서를 식별하고 관리하고 다른 사람의 정서를 이해하는 능력 또는 기술

정서와 리더십이 동시에 관련되는 두 번째 영역은 **정서 지능**(emotional intelligence : EI) 또는 자신의 정서를 평가하고 관리하고 다른 사람의 정서를 이해하는 능력이다. 정서 지능과 인지 능력은 종종 리더의 효과성을 결정짓는 핵심 변인으로 확인되었다. 최근 연구에 따르면 EI의 요소인 공감(타인의 정서를 이해하고 식별할 수 있는 능력)은 리더십 인식뿐만 아니라 관계 및 업무 위주의 리더십 행동에도 영향을 미치는 중요한 변인이라는 것이 입증되었다(Kellett, Humphrey, & Sleeth, 2006). 이러한 결과는 정서 지능이 높은 리더가 부하직원이 가치 있고 이해되는 느낌을 갖게 하기 때문에 부하직원들과 유대감을 형성하게 된다는 것을 의미한다.

한국 직원에 대한 최근 연구에서는 EI가 변혁적 리더십에 영향을 미치고 이 변혁적 리더십이 조직 결과에 영향을 미친는 것으로 조사되었다(Hur, van den Berg, & Wilderom, 2011). 연구자들은 EI가 높은 리더가 더 변혁적인 행동을 보이기 때문에 보다 효과적인 리더가 된다고 결론지었다. 동양 문화에서 변혁적 리더십 이론, 정서 지능 그리고 리더 행동 간의 관계성에 대해 연구한 것은 이 장에서 언급한 주요 변인들을 하나의 연구에서 어떻게 결합할 수 있는지 보여주는 좋은 예이다.

또 다른 리뷰 연구에서는 리더십에서 EI의 중요성을 지적하면서도 EI 향상을 위한 정서적/사회적 기술을 가르치는 훈련 프로그램의 효과들이 약하고, 비일관적이라고 지적했다(Riggio & Lee, 2007). 따라서 리더의 정서적 기술을 개발하는 방법에 관해 더 많은 방향을 제시하려면 보다 정교한 연구가 필요하다.

물론 정서의 부정적 영향도 있다. 즉 부정적인 정서나 특성이 종종 형편없는 리더십과 함께 나타날 수 있다. 최근에 '어둠의 3요소'의 개념은 많은 관심을 얻었으며 감정적이지 않고 교묘하게 조정하는 행동이 반영된 세 가지 성격 특성으로 구성된다. **사이코패스**는 반사회적이고 충동적이고 공감하지 못하는 사람을 묘사하는 보다 공식적인 용어이다. **나르시시즘** 또한 공감의 결핍이 특징이며, 자만, 과장, 이기심의 특성으로 정의된다. **마키아벨리즘**은 냉담하고 냉정하며 교묘하고 착취적인 사람들을 의미한다(Paulhus & Williams, 2002). 어둠의 3요소에 대한 연구는 이러한 성격 요인들의 높은 수준에 초점을 두지만 리더십에서는 준임상적 수준에 초점을

맞춘다. 즉 개인이 이러한 특성 점수가 높기는 하지만, 어떤 종류의 성격장애로 진단되지는 않는다는 것이다. 분명히, 이러한 모든 성격 특성들은 부정적 정서가 포함되어 있다. 이러한 특성들은 상관관계가 있지만 서로 분명히 독립적이다. Paulhus와 Williams는 문제에 대해 통찰력과 명확성을 제공한다. "다양한 측면에서, 세 가지 모두는 자기 과시, 정서적 차가움, 이중성 및 공격성에 대한 행동 경향을 가진 사회적으로 악의적인 성격을 수반한다"(p. 557). 함께 일한 훌륭한 리더에 대해 생각해보면, 앞서 언급한 3요소와 관련하여 묘사하지 않을 것이다.

어둠의 3요소에 대한 좀 더 일반적인 배경을 알아보자. 단순하지만 흥미로운 연구 결과는 어둠의 3요소 특성이 높은 개인은 감각적이거나 위험한 현상에 더 많은 관심을 보이고 독일인 Schadenfreude가 묘사한 타인의 불행을 크게 기뻐한다고 보고했다. 과거의 연구에 따르면 어둠의 3요소 특성이 높은 개인은 경쟁을 매우 좋아하고 공감은 결여된 '어두운' 행동을 보인다. 더 최근의 연구에서는 이러한 개인은 타인의 고통에 기쁨을 느끼고 '어두운' 과거(James, Kavanagh, Jonason, Chonody, & Scrutton, 2014)에 더 많은 관심을 보인다.

어둠의 3요소는 리더십과 어떻게 관련이 있는가? 연구자들은 400명이 넘는 학생과 조직 종업원에 대한 최근 연구에서 어둠의 3요소가 높은 개인은 처벌 사용의 위협, 상황과 사람들을 조자하는 '견디기 어려운 전술(hard tactics)'을 보다 빈번하게 사용하는 것으로 나타났다(Jonason, Slomski, & Partyka, 2012). 흥미로운 사실은 남성이 여성보다 어둠의 3요소에서 더 점수가 높았고 남성이 견디기 어려운 전술을 더 많이 사용했다는 점이다. 실제로, 성(gender)과 이러한 전술 사용에 있어서 어둠의 3요소가 완전 매개하는 것으로 나타났다. 즉 이러한 전술 사용에서 남성과 여성의 차이점은 어둠의 3요소의 점수 차이로 설명된다. 저자들은 어둠의 3요소가 높은 사람들은 강력하고 공격적인 전술을 사용하여 일터에서 영향력을 행사한다고 하였다. 그들은 이러한 어둠의 3요소의 특성이 회사 내 승진과 리더의 자리에 오르는 데 도움이 되는지에 대해 매우 궁금해하였다. 이 연구에서 직접 제기하지는 않았지만 남성이 어둠의 3요소가 더 높아서 여성보다 남성이 더 자주 리더의 자리에 오르는지는 매우 흥미로운 부분이다.

또 다른 연구 경향은 나르시시즘과는 다르고 좀 더 폭이 좁은 개념인 **오만한 리더십**(arrogant)에 대한 것으로 임상적 또는 준임상적 성격장애가 반영된 성격 구조가 아닌 특정 행동에 집중했다(Johnson et al., 2010). 직장 내 오만한 리더들은 자아 중요성을 과장하고, 동료들에 대해서는 경멸한다. Johnson과 동료들은 오만한 리더십의 하위 구조를 제시하였다. 그들은 현재 사용되고 있는 척도를 개발하고 검증했다. 일련의 연구를 통해 오만한 리더에 대해 알 수 있는 것은 다음과 같다. (1) 오만함은 지배, 분노 및 우월과 관련이 있다. (2) 오만함은 업무 성과에 부적으로 관련되어 있다. (3) 높은 수준의 오만함은 낮은 자아존중감과 낮은 인지 능력과 관련이 있다. 오만한 리더의 인지 능력이 낮은 경향이 있다는 사실은 매우 흥미롭다. 아마도 낮은 지능의 리더가 자신감 있고 우월함을 보임으로써 이를 보상하려는 시도라고 해석할 수 있다.

그러나 오만한 리더들의 이러한 전략은 효과가 없고 다른 리더들보다 덜 좋아하고 덜 존경한다. 오만한 리더는 향후 몇 년 동안 더 많은 주목을 받을 수 있는 리더십 연구의 새로운 영역이다.

요약

이 장에서는 이론적 및 경험적 연구에 중점을 둔 리더십에 대한 내용들에 대해 설명하였다. 우선 리더십을 정의하고 다른 유형의 권력들이 리더십 프로세스와 어떻게 관련되어 있는지에 대해 설명했다. 리더들은 서로 다른 상황에서 다른 유형의 권력을 사용하고 일부 리더는 다른 유형보다 특정 형태의 권력에 의지하기도 한다.

다음으로, 역사 흐름에 따라 리더십의 주요 이론을 제시했다. 과거 연구의 제한점과 문제점을 설명하고 이를 해결하는 새로운 접근법을 찾는 것은 리더십 이론의 발전과 정교함을 증가시키는 단서를 제공할 수 있다. 특성 이론이 리더십에 대한 최초의 체계적 접근법이었지만 훌륭한 리더가 되기 위해 필요한 공통된 핵심 특성이 밝혀지지 않았기 때문에, 이 접근법보다는 리더십 행동에 대한 연구로 전환되었다. 효과적인 리더십 행동에 대한 연구들은 구조적 행동과 배려 행동이 중요하다는 것을 밝혀냈지만 대부분의 상황에서 일관되게 효과적인 리더십을 예측하는 행동을 변별하지는 못했다. 이에 상황에 대한 리더십 이론과 조절변인으로 개인 특성에 대한 연구를 소개했다. 이러한 상황 이론에서 특히 새로운 접근 방식이었던 Fiedler의 이론을 소개했다. 하지만 그의 이론에도 비판점이 있었고 리더십의 이론적 방향이 달라졌다. 그러나 Fiedler의 이론은 기대 이론에 기초하고 부하의 동기를 부여하는 리더에 중점을 둔 경로 목표 이론의 기초를 제공했다. 상황 이론에 대한 논의는 궁극적으로 리더-구성원 상호 관계에 있는 많은 변인들을 이해하려고 하는 리더-구성원 교환(LMX) 이론으로 발전되었다.

이후 리더십 프로세스를 이해하는 데 큰 도움이 되는 네 가지 현대 이론들(내현 리더십 이론(ILT), 변혁적 리더십 이론, 진성 리더십 이론, 서번트 리더십 이론)을 논의하는 데 많은 장을 할애했다. 또한 LMX와 ILT에서 고려한 리더십에 대한 시각은 전통적인 이론들의 관점과 매우 다르다는 점도 지적했다. 이 장의 결론에서, 21세기 성, 문화, 정서(어둠의 3요소 특성)와 관련이 있는, 앞으로 많은 논의가 이뤄질 세 가지 리더십 관련 문제를 제시했다. 이러한 변인들이 리더십 프로세스에 미치는 영향을 이해하면 조직의 업무를 향상시킬 수 있기 때문에 이러한 문제에 대한 지속적인 연구가 필요하다.

주요 용어

거래적 리더십
구조 주도
권력
내현 리더십 이론(ILT)
리더-구성원 교환(LMX) 이론
리더십
리더십 자기 효능감(LSE)
배려
변혁적 리더십
상황 이론
서번트 리더십
원형
유리 천장
정서 지능(EI)
진성 리더십
특성 이론
행동 이론
효과적 리더십

실무 적용

리더십은 상당한 관심을 받아왔던 주제이다. 리더십에 대한 많은 대중 심리 및 경영 서적이 있고, 모두 유용한 조언을 제공하는 것은 아니다. 소피 코니그는 어린이 게임을 디자인하고 제조하는 KoniGames의 창립자이다. 그녀의 회사는 최근 이직률이 상승했으며 퇴사 인터뷰 중 일부 직원들이 '리더십 부족'과 같은 불만을 표시했다. 그녀는 KoniGames의 리더십을 향상시키는 방법과 여성 리더로서 부하들과의 관계 향상에 필요한 아이디어를 얻고 싶어 자문을 요청해왔다.

안녕하세요.
저를 도와주셔서 정말 감사드립니다. KoniGames는 지난 한 해 동안 많은 변화를 겪었습니다. 이 회사가 중소기업(100명 미만의 직원)이었을 때 저는 각 직원의 이름을 다 알고 있었습니다. 현재 직원 수는 500명이 넘었고, 이전의 리더십 접근 방식이 잘 작동하지 않는 것 같습니다.

저는 여성이 리더로서 존경받지 못하는 경향이 있다고 주장하는 책을 읽고 있습니다. 여성의 리더십을 증명하기 위해서, 더 공격적이고 요구적이어야 한다고 합니다. 이 책은 제가 더 높은 목표를 세우고, 큰 소리로 그리고 단호하게 말하고, 직원들에게 예의 바르고 우호적인 관계를 피하는 것이 좋다고 합니다. 너무 친근감을 느끼면 다른 사람들에게 당하고도 가만히 있는 사람처럼 보이기 때문에 여성 리더들은 직원들에게 지시 이행을 요구하거나 해고에 대한 위협을 해야 한다고 제안합니다. 이는 저에게 많은 변화를 요구하는 것입니다. 저는 직원들과 친하게 지내는 데 익숙합니다만, 이 방식이 더 이상 효과적이지 않다고 생각합니다.

어떻게 생각하십니까? 혹시 제안해주실 것이 있으신지요?

소피

비판적 사고 문제

1. 변혁적 및 거래적 리더십 이론은 직원을 이끄는 두 가지 다른 방식을 제시한다. 이 두 방식 중 하나가 보편적으로 다른 방식보다 효과적인가, 아니면 특정 상황에서 두 가지 접근 방식 모두 잘 작동하는가? 어떻게 둘 다 사용할 수 있는가?
2. 이 장에서 읽은 내용을 토대로 지난 수십 년 동안 리더십에서 성 역할이 어떻게 바뀌었는가? 앞으로 어떻게 성별이 리더십에 영향을 미칠 것이라고 생각하는가? 인종은 어떤 영향을 미칠 것으로 예상되는가? 그 이유는 무엇인가?
3. 리더십 특성 이론은 특정 개인의 특징으로 인해 보다 효과적인 리더가 될 수 있음을 시사한다. 이 관점을 토대로, 리더는 '태어났는가' 아니면 '만들어졌는가'?
4. 이 장은 리더십 인식에 관해 많은 이야기를 다뤘다. 리더십 인식이 왜 중요한가? 관계가 이 리더십 인식에 어떤 역할을 하는가?
5. '어둠의 3요소'의 특성을 상기해보자. 일반적으로 긍정적인 성격의 특성으로 간주되지 않지만, 이를 보여주는 사람들이 리더십 직책을 수행할 수 있는 이유는 무엇인가? 조직 내 직원들과 다른 리더가 어둠의 3요소를 가진 사람이 리더가 되지 않도록 하기 위해서는 어떻게 해야 하는가? 그들의 승진을 막아야 하는가?

응용 문제

1. 각각의 권력의 기원을 고려해보자. 대학 강사는 어떻게 이러한 권력 형태를 보여줄 수 있는가? 강사가 이러한 유형의 권력을 사용할 때 학생들은 어떻게 반응할 것인가?
2. 연구자들이 관심 있어 한 LMX 이론의 한 부분은 팀 내 구성원들과의 다양한 관계의 질이다. 연구 결과, 리더가 소수의 팀원과 매우 긴밀한 관계를 유지하면 이직이 발생하는 것으로 나타났다. 이런 경험을 해본 적이 있는가? 내집단이었는가 혹은 외집단이었는가? 이것이 어떤 영향을 미쳤는가?
3. 한 여성의 리더십 유형 변화에 관심이 있는 친구가 있다고 상상해보자. 좀 더 변화하기 위해 그녀가 어떤 행동을 취해야 한다고 생각하는가?
4. 유명한 여성 리더의 사례를 생각해보자. 여성 리더들이 남성 리더들과 다르게 대우받는 몇 가지 방법은 무엇인가(매체와 동료 및 부하직원들에 의해)?
5. 서번트 리더십을 상기해보자. 서번트 리더가 보일 수 있는 행동은 무엇인가? 서번트 리더십이 최근 많은 관심을 받는 이유가 무엇이라고 생각하는가?

더 읽을거리

Van Dierendonk, D. (2011). Servant leadership: A review and synthesis. *Journal of Management, 37*(4), 1228–1261.

Eagly, A. H., & Chin, J. L. (2010). Diversity and leadership in a changing world. *American Psychologist, 65*(3), 216–224.

House, R. J., & Aditya, R. N. (1997). The social scientific study of leadership: Quo vadis? *Journal of Management, 23*(3), 409–473.

Dorfman, P., Javidan, M., Hanges, P., Dastmalchian, A., & House, R. (2012). GLOBE: A twenty year journey into the intriguing world of culture and leadership. *Journal of World Business, 47*, 504–518.

Dulebohn, J. H., Bommer, W. H., Liden, R. C., Brouer, R. L., & Ferris, G. R. (2012). A meta-analysis of antecedents and consequences of leader-member exchange: Integrating the past with an eye toward the future. *Journal of Management, 38*(6), 1715–1759.

Steers, R. M., Porter, L. M., & Bigley, G. A. (1996). *Motivation and leadership at work* (6th ed.). New York: McGraw-Hill.

CHAPTER 14

조직 이론과 개발

이 장의 개요

사진 : Stewart Cohen/The Image Bank/Getty Images

학습내용

- 다양한 조직 이론과 그 이론의 발전
- 관료주의 이론과 과학적 관리의 차이점
- X 이론과 Y 이론의 차이점
- 개방 시스템 이론이 제공하는 조직 판단을 위한 유용한 틀
- 조직 개발의 정의와 장기적 성장 관점에서 조직 개발이 중요한 이유
- 조직 변화의 기반이 되는 기본 전제
- 조직 개발 처치의 주요 원칙과 각각의 이점
- 종합품질관리(TQM), 수익 배분제 등과 같은 조직 개발 처치의 세부 내용
- 리엔지니어링과 같은 기술 구조적 처치
- 문화변화, 지식관리 등의 처치가 조직을 근본적으로 변화시킬 수 있는 방법

여러분이 일하는 회사에 대해 어떻게 생각하는가? 좋은 회사인가? 오랫동안 일하고 싶은가? 아니면 단순히 현재 필요에 의해서 다니고 있는가? 회사가 일하기 좋은 회사라면, 그 회사의 어떤 점이 좋은가? 급여 수준이 좋은가? 직원을 존중하고 존엄하게 대우하는가? 직원이 회사의 방향에 대해 의견을 제시하는가? 모두 좋은 질문이고, 이에 대한 대답은 조직에 관해 많은 것을 알려준다.

2015년에 Apple은 4년 연속으로 세계에서 가장 존경받는 기업 명단에 포함되었다. 지난 10년 동안 Google은 *Fortune*에서 선정한 100대 우수 기업 목록에서 최상위권이었다. 식료품점의 선두 주자인 Wegmans Food Markets도 계속 높은 점수를 받았다. 이들 기업이 경제적 이익뿐만 아니라 직원과 지원자의 관점에서 성공할 수 있었던 공통점은 무엇인가? 의료 혜택, 피트니스 센터, 직장 내 매장, 이익 공유 및 노인 간호 지원과 같은 직원 위주의 혜택을 제공하는 것 외에도 이러한 회사는 직원이 근무하는 문화나 환경을 강조한다.

이 책의 일관된 주제는 직업 및 일터의 변화(예 : 인력 감축, 권한 위임, 글로벌 경쟁, 다양성)를 고려할 때 조직이 미래 지향적이어야 한다는 것이다. 실제로 조직은 경쟁력이 있고 지원자에게 매력적이며 직원들이 소중히 여길 수 있도록, 현재 환경을 바꿀 수 있고 변화시킬 수 있어야 한다. 때로는 완전한 방향의 전환도 필요하다. 이 장에서는 이처럼 끊임없이 변화하고 치열하게 경쟁하는 경영 환경하에서 조직이 효과적이고 효율적으로 기능하는 데 활용할 수 있는 기법과 조직이 실행하는 방식에 중점을 두고, 조직을 분류, 분석, 개선하는 데 활용되는 조직 이론들을 살펴보겠다.

조직 이론

조직 이론

다양한 조직 구조와 상황에서 집단과 개인이 어떻게 행동하는지를 설명하거나 예측하는 일련의 명제

조직 이론(organizational theory)은 다양한 조직 구조와 상황에서 집단과 개인이 어떻게 행동하는지를 설명하거나 예측하는 일련의 명제라고 정의할 수 있다(Shafritz, Ott, & Jang, 2011). 세상이 어떻게 돌아가는지와 관련된 기제와 내용의 많은 부분이 조직 이론에서 연구하는 것과 관련이 있다. 다양한 지역사회 단체에서부터 지방 교회, 정부 기관, 지역 및 전국 자선 단체, 일터에 이르기까지 조직 이론은 우리 삶의 여러 측면에서 일어나는 행동을 설명하고 예측하는 데 도움이 될 수 있다. 조직의 구조와 기능을 설명하기 위해, 일터의 맥락에서 구체적으로 조직 이론을 논의할 것이다. 세 가지 주요 조직 접근법 중 하나인 고전적 조직 이론에 대해서 우선 알아보자.

고전적 조직 이론

일부 학자들은 조직 이론이 고대 또는 중세 시대에 뿌리를 두고 있다고 주장하지만, 조직 이론에 대한 공식적 연구는 1700년대 영국에서 공장이 대중화되면서 시작된 것으로 보인다(Shafritz, Ott, & Yang, 2015). 조직 이론의 첫 번째 유형인 고전적 조직 이론에는 네 가지 기본 원리가 있다(Shafritz et al., 2015).

- 조직은 경제적인 이유와 생산성 목표 달성을 위해 존재한다.
- 과학적 분석은 생산성을 체계화하는 가장 최선의 방법을 찾아낸다.
- 전문화와 분업은 생산을 극대화한다.
- 사람과 조직 모두는 합리적인 경제 원칙에 따라 행동한다.

크고 복잡한 공장을 짓는 과정에서 관리자가 처리해야 할 많은 새롭고 정교한 문제가 발생했다. 이를 해결하기 위해 산업 및 기계 엔지니어는 기계의 지속적 가동과 작업 흐름을 유지할 수 있는 생산 시스템을 구성해야 했다. 이러한 목적 달성을 위해 작업자는 조직 전체의 일부분인 부품으로 간주되었다. 사실, 조직은 사람과 기술을 구성 요소로 하는 기계처럼 작동해야 한다는 것이 공통적인 주장이었다. 이 네 가지 고전적 조직 이론의 원리는 이러한 관점을 유지하는 데 도움이 되었다.

고전적인 조직 이론의 대표적인 관점은 과학적 관리와 관료주의로, 이에 대해 알아보자.

과학적 관리 1800년대 후반에서 1900년대 초반까지 Frederick Taylor는 조직을 구조화하는 데 유용한 체계를 제공했다. 과학적 관리(Scientific Management)의 관점에서 볼 때, 조직은 기계이

다. 즉 조직은 실용적인 기계로 그 핵심은 간단하게 보다 효과적으로 움직이는 것이다. 과학적 관리학파에서는 시간 및 동작 연구를 실시하고 온도, 조명 및 기타 작업 조건을 분석하면서 이러한 조건이 생산성 및 효율성에 미치는 영향을 조사했다. 이러한 접근법은 테일러리즘(Taylorism)으로 지칭되었고, 작업을 끝내는 하나의 최선의 방법이 있다는 것을 기본 전제로 했다. 그 방법은 매우 간단하다. 가장 빠르고 효율적인 방법이 무엇인지를 알 수 있는 자료를 수집한 후 해당 방법을 사용하는 것이다. 간단히 말해 테일러리즘은 공장 근로자가 과학적으로 설계된 작업을 하는 경우 훨씬 생산적일 것이라고 주장했다. 1900년대 초, 이 개념은 미국 내 모든 공장이 참여하는 일종의 운동이 되었고, 비즈니스 업계에 거의 혁명에 가까운 근본적인 영향을 미쳤다(Shafritz et al., 2015).

과학적 관리는 네 가지 원칙으로 요약할 수 있다(Taylor, 1916/1996). 첫째, 경영자는 직무와 과제를 이해하는 데 가장 적합한 위치에 있는 직원으로부터 자료를 수집한다. 이러한 자료는 분석되어 법칙 또는 규칙으로 요약된다. 이 규칙은 세부 절차 및 방법 설명의 형태로 근로자의 업무에 적용된다. 둘째, 근로자는 신중하게 또는 Taylor가 말했듯이 '과학적으로' 선발된다. 그리고 보다 효율적으로 일하도록 훈련시킨다. 셋째, 과학적 선발, 자료 수집 및 교육을 결합하여 효율성을 향상시킨다. Taylor는 과학과 근로자는 '자연스러운 결합'이 아니기 때문에 이러한 과정을 하나로 묶어야 한다고 주장했다. 마지막으로, 기존에 부하직원(예 : 공장 노동자)에게 일임했던 업무를 경영진이 회수해서 재분배한다. Taylor는 전반적인 과정이 작동하려면 노동자와의 협력과 진정한 공유가 중요하다고 강조했다(Wagner-Tsukamoto, 2007 참조).

1915년 사망하기 전, 마지막 연설에서 Taylor는 과학적 관리가, '삽질의 과학'에 적용되었을 때, Bethlehem Steel에서 어떻게 성공했는지를 보여주었다(Taylor, 1916/1996). Taylor는 남성 직원들이 삽에 싣는 무게에 큰 차이가 있음을 알아냈다. 그는 두 명의 직원에게 대가를 지불하며 특정 기간 동안 삽에 서로 다른 양을 담도록 하고 이 과정을 과학적으로 연구하기 시작했다. 그가 발견한 것은 효율(즉 특정 시간 내에 삽에 담는 양)이 삽에 담는 양의 크기에 따라 다양하다는 것이다(**그림 14.1** 참조). 직원들은 38.5파운드로 시작하여 점점 더 적은 양을 담으면서 시험을 계속했다. 양이 적어짐에 따라 직원의 강도와 에너지가 크게 향상되어 효율이 향상되었다. 그러나 약 20파운드에서 효율성은 감소하기 시작했다. 최적의 삽 양(광석 또는 석탄을 고정된 시간 내에 나를 수 있는 최대한의 무게)은 약 20.5파운드로 밝혀졌다. Taylor는 최대 용량이 21파운드인 삽을 개발하고 직원들에게 사용법을 가르쳤다. 이 새 삽을 사용하면서 효율성이 거의 즉각적으로 향상되었다. 각 직원의 일일 석탄 생산량은 16톤에서 59톤으로 증가했다!

관료주의 Max Weber는 1800년대 후반과 1900년대 초 조직을 연구한 독일 사회학자이다. 구체적으로 그는 이집트 제국, 프로이센 군대, 로마 가톨릭 교회와 같이 역사적으로 크고 효율적

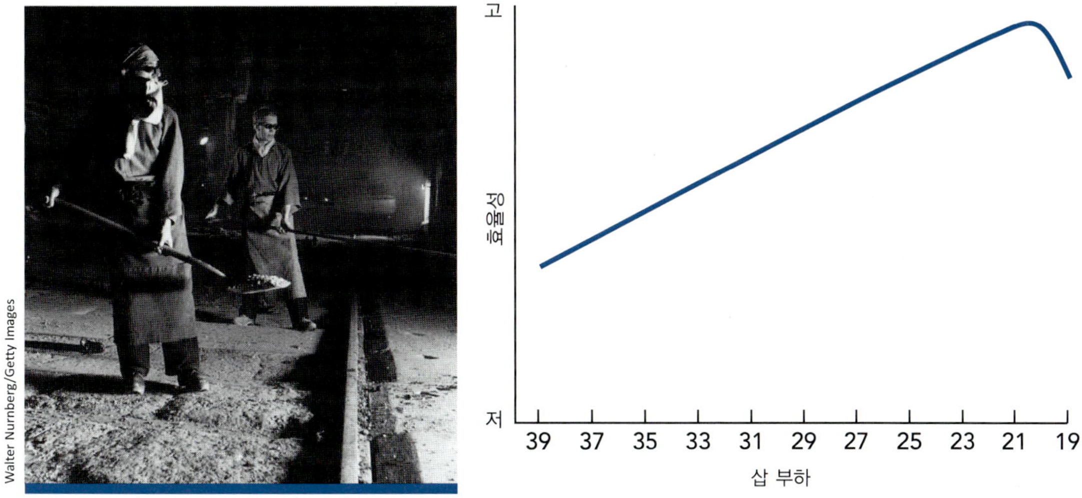

그림 14.1 테일러리즘의 예시

인 소식을 분석했다(Wagner & Hollenbeck, 1998). Weber는 이러한 분석을 통해 관료주의의 개념을 발전시켰고, 많은 효율적인 조직의 구조, 조직화 및 운영에 대해 설명했다. 관료주의 조직의 네 가지 주요 기능을 살펴보겠다.

첫째, 관료주의 조직 내 각 직무는 고유한 책임과 의무를 지닌 전문화된 지위이다. Weber는 이를 **노동의 분업**(division of labor)이라고 불렀고, 직원들이 자신의 직무에 배정된 특정 업무 및 직무만을 수행하도록 훈련시키는 방식이다. 이러한 방식으로 업무를 나누는 것은 조직이 개인의 특별한 강점을 활용할 수 있게 만들며 직원이 가지지 못한 기술이 필요한 업무를 수행하는 데서 발생하는 문제를 피할 수 있다. 물론 관료제의 잠재적 어려움 중 하나는 다양한 직원이 처리하는 다양한 작업을 조정하는 것이다. 다시 말해서 각 직원이 자신의 특정 임무를 수행하는 것은 좋지만 모든 직원이 수행하는 많은 양의 작업을 조정하는 것이 어려울 뿐더러 결과 또는 최종 제품의 질이 보장되지 않을 수도 있다.

노동의 분업
관료주의 조직에서 각각의 직무가 책임과 의무를 지닌 전문 직책이 되는 직무 관리 방법

둘째, 관료제는 **그림 14.2**의 상단과 같은 하향식 피라미드 조직인 경향이 있다. 조직의 모든 수준에서(맨 윗부분 제외) 직원들은 명령 체계 내에서 한 단계 높은 수준의 사람에게 보고한다. Weber는 이 위계적 감독 체계가 노동의 분업을 위해 필수적이라고 하였다.

셋째, 관료제는 **권한 위임**(delegation of authority)의 원칙에 의존한다. 감독자가 모든 것을 스스로 하기보다는 개별적 임무를 특정 직원에게 부여하고 그 임무를 완수하는 책임을 맡도록 한다. 위임을 잘하지 못하는 경험 많은 관리자가 있는데,

권한 위임
감독자가 특정 작업을 별도의 직원에게 할당하고 이러한 작업을 완료하는 책임을 맡기는 방식

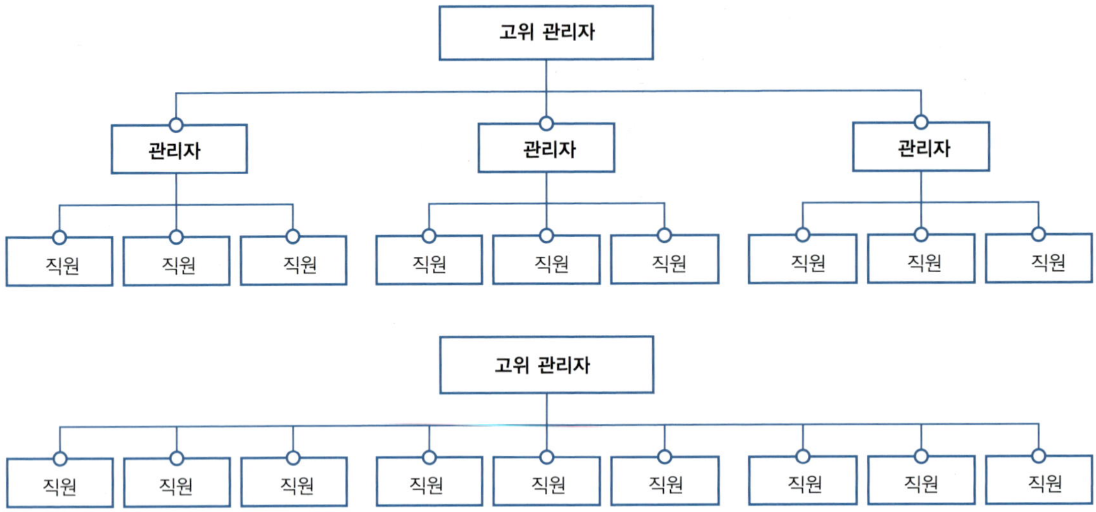

그림 14.2 조직 구조의 대조

> **마이크로 관리자**
> 개인 작업을 직원에게 위임하는 대신 모든 작업을 담당하는 관리자

> **통제 범위**
> 주어진 감독자에게 보고하는 부하직원 수

이들을 **마이크로 관리자**(micro-managers)라고 부른다. 이러한 관리자는 직원들이 개별적인 과제를 책임지도록 하기보다는 자신이 조직에서 진행되는 모든 업무를 챙기려고 한다.

마지막으로, 관료제는 **통제 범위**(span of control)를 가지고 있다. 명령 계통과 연관되어 있는 이 기능은 감독자에게 보고하는 부하직원의 수를 나타낸다. 조직의 목표는 적절한 통제 범위를 찾는 것이다. 통제범위가 너무 큰 경우 관리자는 여러 부하를 효과적으로 관리할 수 없다. 너무 적으면 직원을 관리하는 감독자가 넘쳐난다. 역사적으로, 최적의 통제범위는 기업 특성에 따라 상당히 다양하지만, 20세기 후반과 21세기 초의 경향은 통제 범위가 확대되는 방향으로 관라자의 수가 적어지고 있다(1장 참조). 그림 14.2의 상단과 하단을 비교하면 정리해고 또는 조직 구조 조정으로 1990년대 미국에서 중간 관리자의 극적인 감소가 나타났을 때 통제 범위가 어떻게 변하였는지 보여준다.

Daniel Katz와 Robert Kahn(1978)은 조직심리학에 관한 고전적 문헌에서 관료주의의 중요한 두 가지 문제, 즉 업무의 표준화(standardization of tasks)와 중앙 집중식 의사결정(centralized decision making)을 강조했다. 업무 표준화는 목표를 달성하기 위한 직원 교육을 포함하고 있다는 점에서 작업을 하는 '최선의 방법'에 대한 Taylor의 개념과 유사하다. 의사결정의 중앙 집중화는 명령체계와 관련된다. 앞서 개별 직원이 수행한 많은 작업을 조정하는 동시에 조직화하는 작업이 어려울 수 있다고 언급했다. 군대와 같이 하나의 명령체계 하에 여러 중간 간부들이 중요한 의사결정을 내리는 관료체제에서는 이러한 일이 쉬워진다.

U.S. Navy photo by Mass Communication Specialist 1st Class Chad J. McNeeley/Released

생각해보기

군대는 관료체제를 반영한 중앙 의사결정 기구를 사용한다. 관료체제의 장점과 단점은 무엇인가?

오늘날 관료주의를 회의적인 시각으로 바라보며 무시되고 있다는 것은 공공연한 사실이다. 미국 정부와 대학은 종종 지나치게 관료적인 것으로 묘사된다. 그렇지만 이 문제에 대해 역사적 시기를 고려해야만 한다. 특히 Weber가 관료주의 모델을 개발한 맥락과 Taylor가 과학적 관리 개념을 개발한 역사적 맥락을 고려할 필요가 있다. 19세기 후반과 20세기 초반에는 조직 개발이나 조직 기능 향상에 참조하거나 신뢰할 수 있는 조직 이론이나 체계가 없었다. 18세기에 산업혁명이 시작되고, 19세기 내내 대규모 공장이 생겨났다. 이 기간 동안, 조직이 어떻게 운영되어야 하는지에 대한 인식이 없었다. 즉 조직 관리에 무질서와 혼란이 만연해 있었다. 실제로, 과학적 관리와 관료주의는 조직이 공식적이고 질서 정연하며 효율적인 기능을 할 수 있도록 개발되었다. 이 두 방법 모두 당시로서는 유용한 것이었다.

그러나 근대에 들어 이론가들은 의료계와 같이 급변하는 환경에서 운영되는 조직에서는 관료주의적 구조가 효과적이지 않다고 주장하기 시작했다. 예를 들어 2014년 서부 아프리카의 기니에서 발생한 에볼라 발병은 2년 동안 11,300명이 사망한 세계 최대의 전염병이 되었다(CBS/Associated Press, 2016). 관료주의로 인해 도움이 필요한 사람들이 적절한 치료를 받는 것이 지연되어 사태를 악화시켰다. 예를 들어 세계보건기구(WHO) 및 여러 정부의 불필요한 행정 절차 때문에 필요한 곳에 전달되어야 할 염소가 기한이 지나 폐기되었고, 의료 요원에게 필요한 보호 장비가 누락되었고, 진료소 건설 승인 등이 지연되었다(Associated Press, 2015). 뉴욕의 컬럼비아대학 재난대비센터(National Center for Disaster Preparedness)의 책임자인 Irwain Redlener 박사에 따르면, WHO가 보다 신속하게 대응하고 국제응급상황을 선언했다면, 그리고 강력한 대응을 했었다면 수천 명이 목숨을 구할 수 있었다(Associated Press, 2015).

Weber는 스스로 관료주의에서의 작업이 매우 단순하고 도전적이지 않아 근로자들이 불만을 갖게 되고 동기가 저하되어 전반적인 생산성 저하를 초래할 수 있다고 경고했다(Wagner & Hollenbeck, 1998). 최근의 몇몇 연구는 관료주의를 다른 형태의 조직으로 변화시키는 것이 단순하지 않고 복잡하다고 하였다(Hopfl, 2006; Josserand, Teo, & Clegg, 2006). 이것은 다른 조직 이론의 발전을 이끌어낸 관료주의와 과학적 관리에 대한 기본적인 비판이었다.

I/O TODAY

홀라크라시 : 관리자 없이 관리하기

2015년 3월, Zappos의 CEO인 Tony Hsieh는 직원들에게 놀라운 발표를 하였다. 그는 관리자를 없애면서 이 새로운 시스템에서 일하기를 원하지 않는 사람은 퇴직 혜택을 받고 퇴사할 수 있게 하였다. 직원의 약 14%가 퇴직했다. Zappos 조직 구조에서의 대폭적인 변화는 관료제도에서 홀라크라시라는 새로운 개념에 대해 사람들의 이목을 집중시켰다.

홀라크라시는 권한과 의사결정 책임이 자기관리팀에게 분산되어 있는 조직 구조이다(의사결정을 관리자가 책임지는 방식과는 대조적임). 회사 내 직원의 지위는 직무기술서 대신에 역할에 따라 정의된다. 역할은 목표가 무엇인지, 어떤 조직 영역과 관련되어 있는지, 직원이 수행해야 하는 활동은 무엇인지 등을 설명한다. 이러한 역할은 서클로 조직화(각 개인의 한 개 이상의 서클 구성원일 수 있음)되며, 각 서클은 명확하게 정의된 목적을 가지고 있다.

각 서클은 자체 조직화(self-organized)되며 모든 구성원이 아이디어를 제안하고, 수정하고, 이의를 제기할 수 있는 의사결정 과정을 거친다. 또한 서클은 조직의 요구 사항을 충족시키기 위한 역할을 논의하고 조정하기 위해 거버넌스 회의뿐만 아니라 과제 진행 및 관련 자료에 대한 논의를 위해 정기적인 전술 회의를 실시한다. 거버넌스 절차가 상당히 엄격하고 규칙 기반이긴 하지만, 홀라크라시 옹호론자는 이러한 구조가 개별 근로자에게 많은 자율성을 허용한다는 점을 강조한다. 직원이 서클을 지속적으로 유지하고 자신의 직무를 수행하면 직원은 원하는 작업을 수행할 수 있다(비용 및 자원 사용에 대한 권한은 여전히 필요하지만). 직무기술서 대신 역할을 갖는다면 직원들은 변화하는 상황에 보다 빨리 적응할 수 있다. 서클은 스스로 구성할 수 있기 때문에 목표와 그 목표를 달성하기 위해 필요한 행동을 조정할 수 있다.

Zappos가 홀라크라시 방식을 채택한 유일한 조직은 아니다. Precision Nutrition, David Allen Company 및 Medium 역시 주목할 만한 사례이다. 이러한 조직은 관료주의를 사용하지 않고도 비즈니스를 성장시킨 긍정적인 사례로 평가된다. 많은 직원들은 자신의 업무에 더 많은 주인의식과 자부심을 느끼게 되었다. 그러나 홀라크라시도 비평가들의 비난을 피할 수 없었다. 비평가들은, 홀라크라시가 여전히 계층적이며 관리자들에게 의존하고 있다고 주장한다(직책 없이). 그리고 사람들이 조직에서 벌어지고 있는 일의 큰 그림을 이해하지 못할 수 있다고 주장했다. 또한 고객 서비스의 경우 홀라크라시에 부합하는지, 그리고 고객들의 요구가 어떻게 명확하게 다루어지는지는 분명하지 않다(Denning, 2014).

조직이 홀라크라시를 통해 초기에 성공을 거두었지만 장기적인 성공은 분명치 않다. 그러나 변화하는 시장과 세계화에 대응하기 위해 조직 역시 빠른 변화가 필요하기 때문에, 홀라크라시는 추후 몇 년 동안 더 많은 관심을 받을 것이다.

토론질문

1. 리더십이 명확하지 않은 계층적 조직의 이점과 단점은 무엇인가? 어떤 특성을 가진 조직에서 홀라크라시와 같은 구조가 성공할 수 있는가?
2. 홀라크라시와 관료주의 조직 둘 중 선택해서 일할 수 있는 기회가 주어진다면, 어디를 선택할 것인가? 그 이유는 무엇인가?

참고문헌

Denning, S. (2014, January 15). Making sense of Zappos and Holacracy. Forbes. 출처 : http://www.forbes.com/sites/stevedenning/2014/01/15/making-sense-of-zappos-and-holacracy/

더 읽을거리

홀라크라시에 대한 짧은 사례 연구들이 소개되어 있다. http://www.holacracy.org/whitepaper.

인간중심 이론

인간관계 운동은 부분적으로 고전적 조직 이론의 경직성으로 인한 부작용으로부터 시작되었다. 조직에 대한 고전적 접근에서 전혀 다루어지지 않았던 직원의 동기, 목표 및 열망들이 인간관계 운동에서 강조되었다(Katz & Kahn, 1978). 관리자와 부하직원 간의 관계는 인간중심 조직이론에서 특히 중요한 요소로, 조직의 성공을 직원의 동기와 조직 내 대인관계 측면에서 설명한다.

이 이론의 가장 좋은 예는 Douglas McGregor의 X, Y 이론이다. McGregor(1960)는 직원들에 대한 관리자의 신념과 가정이 직원들에 대한 행동 방식을 결정한다고 주장했다. 관리자의 행동은 직원의 태도와 행동에 영향을 주고, 이는 다시 관리자의 태도, 신념 및 행동에 영향을 미친다(자세한 내용은 10장과 13장 참조). 이 순환 과정은 **그림 14.3**에 나와 있으며, 직원과 경영진 간 상호작용의 중요성을 명확하게 보여주고 있다. 이러한 상호작용은 **자기 충족적 예언**(self-fulfilling prophecy)과 관련이 있다. 자기 충족적 예언은 직원들이 시간이 지남에 따라 관리자가 생각하고 행동하는 방식과 일치하는 방식으로 행동하고 판단하는 법을 학습하는 것이다.

McGregor에 따르면, 전통적으로 직원들은 게으르고, 자기이익만 챙기고, 근본적으로 일에 관심이 없고, 야망이 부족하고, 똑똑하지 않다고 간주되어 왔다. 따라서 경영진의 임무는 경제적 이익을 창출하기 위해 직원을 통제하고 감독하는 것이었다. 명확한 조치가 없다면 직원들은 수동적이고 조직의 요구에 반응하지 않을 것이라고 생각했다. 이 관점은 McGregor의 X 이론에 해당한다. 그는 직원에 대한 이러한 관점이 산업화 시대부터 1900년대 중반까지 널리 퍼져 있었다고 하였다.

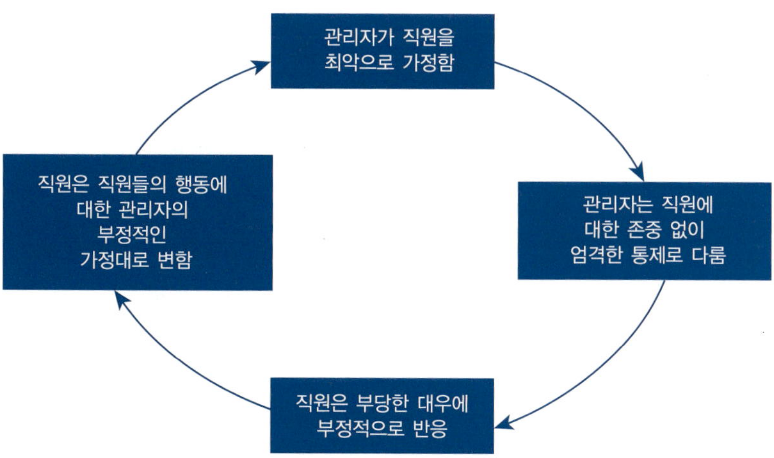

그림 14.3 자기 충족적 X 이론 순환

조직이 진정으로 발전하고 효과적이려면 다른 접근 방식이 필요했다. McGregor는 직원에 대한 경영진의 시각부터 변해야 한다고 했다. 그는 직원들이 야망이 없고 게으르다는 인식에 대한 논쟁을 하지 않았지만, 직원들의 이러한 행동은 관리자의 선입견에서 비롯된 관리자의 행동 방식으로 인해 발생했다고 주장했고, 이는 악순환이 된다고 하였다(그림 14.3 참조). 그는 조직과 직원 모두를 개선하기 위해 필요한 새로운 관점인 Y 이론을 제안했다.

표 14.1은 X 이론과 Y 이론의 기본적인 가정과 경영진의 책임을 제시하고 있다. 차이점은 분명하다. X 이론과 비교해볼 때, Y 이론은 훨씬 더 인본주의적이고 육성적인 방향을 취하고 있다. 또한 직원들이 선천적으로 선량하고, 능력과 잠재력을 가지고 있으며 이러한 특성을 개발하는 것에 준비되어 있다고 강조하고 있다. 더불어 Y 이론은 이러한 자질을 육성하고 긍정적인 특성을 개발할 기회를 제공하는 것이 경영진의 책임이라는 것을 강조하고 있다(McGregor, 1957).

이 책을 통해 권한 위임, 참여, 자기 관리 작업 팀, 변혁적 리더십, 자기 진단 및 조직시민행동 등과 같은 '새로운' 개념들에 대해 논의했다. I/O심리학 발전에 대한 논의를 다시 생각해보면, 이는 인간관계 운동 또는 McGregor의 조직 경영에 대한 Y 이론 접근법과 모두 일치한다는 것을 알 수 있다. McGregor 연구의 대부분은 1950년대 후반과 1960년대 초반에 이루어졌지만, 이 시기부터 전 세계의 많은 성공적인 조직의 관리 방식을 형성하는 데 영향을 미쳤기 때문에 매우 중요하다고 할 수 있다.

이 분야의 최근 이론적 연구는 학습과 윤리를 강조하고 있다(Rosanas, 2008). 조직 내 사람

표 14.1 X 이론과 Y 이론

X 이론	Y 이론
1. 경영진은 조직의 경제적 이익에 대한 책임이 있다.	1. 경영진은 조직의 경제적 이익에 대한 책임이 있다.
2. 직원 관리는 조직의 요구에 맞추기 위한 지시, 통제, 동기화, 행동 수정을 요구한다.	2. 직원들은 조직 내 경험의 결과로 수동적이고 저항적이게 된다.
3. 관리자의 적극적인 처치가 없다면 직원들은 수동적이고 조직의 요구에 저항한다.	3. 책임을 지려고 하는 동기, 발전을 위한 잠재성, 능력, 그리고 조직 목표를 위한 준비성은 직원에게 내재되어 있다.
4. 직원들은 게으르며, 최소한으로 일하고, 야망이 부족하며, 책임지기를 싫어한다.	4. 위에 나열된 직원들의 특징을 인식하고 개발하도록 하는 것이 관리자의 직무이다.
5. 직원들은 자기중심적이고, 조직의 요구에 무관심하며, 본질적으로 변화에 저항한다.	5. 관리자의 주요 직무는 직원들이 스스로의 노력을 통해 그들 자신의 목표를 성취할 수 있도록 조직의 조건을 마련하는 것이다.
6. 직원들은 잘 속아 넘어가며 영리하지 못하다.	

들 간에 발생하는 학습은 관계 형성과 이를 바탕으로 하는 조직 효과의 핵심이다. 또한 조직 내 의사결정에는 윤리를 근간에 두고 일련의 차원(예 : 효율성, 고유 역량 및 조직과의 동일성)들이 평가되어야 한다고 주장한다. 이러한 학습과 윤리를 고려하는 것은 전통적 인간중심적 접근법과 일치하면서 이 접근법을 확장시켰다.

개방 시스템 이론

조직의 목적에 따라 조직이 항상 잘 정의되는 것은 아니다. 반면에, 내외부 힘의 결과로 조직은 시간이 지남에 따라 발전하고 변화한다. 이는 Katz와 Kahn(1978)의 **개방 시스템 이론**의 기본 전제이다(**그림 14.4** 참조). 개방 시스템 이론의 세 가지 핵심 요소는 투입, 중간처리 및 산출이다. **투입**은 **중간처리** 단계를 통해 **산출**로 변환되고, 다시 추가적 투입으로 돌아가는 과정이 계속된다.

예를 들어 생산 공정을 통해 원자재를 자동차로 변환시키는 자동차 제조업체는 실제로 투입을 산출로 변환하는 중간처리를 사용한 것이다. 그 결과 시스템을 통한 산출물(자동차)은 돈을 받고 팔고 이 판매된 돈은 투입으로 재투자된다. 그리고 변화 또는 생산이 계속된다. Katz와 Kahn(1978)은 외부 환경에서 조직 시스템으로 향하는 지속적인 에너지와 시스템 밖으로 산출되는 제품의 지속적인 순환이 이뤄질 때 조직은 번창한다고 하였다. 이 간단한 원리는 경제학, 심리학 및 생물학을 포함한 여러 학문 분야의 주요 원리이다. 실제로 Katz와 Kahn은 모든 생명체를 개방 시스템으로 정의하는 생물학 원리에 기반하여 이 이론을 개발했다.

예를 들어 식물과 동물, 그리고 이들이 존재하는 환경 간에는 교환이 이루어지며, 잘 운영되는 조직은 이와 매우 유사한 방식으로 운영된다. 예를 들어 자동차 제조업체의 경우 자동차가 팔리지 않으면 생산에 부정적인 영향을 미치고 조직은 결국 망하게 될 것이다. 실제로, 3대 미국 자동차 제조업체가 3년 전에 경험했던 일이다. 경제 침체와 유가 상승으로 이익이 감소

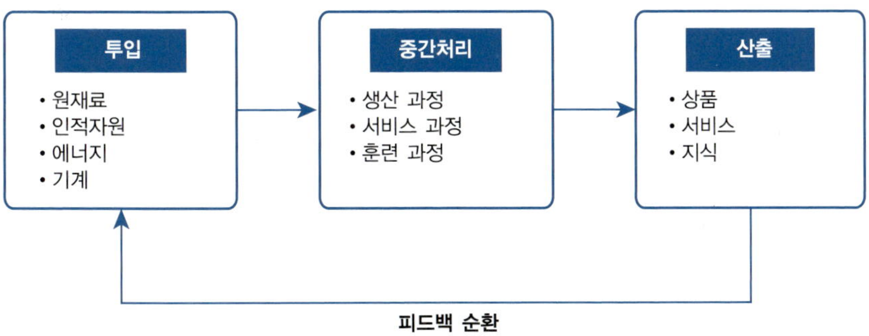

그림 14.4 개방 시스템 이론의 순환

하고 예산 삭감과 정리해고가 발생했다. 결국 General Motors와 Chrysler는 2009년에 파산 신청을 했다. 이후 어려움에 처한 자동차 산업을 부활시키기 위해 정부의 구제금융이 뒤따랐고, 자동차 산업은 다시 2012년에 탄탄한 기반을 갖추게 되었다.

표 14.2는 Katz와 Kahn(1978)이 제시한 개방 시스템의 열 가지 특성을 나타낸다. 투입, 중간처리, 산출 및 프로세스의 순환적 특성에 대해서는 이미 살펴보았지만, 엔트로피(entropy)와 같은 다른 중요한 특성도 있다. 엔트로피는 여러 과학 분야에서 설명되었으며 모든 형태의 조직이 해체 또는 사멸을 향한다는 것이다. 반면, **부적 엔트로피**의 원리는 조직이 외부로부터 에너지를 계속 가져옴으로써 시스템 사멸을 피해야 한다는 것이다. 예를 들어 자동차 제조업체는 원재료(투입물)를 자동차(산출물)로 계속 전환해야 한다. 이 순환이 깨지면 엔트로피가 뒤따르고 회사는 무너질 것이다. 엔트로피를 피하기 위해 회사는 성과가 좋은 시점에 자원을 저장하여 성과가 좋지 않을 때 순환을 유지하는 데 사용할 수 있다. 조직은 변화하는 환경에 적응해야 하고 이를 위해 전통적인 수급 구조 외의 다른 옵션(예 : 정부 구제금융, 파산을 통한 구조 조정 등)의 사용을 고려해야 하는 경우도 있다.

정보투입(information input)과 **부적 피드백**(negative feedback)도 공개 시스템 순환의 중요한 부분이다. 부적 피드백이 어떻게 특정 행동에 대한 개인의 동기 부여에 도움이 되는지 9장의 제어 이론을 상기해보자. 조직 맥락에서 부적 피드백은 어디서 어떻게 문제가 발생하는지에 대한 정보를 제공한다. 예를 들어 산출물을 지속적으로 생산할 수 있는 충분한 자원을 확보하지 못하면 투입 또는 중간처리 단계에서 변화가 필요하다.

마지막 특징은 시스템이 다른 방식으로 동일한 최종 상태에 도달할 수 있다는 개념인 등결

표 14.2 개방 시스템의 특징

에너지의 투입	시스템에서 사용할 에너지를 외부 환경에서부터 가져온다.
중간처리	그 에너지는 변환된다.
산출	상품 또는 서비스가 산출된다.
순환하는 시스템	에너지 투입과 상품 또는 서비스 반출 과정이 계속된다.
부적 엔트로피	모든 시스템의 해체 또는 사멸로 향하는 경향성을 뒤집는다.
정보투입과 부적 피드백	정보의 투입과 부적 피드백은 시스템이 과정을 교정하고 수정할 수 있도록 만든다.
안정적인 상태	개방 시스템의 생존은 에너지 교환의 균형으로 유지된다.
차별화	개방 시스템이 더 특별한 기능을 향해 움직인다.
통합과 조화	시스템이 계속 진행되기 위해서는 조직 전체 시스템의 통합된 과정이 필요하다.
등결과성	시스템 내에 같은 결과에 도달하는 많은 방법이 있다.

과성(equifinality)이다. 즉 특정 결과를 달성하는 방법이 한 가지만 있는 것은 아니다. 등결과성은 모든 부분에 적용할 수 있는 '최선의 방법'이 있다는 과학적 관리의 전제와 일치하지 않는다. 등결과성의 개념은 조직에 인적 요인을 반영하여 유연성을 제고하고 개발 및 운영에 더 많은 창의성을 허용한다. 조직 내 인적자원과 상호작용하는 환경은 매우 자주 변화한다. 따라서 '최선의 한 가지 방법'으로 효과적인 조직을 만들어낼 수 없다.

조직 개발

설명하기 쉬운 주제는 아니지만 조직 개발의 정의는 다음과 같다. **조직 개발**(organizational development : OD)은 행동과학 지식과 기술을 통해 조직의 효율성을 높이기 위한 계획적이고 조직적인 노력이다(Beckhard, 1969). 많은 사람들은 OD가 실제로 조직에서 긍정적인 인본주의적 변화를 촉진한다고 주장한다. 즉 조직의 생산성 향상에 도움이 되는 만큼 조직 내 직원들에게도 도움이 된다는 것이다(Church, Waclawski, & Siegal, 1999). 그리고 최근 OD 분야에 새로운 처치들이 개발되었다(Marshak & Grant, 2008). OD 프로그램은 다음과 같은 몇 가지 중요한 특징을 공통적으로 가지고 있다.

> **조직 개발(OD)**
> 행동과학 지식과 기술을 통해 조직의 효율성을 높이기 위한 계획된 조직 차원의 노력

- 전체 조직 참여
- 최고경영자가 지원(수노)
- 조직의 진단 및 실행계획 수립
- 장기적인 프로세스
- 태도, 행동 및 그룹/ 팀의 수행 변화에 중점
- 목표, 목적 및 계획의 중요성 강조

이러한 특성들이 OD가 무엇인지를 설명해줄 수 있다. OD는 조직의 문제를 숨기기 위한 단기 프로그램이 아니다. OD가 실패하는 이유는 앞서 열거된 OD의 특성이 무시되어 조직의 효과성에는 거의 영향이 없으면서 직원들의 스트레스를 발생시키고 사기를 저하시키는 피상적인 변화만이 나타났기 때문이다. 좋지 못한 OD 프로그램은 조직을 발전시키기보다는 오히려 몇 단계 뒤로 후퇴시킨다. 새로운 CEO들은 종종 이사회로부터 성공적인 조직 변화를 위해 노력해 달라는 내용의 요구를 받지만, 이러한 노력은 거의 성공하지 못한다. 이는 조직을 변화시키는 것은 매우 복잡한 일이기 때문이다(Greiner, Cummings, & Bhambri, 2003). 예를 들어 Andrea Jung은 1999년 Avon Products의 CEO로 임명되었지만, 2011년에 CEO에서 해임되었다. 그녀는 처음 몇 년 동안은 매우 성공적으로 조직을 이끌었지만, 2005년 주가가 떨어진 후 구조

조정과 심각한 조직 변화를 강하게 요구했다. 그러나 약 5년 이후에도 변화의 노력은 효과가 없었으며, 조직은 새로운 대표를 영입하기로 결정했다(Lublin & Karp, 2011).

조직 개발이 필요한 이유

조직은 다양한 이유로 OD를 실시하지만, 대부분은 조직의 경영 환경 변화에 의해 실시한다. 이 책에서 다룬 다른 모든 것들과 마찬가지로, 조직의 관행과 프로그램은 진공 상태가 아닌 조직에 영향을 미치는 환경 내에서 작동한다. 때때로 사회적, 기술적, 경제적 또는 정치적 환경 변화는 보다 효율적인 조직으로의 변화를 요구한다. 이러한 과제를 해결하는 열쇠는 개인의 지식, 전문성 및 헌신을 통해 조직의 효율성을 향상시키는 것이다(Wirtenberg, Lipsky, Abrams, Conway, & Slepian, 2007). 새 환경에 적응하지 않고 생존할 수 있는 생물이나 기술이 있는가? 인간과 컴퓨터도 진화해 왔다는 점은 명확한 사실이다. 조직 역시 생존하기 위해서는 시간이 지남에 따라 변화할 수 있는 적응력이 있어야 한다.

Michael Hitt(2000)는 21세기 경영에 대한 매우 통찰력 있는 분석을 통해, 지난 15년에서 20년 동안의 변화를 회고함과 동시에 향후 20~30년 사이에 발생할 변화를 정리하고, 조직이 현재 직면한 과제에 대해 논의하였다. 이 장은 이 논문을 기반으로 한 것이다. 우리는 그동안 얼마나 많은 변화가 있었는지 자주 듣는다. 예를 들어 1990년 인터넷은 대학과 정부에서만 제한적으로 사용되었지만, 10년 후 약 10억 명의 사람들이 인터넷에서 교류하며, 업무를 수행한다. 저자가 1989년 애크런대학교에서 일을 시작했을 때, 인터넷이 무엇인지 거의 알지 못했을 뿐더러, 공용 컴퓨터실에서는 전자 메일 시스템에 접속할 수 있었지만 개인 사무실에서는 불가하였다. 현재 10살짜리 조카는 마치 태어날 때부터 마우스를 사용했던 것처럼 능숙하게 사용한다. 17세 아들은 학교 프로젝트를 위해 인터넷을 일상적으로 사용하고 주(state)의 교과 과정에 따라 수업시간에 정기적으로 인터넷을 사용하고 있다. 22세의 아들 역시 내게 컴퓨터 사용에 대해 도움을 줄 정도로 익숙하다.

Hitt(2000)는 21세기 경쟁 구도는 대규모의 산발적 변화가 특징이라고 주장한다. 그는 이러한 상황에서 성공적인 기업이 조직 개발을 통해 이뤄야 할 두 가지 주요 변화에 대해 언급하였다. 첫 번째는 기술 혁명 및 그에 따른 지식 폭발이다. 의학, 통신 그리고 기술의 놀라운 발전을 통해 50년마다 지식이 두 배로 늘어나는 말 그대로 '지식 폭발'이 일어나고 있다.

두 번째는 세계화로, 세계 경제가 발전함에 따라 새로운 경제 규칙과 동맹국이 생겨나고, 새로운 국가들이 활발하게 활동하게 되면서 세계화는 성공적인 조직의 필수 조건이 되었다. 또 다른 한 가지 급격한 변화는 노동력에서 나이, 성별, 인종, 민족 및 장애와 같은 다양성 증가와 관련이 있다. 오늘날의 노동력은 이전 세대와 크게 다르기 때문에 조직은 운영 방식을 조정해야 한다. 미래에 가장 경쟁력 있는 기업은 지식, 창의력 및 전반적인 효율성을 높이기 위해 인력의 다양성을 잘 활용하는 기업이 될 것이다. 조직은 이러한 다양성을 21세기 조직의 이점으로 전환할 수 있는 방법을 찾아야 한다(11장에서 다양성 맥락에서 가족 친화적인 정책을 검토했다).

이제는 미국의 Fortune 500대 기업뿐만 아니라 전 세계에서 활발히 활동하는 글로벌 500대 기업에 관심을 가지기 시작했다. 기술 혁명과 세계화로 인한 변화에 준비되지 않은 기업은 경쟁력을 빠르게 잃을 수 있다. 예를 들어 IBM과 Apple은 1980년대와 1990년대 기업 및 가정용 컴퓨터 업계에서 부동의 리더였다. 그러나 수년 전 개인용 컴퓨터로 변화되었음에도 불구하고 2000년대 초반까지 IBM은 PC 사업에서 적자를 봤다. 결국 IBM은 2004년 컴퓨터 부문을 Lenovo에 매각해야 했다. 그러나 IBM은 스스로 이러한 변화에 대응하여 새로운 회사로 변모했다. 비록 뒤늦은 변화로 상당한 어려움을 겪었지만, IBM은 이제 '빅데이터' 분석을 통해 고객에게 중요한 통찰력을 제공하는 '혁신 기업'으로 변하였다(Manu, 2012). 또 다른 예로 The Gap은 최근 몇 년 동안 큰 매출액 감소를 경험했다. 부실한 판매계획과 디자인 그리고 전자상거래 증가를 고려하지 못한 채, 대형 오프라인 매장을 운영했던 점 등이 실적 부진의 이유였다(Gorenstein, 2011). 그들 역시 북미 지역의 브랜드 매장 축소, Gap Outlet 및 Gap Factory 매장 및 브랜드 재건 노력, 온라인 채널 확대 등 상당한 조직 변화를 진행하고 있다(Gap Inc., 2015).

기술 혁명의 결과 중 하나는 기존 제품이 놀라운 속도로 빠르게 폐기된다는 것이다. 기술 변화가 빠르게 진행되면서, 1년 전만 하더라도 회사의 미래를 보장할 것 같던 첨단 제품이 이내 타 회사의 최첨단 제품으로 완전히 빠르게 대체된다. 이러한 속도에 대비가 되어 있지 않는 회사(Borders 및 Tower Records 등)는 준비하고 기꺼이 변화하는 다른 회사(Amazon 및 Apple 등)에게 뒤쳐지고 경쟁 우위를 잃을 수 있다. 닷컴(e-Toys.com, Pets.com, CDWorld.com과 같은 인터넷 회사)의 등장과 쇠락은 이러한 급격한 변화를 반영한다. 이러한 회사들이 출범했을 때, 미래 시장의 리더로 간주되었으나 1년이 채 지나지 않아 대부분이 사라졌다.

Hitt(2000)는 직장에서 발생하는 빠른 속도의 변화를 다루는 방법에 대해 몇 가지 흥미로운 제안을 한다. 첫째, 관리자는 새로운 조직 구조뿐만 아니라 세계화를 지향하고 전략적 유연성을 가진 새로운 경영 전략을 고려하고 채택해야 한다. 관리자가 역동적인 환경 변화를 예측하기 어렵고 대응 절차를 사전에 마련하기도 쉽지 않기 때문에 모호성과 불확실성이 큰 환경에서 지속 가능한 경영을 도모해야 하기 때문이다. 둘째, 조직은 고도로 발달된 인적 자본을 가져야 한다. 실제로 기업이 경쟁 우위를 유지하려면 잘 훈련되고 고도로 숙련된 직원이 필수적이다. 물론 이 목표를 달성하려면 신중하고 체계적인 채용, 선발, 배치, 교육 및 직원 육성이 필요하다.

마지막으로, 성공적인 기업을 결정하는 것은 조직 전반에 걸쳐 지속적인 학습과 지식 보급에 중점을 두는 것이다. 소수의 직원만이 계속 학습하는 것만으로는 충분하지 않다. 새로운 지식은 조직의 모든 수준에서 공유되어야 한다. Greiner와 동료들(2003)은 성공적인 조직 개발에 중요한 요인으로 CEO의 오리엔테이션, 조직의 유연성, 팀 구성원의 특성, 조직 변화 역사 등과 같은 다양한 요인들 간의 정합성을 강조하였다.

최첨단 기술을 가진 일부 회사는 직원들이 광범위한 지식과 기술을 축적할 수 있도록 노력하고 있다. 그 이유는 이 회사들은 사물이 변화함에 따라 직원들이 제공하는 아이디어들이 특히 가치가 있다는 것을 인식하고 있기 때문이다. '고정관념에서 벗어나서 생각하는' 능력 또한 중요하다. 즉 직원과 관리자는 창의적이고 새로운 아이디어를 내놓을 수 있어야 한다. 때때로 과거의 성공적인 방법이 더 이상 해결책이 되지 못하기도 한다. 앞서 나가기 위해서는 기업이 유연하고 혁신적이어야 한다.

혁신은 새로운 아이디어, 방법 또는 제품을 개발하는 과정으로 정의할 수 있다. 세계 최대 소비자 제품 회사인 P&G(Procter and Gamble)는 대표적인 혁신 사례이다. P&G는 25년 만에 세탁 업계에서 가장 큰 혁신을 일으킨 제품인 'Tide Pods'를 개발했다. Tide Pods는 세탁기에 던져 넣기만 하면 되는 손바닥만 한 크기의 세제 테블릿이다(Anderson, 2012). 일반적으로 모든 신제품 중 15%에서 20%만 성공하지만 P&G의 성공 비율은 약 50%이다. Tide Pod와 같은 혁신적인 제품은 수정하는 데만 수년이 걸릴 수도 있고 첫해 전체 판매액만큼의 비용이 들 수도 있다. 실제로 혁신은 중요하지만 위험하기도 하다. 물론 혁신을 하지 않는 것이 더 위험할 수도 있다(Borders, Tower Records 등 참조).

P&G는 제품 테스트에 수십억 달러를 투자한다. 전 세계에 고객이 제품을 사용하는 것을 실제로 관찰하는 25개의 센터가 있다(Anderson, 2012). 약 50명의 P&G 연구원은 신시내티 외곽의 Beckett Ridge Innovation Center에서 근무한다. 이 센터에서는 연간 2만여 명의 사람들이 접시를 닦고, 옷을 빨고, 기저귀를 가는 것 등을 직접 관찰하고 녹화한다. 3,000제곱피트 규모의 식료품점과 2,000제곱피트 크기의 모의 주택은 혁신을 이루어내고 테스트하는 과정에서 매우 중요한 역할을 한다. P&G는 Tide Pod의 제품 테스트 및 수정작업을 완료한 뒤, 실제 출시하기에 앞서 마케팅에 1억 5,000만 달러를 지출하였다. P&G는 첫해에 3억 달러의 매출을 예상했다. 물론 이러한 판매량만으로는 혁신에 소요된 모든 비용을 충당할 수 없지만 몇 년 동안 성공으로 이어간다면 소요된 비용을 상쇄할 수 있다. 회사의 2014년 연례 보고서에 따르면, Tide Pod는 세탁세제 사업의 7% 이상으로 성장했다(Proctor & Gamble, 2014). 또한 2013 New Product Pacesetters 목록(비식품 제품 범주)에서 1위를 차지했다. 업계에서 리더 또는 주요 기업으로 남고자 하는 기업에게 혁신은 매우 중요하다.

최근 경험적 연구에서 팀 혁신에 영향을 미치는 변혁적 리더십과 탁월성 추구 분위기의 역할을 조사했다(Eisenbeiss, van Knippenberg, & Boerner, 2008). 33명의 연구개발 팀을 대상으로 변혁적 리더십과 팀 구성원이 혁신을 지지하는 정도 간에 정적관계가 있다는 것을 발견했다.

팀 구성원들이 지지를 받고 있다고 느끼는 상황에서, 팀이 탁월한 수행을 추구하는 분위기가 규범화되어 있다면 혁신적일 팀일 가능성이 더 높았다. 이 연구는 팀 혁신이 팀 수준의 신념, 리더십 행동에 대한 인식과 관련되어 있음을 시사하지만, 그 관계는 복잡하다.

© Richard Levine/Alamy

생각해보기

연구 개발 비용과 잠재적인 실패 위험에도 불구하고 P&G와 같은 기업이 Tide Pods와 같은 성공적인 제품혁신을 달성하는 데 도움이 된 기법들은 무엇인가?

Hitt(2000)는 "새로운 세기에는 끊임없이 변화하는 조직을 세워야 한다. 새로운 기술, 시장, 새 비즈니스, 고객, 그리고 직원에 대응하면서 조직을 개발해야 한다."(p. 15)라고 결론을 내렸다. 최근의 연구들은 Hitt의 말에 동의하면서, 여기서 한 단계 더 나아가 양손잡이 조직(organizational ambidexterity)에 대해 이야기한다. 양손잡이 조직은 통제와 소규모 이익이 중요시되는 기존 시장과 대대적인 개선을 위해 유연성과 실험이 필요한 새로운 시장 모두에서 경쟁할 수 있는 조직의 능력을 의미한다(O'Reilly & Tushman, 2008). 조직 발전과 변화는 이 두 가지를 성취할 수 있는 수단이다.

최근의 일부 연구에서는 이러한 성공적인 변화에 필요한 변인과 과정에 대해 밝혔다. 자동차 부품 업계와 금융 서비스 분야 두 회사의 직원에 대한 연구에 따르면 관리자의 영향력 전략의 효과는 리더-구성원 교환관계(LMX)의 질에 의해 영향을 받았다고 하였다(LMX에 대한 자세한 내용은 13장 참조; Furst & Cable, 2008). 특히 직원이 높은 LMX를 경험할 때 관리자의 전략 변경에 저항하지 않았다. 그리고 직원들이 관리자들의 행동을 어떻게 귀인하는지에 따라 변화 전략을 다르게 해석했다. 즉 관리자와 긍정적인 관계에 있는 직원은 제제(sanctions)를 관리자가 아닌 상황에 귀인함으로써 변화 노력에 대한 저항이 낮았다.

참조

이전 장에서 변혁적 리더십은 부하직원의 탁월한 성과를 고무시킴과 동시에 리더와 구성원이 함께하는 것이 독립적으로 수행하는 것 이상을 달성해낸다는 것을 생각해보자.

병원 직원들을 대상으로 한 심층적인 인터뷰에서는 직원들이 변화에 대한 경험에 있어서 중요한 세 가지 범주, 즉 정서적/태도적 이슈, 프로세스 이슈, 결과 이슈 등을 강조한다는 사실이 발견되었다(Jones et al., 2008). 직원들은 변화에 대한 긍정적인 태도의 중요성을 강조했지만, 의사소통 문제와 갈등에 대해 경고하면서 긍정적이고 부정적인 결과 모두를 계획하고 인식하는 것이 중요하다는 점을 강조했다. 보다 최근 연구에 따르면, 조직 변화의 1단계 동안 직원의 정서적 경험은 1년 후인 2단계(Seo et al., 2012) 변화에 대한 의지와 행동에 영향을 주었다. 다른 연구자들은 변화 과정에서 대처의 중요성을 보여주었다. 그들은 직원이 조직 변화 노력을 어떻게 평가(예 : 태도 및 인지 평가)하는지에 대해 아는 것만으로는 충분하지 않고 직원들이 사용한 대처 전략과 정서적 반응에 대해 아는 것도 중요하다고 하였다(Fugate, Kinicki, & Prussia, 2008).

조직 변화 모델

조직 개발 처치는 조직 변화를 만드는 데 중점을 둔다. 조직이 어떻게 변화하는지 이해하려면 세 가지 기본 요소를 이해해야 한다. 첫째, **변화 추진자**(change agent)(때로는 변화 주체, 혹은 처치 실행자라고 함)는 변화 과정을 시작하는 개인이다. 이 담당자는 대개 조직 컨설턴트와 같이 조직 외부인인 경우가 많고 조직 내부자인 경우는 드물다. 그러나 내부 담당자들은 조직의 문제점을 진단하고 변경해야 할 사항을 분류하고 정의하는 데 많은 관여를 한다.

변화 추진자
조직에서 변화 과정을 시작하는 개인. 처치 실행자라 부르기도 한다.

클라이언트
조직 내에서 조직 변화 노력의 대상자

변화에 대한 저항
변화를 방해하거나 무력화시킬 의도로 클라이언트가 불합리한 장애물이나 한계를 만들거나 선택하는 상태

변화 노력의 수혜자로서, **클라이언트**(client) 또한 조직 개발 과정의 핵심이다. 조직 개발은 클라이언트가 변화를 수용할 때 효과가 가장 크다. 따라서 변화 추진자가 고려하고 있는 아이디어에 대해 클라이언트가 잘 알 수 있도록 해야 한다. 클라이언트는 특정 개인, 작업 팀 또는 전체 조직일 수 있다.

변화 추진자와 클라이언트 모두를 포함하는 조직 변화의 핵심 개념은 **변화에 대한 저항**(resistance to change)으로, 변화를 방해하거나 무력화시킬 의도로 클라이언트가 불합리한 장애물이나 한계를 만들거나 선택하는 상태로 정의된다(Ford, Ford, & D'Amelio, 2008). 클라이언트 또는 변화의 수혜자가 열려 있지 않고 변화하려고 노력하지 않을 경우 변화 노력은 실패한다. 즉 변화에 대한 저항은 변화의 노력을 수포로 돌아가게 한다.

© Lucy Ray/Daily Mail/Rex/Alamy

생 각 해 보 기
우리는 종종 변화에 대한 저항을 극복하기 위한 장애물로 생각한다. 이러한 저항이 실제로 긍정적이고 생산적인 결과를 가져다줄 수 있을까?

최근의 몇몇 학자들은 변화 실패에 대해 변화 수혜자의 저항보다는 변화 추진자의 태도, 행동이 변화 저항에 기여할 수 있다고 주장하면서 다른 견해를 취하였다(Ford et al., 2008). 이들은 변화에 대한 저항이 변화 추진자들의 자기 편향적 지각으로서, 비효율적인 변화에 대한 책임을 다른 사람들에게 전가하는 것이라고 제안하였다. 추가적으로, 변화에 대한 저항이 성공적인 변화에 긍정적으로 작용할 수 있다는 점을 제안하였다. 변화에 대한 저항이 변화 노력의 효과성을 제고할 수 있는 기회를 줄 수 있다는 점에서 인식의 전환과 함께 이에 대한 보다 유연하고 광범위한 이해가 필요하다고 주장하였다.

마지막으로 **처치**(intervention)는 변화 촉진자가 제안하거나 실행한 프로그램 또는

계획이다. 처치는 조직이 효율성을 높이는 데 도움이 되는 일련의 활동으로 구성된다(Cummings & Worley, 2005). 따라서 조직을 변화시키려는 시도는 현 상태를 의도적으로 변화시킨다. 최근의 몇몇 연구는 약간 다른 관점에서 조직 변화 노력에서 경력 관리가 중요하다는 것을 보여주었다(Lips-Wiersma & Hall, 2007). 또한 연구자들은 개인이 조직 변화 시기에 경력 개발에 더 많은 책임감을 경험한다고 주장하였다. 이들은 조직변화 과정을 직원과 조직이 상호작용하여 경력 개발 과정에 상호 영향을 주는 '조직적 무도회(organizational dance)'라고 언급하였다.

처치
조직 변화 노력에서 변화 촉진자가 제안하거나 구현하는 프로그램 또는 계획

Kurt Lewin의 초기 연구를 통한 두 가지 잘 정립된 조직 변화 모델이 있다.

Lewin의 변화 모델 Lewin은 조직 변화에 대한 연구뿐만 아니라 집단 과정 및 리더십에 대한 다양한 연구로 I/O심리학의 선구자로 간주된다. 그는 변화를 상황을 안정화시키는 힘을 수정하는 사건으로 정의하였다(Lewin, 1951). Lewin에 따르면 모든 상황에서 발생하는 행동을 안정성 또는 균형을 유지하기 위해 운영되는 힘과 변화를 요구하는 힘으로 설명할 수 있다. 안정성은 전자가 후자보다 클 때 발생한다. Lewin은 최소한의 긴장과 저항으로 조직 변화를 발생시키는 계획된 변화를 위해, 변화를 위한 힘을 극단적으로 높이기보다는 현재 상태를 유지하려는 힘을 수정하는 것이 바람직하다고 제안했다.

생각해보기
Kurt Lewin은 조직의 리더십과 변화와 관련된 초기 응용심리학의 리더 중 한 명이다. Lewin의 연구는 조직 변화 이론과 처치에 어떤 영향을 미쳤는가?

변화 과정의 세 단계는 **그림 14.5**의 상단에 제시되어 있다. 해빙 단계(unfreezing)인 첫 번째 단계에서는 현 상태를 유지하려는 힘을 분해하고 변화를 위해 시스템을 개방시킨다. 이 단계에서는 종종 조직에 널리 퍼진 행동 및 결과가 조직의 목표 및 목적과 일치하지 않음을 보여준다. 조직이 변화를 위해 개방되면 두 번째 단계인 이동(moving)이 시작된다. 이 시점에서는 처치로 인한 새로운 태도, 가치 및 행동이 형성되면서 진정한 조직 변화가 일어나기 시작한다. 재결빙(refreezing)이라고 하는 마지막 단계에서 구현된 변화 사항이 안정화되고 조직이 새로운 수준의 안정 상태에 도달한다.

조직 정책, 규범 및 구조는 이러한 변화를 지원하면서 새로운 안정 상태를 제공한다. 이 기본 3단계 모델은 조직 변화 과정의 주요 요소로 인식되었고, 이를 전제로 다른 연구자들에 의해 더 많은 단계를 가진 이론으로 개발되고 향상되었다.

액션 리서치 모델 1940년대에 Lewin은 조직 변화의 두 번째 모델인 액션 리서치 모델(action research model)을 개발했다. 이 모델의 경우, 그는 조직 개발을 방법론적 관점과 사회적 관점 모두에서 다뤄야 할 사회적 문제로 생각하였다. 이 목적 달성을 위해 그는 사회과학자들이 이

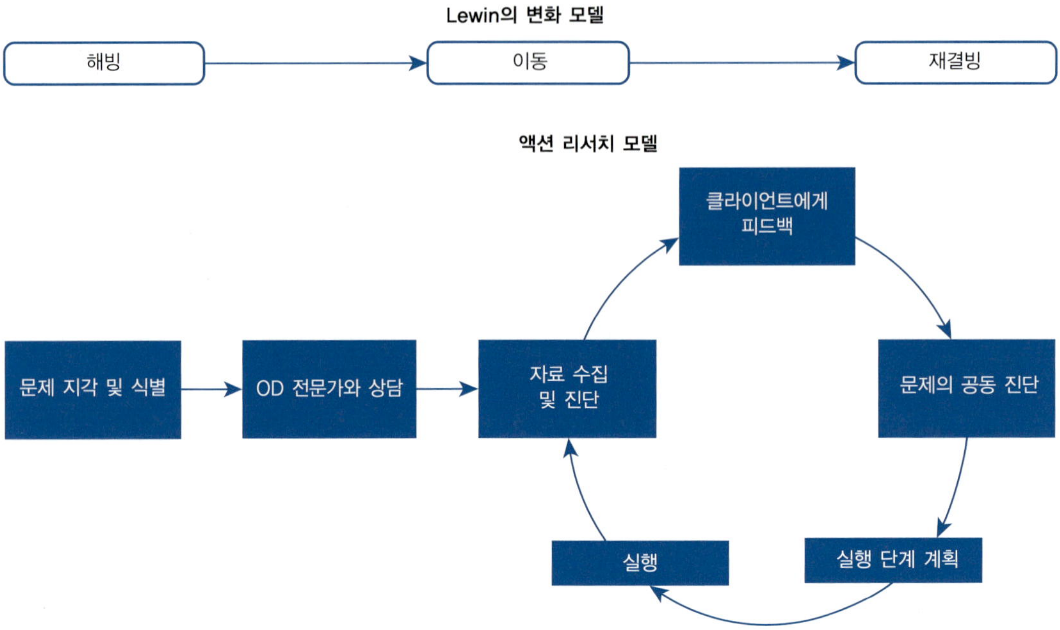

그림 14.5 변화 모델

론 구축과 실제 문제에 대한 연구를 결합하여 보다 적극적인 역할을 수행할 것을 촉구했다. 이러한 그의 생각이 모델을 개발하는 데 반영되었다. 비록 이 모델을 확장하기 전에 사망했지만 다른 연구자들에게 영향을 주었다.

액션 리서치 모델의 주요 특징은 순환적이라는 것이다. 초기에는 후속 조치를 구축하는 기초 단계가 진행된다. 이 기초 단계는 후속 조치에 필요한 자료나 정보를 제공하며 이후 순환적 과정이 계속된다. 액션 리서치 모델의 단계는 그림 14.5의 하단에 제시되어 있다. 여기서 여러 가지 자료 수집 및 문제 진단 단계를 명확하게 볼 수 있다. Lewin의 아이디어는 연구를 통해 이 모델의 핵심인 실천에 대한 정보를 제공하는 것이다. 그는 I/O심리학자가 사실을 발견하고 행동을 취하는 과정을 통해 조직 현상에 대해 더 깊이 이해할 수 있는 프로세스를 고안한 것이다(Dickens & Watkins, 1999).

덴마크 레고 회사에 대한 최근 연구는 조직 변화 및 의미파악에 액션 리서치 모델을 적용했다. **의미파악**(sense making)이란 직원이 일하고 있는 일터에 대해 더 많은 이해를 하게 되는 것이다(Luscher & Lewis, 2008). 이 의미파악 과정은 일반적으로 정보 검색과 질문을 통해 직원이 문제와 잠재적 해결책을 더 잘 이해할 수 있게 한다. 이 연구는 역설(paradoxes)을 사용하여 관리자들의 조직 변화에 대한 개방성을 높

의미파악
직원이 작업 관련 사건을 해석하고 이해하기 위한 노력을 기울이는 과정

이는 절차를 발견하고 시연했다. 이 절차는 관리자가 조직 변화를 이해하게 하고 다양한 제약 조건을 넘어 성공적인 변화를 만들어 내는 처치 개발에 도움이 될 수 있다.

조직 개발 처치

효과적인 처치는 (1) 조직의 요구에 부합하고, (2) 의도한 결과는 인과 관계적 지식에 기반하며, (3) 변화 관리 역량을 조직 구성원에게 이전하는 것으로 설명될 수 있다(Cummings & Worley, 2005). 첫 번째 기준은 한 처치가 모든 조직에 적합한 것은 아니라는 것을 의미한다. 실제로, 처치는 조직 구성원들이 적절하다고 생각하고 믿는 경우에 성공할 가능성이 높다.

두 번째 기준은 처치가 일반적으로 목표 또는 목적에 기초한 결과를 산출하기 때문에 처치가 합리적이라는 지식에 기반해야 한다는 것을 의미한다. 물론 개인 생활과 직장 생활에서 인간 행동의 복잡성을 고려하면 특정 처치가 원인이라는 것을 항상 100% 확신하지는 못한다.

마지막 기준은 조직 구성원이 처치에 따라 계획된 변화 활동을 자체적으로 수행할 수 있어야 함을 의미한다(Cummings & Worley, 2005). OD 처치는 궁극적으로 해당 조직 루틴의 일부가 되는 방식으로 개발되고 실행되어야 한다. 따라서 OD 컨설턴트의 주도권이 점차적으로 구성원에게 넘어가게 된다. 실제로 OD 처치 성공의 한 가지 증거는 외부 컨설턴트의 필요성이 점차 줄어드는 것이다(물론 변화를 위한 새로운 기회가 발생하는 상황에서는 OD 컨설턴트의 전문성이 필요할 때도 있다).

여러 가지 OD 처치가 있고, 많은 전문가들이 이를 어떻게 체계화할 것인가에 대한 분류 체계를 제안했다. 하지만 여기서는 가장 인기 있는 7개의 처치에 대해 알아볼 것이다.

설문 조사 피드백 널리 사용되는 처치 전략 중 하나는 조직 설문 조사를 통한 체계적인 자료 수집이다. 이 자료는 요약, 분석되고, 조직 구성원들에게 피드백되며 변화 계획 수립의 기초로 사용되어, 조직의 변화를 위한 기본 틀이 된다. 설문 조사 피드백과 관련된 단계는 매우 간단하다.

- 최고경영진은 설문 조사 과정을 지원하고 적극적으로 참여한다.
- 조직 구성원들에게 그들의 태도, 인식 및 신념을 파악하는 익명의 조사가 실시된다.
- 조사 결과는 부서, 공장 또는 인구 통계학적 변인별로 집계된다.
- 컨설턴트는 조직 구성원에게 자료 편집 및 요약 형식으로 피드백을 제공한다.
- 관리자, 태스크 포스 및 기타 직원들은 컨설턴트와 만나 실행을 위한 잠재적 변화를 확인한다.

참조

2장에서는 자기 보고 설문과 같은 자료 수집을 위한 여러 가지 방법에 대해 이야기했다. 일반적으로 이 설문 조사는 직원의 하위 집합(표본)의 태도, 의견, 욕구 또는 신념에 관한 중요한 데이터가 수집된다.

저자는 다양한 조직의 조사 피드백에 참여하였다. 예를 들어 정신건강 클리닉 임상 및 행동 서비스 제공 업체를 대상으로 조직 개발을 진행했다. 저자는 회사의 강점과 약점을 평가하기 위해 직원들로부터 정보를 수집하는 태스크 포스 팀장을 만났다. 다른 태스크 포스 멤버들과 몇 차례의 회의를 통해 직원들의 직무 만족도, 경영 신뢰도, 스트레스와 긴장 수준, 팀 중심성 태도, 조직시민행동(OCBs) 등에 대한 140문항으로 구성된 설문지를 개발하였다. 성별, 연령, 경력 및 교육과 같은 인구통계학적 자료도 수집되었다.

약 200명의 직원을 대상으로 설문 조사를 실시한 후 자료를 수집하고 조사 결과에 대한 자세한 보고서를 작성하여 태스크 포스 팀에 제출했다. 또한 태스크 포스 구성원들에게 현장에서 구두 발표를 했다. 모든 직원은 전체 보고서와 요약된 보고서를 볼 수 있었다. 마지막으로 저자는 이 자료를 기반으로 조직의 효율성, 사기 및 생산성을 향상시킬 것으로 기대되는 일련의 권고사항을 작성했다. 몇 가지 권고사항이 실제 실행되었고 후속 조사를 개발하고 수행하기 위해 2년 후 다시 고용되었다. 후속 설문 조사에 따르면 일부 직원은 여전히 우려를 나타냈지만 전반적으로 OD 처치의 결과로 목표했던 영역에서 상당한 개선이 나타났다.

팀 빌딩
팀을 개발하거나 기존 팀의 효율성을 높이기 위해 조직에서 사용하는 기술

팀 빌딩 12장에서 팀이 수행하는 역할에 대해 논의했다. 여기서는 **팀 빌딩**(team building), 조직에서 팀을 개발하거나 기존 팀의 효율성을 높이기 위해 사용하는 기술에 대해 설명한다. OD 전문가들 대부분은 작업 집단 또는 팀이 성공하기 위해 팀원들이 협력하고 상호 의존적이어야 한다고 가정한다. 팀 빌딩의 가장 좋은 예 중 하나는 스포츠 팀이 발전하는 과정이다. 리틀 리그, 고등학생, 대학 또는 전문 스포츠에 관계없이 팀원은 개인 능력을 키우고, 개인적 노력을 조정하며, 서로 합의한 목표를 위해 노력하고, 일하는 패턴을 일관되게 설정하고, 팀 성과를 극대화하기 위한 구조를 배워야만 한다(Forsyth, 1999). 특히 팀 빌딩 처치는 다음 목표에 중점을 둔다.

- 팀 구성원 간의 역할 기대치 및 책임 명확화
- 감독자와 부하직원 간의 관계 개선
- 팀 구성원의 문제 해결, 의사결정 및 계획 개선
- 팀 구성원 간의 갈등 완화
- 비전, 사명 또는 목표 설정
- 팀 내의 응집력과 단합 구축

Gail Burton/AP Photo

생각해보기
스포츠 팀 구성은 다른 조직의 팀 구성과 어떻게 유사한가?

팀 빌딩은 매우 대중적인 OD 처치며 호텔 관리, 제조, 도시 교통, 건강 및 스포츠와 같은 다양한 산업에서 사용되었다(Salas, Rozell, Mullen, & Driskell, 1999). 팀 빌딩의 효과성에 대해 실무자들은 믿고 있지만 효과 검증과 관련한 체계적 연구는 거의 없다. 그럼에도 불구하고 메타 분석 연구를 통해 팀 빌딩이 팀 성과에 유의미한 영향을 미친다는 것을 발견했다(Svyantek, Goodman, Benz, & Gard, 1999). 이 연구에서는 실용적 관점에서 팀 빌딩과 팀 성과 간의 관계에 영향을 미치는 여러 조직 특성의 역할을 조사했다. 연구 결과 팀 빌딩은 다음과 같은 상황에서 팀 성과에 강한 영향을 미쳤다. (1) 기존 문제를 시정하기 위해 시작된 경우, (2) 다른 처치와 통합되었을 때, (3) 처치가 직속 상사를 포함한 조직의 구성원들에 의해 강력히 지지되었을 때, (4) 참여적 관리 환경에서 이행되었을 때, (5) 성과가 그룹 차원에서 측정되었을 때이다.

야외 체험 훈련(Outdoor experiential training : OET)은 야외 활동을 사용하여 다양한 신체적 및 정신적 운동뿐만 아니라 그룹 활동이 포함된 팀 빌딩의 새로운 접근 방식이다. 최근 연구에 따르면 야외 관리 교육(OET 중 한 가지)이 자기 효능감, 리더십 동기 부여 및 정서 지능에 긍정적인 영향을 미치는 것으로 나타났다(Kass & Grandzol, 2012).

종합 품질 관리(TQM)
조직의 품질 관리에 종사하는 직원에 초점을 맞춘 계획. 지속적 개선 또는 품질 관리라고도 한다.

종합 품질 관리 **종합 품질 관리**(total quality management : TQM)는 조직의 품질 관리에 종사하는 직원들의 몰입에 초점을 맞추는 것으로 **지속적 개선** 또는 **품질 관리**라고도 한다. 많은 조직은 제품이나 서비스의 품질 관리를 실행해왔다. 품질에 대한 강조는 W. Edwards Deming과 Joseph M. Juran이 이끌었다. 이들은 2차 세계대전 중 미국 기업에 이 아이디어를 발표하였다. 하지만 이 아이디어는 미국인보다 일본인이 더 잘 받아들였다(Cummings & Worley, 2005). 일본 기업들이 미국 기업들(특히 자동차 산업)과의 경쟁에서 우위를 보임에 따라 미국 경영진들이 이에 주목하기 시작했고 결국 Deming의 아이디어가 미국에서도 받아들여졌다.

현재 미국 내에서 TQM은 일정 기준을 충족하는 회사에게 국가 차원에서 말콤 볼드리지 품질 상(Malcolm Baldrige National Quality Award)이 수여될 정도로 중요한 주제로 자리매김하고 있다. Baldrige Award에 사용된 기준은 (1) 조직 전반에 걸쳐 품질 가치가 전달되는 정도, (2) 고객 요구를 충족시키는 조직의 능력, (3) 품질을 모니터링하는 데 사용된 접근 방식의 범위와 정도, (4) TQM 시스템을 지원하는 자료의 효과적인 사용, (5) 직원의 모든 잠재력 활용

정도(Tata, Prasad, & Thorn, 1999) 등이 포함된다. TQM은 품질 분야 전문 컨설팅 회사를 포함하여 방대한 산업이 되었다. TQM의 기본 원칙에 대한 전국적인 훈련 프로그램과 미국품질학회(American Society for Quality)와 그리고 품질 및 참여 협회(Association for Quality and Participation)를 비롯한 수많은 국가 협회가 있다.

TQM 처치는 일련의 단계로 진행된다. 다른 많은 프로그램들처럼 최고경영층의 지원을 받아 시작한다. 고위 경영진은 TQM이 무엇인지, 어떻게 운영되는지, 그리고 그들의 책임이 무엇인지에 대한 교육을 받는다. 두 번째 단계에서 직원은 통계적 공정 제어(statistical process control)와 같은 품질 관리 방법에 대해 교육을 받는다. 통계적 공정 제어는 낮은 품질의 제품이나 서비스의 문제 파악에 초점을 맞춘 Deming이 제안한 기술이다.

경험적 연구에 따르면 TQM에 참여한 사람들 간의 개인차가 프로그램의 성공에 영향을 미쳤다. 특히 개인의 동료 신뢰, 조직몰입 및 고차원 욕구 강도 등이 상황변인보다 TQM의 효과와 더 밀접하게 관련되어 있었다. TQM 과정에서 참가자 간 개인차의 영향에 대한 연구는 많이 이뤄지지 않았다. 이러한 결과는 TQM 과정에서 개인차 변인과 다른 변인이 어떤 역할을 하는지에 대한 더 많은 이해가 필요하다는 것을 시사한다(Coyle-Shapiro & Morrow, 2003). 최근의 연구는 사람–조직(Person-Organization) 적합성(fit)에 대한 이론적 틀을 구축했으며 P–O 적합성의 구성 요소(7장에서 논의된 사람–환경[P–E] 적합성과 유사함)가 TQM의 수용과 지향의 중요한 선행요인이 되어야 한다고 주장했다. 이 연구자들은 TQM에 대한 개인의 태도가 조직을 우선시하고, 즉 자기 초월적(self-transcendence)이고 목표(목표 지향성)를 향해 노력할 때 TQM 효과가 가장 높게 나타난다고 하였다(Erturk, 2012). 말레이시아의 6개 반도체 공장에 대한 한 연구에서 TQM 실무과정이 직원의 능력 개발 및 높은 수준의 업무 참여 지각을 증가시키는 것으로 나타났다(Boon, Arumugam, Safa, & Bakar, 2007).

Steve Vidler/Superstock

생각해보기
디즈니는 높은 고객 서비스를 보이기 때문에 고객 서비스 향상을 위해 노력하는 다른 회사에서 종종 벤치마킹의 대상이 된다. TQM 프로세스의 어떤 부분이 벤치마킹에 반영되고 왜 중요한가?

세 번째 실행 단계는 TQM 과정 및 절차를 실제로 실행하는 단계이다. 직원들은 자신의 부서가 잘하고 있는 분야뿐만 아니라 품질 표준편차(즉 오류)도 파악한다. 이러한 편차 또는 **생산품 변산성**의 잠재적인 원인을 파악하고 수정하여 허용 가능한 범위 내로 만들어간다.

네 번째 단계는 자체 비교 분석으로 업계의 기준과 경쟁 업체의 효율성과 비교한다. 예를 들어 고객 서비스를 개선하려는 조직은 디즈니를 벤치마킹하여 성과를 비교할 수 있다. 디즈니는 고객 서비스의 세계적인 리더로 널리 인정되기 때문이다(Cummings & Worley, 2005). 마지막 단계에서 TQM 처치 목표 달성과 비교 분석이 관련되어 있다. 이는 TQM 전체 과정에서 중요한 포인트이다. TQM 목적이 경쟁사와 유사하거나 더 좋은 고품질 제품과 서비스를 산출하는 절차를 개발하고 유지하는 것이기 때문에 최종 목표 달성은 관련 수치들을 통해 결정된다. 예를 들어 항공 산업에서 TQM에는 시간 준수, 낮은 수하물 분실률, 적은 고객 불만, 낮은 항공 취소 비율이 포함된다.

TQM에 대한 한 가지 비판은 사회 정치적 상황과 변화의 결과를 무시한다는 점에서 너무 이성적이고 기술적이라는 점이다(Knights & McCabe, 2002). 최근 리뷰에서는 TQM의 효과를 평가하기 위해 계획된 연구 프로젝트가 너무 엄격한 기준을 사용하는 것에 비판적이었다(Wayhan & Balderson, 2007). 그러나 최근 연구들이 보다 정교하고 엄격해졌으며 TQM과 회사의 재무성 사이의 연관성이 입증되었다. 최근 대만의 첨단기술 기업 CEO 223명을 대상으로 한 연구에서 TQM이 조직 학습과 관련이 있으며 TQM과 학습이 혁신 성과에 긍정적인 영향을 미친다는 사실이 밝혀졌다(Hung, Lien, Wu, & Kuo, 2011).

수익 배분제 수익 배분제(gainsharing)는 생산성 향상을 기반으로 직원에게 보너스를 지급하는 OD 처치 방식이다. 조직 생산성을 향상시키면서 직원 참여와 혜택을 증가시키는 이 접근 방식은 처음으로 1935년 Nunn-Bush Shoe Company(Milwaukee)에 의해 공식적으로 시작되었다. 수익 배분제에서 가장 많이 사용되는 것 중의 하나인 Scanlon Plan은 Cleveland의 Empire Steel과 Tin Plate Company의 Joseph Scanlon에 의해 개발되었다(Gowen, 1991). 그 이후 수익 배분제의 사용은 빠르게 증가했다. 사실, General Electric, DuPont, Whole Foods, General Motors와 같은 많은 조직이 다양한 형태의 수익 배분제를 시작했다. 1990년에는 미국 기업의 약 47%가 다양한 형태의 변동 급여 프로그램을 사용했다. 그 숫자는 2014년에 91%로 증가하였다(Aon Hewitt, 2014).

> **수익 배분제**
> 생산성 향상을 기반으로 보너스를 직원에게 지급하는 OD 처치

수익 배분제 계획은 성과에 근거한 임금을 기반으로 한다. 이를 통해 직원 몰입과 업무 만족도가 향상되고 생산성과 자기 관리가 향상될 수 있다. 수익 배분 계획에는 몇 가지 유형이 있고 경우에 따라서는 조직마다 다르지만 대부분의 계획에는 다음과 같은 구성 요소가 공통적으로 포함된다. 첫 번째는 직원들이 생산성 향상 방법을 생각하고 그 아이디어를 공유하도록 권장하는 제안 시스템(suggestion system)이다. 두 번째는 일반 직원으로 구성된 부서 팀(department teams) 선출로, 이 팀은 직원의 제안을 검토, 평가 및 실행하는 공식 절차를 관리한다. 세 번째는 경영진과 비관리직 직원으로 구성된 검토위원회(review board)로 두 집단 간의

의사소통을 개선하고 경영자가 일반 직원의 질문에 답변할 수 있도록 한다. 이 검토위원회를 통해 두 집단은 어떤 이슈가 중요한지 서로에게 알려줄 수 있다. 마지막으로, 수익 배분은 직원들에게 분배되는 보너스 양(pool)을 산출하는 공식을 기반으로 한다.

본질적으로, 수익 배분제는 두 가지 요인, 참여와 공정성을 중심으로 진행된다. 수익 배분제는 고용주와 직원 간에 균등하게 '수익'을 분배함으로써 정의 또는 공정성을 형성한다. 한 연구에 따르면 분배 공정성과 절차적 공정성은 서로 다른 두 조직에서 수익 공유 만족과 정적 상관관계를 보였다. 이러한 반응이 조직 참여와 경영에 대한 신뢰로 이어지기 때문에 직원들이 호의적인 반응을 보일 때 수익 배분제가 성공할 수 있다(Coyle-Shapiro, Morrow, Richardson, & Dunn, 2002). 실제로 조직 변화 과정에서 신뢰의 역할이 매우 중요하다(Morgan & Zeffane, 2003).

마지막으로, 한 연구에 따르면 개인이 집단 성과나 개인 성과와 관련 있는 유관한 임금을 선택하는 과제에서 집단보다 개인성과와 관련이 있는 임금 대안을 선택할 때 더 위험한 선택(불확실하지만 더 많은 급여를 받을 수 있는)을 하였다(Kuhn & Yockey, 2003). 또 다른 연구는 직원 제안의 가치가 시간이 지남에 따라 급속히 하락하므로 새로운 제안의 흐름을 유지하는 것이 중요하다고 주장하였다(Arthur & Huntley, 2005).

기술 구조적 처치/개입 조직의 기술과 구조에 중점을 둔 OD 처치는 조직이 효율성 및 생산성 증가를 강조함에 따라 인기가 높아지고 있다. 기본적인 기술 구조 조정은 조직의 구조 설계와 관련이 있다. 조직 설계는 조직의 다양한 작업 과정에서 작업이 어떻게 진행되는지를 결정한다. 일부 OD 실무자는 조직 및 직원들의 특정 요구 또는 목표를 충족시키기 위해 이 조직 구조 설계를 변경한다. 가장 기본적인 형태인 기능적 조직 설계(functional organizational design)는 직원들이 수행하는 다양한 업무 기능에 따라 구성된다.

그림 14.6은 이 설계의 예를 보여준다. 사장/CEO는 자신의 바로 밑에 여러 명의 부사장들(VP)을 두고, 각 부사장들이 조직 내의 특정 기능에 대한 책임을 지고 있는 것을 볼 수 있다. 예를 들어 누군가는 제조 과정을, 다른 누군가는 마케팅을 담당한다. 이러한 다양한 기능에 대한 책임은 여러 부사장들이 독립적으로 담당한다. 이 구조는 동일 부서에 동일하거나 유사한 작업을 하고 있는 직원을 배치함으로써 다른 부서와의 업무 중복을 방지하지만, 다른 부서 직원들과 많은 상호작용을 하지 않기 때문에 관점이나 접근법이 제한되거나 협소할 가능성이 있다.

다른 조직은 **그림 14.7**에서 보는 바와 같이 기능이 아니라 **제품**(product)별로 구성된다. 예시의 조직은 세 가지 제품을 중심으로 구성되어 있다. 각 제품마다 별도의 제조 책임자, 마케팅 책임자 등이 있다. 특정 제품과 관련된 모든 작업을 한 부서 내에서 포함될 수 있도록 각 제품마다 별도의 부서 또는 하위 회사가 있는 것처럼 보인다. 이 설계는 특정 부서의 관리자가 해

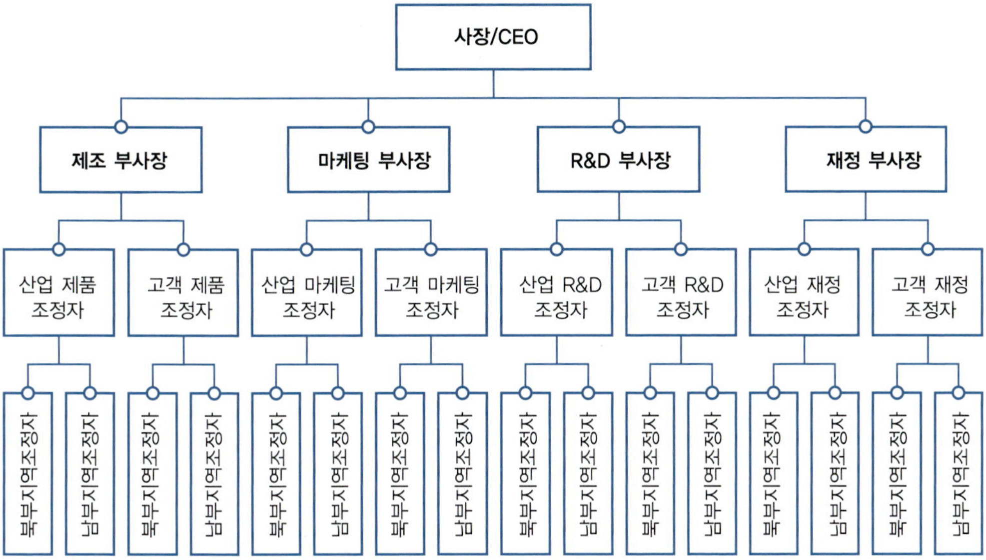

그림 14.6 기능적 조직 설계

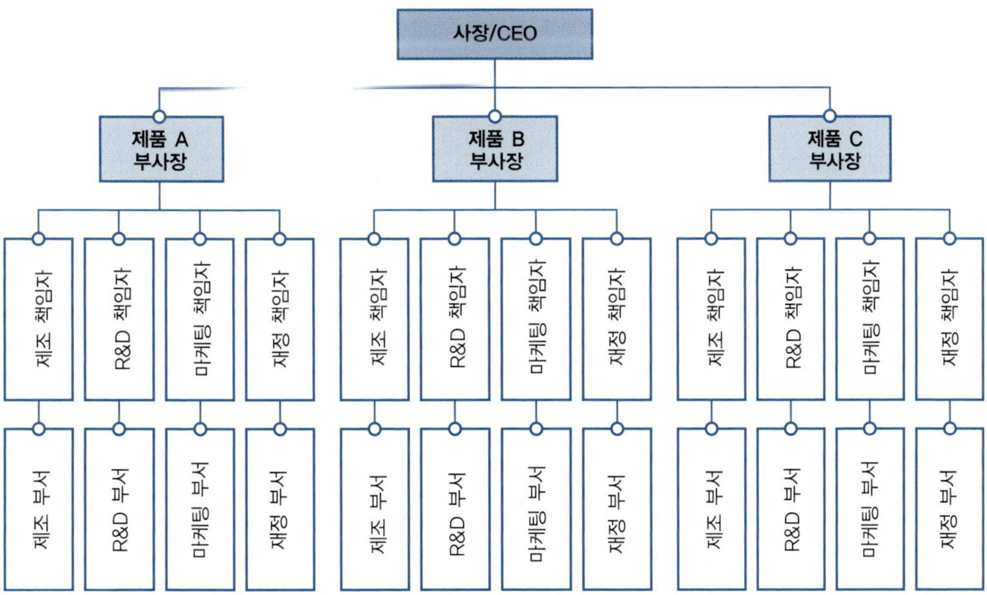

그림 14.7 제품 기반 조직 설계

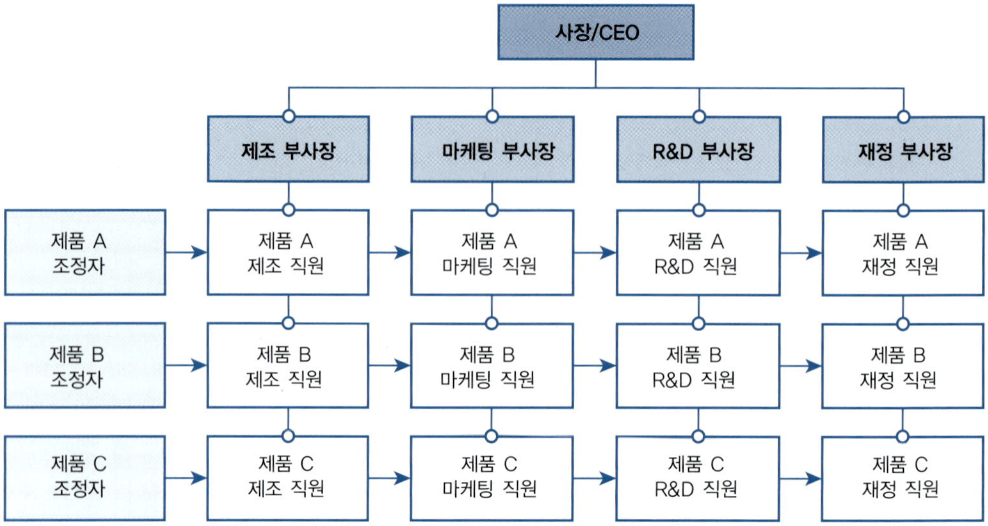

그림 14.8 매트릭스 조직 설계

당 부서에만 전적으로 집중할 수 있게 해준다. 또한 부서 내 구성원들의 몰입과 단결을 위한 잠재력을 개발시킨다. 그러나 노력과 비용의 중복 가능성이 높다. 예를 들어 기능 설계에서 요구되는 것보다 각 부서에 유사한 연구개발(R&D) 장비와 더 많은 인력이 필요할 것이다. 또 다른 단점은 제품 라인 간의 갈등으로 의사소통이 문제가 될 수 있다.

OD 실무자가 때때로 사용하는 더 최근의 조직 설계를 매트릭스 구조(matrix structure)라고 한다. 이 설계는 방금 이야기한 기능적 조직과 제품중심 조직 구조를 결합한 것이다. **그림 14.8**은 매트릭스 조직 설계의 예를 보여준다. 제품 A의 제조 직원은 제조 부사장과 제품 A 조정자 모두를 위해 일한다. 실제로 직원에게는 두 명의 상사가 있다. 그러나 한 상사(이 경우 제조 담당 부사장과 제품 조정자)가 최종 권한을 가지고 있지 않기 때문에 서로 협력해야 한다. 그림 14.8은 가로에서 제품 기반 권한을 보여준다. 세로는 기능 기반 권한을 보여준다. 이 매트릭스 구조는 다른 두 구조들보다 복잡하다. 이 접근법의 한 가지 장점은 관리자 간 의사소통 및 협업을 장려함으로써 제품 라인 간 및 기능부서 간 일관성을 유지한다는 것이다. 그러나 매트릭스 구조가 복잡해지면, 특히 참여적 문화가 없는 경우 도입하기가 매우 어려울 수 있다.

> **리엔지니어링**
> 비용, 품질, 서비스 및 속도와 같은 조직 내 중요한 기능을 향상시키기 위한 비즈니스 프로세스의 근본적인 재검토 및 재설계. 비즈니스 프로세스 재설계라고도 한다.

마지막 기술 구조적 처치는 비용, 품질, 서비스 및 속도와 같이 조직 기능에 중요한 부분을 개선하기 위한 비즈니스 프로세스의 근본적인 재검토 및 재설계를 말하는 **리엔지니어링**(reengineering)(Hammer & Champy, 1993)으로 비즈니스 프로세스 재설계라고도 한다. 리엔지니어링에는 네 가지 요소가 있다. 첫 번째는 회사가 무엇을 하는지, 왜 그 일을 하는지에 대한 **근본적**(fundamental) 요소이다. 두 번째는 **급진적**(radical) 요소로서 단순히 피상적인 변화가 아니라 결정적이고 광범위하게 조직 변화를 일으키고자 하는 의지이다. 셋째, **극적인**(dramatic) 요소로, 약간의 수행 개선보다는 현저한 수행 개선에 초점을 맞추고 있다. 마지막 요소는 리엔지니어링 처치가 특정업무나 직무 또는 구조가 아닌 조직의 과정(processes)에 핵심이 된다는 개념이다(Beugre, 1998). 최근의 연구는 리엔지니어링의 성공에 의사소통이 매우 중요하다는 것을 발견했다(Kock, Danesh, & Komiak, 2008).

리엔지니어링은 일반적으로 조직 운영에 혁신적인 변화를 암시한다. 조직의 전체 구조뿐만 아니라 작업 구조화 방식이 변화된다. 조직에서 일어나고 있는 대부분의 리엔지니어링은 일반적으로 '정보 수집, 저장, 처리 및 전송에 대한 새로운 과학'으로 정의되는 **정보 기술**(information technology : IT)을 중심으로 이뤄진다(McDonagh & Coghlan, 1999, p. 41). 예를 들어 최근 수년간 의료 산업은 행정 업무, 진단 기능, 고객 지원 및 기타 모든 주요 건강 관련 분야를 개선하기 위해 온라인 도구 및 컴퓨터 기술을 활용하여 비즈니스 방식을 완전히 재설계했다. 정보 수집, 저장, 처리 또는 전송과 관련된 조직 기능에 급격한 변화가 일어났다. 예를 들어 이러한 유형의 리엔지니어링은 수동으로 물품 목록 및 기록을 처리하는 절차에서 모든 문서 및 기록을 전산화하여 컴퓨터 기반 절차로 전환할 때 발생한다. 이러한 종류의 변화는 회사 또는 업계의 전체 구조와 비즈니스 방식을 확실히 변화시킨다.

정보 기술(IT)
정보를 수집, 저장, 처리 및 전송하는 과학

긍정적인 조직 개발 최근 몇 년간, 심리학 분야는 **긍정심리학**(positive psychology)이라는 새로운 분야에 관심이 증가하였다. 긍정심리학은 자신의 약점과 장애가 아닌 개인의 장점에 중점을 둔다. 긍정심리학의 가정은 개인이 생산적이고 의미있고 풍요로운 삶을 살기를 원한다는 것이다. 펜실베이니아대학과 미시간대학과 같은 대학의 연구원들은 사랑, 일과 놀이의 영역에 관한 긍정적인 경험을 지속적으로 연구해왔다(Positive Psychology Center, 2007).

긍정심리학
개인과 조직의 강점과 덕목에 대한 과학적 연구

긍정심리학 이론의 파급으로 인해 긍정조직행동(positive organizational behaviors)과 긍정조직학문(positive organizational scholarship)이 만들어졌다(Luthans & Youssef, 2007). 개념은 간단하다. 긍정적인 조직 기법과 행동에 초점을 맞춘 연구들을 통해 조직이 이익을 얻을 수 있다는 것이다. 또한 직원들이 효과적인 긍정적 조직 변화 촉진자가 될 수 있도록 기법들을 사용할 수 있고, 구성원에게 기술들을 가르칠 수 있다. 이 접근법은 최근 몇 년간 인기가 높아지면서 긍정조직행동과 관련 연구들이 *Journal of Organizational Behavior*의 스페셜 호에 게재되었다. 미시간 대학의 로스 스쿨 경영대학에는 긍정적 조직을 위한 센터(http://positiveorgs.bus.umich.edu/)가 있고 긍정조직을 깊이 연구하는 여러 학회가 있다. 긍정조직학문은 정서 지능,

창의력, 지혜, 업무 참여, 유머, 자기 효능감, 낙관주의, 희망, 탄력성에 초점을 맞추어 개인이 조직의 요구를 충족시키고 성과를 내는 데 어떻게 도움이 되는지를 집중적으로 다루고 있다(Bakker & Schaufeli, 2008).

긍정탐구(AI)
조직이 긍정적인 잠재력을 강화할 수 있도록 질문을 사용하는 기술 및 관행

긍정심리운동으로부터 **긍정탐구**(appreciative inquiry : AI)라는 새로운 OD 기법이 개발되었다. 이 기법에서는 긍정적 메시지, 최선의 목표, 과거와 현재의 강점과 성공에 대한 확신에 초점을 맞춰 종업원 참여를 장려한다. 케이스웨스턴대학의 연구원들은 사람, 조직 및 그 주변에서 가장 좋은 것을 찾는 질문을 하는 기술을 개발하여 사용하였다(Egan & Lancaster, 2005). Verizon, Avon, 미국 해군 및 John Deere와 같은 조직은 OD 노력의 일환으로 AI를 사용하고 있다(Egan & Lancaster, 2005).

AI의 프로세스는 4단계로 구성되어 있다. 첫째, 조직과 사람의 강점을 파악하기 위한 발견(discovery)의 질문이 사용된다. 둘째, 꿈(dream)의 단계에서는 발견 단계에서 수집된 정보가 분석되고 구체적인 비전 진술이 이뤄지고 실행 의도에 집중한다. 셋째, 이 정보는 조직이 어디로 가야 하는지를 파악할 수 있는 혁신적인 방법을 설계(design)하는 데 사용된다. 마지막으로, 미래 회사에 대한 설계는 운명(destiny) 단계에서 유지된다. 이 접근 방식의 특징은 긍정적인 요소, 특성, 경험 및 가능성에 대해 강조하는 것이다. 긍정탐구는 문제 해결에 관한 것은 아니며 강점을 바탕으로 한 조직 구축에 대한 것이다.

American Express에서 도입한 긍정탐구에 대해 예를 들면(자세한 내용은 Giglio, Michalcova, & Yates, 2007 참조) CEO는 American Express 조직의 핵심가치를 통해 조직이 어려움을 극복할 수 있었으며, 새롭게 정립된 핵심 조직가치 중심의 임직원 재설계를 통해서 미래에 조직을 성공적으로 이끌 것이라고 믿었다. American Express는 조직을 변경하기 위해 앞서 설명한 4단계를 사용했다. 예를 들어 발견 단계에서, 참가자들에게 최고 실적 순간을 상기시키고, American Express에서 가장 자랑스러울 때를 자세히 설명하고, 그들이 기대하는 이상적인 미래 모습을 설명하도록 요청함으로써 주요 관리자와 직원을 다시 몰입하게 하는 절차를 시작했다.

이 처치를 이끈 사람들은 AI가 주인의식을 촉진하고 공동의 핵심 가치를 중심으로 사람들을 결집시킨다고 주장한다(Giglio et al., 2007). 전 세계의 American Express 리더십 집단이 동일한 핵심 가치, 문화적 변인 및 관련 솔루션을 발견한 것에 놀라움을 금치 못했다. 즉 문화 차이는 American Express의 미래를 둘러싼 장벽이 될 수 없었다. 마지막으로 그들은 성공, 청렴 및 책임에 관한 이야기에 초점을 맞춘 AI 접근법이 이러한 가치의 성장을 이끌어냈고 따라서 기업 문화를 강화하게 되었다고 주장한다(Giglio et al., 2007).

여러 국가의 센터, 많은 잡지 및 정기 간행물에서 AI 프로세스가 조직을 어떻게 개선할 수 있는지를 설명하듯이 AI는 매우 큰 인기를 얻고 있다. AI가 대중적이고 효과적인 OD 기법으로 계속 성장할 것으로 기대된다. 사실, 일부 연구자들은 현재 상황에서 할 수 있는 이상적인

기술이라고 제안했다.

조직 개혁 지금까지는 다소 전통적인 방식의 조직 개발에 관해 논의했다. OD 실무의 선두 주자인 Jerry Porras는 기존 OD와 최첨단 OD, 즉 조직 개혁(organizational transformation)을 구분한다(Porras & Silvers, 1991).

> **조직 개혁**
> 조직을 위한 새로운 비전을 창출하고 신념, 목적 및 사명을 변화시키는 데 중점을 두는 처치를 가리키는 용어

조직 개혁이란 조직에 새로운 비전을 제시하고 신념, 목적 및 사명을 변화시키는 데 중점을 둔 모든 처치를 의미한다. 대조적으로, OD는 조직의 요구보다는 작업 상황 변화에 더 중점을 둔다(일부는 조직 개혁이 더 깊은 수준의 OD라고 언급한다). Porras는 조직 개혁은 조직의 상위 경영진이 조직의 비전과 방향에 대한 중대한 변화의 필요성과 잠재적 이익을 인식함으로써 성장할 수 있는 대중적인 접근 방식이라고 제안한다(Porras & Silvers, 1991). 이러한 변화는 지식 집약적이고, 빠르고 역동적으로 변하는, 세계화되어 가는 오늘날의 조직에서 실제로 일반적으로 사용될 것이다(Karakas, 2009).

조직 개혁은 대개 CEO 및 다른 고위 간부들이 비즈니스 전략을 변경하고 회사의 사명과 비전을 변경하도록 촉구하는 등 회사에 심각한 충격을 주게 된다. 조직 변화에 대한 많은 시도의 최종 목표에는 문화 변화(culture change), 즉 조직 구성원이 공유하는 신념, 가치관, 규범 및 기대 형태의 변화가 있다. 조직 문화는 역사적으로 진화하며 회사의 리더 및 창업자에 의해 직접적으로 만들어진다. 몇몇 회사는 조직 문화로 유명하다. 예를 들어 Disney, Nordstrom, IBM 및 Apple이 있다. 때때로 문화는 회사의 일부로 변화시키기 어렵다.

> **문화 변화**
> 조직 구성원이 공유하는 신념, 가치관, 규범 및 기대의 형태 변화

사실, 문화의 변화는 일반적으로 너무 어렵고 결코 성공할 수 없다고 믿는 전문가가 있다. 그러나 또 다른 사람들은 어려움을 인식하지만 변화는 가능하다는 점과 변화의 잠재력과 변화가 주는 유용성에 대해 믿고 있다. 조직 문화가 회사의 성공에 도움이 될 수 있지만(방금 언급한 회사의 경우와 마찬가지로), 부정적일 수도 있다. 선도적인 회사는 비효율적인 문화를 바꾸려는 시도를 한다. 하지만 문화 변화가 행동적 순응(behavioral compliance) 및 문화 침식(cultural erosion)과 같은 의도하지 않은 부정적 결과를 초래할 수 있다(Harris & Ogbonna, 2002). 지난 10년 동안 대규모 투자 은행이 이에 대한 좋은 예를 보여주었다. 그들은 상당히 위험한 변화('부적합한' 사람들에 대한 다양한 유형의 대출)를 시도했으며, 부분적으로 2008년도에 시장 추락을 경험하고 고객 및 조직에 심각한 부정적 결과를 초래하게 되었다.

T. G. Cummings와 C. G. Worley(2005)는 성공적인 문화 변화의 결정 요인에 대한 목록을 제시하였다. 첫째, 조직 및 변화 촉진자는 새로운 전략에 대한 명확한 비전은 물론 현실적인 가치, 태도 및 조치 단계를 개발해야 한다. 둘째, 조직 처치와 마찬가지로, 문화 변화는 최고 경영자의 지원이 있는 경우에만 성공할 수 있다. 이는 특히 문화 변화에서 중요하다. 셋째, 고

실무자 포럼

Laura Heft

Laura Heft

미주리대학교(세인트루이스캠퍼스) I/O심리학 박사, 1999년
Edward Jones 인적자원 담당 책임자

지속 가능한 결과를 제공할 수 있는 해결책을 구현하는 열쇠 중 하나는 처치에 '시스템' 접근 방식을 취하는 것이다. 조직 개발 작업에는 조직의 수행 능력(예 : 작업 프로세스, 문화, 인재, 구조)에 영향을 미치는 여러 변인들을 변화시키기 위한 처치(또는 일련의 처치들)를 설계하여 문제를 전체적으로 해결하는 작업이 포함된다. 다음에 한 가지 예가 제시되어 있다.

우리 사업의 핵심 부분에서의 성과 부진, 시장조건의 변화 및 새로운 소셜 미디어 기술의 발전에 따라 전략의 변화가 필요했다. 이 전략 변화 과정은 근본 원인을 진단하고 분석하기 위한 고위급 태스크 포스 설립과 함께 시작되었다. 문제와 잠재적 원인을 깊이 이해한 후 새로운 리더가 미래 비전을 개발하고 실행에 옮겼다.

상당히 많은 부분에서 완전한 리엔지니어링이 필요했다. 새로운 전략을 실행하기 위해 일을 어떻게 완수할 것인가(새로운 프로세스와 작업 재설계), 어디서 일을 완수할 것인가(중앙집중식에서 분산된 작업으로의 변화), 누가 일을 완수할 것인가(일을 하기 위해서 요구되는 새로운 기술들과 전문지식을 가진 사람) 등에서 변화가 필요했다.

기존 직원들을 평가한 후 새로운 역할을 부여하거나 회사의 다른 부서로 재배치하였다. 변화가 직원들에게 준 영향은 반복적인 설문 조사를 통해 모니터링되었다. 선임 리더는 설문 결과에 대한 책임을 지고 발생한 문제에 대응하기 위한 행동 계획을 개발했다.

변화 처치의 또 다른 부분은 선임 리더십 팀과의 팀 개발 회의였다. 이 모임은 팀이 새로운 목표를 확인하고, 역할을 명확히 하며 팀이 의사소통하고 공동 작업(즉 새로운 문화 구축) 지침을 개발하기 위해 마련되었다. 6개월이 되지 않아 이 팀 개발 회의가 결과를 보기 시작했다.

대개 대규모 조직 변화는 적극적으로 관리되지 못해 결과적으로 성공하지 못하는 경우가 많다. 리더는 전체 통합 시스템의 복잡성과 전체 범위에 대해 다루는 것을 종종 꺼리고 대신 일부 해결책만을 사용한다. 이 처치의 성공은 통합된 방식으로 업무, 재능, 목표 및 문화를 조정하기 위해 취해진 '시스템' 접근법에 기인한 것으로 판단된다.

학습질문

1. Edward Jones가 구현한 '시스템' 접근법은 개방 시스템 이론과 어떻게 다른가? 그림 14.4를 사용하여 이 문제 해결을 위해 구현된 변화를 도식화해보자.
2. 변화를 실행하기 위해 리더십은 어떤 역할을 했는가? 강력한 중앙 집중식 리더십 없이 대규모 변화를 구현하는 것이 가능하다고 생각하는가?
3. 이 변화 계획은 어떻게 변화에 대한 저항을 설명하려 했는가? 그러한 저항에 대한 고려가 성공적인 변화 전략을 실행하는 데 얼마나 중요하다고 생각하는가?

위 간부들은 문화 변화 노력을 지원할 뿐만 아니라 실제 그들이 산증인이 되어야 한다. 태도와 행동의 변화를 단순히 말로만 해서는 안 되고, 경영진은 일상적인 활동에서 이를 믿고 실행하며, 자신을 완전히 일치시켜야 한다. 넷째, 조직의 재무 및 통제 시스템 역시 문화 변화에 몰입해야 하고, 경영진은 문화 변화 성공에 필요한 지원 및 자원을 제공해야 한다.

문화 변화의 다섯 번째 결정 요인은 선발의 문제와 관련 있다. 신입사원이 기존 문화보다는 새로운 문화에 사회화되도록 하는 것이 중요하기 때문에 신입사원을 선발하는 때, 특히 고위직을 선발할 경우 새로운 공유가치, 신념, 행동과의 일치 또는 일관성을 고려해야 한다. 또한 새로운 문화에 맞지 않는 직원은 떠나야 한다. 오래된 문화를 선호하고 변화의 필요성이나 기회를 알지 못하는 고위직 직원은 종종 변화에 저항하는 리더가 된다. 이는 변화 과정에 매우 해로운 상황이다. Karakas(2009)는 이에 대해 "오늘날의 많은 문제는 세계의 복잡성과 혼돈에 대처할 준비가 되어 있지 않은 경영진으로부터 기인한다. 우리는 새로운 역할, 자격, 역량 및 기술을 갖춘 새로운 관리자가 부족하여 고통을 겪고 있다."(17쪽)고 지적하였다. 2010년에 최악의 석유 유출 사건이 발생했다. Deepwater Horizon 석유 굴착 장치의 폭발로 11명의 직원들이 죽고, 87일 동안 바다로 석유가 유출되었다. 일부 사람들은 BP가 이러한 사고를 처리할 준비가 되어 있지 않아 이 재앙이 더 악화되었다고 주장한다.

사고에 대한 다양한 분석을 통해서 세 가지 원인이 제시되었다—석유 시추의 위험성, 규정 위반, 인간 및 조직 요인(Tilcsik & Cleafield, 2015). 인간의 실수(단지 보고 싶은 것만을 보고, 중요한 안전 검사 결과를 잘못 해석)는 사고를 예방하는 것보다 비용을 최소화하는 데 중점을 둔 문화에서 발생했다. 조직 변화와 개혁은 조직 관리자 및 직원들이 좀 더 나아질 수 있도록 준비시키는 것이 핵심이다.

조직 개혁의 두 번째 접근법은 **지식 경영**(knowledge management), 즉 지식을 생성, 변환, 보급 및 사용하려는 시도를 통해 조직의 운영을 향상시키는 방법이다(Geisler, 2007). 지식 경영과 유사한 학습 조직(learning organizations)이 효과가 있다고 일반적으로 믿고 있지만, 이러한 개념은 최근 들어서 연구되고 검증되기 시작했다. 예를 들어 조직 내 개인이 다양한 문제에 관심을 갖는 것이 중요하고, 개인의 전문성과 문제 해결에 필요한 전문성이 일치했을 때 다른 문제보다 그 문제에 더 주의를 하게 된다는 사실이 검증되었다(Haas, Criscuolo, & George, 2015). 기술 회사들은 지식 경영 및 학습 주도(예 : Capterra, http://www.capterra.com/knowledge-management-software/)에 초점을 맞춘 많은 소프트웨어 제품을 개발했다. 최근 연구에서는 지식 경영 및 조직 학습에서 소셜 미디어의 역할을 살펴보기 시작했다. 예를 들어 맥킨지의 글로벌 연구소는 비즈니스 및 지식 경영 개선을 위한 소셜 미디어 관련 보고서를 발표했다(McKinsey Global Institute, 2012). 전문가들은 학습 조직이 (1) 학습을 용이하게 하는 조직 구조, (2) 기업의 경쟁 우위를 위한 정교한 지식관리 정보 시스템, (3) 직원들의 지속 학습과 지식관리를 장려하고 보상하는 인적 자원 시스템, (4) 개방성과 창의성을 키우는 강력한 조직 문화, (5) 학습 및 지식 경영에 적극적으로 참여하는 리더 등의 특징을 가지고 있다는 것에 동의하고 있다(Cummings & Worley, 2005).

> **지식 경영**
> 조직이 지식을 개발, 보급 및 사용하려는 노력을 증진시키는 방법

Hewlett-Packard(HP)의 전 CEO인 Lew Platt은 이렇게 언급했다. "21세기에 성공한 기업은 직원들이 알고 있는 것을 포착, 저장 및 활용하는 데 최선을 다하는 기업이 될 것이다."(Martiny, 1998, p. 71). 1996년 Hewlett-Packard(HP)는 고객에게 더 많은 가치를 제공하고, 더 많은 지적 자산을 솔루션에 활용하며, 지식 공유가 활성화되는 환경을 조성하기 위해

생각해보기
직원을 '지식 자산'으로 명명하는 것은 학습 조직의 특징이 아니다. 학습 조직의 다섯 가지 특징은 무엇인가?

지식 관리 프로그램에 착수했다. 이 프로그램에 대한 HP의 신조는 '소수의 지식을 다수의 지식으로'를 만드는 것이었다(Martiny, 1998, p. 72). 지식 경영은 HP 및 많은 다른 조직의 비즈니스 전략에도 성공적으로 포함되었다(HP Knowledge Management, 2014). 예를 들어 General Electric에서 지식 관리의 중요성은 전 CEO인 Jack Welsh가 직접 책임을 맡아 진행했던 세 가지 비즈니스 프로세스 중 하나가 지식 경영이라는 사실을 통해서 알 수 있다(Stewart, 2000).

많은 기업들에서 지식 관리 및 학습 계획을 주도하는 '최고 지식 책임자(chief knowledge officer)'라는 새로운 지위가 만들어질 정도로 지식 경영은 조직의 중요한 부분이 되었다. 대부분의 대기업은 지난 10~15년 동안 지식 경영에 투자하였다. KM World의 지식 경영을 중요시하는 100개 회사 목록에는 Apple, HP, IBM, Oracle, Hyland(McKellar, 2015)와 같은 업계 선두 기업이 포함되어 있다. Microsoft는 지식 경영을 통해 품질 관리 및 예측이 가능해져 시간을 절약할 수 있기 때문에 생산성이 향상되었다고 주장한다(Hainey, 2015). 미국 국제 개발처(USAID)도 지식은 세계 보건 문제 해결을 위한 가장 중요한 자산 중 하나이며 지식 경영이 전 세계의 건강, 사회 및 경제 수준에 영향을 미칠 것이라고 제안하였다(K4Health , 2016).

Ernst & Young의 전 최고 지식 책임자인 John Peetz에 따르면 지식 경영은 회사의 4대 핵심 업무 프로세스 중 하나였다-계약을 하고, 작업을 하고, 사람들을 관리하고, 지식을 경영하는 것. 그의 직무에는 지식을 발견, 기록하며 회사 전체에 배포하는 프로젝트를 관리하는 것뿐만 아니라, 지식 공유의 중요성을 확산시키는 것이 포함되었다(Stewart, 1998). 비록 지식을 관리하고 공유하는 것이 경쟁우위를 유지하는 데 중요하다는 것이 분명하지만, 존경받는 경영학자인 Jeffrey Pfeffer는 조직이 지식 경영을 넘어 한 걸음 더 나아가야 한다고 제안한다. Pfeffer는 무엇을 해야 하는지 아는 것만으로는 충분하지 않다고 주장하면서 조직은 그러한 지식을 잘 활용해야 한다고 하였다. 간단히 말해 진정한 성공을 원하는 최첨단 조직은 아는 것과 실행하는 것의 격차를 좁히기 위해 노력해야 한다고 주장했다(Pfeffer & Sutton, 2013).

최근 지식 경영은 모든 조직에 있어 가장 중요한 혁신과 관련이 있다(du Plessis, 2007). 지식 경영은 새로운 지식을 창출하는 과정에서 지식이 사용 가능하고 접근 가능한지 확인하는 도구와 프로세스를 제공한다. 또 다른 사람들은 타인과 의사소통을 통해 전달하기 어려운 경험을 통해 얻은 암묵적 지식, 노하우가 혁신과 밀접하게 연결되어 경쟁 우위를 차지한다고 주장한다(Seidler-de Alwis & Hartmann, 2008).

학습 조직은 현재 조직이 처한 시장의 혼돈과 역동성에 보다 빠르고 효과적으로 대응할 수 있다. 조직 문화는 학습 및 혁신 과정에서 중요한 역할을 한다. 한 경험적 연구는 스페인 조직의 CEO 451명을 인터뷰했으며 조직 문화가 조직 학습에 긍정적인 효과가 있음을 발견했다. 그리고 조직 학습은 기술 혁신에 긍정적인 영향을 미쳤다(Sanz-Valle, Naranjo-Valencia, Jimenez-Jimenez, & Perez-Caballero, 2011). 특히 저자들은 조직 문화와 기술 혁신 간의 관계를 학습 조직이 조절한다는 사실을 발견했다. 스페인의 다양한 산업 분야의 HR 디렉터, 기술 관리 이사 및 CEO를 대상으로 한 최신 연구 결과에 따르면 지식중심의 리더십은 혁신에 긍정적인 영향을 주는 지식 경영 실천에 영향을 미쳤다(Donate & Sanchez de Pablo, 2015). 이 연구의 의미는 지식 개발 및 경영 실천을 통해 기업이 제품 혁신을 향상시킬 수 있다는 것이다. 최근의 또 다른 연구는 지식 경영을 업무 처리에 필요한 대인관계에 연계시킬 수 있었고, 이는 결과적으로 혁신을 향상시켰다(Fu, 2015). 약간 다른 접근법을 취한 연구에 따르면 유사한 산업 분야의 회사가 서로 지리적으로 근접해 있는 경우(예 : 노스캐롤라이나의 Research Triangle) 정보의 학습 및 공유가 증가하여 혁신이 개선되었다(Lai, Hsu, Lin, Chen, & Lin, 2014).

요약

이 장에서는 조직 이론과 조직 개발이라는 두 가지 조직 관련 주제에 대한 정보를 제공하였다. 이 두 주제가 조직의 효율성에 중요한 측면이라는 것이 논의되었다. 그다음 세 가지 조직 이론, 즉 고전적 조직 이론인 과학적 관리와 관료주의 그리고 최근의 접근법인 인간중심 이론과 개방 시스템 이론을 소개했다.

기업이 성공하기 위해 OD를 추구해야 하는 이유에 대해 많은 설명을 하였고 조직 개발의 다양한 기법을 논의하였다. 또한 OD로 인해 성공한 기업의 사례와 유연성 및 변화 의지가 없어 성공하지 못한 기업의 사례를 제시했다. 그리고 Lewin의 일반적인 변화 모델과 보다 정교해진 액션 리서치 모델에 대해 구체적으로 논의하였다.

다음으로, 설문 조사 피드백, 팀 빌딩, 종합적 품질 관리 및 수익 배분제와 같이 가장 자주 사용되는 OD 처치 기법들 그리고 각 기법들의 잠재적인 장점과 단점에 대해 알아봤다. 또한 리엔지니어링, 정보 기술, 긍정탐구와 같은 최근의 OD 처치를 소개했다. 마지막으로, 조직의 본질을 근본적으로 변화시키는 처치인 조직 개혁에 대해 논의했다. 여기서는 문화 변화와 지식 경영의 역할을 조직 혁신의 결정 요인으로 언급하였다.

주요 용어

긍정탐구(AI)	정보 기술(IT)	긍정심리학
변화 추진자	처치	리엔지니어링
클라이언트	지식 경영	변화에 대한 저항
문화 변화	마이크로 관리자	의미파악
권한 위임	조직 개발	통제 범위
노동의 분업	조직 이론	팀 빌딩
수익 배분제	조직 개혁	종합적 품질 관리(TQM)

실무 적용

조직 개발은 처음에는 간단해 보일 수 있다. 그러나 대규모 조직의 경우 상당히 복잡한 여러 단계가 필요하다. Arianda 소프트웨어의 CEO인 가빈 맥브라이드는 자신의 회사에 I/O 처치를 실행하는 데 도움을 요청했다. 그가 제공한 정보를 읽고 그의 질문에 답해보자.

안녕하세요.
Arianda 소프트웨어를 기꺼이 도와주셔서 감사드립니다. 고객에게 더 나은 서비스를 제공하기 위해 몇 가지 변화가 필요하다고 생각합니다.

Arianda는 소프트웨어 제품을 구매한 회사에 우수한 고객 서비스를 제공하는 것을 자랑스럽게 생각합니다. 고객 서비스 센터에서 전문지식을 갖춘 컨설턴트는 온라인 또는 전화로 고객에게 문제 해결 방법을 알려주거나 해결해줍니다. 과거에는 몇 년에 한 번씩 새로운 버전의 소프트웨어를 출시했습니다. 이제 우리는 거의 매주 소프트웨어를 업데이트하고 있습니다. 일반적으로 각 업데이트마다 문제 해결 지침은 변경되고 직원은 변경 사항을 바탕으로 고객을 지원할 수 있습니다. 업데이트할 때마다 직원들에게 중요한 정보를 제공할 수 있는 효율적이고 안정적인 시스템이 필요합니다.

저는 지식 경영 및 학습 조직에 관해 많은 이야기를 들었습니다. 어떤 방향으로 나아갈지 결정할 수 있도록 다음 질문에 대한 귀하의 생각을 정리하여 보내주시면 감사하겠습니다.

1. 지식 경영이란 무엇이며, 이것이 우리 회사의 문제에 도움이 될까요?
2. 효과적인 지식 경영 시스템을 구현하는 데 사용할 수 있는 도구는 무엇일까요? 이 시스템을 잘 만들기 위해 우리가 취해야 할 조치는 무엇이 있을지요?
3. 조직에서 이러한 주요 문화 변화를 실행하기 위해 취해야 할 조치는 무엇입니까?

귀하의 답변을 기다리겠습니다. 지식 경영이 좋아 보이지만, 단순히 유행한다고 해서 따라 하고 싶지는 않습니다.

감사합니다.
가빈

비판적 사고 문제

1. 조직 변화, 조직 개발 및 조직 개혁 등의 유사한 개념이 모두 이 장에서 논의됐다. 이 세 가지 개념은 어떻게 다른가? 비슷한 점은 무엇인가?
2. Frederick Taylor의 과학적 관리 개념은 I/O심리학 역사에서 가장 초기의 이론 중 하나였다. 그 후로, 과학적 관리의 토대를 마련한 조직 이론이 어떻게 발전하였는가? 추후 이론들은 어느 정도로 과학적 관리의 개념을 가져오거나 또는 과학적 관리를 벗어났는가?
3. 이 장에서는 회사가 채택할 수 있는 여러 가지 조직 구조 또는 설계(예 : 계층적, 매트릭스, 기능적 조직 설계, 홀라크라시)가 제시되었다. 비교할 두 개의 조직 구조/설계를 선택해 보자. 이 두 유형의 조직 구조는 어떻게 다른가? 각각의 장점과 단점은 무엇인가? 조직을 설계할 경우 어떤 조직을 선택할 것이며 그 이유는 무엇인가?
4. 종합적 품질 관리(TQM)는 조직 개발 처치의 한 유형이다. TQM은 널리 사용되고 매우 효과적이라고 믿고 있다. TQM이 그렇게 효과적인 이유는 무엇인가? TQM의 구성 요소는 조직에 어떻게 영향을 주거나 향상시키는가?
5. 조직 변화에 긍정탐구(AI) 기법은 다양한 조직에서 점차 대중화되고 있다. 이 기법은 관리자와 리더뿐만 아니라 전 직원들의 의견과 관점을 통합한다. 이 책에서 배운 개념을 바탕으로 이 직원 참여의 결과가 어떨 것이라고 생각하는가? 다시 말해, 조직 개혁 계획에서 자신의 의견을 제공할 기회가 주어지면 개별 직원에게 어떤 긍정적 효과가 있는가?

응용 문제

1. 관료주의를 경험한 적이 있는가? 무엇을 해야 했는가? 관료제가 존재할 이유가 있었는가?
2. 조직 개발 처치를 겪고 있는 조직에 가본 적이 있는가? 무슨 일이 일어났는가? 직원들은 어떻게 대응했는가?
3. 근무했던 조직을 생각해보자. 그 조직은 '학습 조직'이었는가? 그렇다면 그 이유는 무엇인가?
4. 긍정적인 조직 개발을 생각해보자. 사람들이 자신의 강점을 이용하는 데 더 많은 시간을 할애해야 한다고 생각하는가, 아니면 약점을 확인하는 데 시간을 할애해야 하는가 ? 그 이유는 무엇인가?
5. 수익 배분제를 사용하는 회사에서 일한다고 생각해보자. 수익 배분제를 좋아할 것이라고 생각하는가? 그 이유는 무엇인가?

더 읽을거리

Bakker, A. B., & Schaufeli, W. B. (2008). Positive organizational behavior: Engaged employees in flourishing organizations. *Journal of Organizational Behavior, 29*, 147–154.

Cummings, T., & Worley, C. (2014). *Organization development and change*. Cengage learning.

Easterby-Smith, M., & Lyles, M. A. (2011). *Handbook of organizational learning and knowledge management* (2nd ed.). West Sussex, UK: Wiley.

Hitt, M. A. (2000). The new frontier: Transformation of management for the new millennium. *Organizational Dynamics, 28*(3), 7–17.

Katz, D., & Kahn, R. L. (1978). *The social psychology of organizations* (2nd ed.). New York: Wiley.

Luthans, F., & Youssef, C. M. (2007). Emerging positive organizational behavior. *Journal of Management, 33*, 321–349.

용어해설

가설(hypothesis) 둘 이상의 변인 간의 관계에 대한 잠정적 진술

가외변인(extraneous variable) 독립변인 이외에 결과를 오염시키거나 인과 관계에 영향을 미치는 다른 모든 변인

감각 및 운동 능력 검사(psychomotor test) 신체의 움직임이나 감각의 조절과 통제를 평가하는 검사

개념 준거(ultimate criterion) 성공적인 직무 수행이라 정의할 수 있는 모든 요소를 포함한 이론적인 구성개념

개인 검사(individual tests) 한 번에 한 명의 피검사자를 대상으로 시행하는 검사

객관적 준거(objective criteria) 주관적 판단이나 평가가 아닌 수치에 기반한 성과 측정. 하드 준거 또는 비판단 준거라 불리기도 함

거래적 리더십(transactional leadership) 리더와 따르는 사람 간의 관계가 강화에 중점을 두고, 주로 교환에 기반한 리더십의 한 형태

검사(test) 행동을 관찰하고 그 행동을 양적인 지표로 표현하기 위한 체계적인 절차

검사-재검사 신뢰도(test-retest reliability) 시간의 흐름에 따른 검사 점수의 안정성. 종종 안정성 계수라고 불림

결과 준거(results criteria) Kirkpatrick의 분류에서 훈련 프로그램으로 인해 회사가 가지게 되는 최종 성과 및 산출물. 행동준거와 함께 외적준거라고도 함

결정계수(coefficient of determination) 예측변인이 준거변인의 분산을 설명하는 비율

경험 샘플링 방법론(experience sampling methodology : ESM) 스마트폰이나 모바일 기기를 활용하여 기분이나 정서와 같은 현상 자료를 실시간으로 그리고 반복적으로 얻을 수 있는 기법

공간 능력((Spatial Ability) 사물을 특정 패턴으로 시각화하기 위해 공간에서 회전할 수 있는 기하학적 관계에 대한 능력

공유된 정신 모형(shared mental models) 개인들 간의 노력을 조정하는 데 도움이 되는 둘 이상의 개인의 지식, 신념 및 이해가 결합된 조직화된 구조

공정성 민감도(equity sensitivity) 과대 보상과 과소 보상에 대한 민감도의 개인차

과업(task) 특정 목표를 달성하기 위해 수행되는 작업 활동

과업중심(task-oriented) 해당 직무에서 수행되는 다양한 과업들을 설명하는 것에 초점을 맞춘 직무 분석 접근법

과업 목록 접근법(Task Inventory Approach : TIA) 해당 직무에 익숙한 전문가가 만든 과업 진술문을 사용하여 직무분석을 실시하는 과업중심 접근법

과업 수행(task performance) 직원들이 조직의 핵심적인 부분에 필수적으로 기여하는 모든 업무 관련 활동

과학(science) 지식을 생성하는 과정 또는 방법

과학자/실무자 모델(scientist/practitioner model) 산업 및 조직심리학자는 연구를 통한 지식의 생성자이자 소비자이기 때문에 산업 및 조직심리학자 양성 시 이론과 적용 모두에 초점을 맞춰 교육해야 한다는 교육의 모델 혹은 틀

관대화(leniency) (1) 한 사람이 모든 평가 대상들에게 준 점수의 평균이, 다른 모든 평가자들이 모든 평가 대상들에게 준 점수의 평균보다 높거나 (2) 한 사람의 평가점수 평균이 척도의 중심점보다 높을 때 일어나는 평가 오류

관찰 방법(observational methods) 행동 관찰을 통해 자료를 수집하고, 두 변인 간 관계 그리고 관계의 형태를 기술하는 연구 절차

교수 설계(instructional design) 학습자의 학습 과정을 지원하기 위한 개발과 조정을 포함한 모든 활동

교차 기능 팀(cross-functional teams) 팀 조직의 다양한 부서의 구성원으로 구성되며 각 구성원은 본인의 고유 업무를 수행하는 팀. 프로젝트 팀이라고도 함

구성개념(construct) 지능, 동기와 같이 관찰하고 측정하기 어려운 추상적인 개념

구성 타당도(construct validity) 검사 측정 문항들이 측정하려고 한 구성개념을 반영하는 정도

구조 주도(initiating structure) 리더들이 그룹의 공식 목표를 달성함에 있어 자신과 부하직원의 역할을 정의하는 행동

국외근로자(expatriates) 잠시 국외에 거주하며 일하는 직원들

군대 알파(Army Alpha) **및 군대 베타**(Army Beta) 1차 세계대전 중 군인력의 선발과 배치를 위해 산업 및 조직심리학자들이 개발한 정신능력 검사(지능검사)

권력(power) 한 사람 이상의 다른 개인의 태도와 행동에 대한 개인의 잠재적 영향력

권한 위임(delegation of authority) 관리자가 특정 작업을 별도의 직원에게 할당하고 이 작업을 완료하도록 책임을 위임하는 방식

귀납법(induction) 자료로부터 시작해서 이론 수립으로 끝나는 과학적 연구 절차

규범(norm) 집단 내에서 타인의 말과 행동에 대한 적절한 반응 방식에 대한 공유된 기대

규범적 몰입(normative commitment) 조직과 계속적으로 고용관계를 유지해야 한다는 의무를 반영하고 있는 개념으로 도덕적 몰입이라고도 함

긍점 탐구(appreciative inquiry : AI) 조직이 긍정적인 잠재력을 강화할 수 있도록 질문을 사용하는 기술 및 기법

긍정심리학(positive psychology) 개인과 조직의 강점과 덕목에 대한 과학적 연구

기계 능력(mechanical ability) 기계적 사실들과 원리에 대한 종합적인 지식, 도구의 다양한 사용 방법 인식, 때때로 기계를 다루는 실제 기술을 의미

기능적 직무분석(Functional Job Analyiss : FJA) Sidney Fine에 의해 개발되었으며, 고도로 구조화된 과업중심 접근법으로서 작업자가 하는 과업 및 과업이 수행되는 방식에 대한 정보를 수집하는 방법

기대(expectancy) 특정 수준의 노력을 했을 때 원하는 수행 수준을 달성할 가능성에 관한 개인의 신념

기록 연구(archival research) 개인이나 조직이 일반적인 또는 특수한 목적으로 수집한 이차 자료에 기반한 연구

기업입장에서의 어려움(undue hardship) 장애인 고용으로 인해 시설변경을 할 경우 회사의 재무 상태에 심각한 위협을 초래하는 경우

기초율(base rate) 현재 재직하고 있는 직원 중 높은 직무 수행을 보이는 직원들의 비율

남만큼만 하기 효과(sucker effect) 집단 구성원이 동료가 최선을 다하지 않는 것을 걱정할 때 발생하는 현상으로 동료 수준으로 자신의 노력을 줄이는 것

내용 타당도(content validity) 검사 또는 예측변인이 평가하려는 속성을 대표하는 문항이 포함되어 있는 정도

내적 일관성(internal consistency) 개별 검사 문항이 동일한 것을 측정하는 정도를 나타내주는 지표

내적 타당도(internal validity) 도출된 연구 결과의 인과관계에 대한 확신의 정도

내현 리더십 이론(implicit leadership theory : ILT) 리더십을 부하의 지각 과정의 결과로 보는 리더십 이론

노동의 분업(division of labor) 관료주의 조직에서 각 직무가 각자의 책임과 의무를 지닌 전문 직책이 되는 접근법

능동 학습(active learning) 학습의 효과를 촉진하기 위해 연습, 문제 해결 방법, 커뮤니케이션, 언어적 상호작용 등의 방법과 활동을 하는 것

다중 허들(multiple hurdle approach) 다중 합격점과 같이 각 예측변인 합격점을 모두 통과해야 하지만, 각 검사를 사전에 계획된 순서에 의해 실시하고, 하나의 검사 합격점을 통과했을 때 다음 검사를 실시하는 방식

다중 회귀(multiple regression) 선발 맥락에서 일련의 예측변인들이 준거를 얼마나 잘 예측할 것인지를 알려주는 통계적 기법

대처(coping) 스트레스를 관리하거나 감소시키는 데 도움이 되는 노력

도구성(instrumentality) 특정한 행동을 하였을 때 그 행동으로 인해서 어떤 보상이 수반할 가능성에 대한 지각

독립변인(independent variable) 다른 변인의 선행변인으로 실험자가 체계적으로 조작하거나 측정한 변인

동시 타당도(concurrent validity) 검사가 실시되는 같은 시점에 측정되는 준거를 잘 예측하는 정도

동의서(informed consent) 연구에 자발적으로 참여했다는 것과 연구 참여의 이익, 위험, 절차 등과 관련된 중요한 정보를 제공받았다는 것에 서명하는 서류

동일 가치 원칙 조직에서 동등한 (또는 비슷한) 가치를 지닌 직무는 동등한 보상을 받아야 한다는 원칙

동일 임금법(equal pay act) 동일한 직무를 수행하고 있는 남성과 여성의 급여나 복리후생에서 차별이 존재해서는 안 된다는 법

동형 신뢰도(parallel forms reliability) 동형 계수로도 불리고, 같은 구성개념을 측정하는 두 개의 독립된 검사 점수가 유사한 정도

리더-구성원 교환(LMX) 이론[leader-member exchange (LMX) theory] 리더 행동이나 특성보다는 부하와 리더 간의 관계에 초점을 맞춘 작업짝(work dyad)에 관한 이론

리더십(leadership) 개인이 자신의 행동과 관계를 구조화하기 위해 의도적으로 다른 사람들에게 영향력을 행사하는 사회적 과정

리더십 자기 효능(leadership self efficacy : LSE) 리더 자신이 리더로서의 과업이나 역할을 성공적으로 수행할 수 있는지에 대한 개인의 지각

리더 없는 집단 토론(leaderless group discussion : LGD) 관리자로서 요구되는 자질을 평가하기 위해 소규모 그룹 활동 중 보이는 상호작용을 평가하는 검사

리엔지니어링(reengineering) 비용, 품질, 서비스 및 속도와 같은 조직 내 중요한 기능을 향상시키기 위한 비즈니스 프로세스의 근본적인 재검토 및 재설계. 비즈니스 프로세스 재설계라고도 함

마이크로 관리자(micro-manager) 개인 작업을 직원에게 위임하는 대신 모든 작업을 담당하는 관리자

마인드가드(mindguard) 집단의 견해와 일치하지 않는 외부 정보로부터 집단을 보호하는 역할을 담당하는 응집력 있는 집단의 구성원

맥락(context) 직무 수행 평가가 이루어지는 심리사회적 환경

맥락 수행(contextual performance) 조직의 핵심사항 운영에 필요한 광범위한 조직적, 사회적 및 심리적 환경을 유지하는 데 도움을 주는 근로자의 행동. 이타 행동, 조직시민행동이라고도 불림

멀티 팀 체계(multiteam systems) 집단 목표를 달성하기 위해 밀접하게 결합된 팀

메타 분석(meta analysis) 양적인 문헌 검토를 수행하기 위해 사용되는 한 방법론

모집(recruitment) 특정 회사의 직무에 잠재적인 자격을 지닌 사람을 끌어들이는 과정

무선 할당(random assignment) 실험 참가자가 각 조건에 동일한 확률로 할당되는 절차

무임승차(free riding) 집단 구성원이 본인에게 할당된 작업량보다 덜 하면서도 보상은 균등하게 공

유하는 상황

문제중심 대처(problem-focused coping) 스트레스를 유발하는 문제 자체를 해결하거나 조절하기 위한 행동 혹은 행위를 포함하는 대처 방식

문화 변화(culture change) 조직 구성원이 공유하는 신념, 가치관, 규범 및 기대의 형태 변화

물리적 충실도(physical fidelity) 실제 업무 현장에서 사용하는 도구와 훈련에서 사용하는 도구가 일치하는 수준

박사학위 논문(dissertion) 박사 취득을 위한 마지막 관문인 학술 연구

반생산적 행동(counterproductive work behaviors : CWBs) 조직, 직원, 그 외 모든 이해 당사자들에게 해를 끼치는 모든 의도적 · 비의도적 행동

반응 준거(reaction criteria) Kirkpatrick의 분류에서 훈련 프로그램에 대한 훈련자의 태도적인 반응. 학습 준거와 함께 내적준거라고도 한다.

배려(consideration) 리더가 지지하는 방식으로 그리고 부하직원에 대한 관심과 존경심을 나타내는 행동의 정도

범위(range) 변산도의 가장 간단한 측정치로, 최저 점수에서 최고 점수까지 점수의 폭

변별 타당도(divergent validity) 연구자가 측정하고자 하는 구성개념의 측정치가 유사하지 않은 구성개념 측정치와 관련이 없는 정도

변혁적 리더십(transformational leadership) 리더와 팔로워의 상호작용이 개별적으로 달성하는 것보다 높은 수준의 동기 부여와 도덕성을 제공하는 리더십의 한 형태

변화에 대한 저항(resistance to change) 조직 변화가 더 어렵도록 혹은 덜 성공적이게 하기 위해 의도적으로 혹은 다른 방식으로 일을 하는 일부 직원들이 보이는 특징

변화 추진자(change agent) 조직에서 변화 프로세스를 시작하는 개인. 처치 실행자라고 부르기도 함

보상 요인(compensable factors) 직무 평가에 사용되는 차원 또는 요인으로, 직원이 수행하는 직무에 이러한 요인의 포함 정도에 따라 보상 수준이 달라짐. 요인의 예로 노력, 기술, 책임감과 작업 환경이 있음

분산(variance) 변산도의 유용한 측정치로 편차 제곱 합을 사례수로 나눈 값

분산 학습(distributed practice) 훈련을 부분으로 나누고, 그 부분 사이에 쉬는 기간을 두는 훈련

분포 오류(distributional errors) 실제 평가 분포와 기대된 평가 분포 사이의 불일치로 인하여 생기는 엄격화, 중앙집중 경향성, 그리고 관대화와 같은 평가 오류

불완전고용(underemployment) 근로자의 능력 혹은 역량 수준 이하의 직무를 수행하는 것

브레인스토밍(brain storming) 집단의 모든 구성원이 다른 구성원이 제안한 것에 대한 두려움 없이 잠재적인 해결방안을 생성하는 기술

비개입적 자연 관찰(unobtrusive naturalistic observation) 연구자가 비개입적이며 객관적으로 관찰하지만 관찰 대상자들과 상호작용하지 않는 관찰 기법

사람-환경 적합성(person-environment fit) 개인의 KSAOs가 직무의 가치 및 요구, 그리고 회사의 환경 및 특성에 부합하는 정도

사례 연구(case studies) 한 개인, 그룹, 회사 또는 단체에 대한 세밀한 조사

사무 능력(clerical ability) 비서, 행정 보조, 경리, 그리고 종업원 등 수많은 직책에 요구되는 능력으로, 업무 처리 속도와 처리 과정에서의 정확성을 평가

사회적 태만(social loafing) 사람들이 혼자가 아닌 집단으로 일할 때 발생하는 개인적인 노력의 감소 현상

산업/조직심리학(industrial/organizational psychology) 심리학 원리와 이론을 직업 장면에 적용한 응용심리학의 한 분야

상관관계(correlation coefficient : r) 두 변인 간 관계의 방향성과 강도를 측정하는 통계치

상향식 평가(upward appraisal ratings) 조직 계층 구조에서 피평가자들보다 지위가 낮은 사람들이 제공한 평가

상황 면접(situational interview) 후보자들에게 직무 상황에서 발생할 수 있는 딜레마나 문제 상황을 제시하고, 상황을 어떻게 해결해나가야 하는지를 물어보는 면접 방법

상황 이론(contingency theory) 특성 및 행동 이론과는 달리 상황적 또는 맥락적 변인을 리더십의 주요 변인으로 다루는 이론

상황적 구체성(situational specificity) 검사의 타당도가 특정 상황이나 회사에 국한된다는 믿음

상황 판단 검사(situational judgment tests : SJT) 모의 직무 상황을 설정하고, 그 상황 속에서 피검사자를 대상으로 지필 검사 및 비디오 시나리오 평가를 실시하는 검사

생활사(biodata) 생활사 정보를 통해 수집된 개인의 과거 정보로, 후보자의 태도, 취미, 경험 등 전반적 과거 경험과 역사에 대한 정보

생활사 정보(biographical information) 선발의 맥락에서 개인의 과거 경험과 역사에 관해 기술한 정보

서류함 검사(in-basket) 피평가자에게 특정 상황과 그 상황을 해결할 수 있는 정보가 담겨 있는 서류함을 제공하고 어떻게 그 상황을 해결하는지에 대해 평가하는 검사

서번트 리더십(servant leadership) 개인적 진실성과 다른 사람을 돕고자 하는 욕구를 기반으로 한 리더십

선발률(selection ratio) 고용하고자 하는 직원의 수를 지원자 수로 나눈 값

선발 도구모음(selection battery) 직원의 고용 여부를 결정하는 몇 개의 예측변인 혹은 검사 도구세트

성격 검사(personality test) 개인의 성격 특성을 확인하기 위한 체계적인 절차

성장 욕구 강도(growth need strength) 상위 욕구에 대해 개인이 가치를 두거나 욕구를 충족시키려는 정도

성희롱(sexual harassment) 상대방이 원치 않는 성적 접근, 성적 호의를 베풀도록 요구하는 것, 성과 관련된 언어적 또는 신체적 행위로, 이를 허락하거나 거절하는 것이 개인의 고용에 영향을 미치고, 위협적이고 적대적인 작업환경을 만드는 것

속도 검사(speed test) 제한된 짧은 검사 시간 동안 상대적으로 쉬운 검사 문항을 최대한 많이 해결하는 검사

속성(attribute) 측정할 수 있고 변할 수 있는 하나의 차원

수렴 타당도(convergent validity) 연구자가 측정하고자 하는 구성개념의 측정치가 유사한 구성개념 측정치와 관련이 있는 정도

수익 배분제(gain sharing) 생산성 향상을 기반으로 보너스를 직원에게 지급하는 조직 개발 처치

수행(performance) 조직의 목표 달성과 긴밀한 관계가 있는 실제 직무와 관련된 행동

수행 검사(performance tests) 검사 시 물체나 도구의 조작이 요구되는 검사

스트레스원(stressor) 스트레인을 야기하고, 안정적 범위를 벗어난 심리적 또는 신체적 기능을 발휘하게 하는 부정적인 어떤 사건이나 힘

스트레인(strains) 다양한 삶의 영역에서 결합된 스트레스 경험으로 인해 발생되는 바람직하지 않은 개인의 결과

신뢰도(reliability) 측정의 일관성 또는 안정성

실제 준거(actual criteria) 개념 준거를 가장 현실에 가깝게, 즉 측정가능하게 나타낸 준거로 최대한 개념 준거를 반영하여 검사 문항을 개발함

실험 방법(experimental methods) 독립변인의 조작과 참가자들을 각 조건에 무선할당하는 연구 절차

심리적 계약(psychological contract) 고용주와 상호 암묵적으로 합의한 근로 조건에 대한 직원 개인의 신념

심리적 충실도(psychological fidelity) 실제 업무를 위해 필요한 행동 절차가 훈련에서 사용되는 행동 절차와 일치하는 수준

엄격화(severity) 척도의 낮은 쪽만을 사용하는 경향성 혹은 다른 평가자들이 직원들에게 주는 점수보다 낮은 평가점수를 지속적으로 주는 것

역동적 준거(dynamic criteria) 시간이 지남에 따라 변하는 수행 수준을 반영하는 측정치가 변함

역량(competencies) 직원이 특정 기능을 수행할 수 있게 해주는 기술, 행동 및 능력의 집합

역량 검사(power test) 시간제한이 없이 상대적으로 어려운 문제를 해결하게 하는 검사

역할(role) 집단에서 특정 지위에 있는 사람에게 기대되는 일련의 행동

역할 갈등(role conflict) 역할 기대가 비일관적이고 상사가 직원에게 역할에 대해 혼합된 메시지를 전달하는 상황

역할 모호성(role ambiguity) 역할 기대가 불분명하고 직원이 자신에게 기대되는 행동이나 역할이 어떤 것인지 확신할 수 없는 상황

역할 분화(role differentiation) 집단이나 조직이 여러 구성원에게 서로 다른 역할을 설정하는 과정

연역법(deduction) 이론과 명제로 시작하고 자료를 수집하여 그 이론을 검증하는 과학적 연구 절차

예측 타당도(predictive validity) 특정 시점에서 얻은 검사 점수가 나중에 얻은 준거를 예측하는 정도

온라인 평판 조회(cyber-vetting) 지원자들의 직무 적합성 평가를 위해 인터넷 정보를 활용하는 것

외적 타당도(external validity) 실험에서 얻은 결과가 다른 대상, 상황 및 시점으로 일반화가 가능한 정도

요소(element) 직무분석에서 작업 활동의 가장 작은 단위

욕구(need) 지각, 신념, 인지, 행위를 조직하고, 행동이 발생하게 하는 원동력. 행동이 발생하면 욕구가 채워져 욕구의 강도가 줄어들고, 안정 상태로 복귀함

원격교육(distance learning) 지리적으로 다른 장소에 있는 학습자들이 동시에 훈련에 참여할 수 있도록 하는 훈련 방법

원격근무(telework) 직원들이 근무 시간과 장소에 구애받지 않고 정보통신 기술을 활용하여 유연성을 발휘할 수 있는 근로 조건에서 업무를 수행하는 것

원형(prototype) 무언가 또는 리더와 같은 누군가에 대한 개인의 정신적 표상

유리 천장(glass ceiling) 자격을 갖춘 개인이 어떤 형태의 차별로 인해 가능한 어떤 것을 성취하지 못하는 상황

유용성(utility) 어떠한 선발 도구가 사용하기에 적합하며 비용–효과적인지를 나타내는 정도

유인가(valence, value) 각 보상을 받았을 때 만족의 기대 수준

육아 휴직(parental leave) 조직에서 직원이 직장에서의 일과 가정에서의 육아와 같은 책임들을 병행할 수 있도록 제공해주는 프로그램

응집(cohension) 집단 구성원들이 집단의 일원으로 계속 남아 있고 구성원 상호 간에 형성되어 있는 연결 또는 유대를 계속해서 유지하고자 하는 동기의 강도

의도적이지 않은 차별(disparate impact cases) 의도적이지 않게 고용 절차에서 소수자에 대한 차별이 이루어지는 것

의도적인 차별(disparate treatment cases) 의도적으로 고용 절차에서 소수자에 대한 차별이 이루어지는 것

의미파악(sense making) 직원이 작업 관련 사건을 해석하고 이해하기 위해 노력을 기울이는 과정

이론(theory) 현상을 설명하고 예측할 목적으로 변인들 간의 관계를 구체화하여 현상에 대한 체계적인 관점을 제시하는 상호 연관된 구성개념(개념), 정의 및 진술의 집합

인과 추론(causal inference) 연구 자료로부터 두 변인 사이의 인과 관계의 가능성에 대해 도출된 결론

인적 자산(human capital) 조직에 가치를 제공하는 개인의 교육, 훈련 및 경험들

일–가정 갈등(work-family conflict : WFC) 일과 가

정에서의 요구가 서로 양립되지 않는 일-가정 관계 모델

일-가정 충실(work-family enrichmen : WFE) 한 영역에서의 긍정적인 태도와 행동이 다른 영역으로 전이되는 것으로 믿어지는 일-가정 관계 모델

일반체계 설문지(Common-Metric Questionnaire : CMQ) 약간 덜 일반적인 작업 행동에 초점을 맞춘 문항을 사용하여, 일반화 가능성을 향상시키려는 작업자중심의 직무분석 도구

일 중독자(workaholic) 업무에 지나치게 많은 노력을 투자하고, 직무 관여 수준이 매우 높은 사람으로 일과 삶이 불균형을 경험하게 되는 경우가 많음

일중심 경향성(work centrality) 일이 자신의 삶에서 중요한 정도

임의 고용(employment at-will) 고용인과 피고용인은 언제든지 그리고 어떠한 이유든지 고용과 고용 철회를 할 권리가 있다는 관습법

자기관리 작업 팀(self-managed work team : SMWT) 전체 프로세스 또는 제품을 모니터링 및 제어하고 팀 구성원에게 특정 작업을 배정하는 작업 팀

자기 조절(self-regulation) 목표를 추구하는 데 있어서 개인이 자신의 행동을 관찰하고 조절하는 방식

자기 효능감 기대(self-efficacy expectation) 특정 과업을 성공적으로 완수하거나 목표를 달성할 수 있는 능력이 있는지에 대한 주관적인 지각

작업동기(work motivation) 한 개인의 작업행동에 에너지를 제공하고, 방향을 설정하며, 그 행동을 유지할 수 있도록 하는 원동력

작업자중심(worker-oriented) 작업 활동에 포함되는 광범위한 인간 행동들을 조사하는 접근법

작업 표본 검사(work sample tests) 실제 업무 상황과 동일한 축소된 업무 상황을 개발하고, 그 상황 속에서 피검사자에게 요구되는 실제 직무 수행을 평가하는 검사

재직자(incumbents) 현재 해당 직무에 종사하는 근로자

전략적 직무분석(strategic job analysis) 현 직무의 상태뿐만 아니라 예상되는 조직 또는 산업 변화로 인해 향후 직무가 어떻게 변할지와 관련 있는 요인들을 고려하는 직무분석에 대한 접근법

정규분포(normal distribution) 종모양의 수학적인 자료 분포로, 대부분의 자료가 평균 근처에 있고 소수의 극단치가 있음

정보 기술(information technology : IT) 정보를 수집, 저장, 처리 및 전송하는 과학

정서 노동(emotional labor) 대인관계 상호작용을 하는 동안 조직에서 요구하는 감정표현을 하기 위해 직원에게 노력, 계획, 통제하는 것이 요구되는 일

정서적 기질(affective disposition) 다양한 환경 자극에 일관된 정서반응 성향

정서적 몰입(affective commitment) 조직에 대한 정서적 애착으로 조직의 목표, 가치에 대한 강한 믿음과 수용, 조직을 위해 노력하고자 하는 의지가 주된 특징임

정서 조절(emotion regulation) 자신의 정서를 모니터하고 표현하는 방식

정서 지능(emotional intelligence : EI) 자신의 정서를 식별, 관리하고 다른 사람의 정서를 이해하는 능력 또는 기술

정서중심 대처(emotion-focused coping) 스트레스를 유발하는 사건의 정서적 효과를 최소화하는 인지 혹은 사고와 관련된 전략을 포함하는 대처 방식

정신 모형(mental model) 개인이 주변 세계를 이해하는 데 도움이 되는 체계적인 지식 구조

정직성 검사(integrity tests) 직원이 반생산적 행동, 비윤리적인 업무 행동(거짓말, 절도, 사보타주) 등의 행동을 할 것인지를 평가하는 검사

조사(survey) 응답자 표본을 선택하고 일련의 설문을 실시하는 자료 수집 기법

조작(manipulation) 체계적으로 다른 실험 집단에 독립변인을 적용, 변화 또는 영향을 미치는 것

조직 개발(organizational development : OD) 행동과학 지식과 기술을 통해 조직의 효율성을 높이기 위한 계획된 조직 차원의 노력

조직 개혁(organizational transformation) 조직을 위한 새로운 비전을 창출하고 신념, 목적 및 사명을 변화시키는 데 중점을 두는 처치

조직기반 자아존중감(organizational-based self-esteem : OBSE) 조직 구성원으로 자신의 가치에 대한 직원들의 인식 정도

조직몰입(organizational commitment : OC) 조직에 대해 종업원들이 경험하는 심리적 애착

조직 사회화(organizational socialization) 조직 구성원이 되기 위해 필요한 태도, 행동, 지식을 습득하는 과정

조직심리학(organizational psychology) 일터에서 개인, 집단의 행동과 경험에 영향을 미치는 개인적·상황적 변인에 대한 체계적인 연구

조직에 의해 동기 부여된 공격성(organization-motivated aggression) 조직 요인으로 인해 조직의 내부 또는 외부 사람에게 부상을 입히는 행동이나 파괴적인 행동을 시도하는 것

조직에 의해 동기 부여된 폭력(organization-motivated violence) 조직에 의해 동기 부여된 공격성의 결과로 인해 사람이나 자산에 부정적인 영향을 미치는 것

조직 이론(organizational theory) 조직과 개인이 다양한 조직 구조와 상황에서 어떻게 행동하는지를 설명하거나 예측하는 일련의 명제

조직 정의(organizational justice) 조직 맥락에서 직원들의 공정성에 대한 지각

조직행동관리(organizational behavior managment) 행동주의 심리학 원리를 조직 상황의 개인과 집단행동에 적용하는 분야

종속 변인(dependent variable) 연구자가 관심을 가지고 있는 실험에서 측정 혹은 평가되는 변인

종합적 타당도(synthetic validity) 여러 직무에서 공통적인 직무 요소가 있을 경우, 해당 직무들 간의 KSAO나 사람의 특성도 관련성이 높다는 가설

종합품질관리(total quality management : TQM) 조직의 품질 관리에 종사하는 직원에 초점을 맞춘 계획. 지속적인 품질개선 또는 품질관리라고도 함

주관적 규범(subjective norm) 특정 행동의 용인 여부와 관계된 사회적 압력에 대한 개인의 인식

주관적 준거(subjective criteria) 수와 같은 객관적 측정보다는 타인의 판단이나 평가를 기반으로 한 성과 측정. 소프트 준거 또는 판단 준거라고도 함

주요 사건(critical incident) 행동기준평정척도 혹은 직무분석에 사용되는 핵심적 직무 수행 예시

주제 관련 전문가(subject matter experts : SMEs) 해당 직무에 대한 전문가로서 직무분석에 참여하는 사람

준 실험(quasi experiment) 실험 설계와 유사하지만 무작위 할당을 포함하지 않는 연구 설계

준거(criteria) 근로자의 우수한 수행 수준을 측정하는 척도로 사용될 수 있는 평가 기준

준거 결핍(criterion deficiency) 개념 준거의 요소들이 실제 준거에 포함되지 않았을 때 발생하는 현상

준거 오염(criterion contamination) 실제 준거에서 측정된 요소들이 개념 준거에 속하지 않았을 때 발생하는 현상

준비도(readiness) 훈련생의 개인 특성과 학습의 필요성에 대한 관심 수준

중앙집중 경향성(central tendancy) 직원들을 평가할 때 척도의 중간 부분만 사용하는 경향성

중앙치(median) 자료 분포에서 중간(50%)에 해당하는 점수

지각된 조직지원(perceived organizational support) 직원에 대한 조직의 가치와 배려에 관한 직원의 포괄적인 신념

지각된 행동통제(perceived behavior control) 특정 행동을 하는 것이 어려운 일인지를 판단하는 개인의 신념

지속적 몰입(continuance commitment) 직원이 조직에 재직하면서 투자한 시간, 노력 등으로

인해 생성된 애착. 매몰 비용 몰입(sunk-costs commitments)이라고도 함

지속적 학습(continuous learning) 직접적이고 장기적인 학습에 대한 노력. 강한 욕구로 시작하여 학습 활동에 참여함으로써 지식을 습득하고 결과를 향상시키는 것

지식 경영(knowledge management) 조직이 지식을 개발, 보급 및 사용하려는 노력을 증진시키는 방법

지필 검사(paper-and-pencil tests) 피검사자들이 문제의 답을 답안지나 컴퓨터 마킹 용지에 작성하는 검사

직무(job) 공통의 직무를 공유하는 서로 유사한 직위들의 집합

직무가공(job crafting) 직원이 자율성을 가지고 자신의 직무와 관련된 과업, 책임, 절차들을 자신의 욕구에 맞춰 혹은 자신이 일에서 의미를 찾을 수 있는 방향으로 수정, 변경하는 과정

직무 관여(job involvement) 자신의 직무에 몰두하는 정도

직무기술서(job description) 직무분석의 성과로, 재직자들이 실제로 하는 일, 그리고 그러한 일을 왜, 어떻게 하는지에 대한 진술문

직무 만족(job satisfaction) 직업이나 직무 경험에 대한 인지적인 평가로부터 나타나는 즐겁고 긍정적인 정서 상태

직무명세서(job specification) 직무 수행에 필요하다고 여겨지는 KSAOs를 설명하는 직무분석의 성과물. 종종 직무 스펙이라고 부름

직무분석(job analysis) 직무를 구성하는 과업이나 책무(duties) 그리고 직무를 수행하는 데 필요한 지식이나 기술의 관점에서 직무를 정의하는 과정

직무 수행 관리(performance management) 일반적으로 (1) 객관적인 목표 설정, (2) 지속적인 코칭과 피드백, (3) 직무 수행 평가, (4) 근로자 개발 계획을 포함한 개인 직무 향상을 위한 모든 계획과 실행

직무 수행 평가(performance appraisal) 직무 수행에 대한 체계적인 검토와 평가

직무 요소 방법(Job Element method : JEM) 특정 직무에서 우수한 직원의 특성을 파악하도록 설계된 작업자중심의 직무 분석 방법

직무 평가(job evaluation) 직무분석의 결과로, 특정 직무가 조직에서 갖는 가치를 결정하여 급여 수준을 설정하는 방법

직무필수요건(essential functions) 직무에서 필수적으로 요구되는 과제나 신체 기능

직무 확충(job enrichment) 직무 특성 이론에 의해 확인된 동기 향상 특성들을 제공할 수 있도록 직무를 변경하여 직무 수행의 잠재성을 증가시키는 과정

직업목록사전(Dictionary of Occupational Titles : DOT) 1930년대 노동부에 의해 개발된 도구로, 직업과 직무를 분류하기 위해 사용되어 왔고 과업, 책무, 그리고 약 12,000개의 직무의 작업에 대한 서술적 설명으로 구성되어 있음

직업적격 검사(bona fide occupational qualification : BFOQ) 특정 직무를 효과적으로 수행하는 데 요구되는 성, 종교, 출신 국가와 같은 특징

직위(position) 조직 내에서 수행된 과업으로 정의되는 개인의 위치

직위 분석 설문지(Position Analysis Questionnaire : PAQ) 일반적인 업무 행동에 초점을 맞춘 널리 사용되는 직무분석 도구

진성 리더십(authentic leadership) 자신의 개인적이고 진솔한 방식을 통해 따르는 사람을 신뢰하고 관계를 구축하고 선도하는 것

진실한 후광(true halo) 평가 오류보다 실제 수행 차원 간에 존재하는 상관관계로 인하여 생기는 후광

집단 검사(group tests) 다수의 피검사자에게 동시에 실시하는 검사

집단사고(group think) 응집력이 있는 조직에서 동일시하려는 욕구가 매우 지배적이어서 대안적인 행동 방식에 대한 현실적인 평가를 못하는 상황에

서 집단 구성원들이 하는 사고방식

집중 학습(massed practice) 모든 훈련을 쉼 없이 한 번에 하는 훈련

차별수정 조치(affirmative action) 특정 직무에서 소수자 계층 혹은 보호 계층의 고용을 늘려 나가는 조치

참조의 틀 훈련[Frame of Reference(FOR) Training] 평가 정확성을 증진하기 위하여 모든 평가자들이 공통된 견해와 이해를 공유할 수 있도록 관찰 및 변별 기술을 강화하도록 설계된 훈련.

처치(intervention) 조직 개발에서 변화 촉진자가 제안하거나 구현하는 프로그램 또는 계획

초과학습(overlearning) 학습자가 특정 행동을 습득한 후에도 반복적인 연습을 통해 해당 행동을 완전히 숙달하는 과정

최빈치(mode) 자료 분포에서 가장 빈도가 많은 하나의 점수

측정(measurement) 구체적인 속성을 표현할 수 있게 해주는 규칙을 활용하여 목표 대상이나 사건들에 수를 부여하는 것

컴퓨터 조정 검사(computer adaptive testing) 이전 문항의 점수에 따라 이어지는 문제의 난이도가 다르게 결정되는 컴퓨터 기반 검사

코칭(coaching) 전문가가 직원의 수행과 관련된 지침을 제공하는 일대일 협력적 관계

클라이언트(client) 조직 내에서 조직 변경 노력의 수혜자

타당도 계수(r)(validity coefficient) 예측변인과 준거 간의 상관관계 계수. 선발 과정에서 특정 검사가 직무 수행 준거를 얼마나 잘 예측하는지를 알려주는 수치

타당도 수축(validity shrinkage) 다른 집단을 대상으로 동일한 선발 검사 도구를 사용할 때 두 번째 집단의 타당도 계수가 줄어드는 통계적 현상

타당도 일반화(validity generalization) 검사의 타당도를 다른 상황이나 다른 회사로 일반화시키기 위한 통계적 접근

탈진(burnout) 직원이 스트레스를 받을 때 경험하게 되는 정서적 소진, 비인격화, 개인 성취감 감소가 발생한 상태

태도(attitude) 특정한 사람, 장소, 사물에 대한 긍정적 혹은 부정적인 느낌이나 신념

테스크워크(taskwork) 일의 과제 지향적 측면의 작업을 포함하는 활동, 행동 또는 동작

통계치(statistic) 일련의 사례들을 기술하는 값, 특성 또는 점수들을 하나의 숫자로 요약하는 효율적인 방안

통제 범위(span of control) 특정 감독자에게 보고하는 부하직원 수

특성 이론(trait theories) 사람들에게 훌륭한 리더가 되는 개인의 특성을 파악하는 데 초점을 둔 리더십 이론. 위대한 남자/여자 이론으로도 불림

팀 빌딩(team building) 팀을 개발하거나 기존 팀의 효율성을 높이기 위해 조직에서 사용하는 기술

평가 센터(assessment center) 복수의 평가자가 후보자 혹은 피평가자를 평가하기 위해 표준화되어 있는 다양한 예측변인 세트를 사용하는 것

평가자 간 신뢰도(interrater reliability) 특정 인물, 사물 또는 행동에 대한 평가에 있어서 여러 명의 평가자 또는 심사위원의 점수가 일치하는 정도

평가자 오류 훈련(Rater Error Training : RET) 후광과 같은 오류를 평가자들에게 설명해주고 그러한 오류를 예방하는 법을 알려주어 평가자 오류를 줄이기 위해 개발된 훈련

평균(mean) 중심 경향치 중 가장 유용하게 사용되는 자료들의 산술 평균

포인트 시스템(point system) 직무 평가에 대한 가장 일반적인 접근법으로, 사전에 결정된 차원에 할당된 포인트를 기준으로 직무의 가치를 평가하는 방법

표준편차(standard deviation) 변산도의 측정치로 분산의 제곱근

프로세스 손실(process loss) 집단의 성과를 저해하는 집단 상황의 비동기적 요소

피드백 지향성(Feedback Orientation : FO) 한 개인의 피드백에 대한 전반적인 수용도

피드백 환경(Feedback Environment : FE) 일상적인 관리자–부하직원 그리고 동료직원들 간 피드백 과정의 맥락적 측면

학습(learning) 경험과 연습을 통한 행동에서의 비교적 영속적인 변화

학습 준거(learning criteria) Kirkpatrick의 분류에서 훈련 프로그램 내용을 얼마나 많이 학습했는지를 평가하는 준거. 반응 준거와 함께 내적 준거라고도 함

합리적 조정(reasonable accommodations) 직무 수행이 가능한 장애인이 원만하게 업무를 수행할 수 있도록 고용주가 회사의 시설을 변경하는 것

행동 기술 면접(behavior description interview) 다양한 상황에서 후보자들이 과거에 보였던 구체적인 행동에 대해 질문하는 면접 방법

행동 이론(behavior theories) 리더들이 실제로 무엇을 하는지 규명하는 데 집중하는 리더십 이론

행동 준거(behavioral criteria) Kirkpatrick의 분류에서 직무로 돌아갔을 때 훈련 프로그램으로 인해 발생한 행동 변화에 대한 준거. 결과 준거와 함께 외적 준거라고도 함

현실적 직무 안내(realistic job preview : RJP) 고용면접에서 직무 수행에 대해 정확한 정보를 제공하는 것

현장 실험(field experiment) 무선 할당 및 독립변인의 조작을 사용하여 가외 변인을 통제하지만 실험실이 아닌 실제 조직에서 실험을 수행하는 것

혼합 준거(composite criterion) 여러 준거들의 가중치를 기반으로 통합된 하나의 수행 지표

효과적인 리더십(effective leadership) 일반적으로 리더의 작업 그룹 또는 부하직원의 장기적인 성공으로 정의됨

후광(halo) (1) 평가자가 피평가에 대한 자신의 전반적인 평가를 개별적 차원에 대한 평가에도 사용하는 경향 혹은 (2) 피평가자의 서로 독립된 수행 차원들 간의 비교 평가를 하지 않아 발생하는 평정 오류

훈련(training) 회사의 목표와 목적을 달성하는 데 기여할 수 있는 조직원들의 행동을 학습시키는 공식적인 절차

훈련 전이(transfer of training) 훈련에서 학습한 도구, 기술, 절차를 실제 직무에서 활용하는 정도

360도 피드백(360-degree feedback) 조직 내 다양한 위계에 위치한 다수의 평가자가 대상 직원을 평가하고, 피드백을 제공하는 수행 평가 방법

BARS 평가를 위해 수준별 행동적 기술문을 사용하는 직무 수행 평가 양식

KSAOs 직무를 성공적으로 수행하는 데 필요한 지식, 기술, 능력, 그리고 기타 특성들

참고문헌

100 Best Companies to Work For. (2016). *Fortune*. Retrieved March 6, 2016, from http://fortune.com/best-companies/

AARP. (2015, June). 2015 report: Caregiving in the U.S. Retrieved from http://www.aarp.org/content/dam/aarp/ppi/2015/caregiving-in-the-united-states-2015-report-revised.pdf

Aberson, C. L. (2003). Support for race-based affirmative action: Self-interest and procedural justice. *Journal of Applied Social Psychology, 33*(6), 1212–1225.

Adams, J. S. (1965). Inequity in social exchange. In L. Berkowitz (Ed.), *Advances in experimental psychology* (Vol. 2, pp. 267–299). New York: Academic Press.

Aguinis, H., & Kraiger, K. (2009). Benefits of training and development for individuals and teams, organizations, and society. *Annual Review of Psychology, 60*(1), 451–474.

Aidman, E., Chadunow, C., Johnson, K., & Reece, J. (2015). Real-time driver drowsiness feedback improves driver alertness and self-reported driving performance. *Accident Analysis & Prevention, 81,* 8–13.

Ajzen, I., & Fishbein, M. (1980). *Understanding attitudes and predicting social behavior.* Englewood Cliffs, NJ: Prentice-Hall.

Ajzen, I., & Fishbein, M. (2005). The influence of attitudes on behavior. In D. Albarracín, B. T. Johnson, & M. P. Zanna (Eds.), *The handbook of attitudes* (pp. 173–221). Mahwah, NJ: Erlbaum.

Ajzen, I., & Madden, T. J. (1986). Prediction of goal-directed behavior: The role of intention, perceived control, and prior behavior. *Journal of Experimental Social Psychology, 22,* 453–474.

Allen, D. G., Biggane, J. E., Pitts, M., Otondo, R., & Van Scotter, J. (2013). Reactions to recruitment web sites: Visual and verbal attention, attraction, and intentions to pursue employment. *Journal of Business and Psychology, 28*(3), 263–285.

Allen, N. J., & Meyer, J. P. (1996). Affective, continuance, and normative commitment to the organization: An examination of construct validity. *Journal of Vocational Behavior, 49,* 252–276.

Allen, R. S., & White, C. S. (2002). Equity sensitivity theory: A test of responses to two types of under-reward situations. *Journal of Managerial Issues, 14*(4), 435–451.

Allen, T. D., Facteau, J. D., & Facteau, C. L. (2004). Structured interviewing for OCB: Construct validity, faking, and the effects of question type. *Human Performance, 17*(1), 1–24.

Allen, T. D., Golden, T. D., & Shockley, K. M. (2015). How effective is telecommuting? Assessing the status of our scientific findings. *Psychological Science in the Public Interest, 16*(2), 40–68.

Alliger, G. M., & Dwight, S. A. (2000). A meta-analytic investigation of the susceptibility of integrity tests to faking and coaching. *Educational and Psychological Measurement, 60*(1), 59–72.

Alliger, G. M., & Janak, E. A. (1989). Kirkpatrick's levels of training criteria: Thirty years later. *Personnel Psychology, 42,* 331–342.

Alliger, G. M., Tannenbaum, S. I., Bennett, W., Jr., Traver, H., & Shotland, A. (1997). A meta-analysis of the relations among training criteria. *Personnel Psychology, 50,* 341–358.

Allworth, E., & Hesketh, B. (2000). Job requirements biodata as a predictor of performance in customer service roles. *International Journal of Selection and Assessment, 83*(3), 137–147.

Ambient Insight Research. (2015). The 2014–2019 US Mobile Learning market. Retrieved December 9, 2015, from http://www.ambientinsight.com/Reports/MobileLearning.aspx#section5

Ambrose, M. L., & Kulik, C. T. (1999). Old friends, new faces: Motivation research in the 1990s. *Journal of Management, 2*(3), 231–292.

America in 2050: Even older and more diverse. (2012). MSNBC. Retrieved March 13, 2012, from http://www.msnbc.msn.com/id/26186087/ns/us_news-life/t/america-even-older-more-diverse/

American Bar Association. (2013). A current glance at women in the law. *American Bar Association.* Retrieved August 19, 2015, from http://www.americanbar.org/dam/aba/marketing/women/current_glance_statistics_feb2013.authcheckdam.pdf

American Civil Liberties Union. (2015). Non-discrimination laws: State by state information [Map]. Retrieved on November 16, 2015, from https://www.aclu.org/map/non-discrimination-laws-state-state-information-map

American Psychological Association. (2009). *Publication manual of the American Psychological Association* (6th ed.). Washington, DC: Author.

American Psychological Association. (2010). *Ethical principles of psychologists and code of conduct: Including 2010 amendments.* Washington, DC: Author. http://www.apa.org/ethics/code/

American Psychological Association. (2015). About behavior analysis. Washington, DC: Author. http://www.apadivisions.org/division-25/about/index.aspx

American Society for Training and Development. (2011). *State of the industry: ASTD's annual review of trends in workplace learning and performance.* Alexandria, VA: Author.

Anderson, M. (2012, March 4). From idea to store shelf: A new product is born. *Yahoo! News.* Retrieved from http://news.yahoo.com/idea-store-sehlf-product-born-174428924.html

Anderson, N., Potocˇnik, K., & Zhou, J. (2014). Innovation and creativity in organizations a state-of-the-science review, prospective commentary, and guiding framework. *Journal of Management, 40*(5), 1297–1333.

Andressen, P., Konradt, U, & Neck, C. P. (2012). The relation between self-leadership and transformational leadership: Competing models and the moderating role of virtuality. *Journal of Leadership & Organizational Studies, 19,* 68–82.

Antecol, H., & Cobb-Clark, D. (2003). Does sexual harassment training change attitudes? A view from the federal level. *Social Science Quarterly, 84,* 826–842.

Aon Hewitt. (2014, August 27). New Aon Hewitt survey shows 2014 variable pay spending spikes to record-high level. Retrieved March 6, 2016, from http://aon.mediaroom.com/New-Aon-Hewitt-Survey-Shows-2014-Variable-Pay-Spending-Spikes-to-Record-High-Level

Arthur, J. B., & Huntley, C. L. (2005). Ramping up the organizational learning curve: Assessing the impact of deliberate learning on organizational performance under gain-sharing. *Academy of Management Journal, 48,* 1159–1170.

Arthur, W., Jr., Bennett, W., Jr., Edens, P. S., & Bell, S. T. (2003). Effectiveness of training in organizations: A meta-analysis of design and evaluation features. *Journal of Applied Psychology, 88*(2), 234–245.

Arthur, W., Jr., Day, E. A., McNelly, T. L., & Edens, P. S. (2003). A meta-analysis of the criterion-related validity of assessment center dimensions. *Personnel Psychology, 56*(1), 125–154.

Arthur Jr., W., Doverspike, D., Muñios, G. J., Taylor, J. E., & Carr, A. E. (2014). The use of mobile devices in high-stakes remotely delivered assessments and testing. *International Journal of Selection and Assessment, 22,* 113–123.

Arthur, W., Jr., Glaze, R. M., Villado, A. J., & Taylor, J. E. (2010). The magnitude and extent of cheating and response distortion effects on unproctored Internet-based tests of cognitive ability and personality. *International Journal of Selection and Assessment, 18*(1), 1–16.

Artz, B. (2010). The impact of union experience on job satisfaction. *Industrial Relations, 49,* 387–405.

Artz, B. (2012). Does this impact of union experience on job satisfaction differ by gender? *Industrial and Labor Relations Review, 65,* 225–243.

Arvey, R. D., & Begalla, M. E. (1975). Analyzing the homemaker job using the Position Analysis Questionnaire (PAQ). *Journal of Applied Psychology, 60,* 513–517.

Arvey, R. D., Bouchard, T. J. J., Segal, N. L., & Abraham, L. M. (1989). Job satisfaction: Environmental and genetic components. *Journal of Applied Psychology, 74*(2), 187–192.

Arvey, R. D., Rotundo, M., Johnson, W., Zhang, Z., & McGue, M. (2006). The determinants of leadership role occupancy: Genetic and personality factors. *Leadership Quarterly, 17,* 1–20.

Arvey, R. D., Zhang, Z., Avolio, B. J., & Kreuger, R. F. (2007). Developmental and genetic determinants of leadership role occupancy among women. *Journal of Applied Psychology, 92,* 693–706.

Ash, R. A., & Edgell, S. L. (1975). A note on the readability of the Position Analysis Questionnaire (PAQ). *Journal of Applied Psychology, 60,* 765–766.

Ashmos, D. P., & Nathan, M. L. (2002). Team sense-making: A mental model for navigating uncharted territories. *Journal of Managerial Issues, 14*(2), 198–217.

Associated Press. (2015, September 15). How bureaucracy, bungling hurt Ebola response. Retrieved March 6, 2016, from http://www.cbsnews.com/news/bureaucracy-bungling-hurt-ebola-response/

Atwater, L. E., & Carmeli, A. (2009). Leader–member exchange, feelings of energy, and involvement in creative work. *The Leadership Quarterly, 20,* 264–275.

Atwater, L. E., Daldman, D. A., Atwater, D., & Cartier, P. (2000). An upward feedback field experiment: Supervisors' cynicism, reactions, and commitment to subordinates. *Personnel Psychology, 53,* 275–297.

Atwater, L. E., Wang, M., Smither, J. W., & Fleenor, J. W. (2009). Are cultural characteristics associated with the relationship between self and others' ratings of leadership? *Journal of Applied Psychology, 94*(4), 876–886.

Austin, J. T., & Davies, S. A. (2000). History of industrial-organizational psychology. In A. E. Kazdin (Ed.), *Encyclopedia of psychology* (Vol. 4, pp. 252–255). Oxford, UK: Oxford University Press.

Austin, J. T., & Villanova, P. D. (1992). The criterion problem: 1917–1992. *Journal of Applied Psychology, 77,* 836–874.

Austin, J. T., Villanova, P. D., & Hindman, H. G. (1995). Legal requirements and technical guidelines involved in implementing performance appraisal systems. In G. R. Ferris & M. R. Buckley (Eds.), *Human resource management: Perspectives, context, functions, and outcomes* (pp. 271–288). Boston: Allyn & Bacon.

Avery, D. R., & McKay, P. F. (2006). Target practice: An organizational impression management approach to attracting minority and female job applicants. *Personnel Psychology, 59,* 157–187.

Avolio, B, J., Gardner, W. L., Walumbwa, F. O., Luthans, F., & May, D. R. (2004). Unlocking the mask: A look at the process by which authentic leaders impact followers attitudes and behaviors. *The Leadership Quarterly, 15,* 801–823.

Axonify. (n.d.). *Pep Boys case study.* Retrieved June 25, 2015, from http://www.axonify.com/wp-content/uploads/2012/08/PepBoys_CaseStudy-Final.pdf

Ayman, R., Chemers, M. M., & Fiedler, F. (1995). The contingency model of leadership effectiveness: Its level of analysis. *Leadership Quarterly, 6*(2), 147–167.

Aziz, A., & Zickar, M. J. (2006). A cluster analysis investigation of workaholism as a syndrome. *Journal of Occupational Health Psychology, 11,* 52–62.

Babbie, E. (1998). *The practice of social research.* Belmont, CA: Wadsworth.

Bakker, A. B. & Demerouti, E. (2007). The job-demands resources model: State of the art. *Journal of Managerial Psychology, 22,* 309–328.

Bakker, A. B., Demerouti, E., & Dollard, M. F. (2008). How job demands affect partners' experience of exhaustion: Integrating work–family conflict and crossover theory. *Journal of Applied Psychology, 93,* 901–911.

Bakker, A. B., Demerouti, E., Oerlemans, W., & Sonnetag, S. (2013). Workaholism and daily recovery: A day reconstruction study of leisure activities. *Journal of Organizational Behavior, 34,* 87–107.

Bakker, A. B., & Schaufeli, W. B. (2008). Positive organizational behavior: Engaged employees in flourishing organizations. *Journal of Organizational Behavior, 29,* 147–154.

Balducci, C., Cecchin, M., Fraccaroli, F., & Schaufeli, W. B. (2012). Exploring the relationship between workaholism and workplace aggressive behaviour: The role of job-related emotion. *Personality and Individual Differences, 53*(5), 629–634.

Baldwin, T. P., & Ford, J. K. (1988). Transfer of training: A review and directions for future research. *Personnel Psychology, 41,* 63–105.

Baltes, B. B., & Heydens-Gahir, H. A. (2003). Reduction of work–family conflict through the use of selection, optimization, and compensation behaviors. *Journal of Applied Psychology, 88*(6), 1005–1018.

Bandura, A. (1986). *Social foundations of thought and action.* Englewood Cliffs, NJ: Prentice-Hall.

Bandura, A., & Locke, E. A. (2003). Negative self-efficacy and goal effects revisited. *Journal of Applied Psychology, 88*(1), 87–99.

Bardsley, J. J., & Rhodes, S. R. (1996). Using the Steers–Rhodes (1984) framework to identify correlates of employee lateness. *Journal of Business and Psychology, 10*(3), 351–365.

Barger, P., & Grandey, A. (2006). "Service with a smile" and encounter satisfaction: Emotional contagion and appraisal mechanisms. *Academy of Management Journal, 49,* 1229–1238.

Barrett, G. V., Caldwell, M. S., & Alexander, R. A. (1985). The concept of dynamic criteria: A critical reanalysis. *Personnel Psychology, 38*(1), 93–97.

Barrett, G. V., & Kernan, M. C. (1988). Performance appraisal and terminations: A review of court decisions since Brito v. Zia with implications for personnel practices. *Personnel Psychology, 40*(3), 489–503.

Barrick, M. R., Mount, M. K., & Judge, T. A. (2001). Personality and performance at the beginning of the new millennium: What do we know and where do we go next? *International Journal of Selection & Assessment, 9*(1/2), 9–30.

Barrick, M. R., Stewart, G. L., Neubert, M. J., & Mount, M. K. (1998). Relating member ability and personality to work-team processes and team effectiveness. *Journal of Applied Psychology, 83*(3), 377–391.

Bass, B. M. (1985). *Leadership and performance beyond expectations.* New York: Free Press.

Bass, B. M., Avolio, B. J., Jung, D. I., & Berson, Y. (2003). Predicting unit performance by assessing transformational and transactional leadership. *Journal of Applied Psychology, 88*(2), 207–218.

Bass, B. M., & Steidlmeier, P. (1999). Ethics, character, and authentic transformational leadership behavior. *Leadership Quarterly, 10*(2), 181–217.

Bauer, T. N., & Erdogan, B. (2011). Organizational socialization: The effective onboarding of new employees. In S. Zedeck (Ed.), *APA handbook of industrial and organizational psychology,* Vol 3 (pp. 51–64). Washington, DC: American Psychological Association.

Beal, D. J., Trougakos, J. P., Weiss, H. M., & Green, S. G. (2006). Episodic processes in emotional labor: Perceptions of affective delivery and regulation strategies. *Journal of Applied Psychology, 91*(5), 1053–1065.

Beaty, J. C., Nye, C. D., Borneman, M. J., Kantrowitz, T. M., Drasgow, F., & Grauer, E. (2011). Proctored versus unproctored Internet tests: Are unproctored noncognitive tests as predictive of job performance? *International Journal of Selection and Assessment, 19*(1), 1–10.

Beckhard, R. (1969). *Organization development: Strategies and models.* Reading, MA: Addison-Wesley.

Bell, B. S., & Kozlowski, S. W. J. (2002). Adaptive guidance: Enhancing self-regulation, knowledge, and performance in technology-based training. *Personnel Psychology, 55*(2), 267–306.

Bell, S. T. (2007). Deep-level composition variables as predictors of team performance: A meta-analysis. *Journal of Applied Psychology, 92,* 595–615.

Bennis, W., & Biederman, P. W. (1997). *Organizing genius: The secrets of creative collaboration.* Reading, MA: Addison-Wesley.

Berdahl, J. L., & Aquino, K. (2009). Sexual behavior at work: Fun or folly? *Journal of Applied Psychology, 94,* 34–47.

Berg, J. M., Wrzesniewski, A., & Dutton, J. E. (2010). Perceiving and responding to challenges in job crafting at different ranks: When proactivity requires adaptivity. *Journal of Organizational Behavior, 31,* 158-186.

Bergeron, D. M., Shipp, A. J., Rosen, B., & Furst, S. A. (2013). Organizational citizenship behavior and career outcomes: The cost of being a good citizen. *Journal of Management, 39(4),* 958–984.

Berkelaar, B. L., & Buzzanell, P. (2015). Online employment screening and digital career capital: Exploring employers' use of online information for personnel selection. *Management Communication Quarterly, 29*(1), 84–113.

Berkley, R. A., & Watt, A. H. (2006). Impact of same-sex harassment and gender-role. *Employee Responsibilities and Rights Journal, 18,* 3–19.

Bernardin, H. J. (1978). Effects of rater training on leniency and halo errors in student ratings of instructors. *Journal of Applied Psychology, 63*(3), 301–308.

Bernardin, H. J., & Beatty, R. W. (1984). *Performance appraisal: Assessing human behavior at work.* Boston: Kent.

Bernardin, H. J., & Buckley, M. R. (1981). Strategies in rater training. *Academy of Management Review, 6,* 205–212.

Bernardin, H. J., Cooke, D. K., & Villanova, P. D. (2000). Conscientiousness and agreeableness as predictors of rating leniency. *Journal of Applied Psychology, 85*(2), 232–236.

Bernardin, H. J., Orban, J., & Carlyle, J. (1981).

Performance ratings as a function of trust in appraisal and rater individual differences. Paper presented at the 41st annual meeting of the Academy of Management, San Diego, CA.

Bernardin, H. J., & Pence, E. C. (1980). Effects of rater training: Creating new response sets and decreasing accuracy. *Journal of Applied Psychology, 65*, 60–66.

Bernardin, H. J., Tyler, C. L., & Villanova, P. (2009). Rating level and accuracy as a function of rater personality. *International Journal of Selection and Assessment, 17*(3), 300–310.

Bernardin, H. J., & Villanova, P. (2005). Research streams in rater self-efficacy. *Group & Organization Management, 30*(1), 61–88.

Berry, C. M., Sackett, P. R., & Wiemann, S. (2007). A review of recent developments in integrity test research. *Personnel Psychology, 60*(2), 271–301.

Berry, G. R. (2011). Enhancing effectiveness on virtual teams: Understanding why traditional team skills are insufficient. *Journal of Business Communication, 48*(2), 186–206.

Bersin, J. (2013, February 17). Big data in human resources: Talent analytics (people analytics) comes of age. *Forbes.* Retrieved from http://www.forbes.com/sites/joshbersin/2013/02/17/bigdata-in-human-resources-talent-analytics-comes-of-age/

Bertua, C., Anderson, N., & Salgado, J. F. (2005). The predictive validity of cognitive ability tests: A UK meta-analysis. *Journal of Occupational and Organizational Psychology, 78*(3), 387–409.

Beugré, C. D. (1998). Implementing business process reengineering: The role of organizational justice. *Journal of Applied Behavioral Science, 34*(3), 347–360.

Bhagat, R. S., Allie, S. M., & Ford, D. L., Jr. (1995). Coping with stressful life events: An empirical analysis. In R. Crandall & P. L. Perrewé (Eds.), *Occupational stress: A handbook* (pp. 93–112). Washington, DC: Taylor & Francis.

Biddle, D. A. (2010). Should employers rely on local validation studies or validity generalization (VG) to support the use of employment tests in Title VII situations? *Public Personnel Management, 39*(4), 307–326.

Biles, P. D. (1999). *OSHA workplace violence prevention guidelines.* Paper presented at the Work, Stress, and Health '99: Organization of Work in a Global Economy conference. Abstract retrieved April 9, 2009, from the American Psychological Association, Public Interest Directorate website: http://www.apa.org/pi/wpo/niosh/abstract12.html

Björk, B., Welling, P., Laakso, M., Majlender, P., Hedlund, T., & Guoˇnason, G. (2010). Open access to the scientific journal literature: Situation 2009. *PLoS ONE, 5*(6). Retrieved from http://journals.plos.org/plosone/article?id=10.1371/journal.pone.0011273

Blackmore, E. R., Stansfield, S. A., Weller, I., Munce, S., Zagorski, B. M., & Stewart, D. E. (2007). Major depressive episodes and work stress: Results from a national population survey. *American Journal of Public Health, 97*, 2088–2093.

Blake, R. (2006, July 24). Employee retention: What employee turnover really costs your company. Retrieved April 21, 2009, from http://archive.managernewz.com/2006/0724.html

Blakely, C. L., Andrews, M. C., & Moorman, R. H. (2005). The moderating effects of equity sensitivity on the relationship between organizational justice and organizational citizenship behaviors. *Journal of Business Psychology, 20*(2), 259–273.

Blakely, G. L., Blakely, E. H., & Moorman, R. H. (1998). The effects of training on perceptions of sexual harassment allegations. *Journal of Applied Social Psychology, 28*(1), 71–83.

Blanding, M. (2015, January 26). Workplace stress responsible for up to $190B in annual U.S. healthcare costs. Retrieved November 19, 2015, from http://www.forbes.com/sites/hbsworkingknowledge/2015/01/26/workplace-stress-responsible-for-up-to-190-billion-in-annual-u-s-heathcare-costs/

Blau, G. (1994). Developing and testing a taxonomy of lateness behavior. *Journal of Applied Psychology, 79*(6), 959–970.

Blau, G. (1999). Testing the longitudinal impact of work variables and performance appraisal satisfaction on subsequent overall job satisfaction. *Human Relations, 52*(8), 1099–1113.

Bliese, P. D., & Britt, T. W. (2001). Social support, group consensus, and stressor–strain relationships: Social context matters. *Journal of Organizational Behavior, 22*, 425–436.

Bloom, A. J., Yorges, S. L., & Ruhl, A. J. (2000). Enhancing student motivation: Extensions from job enrichment theory and practice. *Teaching of Psychology*, 27(2), 135–137.

Blum, M. L., & Naylor, J. C. (1968). *Industrial psychology.* New York: Harper & Row.

Blume, B. D., Ford, J. K., Baldwin, T. T., & Huang, J. L. (2010). Transfer of training: A meta-analytic review. *Journal of Management, 36*(4), 1065–1105.

Bolino, M. C., & Turnley, W. H. (2005). The personal costs of citizenship behavior: The relationship between individual initiative and role overload, job stress, and work–family conflict. *Journal of Applied Psychology, 90*(4), 740–748.

Bolino, M. C., Turnley, W. H., & Bloodgood, J. M. (2002). Citizenship behavior and the creation of social capital in organizations. *Academy of Management Review*, 27(4), 505–522.

Bolino, M. C., Turnley, W. H., & Niehoff, B. P. (2004). The other side of the story: Reexamining prevailing assumptions about organizational citizenship behavior. *Human Resource Management Review*, 14(2), 229–246.

Boller, S. (2012). "Make it social: How we use Twitter as a learning tool." Bottom-Line Performance. Retrieved August 15, 2012, from http://www.bottomlineperformance.com/make-it-social-how-we-use-twitter-as-a-learning-tool/

Bond, J. T., & Galinsky, E. (2006, November). *What workplace flexibility is available to entry-level, hourly employees?* Retrieved April 8, 2009, from the Families and Work Institute website: http://familiesandwork.org/site/research/reports/brief3.pdf

Bono, J. E., & Colbert, A. E. (2005). Understanding responses to multi-source feedback: The role of core self-evaluations. *Personnel Psychology, 58*(1), 171–203.

Bono, J. E., & Ilies, R. (2006). Charisma, positive emotions and mood contagion. *Leadership Quarterly, 17*, 317–334.

Bono, J. E., Foldes, H. J., Vinson, G., & Muros, J. P. (2007). Workplace emotions: The role of supervision and leadership. *Journal of Applied Psychology, 92*(5), 1357–1367.

Boon, O. K., Arumugam, V., Safa, M. S., & Bakar, N. A. (2007). HRM and TQM: Association with job involvement. *Personnel Review, 36,* 939–962.

Borman, W. C. (2004). The concept of organizational citizenship. *Current Directions in Psychological Science, 13,* 238–241.

Borman, W. C. (2010). Cognitive processes related to forced-choice, ideal point responses: Drasgow, Chernyshenko, and Stark got it right! *Industrial and Organizational Psychology, 3*(04), 504–506.

Borman, W. C., Buck, D. E., Hanson, M. A., Motowidlo, S. J., Stark, S., & Drasgow, F. (2001). An examination of the comparative reliability, validity, and accuracy of performance ratings made using computerized adaptive rating scales. *Journal of Applied Psychology, 86*(5), 965–973.

Borman, W. C., Hanson, M. A., & Hedge, J. W. (1997). Personnel selection. *Annual Review of Psychology, 48,* 299–337.

Borman, W. C., & Motowidlo, S. J. (1997). Task performance and contextual performance: The meaning for personnel selection research. *Human Performance, 10*(2), 99–109.

Boudreau, J. W., & Ramstad, P. M. (2003). Strategic industrial and organizational psychology and the role of utility analysis models. In W. C. Borman, D. R. Ilgen, and R. Klimoski (Eds.), *Handbook of psychology: Vol. 12. Industrial and organizational psychology* (pp. 193–221). New York: Wiley.

Bowling Green State University, Department of Psychology. (2009). *Job descriptive index.* Reprinted with permission of Bowling Green State University, Department of Psychology, Bowling Green, OH, 43403.

Boye, M. W., & Jones, J. W. (1997). Organizational culture and employee counterproductivity. In R. A. Giacalone & J. Greenberg (Eds.), *Antisocial behavior in organizations* (pp. 172–184). Thousand Oaks, CA: Sage.

Bozer, G., Joo, B. K., & Santora, J. C. (2015). Executive coaching: Does coach-coachee matching based on similarity really matter? *Consulting Psychology Journal: Practice and Research, 67*(3), 218–233.

Brannick, M. T., Levine, E. L., & Morgeson, F. P. (2007). *Job and work analysis: Methods, research, and applications for human resource management* (2nd ed.). Los Angeles: Sage.

Bray, D. W., Campbell, R. J., & Grant, D. L. (1974). *Formative years in business: A long-term AT&T study of managerial lives.* New York: Wiley.

Breaugh, J. A., Greising, L. A., Taggart, J. W., & Chen, H. (2003). The relationship of recruiting sources and pre-hire outcomes: Examination of field ratios and applicant quality. *Journal of Applied Social Psychology, 33*(11), 2267–2287.

Brennan v. Prince William Hospital Corp., 503 F.2d 282 (4th Cir. 1974).

Brockner, J. (1988). *Self-esteem at work.* Lexington, MA: Lexington Books.

Brockner, J., Wiesenfeld, B. M., & Martin, C. L. (1995). Decision frame, procedural justice, and survivors' reactions to job layoffs. *Organizational Behavior and Human Decision Processes, 63,* 59–68.

Brodbeck, F. C., Kerschreiter, R., Mojzisch, A., Frey, D., & Schulz-Hardt, S. (2002). The dissemination of critical, unshared information in decision-making groups: The effects of prediscussion dissent. *European Journal of Social Psychology, 32,* 35–56.

Brody, H. M., & Grodan, A. (2010). The effect of the fair pay act on disparate-impact cases. *Employment Relations Today.* doi:10.1002/ert.20276

Brown, J. (2002). Training needs assessment: A must for developing an effective training program. *Public Personnel Management, 31*(4), 569–578.

Brown, M., & Benson, J. (2003). Rated to exhaustion? Reactions to performance appraisal processes. *Industrial Relations Journal, 34,* 67–81.

Bruck, C. S., Allen, T. D., & Spector, P. E. (2002). The relation between work–family conflict and job satisfaction: A finer-grained analysis. *Journal of Vocational Behavior, 60*(3), 336–353.

Brunelli, M. (1999, November 4). How Harley-Davidson uses cross-functional teams. *Purchasing, 127,* 144.

Bruppacher, H. R., Alam, S. K., LeBlanc, V. A., Latter, D., Laik, V. N., Savoldelli, G. L., Mazer, C. D., Kurrek, M. M., & Joo, H. S. (2010). Simulation-based training improves physicians' performance in patient care in high-stakes clinical setting of cardiac surgery. *Anesthesiology, 112*(4), 985–992.

Brutus, S. (2010). Words versus numbers: A theoretical exploration of giving and receiving narrative comments in performance appraisal. *Human Resource Management Review, 20*(2), 144–157.

Brutus, S., Fletcher, C., & Baldry, C. (2009). The influence of independent self-construal on rater self-efficacy in performance appraisal. *The International Journal of Human Resource Management, 20*(9), 1999–2011.

Buchannan, N. T., Settles, I. H., Hall, A. T., & O'Connor, R. C. (2014). A review of organizational strategies for reducing sexual harassment: Insights from the U.S. military. *Journal of Social Issues, 70*(4), 687–702.

Budworth, M.-H., Latham, G. P., & Manroop, L. (2015). Looking forward to performance improvement: A field test of the FeedForward Interview for performance management. *Human Resource Management, 54,* 45–54.

Burgess, J. R. D., & Russell, J. E. A. (2003). The effectiveness of distance learning initiatives in organizations. *Journal of Vocational Behavior, 63*(2), 289–303.

Burnett, J. R., & Motowidlo, S. J. (1998). Relations between different sources of information in the structured selection interview. *Personnel Psychology, 51,* 964–983.

Burwell v. Hobby Lobby Stores, Inc., 573 U.S. 1 (2014).

Cable, D. M., Gino, F., & Staats, B. R. (2013, March 19). Reinventing employee onboarding. *MIT Sloan Management Review, 54(3),* 23–28.

Cable, D. M., & Turban, D. B. (2003). The value of organizational reputation in the recruitment context: A brand-equity perspective. *Journal of Applied Social Psychology, 33*(11), 2244–2266.

Cadsby, C. B., Song, F., & Tapon, F. (2007). Sorting

and incentive effects of pay for performance: An experimental investigation. *Academy of Management Journal, 50,* 387–405.

Camara, W. J., & Kimmel, E. W. (2005). *Choosing students: Higher education admissions tools for the 21st century.* Mahwah, NJ: Erlbaum.

Campbell Interest and Skill Survey (CISS). (n.d.). Retrieved October 10, 2006, from http://www.pearsonassessments.com/tests/ciss.htm

Campbell, J. P. (1990). Modeling the performance prediction problem in industrial and organizational psychology. In M. Dunnette & L. M. Hough (Eds.), *Handbook of industrial and organizational psychology* (2nd ed., Vol. 1, pp. 687–732). Palo Alto, CA: Consulting Psychologists Press.

Campbell, J. P., Gasser, M. B., & Oswald, F. L. (1996). The substantive nature of job performance variability. In K. R. Murphy (Ed.), *Individual differences and behavior in organizations* (pp. 258–299). San Francisco: Jossey-Bass.

Campbell, J. P., McCloy, R. A., Oppler, S. H., & Sager, C. E. (1993). A theory of performance. In N. Schmitt & W. C. Borman (Eds.), *Personnel selection in organizations* (pp. 35–70). San Francisco: Jossey-Bass.

Campbell, J. P., McHenry, J. J., & Wise, L. L. (1990). Modeling performance in a population of jobs. *Personnel Psychology, 43,* 313–333.

Carbonell, J. L., & Castro, Y. (2008). The impact of a leader model on high dominant women's self-selection for leadership. *Sex Roles, 58,* 776–783.

Carless, S., & De Paola, C. (2000). The measurement of cohesion in work teams. *Small Groups Research, 31*(1), 71–88.

Carli, L. L., & Eagly, A. H. (2011). Gender and leadership. *The Sage Handbook of Leadership,* 103–117.

Carlson, D. S., Grzywacz, J. G., Ferguson, M., Hunter, E. M., Clinch, C. R., & Arcury, T. A. (2011). Health and turnover of working mothers after childbirth via the work–family interface: An analysis across time. *Journal of Applied Psychology, 96*(5), 1045–1054.

Carmeli, A., & Josman, Z. E. (2006). The relationship among emotional intelligence, task performance, and organizational citizenship behaviors. *Human Performance, 19*(4), 403–419.

Carpal tunnel syndrome reaching epidemic proportions. (2005, January 18). Retrieved April 21, 2009, from *Medical News Today* website: http://www.medicalnewstoday.com/articles/19014.php

Carrns, A. (2010, December 5). Training in trouble. *The Boston Globe.* Retrieved December 11, 2015, from http://www.boston.com/jobs/news/articles/2010/12/05/companies_question_value_of_diversity_training/?page=1

Cartwright, S., & Cooper, C. L. (1997). *Managing workplace stress.* Thousand Oaks, CA: Sage.

Carver, C. S., & Scheier, M. F. (1998). *On the self-regulation of behavior.* Cambridge, UK: Cambridge University Press.

Cascio, W. F. (1995). Whither industrial and organizational psychology in a changing world of work? *American Psychologist, 50*(11), 928–939.

Cascio, W. F. (2003). *Managing human resources: Productivity, quality of work life, profits* (6th ed.). New York: McGraw-Hill.

Cascio, W. F., & Aguinis, H. (2010). *Applied psychology in human resource management* (7th ed.). Upper Saddle River, NJ: Prentice-Hall.

Casler, K., Bickel, L., & Hackett, E. (2013). Separate but equal? A comparison of participants and data gathered via Amazon's MTurk, social media, and face-to-face behavioral testing. *Computers in Human Behavior, 29,* 2156–2160.

Casper, W., Wayne, J. H., & Manegold, J. G. (2013). Who will we recruit? Targeting deep- and surface-level diversity with human resource policy advertising. *Human Resource Management, 52*(3), 311–332.

Cassidy, J. (2014, March 31). Forces of divergence: Is surging inequality endemic to capitalism? *The New Yorker.* Retrieved from http://www.newyorker.com/magazine/2014/03/31/forces-of-divergence

Catanzaro, D. (1997). Course enrichment and the job characteristics model. *Teaching of Psychology, 24*(2) 85–87.

Caterpillar Global Mining. (2011). Finding technology solutions to combat operator fatigue. *Viewpoint: Perspectives on Modern Mining, 2.*

Cavanaugh, M. A., Boswell, W. R., Roehling, M. V., & Boudreau, J. W. (2000). An empirical examination of self-reported work stress among U.S. managers. *Journal of Applied Psychology, 85*(11), 65–74.

Cawley, B. D., Keeping, L. M., & Levy, P. E. (1998). Participation in the performance appraisal process and employee reactions: A meta-analytic review of field investigations. *Journal of Applied Psychology, 83*(4), 615–633.

CBS/Associated Press. (2016, January 14). WHO declares official end to Ebola outbreak in West Africa. Retrieved March 6, 2016, from http://www.cbsnews.com/news/who-declares-official-end-to-ebola-outbreak-in-west-africa

Centers for Disease Control and Prevention. (2014). Occupational violence. The National Institute for Occupational Safety and Health (NIOSH). Retrieved April 11, 2016, from http://www.cdc.gov/niosh/topics/violence/

Centers for Disease Control and Prevention. (2015, November 30). Heart disease fact sheet. Retrieved January 11, 2016, from http://www.cdc.gov/dhdsp/data_statistics/fact_sheets/fs_heart_disease.htm

Chamorro-Premuzic, T., & Furnham, A. (2008). Personality, intelligence and approaches to learning as predictors of academic performance. *Personality and Individual Differences, 44,* 1596–1603.

Chan, D., & Schmitt, N. (2002). Situational judgment and job performance. *Human Performance, 15*(3), 233–254.

Chang, A., Bordia, P., & Duck, J. (2003). Punctuated equilibrium and linear progression: Toward a new understanding of group development. *Academy of Management Journal, 46*(1), 106–117.

Chavez, C. I., & Weisinger, J. Y. (2008). Beyond diversity training: A social infusion for cultural inclusion. *Human Resource Management, 47*(2), 331–350.

Chen, B. X. (2014, August 10). Simplifying the bull: How Picasso helps to teach Apple's style. *The New York Times.* Retrieved December 11, 2015, from http://www.nytimes.com/2014/08/11/technology/-inside-apples-internal-training-program-.html?_r=0

Chen, G., Goddard, T. G., & Casper, W. J. (2004). Examination of the relationships among general and work-specific self-evaluations, work-related control beliefs, and job attitudes. *Applied Psychology: An International Review, 53*(3), 349–370.

Chen, G., Ployhart, R. E., Thomas, H. C., Anderson, N., & Bliese, P. D. (2011). The power of momentum: A new model of dynamic relationships between job satisfaction and turnover intentions. *The Academy of Management Journal, 54,* 159–181.

Chen, Z., Zhu, J., & Zhou, M. (2015). How does a servant leader fuel the service fire? A multilevel model of servant leadership, individual self identity, group competition climate, and customer service performance. *Journal of Applied Psychology, 100*(2), 511–521.

Cheng, Y., & Stockdale, M. S. (2003). The validity of the three-component model of organizational commitment in a Chinese context. *Journal of Vocational Behavior, 62*(3), 465–489.

Chiaburu, D. S., Oh, I. S., Berry, C. M., Li, N., & Gardner, R. G. (2011). The five-factor model of personality traits and organizational citizenship behaviors: A meta-analysis. *Journal of Applied Psychology, 96*(6), 1140–1166.

Cho, J., & Dansereau, F. (2010). Are transformational leaders fair? A multi-level study of transformational leadership, justice perceptions, and organizational citizenship behaviors. *The Leadership Quarterly, 21,* 409–421.

Choi, J. N., & Sy, T. (2010). Group-level organizational citizenship behavior: Effects of demographic faultlines and conflict in small work groups. *Journal of Organizational Behavior, 31,* 1032–1054.

Choi, S., & Rainey, H. G. (2010). Managing diversity in U.S. federal agencies: Effects of diversity and diversity management on employee perceptions of organizational performance. *Public Administration Review, 70*(1), 109–121.

Chory, R. M., & Westerman, C. Y. K. (2009). Feedback and fairness: The relationship between negative performance feedback and organizational justice. *Western Journal of Communication, 73*(2), 157–181.

Christensen, L. B. (1994). *Experimental methodology.* Boston: Allyn & Bacon.

Christian, M. S., Edwards, B. D., & Bradley, J. C. (2010). Situational judgment tests: Constructs assessed and a meta-analysis of their criterion-related validities. *Personnel Psychology, 63,* 83–117.

Christian, M. S., & Ellis, A. P. J. (2011). Examining the effects of sleep deprivation on workplace deviance: A self regulatory perspective. *Academy of Management Journal, 54,* 913–934.

Church, A. H., Waclawski, J., & Siegal, W. (1999). Will the real O.D. practitioner please stand up? A call for change in the field. *Organization Development Journal, 17*(2), 49–59.

Circadian. (2005). Absenteeism: A bottom line killer. [White paper]. Retrieved from: http://www.workforceinstitute.org/wp-content/themes/revolution/docs/Absenteeism-Bottom-Line.pdf

Claes, R., & Heymans, M. (2008). HR professionals' views on work motivation and retention of older workers: A focus group study. *Career Development International, 13(2),* 95–111.

Clarke, N. (2002). Job/work environment factors influencing training transfer within a human service agency: Some indicative support for Baldwin and Ford's transfer climate construct. *International Journal of Training and Development, 6*(3), 146–162.

Cleverly v. Western Electric, 594 F.2d 638 (8th Cir. 1979).

Cober, R. T., Brown, D. J., Blumental, A. J., Doverspike, D., & Levy, P. E. (2000). The quest for the qualified job surfer: It's time the public sector catches the wage. *Public Personnel Management, 29*(4), 479–496.

Cober, R. T., Brown, D. J., Keeping, L. M., & Levy, P. E. (2004). Recruitment on the net: How do organizational web site characteristics influence applicant attraction? *Journal of Management, 30*(5), 623–646.

Cober, R. T., Brown, D. J., Levy, P. E., Cober, A. B., & Keeping, L. M. (2003). Organizational web sites: Web site content and style as determinants of organizational attraction. *International Journal of Selection and Assessment, 11*(2/3), 158–169.

Cohen, D. B., Aamodt, M. G., & Dunleavy, E. M. (2010). *Technical advisory committee report on best practices in adverse impact analyses.* Washington, DC: Center for Corporate Equality.

Cohen, S. G. (1994). Designing effective self-managing work teams. In M. M. Beyerlein & D. A. Johnson (Eds.), *Advances in interdisciplinary studies of work teams* (Vol. 1, pp. 67–102). Greenwich, CT: JAI Press.

Cohen, S. G., & Bailey, D. (1997). What makes teams work: Group effectiveness research from the shop floor to the executive suite. *Journal of Management, 23,* 239–290.

Cole, M. S., Bedeian, A. G., & Feild, H. S. (2006). The measurement equivalence of web-based and paper-and-pencil measures of transformational leadership. *Organizational Research Methods, 9*(3), 339–369.

Collins, C. J., & Stevens, C. K. (2002). The relationship between early recruitment-related activities and the application decisions of new labor-market entrants: A brand equity approach to recruitment. *Journal of Applied Psychology, 87*(6), 1121–1133.

Collins, J. M., & Schmidt, F. L. (1993). Personality, integrity, and white collar crime: A construct validity study. *Personnel Psychology, 46,* 295–311.

Connelly, R., DeGraff, D. S., & Willis, R. A. (2004). *Kids at work: The value of employer-sponsored on-site child care centers.* WE Upjohn Institute.

Conway, N., & Briner, R. (2012). Investigating the effect of collective organizational commitment on unit-level performance and absence. *Journal of Occupational and Organizational Psychology, 85,* 472–486.

Conte, J. M., Dean, M. A., Ringenbach, K. L., Moran, S. K., & Landy, F. J. (2005). The relationship between work attitudes and job analysis ratings: Do rating scale type and task discretion matter? *Human Performance, 18*(1), 1–21.

Cook, B. J. (2012). The American college president study: Key findings and takeaways. *American Council on Education.* Retrieved August 19, 2015, from http://www.acenet.edu/the-presidency/columns-and-features/Pages/The-American-College-President-Study.aspx

Cook, T. D., & Campbell, D. T. (1979). *Quasi-experimentation: Design and analysis issues for field settings.* Boston:

Houghton Mifflin.

Corbett, C., & Hill, C. (2012). Graduating to a pay gap: The earnings of women and men one year after college graduation. Retrieved from http://www.aauw.org/research/graduating-to-a-pay-gap/

Cordes, C. L., & Dougherty, T. W. (1993). A review and an integration of research on job burnout. *Academy of Management Review, 18*(4), 621–656.

Cortina, J. M., Goldstein, N. B., Payne, S. C., Davison, H. K., & Gilliland, S. W. (2000). The incremental validity of interview scores over and above cognitive ability and conscientiousness scores. *Personnel Psychology, 53*(2), 325–351.

Cota, A. A., Evans, C. R., Dion, K. L., Kilik, L., & Longman, R. S. (1995). The structure of group cohesion. *Personality and Social Psychology Bulletin, 21*(6), 572–580.

Cote, S., & Morgan, L. M. (2002). A longitudinal analysis of the association between emotion regulation, job satisfaction, and intentions to quit. *Journal of Organizational Behavior, 23*(8), 947–962.

Cotti, C. D., Haley, M. R., & Miller, L. A. (2014). Workplace flexibilities, job satisfaction and union membership in the US workforce. *British Journal of Industrial Relations, 52,* 403–425.

Coyle-Shapiro, J. A.-M., & Morrow, P. C. (2003). The role of individual differences in employee adoption of TQM orientation. *Journal of Vocational Behavior, 62*(2), 320–340.

Coyle-Shapiro, J. A.-M., Morrow, P. C., Richardson, R., & Dunn, S. (2002). Using profit sharing to enhance employee attitudes: A longitudinal examination of the effects on trust and commitment. *Human Resource Management, 41*(4), 423–439.

Cronshaw, S. F. (2012). Functional Job Analysis. In M. A. Wislon, W. Bennet, S. G. Gibson, & G. M. Alliger (Eds.). *The Handbook of Work Analysis: Methods, Systems, Applications, and Science of Work Measurement in Organizations* (265–279). New York: Routledge.

Cropanzano, R., Slaughter, J. E., & Bachiochi, P. D. (2005). Organizational justice and black applicants' reactions to affirmative action. *Journal of Applied Psychology, 90*(6), 1168–1184.

Cross, C. (2010). Barriers to the executive suite: Evidence from Ireland. *Leadership and Organization Development Journal, 31*(2), 104–119.

Crump, M. J. C., McDonnell, J. V., & Gureckis, T. M. (2013). Evaluating Amazon's Mechanical Turk as a tool for experimental behavioral research. *PLoS ONE 8*(3):e57410. doi:10.1371/journal.pone.0057410

Crute, S. (2007, November & December). *Caring for the caregiver.* Retrieved April 19, 2009, from http://www.aarpmagazine.org/family/caregiving/caring_for_the_caregiver.html

Cucina, J. M., Vasilopoulos, N. L., & Sehgal, K. G. (2005). Personality-based job analysis and the self-serving bias. *Journal of Business and Psychology, 20*(2), 275–290.

Cummings, T. G., & Worley, C. G. (2005). *Organization development and change* (8th ed.). Cincinnati, OH: South-Western.

Curtis, A. B., Darvey, R. D., & Ravden, D. (2005). Sources of political distortions in performance appraisals: Appraisal purpose and rater accountability. *Group and Organizational Management, 30*(1), 42–60.

Dahling, J. J., Chau, S. L., & O'Malley, A. (2012). Correlates and consequences of feedback orientation in organizations. *Journal of Management, 38,* 530–545.

Dalal, R. S. (2005). A meta-analysis of the relationship between organizational citizenship behavior and counterproductive work behavior. *Journal of Applied Psychology, 90*(6), 1241–1255.

Dansereau, F., Graen, G. B., & Haga, W. (1975). A vertical dyad linkage approach to leadership in formal organizations. *Organizational Behavior and Human Performance, 13,* 46–78.

Davis, R. S. (2013). Unionization and work attitudes: How union commitment influences public sector jobs. *Public Administration Review, 73,* 74–84.

Day, D. V., Sin, H., & Chen, T. T. (2004). Assessing the burdens of leadership: Effects of formal leadership roles on individual performance over time. *Personnel Psychology, 57*(3), 573–605.

De Haan, E., Duckworth, A., Birch, D., & Jones, C. (2013). Executive coaching outcome research: The contribution of common factors such as relationship, personality match, and self-efficacy. *Consulting Psychology Journal: Practice and Research, 65*(1), 40–57.

Deadrick, D. L., Bennett, N., & Russell, C. J. (1997). Using hierarchical linear modeling to examine dynamic performance criteria over time. *Journal of Management, 23*(6), 745–757.

Deadrick, D. L., & Madigan, R. M. (1990). Dynamic criteria revisited: A longitudinal study of performance stability and predictive validity. *Personnel Psychology, 43,* 717–744.

Debnath, S. C., Lee, B. B., & Tandon, S. (2015). Fifty years and going strong: What makes Behaviorally Anchored Rating Scales so perennial as an appraisal method? *International Journal of Business and Social Science, 6,* 16–25.

Deci, E. L. (1975). *Intrinsic motivation.* New York: Plenum Press.

Deci, E. L., & Ryan, R. M. (2000). The "what" and "why" of goal pursuits: Human needs and the self-determination of behavior. *Psychological Inquiry, 11*(4), 227–268.

De Cuyper, N., De Witte, H., Vander Elst, T., & Handaja, Y. (2010). Objective threat of unemployment and situational uncertainty during a restructuring: Associations with perceived job insecurity and strain. *Journal of Business and Psychology, 25*(1), 75–85.

Deloitte. (2014). It's official: Forced ranking is dead. *The Wall Street Journal, U.S. Edition.* Retrieved October 20, 2015, from http://deloitte.wsj.com/cio/2014/06/10/its-official-forced-ranking-is-dead/

Demerouti, E., Bakker, A. B., Nachreiner, F., & Schaufeli, W. B. (2001). The job demands–resources model of burnout. *Journal of Applied Psychology, 86*(3), 499–512.

DeNavas-Walt, C., & D. Proctor, B. D. (2014). U.S. Census Bureau, Current Population Reports P60-249, Income and Poverty in the United States: 2013, U.S. Government

Printing Office, Washington, DC, Table A-4.

den Hartog, D. N., Boselie, R., & Paauwe, J. (2004). Performance management: A model and research agenda. *Applied Psychology: An International Review, 53*(4), 556–569.

DeNisi, A. S., & Kluger, A. N. (2000). Feedback effectiveness: Can 360-degree appraisals be improved? *Academy of Management Executive, 14*(1), 129–139.

DeNisi, A. S., & Pritchard, R. D. (2006). Performance appraisal, performance management, and improving individual performance: A motivational framework. *Management and Organizational Review, 2,* 253–277.

Denning, S. (2014, January 15). Making sense of Zappos and Holacracy. *Forbes.* Retrieved from http://www.forbes.com/sites/stevedenning/2014/01/15/making-sense-of-zappos-and-holacracy/

DeRue, D. S., Nahrgang, J. D., Wellman, N., & Humphrey, S. E. (2011). Trait and behavioral theories of leadership: An integration and meta-analytic test of their relative validity. *Personnel Psychology, 64,* 7–52.

DeShon, R. P., & Gillespie, J. Z. (2005). A motivated action account theory of goal orientation. *Journal of Applied Psychology, 90,* 1096–1127.

Diaz v. Pan American World Airways, Inc., 442. F.2d 385 (5th Cir. 1971).

Dickens, L., & Watkins, K. (1999). Action research: Rethinking Lewin. *Management Learning, 300*(2), 127–140.

Dickinson, A. M. (1989). The detrimental effects of extrinsic reinforcement on "intrinsic motivation." *The Behavior Analyst, 12,* 1–15.

Dickson, M. W., Den Hartog, D. N., & Mitchelson, J. K. (2003). Research on leadership in a cross-cultural context: Making progress, and raising new questions. *Leadership Quarterly, 14,* 729–768.

Dickson, M. W., Hanges, P. J., & Lord, R. G. (2000). Trends, developments and gaps in cross-cultural research on leadership. In W. Mobley (Ed.), *Advances in global leadership* (Vol. 2, pp. 2–22). Stamford, CT: JAI Press.

Diefendorff, J. M., Croyle, M. H., & Gosserand, R. H. (2005). The dimensionality and antecedents of emotional labor strategies. *Journal of Vocational Behavior, 66*(2), 339–357.

Diefendorff, J. M., & Gosserand, R. H. (2003). Understanding the emotional labor process: A control theory perspective. *Journal of Organizational Behavior, 24*(8), 945–959.

Diefendorff, J. M., & Lord, R. G. (2003). The volitional and strategic effects of planning on task performance and goal commitment. *Human Performance, 16*(4), 365–387.

Dimotakis, N., Scott, B. A., & Koopman, J. (2011). An experience sampling investigation of workplace interactions, affective states, and employee well-being. *Journal of Organizational Behavior, 32*(4), 572–588.

Dinh, J. E., Lord, R. G., Gardner, W. L., Meuser, J. D., Liden, R. C., & Hu, J. (2014). Leadership theory and research in the new millennium: Current theoretical trends and changing perspectives. *The Leadership Quarterly, 25*(1), 36–62.

Dishman, L. (2014). Can performance be quantified? Wearable tech in the office. Retrieved October 26, 2015, from http://www.fastcompany.com/3023793/dialed/can-performance-be-quantified-wearable-tech-in-the-office

DiversityInc. (2015). The 2015 DiversityInc top 50 companies for diversity. Retrieved December 11, 2015, from http://www.diversityinc.com/the-diversityinc-top-50-companies-for-diversity-2015/

Dobbins, G. H., Cardy, R. K., & Platz-Vieno, S. J. (1990). A contingency approach to appraisal satisfaction: An initial investigation of the joint effects of organizational variables and appraisal characteristics. *Journal of Management, 16,* 619–632.

Dodd, Stevens introduce landmark bill to provide paid leave for workers. (2007, June 21). Retrieved April 20, 2009, from http://dodd.senate.gov/?q=node/3953

Donate, M. J., & Sánchez de Pablo, J. D. (2015). The role of knowledge-oriented leadership in knowledge management practices and innovation. *Journal of Business Research, 68,* 360–370.

Donnelly, D. P., & Quirin, J. J. (2006). An extension of Lee and Mitchell's unfolding model of voluntary turnover. *Journal of Organizational Behavior, 27,* 59–77.

Donovan, J. J., Dwight, S. A., & Schneider, D. (2014). The impact of applicant faking on selection measures, hiring decisions, and employee performance. *Journal of Business and Psychology, 29*(3), 479–493.

Donovan, J. J., & Radosevich, D. J. (1999). A meta-analytic review of the distribution of practice effect: Now you see it, now you don't. *Journal of Applied Psychology, 84*(5), 795–805.

Donovan, M. A., Drasgow, F., & Munson, L. J. (1998). The Perceptions of Fair Interpersonal Treatment scale: Development and validation of a measure of interpersonal treatment in the workplace. *Journal of Applied Psychology, 83*(5), 683–692.

Doran, G.T. (1981). There's a SMART way to write management goals and objectives. *Management Review, 70* (11), 35–36.

Dorfman, P., Javidan, M., Hanges, P., Dastmalchian, A., & House, R. (2012). GLOBE: A twenty year journey into the intriguing world of culture and leadership. *Journal of World Business, 47,* 504–518.

Douglas, S. C., Kiewitz, C., Martinko, M. J., Harvey, P., Kim, Y., & Chun, J. U. (2008). Cognitions, emotions, and evaluations: An elaboration likelihood model for workplace aggression. *Academy of Management Review, 33,* 425–451.

Doverspike, D., Cober, A. B., & Arthur, W., Jr. (2004). Multi-aptitude test batteries. In J. C. Thomas (Ed.), *Comprehensive handbook of psychological assessment* (Vol. 4, pp. 21–34). Hoboken, NJ: Wiley.

Doverspike, D., & O'Malley, A. (2006, February). When generations collide. *International Public Management Association for Human Resources News, 1,* 5–6.

Dragoni, L., Oh, I. S., Tesluk, P. E., Moore, O. A., VanKatwyk, P., & Hazucha, J. (2014). Developing leaders' strategic thinking through global work experiences: The moderating role of cultural distance. *Journal of Applied Psychology, 99*(5), 867–882.

Drasgow, F., Chernyshenko, O. S., & Stark, S. (2010). 75 years after Likert: Thurstone was right! *Industrial and*

Organizational Psychology, *3*(4), 465–476.

du Plessis, M. (2007). The role of knowledge management in innovation. *Journal of Knowledge Management, 11,* 20–29.

Duarte, N. T., Goodson, J. R., & Klich, N. R. (1993). How do I like thee? Let me appraise the ways. *Journal of Organizational Behavior, 14*(3), 239–249.

Dulebohn, J. H., Bommer, W. H., Liden, R. C., Brouer, R. L., & Ferris, G. R. (2012). A meta-analysis of antecedents and consequences of leader-member exchange: Integrating the past with an eye toward the future. *Journal of Management, 38*(6), 1715–1759.

Duncan, T. S. (1995). Death in the office—Workplace homicides. *Law Enforcement Bulletin, 64*(4), 20–25.

Dunford, B. B., & Devine, D. J. (1998). Employment at-will and employee discharge: A justice perspective on legal action following termination. *Personnel Psychology, 51,* 903–934.

Dunham, R. B., & Herman, J. B. (1975). Development of a female Faces Scale for measuring job satisfaction. *Journal of Applied Psychology, 60*(5), 629–631.

Dunlop, P. D., & Lee, K. (2004). Workplace deviance, organizational citizenship behavior, and business unit performance: The bad apples do spoil the whole barrel. *Journal of Organizational Behavior, 25*(1), 67–80.

Dunnette, M. D. (1962). Personnel management. *Annual Review of Psychology, 13,* 285–314.

Dupré, K. E., & Barling, J. (2006). Predicting and preventing supervisory workplace aggression. *Journal of Occupational Health Psychology, 11,* 13–26.

Eagly, A. H. (2007). Female leadership advantage and disadvantage: Resolving the contradictions. *Psychology of Women Quarterly, 31,* 1–12.

Eagly, A. H., & Chin, J. (2010). Diversity and leadership in a changing world. *American Psychologist, 65,* 216–224.

Eagly, A. H., Johannesen-Schmidt, M. C., & van Engen, M. L. (2003). Transformational, transactional, and laissez-faire leadership styles: A meta-analysis comparing women and men. *Psychological Bulletin, 129*(4), 569–591.

Eagly, A. H., & Johnson, B. T. (1990). Gender and leadership style: A meta-analysis. *Psychological Bulletin, 108*(2), 233–256.

Eagly, A. H., & Karau, S. J. (1991). Gender and the emergence of leaders. *Journal of Personality and Social Psychology, 60*(5), 685–710.

Eagly, A. H., Karau, S. J., & Makhijani, M. G. (1995). Gender and the effectiveness of leaders: A meta-analysis. *Psychological Bulletin, 117*(1), 125–145.

Eatough, E. M., Chang, C., Miloslavic, S. A., & Johnson, R. E. (2011). The relationship of role stressors with organizational citizenship behavior: A meta-analysis. *Journal of Applied Psychology, 96*(3), 619–632.

Educational Testing Service. (2007). *Adaptive tests.* Retrieved March 19, 2008, from http://www.ets.org

Edwards, J. C., Rust, K. G., McKinley, W., & Moon, G. (2003). Business ideologies and perceived breach of contract during downsizing: The role of the ideology of employee self-reliance. *Journal of Organizational Behavior, 24*(1), 1–23.

EEOC v. Abercrombie & Fitch, 575 U.S. 1 (2015).

EEOC v. Atlas Paper Box Co., 868 F.2d 1487 (6th Cir. 1989).

EEOC v. Univ. of Texas Health Science Center at San Antonio, 710 F.2d 1091 (5th Cir. 1983).

Egan, M. (2015, March 24). Still missing: Female business leaders. CNN Money. Retrieved August 19, 2015, from http://money.cnn.com/2015/03/24/investing/female-ceo-pipeline-leadership/

Egan, T. M., & Lancaster, C. M. (2005). Comparing appreciative inquiry to action research: OD practitioner perspectives. *Organization Development Journal, 23,* 29–49.

Eisenbeiss, S. A., van Knippenberg, D., & Boerner, S. (2008). Transformational leadership and team innovation: Integrating team climate principles. *Journal of Applied Psychology, 93*(6), 1438–1446.

Elfenbein, H. A. (2008). Emotion in organizations: A review and theoretical integration in stages. *The Academy of Management Annals, 1,* 315–386.

Eliason, M., & Storrie, D. (2009). Does job loss shorten life? *Journal of Human Resources, 44*(2), 277−302.

Elicker, J. D., Foust, M. S., O'Malley, A. L., & Levy, P. E. (2008). Employee lateness behavior: The role of lateness climate and individual lateness attitude. *Human Performance, 21*(4), 427–441.

Elicker, J. D., Levy, P. E., & Hall, R. J. (2006). The role of leader–member exchange in the performance appraisal process. *Journal of Management, 32*(4), 531–551.

Elst, T. V., De Cuyper, N., & De Witte, H. (2011). The role of perceived control in the relationship between job insecurity and psychosocial outcomes: Moderator or mediator? *Stress and Health, 27*(3), e215−e227.

Engle, E. M., & Lord, R. G. (1997). Implicit theories, self-schemas, and leader–member exchange. *Academy of Management Journal, 40*(4), 988–1010.

Ensari, N., & Murphy, S. E. (2003). Cross-cultural variations in leadership perceptions and attribution of charisma to the leader. *Organizational Behavior and Human Decision Processes, 92*(1–2), 52–66.

Epitropaki, O., & Martin, R. (2005). From ideal to real: A longitudinal study of the role of implicit leadership theories on leader–member exchanges and employee outcomes. *Journal of Applied Psychology, 90*(4), 659–676.

Equal Employment Opportunity Commission. (2002a, December 2). *EEOC updates guidance on national origin discrimination.* Retrieved March 30, 2009, from http://www.eeoc.gov/press/12-2-02.html

Equal Employment Opportunity Commission. (2004, September 2). *Discriminatory practices.* Retrieved April 20, 2009, from http://www.eeoc.gov/abouteeo/overview_practices.html

Equal Employment Opportunity Commission. (2005, March 21). *The ADA: Your employment rights as an individual with a disability.* Retrieved April 20, 2009, from http://www.eeoc.gov/facts/ada18.html

Equal Employment Opportunity Commission. (2007, February 2). *Sexual harassment.* Retrieved March 30, 2009, from http://www.eeoc.gov/types/harassment.html

Equal Employment Opportunity Commission. (2009a, March 11). *Age discrimination*. Retrieved March 30, 2009, from http://www.eeoc.gov/types/age.html

Equal Employment Opportunity Commission. (2009b, March 11). *National origin discrimination*. Retrieved March 30, 2009, from http://www.eeoc.gov/origin/index.html

Equal Employment Opportunity Commission. (2009c, March 11). *National origin-based charges FY 1997–FY 2007*. Retrieved March 30, 2009, from http://www.eeoc.gov/stats/origin.html

Equal Employment Opportunity Commission. (2009d, March 11). *Pregnancy discrimination*. Retrieved March 30, 2009, from http://www.eeoc.gov/types/pregnancy.html

Equal Employment Opportunity Commission. (2009e, March 11). *Religious discrimination*. Retrieved March 30, 2009, from http://www.eeoc.gov/types/religion.html

Erickson, R. J., Nichols, L., & Ritter, C. (2000). Family influences on absenteeism: Testing an expanded process model. *Journal of Vocational Behavior, 57,* 246–272.

Ertürk, A. (2012). The role of person-organization fit in TQM: Influence of values and value congruence on TQM orientation/quality management and practices, edited by Dr. Kim-Song Ng. Retrieved on March 18, 2016, from http://www.intechopen.com/books/quality-management-and-practices/the-role-of-person-organization-fit-in-tqm-influence-of-values-and-value-congruence-on-tqm-orientat

Ethridge v. State of Alabama, 847 F.Supp. 903, 906-07 (M.D. Ala.1993).

Evanoff, E., Zeringue, A., Franzblau, A., & Dale, A. M. (2014). Using job-title-based physical exposures from O*NET in an epidemiological study of carpal tunnel syndrome. *Human Factors, 56,* 166–177.

Evans, C. R., & Dion, K. L. (1991). Group cohesion and performance: A meta-analysis. *Small Group Research, 22*(2), 175–186.

Evans, D. C. (2003). A comparison of the other-directed stigmatization produced by legal and illegal forms of affirmative action. *Journal of Applied Psychology, 88*(1), 121–130.

Families and Work Institute. (2007). *When work works: Making work "work."* Retrieved December 9, 2008, from http://familiesandwork.org/site/research/reports/3wbooklet.pdf

Family Caregiver Alliance. (2012) Selected caregiver statistics. Retrieved February 15, 2016, from https://www.caregiver.org/selected-caregiver-statistics

Fang, H.-M, & Chang, W.-C. (2014). The effects of member familiarity, task results visibility, and perceived coworker loafing on technology supported team performance: Social loafing effect perspective. *Asia Pacific Management Review, 19,* 361–373.

Farnham, A. (February 5, 2014). 20 fastest growing occupations. *ABC News.* Retrieved February 22, 2016, from http://abcnews.go.com/Business/americas-20-fastest-growing-jobs-surprise/story?id=22364716

Farr, J. L., & Tippins, N. T. (2013). *Handbook of employee selection*. New York: Routledge.

Feder, J., & Levine, L. (2010). *Pay equity legislation*. Washington, DC: Congressional Research Service. Retrieved July 11, 2012, from http://digitalcommons.ilr.cornell.edu/key_workplace/763

Federal Aviation Administration. (2012). Fair Treatment of Experienced Pilots Act (the age 65 law): Information, questions and answers. Retrieved November 30, 2015, from https://www.faa.gov/other_visit/aviation_industry/airline_operators/airline_safety/info/all_infos/media/age65_qa.pdf

Fehr, R., Yam, K. C. S., & Dang, C. (2015). Moralized leadership: The construction and consequences of ethical leader perceptions. *Academy of Management Review, 40*(2), 182–209.

Ferguson, M., & Barry, B. (2011). I know what you did: The effects of interpersonal deviance on bystanders. *Journal of Occupational Health Psychology, 16(1),* 80–94.

Ferris, G. R., Munyon, T. P., Basik, K., & Buckley, M. R. (2008). The performance evaluation context: Social, emotional, cognitive, political, and relationship components. *Human Resource Management Review, 18,* 146–163.

Ferris, P. A. (2009). The role of the consulting psychologist in the prevention, detection, and correction of bullying and mobbing in the workplace. *Consulting Psychology Journal: Practice and Research, 61*(3), 169–189.

Fiedler, F. E. (1967). *A theory of leadership effectiveness.* New York: McGraw-Hill.

Fiedler, F. E. (1995). Cognitive resources and leadership performance. *Applied Psychology: An International Review, 44*(1), 5–28.

Findley, H. M., Giles, W. F., & Mossholder, K. W. (2000). Performance appraisal process and system facets: Relationships with contextual performance. *Journal of Applied Psychology, 85*(4), 634–640.

Fine, S., & Gottleib-Litvin, Y. (2013). Justifying counterproductive work behaviors and an integrity-based conditional reasoning test: Back to the drawing board? *International Journal of Selection and Assessment, 21,* 328–333.

Finn, A. N. (2012). Teacher use of prosocial and antisocial power bases and students' perceived instructor understanding and misunderstanding in the college classroom. *Communication Education, 61*(1), 67–79.

Fishbein, M., & Ajzen, I. (1975). *Belief, attitude, intention and behavior: An introduction to theory and research.* Reading, MA: Addison-Wesley.

Fisher v. University of Texas at Austin, 631 F.3d 213 (5th Cir. 2011).

Fisher, C. D. (2000). Mood and emotions while working: Missing pieces of job satisfaction? *Journal of Organizational Behavior, 21,* 185–202.

Fisher, C. D. (2003). Why do lay people believe that satisfaction and performance are correlated? Possible sources of a commonsense theory. *Journal of Organizational Behavior, 24,* 753–777.

Fitzpatrick, L. (2010). Why do women still earn less than men? Retrieved December 29, 2010, from http://www.time.com/time/printout/0,8816,1983,185,00.html

Flanagan, D. P., & Kaufman, A. S. (2009). *Essentials of WISC-IV assessment.* Hoboken, NJ: Wiley.

Fleishman, E. A., & Harris, E. F. (1962). Patterns of leadership behavior related to employee grievances and turnover. *Personnel Psychology, 15,* 43–56.

Fletcher, C., and Baldry, C. (2015). Multi-source feedback systems: A research perspective. In I. T. Robertson and C. L. Cooper (Eds.), *Personnel psychology and human resources management: A reader for students and practitioners.* John Wiley & Sons.

Flynn, F. J., & Schaumberg, R. L. (2012). When feeling bad leads to feeling good: Guilt-proneness and affective organizational commitment. *Journal of Applied Psychology, 97,* 124–133.

Folger, R., Konovsky, M., & Cropanzano, R. (1992). A due process metaphor for performance appraisal. In B. Staw and L. Cummings (Eds.), *Research in organizational behavior* (Vol. 14, pp. 129–177). Greenwich, CT: JAI Press.

Ford, J. D., Ford, L. W., & D'Amelio, A. (2008). Resistance to change: The rest of the story. *Academy of Management Review, 33,* 362–377.

Ford, M. T., Heinen, B. A., & Langkamer, K. L. (2007). Work and family satisfaction and conflict: A meta-analysis of cross-domain relations. *Journal of Applied Psychology, 92,* 57–80.

Forsyth, D. (1999). *Group dynamics* (3rd ed.). Belmont, CA: Brooks/Cole.

Foust, M. S., Elicker, J. D., & Levy, P. E. (2006). Development and validation of a measure of an individual's lateness attitude. *Journal of Vocational Behavior, 69,* 119–133.

Franklin, Gringer & Cohen, P. C. (n.d.). *Key provisions of the Family and Medical Leave Act of 1993.* Retrieved March 30, 2009, from http://www.franklingringer.com/news-articles/labor-employment-law/key-provisions-of-the-family-medical-leave-act-of-1993/

Freifeld, L. (2013, November 29). Mobile learning is gaining momentum. *Training Magazine.* Retrieved October 8, 2015, from http://www.trainingmag.com/content/mobile-learning-gaining-momentum

Freifeld, L. (2015, February 10). Training magazine ranks 2015 top 125 organizations. *Training.* Retrieved July 25, 2015, from http://www.trainingmag.com/training-magazine-ranks-2015-top-125-organizations

French, J., & Raven, B. H. (1958). The bases of social power. In D. Cartwright (Ed.), *Studies of social power* (pp. 607–623). Ann Arbor, MI: Institute for Social Research.

Fugate, M., Kinicki, A. J., & Prussia, G. E. (2008). Employee coping with organizational change: An examination of alternative theoretical perspectives and models. *Personnel Psychology, 61,* 1–36.

Fugate, M., Kinicki, A. J., & Scheck, C. L. (2002). Coping with an organizational merger over four stages. *Personnel Psychology, 55*(4), 905–928.

Fullagar, C. J., & Egleston, D. O. (2008). Norming and performing: Using microworlds to understand the relationship between team cohesiveness and performance. *Journal of Applied Social Psychology, 38,* 2574–2593.

Fulmer, R. M., Stumpf, S. A., & Bleak, J. (2009). The strategic development of high potential leaders. *Strategy & Leadership, 37*(3), 17–22.

Fulton, L. V., Ivanitskaya, L. V., Bastian, N. D., Erofeev, D. A., & Mendez, F. A. (2013). Frequent deadlines: Evaluating the effect of learner control on healthcare executives' performance in online training. *Learning and Instruction, 23,* 24–32.

Fu, N. (2015). The role of relational resources in the knowledge management capability and innovation of professional service firms. *Human Relations, 68,* 731–764.

Furst, S. A., & Cable, D. M. (2008). Employee resistance to organizational change: Managerial influence tactics and leader–member exchange. *Journal of Applied Psychology, 93,* 453–462.

Gabriel, A. S., Daniels, M. A., Diefendorff, J. M., & Greguras, G. J. (2015). Emotional labor actors: A latent profile analysis of emotional labor strategies. *Journal of Applied Psychology, 100,* 863–879.

Gabriel, A. S., Frantz, N. B., Levy, P. E., & Hilliard, A. W. (2014). The supervisor feedback environment is empowering, but not all of the time: Feedback orientation as a critical moderator. *Journal of Occupational and Organizational Psychology, 87*(3), 487–506.

Gagné, M., & Deci, E. L. (2005). Self-determination theory and work motivation. *Journal of Organizational Behavior, 26,* 331–362.

Gagné, R. M., Briggs, L. J., & Wager, W. W. (1992). *Principles of instructional design* (4th ed.). Fort Worth, TX: Harcourt Brace Jovanovich.

Gajendran, R. S., Harrison, D. A., & Delaney-Klinger, K. (2015). Are telecommuters remotely good citizens? Unpacking telecommuting's effects on performance via i-deals and job resources. *Personnel Psychology, 68*(2), 353–393.

Gammon, A. R., Griffith, R. L., & Kung, M. (2011). *How do real applicants who are fakers compare to nonfakers?* Paper presented at the annual meeting of the Society for Industrial and Organizational Psychology, Chicago, IL.

Gap Inc. (2015, June 15). Gap Inc. announces strategic initiatives to increase productivity and profitability of namesake brand. Retrieved March 6, 2016, from http://www.gapinc.com/content/gapinc/html/media/pressrelease/2015/med_pr_gps_gap_61515.html

Gardner, W. L., Cogliser, C. C., Davis, K. M., & Dickens, M. P. (2011). Authentic leadership: A review of the literature and research agenda. *The Leadership Quarterly, 22*(6), 1120–1145.

Gardner, D., & Diedrick, D. L. (2009). Underprediction of performance for U.S. minorities using cognitive abilities measures. *Equal Opportunities International, 27*(50), 455–464.

Garfield, M. J., & Dennis, A. R. (2012). Toward an integrated model of group development: Disruption of routines by technology-induced change. *Journal of Management Information Systems, 29,* 43–86.

Garofano, C. M., & Salas, E. (2005). What influences continuous employee development decisions? *Human Resource Management Review, 15*(4), 281–304.

Gatewood, R. D., & Feild, H. S. (2001). *Human resource selection* (5th ed.). Fort Worth, TX: Harcourt College.

Gatewood, R. D., Feild, H. S., & Barrick, M. (2007). *Human resource selection* (6th ed.). Fort Worth, TX: Harcourt College.

Gatewood, R. D., Feild, H. S., & Barrick, M. (2011). *Human resource selection* (7th ed.). Mason, OH: South-Western, Cengage Learning.

Gaugler, B. B., Rosenthal, D. B., Thornton, G. C., III, & Bentson, C. (1987). Meta-analysis of assessment center validity. *Journal of Applied Psychology, 72*(3), 493–511.

Geisler, E. (2007). A typology of knowledge management: Strategic groups and role behavior in organizations. *Journal of Knowledge Management, 11,* 84–96.

Gellatly, I. R. (1995). How important are dispositional factors as determinants of job satisfaction? Implications for job design and other personnel programs. *Journal of Applied Psychology, 72*(3), 366–373.

Gellatly, I. R., Meyer, J. P., & Luchak, A. A. (2006). Combined effects of the three commitment components on focal and discretionary behaviors: A test of Meyer and Herscovitch's propositions. *Journal of Vocational Behavior, 69*(2), 331–345.

Gerhart, B. (1987). How important are dispositional factors as determinants of job satisfaction? Implications for job design and other personnel programs. *Journal of Applied Psychology, 72*(3), 366–373.

Gersick, C. J. G. (1989). Making time: Predictable transitions in task groups. *Academy of Management Journal, 32,* 274–309.

Gerstner, C. R., & Day, D. V. (1994). Cross-cultural comparison of leadership prototypes. *Leadership Quarterly, 5*(2), 121–134.

Gerstner, C. R., & Day, D. V. (1997). Meta-analytic review of leader–member exchange theory: Correlates and construct issues. *Journal of Applied Psychology, 82*(6), 827–844.

Giacalone, R. A., & Greenberg, G. (1997). *Antisocial behavior in organizations.* Thousand Oaks, CA: Sage.

Giangreco, A., Carugati A., & Sebastiano, A. (2010). Are we doing the right thing? Food for thought on training evaluation and its context. *Personnel Review, 39*(2), 162–177.

Giglio, G., Michalcova, S., & Yates, C. (2007). Instilling a culture of winning at American Express. *Organizational Development Journal, 25,* 33–37.

Gilbreth, L. M. (1914). *The psychology of management: The function of the mind in determining, teaching and installing methods of least waste.* Sturgis & Walton Company.

Gill, H., Meyer, J. P., Lee, K., Shin, K. H., & Yoon, C. Y. (2011). Affective and continuance commitment and their relations with deviant workplace behaviors in Korea. *Asia Pacific Journal of Management, 28*(3), 595–607.

Gillespie, I., Rose, D. S., & Robinson, G. N. (2006). *Narrative comments in 360 degree feedback: Who says what?* Paper presented at the 21st Annual Conference of the Society for Industrial and Organizational Psychology, Dallas, TX.

Gilmer, B. V. H. (1981). The early development of industrial-organizational psychology. In J. A. Sgro (Ed.), *Virginia Tech Symposium on Applied Behavioral Science* (Vol. 1, pp. 3–16). Lexington, MA: Lexington Books.

Gilson, L. L., Maynard, M. T., Jones Young, N. C., Vartiainen, M., & Hakonen, M. (2015). Virtual teams research: 10 years, 10 themes, and 10 opportunities. *Journal of Management, 41*(5), 1313–1337.

Gino, F., Schweitzer, M. E., Mead, N. L., & Ariely, D. (2011). Unable to resist temptation: How self-control depletion promotes unethical behavior. *Organizational Behavior and Human Decision Processes, 115,* 191–203.

Giumetti, G. W., Schroeder, A. N. & Switzer, F. S. (2015). Forced distribution rating systems: When does "Rank and Yank" lead to adverse impact? *Journal of Applied Psychology, 100,* 180–193.

Goffin, R. D., Jelley, R. B., & Wagner, S. H. (2003). Is halo helpful? Effects of inducing halo on performance rating accuracy. *Social Behavior and Personality, 31*(6), 625–636.

Goh, J., Pfeffer, J., & Zenios, S. A. (2015). The relationship between workplace stressors and mortality and health costs in the United States. *Management Science.* doi:http://dx.doi.org/10.1287/mnsc.2014.2115

Goldberg, C. B., & Waldman, D. A. (2000). Modeling employee absenteeism: Testing alternative measures and mediated effects based on job satisfaction. *Journal of Organizational Behavior, 21,* 665–676.

Golden, T. D. (2006). Avoiding depletion in virtual work: Telework and the intervening impact of work exhaustion on commitment and turnover intentions. *Journal of Vocational Behavior, 69,* 176–187.

Golden, T. D., Barnes-Farrell, J. L., & Mascharka, P. B. (2009). Implications of virtual management for subordinate performance appraisals: A pair of simulation studies. *Journal of Applied Social Psychology, 39*(7), 1589–1608.

Golden, T., & Gajendran, R. S. (2014, January). (When) does telecommuting improve performance? The moderating role of work characteristics. *Academy of Management Proceedings* (Vol. 2014, No. 1, p. 15656). Academy of Management.

Golden, T. D., Veiga, J. F., & Simsek, Z. (2006). Telecommuting's differential impact on work–family conflict: Is there no place like home? *Journal of Applied Psychology, 91*(6), 1340–1350.

Goldman, B. M., Gutek, B. A., Stein, J. H., & Lewis, K. (2006). Employment discrimination in organizations: Antecedents and consequences. *Journal of Management, 32,* 786–830.

Goldman-Mellor, S. J., Saxton, K. B., & Catalano, R. C. (2010). Economic contraction and mental health: A review of the evidence, 1990−2009. *International Journal of Mental Health, 39*(2), 6−31.

Goldring, E. B., Mavrogordato, M., & Haynes, K. T. (2015). Multisource principal evaluation data: Principals' orientations and reactions to teacher feedback regarding their leadership effectiveness. *Educational Administration Quarterly, 51,* 572–599.

Goldstein, H. W., Zedeck, S., & Goldstein, I. L. (2002). Is this your final answer? *Human Performance, 15*(1–2), 123–142.

Goldstein, I. L., & Ford, J. K. (2002). *Training in organizations: Needs assessment, development, and evaluation* (4th ed.). Belmont, CA: Wadsworth.

Gollwitzer, P. M., & Sheeran, P. (2006). Implementation intentions and goal achievement: A meta-analysis of effects and processes. *Advances in Experimental Social Psychology, 38,* 69–120.

Gonzalez, G. (2004). Elder care resources offer comfort to workers. *Business Insurance, 38*(13), 11–12.

Goodman, P. S., & Dabbish, L. A. (2011). Methodological issues in measuring group learning. *Small Group Research, 42*(4), 379–404.

Goren, H., Kurzban, R., & Rapoport, A. (2003). Social loafing vs. social enhancement: Public goods provisioning in real-time with irrevocable commitments. *Organizational Behavior and Human Decision Processes, 90*(2), 277–290.

Gorenstein, P. (2011, October 14). The Gap slashes stores: What went wrong and how they can fix it. *The Daily Ticker.*

Gould, K. E. (2005). The corporate university: A model for sustaining an expert workforce in the human services. *Behavior Modification, 29*(3), 508–520.

Gowan, M. A., Riordan, C. M., & Gatewood, R. D. (1999). Test of a model of coping with involuntary job loss following a company closing. *Journal of Applied Psychology, 84*(1), 75–86.

Gowen, C. R., III. (1991). Gain-sharing programs: An overview of history and research. *Journal of Organizational Behavior Management, 11*(2), 77–99.

Grandey, A. A., & Brauburger, A. L. (2002). The emotion regulation behind the customer service smile. In R. G. Lord, R. J. Klimoski, & R. Kanfer (Eds.), *Emotions in the workplace: Understanding the structure and role of emotions in organizational behavior* (pp. 260–294). San Francisco: Jossey-Bass.

Grandey, A. A., Fisk, G. M., Mattila, A. S., Jansen, K. J., & Sideman, L. A. (2005). Is "service with a smile" enough? Authenticity of positive displays during service encounters. *Organizational Behavior and Human Decision Processes, 96,* 38–55.

Grant, A. M. (2008). The significance of task significance: Job performance effects, relational mechanisms, and boundary conditions. *Journal of Applied Psychology, 93*(1), 108–124.

Grant, A. M., Fried, Y., Parker, S. K., & Frese, M. (2010). Putting job design in context: Introduction to the special issue. *Journal of Organizational Behavior, 31,* 145–157.

Gratz v. Bollinger, 539 U.S. 244 (2003).

Green, C., & Heywood, J. S. (2008). Does performance pay increase job satisfaction? *Economica, 75*(300), 710–728.

Greenhaus, J. H., & Powell, G. N. (2006). When work and family are allies: A theory of work–family enrichment. *Academy of Management Review, 31*(1), 72–92.

Greenleaf, R. K. (2002). *Servant leadership: A journey into the nature of legitimate power and greatness* (25th anniversary ed.). Mahwah, NJ: Paulist Press.

Greenwald, J. (2001, June 18). Rank and fire. *Time, 157,* 38–40.

Gregory, J. B., & Levy, P. E. (2010). Employee coaching relationships: Enhancing construct clarity and measurement. *Coaching: An International Journal of Theory, Research and Practice, 3*(2), 109–123.

Greiner, L., Cummings, T., & Bhambri, A. (2003). When new CEOs succeed and fail: 4-H theory of strategic transformation. *Organizational Dynamics, 32*(1), 1–16.

Gray, T. G., Hood, G., & Farrell, T. (2015). The development and production of a novel smartphone app to collect day-to-day feedback from doctors-in -training and their trainers. *BMJ Innovation, 1,* 25–32.

Griffeth, R. W., Hom, P. W., & Gaertner, S. (2000). A meta-analysis of antecedents and correlates of employee turnover: Update, moderator tests, and research implications for the next millennium. *Journal of Management, 26*(3), 463–488.

Griffith, R. L., & Converse, P. D. (2011). The rules of evidence and the prevalence of applicant faking. In M. Ziegler, C. McCann, & R. Roberts (Eds.), *New perspectives on faking in personality assessments.* Oxford, UK: Oxford University Press.

Griggs v. Duke Power, 401 U.S. 424 (1971).

Grindle, A. C., Dickinson, A. M., & Boettcher, W. (2000). Behavioral safety research in manufacturing settings: A review of the literature. *Journal of Organizational Behavior Management, 20*(1), 29–68.

Gross, J. (1998). Antecedent- and response-focused emotion regulation: Divergent consequences for experience, expression, and physiology. *Journal of Personality and Social Psychology, 74*(1), 224–237.

Grote, D. (2005). *Forced ranking: Making performance management work.* Boston, MA: Harvard Business School Press.

Grunberg, L., Anderson-Connolly, R., & Greenberg, E. S. (2000). Surviving layoffs: The effects of organizational commitment and job performance. *Work and Occupations, 27*(1), 7–31.

Grutter v. Bollinger, 539 U.S. 306 (2003).

Grzywacz, J. G., Almeida, D. M., & McDonald, D. (2002). Work–family spillover and daily reports of work and family stress in the adult labor-force. *Family Relations, 51,* 28–36.

Grzywacz, J. G., Arcury, T. A., Márin, A., Carrillo, L., Burke, B., Coates, M. L., & Quandt, S. A. (2007). Work–family conflict: Experiences and health implications among immigrant Latinos. *Journal of Applied Psychology, 92,* 1119–1130.

Guay, R. P., Choi, D., Oh, I. S., Mitchell, M. S., Mount, M., & Shin, K. H. (2016). Why people harm the organization and its members: Relationships among personality, organizational commitment, and workplace deviance. *Human Performance, 29*(1), 1–15.

Gully, S. M., Payne, S. C., Koles, K. L. K., & Whiteman, J.-A. K. (2002). The impact of error training and individual differences on training outcomes: An attribute–treatment interaction perspective. *Journal of Applied Psychology, 87*(1), 143–155.

Gutek, B. A., & Koss, M. P. (1993). Changed women and changed organizations: Consequences of and coping with sexual harassment. *Journal of Vocational Behavior, 42,* 28–48.

Gutman, A. (2000). *EEO law and personnel practices* (2nd ed.). Thousand Oaks, CA: Sage.

Gutman, A. (2003). The Grutter, Gratz, & Costa rulings. *Industrial-Organizational Psychologist, 41*(2), 117–127.

Gutman, A., & Dunleavy, E. (2007). The Supreme Court ruling in Parents v. Seattle School District: Sending Grutter and Gratz back to school. *The Industrial-Organizational Psychologist, 45*(2), 41–49.

Haas, M. R., Criscuolo, P., & George, G. (2015). Which problems to solve? Online knowledge sharing and attention allocation in organizations. *Academy of Management Journal, 58*(3), 680–711.

Hackett, R. D., Bycio, P., & Hausdorf, P. A. (1994). Further assessments of Meyer and Allen's (1991) three-component model of organizational commitment. *Journal of Applied Psychology, 79,* 15–23.

Hackett, R. D., & Guion, R. M. (1985). A reevaluation of the absenteeism–job satisfaction relationship. *Organizational Behavior and Human Decision Processes, 35,* 340–381.

Hackman, J. R., & Oldham, G. R. (1976). The job characteristics model. *Organizational Behavior and Human Decision Processes, 16,* 256.

Hackman, J. R., & Oldham, G. R. (1980). *Work redesign.* Upper Saddle River, NJ: Pearson.

Hahn, C. (2007). Day care: An office affair. *Bloomberg Business.* Retrieved February 15, 2016, from http://www.businessweek.com/debateroom/archives/2007/04/day_care_an_office_affair.html

Hainey, I. (2015, November 15). Knowledge management is power for companies. *The National.* Retrieved March 6, 2016, from http://www.thenational.ae/business/the-life/knowledge-management-is-power-for-companies

Halbesleben, J. R. B., Harvey, J., & Bolino, M. C. (2009). Too engaged? A conservation of resources view of the relationship between work engagement and work interference with family. *Journal of Applied Psychology, 94*(6), 1452–1465.

Hall, R. J., Workman, J. W., & Marchioro, C. A. (1998). Sex, task, and behavioral flexibility effects on leadership perceptions. *Organizational Behavior and Human Decision Processes, 74*(1), 1–32.

Hallett, M. B., & Gilbert, L. A. (1997). Variables differentiating university women considering role-sharing and conventional dual-career marriages. *Journal of Vocational Behavior, 50,* 308–322.

Halzack, S. (2013). PNC staffers have back up child- and elder-care options. *The Washington Post.* Retrieved February 15, 2016, from https://www.washingtonpost.com/business/capitalbusiness/pnc-staffers-have-backup-child--and-elder-care-options/2013/05/02/1bd126c6-b271-11e2-9a98-4be1688d7d84_story.html

Hammer, L. B., Cullen, J. C., Neal, M. B., Sinclair, R. R., & Shafiro, M. V. (2005). The longitudinal effects of work–family conflict and positive spillover on depressive symptoms among dual-earner couples. *Journal of Occupational Health Psychology, 10*(2), 138–154.

Hammer, L. B., Kossek, E. E., Anger, W. K., Bodner, T., & Zimmerman, K. L. (2011). Clarifying work–family intervention processes: The roles of work–family conflict and family-supportive supervisor behaviors. *Journal of Applied Psychology,*
96(1), 134.

Hammer, L. B., Kossek, E. E., Yragui, N. L., Bodner, T. E., & Hanson, G. C. (2008). Development and validation of a multidimensional measure of family supportive supervisor behaviors (FSSB). *Journal of Management, 35*(4), 837–856.

Hammer, M., & Champy, J. (1993). *Reengineering the corporation: A manifesto for business revolution.* New York: HarperCollins.

Han, G., & Jekel, M. (2011). The mediating role of job satisfaction between leader–member exchange and turnover intentions. *Journal of Nursing Management, 19,* 41–49.

Hanover, J. M. B., & Cellar, D. F. (1998). Environmental factors and the effectiveness of workforce diversity training. *Human Resource Development Quarterly, 9*(2), 105–124.

Harris, L. C., & Ogbonna, E. (2002). The unintended consequences of culture interventions: A study of unexpected outcomes. *British Journal of Management, 13*(1), 31–49.

Harris, M. M., & Hollman, K. D. (n.d.). Tip-topics: The top trends in I-O psychology: A graduate student perspective. Retrieved February 22, 2016, from http://www.siop.org/tip/Apr13/19_TipTopics.aspx

Harrison, D. A., Kravitz, D. A., Mayer, D. M., Leslie, L. M., & Lev-Arey, D. (2006). Understanding attitudes toward affirmative action programs in employment: Summary and meta-analysis of 35 years of research. *Journal of Applied Psychology, 91*(3), 1013–1036.

Harrison, D. A., Newman, D. A., & Roth, P. L. (2006). How important are job attitudes? Meta-analytic comparisons of integrative behavioral outcomes and time sequences. *Academy of Management Journal, 40,* 305–325.

Harrop, P., Hayward, J., Das, R., & Holland, G. (2015). *Wearable technology 2015–2025: Technologies, markets, forecasts.* IDTechEx.

Harvey, P., Summers, J. K., & Martinko, M. J. (2010). Attributional influences on the outcome–aggression relationship: A review and extension of past research. *International Journal of Organization Theory and Behavior, 13*(2), 174–201.

Harvey, R. J. (1991). Job analysis. In M. D. Dunnette & L. M. Hough (Eds.), *Handbook of industrial and organizational psychology* (2nd ed., Vol. 2, pp. 71–163). Palo Alto, CA: Consulting Psychologists Press.

Harvey, R. J. (1993). *Research monograph: Development of the Common-Metric Questionnaire (CMQ).* Retrieved April 22, 2009, from Personnel Systems & Technologies Corporation website: http://www.pstc.com/documents/monograph.pdf

Harvey, R. J. (2010). Motor oil or snake oil: Synthetic validity is a tool not a panacea. *Industrial and Organizational Psychology, 3(3),* 351–355.

Hatala, J. P., & Fleming, P. R. (2007). Making transfer climate visible: Utilizing social network analysis to facilitate the transfer of training. *Human Resource Development Review, 6*(1), 33–63.

Hattrup, K., O'Connell, M. S., & Wingate, P. H. (1998). Prediction of multidimensional criteria: Distinguishing task and contextual performance. *Human Performance, 11*(4), 305–319.

Hauenstein, N. M. A. (1998). Training raters to increase the accuracy of appraisals and the usefulness of feedback. In J. W. Smither (Ed.), *Performance appraisal: State of the art in practice* (pp. 404–442). San Francisco: Jossey-Bass.

Hedge, J. W., & Borman, W. C. (1995). Changing conceptions and practices in performance appraisal. In A. Howard (Ed.), *The changing nature of work* (pp. 451–482). San Francisco: Jossey-Bass.

Hedge, J. W., & Teachout, M. S. (2000). Exploring the concept of acceptability as a criterion for evaluating performance measures. *Group and Organizational Management, 25*(1), 22–44.

Hegewisch, A., & Hartmann, H. (2014, September). *The gender wage gap: 2013: Differences by race and ethnicity.* Retrieved from http://www.iwpr.org/initiatives/pay-equity-and-discrimination/#publications

Hendricks, J. W., & Payne, S. C. (2007). Beyond the Big Five: Leader goal orientation as a predictor of leadership effectiveness. *Human Performance, 20,* 317–343.

Hennessy, D. A. (2008). The impact of commuter stress on workplace aggression. *Journal of Applied Social Psychology, 38*(9), 2315–2335.

Henningsen, D. D, Henningsen, M. L. M., Eden, J., & Cruz, M. G. (2006). Examining the symptoms of groupthink and retrospective sensemaking. *Small Group Research, 37,* 36–64.

Hensel, J. M., Ruiz, C., Finney, C., & Dewa, C. S. (2015). Meta-analysis of risk factors for secondary traumatic stress in therapeutic work with trauma victims. *Journal of Traumatic Stress, 28*(2), 83–91.

Henson, J. A., & Beehr, T. A. (2013). Subordinates' performance and personality as predictors of leader rated leader-member exchange. *Academy of Management Proceedings, No. 1l.*

Hermelin, E., Lievens, F., & Robertson, I. T. (2007). The validity of assessment centres for the prediction of supervisory performance ratings. *International Journal of Selection and Assessment, 15*(4), 405–411.

Herold, D. M., Davis, W., Fedor, D. B., & Parsons, C. K. (2002). Dispositional influences on transfer of learning in multistage training programs. *Personnel Psychology, 55*(4), 851–869.

Hershcovis, M. S., Turner, N., Barling, J., Arnold, K. A., Dupré, K. E., Inness, M., . . . Sivanathan, N. (2007). Predicting workplace aggression: a meta-analysis. *Journal of Applied Psychology, 92*(1), 228.

Hertel, G., Geister, S., & Konradt, U. (2005). Managing virtual teams: A review of current empirical research. *Human Resource Management Review, 15,* 69–95.

Herzberg, F., Mausner, B., & Snyderman, B. (1959). *The motivation to work.* New York: Wiley.

Heslin, P. A., & VandeWalle, D. (2011). Performance appraisal procedural justice: The role of a manager's implicit person theory. *Journal of Management, 37*(6), 1694–1718.

Heslin, P. A., Vandewalle, D., & Latham, G. P. (2006). Keen to help? Managers' implicit person theories and their subsequent employee coaching. *Personnel Psychology, 59,* 871–902.

Highhouse, S. (1999). The brief history of personnel counseling in industrial-organizational psychology. *Journal of Vocational Behavior, 55*(3), 318–336.

Highhouse, S., Hoffman, J. R., Greve, E. M., & Collins, A. E. (2002). Persuasive impact of organizational value statements in a recruitment context. *Journal of Applied Social Psychology, 32,* 1737–1755.

Hill, R., Tranby, E., Kelly, E., & Moen, P. (2013). Relieving the time squeeze? Effects of a white collar workplace change on parents. *Journal of Marriage and Family, 75,* 1014–1029.

Hirschfeld, R. R., & Feild, H. S. (2000). Work centrality and work alienation: Distinct aspects of a general commitment to work. *Journal of Organizational Behavior, 21,* 789–800.

Hitt, M. A. (2000). The new frontier: Transformation of management for the new millennium. *Organizational Dynamics, 28*(3), 7–17.

Hobfoll, S. E., & Shirom, A. (2000). Conservation of resources theory: Applications to stress and management in the workplace. In: R. T. Golembiewsik (ed.), *Handbook of Organization Behavior* (pp. 57–81). New York: Dekker.

Hoch, J. E., & Kozlowski, S. W. J. (2012). Leading virtual teams: Hierarchical leadership, structural supports, and shared team leadership. *Journal of Applied Psychology,* 99, 390–403.

Hoch, J. E., & Kozlowski, S. W. (2014). Leading virtual teams: Hierarchical leadership, structural supports, and shared team leadership. *Journal of Applied Psychology, 99*(3), 390.

Hochschild, A. R. (1983). *The managed heart: Commercialization of human feeling.* Berkeley: University of California Press.

Hochwarter, W. A., Witt, L. A., & Kacmar, K. M. (2000). Perceptions of organizational politics as a moderator of the relationship between conscientiousness and job performance. *Journal of Applied Psychology, 85*(3), 472–478.

Hodgkinson, G. P., & Healey, M. P. (2008). Cognition in organizations. *Annual Review of Psychology, 59,* 387–417.

Hoffman, B. J., Blair, C. A., Meriac, J. P., & Woehr, D. J. (2007). Expanding the criterion domain? A quantitative review of the OCB literature. *Journal of Applied Psychology, 92*(2), 555–566.

Hoffman, B. J., Lance, C. E., Bynum, B., & Gentry, W. A. (2010). Rater source effects are alive and well after all. *Personnel Psychology, 63,* 119–151.

Hoffnung, M., & Williams, M. A. (2013). Balancing act: Career and family during college-educated women's 30s. *Sex roles, 68*(5-6), 321–334.

Hofmann, D. A., Jacobs, R., & Baratta, J. E. (1993). Dynamic criteria and the measurement of change. *Journal of Applied Psychology, 78,* 194–204.

Hofmann, D. A., Morgeson, F. P., & Gerras, S. J. (2003). Climate as a moderator of the relationship between leader–member exchange and content specific citizenship: Safety climate as an exemplar. *Journal of Applied Psychology, 88*(1), 170–178.

Hofmann, W., & Patel, P. V. (2015). SurveySignal: A convenient solution for experience sampling research using participants' own smartphones. *Social Science Computer Review, 33,* 235–253.

Hogan, J., Barrett, P., & Hogan, R. (2007). Personality measurement, faking, and employment selection. *Journal of Applied Psychology, 92*(5), 1270–1285.

Hogan, R., & Hogan, J. (1995). *Hogan Personality Inventory manual* (2nd ed.). Tulsa, OK: Hogan Assessment Systems.

Holladay, C. L., & Quinones, M. A. (2008). The influence of training focus and trainer characteristics on diversity training effectiveness. *Academy of Management Learning & Education, 7*(3), 343–354.

Hollenbeck, J. R., Beersma, B., & Schouten, M. E. (2012). Beyond team types and taxonomies: A dimensional scaling conceptualization for a team description. *Academy of Management Review, 37,* 82–106.

Holman, D. J., Axtell, C. M., Sprigg, C. A., Totterdell, P., & Wall, T. D. (2010). The mediating role of job characteristics in job redesign interventions: A serendipitous quasi-experiment. *Journal of Organizational Behavior, 31,* 84–105.

Holtom, B. C., Lee, T. W., & Tidd, S. T. (2002). The relationship between work status congruence and work-related attitudes and behaviors. *Journal of Applied Psychology, 87*(5), 903–915.

Holton, E. F., Coco, M. L., Lowe, J. L., & Dutsch, J. V. (2006). Blended delivery strategies for competency-based training. *Advances in Developing Human Resources, 8*(2), 210–228.

Hom, P. W., & Griffeth, R. W. (1991). Structural equations modeling test of a turnover theory: Cross-sectional and longitudinal analyses. *Journal of Applied Psychology, 76*(3), 350–366.

Holtz, B. C., & Harold, C. M. (2013). Effects of leadership consideration and structure on employee perceptions of justice and counterproductive work behavior. *Journal of Organizational Behavior, 34,* 492–519.

Hong, Y., Wyer, R. S., & Fong, C. P. S. (2008). Chinese working in groups: Effort dispensability versus normative influence. *Asian Journal of Social Psychology, 11*(3), 187–195.

Hooper, D. T., & Martin, R. (2008). Beyond personal leader member exchange (LMX) quality: The effects of perceived LMX variability on employee reactions. *Leadership Quarterly, 19,* 20–30.

Hopfl, H. M. (2006). Post-bureaucracy and Weber's "modern" bureaucrat. *Journal of Organizational Change Management, 19,* 8–21.

Hornung, S., Rousseau, D. M., Glaser, J., Angerer, P., & Weigl, M. (2010). Beyond top-down and bottom-up work redesign: Customizing job content through idiosyncratic deals. *Journal of Organizational Behavior, 31,* 187–215.

Horwitz, S. K., & Horwitz, I. B. (2007). The effects of team diversity on team outcomes: A meta-analytic review of team demography. *Journal of Management, 33,* 987–1015.

Hosking, D. M., & Schriesheim, C. A. (1978). Improving leadership effectiveness: The leader match concept—A book review. *Administrative Science Quarterly, 23,* 496–505.

Hough, L. (1998). Personality at work: Issues and evidence. In M. Hakel (Ed.), *Beyond multiple choice: Evaluating alternatives to traditional testing for selection* (pp. 131–159). Hillsdale, NJ: Erlbaum.

House, R. J. (1971). A path-goal theory of leader effectiveness. *Administrative Science Quarterly, 16,* 321–338.

House, R. J. (1996). Path-goal theory of leadership: Lessons, legacy, and a reformulated theory. *Leadership Quarterly,* 7(3), 323–352.

House, R. J., & Aditya, R. N. (1997). The social scientific study of leadership: Quo vadis? *Journal of Management, 23*(3), 409–473.

Howard, J. L., & Frink, D. D. (1996). The effects of organizational restructure on employee satisfaction. *Group and Organization Management, 21*(3), 278–303.

HP Knowledge Management. (2014). Find knowledge and insights across your enterprise: The HP Knowledge Management solution. Hewlett-Packard. Retrieved March 6, 2016, from http://www8.hp.com/h20195/v2/GetPDF.aspx/4AA5-9191ENW.pdf

Huang, X., Rode, J. C., & Schroeder, R. G. (2011). Organizational structure and continuous improvement and learning: Moderating effects of cultural endorsement of participative leadership. *Journal of International Business Studies, 42,* 103–120.

Huffcutt, A. I., Culbertson, S. S., & Weyhrauch, W. S. (2014). Moving forward indirectly: Reanalyzing the validity of employment interviews with indirect range restriction methodology. *International Journal of Selection and Assessment, 22,* 297–309.

Hülsheger, U. R., Lang, J. W., Schewe, A. F., & Zijlstra, F. R. (2015). When regulating emotions at work pays off: A diary and an intervention study on emotion regulation and customer tips in service jobs. *Journal of Applied Psychology, 100*(2), 263.

Humphrey, S. E., Hollenbeck, J. R., Meyer, C. J., & Ilgen, D. R. (2011). Personality configurations in self-managed teams: A natural experiment on the effects of maximizing and minimizing variance in traits. *Journal of Applied Social Psychology, 41*(7), 1701–1732.

Humphrey, S. E., Morgeson, F. P., & Mannor, M. J. (2009). Developing a theory of the strategic core of teams: A role composition model of team performance. *Journal of Applied Psychology, 94,* 48–61.

Humphrey, S. E., Nahrgang, J. D., & Morgeson, F. P. (2007). Integrating motivational, social, and contextual work design features: A meta-analytic summary and theoretical extension of the work design literature. *Journal of Applied Psychology, 92,* 1332–1356.

Hung, R. Y. Y., Lien, B. Y., Wu, C., & Kuo, Y. (2011). The impact of TQM and organizational learning on innovation performance in the high-tech industry. *International Business Review, 20*(2), 213–225.

Hunt, C. M., Davidson, M. J., Fielden, S. L., & Hoel, H. (2010). Reviewing sexual harassment in the workplace—an intervention model. *Personnel Review, 39*(5), 655–673.

Hunter, J. E., & Hunter, R. F. (1984). Validity and utility of alternative predictors of job performance. *Psychological Bulletin, 96*(1), 72–98.

Hunter, J. E., & Schmidt, F. L. (1990). *Methods of meta-analysis: Correcting error and bias in research findings.* Thousand Oaks, CA: Sage.

Hur, Y., van den Berg, P. T., & Wilderom, C. P. M. (2011). Transformational leadership as a mediator between emotional intelligence and team outcomes. *The Leadership Quarterly, 22*(4), 591–603.

Hurtz, G. M., & Donovan, J. J. (2000). Personality and job performance: The Big Five revisited. *Journal of Applied Psychology, 85*(6), 869–879.

Ianiro, P.M., & Kauffeld, S. (2014). Take care what you bring with you: How coaches' mood and interpersonal behavior affect coaching success. *Consulting Psychology Journal: Practice and Research, 66*(3), 231–257.

Ilgen, D. R., Fisher, C. D., & Taylor, M. S. (1979). Consequences of individual feedback on behavior in organizations. *Journal of Applied Psychology, 64,* 349–371.

Ilies, R., & Judge, T. A. (2003). On the heritability of job satisfaction: The mediating role of personality. *Journal of Applied Psychology, 88*(4), 750–759.

Ilies, R., Judge, T. A., Wagner, D. T. (2010). The influence of cognitive and affective reactions to feedback on subsequent goals. *European Psychologist, 15,* 121–131.

Ilies, R., Peng, A. C., Savani, K., & Dimotakis, N. (2013). Guilty and helpful: An emotion-based reparatory model of voluntary work behavior. *Journal of Applied Psychology, 98(6),* 1051–1059.

Institute for Women's Policy Research. (2015, March). Fact sheet: The gender wage gap: 2014. *IWPR #C430.*

International Coach Federation. (2015). Need coaching? Retrieved December 11, 2015, from http://coachfederation.org/need/?navItemNumber=501

Jackson, S. E., & Joshi, A. (2011). Work team diversity. In Zedeck, S. (Ed.), *APA handbook of industrial and organizational psychology, vol. 1: Building and developing the organization* (pp.651–686). Washington, DC: American Psychological Association. http://dx.doi.org/10.1037/12169-020

Jackson, S. E., & Schuler, R. S. (2000). *Managing human resources: A partnership perspective* (7th ed.). Cincinnati, OH: South-Western.

James, S., Kavanagh, P. S., Jonason, P. K., Chonody, J. M., & Scrutton, H. E. (2014). The Dark Triad, schadenfreude, and sensational interests: Dark personalities, dark emotions, and dark behaviors. *Personality and Individual Differences, 68,* 211–216.

Janis, I. L. (1972). *Victims of groupthink.* Boston: Houghton Mifflin.

Janis, I. L. (1982). *Groupthink.* Boston: Houghton Mifflin.

Janis, I. L., & Mann, L. (1977). *Decision making: A psychological analysis of conflict, choice, and commitment.* New York: Free Press.

Jawahar, I. M., Stone, T. H., & Kisamore, J. L. (2007). Role conflict and burnout: The direct and moderating effects of political skill and perceived organizational support on burnout dimensions. *International Journal of Stress Management, 14,* 142–159.

Jayson, S. (2012, October 24). Burnout up among employees. *USA Today.*

Jehanzeb, K., Rasheed, A., & Rasheed, M. F. (2013). Organizational commitment and turnover intentions: Impact of employee's training in private sector of Saudi Arabia. *International Journal of Business and Management, 8*(8), 79.

Jex, S. M., Bliese, P. D., Buzzell, S., & Primeau, J. (2001). The impact of self-efficacy on stressor–strain relations: Coping style as an explanatory mechanism. *Journal of Applied Psychology, 86*(3), 401–409.

Johns, T., & Gratton, L. (2013). The third wave of virtual work. *Harvard Business Review, 91*(1), 66–73.

Johnson, J. W., Steel, P., Scherbaum, C. A., Hoffman, C. C., Jeanneret, P. R., & Foster, J. (2010). Validation is like motor oil: Synthetic is better. *Industrial and Organizational Psychology, 3*(3), 305–328.

Johnson, R. J., Chang, C. H., & Lord, R. G. (2006). Moving from cognition to action. *Psychological Bulletin, 132,* 381–415.

Johnson, S. K., Bettenhausen, K., & Gibbons, E. (2009). Realities of working in virtual teams: Affective and attitudinal outcomes of computer-mediated communication. *Small Group Research, 40*(6), 623–649.

Jonason, P. K., Slomski, S., & Partyka, J. (2012). The Dark Triad at work: How toxic employees get their way. *Personality and Individual Differences, 52,* 449–453.

Jones, L., Watson, B., Hobman, E., Bordia, P., Gallois, C., & Callan, V. J. (2008). Employee perceptions of organizational change: Impact of hierarchical level. *Leadership & Organization Development Journal, 29,* 294–316.

Jones, M. D., Sliter, M., & Sinclair, R. R. (2015). Overload, and cutbacks, and freezes, Oh my! The relative effects of the recession-related stressors on employee strain and job satisfaction. *Stress and Health.* doi:10.1002/smi.2657

Joni, S.-N. (2004). *The third opinion: How successful leaders use outside insight to create superior results.* New York: Portfolio/Penguin.

Joseph, D. L., Jin, J., Newman, D. A., & O'Boyle, E. H. (2015). Why does self-reported emotional intelligence predict job performance? A meta-analytic investigation of mixed EI. *Journal of Applied Psychology, 100,* 298–342.

Josserand, E., Teo, S., & Clegg, S. (2006). From bureaucratic to post-bureaucratic: The difficulties of transition. *Journal of Organizational Change Management, 19,* 54–64.

Judge, T. A., Bono, J. E., Erez, A., & Locke, E. A. (2005). Core self-evaluations and job and life satisfaction: The role of self-concordance and goal attainment. *Journal of Applied Psychology, 90,* 257–268.

Judge, T. A., Bono, J. E., Ilies, R., & Gerhardt, M. W. (2002). Personality and leadership: A qualitative and quantitative review. *Journal of Applied Psychology, 87*(4), 765–780.

Judge, T. A., Bono, J. E., & Locke, E. A. (2000). Personality and job satisfaction: The mediating role of job characteristics. *Journal of Applied Psychology, 85*(2), 237–249.

Judge, T. A., Colbert, A. E., & Ilies, R. (2004). Intelligence and leadership: A quantitative review and test of theoretical propositions. *Journal of Applied Psychology, 89*(3), 542–552.

Judge, T. A., & Hulin, C. L. (1993). Job satisfaction as a reflection of disposition: A multiple-source causal analysis. *Organizational Behavior and Human Decision Processes, 56,* 388–421.

Judge, T. A., Locke, E. A., Durham, C. C., & Kluger, A. N. (1998). Disposition effects on job and life satisfaction: The role of core evaluations. *Journal of Applied Psychology, 83*(1), 17–34.

Judge, T. A., Piccolo, R. E., & Ilies, R. (2004). The forgotten ones? The validity of consideration and initiating structure in leadership research. *Journal of Applied Psychology, 89*(1), 36–51.

Judge, T. A., Piccolo, R. F., Podsakoff, N. P, Shaw, J. C., & Rich, B. L. (2010). The relationship between pay and job satisfaction: A meta-analysis. *Journal of Vocational Behavior, 77*, 157–167.

Judge, T. A., Scott, B. A., & Ilies, R. (2006). Hostility, job attitudes, and workplace deviance. *Journal of Applied Psychology, 91*, 126–138.

Judge, T. A., Simon, L. S., Hurst, C., & Kelley, K. (2014). What I experienced yesterday is who I am today: Relationship of work motivations and behaviors to within-individual variation in the five factor model of personality. *Journal of Applied Psychology, 99*, 199–221.

Judge, T. A., Thoresen, C. J., Bono, J. E., & Patton, G. K. (2001). The job satisfaction–job performance relationship: A qualitative and quantitative review. *Journal of Applied Psychology, 127*, 376–407.

Jung, D. I., & Sosik, J. J. (1999). Effects of group characteristics on work group performance: A longitudinal investigation. *Group Dynamics: Theory, Research, and Practice, 3*(4), 279–290.

Junker, N. M., & van Dick, R. (2014). Implicit theories in organizational settings: A systematic review and research agenda of implicit leadership and followership theories. *The Leadership Quarterly, 25*(6), 1154–1173.

K4Health. (2016). Knowledge management for global health. Johns Hopkins University. Retrieved March 6, 2016, from https://www.k4health.org/topics/knowledge-management

Kacmar, K. M., Witt, L. A., Zivnuska, S., & Gully, S. M. (2003). The interactive effect of leader–member exchange and communication frequency on performance ratings. *Journal of Applied Psychology, 88*(4), 764–772.

Kanfer, R. (1990). Motivation theory and industrial and organizational psychology. In M. Dunnette & L. Hough (Eds.), *Handbook of industrial and organizational psychology* (2nd ed., Vol. 1., pp. 75–170). Palo Alto, CA: Consulting Psychologists Press.

Kantrowitz, T. M., & Dainis, A. M. (2014). How secure are unproctored pre-employment tests? Analysis of inconsistent test scores. *Journal of Business and Psychology, 29*(4), 605–616.

Karakas, F. (2009). New paradigms in organization development: Positivity, spirituality, and complexity. *Organization Development Journal, 27*(1), 11–26.

Karasek, R. (1990). Lower health risk with increased job control among white-collar workers. *Journal of Organizational Behaviour, 11*, 171–185.

Karau, S. J., & Hart, J. W. (1998). Group cohesiveness and social loafing: Effects of a social interaction manipulation on individual motivation within groups. *Group Dynamics: Theory, Research, and Practice, 2*(3), 185–191.

Karau, S. J., & Williams, K. D. (1993). Social loafing: A meta-analytic review and theoretical integration. *Journal of Personality and Social Psychology, 26*, 377–384.

Karau, S. J., & Williams, K. D. (1997). The effects of group cohesiveness on social loafing and social compensation. *Group Dynamics: Theory, Research, and Practice, 1*, 156–168.

Karim, M. N., Kaminsky, S. E., & Behrend, T. S. (2014). Cheating, reactions, and performance in remotely proctored testing: An exploratory experimental study. *Journal of Business and Psychology, 29*(4), 555–572.

Kark, R., Shamir, B., & Chen, G. (2003). The two faces of transformational leadership: Empowerment and dependency. *Journal of Applied Psychology, 88*(2), 246–255.

Kass, D., & Grandzol, C. (2012). Evaluating the value-added impact of outdoor management training for leadership development in an MBA program. *Journal of Experiential Education, 35*(3), 429–446.

Kate, N. T. (1998). Two careers, one marriage. *American Demographics, 20*(4), 28.

Kath, L. M., Swody, C. A., Magley, V. J., Bunk, J. A., & Gallus, J. A. (2009). Cross-level, three-way interactions among work-group climate, gender, and frequency of harassment on morale and withdrawal outcomes of sexual harassment. *Journal of Occupational and Organizational Psychology, 82*, 159–182.

Katz, D., & Kahn, R. L. (1978). *The social psychology of organizations* (2nd ed.). New York: Wiley.

Katzell, R. A., & Austin, J. T. (1992). From then to now: The development of industrial-organizational psychology in the United States. *Journal of Applied Psychology, 77*(6), 803–835.

Kauffeld, S., & Lehmann-Willenbrock, N. (2009). Sales training: Effects of spaced practice on training transfer. *Journal of European Industrial Training, 34*(1), 23–37.

Kaufman, A. S. (1994). *Intelligent testing with the WISC-III*. New York: Wiley.

Keeping, L. M., & Levy, P. E. (2000). Performance appraisal reactions: Measurement, modeling, and method bias. *Journal of Applied Psychology, 85*(5), 708–723.

Keller, A. C., & Semmer, N. K. (2013). Changes in situational and dispositional factors as predictors of job satisfaction. *Journal of Vocational Behavior, 83*, 88–98.

Kellett, J. B., Humphrey, R. H., & Sleeth, R. G. (2006). Empathy and the emergence of task and relations leaders. *Leadership Quarterly, 17*, 146–162.

Kenny, D. A., & Zaccaro, S. J. (1983). An estimate of the variance due to traits in leadership. *Journal of Applied Psychology, 68*(4), 678–685.

Kenworthy, J., & Wong, A. (2005). Developing managerial effectiveness: Assessing and comparing the impact of developmental programmes using a management simulation or management game. *Developments in Business Simulations and Experiential Learning, 32*, 164–175.

Kerlinger, F. N. (1986). *Foundations of behavioral research* (3rd ed.). Fort Worth, TX: Holt, Rinehart and Winston.

Kerr, N. L., & Tindale, R. S. (2004). Group performance and decision making. *Annual Review of Psychology, 55*, 623–655.

Khanna, C., Medsker, G. J., & Ginter, R. (2013). 2012 income and employment survey results for the Society for Industrial and Organizational Psychology. *Human Resources Research Organization (HumRRO)*. Retrieved on March 21, 2016, from http://www.siop.org/2012SIOPIncomeSurvey.pdf

Kickul, J., Lester, S. W., & Finkl, J. (2002). Promise

breaking during radical organizational change: Do justice interventions make a difference? *Journal of Organizational Behavior, 23,* 469–488.

Kinicki, A. J., McKee-Ryan, F. M., Schriesheim, C. A., & Carson, K. P. (2002). Assessing the construct validity of the Job Descriptive Index: A review and meta-analysis. *Journal of Applied Psychology, 87*(1), 14–32.

Kirkman, B. L., Chen, G., Farh, J., Chen, Z. X., & Lowe, K. B. (2009). Individual power distance orientation and follower reactions to transformational leaders: A cross-level, cross-cultural examination. *Academy of Management Journal, 52*(4), 744–764.

Kirkman, B. L., & Mathieu, J. E. (2005). The dimensions and antecedents of team virtuality. *Journal of Management, 31,* 700–718.

Kirkman, B. L., & Rosen, B. (1999). Beyond self-management: Antecedents and consequences of team empowerment. *Academy of Management Journal, 42*(1), 58–74.

Kirkpatrick, D. L. (1976). Evaluation of training. In R. L. Craig (Ed.), *Training and development handbook* (pp. 18–27). New York: McGraw-Hill.

Kish-Gephart, J. J., Harrison, D. A., & Treviño, L. K. (2010). Bad apples, bad cases, and bad barrels: Meta-analytic evidence about sources of unethical decisions at work. *Journal of Applied Psychology, 95*(1), 1–31.

Klein, H. J., Molloy, J. C., & Cooper, J. T. (2009). Conceptual foundations: Construct definitions and theoretical representations of workplace commitments. In H. J. Klein, T. E. Becker, & J. P. Meyer (Eds.), *Commitment in organizations: Accumulated wisdom and new directions.* New York: Routledge/Taylor & Francis.

Kluger, A. N., & DeNisi, A. (1996). The effects of feedback interventions on performance: A historical review, a meta-analysis, and a preliminary Feedback Intervention Theory. *Psychological Bulletin, 119,* 254–284.

Kluger, A. N., & Nir, D. (2010). The Feedforward Interview. *Human Resource Management Review, 20*(3), 235–246.

Knights, D., & McCabe, D. (2002). A road less travelled: Beyond managerialist, critical and processural approaches to total quality management. *Journal of Organizational Change Management, 15*(3), 235–254.

Kock, N., Danesh, A., & Komiak, P. (2008). A discussion and test of a communication flow optimization approach for business process redesign. *Knowledge and Process Management, 15,* 72–85.

Koenig, A. M., Eagly, A. H., Mitchell, A. A., & Ristikari, T. (2011). Are leader stereotypes masculine? A meta-analysis of three research paradigms. *Psychological Bulletin, 137*(4), 616–642.

Koltko-Rivera, M. E. (2006). Rediscovering the later version of Maslow's hierarchy of needs: Self-transcendence and opportunities for theory, research, and unification. *Review of General Psychology, 10,* 302–317.

Komar, S., Brown, D. J., Komar, J., & Robie, C. (2008). Faking and the validity of conscientiousness: A Monte Carlo investigation. *Journal of Applied Psychology, 93,* 140–154.

Konovsky, M. A., & Cropanzano, R. (1991). Perceived fairness of employee drug testing as a predictor of employee attitudes and job performance. *Journal of Applied Psychology, 76,* 698–707.

Koppes, L. L. (1997). American female pioneers of industrial and organizational psychology during the early years. *Journal of Applied Psychology, 82*(4), 500–515.

Koppes, L. L. (Ed.). (2007). *Historical perspectives in industrial and organizational psychology.* Mahwah, NJ: Erlbaum.

Koppes, L. L., & Pickren, W. (2007). Industrial and organizational psychology: An evolving science and practice. In L. L. Koppes (Ed.), *Historical perspectives in industrial and organizational psychology* (pp. 3–36). Mahwah, NJ: Erlbaum.

Kossek, E. E., & Nichol, V. (1992). The effects of on-site child care on employee attitudes and performance. *Personnel Psychology, 45,* 485–509.

Kossek, E. E., & Ozeki, C. (1998). Work–family conflict, policies, and the job-life satisfaction relationship: A review and directions for organizational behavior–human resources research. *Journal of Applied Psychology, 83*(2), 139–149.

Kossek, E. E., Ruderman, M. N., Braddy, P. W., & Hannum, K. M. (2012). Work–nonwork boundary management profiles: A person-centered approach. *Journal of Vocational Behavior, 81*(1), 112−128.

Kotsou, I., Nelis, D., Gregoire, J., & Mikolajczak, M. (2011). Emotional plasticity. *Journal of Applied Psychology, 96*(4), 827–839.

Kraiger, K., Ford, J. K., & Salas, E. (1993). Application of cognitive, skill-based, and affective theories of learning outcomes to new methods of training evaluating. *Journal of Applied Psychology, 78*(2), 311–328.

Kreiner, G. E., Hollensbe, E. C., & Sheep, M. L. (2009). Balancing borders and bridges: Negotiating the work–home interface via boundary work tactics. *Academy of Management Journal, 52*(4), 704–730.

Kristof-Brown, A. L., Zimmerman, R. D., & Johnson, E. (2005). Consequences of individuals' fit at work: A meta-analysis of person–job, person–organization, person–group, and person–supervisor fit. *Personnel Psychology, 58,* 281–342.

Kruger, J., & Dunning, D. (1999). Unskilled and unaware of it: how difficulties in recognizing one's own incompetence lead to inflated self-assessments. *Journal of personality and social psychology*, 77(6), 1121.

Kuhn, K. M., & Yockey, M. D. (2003). Variable pay as a risky choice: Determinants of the relative attractiveness of incentive plans. *Organizational Behavior and Human Decision Processes, 90*(2), 323–341.

Kulich, C., Ryan, M. K., & Haslam, A. S. (2007). Where is the romance for women leaders? The effects of gender on leadership attributions and performance-based pay. *Applied Psychology: An International Review, 4,* 582–601.

Kulik, C. T., Pepper, M. B., Roberson, L., & Parker, S. K. (2007). The rich get richer: Predicting participation in voluntary diversity training. *Journal of Organizational Behavior, 28*(6), 753–769.

Kulik, C. T., & Roberson, L. (2008). Diversity initiative effectiveness: What organizations can (and cannot) expect from diversity recruitment, diversity training, and formal mentoring programs. In A. P. Brief (Ed.), *Diversity at work* (pp. 265–317).

Cambridge, UK: Cambridge University Press.

Kuncel, N. R., Hezlett, S. A., & Ones, D. S. (2001). A comprehensive meta-analysis of the predictive validity of the Graduate Record Examinations: Implications for graduate student selection and performance. *Psychological Bulletin, 127*(1), 162–181.

Kuncel, N. R., Hezlett, S. A., & Ones, D. S. (2004). Academic performance, career potential, creativity, and job performance: Can one construct predict them all? *Journal of Personality and Social Psychology, 86*(1), 148–161.

Kuncel, N. R., Ones, D. S., & Sackett, P. R. (2010). Individual differences as predictors of work, educational and broad life outcomes. *Personality and Individual Differences, 49,* 331–336.

Kunin, T. (1955). The construction of a new type of attitude measure. *Personnel Psychology, 8,* 65–77.

Kunin, T. (1998). The construction of a new type of attitude measure. *Personnel Psychology, 51,* 823–824.

Kurtessis, J. N., Eisenberger, R., Ford, M. T., Buffardi, L. C., Stewart, K. A., & Adis, C. S. (2015). Perceived organizational support: A meta-analytic evaluation of organizational support theory. *Journal of Management,* March 2015.

Kurtzberg, T. R., Naquin, C. E., & Belkin, L. Y. (2005). Electronic performance appraisals: The effects of e-mail communication on peer ratings in actual and simulated environments. *Organizational Behavior and Human Decision Processes, 98*(2), 216–226.

Lachance-Grzela, M., & Bouchard, G. (2010). Why do women do the lion's share of housework? A decade of research. *Sex roles, 63*(11–12), 767–780.

Lai, Y.-L., Hsu, M.-S., Lin, F.-J., Chen, Y.-M., & Lin, Y.-H. (2014). The effects of industry cluster knowledge management on innovation performance. *Journal of Business Research, 67,* 734–739.

Lambert, L. S., Tepper, B. J., Carr, J. C., Holt, D. T., & Barelke, A. J. (2012). Forgotten but not gone: An examination of fit between consideration and initiating structure needed and received. *Journal of Applied Psychology, 97*(5), 913–930.

Landers, R. N., & Behrend, T. S. (2015). An inconvenient truth: Arbitrary distinctions between organizations, Mechanical Turk, and other convenience samples. *Industrial and Organizational Psychology,* 8(2), 142–164.

Landy, F. J., & Farr, J. L. (1980). Performance rating. *Psychological Bulletin, 87,* 72–107.

Lang, J. W. B., Kersting, M., Hülsheger, U. R., & Lang, J. (2010). General mental ability, narrower cognitive abilities, and job performance: The perspective of the nested-factors model of cognitive abilities. *Personnel Psychology, 63,* 595–640.

Langfred, C. W. (2000). Work group design and autonomy: A field study of the interaction between task interdependence and group autonomy. *Small Group Research, 31*(1), 54–70.

Langfred, C. W. (2007). The downside of self-management: A longitudinal study of the effects of conflict on trust, autonomy, and task interdependence in self-managing teams. *Academy of Management Journal, 50,* 885–900.

Lapierre, L. M., & Allen, T. D. (2006). Work-supportive family, family-supportive supervision, use of organizational benefits, and problem-focused coping: Implications for work–family conflict and employee well-being. *Journal of Occupational Health Psychology, 11,* 169–181.

Lardner, J. (2002, March). Why should anyone believe you? *Business 2.0.*

Larson, J. R., Jr., Christensen, C., Franz, T. M., & Abbott, A. S. (1998). Diagnosing groups: The pooling, management, and impact of shared and unshared case information in team-based medical decision making. *Journal of Personality and Social Psychology, 75,* 93–108.

Larson, J. R., Jr., Foster-Fishman, P. G., & Franz, T. M. (1998). Leadership style and the discussion of shared and unshared information in decision-making groups. *Personality and Social Psychology Bulletin, 24*(5), 482–495.

Laschinger, H. K. S., & Nosko, A. (2015). Exposure to workplace bullying and post-traumatic stress disorder symptomology: The role of protective psychological resources. *Journal of Nursing Management, 23,* 252–262.

Latham, G. P. (1988). Human resource training and development. *Annual Review of Psychology, 39,* 545–582.

Latham, G. P., & Saari, L. M. (1979). The application of social learning theory to training supervisors through behavior modeling. *Journal of Applied Psychology, 64,* 239–246.

Lau, V. C. S., Au, W. T., & Ho, J. M. C. (2003). A qualitative and quantitative review of antecedents of counterproductive behavior in organizations. *Journal of Business and Psychology, 18*(1), 73–99.

Lauby, S. (2010). How job seekers may use social media in the future. Retrieved July 23, 2011, from http://mashable.com/2010/10/11/job-seekers-social-media-future/

Lawler, E. E. (2001). *Organizing for high performance.* San Francisco: Jossey-Bass.

Lawler, E. E., & Porter, L. W. (1967). The effects of performance on job satisfaction. *Industrial Relations,* 7, 20–28.

Lawson, R. B., & Shen, Z. (1998). *Organizational psychology: Foundations and applications.* New York: Oxford University Press.

LeBlanc, M. M., & Barling, J. (2004). Workplace aggression. *Current Directions in Psychological Science, 13*(1), 9–12.

LeBlanc, M. M., & Kelloway, E. K. (2002). Predictors and outcomes of workplace violence and aggression. *Journal of Applied Psychology, 87*(3), 444–453.

LeBreton, J. M., Scherer, K. T., & James, L. R. (2014). Corrections for criterion reliability in validity generalization: A false prophet in a land of suspended judgment. *Industrial and Organizational Psychology, 7,* 478–500.

Ledbetter v. Goodyear Tire & Rubber Co., 550 U.S. 618 (2007).

Lee, R. T., Brotheridge, C. M., & Lovell, B. L. (2010). Tenderness and steadiness: Relating job and interpersonal demands and resources with burnout and physical symptoms of stress in Canadian physicians. *Journal of Applied Social Psychology, 49*(9), 2319–2342.

Lee, T. (2013, December 13). Best Buy ends flexible work program for its corporate employees. *Minneapolis Star Tribune*. Retrieved from http://www.startribune.com/no-13-best-buy-ends-flexible-work-program-for-its-corporate-employees/195156871/?refer=y

Lee, T. H., Gerhart, B., Weller, I., & Trevor, C. O. (2008). Understanding voluntary turnover: Path-specific job satisfaction effects and the importance of unsolicited job offers. *Academy of Management Journal, 51,* 651–671.

Lee, T. W., Mitchell, T. R., Holtom, B. C., McDaniel, L. S., & Hill, J. W. (1999). The unfolding model of voluntary turnover: A replication and extension. *Academy of Management Journal, 42*(4), 450–462.

LePine, J. A., Piccolo, R. F., Jackson, C. L., Mathieu, J. E., & Saul, J. R. (2008). A meta-analysis of teamwork processes: Tests of a multidimensional model and relationships with team effectiveness criteria. *Personnel Psychology, 61,* 273–307.

Leroy, H., Anseel, F., Gardner, W. L., & Sels, L. (2012). Authentic leadership, authentic followership, basic need satisfaction, and work role performance: A cross-level study. *Journal of Management*. doi:10.1177/0149206312457822

Leslie, L. M., Mayer, D. M., & Kravitz, D. A. (2014). The stigma of affirmative action: a stereotyping-based theory and meta-analytic test of the consequences for performance. *Academy of Management Journal, 57*(4), 964–989.

Leung, D. Y. P., & Kember, D. (2005). Comparability of data gathered from evaluation questionnaires on paper and through the Internet. *Research in Higher Education, 46*(5), 571–591.

Levy, P. E., Cavanaugh, C. M., Frantz, N. B., Borden, L. A., & Roberts, A. (in press). Revising the social context of performance management: Performance Appraisal effectiveness. In D. S. Ones, N. Anderson, C. Viswesvaran, & H. K. Sinangil (Eds.), *Handbook of industrial, work and organizational (IWO) psychology*, 2nd Edition. Thousand Oaks, CA: Sage.

Levy, P. E., & Steelman, L. A. (1997). Performance appraisal for team-based organizations: A prototypical multiple rater system. In M. Beyerlein, D. Johnson, & S. Beyerlein (Eds.), *Advances in interdisciplinary studies of work teams: Vol. 4. Team implementations issues* (pp. 141–165). Greenwich, CT: JAI Press.

Levy, P. E., & Williams, J. R. (2004). The social context of performance appraisal: A review and framework for the future. *Journal of Management, 30*(6), 881–905.

Lewin, K. (1951). *Field theory in social science*. New York: Harper.

Lewin, K., Dembo, T., Festinger, L., & Sears, P. (1944). Level of aspiration. In J. M. Hunt (Ed.), *Personality and the behavior disorders* (Vol. 1, pp. 333–378). New York: Ronald.

Lewis-Duarte, M., & Bligh, M.C. (2012). Agents of influence: Exploring the usage, timing and outcomes of executive coaching tactics. *Leadership & Organization Development Journal, 33*(3), 255–281.

Li, N., Chiaburu, D. S., Kirkman, B. L., & Xie, Z. (2013). Spotlight on the followers: An examination of moderators of relationships between transformational leadership and subordinates' citizenship and taking charge. *Personnel Psychology, 66,* 225–260.

Li, N., Liang, J., & Crant, J. M. (2010). The role of proactive personality in job satisfaction and organizational citizenship behavior: A relational perspective. *Journal of Applied Psychology, 95,* 395–404.

Liao, H., & Rupp, D. (2005). The impact of justice climate and justice orientation on work outcomes: A cross-level multi-foci framework. *Journal of Applied Psychology, 90,* 242–256.

Lichtenberger, E. O., Mather, N., Kaufman, N. L., & Kaufman, A. S. (2012). Essentials of assessment report writing (Vol. 22). Hoboken, NJ: Wiley.

Lievens, F., & Anseel, F. (2004). Confirmatory factor analysis and invariance of an organizational citizenship behaviour measure across samples in a Dutch-speaking context. *Journal of Occupational and Organizational Psychology, 77*(3), 299–306.

Lievens, F., & Highhouse, S. (2003). The relation of instrumental and symbolic attributes to a company's attractiveness as an employer. *Personnel Psychology, 56*(1), 75–102.

Lievens, F., Ones, D. S., & Dilchert, S. (2009). Personality scale validities increase throughout medical school. *Journal of Applied Psychology, 94*(6), 1514–1535.

Lievens, F., Sanchez, J. I., Bartram, D., & Brown, A. (2010). Lack of consensus among competency ratings of the same occupation: Noise or substance? *Journal of Applied Psychology, 95*(3), 562–571.

Linderbaum, B. G., & Levy, P. E. (2007). *The development and validation of the Feedback Orientation Scale*. Paper presented at the 22nd annual meeting of the Society for Industrial and Organizational Psychology, New York.

Linderbaum, B. G., & Levy, P. E. (2010). The development and validation of the feedback orientation scale. *Journal of Management, 36*(6), 1372–1405.

Ling, Y., Simsek, Z., Lubatkin, M. H., & Veiga, J. F. (2008). Transformational leadership's role in promoting corporate entrepreneurship: Examining the CEO–TMT interface. *Academy of Management Journal, 51*(3), 557–576.

Lipp, D. (2013). "DISNEY U: How Disney University develops the world's most engaged, loyal, and customer-centric employees," *McGraw-Hill*. Retrieved December 11, 2015, from https://trainingmag.com/content/inside-disney-u

Lips-Wiersma, M., & Hall, D. T. (2007). Organizational career development is not dead: A case study on managing the new career during organizational change. *Journal of Organizational Behavior, 28,* 771–792.

Little, L. M., Kluemper, D., Nelson, D. L., & Ward, A. (2013). More than happy to help? Customer-focused emotion management strategies. *Personnel Psychology, 66*(1), 261–286.

Liu, Y., Ferris, G. R., Xu, J., Weitz, B. A., & Perrewe, P. L. (2014). When ingratiation backfires: The role of political skill in the ingratiation-internship performance relationship. *Academy of Management Learning & Education, 13,* 569–586.

Locke, E. A. (1976). The nature and causes of job satisfaction. In M. D. Dunnette (Ed.), *Handbook of industrial and organizational psychology* (pp. 1297–1349). Chicago: Rand McNally.

Locke, E. A. (1990). *A theory of goal setting and task performance*. Englewood Cliffs, NJ: Prentice-Hall.

Locke, E. A., & Latham, G. P. (2002). Building a practically useful theory of goal setting and task motivation: A 35-year odyssey. *American Psychologist, 57*(9), 705–717.

Locke, E. A., & Latham, G. P. (2006). New directions in goal-setting theory. *Current Directions in Psychological Science, 15,* 265–268.

Lofquist, L. H., & Dawis, R. V. (1969). *Adjustment to work: A psychological view of man's problems in a word-oriented society.* New York: Appleton-Century-Crofts.

Loher, B. T., Noe, R. A., Moeler, N. L., & Fitzgerald, M. P. (1985). A meta-analysis of the relation of job characteristics to job satisfaction. *Journal of Applied Psychology, 70*(2), 280–289.

Loi, R., Hang-yue, N., & Foley, S. (2006). Linking employees' justice perceptions to organizational commitment and intention to leave: The mediating role of perceived organizational support. *Journal of Occupational and Organizational Psychology, 79,* 101–120.

London, M., & Smither, J. W. (2002). Feedback orientation, feedback culture, and the longitudinal performance management process. *Human Resource Management Review, 12(1)*, 81.

Longenecker, C. O., Sims, H. P., Jr., & Gioia, D. A. (1987). Behind the mask: The politics of employee appraisal. *Academy of Management Executive, 1,* 183–193.

Lopez, E. M., & Greenhaus, J. H. (1978). Self-esteem, race, and job satisfaction. *Journal of Vocational Behavior, 13,* 75–83.

Lord, R. G. (2000). Leadership. In A. E. Kazdin (Ed.), *Encyclopedia of psychology* (Vol. 3, pp. 775–786). Washington, DC: American Psychological Association.

Lord, R. G., & Brown, D. J. (2004). *Leadership processes and follower self-identity.* Mahwah, NJ: Erlbaum.

Lord, R. G., DeVader, C. L., & Alliger, G. M. (1986). A meta-analysis of the relation between personality traits and leadership perceptions: An application of validity generalization procedures. *Journal of Applied Psychology, 71*(3), 402–410.

Lord, R. G., Foti, R. J., & DeVader, C. L. (1984). A test of leadership categorization theory: Internal structure, information processing, and leadership perceptions. *Organizational Behavior and Human Performance, 34,* 343–378.

Lord, R. G., & Levy, P. E. (1994). Moving from cognition to action: A control theory *perspective. Applied Psychology, 43*(3), 335–367.

Lord, R. G., & Maher, K. J. (1991). *Leadership and information processing: Linking perception and performance.* Boston: Unwin Hyman.

Lothaller, H., Mikula, G., & Schoebi, D. (2009). What contributes to the (im) balanced division of family work between the sexes? *Swiss Journal of Psychology*, *68*(3), 143–152.

Lowe, G. S. (1987). *Women in the administrative revolution: The feminization of clerical work.* Oxford, UK: Polity Press.

Lowe, K. B., Kroeck, K. G., & Sivasubramaniam, N. (1996). Effectiveness correlates of transformational and transactional leadership: A meta-analytic review of the MLQ. *Leadership Quarterly, 7,* 385–425.

Lowery, C. M., Beadles, N. A. I., & Krilowicz, T. J. (2002). Note on the relationships among job satisfaction, organizational commitment, and organizational citizenship behavior. *Psychological Reports, 91*(2), 607–617.

Lowman, R. L., Kantor, J., & Perloff, R. (2007). A history of I-O psychology educational programs in the United States. In L. L. Koppes (Ed.), *Historical perspectives in industrial and organizational psychology* (pp. 111–138). Mahwah, NJ: Erlbaum.

Lublin, J., & Karp, H. (2011, December 14). Avon replacing Andrea Jung as CEO. *The Wall Street Journal.*

Ludwig, T. D., & Geller, E. S. (1997). Assigned versus participative goal setting and response generalization: Managing injury control among professional pizza deliverers. *Journal of Applied Psychology, 82*(2), 253–261.

Ludwig, T. D., & Geller, E. S. (2000). Intervening to improve the safety of delivery drivers: A systematic behavioral approach. *Journal of Organizational Behavior Management, 19*(4), 1–124.

Luksyte, A., Spitzmueller, C., & Maynard, D. C. (2011). Why do overqualified incumbents deviate? Examining multiple mediators. *Journal of Occupational Health Psychology, 16*(3), 279.

Luscher, L. S., & Lewis, M. W. (2008). Organizational change and managerial sense-making: Working through paradox. *Academy of Management Journal, 51,* 221–240.

Luthans, F., & Youssef, C. M. (2007). Emerging positive organizational behavior. *Journal of Management, 33,* 321–349.

Lynch, S. (2015, February 23) Why your workplace might be killing you. *Stanford Graduate School of Business.* Retrieved February 15, 2016, from https://www.gsb.stanford.edu/insights/why-your-workplace-might-be-killing-you

Machan, D. (1999). A dyed-in-the-wool skeptic. *Forbes, 163*(1), 96–98.

Mael, F. A. (1991). A conceptual rationale for the domain and attributes of biodata items. *Personnel Psychology, 44,* 763–792.

Malos, S. B. (1998). Current legal issues in performance appraisal. In J. W. Smither (Ed.), *Performance appraisal: State of the art in practice* (pp. 49–94). San Francisco: Jossey-Bass.

Manu, M. A. (2012). *Disruptive business: Desire, innovation and the re-design of business.* Gower Publishing, Ltd.

Marique, G., & Stinglhamber, F. (2011). Identification to proximal targets and affective organizational commitment: The mediating role of organizational identification. *Journal of Personnel Psychology, 10*(3), 107–117.

Marriott International. (n.d.). *Corporate diversity.* Retrieved April 1, 2009, from http://www.marriott.com/corporateinfo/culture/Diversity.mi

Marshak, R. J., & Grant, D. (2008). Organizational discourse and new organization development practices. *British Journal of Management, 19*(Suppl. 1), S7–S19.

Martin v. PGA Tour, Inc., 994 F. Supp. 12452 (D.Or 1998).

Martin, R., Guillaume, Y., Thomas, G., Lee, A., & Epitropaki, O. (2016). Leader-member exchange (LMX) and performance: A meta-analytic review. *Personnel Psychology,*

69(1), 67–121.

Martinko, M. J., & Zellars, K. L. (1998). Toward a theory of workplace violence and aggression: A cognitive appraisal perspective. In R. W. Griffin, A. O'Leary-Kelly, & J. M. Collins (Eds.), *Dysfunctional behavior in organizations: Violent and deviant behavior* (pp. 1–42). Stamford, CT: JAI Press.

Martins, L. L., Eddleston, K. A., & Veiga, J. F. J. (2002). Moderators of the relationship between work–family conflict and career satisfaction. *Academy of Management Journal, 45*(2), 399–409.

Martins, L. L., & Shalley, C. E. (2011). Creativity in virtual work: Effects of demographic differences. *Small Group Research, 42*(5), 536–561.

Martiny, M. (1998). Knowledge management at HP consulting. *Organizational Dynamics, 27*(2), 71–77.

Maslach, C. (2003). Job burnout: New directions in research and intervention. *Current Directions in Psychological Science, 12*(5), 189–192.

Masterson, S. S., Lewis, K., Goldman, B. M., & Taylor, M. S. (2000). Integrating justice and social exchange: The differing effects of fair procedures and treatment on work relations. *Academy of Management Journal, 43*(4), 738–748.

Mathieu, J. E., Heffner, T. S., Goodwin, G. F., Salas, E., & Cannon-Bowers, J. A. (2000). The influence of shared mental models on team process and performance. *Journal of Applied Psychology, 85*(2), 273–283.

Mathieu, J. E., Marks, M. A., & Zaccaro, S. J. (2001). Multi-team systems. In N. Anderson, D. Ones, H. K. Sinangil, & C. Viswesvaran (Eds.), *International handbook of work and organizational psychology* (pp. 289–313). London: Sage.

Mathieu, J. E. & Rapp, T. L. (2009). Laying the foundation for successful team performance trajectories: The roles of team charters and performance strategies. *Journal of Applied Psychology, 94*(1), 90–103.

Mathieu. J. E., Tannenbaum, S. I., Kukenberger, M. R., Donsbach, J. S., & Alliger, G. M. (2015). Team role experience and orientation: A measure and tests of construct validity. *Group & Organization Management, 40,* 6–34.

Mathieu, J. E., & Zajac, D. M. (1990). A review and meta-analysis of the antecedents, correlates, and consequences of organizational commitment. *Journal of Applied Psychology, 108*(2), 171–194.

Mathiowetz, V., Rogers, S. L., Dowe-Keval, M., Donahoe, L., & Rennels, C. (1986). The Purdue Pegboard: Norms for 14- to 19-year-olds. *American Journal of Occupational Therapy, 3,* 174–179.

Matos, K., & Gallinsky, E. (2012). 2012 national study of employers. *Families and Work Institute.*

Matyszczyk, C. (2015, May 12). Woman allegedly fired for deleting iPhone app that monitored her 24/7. *CNET.* Retrieved October 26, 2015, from http://www.cnet.com/news/woman-allegedly-fired-for-deleting-iphone-app-that-monitored-her-24-hrs-a-day/

Maurer, T. J., Mitchell, D. R. D., & Barbeite, F. G. (2002). Predictors of attitudes toward a 360-degree feedback system and involvement in post-feedback management development activity. *Journal of Occupational and Organizational Psychology, 75*(1), 87–107.

Maurath, D. (2014). A critical incident for big data. *The Industrial Organizational Psychologist, 51,* 16–27. Retrieved from http://www.siop.org/tip/jan14/513feat.pdf

Mayer, R. C., & Davis, J. H. (1999). The effect of the performance appraisal system on trust for management: A field quasi-experiment. *Journal of Applied Psychology, 84*(1), 123–136.

Maysent, M., & Spera, S. (1995). Coping with job loss and career stress: Effectiveness of stress management training with outplaced employees. In L. R. Murphy, J. J. Hurrell, Jr., S. L. Sauter, & G. P. Keita (Eds.), *Job stress interventions* (pp. 159–170). Washington, DC: American Psychological Association.

McCann, M. A. (2006). *The Wonderlic test for the NFL draft: Linking stereotype threat and the law.* Retrieved March 24, 2008, from http://ssrn.com/abstract=934307

McKellar, H. (2015, March 1). KMWorld 100 companies that matter in knowledge management. *KM World.* Retrieved March 6, 2016, from http://www.kmworld.com/Articles/Editorial/Features/KMWorld-100-COMPANIES-That-Matter-in-Knowledge-Management-102189.aspx

McKinsey Global Institute. (2012). The social economy: Unlocking value and productivity through social technologies. Washington, DC: McKinsey & Co.

McLellan, L. (2015). Wearable technology creates new legal problems. The Legal Intelligencer. Retrieved October 26, 2015, from http://www.thelegalintelligencer.com/id=1202729164562/Wearable-Technology-Creates-New-Legal-Problems?slreturn=20150915095728

McCormick, E. J. (1976). Job and task analysis. In M. D. Dunnette (Ed.), *Handbook of industrial and organizational psychology* (pp. 651–696). Chicago: Rand McNally.

McCormick, E. J. (1979). *Job analysis: Methods and applications.* New York: AMACOM.

McCormick, E. J., Jeanneret, P. R., & Mecham, R. C. (1972). A study of characteristics and job dimensions as based on the Position Analysis Questionnaire (PAQ). *Journal of Applied Psychology, 56,* 347–368.

McCrae, R. R., & Terracciano, A. (2005). Universal features of personality traits from the observer's perspective: Data from 50 cultures. *Journal of Personality and Social Psychology, 88*(3), 547–561.

McDaniel, M. A., Morgeson, F. P., Finnegan, E. B., Campion, M. A., & Braverman, E. P. (2001). Use of situational judgment tests to predict job performance: A clarification of the literature. *Journal of Applied Psychology, 86*(4), 730–740.

McDaniel, M. A., Whetzel, D. L., Schmidt, F. L., & Maurer, S. D. (1994). The validity of employment interviews: A comprehensive review and meta-analysis. *Journal of Applied Psychology, 79*(4), 599–616.

McDonagh, J., & Coghlan, D. (1999). Can O.D. help solve the IT dilemma? O.D. in IT-related change. *Organization Development Journal, 17*(4), 41–48.

McEntire, L. E., Dailey, L. R., Osburn, H. K., & Mumford, M. D. (2006). Innovations in job analysis: Development and application of metrics to analyze job data. *Human Resource Management Review, 16*(3), 310–323.

McGehee, W., & Thayer, P. W. (1961). *Training in business*

and industry. New York: Wiley.

McGonagle, A. K., Fisher, G. G., Barnes-Farrell, J. L., & Grosch, J. W. (2015). Individual and work factors related to perceived work ability and labor force outcomes. *Journal of Applied Psychology, 100*(2), 376–398.

McGregor, D. M. (1957). The human side of enterprise. *Management Review, 46,* 22–28.

McGregor, D. M. (1960). *The human side of enterprise.* New York: McGraw-Hill.

McHenry, J. J., Hough, L. M., Toquam, J. L., Hanson, M. A., & Ashworth, S. (1990). Project A validity results: The relationship between predictor and criterion domains. *Personnel Psychology, 43,* 336–354.

McIntyre, R. M., & Salas, E. (1995). Measuring and managing for team performance: Emerging principles from complex team environments. In R. A. Guzzo & E. Salas (Eds.), *Team effectiveness and decision making in organizations* (pp. 9–45). San Francisco: Jossey-Bass.

McKay, P. F., & Avery, D. R. (2006). What has race got to do with it? Unraveling the role of racio-ethnicity in job seekers' reactions to site visits. *Personnel Psychology, 59,* 395–429.

McKee-Ryan, F. M., & Harvey, J. (2011). "I have a job, but . . .": A review of underemployment. *Journal of Management, 37*(4), 962–996.

McKee-Ryan, F. M., Virick, M. Prussia, G. E., Harvey, J., & Lilly, J. D. (2009). Life after the layoff: Getting a job worth keeping. *Journal of Organizational Behavior, 30,* 561–580.

McKinley, W., Zhao, J., & Rust, K. G. (2000). A socio-cognitive interpretation of organizational downsizing. *Academy of Management Reviews, 25*(1), 227–243.

Medvedeff, M., Gregory, J. B., & Levy, P. E. (2008). How attributes of the feedback message affect subsequent feedback seeking: The interactive effects of feedback sign and type. *Psycholgica Belgica, 48* (2&3), 109–125.

Meier, L. L., & Spector, P. E. (2013). Reciprocal effects of work stressors and counterproductive work behavior: A five wave longitudinal study. *Journal of Applied Psychology, 98,* 529–539.

Meindl, J. R., & Ehrlich, S. B. (1987). The romance of leadership and the evaluation of organizational performance. *The Academy of Management Journal, 30,* 91–109.

Melchers, K. G., & Annen, H. (2010). Officer selection for the Swiss armed forces: An evaluation of validity and fairness issues. *Swiss Journal of Psychology, 69*(2), 105–115.

Melchior, M., Caspi, A., Milne, B. J., Danese, A., Poulton, R., & Moffitt, T. E. (2007). Work stress precipitates depression and anxiety in young working men and women. *Psychological Medicine, 37,* 1119–1129.

Melzer, H., Bebbington, P., Brugha, T., Jenkins, R., McManus, S., & Stansfeld, S. (2010). Job insecurity, socio-economic circumstances, and depression. *Psychological Medicine, 40,* 1401–1407.

Meriac, J. P., Gorman, C. A., & Macan, T. (2015). Seeing the forest but missing the trees: The role of judgments in performance management. *Industrial and Organizational Psychology, 8,* 102–108. doi:10.1017/iop.2015.6

Meriac, J. P., Hoffman, B. J., Woehr, D. J., & Fleisher, S. (2008). Further evidence for the validity of assessment center dimensions: A meta-analysis of the incremental criterion-related validity of dimension ratings. *Journal of Applied Psychology, 93*(5), 1042–1052.

Meritor Savings Bank v. Vinson, 477 U.S. 57 (1986).

Mero, N. P., Guidice, R. M., & Anna, A. L. (2006). The interacting effects of accountability and individual differences on rater response to a performance-rating task. *Journal of Applied Social Psychology, 36*(4), 795–819.

Mero, N. P., Guidice, R. M., & Brownlee, A. L. (2007). Accountability in a performance appraisal context: The effect of audience and form of accounting on rater response and behavior. *Journal of Management, 33*(2), 223–252.

Mero, N. P., & Motowidlo, S. J. (1995). Effects of rater accountability on the accuracy and the favorability of performance ratings. *Journal of Applied Psychology, 80,* 517–524.

Mesmer-Magnus, J. R., & DeChurch, L. A. (2009). Information sharing and team performance: A meta analysis. *Journal of Applied Psychology, 94*(2), 535–546.

Mesmer-Magnus, J. R., & Viswesvaran, C. (2010). The role of pre-training interventions in learning: A meta-analysis and integrative review. *Human Resource Management Review, 20,* 261–282.

MetLife Mature Market Institute. (2006, July). *The MetLife caregiving cost study: Productivity losses to U.S. business.* Retrieved April 8, 2009, from http://www.metlife.com/assets/cao/mmi/publications/studies/MMIStudies-Caregiver-Cost-Study.pdf

Meyer, A. (1992). Getting to the heart of sexual harassment. *HR Magazine, 37,* 82–84.

Meyer, H. H. (1991). A solution for the performance appraisal feedback enigma. *Academy of Management Executive, 5,* 68–76.

Meyer, J. P., & Allen, N. J. (1997). *Commitment in the workplace: Theory, research, and application.* Thousand Oaks, CA: Sage.

Meyer, J. P., & Herscovitch, L. (2001). Commitment in the workplace: Toward a general model. *Human Resource Management Review, 11*(3), 299–326.

Meyer, J. P., Stanley, D. J., Herscovitch, L., & Topolnytsky, L. (2002). Affective, continuance, and normative commitment to the organization: A meta-analysis of antecedents, correlates, and consequences. *Journal of Vocational Behavior, 61*(1), 20–52.

Meyer, J. P., Stanley, L. J., & Parfyonova, N. M. (2012). Employee commitment in context: The nature and implication of commitment profiles. *Journal of Vocational Behavior, 80*(1), 1–16.

Miller, C. C. (2015, May 15). Mounting evidence of advantages for children of working mothers. *The New York Times.* Retrieved February 15, 2016, from http://www.nytimes.com/2015/05/17/upshot/mounting-evidence-of-some-advantages-for-children-of-working-mothers.html?_r=0

Miles, S. R., Cromer, L. D., & Narayan, A. (2015). Applying equity theory to students' perceptions of research participation requirements. *Teaching of Psychology, 42*(4), 349–356.

Milkovich, G. T., & Newman, J. M. (1984). *Compensation.*

Plano, TX: Business Publications.

Miller, D. L. (2001). Reexamining teamwork KSAs and team performance. *Small Group Research, 32*(6), 745–766.

Mitchell, T. R., Holtom, B. C., Lee, T. W., Sablynski, C. J., & Erez, M. (2001). Why people stay: Using job embeddedness to predict voluntary turnover. *Academy of Management Journal, 44*(6), 1102–1121.

Moen, P., Kelly, E., & Hill, R. (2011). Does enhancing work-time control and flexibility reduce turnover? A naturally occurring experiment. *Social Problems, 58*, 69–98.

Mohsen, A., & Nguyen, T. T. (1999). Succeeding with self-managed work teams. *Industrial Management, 41*(4), 24–28.

Mol, S. T., Born, M. P., & van der Molen, H. T. (2005). Developing criteria for expatriate effectiveness: Time to jump off the adjustment bandwagon. *International Journal of Intercultural Relations, 29*(3), 339–353.

Moore, J. L., Dickson-Deane, C., & Galyen, K. (2011). e-Learning, online learning, and distance learning environments: Are they the same? *The Internet and Higher Education, 14*(2), 129–135.

Moran, C. M., Diefendorff, J. M., Kim, T. Y., & Liu, Z. Q. (2012). A profile approach to self-determination theory motivations at work. *Journal of Vocational Behavior, 81*, 354–363.

Moran, R. T., Abramson, N. R., & Moran, S. V. (2014). *Managing cultural differences*. New York: Routledge.

Moravec, M., Juliff, R., & Hesler, K. (1995). Partnerships help a company manage performance. *Personnel Journal, 74*(1), 104–107.

Morgan, D. E., & Zeffane, R. (2003). Employee involvement, organizational change and trust in management. *International Journal of Human Resource Management, 14*(1), 55–75.

Morgan, R. B., & Casper, W. J. (2000). Examining the factor structure of participant reactions to training: A multidimensional approach. *Human Resource Development Quarterly, 11*(3), 301–317.

Morgeson, F. P., Campion, M. A., Dipboye, R. L., Hollenbeck, J. R., Murphy, K., & Schmitt, N. (2007). Reconsidering the use of personality tests in personnel selection contexts. *Personnel Psychology, 60*(3), 683–729.

Morgeson, F. P., Delaney-Klinger, K., Mayfield, M. S., Ferrara, P., & Campion, M. (2004). Self-presentation processes in job analysis: A field experiment investigating inflation in abilities, tasks, and competencies. *Journal of Applied Psychology, 89*(4), 674–686.

Morgeson, F. P., & Humphrey, S. E. (2006). The Work Design Questionnaire (WDQ): Developing and validating a comprehensive measure for assessing job design and the nature of work. *Journal of Applied Psychology, 91*(6), 1321–1339.

Morgeson, F. P., Reider, M. H., & Campion, M. A. (2005). Selecting individuals in team settings: The importance of social skills, personality characteristics, and teamwork knowledge. *Personnel Psychology, 58*, 583–611.

Morris, J. A., & Feldman, D. C. (1996). The dimensions, antecedents, and consequences of emotional labor. *Academy of Management Review, 21*(4), 986–1010.

Motowidlo, S. J., Borman, W. C., & Schmit, M. J. (1997). A theory of individual differences in task and contextual performance. *Human Performance, 10*(2), 71–83.

Mount, M. K., Oh, I., & Burns, M. (2008). Incremental validity of perceptual speed and accuracy over general mental ability. *Personnel Psychology, 61*, 113–139.

Mowday, R. T. (1991). Equity theory predictions of behavior in organizations. In R. M. Steers and L. W. Porter (Eds.), *Motivation and work behavior* (5th ed., pp. 111–130). New York: McGraw-Hill.

Mowday, R. T., Steers, R. M., & Porter, L. W. (1979). The measurement of organizational commitment. *Journal of Vocational Behavior, 14*, 224–247.

Mullen, B., & Copper, C. (1994). The relation between group cohesiveness and performance: An integration. *Psychological Bulletin, 115*, 210–227.

Mulrine, A. (2008, May 15). The army trains a skeptics corps to battle groupthink. Retrieved April 19, 2009, from *U.S. News & World Report* website: http://www.usnews.com/articles/news/world/2008/05/15/thearmy-trains-a-skeptics-corps-to-battle-groupthink.html

Mumford, T. V., Van Iddekinge, C. H., Morgeson, F. P., & Campion, M. A. (2008). The team role test: Development and validation of a team role knowledge situational judgment test. *Journal of Applied Psychology, 93*, 250–267.

Munsterberg, H. (1913). *Psychology and industrial efficiency.* Boston: Houghton Mifflin.

Murphy, K. R. (2003). *Validity generalization: A critical review.* Mahwah, NJ: Erlbaum.

Murphy, K. R., & Cleveland, J. N. (1995). *Understanding performance appraisal: Social, organizational and goal-based perspectives.* Thousand Oaks, CA: Sage.

Murphy, K. R., & Jako, B. (1989). Under what conditions are observed intercorrelations greater than or smaller than true intercorrelations? *Journal of Applied Psychology, 74*, 827–830.

Murphy, K. R., & Reynolds, D. H. (1988). Does true halo affect observed halo? *Journal of Applied Psychology, 73*, 235–238.

Nahum-Shani, I., & Somech, A. (2011). Leadership, OCB and individual differences: Idiocentrism and allocentrism as moderators of the relationship between transformational and transactional leadership and OCB. *The Leadership Quarterly, 22*, 353–366.

Naidoo, L. J., Scherbaum, C. A., Goldstein, H. W., & Graen, G. B. (2011). A longitudinal examination of the effects of LMX, ability, and differentiation on team performance. *Journal of Business and Psychology, 26*, 347–357.

National Alliance for Caregiving. (2015, August). Caregiver profile: The typical caregiver. Retrieved February 15, 2016, from http://www.caregiving.org/wp-content/uploads/2015/05/Caregiving-in-the-US-2015_Typical_CGProfile.pdf

National Coalition to Protect Family Leave (NCPFL). (n.d.). *Improvements to the FMLA regulations are urgently needed—Protect FMLA by clarifying "medical leave" provisions.* Retrieved March 30, 2009, from http://www.protectfamilyleave.org/about/issue.cfm

National Committee on Pay Equity. (n.d.). *Handling the arguments against pay equity*. Retrieved from http://www.pay-equity.org/info-opposition.html

National Women's Law Center. (2014). *The Lilly Ledbetter Fair Pay Act five years later—A law that works* [White paper]. Retrieved from http://www.nwlc.org/resource/lilly-ledbetter-act-five-years-later-law-works

Neuman, J. H., & Baron, R. A. (1998). Workplace violence and workplace aggression: Evidence concerning specific forms, potential causes, and preferred targets. *Journal of Management, 24*(3), 391–419.

Ng, K., Ang, S., & Chan, K. (2008). Personality and leader effectiveness: A moderated mediation model of leadership self-efficacy, job demands, and job autonomy. *Journal of Applied Psychology, 93,* 733–743.

Ng, T. W. H., Eby, L. T., Sorensen, K. L., & Feldman, D. C. (2005). Predictors of objective and subjective career success: A meta-analysis. *Personnel Psychology, 58,* 367–408.

Ng, T. W. H., & Feldman, D. C. (2012). Breaches of past promises, current job alternatives, and promises of future idiosyncratic deals: Three-way interaction effects on organizational commitment. *Human Relations, 65*(11), 1463–1486.

Ng, T. W. H., & Feldman, D. C. (2015). Idiosyncratic deals and voice behavior. *Journal of Management, 41*(3), 893–928.

Ng, T. W. H., Feldman, D. C., & Lam. S. S. K. (2010). Psychological contract breaches, organizational commitment, and innovation-related behaviors: A latent growth curve modeling approach. *Journal of Applied Psychology, 95*(4), 744–751.

Ng, T. W. H., Sorensen, K. L., & Feldman, D. C. (2007). Dimensions, antecedents, and consequences of workaholism: A conceptual integration and extension. *Journal of Organizational Behavior, 28,* 111–136.

Ng, T. W. H., Sorenson, K. L., & Yim, F. H. (2009). Does the job satisfaction–job performance relationship vary across cultures? *Journal of Cross-Cultural Psychology, 40,* 761–796.

Nichols, M. (2003). A theory for eLearning. *Educational Technology & Society, 6*(2), 1–10.

Nielsen, T. M., Hrivnak, G. A., & Shaw, M. (2009). Organizational citizenship behavior and performance: A meta-analysis of group-level research. *Small Group Research, 40*(5), 555–577.

Nijstad, B. A., Stroebe, W., & Lodewijkx, H. F. M. (2003). Production blocking and idea generation: Does blocking interfere with cognitive processes? *Journal of Experimental Social Psychology, 39*(6), 531–548.

Nishii, L. H., & Mayer, D. M. (2009). Do inclusive leaders help reduce turnover in diverse groups? The moderating role of leader-member exchange in the diversity to turnover relationship. *Journal of Applied Psychology, 94,* 1412–1426.

Noonan, L. E., & Sulsky, L. M. (2001). Impact of frame-of-reference and behavioral observational training on alternative training effectiveness criteria in a Canadian military sample. *Human Performance, 14*(1), 3–26.

Norris-Watts, C., & Levy, P. E. (2004). The mediating role of affective commitment in the relation of the feedback environment to work outcomes. *Journal of Vocational Behavior, 65*(3), 351–365.

Northwestern National Life Employee Benefits Division. (1993). *Fear and violence in the workplace: A survey documenting the experience of American workers.* Minneapolis, MN: Northwestern National Life Insurance.

Nurudeen, S. M., Kwakye, G., Berry, W. R., Chaikof, E. L., Lillemoe, K. D., & Millham, F., . . . Haynes, A. B. (2015). Can 360-Degree reviews help surgeons? Evaluation of multisource feedback for surgeons in a multi-institutional quality improvement project. *Journal of the American College of Surgeons,* 837–844.

O'Boyle, E. H., Forsyth, D. R., & O'Boyle, E. H. (2011). Bad apples or bad barrels: An examination of group- and organizational-level effects in the study of counterproductive work behavior. *Group and Organization Management, 36*(1), 39–69.

O'Driscoll, M. P., Poelmans, S., Spector, P. E., Kalliath, T., Allen, T. D., Cooper, C. L., . . . Sanchez, J. I. (2003) Family-responsive interventions, perceived organizational and supervisor support, work–family conflict, and psychological strain. *International Journal of Stress Management, 10*(4), 326–344.

O'Leary-Kelly, A. M., Griffin, R. W., & Glew, D. J. (1996). Organization-motivated aggression: A research framework. *Academy of Management Review, 21*(1), 225–253.

O'Neill, T. A., Allen, N. J., & Hastings, S. E. (2013). Examining the "pros" and "cons" of team conflict: A team-level meta-analysis of task, relationship, and process conflict. *Human Performance, 26,* 236–260.

O'Neill, B. S., & Mone, M. A. (1998). Investigating equity sensitivity as a moderator of relations between self-efficacy and workplace attitudes. *Journal of Applied Psychology, 83*(5), 805–816.

Occupational Information Network. (2009, January 13). *O*NET—Beyond information—Intelligence.* Retrieved March 5, 2009, from http://www.doleta.gov/programs/onet/

Oh, I. S., Wang, G., & Mount, M. K. (2011). Validity of observer ratings of the five-factor model of personality traits: A meta-analysis. *Journal of Applied Psychology, 96*(4), 762.

Oldham, G. R., & Hackman, J. R. (2010). Not what it was and not what it will be: The future of job design research. *Journal of Organizational Behavior, 31,* 463–479.

O'Neill, T. (2012). Canadian scholars working to bridge the perceived scientist-practitioner gap. *The Industrial-Organizational Psychologist, 49,* 63–66.

Ones, D. S., Dilchert, S., Viswesvaran, C., & Judge, T. A. (2007). In support of personality assessment in organization settings. *Personnel Psychology, 60*(4), 995–1027.

Openshaw, E., & Greenspun, H. (2014, February 20). The digitised employee—can wearable technology help create a healthier, more productive workforce? *Financial Times.* Retrieved October 20, 2015, from http://www.ft.com/intl/cms/s/0/3b8cb4ca-9a6b-11e3-8e06-00144feab7de.html#axzz3odtf1HKO

O'Reilly, C. A., III, & Tushman, M. L. (2008). Ambidexterity as a dynamic capability: Resolving the innovator's dilemma. *Research in Organizational Behavior, 28,* 185–206.

Ortman, J. M., Velkoff, V. A., & Hogan, H. (2014). An aging nation: the older population in the United States. *Washington, DC: US Census Bureau,* 25-1140.

Orvis, K. A., Fisher, S. L., & Wasserman, M. E. (2009). Power to the people: Using learner control to improve trainee reactions and learning in web-based instruction environments. *Journal of Applied Psychology, 94*(4), 960–971.

Ostroff, C., & Atwater, L. E. (2003). Does whom you work with matter? Effects of referent group gender and age composition on managers' compensation. *Journal of Applied Psychology, 88*(4), 725–740.

The Oxford Group. (2013). Blended learning—current use, challenges, and best practice. The Oxford Group.

Paolacci, G., & Chandler, J. (2014). Inside the Turk: Understanding Mechanical Turk as a participant pool. *Current Directions in Psychological Science, 23,* 184–188.

Parents v. Seattle School District, 127 S. Ct. 2738 (2007).

Park, J., & Wentling, T. (2007). Factors associated with transfer of training in workplace e-learning. *Journal of Workplace Learning, 19*(5), 311–329.

Park, W. (2000). A comprehensive empirical investigation of the relationships among variables in the groupthink model. *Journal of Organizational Behavior, 21,* 873–887.

Parker, K. & Patten, E. (2013). The sandwich generation. *Pew Research Center Social and Demographic Trends.* Retrieved February 15, 2016, from http://www.pewsocialtrends.org/2013/01/30/the-sandwich-generation/

Parsons, H. M. (1974). What happened at Hawthorne? New evidence suggests the Hawthorne effect resulted from operant reinforcement contingencies. *Science, 183*(4128), 922–932.

Patel, H., Pettitt, M., & Wilson, J. R. (2012). Factors of collaborative working: A framework for a collaboration model. *Applied Ergonomics, 43,* 1–26.

Paulhus, D. L., & Williams, K. M. (2002). The dark triad of personality: Narcissism, machiavellianism, and psychopathy. *Journal of Research in Personality, 36,* 556–563.

Paullay, I. M., Alliger, G. M., & Stone-Romero, E. F. (1994). Construct validation of two instruments designed to measure job involvement and work centrality. *Journal of Applied Psychology,* 7(92), 224–228.

Paulsen, N., Callan, V. J., Grice, T. A., Rooney, D., Gallois, C., Jones, E., . . . Bordia, P. (2005). Job uncertainty and personal control during downsizing: A comparison of survivors and victims. *Human Relations, 58,* 463–496.

Payne, R. L. (2000). Eupsychian management and the millennium. *Journal of Managerial Psychology, 15*(3), 219–226.

Pedhazur, E. J., & Schmelkin, L. P. (1991). *Measurement, design, and analysis: An integrated approach* (2nd ed.). Hillsdale, NJ: Erlbaum.

Peebles, K. A. (2012). Negligent hiring and the information age: How state legislatures can save employers from inevitable liability. *William & Mary Law Review, 35,* 1396–1433.

Peek-Asa, C., Casteel, C., Allareddy, V., Nocera, M., Goldmacher, S., O'Hagan, E., . . . Harrison, R. (2007). Workplace violence prevention programs in hospital emergency departments. *Journal of Occupational and Environmental Medicine, 49,* 756–63.

Perez, L. M., Jones, J., Englert, D. R., & Sachau, D. (2010). Secondary traumatic stress and burnout among law enforcement investigators exposed to disturbing media images. *Journal of Police and Criminal Psychology, 25,* 113–124.

Perretti, F., & Negro, G. (2007). Mixing genres and matching people: A study in innovation and team composition in Hollywood. *Journal of Organizational Behavior, 28,* 563–586.

Perry-Jenkins, M., Repetti, R. L., & Crouter, A. C. (2000). Work and family in the 1990s. *Journal of Marriage and the Family, 62,* 981–998.

Peterson, M. H., Griffith, R. L, & Converse, P. D. (2009). Examining the role of applicant faking in hiring decisions: Percentage of fakers hired and hiring discrepancies in single- and multiple-predictor selection. *Journal of Business and Psychology, 24,* 373–386.

Peterson, M. H., Griffith, R. L., Isaacson, J. A., Oson, M. H., Griffith, R. L., Isa (2011). Applicant faking, social desirability, and the prediction of counterproductive work behaviors. *Human Performance, 24,* 270–290.

Petit v. City of Chicago, 352 F.3d 1111 (7th Cir. 2003).

Petrou, P., Demerouti, E., Peeters, M. C. W., Schaufeli, W. B., & Hetland, J. (2012). Crafting a job on a daily basis: Contextual correlates and the link to work engagement. *Journal of Organizational Behavior, 33,* 1120–1141.

Pew Research Center. (2015, January). Women and Leadership: Public says women are equally qualified, but barriers persist. Washington, DC: Pew Research Center.

Pfeffer, J., & Sutton, R. I. (2013). *The knowing-doing gap: How smart companies turn knowledge into action.* Cambridge, MA: Harvard Business Press.

Phillips, J. S., & Lord, R. G. (1981). Causal attributions and perceptions of leadership. *Organizational Behavior and Human Performance, 28,* 143–163.

Pichler, S., Varma, A., Michel, J. S., & Levy, P. E. (2015). Leader-Member Exchange, group- and individual-level procedural justice and reactions to performance appraisals. *Human Resource Management, 54,* 1–13.

Piedmont, R. L. (1998). *The revised NEO Personality Inventory: Clinical and research applications.* New York: Plenum Press.

Pierce, J. L., Gardner, D. G., Cummings, L. L., & Dunham, R. B. (1989). Organization-based self-esteem: Construct definition, measurement, and validation. *Academy of Management Journal, 32*(3), 622–648.

Pinder, C. C. (1984). *Work motivation: Theories, issues and applications.* Dallas, TX: Scott, Foresman.

Pinder, C. C. (1998). *Work motivation in organizational behavior.* Upper Saddle River, NJ: Prentice-Hall.

Pinder, C. C. (2008). *Work motivation in organizational behavior.* Upper Saddle River, NJ: Psychology Press.

Piotrowski, C. (2014). Mapping the research domain of I/O psychology: A content analysis of dissertations. *Psychology and Education, 51*(3–4), 26–29.

Ployhart, R. E. (2006). Staffing in the 21st century: New challenges and strategic opportunities. *Journal of Management, 32,* 868–897.

Ployhart, R. E., & MacKenzie, W. I., Jr. (2011). Situational judgment tests: A critical review and agenda for the future. In S. Zedeck (Ed.), *APA handbook of industrial and organizational psychology Volume 2, Selecting and developing members for the organization* (pp. 237–252). Washington, DC: APA.

Podsakoff, N. P., Whiting, S. W., Podsakoff, P. M., & Blume, B. D. (2009). Individual- and organizational-level consequences of organizational citizenship behaviors: A meta-analysis. *Journal of Applied Psychology, 94*(1), 122–141.

Podsakoff, N. P., Whiting, S. W., Podsakoff, P. M., & Mishra, P. (2011). Effects of organizational citizenship behaviors in selection decisions in employment interviews. *Journal of Applied Psychology, 96(2),* 310–326.

Poon, J. M. (2012). Distributive justice, procedural justice, affective commitment, and turnover intention: A mediation–moderation framework. *Journal of Applied Social Psychology, 42*(6), 1505–1532.

Popovich, P. M., Scherbaum, C. A., Scherbaum, K. L., & Polinko, N. (2003). The assessment of attitudes toward individuals with disabilities in the workplace. *Journal of Psychology, 137*(2), 163–177.

Popper, K. (1959). *The logic of scientific discovery.* New York: Basic Books.

Porras, J. I., & Silvers, R. C. (1991). Organization development and transformation. *Annual Review of Psychology, 42,* 51–78.

Porter, C. O. L. H., Hollenbeck, J. R., Ilgen, D. R., Ellis, A. P. J., West, B. J., & Moon, H. (2003). Backing up behaviors in teams: The role of personality and legitimacy of need. *Journal of Applied Psychology, 88*(3), 391–403.

Positive Psychology Center. (2007). *Positive psychology center.* Retrieved April 17, 2009, from http://www.ppc.sas.upenn.edu/

Posthuma, R. A. (2002). Employee selection procedures and the business necessity defense. *Applied HRM Research,* 7(1–2), 53–63.

Powdthavee, N. (2011). Anticipation, free rider problems, and adaptation to trade unions: Re-examining the curious case of dissatisfied union members. *Industrial and Labor Relations Review, 64,* 1000–1019.

Powell, G. N., & Butterfield, D. A. (2011). Sex, gender, and the US presidency: Ready for a female president? *Gender in Management: An International Journal, 28*(6), 394–407.

Powers, D. E. (2004). Validity of Graduate Record Examinations (GRE) general test scores for admissions to colleges of veterinary medicine. *Journal of Applied Psychology, 89*(2), 208–219.

Preston, J. (2011). Social media history becomes a new job hurdle. Retrieved July 24, 2011, from http://www.nytimes.com/2011/07/21/technology/social-media-history-becomes-a-new-job-hurdle.html

Primoff, E. S., & Eyde, L. D. (1988). Job element analysis. In S. Gael (Ed.), *The job analysis handbook for business, industry, and government* (Vol. 2, pp. 807–824). New York: Wiley.

Prince, C., & Stewart, J. (2002). Corporate universities: An analytical framework. *Journal of Management Development, 21*(10), 794–811.

Prindle, M. (2010). Enron Ethics—The Culture of Enron. Business.MattPrindle.com. Retrieved October 8, 2015, from http://business.mattprindle.com/leadership-skills/enron-ethics-the-culture-of-enron/

Privacy Rights Clearinghouse. (2015). Fact sheet 7: Workplace privacy and employee monitoring. Retrieved October 26, 2015, from https://www.privacyrights.org/workplace-privacy-and-employee-monitoring

PR Newswire. (2015, November 17). As work-life balance becomes top priority, more Americans voluntarily seek part-time work, RecruitiFi survey finds. *PR Newswire.* Retrieved February 15, 2016, from http://www.prnewswire.com/news-releases/as-work-life-balance-becomes-top-priority-more-americans-voluntarily-seek-part-time-work-recruitifi-survey-finds-300179936.html

Probst, T. M. (2000). Wedded to the job: Moderating effects of job involvement on the consequences of job insecurity. *Journal of Occupational Health Psychology, 5*(1), 63–73.

Proctor & Gamble. (2014). P&G 2014 annual report. Retrieved March 6, 2016, from http://www.pginvestor.com/interactive/lookandfeel/4004124/PG_Annual_Report_2014.pdf

Pyburn, K. M., Ployhart, R. E., & Kravitz, D. A. (2008). The diversity-validity dilemma: Overview and legal context. *Personnel Psychology, 61,* 143–151.

Psychological Corporation. (1979). *Revised manual for the Minnesota Clerical Test.* San Antonio, TX: Author.

Psychological Corporation. (1980). *The Bennett Mechanical Comprehension Test manual.* San Antonio, TX: Author.

Pulakos, E. D. (1984). A comparison of rater training programs: Error training and accuracy training. *Journal of Applied Psychology, 69,* 581–588.

Pulakos, E. D. (1986). The development of training programs to increase accuracy. *Organizational Behavior and Human Decision Processes, 38,* 76–91.

Qiao, J. X. (2008). Corporate universities in China: Processes, issues, and challenges. *Journal of Workplace Learning, 21*(2), 166–174.

Rackspace. (April, 2014). The human cloud at work: A study into the impact of wearable technologies in the workplace. *Rackspace US, Inc.* Accessed October 20, 2015, from https://www.rackspace.co.uk/sites/default/files/Human%20Cloud%20at%20Work.pdf

Rademakers, M. (2005). Corporate universities: Driving force of knowledge innovation. *The Journal of Workplace Learning, 17*(1/2), 130–136.

Raes, E., Kyndt, E., Decuyper, S., Van den Bossche, P. & Dochy, F. (2014). An exploratory study of group development and team learning. *Human Resource Development Quarterly, 26,* 5–30.

Rapp, A. A., Bachrach, D. G., & Rapp, T. L. (2013). The influence of time management skill on the curvilinear relationship between organizational citizenship behavior and task performance. *Journal of Applied Psychology, 98(4),* 668–677.

Ree, J. M., Earles, J. A., & Teachout, M. S. (1994). Predicting job performance: Not much more than g. *Journal of Applied Psychology, 79*(4), 518–524.

Rego, A., & Cunha, M. P. (2010). Organisational justice and citizenship behaviors: A study in the Portuguese cultural context. *Applied Psychology: An International Review, 59*(3), 404–430.

Rego, A., Sousa, F., Marques, C., & e Cunha, M. P. (2012). Authentic leadership promoting employees' psychological capital and creativity. *Journal of Business Research, 65,* 429–437.

Reilly, R. R., & McGourty, J. (1998). Performance appraisal in team settings. In J. W. Smither (Ed.), *Performance appraisal: State of the art in practice* (pp. 244–277). San Francisco: Jossey-Bass.

Reiter-Palmon, R., Brown, M., Sandall, D. L., Buboltz, C., & Nimps, T. (2006). Development of an O*NET web-based job analysis and its implementation in the U.S. Navy: Lessons learned. *Human Resource Management Review, 16,* 294–309.

Renko, M., Kroeck, K. G., & Bullough, A. (2011). Expectancy theory and nascent entrepreneurship. *Small Business Economics.* doi:10.1007/s11187-011-9354-3

Rennie, J. (2007, January 22). *Stressed with work? Blame office politics.* Retrieved April 21, 2009, from http://www.eveningtimes.co.uk/news/display.Var.1137551.0.stressed_with_work_blame_office_politics.php

Rhoades, L., & Eisenberger, R. (2002). Perceived organizational support: A review of the literature. *Journal of Applied Psychology, 87*(4), 698–714.

Ricci v. DeStefano, 129 S. Ct. 2658, 557 U.S. 557, 174 L. Ed. 2d 490 (2009).

Riggio, R. E., & Lee, J. (2007). Emotional and interpersonal competencies and leader development. *Human Resource Management Review, 17,* 418–426.

Riketta, M. (2002). Attitudinal organizational commitment and job performance: A meta-analysis. *Journal of Organizational Behavior, 23*(3), 257–266.

Riordan, D. & Riordan, M. (2013). Guarding against groupthink in the professional work environment: A checklist. *Journal of Academic and Business Ethics, 7,* 1.

Ritter, B. A., & Lord, R. G. (2007). The impact of previous leaders on the evaluation of new leaders: An alternative to prototype matching. *Journal of Applied Psychology, 92,* 1683–1695.

Robbins, R. D. (2014). The class of 2014 by the numbers. Retrieved from http://features.thecrimson.com/2014/senior-survey/

Roberson, L., Kulik, C. T., & Pepper, M. B. (2009). Individual and environmental factors influencing the use of transfer strategies after diversity training. *Group & Organization Management, 34*(1), 67–89.

Robinson, S. L. (1996). Trust and breach of the psychological contract. *Administrative Science Quarterly,* 574–599.

Roch, S. G., & O'Sullivan, B. J. (2003). Frame of reference rater training issues: Recall, time and behavior observation training. *International Journal of Training and Development,* 7(2), 93–107.

Roch, S. G., Woehr, D. J., Mishra, V., & Kieszczynska, U. (2012). Rater training revisited: An updated meta-analytic review of frame-of-reference training. *Journal of Occupational and Organizational Psychology, 85,* 370–395. doi:10.1111/j.2044-8325.2011.02045.x

Rockstuhl, T., Dulebohn, J. H., Ang, S., & Shore, L. M. (2012). Leader–member exchange (LMX) and culture: A meta-analysis of correlates of LMX across 23 countries. *Journal of Applied Psychology, 97*(6), 1097–1130.

Rode, J. C., Mooney, C. H., Arthaud-Day, M. L., Near, J. P., Baldwin, T. T., Rubin, R. S., & Bommer, W. H. (2007). Emotional intelligence and individual performance: Evidence of direct and moderated effects. *Journal of Organizational Behavior, 28*(4), 399–421.

Rodgers, R., & Hunter, J. E. (1991). Impact of management by objectives on organizational productivity. *Journal of Applied Psychology, 76*(2), 322–336.

Roehling, M. V., & Wright, P. (2004). Organizationally sensible v. legal-centric responses to the eroding employment at-will doctrine. *Employee Responsibilities and Rights Journal, 16*(2), 89–103.

Roethlisberger, F. J., & Dickson, W. J. (1939). *Management and the worker.* Cambridge, MA: Harvard University Press.

Rogelberg, S. G., & Gill, P. M. (2004). The growth of industrial and organizational psychology: Quick facts. *The Industrial-Organizational Psychologist, 42*(1), 25–27.

Rojon, C., McDowall, A., & Saunders, M. N. K. (2015). The relationships between traditional selection assessment and workplace performance criteria specificity: A comparative meta-analysis. *Human Performance, 28(1),* 1–25.

Rooney v. Koch Air, LLC., 410 F.3d 376 (U.S. App. 2005).

Roppolo, L. P., Heymann, R., Pepe, P., Wagner, J., Commons, B., Miller, R., Allen, E., Horne, L., Wainscott, M. P., & Idris, A. H. (2011). A randomized controlled trial comparing traditional training in cardiopulmonary resuscitation (CPR) to self-directed CPR learning in first year medical students: The two-person CPR study. *Resuscitation, 82*(3), 319–325.

Rosanas, J. M. (2008). Beyond economic criteria: A humanistic approach to organizational survival. *Journal of Business Ethics, 78,* 447–462.

Rose, A., Timm, H., Pogson, C., Gonzalez, J., Appel, E., & Kolb, N. (2010). *Developing a cybervetting strategy for law enforcement: A special report.* Defense Personnel Security Research Center (PERSEREC). Washington, DC: U. S. Department of Defense.

Rosen, C. C., Chang, C. H., Johnson, R. E., & Levy, P. E. (2009). Perceptions of the organizational context and psychological contract breach: Assessing competing perspectives. *Organizational Behavior and Human Decision Processes, 108,* 202–217.

Rosen, C. C., & Hochwarter, W. A. (2014). Looking back and falling further behind: The moderating role of rumination on the relationship between organizational politics and employee attitudes, well-being, and performance. *Organizational*

Behavior and Human Decision Processes, 124, 177–189.

Rosen, C. C., & Levy, P. E. (2013). Stresses, swaps, and skill: An investigation of the psychological dynamics that relate work politics to employee performance. *Human Performance, 26*(1), 44–65.

Rosenthal, R. (1991). *Meta-analytic procedures for social research* (rev. ed.). Thousand Oaks, CA: Sage.

Rosette, A. S., Leonardelli, G. J., & Phillips, K. W. (2008). The White standard: Racial bias in leader categorization. *Journal of Applied Psychology, 93,* 758–777.

Ross, W. E., Huang, K. H., & Jones, G. H. (2014). Executive onboarding: Ensuring the success of the newly hired department chair. *Academic Medicine, 89*(5), 728–733.

Roth, P. L., Bobko, P., & Mabon, H. (2002). Utility analysis: A review and analysis at the turn of the century. In N. Anderson, D. S. Ones, C. Viswesvaran, & H. K. Sinangil (Eds.), *Handbook of industrial, work and organizational psychology: Vol. 1. Personnel psychology* (pp. 383–384). Thousand Oaks, CA: Sage.

Roth, P. L., Bobko, P., & McFarland, L. A. (2005). A meta-analysis of work sample test validity: Updating and integrating some classic literature. *Personnel Psychology, 58*(4), 1009–1037.

Roth, P. L., Bobko, P., & Switzer, F. S., III. (2006). Modeling the behavior of the 4/5ths rule for determining adverse impact: Reasons for caution. *Journal of Applied Psychology, 91*(3), 507–522.

Rotundo, M., & Sackett, P. R. (2002). The relative importance of task, citizenship, and counterproductive performance to global ratings of job performance: A policy-capturing approach. *Journal of Applied Psychology, 87*(1), 66–80.

Rounds, J., Armstrong, P. I., Liao, H. Y., Lewis, P., & Rivkin, D. (2008). *Second generation occupational interest profiles for the O*NET system: Summary.* Raleigh, NC: National Center for O*NET Development. Retrieved July 11, 2012, from http://www.onetcenter.org/dl_files/SecondOIP_Summary.pdf

Rousseau, D. M. (2001). Idiosyncratic deals: Flexibility vs. fairness? *Organizational Dynamics, 29,* 260–271.

Rubin, R. S., Dierdorff, E. C., & Bachrach, D. G. (2013). Boundaries of citizenship behavior: Curvilinearity and context in the citizenship and task performance relationship. *Personnel Psychology, 66,* 377–406.

Rudisill, J. R., & Edwards, J. M. (2002). Coping with job transitions. *Consulting Psychology Journal: Practice and Research, 54*(1), 55–64.

Rutkowski, K. A., & Steelman, L. A. (2005). Testing a path model for antecedents of accountability. *Journal of Management Development, 24*(5), 473–486.

Ryan, R. M., & Deci, E. L. (2000). Self-determination theory and the facilitation of intrinsic motivation, social development, and well-being. *American Psychologist, 55*(1), 68–78.

Rynes, S. L., & Cable, D. M. (2003). Recruitment research in the twenty-first century. In W. C. Borman, D. R. Ilgen, & R. Klimoski (Eds.), *Handbook of psychology: Vol. 12. Industrial and organizational psychology* (pp. 55–76). New York: Wiley.

Rynes, S. L., Gerhart, B., & Parks, L. (2005). Personnel psychology: Performance evaluation and pay for performance. *Annual Review of Psychology, 56,* 571–600.

Rynes, S. L., & Rosen, B. (1995). A field survey of factors affecting the adoption and perceived success of diversity training. *Personnel Psychology, 48,* 247–270.

Saal, F. E., Downey, R. G., & Lahey, M. A. (1980). Rating the ratings: Assessing the quality of rating data. *Psychological Bulletin, 88,* 413–428.

Sablynski, C. J., Lee, T. W., Mitchell, T. R., Burton, J. P., & Holtom, B. C. (2002). Turnover: An integration of Lee and Mitchell's unfolding model and job embeddedness construct with Hulin's withdrawal construct. In J. M. Brett & F. Drasgow (Eds.), *The psychology of work: Theoretically based empirical research* (pp. 189–203). Mahwah, NJ: Erlbaum.

Sachau, D. A. (2007). Resurrecting the motivation-hygiene theory: Herzberg and the positive psychology movement. *Human Resource Development Review, 6,* 377–393.

Sackett, P. R. (1994). *The content and process of the research enterprise within industrial and organizational psychology.* Presidential address presented at the 9th Annual Conference of the Society for Industrial and Organizational Psychology, Nashville, TN.

Sackett, P. R., & Laczo, R. M. (2003). Job and work analysis. In W. C. Borman, D. R. Ilgen, & R. J. Klimoski (Eds.), *Handbook of psychology: Industrial and organizational psychology* (Vol. 12, pp. 21–37). New York: Wiley.

Sagie, A. (1998). Employee absenteeism, organizational commitment, and job satisfaction: Another look. *Journal of Vocational Behavior, 52,* 156–171.

Sahibzada, K., Hammer, L. B., Neal, M. B., & Kuang, D. C. (2005). The moderating effects of work–family role combinations and work–family organizational culture on the relationship between family-friendly workplace supports and job satisfaction. *Journal of Family Issues, 26*(6), 820–839.

Saks, A. M., & Burke, L. A. (2012). An investigation into the relationship between training evaluation and the transfer of training. *International Journal of Training and Development, 16*(2), 118–127.

Salas, E., Rozell, D., Mullen, B., & Driskell, J. E. (1999). The effect of team building on performance: An integration. *Small Group Research, 30*(3), 309–329.

Salgado, J. F. (2002). The Big Five personality dimensions and counterproductive behaviors. *International Journal of Selection and Assessment, 10*(1–2), 117–125.

Salgado, J. F., & Anderson, N. (2003). Validity generalization of GMA tests across countries in the European community. *European Journal of Work and Organizational Psychology, 12*(1), 1–17.

Salgado, J. F., Anderson, N., Moscoso, S., Bertua, C., de Fruyt, F., & Rolland, J. P. (2003). A meta-analytic study of general mental ability validity for different occupations in the European community. *Journal of Applied Psychology, 88*(6), 1068–1081.

Sanchez, J. I., & Levine, E. L. (2009). What is (or should be) the difference between competency modeling and traditional job analysis? *Human Resource Management Review, 19,* 53–63.

Sanchez, R. J., Truxillo, D. M., & Bauer, T. N. (2000). Development and examination of an expectancy-based measure of test-taking motivation. *Journal of Applied Psychology, 85*(5), 739–750.

Sanz-Valle, R., Naranjo-Valencia, J. C., Jiménez-Jiménez, D., & Perez-Caballero, L. (2011). Linking organizational learning with technical innovation and organizational culture. *Journal of Knowledge Management, 15*(6), 997–1015.

Sarin, S., & O'Connor, G. C. (2009). First among equals: The effect of team leader characteristics on the internal dynamics of cross-functional product development teams. *Journal of Product Innovation Management, 26*(2), 188–205.

Schappe, S. P. (1998). Understanding employee job satisfaction: The importance of procedural and distributive justice. *Journal of Business and Psychology, 12*(4), 493–503.

Schaubroeck, J., Lam, S. S. K., & Cha, S. E. (2007). Embracing transformational leadership: Team values and the impact of leader behavior on team performance. *Journal of Applied Psychology, 92,* 1020–1030.

Scheer, L. K., Kumar, N., & Steenkamp, J.-B. E. M. (2003). Reactions to perceived inequity in U.S. and Dutch interorganizational relationships. *Academy of Management Journal, 46*(3), 303–316.

Schein, E. H. (1980). *Organizational psychology* (3rd ed.). Englewood Cliffs, NJ: Prentice-Hall.

Schilling, M. S., Oeser, N., & Schaub, C. (2007). How effective are decision analyses? Assessing decision process and group alignment effects. *Decision Analysis, 4*(4), 227–242.

Schippmann, J. S., Ash, R. A., Batjtsta, M., Carr, L., Eyde, L. D., Hesketh, B., . . . Sanchez, J. I. (2000). The practice of competency modeling. *Personnel Psychology, 53,* 703–740.

Schleicher, D. J., Day, D. V., Mayes, B. T., & Riggio, R. E. (2002). A new frame for frame-of-reference training: Enhancing the construct validity of assessment centers. *Journal of Applied Psychology, 87*(4), 735–746.

Schmidt, F. L., & Hunter, J. E. (1998). The validity and utility of selection methods in personnel psychology: Practical and theoretical implications of 85 years of research findings. *Psychological Bulletin, 124*(2), 262–274.

Schmidt, F. L., & Kaplan, L. B. (1971). Composite vs. multiple criteria: A review and resolution of the controversy. *Personnel Psychology, 24,* 419–434.

Schmidt, F. L., & Oh, I. (2010) Can synthetic validity methods achieve discriminant validity? *Industrial and Organizational Psychology, 3*(3), 344–350.

Schmitt, N., Gooding, R. Z., Noe, R. A., & Kirsch, M. (1984). Meta-analyses of validity studies published between 1964 and 1982 and the investigation of study characteristics. *Personnel Psychology, 37,* 407–422.

Schneider, R. J., Goff, M., Anderson, S., & Borman, W. C. (2003). Computerized adaptive rating scales for measuring managerial performance. *International Journal of Selection and Assessment, 11*(2/3), 237–246.

Schriesheim, C. A., House, R. J., & Kerr, C. (1976). Leader initiating structure: A reconciliation of discrepant research results and some empirical tests. *Organizational Behavior and Human Performance, 15*(2), 297–321.

Schriesheim, C. A., & Neider, L. L. (1996). Path-goal leadership theory: The long and winding road. *Leadership Quarterly,* 7(3), 317–321.

Schroeders, U., & Wilhelm, U. (2010). Testing reasoning ability with handheld computers, notebooks and paper and pencil. *European Journal of Psychological Assessment, 26*(4), 284–292.

Schuerger, J. M. (1995). Career assessment and the Sixteen Personality Factor Questionnaire. *Journal of Career Assessment, 3*(2), 157–175.

Schwartz, J. (1990, November 5). How safe is your job? *Newsweek, 5,* 44–47.

Schyns, B., Felfe, J., & Blank, H. (2007). Is charisma hyper-romanticism? Empirical evidence from new data and meta-analysis. *Applied Psychology: An International Review, 4,* 505–527.

Scotch, R. K. (2014). Models of disability and the Americans with Disabilities Act. *Berkeley Journal of Employment & Labor Law, 21*(1), 213–222.

Scott, K. A. & Brown, D. J. (2006). Female first, leader second? Gender bias in the encoding of leadership behavior. *Organizational Behavior and Human Decision Processes, 101,* 130–242.

Scott, K. D., & Taylor, G. S. (1985). An examination of conflicting findings on the relationship between job satisfaction and absenteeism: A meta-analysis. *Academy of Management Journal, 28*(3), 599–612.

Scott, W. D. (1903). *The theory of advertising.* Boston: Small, Maynard.

Searle, B. J. (2008). Does personal initiative training work as a stress management intervention? *Journal of Occupational Health Psychology, 13,* 259–270.

Seaward, M. R. (1999). The sandwich generation copes with elder care. *Benefits Quarterly, 15*(2), 41–48.

Seidler-de Alwis, R., & Hartmann, E. (2008). The use of tacit knowledge within innovative companies: Knowledge management in innovative enterprises. *Journal of Knowledge Management, 12,* 133–147.

Seijts, G. H., & Kyei-Poku, I. (2010). The role of situational interviews in fostering positive reactions to selection decisions. *Applied Psychology: An International Review, 59*(30), 431–453.

Seldon, S., & Orenstein, J. (2011). Government e-recruiting web sites: The influence of e-recruitment content and usability on recruiting and hiring outcomes in US state governments. *International Journal of Selection and Assessment, 19*(1), 31–40.

Semadar, A., Robins, G., & Ferris, G. R. (2006). Comparing the validity of multiple social effectiveness constructs in the prediction of managerial job performance. *Journal of Organizational Behavior, 27*(4), 443–461.

Semeijn, J. H., Van der Heijden, B. I. J. M., & Van der Lee, A. (2014). Multisource ratings of managerial competencies and their predictive value for managerial and organizational effectiveness. *Human Resource Management, 53,* 773–794.

Senécal, J., Loughead, T. M., & Bloom, G. A. (2008). A season-long team-building intervention program: Examining the effect of team goal setting on cohesion. *Journal of Sport & Exercise Psychology, 30*(2), 186–199.

Senge, P. M. (2006). *The leader's new work: Building learning organizations.* San Francisco: Jossey-Bass.

Seo, M.-G., Taylor, M. S., Hill, N. S., Zhang, X., Tesluk, P. E., & Lorinkova, N. M. (2012). The role of affect and leadership during organizational change. *Personnel Psychology, 65,* 121–165.

Shafritz, J. M., Ott, J. S., & Jang, Y. S. (2011). *Classics of organizational theory* (Vol. 7). Belmont, CA: Wadsworth.

Shafritz, J. M., Ott, J., & Jang, Y. S. (2015). *Classics of organization theory* (Vol. 8). Cengage Learning.

Sheldon, O. J., Dunning, D., & Ames, D. R. (2014). Emotionally unskilled, unaware, and uninterested in learning more: Reactions to feedback about deficits in emotional intelligence. *Journal of Applied Psychology, 99,* 125–137.

Shore, L. M., Tetrick, L. E., Shore, T. H., & Barksdale, K. (2000). Construct validity of measures of Becker's side bet theory. *Journal of Vocational Behavior, 57,* 428–444.

Silverman, S. B. (1991). Individual development through performance appraisal. In K. N. Wexley (Ed.), *Developing human resources* (Vol. 5, pp. 120–151). Washington, DC: Bureau of National Affairs.

Silzer, R., & Parson, C. (2015). Practice in I-O psychology: Trends in professional membership, activities, development, and representation (2008–2015). *The Industrial-Organizational Psychologist, 53*(1), https://social.hse.ru/data/2015/07/24/1085812209/TIP-1506.pdf#page=172

Simons, T., & Roberson, Q. (2003). Why managers should care about fairness: The effects of aggregate justice perceptions on organizational outcomes. *Journal of Applied Psychology, 88*(3), 432–443.

Sims, H. P., Jr., Faraj, S., & Yun, S. (2009). When should a leader be directive or empowering? How to develop your own situational theory of leadership. *Business Horizons, 52*(2), 149–158.

Singh, P. (2008). Job analysis for a changing workplace. *Human Resource Management Review, 18,* 87–99.

Sitzmann, T. (2011). A meta-analytic examination of the instructional effectiveness of computer-based simulation games. *Personnel Psychology, 64,* 489–528.

Slaughter, J. E., Sinar, E. F., & Bachiochi, P. D. (2002). Black applications' reactions to affirmative action plans: Effects of plan content and previous experience with discrimination. *Journal of Applied Psychology, 87*(2), 333–344.

Sleek, S., Michel, A., & Mikulak, A. (2014). Workplace diversity initiatives may mask discrimination. Association for Psychological Sciences. Retrieved December 11, 2015, from http://www.psychologicalscience.org/index.php/news/minds-business/workplace-diversity-initiatives-may-mask-discrimination.html

Smith, A. (2012). EEOC hearing highlights pregnancy and caregiver discrimination. Retrieved March 13, 2012, from http://www.shrm.org/LegalIssues/FederalResources/Pages/EEOCHearingPDA.aspx

Smith, J. A., & Foti, R. J. (1998). A pattern approach to the study of leader emergence. *Leadership Quarterly, 9*(2), 147–160.

Smith, P. C., & Kendall, L. M. (1963). Retranslation of expectations: An approach to the construction of unambiguous anchors for rating scales. *Journal of Applied Psychology, 47,* 149–155.

Smith, P. C., Kendall, L. M., & Hulin, C. L. (1969). *Measurement of satisfaction in work and retirement.* Chicago: Rand McNally.

Smither, J. W., London, M., Flautt, R., Vargas, Y., & Kucine, I. (2003). Can working with an executive coach improve multisource feedback ratings over time? A quasi-experimental field study. *Personnel Psychology, 56*(1), 23–44.

Snell, A. F., Sydell, E. J., & Lueke, S. B. (1999). Towards a theory of applicant faking: Integrating studies of deception. *Human Resource Management Review, 9*(2), 219–242.

Snider, B. (2013). Hiring discrimination may be OK with a BFOQ. FindLaw, June 3, 2013. Retrieved from http://blogs.findlaw.com/free_enterprise/2013/06/hiring-discrimination-may-be-ok-with-a-bfoq.html

Society for Human Resource Management. (2014). Total financial impact of employee absences across the United States, China, Australia, Europe, India, and Mexico. [White paper]. Retrieved from: http://www.shrm.org/Research/SurveyFindings/Documents/Total%20Financial%20Impact%20of%20Employee%20Absences%20Report.pdf

Society for Industrial and Organizational Psychology. (n.d.). *Graduate training programs in industrial-organizational psychology and related fields.* Retrieved October 6, 2006, from http://www.siop.org/GTP/

Society for Industrial and Organizational Psychology. (1999). *Guidelines for education and training at the doctoral level in industrial-organizational psychology.* Retrieved October 11, 2006, from http://www.siop.org/PhDGuidelines98.aspx

Society for Industrial and Organizational Psychology. (2006). *Building better organizations.* Retrieved March 2, 2009, from http://www.siop.org/visibilitybrochure/siopbrochure.aspx

Society for Industrial and Organizational Psychology. (2015). SIOP announces top 10 workplace trends for 2016. Retrieved February 22, 2016, from http://www.siop.org/article_view.aspx?article=1467

Somech, A., & Drach-Zahavy, A. (2007). Strategies for coping with work–family conflict: The distinctive relationships of gender role ideology. *Journal of Occupational Health Psychology, 12,* 1–19.

Somers, M. J. (2009). The combined influence of affective, continuance and normative commitment on employee withdrawal. *Journal of Vocational Behavior, 74*(1), 75–81.

Somers, M. J. (2010). Patterns of attachment to organizations: Commitment profiles and work outcomes. *Journal of Occupational and Organizational Psychology, 83*(2), 443–453.

Song, L. J., Huang, G., Peng, K. Z., Law, K. S., Wong, C., & Chen, Z. (2010). The differential effects of general mental ability and emotional intelligence on academic performance and social interactions. *Intelligence, 38*(1), 137–143.

Sonnentag, S., Binnewies, C., & Mojza, E. J. (2010). Staying well and engaged when demands are high: The role of psychological detachment. *Journal of Applied Psychology, 95*(5), 965–976.

Spector, P. E. (1997). The role of frustration in antisocial behavior at work. In R. A. Giacalone & J. Greenberg (Eds.), *Antisocial behavior in organizations* (pp. 1–17). Thousand Oaks, CA: Sage.

Spector, P. E., Bauer, J. A., & Fox, S. (2010). Measurement artifacts in the assessment of counterproductive work behavior and organizational citizenship behavior: Do we know what we think we know? *Journal of Applied Psychology, 95*(4), 781–790.

Spector, P. E., & Fox, S. (2010). Counterproductive work behaviors and organizational citizenship behavior: Are they opposite forms of active behavior? *Applied Psychology: An International Review, 59*(1), 21–39.

Spector, P. E., Fox, S., Penney, L. M, Bruursema, K., Goh, A., & Kessler, S. (2006). The dimensionality of counterproductivity: Are all counterproductive behaviors created equal? *Journal of Vocational Behavior, 68*(3), 446–460.

Spector, P. E., & Jex, S. M. (1991). Relations of job characteristics from multiple data sources with employee affect, absence, turnover intentions, and health. *Journal of Applied Psychology, 76,* 46–53.

Spies, R. A., Carlson, J. F. & Geisinger, J. F. (2010). *The Eighteenth Mental Measurements Yearbook.* Lincoln, NE: Buros Institute of Mental Measurements.

Spink, K. S., Wilson, K. S., & Odnokon, P. (2010). Examining the relationship between cohesion and return to team in elite athletes. *Psychology of Sport and Exercise, 11,* 6–11.

Spool, M. D. (1978). Training programs for observers of behavior: A review. *Personnel Psychology, 31*(4), 853–888.

Srivastava, A., Locke, E. A., Judge, T. A., & Adams, J. W. (2010). Core self-evaluations as causes of satisfaction: The mediating role of seeking task complexity. *Journal of Vocational Behavior, 77,* 255–265.

Stajkovic, A. D., & Luthans, F. (1997). A meta-analysis of the effects of organizational behavior modification on task performance. *Academy of Management Journal, 40*(5), 1122–1149.

Stanley, L., Vandenberghe, C., Vandenberg, R., & Bentein, K. (2013). Commitment profiles and employee turnover. *Journal of Vocational Behavior, 82*(3), 176–187.

Stanton, J. M., & Rogelberg, S. G. (2001). Using Internet/intranet web pages to collect organizational research data. *Organizational Research Methods, 4*(3), 200–217.

Stanton, J. M., Sinar, E. F., Balzer, W. K., Julian, A. L., Thoresen, P., Aziz, S., . . .
Smith, P. C. (2002). Development of a compact measure of job satisfaction: The abridged Job Descriptive Index. *Educational and Psychological Measurement, 62*(1), 173–191.

Staw, B. M., & Cohen-Charash, Y. (2005). The dispositional approach to job satisfaction: More than a mirage, but not yet an oasis. *Journal of Organizational Behavior, 26,* 59–78.

Staw, B. M., & Ross, J. (1985). Stability in the midst of change: A dispositional approach to job attitudes. *Journal of Applied Psychology,* 7(3), 469–480.

Steel, R. P., & Rentsch, J. R. (1997). The dispositional model of job attitudes revisited: Findings of a 10-year study. *Journal of Applied Psychology, 82*(6), 873–879.

Steel, R. P., Rentsch, J. R., & Van Scotter, J. R. (2007). Timeframes and absence frameworks: A test of Steers and Rhodes' (1978) model of attendance. *Journal of Management, 33,* 180–195.

Steele-Johnson, D., Beauregard, R. S., Hoover, P. B., & Schmidt, A. M. (2000). Goal orientation and task demand effects on motivation, affect, and performance. *Journal of Applied Psychology, 85*(5), 724–738.

Steele-Johnson, D., Osburn, H. G., & Pieper, K. F. (2000). A review and extension of current models of dynamic criteria. *International Journal of Selection and Assessment, 8*(3), 110–136.

Steelman, L. A., Levy, P. E., & Snell, A. F. (2004). The feedback environment scale (FES): Construct definition, measurement, and validation. *Education and Psychological Measurement, 64*(1), 165–184.

Steers, R. M., Mowday, R. T., & Shapiro, D. L. (2004). Introduction to special topic forum: The future of work motivation theory. *Academy of Management Review, 29*(3), 379–387.

Steers, R. M., Porter, L. M., & Bigley, G. A. (1996). *Motivation and leadership at work* (6th ed.). New York: McGraw-Hill.

Steers, R. M., & Rhodes, S. R. (1978). Major influences on employee attendance: A process model. *Journal of Applied Psychology, 63*(4), 391–407.

Steiner, I. D. (1972). *Group processes and productivity.* New York: Academic Press.

Stevens, M. J., & Campion, M. A. (1999). Staffing work teams: Development and validation of a selection test for teamwork settings. *Journal of Management, 25*(2), 207–228.

Stevens, G. W. (2012). A critical review of the science and practice of competency modeling. *Human Resource Development Review* 12, 86–107.

Stevens, S. (1968, August 30). Measurement, statistics, and the schemapiric view. *Science, 161,* 849–856.

Stewart, G. L. (2006). A meta-analytic investigation of relationships between team design features and team performance. *Journal of Management, 32,* 29–55.

Stewart, T. A. (1998, January 12). The leading edge: Is this job really necessary? *Fortune, 137*(1), 154–157.

Stewart, T. A. (2000, October 2). The house that knowledge built. *Fortune, 142*(7), 278–279.

Stogdill, R. M. (1948). Personal factors associated with leadership: A survey of the literature. *Journal of Psychology, 25,* 35–71.

Stogdill, R. M. (1963). *Manual for the Leader Behavior Description Questionnaire–Form XII: An experimental revision.* Columbus, OH: Bureau of Business Research, Ohio State University.

Stogdill, R. M. (1974). *Handbook of leadership: A survey of theory and research.* New York: Free Press.

Stokes, G. S., & Cooper, L. A. (1994). Selection using biodata: Old notions revisited. In G. S. Stokes, M. M. Mumford, & W. A. Owens (Eds.), *Biodata handbook: Theory, research, and use of biographical information in selection and performance prediction* (pp. 311–350). Palo Alto, CA: Consulting Psychologists Press.

Strong, E. K. (1927). Vocational interest test. *Educational Record, 8,* 107–121.

Strully, K. W. (2009). Job loss and health in the US labor market. *Demography,46*(2), 221–246.

Sulsky, L. M., & Day, D. V. (1994). Effects of frame-of-reference training and cognitive categorization: An empirical investigation of rater memory issues. *Journal of Applied Psychology, 79,* 535–543.

Sulzer-Azaroff, B., Loafman, B., Merante, R. J., & Hlavacek, A. C. (1990). Improving occupational safety in a large industrial plant: A systematic replication. *Journal of Organizational Behavior Management, 11*(1), 99–120.

Sundstrom, E., DeMeuse, K. P., & Futrell, D. (1990). Work teams: Applications and effectiveness. *American Psychologist, 45,* 120–133.

Sundstrom, E., McIntyre, M., Halfhill, T., & Richards, H. (2000). Work groups: From the Hawthorne Studies to work teams of the 1990s and beyond. *Group Dynamics: Theory, Research, and Practice, 4*(1), 44–67.

Svyantek, D. J., Goodman, S. A., Benz, L. L., Gard, J. A. (1999). The relationship between organizational characteristics and team building success. *Journal of Business and Psychology, 14*(2), 265–283.

Sweeney, P. D., & McFarlin, D. B. (1993). Workers' evaluations of the "ends" and the "means": An examination of four models of distributive and procedural justice. *Organizational Behavior and Human Decision Processes, 55,* 23–40.

Tang, T. L., & Ibrahim, A. H. S. (1998). Antecedents of organizational citizenship behavior revisited: Public personnel in the United States and in the Middle East. *Public Personnel Management, 27*(4), 529–550.

Tata, J. (2002). The influence of managerial accounts on employees' reactions to negative feedback. *Group and Organization Management, 27*(4), 480–503.

Tata, J., Prasad, S., & Thorn, R. (1999). The influence of organizational structure on the effectiveness of TQM programs. *Journal of Managerial Issues, 11*(4), 440–453.

Taylor, F. M. (1996). The principles of scientific management. In J. M. Shafritz & J. S. Ott (Eds.), *Classics of organization theory* (4th ed., pp. 66–79). Belmont, CA: Wadsworth. (Reprinted from *Bulletin of the Taylor Society*, 1916).

Taylor, H. C., & Russell, T. (1939). The relationship of validity coefficients to the practical effectiveness of tests in selection: Discussion and tables. *Journal of Applied Psychology, 23,* 565–578.

Tetrick, L. E., Miles, R. L., Marcil, L., & Van Dosen, C. M. (1994). Child-care difficulties and the impact on concentration, stress, and productivity among single and nonsingle mothers and fathers. In G. P. Keita & J. J. Hurrell, Jr. (Eds.), *Job stress in a changing workforce: Investigating gender, diversity, and family issues* (pp. 229–239). Washington, DC: American Psychological Association.

Thau, S., & Mitchell, M. S. (2010). Self-gain or self-regulation impairment? Tests of competing explanations of the supervisor abuse and employee deviance relationship through perceptions of distributive justice. *Journal of Applied Psychology, 95(6),* 1009–1031.

Theorell, T., & Karasek, R. A. (1996). Current issues relating to psychosocial job strain and cardiovascular disease research. *Journal of Occupational Health Psychology, 1*(1), 9–26.

The Whistle (Georgia Tech newspaper). (1991). Coca-Cola CEO's secret formula for success: Vision, confidence and luck. Retrieved on February 15, 2016, from Mark Turner Dot Net, http://www.markturner.net/wp-content/uploads/2015/05/Whistle-Brian_Dyson-Georgia_Tech_Commencement_Sept_1991-p3.pdf

Thomas, A., Palmer, J. K., & Feldman, J. M. (2009). Examination and measurement of halo via curvilinear regression: A new approach to halo. *Journal of Applied Social Psychology, 39,* 350–358.

Thorndike, R. L. (1949). *Personnel selection.* New York: Wiley.

Thurston, P.W., & McNall, L. (2010). Justice perceptions of performance appraisal practices. *Journal of Managerial Psychology, 25*(3), 201–228.

Tilcsik, A. & Cleafield, C. (2015). Five years after the Deepwater Horizon oil spill, we are closer than ever to catastrophe. *The Guardian.* Retrieved March 18, 2016, from http://www.theguardian.com/sustainable-business/2015/apr/17/deepwater-horizon-oil-spill-catastrophe-five-years

Tims, M., Bakker, A. B., & Derks, D. (2012). Daily job crafting and the self-efficacy-performance relationship. *Journal of Managerial Psychology, 29*(5), 490–507.

Tippins, N. T., Beaty, J., Gibson, W. M., Pearlman, K., Segall, D. O., & Shepherd, W. (2006). Unproctored Internet testing in employment settings. *Personnel Psychology, 59,* 189–225.

Tobin, T. J. (2001). Organizational determinants of violence in the workplace. *Aggression and Violent Behavior, 6,* 91–102.

Toffler, A. (1980). *The third wave.* New York: Morrow.

Tolman, E. C. (1932) *Purposive behavior in animals and men.* New York: Century.

Tremaine, D. W. (2015). HR legal concerns surrounding wearables. Retrieved October 26, 2015, from http://www.privsecblog.com/2015/07/articles/surveillance/hr-legal-concerns-surrounding-wearables/

Tuckman, B. W. (1965). Developmental sequences in small groups. *Psychological Bulletin, 63,* 384–399.

Tuckman, B. W., & Jensen, M. A. C. (1977). Stages of small group development revisited. *Group and Organizational Studies, 2,* 419–427.

Uhl-Bien, M., Riggio, R. E., Lowe, K. B., & Carsten, M. K. (2014). Followership theory: A review and research agenda. *The Leadership Quarterly, 25*(1), 83–104.

U.S. Bureau of Labor Statistics. (2008). *Economic news release: Mass layoffs summary.* Retrieved December 9, 2008, from http://www.bls.gov/news.release/mslo.nr0.htm

U. S. Bureau of Labor Statistics. (2010). Employment situation summary. Released January 8. 2010, for December 2009. Retrieved February 15, 2016, from http://www.bls.gov/news.release/empsit.nr0.htm

U.S. Bureau of Labor Statistics. (2011). Employment loss and the 2007–09 recession: An overview. Retrieved February 15, 2016, from http://www.bls.gov/mlr/2011/04/art1full.pdf

U.S. Bureau of Labor Statistics. (2013). Fact sheet: Workplace homicides from shootings, January 2013. Retrieved

March 7, 2016, from http://www.bls.gov/iif/oshwc/cfoi/osar0016.htm

U. S. Bureau of Labor Statistics. (2014). *Share of labor force projected to rise for people age 55 and over and fall for younger age groups.* Retrieved December 11, 2015, from http://www.bls.gov/opub/ted/2014/ted_20140124.htm

U.S. Bureau of Labor Statistics. (2015). *Employment characteristics of families—2014.* Retrieved February 15, 2016, from http://www.bls.gov/news.release/pdf/famee.pdf

U.S. Department of Justice, FBI. (2002). Workplace violence: Issues in response. U.S. Department of Justice, Federal Bureau of Investigation.

U.S. Department of Labor. (2015, September 4). The cost of doing nothing: The price we all pay without paid leave policies to support America's 21st century working families. Retrieved February 15, 2016, from https://www.dol.gov/featured/paidleave/cost-of-doing-nothing-report.pdf

U.S. Department of Labor. (n.d.). *Federal vs. state family and medical leave laws.* Retrieved March 30, 2009, from http://www.dol.gov/esa/programs/whd/state/fmla/index.htm

U.S. Department of Labor. (2009). *The Family and Medical Leave Act of 1993.* Retrieved May 1, 2009, from http://www.dol.gov/esa/whd/regs/statutes/fmla.htm#SEC_2_FINDINGS_AND_PURPOSES

U.S. Department of Labor. (2014). *In-demand, higher paying occupations (2010–2020).* Retrieved August 17, 2015, from http://www.dol.gov/wb/stats/idoccupations.htm

U.S. News & World Report. (2016). U.S. News career rankings: Science: Industrial psychologist. Retrieved on February 22, 2016, from http://money.usnews.com/careers/best-jobs/industrial-psychologist

Uggerslev, K. L., Fassina, N. E., Kraichy, D. (2012). Recruiting through the stages: a meta-analytic test of predictors of applicant attraction at different stages of the recruiting process. *Personnel Psychology, 65*, 597–660.

Uggerslev, K. L., & Sulsky, L. M. (2008). Using frame-of-reference training to understand the implications of rater idiosyncrasy for rating accuracy. *Journal of Applied Psychology, 93,* 711–719.

Van Dierendonck, D. (2010). Servant leadership: A review and synthesis. *Journal of Management, 37*(4), 1228–1261.

van Dierendonck, D., Schaufeli, W. B., & Buunk, B. P. (2001). Burnout and inequity among human service professionals: A longitudinal study. *Journal of Occupational Health Psychology, 6*(1), 43–52.

Van Eerde, W., & Thierry, H. (1996). Vroom's expectancy models and work-related criteria. *Journal of Applied Psychology, 81*(5), 575–586.

Van Ginkel, W. P., Tindale, R. S., & van Knippenberg, D. (2009). Team reflexivity, development of shared task representations, and the use of distributed information in group decision making. *Group Dynamics: Theory, Research, and Practice, 13*(4), 265–280.

Van Ginkel, W. P., & van Knippenberg, D. (2009). Knowledge about distribution of information and group decision making: When and why does it work? *Organizational Behavior and Human Decision Processes, 108*(2), 218–229.

Van Hooft, E. A. J., & Born, M. P. (2012). Intentional response distortion on personality tests: Using eye-tracking to understand response processes when faking. *Journal of Applied Psychology, 97,* 301–316.

Van Iddekinge, C. H., & Ployhart, R. E. (2008). Developments in the criterion-related validation of selection procedures: A critical review and recommendations for practice. *Personnel Psychology, 61,* 871–925.

Van Iddekinge, C. H., Roth, P. L., Raymark, P. H., Odle-Dusseau, H. N. (2012). The criterion-related validity of integrity tests: An updated meta-analysis. *Journal of Applied Psychology, 97,* 499–530.

van Quaquebeke, N., van Knippenberg, D., & Brodbeck, F. C. (2011). More than meets the eye: The role of subordinates' self-perceptions in leader categorization processes. *The Leadership Quarterly, 22,* 367–382.

Van Rooy, D. L., & Viswesvaran, C. (2004). Emotional intelligence: A meta-analytic investigation of predictive validity and nomological net. *Journal of Vocational Behavior, 65*(1), 71–95.

Van Wijhe, C. I., Peeters, M. C. W., & Schaufeli, W. B. (2014). Enough is enough: Cognitive antecedents of workaholism and its aftermath. *Human Resource Management, 53*(1), 157–177.

Van Yperen, N. W., & Janssen, O. (2002). Fatigued and dissatisfied or fatigued but satisfied? Goal orientations and responses to high job demands. *Academy of Management Journal, 45*(6), 1161–1171.

Vancouver, J. B., More, K. M., & Yoder, R. J. (2008). Self-efficacy and resource allocation: Support for a nonmonotonic, discontinuous model. *Journal of Applied Psychology, 93,* 35–47.

Vandenberghe, C., Bentein, K., & Stinglhamber, F. (2004). Affective commitment to the organization, supervisor, and work group: Antecedents and outcomes. *Journal of Vocational Behavior, 64,* 47–71.

Vecchio, R. P. (2002). Leadership and gender advantage. *Leadership Quarterly, 13*(6), 643–671.

Veiga, J. F., Golden, T. D., & Dechant, K. (2004). Why managers bend the rules. *Academy of Management Executive, 18*(2), 84–90.

Velada, R., Caetano, A., Michel, J. W., Lyons, B. D., & Kavanaugh, M. J. (2007). The effects of training design, individual characteristics, and work environment on transfer of training. *International Journal of Training and Development, 11*(4), 282–294.

Villanova, P. D., Bernardin, H. J., Dahmus, S. A., & Sims, R. L. (1993). Rater leniency and performance appraisal discomfort. *Educational and Psychological Measurement, 53*(3), 789–799.

Vinchur, A. J., & Koppes, L. L. (2007). Early contributors to the science and practice of industrial psychology. In L. L. Koppes (Ed.), *Historical perspectives in industrial and organizational psychology* (pp. 37–60). Mahwah, NJ: Erlbaum.

Vinchur, A. J., Shippmann, J. S., Switzer, F. S., III, & Roth, P. L. (1998). A meta-analytic review of predictors of job performance for salespeople. *Journal of Applied Psychology, 83*(4), 586–597.

Vroom, V. (1964). *Work and motivation.* New York: Wiley.

Wagner, J. A., & Hollenbeck, J. R. (1998). *Organizational behavior: Securing competitive advantage.* Upper Saddle River, NJ: Prentice-Hall.

Wagner-Tsukamoto, S. (2007). An institutional economic reconstruction of scientific management: On the lost theoretical logic of Taylorism. *Academy of Management Review, 32,* 105–117.

Walczyk, J. J., Mahoney, K. T., Doverspike, D., & Griffith-Ross, D. A. (2009). Cognitive lie detection: Response time and consistency of answers as cues to deception. *Journal of Business and Psychology, 24,* 33–49.

Walker, H. J., Feild, H. S., Bernerth, J. B., & Becton, J. B. (2014). Diversity cues on recruitment websites: Investigating the effects on job seekers' information processing. *Journal of Applied Psychology, 97*(1), 214–224.

Wamslet, P. T., Natali, M. W., & Campbell, J. P. (2012). Only incumbent raters in O*NET? Oh yes! Oh no! *International Journal of Selection and Assessment, 20,* 283–296.

Wanberg, C. R., Kanfer, R., Hamann, D. J., & Zhang, Z. (2015). Age and reemployment success after job loss: An integrative model and meta-analysis. *Psychological Bulletin.*

Wang, M., Burlacu, G., Truxillo, D., James, K., & Yao, X. (2015). Age differences in feedback reactions: The roles of employee feedback orientation on social awareness and utility. *Journal of Applied Psychology, 100,* 1296–1308.

Wang, G. G., & Wilcox, D. (2006). Training evaluation: Knowing more than is practiced. *Advances in Developing Human Resources, 8*(4), 528–539.

Wang, M., Liu, S., Zhan, Y., & Shi, J. (2010). Daily work–family conflict and alcohol use: Testing the cross-level moderation effects of peer drinking norms and social support. *Journal of Applied Psychology, 95*(2), 377–386.

Warr, P. (1999). Well-being and the workplace. In D. Kahneman, E. Diener, & N. Schwartz (Eds.), *Well-being: The foundations of hedonic psychology* (pp. 392–412). New York: Russell Sage Foundation.

Warr, P. (2007a). Searching for happiness at work. *The Psychologist, 20*(12), 726–729.

Warr, P. B. (2011). Jobs and job-holders: Two sources of happiness and unhappiness. In I. Boniwell, S. A. David, and A. C. Ayers (Eds.), *The Oxford handbook of happiness* (pp. 733–750). Oxford, England: Oxford University Press.

Wassell, J. T. (2009). Workplace violence intervention effectiveness: A systematic literature review. *Safety Science, 47*(8), 1049–1055.

Wayhan, V. B., & Balderson, E. L. (2007). TQM and financial performance: What has empirical research discovered? *Total Quality Management, 18,* 403–412.

Wayne, S. J., & Liden, R. C. (1995). Effects of impression management on performance ratings: A longitudinal study. *Academy of Management Journal, 38*(1), 232–260.

Weber, J. (2004, June 15). *More jobs—And more layoffs.* Retrieved April 8, 2009, from the *Business Week Online* website: http://www.businessweek.com/bwdaily/dnflash/jun2004/nf20040615_5695_db035.htm

Webster, J. R., Beehr, T. A., & Love, K. (2011). Extending the challenge-hindrance model of occupational stress: The role of appraisal. *Journal of Vocational Behavior, 79,* 505–516.

Wegge, J., & Haslam, S. A. (2005). Improving work motivation and performance in brainstorming groups: The effects of three group goal-setting strategies. *European Journal of Work and Organizational Psychology, 14*(4), 400–430.

Welsh, E. T., Wanberg, C. R., Brown, K. G., & Simmering, M. J. (2003). E-learning: Emerging uses, empirical results and future directions. *International Journal of Training and Development, 7*(4), 245–258.

Weng, Q., & McElroy, J. C. (2012). Organizational career growth, affective occupational commitment and turnover intentions. *Journal of Vocational Behavior, 80*(2), 256–265.

Werner, J. M., & Bolino, M. C. (1997). Explaining U.S. courts of appeal decisions involving performance appraisal: Accuracy, fairness, and validation. *Personnel Psychology, 50,* 1–24.

Wesolowski, M. A., & Mossholder, K. W. (1997). Relational demography in supervisor–subordinate dyads: Impact on subordinate job satisfaction, burnout, and perceived procedural justice. *Journal of Organizational Behavior, 18,* 351–362.

Westman, M., Hobfoll, S. E., Chen, S., Davidson, O. B., & Laski, S. (2004). Organizational stress through the lens of conservation of resources (COR) theory. *Research in occupational stress and well-being, 4,* 167–220.

Wexley, K. N., & Klimoski, R. (1984). Performance appraisal: An update. In K. Rowland & G. Ferris (Eds.), *Research in personnel and human resources* (Vol. 2, pp. 35–79). Greenwich, CT: JAI Press.

Wexley, K. N., & Latham, G. P. (2002). *Developing and training human resources in organizations* (3rd ed.). Upper Saddle River, NJ: Prentice-Hall.

Wexley, K. N., & Silverman, S. B. (1993). *Working scared: Achieving success in trying times.* San Francisco: Jossey-Bass.

Whetten, D. A., & Cameron, K. S. (2002). *Developing management skills* (5th ed.). Upper Saddle River, NJ: Pearson Education.

Whitaker, B. G. (2007). Internet-based attitude assessment: Does gender affect measurement equivalence? *Computers in Human Behavior, 23,* 1183–1194.

Whitaker, B. G., Dahling, J. J., & Levy, P. E. (2007). The development of a feedback environment and role clarity model of job performance. *Journal of Management, 33*(4), 570–591.

Whitney, D. J., Diaz, J., Mineghino, M. E., & Powers, K. (1999). Perceptions of overt and personality-based integrity tests. *International Journal of Selection & Assessment, 7*(1), 35–45.

Wiesenfeld, B. M., Brockner, J., & Martin, C. (1999). A self-affirmation analysis of survivors' reactions to unfair organizational downsizings. *Journal of Experimental Social Psychology, 35,* 441–460.

Wiesenfeld, B. M., Brockner, J., & Thibault, V. (2000). Procedural fairness, managers' self-esteem, and managerial behaviors following a layoff. *Organizational Behavior and Human Decision Processes, 83*(1), 1–32.

Wilder, D. A., Austin, J., & Casella, S. (2009). Applying behavior analysis in organizations: Organizational behavior management. *Psychological Services, 6(3),* 202–211.

Williams, M. L., McDaniel, M. A., & Nguyen, N. T. (2006). A meta-analysis of the antecedents and consequences of pay level satisfaction. *Journal of Applied Psychology, 91,* 392–413.

Williamson, I. O., Lepak, D. P., & King, J. (2003). The effect of company recruitment web site orientation on individuals' perceptions of organizational attractiveness. *Journal of Vocational Behavior, 63*(2), 242–263.

Wilson, C. (2004, July). *How to heal work force cuts.* Credit Union Executive Newsletter, 7.

Wilson, H. J. (2013). Wearables in the workplace. *Harvard Business Journal.* Retrieved October 20, 2015, from https://hbr.org/2013/09/wearables-in-the-workplace

Wirtenberg, J., Lipsky, D., Abrams, L., Conway, M., & Slepian, J. (2007). The future of organization development: Enabling sustainable business performance through people. *Organization Development Journal, 25,* 11–22.

Wonderlic, E. F. (1984). *Wonderlic Personnel Test manual.* Northfield, IL: Wonderlic & Associates.

Wong, K. F. E., & Kwong, J.Y.Y. (2007). Effects of rater goals on rating patterns: Evidence from an experimental field study. *Journal of Applied Psychology, 92*(2), 577–585.

Woods, S., Poole, R., & Zibarras, L. (2012). Employee absence and organizational commitment. *Journal of Personnel Psychology, 11*(4), 199–203.

Work Options Group. (2006). *Employers expand eldercare benefits.* Retrieved December 10, 2008, from http://www.workoptionsgroup.com/wsj_article.html

World's Most Admired Companies. (2016). Retrieved March 7, 2016, from http://fortune.com/worlds-most-admired-companies/

Wright, T. A., & Bonett, D. G. (2007). Job satisfaction and psychological well-being as nonadditive predictors of workplace turnover. *Journal of Management, 33*(2), 141–160.

Wu, L. Z., Zhang, H., Chiu, R. K., Kwan, H. K., & He, X. (2014). Hostile attribution bias and negative reciprocity beliefs exacerbate incivility's effects on interpersonal deviance. *Journal of Business Ethics, 120*(2), 189–199.

Yen, H. C., Tuan, H. L., & Liao, C. H. (2011). Investigating the influence of motivation on students' conceptual learning outcomes in web-based vs. classroom-based science teaching contexts. *Research in Science Education, 41,* 211–224.

Yu, J. H., Albaum, G., & Swenson, M. (2003). Is a central tendency error inherent in the use of semantic differential scales in different cultures? *International Journal of Market Research, 45*(2), 213–228.

Yu, K. Y. T. (2014). Person–organization fit effects on organizational attraction: A test of an expectations-based model. *Organizational Behavior and Human Decision Processes, 124,* 75–94.

Yuan, Y. C., Fulk, J., Monge, P. R., & Contractor, N. (2010). Expertise directory development, shared task interdependence, and strength of communication network ties as multilevel predictors of transactive memory work groups. *Communication Research, 37*(1), 20–47.

Yukl, G. A. (2002). *Leadership in organizations* (5th ed.). Upper Saddle River, NJ: Prentice-Hall.

Yum, B. S., Roh, J. H., Ryu, J. C., Won, J. U., Kim, C .N, Lee, J. E., & Kim, K. Y. (2006). Symptoms of PTSD according to individual and work environment characteristics of Korean railroad drivers with experience of person-under-the-train accidents. *Journal of Psychosomatic Research, 61,* 691–697.

Yun, G. J., Donahue, L. M., Dudley, N. M., & McFarland, L. A. (2005). Rater personality, rating format, and social context: Implications for performance appraisal ratings. *International Journal of Selection and Assessment, 13*(2), 97–107.

Zaccaro, S. J. (1984). Social loafing: The role of task attractiveness. *Personality and Social Psychology Bulletin, 10*(1), 99–106.

Zaccaro, S. J., & Bader, P. (2003). E-leadership and the challenges of leading e-teams: Minimizing the bad and maximizing the good. *Organizational Dynamics, 31*(4), 377–387.

Zaccaro, S. J., Foti, R. J., & Kenny, D. A. (1991). Self-monitoring and trait-based variance in leadership: An investigation of leader flexibility across multiple group situations. *Journal of Applied Psychology, 76*(2), 308–315.

Zaccaro, S. J., Marks, M., & DeChurch, L. A. (2012). Multiteam systems: An introduction. In S. J. Zaccaro, M. A. Marks, & L. A. DeChurch (Eds.), *Multiteam systems: An organizational form for dynamic and complex environments.* New York: Taylor & Francis.

Zaitzow, B. H., & Fields, C. B. (1996). Using archival data sets. In F. T. L. Leong & J. T. Austin (Eds.), *The psychology research handbook* (pp. 251–261). Thousand Oaks, CA: Sage.

Zammuto, R. F., Griffith, T. L., Majchrzak, A., Dougherty, D. J., & Faraj, S. (2007). Information technology and the changing fabric of organization. *Organization Science, 18*(5), 749–762.

Zapata-Phelan, C. P., Colquitt, J. A., Scott, B. A., & Livingston, B. (2009). Procedural justice, interactional justice, and task performance: The mediating role of intrinsic motivation. *Organizational Behavior and Human Decision Processes, 108,* 93–105.

Zapf, D. (2002). Emotion work and psychological well-being: A review of the literature and some conceptual considerations. *Human Resource Management Review, 12*(2), 237–268.

Zellars, K. L., & Perrewé, P. L. (2001). Affective personality and the content of emotional social support: Coping in organizations. *Journal of Applied Psychology, 86*(3), 459–467.

Zhao, H., Seibert, S. E., & Lumpkin, G. T. (2010). The relationship of personality to entrepreneurial intentions and performance: A meta-analytic review. *Journal of Management, 36*(2), 381–404.

Zimmerman, R. D., Mount, M., & Goff, M. (2008). Multisource feedback and leaders' goal performance: Moderating effects of rating purpose, rater perspective, and performance dimension. *International Journal of Selection and Assessment, 16*(2), 121–133.

찾아보기

| ㅌ |

| ㅍ |

| ㅎ |

| 기타 |

옮긴이

문광수

중앙대학교 심리학과 석사/박사(산업 및 조직심리학 전공)
전 한국원자력 연구원 선임연구원, SHR 연구전문위원
현 중앙대학교 사회과학대학 심리학과 조교수
관심분야 : 직무 수행관리, 직업 안전/건강 심리, 동기 심리

이재희

중앙대학교 심리학과 석사/박사(산업 및 조직심리학 전공)
전 산업안전보건연구원 안전보건정책연구실 과장
현 국무총리 산하 육아정책연구소 연구위원
관심분야 : 일과 삶의 균형, 산업 안전, 사회 정책

노재항

성균관대학교 심리학과 석사(산업 및 조직심리학 전공)
미네소타주립대학교 석사(인사 및 노사관계 전공)/박사(조직 및 인적자원개발 전공)
전 Willis Towers Watson 부사장, Hay Group 부사장, Mercer 이사, LG인화원 차장
현 (주)리딩임팩트 대표 컨설턴트
관심분야 : 리더십, 인적자원개발, 조직 개발

임성준

중앙대학교 심리학과 석사/박사(산업 및 조직심리학 전공)
전 중앙대학교 심리학과 강사
현 삼성물산 건설부문 재직
관심분야 : 조직문화, 안전문화, 조직 개발, 리더십 개발

이계훈

중앙대학교 심리학과 석사/박사(산업 및 조직심리학 전공)
전 CLG(Continuous Learning Group) 컨설턴트
현 인에이치알(주) 대표 컨설턴트, 중앙대학교 심리서비스대학원 겸임교수
관심분야 : 조직문화, 인적자원개발